Großkommentare der Praxis

STAUB
Handelsgesetzbuch

Großkommentar

6., neu bearbeitete Auflage

begründet von
Hermann Staub

herausgegeben von
Stefan Grundmann, Mathias Habersack, Carsten Schäfer

Sechzehnter Band
Montrealer Übereinkommen

Bearbeiter:
Fabian Reuschle

DE GRUYTER

Bearbeitungsstand: Januar 2024
Zitiervorschlag: Großkomm./*Reuschle* MÜ Rn. 3
Bandherausgeber: Prof. Dr. Dr. Stefan Grundmann, Humboldt-Universität zu Berlin
Sachregister: Dr. Fabian Reuschle

ISBN 978-3-11-055741-1
e-ISBN (PDF) 978-3-11-056494-5
e-ISBN (E-PUB) 978-3-11-056401-3

Library of Congress Control Number: 2024936833

Bibliografische Information der Deutschen Nationalbibliothek
Die Deutsche Nationalbibliothek verzeichnet diese Publikation in der Deutschen Nationalbibliografie; detaillierte bibliografische Daten sind im Internet über http://dnb.dnb.de abrufbar.

Satz: Meta Systems Publishing & Printservices GmbH, Wustermark
Druck und Bindung: CPI books GmbH, Leck

www.degruyter.com

*„Ein guter Pilot beobachtet immer sein Flugzeug.
Ein großartiger Pilot beobachtet immer den Himmel.“*
– ***Antoine de Saint-Exupéry***

*Meinen Töchtern
Francesca und Filippa*

Verzeichnis der Bearbeiter der 6. Auflage

Professor Dr. **Jochen Axer**, Rechtsanwalt, Wirtschaftsprüfer, Steuerberater, axis Rechtsanwälte, Köln
Professor Dr. **Jens-Hinrich Binder**, LL.M. (London), Universität Tübingen
Professor Dr. **Benjamin B. von Bodungen**, LL.M. (Auckland), GGS, Heilbronn
Professor Dr. **Jens Bülte**, Universität Mannheim
Professor Dr. **Ulrich Burgard**, Otto-von-Guericke-Universität Magdeburg
Professor em. Dr. Dr. h.c. mult. **Claus-Wilhelm Canaris**, Ludwig-Maximilians-Universität München †
Professor Dr. **Matthias Casper**, Universität Münster
Professor Dr. **Klaus-Dieter Drüen**, Ludwig-Maximilians-Universität München
Max Ehrl, Notar a.D., Hauptgeschäftsführer der Bundesnotarkammer K.d.ö.R., Berlin
Dr. **Klaas Eller**, Unversität von Amsterdam
Dr. **Raimond Emde**, Rechtsanwalt, GvW Graf von Westphalen, Hamburg
Professor Dr. **Florian Faust**, LL.M. (Univ. Michigan), Bucerius Law School, Hamburg
Prof. Dr. **Johannes W. Flume**, Paris Lodron Universität Salzburg
Professor Dr. **Philipp S. Fischinger**, Universität Mannheim
Jun.-Prof. Dr. **Stephan Gräf**, Universität Konstanz
Professor Dr. **Hans Christoph Grigoleit**, Ludwig-Maximilians-Universität München
Professor Dr. Dr. **Stefan Grundmann**, LL.M. (Berkeley), Humboldt-Universität zu Berlin und European University Institute in Florenz
Professor Dr. **Mathias Habersack**, Ludwig-Maximilians-Universität München
Professor Dr. **Stephan Harbarth**, LL.M. (Yale), Präsident des Bundesverfassungsgerichts
Professor Dr. **Rafael Harnos**, Universität Passau
Professor Dr. Dr. h.c. mult. **Peter Hommelhoff**, Ruprecht-Karls-Universität Heidelberg
Professor Dr. **Christian Kersting**, LL.M. (Yale), Heinrich-Heine-Universität Düsseldorf
Professor Dr. **Peter Kindler**, Ludwig-Maximilians-Universität München
Professor Dr. **Detlef Kleindiek**, Universität Bielefeld
Professor Dr. **Jens Koch**, Universität zu Köln
Dr. **Matthias Lüdeking**, M.A., Ludwig-Maximilians-Universität München
Dr. **Ernst-Thomas Kraft**, Rechtsanwalt, Frankfurt am Main
Professor Dr. **Andreas Maurer**, LL.M. (Osgoode), Universität Mannheim
Professor Dr. **André Meyer**, LL.M. Taxation, Universität Bayreuth
Professor Dr. **Florian Möslein**, LL.M. (London), Phillips-Universität Marburg
Professor Dr. **Hartmut Oetker**, Christian-Albrechts-Universität Kiel
PD Dr. **Moritz Pöschke**, LL.M. (Harvard), Universität zu Köln, Rechtsanwalt, Dipl.-Kfm.
Professor Dr. **Moritz Renner**, Universität Mannheim
Professorin Dr. **Bettina Rentsch** LL.M. (Univ. of Michigan, Ann Arbor), Freie Universität Berlin
Dr. **Fabian Reuschle**, Richter am Landgericht Stuttgart
Professor Dr. **Carsten Schäfer**, Universität Mannheim
Professor Dr. **Patrick Schmidt**, Rechtsanwalt, NJP Grotstollen, Duisburg
Harald Schoen, LL.M., Referatsleiter, Bundesministerium der Justiz, Berlin
Professor Dr. **Martin Schwab**, Universität Bielefeld
Professor Dr. **Jan Thiessen**, Humboldt-Universität zu Berlin
Professor Dr. **Chris Thomale**, LL.M. (Yale), Universität Wien
PD Dr. **Christoph Andreas Weber**, Ludwig-Maximilians-Universität München
Professor Dr. **Christoph Weber**, Julius-Maximilians-Universität Würzburg

https://doi.org/10.1515/9783110564945-202

Vorwort zur 6. Auflage

Die sechste Auflage des von *Hermann Staub* begründeten Großkommentars zum HGB hat noch einmal stärker als schon die fünfte Auflage ein breites, dynamisches, herausforderndes Gebiet zu erfassen. Zunehmend handelt es sich um Handelsrecht und Wirtschaftsrecht, die handelsrechtlichen Normen und die wichtigsten handelsrechtlichen Akteure (einschließlich Banken und Transportwesen), das nationale Recht ebenso wie die internationalen Bezüge und die immer stärker dominierenden unionsrechtlichen Grundlagen und Vorgaben, und schließlich ein Handelsrecht der Liberalität und eines der Regulierung. Tempo und Intensität der Reformen haben – gerade auf der stärker regulierenden Seite – beständig und während der vergangenen zwei Dekaden nochmals verstärkt zugenommen. All diese Einflüsse bewirken tiefgreifende und stets fortschreitende Änderungen des Textes und der Systematik des HGB, die es in der Neuauflage aufzubereiten und in ihren praktischen Folgen zu würdigen gilt. Auch nach Ausgliederung des Aktienrechts 1937 blieb das Handelsgesetzbuch das Grundgesetz von Handel und Wirtschaft. Dem damit aufgerufenen Reichtum der Phänomene, Regelungskomplexe und Methoden stellt sich dieser Kommentar auch in der Neuauflage in besonderem Maße.

Der Kommentar hat heute eine nahezu 130-jährige Tradition, die ersten sieben Auflagen besorgte *Hermann Staub* selbst in einer Dekade (bis zu seinem Tod). Aus diesem Erbe erwuchs der erste Großkommentar überhaupt, langsamer im Takt, vertieft. Anspruch und inhaltliche Konzeption blieben jedoch stets gleich: Der Kommentar soll in einer sowohl wissenschaftlichen Ansprüchen genügenden als auch die Belange und Gepflogenheiten der Praxis berücksichtigenden Art und Weise über den Stand der Diskussion informieren und Entwicklungslinien aufzeigen.

Die Neuauflage wird durch den Tod von *Claus-Wilhelm Canaris* überschattet, der am 5. März 2021 im Alter von 83 Jahren verstorben ist. Er war dem Kommentar seit der 3. Auflage verbunden, zunächst als Autor nicht nur, aber insbesondere des gerade durch seine Kommentierung nachhaltig geprägten „Bankvertragsrechts", sodann – zusammen mit *Wolfgang Schilling* und *Peter Ulmer* – auch als Herausgeber der 4. Auflage und – zusammen mit *Mathias Habersack* und *Carsten Schäfer* – als Herausgeber der 5. Auflage. Auch in die Konzeption der 6. Auflage hatte sich *Claus-Wilhelm Canaris* noch eingebracht. Verlag und Herausgeber der 6. Auflage – neben *Mathias Habersack* und *Carsten Schäfer* nun auch *Stefan Grundmann* – danken Herrn *Canaris* an dieser Stelle sehr für sein Jahrzehnte währendes erfolgreiches Wirken für den „Staub".

Im Unterschied zur Vorauflage bleibt es zwar bei einer – erweiterten – Bandfolge, werden jedoch Neuauflagen auch einzelner Bände innerhalb der 6. Auflage – als Neubearbeitungen – möglich sein, um den Ansprüchen einer nochmals gestiegenen Dynamik im Handels- und Wirtschaftsrecht gerecht zu werden. Mit der Neuauflage des Staub soll also eingeführt werden, was für die dreizehnte Auflage des Staudinger längst bewährte Realität ist. Siebzehn Bände sind vorgesehen, und damit liegt die Gesamtzahl über derjenigen der Vorauflage, dem Anwachsen des Rechtsstoffes geschuldet.

Der vorliegende Band kommentiert das Montrealer Übereinkommen. Als wichtige Auslegungsquelle dient dabei zum einen die Entstehungsgeschichte zum Montrealer Übereinkommen sowie zum Warschauer Abkommen. Zum anderen berücksichtigt die Kommentierung die kontinentaleuropäische und US-amerikanische Rechtsprechung zur Luftfrachtführerhaftung für Personen- und Güterschäden sowie die Rechtsquellen des Europäischen Gemeinschaftsgesetzgebers.

Die Kommentierung ist von Herrn Dr. Fabian Reuschle, Richter am Landgericht und vormals Referent im Bundesministerium der Justiz, besorgt worden. Herr Dr. Fabian Reuschle war in den Jahren 2001/2002 maßgeblich mit den Arbeiten zur Denkschrift zum Montrealer Übereinkommen befasst.

Juli 2024 Herausgeber und Verlag

https://doi.org/10.1515/9783110564945-203

Inhaltsverzeichnis

Abkürzungsverzeichnis

A	Österreich
aA	anderer Ansicht
aaO.	am angegebenen Ort
abgedr.	abgedruckt
Abk	Abkommen
ABl.	Amtsblatt
abl.	ablehnend (e/er)
Abs.	Absatz
abw.	abweichend
AcP	Archiv für die civilistische Praxis
aE	am Ende
aF	alter Fassung
AGB	Allgemeine Geschäftsbedingungen
AL	Air Law (Niederlande)
ALR	Archiv für Luftrecht (Deutschland)
All E. R.	All England Law Reports
Allg.	Allgemein (e/er/es)
Allg.M	allgemeine Meinung
Alt.	Alternative
a.M.	anderer Meinung
amtl.	amtlich
Anh.	Anhang
Anl.	Anlage
Anm.	Anmerkung
AR	Argentinien
Art	Artikel
Artt.	Artikel
ASDA	Association Suisse de Droit Aérien et Spatial = Bulletin der Schweizerischen Vereinigung für Luft- und Weltraumrecht
ASL	Air and Space Law (Niederlande)
Avi	CCH Aviation Cases (USA)
AU	Australien
Aufl.	Auflage
B	Belgien
BB	Der Betriebsberater
Bd.	Band
BeckRS	Beck-Rechtsprechung
begr.	begründet
Beil.	Beilage
Bek.	Bekanntmachung
belg.	belgisch
Bem.	Bemerkung(en)
Ber.	Bericht
ber.	berichtigt
bes.	besonders
Beschl.	Beschluss
bestr.	bestritten
betr.	betreffend
BG	Bundesgericht (Schweiz)
BGB	Bürgerliches Gesetzbuch
BGBl.	Bundesgesetzblatt
BGE	Entscheidungen des schweizerischen Bundesgerichts, Amtliche Sammlung

https://doi.org/10.1515/9783110564945-205

BGH	Bundesgerichtshof
BGHR	Systematische Sammlung der Entscheidungen des BGH
BGHZ	Entscheidungen des Bundesgerichtshofs in Zivilsachen; amtliche Sammlung der Rechtsprechung des Bundesgerichtshofs
Bl.	Blatt
BR	Bundesrat
BR-Drs.	Bundesrat(-sdrucksache)
BT-Drs.	Bundestag(-sdrucksache)
Buchst.	Buchstabe
BVerfG	Bundesverfassungsgericht
BVerfGE	Entscheidungen des Bundesverfassungsgerichts, Amtliche Sammlung
bzw.	beziehungsweise
C, CC	Cour (Schweiz); Circuit Court, Civil City Court (USA)
ca.	circa
CA	Cour d'Appel (Frankreich/Belgien, Appellationsgericht), Court of Appeals (Großbritannien/USA Appellationsgericht, Federal Court of Appeal (Argentinien))
CA	Kanada
Cass	Cour de Cassation (Frankreich/Belgien, Kassationsgericht), Corte di cassazione (Italien, Kassationsgericht)
CH	Schweiz
ch.	Chapter
CIM 1999	Einheitliche Rechtsvorschriften für den Vertrag über die internationale Eisenbahnbeförderung von Gütern (Anlage B zur COTIF 1999)
Cir.	Circuit (= Gerichtsbezirk USA)
CISG	Convention on the International Sale of Goods; Wiener Übereinkommen über Verträge über den internationalen Warenkauf
CIV 1999	Einheitliche Rechtsvorschriften für den Vertrag über die internationale Eisenbahnbeförderung von Personen und Gepäck (Anlage A zur COTIF 1999)
CMR	Übereinkommen über den Beförderungsvertrag im internationalen Straßenverkehr COTIF 1999 Protokoll vom 3. Juni 1999 betreffend die Änderung des Übereinkommens über den internationalen Eisenbahnverkehr (COTIF) vom 9. Mai 1980
CS	Cour Suprême (Gabon, Israel)
DB	Der Betrieb
DC	District Court
ders.	derselbe
dies.	dieselbe, dieselben
d.h.	das heißt
Diss.	Dissertation
DJZ	Deutsche Juristenzeitung
doc	Document
Drs.	Drucksache
DVZ	Deutsche Verkehrszeitung
E	Entwurf
€	Euro
EG	Europäische Gemeinschaft
EGBGB	Einführungsgesetz zum Bürgerlichen Gesetzbuch EG-VO Verordnung der Europäischen Gemeinschaft
Erg.	Ergebnis
Erl.	Erläuterungen
ETL	European Transport Law (Belgien) = Europäisches Transportrecht (ETR)
EuGVÜ	Brüsseler EWG-Übereinkommen vom 27.9.1968 über die gerichtliche Zuständigkeit und die Vollstreckung gerichtlicher Entscheidungen in Zivil- und Handelssachen

EuGVVO	Verordnung (EG) Nr 44/2001 v 22.12.2000 des Rates über die gerichtliche Zuständigkeit und die Anerkennung und Vollstreckung von Entscheidungen in Zivil- und Handelssachen
EVO	Eisenbahn-Verkehrsordnung
F	Frankreich
f.	folgend (e)
ff.	fortfolgende
Fn.	Fußnote
FS	Festschrift
Fundst.	Fundstelle(n)
F.2 d	Federal Reporter 2 d Series (USA)
F.Supp	Federal Supplement (USA)
GB	Großbritannien
gem.	gemäß
Gggf.	gegebenenfalls
GPR	Zeitschrift für Gemeinschaftsprivatrecht
GS	Gedächtnisschrift
GVGA	Geschäftsanweisung für Gerichtsvollzieher
GüKG	Güterkraftverkehrsgesetz
H	Heft
HambR	Übereinkommen der Vereinten Nationen vom 31.7.1978 über die Beförderung von Gütern auf See (Hamburg-Regeln)
HC	High Court (Australien, Südafrika)
HG	Handelsgericht (Österreich)
h.L.	herrschende Lehre
HL	House of Lords
h.M.	herrschende Meinung
HP	Haager Protokoll vom 28.9.1955
HR	Hoge Raad (Niederlande)
Hrsg., hrsg.	Herausgeber, herausgegeben
Hs	Halbsatz
I	Italien
IATA	International Air Transport Association
ICAO	International Civil Aviation Organisation, Internationale Zivilluftfahrts Organisation
idF.	in der Fassung
i.d.R.	in der Regel
ieS.	im engeren Sinne
insb.	insbesondere
IPRax	Praxis des Internationalen Privat- und Verfahrensrechts
iSd.	im Sinne des
iSv.	im Sinne von
i. ü.	im übrigen
i.V.m.	in Verbindung mit
IWF	Internationaler Währungsfond
iwS.	im weiteren Sinne
IZPR	internationales Zivilprozessrecht
IZVR	Internationales Zivilverfahrensrecht
i. Zw.	Im Zweifel
JR	Juristische Rundschau
juris	Juristisches Informationssystem
JZ	Juristenzeitung

Kap	Kapitel
KG	Kammergericht
krit.	kritisch
LLR	Lloyd's Law Reports
LuftfzRG	Gesetz über Rechte an Luftfahrzeugen
LuftVG	Luftverkehrsgesetz
LuftVO	Luftverkehrsordnung
LuftVZO	Luftverkehrs-Zulassungs-Ordnung
m.a.W.	mit anderen Worten
MDR	Monatsschrift für Deutsches Recht
Misc	New York Miscellaneous
MP	Montrealer Zusatzprotokolle
m.w.N.	mit weiteren Nachweisen
n.F.	neue Fassung; neue Folge
NJW	Neue Juristische Wochenschrift
NJW-RR	Neue Juristische Wochenschrift – Rechtsprechungsreport Zivilrecht
NL	Niederlande
No.	Nummer
Nr.	Nummer
NYS 2 d	New York Supplement – Second Series
NZV	Neue Zeitschrift für Verkehrsrecht
OEG	Gesetz über die Entschädigung für Opfer von Gewalttaten
OGH	Oberster Gerichtshof (Österreich)
OLG	Oberlandesgericht
ONSC	Superior Court of Justice – Ontario (Kanada)
Prot	Protokoll
QBD	Queen's Bench Division
RabelsZ	Zeitschrift für ausländisches und internationales Privatrecht
RanwVO	Rechtsanwendungsverordnung vom 7.12.1942 (BGBl 1964 III 400-1-1)
Rb	Rechtbank (Belgien, Niederlande, Gericht erster Instanz)
Rdn.	Randnummer (Zitierweise innerhalb der eigenen Kommentierung)
RdTW	Zeitschrift für das Recht der Transportwirtschaft
RFDA	Revue Française de Droit Aérien
RG	Reichsgericht
RGBl.	Reichsgesetzblatt
RGZ	Entscheidungen des Reichsgerichts in Zivilsachen; amtliche Sammlung der Reichsgerichtsentscheidungen in Zivilsachen
RIW	Recht der Internationalen Wirtschaft
Rn.	Randnummer
Rpfl.	Der Deutsche Rechtspfleger
RRa	Reiserecht aktuell
Rspr.	Rechtsprechung
s	siehe
S	Seite
s.a.	siehe auch
SC	Supreme Court
SCBC	Superior Court of Justice – British Columbia (Kanada)

SCJ	Superior Court of Justice (Kanada)
SJZ	Schweizerische Juristenzeitung
s.o.	siehe oben
sog.	sogenannte
str.	strittig
st.Rspr.	ständige Rechtsprechung
Supp	Supplement
SZR	Sonderziehungsrecht(e)
teilw.	teilweise
TranspR	Transportrecht
TGI	Tribunal de Grande Instance (Frankreich)
Trib	Tribunal; Tribunale
TribCom	Tribunal de commerce (Belgien/Frankreich)
TribPaix	Tribunal de Justice de Paix (Frankreich)
u.a.	und andere(m)
u.ä.	und ähnliche(s)
Übk	Übereinkommen
UK	Vereinigtes Königreich
Urt	Urteil
US	USA
ULR	Uniform Law Review (Unidroit)
USAvR	United States Aviation Reports (USA)
usw.	und so weiter
u.U.	unter Umständen
v.	versus; vom
Var.	Variante
VersR	Versicherungsrecht
Vgl.	vergleiche
VSC	Supreme Court of Victorie (Australien)
WA 1929	Warschauer Abkommen vom 12.10.1929
WA 1955	Warschauer Abkommen vom 12.10.1929 in der Fassung des Haager Protokolls vom 28.9.1955
WVÜ	Wiener Übereinkommen über das Recht der Verträge vom 23.5.1969
ZA	Südafrika
ZAG	Zusatzabkommen von Guadalajara vom 18.9.1961
z.B.	zum Beispiel
ZEuP	Zeitschrift für Europäisches Privatrecht
Ziff.	Ziffer
zit.	zitiert
ZLR	Zeitschrift für Luftrecht bis 1960
ZLW	Zeitschrift für Luft- und Weltraumrecht ab 1961
ZP	Zusatzprotokoll
z.T.	zum Teil
zust.	Zustimmend
ZVersWiss	Zeitschrift für die gesamte Versicherungswissenschaft

Präambel

Übereinkommen zur Vereinheitlichung bestimmter Vorschriften über die Beförderung im internationalen Luftverkehr*

DIE VERTRAGSSTAATEN DIESES ÜBEREINKOMMENS –
IN ANERKENNUNG des bedeutenden Beitrags, den das am 12. Oktober 1929 in Warschau unterzeichnete Abkommen zur Vereinheitlichung von Regeln über die Beförderung im internationalen Luftverkehr (im folgenden als „Warschauer Abkommen" bezeichnet) und andere damit zusammenhängende Übereinkünfte zur Harmonisierung des internationalen Luftprivatrechts geleistet haben;
IN DER ERKENNTNIS, dass es notwendig ist, das Warschauer Abkommen und die damit zusammenhängenden Übereinkünfte zu modernisieren und zusammenzuführen;
IN ANERKENNUNG der Bedeutung des Schutzes der Verbraucherinteressen bei der Beförderung im internationalen Luftverkehr und eines angemessenen Schadensersatzes nach dem Grundsatz des vollen Ausgleichs;
IN BEKRÄFTIGUNG des Wunsches nach einer geordneten Entwicklung des internationalen Luftverkehrs und einer reibungslosen Beförderung von Reisenden, Reisegepäck und Gütern in Übereinstimmung mit den Grundsätzen und Zielen des am 7. Dezember 1944 in Chicago beschlossenen Abkommens über die Internationale Zivilluftfahrt;
IN DER ÜBERZEUGUNG, dass gemeinsames Handeln der Staaten zur weiteren Harmonisierung und Kodifizierung bestimmter Vorschriften über die Beförderung im internationalen Luftverkehr durch ein neues Übereinkommen das beste Mittel ist, um einen gerechten Interessenausgleich zu erreichen –
SIND WIE FOLGT ÜBEREINGEKOMMEN:

Convention for the unification of Certain Rules for International Carriage by Air

THE STATES PARTIES TO THIS CONVENTION
RECOGNIZING the significant contribution of the Convention for the Unification of Certain Rules Relating to International Carriage by Air signed in Warsaw on 12 October 1929, hereinafter referred to as the „Warsaw Convention", and other related instruments to the harmonization of private international air law;
RECOGNIZING the need to modernize and consolidate the Warsaw Convention and related instruments;
RECOGNIZING the importance of ensuring protection of the interests of consumers in international carriage by air and the need for equitable compensation based on the principle of restitution;
REAFFIRMING the desirability of an orderly development of international air transport operations and the smooth flow of passengers, baggage and cargo in accordance with the principles and objectives of the Convention on International Civil Aviation, done at Chicago on 7 December 1944;
CONVINCED that collective State action for further harmonization and codification of certain rules governing international carriage by air through a new Convention is the most adequate means of achieving an equitable balance of interests;
HAVE AGREED AS FOLLOWS:

* Beim deutschen Text handelt es sich um eine amtliche Übersetzung; vgl. unten Rdn. 18 aE. und 57.

https://doi.org/10.1515/9783110564945-001

Convention pour l'unification de certaines règles relatives au transport aérien international

Les Etats Parties à la présente Convention
RECONNAISSANT l'importante contribution de la Convention pour l'unification de certaines règles relatives au transport aérien international, signée à Varsovie le 12 octobre 1929, ci-après appelée la „Convention de Varsovie" et celle d'autres instruments connexes à l'harmonisation du droit aérien international privé,
RECONNAISSANT la nécessité de moderniser et de refondre la Convention de Varsovie et les instruments connexes,
RECONNAISSANT l'importance d'assurer la protection des intérêts des consommateurs dans le transport aérien international et la nécessité d'une indemnisation équitable fondée sur le principe de réparation,
RÉAFFIRMANT l'intérêt d'assurer le développement d'une exploitation ordonnée du transport aérien international et un acheminement sans heurt des passagers, des bagages et des marchandises, conformément aux principes et aux objectifs de la Convention relative à l'aviation civile internationale faite à Chicago le 7 décembre 1944,
CONVAINCUS que l'adoption de mesures collectives par les États en vue d'harmoniser davantage et de codifier certaines règles régissant le transport aérien international est le meilleur moyen de réaliser un équilibre équitable des intérêts,
LES ÉTATS PARTIES À LA PRÉSENTE CONVENTION SONT CONVENUS DE CE QUI SUIT:

Schrifttum und Abkürzungen

I. Gesamtdarstellungen zum Montrealer Übereinkommen, zum Warschauer Abkommen und zum Transportrecht

Basedow Der Transportvertrag, **1987** (zit. *Basedow*); *Dettling-Ott* Internationales und schweizerisches Lufttransportrecht, **1993** (zit. *Dettling-Ott* Lufttransportrecht); *Drion* Limitation of Liabilites in International Air Law **1954** (zit. *Drion* Limitation of Liabilities); *Goedhuis* La Convention de Varsovie pour l'unification de certaines règles relatives au transport aérien international 12 octobre 1929, **1933** (zit. *Goedhuis* La Convention de Varsovie); *ders.* National Airlegislations and the Warsaw Convention **1937** (zit. *Goedhuis* Warsaw Convention); *Goldhirsch* The Warsaw Convention Annotated: A legal Handbook, **1988** (zit. *Goldhirsch* Handbook); *Helm* Die Haftung des Frachtführers nach der CMR, **1966** (zit. *Helm* Haftung); *Hobe/von Ruckteschell* Kölner Kompendium Luftrecht, Band 1 Grundlagen, **2008** (zit. *Bearbeiter* in: Luftrecht Bd. 1); *dies* Kölner Kompendium Luftrecht, Band 3 Wirtschaftsrechtliche Aspekte des Luftverkehrs, **2010** (zit. *Bearbeiter* in: Luftrecht Bd. 3); *de Juglart* Traité de Droit Aérien, 2. Aufl. **1989** (zit. *de Juglart*[2] Traité de Droit Aérien); *Mankiewics* The Liability Regime of the International Air Carrier (zit. *Mankiewics* Liability Regime); *Mendes de Leon* Introduction to Air Law, 11. Aufl. **2022** (zit. *Mendes de Leon*[11] Air Law); *Reuschle* Montrealer Übereinkommen, 2. Aufl. **2011** (zit. *Reuschle*[2]); *Riese* Luftrecht, **1949** (zit. *Riese*); *Ruhwedel* Der Luftbeförderungsvertrag, 3. Aufl. **1998** (zit. *Ruhwedel*[3] Luftbeförderungsvertrag); *Shawcross and Beaumont* Air Law, Division VII: Carriage by Air, 4. Aufl. Stand **2004**, Loseblatt (zit. „*Shawcross & Beaumont*[4] Air Law); *Tosi* Responsabilité Aérienne, **1978** (zit. *Tosi* Responsabilité Aérienne).

II. Einzeldarstellungen und Monografien zum Montrealer Übereinkommen, zum Warschauer Abkommen und zum Transportrecht

Abraham Der Luftbeförderungsvertrag, **1955** (zit. *Abraham* Luftbeförderungsvertrag); *Bachem* Code-Sharing im internationalen Luftverkehr, Diss. Köln **2003** (zit. *Bachem* Code-Sharing); *Benkö/Kadletz* Unfallhaftpflicht in Luftverkehrssachen, **2000** (zit. „*Benkö/Kadletz* Unfallhaftpflicht); *Berger-Walliser* Luftbeförderungsbedingungen und AGB-Kontrolle im deutschen, französischen und internationalen Privatrecht, Diss. Bielefeld **2001** (zit. *Berger-Walliser* Luftbeförderungsbedingungen); *Boettge* Luftfrachtrecht, **2008**; *Brinkmann* Der Luftfrachtersatzverkehr, Diss. Mannheim **2009**; *Chun* Die verschuldensunabhängige Haftung im Luftverkehr, **1992** (zit. *Chun* Haftung); *Deutsche Verkehrswissenschaftliche Gesellschaft* (Hrsg.) Haftung für Schäden bei der Beförderung von Personen, Band 34; *Ehlers* Montrealer Protokolle Nr. 3 und 4, Warschauer Haftungssystem und neuere Rechtsentwicklung, Diss. Köln **1985** (zit. *Ehlers* Montrealer Protokolle); *Ficht* Die unbekannte Schadensursache im internationalen Luftverkehr, **1986** (zit. *Ficht* unbekannte Schadensursache);

Fischer Haftung des Reiseveranstalters bei Flugbeförderung, **1990** (zit. *Fischer* Haftung des Reiseveranstalters); *Fröhlich* Leistungsstörungen im Luftverkehr, Diss. Tübingen **2001** (zit. *Fröhlich* Leistungsstörungen); *Führich* Reiserecht, 6. Aufl. **2010** (zit. *Führich*[6] Reiserecht); *Geigel* Der Haftpflichtprozess mit Einschluss des materiellen Haftpflichtrechts, 23. Aufl. **2001** und 26. Aufl. **2011** (zit. *Geigel/Bearbeiter* Haftpflichtprozess); *Grignoli* La poste aérienne, Thèse Lausanne **1969** (zit. *Grignoli* La poste aérienne); *Herber* Seehandelsrecht **1998** (zit. *Herber* Seehandelsrecht); *Hübsch* Haftung des Güterbeförderers und seiner selbständigen und unselbständigen Hilfspersonen für Güterschäden, Diss. Erlangen **1997** (zit. *Hübsch* Haftung des Güterbeförderers); *Jahnke* Haftung bei Unfällen im internationalen Luftverkehr, Diss. Rostock **2008** (zit. *Jahnke* Haftung); *Knöfel* Die Haftung des Güterbeförderers für Hilfspersonen, Diss. Hamburg **1995** (zit. *Knöfel* Haftung des Güterbeförderers); *Krüger* Die Rechtsstellung des Reisebüros bei der Luftbeförderung, Diss. Köln **1991** (zit. *Krüger* Rechtsstellung des Reisebüros); *Kuhn* Die Haftung für Schäden an Frachtgütern, Gepäck und Luftpostsendungen nach dem Warschauer Haftungssystem und den §§ 44–52 LuftVG, Diss. Köln **1987** (zit. *Kuhn* Haftung); *Lukoschek* Das anwendbare Deliktsrecht bei Flugzeugunglücken, Diss. Mannheim **1984** (zit. *Lukoschek* Deliktsrecht); *Mutschler* Die Haftung für Unfälle im internationalen Luftverkehr, Diss. Konstanz **2002** (zit. *Mutschler* Haftung); *Möhrle* Die Luftfahrt-Unfallversicherung: unter Berücksichtigung des Verhältnisses der obligatorischen Passagier-Unfallversicherung zur Vorschusspflicht des Luftfrachtführers bei nationaler und internationaler Beförderung, Diss. Hamburg **2002** (zit. *Möhrle* Luftfahrt-Unfallversicherung); *Ott* Die Luftfrachtbeförderung im nationalen und internationalen Bereich, Diss. München **1990** (zit. *Ott* Luftfrachtbeförderung); *Ramming* Hamburger Handbuch Multimodaler Transport, **2011** (zit. *Ramming* Multimodaler Transport); *Risch* Divergenzen in der Rechtsprechung zum Warschauer Abkommen und die Mittel zur Sicherung der einheitlichen Auslegung des vereinheitlichten Luftprivatrechts, Diss. Saarbrücken **1973** (zit. *Risch* Divergenzen); *Rosenau* Die Haftung des Beförderers für Personenschäden von Reisenden, Diss. Hamburg **1970** (zit. *Rosenau* Haftung des Beförderers); *Sabathil* Lehrbuch des Linienflugverkehrs, 2. Aufl. **1994** (zit. *Sabathil* Linienflugverkehr); *Schladebach* Luftrecht, **2007**; *Schmid* Die Arbeitsteiligkeit im modernen Luftverkehr und ihr Einfluß auf die Haftung des Luftfrachtführers; Der Begriff „Leute" im sog. Warschauer Abkommen, Diss. Frankfurt a.M. **1983** (zit. *Schmid* Arbeitsteiligkeit); *Schobel* Die Haftungsbegrenzung des Luftfrachtführers nach dem Warschauer Abkommen, Diss. Erlangen **1992** (zit. *Schobel* Die Haftungsbegrenzung des Luftfrachtführers); *Schwenk* Handbuch des Luftverkehrsrechts, 2. Aufl. **1996** (zit. *Schwenk*[2] Handbuch; *Schwenk/Giemulla* Handbuch des Luftverkehrsrechts, 3. Aufl. **2004** (zit. *Schwenk/Giemulla*[3] Handbuch); *Stefula* Schadenersatz für Passagiere im Luftfahrtgesetz, Diss. Graz **2000** (zit. *Stefula* Schadenersatz für Passagiere); *Verwer* Liability for damage to luggage in international air transport, Diss. Amsterdam **1976** (zit. *Verwer* Liability for damage); *Vollmar* Die Haftung des Luftfrachtführers nach deutschem Recht für Personenschäden von Fluggästen bei nationaler und internationaler Beförderung, Diss. Köln **1986** (zit. *Vollmar* Haftung für Personenschäden); *Waegner* Haftungsfragen bei Flug-Gesellschaftsreisen, Diss. München **1972** (zit. *Waegner* Haftungsfragen); *Walther* Der ausführende Luftfrachtführer und seine Haftung nach dem Zusatzabkommen vom 18. September 1961 zum Warschauer Abkommen zur Vereinheitlichung von Regeln über die von einem anderen als dem vertraglichen Luftfrachtführer ausgeführte Beförderung im internationalen Luftverkehr, Diss. Frankfurt a.M. **1968** (zit. *Walther* ausführender Luftfrachtführer); *Wiedemann* Die Haftungsbegrenzung des Warschauer Abkommens, Diss. Frankfurt **1987** (zit. *Wiedemann* Haftungsbegrenzung).

III. Kommentare

Alff, Fracht-, Lager- und Speditionsrecht, Kommentar zu den §§ 407–460 HGB und weiteren fracht- und speditionsrechtlichen Bestimmungen (GÜKG, KVO, ADSp u.a.), 2. Aufl. **1991** (zit. *Alff*[2]); *Hopt* Handelsgesetzbuch mit GmbH & Co., Handelsklauseln, Bank- und Börsenrecht, Transportrecht (ohne Seerecht), 42. Aufl. **2023** (zit. Hopt/*Bearbeiter*[42]); Frankfurter Kommentar zum Luftverkehrsrecht (Hrsg. *Giemulla/Schmid*), Band 3, Montrealer Übereinkommen, Stand **2024**, OnlineModul (zit. FrankfKomm/*Bearbeiter* MÜ); Frankfurter Kommentar zum Luftverkehrsrecht (Hrsg. *Giemulla/Schmid*), Band 4, Warschauer Abkommen, Stand **2004**, Loseblatt (zit. FrankfKomm/*Bearbeiter* WA); *Fremuth/Thume* Kommentar zum Transportrecht, **2000** (zit. *Bearbeiter* in: Fremuth/Thume); *Grabherr/Reidt/Wysk* Luftverkehrsgesetz, Stand Januar **2021**, Loseblatt (zit. *Grabherr/Reidt/Wysk* Luftverkehrsgesetz); *Guldimann* Internationales Lufttransportrecht, **1965** (zit. *Guldimann*); *Helm* Großkommentar Handelsgesetzbuch, Band 7, 2. Teilband, CMR, 4. Aufl. **2002** (zit. *Helm*); *Koffka/Bodenstein/Koffka* Luftverkehrsgesetz und Warschauer Abkommen (Erstes Abkommen zur Vereinheitlichung des Luftprivatrechts) nebst den wichtigsten Nebenbestimmungen, **1937** (zit. *Koffka/Bodenstein/Koffka*); *Koller* Transportrecht, 7. Aufl. **2010** (zit. *Koller*[7]); *ders.* Transportrecht, 11. Aufl. **2023** (zit. *Koller*[11]); Kommentar zum Handelsgesetzbuch (Hrsg. *Boujong/Ebenroth/Joost*), Band 2, Transportrecht, Bank- und Börsenrecht, **2001** (zit. „Ebenroth/Boujong/Joost/*Bearbeiter*); Kommentar zum Handelsgesetzbuch (Hrsg. *Boujong/Ebenroth*), Band 2, Transportrecht, Bank- und Börsenrecht, 5. Aufl. **2024** (zit. Ebenroth/Boujong/*Bearbeiter*[5]); Münchener Kommentar zum Handelsgesetzbuch (Hrsg. *K. Schmidt*), Band 7, Viertes Buch. Handelsgeschäfte, §§ 407–457 HGB, Transportrecht **1997** (zit. MünchKommHGB-*Bearbeiter*); Münchener Kommentar zum Handelsgesetzbuch (Hrsg. *K. Schmidt*), Band 7, Viertes Buch. Handelsgeschäfte, §§ 407–475h HGB, Transportrecht, 5. Aufl. **2023** (zit. MünchKommHGB-*Bearbeiter*[5]); *Grüneberg* Bürgerliches Gesetzbuch,

83. Aufl. München **2024** (zit. *Grüneberg/Bearbeiter*[83]); *Schleicher/Reymann/Abraham* Das Recht der Luftfahrt I, 3. Aufl. **1960** (zit. *Abraham*[3] I).

IV. Fest- und Gedenkschriften

Luftverkehrsrecht im Wandel, Festschrift *Werner Guldimann*, **1997**; Transport – Wirtschaft – Recht, Gedächtnisschrift für *Johann Georg Helm*, **2001**; Transport- und Vertriebsrecht, Festgabe *Rolf Herber* zum 70. Geburtstag, **2000**; Gedächtnisschrift für *Alexander Lüderitz*, **2000**; Festschrift Alexander Meyer, **1975**; Festschrift *Henning Piper* zum 65. Geburtstag, **1996**; Festschrift *Wolfram Müller-Freienfels* zum 70. Geburtstag, **1986**; Festschrift *Otto Riese* zum 70. Geburtstag, **1964**; Festgabe *Edgar Ruhwedel* zum 70. Geburtstag, **2004**.

V. Entscheidungssammlungen und Rechtsprechungsübersichten

Giemulla/Schmid Ausgewählte internationale Rechtsprechung zum Warschauer Abkommen in den Jahren 1989–1991, ZLW **1992** 123–136; *Schoner* Die internationale Rechtsprechung zum Warschauer Abkommen in den Jahren 1974 bis 1976 (Teil I), ZLW **1977** 256–276; *ders.* Die internationale Rechtsprechung zum Warschauer Abkommen in den Jahren 1974 bis 1976 Teil II, ZLW **1978** 151–170; *ders.* Die internationale Rechtsprechung zum Warschauer Abkommen in den Jahren 1977 bis 1980, ZLW **1980** 327–366; *Tompkins* Deep Vein Thrombosis (DVT) and air carrier legal liability – the myth and the law, ASL **2001** 231–235; *ders.* DVT Litigation Update: 1 March 2003 United States of America, ASL **2003** 100–105; *ders.* DVT Litigation Update: 1 October 2003 United States of America, ASL **2003** 331–333; *ders.* DVT Litigation Update: 1st January 2004 United States of America, ASL **2004** 147–148; *ders.* DVT Litigation Update: June 2004 United States of America, ASL **2004** 230–236; *ders.* DVT Litigation Update: September 2004 United States of America, ASL **2004** 312–314.

VI. Gesetzessammlungen

Klein Luftverkehr, Vorschriftensammlung in Loseblattform; *Giemulla/Schmid/von Elm* Recht der Luftfahrt, 4. Aufl. **2003**.

VII. Literatur zu anderen Rechtsgebieten sowie Fremdsprachen-Wörterbücher

von Bar Internationales Privatrecht, Zweiter Band – Besonderer Teil, **1991**; *Baumgärtel/Laumen/Prütting* Handbuch der Beweislast, Grundlagen, 5. Aufl. **2023** (zit. *Baumgärtel/Laumen/Prütting*[5] Beweislast); *Bollweg/Hellmann* Das neue Schadensersatzrecht, **2002** (zit. *Bollweg/Hellmann* Schadensersatzrecht); *Collins* English Dictionary, 6. Aufl. **2003** (zit. *Collins* Dictionary); *Doucet/Fleck* Wörterbuch der Rechts und Wirtschaftssprache, 8. Aufl. **2024**; *Geimer* Internationales Zivilprozessrecht, 9. Aufl. **2024** (zit. *Geimer*[9] IZPR); *Kegel/Schurig* Internationales Privatrecht, 9. Aufl. **2004** (zit. *Kegel/Schurig*[9] IPR); *Kropholler/v. Hein* Europäisches Zivilprozessrecht, Kommentar zur EuGVO, Lugano-Übereinkommen 2007, EuVTVO, EuMVVO und EuGFVO, 9. Aufl. **2011** (zit. *Kropholler/v. Hein*[9] Europäisches Zivilprozessrecht); Le Nouveau Petit Robert **2000** (zit. Petit Robert); *Reithmann/Martiny* Internationales Vertragsrecht, 9. Aufl. **2021** (zit. *Reithmann/Bearbeiter*[9] Internationales Vertragsrecht); *Reuschle* Das Nacheinander von Entscheidungen – Eine Untersuchung über die Auswirkungen einer späteren Entscheidung auf den Geltungsanspruch eines vorausgegangenen rechtskräftigen Zivilurteils Diss. München **1998** (zit. *Reuschle* Das Nacheinander von Entscheidungen); *Schack* Internationales Zivilverfahrensrecht, 9. Aufl. **2021** (zit. *Schack*[9] IZVR).

VIII. Aufsätze zum Montrealer Übereinkommen, Warschauer Abkommen und zum Transportrecht

Abeyratne The Liability of an Actual Carrier in the Carriage of Goods by Air and in the Mulitmodal Transport Transactions, AL **1988** 128–137; *Achilles-Pujol* Die Entwicklung des Reiserechts der Luftbeförderung einschließlich der EU-Fluggastrechte-VO im Jahr 2022, MDR **2023** 1023–1028; *Adenauer* Gesundheit und Luftverkehr, Festgabe Ruhwedel, **2004** S. 1–17; *Alexander/Felten* Anmerkung zur Haftung des Luftfahrtunternehmens für Sturz eines Fluggastes beim Einsteigevorgang auf der Fluggastbrücke, VersR **2018** 939–943; *Arnold* Application of Regulation (EC) NO 261/2004 on denied boarding, cancellation and long delay of flights, ASL **2007** 93–107; *dies/Mendes de Leon* Regulation (EC) 261/2004 in the light of the recent decisions of the European Court of Justice: Time for a Change?! ASL **2010** 91–112; *Balfour* Airline liability for delays: The Court of Justice of the EU rewrites EC Regulation 261/2004, ASL **2010** 71–75; *Basedow* Der Luftbeförderungsvertrag ZHR **1987** 258–265; *Becher* Einige Bemerkungen zum Tokioter Entwurf eines Abkommens zur Vereinheitlichung von Regeln über die von einem anderen als dem vertragsschließenden Luftfrachtführer ausgeführte internationale Luftbeförderung, ZLR **1958** 313–321; *Bernauw* Who has standing to sue in International Air Cargo Claims,

ETR **1987** 331–354; *Boettge* Das Luftrecht nach dem Montrealer Übereinkommen, VersR **2005** 908–917; *ders.* Haftungserweiterung nach Art 25 MÜ durch Ziff. 27 ADSp – Zugleich Anmerkung zu AG Hamburg – 31A C 310/06, TranspR **2007** 306–310; *Bollweg* Das Montrealer Übereinkommen, Rückblick – Überblick – Ausblick, ZLW **2000** 439–451; *ders.* Dornröschen ist hellwach – Eine Entgegnung auf Ruhwedel/Schmid, RRa **2001** 21–24; *ders.* Die Vorauszahlungspflicht in der Luftverkehrshaftung – oder: „Bis dat, qui cito dat", Festgabe Ruhwedel, **2004** S. 57–81; *ders.* Schadensersatz wegen nutzlos aufgewendeter Urlaubszeit bei internationalen Flugpauschalreisen? RRa **2007** 242–245; *ders.* Neue Haftungshöchstgrenzen und Mindestdeckungssummen in der Luftverkehrshaftung, RRa **2011** 202–206; *Booysen* When is a Domestic Carrier Legally Involved in International Carriage in Terms of the Warsaw Convention? ZLW **1990** 329–344; *Boulos* Responsabilité des transporteurs successifs de marchandises, RFDA **1960** 33–59; *Boyer* Le délai de l'article 29 de la Convention de Varsovie RFDA **1981** 282–303, 431; *Brandi-Dohrn* Auslegung internationalen Einheitsrechts durch die internationale Rechtsprechung – Das Beispiel des Warschauer Abkommens von 1929, TranspR **1996** 45–57; *Brautlacht* Zur Verspätung bzw. Nichtbeförderung bei aufeinanderfolgenden Luftbeförderungen, TranspR **1988** 384–385; *Brinkmann* Frachtgüterschäden im internationalen Straßen- und Lufttransport, TranspR **2006** 146–150; *ders.* Zum Konflikt von Ziff. 27 ADSp und der Haftungsbeschränkung nach dem Montrealer Übereinkommen, TranspR **2010** 216–219; *Cheng* The 1999 Montreal Convention on International Carriage by Air concluded on the Seventieth Anniversary of the 1929 Warsaw Convention (Part I), ZLW **2000** 287–307; *ders.* The 1999 Montreal Convention on International Carriage by Air concluded on the Seventieth Anniversary of the 1929 Warsaw Convention (Part II), ZLW **2000** 484–499; *ders.* The Labyrinth of the Law of International Carriage by Air, ZLW **2001** 155–172; *Clark/Fulena* Deep vein thrombosis – a new risk exposure area? ASL **2001** 218–222; *Clarke* Will Montreal Convention be able to replace the Warsaw System and what will the changes be? TranspR **2003** 436–443; *ders.* Carriers' Liability in Cross-Border Air Cargo Substitute Transportation, TranspR **2005** 182–185; *Cobbs* The Shifting Meaning of,accident' under article 17 of the Warsaw Convention: What did the Airline know and what did it do about it? ASL **1999** 121–127; *Conti* Code-Sharing and Air Carrier Liability, ASL **2001** 4–19; *Csoklich* Durchbrechung der Haftungsgrenzen des Montrealer Übereinkommens, RdW **2013** 319–323; *Czerwenka* Die Geltungsdauer des Weltpostvertrags, TranspR **2020** 425 – 428; *Demsey/Johansson* Montreal v Brussels: The conflict of laws on the issue of delay in international air carriage, ASL **2010** 207–224; *Diederiks-Verschoor* Considérations on Carriage by Air Executed by Various Successive Carriers, ETR **1970** 143–165; *dies* Die Vereinbarung von Montreal von 1966 und ihre Folgen, ZLW **1970** 25–33; *dies* The Liability for Delay in Air Transport, ASL **2001** 300–314; *dies* Current Practice and Developments in Air Cargo: Comparision of the Warsaw Convention 1929 and the Montreal Convention 1999, in: Luft- und Weltraumrecht im 21. Jahrhundert, Festschrift Böckstiegel, **2001** S. 26–45 = ETR **2004** 739–757; *Eberhardt* Wann gilt eine Personenbeförderung als „entgeltlich" im Sinne des Warschauer Abkommens? ZfVers **1974** 702–706; *Ehlers* Die Verfahrensregeln des Warschauer Abkommens – Schadensanzeige, Gerichtsstand und Ausschlussfrist – Artikel 26, 28, 29, TranspR **1996** 183–187; *Faesch* Das Verfügungsrecht des Absenders und Empfängers im Luftfrachtverkehr, IntTranspZ **1955** 2332–2333; *Franklin* Code-Sharing and Passenger Liability, ASL **1999** 128–133; *Freise* Unimodale transportrechtliche Übereinkommen und multimodale Beförderungen, TranspR **2012** 1–13; *Fricke* Rechtliche Probleme des Ausschlusses von Kriegsrisiken in AVB, VersR **1991** 1098–1103; *ders.* Rechtliche Probleme des Ausschlusses von Kriegsrisiken in AVB, VersR **2002** 6–11; *Frings* Kollisionsrechtliche Aspekte des internationalen Luftbeförderungsvertrages, ZLW **1977** 8–22; *Führich* Entschädigung bei Überbuchung von Linienflügen, NJW **1977** 1044–1046; *ders.* Entschädigung wegen nutzlos aufgewendeter Urlaubszeit, MDR **2009** 906–913; *Gansfort* Wirksame Einbeziehung der Allgemeinen Beförderungsbedingungen der Luftfahrtunternehmen in den Pauschalflugreise-Vertrag, TranspR **1989** 131–139; *ders.* Praktische Anmerkungen zu der Europäischen Verordnung über die Haftung von Luftfahrtunternehmen bei Flugunfällen mit Personenschäden, ZLW **1998** 263–280; *Garcia-Bennett* Psychological Injuries under Article 17 of the Warsaw Convention, ASL **2001** 49–55; *Garnault* Le Protocole de la Haye, RFDA **1956** 1–13; *ders.* Le détournement d'aéronefs et les autres atteintes à la sûreté de l'Aviation civile, RFDA **1979** 139–149; *Gates* La Convention de Montréal de 1999, RFDA **1999** 439–456; *Georgiades* Aperçu critique sur la lettre de transport aérien, RFDA **1966** 387–414; *Giemulla* Überbuchungen bei Luftbeförderung, EuZW **1991** 367–369; *Giemulla/Brautlacht* Schadensersatzansprüche wegen vorzeitigen Abbruchs einer Luftbeförderung, TranspR **1988** 360–363; *Giemulla/Mölls* Die selbständige Agentur – eine „Geschäftsstelle minderer Art"? NJW **1983** 1953–1954; *Giemulla/Schmid* Die europarechtliche Neuordnung bei Flugunfällen und ihre Auswirkung auf Luftfahrtunternehmen, NZV **1998** 225–229; *Giemulla/Schmid* Die Haftung der „Leute" des Luftfrachtführers, Festgabe Herber, **1999** S. 258–266; *Giemulla/Van Schyndel* Rechtsprobleme des „Code-Sharing", TranspR **1997** 253–258; *Giesecke* Unruly Passengers and Respective Passenger Rights, ZLW **2002** 547–556; *Giesen* Frühstück in London, Lunch in New York, Koffer in Bombay oder Begründung und Beschränkung der Haftung im internationalen Flugreiseverkehr, ZVglRWiss **1983** 31–61; *Gimbel* Die gesetzliche Neuregelung der Verspätungshaftung: Eine gerechtfertigte Forderung im Interesse der Frachtkunden und des Luftverkehrs, ITZ **1964** 1162, 1254–1255; *Godfroid* L'étendue dans le temps de la responsabilité du transporteur aérien en matière de fret, RFDA **1983** 321–331; *ders.* L'étendue dans le temps de la responsabilité du transporteur aérien international à l'égard des passagers, RFDA **1984** 26–34; *Goldhirsch* Definition of „accident": Revisiting Air France v. Saks., ASL **2001** 86–89; *Gonzalez-Lebrero*

Montréal 1999 à travers une optique espagnole, RDFA **1999** 447–456; *Gran* Probleme der Luftfrachtspedition, TranspR **1996** 138–142; *ders.* Beweisführung und Einlassungsobliegenheit bei qualifiziertem Verschulden des Luftfrachtführers nach der Haftungsordnung des Warschauer Abkommens, Festschrift Piper, **1996** S. 847–855; *ders.* Das Volumengewicht – Grundlage der limitierten Haftung des Luftfrachtführers nach Maßgabe des Warschauer Abkommens, TranspR **1998** 343–344; *ders.* Die Beförderungsbedingungen im Luftfrachtverkehr, TranspR **1999** 173–188; *Gregor* Der Gerichtsstand des Erfüllungsorts beim Luftbeförderungsvertrag, IPRax **2008** 403–404; *Grönförs* The concept of delay in transportation law, ETR **1974** 400–413; *ders.* Verfügungsrecht und Kreditsicherheit beim Luftgütertransport ohne Dokument, Festschrift Alex Meyer, **1975** S. 103–113; *Groth* Neuere Rechtsprechung zum CMR 1980–1982, VersR **1983** 1104–1108; *Guerreri* The Airport Operator: Aircarrier's Agent or Independent Contractor? ASL **1992** 231–234; *Guldimann* Wer ist „erster Luftfrachtführer"? ZLW **1960** 121–140; *Harms/Schuler-Harms* Die Haftung des Luftfrachtführers nach dem Montrealer Übereinkommen, TranspR **2003** 369–377; *Harris* Warsaw Convention – „Disembarking" in the United Kingdom, ZLW **1993** 148–150; *Hayashida* Jurisdiction in Aviation Cases in Japan, ZLW **1993** 250–257; *Heim* Haftung des Luftfrachtführers für verspätete Auslieferung, VW **1956** 580; *Hector* Versicherungspflicht in der Luftfracht unklar, DVZ Nr. 146 v 9.12.2004; *Heinz* Neue Rechtsprechung zum Pauschalreiserecht unter Berücksichtigung konkurrierender Bestimmungen im nationalen und internationalen Beförderungsrecht, TranspR **1991** 45–55; *Helm* Der arbeitsrechtliche Freistellungsanspruch bei schadensgeneigter Arbeit und seine Auswirkungen auf die beschränkte Unternehmerhaftung, insbesondere im Verkehrsrecht, AcP **1961** 134–155; *Helmrich* Haftungsrechtliche Gesichtspunkte bei Verlust und Beschädigung von Briefen und briefähnlichen Sendungen, TranspR **2007** 188 – 193; *Herber* Seefrachtbriefe und das geltende Recht, TranspR **1986** 169–176; *Hermida* The New Montreal Convention: The International Passenger's Perspective, ASL **2001** 150–155; *Heuer* Was ist eigentlich so besonders am Luftfrachtverkehr, oder Haftungsbeschränkung für Vorsatz? TranspR **2003** 100–102; *Hobe/Müller-Rostin/Recker* Fragwürdiges aus Luxemburg zur Verordnung 261/2004, ZLW **2010** 149–166; *Hopperdietzel* Internationale und nationale Gerichtsstände bei Klagen gegen Luftfahrtunternehmen oder Reiseveranstalter – Kommt auch der Verbraucher-Gerichtsstand in Betracht? RRa **2022** 117–123; *Hübsch* Die Bedeutung des Warschauer Abkommens für die deliktische Haftungs des Luftfrachtführers bei Personen- und Sachschäden, TranspR **1996** 366–375; *Janköster* Fluggastrechte im internationalen Luftfverkehr, Diss. Konstanz **2008**; *Kadletz* Das neue Montrealer Übereinkommen vom 28. Mai 1999 über den internationalen Luftbeförderungsvertrag (Neues Warschauer Abkommen), VersR **2000** 927–935; *ders.* Internationales Lufttransportrecht unter dem Einfluss staatlichen Drucks, RIW **2000** 540–544; *Kahlert/Hast* Die haftungsrechtlichen Folgen des sogenannten „Economy-Class-Syndroms", VersR **2001** 559–561; *Karsten/Seidenspinner* „Zum Vorteile des Verkehrsnutzers" – Zwanzig Jahre EU-Passagierrecht im Spannungsfeld zwischen international governance und europäischen Nutzerrechten, ZEuP **2010** 830–860; *Kehrberger* Overhead Bin – Unfälle an Bord von Flugzeugen – eine Fallstudie, Festschrift Guldimann, **1997** S. 129–168; *Kilian* Die Haftung des Luftfrachtführers für schadensverursachende Passagiere – Der „disruptive passenger" als Problem des Luftprivatrechts, TranspR **2003** 177–185; *Kirchhof* Der Luftfrachtvertrag als multimodaler Vertrag im Rahmen des Montrealer Übereinkommens, TranspR **2007** 133–141; *ders.* Wo endet die „Luft" im Sinne des Montrealer Übereinkommens? TranspR **2010** 321–327; *Kirsch* Die Haftung des internationalen Luftfrachtführers nach dem Warschauer Abkommen im Anordnungsbereich des Montrealer Protokolls Nr. 4, TranspR **2002** 435–437; *Kober-Dehm/Meier-Beck* Die Rechtsprechung des Bundesgerichtshofs zum Personenbeförderungs- und Reiserecht in den Jahren 2009 und 2010, RRa **2010** 250–262; *Koller* Die Haftung beim Transport mit vertragswidrigen Beförderungsmitteln, VersR **1988** 432–439; *ders.* Die Haftung des Unterfrachtführers gegenüber dem Empfänger, VersR **1988** 673–674; *ders.* Die Haftung bei unbekanntem Schadensort im multimodalen Verkehr, VersR **1989** 769–775, *ders.* Die Haftung für Sachschäden infolge vertragswidrigen Truckings im grenzüberschreitenden Luftfrachtverkehr, ZLW **1989** 359–367; *ders.* Rechtsnatur und Rechtswirkungen frachtrechtlicher Sperrpapiere, TranspR **1994** 181–189; *ders.* Zum Begriff des Schadens und zur Kausalität im Recht der CMR, VersR **1994** 384–388; *ders.* Reklamation und Verjährung sowie Ausschlussfristen bei internationalen Lufttransporten mit gekoppelten Zubringerleistungen, TranspR **2001** 69–72; *ders.* Die örtliche Zuständigkeit bei internationalen Gütertransporten mit Luftfahrzeugen, TranspR **2003** 285–286; *ders.* Schadensverhütung und Schadensausgleich bei Güter- und Verspätungsschäden nach dem Montrealer Übereinkommen, TranspR **2004** 181–194; *ders.* Unbeschränkte Haftung des Luftbeförderers nach dem Montrealer Übereinkommen, TranspR **2005** 177–181; *ders.* Sind die Art. 31, 35 MÜ bei Multimodaltransporten zu beachten? RdTW **2014** 341–346; *ders.* Die Verzollung bei Multimodalfrachtverträgen, RdTW **2019** 161–165; *Koning* Liability in Air Carriage. Carriage of Cargo under the Warsaw and Montreal Conventions, ASL **2008** 318–345; *Krahe* Der Begriff „Kriegsereignis" in der Sachversicherung, VersR **1991** 634–636; *Kronke* Seefrachtvertragsrechtliche Gehilfenhaftung – Zeitgemäßheit, Vorbildlichkeit oder Nachholbedarf einer Sonderrechtsmaterie? TranspR **1988** 89–102; *ders.* Zur internationalen und örtlichen Zuständigkeit deutscher Gerichte für Haftungsansprüche aus dem grenzübschreitenden Luftfrachtgeschäft sowie zur Haftung des Luftfrachtführers bei nicht feststellbarem Schadensort, IPRax **1993** 109–110; *Kuhn* Entgeltlichkeit im Sinne des Art 1 Abs 1 WA, WA/HP bei Kostenteilung? ZLW **1988** 224–227; *ders.* Sonderfälle der Anspruchsberechtigung bei Art 17, 18 und 19 WA, WA/HP, ZLW **1989** 21–29; *Kummer* Zur Abgrenzung der „großen Verspätung" von der „Annullierung" eines Fluges, RRa **2008** 14–15;

Kuznicki Terrorismus und luftspezifische Gefahr in bezug auf eine Haftung des Luftfrachtführers gemäß Artikel 17 des Warschauer Abkommens, ZLW **1992** 360–376; *Laib* „No Show, No Compenstation" – Keine Ausgleichsleistungen bei Nichterscheinen von Fluggästen, RdTW **2024** 122–126; *Lee/Wheeler* Air Carrier Liability for Delay: A Plea to Return to International Uniformity, 77 J. Air L. & Com. **43 (2012)** 43–101; *Leffers* Minderung des Flugpreises bei Verspätungen im internationalen Luftverkehr, TranspR **1997** 93–97; *dies* Conséquences jurisprudentielles probables de l'évolution du régime de responsabilité du transporteur aérien en Allemagne, RFDA **1999** 457–465; *Le Goff* La Convention complémentaire de Varsovie et la Conférence de Guadalajara, RFDA **1963** 21–33; *Lienhard* Europäisches Schuldrecht für den Flugverkehr, GPR **2004** 259–266; *Liesecke* Die neuere Rechtsprechung zum Luftfrachtrecht des Warschauer Abkommens von 1929 nebst Haager Protokoll von 1955, MDR **1968** 1–4, 93–99; *Littger/Kirsch* Die Haftung im internationalen Luftverkehr nach Inkrafttreten des Montrealer Übereinkommens, ZLW **2003** 563–581; *Löw* Art. 17 Abs. 1 MÜ in der Rechtsprechung des EuGH, RRa **2022** 211–215; *Majiyagbe/Dalley* The Exclusivity of the Warsaw Convention Regime vis-à-vis Actions and Remedies in International Carriage by Air under Nigerian Laws, ASL **2006** 196–210; *Mankiewics* Application of Article 26 (2) of the Warsaw Convention as amended at the Hague to partial loss of contents of registered baggage – the House of Lords' new standards for the interpretation of Uniform Law Conventions, ZLW **1981** 119–136; *ders.* Irregularité des documents de transport prescrits par la Convention de Varsovie, ETR **1973** 200–217; *Marchand* Transport successif et transport de fait en droit aérien international, ETR **1997** 25–52; *Mauritz* Current Legal Developments: The ICAO International Conference on Air Law, Montreal, May 1999, ASL **1999** 153–157; *Mercer* Liability of Air Carriers for Mental Injury under the Warsaw Convention, ASL **2003** 147–187; *Meyer* Deep Vein thrombosis – blood flow v. Profit flow, ASL **2001** 225–230; *Milde* Liability in international carriage by air: the new Montreal Convention, ULR **1999** 835–861; *Michlmayr* Die Judikatur des HG Wien zur Fluggastrechte-Verordnung in den Jahren 2020 und 2021, RRa **2022** 8–12; *Milner* Regulation EC 261/2004 and,Extraordinary Circumstances', ASL **2009** 215–220; *Möllring* Haftung von Fluglinien für psychische Unfallfolgen, MDR **2022** 374–375; *Mühlbauer* Die haftungsrechtlichen Folgen des sogenannten „Economy-Class-Syndroms", VersR **2001** 1480–1485; *ders.* Die Verbesserung des Schutzes der Fluggäste durch die EG-Verordnung Nr. 2027/97 vom 9.10.1997, VersR **1998** 1335–1337; *Müller* Die Haftung des Luftfrachtführers bei Dienst- und Freiflügen seiner Arbeitnehmer, ZLW **1960** 41–58; *Müller-Rostin* Die Haftung für anlässlich einer Flugzeugentführung erlittene Personenschäden, TranspR **1980** 122–124; *ders.* Verfügungsrechte und Anspruchsberechtigung von Absender und Empfänger nach dem Warschauer Abkommen, TranspR **1989** 1–4; *ders.* Die Haftung des Luftfrachtführers bei der Beförderung von Luftfracht, TranspR **1989** 121–130; *ders.* Die Anspruchsberechtigung für Güterschäden nach dem Warschauer Abkommen, TranspR **1995** 89–94; *ders.* Das Warschauer Abkommen – nur noch eine Hülse? TranspR **1996** 125–127; *ders.* Erfordernis der Novellierung der frachtrechtlichen Vorschriften des Warschauer Abkommens durch eine Ratifikation des Montrealer Protokolls Nr. 4, TranspR **1994** 321–326; *ders.* Die Luftfrachtersatzbeförderung, TranspR **1996** 217–223; *ders.* Der vertragswidrige Luftfrachtersatzverkehr, Festschrift Piper, **1996** S. 967–978; *ders.* Das neue Warschauer Abkommen im Überblick, TranspR **1999** 291–293; *ders.* Gedanken eines Luftfahrtversicherers zur Neugestaltung der Haftung für Passagierschäden im internationalen Luftverkehr, Festgabe Herber, **1999** S. 245–257; *ders.* Die Internationale Luftrechtskonferenz von Montreal zur Reform des Warschauer Abkommens (10.–28. Mai 1999), ZLW **2000** 36–51; *ders.* Neuregelungen im internationalen Luftfrachtverkehr: Montrealer Protokoll Nr. 4 und Montrealer Übereinkommen, TranspR **2000** 234–238; *ders.* Haftung und Versicherung beim Code-Sharing, NZV **2002** 68–72; *ders.* Redaktionelle Unzulänglichkeiten im Übereinkommen von Montreal von 1999 über den internationalen Luftbeförderungsvertrag, VersR **2001** 683–688; *ders.* Urteilsanmerkung zu LG Frankfurt a.M. vom 29.10.2001 zu Thromboseschäden, NZV **2002** 182–183; *ders.* Art. 50 Montrealer Übereinkommen – eine unscheinbare, aber bedeutungsvolle Vorschrift zur Pflichtversicherung für Luftfrachtführer VersR **2004** 832–835; *ders.* Article 50 Montreal Convention, a provision with considerable consequences, ZLW **2004** 551–557; *ders.* Das Montrealer Übereinkommen vom 28. Mai 1999 – neue Haftungsregelungen für den internationalen Flugverkehr, GPR **2004** 266–271; *ders.* Versicherungen des gewerblichen Luftverkehrs, TranspR **2006** 49–55; *ders.* Flugannullierungen wegen Sperrung des Luftraumes – die Rechte der Fluggäste und der Absender von Luftfracht, TranspR **2011** 129–134; *ders.* Multimodalverkehr und Luftrecht, TranspR **2012** 14–22; *ders.* Keine haftungseinschränkende Wirkung des Art. 38 Abs. 1 MÜ, TranspR **2012** 324–325; *ders.* Das Schiedsverfahren nach dem Montrealer Übereinkommen, TranspR **2012** 413–418; *ders.* Anhebung der Haftungsgrenzen und Interessendeklaration, TranspR **2015** 140 –148; *ders.* Luftfrachtersatzbeförderung – nicht zwingend zwischen zwei Flughäfen, TranspR **2015** 292–296; *ders.* Anhebung der Haftungshöchstbeträge des Montrealer Übereinkommens, TranspR **2020** 74–76; *ders.* Der EuGH und das Luftrecht – echte Freunde werden sie nie, TranspR **2023** 289–296; *ders.* Passagier hier – Koffer dort, TranspR **2023** 78–81; *Nagel* Internationale Zuständigkeit bei Beteiligung ausländischer Fluggesellschaften, IPRax **1984** 13–14; *Naumann* Die Haftung des Luftfrachtführers für den Verlust wertvollen Gepäcks nach Montrealer Übereinkommen, TranspR **2010** 415–419; *ders./Steppler* Der „Property Irregularity Report" – eine fristgerechte Schadensanzeige nach Artikel 31 Montrealer Übereinkommen? ZLW **2009** 232–244; *Neumann* Kein Recht des Fluggastes auf Minderung bei Flugverspätung, ZLW **1997** 217–222; *Neupert* Zur Aktivlegitimation für Schadensersatzansprüche gegen den Luftfrachtführer aufgrund des Warschauer Abkommens, ASDA **1988** 24–32; *Pokrant*

Aktuelle höchstrichterliche Rechtsprechung zum Transportrecht, TranspR **2011** 49–56; *Politis* Zur Reichweite des Exklusivitätsprinzips des Montrealer Übereinkommens, RdTW **2015** 486–488; *Ramming* Internationalprivatrechtliche Fragen der Multimodal-Beförderung und des Multimodal-Ladescheins, TranspR **2007** 279–300; *Ravaud* La notion d'établissement au sens de l'article 28 de la Convention de Varsovie, RFDA **1985** 159–161; *Reifarth* Zur Anwendbarkeit des Art. 28 des Warschauer Abkommens auf die „Leute" des Frachtführers, IPRax **1983** 107–108; *Reuschle* Haftung des Luftfrachtführers bei Unfällen im internationalen Luftverkehr (Teil I), RdTW **2023** 418–426; *ders.* Haftung des Luftfrachtführers bei Unfällen im internationalen Luftverkehr (Teil II), RdTW **2023** 471–478; *Richter/Monteiro* Passagierrechte bei Flugverspätungen, GPR **2012** 199–205; *Rieländer* Internationale und örtliche Zuständigkeit bei Geltendmachung von Ansprüchen nach der Fluggastrechte-VO und dem MÜ in kumulativer Klagehäufung, EuZW **2020** 59–63; *Riese* Die internationalen Luftprivatrechtskonferenz im Haag zur Revision des Warschauer Abkommens, September 1955, ZLR **1956** 4–45; *ders.* Der Tokioter Entwurf des Rechtsausschusses der ICAO (1957) über Charter, Miete und Austausch von Luftfahrzeugen im internationalen Luftverkehr, ZLR **1958** 1–32; *ders.* Die internationale Luftprivatrechtskonferenz und das Charterabkommen von Guadalajara (Jal., Mexiko) vom 18. September 1961, ZLW **1962** 1–49; *Rodegra* Haftung von Reiseveranstalter und Fluggesellschaft bei Terroranschlägen, MDR **2017** 1102–1106; *Röbbert* Die internationale Luftrechtskonferenz in Montreal vom 3. bis 25. September 1975, ZLW **1976** 5–14; *Roesch* Kann im Frachtrecht bei Güterschäden über die Haftungsbestimmungen der einzelnen anzuwendenden frachtrechtlichen Regelungen hinaus Ersatz aus positiver Vertragsverletzung oder unerlaubter Handlung beansprucht werden? VersR **1980** 314–321; *Rudolf* Die Haftung für Schäden bei der Beförderung in militärischen Luftfahrzeugen, ZLW **1960** 11–34; *ders.* Der Flugschein im internationalen Linienverkehr ZLW **1969** 90–122; *ders.* Haftung bei der Beförderung von Gütern mit Luftfahrzeugen, in: Haftung für Schäden bei der Beförderung von Personen, Deutsche Verkehrswissenschaftliche Gesellschaft (Hrsg.), Bd. 34 S. 213–232; *ders.* Die neuen IATA-Beförderungsbedingungen für Fluggäste und Gepäck, ZLW **1971** 153–165; *ders.* Nochmals: Zur deliktischen Haftung für Luftpostsendungen, ZLW **1981** 17–28; *Ruhwedel* Der Luftfrachtbrief, TranspR **1983** 1–5; *ders.* Das auf den Luftbeförderungsvertrag anwendbare Recht, TranspR **1983** 141–142; *ders.* Die Haftung bei der Beförderung von Luftpostsendungen, TranspR **1984** 85–92; *ders.* Das Montrealer Übereinkommen zur Vereinheitlichung bestimmter Vorschriften über die Beförderung im internationalen Luftverkehr vom 28.5.1999, TranspR **2001** 189–202; *ders.* Die „Luftfahrtunternehmen der Gemeinschaft" und das Montrealer Übereinkommen, TranspR Sonderbeilage **2004** 34–36; *ders.* Haftungsbegrenzungen und deren Durchbrechung im Luftrecht oder: Die absolute Beschränkung der Haftung bei Schäden an Luftfrachtgütern, TranspR **2004** 137–141; *ders.* Der „elektronische" Luftfrachtbrief, TranspR **2004** 421–425; *ders.* Neue Entwicklungen im Lufttransportrecht vor dem Hintergrund des Inkrafttretens des Montrealer Übereinkommens, TranspR **2006** 421–428; *ders.* Montrealer Übereinkommen vs. Warschauer System, TranspR **2008** 80–102; *Runge* Zur transportrechtlichen Rechtsprechung des OLG Karlsruhe, TranspR **2009** 96–103; *Saenger* Harmonisierung des internationalen Luftprivatrechts: Vom IATA-Intercarrier Agreement zur Neufassung des Warschauer Abkommens in der Montrealer Konvention vom Mai 1999, NJW **2000** 169–175; *Sand* „Parteiautonomie" in internationalen Luftbeförderungsverträgen, ZLW **1969** 205–218; *Schiller* Gerichtsstand der Geschäftsstelle nach Art 28 WA, ZLW **1984** 259; *ders.* Das Warschauer Abkommen beim Wort genommen, TranspR **1996** 173–183; *Schiller* Vom Warschauer Abkommen zum Montrealer Übereinkommen, SJZ **2000** 184–189; *Schmid* Zum Begriff „Chartervertrag" im Luftverkehrsrecht, TranspR **1983** 113–115; *ders.* Der Begriff „Leute" im sog. Warschauer Abkommen, TranspR **1984** 1–6; *ders.* Der Zeitraum der Haftung des Luftfrachtführers im Rahmen des Warschauer Abkommens, RIW **1984** 429–437; *ders.* Verspätung und Nichtbeförderung im Luftverkehr, TranspR **1985** 369–375; *ders.* La notion de „préposés" dans la Convention de Varsovie, RFDA **1986** 165–176; *ders.* Keine Haftung des Luftfrachtführers bei Flugzeugentführungen, VersR **1986** 17–19; Das Zusatzabkommen von Guadalajara und seine Bedeutung für das deutsche Reisevertragsrecht, TranspR **1994** 420–425; *ders.* Der Flugschein – seine Bedeutung für Fluggast und Luftfrachtführer, Festschrift Piper, **1996** S. 999–1013; *ders.* The Warsaw Convention between Dus and Dawn. The IATA Intercarrier Agreements – A Requiem for a well-proved Liability System, ASL **1997** 50–55; *ders.* Meilenstein-Entscheidungen des U.S. Supreme Court zum Warschauer Abkommen, TranspR **2000** 72–74; *ders.* Rechtsprobleme bei der Beförderung von Flugpauschalreisen, NJW **2002** 3510–3517; *ders.* Haftungsrisiken bei Personenschäden im Luftfahrtbereich, VersR **2002** 26–30; *ders.* Die Verordnung (EG) Nr. 261/2004 – Europäischer Verbraucherschutz mit Nachbesserungsbedarf, ZLW **2005** 373–385; *ders.* May a technical fault with an aircraft be considered as,extraordinary circumstances' in the meaning ot the regulation (EC) No. 261/2004? ASL **2007** 376–379; *ders.* Die Verordnung (EG) Nr. 261/2004 – eine „Sagrada familia" des Fluggastrechts? RRa **2008** 202–211; *Schmid/Hopperdietzel* Rechtsfallen im Luftverkehrsrecht: Wichtige Fristen, NJW **2009** 3085–3087; *Schmid/Müller-Rostin* In-Kraft-Treten des Montrealer Übereinkommen von 1999 – Neues Haftungsregime für internationale Lufttransporte, NJW **2003** 3516–3523; *Schmidt-Räntsch* Die Ausführung der Luftbeförderung durch einen Dritten, Festschrift Riese, **1964** S. 479–496; *ders.* Einige Fragen zur Anwendung des Zusatzabkommens von Guadalajara, Festschrift Alex Meyer, **1975** S. 221–225; *ders.* Fragen des Luftfrachtführers für Schäden durch widerrechtliche Entführung von Luftfahrzeugen, ZLW **1979** 429–434; *Schneider* Die Haftung des Luftfrachtführers bei Flugzeugentführungen und sonstigen kriminellen Angriffen auf den Luftverkehr, ZLW **1989** 220–226; *Schneider* Haftung und Haftungsbeschänkung bei Personenschäden im internationalen Lufttransport, Diss. Basel **1998**; *Schollmeyer* Die Harmonisierung des Haftungsrechts im Luftverkehr zwischen Warschau, Montreal und Brüssel, IPRax **2004** 78–82; *Schoner* Anleitung für Schadensfälle im internationalen Luftfrachtverkehr, TranspR **1978** 67–70; *ders.* Anleitung für Schadensfälle im internationalen Luftfrachtverkehr, TranspR **1979** 1–6; *ders.* Der Spediteur als Luftfrachtführer, TranspR **1979** 57–65; *ders.* Der Luftfrachtbrief, TranspR **1979** 80–83; *ders.* Die Haftung des Luftfrachtführers bei der Beförderung von Luftpost, ZLW **1980** 97–118; *ders.* Multimodaler Transport und Luftverkehr, TranspR **1982** 63–67; *Schönwerth* Zur luftfahrttypischen Kausalität – als Voraussetzung der Anwendung der Haftungsregeln von WA/HP und LuftVG –, TranspR **1992** 11–13; *Schönwerth/Müller-Rostin* Die Luftfahrtversicherung in der Praxis, ZLW **1987** 229–243; *dies* Unmittelbare Ansprüche des Eigentümers von Gepäck und Fracht gegen den Luftfrachtführer, ZLW **1993** 21–28; *Schweickhardt* Lettre de transport aérien ou connaissement aérien? RFDA **1951** 19–34; *ders.* Zur Frage der rechtlichen Beurteilung der Haftung des Luftfrachtführers aus Dienst- und Freiflügen seiner Angestellten, ZLR **1954** 7–10; *Schwenk* Haftung und Versicherungspflicht im Luftverkehr, BB **1968** 189–193; *ders.* Charterverträge im Luftverkehr, BB **1970** 282–285; *ders.* Reisebüro, Reiseveranstalter und Luftfahrtunternehmen – ihr Verhältnis bei der Beförderung von Fluggästen, ZLW **1974** 103–118; *ders.* Flugpauschalreiserecht TranspR **1996** 223–228; *Sendmeyer* Alle Jahre wieder: Europäische Fluggastrechte im Schneechaos, NJW **2011** 808–812; *Staudinger* Wider die Qualifikation des Luftbeförderungsvertrages als absolutes Fixgeschäft sowie die Relevanz des Mängelrechts, RRa **2005** 249–256; *ders.* Der Begriff „Streik“ in der Verordnung „EWG“ Nr. 295/91, RRa **2006** 254–256; *ders.* Abgrenzung zwischen großer Verspätung und Annullierung im Luftverkehrsrecht – eine neue Aufgabe für den EuGH? NJW **2007** 3392–3394; *ders.* Praktikertipps zum Erfüllungsortsgerichtsstand im Luftverkehr, RRa **2009** 219–231; *ders./Schmidt-Bedun* Neuregelung über Ausgleichs- und Unterstützungsleistungen für Fluggäste, NJW **2004** 1897–1901; *Stefula/Thoß* Minderungsrecht des Passagiers bei Flugverspätungen? TranspR **2001** 248–256; *Storm* The employee in airlaw, ETR **1982** 149–165; *Sundberg* Quelques aspects de la responsabilité pour retard en droit aérien, RFDA **1966** 139–163; *Thor* Muss der Luftfrachtführer für alle Zufälle des täglichen Lebens haften? Festgabe Ruhwedel, **2004** S. 273–303; *Thume* Haftungsprobleme beim Containerverkehr, TranspR **1990** 41–48; *ders.* Keine Rechte des Empfängers nach Art 13 Abs 1 CMR und § 435 HGB gegen den Unterfrachtführer? TranspR **1991** 85–89; *ders.* Vergleich der Haftungsregeln des Warschauer Abkommens mit denen der CMR, TranspR **1996** 143–148; *ders.* Verlust – Zerstörung – Beschädigung in: GS Johann Georg Helm, **2001** S. 341–354; *ders.* Zum Verlustbegriff, insbesondere bei weisungswidriger Ablieferung einer Sendung, TranspR **2001** 433–436; *Tompkins* The 1999 Montreal Convention: Alive, Well and Growing, ASL **2009** 421–426; *Tonner* Flugverspätung, Annullierung und Nichtbeförderung im europäischen Reiserecht, RRa **2006** 278–279; *Trappe* Zum Verspätungsschaden im Luftrecht, VersR **1975** 596–598; *Tunn* Rechtsstellung des Empfängers im Frachtrecht, TranspR **1996** 401–406; *Videla Escalada* The Warsaw Convention within Argentine Law, ZLW **1991** 339–362; *Vogt* Erwerb von Flugscheinen für Dritte, ZLW **1967** 125–134; *ders.* Der Umfang des Schadensersatzes von Luftfrachtschäden, ZLW **1970** 146–156; *Vyvers* Zum (Vor-)Rangverhältnis von Montrealer Übereinkommen und Allgemeinen Deutschen Spediteurbedingungen, VersR **2010** 1554–1558; *ders.* Warum die Klage zum unzuständigen Gerichte die Ausschlussfrist nach Art. 35 MÜ doch nicht hemmt, TranspR **2015** 233–236; *ders.* Luftfracht im Kurz-Überblick, NZV **2020** 298–300; *ders.* Der Wortlaut des Art. 33 MÜ und seine Ausgestaltung – immer wieder überraschend!? TranspR **2022** 501–503; *Wahlen* The new Warsaw Convention: The Montreal Convention, ASL **2000** 12–26; *ders.* Arbitration of International Cargo Claims, ASL **2009** 417–420; *Weber* The Modernization and Consolidation of the Warsaw System on Air Carrier Liability: the Montreal Convention of 1999, in: Luft- und Weltraumrecht im 21. Jahrhundert, Festschrift Böckstiegel, **2001** S. 247–255; *Weber/Ludwig* The modernization of the Warsaw system: The Montreal Convention of 1999, ASL **1999** 333–353; *Wegner* Der Gerichtsstand der „Geschäftsstelle“ nach Art 28 Abs 1 des Warschauer Abkommens, VersR **1982** 423–427; *Wegter* The ECJ Decision of 10 January 2006 on the Validity of Regulation 261/2004: Ignoring the Exclusivity of the Montreal Convention, ASL **2006** 133–148; *Wenzler* Art 28 Abs 1 Warschauer Abkommen in der Rechtsprechung US-amerikanischer Gerichte, TranspR **1990** 414–418; *Wessels* Einige Zweifelsfragen bei der Haftung des Luftfrachtführers für Handgepäck gemäß Warschauer Abkommen und deutschem Recht, ZLR **1958** 209–216; *Westwood Wilson/Geraghty* The progeny of Tseng, ASL **2000** 62–75; *Willenberg/Lucas* Der Luftfrachtverkehr auf der Straße oder das Trucking und seine haftungsrechtlichen Folgen, TranspR **1989** 201–207; *Wodrich/Suhr* Keine Anzeigepflicht des Absenders gegenüber dem Luftfrachtführer bei Verlust von Luftfrachtgut, VersR **1977** 263; *Wokuschitz* Der ungeklärte Treppensturz eines Fluggastes – ein „Unfall“, TranspR **2022** 477–481; *Young* Responsibility and Liability for Unlawful Interference in International Civil Aviation, ASL **2003** 1–81; *Zivy* Le droit du destinataire réel d'une L.T.A., RFDA **1986** 18–23.

IX. Fachzeitschriften und Urteilssammlungen

AcP	Archiv für die civilistische Praxis
AL	Air Law (Niederlande)
ALR	Archiv für Luftrecht (Deutschland)
All E.R.	All England Law Reports

ASDA	Association Suisse de Droit Aérien et Spatial = Bulletin der Schweizerischen Vereinigung für Luft- und Weltraumrecht
ASL	Air and Space Law (Niederlande)
Avi CCH	Aviation Cases (USA)
BB	Betriebsberater
BTL	Bulletin des transports et de la logistique
DVZ	Deutsche Verkehrszeitung
ETL	European Transport Law (Belgien) = Europäisches Transportrecht (ETR)
GPR	Zeitschrift für Gemeinschaftsprivatrecht
F. 2 d	Federal Reporter second Series (USA)
F.Supp	Federal Supplement (USA)
IPRax	Praxis des internationalen Privat- und Verfahrensrechts (Deutschland)
J. Air L. & Com	Journal of Air Law and Commerce
LLR	Lloyd's Law Reports (Großbritannien)
MDR	Monatsschrift für Deutsches Recht (Deutschland)
Misc.	New York Miscellaneous (USA)
NYS 2 d	New York Supplement – Second Series (USA)
NJW	Neue Juristische Wochenschrift
NJW-RR	Neue Juristische Wochenschrift – Rechtsprechungsreport
NZV	Neue Zeitschrift für Verkehrsrecht
RdW	Österreichisches Recht der Wirtschaft
RdTW	Zeitschrift für das Recht der Transportwirtschaft
RFDA	Revue de Droit Aérien (Frankreich)
RIW	Recht der Internationalen Wirtschaft (Deutschland)
RRa	Reiserecht aktuell (Deutschland)
SJZ	Schweizerische Juristenzeitung
TranspR	Transportrecht (Deutschland)
ULR	Uniform Law Review (Unidroit)
USAvR	United States Aviation Reports (USA)
VersR	Versicherungsrecht
VW	Versicherungswirtschaft
ZLR	Zeitschrift für Luftrecht (Deutschland) bis 1960
ZLW	Zeitschrift für Luft- und Weltraumrecht (Deutschland) ab 1961
ZfVers	Zeitschrift für Versicherungswesen

X. Abkürzungen

Abkürzungsverzeichnis internationaler Übereinkünfte und Verordnungen der Europäischen Gemeinschaft

CIM 1999	Einheitliche Rechtsvorschriften für den Vertrag über die internationale Eisenbahnbeförderung von Gütern (Anhang B zum Übereinkommen)
CIV 1999	Einheitliche Rechtsvorschriften für den Vertrag über die internationale Eisenbahnbeförderung von Personen (Anhang A zum Übereinkommen)
CMR	Übereinkommen über den Beförderungsvertrag im internationalen Straßenverkehr vom 19. Mai 1956
EWG-VO Nr. 2407/92	Verordnung (EWG) Nr. 2407/92 des Rates vom 23. Juli 1992 über die Erteilung von Betriebsgenehmigungen an Luftfahrtunternehmen – aufgehoben durch EG-VO Nr. 1008/08 –
EWG-VO Nr. 2408/92	Verordnung (EWG) Nr. 2408/92 des Rates 23. Juli 1992 über den Zugang von Luftfahrtunternehmen der Gemeinschaft zu Strecken des innergemeinschaftlichen Flugverkehrs
EG-VO Nr. 2027/97	Verordnung (EG) Nr. 2027/97 des Rates vom 9. Oktober 1997 über die Haftung von Luftverkehrsunternehmen bei Unfällen
EG-VO Nr. 44/01	Verordnung (EG) des Rates vom 22. Dezember 2000 über die gerichtliche Zuständigkeit und die Anerkennung und Vollstreckung von Entscheidungen in Zivil- und Handelssachen (EuGVVO)

EG-VO Nr. 889/02	Verordnung (EG) Nr. 889/2002 des Europäischen Parlaments und des Rates vom 13. Mai 2002 zur Änderung der Verordnung (EG) Nr. 2027/97 des Rates vom 9. Oktober 1997 über die Haftung von Luftverkehrsunternehmen bei Unfällen
EG-VO Nr. 261/04	Verordnung (EG) Nr. 261/2004 des Europäischen Parlaments und des Rates vom 11. Februar 2004 über eine gemeinsame Regelung für Ausgleichs- und Unterstützungsleistungen für Fluggäste im Fall der Nichtbeförderung und bei Annullierung oder großer Verspätung von Flügen und zur Aufhebung der Verordnung (EWG) Nr. 295/91
EG-VO Nr. 785/04	Verordnung (EG) Nr. 785/2004 des Europäischen Parlaments und des Rates vom 21. April 2004 über Versicherungsanforderungen an Luftfahrtunternehmen und Luftfahrzeugbetreiber
EG-VO Nr. 2111/05	Verordnung (EG) Nr. 2111/2005 des Europäischen Parlaments und des Rates vom 14.12.2005 über die Pflicht zur Unterrichtung von Fluggästen über die Identität des ausführenden Luftfahrtunternehmens
EG-VO Nr. 1107/06	Verordnung (EG) Nr. 1107/2006 des Europäischen Parlaments und des Rates vom 5. Juli 2006 über die Rechte von behinderten Flugreisenden und Flugreisenden mit eingeschränkter Mobilität
EG-VO Nr. 1008/08	Verordnung (EG) Nr. 1008/2008 des Europäischen Parlaments und des Rates vom 24. September 2008 über gemeinsame Vorschriften für die Durchführung von Luftverkehrsdiensten in der Gemeinschaft
EG-VO Nr. 285/10	Verordnung (EU) Nr. 285/2010 der Kommission vom 6. April 2010 zur Änderung der Verordnung (EG) Nr. 785/2004 des Europäischen Parlaments und des Rates vom 21. April 2004 über Versicherungsanforderungen an Luftfahrtunternehmen und Luftfahrzeugbetreiber
EuGVÜ	Europäisches Übereinkommen vom 29. Juli 1968 über die gerichtliche Zuständigkeit und die Vollstreckung gerichtlicher Entscheidungen in Zivil- und Handelssachen
HambR	Übereinkommen der Vereinten Nationen vom 31. Juli 1978 über die Beförderung von Gütern auf See (Hamburg-Regeln)
HP	Haager Protokoll vom 28. September 1955
LugÜ	Luganer Übereinkommen über die gerichtliche Zuständigkeit und die Vollstreckung gerichtlicher Entscheidungen in Zivil- und Handelssachen
MP Nr. 1–4	Montrealer Zusatzprotokolle Nr. 1 bis 4 vom 25. September 1975
WA 1929	Warschauer Abkommen vom 12. Oktober 1929
WA 1955	Warschauer Abkommen vom 12. Oktober 1929 in der Fassung des Haager Protokolls vom 28. September 1955
ZAG	Zusatzabkommen von Guadalajara vom 18. September 1961

Abkürzungsverzeichnis ausländischer Gerichte

A	Österreich
AR	Argentinien
AU	Australien
B	Belgien
CA	Kanada
CH	Schweiz
F	Frankreich
GB	Großbritannien
I	Italien
IL	Israel
NL	Niederlande
UK	Vereinigtes Königreich
US	USA
ZA	Südafrika
BG	Bundesgericht (Schweiz)
C, CC	Cour (Schweiz); Circuit Court, Civil City Court (USA)
CA	Cour d'Appel (Frankreich, Belgien, Appellationsgericht), Court of Appeals (Großbritannien, USA Appellationsgericht), Federal Court of Appeal (Argentinien)
CANSW	Court of Appeal New South Wales (Australien)
Cass	Cour de Cassation (Frankreich, Belgien, Kassationsgericht), Corte di Cassazione (Italien, Kassationsgericht)

CS	Cour Suprême (Gabon, Israel)
DC	District Court (USA)
HC	High Court (Australien, Südafrika)
HG	Handelsgericht (Österreich)
HL	House of Lords
HR	Hoge Raad (Niederlande)
OGH	Oberster Gerichtshof (Österreich)
ONSC	Superior Court of Justice – Ontario (Kanada)
QBD	Queen's Bench Division (Großbritannien)
Rb	Rechtbank (Belgien, Niederlande, Gericht erster Instanz)
SC	Supreme Court (USA, Südafrika)
SCBC	Superior Court of Justice – British Columbia (Kanada)
SCJ	Superior Court of Justice (Kanada)
SCNSW	Supreme Court of New South Wales (Australien)
SCSD	Scottish Court of Session Decisions
SKQB	Court of Queen's Bench for Saskatchewan (Kanada)
TGI	Tribunal de Grande Instance (Frankreich)
Trib	Tribunal (Belgien, Frankreich, erstinstanzliches Zivilgericht), Tribunale (Italien)
TribCom	Tribunal de Commerce (Frankreich, Belgien, Handelsgericht)
TribPaix	Tribunal de Justice de Paix (Frankreich)
VSC	Supreme Court of Victorie (Australien)

XI. Literatur zum Montrealer Übereinkommen und zur Präambel

Bollweg Das Montrealer Übereinkommen, Rückblick – Überblick – Ausblick, ZLW **2000** 439–451; *ders.* Dornröschen ist hellwach – Eine Entgegnung auf Ruhwedel/Schmid, RRa **2001** 21–24; *Brandi-Dohrn* Auslegung internationalen Einheitsrechts durch die internationale Rechtsprechung – Das Beispiel des Warschauer Abkommens von 1929, TranspR **1996** 45–57; *Brinkmann* Luftfrachtersatzverkehr, Diss. Mannheim **2009**; *Cheng* The Labyrinth of the Law of International Carriage by Air, ZLW **2001** 155–172; *ders.* The 1999 Montreal Convention on International Carriage by Air concluded on the Seventieth Anniversary of the 1929 Warsaw Convention (Part I), ZLW **2000** 287–307; *ders.* (Part II) ZLW **2000** 484–499; *Diederiks-Verschoor* Die Vereinbarung von Montreal von 1966 und ihre Folgen, ZLW **1970** 25–33; *dies* Current Practice and Developments in Air Cargo: Comparision of the Warsaw Convention 1929 and the Montreal Convention 1999, in: Luft- und Weltraumrecht im 21. Jahrhundert, Festschrift Böckstiegel, **2001** S. 26–45 = ETR **2004** 739–757; *Frings* Kollisionsrechtliche Aspekte des internationalen Luftbeförderungsvertrages, ZLW **1977** 8–22; *Garnault* Le Protocole de la Haye, RFDA **1956** 1–13; *Gates* La Convention de Montréal de 1999, RFDA **1999** 439–456; *Giemulla/Schmid* Die europarechtliche Neuordnung bei Flugunfällen und ihre Auswirkung auf Luftfahrtunternehmen, NZV **1998** 225–229; *Gonzalez-Lebrero* Montréal 1999 à travers une optique espagnole, RDFA **1999** 447–456; *Harms/Schuler-Harms* Die Haftung des Luftfrachtführers nach dem Montrealer Übereinkommen, TranspR **2003** 369–377; *Hermida* The New Montreal Convention: The International Passenger's Perspective, ASL **2001** 150–155; *Heuer* Was ist eigentlich so besonders am Luftfrachtverkehr, oder Haftungsbeschränkung für Vorsatz? TranspR **2003** 100–102; *Jahnke* Haftung bei Unfällen im internatonalen Luftverkehr, Diss. Rostock **2008**; *Kadletz* Das neue Montrealer Übereinkommen vom 28. Mai 1999 über den internationalen Luftbeförderungsvertrag (Neues Warschauer Abkommen), VersR **2000** 927–935; *ders.* Internationales Lufttransportrecht unter dem Einfluss staatlichen Drucks, RIW **2000** 540–544; *Karsten/Seidenspinner* „Zum Vorteile des Verkehrsnutzers" – Zwanzig Jahre EU-Passagierrecht im Spannungsfeld zwischen international governance und europäischen Nutzerrechten, ZEuP **2010** 830–860; *Kjellin* The New International Regime for Third Party Liability, ASL **2008** 63–80; *Koller* Schadensverhütung und Schadensausgleich bei Güter- und Verspätungsschäden nach dem Montrealer Übereinkommen, TranspR **2004** 181–194; *Leffers* Conséquences jurisprudentielles probables de l'évolution du régime de responsabilité du transporteur aérien en Allemagne, RFDA **1999** 457–465; *Le Goff* La Convention complémentaire de Varsovie et la Conférence de Guadalajara, RFDA **1963** 21–33; *Lindner* Die Pflicht zur Unterrichtung von Fluggästen über die Identität des ausführenden Luftfrachtunternehmens – Eine erste Einschätzung der Verordnung (EG) Nr. 2111/2005, RRa **2006** 58–64; *Littger/Kirsch* Die Haftung im internationalen Luftverkehr nach Inkrafttreten des Montrealer Übereinkommens, ZLW **2003** 563–581; *Lukoschek* Das anwendbare Deliktsrecht bei Flugzeugunglücken, Diss. Mannheim **1984**; *Mankowski* Neues aus Europa zum Internationalen Privatrecht für Transportverträge: Art 5 Rom I-VO; TranspR **2008** 339–352; *Mauritz* Current Legal Developments: The ICAO International Conference on Air Law, Montreal, Mai 1999, ASL **1999** 153–157; *Milde* Liability in international carriage by air: the new Montreal Convention, ULR **1999** 835–861; *Mühlbauer* Die Verbesserung des Schutzes der Fluggäste durch die EG-Verordnung Nr. 2027/97 vom 9.10.1997, VersR **1998** 1335–1337; *Müller-Rostin* Das neue Warschauer Abkommen im Überblick, TranspR **1999** 291–293; *ders.* Die Internationale Luftrechtskonferenz von Montreal zur Reform des

Warschauer Abkommens (10.–28. Mai 1999), ZLW **2000** 36–51; *ders.* Montrealer Protokoll Nr. 4 und Montrealer Übereinkommen, TranspR **2000** 234–238; *ders.* Redaktionelle Unzulänglichkeiten im Übereinkommen von Montreal von 1999 über den internationalen Luftbeförderungsvertrag, VersR **2001** 683–688; *ders.* Das Montrealer Übereinkommen vom 28. Mai 1999 – neue Haftungsregelungen für den internationalen Flugverkehr, GPR **2004** 266–271; *Ott* Die Luftfrachtbeförderung im nationalen und internationalen Bereich, Diss. München **1990**; *Riese* Die internationale Luftrechtskonferenz von Guadalajara, ZLW **1962** 1–49; *Risch* Divergenzen in der Rechtsprechung zum Warschauer Abkommen und die Mittel zur Sicherung der einheitlichen Auslegung des vereinheitlichten Luftprivatrechts, Diss. Saarbrücken **1973**; *Ruhwedel* Das auf den Luftbeförderungsvertrag anwendbare Recht, TranspR **1983** 141–142; *ders.* Montrealer Übereinkommen zur Vereinheitlichung bestimmter Vorschriften über die Beförderung im internationalen Luftverkehr vom 28. Mai 1999, TranspR **2001** 189–202; *ders.* Die „Luftfahrtunternehmen der Gemeinschaft" und das Montrealer Übereinkommen, TranspR Sonderbeilage **2004** 34–36; *Saenger* Harmonisierung des internationalen Luftprivatrechts, NJW **2000** 169–175; *Sand* „Parteiautonomie" in internationalen Luftbeförderungsverträgen, ZLW **1969** 205–218; *Schiller* Das Warschauer Abkommen beim Wort genommen, TranspR **1996** 173–183; *Schladebach* Luftrecht, **2007**; *Schmid* The Warsaw Convention between Dus and Dawn. The IATA Intercarrier Agreements – A Requiem for a well-proved Liability System, ASL **1997** 50–55; *ders.* Neue Haftungsrisiken bei Personenschäden im Luftfahrtbereich, VersR **2002** 26–30; *Schmid/Müller-Rostin* In-Kraft-Treten des Montrealer Übereinkommen von 1999 – Neues Haftungsregime für internationale Lufttransporte, NJW **2003** 3516–3523; *Schobel* Die Haftungsbegrenzung des Luftfrachtführers nach dem Warschauer Abkommen, Diss. Erlangen **1992**; *Schollmeyer* Die Harmonisierung des Haftungsrechts im Luftverkehr zwischen Warschau, Montreal und Brüssel, IPRax **2004** 78–82; *Staudinger* Internationales Lufttransportrecht: Das anwendbare Recht bei grenzüberschreitender Personenbeförderung, RRa **2006** 146–152; *Wagner* Neue kollisionsrechtliche Vorschriften für Beförderungsverträge in der ROM I-Verordnung, TranspR **2008** 221–224; *ders.* Die EG-Verordnungen Brüssel I, Rom I und Rom II aus der Sicht des Transportrechts, TranspR **2009** 281–289; *Wahlen* The new Warsaw Convention, ASL **2000** 12–26; *Weber* The Modernization and Consolidation of the Warsaw System on Air Carrier Liability: the Montreal Convention of 1999, in: Luft- und Weltraumrecht im 21. Jahrhundert, Festschrift Böckstiegel, **2001** S. 247–255.

Übersicht

A. Entstehungsgeschichte

1 Das Montrealer Übereinkommen wurde auf Initiative der Internationalen Zivilluftfahrt-Organisation (ICAO) auf einer Diplomatischen Konferenz am 28. Mai 1999 verabschiedet. Es basiert in Teilen auf seinem Vorläufer, dem Warschauer Abkommen vom 12. Oktober 1929,[1] und einer Reihe von Zusatzabkommen und privatrechtlichen Vereinbarungen, die insgesamt als sog Warschauer Abkommenssystem bezeichnet werden. Zwischen dem Warschauer Abkommen von 1929 und dem Montrealer Übereinkommen liegt nicht nur der zeitliche Abstand von immerhin 70 Jahren. Beide Regelungswerke beruhen auch auf völlig unterschiedlichen Vorstellungen über das Haftungssystem im internationalen Luftprivatrecht. Im Folgenden soll die Entwicklungsgeschichte der zivilrechtlichen Haftung im internationalen Luftverkehr ausgehend vom Warschauer Abkommen über das Haager Protokoll von 1955, das IATA-Intercarrier-Agreement von 1995 bis hin zur Europäischen Verordnung über die Haftung von Luftfahrtunternehmen bei Unfällen von 1997 nachgezeichnet werden.

1 Vgl. RGBl. 1933 II S. 1039.

I. Das Warschauer Abkommen vom 12. Oktober 1929 und das Haager Protokoll von 1955

1. Das Warschauer Abkommen vom 12. Oktober 1929

Das allgemein als *Warschauer Abkommen* bezeichnete *Abkommen zur Vereinheitlichung von Regeln über die Beförderung im internationalen Luftverkehr* beruht auf dem Vorentwurf der französischen Regierung eines Abkommens über die Beförderungsscheine und die Haftung des Unternehmers im internationalen Luftverkehr aus dem Jahre 1925.[2] Dieser Vorentwurf wurde auf der ersten Internationalen Luftprivatrechtskonferenz im Oktober 1925 vorgestellt und anschließend einer Sachverständigengruppe, dem *Comité International Technique d'Experts Juridiques Aériens* (CITEJA) zur Bearbeitung übergeben. Dieser Vorentwurf[3] wurde von der CITEJA auf drei Sitzungen (Paris 1926, Paris 1927 und Madrid 1928) beraten. Den wesentlich umgestalteten Entwurf legte die CITEJA dann der zweiten Internationalen Luftprivatrechtskonferenz vor, die vom 4. Oktober 1929 in Warschau zusammentrat und auf der 32 Staaten, unter anderem das Deutsche Reich, vertreten waren. Am 12. Oktober 1929 wurde das Abkommen von insgesamt 23 Staaten – unter anderem vom Deutschen Reich – gezeichnet. 90 Tage nach der Hinterlegung der fünften Ratifikationsurkunde trat es gemäß seinem Art. 37 Abs. 2 WA 1929 am 13. Februar 1933 in Kraft. Durch Gesetz vom 30. November 1933 wurde Deutschland am 29. Dezember 1933 Mitglied.[4] Dem Warschauer Abkommen gehören 152 Vertragsstaaten an. 2

Wie bereits der Name des Abkommens ankündigt, regelt das Warschauer Abkommen den internationalen Luftbeförderungsvertrag nicht erschöpfend, sondern gibt nur einzelne Regeln über den Inhalt der Beförderungsdokumente und die Haftung des Luftfrachtführers vor. In ihrem rechtlichen Ausgangspunkt ist die Haftung des Luftfrachtführers eine Verschuldenshaftung, wobei allerdings eine Beweislastumkehr zu Gunsten des Geschädigten eingreift. Dem Luftfrachtführer steht die Möglichkeit des Entlastungsbeweises offen, wenn er sein mangelndes Verschulden oder dasjenige seiner Leute nachweist. Soweit dem Luftfrachtführer dieser Beweis nicht gelingt, haftet er. Im Interesse des Luftfrachtführers ist dessen Haftung nach Art. 22 WA 1955 summenmäßig beschränkt, und zwar für Personenschäden auf 125000 Goldfranken.[5] Eine unbeschränkte Haftung des Luftfrachtführers greift nur in zwei Fällen ein, wenn der Luftfrachtführer oder seine Leute nach Art. 25 WA 1929[6] in besonders grobem Maße schuldhaft gehandelt haben, oder wenn der Luftfrachtführer es versäumt hat, dem Reisenden die erforderlichen Beförderungsdokumente auszustellen. 3

2. Das Warschauer Abkommen in der Fassung des Haager Protokolls von 1955

Bereits kurze Zeit nach Inkrafttreten des Warschauer Abkommens von 1929 kam zum einen Kritik von den betroffenen Luftfahrtgesellschaften auf, welche die Vorschriften über den Luftfrachtbrief 4

2 Vgl. zur Entstehungsgeschichte *Demsey* in: Luftrecht Bd. 3, Teil II A Rn. 3 f.

3 Der Entwurf in der Fassung vom Mai 1926 ist abgedruckt in Frankfurter Kommentar zum WA im Anh. zu IV-1.

4 Vgl. die Bekanntgabe in RGBl. 1933 II S. 1039.

5 Die Umrechnung ergibt sich aus der 4. VO über den Umrechnungssatz für Französische Franken v 4.12.1973 (BGBl. 1973 I S. 1815) und dem Goldfranken-Umrechnungsgesetz v 9.6.1980 (BGBl. 1980 II S. 721).

6 Art. 25 WA 1929 bestimmt: „(1) Hat der Luftfrachtführer den Schaden vorsätzlich oder durch eine Fahrlässigkeit herbeigeführt, die nach dem Recht des angerufenen Gerichts dem Vorsatz gleichkommt, so kann er sich nicht auf die Bestimmungen dieses Abkommens berufen, die seine Haftung ausschließen oder beschränken.
(2) Das gleiche gilt, wenn der Schaden unter denselben Voraussetzungen von einem seiner Leute in Ausführung ihrer Verrichtungen verursacht worden ist.“.

(Art. 8 und 9 WA 1929)[7] als zu einschränkend ansahen. Der Verstoß gegen die Bestimmung über den Inhalt des Luftfrachtbriefs hatte eine unbeschränkte Haftung zur Folge. Zum anderen wurden im Laufe der Zeit die Haftungsgrenzen für Personenschäden als unzureichend empfunden. Auf einer Diplomatischen Konferenz, die vom 6. bis 28. September 1955 im Haag tagte, wurde ein *Protokoll zur Änderung des Abkommens zur Vereinheitlichung von Regeln über die Beförderung im internationalen Luftverkehr*[8] beschlossen. Das Protokoll ist seit dem 1. August 1963 in Kraft; es gilt in 137 Vertragsstaaten.

5 Das Warschauer Abkommen in der Fassung des Haager Protokolls[9] beinhaltet unter anderem eine Verdoppelung der Haftungsgrenzen für Personenschäden auf 250000 Goldfranken.[10] Als weitere wichtigere Neuerung wurde den Gerichten nach Art. 22 Abs. 4 WA 1955[11] die Möglichkeit eröffnet, neben der Schadensersatzleistung einen weiteren Betrag zur Abdeckung der Gerichtskosten und sonstigen Ausgaben zuzusprechen. Auch die Vorschrift des Art. 25 WA 1955 über die unbegrenzte Haftung bei qualifiziertem Verschulden wurde im Sinne einer Common Law Definition[12] dahingehend geändert, dass Haftungsbeschränkungen nicht bestehen, wenn nachgewiesen wird, dass der Schaden durch eine Handlung oder Unterlassung des Luftfrachtführers oder seiner Leute verursacht worden ist, die entweder in der Absicht, Schaden herbeizuführen, oder leichtfertig und in dem Bewusstsein begangen wurde, dass ein Schaden mit Wahrscheinlichkeit eintreten werde. Im Fall einer Handlung oder Unterlassung der Leute des Luftfrachtführers ist von dem Geschädigten ferner zu beweisen, dass diese in Ausführung ihrer Verrichtung gehandelt haben. Selbst diese Haftungsverschärfungen erschienen den Vereinigten Staaten von Amerika seinerzeit als zu gering, so dass sie das Haager Protokoll nicht ratifizierten und unter dramatischen Umstän-

---

7 Art. 8 WA 1929 lautet: „Der Luftfrachtbrief soll folgende Angaben enthalten:
a) Ort und Tag der Ausstellung;
b) Abgangs- und Bestimmungsort;
c) die vorgesehenen Zwischenlandungen; der Luftfrachtführer kann sich jedoch vertraglich ausbedingen, dass er sie beim Vorliegen zwingender Gründe ändern darf, ohne dass die Beförderung hierdurch ihre Eigenschaft als internationale Beförderung verliert;
d) Namen und Anschrift des Absenders;
e) Namen und Anschrift des ersten Luftfrachtführers;
f) Namen und Anschrift des Empfängers, wenn dieser benannt ist;
g) die Art. des Gutes;
h) Anzahl, Art. der Verpackung und die besonderen Merkzeichen oder Nummern der Frachtstücke;
i) Gewicht, Menge, Raumgehalt oder Maße des Gutes;
j) den äußerlich erkennbaren Zustand des Gutes und der Verpackung;
k) den Beförderungspreis, wenn er vereinbart ist, sowie Zeit und Ort der Zahlung und die Person des Zahlungspflichtigen;
l) bei Nachnahmesendungen: den Preis des Gutes und gegebenenfalls den Betrag der Nachnahmekosten;
m) den Betrag des gemäß Artikel 22 Abs. 2 deklarierten Wertes;
n) die Angabe, in wieviel Stücken der Luftfrachtbrief ausgestellt ist;
o) ein Verzeichnis der dem Luftfrachtführer übergebenen Begleitpapiere;
p) die Beförderungsfrist und eine kurze Bezeichnung des Reisewegs (über ...), sofern sie vereinbart sind;
q) die Angabe, dass die Beförderung der Haftungsordnung dieses Abkommens unterliegt.“.

8 Vgl. BGBl. 1958 II S. 291, 292; in Kraft für die Bundesrepublik Deutschland seit dem 1. August 1963.

9 Vgl. auch *Garnault* RFDA **1956**, 1 ff.; *Schwenk/Giemulla*[3] Handbuch S. 374 ff.

10 Vgl. *Demsey* in: Luftrecht Bd. 3, Teil II A Rn. 8.

11 Die Vorschrift lautet: „Die in diesem Artikel festgesetzten Haftungsbeschränkungen hindern das Gericht nicht, zusätzlich nach seinem Recht einen Betrag zuzusprechen, der ganz oder teilweise den vom Kläger aufgewendeten Gerichtskosten und sonstigen Ausgaben für den Rechtsstreit entspricht. Diese Bestimmung findet keine Anwendung, wenn der zugesprochene Schadensersatz, ohne Berücksichtigung der Gerichtskosten und der sonstigen Ausgaben für den Rechtsstreit, denjenigen Betrag nicht übersteigt, den der Luftfrachtführer dem Kläger schriftlich innerhalb einer Frist von sechs Monaten seit dem Ereignis, das den Schaden verursacht hat, oder, falls die Klage nach Ablauf dieser Frist erhoben worden ist, vor ihrer Erhebung angeboten hat.“.

12 Vgl. *Tompkins* in: Luftrecht Bd. 3, Teil II A Rn. 155.

den, die auch eine im letzten Moment zurückgenommene Kündigung des Warschauer Abkommens beinhalteten,[13] darauf hinwirkten, dass sich 1966 die die Vereinigten Staaten von Amerika anfliegenden Luftverkehrsgesellschaften zur Anerkennung höherer Haftungsgrenzen verpflichteten.[14]

II. Die weitere Entwicklung und Zersplitterung des Warschauer Abkommenssystems

1. Weitere völkerrechtliche Harmonisierungsbemühungen

Das Warschauer Abkommen ist durch eine Vielzahl von weiteren Zusatzabkommen, Protokollen und Zusatzprotokollen abgeändert und ergänzt worden, von denen einige nahezu weltweit ratifiziert und in Kraft getreten sind, andere hingegen nur eine geringe Verbreitung erfahren haben[15] und wiederum andere mangels Erreichens der ausreichenden Ratifikationszahl überhaupt keine Wirksamkeit[16] erlangt haben. Zu nennen sind: 6

- das Zusatzabkommen zum Warschauer Abkommen zur Vereinheitlichung von Regeln über die von einem anderen als dem vertraglichen Luftfrachtführer ausgeführte Beförderung im internationalen Luftverkehr vom 18. September 1961;[17]
- das Zusatzprotokoll von Guatemala vom 8. März 1971;[18]
- die Montrealer Zusatzprotokolle Nr. 1–4 vom 25. September 1975.[19]

a) Zusatzabkommen von Guadalajara. Im Jahre 1961 wurde das Zusatzabkommen von Guadalajara zum Warschauer Abkommen geschlossen.[20] Das Zusatzabkommen unterwirft sowohl den vertraglichen als auch den ausführenden Luftfrachtführer der Haftung des Warschauer Abkommens. Hintergrund für die Verabschiedung des Zusatzabkommens war, dass im internationalen Luftverkehr die Luftbeförderung, zu der sich der Luftfrachtführer verpflichtet hat, aus technischen oder wirtschaftlichen Gründen vielfach nicht durch diesen selbst, sondern durch einen Dritten ausgeführt wird. In diesen Fällen war umstritten, ob nun der vertragliche oder nur der ausführende Luftfrachtführer dem Warschauer Abkommen unterliegt. Nach der in den kontinental-europäischen Staaten vorherrschenden Auffassung wurde insoweit eine Regelungslücke entdeckt, als nur der vertragliche Luftfrachtführer der Haftung des Warschauer Abkommens unterliegt. Die Ansprüche des Reisenden oder des Absenders gegen den Dritten, der die Luftbeförderung ausführt, richteten sich dagegen nach den allgemeinen Vorschriften des nationalen Rechts mit der Folge, dass der Reisende oder der Absender ein Verschulden nach § 823 BGB nachzuweisen hätte. Nach anglo-amerikanischer Auffassung sollte dagegen die Haftung nach dem Warschauer Abkommen nicht stets den vertraglichen Luftfrachtführer treffen, sondern in bestimmten Fällen denjenigen, der die Beförderung tatsächlich ausführt. Mit dem Zusatzabkommen von Guadalajara wird sowohl der vertragliche als auch der ausführende Luftfrachtführer dem Haftungsregime des Warschauer Abkommens unterworfen. Das Handeln oder Unterlassen des ausführenden Luftfrachtführers wird als eine Handlung oder ein Unterlassen des vertraglichen Luftfrachtführers erachtet,[21] ebenso wie die Handlungen oder Unter- 7

---

13 Vgl. dazu FrankfKomm/*Giemulla* Einl. zum MÜ Rn. 5.
14 Vgl. unten Montrealer Zwischenvereinbarung von 1966.
15 ZB MP Nr. 1, 2 und 4 v 25.9.1975.
16 ZB ZP von Guatemala v 8.3.1971; MP Nr. 3 v 25.9.1975.
17 BGBl. 1963 II S. 1159, 1160.
18 Das Zusatzprotokoll ist nicht in Kraft getreten.
19 Die Zusatzprotokolle Nummer 1 und 2 sind seit dem 15. Februar 1996 in Kraft, das Zusatzprotokoll Nummer 4 ist seit dem 14. Juni 1998 in Kraft. Das Zusatzprotokoll Nummer 3 ist bisher nicht in Kraft getreten. Deutschland hat sämtliche Montrealer Protokolle bisher nicht ratifiziert.
20 Vgl. dazu *Le Goff* RFDA **1963** 21 ff.; *Riese* ZLW **1962** 1 ff.
21 Vgl. Art. III Abs. 1 ZAG = Art. 41 Abs. 1 MÜ.

lassungen des vertraglichen Luftfrachtführers bezüglich der von dem ausführenden Luftfrachtführer ausgeführten Beförderung als solche des ausführenden Luftfrachtführers gelten.[22] Zudem schuf das Zusatzabkommen von Guadalajara die Möglichkeit, dass auch der ausführende Luftfrachtführer am Gerichtsstand des vertraglichen Luftfrachtführers verklagt werden kann.[23]

8 **b) Zusatzprotokoll von Guatemala.** Mit dem nicht in Kraft getretenen Zusatzprotokoll von Guatemala vom 8. März 1971[24] sollten erneut die Haftungssummen für Personenschäden auf 1500000 Goldfranken angehoben werden. Kernstück der Reformbemühungen war die verbesserte Haftung des Luftfrachtführers für Personenschäden im Sinne einer strikten Erfolgshaftung. Danach sollte der Luftfrachtführer einen Personenschaden allein aufgrund der Tatsache zu ersetzen haben, dass das Ereignis, durch das der Tod oder die Körperverletzung verursacht wurde, an Bord des Luftfahrzeugs oder beim Ein- oder Aussteigen eingetreten ist. Die im Warschauer Abkommen vorgesehene Möglichkeit des Luftfrachtführers, sich bei mangelndem Verschulden oder höherer Gewalt zu entlasten, sollte entfallen. Nur dann, wenn der Tod oder die Körperverletzung des Reisenden Folge seines eigenen Gesundheitszustandes ist, oder wenn der Luftfrachtführer ein Verschulden des Geschädigten nachweisen kann, sollte er sich von seiner absoluten Haftung befreien können.

9 Das Zusatzprotokoll von Guatemala wurde von insgesamt 33 Staaten unterzeichnet. Bis heute haben lediglich 7 Staaten das Zusatzprotokoll ratifiziert. Das Inkrafttreten des Protokolls setzt 30 Ratifikationsurkunden voraus.

10 **c) Montrealer Zusatzprotokolle Nummer 1–4.** Im Jahre 1975 fand eine weitere Internationale Konferenz für Fragen des Lufttransportrechts statt, wobei vier Protokolle zur Verbesserung des Warschauer Abkommens gezeichnet wurden. Ziel dieser Konferenz war zunächst nur, einige die Güterbeförderung betreffende Vorschriften zu ändern. Im Laufe dieser Konferenz entschied man sich, die Rechnungseinheit des Warschauer Abkommens, den sog Gold- oder Poincaré-Franken, auf das Sonderziehungsrecht des Internationalen Währungsfonds umzustellen. Bei der Schaffung des Warschauer Abkommens war es eines der wesentlichen Ziele der Staaten, die Haftungsbeträge in einer Währungseinheit auszudrücken, die von wirtschaftlichen Schwankungen und nationalen Wertfestsetzungen unabhängig ist. Angesichts der damaligen krisen- und inflationsgeschüttelten Weltwirtschaft wählte man als Rechnungseinheit den Poincaré-Franken, eine Währungseinheit im Werte von $65^1/_2$ Milligramm Gold von 900/1000 Feingehalt. Solange die Vertragsstaaten einen festen Umrechnungswert für Gold besessen hatten, gab es grundsätzlich mit dem Poincaré-Franken als Rechnungseinheit keine Schwierigkeiten. Mit dem Zusammenbruch des Systems von Bretton Woods und der damit verbundenen Aufgabe der Goldkonvertibilität des US-Dollars war die jahrzehntelange Stabilität der Haftungsgrenzen gefährdet. Aus diesem Grund sehen die Montrealer Zusatzprotokolle Nummer 1, 2 und 3 die Einführung des Sonderziehungsrechts als Rechnungseinheit vor. Das Montrealer Protokoll Nummer 4 hingegen beschäftigt sich mit den frachtrechtlichen Vorschriften und schlägt Änderungen aufgrund der fortgeschrittenen Datenverarbeitungstechnik im Hinblick auf die Ausstellung alternativer Frachtdokumente vor.

11 Die Montrealer Zusatzprotokolle Nummer 1 und 2 sind seit dem 15. Februar 1996 in Kraft, das Zusatzprotokoll Nr. 4 ist seit dem 14. Juni 1998 in Kraft. Das Zusatzprotokoll Nummer 3 ist bisher nicht in Kraft getreten. Deutschland hat sämtliche Montrealer Protokolle bisher nicht ratifiziert.

---

22 Vgl. Art. III Abs. 2 Satz 1 ZAG = Art. 41 Abs. 2 Satz 1 MÜ.

23 Vgl. Art. VIII ZAG = Art. 46 MÜ.

24 Abdruck des Protokolls in deutscher Übersetzung in ZLW **1971,** 176.

2. Montrealer Zwischenvereinbarung, Malta-Abkommen, Japanische Initiative und IATA-Intercarrier-Agreement

Den bereits genannten Regelungen folgten zunächst keine weiteren völkerrechtlichen Änderungen des Warschauer Systems, wenngleich insbesondere eine Anpassung seiner Haftungshöchstgrenzen an die geänderten wirtschaftlichen Verhältnisse immer dringlicher wurde. Nachdem bereits 1966 in der sog **Montrealer Zwischenvereinbarung**[25] für den die Vereinigten Staaten berührenden Luftverkehr zwischen den Luftfahrtgesellschaften und der US-amerikanischen Zivilluftfahrtbehörde privatrechtlich eine Anhebung der Haftungshöchstgrenzen bei Personenschäden von Passagieren vereinbart worden war, verpflichteten sich 1976 zahlreiche westeuropäische Fluggesellschaften durch das sog **Malta-Agreement**[26] zur Anhebung dieser Haftungshöchstgrenzen für den außeramerikanischen Luftverkehr. Nachdem das Montrealer Protokoll Nummer 3 nicht in Kraft trat, ergriffen die japanischen Fluggesellschaften mit Wirkung zum 20.11.1992 weitere Maßnahmen zur Erhaltung des Warschauer Systems: Die japanischen Luftfahrtunternehmen verständigten sich darauf, die Haftungsbeschränkung für Personenschäden auszusetzen und auf die Einrede nach Art. 20 Abs. 1 WA 1955 bei Personenschäden unterhalb von 100 000 SZR zu verzichten. Diese **Japanische Initiative** führte damit erstmals ein Gefährdungshaftungssystem ein.[27] Weitergehende Haftungsverbesserungen brachte 1995 das **IATA-Intercarrier-Agreement**, dem sich inzwischen der ganz überwiegende Teil der weltweit operierenden Fluggesellschaften angeschlossen hat: Haben diese Fluggesellschaften das Intercarrier-Agreement ihren Beförderungsbedingungen zugrunde gelegt, haften sie bei Personenschäden von Passagieren nach dem Warschauer Abkommen verschuldensunabhängig bis zu einem Höchstbetrag von 100000 Sonderziehungsrechten und darüber hinaus aus vermutetem Verschulden unbegrenzt.[28] 12

3. Verordnung (EG) Nr. 2027/97 über die Haftung von Luftfahrtunternehmen bei Unfällen

Am 9. Oktober 1997 wurde die Verordnung (EG) Nr. 2027/97 über die Haftung von Luftfahrtunternehmen bei Unfällen erlassen,[29] die für die Europäische Gemeinschaft seit dem 18. Oktober 1998 in Kraft ist und in jedem Mitgliedstaat unmittelbar geltendes Recht darstellt.[30] Diese Verordnung sieht entgegen Art. 22 WA 1955, aber entsprechend dem IATA-Intercarrier-Agreement in Art. 3 Abs. 1 Buchstabe a eine unbegrenzte Haftung des Luftfrachtführers für Tod und Körperverletzung des Reisenden vor. Nach Art. 3 Abs. 2 der Verordnung soll sich der Luftfrachtführer bei Schäden bis zu 100 000 SZR nicht entlasten können. Lediglich bei Mitverschulden des Geschädigten kommt nach Art. 3 Abs. 3 der Verordnung eine Haftungsminderung nach nationalen Vorschriften in Betracht. Darüber hinaus sieht die Verordnung in Art. 5 eine Vorauszahlungspflicht in Höhe von mindestens 15 000 Sonderziehungsrechten vor. Schließlich ist die Aufnahme dieser Haftungsregelungen in die Beförderungsbedingungen der Luftfahrtunternehmen gemäß Art. 6 der Verordnung angeordnet. 13

---

25 Vgl. hierzu *Diederiks-Verschoor* ZLW **1970** 25 ff.; *Schobel* Haftungsbegrenzung des Luftfrachtführers S 14; *Tompkins* in: Luftrecht Bd. 3, Teil II A Rn. 163 ff.

26 Vgl. FrankfKomm/*Giemulla* Einl. zum MÜ Rn. 13; *Schwenk/Giemulla*[3] Handbuch S. 377.

27 *Tompkins* in: Luftrecht Bd. 3, Teil II A Rn. 170.

28 Vgl. dazu *Tompkins* in: Luftrecht Bd. 3, Teil II A Rn. 169.

29 ABlEG Nr. L 285 vom 17. 10. 1997, S. 1 – im Folgenden: EG-VO Nr. 2027/97.

30 Vgl. dazu *Giemulla/Schmid* NZV **1998** 225 ff.; *Mühlbauer* VersR **1998** 1335 ff.

III. Die Revision des Warschauer Systems: das Montrealer Übereinkommen

14 Vor dem Hintergrund der zunehmenden Rechtszersplitterung der einzelnen Quellen des Luftprivatrechts[31] und der mangelnden Akzeptanz der Montrealer Zusatzprotokolle von 1975 begann die Internationale Zivilluftfahrt-Organisation (ICAO) in Montreal im Jahr 1994 mit den Vorarbeiten zu einer umfassenden Revision des Warschauer Systems. Im Juni 1994 gab der ICAO Council beim ICAO Sekretariat und der IATA eine sozio-ökonomische Analyse der Haftungshöchstgrenzen in Auftrag. 1995 wies die ICAO Assembly den Council an, die Revisionsbemühungen zu beschleunigen, was zur Einsetzung einer Secretariat Study Group führte, die das Legal Bureau der ICAO bei der Vorbereitung einer Revision unterstützen sollte. Die Study Group sprach sich bereits bei ihrer ersten Sitzung im Februar 1996 für die Ausarbeitung eines neuen Übereinkommens mit einem zweistufigen Haftungssystem für Personenschäden aus. Im März 1996 beauftragte der ICAO Council das ICAO Legal Bureau, unterstützt durch die Study Group, den Entwurf eines neuen Übereinkommens auszuarbeiten. Noch im selben Jahr konnte ein erster Übereinkommensentwurf vorgelegt werden, der in der 30. Sitzung des ICAO Legal Committee vom 28. April bis 9. Mai 1997 eingehender Beratung unterzogen wurde. Im Juni 1997 entschied die ICAO, den überarbeiteten Entwurf den Mitgliedstaaten zur Stellungnahme zu übersenden und beauftragte die Study Group mit der Bewertung dieser Stellungnahmen und mit Empfehlungen zu den vom Legal Committee offen gelassenen Punkten. Wenig später setzte der ICAO Council eine „Special Group on the Modernization and Consolidation of the Warsaw System" mit Experten aus den Mitgliedstaaten zur Feinabstimmung des Entwurfs ein, die unter Vorsitz des Mauritiers Vijay Poonoosamy im April 1998 tagte und dem ICAO Council Bericht erstattete. Dieser Bericht wurde im ICAO Council am 3. Juni 1998 beraten. Es wurde beschlossen, eine Diplomatische Konferenz zur abschließenden Beratung und Annahme des Entwurfs nach Montreal einzuberufen.

15 Unter Federführung der Internationalen Zivilluftfahrt-Organisation und unter dem Vorsitz des Jamaikaners *Dr. Kenneth Rattray* fand schließlich vom 10. bis 28. Mai 1999 in Montreal die Diplomatische Konferenz statt. Es nahmen 118 ICAO-Mitgliedstaaten und 12 Nichtregierungsorganisationen teil. Die Konferenz schloss am 28. Mai 1999 mit der Annahme des vorliegenden Übereinkommens zur Vereinheitlichung bestimmter Vorschriften über die Beförderung im internationalen Luftverkehr, das weithin als Montrealer Übereinkommen bezeichnet wird. Das neue Regelungswerk wurde noch am selben Tage zur Zeichnung aufgelegt und sogleich von 52 teilnehmenden Staaten gezeichnet, darunter die Vereinigten Staaten sowie die EG-Mitgliedstaaten Belgien, Dänemark, Deutschland, Frankreich, Griechenland, Italien, Portugal und das Vereinigte Königreich.

IV. Anhebung der Haftungshöchstgrenzen

16 Mit Schreiben vom 30. Juni 2009 teilte die Internationale Zivilluftfahrt-Organisation (ICAO) als Verwahrer den Staaten mit, dass die Überprüfung der Haftungshöchstgrenzen nach Art. 24 Abs. 1 MÜ einen Inflationsfaktor von 13,1 Prozent ergeben habe,[32] so dass nach Art. 24 Abs. 2 Satz 1 MÜ eine Anpassung der Haftungshöchstbeträge erforderlich sei. Die ICAO notifizierte daher eine Erhöhung der Höchstgrenzen um diesen Faktor. Mit weiterer Notifikation vom 4. November 2009 teilte die ICAO mit, dass innerhalb der am 30. September 2009 abgelaufenen Frist keine Mehrheit der Vertragsstaaten Widerspruch erhoben habe und die Erhöhung am 30. Dezember 2009 in Kraft trete.[33] Mit Rechtsverordnung vom 14. Dezember 2009 hat das Bundesministerium der Justiz die erhöhten Haftungshöchstgrenzen zum 30. Dezember 2009 innerstaatlich in Kraft gesetzt.[34] Während die zweite Überprüfung der Haftungshöchstbeträge im Jahre 2014 keine Anpassungen not-

---

31 Ebenroth/Boujong/*Pokrant*[5] vor Art. 1 MÜ Rn. 11.
32 Vgl. BGBl. 2009 II S. 1259.
33 Vgl. BGBl. 2009 II S. 1261.
34 Vgl. BGBl. 2009 II S. 1258.

wendig machte, teilte die ICAO den Staaten erneut mit Schreiben vom 28. Juni 2019, dass über den Zehnjahreszeitraum hinweg die Inflationsrate 13,9 % betragen hatte und die Anhebung der im Jahre 2009 angepassten Haftungsgrenzen zum 28. Dezember 2019 wie folgt angehoben werden.[35]

Haftung	Ursprüngliche Höchstgrenzen	Höchstgrenzen ab 30.12.2009 bis 27.12.2019	Höchstgrenzen ab 28.12.2019
Personenschäden nach Art. 21 Abs 1 MÜ	100 000 SZR	113 100 SZR	128 821 SZR
Verspätungsschäden nach Art. 22 Abs 1 MÜ	4 150 SZR	4 694 SZR	5 346 SZR
Gepäckschäden nach Art. 22 Abs 2 MÜ	1 000 SZR	1 131 SZR	1 288 SZR
Güterschäden nach Art. 22 Abs 3 MÜ	17 SZR/kg	19 SZR/kg	22 SZR/kg

B. Inhalt des Übereinkommens in Grundzügen

Das Montrealer Übereinkommen besteht aus 57 Artikeln und gliedert sich in sieben Kapitel: 17
- Allgemeine Bestimmungen (Kapitel I),
- Urkunden und Pflichten der Parteien betreffend die Beförderung von Reisenden, Reisegepäck und Gütern (Kapitel II),
- Haftung des Luftfrachtführers und Umfang des Schadensersatzes (Kapitel III),
- Gemischte Beförderung (Kapitel IV),
- Luftbeförderung durch einen anderen als den vertraglichen Luftfrachtführer (Kapitel V),
- Sonstige Bestimmungen (Kapitel VI) und
- Schlussbestimmungen (Kapitel VII).

Es ist in arabischer, chinesischer, englischer, französischer, russischer und spanischer Sprache 18 abgefasst, wobei jede dieser Sprachfassungen gleichermaßen verbindlich ist. Die hier abgedruckte deutsche Fassung stellt nur eine amtliche Übersetzung dar, die im Rahmen einer Übersetzungskonferenz zwischen der Schweiz, Österreich und Deutschland angefertigt wurde.

Mit der Aufnahme und Weiterentwicklung der wichtigsten Vorschriften des Warschauer Ab- 19 kommens, seiner Zusatzabkommen, Protokolle und Zusatzprotokolle sind zwar in dem neuen Übereinkommen weite Bereiche des internationalen Luftprivatrechts umfassend geregelt. Gleichwohl erweist sich die neue Haftungsordnung für Passagierschäden als sein Kernstück.[36] Das IATA-Intercarrier-Agreement und die Verordnung (EG) Nr. 2027/97 über die Haftung von Luftfahrtunternehmen bei Unfällen[37] waren für die Neukodifikation Vorbild und Schwungrad zugleich.[38] Im Folgenden soll ein kurzer Überblick über das Übereinkommen gegeben werden:

I. Anwendungsbereich

Kapitel I regelt in Art. 1 und 2 MÜ den *räumlichen* und *sachlichen* Anwendungsbereich des Über- 20 einkommens: Das Montrealer Übereinkommen gilt für die internationale Beförderung von Personen, Reisegepäck oder Gütern, die entweder gegen Entgelt oder auch unentgeltlich durch ein

35 Vgl. zweite VO vom 3.12.2019 zur Anpassung der Haftungshöchstbeträge zum 28.12.2019, BGBl. II S. 1098.
36 *Saenger* NJW **2000** 169, 172; *Schiller* SJZ **2000** 184.
37 ABl. EG Nr. L 258 vom 17.10.1997, S. 1; im Folgenden abgekürzt: EG-VO Nr. 2027/97.
38 *Bollweg* ZLW **2000** 439, 443; *Kadletz* VersR **2000** 927, 930; *Leffers* RFDA **1999** 457; *Saenger* NJW **2000** 169, 170.

Luftfahrtunternehmen ausgeführt werden.[39] Dazu müssen Abgangs- und Bestimmungsort vereinbarungsgemäß in zwei unterschiedlichen Vertragsstaaten liegen.[40] Auf Postbeförderungen ist das Montrealer Übereinkommen grundsätzlich nicht anwendbar.[41]

II. Beförderungsurkunden

21 Kapitel II enthält in Art. 3–16 MÜ zunächst Regelungen über die zur Beförderung notwendigen Urkunden, die sich für die Beförderung von Reisenden und ihrem Gepäck an den entsprechenden Bestimmungen des Zusatzprotokolls von Guatemala, für die Beförderung von Gütern an denjenigen des MP Nummer 4 orientieren. Von besonderer praktischer Bedeutung ist dabei die Möglichkeit, anstelle der Ausgabe verkörperter Beförderungsurkunden die notwendigen Angaben anderweitig aufzuzeichnen und auf Verlangen dem Reisenden eine schriftliche Erklärung hierüber[42] und dem Absender von Gütern eine Empfangsbestätigung[43] auszuhändigen. Damit kann künftig weitgehend eine elektronische Abwicklung Einzug halten.[44]

III. Haftungsregime des Luftfrachtführers

22 Kapitel III enthält in Art. 17–37 MÜ das neue Haftungsregime, das gegenüber dem Warschauer Haftungssystem wesentliche Verbesserungen für die Reisenden vorsieht. Haftungsschuldner ist nach dem Montrealer Übereinkommen der Luftfrachtführer. Anders als das Warschauer Abkommen unterscheidet das Montrealer Übereinkommen indes für die Haftung nach der Schadensart:

1. Personenschäden

23 Die Haftung für Personenschäden folgt weitgehend dem Vorbild des IATA-Intercarrier-Agreements und der EG-VO Nr. 2027/97: Für sie wird bei einem Unfall an Bord eines Luftfahrzeugs, beim Ein- oder Aussteigen *verschuldensunabhängig* bis zu einem Betrag von 128 821 Sonderziehungsrechten und darüber hinaus für vermutetes Verschulden unbegrenzt gehaftet.[45] Gehaftet wird dabei nur bei Tötung oder Körperverletzung des Reisenden, nicht dagegen für psychische Schäden, die nicht im Zusammenhang mit einer Körperverletzung stehen.[46] Soweit nationales Recht wie etwa Art. 5 der EG-VO Nr. 2027/97 den Luftfrachtführer zur Leistung von Vorauszahlungen verpflichtet, stellt Art. 28 MÜ den Geltungsanspruch einer solchen Verpflichtung auch für Beförderungen im Anwendungsbereich des Montrealer Übereinkommens sicher.

2. Reisegepäckschäden

24 Für Schäden an aufgegebenem Gepäck wird verschuldensunabhängig bei Zerstörung, Beschädigung und Verlust gehaftet, solange es sich an Bord oder in der Obhut des Luftfrachtführers

39 Vgl. Art. 1 Abs. 1 MÜ.
40 Vgl. Art. 1 Abs. 1 MÜ.
41 Vgl. Art. 2 Abs. 3 MÜ.
42 Vgl. Art. 3 Abs. 2 MÜ.
43 Vgl. Art. 4 Abs. 2 MÜ.
44 *Bollweg* ZLW **2000** 439, 443; *Kadletz* VersR **2000** 927, 931; *Müller-Rostin* ZLW **2000** 36, 37; *Saenger* NJW **2000** 169, 172.
45 Vgl. Art. 17 Abs. 1, Art. 21 MÜ.
46 Vgl. *Bollweg* ZLW **2000** 439, 444; *Müller-Rostin* ZLW **2000** 36, 39 f.; *Wahlen* ASL **2000** 12, 17.

befindet.[47] Bei nicht aufgegebenem Reisegepäck und mitgeführten persönlichen Gegenständen des Reisenden wird nur verschuldensabhängig gehaftet.[48] Der Anspruch ist auf 1 288 Sonderziehungsrechte nach Artikel 22 Abs. 2 MÜ begrenzt, es sei denn, der Schaden ist vorsätzlich oder leichtfertig verursacht worden.[49]

3. Güterschäden

Für Schäden an beförderten Gütern sieht Art. 18 MÜ eine verschuldensunabhängige Haftung für Zerstörung, Beschädigung oder Verlust vor. Von einer Haftung wird der Luftfrachtführer indes befreit, wenn er eine Schadensursächlichkeit der in Art. 18 Abs. 2 MÜ aufgeführten Umstände (mangelhafte Güter, mangelhafte Verpackung, bewaffnete Konflikte, hoheitliches Handeln bei Einfuhr, Ausfuhr, Durchfuhr etc.) nachweisen kann. Begrenzt ist die Haftung nach Art. 22 Abs. 3 MÜ auf einen Höchstbetrag von 22 Sonderziehungsrechten je Kilogramm. Nach der Konzeption des Montrealer Übereinkommens ist die Haftung grundsätzlich auch bei qualifiziertem Verschulden des Luftfrachtführers und seiner Leute als nicht durchbrechbar ausgestaltet. Hiergegen werden zu Recht verfassungsrechtliche Bedenken geltend gemacht.[50] 25

4. Verspätungsschäden

Art. 19 MÜ enthält die bereits aus dem Warschauer Abkommen bekannte Haftung für Verspätungsschäden bei der Luftbeförderung von Reisenden, Reisegepäck und Gütern. Für diese Schäden ist es noch bei der nach dem Warschauer Abkommen allgemein geltenden Regel geblieben, dass aus vermutetem Verschulden gehaftet wird und sich der Luftfrachtführer durch den Nachweis, alle Maßnahmen zur Schadensverhinderung ergriffen zu haben, entlasten kann. Der Anspruch wegen der Verspätung der Beförderung von Personen ist nach Art. 22 Abs 1 MÜ der Höhe nach auf 5 346 Sonderziehungsrechte je Reisenden beschränkt, es sei denn, der Schaden ist vorsätzlich oder leichtfertig verursacht worden.[51] 26

IV. Multimodaltransport

Kapitel IV enthält eine Regelung zum Multimodaltransport. Art. 38 MÜ regelt, unter welchen Voraussetzungen das Montrealer Übereinkommen zur Anwendung gelangt, wenn die Beförderung nicht allein durch Luftfahrzeuge durchgeführt wird, sondern auch durch andere Verkehrsmittel, wie Eisenbahn, Schiff und Lkw. Danach findet das Montrealer Übereinkommen nur auf die Teilstrecke der Luftbeförderung Anwendung.[52] 27

V. Ausführender Luftfrachtführer

Kapitel V enthält Bestimmungen über den ausführenden Luftfrachtführer. Das Montrealer Übereinkommen implementiert in den Art. 39–48 MÜ die Regelungen des Zusatzabkommens von Gua- 28

47 Art. 17 Abs. 2, Art. 22 Abs. 2 MÜ.
48 Vgl. Art. 17 Abs. 2 Satz 3 MÜ.
49 Vgl. Art. 22 Abs. 5 MÜ.
50 Siehe Art. 22 MÜ Rn. 52ff.
51 Vgl. Art. 22 Abs. 5 MÜ.
52 Beachte aber auch die Ausnahme in Art. 18 Abs. 4 Satz 2 MÜ.

dalajara vom 18. September 1961.[53] Dieses Zusatzabkommen bestimmt in Fällen, in denen der ausführende Luftfrachtführer nicht identisch mit dem vertraglichen Luftfrachtführer ist, dass sowohl der vertragliche als auch der ausführende Luftfrachtführer dem Warschauer Abkommen unterliegen. Im Übrigen wird das Verhältnis zwischen ausführendem und vertraglichen Luftfrachtführer geregelt.

VI. Versicherungspflicht

29 Kapitel VI enthält in Art. 50 MÜ eine wichtige Neuerung mit Auswirkungen auf die Realisierung von Haftungsansprüchen. Hiernach müssen die Vertragsstaaten ihre Luftfrachtführer zu einer angemessenen Versicherungsdeckung für gegen sie gerichtete Haftungsansprüche nach diesem Übereinkommen verpflichten. Eine entsprechende Versicherungspflicht bestand bereits nach Art. 7 der EG-VO Nr. 2407/92,[54] die für Luftfahrtunternehmen der Gemeinschaft eine Versicherungspflicht sowohl für Schäden beförderter Fluggäste, Gepäck und Güter als auch für Drittschäden vorsieht. Zur weiteren Konkretisierung dieser Versicherungsanforderungen hat die Europäische Gemeinschaft die Pflicht zur Unterhaltung einer Haftpflichtversicherung zur Deckung luftverkehrsrechtlicher Drittschäden, Passagierschäden und Güterschäden durch die EG-Verordnung Nr. 785/04 über Versicherungsanforderungen an Luftfahrtunternehmen und Luftfahrzeugbetreiber vom 21. April 2004[55] neu geregelt.

VII. Schlussvorschriften

30 Kapitel VII enthält die Schlussvorschriften. Art. 54 MÜ regelt insbesondere das Verhältnis des Montrealer Übereinkommens zu den Vorschriften des Warschauer Systems – dem Warschauer Abkommen, dem Haager Protokoll von 1955, dem Zusatzabkommen von Guadalajara, dem Protokoll von Guatemala sowie den MP Nr. 1 bis 4. Zwischen den Vertragsstaaten des Montrealer Übereinkommens geht das Montrealer Übereinkommen den Vorschriften des Warschauer Systems vor. Art. 57 MÜ schließt bei der Ratifikation zu erklärende Vorbehalte grundsätzlich aus. Die Vorschrift gestattet es den Vertragsstaaten jedoch, durch eine an den Verwahrer gerichtete Notifikation zu erklären, dass das Übereinkommen nicht für Beförderungen in militärischen Luftfahrzeugen oder für unmittelbar von dem Vertragsstaat ausgeführte Beförderungen zur Erfüllung hoheitlicher Aufgaben gilt. Von beiden Vorbehalten hat die Bundesrepublik Deutschland Gebrauch gemacht.[56]

C. Überblick über weitere Rechtsquellen des Luftrechts

31 Zu unterscheiden ist zwischen den nationalen Rechtsquellen der Staaten einerseits und dem supranationalen und internationalen Recht andererseits. Diese Rechtsquellen können dabei nicht absolut getrennt werden, da auch internationale Übereinkommen durch Ratifikation zum innerstaatlichen Recht werden und Verordnungen der Europäischen Gemeinschaft nach Art. 249 EGV unmittelbar wirken.

---

53 BGBl. 1963 II S. 1159.

54 EG-VO Nr. 2407/92 wurde durch die EG-VO Nr. 1008/08 abgelöst.

55 ABl. EG Nr. L 138 vom 21. 04. 2004, S. 1; im Folgenden abgekürzt: EG-VO Nr. 785/04.

56 Vgl. BGBl. 2004 II S. 1371.

I. Weitere Quellen des internationalen Luftrechts

Zu erwähnen ist das *Abkommen über die internationale Zivilluftfahrt* vom 7. Dezember 1944 (sog. Chicagoer Abkommen oder ICAO-Abkommen),[57] auf das die Präambel in ihrem vierten Tiré Bezug nimmt. Dieses Abkommen stellt Regeln über den Luftverkehr auf, die dessen Organisation und Technik weltweit standardisieren und damit seiner Sicherheit dienen. Das Abkommen enthält keine Haftpflichtbestimmungen. 32

Ferner ist das *Zweite Römische Luftprivatrechtsabkommen zur Vereinheitlichung von Regeln über die Sicherungsbeschlagnahme von Luftfahrzeugen* vom 29. Mai 1933 zu nennen. Das Abkommen ist für Deutschland am 12. Januar 1937 in Kraft getreten.[58] Ziel des Abkommens ist es, den Halter von Luftfahrzeugen bestimmter Art von unvorhergesehenen plötzlichen Beschränkungen seiner Verfügungsbefugnis über das Luftfahrzeug auf Grund leicht zu erwirkender Vollstreckungstitel zu schützen. 33

Das *Abkommen über die internationale Anerkennung von Rechten an Luftfahrzeugen vom 19. Juni 1948*[59] regelt die internationale Anerkennung von Sicherungsrechten an Luftfahrzeugen, deren Registrierung sowie die Zwangsvollstreckung in Luftfahrzeuge. Das Abkommen führt keine materielle Rechtsvereinheitlichung herbei, sondern soll nur den in den verschiedenen Staaten üblichen Sicherungsmitteln für die Kreditgewährung international zur Anerkennung verhelfen, insbesondere dadurch, dass Luftfahrzeuge zur Sicherung von Forderungen verpfändet werden können, ohne dass der Besitz des Luftfahrzeugs auf den Gläubiger übertragen werden muss. 34

Durch das *Erste* (vgl. auch Art. 50 MÜ Rn. 21)[60] und *Zweite Römer Haftungsabkommen* (vgl. auch Art. 50 MÜ Rn. 21)[61] sollte die Haftung des Luftfahrzeughalters für Drittschäden international vereinheitlicht werden. Das Zweite Römer Haftungsabkommen hat nur geringe Akzeptanz erfahren. Es gilt derzeit in 49 Vertragsstaaten,[62] deren Zahl durch die Kündigung einiger bedeutender Staaten in den letzten Jahren eher rückläufig ist. Grund hierfür ist vordringlich der unzureichende Opferschutz durch die Festschreibung geringer, heutigen Anforderungen nicht mehr genügender Haftungshöchstgrenzen. 35

Angesichts der rückläufigen Akzeptanz des Zweiten Römer Haftungsabkommens setzte die ICAO eine „Special Group on the Modernization of the Rome Convention" ein. Diese nahm ihre Arbeiten im Januar 2005 auf und legte im Juli 2007 zwei Übereinkommensentwürfe vor, von denen der erste die Drittschadenshaftung bei Betriebsrisiken und der zweite die Drittschadenshaftung bei Terrorrisiken betraf.[63] Anlässlich einer Diplomatischen Konferenz in Montreal vom 20.4.2009 bis 2.5.2009 wurden am 2.5.2009 die *„Convention on compensation for damage caused by aircraft to third parties"* und die *„Convention on compensation for damage to third parties resulting from acts of unlawful interference involving aircraft"* verabschiedet. Die Aufspaltung der Drittschäden in zwei verschiedenen Übereinkommen ist auf die Entwicklung eines eigenständigen Haftungsregimes für Terrordrittschäden zurückzuführen.[64] Beide Übereinkommen sind derzeit noch nicht in Kraft. Mit einem raschen Inkrafttreten ist im Vergleich zum Montrealer Übereinkommen nicht zu rechnen.[65] Anders als bei der Passagierhaftung besteht bei der Drittschadenshaftung kein weltweit 36

---

57 BGBl. 1956 II S. 411.

58 Vgl. die Bekanntmachung vom 8. Januar 1937 (RGBl II S. 26).

59 BGBl. 1959 II S. 129.

60 Das Abkommen wurde am 29.5.1933 geschlossen. Deutschland ist nicht Vertragsstaat des Abkommens.

61 Das Abkommen wurde am 7.10.1952 geschlossen. Deutschland ist nicht Vertragsstaat des Abkommens.

62 Vertragsstaaten des Übereinkommens sind: Ägypten, Algerien, Angola, Argentinien, Aserbaidschan, Bahrain, Belgien, Bolivien, Benin, Brasilien, Ecuador, El Salvador, Gabun, Gambia, Guatemala, Guinea, Haiti, Honduras, Irak, Italien, Kamerun, Jemen, Kenia, Kuba, Kuwait, Libanon, Luxemburg, Madagaskar, Malediven, Mali, Marokko, Mauretanien, Moldau, Niger, Oman, Pakistan, Papua-Neuguinea, Paraguay, Ruanda, Russische Föderation, Seychellen, Spanien, Sri Lanka, Suriname, Togo, Tunesien, Vereinigte Arabische Emirate, Uruguay und Vanuatu.

63 Instruktiv *Kjellin* ASL **2008** 63 ff.

64 Vgl. auch *Bollweg* in: Luftrecht Bd. 3, Teil II B Rn. 33.

65 *Bollweg* in: Luftrecht Bd. 3, Teil II B Rn. 58 ff.

harmonisiertes Recht, das durch die neuen Übereinkommen fortgeschrieben werden könnte. Das Zweite Römer Haftungsabkommen führte keine weltweite Harmonisierung herbei; darüber hinaus besteht kein supranationales Haftungsrecht, das die Haftungsregime vorweggenommen hat.

II. Supranationale Rechtsquellen innerhalb der Europäischen Union

37 Zu nennen ist die Verordnung (EG) Nr. 2027/97 über die Haftung von Luftfahrtunternehmen bei Unfällen (vgl. oben Rdn. 13) in der Fassung der Verordnung (EG) Nr. 889/02 des Europäischen Parlaments und des Rates vom 13.5.2002.[66] Diese Verordnung verweist auf das Montrealer Übereinkommen und erweitert die Geltung des dort festgelegten Haftungssystems für die Beförderung von Reisenden und Reisegepäck, nicht dagegen von Gütern, auf *innerstaatliche Flüge* in der Europäischen Gemeinschaft und darüber hinaus auch alle Flüge von Luftfahrtunternehmen der Gemeinschaft außerhalb der EG. Ergänzt wird diese Verordnung durch die EG-Verordnung Nr. 785/04 über Versicherungsanforderungen an Luftfahrtunternehmen und Luftfahrzeugbetreiber vom 21. April 2004.[67] Dort wird die Pflicht zur Unterhaltung einer Haftpflichtversicherung zur Deckung luftverkehrsrechtlicher Drittschäden, Passagierschäden und Güterschäden vorgeschrieben.

38 Darüber hinaus gewährt die Verordnung (EG) Nr. 261/04 vom 11. Februar 2004 über eine gemeinsame Regelung für Ausgleichs- und Unterstützungsleistungen für Fluggäste im Fall der Nichtbeförderung und bei Annullierung oder großer Verspätung von Flügen und zur Aufhebung der Verordnung (EWG) Nr. 295/91[68] sog. Mindestrechte für Reisende. Art. 6 Abs. 1 dieser Verordnung regelt den Tatbestand der Abflugverspätung (vgl. Art. 19 MÜ Rdn. 23) und sieht entsprechende Unterstützungsleistungen gestaffelt je nach Flugentfernung und verzögerter Abflugzeit ab zwei, drei, vier oder fünf Stunden vor.

39 Ferner stellt die EG-VO Nr. 1107/06 vom 5. Juli 2006[69] für Personen mit eingeschränkter Mobilität die Beförderungspflicht durch das Luftfahrtunternehmen, seinen Erfüllungsgehilfen oder das Reiseunternehmen sicher.[70] Eine Abweichung ist nur möglich, wenn besondere Sicherheitsgründe vorliegen. Darüber hinaus gewährleistet die Verordnung den Personen mit eingeschränkter Mobilität einen Anspruch auf Hilfeleistung am Flughafen gegen den Flughafenbetreiber und das Luftfahrtunternehmen, um den aus der Beförderungspflicht entspringenden Beförderungsanspruch des Reisenden zu untermauern.[71]

40 Führt der vertragliche Luftfrachtführer die Beförderung nicht selbst aus, sondern lässt sie durch einen Dritten ausführen, so hat der vertragliche Luftfrachtführer nach Art. 11 der EG-VO Nr. 2111/05 den Reisenden über die Identität des ausführenden Luftfrachtführers zu unterrichten.[72] Der örtliche Anwendungsbereich der Verordnung erstreckt sich auf Flüge, die von einem Flughafen im Hoheitsgebiet eines Mitgliedstaates starten,[73] Flüge von einem Drittstaat, die im Hoheitsgebiet eines Mitgliedstaates ankommen[74] und auf Flüge von Drittstaaten in Drittstaaten[75] – jeweils unter der Voraussetzung, dass die Beförderung in der Gemeinschaft begonnen hat.

---

66 ABl. EG Nr. L 140 vom 30.5.2002, S. 2.
67 ABl. EG Nr. L 138 vom 21. 4. 2004, S. 1; im Folgenden abgekürzt: EG-VO Nr. 785/04.
68 ABl. EG 2004 Nr. L 46, S. 1.
69 ABl. EG 2006 Nr. L 204, S. 1.
70 Vgl. dazu *Lienhard* in: Luftrecht Bd. 3, Teil II B Rn. 78 ff.; *Schladebach* Luftrecht S. 120.
71 *Schladebach* Luftrecht S. 122.
72 *Lindner* RRa **2006** 58, 60.
73 Art. 10 Abs. 1 Buchst. a EG-VO Nr. 2111/2005.
74 Art. 10 Abs. 1 Buchst. b EG-VO Nr. 2111/2005.
75 Art. 10 Abs. 1 Buchst. c EG-VO Nr. 2111/2005.

III. Nationale Rechtsquellen

Die Weimarer Reichsverfassung regelte die Gesetzgebungskompetenz des Reichs in Art 7. Ziff. 19 für »den Verkehr mit Kraftfahrzeugen in der Luft«. Das Reich verabschiedete am 1. August 1922 das Luftverkehrsgesetz. Es regelt die Gefährdungshaftung des Luftfahrzeughalters sowie die meist vertragliche Haftung des Luftfrachtführers im innerdeutschen Luftverkehr. Die Bedeutung der beförderungsvertraglichen Haftung im Luftverkehrsgesetz hat jedoch abgenommen. Dieser Bedeutungsverlust ist auf das Transportrechtsreformgesetz 1998 zurückzuführen,[76] das zum 1. Juli 1998 für die Verkehrsträger Eisenbahn, LKW, Binnenschiff und Flugzeug einen vereinheitlichten Haftungsrahmen für Güterschäden schuf. Für den internationalen Luftverkehr kommt ihm weiterhin Bedeutung zu, als dort nach den Regeln des Internationalen Privatrechts nationales Recht anzuwenden ist. 41

Die Luftverkehrsordnung (LuftVO) entspricht weitgehendst dem Chicagoer Abkommen vom 7. Dezember 1944 (vgl. oben Rdn. 31). Sie regelt unter anderem die Pflichten der Teilnehmer am Luftverkehr, allgemeine Verkehrsregeln, Sichtflugregeln sowie Instrumentenflugregeln. 42

Die Luftverkehrs-Zulassungs-Ordnung (LuftVZO) regelt unter anderem die Zulassung des Luftfahrtgeräts, die Erteilung der Erlaubnis für Luftfahrtpersonal, die Genehmigung von Flugplätzen usw. In den §§ 102 ff. LuftVZO sind Vorschriften über die Halterhaftpflicht- und Unfallversicherung enthalten. 43

D. Geltung und Wirkung des Montrealer Übereinkommens

I. Das Montrealer Übereinkommen als internationales und innerstaatliches materielles Recht

1. Rechtsnatur

Das Montrealer Übereinkommen ist ein multinationaler völkerrechtlicher Vertrag und regelt das internationale Luftbeförderungsrecht sowohl im Bereich der Personen- als auch der Güterbeförderung. Durch die Hinterlegung der Ratifikationsurkunde Deutschlands ist das 1999 beschlossene Montrealer Übereinkommen deutsches materielles Recht geworden. Da das Montrealer Übereinkommen in Art. 1 und 2 MÜ seinen Anwendungsbereich selbst bestimmt, bedarf es, soweit seine Vorschriften reichen und anwendbar sind, keiner Festlegung des anwendbaren nationalen Rechts nach den herkömmlichen Grundsätzen des Internationalen Privatrechts. Gerichte der Bundesrepublik Deutschland und der anderen Vertragsstaaten haben das Montrealer Übereinkommen auf den betreffenden Luftbeförderungsvertrag unmittelbar anzuwenden. Mit dem Beitritt der Europäischen Gemeinschaft zum Montrealer Übereinkommen ist dieses auch integraler Bestandteil des Unionsrechts.[77] Innerhalb desselben kommt ihm der sog *Mezzanin-Rang* zwischen Primär- und Sekundärrecht zu. 44

2. Geltungsgrund des Montrealer Übereinkommens

a) Unmittelbare Geltung. Als innerstaatliche materielle Rechtsnormen gelten die Bestimmungen des Montrealer Übereinkommens ipso jure, soweit sich aus dem Montrealer Übereinkommen 45

76 Gesetz zur Neuregelung des Fracht-, Speditions und Lagerrechts (Transportrechtsreformgesetz – TRG) vom 25.6.1998, BGBl. I S. 1588.

77 EuGH, Urt. v. 10.1.2006 – *International Air Transport Association & European Low Fares Airline Association v. Department for Transport* – C-344/04, NJW **2006** 351, 354; *Karsten/Seidenspinner* ZEuP **2010,** 830, 834.

ihre Anwendbarkeit ergibt. Eine besondere Vereinbarung ihrer Anwendbarkeit ist daher nicht Voraussetzung der Geltung.

46 **b) Erweiterung des Geltungsbereichs durch nationales Recht.** Der Rechtscharakter des Montrealer Übereinkommens als völkerrechtliches Übereinkommen verwehrt es dem nationalen Gesetzgeber indes nicht, seine materiellen Bestimmungen in einem erweiterten Rahmen für anwendbar zu erklären, so zB auf nicht grenzüberschreitende Beförderungen oder auf Speditionsverträge. Das letztere ist bereits durch den Gesetzgeber aufgrund der §§ 458 bis 460 HGB erfolgt. Soweit der Spediteur die Beförderung durch Selbsteintritt ausführt oder Fixkostenspediteur ist, gilt er aufgrund der Rechtsfolgenverweisung als Luftfrachtführer.[78] Insoweit finden auf ihn die Haftungsregeln des Montrealer Übereinkommens Anwendung.

47 **c) Geltung des Montrealer Übereinkommens kraft vertraglicher Vereinbarung.** Das Montrealer Übereinkommen kann im Rahmen der Vertragsfreiheit grundsätzlich im Luftverkehr mit Nichtvertragsstaaten sowie zwischen Spediteuren als Vertragsordnung vereinbart werden. Das Übereinkommen wird damit nach deutschem Recht Inhalt des Beförderungsvertrags, die Regeln des Montrealer Übereinkommens können in diesem Fall abbedungen werden. Mit der Vereinbarung des Montrealer Übereinkommens als Vertragsordnung außerhalb seines sachlichen Geltungsbereichs (zB für innerstaatliche Luftbeförderungen, für Luftbeförderungen zwischen Nichtvertragsstaaten, für Luftbeförderungen mit anderen Verkehrsmitteln oder zwischen Luftfrachtführern und Spediteuren) gewinnt es die Rechtsnatur Allgemeiner Geschäftsbedingungen und kann sich gegenüber zwingenden Rechtsnormen der nach Kollisionsrecht anwendbaren Rechtsordnung nicht durchsetzen, muss also gegenüber zwingendem nationalem Frachtrecht zurücktreten. Ferner unterliegt dann seine Vereinbarung der Inhaltskontrolle gemäß der §§ 307 ff. BGB.

II. Wirkungsweise des Montrealer Übereinkommens

1. Zwingende Wirkung des Montrealer Übereinkommens für die Vertragsstaaten

48 Die Vereinbarung der Rechtsordnung eines Nichtvertragsstaats durch die Parteien ist vor Gerichten der Vertragsstaaten unwirksam. Art. 49 MÜ erklärt die Bestimmungen des Beförderungsvertrags für zwingend; alle vor Eintritt des Schadens getroffenen besonderen Vereinbarungen, mit denen die Parteien durch Bestimmung des anwendbaren Rechts oder durch Änderung der Vorschriften über die Zuständigkeit vom Montrealer Übereinkommen abweichen, sind nichtig. Soweit dagegen die materielle Haftungsordnung gewahrt bleibt, ist eine „abweichende" Vereinbarung gleichwohl zulässig.

2. Anwendung des Montrealer Übereinkommens durch Gerichte in Nichtvertragsstaaten

49 Gerichte in Staaten, die das Montrealer Übereinkommen nicht ratifiziert haben, brauchen dessen Bestimmungen nicht anzuwenden, auch wenn nach Art. 1 MÜ an sich die Anwendungsvoraussetzungen vorliegen. Denn sie sind durch die Rechtsanwendungsregeln der Art. 1 und 2 MÜ nicht gebunden. Für diese ausländischen Gerichte gelten zunächst die Vorschriften ihres eigenen Kollisionsrechts. Verweisen diese auf das Montrealer Übereinkommen, ist es anwendbar.

---

78 MünchKommHGB/*Müller-Rostin*[5] Art. 1 MÜ Rn. 22.

III. Mitgliederstand

Das Montrealer Übereinkommen ist mit der Hinterlegung der 30. Ratifikationsurkunde am 4. November 2003 gemäß Art. 53 Abs. 6 Satz 1 MÜ in Kraft getreten. Neben der Europäischen Union[79] ist das Montrealer Übereinkommen von folgenden Staaten mit Wirkung zum angegebenen Datum ratifiziert worden: 50

Ägypten (25.4.2005)
Albanien (19.12.2004)
Äquatorialguinea (17.11.2015)
Argentinien (14.2.2010)
Armenien (15.6.2010)
Aserbaidschan (11.4.2015)
Äthiopien (22.6.2014)
Australien (24.1.2009)
Bahrain (4.11.2003)
Barbados (4.11.2003)
Bangladesch (1.11.2022)
Belgien (28.6.2004)
Belize (4.11.2003)
Benin (29.5.2004)
Bolivien (5.7.2015)
Bosnien und Herzegowina (8.5.2007)
Botsuana (4.11.2003)
Brasilien (18.7.2006)
Brunei Darussalam (17.5.2020)
Bulgarien (9.1.2004)
Burkina Faso (25.8.2013)
Chile (18.5.2009)
China (31.7.2005)
Cook Island (21.7.2007)
Costa Rica (8.8.2011)
Dänemark (28.6.2004)
Deutschland (28.6.2004)
Dominikanische Republik (20.11.2007)
Ecuador (26.8.2006)
El Salvador (6.1.2008)
Estland (4.11.2003)
Eswatini (22.1.2017)
Fidschi (9.1.2016)
Finnland (28.6.2004)
Frankreich (28.6.2004)
Gabun (5.4.2014)
Gambia (9.5.2004)
Georgien (18.2.2011)
Ghana (3.8.2018)
Griechenland (4.11.2003)[80]
Guatemala (6.8.2016)
Guyana (21.2.2015)
Honduras (24.1.2016)
Island (16.8.2004)
Indien (30.6.2009)
Indonesien (19.5.2017)
Irland (28.6.2004)
Israel (20.3.2011)
Italien (28.6.2004)
Japan (4.11.2003)
Jamaika (5.9.2009)
Jordanien (4.11.2003)
Kamerun (4.11.2003)
Kanada (4.11.2003)
Kasachstan (31.8.2015)
Kap Verde (22.10.2004)
Katar (14.1.2005)
Kenia (4.11.2003)
Kolumbien (4.11.2003)
Kongo, Republik (17.2.2012)
Kongo, Demokratische Republik (19.9.2014)
Korea, Republik (29.12.2007)
Kroatien (23.3.2008)
Kuba (13.12.2005)
Kuwait (4.11.2003)
Lettland (15.2.2005)
Libanon (14.5.2005)
Litauen (29.1.2005)
Luxemburg (28.4.2004)
Madagaskar (26.2.2007)
Malaysia (29.2.2008)
Malediven (30.12.2005)
Mali (6.3.2008)
Malta (4.7.2004)
Marokko (14.6.2010)
Mauritius (3.4.2017)
Mazedonien (4.11.2003)
Mexiko (4.11.2003)
Moldau (16.5.2009)

79 Die Europäische Gemeinschaft hat als Organisation einer regionalen Wirtschaftsorganisation die Ratifikationsurkunde gemeinsam mit den Mitgliedstaaten der Europäischen Union (Ausnahme: Griechenland und Portugal) am 29. April 2004 beim Verwahrer hinterlegt. Das Übereinkommen trat gem. Art. 53 Abs. 7 MÜ am 28.6.2004 für die Europäische Gemeinschaft in Kraft. Zum 1. Dezember 2009 ist die Europäische Union Rechtsnachfolgerin der Europäischen Gemeinschaft mit Inkrafttretens des Vertrags von Lissabon geworden.

80 Griechenland hat entgegen dem Ratsbeschluss vom 5. April 2001 (2001/539/EG ABl. EG Nr. L 194, S. 38), das Übereinkommen gemeinsam mit den anderen Mitgliedstaaten der Europäischen Union und der Europäischen Gemeinschaft zu ratifizieren, das Übereinkommen im Alleingang ratifiziert.

Monaco (17.10.2004)
Mongolei (4.12.2004)
Montenegro (16.3.2010)
Mosambik (28.3.2014)
Namibia (4.11.2003)
Nepal (15.12.2018)
Neuseeland (4.11.2003)
Nicaragua (5. 11.2022)
Niederlande (28.6.2004)
Niger (1.4.2018)
Nigeria (4.11.2003)
Norwegen (28.6.2004)
Österreich (28.6.2004)
Oman (27.7.2007)
Pakistan (17.2.2007)
Panama (4.11.2003)
Paraguay (4.11.2003)
Philippinen (18.12.2015)
Peru (4.11.2003)
Polen (18.3.2006)
Portugal (4.11.2003)[81]
Ruanda (19.12.2015)
Rumänien (4.11.2003)
Russische Föderation (21.8.2017)
Saudi-Arabien (14.12.2003)
Schweden (28.6.2004)
Schweiz (5.9.2005)
Senegal (6.11.2016)
Serbien (4.4.2010)
Seychellen (12.11.2010)
Sierra Leone (24.1.2016)
Singapur (16.11.2007)
Slowakei (4.11.2003)
Slowenien (4.11.2003)
Spanien (28.6.2004)
Sri Lanka (18.11.2019)
St. Vincent und die Grenadinen (28.5.2004)
Sudan (17.10.2017)
Südafrika (21.1.2007)
Syrien (4.11.2003)
Tansania (4.11.2003)
Thailand (2.10.2017)
Togo (26.11.2016)
Tonga (19.1.2004)
Tschad (10.9.2017)
Tschechien (4.11.2003)
Tunesien (20.11.2018)
Türkei (26.3.2011)
Uganda (27.1.2018)
Ukraine (5.5.2009)
Ungarn (7.1.2005)
Uruguay (4.4.2008)
Vanuatu (8.1.2006)
Vietnam (26.11.2018)
Vereinigte Arabische Emirate (4.11.2003)
Vereinigte Staaten von Amerika (4.11.2003)
Vereinigtes Königreich (28.6.2004)
Zypern (4.11.2003)

51 Der jeweils neueste Stand der Vertragsstaaten ist auf der Internetseite der ICAO[82] abrufbar bzw. aus der Bekanntmachung im Bundesgesetzblatt Teil II ersichtlich und wird jeweils im Fundstellennachweis B zum Stand des Jahresendes zusammengefasst.

E. Geltungsbereich

I. Sachlicher Geltungsbereich

52 Das Montrealer Übereinkommen regelt ebenso wie sein Vorläufer nicht sämtliche privatrechtlichen Fragen, die mit einer internationalen Luftbeförderung im Zusammenhang stehen, sondern lediglich „bestimmte Vorschriften“,[83] die besonders vereinheitlichungsbedürftig sind. Im Vordergrund stehen dabei drei Regelungskomplexe: die Beförderungsdokumente,[84] die Verfügungsrechte bei der Güterbeförderung[85] sowie die Haftung des Luftfrachtführers für die bei der Beförderung entstandenen Personen- und Sachschäden. Vom sachlichen Geltungsbereich des Montrealer Über-

81 Portugal hat entgegen dem Ratsbeschluss vom 5. April 2001 (2001/539/EG ABl. EG Nr. L 194, S. 38, das Übereinkommen gemeinsam mit den anderen Mitgliedstaaten der Europäischen Union und der Europäischen Gemeinschaft zu ratifizieren, das Übereinkommen im Alleingang ratifiziert.
82 http://www2.icao.int/en/leb/List%20of%20Parties/mtl99_en.pdf.
83 Vgl. die englische Fassung („certain rules“) sowie die französische Fassung („certaines règles“).
84 Vgl. Art. 3–11 MÜ.
85 Vgl. Art. 12–16 MÜ.

einkommens sind ausgenommen die Beförderung von Postsendungen[86] sowie die Anwendbarkeit der Dokumentationsvorschriften der Art. 3–5, 7 und 8 MÜ bei Beförderungen unter außergewöhnlichen Umständen.[87]

II. Räumlicher Geltungsbereich

Der räumliche Geltungsbereich des Montrealer Übereinkommens wird durch Art. 1 Abs. 1 MÜ 53 beschrieben. Danach gilt das Übereinkommen für internationale Beförderungen. Dieser Begriff wird in Art. 1 Abs. 2 MÜ näher definiert (vgl. dazu im Einzelnen die Kommentierung zu Art. 1 MÜ). Gemäß Absatz 2 sind Beförderungsverträge international, wenn entweder der Abgangs- und Bestimmungsort in unterschiedlichen Vertragsstaaten des Montrealer Übereinkommens liegt oder sich Abgangs- und Bestimmungsort zwar im gleichen Vertragsstaat befinden, aber eine Zwischenlandung in einem Drittstaat, der nicht Vertragsstaat sein muss, geplant ist.

III. Verhältnis des Montrealer Übereinkommens zum Warschauer Abkommenssystem

Art. 54 MÜ regelt das Verhältnis zwischen dem Montrealer Übereinkommen und dem Warschauer 54 Abkommenssystem (s. oben Rdn. 29). Mit zunehmender Ratifikation des Montrealer Übereinkommens wird dieses sukzessive das Warschauer Abkommen ablösen.

F. Auslegung und ergänzende Anwendung nationalen Sachrechts

I. Auslegung und Selbstergänzung des Montrealer Übereinkommens aus sich heraus

1. Auslegung und Selbstergänzung

Als internationales Einheitsrecht soll das Montrealer Übereinkommen zur Rechtsangleichung 55 beitragen.[88] Es kann diese Aufgaben am besten erfüllen, wenn es von den Gerichten der Vertragsstaaten möglichst einheitlich interpretiert und ergänzt wird. Dabei ist darauf zu achten, dass das Montrealer Übereinkommen entweder aus sich heraus[89] ohne Rückgriff auf nationale Rechtsordnungen ausgelegt oder durch Analogie aus ihren eigenen Vorschriften ergänzt wird. So ist darauf zu achten, dass Begrifflichkeiten einheitlich interpretiert werden. So lässt sich zB die Frage der Schriftlichkeit iSv. Art. 34 Abs. 1 Satz 2 MÜ durch Rückgriff auf das Schriftlichkeitserfordernis und die hierzu ergangene Rechtsprechung klären. Bei der Auslegung ist daher die Herstellung eines möglichst umfassenden internationalen Rechtsanwendungseinklangs oberstes Ziel.[90]

86 Vgl. Art. 2 Abs 3 MÜ.

87 Vgl. Art. 51 MÜ.

88 *Brinkmann* Luftfrachtersatzverkehr, S. 4.

89 BGH, Urt. v. 19.3.1976 – I ZR 75/74 – ZLW **1977** 79, 82 = NJW **1976** 1583 m. zust. Anm. *Kropholler*; MünchKommHGB/*Müller-Rostin*[5] Einl. MÜ Rn. 53.

90 BGH, Urt. v. 19.3.1976 – I ZR 75/74 – ZLW **1977** 79, 81 = NJW **1976** 1583 m. zust. Anm. *Kropholler*; BGH, Urt. v. 27.10.1978 – I ZR 114/76 – NJW **1979** 493 = VersR **1979** 83 = ZLW **1980** 61 = ETR **1979** 651, 656; vgl. auch Ebenroth/Boujong/*Pokrant*[5] vor Art. 1 MÜ Rn. 19; *Risch* Divergenzen S. 7 ff.; *Brandi-Dohrn* TranspR **1996** 45; *Schiller* TranspR **1996** 173.

56 Der Auslegungskanon wird durch Art. 31 ff. Wiener Vertragsrechtsübereinkommen (WVÜ)[91] vom 25. März 1969 vorgegeben, da das Montrealer Übereinkommen als völkerrechtlicher Vertrag den völkerrechtlichen Regeln über die Auslegung von Rechtsquellen unterliegt. Anders als bei klassischen völkerrechtlichen Verträgen zwischen Staaten handelt es sich beim Montrealer Übereinkommen um einen sog **normativen Vertrag** und insoweit um einen eigenen Typus,[92] so dass man eher die für die Auslegung von Privatrecht allgemein anerkannten Grundsätze heranziehen könnte.[93] Zur Erreichung eines internationalen Rechtsanwendungseinklangs bestehen indes keine Bedenken, auf die Art. 31 ff. WVÜ zurückzugreifen.[94] Als zulässige Auslegungsprinzipien nennen die Vorschriften des WVÜ die grammatikalische, die systematische, historische und teleologische Auslegung, ohne sie in ein bestimmtes Rangverhältnis zu setzen. Lediglich der historischen Auslegung, welcher die Rechtsprechung einen hohen Stellenwert einräumt, wird in Art. 32 WVÜ eine Vorrangstellung in der Hierarchie zugewiesen. Dem Wortlaut des Übereinkommenstextes kommt zur Sicherstellung der Rechtsvereinheitlichung eine hohe Bedeutung zu. Bringt der Wortlaut einer Vorschrift einen in sich eindeutigen Sinn, kann aus in Einzelheiten etwas anderen Formulierungen kein einschränkendes Argument hergeleitet werden. Aus der unpräzisen Formulierung in Art. 28 MÜ, die von *Luftfahrzeugunfällen* anstatt von Unfällen an Bord eines Luftfahrzeugs oder beim Ein- oder Aussteigen spricht, kann daher weder eine Einschränkung des Unfallbegriffs abgeleitet noch ein Argument dafür hergeleitet werden, dass der Unfallbegriff gerade eine für den Luftverkehr eigentümliche Gefahrenverursachung bedinge.[95] Die Rechtsprechung räumt mit guten Gründen der grammatikalischen, vor allem dem „gewöhnlichen Wortsinn" traditionell einen gewissen Vorrang ein.[96]

57 **a) Maßgebliche Textfassungen.** Maßgeblicher Wortlaut sind ausschließlich und gemeinsam die arabische, chinesische, englische, französische, russische und spanische Sprache. Demgegenüber stellt der deutsche Text nur eine amtliche Übersetzung der deutschsprachigen Staaten dar. Er kann daher keine vom Originaltext abweichende Auslegung begründen,[97] allenfalls ein Argument für eine der möglichen Auslegungen liefern.

58 **aa) Unterschiede zwischen den Originalfassungen.** Inhaltlich sind insbesondere der englische und französische Wortlaut des Montrealer Übereinkommens nicht in allen Einzelheiten vollkommen entsprechend formuliert. Dies ist Folge der strukturellen und begrifflichen Unterschiede.

59 **bb) Auslegungen der verbindlichen Originalfassungen.** Von Bedeutung ist auch die teilweise unterschiedliche juristische Ausprägung juristischer Begriffe in der englischen und französischen Rechtsordnung. So wird beispielsweise von der französischen Rechtsprechung zum Warschauer Abkommen die Auffassung vertreten, dass die Wortwahl „avarie" in Art. 18 WA 1955 nicht den Teilverlust erfasse, weil für diesen Fall der Begriff „perte partielle" gebräuchlich sei (vgl. Art 18 MÜ Rdn. 16). Derartige Rückgriffe auf die nationale Rechtsordnung überzeugen jedoch bei der Auslegung eines völkerrechtlichen Vertrags, durch den Einheitsrecht geschaffen werden soll, nicht. Wenn nämlich die Schlussvorschriften unter anderem die englische und französische Fassung des Montrealer Übereinkommens gleichermaßen für verbindlich erklärt, so ist dies sprach-

91 BGBl. 1985 II S. 926.
92 So auch MünchKommHGB/*Kronke* Art. 1 WA 1955 Rn. 3.
93 So *Guldimann* Einl. zum WA 1955 Rn. 32; *Risch* Divergenzen S. 7 ff.; *Jahnke* Haftung, S. 49 ff.
94 Ebenroth/Boujong/*Pokrant*[5] vor Art. 1 MÜ Rn. 20; *Führich*[6] Reiserecht Rn. 1071 aE.
95 So aber *Ruhwedel* TranspR **2001** 189, 193.
96 BGH, Urt. v. 25.6.1969 – I ZR 15/67 – BGHZ **52** 216.
97 MünchKommHGB/*Müller-Rostin*[5] Einl. MÜ Rn. 51.

lich zutreffend, kann aber nicht die Übernahme von speziellen Auslegungen der Begriffe aus diesen Rechtsordnungen begründen.

Bei Auslegungsunterschieden zwischen den Originalfassungen sollte jedoch berücksichtigt werden, dass das Montrealer Übereinkommen im Wesentlichen auf englisch verhandelt und redigiert wurde. Insofern kommt der englischen Originalfassung ein hoher Stellenwert bei der Auslegung zu. Soweit das Montrealer Übereinkommen direkt auf seinem Vorläufer, dem Warschauer Abkommen von 1929 beruht, muss berücksichtigt werden, dass das Warschauer Abkommen auf französisch verhandelt wurde und die französische Fassung allein verbindlich ist. Demgegenüber wurde das Haager Änderungsprotokoll von 1955 auf englisch und französisch verhandelt. 60

II. Ergänzende Heranziehung supranationalen und nationalen Sachrechts

Das Montrealer Übereinkommen regelt nicht alle regelungsbedürftigen Fragen des internationalen Luftprivatrechts. Zur Ergänzung der Vorschriften des Montrealer Übereinkommens bedarf es der Anwendung materieller nationaler Rechtsnormen. Soweit das Montrealer Übereinkommen eine Rechtsfrage löst, geht es indes dem nationalen Recht vor.[98] 61

1. Kollisionsnormen im Montrealer Übereinkommen

Das Montrealer Übereinkommen verweist in einigen Artikeln auf die ergänzende Anwendung nationalen Rechts, so z.B. in Art. 22 Abs. 6, 33 Abs. 4, 35 Abs. 2 MÜ auf die *lex fori*.[99] In diesen Fällen ist unmittelbar das materielle Recht des Gerichtsstaats anwendbar. An anderen Stellen ergibt sich aus dem Wortlaut ohne ausdrückliche Kollisionsnorm, dass gewisse Fragen ihre Normierung außerhalb des Übereinkommens suchen müssen. Dies gilt zum einen für Art. 29 Satz 1 Hs. 1 MÜ (Rechtsgründe der Ersatzansprüche) und Art. 29 Satz 1 Hs. 2 MÜ (Aktivlegitimation) sowie zum anderen bei Schadensersatzklagen gegen die Leute des Luftfrachtführers.[100] Soweit das Montrealer Übereinkommen keine Kollisionsregel enthält, ist grundsätzlich das Vertragsstatut des Luftbeförderungsvertrags, ggf. das Deliktsstatut, maßgeblich.[101] 62

2. Nationale und supranationale Kollisionsnormen

a) Vertragsstatut des Luftbeförderungsvertrags: Art. 27 ff. EGBGB – Rom I-Verordnung. Soweit das Montrealer Übereinkommen keine Regelung enthält, muss zur Bestimmung des ergänzend anwendbaren materiellen Rechts auf das allgemeine Kollisionsrechts des angerufenen Gerichts zurückgegriffen werden. Die Ermittlung des anwendbaren Rechts erfolgt für die Rechtslage für bis zum 17.12.2009 abgeschlossene Beförderungsverträge nach Maßgabe des EGBGB, vor allem der Art. 27 ff. für Vertragswirkungen. Im Zuge der IPR-Reform des Jahres 1986[102] wurde das *Übereinkommen über das auf vertragliche Schuldverhältnisse anwendbare Recht* vom 9. Juni 1980 – 63

98 Ebenroth/Boujong/*Pokrant*[5] vor Art. 1 MÜ Rn. 23.

99 Ebenroth/Boujong/*Pokrant*[5] vor Art. 1 MÜ Rn. 24; MünchKommHGB/*Müller-Rostin*[5] Einl. MÜ Rn. 56.

100 Art. 30 MÜ setzt die Anspruchsgrundlage voraus und gibt den Leuten des Luftfrachtführers nur das Recht, sich auf die Haftungsbeschränkungen berufen zu können.

101 Ebenso FrankfKomm/*Giemulla* Einl. MÜ Rn. 40; Ebenroth/Boujong/*Pokrant*[5] vor Art. 1 MÜ Rn. 24; *Reithmann/van Dieken*[11] Internationales Vertragsrecht Rn. 1201; MünchKommHGB/*Kronke* Art. 1 WA 1955 Rn. 14; **aA** *Riese* Luftrecht S. 397 und die bei *Sand* ZLW **1969** 205, 206 Fn. 12, zitierte Literatur, die aus den Hinweisen aus Art. 22 Abs. 6, 33 Abs. 4, 35 Abs. 2 MÜ auf eine allgemeine Kollisionsregel zugunsten der lex fori schließen.

102 Gesetz v. 25.7.1986, BGBl. I S. 1142.

EVÜ – ratifiziert.[103] Das Übereinkommen findet jedoch nicht unmittelbare Anwendung, sondern wurde mit gewissen Modifizierungen in die Art. 27–37 EGBGB integriert. Art. 36 EGBGB verpflichtet jedoch auch den deutschen Rechtsanwender auf eine dem IPR-Einheitsrechts-Charakter gemäße Auslegung.[104]

64 Das Vertragsstatut ist maßgeblich für den Vertragsschluss und die materielle Wirksamkeit (Art. 31 EGBGB), Willensmängel, Auslegung, Erlöschen von Schuldverhältnissen, Folgen der Nichtigkeit, Schadensbemessung (Art. 32 EGBGB), Übertragung von Forderungen und Forderungsübergang (Art. 33 EGBGB).

65 Für die Rechtslage für ab dem 18.12.2009[105] abgeschlossene Beförderungsverträge ersetzt die sog. Rom I – Verordnung[106] die Regelungen der Art. 27 ff. EGBGB. Danach bleibt es beim Postulat der freien Rechtswahl, Art. 3 EG-VO Nr. 593/08. Mangels Rechtswahl kommt das Recht derjenigen Vertragspartei zur Anwendung, welche die vertragscharakteristische Leistung zu erbringen hat. Art. 4 EG-VO Nr. 593/08 benennt die vertragscharakteristische Leistung anhand in Betracht kommender Vertragstypen, in Ermangelung einer solchen Bestimmung nach dem Recht des Staates, zu dem der Vertrag die engste Verbindung aufweist. Das auf Beförderungsverträge anwendbare Recht regelt Art. 5 EG-VO Nr. 593/08.

66 **aa) Rechtswahl für Beförderungsverträge bis 17.12.2009.** Nach Art. 27 EGBGB gilt das Prinzip der Parteiautonomie. Die Parteien können das auf den Luftbeförderungsvertrag anwendbare Recht unter den von Art. 27 EGBGB selbst genannten Voraussetzungen frei vereinbaren. Eine Grenze zieht jedoch Art. 49 MÜ. Mit der Rechtswahl sind im Übrigen sämtliche, einschließlich der zwingenden Vorschriften des anwendbaren Rechts berufen. Die Rechtswahlvereinbarung ist ein eigenständiger, vom Luftbeförderungsvertrag unabhängiger Vertrag, auch wenn er zB in den Allgemeinen Geschäftsbedingungen des Beförderungsvertrags mitenthalten ist.[107] Da der Luftbeförderungsvertrag als Teil des Vertrags zwingend dem Montrealer Übereinkommen unterliegt (s. oben Rdn. 47), liegt nur ein Fall einer teilweisen Rechtswahl iSv. Art. 27 Abs. 1 Satz 3 EGBGB vor.

67 Haben die Parteien eine Rechtswahl nicht ausdrücklich getroffen, so kann sich eine solche auch aus dem stillschweigenden Parteiwillen ergeben. Indizien sind hierfür eine Gerichtsstandsklausel[108] in den Grenzen des Art. 49 MÜ, die Vertragssprache, die vereinbarte Währung zur Zahlung der Fracht, die Übung der Parteien, Bezugnahme auf eine bestimmte Rechtsordnung. Eine Rechtswahl ist auch durch schlüssiges Verhalten im Prozess möglich.[109]

68 **bb) Objektive Anknüpfung für Beförderungsverträge bis 17.12.2009.** Mangels ausdrücklicher oder stillschweigender Rechtswahlvereinbarung wird bei **Güterbeförderungsverträgen** nach Art. 28 Abs. 4 EGBGB vermutet, dass sie mit dem Staat die engste Verbindung aufweisen, in dem der Beförderer im Zeitpunkt des Vertragsabschlusses seine Hauptniederlassung hat. Weitere Voraussetzung für die Vermutung ist, dass sich in diesem Staat auch

- der Verladeort oder
- der Entladeort oder
- die Hauptniederlassung des Absenders befindet.

---

103 BGBl. 1986 II S. 809.

104 Dafür kommt dem *Giuliano-Lagarde*-Bericht über das Übereinkommen über das auf vertragliche Schuldverhältnisse anzuwendende Recht besondere Bedeutung zu, abgedruckt ABl. EG 1980 Nr. C 282/1 ff. und BT-Drucks. **10/503**, S. 33 ff.

105 Vgl. Art. 28 EG-VO Nr. 593/2008.

106 EG-VO Nr. 593/2008, ABl. 2008 Nr. L 177, S. 6.

107 MünchKommHGB/*Kronke* Art. 1 WA 1955 Rn. 15.

108 So MünchKommHGB/*Kronke* Art. 1 WA 1955 Rn. 16.

109 OLG Frankfurt, Urt. v. 28.4.1981 – 5 U 29/80 – ZLW **1981** 312.

Bei der **Personenbeförderung** fehlt eine besondere Vermutung. Nach Art. 28 Abs. 2 EGBGB ist das Recht der gewerblichen Hauptniederlassung des Luftfrachtführers maßgeblich.[110] 69

cc) Rechtswahl für Beförderungsverträge ab 18.12.2008. Im Gegensatz zum EVÜ und Art. 27 EGBGB ist die Rechtswahl bei der **Personenbeförderung** begrenzt.[111] Wählbar sind nur bestimmte Rechtsordnungen, wie Art. 5 Abs. 2 Uabs. 2 EG-VO Nr. 593/08 zeigt: 70

- das Recht des Staates, in dem die zu befördernde Person ihren gewöhnlichen Aufenthalt hat oder
- das Recht des Staates, in dem der Beförderer seinen gewöhnlichen Aufenthalt hat oder
- das Recht des Staates, in dem der Beförderer seine Hauptverwaltung hat oder
- das Recht des Staates, in dem sich der Abgangsort befindet oder
- das Recht des Staates, in dem sich der Bestimmungsort befindet.

Die Vorschriften über Verbraucherverträge in Art. 6 EG-VO Nr. 593/08 ist grundsätzlich nicht auf die Beförderung von Personen anwendbar;[112] eine Ausnahme hiervon gilt nur, wenn es sich um Pauschalreiseverträge iSd. Richtlinie 90/314/EWG des Rates vom 13.6.1990 über Pauschalreisen handelt.[113] 71

Bei der **Güterbeförderung** hält die Rom I–VO an der grundsätzlich uneingeschränkten Rechtswahl für Güterbeförderungsverträge im EVÜ fest.[114] 72

dd) Objektive Anknüpfung für Beförderungsverträge ab 18.12.2008. Bei **Personenbeförderungsverträgen** ist das anzuwendende Recht das Recht des Staates, in dem die zu befördernde Person ihren gewöhnlichen Aufenthalt hat, sofern sich in diesem Staat auch der Abgangs- oder der Bestimmungsort befindet. Insoweit haben sich die Rechtsanwendungsinteressen der beförderten Person durchgesetzt. Durch die Kombination von Aufenthaltsort und Abgangs- oder Bestimmungsort wird ein enger Bezug zum anwendbaren Recht gewährleistet.[115] Sind diese Voraussetzungen nicht erfüllt, so ist das Recht des Staates anzuwenden, in dem der Beförderer seinen gewöhnlichen Aufenthalt hat. 73

Die Änderungen durch die Rom I – Verordnung sind im Bereich der **Güterbeförderungsverträge** weniger einschneidend. Mangels Rechtswahl ist das Recht des Staates anzuwenden, in dem der Beförderer seinen gewöhnlichen Aufenthalt hat, sofern sich in diesem Staat auch der Übernahmeort oder der Ablieferungsort oder der gewöhnliche Aufenthalt des Absenders befindet. Es verbleibt insoweit bei der bisher in der Praxis anzuwendenden Vermutung des Art. 28 Abs. 4 EGBGB. Neu ist lediglich, dass mangels Vorliegens der vorgenannten Voraussetzungen das anzuwendende Recht des vertraglichen Lieferortes gilt.[116] Dadurch wird das Grundprinzip, nach der charakteristischen Leistung anzuknüpfen, aufgegeben.[117] 74

b) Statut der unerlaubten Handlung: Art. 38 ff. EGBGB – Rom II-Verordnung

aa) Grundsätze. Für die Bestimmung des auf deliktische Ansprüche anwendbaren materiellen Rechts wird grundsätzlich an den **Tatort** („*lex loci delicti commissi*") angeknüpft. Daneben wird 75

---

110 LG München, Urt. v. 15.7.1975 – 18 O 461/73 – ZLW **1977** 155, 157.
111 *Wagner* TranspR **2008** 221, 222.
112 *Wagner* TranspR **2008** 221, 222.
113 Art. 6 Abs. 4 Buchst. b EG-VO Nr. 593/08.
114 Vgl. Art. 5 Abs. 1 EG-VO Nr. 593/08.
115 *Wagner* TranspR **2008** 221, 222.
116 Vgl. Art. 5 Abs. 1 Satz 2 EG-VO Nr. 593/08.
117 So auch *Mankowski* TranspR **2008** 339, 352.

das anwendbare Deliktsrecht bei identischer Staatsangehörigkeit von Schädiger und Geschädigtem auch nach dem Personalstatut oder nach dem Recht des Hoheitszeichens des Luftfahrzeugs (sog Flaggenprinzip) angeknüpft. Für Sachverhalte ab dem 11.9.2009 geht Art 4 EG-VO Nr. 864/2007[118] (Rom II-VO) den eben genannten Anknüpfungsregeln vor.

76 **bb) Die Anknüpfungsregeln im Einzelnen.** Die international am weitesten verbreitete Anknüpfungsregel für unerlaubte Handlungen ist diejenige der *lex loci delicti commissi* (**Tatort** als Hauptanknüpfung).[119] Danach findet für die Geltendmachung von Schadensersatzansprüchen wegen unerlaubter Handlungen das Recht des Staates Anwendung, auf dessen Territorium sich die Tat ereignet hat.[120] Die Handhabung der Tatortregel bereitet dort keine Schwierigkeiten, wo Handlungs- und Erfolgsort in demselben Staat liegen. Bei einem Auseinanderfallen dieser beiden Orte fragt es sich allerdings, ob auf den Begehungsort oder vielmehr den Erfolgsort der deliktischen Handlung abzustellen ist.[121] Die Tatortregel versagt schließlich, wenn sich das haftungsbegründende Ereignis in einem staatsfreien Gebiet, zB der hohen See, zugetragen hat.[122]

77 Anstelle der Tatortregel wird das anwendbare Recht bei unerlaubten Handlungen im Parteiinteresse an das **gemeinsame Personalstatut von Schädiger und Geschädigtem** angeknüpft.[123] Diese Anknüpfungsregel entfaltete bis zu ihrer Aufhebung[124] in Deutschland Vorrang vor der Tatortregel aufgrund einer Verordnung des Ministerrats für die Reichsverteidigung über die Rechtsanwendung bei Schädigungen deutscher Staatsangehöriger außerhalb des Reichsgebiet vom 7.12.1942.[125] Die Rechtsprechung wendet diese Anknüpfungsregel sowohl auf deliktische Handlungen Deutscher im Ausland als auch auf Handlungen von Ausländern in Deutschland an.[126] Der Bundesgerichtshof hat mittlerweile diesen Anknüpfungsgrundsatz dahingehend modifiziert, als an das Recht des Staates, in dem Schädiger und Geschädigter den gemeinsamen gewöhnlichen Aufenthalt haben, angeknüpft wird.[127]

78 Am sachgerechtesten erscheint gerade im internationalen Luftverkehr an das **Recht des Hoheitszeichens (Flaggenrecht)** anzuknüpfen.[128] Damit richten sich die Ansprüche des geschädigten Reisenden oder Ladungsbeteiligten gegen den Schädiger nach dem Recht des Staates, dessen Hoheitszeichen das Luftfahrzeug berechtigterweise führt. Der Vorteil dieser Anknüpfungsregel liegt darin, dass für alle Parteien im Falle eines Unfalls das zur Anwendung berufene Recht vorhersehbar ist. Dies gilt selbst in Fällen des Code-Sharing (vgl. dazu Art. 39 MÜ), wenn der Flug von einer anderen Fluggesellschaft im Rahmen einer Allianz ausgeführt wird. Denn das Code-Sharing wird in der Regel bei der Buchung des Fluges bereits mitgeteilt.

79 Infolge seiner universellen Geltung verdrängen Artt. 4, 14 EG-VO Nr. 864/07[129] im Güter- und Personenbeförderungsbereich die eben genannten Anknüpfungsregeln, soweit Ansprüche aus un-

---

118 ABl. 2007 Nr. L 199 S. 40 ff.

119 Vgl. BGH, Urt. v. 23.6.1964 – VI ZR 180/63 – NJW **1964** 2012.

120 *v. Bar* IPR II Rn. 654.

121 Kritisch dazu auch FrankfKomm/*Giemulla* Einl. zum MÜ Rn. 46.

122 *v. Bar* IPR II Rn. 568; *Lukoschek* Deliktsrecht S. 39; FrankfKomm/*Giemulla* Einl. zum MÜ Rn. 37.

123 Ebenso FrankfKomm/*Giemulla* Einl. MÜ Rn. 48; Ebenroth/Boujong/*Pokrant*[5] vor Art. 1 MÜ Rn. 30; ablehnend *Staudinger* RRa **2006** 146 Fn. 4.

124 Vgl. Art. 4 zur Aufhebung der Verordnung über die Rechtsanwendung bei Schädigung deutscher Staatsangehöriger außerhalb des Reichsgebiets mit Wirkung vom 1.6.1999, BGBl. 1999 I S. 1027.

125 RGBl. 1942 I S. 706.

126 BGH, Urt. v. 2.2.1961 – II ZR 163/59 – BGHZ **34** 222, 224 = JZ **1961** 422 m. abl. Anm. v. *Wengler*; BGH, Urt. v. 23.11.1971 – VI ZR 97/70 – BGHZ **57** 265, 268; OLG München, Urt. v. 17.2.1976 – 25 U 4030/75 – NJW **1977** 502, 504 (§ 1 RAnwVO); kritisch dazu *Lukoschek* Deliktsrecht S. 84 f.

127 BGH, Urt. v. 13.3.1984 – VI ZR 23/82 – BGHZ **90** 294.

128 LG Frankfurt a.M., Urt. v. 16.12.2005 – 2-01 S 182/01 – NJW-RR **2006** 704, 705; *Lukoschek* Deliktsrecht S. 92 ff.; FrankfKomm/*Giemulla* Einl. zum MÜ Rn. 49 f.

129 *Wagner* TranspR **2009** 281, 289.

erlaubter Handlung, aus ungerechtfertigter Bereicherung, aus Geschäftsführung ohne Auftrag oder Ansprüche aus culpa in contrahendo zugrundeliegen. Im Verhältnis zu Drittstaaten sowie Dänemark gelten weiterhin Artt. 38 bis 42 EGBGB.

Die allgemein deliktsrechtliche Kollisionsnorm des Art. 4 EG-VO Nr. 864/07 ist für das Luftbeför- 80
derungsrecht von Bedeutung. Haben die Parteien ihren gewöhnlichen Aufenthalt oder ihre Hauptverwaltung in demselben Staat, ist grundsätzlich das Recht dieses Staates anwendbar. Ist dies hingegen nicht der Fall, so ist das Recht desjenigen Staates zur Anwendung berufen, in welchem der Schaden eingetreten ist. Im Gegensatz zu Art. 40 EGBGB stellt Art. 4 EG-VO Nr. 864/07 nicht mehr auf den Ort des schadensbegründenden Ereignisses, sondern vielmehr auf den Erfolgsort ab. Das Vertragsstatut spielt aufgrund einer vertragsakzessorischen Anknüpfung jedoch eine Rolle für konkurrierende deliktische Ansprüche. Obwohl die Regelanknüpfung für deliktische Ansprüche an den Erfolgsort bzw. den gemeinsamen Aufenthalt erfolgt, wird diese verdrängt, wenn eine offensichtlich engere Verbindung aus der Gesamtheit aller Umstände des Einzelfalls besteht. Gerade im Luftbeförderungsrecht relativiert diese vertragsakzessorische Anknüpfung deliktischer Ansprüche die Frage, wie der Schadensort zu bestimmen ist.[130]

130 *Wagner* TranspR **2009** 281, 289.

KAPITEL I **Allgemeine Bestimmungen**

Artikel 1 Anwendungsbereich

1. [1]Dieses Übereinkommen gilt für jede internationale Beförderung von Personen, Reisegepäck oder Gütern, die durch Luftfahrzeuge gegen Entgelt erfolgt. [2]Es gilt auch für unentgeltliche Beförderungen durch Luftfahrzeuge, wenn sie von einem Luftfahrtunternehmen ausgeführt werden.

2. [1]Als „internationale Beförderung" im Sinne dieses Übereinkommens ist jede Beförderung anzusehen, bei der nach den Vereinbarungen der Parteien der Abgangsort und der Bestimmungsort, gleichviel ob eine Unterbrechung der Beförderung oder ein Fahrzeugwechsel stattfindet oder nicht, in den Hoheitsgebieten von zwei Vertragsstaaten liegen oder, wenn diese Orte zwar im Hoheitsgebiet nur eines Vertragsstaats liegen, aber eine Zwischenlandung in dem Hoheitsgebiet eines anderen Staates vorgesehen ist, selbst wenn dieser Staat kein Vertragsstaat ist. [2]Die Beförderung zwischen zwei Orten innerhalb des Hoheitsgebiets nur eines Vertragsstaats ohne eine Zwischenlandung im Hoheitsgebiet eines anderen Staates gilt nicht als internationale Beförderung im Sinne dieses Übereinkommens.

3. Ist eine Beförderung von mehreren aufeinanderfolgenden Luftfrachtführern auszuführen, so gilt sie, gleichviel ob der Beförderungsvertrag in der Form eines einzigen Vertrags oder einer Reihe von Verträgen geschlossen worden ist, bei der Anwendung dieses Übereinkommens als eine einzige Beförderung, sofern sie von den Parteien als einheitliche Leistung vereinbart worden ist; eine solche Beförderung verliert ihre Eigenschaft als internationale Beförderung nicht dadurch, dass ein Vertrag oder eine Reihe von Verträgen ausschließlich im Hoheitsgebiet desselben Staates zu erfüllen ist.

4. Dieses Übereinkommen gilt auch für Beförderungen nach Kapitel V vorbehaltlich der darin enthaltenen Bedingungen.

CHAPTER I ***General Provisions***

Article 1 Scope of Application

1. This Convention applies to all international carriage of persons, baggage or cargo performed by aircraft for reward. It applies equally to gratuitous carriage by aircraft performed by an air transport undertaking.

2. For the purposes of this Convention, the expression international carriage means any carriage in which, according to the agreement between the parties, the place of departure and the place of destination, whether or not there be a break in the carriage or a transhipment, are situated either within the territories of two States Parties, or within the territory of a single State Party if there is an agreed stopping place within the territory of another State, even if that State is not a State Party. Carriage between two points within the territory of a single State Party without an agreed stopping place within the territory of another State is not international carriage for the purposes of this Convention.

3. Carriage to be performed by several successive carriers is deemed, for the purposes of this Convention, to be one undivided carriage if it has been regarded by the parties as a single operation, whether it had been agreed upon under the form of a single contract or of a series of contracts, and it does not lose its international character merely because one contract or a series of contracts is to be performed entirely within the territory of the same State.

4. This Convention applies also to carriage as set out in Chapter V, subject to the terms contained therein.

https://doi.org/10.1515/9783110564945-002

CHAPITRE I ***Généralités***

Article 1 Champ d'application

1. *La présente convention s'applique à tout transport international de personnes, bagages ou marchandises, effectué par aéronef contre rémunération. Elle s'applique également aux transports gratuits effectués par aéronef par une entreprise de transport aérien.*
2. *Au sens de la présente convention, l'expression transport international s'entend de tout transport dans lequel, d'après les stipulations des parties, le point de départ et le point de destination, qu'il y ait ou non interruption de transport ou transbordement, sont situés soit sur le territoire de deux États parties, soit sur le territoire d'un seul État partie si une escale est prévue sur le territoire d'un autre État, même si cet État n'est pas un État partie. Le transport sans une telle escale entre deux points du territoire d'un seul État partie n'est pas considéré comme international au sens de la présente convention.*
3. *Le transport à exécuter par plusieurs transporteurs successifs est censé constituer pour l'application de la présente convention un transport unique lorsqu'il a été envisagé par les parties comme une seule opération, qu'il ait été conclu sous la forme d'un seul contrat ou d'une série de contrats, et il ne perd pas son caractère international par le fait qu'un seul contrat ou une série de contrats doivent être exécutés intégralement dans le territoire d'un même État.*
4. *La présente convention s'applique aussi aux transports visés au Chapitre V, sous réserve des dispositions dudit chapitre.*

Schrifttum

Booyson When is a Domestic Carrier Legally Involved in International Carriage in Terms of the Warsaw Convention? ZLW **1990** 329–344; *Boulos* Responsabilité des transporteurs successifs de marchandises, RFDA **1960** 33–59; *Diederiks-Verschoor* Considérations on Carriage by Air Executed by Various Successive Carriers, ETR **1970** 143–165; *Eberhardt* Wann gilt eine Personenbeförderung als „entgeltlich" im Sinne des Warschauer Abkommens? ZfVers **1974** 702–706; *Janköster* Fluggastrechte im internationalen Luftverkehr, Diss Konstanz **2008**; *Kuhn* Entgeltlichkeit im Sinne des Art. 1 Abs. 1 WA, WA/HP bei Kostenteilung? ZLW **1988** 224–227; Marchand Transport successif et transport de fait en droit aérien international, ETR **1997** 25–52; *Müller* Die Haftung des Luftfrachtführers bei Dienst- und Freiflügen seiner Arbeitnehmer, ZLW **1960** 41–58; *Müller-Rostin* Die Anspruchsberechtigung für Güterschäden nach dem Warschauer Abkommen, TranspR **1995** 89–94; *Schoner* Die internationale Rechtsprechung zum Warschauer Abkommen in den Jahren 1974 bis 1976, ZLW **1977** 256–276; *ders* Der Spediteur als Luftfrachtführer, TranspR **1979** 57–65; *Schmid* Zum Begriff „Chartervertrag" im Luftverkehrsrecht, TranspR **1983** 113–115; *Schwenk* Charterverträge im Luftverkehr, BB **1970** 282–284; *Schweickhardt* Zur Frage der rechtlichen Beurteilung der Haftung des Luftfrachtführers aus Dienst- und Freiflügen seiner Angestellten, ZLR **1954** 7–10.

Parallelvorschriften

Art. 1 WA 1955.

Übersicht

A. Allgemeines

I. Normzweck

1 Art. 1 MÜ regelt – ebenso wie Art. 2 MÜ – den Geltungsbereich des Übereinkommens. Beim Montrealer Übereinkommen handelt es sich um **Einheitsrecht**.

2 Das Montrealer Übereinkommen gilt für die internationale Beförderung von Personen, Reisegepäck und Gütern durch ein Luftfahrtunternehmen oder jedenfalls gegen Entgelt (**Absatz 1**). Dazu müssen **Abgangs-** und **Bestimmungsort** vereinbarungsgemäß nach **Absatz 2 Satz 1** in **zwei unterschiedlichen Vertragsstaaten** liegen. Gleiches gilt, wenn Abgangs- und Bestimmungsort zwar in demselben Vertragsstaat liegen, aber eine Zwischenlandung in einem anderen Staat vorgesehen ist, ohne dass dieser Vertragsstaat sein muss.[1] Für *rein nationale* Luftbeförderungen, die nicht – wenigstens durch eine Zwischenlandung – das Hoheitsgebiet eines anderen Staates berühren, gilt das Montrealer Übereinkommen nicht, wie **Absatz 2 Satz 2** nochmals ausdrücklich klarstellt.

3 **Absatz 3** stellt für die Anwendung dieses Übereinkommens klar, dass eine Beförderung durch mehrere aufeinanderfolgende Luftfrachtführer als eine einzige Beförderung gilt, wenn sie als **einheitliche Leistung** vereinbart worden ist. Auf die Zahl der geschlossenen Beförderungsverträge kommt es nicht an. Das Übereinkommen ist dann anwendbar, wenn es sich bei dieser Beförderung um eine internationale Beförderung im Sinne des Absatzes 2 handelt. Sind bei einer Beförderung durch mehrere aufeinanderfolgende Luftfrachtführer mehrere Verträge geschlossen worden, so richtet sich die Frage der Internationalität dieser Beförderung auch dann nach Absatz 2, wenn einer oder mehrere dieser Beförderungsverträge ausschließlich im Hoheitsgebiet desselben Staates zu erfüllen sind: Stets kommt es auch hier darauf an, ob Abgangs- und Bestimmungsort dieser als eine einzige Beförderung geltenden Luftbeförderung in verschiedenen Vertragsstaaten liegen oder wenigstens eine Zwischenlandung in einem anderen Staat erfolgt.

1 Vgl. Absatz 2 Satz 1 Hs. 2.

Nach **Absatz 4** schließt auch die Luftbeförderung durch einen Dritten die Anwendbarkeit dieses Übereinkommens nicht aus. Auch in diesem Fall sind die Voraussetzungen der Absätze 1 bis 3 maßgeblich. 4

II. Entstehungsgeschichte

Die Vorschrift entspricht in ihren Absätzen 1 bis 3 denjenigen in Art. 1 WA 1955. 5

B. Geltungsbereich

I. Sachliche Anwendungsvoraussetzungen (Absatz 1)

1. Luftbeförderungsvertrag

a) Rechtsnatur und Gegenstand des Luftbeförderungsvertrags. Das Montrealer Übereinkommen definiert zwar nicht den Begriff der Beförderung, setzt jedoch einen Beförderungsvertrag voraus.[2] Die *rechtliche Natur* des Luftbeförderungsvertrags lässt sich daher nur nach dem jeweiligen Landesrecht bestimmen.[3] Dem Übereinkommen lässt sich entnehmen, dass der Luftbeförderungsvertrag jedenfalls in seinem Rahmen ein reiner **Konsensualvertrag** ist.[4] Die Ausstellung von Beförderungsdokumenten ist für seine Wirksamkeit nicht erforderlich.[5] Er kann demzufolge formfrei, insbesondere auch mündlich oder telefonisch geschlossen werden.[6] Für die Anwendung des Montrealer Übereinkommens ist der Abschluss eines Beförderungsvertrags erforderlich.[7] Nichtige Verträge oder Verschulden bei Vertragsschluss genügen für die Anwendbarkeit des Montrealer Übereinkommens jedoch nicht. Ebenso wenig werden Beförderungen aufgrund von Gefälligkeitsverhältnissen erfasst. 6

Nach deutschem Recht ist der **Luftbeförderungsvertrag** in der Regel ein Werkvertrag iSv. § 631 BGB.[8] Der vom Luftfrachtführer insoweit **geschuldete Erfolg** besteht in der durch die Beförderung **bewirkten Ortsveränderung**, einschließlich der zeitlichen Ortsveränderung mit Rückkehr zum Ausgangspunkt (Rundflug).[9] Gerät die eigentliche Beförderung jedoch ganz in den Hin- 7

---

2 FrankfKomm/*Giemulla* Art. 1 MÜ Rn. 29; Ebenroth/Boujong/*Pokrant*[5] Art. 1 MÜ Rn. 10; *Kirsch* in: Luftrecht Bd. 3, Teil I A Rn. 46; zum WA: BGH, Urt. v. 19.3.1976 – I ZR 75/74 – NJW **1976** 1583, 1584.

3 Vgl. *Riese* Luftrecht, S. 424 Fn. 9.

4 Vgl. *Koller*[11] vor Art. 1 MÜ Rn. 7; BeckOGK/*Förster* Art 1 MÜ Rn. 9; MünchKommHGB/*Müller-Rostin*[5] Art. 1 MÜ Rn. 12; zum WA: BGH, Urt. v. 19.3.1976 – I ZR 75/74 – NJW **1976** 1583, 1584; Ebenroth/Boujong/Joost/*Gass* vor Art. 1 WA 1955 Rn. 8; *Riese* Luftrecht, S. 421; *Ruhwedel* Luftbeförderungsvertrag[3] Rn. 1; *Schwenk* Handbuch[2] S. 627.

5 Vgl. Art. 3 Abs. 5, Art. 9 MÜ.

6 BeckOGK/*Förster* Art. 1 MÜ Rn. 10; *Ruhwedel* Luftbeförderungsvertrag[3] Rn. 14, 15; *Schwenk* Handbuch[2] S. 627.

7 LG Darmstadt, Urt. v. 31.5.2016 – 10 O 153/14 – BeckRS **2016** 130734 Rz. 21; BeckOGK/*Förster* Art 1 MÜ Rn. 8; Ebenroth/Boujong/*Pokrant*[5] Art. 1 MÜ Rn. 10.

8 St. Rspr. BGH, Urt. v. 24.6.1969 – VI ZR 48/67 – NJW **1969** 2014, 2015; BGH, Urt. v. 21.12.1973 – IV ZR 158/72 – BGHZ **62** 71, 75; BGH, Urt. v. 28.9.1978 – VII ZR 116/77 – NJW **1979** 495; BGH, Urt. v. 25.10.1984 – VII ZR 11/84 – TranspR **1985** 235; OLG Frankfurt a.M., Urt. v. 25.1.1983 – 5 U 155/82 – ZLW **1984** 371; OLG Düsseldorf, Urt. v. 31.7.1986 – 18 U 163/85 – TranspR **1986** 341, 342; OLG Düsseldorf, Urt. v. 19.5.1993 – 18 U 316/92 – TranspR **1995** 29; OLG Düsseldorf, Urt. v. 11.11.1993 – 18 U 102/93 – TranspR **1995** 30, 31; OLG Köln, Urt. v. 4.3.1994 – 20 U 140/93 – TranspR **1995** 72; LG Frankfurt a.M., Urt. v. 9.8.1993 – 2/24 S. 162/93 – TranspR **1994** 243; aus dem Schrifttum FrankfKomm/*Giemulla* Art. 1 MÜ Rn. 30; Ebenroth/Boujong/*Pokrant*[5] Art. 1 MÜ Rn. 11; *Abraham*[3] I Art. 1 WA 1955 Anm. 12; Ebenroth/Boujong/Joost/*Gass* vor Art. 1 Rn. 8; *Kirsch* in: Luftrecht Bd. 3, Teil I Rn. 9; *Ruhwedel* Luftbeförderungsvertrag[3] Rn. 3.

9 FrankfKomm/*Giemulla* Art. 1 MÜ Rn. 30 (Dienstvertrag); BeckOGK/*Förster* Art. 1 MÜ Rn. 7; *Koller*[11] Art. 1 MÜ Rn. 4; zum WA: *Abraham* Luftbeförderungsvertrag S. 25; MünchKommHGB-*Kronke* Art. 1 WA 1955 Rn. 29; *Ruhwedel* Luftbeförderungsvertrag[3] Rn. 3; *Schwenk* Handbuch[2] S. 626.

tergrund und ist sie wie etwa bei einer flugsportlichen Betätigung oder bei Trainingsflügen von Pilotenanwärtern lediglich eine „notwendige Begleiterscheinung“, unterfällt sie nicht mehr dem Montrealer Übereinkommen.[10] Der **Luftfrachtvertrag** als Unterart des Luftbeförderungsvertrags stellt einen Werkvertrag zugunsten Dritter, nämlich des Empfängers, dar.[11] Nach § 407 Abs. 3 Nr. 1 HGB finden auf den Luftfrachtvertrag bei Maßgeblichkeit deutschen Rechts die Vorschriften der §§ 407 bis 450 HGB ergänzend Anwendung. Regelmäßig enthält der Luftfrachtbrief ein Angebot für den Vertragsschluss.[12]

8 **b) Abgrenzung zu anderen Verträgen.** Der Luftbeförderungsvertrag ist von einer Reihe anderer Verträge abzugrenzen. Trotz der rechtlichen Unterschiede dieser anderen Vertragstypen können diese im Einzelfall jedoch unter das Regime des Montrealer Übereinkommens fallen.

9 **aa) Reisevertrag.** Bei Pauschalreisen bildet der Reisevertrag die Rechtsgrundlage dafür, dass der Reisende die mit der Reise verbundenen Einzelleistungen von einem einzigen Vertragspartner verlangen kann. Gemäß § 651a Abs. 1 Satz 1 BGB verpflichtet sich der Reiseveranstalter durch den Reisevertrag, dem Reisenden eine Gesamtheit von Reiseleistungen zu erbringen. Hierzu gehört bei der Flugpauschalreise auch die Luftbeförderung.[13] Soweit der Reiseveranstalter nach dem Reisevertrag die Beförderung als eigene Leistung verspricht, ist der Reiseveranstalter vertraglicher Luftfrachtführer, das Luftfahrtunternehmen, dessen er sich zur Ausführung der Beförderung bedient, sein Erfüllungsgehilfe. Dieser unterliegt nach Art. 1 Abs. 4 i.V.m. Art. 39 ff MÜ ebenso wie der Reiseveranstalter dem Haftungsregime des Montrealer Übereinkommens. Art. 29 MÜ verdrängt im Gegensatz zu Art. 24 WA 1955 nicht die Schadensersatzansprüche gegen den vertraglichen Luftfrachtführer, dem Reiseveranstalter, sondern gibt ihnen nur Voraussetzungen und Beschränkungen vor, unter denen sie geltend gemacht werden können.[14] § 651 Abs. 2 BGB sieht ebenfalls ausdrücklich vor, dass sich der Reiseveranstalter gegenüber dem Reisenden darauf berufen kann, dass für seine von einem Leistungsträger zu erbringende Reiseleistung gesetzliche Vorschriften gelten, nach denen ein Anspruch auf Schadensersatz nur unter bestimmten Voraussetzungen oder Beschränkungen geltend gemacht werden kann. Der Pauschalreisevertrag unterfällt, soweit er die Luftbeförderung betrifft, auch dem Montrealer Übereinkommen.

10 **bb) Reisevermittlungsvertrag.** Vom Reisevertrag zu unterscheiden ist der Reisevermittlungsvertrag. Die Tätigkeit der nicht als Reiseveranstalter auftretenden Reisebüros und Reiseagenten beschränkt sich darauf, die Luftbeförderung zu vermitteln. Der Reisevermittler schuldet daher die Luftbeförderung nicht als eigene Leistung, sondern nur die Vermittlertätigkeit. Diese Vertragsgestaltung wird vom Montrealer Übereinkommen nicht erfasst.[15]

11 **cc) Speditionsvertrag und die Sonderstellung des sog. Air freight forwarder.** Im allgemeinen Sprachgebrauch wird der Spediteur oftmals dem Transportgewerbe zugeordnet mit der

---

10 Vgl. BGH, Urt. v. 13.5.2005 – VI ZR 356/03 – NJW **2005** 895, 897: sog. Schnupperflug in einem zweisitzigen Ultraleichtflugzeug; BGH, Urt. v. 25.5.1971 – VI ZR 248/69 – VersR **1971** 863: Flug mit einer Schleppmaschine für Segelflugzeuge; LG Frankfurt a.M., Urt. v. 28.1.1994 – 2710 O 507/92 – VersR **1994**, 1485: Mitflug eines Sportpiloten in einem Selgeflugzeug.

11 FrankfKomm/*Giemulla* Art. 1 MÜ Rn. 30; zum WA: OLG Frankfurt a.M., Urt. v. 10.5.1977 – 5 U 154/76 – ZLW **1977**, 230; *Ruhwedel* Luftbeförderungsvertrag³ Rn. 9.

12 OLG Frankfurt a.M., Urt. v. 15.1.1980 – 5 U 74/79 – ZLW **1980**, 146 (147).

13 Vgl. § 651a Abs. 3 Nr. 1 BGB.

14 Vgl. dazu auch Art. 29 MÜ; **aA** Denkschrift zum Montrealer Übereinkommen, BT-Drucks. **15/2285**, S. 47.

15 *Kirsch* in: Luftrecht Bd. 3, Teil I A Rn. 87.

Folge, dass die Begriffe „Luftfrachtspediteur" und „Luftfrachtführer" oftmals synonym verwandt werden. Der Luftfrachtspediteur im berufsständischen Sinne betreibt eine Vielzahl von Geschäften, wie z.B. das Fracht-, Lager- und Umschlaggeschäft. Diese realtypischen Leitbilder des beufsständischen Spediteurbegriffs entsprechen indes nicht dem Idealtypus des Speditionsvertrags iSv. § 453 Abs. 1 HGB. Das Grundmerkmal des Luftfrachtspeditionsvertrags stellt die Besorgung der Versendung des Gutes dar. Der **Luftspeditionsvertrag** stellt daher einen handelsrechtlichen **Spezialfall des Geschäftsbesorgungsvertrages** (§ 675 BGB i.V.m. §§ 663 ff BGB) dar, wohingegen der **Luftfrachtvertrag** ein handelsrechtlicher **Sonderfall des Werkvertrages** ist (§§ 631 ff BGB).

Die Frage, ob der „Luftbeförderungsvertrag" im Einzelnen als Luftfrachtvertrag oder als Luftfrachtspeditionsvertrag einzuordnen ist, muss jedoch von der Frage der Anwendung des Montrealer Übereinkommens auf bestimmte Konstellationen des Luftfrachtspeditionsvertrages unterschieden werden. Zwar unterliegen Luftfrachtspeditionsverträge nicht ipso jure dem Montrealer Übereinkommen.[16] Jedoch hat der Luftfrachtspediteur im Fall des Selbsteintritts (§ 458 HGB), der Fixkostenspedition (§ 459 HGB) oder der Sammelladung (§ 460 HGB) hinsichtlich der Beförderung ausschließlich die Rechte und Pflichten eines Luftfrachtführers. Die Vorschriften des nationalen Rechts legen insofern eine Anwendungserweiterung des Montrealer Übereinkommens auch auf Speditionsverträge in den genannten Fällen fest.[17] 12

Einen Sonderfall bildet auch der sog. **air freight forwarder**. Dieser stellt einzelne Güter zu einer Sammelsendung zusammen und bedient sich zu deren Beförderung eines Luftfrachtführers, ohne dass die Urabsender der einzelnen Güter zu dem ausführenden Luftfrachtführer in vertragliche Beziehungen treten. Der **air freight forwarder** hat dabei nicht die Stellung eines Spediteurs inne, sondern tritt vielmehr als Luftfrachtführer in Erscheinung.[18] Ebenso wie im Kraftverkehrsrecht muss der Luftfrachtspediteur, der sein eigentliches Arbeitsgebiet verlässt, also nicht nur Gütersendungen durch Luftfrachtführer für Rechnung eines anderen im eigenen Namen besorgt, sondern als Sammelladungsspediteur vorgeht, wegen dieser andersartigen rechtlichen Stellung wie ein Luftfrachtführer behandelt werden.[19] Der air freight forwarder hat gegenüber dem ausführenden Luftfrachtführer die Rechtsstellung eines Absenders inne. 13

dd) Miet- und Chartervertrag. Die Abgrenzung von Miet- und Charterverträgen gegenüber dem Luftbeförderungsvertrag bereitet in der Praxis teilweise Schwierigkeiten. Diese beruhen unter anderem darauf, dass fälschlicherweise ein Miet- oder Chartervertrag angenommen wird, obgleich der Vermieter oder Vercharterer Luftfrachtführer ist.[20] Der Luftbeförderungsvertrag als Werkvertrag unterscheidet sich von solchen Verträgen, in denen kein bestimmter Transporterfolg, sondern nur eine mietweise Gebrauchsüberlassung des Luftfahrzeugs mit oder ohne Besatzung[21] versprochen wird. Der Vermieter übernimmt über die Verpflichtung zur Gebrauchsüberlassung hinaus keine weiteren, insbesondere keine Beförderungsverpflichtungen gegenüber dem Mieter oder dessen möglichen Vertragspartnern.[22] Auf derartige Verträge findet das Montrealer Übereinkommen keine Anwendung.[23] Dagegen fallen die vom Mieter abgeschlossenen Luftbeförderungsverträge unter den Anwendungsbereich des Montrealer Übereinkommens, soweit deren sonstige 14

---

16 *Ramming* Multimodaler Transport[1], Rn. 205.

17 BeckOGK/*Förster* Art. 1 MÜ Rn. 48; MünchKommHGB/*Müller-Rostin*[5] Art. 1 MÜ Rn. 22; **aA** *Ramming* Multimodaler Transport Rn. 207.

18 *Schwenk* Handbuch[2] S. 633; *Schoner* TranspR **1979** 57, 58; zweifelnd FrankfKomm/*Giemulla* Art. 1 MÜ Rn. 41; *Kuhn* Haftung, S. 83.

19 OLG Düsseldorf, Urt. v. 31.5.1979 – 18 U 202/78 – VersR **1979** 775; *Schoner* ZLW **1979** 60.

20 Ebenso *Schwenk* Handbuch[2] S. 633.

21 Bei der Vermietung des Luftfahrzeugs mit Besatzung spricht man von „wet lease", bei Vermietung des Luftfahrzeugs ohne Besatzung hingegen von „dry lease"; vgl. dazu auch *Schwenk* BB **1970**, 282, 283; *Schmid* TranspR **1983** 113, 115.

22 *Kirsch* in: Luftrecht Bd. 3, Teil I A Rn. 82.

23 MünchKommHGB/*Kronke* Art. 1 WA 1955 Rn. 31.

Voraussetzungen gegeben sind. Der Mieter des Luftfahrzeugs (Charterer) bedient sich dann zur Ausführung der von ihm versprochenen Luftbeförderungsverträge der Dienste des Vermieters (Vercharterer). Für das Verhältnis zwischen Mieter und Vermieter finden primär die vertraglichen Vereinbarungen, subsidiär die Mietrechtsvorschriften bei Maßgeblichkeit deutschen Rechts Anwendung. In Anlehnung an das Seerecht[24] bezeichnet die Praxis derartige Verträge auch als Charterverträge. Die Vielfalt von Charterverträgen gebietet dabei folgende Unterscheidung:

- Je nachdem, ob sich die Charter auf das gesamte Luftfahrzeug oder nur einen Teil (sog. **Splitcharter**) desselben bezieht, spricht man von Vollcharter bzw. Teilcharter.[25]
- Der Chartervertrag ist **Reisecharter**, wenn er sich auf eine oder mehrere Reisen mit einem bestimmten Luftfahrzeug bezieht. Bei der Reisecharter berechnet sich das Entgelt für eine bestimmte Reise ohne Rücksicht auf deren Dauer. Die Gefahr von Reiseverzögerungen, die vom Charterer nicht verschuldet sind, gehen also zu Lasten des Vercharterers. Ein Sonderfall ist der Austausch von Luftfahrzeugen (banalisation d'aéronefs, interchange of aircraft).
- Im Gegensatz zur Reisecharter wird das Entgelt bei der **Zeitcharter** allein nach der Zeit berechnet, für die das Luftfahrzeug mit Besatzung dem Charterer zur Verfügung gestellt wird.[26] Von einer uneigentlichen Zeitcharter spricht man, wenn eine oder mehrere bestimmte Reisen fest vereinbart sind, das Entgelt aber dennoch zeitabhängig berechnet wird, so dass das Risiko unverschuldeter Reiseverzögerung den Charterer trifft.[27]
- Eine sog. **bare-hull-charter**[28] (location coque nue) liegt vor, wenn das Luftfahrzeug ohne Besatzung an den Charterer überlassen wird.

15 Beim Chartervertrag kann es sich entweder um einen echten Luftbeförderungsvertrag oder um einen Mietvertrag handeln. Ein **Mietvertrag** ist er ohne Zweifel im Fall der bare-hull-charter, der **dry lease**[29] und der Zeitcharter. In diesen Fällen wird nur der Gebrauch des Luftfahrzeugs überlassen. Wird der Gebrauch des Luftfahrzeugs mit Besatzung (sog. **wet lease**[30]) überlassen, so liegt ein mit einem Dienstverschaffungsvertrag gekoppelter Mietvertrag vor. Der Vermieter tritt durch den Dienstverschaffungsvertrag seine Ansprüche gegenüber dem Besatzungspersonal ab, er bleibt jedoch weiterhin der Dienstherr der Besatzung. Der Mieter ist lediglich berechtigt, der Besatzung bestimmte, im Chartervertrag konkretisierte Anweisungen hinsichtlich der Flugzeiten und der Flugziele zu geben. Dagegen stellt der Chartervertrag dann einen **Werkvertrag** dar, wenn dem Charterer ein bestimmter Beförderungserfolg versprochen wurde.[31] Das wird regelmäßig bei der Reisecharter und bei der uneigentlichen Zeitcharter der Fall sein. Die Ausführung der Flüge übernimmt der Vercharterer in seiner eigenen Verantwortung gegenüber dem Charterer und gegenüber dem vom Charterer gestellten Reisenden.[32] Diese erhalten Beförderungsdokumente vom Vercharterer, die diesen oder einen vom ihm eingesetzten Carrier als Beförderer ausweisen. Auf diese Formen findet das Montrealer Übereinkommen Anwendung, es sei denn, dass der Charterer lediglich als Vermittler zwischen Reisendem und Beförderer aufgetreten ist.[33]

---

24 Vgl. dort § 557 HGB: „Wird das Schiff im Ganzen oder zu einem verhältnismäßigen Teile oder ein bestimmt bezeichneter Raum des Schiffs verfrachtet, kann jede Partei verlangen, dass über den Vertrag eine schriftliche Urkunde (Chartepartie) errichtet wird." Eine derartige Urkunde ist im Luftrecht unbekannt. Der in § 557 angesprochene Chartervertrag ist Raumfrachtvertrag, also ein Werkvertrag; vgl. dazu weiter *Herber* Seerecht § 28.

25 Vgl. dazu auch § 556 Nr. 1 HGB.

26 Vgl. auch die Parallele im Seerecht in § 557 Abs. 1 HGB.

27 Vgl. die Parallele im Seerecht § 622 Abs. 4 HGB.

28 Diese entspricht der bare-boat-charter im Seerecht, die in § 553 Abs. 1 HGB geregelt ist.

29 Vgl. zum Begriff Fn. 20.

30 EuGH, Urt. v. 4.7.2018 – C-532/17 (*Wirth ua v. Thomas Airways*) – NJW **2018** 2381; BGH, Urt. v. 12.9.2017 – X ZR 102/16 – NJW **2018** 1281 Rz. 9.

31 BGH, Urt. v. 17.1.1985 – VII ZR 63/84 – NJW **1985** 1457; BeckOGK/*Förster* Art. 1 MÜ Rn. 24; *Kirsch* in: Luftrecht Bd. 3, Teil I A Rn. 90.

32 *Kirsch* in: Luftrecht Bd. 3, Teil I A Rn. 86.

33 *Kirsch* in: Luftrecht Bd. 3, Teil I A Rn. 87.

Nach h.M. handelt es sich beim Reisechartervertrag um einen **Vertrag zugunsten Dritter**, nämlich zugunsten des Reisenden, der selbst an dem Chartervertrag nicht beteiligt ist, aber auf diese Weise einen unmittelbaren Beförderungsanspruch gegen das Luftfahrtunternehmen als Vercharterer erwirbt.[34] Der Vercharterer haftet insoweit auch aus Art. 40 i.V.m. Art. 17 ff MÜ. Eine derartige Rechtswirkung wird einhellig dann angenommen, wenn der Chartervertrag eine sog. **„agent"-Klausel** enthält, wonach er sowohl im eigenen Namen des Charterers als auch für die einzelnen beförderten Fluggäste geschlossen wird (*„both on his own behalf and as agent for all persons carried in the aircraft"*).[35] Für die rechtliche Einordnung des Chartervertrags als Vertrag zugunsten Dritter ist eine solche Klausel jedoch nicht von ausschlaggebender Bedeutung. Auch ist nicht entscheidend, welche Stelle die Flugscheine ausstellt. Im Chartervertrag verpflichtet sich der Vercharterer, Plätze in den von ihm geplanten Flügen dem Charterer zur Verfügung zu stellen. Ihm ist bekannt, dass die zu befördernden Personen regelmäßig erst nach Abschluss des Chartervertrags von dem Charterer oder von einem dazu bevollmächtigten Dritten aufgrund eines abgeschlossenen Reisevertrags bestimmt werden. Der nach § 328 Abs. 2 BGB maßgebende Zweck des Chartervertrags ist es daher, Fluggäste zu befördern, die durch Ausstellung eines auf ihren Namen lautenden Flugscheins von dem Charterer oder dem Dritten dem Vercharterer benannt werden. Auf diesen Vertragszweck ist auch der Wille der Vertragsschließenden gerichtet. Es ist deshalb sachgerecht, den (zur Zeit des Chartervertragsabschlusses regelmäßig noch unbekannten) Fluggästen, in deren Interesse der Chartervertrag abgeschlossen wurde, einen unmittelbaren vertraglichen Anspruch auf Beförderung gegen den Vercharterer auch dann anzunehmen, wenn der Chartervertrag keine Agentur-Klausel enthält und die Flugscheine nicht vom Vercharterer selbst ausgestellt werden. Gerade bei Flugpauschalreisen ist der Reisende in besonderem Maße auf die Leistung des Vercharterers angewiesen. Sein Interesse an einer möglichst ungestörten Reise gebietet es daher, den ihm zustehenden Beförderungsanspruch nicht nur gegen den Reiseveranstalter, sondern auch gegen die Fluggesellschaft geltend machen zu können. Deren etwaige Einrede aus § 334 BGB, wenn beispielsweise der Reiseveranstalter seiner vertraglichen Verpflichtung zur Zahlung des Charterpreises nicht nachgekommen ist, gilt insofern als *„stillschweigend abbedungen"*, wenn z.B. der Fluggast seine Verpflichtung mit der Vorauszahlung des Pauschalreisepreises bereits erfüllt hat.[36] 16

2. Entgeltlichkeit der Beförderung

a) Begriff und Voraussetzungen (Satz 1). Die Beförderung von Personen, Reisegepäck oder Gütern aufgrund eines Luftbeförderungsvertrags fällt stets unter das Montrealer Übereinkommen, wenn sie **entgeltlich** erfolgt. Weder das Montrealer Übereinkommen noch das Warschauer Abkommen definieren indes nicht den Begriff „gegen Entgelt". Bereits zum Warschauer Abkommen führte der Bundesgerichtshof zum Begriff der Entgeltlichkeit aus: *„Das Warschauer Abkommen wollte vor allem die Bedingungen des gewerblichen Luftverkehrs vereinheitlichen, daher die unentgeltliche (‚gratuit') Beförderung eines Fluggastes freistellen, die nicht aus kommerziellen, sondern aus menschlichen Gründen, vor allem aus Gefälligkeit erfolgte. Denn dann liegt der Flug nahezu allein im Interesse des Reisenden, während kommerzielle Flüge so überwiegend im Interesse des Luftfrachtführers liegen, dass kein Anlass besteht, ihn von den Bestimmungen des Abkommens auszunehmen"*.[37] In einer weiteren Entscheidung fügte der Bundesgerichtshof hinzu: *„Die Bedeutung des Begriffs der Beförderung gegen ‚Entgelt' (‚rémunération') liegt keineswegs nur in der Abgrenzung gegenüber Gefälligkeitsverhältnissen. Dazu hätte es kaum der Entgeltlichkeit als weiterer Vorausset-* 17

34 BeckOGK/*Förster* Art. 1 MÜ Rn. 25.
35 BGH, Urt. v. 17.1.1985 – VII ZR 63/84 – NJW **1985** 1457.
36 BGH, Urt. v. 17.1.1985 – VII ZR 63/84 – NJW **1985** 1457, 1458; LG Frankfurt a.M., Urt. v. 1.9.1982 – 2/22 O 155/82 – NJW **1983** 52, 53; BeckOGK/*Förster* Art. 1 MÜ Rn. 25.
37 BGH, Urt. v. 24.6.1969 – VI ZR 45/67 – NJW **1969** 2008, 2009.

zung außer dem Erfordernis eines auf Beförderung gerichteten Vertrages bedurft. Vielmehr dient das Merkmal der Entgeltlichkeit dazu, nur solche Privatflüge in den Anwendungsbereich des Warschauer Abkommens einzubeziehen, für die nach der Interessenlage eine abkommensmäßige Behandlung entsprechend den Bedingungen des gewerblichen Luftverkehrs, die zu vereinheitlichen Ziel des Abkommens war, sachgerecht erscheint".[38] Die Beförderung gegen Entgelt setzt nach hM keine Geldleistung voraus.[39] Ausreichend ist ein **wirtschaftliches, vermögenswertes Interesse** des Luftfrachtführers.[40] Eine Beteiligung des Reisenden an den Selbstkosten ist hierfür bereits ausreichend.[41] Das vermögenswerte Interesse kann auch in Sach- und Arbeitsleistungen bestehen, sofern diese Geldwert besitzen.[42] Insofern kann auch die Beförderung eines Rechtsanwalts im Privatflugzeug seines Mandanten zu dem Ort, an dem dieser tätig werden soll, je nach Art der wirtschaftlichen Verknüpfung, entgeltlich sein, wenn die Beförderung ohne besondere Bezahlung erfolgt.[43]

18 **b) Unentgeltliche Beförderung durch Luftfahrtunternehmen (Satz 2).** Nach Art. 1 Abs. 1 Satz 2 MÜ gilt das Übereinkommen auch für **unentgeltliche** Beförderungen, sofern diese von einem **Luftfahrtunternehmen** durchgeführt werden. Der Begriff „Luftfahrtunternehmen" wird vom Montrealer Übereinkommen nicht definiert. Ein unmittelbarer Rückgriff auf die Legaldefinition in § 20 Abs. 1 Satz 1 LuftVG verbietet sich vor dem Hintergrund, dass das Montrealer Übereinkommen als Einheitsrecht stets aus sich heraus interpretiert werden muss (vgl. Präambel Rn. 54). Ebenso wenig kann daher auf die Begriffsbestimmung des Luftfahrtunternehmens iSd. Art. 2 Ziff. 10 EG-VO Nr. 1008/08 vom 24. September 2008 über gemeinsame Vorschriften für die Durchführung von Luftverkehrsdiensten in der Gemeinschaft[44] unmittelbar zurückgegriffen werden. Jedoch geben beide Vorschriften eine Orientierungshilfe für die Auslegung des Begriffs „Luftfahrtunternehmen". Der Begriff setzt eine gewerbliche – nicht zwingend hauptberufliche – Tätigkeit einer natürlichen oder juristischen Person voraus, d.h. die Beförderung muss in der Absicht erfolgen, durch systematischen und dauernden Einsatz von Luftfahrzeugen Gewinne zu erwirtschaften.[45]

3. Beteiligte des Luftbeförderungsvertrags

19 Wie sich aus den Vorschriften über die Beförderungsdokumente ergibt, findet das Montrealer Übereinkommen nur auf die Rechtsverhältnisse zwischen dem Beförderer und dem Reisenden sowie den Ladungsbeteiligten Anwendung. Das Montrealer Übereinkommen definiert die Begriffe **„Reisender"**, **„Absender"** und **„Empfänger"** ebenso wenig wie den Begriff **„Luftfrachtführer"**. Der Begriff „Luft-

---

38 BGH, Urt. v. 2.4.1974 – VI ZR 23/83 – NJW **1974** 1617, 1618.

39 Vgl. FrankfKomm/*Giemulla* Art. 1 MÜ Rn. 32; Ebenroth/Boujong/*Pokrant*[5] Art. 1 MÜ Rn. 14; zum WA: BGH, Urt. v. 2.4.1974 – VI ZR 23/73 – NJW **1974** 1617; *Koller*[11] Art. 1 MÜ Rn. 5; MünchKommHGB/*Kronke* Art. 1 WA 1955 Rn. 40; *Ruhwedel* Luftbeförderungsvertrag[3] Rn. 51.

40 Ebenroth/Boujong/*Pokrant*[5] Art. 1 MÜ Rn. 14.

41 BGH, Urt. v. 24.6.1969 – VI ZR 45/67 – ZLW **1970** 199 = BGHZ **52** 194 = NJW **1969** 2008 = VersR **1969** 942; einschränkend *Abraham*[3] I Art. 1 WA 1955 Anm. 10, wonach ein Ersatz oder Teilersatz der Selbstkosten nur dann als Entgelt angesehen werden könne, wenn das Luftfahrzeug ohnehin leer fliegen würde oder wenn in Zeiten schlechter Konjunktur der Luftfrachtführer zum Abschluss von Luftbeförderungsverträgen um jeden Preis bereit sei; **aA** OLG Karlsruhe, Urt. v. 18.6.1986 – 1 U 266/85 – VersR **1988** 276; *Riese* Luftrecht, S. 410, wonach die bloße Beteiligung an den Betriebskosten nicht als Entgelt anzusehen ist.

42 So auch BeckOGK/*Förster* Art. 1 MÜ Rn. 54; FrankfKomm/*Giemulla* Art. 1 MÜ Rn. 32; *Guldimann* Art. 1 WA 1955 Rn. 12; *Koffka/Bodenstein/Koffka* Art. 1 WA 1929 S. 270; *Riese* Luftrecht, S. 410; *Schoner* ZLW **1977** 256, 261.

43 BGH, Urt. v. 2.4.1974 – VI ZR 23/73 – NJW **1974** 1617.

44 ABl. EG Nr. L 293 vom 31.10.2008, S. 3.

45 Ebenso FrankfKomm/*Giemulla* Art. 1 MÜ Rn. 32; *Goldhirsch* Handbook S. 9; *Guldimann* Art. 1 WA 1955 Rn. 13; *Kirsch* in: Luftrecht Bd. 3, Teil I A Rn. 47; *Ruhwedel* Luftbeförderungsvertrag[3] Rn. 50.

frachtführer" ist namentlich für den Fall der Personenbeförderung etwas schief;[46] aufgrund der amtlichen Übersetzung hat er sich eingebürgert, so dass er auch hier verwendet werden soll.

a) Luftfrachtführer. Unter Luftfrachtführer versteht das Montrealer Übereinkommen sowohl 20
den vertraglichen als auch den ausführenden Luftfrachtführer, wie Art. 1 Abs. 4 MÜ und Artt. 39 ff MÜ zeigen (vgl. dort auch die Entstehungsgeschichte Art. 39 MÜ Rdn. 2).

aa) Vertraglicher Luftfrachtführer. Als **vertraglicher Luftfrachtführer** definiert Art. 39 MÜ 21
eine Person, die mit einem Reisenden oder einem Absender oder einer für den Reisenden oder den Absender handelnden Person einen diesem Übereinkommen unterliegenden Beförderungsvertrag geschlossen hat. Vertraglicher Luftfrachtführer ist somit derjenige, der sich einem Reisenden oder einem Absender von Gütern gegenüber im eigenen Namen, nicht notwendigerweise aber höchstpersönlich[47] vertraglich zur Beförderung verpflichtet.[48] Soweit die Denkschrift zum Montrealer Übereinkommen den vertraglichen Luftfrachtführer als eine Person definiert, die eine Luftbeförderung, zu der sie sich verpflichtet hat, nicht selbst ausführt,[49] ist dieser Definitionsansatz zu eng. Denn auch der vertragliche Luftfrachtführer kann Teile der Luftbeförderung selbst durchführen. Für die Qualifikation als Luftfrachtführer ist es unerheblich, ob der die Luftbeförderung Versprechende Kaufmann ist und die Beförderung gewerbsmäßig betreibt.[50] Insofern können ein Aero-Club[51] oder ein Luftsportverein[52] ebenso Luftfrachtführer sein wie ein Privatpilot, der gegen Entgelt Personen befördert. Auch der Reiseveranstalter iSv. § 651a BGB ist Luftfrachtführer iSv. Art. 39 MÜ, wenn er bei Vertragsschluss nicht klarstellt, dass er lediglich als Vermittler für einen mit ihm nicht identischen Leistungsträger tätig werden will.[53]

Ebenso wird der Spediteur im Fall des Selbsteintritts, der Fixkosten- und Sammelladungspedi- 22
tion zum Luftfrachtführer (siehe oben Rn. 12). In all diesen drei Fällen unterliegt er dann den zwingenden Haftungsnormen des Montrealer Übereinkommens.[54] Gleiches dürfte auch für den sog. air freight forwarder gelten.

Entstehen im Rechtsstreit Zweifel über die konkrete Person des Luftfrachtführers, kann der 23
Beförderungsschein oder der Luftfrachtbrief als Beweismittel[55] herangezogen werden.[56] Die darin jeweils als Luftfrachtführer bezeichnete Person muss sich bis zum Beweis des Gegenteils als solcher behandeln lassen.[57]

---

46 Ebenso *Guldimann* Art. 1 WA 1955 Rn. 10.
47 *Koller*[7] Art. I ZAG Rn. 3.
48 Vgl. die Denkschrift BT-Drucks. **4/1254**, S. 15; BGH, Urt. v. 24.6.1969 – VI ZR 45/67 – ZLW **1970** 199, 206 f. = BGHZ **52** 194 = NJW **1969** 2008 = VersR **1969** 942; BGH, Urt. v. 10.5.1974 – I ZR 61/73 – VersR **1974** 766; BGH, Urt. v. 16.2.1979 – I ZR 97/77 – BGHZ **74** 162; BGH, Urt. v. 7.5.1981 – VII ZR 107/80 – BGHZ **80** 280, 284; BGH, Urt. v. 5.7.1983 – VI ZR 289/81 – BGHZ **88** 70, 72; BGH, Urt. v. 14.2.1989 – VI ZR 121/88 – TranspR **1989**, 275; A OGH Wien, Urt. v. 28.8.1986 – 8 Ob 561/86 – ZLW **1989**, 280; OLG Düsseldorf, Urt. v. 14.3.1991 – 18 U 271/90 – TranspR **1991**, 235, 237.
49 Vgl. BT-Drucks. **15/2285**, S. 51.
50 Ebenso FrankfKomm/*Giemulla* Art. 1 MÜ Rn. 38; *Ruhwedel* Luftbeförderungsvertrag[3] Rn. 84.
51 Vgl. BGH, Urt. v. 14.11.1967 – VI ZR 216/65 – VersR **1968** 94.
52 Vgl. BGH, Urt. v. 5.7.1983 – VI ZR 289/81 – BGHZ **88** 70.
53 OLG Celle, Urt. v. 28.9.1994 – 11 U 223/93 – RRa **1995** 52; LG Frankfurt a.M., Urt. v. 9.11.1992 – 2/24 S. 68/91 – TranspR **1993** 389.
54 Ebenso FrankfKomm/*Giemulla* Art. 1 MÜ Rn. 40; Ebenroth/Boujong/*Pokrant*[5] Art. 1 MÜ Rn. 4.
55 Für die Beweiswirkung des Luftfrachtbriefs gilt Art. 11 MÜ; für diejenige des Beförderungsscheins wird man auf § 416 ZPO zurückgreifen müssen.
56 FrankfKomm/*Giemulla* Art. 1 MÜ Rn. 42.
57 BGH, Urt. v. 22.4.1982 – I ZR 86/80 – BGHZ **84** 101; OLG Frankfurt a.M., Urt. v. 10.1.1978 – 5 U 50/77 – NJW **1978** 2457; OLG Düsseldorf, Urt. v. 11.11.1993 – 18 U 102/93 – TranspR **1995** 30; MünchKommHGB/*Müller-Rostin*[5] Art. 1 MÜ Rn. 17; *Janköster* Fluggastrechte, S. 60.

24 **bb) Ausführender Luftfrachtführer.** Unter dem **ausführenden Luftfrachtführer** versteht das Montrealer Übereinkommen denjenigen, der die vom vertraglichen Luftfrachtführer versprochene Beförderung tatsächlich ausführt (vgl. dazu Art. 39 MÜ Rn. 10 ff). Dabei muss es sich um eine vom vertraglichen Luftfrachtführer verschiedene Person handeln. In der Praxis begegnet die Figur des ausführenden Luftfrachtführers in Fällen des sog. Code-Sharing. Hier bietet ein Luftfahrtunternehmen („marketing carrier") Flüge unter seinem eigenen IATA-Code[58] an, führt den einzelnen Flug aber nicht selbst durch. Stattdessen übernimmt ein mit diesem Luftfahrtunternehmen kooperierendes anderes Luftfahrtunternehmen („operating carrier") die Ausführung der Beförderung mit eigenem Fluggerät.[59] Keine ausführenden Luftfrachtführer sind die Leute des Luftfrachtführers, auch wenn sie als Besatzungspersonal die Beförderung tatsächlich ausführen.

25 **cc) Aufeinanderfolgender Luftfrachtführer.** Neben dem ausführenden Luftfrachtführer kennt das Montrealer Übereinkommen noch die Figur des **aufeinanderfolgenden Luftfrachtführers** (vgl. Art. 36 MÜ). Auch der aufeinanderfolgende Luftfrachtführer ist letztlich ein *ausführender* Luftfrachtführer mit der Besonderheit, dass er auf der Grundlage einer einheitlichen Gesamtbeförderung eine Teilbeförderung durchführt. Der Unterschied zum ausführenden Luftfrachtführer besteht darin, dass der aufeinanderfolgende Luftfrachtführer Partei des Luftbeförderungsvertrags wird.[60] Seine Beförderungsteilleistung ist von den Parteien des Luftbeförderungsvertrages als Bestandteil einer einheitlichen Leistung vereinbart. Im Fall des ausführenden Luftfrachtführer besteht hingegen zwischen dem Reisenden bzw. dem Absender und dem ausführenden Luftfrachtführer kein Vertragsverhältnis.[61] Letzterer wird nur als Erfüllungsgehilfe (Dritter) für den vertraglichen Luftfrachtführer tätig.

b) Ladungsbeteiligte im Fall der Güterbeförderung

26 **aa) Absender.** Unter **Absender** („consignor", auch: „shipper") versteht das Montrealer Übereinkommen den Vertragspartner des Luftfrachtführers. Absender ist diejenige natürliche oder juristische Person, die den Luftfrachtführer mit der Beförderung von Gütern auf dem Luftweg im eigenen Namen betraut.[62] Nach deutschem Recht wird der Frachtführer durch den Frachtvertrag verpflichtet, das Gut zum Bestimmungsort zu befördern und dort an den Empfänger abzuliefern.[63] Der Absender hat im Gegenzug bei Ablieferung des Gutes[64] die vereinbarte Fracht zu zahlen.[65] Er hat auch den Luftfrachtbrief in dreifacher Ausfertigung auszustellen und die für den Luftfrachtführer und den Empfänger bestimmten Exemplare zu unterzeichnen. Wer im Luftfrachtbrief als Absender bezeichnet wird, muss sich bis zum Beweis des Gegenteils nach Art. 11 Abs. 1 MÜ auch als solcher behandeln lassen.

27 **bb) Empfänger.** Der **Empfänger** wird mangels anderer Bestimmungen zunächst definiert als die Person, an die das Gut adressiert und abzuliefern ist.[66] Nicht entscheidend ist daher, wer

---

58 Vgl. Art. 7 EWG-VO Nr. 2408/92, ABl. EG Nr. L 240 vom 24.8.1992, S. 8; Art. 2.3 ABB Flugpassage.
59 *Lübben* in: Luftrecht Bd. 1, Teil I A Rn. 547; *Janköster* Fluggastrechte, S. 62; *Schladebach* Luftrecht, Rn. 296 ff.
60 *Kirsch* in: Luftrecht Bd. 3, Teil I A Rn. 114.
61 *Janköster* Fluggastrechte, S. 63 f.
62 Ebenso FrankfKomm/*Giemulla* Art. 1 MÜ Rn. 46; *Ruhwedel* Luftbeförderungsvertrag[3] Rn. 122.
63 Vgl. § 407 Abs. 1 HGB.
64 Vgl. § 420 Abs. 1 Satz 1 HGB.
65 Vgl. § 407 Abs. 2 HGB.
66 OLG Hamburg, Urt. v. 27.3.1980 – 6 U 6/80 – VersR **1980** 1075; FrankfKomm/*Müller-Rostin* Art. 13 MÜ Rn. 4; *Koller*[11] Art. 13 MÜ Rn. 4; MünchKommHGB-*Kronke* Art. 13 WA 1955 Rn. 4.

Endempfänger des Gutes sein soll.[67] Wer Empfänger ist, ergibt sich regelmäßig aus der Eintragung in der entsprechenden Spalte des Luftfrachtbriefs.[68] Der Luftfrachtbrief erbringt allerdings nur widerleglichen Beweis für die Eigenschaft als Empfänger.[69] Wird das Gut im Einverständnis aller Beteiligten an eine Person ausgeliefert, ist diese Empfänger, gleichgültig, ob sich dies jeweils aus dem Luftfrachtbrief ergab.[70] Die Ablieferung an eine im Luftfrachtbrief zusätzlich angegebene Meldeadresse[71] („**notify address**") macht den in Empfang Nehmenden noch nicht zum Empfänger.[72] Weist der Luftfrachtbrief in der Empfängerrubrik einen Spediteur aus, so ist dieser und nicht die unter „notify" angegebene Firma der Empfänger.[73] Der Empfänger kann je nach Fallgestaltung auch selbst der Verfügungsberechtigte sein.

c) Reisender. **Reisender** ist, wer aufgrund eines Beförderungsvertrages mit einem Luftfrachtführer durch ein Luftfahrzeug befördert wird. Unerheblich ist, ob der Reisende selbst den Vertrag geschlossen hat oder ein Dritter dies zu seinen Gunsten getan hat.[74] Ebenso wenig kommt es an dieser Stelle auf die Entgeltlichkeit der Beförderung an, wie Art. 1 Abs. 1 Satz 2 MÜ zeigt. Die Nichtausstellung eines Einzel- oder Sammelbeförderungsscheins berührt den Bestand eines Beförderungsvertrages nicht.[75] Retter und Gerettete im Rahmen von Evakuierungsmaßnahmen werden auch vom Begriff der Beförderung erfasst. Nach Art. 3 Buchst. g der Verordnung EG Nr. 785/2004 umfasst der Begriff des „Fluggastes" alle Personen, die sich mit Zustimmung des Luftfahrunternehmens oder des Luftfahrzeugbetreibers auf einem Flug befinden, mit Ausnahme der Dienst habenden Flug- und Kabinenbesatzungsmitglieder. Ein Sachverständiger für Lawinensprengungen, der zum Zwecke der Verrichtung dieser Aufgaben befördert wird, ist Reisender, auch wenn er besondere Aufgaben während des Fluges auf Anweisung des Piloten durchzuführen hat. Der Pilot ist nämlich als Kommandant stets berechtigt, allen an Bord eines Luftfahrzeugs befindlichen Personen einschließlich der Fluggäste Anweisungen zu erteilen.[76] 28

Kein Reisender sind der **blinde Passagier**,[77] Personen, die aufgrund eines Gefälligkeitsverhältnisses befördert werden oder der **Flugschüler** während eines Ausbildungsfluges.[78] Ebenso wenig sind die **Bordbediensteten**[79] und sonstige Angestellten des Luftfrachtführers, welche die Reise nicht aufgrund eines Beförderungsvertrages, sondern aufgrund eines Arbeits- oder Dienstvertrages unternehmen,[80] Reisende iSd. Montrealer Übereinkommens. Ferner ist eine Person, die 29

---

67 OLG Frankfurt a.M., Urt. v. 27.1.1989 – 5 U 193/87 – TranspR **1990** 68, 70.

68 FrankfKomm/*Müller-Rostin* Art. 13 MÜ Rn. 4.

69 FrankfKomm/*Müller-Rostin* Art. 13 MÜ Rn. 4; MünchKommHGB-*Kronke* Art. 13 WA 1955 Rn. 4.

70 **AA** *Koller*[11] Art. 13 MÜ Rn. 4.

71 § 408 Abs. 1 Nr. 5 HGB.

72 BeckOGK/*Förster* Art. 1 MÜ Rn. 46; *Koller*[11] Art. 13 MÜ Rn. 4; *Müller-Rostin* TranspR **1995** 89, 91; *Ruhwedel* Luftbeförderungsvertrag[3] Rn. 236.

73 OLG Hamburg, Urt. v. 27.3.1980 – 6 U 6/80 – VersR **1980** 1075; MünchKommHGB/*Müller-Rostin*[5] Art. 1 MÜ Rn. 27; **aA** wohl MünchKommHGB-*Kronke* Art. 13 WA 1955 Rn. 4, nach dem der Empfangsspediteur Empfänger sein kann, aber nicht muss. Entscheidend sei vielmehr, ob der Spediteur der materiell Empfangsberechtigte sei.

74 BeckOGK/*Förster* Art. 1 MÜ Rn. 41; FrankfKomm/*Giemulla* Art. 1 MÜ Rn. 47; *Kirsch* in: Luftrecht Bd. 3, Teil I A Rn. 115 ff.; *Janköster* Fluggastrechte, S. 67.

75 Art. 3 Abs. 5 MÜ.

76 EuGH, Urt. V. 26.2.2015 – C-6/14 (*Wucher Helicopter GmbH, Euro-Aviation Versicherungs AG v. Fridolin Santer)* – BeckRS **2015** 80299.

77 FrankfKomm/*Giemulla* Art. 1 MÜ Rn. 46; *Führich* Reiserecht[6] Rn. 968.

78 Vgl. auch § 33 Abs. 1 Satz 3 LuftVG.

79 Ebenso FrankfKomm/*Giemulla* Art. 1 MÜ Rn. 48; *Guldimann* Art. 1 WA 1955 Rn. 9; *Führich* Reiserecht[6] Rn. 969; *Müller* ZLW **1960** 41, 42; *Ruhwedel* Luftbeförderungsvertrag[3] Rn. 119; *Schwenk* Handbuch[2] S. 714.

80 Vgl. ausführlich Art. 17 MÜ Rn. 69 f; ebenso *Abraham* I Art. 1 WA 1955 Rn. 8; *Guldimann* Art. 1 WA 1955 Rn. 9; *Koffka/Bodenstein/Koffka* Art. 1 WA 1929 S. 268; *Riese* Luftrecht, S. 406; *Schweickhardt* ZLR **1954** 7; *Schwenk* Handbuch[2] S. 531; **aA** FrankfKomm/*Giemulla* Art. 1 MÜ Rn. 48 (für sog. Dead-head-Flüge); *Goldhirsch* Handbook, S. 9; *Müller* ZLW **1960** 41, 48 ff.

zum Zwecke einer Evakuierungsübung an einem Seilwindenseil eines Hubschraubers hängt, kein Reisender. Denn bei einer Evakuierungsübung fehlt es an einem Beförderungsvertrag. Dies ergibt sich im Umkehrschluss zu Art. 51 MÜ. Danach wird der Luftfrachtführer bei der Beförderung unter außergewöhnlichen Umständen und außerhalb des gewöhnlichen Luftverkehrs von seiner Dokumentationspflicht nach Art. 3 bis 5, 7 und 8 MÜ freigestellt. Die Vorschrift erfasst damit die sog Rettungsflüge, Katastropheneinsätze, Repatriierungsflüge von Flüchtlingen oder sonst gefährdeten Personen.

4. Luftfahrzeug

30 Das Montrealer Übereinkommen definiert den Begriff des Luftfahrzeugs nicht.[81] Annex 7 des Chicagoer Abkommens vom 7. Dezember 1944 über die Internationale Zivilluftfahrt[82] umschreibt den Begriff folgendermaßen: *„Aircraft: Any machine that can derive support in the atmosphere from the reactions of the air other than the reactions of the air against the earth's surface."* Beim Rückgriff auf diese Definition bleibt indes zu beachten, dass das Chicagoer Abkommen kein das Luftprivatrecht beeinflussendes Übereinkommen darstellt, sondern vielmehr öffentlich-rechtliche Rechtsfragen, wie z.B. den Betrieb des Luftfahrtgerätes (Annex 6), die Eintragung und Kennzeichnung der Luftfahrzeuge (Annex 7) sowie deren Lufttüchtigkeit (Annex 8) regelt. Unter den Begriff **„Luftfahrzeuge"** fallen unter anderem Flugzeuge, Hubschrauber, Fesselballons, Segelflugzeuge sowie Raumfahrzeuge. Nicht erfasst werden dagegen vom Montrealer Übereinkommen sog. Hovercraft-Fahrzeuge.[83]

II. Örtliche Anwendungsvoraussetzungen (Absätze 2 und 3)

31 Die in Absatz 1 Satz 1 vorausgesetzte **Internationalität** der Beförderung wird in Absatz 2 definiert. Gemäß Absatz 2 sind Beförderungsverträge international, wenn entweder der Abgangs- und Bestimmungsort in unterschiedlichen Vertragsstaaten des Montrealer Übereinkommens liegt (Satz 1 Variante 1) oder sich Abgangs- und Bestimmungsort zwar im gleichen Vertragsstaat befinden, aber eine Zwischenlandung in einem Drittstaat, der nicht Vertragsstaat sein muss, geplant ist. Maßgebend für die Frage, welches der Abgangs- und Bestimmungsort ist, und ob eine Zwischenlandung geplant ist, sind **nicht die tatsächlichen Verhältnisse**, wie sie sich im Laufe des Fluges entwickeln, sondern nur die **vertraglichen Vereinbarungen** der Parteien.[84] Unvorhergesehene, umständehalber notwendige Zwischenlandungen berühren die Anwendung des Montrealer Übereinkommens nicht:[85] Ein zwischen Berlin und Wien geplanter Flug bleibt insofern international, auch wenn eine Notlandung in München durchgeführt werden muss und die Beförderung mit dem Flugzeug nicht fortgesetzt wird. Umgekehrt bleibt ein geplanter Direktflug von Paris nach St. Denis (Reunion) national, auch wenn eine Zwischenlandung in Spanien erfolgt.[86]

32 Wegen der rein vertragsbezogenen Anknüpfung des Montrealer Übereinkommens spielen für die Bestimmung der Internationalität weder Staatsangehörigkeit[87] oder Wohnsitz der Parteien des Beförderungsvertrags (bei natürlichen Personen) noch Sitz, Gründungs- und Registerort (bei

---

81 Ebenroth/Boujong/*Pokrant*[5] Art. 1 Mü Rn. 15.

82 BGBl. 1956 II S. 412.

83 FrankfKomm/*Giemulla* Art. 1 MÜ Rn. 28; Ebenroth/Boujong/*Pokrant*[5] Art. 1 MÜ Rn. 15; *Goldhirsch* Handbook, S. 9; *Koller*[11] Art. 1 MÜ Rn. 7.

84 BeckOGK/*Förster* Art. 1 MÜ Rn. 64.

85 FrankfKomm/*Giemulla* Art. 1 MÜ Rn. 5; MünchKommHGB/*Kronke* Art. 1 WA 1955 Rn. 42; *Koffka/Bodenstein/Koffka* Art. 1 WA 1929 S. 270.

86 FrankfKomm/*Giemulla* Art. 1 MÜ Rn. 9.

87 *Guldimann* Art. 1 WA 1955 Rn. 15.

juristischen Personen) eine Rolle.[88] Unerheblich ist ebenfalls die Staatszugehörigkeit des Luftfahrzeugs infolge Registrierung und Hoheitszeichen sowie der Abschlussort des Luftbeförderungsvertrages.[89]

1. Internationale Beförderung (Absatz 2)

a) Beförderung zwischen Vertragsstaaten (Satz 1 Var. 1). Nach Satz 1 Var. 1 liegt eine **internationale Beförderung** vor, wenn Abgangs- und Bestimmungsort in den Hoheitsgebieten zweier Vertragsstaaten liegen. Die Bestimmung dieser Orte wird bei Eintragung im Luftfrachtbrief nach Art. 11 Abs. 1 MÜ sowie bei Beförderungsdokumenten im Personenluftverkehr nach § 416 ZPO widerleglich bewiesen.[90] Für die Feststellung des Bestimmungsorts kann es erforderlich werden, den Willen der Parteien zu ermitteln, um entscheiden zu können, ob es sich um einen internationalen oder nur nationalen Flug handelt.[91] Unter **Abgangsort** ist derjenige Flughafen zu verstehen, an dem das Gut entsprechend den vertraglichen Bedingungen in das Luftfahrzeug eingeladen wird[92] oder an dem der Reisende das Luftfahrzeug betritt.[93] **Bestimmungsort** ist demgemäß derjenige Flughafen, auf dem das Gut entsprechend den vertraglichen Bedingungen aus dem Luftfahrzeug entladen werden[94] oder der Reisende ankommen soll.[95] Wird ein Paket von Taiwan nach Kalifornien befördert, liegt hingegen keine internationale Beförderung zwischen zwei Vertragsstaaten vor. Der Beitritt Chinas zum Montrealer Übereinkommen führt nicht zu einer stillschweigenden Erstreckung auf Taiwan, welches nicht Vertragsstaat des Montrealer Übereinkommens ist.[96] 33

Zubringer- und **Anschlussflüge** im Rahmen einer über diese Teilstrecke hinausreichenden internationalen Beförderung unterfallen dem Haftungsregime des Montrealer Übereinkommens, wenn nach den Gesamtumständen (der Vereinbarung der Parteien) insgesamt eine internationale Beförderung geschuldet war.[97] Dies ist der Fall, wenn ein Reisender von London nach Washington D.C. fliegt und Zwischenhalte in Denver und Chicago vorgesehen sind.[98] Der Inlandsflug unterliegt dann auch dem Montrealer Übereinkommen. Voraussetzung ist jedoch, dass dem Reisenden ein Gesamtflugschein ausgestellt wurde.[99] Unerheblich ist dabei, dass die beiden Flugabschnitte von unterschiedlichen Luftfrachtführern ausgeführt werden.[100] Nach den Gesamtumständen wird eine internationale Beförderung dann zu verneinen sein, wenn die Weiterbeförderung vom Endpunkt der Teilstrecke noch völlig offen war, z.B. wenn dem Reisenden, der sich auf dem Zubringerflug befindet, noch nicht die Beförderungsdokumente für den internationalen Flug einschließlich Visa 34

---

88 FrankfKomm/*Giemulla* Art. 1 MÜ Rn. 4; MünchKommHGB/*Kronke* Art. 1 WA 1955 Rn. 43; *Guldimann* Art. 1 WA 1955 Rn. 15; *Ruhwedel* Luftbeförderungsvertrag[3] Rn. 41.
89 BeckOGK/*Förster* Art. 1 MÜ Rn. 63.
90 Ebenroth/Boujong/*Pokrant*[5] Art. 1 MÜ Rn. 6.
91 US CA 2nd Cir., Urt. V. 2.8.1985 – **770** F.2 d 3 (*Alleged Food Poisoning Incident March al Zamil v. British Airways)* – Rz. 7; CA 9th Cir., Urt. V. 12.4.2004 – **363** F.3 d 979 (*Coyle v. Pt Garuda Indonesia)* – Rz. 30 f.
92 FrankfKomm/*Müller-Rostin* Art. 5 MÜ Rn. 2.
93 BeckOGK/*Förster* Art. 1 MÜ Rn. 75.
94 OLG Hamm, Urt. v. 24.10.2002 – 18 U 104/01 – TranspR **2003** 201, 202; FrankfKomm/*Müller-Rostin* Art. 5 MÜ Rn. 2; *Koller*[11] Art. 1 MÜ Rn. 12.
95 BeckOGK/*Förster* Art. 1 MÜ Rn. 76.
96 US CA 9th Cir., Urt. V. 25.5.1999 – *Mingtai Fire & Marine Insurance v. United Parcel Service* – **177** F.3 d 1142.
97 FrankfKomm/*Giemulla* Art. 1 MÜ Rn. 10; Ebenroth/Boujong/*Pokrant*[5] Art. 1 MÜ Rn. 8; MünchKommHGB/*Kronke* Art. 1 WA 1955 Rn. 45.
98 US CA Columbia Cir., Urt. v. 18.3.2005 – *Robertson v. American Airlines* – **401** F.3 d 499 (*Robertson v. American Airlines)* – Rz. 11 ff.
99 FrankfKomm/*Giemulla* Art. 1 MÜ Rn. 10.
100 SC Südafrika, Urt. v. 1990 – *Bafana v. ComAir* – AL **1991**, 151; FrankfKomm/*Giemulla* Art. 1 MÜ Rn. 10; kritisch *Booyson* ZLW **1990** 339.

ausgehändigt worden waren.[101] Ebenso ist der Charakter der internationalen Beförderung zu verneinen, wenn ein Reisender zunächst nur eine Teilstrecke kontrahiert und an deren Endpunkt eine Weiterbeförderung – auch durch Vermittlung des die erste Teilstrecke ausführenden Luftfrachtführers – zwischen zwei Orten jenseits der Grenze in einem anderen Vertragsstaat vereinbart (zB Berlin – Baden-Baden und anschließend Straßburg – Marseille).[102]

35 **b) Abgangs- und Bestimmungsort liegen auf dem Gebiet desselben Vertragsstaats, aber beabsichtigte Zwischenlandung in einem Drittstaat (Satz 1 Var. 2).** Befinden sich sowohl Abgangs- als auch Bestimmungsort auf dem Gebiet desselben Vertragsstaates, so ist die vereinbarte Beförderung gleichwohl international, wenn eine **Zwischenlandung** in einem anderen Staat geplant ist, unabhängig davon, ob dieser Staat Vertragsstaat des Montrealer Übereinkommens ist oder nicht. Nach hM gilt das Übereinkommen, wenn Hin- und Rückflug gemeinsam vereinbart werden (sog. Rundflüge),[103] auch dann, wenn der Bestimmungsort des Hinflugs in einem Drittstaat liegt, der einfache Hinflug an sich gerade keine internationale Beförderung darstellt.[104] Die geplante Zwischenlandung muss nach hM nicht notwendig aus kommerziellen Gründen erfolgen, sondern kann auch auf technischen Gründen (z.B. Auftanken) beruhen.[105] Die Beweislast trägt derjenige, der sich auf die Anwendbarkeit des Montrealer Übereinkommens beruft.

36 **Keine internationale Beförderung** ist gegeben, wenn lediglich eine Zwischenlandung in einem Vertragsstaat vereinbart ist, Abgangs- und Bestimmungsort jedoch in einem Nichtvertragsstaat des Montrealer Übereinkommens liegen.[106] Ebenso wenig liegt eine internationale Beförderung vor, wenn das Hoheitsgebiet eines fremden Staates im Rahmen eines Inlandflugs lediglich überflogen wird.[107]

37 **c) Keine internationale Beförderung (Satz 2).** Keine internationale Beförderung liegt nach Absatz 2 **Satz 2** vor, wenn die Beförderung zwischen zwei Orten innerhalb des Hoheitsgebiets eines Vertragsstaats ohne eine Zwischenlandung im Hoheitsgebiet eines anderen Staates erfolgt. Nach Satz 2 bilden Mutterland, Kolonien sowie alle Länder, die unter der Staatshoheit oder Mandatsverwaltung des Mutterlandes stehen, ein und dasselbe Gebiet. In diesen Fällen gilt ausschließlich nationales Recht, z.B. für die Flugstrecke Paris–St. Denis (Reunion).

2. Aufeinanderfolgende Beförderung (Absatz 3)

38 **a) Bedeutung und Funktion. Absatz 3** Hs. 1 stellt klar, dass trotz eines Wechsels des Luftfrachtführers ein einheitlicher Beförderungsvertrag vorliegt, wenn dieser zum Zwecke einer einheitlichen Beförderung von den Parteien vereinbart worden ist. Nach Absatz 3 Hs. 2 gilt das auch dann, wenn ein Teil des Flugs ausschließlich im Gebiet eines Vertragsstaates ausgeführt wird, die für sich allein betrachtet keine internationale Beförderung iSv. Art. 1 Abs. 2 MÜ darstellen würde.

101 US DC – *In re Air Crash desaster at Warsaw* – **18** Avi 17.704; ebenso FrankfKomm/*Giemulla* Art. 1 MÜ Rn. 10; MünchKommHGB/*Kronke* Art. 1 WA 1955 Rn. 45.

102 Ebenso MünchKommHGB/*Kronke* Art. 1 WA 1955 Rn. 45.

103 LG Düsseldorf, Urt. v. 3.2.1971 – 14 S. 27/70 – ZLW **1971** 290, 292; LG Berlin, Urt. v. 28.6.1973 – 5 O 435/72 – ZLW **1973** 304, 305; FrankfKomm/*Giemulla* Art. 1 MÜ Rn. 7; *Abraham*[3] I Art. 1 WA 1955 Anm. 39; *Guldimann* Art. 1 WA 1955 Rn. 20; *Koller*[11] Art. 1 MÜ Rn. 13; MünchKommHGB/*Kronke* Art. 1 WA 1955 Rn. 44.

104 BeckOGK/*Förster* Art. 1 MÜ Rn. 83.

105 FrankfKomm/*Giemulla* Art. 1 MÜ Rn. 7; *Koller*[11] Art. 1 MÜ Rn. 13.

106 US CA 2nd Cir., Urt. v. 2.8.1985 – *Alleged Food Poisoning Incident March al Zamil v. British Airways* – **770** F.2 d 3, Rz. 8.

107 BeckOGK/*Förster* Art. 1 MÜ Rn. 84; Ebenroth/Boujong/*Pokrant*[5] Art. 1 MÜ Rn. 7; zum WA: MünchKommHGB/*Kronke* Art. 1 WA 1955 Rn. 44; Ebenroth/Boujong/Joost/*Gass* Art. 1 WA 1955 Rn. 10.

Insofern behebt Absatz 3 den Zweifel, der bezüglich der Internationalität der aufeinanderfolgenden Beförderung entstehen könnte.[108]

b) Voraussetzungen im Einzelnen. **Absatz 3** unterscheidet **zwei Fallgruppen**: Die Beförderung aufgrund eines **einzigen Vertrages** und diejenige aufgrund einer **Reihe von Verträgen**. Während in der erstgenannten Fallgruppe zunächst nur der erste Luftfrachtführer Vertragspartei ist und die weiteren Luftfrachtführer nach Art. 36 Abs. 1 MÜ hinzutreten,[109] ist in der zweitgenannten Fallgruppe jeder der in Frage stehende Luftfrachtführer von Beginn der Beförderung – begrenzt auf den jeweiligen Teilstreckenabschnitt – Vertragspartner.[110] Absatz 3 verlangt im Einzelnen, dass eine Beförderung von mehreren aufeinanderfolgenden Luftfrachtführern ausgeführt und sie von den Parteien als einheitliche Leistung vereinbart worden ist: 39

aa) Ausführung der Beförderung von mehreren Luftfrachtführern. Nach den Vereinbarungen der Parteien muss eine Mehrheit von Luftfrachtführern an der tatsächlichen Ausführung der Beförderung beteiligt sein.[111] Dadurch lässt sich die aufeinanderfolgende Beförderung von den Konstellationen abgrenzen, in denen der vertragliche Luftfrachtführer nur die Beförderung verspricht, sie indes von einem Dritten iSv. Art. 39 MÜ ausführen lässt. Überschneidungen gibt es jedoch zwischen der aufeinanderfolgenden Beförderung und den Konstellationen nach Art. 39 MÜ, wenn der vertragliche Luftfrachtführer zwar die gesamte Beförderung verspricht, eine Teilstrecke selbst ausführt und die übrige Teilstrecke durch einen Dritten ausführen lässt. 40

bb) Ununterbrochene Kette von aufeinanderfolgenden Luftfrachtführern. Ferner setzt die aufeinanderfolgende Beförderung eine **ununterbrochene Kette** von aufeinanderfolgenden Luftfrachtführern voraus. An einer solchen Kette fehlt es grundsätzlich dann, wenn zwischen den Beförderungsabschnitten durch zwei Luftfrachtführer etwa ein Landtransport zwischengeschaltet wurde. Soweit der zwischengeschaltete Oberflächentransport zum Zwecke der Verladung, der Ablieferung oder der Umladung[112] erfolgt, wird dieser Beförderungsabschnitt nach Art. 18 Abs. 4 Satz 2 MÜ auch der Luftbeförderung zugerechnet. Diese Zwischenbeförderung kann daher die Internationalität der Beförderung nicht unterbrechen.[113] Ebenso wenig wird man die Internationalität in den Fällen verneinen, in denen eine vertraglich nicht vorgesehene Zwischenbeförderung erfolgt, um die Luftbeförderung fortsetzen zu können.[114] Dies dürfte in Fällen der Personenbeförderung eine wichtige Rolle spielen, wo keine dem Art. 18 Abs. 4 Satz 2 MÜ entsprechende Norm existiert. Kann der in Berlin-Tegel ankommende Passagier seine Reise dort nicht fortsetzen und muss auf den Flughafen Berlin-Schönefeld zum Weiterflug mit einem Ersatzcarrier nach Warschau ausweichen, kann diese nicht vorgesehene Zwischenbeförderung zum Flughafen Schönefeld mit dem Bus den internationalen Charakter der Reise nicht in Frage stellen.[115] 41

---

108 FrankfKomm/*Giemulla* Art. 1 MÜ Rn. 11; *Guldimann* Art. 1 WA 1955 Rn. 21.

109 Vgl. BGH, Urt. v. 10.5.1974 – I ZR 61/73 – ETR **1974** 630, 633.

110 Vgl. US CC, Urt. v. 30.1.1958 – *Parke Davis v. BOAC* – **1958** USAvR 122, 124; F Cass, Urt. v. 10.11.1971 – *Air France c. Lamour* – RFDA **1972** 47.

111 BeckOGK/*Förster* Art. 1 MÜ Rn. 88.

112 Z.B. der Umladetransport zwischen zwei Flughäfen innerhalb einer Stadt: Berlin-Tegel/Berlin-Schönefeld.

113 Ebenso FrankfKomm/*Giemulla* Art. 1 WA 1955 Rn. 18.

114 So auch US CA New York, Urt. v. 29.12.1967 – *Egan v. Kollsman* – **1967** USAvR 271; FrankfKomm/*Giemulla* Art. 1 WA 1955 Rn. 18; *Shawcross & Beaumont*[4] Air Law VII–107.

115 BeckOGK/*Förster* Art. 1 MÜ Rn. 90.

42 **cc) Vereinbarung als einheitliche Leistung.** Die Beförderung muss schließlich von den Parteien als **einheitliche Leistung** vereinbart worden sein, d.h. die Parteien müssen die einzelnen Beförderungsleistungen als Teile einer Gesamtbeförderung verstehen. Die Einheitlichkeit der Leistung kann sich dabei aus dem Luftfrachtbrief oder der Aufmachung des Beförderungsdokuments ergeben.[116] Erforderlich ist eine Art. Verknüpfungsvereinbarung zwischen den verschiedenen Verträgen über die Teilstrecken.[117] Daran fehlt es jedoch, wenn der Reisende mit den Luftfrachtführern verschiedene Luftbeförderungsverträge über sich ergänzende Teilstrecken schließt, ohne dass diese Verknüpfung der Teilstrecken zu einer Gesamtbeförderung Eingang in die jeweils geschlossenen Verträge gefunden hat.[118] Wird hingegen an demselben Tag von einem Reisenden bei demselben Reisebüro eine Reihe von abgestimmten Flügen gebucht, so ist die Buchung als Vereinbarung einer einheitlichen Leistung zu werten.[119]

III. Ausführung der Luftbeförderung durch Dritte (Absatz 4)

43 **Absatz 4** hat nur klarstellende Funktion.[120] Die Luftbeförderung durch einen Dritten anstelle des vertraglichen Luftfrachtführers schließt die Anwendbarkeit des Übereinkommens nicht aus. Auch in diesem Fall sind die Voraussetzungen der Absätze 1 bis 3 maßgeblich.

---

116 OLG Hamburg, Urt. v. 2.9.1982 – 6 U 75/82 – VersR **1983** 484.

117 *Janköster* Fluggastrechte, S. 65.

118 US DC – *Karfunkel v. Compagnie Nationale Air France* – **427** F. Supp 971 = **14** Avi 17.674 = ZLW **1978** 289. Ebenso FrankfKomm/*Giemulla* Art. 1 MÜ Rn. 20.

119 US CA Columbia Cir., Urt. v. 12.3.1999 – *Haldimann v. Delta Airlines* – **168** F.3 d 1324, Rz. 8 ff; CA Columbia Cir., Urt. v. 18.3.2005 – *Robertson v. American Airlines* – **401** F.3 d 499, Rz. 8 ff.

120 Ebenroth/Boujong/*Pokrant*[5] Art. 1 MÜ Rn. 19.

Artikel 2 Staatlich ausgeführte Beförderung und Beförderung von Postsendungen

1. **Dieses Übereinkommen gilt auch für die Beförderungen, die der Staat oder eine andere juristische Person des öffentlichen Rechts ausführt, wenn die Voraussetzungen des Artikels 1 vorliegen.**
2. **Bei der Beförderung von Postsendungen haftet der Luftfrachtführer nur gegenüber der zuständigen Postverwaltung nach Maßgabe der auf die Beziehungen zwischen Luftfrachtführern und Postverwaltungen anwendbaren Vorschriften.**
3. **Mit Ausnahme des Absatzes 2 gilt dieses Übereinkommen nicht für die Beförderung von Postsendungen.**

Article 2 Carriage Performed by State and Carriage of Postal Items

1. *This Convention applies to carriage performed by the State or by legally constituted public bodies provided it falls within the conditions laid down in Article 1.*
2. *In the carriage of postal items, the carrier shall be liable only to the relevant postal administration in accordance with the rules applicable to the relationship between the carriers and the postal administrations.*
3. *Except as provided in paragraph 2 of this Article, the provisions of this Convention shall not apply to the carriage of postal items.*

Article 2 Transport effectué par l'État et transport d'envois postaux

1. *La présente convention s'applique aux transports effectués par l'État ou les autres personnes juridiques de droit public, dans les conditions prévues à l'article 1.*
2. *Dans le transport des envois postaux, le transporteur n'est responsable qu'envers l'administration postale compétente conformément aux règles applicables dans les rapports entre les transporteurs et les administrations postales.*
3. *Les dispositions de la présente convention autres que celles du paragraphe 2 ci-dessus ne s'appliquent pas au transport des envois postaux.*

Schrifttum

Czerwenka Die Geltungsdauer des Weltpostvertrags, TranspR **2020** 425–428; *Ehlers* Montrealer Protokolle Nr. 3 und 4, Warschauer Haftungssystem und neuere Rechtsentwicklungen, Diss. Köln **1985**; *Grignoli* La poste aérienne, Thèse Lausanne, **1969**; *Helmrich* Haftungsrechtliche Gesichtspunkte bei Verlust und Beschädigung von Briefen und briefähnlichen Sendungen, TranspR **2007** S. 188–193; *Hübsch* Haftung des Güterbeförderers und seiner selbständigen und unselbständigen Hilfspersonen für Güterschäden, Diss. Erlangen, **1997**; *Kuhn* Die Haftung für Schäden an Frachtgütern, Gepäck und Luftpostsendungen nach dem Warschauer Haftungssystem und den §§ 44–52 LuftVG, Diss. Köln, **1987**; *Riese* Die internationale Luftprivatrechtskonferenz im Haag zur Revision des Warschauer Abkommen, September 1955, ZLR **1956** S. 4–45; *Rudolf* Die Haftung für Schäden bei der Beförderung in militärischen Luftfahrzeugen, ZLW **1960** S. 11–34; *ders.* Nochmals: Zur deliktischen Haftung für Luftpostsendungen, ZLW **1981**, S. 17–28; *Ruhwedel* Die Haftung bei der Beförderung von Luftpostsendungen, TranspR **1984** S. 85–92; *Schoner* Die Haftung des Luftfrachtführers bei der Beförderung von Luftpost, ZLW **1980** S. 97–118.

Parallelvorschriften

Art. 2 WA 1955; Art. 4 CIM 1980.

https://doi.org/10.1515/9783110564945-003

Übersicht

A. Allgemeines

I. Normzweck

1 Art. 2 MÜ regelt Beförderungen durch den Staat und schließt die Anwendbarkeit des Übereinkommens auf Postsendungen generell aus. Nach **Absatz 1** gilt das Montrealer Übereinkommen ausdrücklich für Luftbeförderungen durch den Staat oder andere Personen des öffentlichen Rechts, wenn die Anwendbarkeitsvoraussetzungen des Art. 1 MÜ vorliegen.[1] In den **Absätzen 2** und **3** wird durch den Ausschluss der frachtrechtlichen Regelungen der Weg für einen absoluten Vorrang des Posthaftungsrechts freigemacht.[2]

II. Entstehungsgeschichte

2 Art. 2 MÜ entspricht Art. 2 MP Nr. 4, dessen Absatz 1 wiederum Art. 2 Abs. 1 WA 1955 aufgreift. Historisch ist die Vorschrift damit zu erklären, dass die Beteiligung des Staates an der Luftfahrt in der ersten Hälfte des 20. Jahrhunderts sehr stark ausgeprägt war, in der zweiten Hälfte dann stark nachgelassen hat.

B. Staatliche Beförderungen (Absatz 1)

3 **Absatz 1** stellt den Grundsatz auf, dass auch Beförderungen, die der Staat als Luftfrachtführer ausführt, dem Montrealer Übereinkommen unterliegen, wenn die Voraussetzungen des Art. 1 MÜ gegeben sind. Gleiches gilt für seine Gebietskörperschaften, insbesondere Teilstaaten, Bundesländer, Provinzen, Kantone sowie sonstige Körperschaften und Anstalten des öffentlichen Rechts.[3]

4 Nach Absatz 1 i.V.m. der allgemeinen Anwendungsvorschrift des Art. 1 MÜ ist dabei zu unterscheiden, ob die öffentliche Hand oder die juristische Person des öffentlichen Rechts die Beförderung durch ein von ihr **rechtlich verselbständigtes Luftfahrtunternehmen** vornimmt oder dagegen **selbst**:

– Im erstgenannten Fall findet das Montrealer Übereinkommen stets Anwendung, gleichviel ob die Beförderung entgeltlich oder unentgeltlich erfolgt. Denn in jedem Fall werden wegen der

---

1 BGH, Urt. v. 28.1.2003 – X ZR 113/02 – BGHZ **153** 327 = TranspR **2003** 238; BGH, Urt. v. 3.3.2005 – I ZR 273/02 – NJW-RR **2005** 1058; BGH, Urt. v. 22.9.2005 – I ZR 67/03 – TranspR **2006** 468.

2 Instruktiv *Czerwenka* TranspR **2020** 425 zum Verhältnis des MÜ zum Weltpostvertrag.

3 Die Formenvielfalt ist groß.

Beförderung durch ein Luftfahrtunternehmen die Voraussetzungen des Art. 1 Abs. 1 Satz 2 MÜ vorliegen.[4]

- Im zweitgenannten Fall findet das Montrealer Übereinkommen nur Anwendung, wenn die Beförderung entgeltlich erfolgt.[5] Für die Frage, ob die Beförderung entgeltlich erfolgt, kommt es nicht darauf an, wer ein etwaiges Entgelt bezahlt, sondern ausschließlich darauf an, ob überhaupt ein solches Entgelt an den Luftfrachtführer bezahlt wird. Die Beförderung eines Beamten oder eines Regierungsmitglieds ist auch entgeltlich, wenn das Entgelt von seiner Behörde bezahlt wird, und wenn die Zahlstelle und Empfangsstelle Behörden desselben Staates sind. Wird beispielsweise die Beförderung eines Regierungschefs oder Mitgliedern der Regierung mit einem vom Staat gecharterten oder gemieteten privaten Flugzeug ausgeführt, so fällt diese Beförderung unter das Montrealer Übereinkommen.[6] Die Beförderung für rein militärische Zwecke unterfällt dagegen nicht dem Übereinkommen; hier fehlt es bereits am Vorliegen eines Beförderungsvertrags, da militärische Transporte aus dienstlichen Gründen erfolgen.[7] Demgegenüber unterfällt die Beförderung von Zivilpersonen, von Angehörigen von Soldaten oder von Urlaubern in einer Maschine der Luftwaffe gleichwohl dem Montrealer Übereinkommen,[8] wobei nicht relevant ist, ob die beförderten Personen selbst das Entgelt an den Luftfrachtführer entrichten.[9] Ebenso sind Beförderungen für den Staat, z.B. Militärbehörden, dem Übereinkommen unterworfen, wenn sie durch zivile Flugzeuge durchgeführt werden.[10]

Die Vertragsstaaten können gemäß Art. 57 Buchstabe a MÜ die Geltung des Montrealer Überein- 5
kommens jederzeit dahingehend einschränken, dass es auf Beförderungen nicht Anwendung findet, die unmittelbar vom Vertragsstaat oder seinen Gebietskörperschaften zu nichtgewerblichen Zwecken ausgeführt werden. Der Ausschluss der Anwendbarkeit des Montrealer Übereinkommens für Staatsunternehmen oder andere staatsnahe Organisationen, gleichviel ob sie rechtlich verselbständigt sind oder nicht, kann dagegen nicht vorgenommen werden.[11] Art. 57 Buchstabe b MÜ erlaubt die jederzeitige Erklärung der Nichtanwendbarkeit auf Beförderungen für die eigenen Militärbehörden durch Luftfahrzeuge, die im erklärenden Staat eingetragen sind oder von ihm gemieteten Luftfahrzeugen, die ausschließlich diesen Dienststellen vorbehalten sind. Deutschland hat von beiden Vorbehalten Gebrauch gemacht.

C. Postbeförderung (Absatz 2 und 3)

Die **Absätze 2** und **3 schließen** die **Anwendbarkeit** des Montrealer Übereinkommens auf die 6
Beförderung von **Brief-** und **Paketpost** zugunsten des Posthaftungsrechts **aus.**[12] Dieser Ausschluss orientiert sich an dem Vorbild des für Deutschland nicht in Kraft getretenen MP Nr. 4. Nach **Absatz 3** unterliegt die Beförderung von Postsendungen nicht dem Montrealer Übereinkommen, sondern allein dem nationalen Recht. Dieser sachliche Ausschluss betrifft allein das Rechtsverhältnis zwischen **Postkunde** und **Postverwaltung**, wie der Umkehrschluss zu Absatz 2 zeigt: Dort wird gerade die Haftung des Luftfrachtführers im Rahmen einer Rechtsfolgenverweisung auf die

---

4 Ebenroth/Boujong/*Pokrant*[5] Art. 2 MÜ Rn. 3.

5 Siehe Art. 1 Abs. 1 Satz 1 MÜ.

6 Vgl. *Riese* ZLW **1956** 4, 11 in Bezug auf die Regelung des Artikel 2 Abs. 1 WA 1955.

7 FrankfKomm/*Giemulla* Art. 2 MÜ Rn. 1; Ebenroth/Boujong/*Pokrant*[5] Art. 2 MÜ Rn. 3; *Rudolf* ZLW **1960** 11, 29.

8 Ebenso Ebenroth/Boujong/*Pokrant*[5] Art. 2 MÜ Rn. 3; *Guldimann* Art. 2 WA 1955 Rn. 7; *Riese* ZLW **1956** 4, 10.

9 **AA** MünchKommHGB/*Kronke* Art. 2 WA 1955 Rn. 2.

10 US CA 2nd Cir., Urt. v. 16.2.1965 – *Mertens v Flying Tiger Line* – 341 F. 2 d 851, 853; US CA 2nd Cir., Urt. v. 25.10.1965 – *Warren v Flying Tiger Line* – **9** Avi 17.848; ebenso zum WA: FrankfKomm/*Giemulla* Art. 2 WA 1955 Rn. 1; *Koller*[7] Art. 2 WA 1955 Rn. 1; MünchKommHGB/*Kronke* Art. 2 WA 1955 Rn. 7.

11 Ebenroth/Boujong/Joost/Gass[1] Art. 2 WA 1955 Rn. 4; MünchKommHGB/*Kronke* Art. 2 WA 1955 Rn. 3.

12 Missverständlich die Denkschrift zum MÜ, BT-Drucks. **15/2285**, S. 36, die davon spricht, dass die Absätze 2 und 3 die Anwendbarkeit des Übereinkommens auf Postsendungen regeln würden. Genau das Gegenteil ist der Fall.

Vorschriften des Weltpostvertrages[13] und des Postpaketübereinkommens[14] statuiert. Nicht dagegen wird von **Absatz 3** das Rechtsverhältnis zwischen Postverwaltung und Luftfrachtführer sowie das Rechtsverhältnis zwischen Luftfrachtführer und Postkunde geregelt. Insofern bestand unter dem Warschauer Abkommen die Möglichkeit, dass die Postkunden sich gegenüber dem Luftfrachtführer ohne jegliche Haftungsbegrenzung schadlos halten konnten.[15] Diese Lücke[16] soll nunmehr Absatz 2 schließen,[17] indem er nur eine Inanspruchnahme der Postverwaltung gegenüber dem Luftfrachtführer zulässt,[18] eine Inanspruchnahme des Postkundens gegen letzteren dagegen sperrt.[19]

7 Die darin liegende **Privilegierung** des **Posthaftungsrechts** gegenüber dem Luftfrachtrecht erklärt sich aus dem Umstand, dass die einschlägigen postrechtlichen Haftungsbestimmungen der Eigenart der postalischen Rechtsverhältnisse, vor allem aber den ihnen zugrundeliegenden kalkulatorischen Gegebenheiten,[20] besser Rechnung tragen. So sollen in diesem Verkehrsbereich vor allem umfangreiche und kostspielige Überwachungsmaßnahmen vermieden werden.

I. Haftung des Luftfrachtführers gegenüber der Postverwaltung (Absatz 2)

8 Die Beförderung von Brief- und Paketpostsendungen auf dem Luftweg ließe sich ohne Schwierigkeiten in das Haftungssystem des Montrealer Übereinkommens einordnen, wenn Absatz 2 nicht existieren würde. Danach wäre der Postkunde in frachtrechtlicher Sicht ein Absender, die Postverwaltung wäre der vertragliche Luftfrachtführer und das die Postbeförderung ausführende Luftfahrtunternehmen wäre ausführender Luftfrachtführer im Sinne des Art. 39 MÜ. Absatz 2 ordnet aber an, dass der „ausführende“ Luftfrachtführer *nur* gegenüber der Postverwaltung nach Maßgabe der auf die Beziehungen zwischen Luftfrachtführern und Postverwaltung anwendbaren Vorschriften haftet. Aus der Sicht der Postkunden verhindert die Vorschrift, dass die die Postbeförderung ausführenden Luftfahrtunternehmen als ausführende Luftfrachtführer iSd. Art. 39 MÜ gegenüber dem Versender zu qualifizieren sind.[21] Vielmehr soll der Postverwaltung allein die Rolle als Absender des zwischen ihr und dem Luftfahrtfrachtführer geschlossenen Vertrages zukommen. Dadurch wird sichergestellt, dass der Versender weder – ansonsten bestehende – Ansprüche unter dem Montrealer Übereinkommen[22] noch deliktische Ansprüche gegen den Luftfrachtführer herleiten kann,[23] sondern allein auf Haftungsansprüche gegen die Postverwaltung gemäß Art. 34 des Weltpostvertrages[24] und Art. 26 des Postpaketübereinkommens[25] beschränkt ist.

9 Soweit die Postverwaltung den Postkunden einer verlorengegangenen Luftpostsendung nach den jeweils anzuwendenden postalischen Haftungsbestimmungen entschädigt hat, steht dieser ein Regressanspruch nach Maßgabe der auf die Beziehungen zwischen Luftfrachtführen und Postverwaltung anwendbaren Vorschriften zu. Der Regressanspruch der Postverwaltung unterliegt den

---

13 BGBl. II S. 2082, 2135.

14 BGBl. II S. 2082, 2172.

15 Vgl. dazu GB QBD, Urt. v. 17.3.1967 – *Moukataff v. BOAC* – 1967 LLR 401.

16 Siehe auch *Ruhwedel* TranspR **1984** 85, 89 zur Rechtslage des § 52 a.F. LuftVG; *Kuhn* Haftung S. 124 f.

17 Vgl. aber Art. 2 MÜ Rdn. 12 aE.

18 Siehe auch Doc 9122 – LC/172, Part II, abgedruckt in: ICAO Legal Committee, 21st, Montreal 3–22 October 1974, Doc 9131 – LC/173-2 vol II; Doc Montreal 1975, S. 17, 28 f; Doc 9131 – LC/173-1 vol I, Minutes, Montreal 1976, S. 97–101.

19 Vgl. auch *Geigel/Mühlbauer*[26] Haftpflichtprozess Kap. 29 Rn. 59.

20 Siehe auch *Ehlers* Montrealer Protokolle S. 109.

21 Ebenso Ebenroth/Boujong/*Pokrant*[5] Art. 2 MÜ Rn. 5; *Ruhwedel* TranspR **1984** 85, 90.

22 *Kuhn* Haftung, S. 125, der darauf hinweist, dass Art. 2 Abs. 2 WA 1955 sich darauf beschränke, die Nichtanwendbarkeit des Abkommens auf Luftpostsendungen zu bestimmen. Über die Frage der Anwendbarkeit anderer, eine Haftung des Luftfrachtführers gegenüber dem Absender begründender Normen schweige Art. 2 Abs. 2 WA 1955.

23 So GB QBD, Urt. v. 17.3.1967 – *Moukataff v. BOAC* – **1967** LLR 401.

24 Siehe oben Fn. 12.

25 Siehe oben Fn. 13.

frachtrechtlichen Bestimmungen der §§ 407 ff HGB bei Anwendbarkeit deutschen Rechts.[26] Zu beachten ist, dass sich der Luftfrachtführer bei der Beförderung von Briefen und briefähnlichen Sendungen von seiner Haftung aus §§ 425 ff HGB bereits dem Grunde nach, ansonsten auch in der Höhe ganz oder teilweise freizeichnen kann, wobei ihm nicht nur der Weg einer Individualvereinbarung, sondern bemerkenswerterweise sogar auch der von AGB eröffnet ist, §§ 449, 466 HGB.

Fraglich ist, ob die Deutsche Post AG vom Begriff **„Postverwaltung"** erfasst wird. Dieser wird 10
zwar vom Montrealer Übereinkommen nicht definiert. Der Begriff ist jedoch in demselben Sinne zu verstehen wie derjenige des Weltpostvertrags sowie des Postpaketübereinkommens.[27] Insofern erfasst er auch die Deutsche Post AG trotz ihrer privatrechtlichen Grundlage, weil diese Auslandsbeförderungen nach den Bestimmungen internationaler Übereinkommen durchführt. Nicht vom Begriff „Postverwaltung" umfasst werden jedoch private Zustelldienste.[28]

II. Keine Anwendbarkeit auf Postbeförderung (Absatz 3)

1. Rechtsverhältnis Postkunde/Versender – Postverwaltung/Zustelldienste

Die **Haftung für Schäden an Brief-** und **Paketpostsendungen**, die auf dem Luftweg befördert wer- 11
den, bestimmt sich in dem vorgenannten Benutzerverhältnis gemäß Art. 2 Abs. 3 MÜ nicht nach dem Montrealer Übereinkommen, sondern allein nach dem **nationalen Recht**.[29] Bei Anwendung deutschen Rechts sind daher auf einen Luftfrachtvertrag, der die Beförderung von Postsendungen zum Gegenstand hat, die §§ 407 ff HGB anzuwenden.[30] Darüber hinaus stehen Postkunden/Versender die Ansprüche aus Art. 34 des Weltpostvertrages[31] sowie Art. 26 des Postpaketübereinkommens[32] gegen die Postverwaltung zu, soweit die Deutsche Post AG und nicht ein privater Zustelldienst die Beförderung ausgeführt hat.[33]

2. Rechtsverhältnis zwischen Postkunde/Versender – Luftfrachtführer

Zwischen Postkunde/Versender und Luftfrachtführer bestehen keine vertraglichen Rechtsbezie- 12
hungen. Insbesondere verhindert Art. 2 Abs. 2 MÜ, den Luftfrachtführer als ausführenden Luftfrachtführer im Verhältnis zum Postkunden/Versender zu qualifizieren. Der Luftfrachtführer haftet nur gegenüber der Postverwaltung; **ausgeschlossen** ist auch eine – **deliktische** – **Haftung des Luftfrachtführers** gegenüber dem **Postkunden**. Dies gilt jedoch nur dann, wenn die Postbeförderung über eine Postverwaltung abgewickelt wurde. Bei Einschaltung eines **privaten Zustelldienstes** (z.B. FedEx, UPS) entfaltet Art. 2 Abs. 2 MÜ dagegen **nicht** die erwünschte **Sperrfunktion**.[34] Denn diese Zustelldienste werden nicht vom Begriff „Postverwaltung" umfasst. Folglich kann der Versender den Luftfrachtführer hier nach wie vor in Anspruch nehmen. Die bereits existente Lücke des Warschauer Abkommens besteht insoweit fort (vgl. oben Rdn 6 aE).

---

26 BGH, Urt. v. 26.4.2007 – I ZR 70/04, TranspR **2007** 464 Rn. 18; BeckOGK/*Förster* Art. 2 MÜ Rn. 13; Ebenroth/Boujong/*Pokrant*[5] Art. 2 MÜ Rn. 5; *Helmrich* TranspR **2007** 188ff.

27 Vgl. die Denkschrift zum MÜ BT-Drucks. **15/2285**, S. 36.

28 Ebenso *Koller*[11] Art. 2 MÜ Rn. 1; Ebenroth/Boujong/*Pokrant*[5] Art. 2 MÜ Rn. 6; GemK/*Ahrweiler* nach § 450 HGB Rn. 223.

29 Ebenso *Schwenk*/*Giemulla*[3] Handbuch S. 413 f.

30 Vgl. die Denkschrift zum MÜ BT-Drucks. **15/2285**, S. 36; Ebenroth/Boujong/*Pokrant*[5] Art. 2 MÜ Rn. 5; ebenso bereits zum WA: Ebenroth/Boujong/Joost/Gass[1] Art. 2 WA 1955 Rn. 5; MünchKommHGB/*Kronke* Art. 2 WA 1955 Rn. 7.

31 Siehe oben Fn. 12.

32 Siehe oben Fn. 13.

33 Ebenroth/Boujong/*Pokrant*[5] Art. 2 MÜ Rn. 5.

34 Ebenroth/Boujong/*Pokrant*[5] Art. 2 MÜ Rn. 6; BeckOGK/*Förster* Art. 2 MÜ Rn. 14.

3. Rechtsverhältnis Postverwaltung/Zustelldienst – Luftfrachtführer

13 Das Rechtsverhältnis zwischen Postverwaltung/Zustelldienst und Luftfrachtführer richtet sich nach dem zwischen ihnen geschlossenen Vertrag. Das Rechtsverhältnis unterliegt nicht den Bestimmungen des Montrealer Übereinkommens.[35]

35 Vgl. dazu auch *Hübsch* Haftung des Güterbeförderers, S. 254 ff.

KAPITEL II **Urkunden und Pflichten der Parteien betreffend die Beförderung von Reisenden, Reisegepäck und Gütern**

Artikel 3 Reisende und Reisegepäck

1. **Bei der Beförderung von Reisenden ist ein Einzel- oder Sammelbeförderungsschein auszuhändigen; er muss enthalten:**
   a) **die Angabe des Abgangs- und Bestimmungsorts;**
   b) **falls Abgangs- und Bestimmungsort im Hoheitsgebiet desselben Vertragsstaats liegen, jedoch eine oder mehrere Zwischenlandungen im Hoheitsgebiet eines anderen Staates vorgesehen sind, die Angabe von zumindest einem dieser Zwischenlandepunkte.**
2. **[1]Jede andere Aufzeichnung, welche die in Absatz 1 genannten Angaben enthält, kann anstelle des in jenem Absatz genannten Beförderungsscheins verwendet werden. [2]Werden derartige andere Aufzeichnungen verwendet, so muss der Luftfrachtführer anbieten, dem Reisenden eine schriftliche Erklärung über die darin enthaltenen Angaben auszuhändigen.**
3. **Der Luftfrachtführer hat dem Reisenden für jedes aufgegebene Gepäckstück einen Beleg zur Gepäckidentifizierung auszuhändigen.**
4. **Der Reisende ist schriftlich darauf hinzuweisen, dass dieses Übereinkommen, soweit es Anwendung findet, die Haftung des Luftfrachtführers für Tod oder Körperverletzung, für Zerstörung, Verlust oder Beschädigung von Gepäck sowie für Verspätung regelt und beschränken kann.**
5. **Die Nichtbeachtung der Absätze 1 bis 4 berührt weder den Bestand noch die Wirksamkeit des Beförderungsvertrags; dieser unterliegt gleichwohl den Vorschriften dieses Übereinkommens einschließlich derjenigen über die Haftungsbeschränkung.**

CHAPTER II ***Documentation and Duties of the Parties Relating to the Carriage of Passengers, Baggage and Cargo***

Article 3 Passengers and Baggage

1. *In respect of carriage of passengers, an individual or collective document of carriage shall be delivered containing:*
   a) *an indication of the places of departure and destination;*
   b) *if the places of departure and destination are within the territory of a single State Party, one or more agreed stopping places being within the territory of another State, an indication of at least one such stopping place.*
2. *Any other means which preserves the information indicated in paragraph 1 may be substituted for the delivery of the document referred to in that paragraph. If any such other means is used, the carrier shall offer to deliver to the passenger a written statement of the information so preserved.*
3. *The carrier shall deliver to the passenger a baggage identification tag for each piece of checked baggage.*
4. *The passenger shall be given written notice to the effect that where this Convention is applicable it governs and may limit the liability of carriers in respect of death or injury and for destruction or loss of, or damage to, baggage, and for delay.*

https://doi.org/10.1515/9783110564945-004

5. *Non-compliance with the provisions of the foregoing paragraphs shall not affect the existence or the validity of the contract of carriage, which shall, nonetheless, be subject to the rules of this Convention including those relating to limitation of liability.*

CHAPITRE II *Document et obligations des Parties relatifs au transport des passagers, des baggages et des marchandises*

Article 3 Passagers et bagages

1. *Dans le transport des passagers, un titre de transport individuel ou collectif doit être délivré, contenant:*
   a) *l'indication des points de départ et de destination;*
   b) *si les points de départ et de destination sont situés sur le territoire d'un même État partie et si une ou plusieurs escales sont prévues sur le territoire d'un autre État, l'indication d'une de ces escales.*
2. *L'emploi de tout autre moyen constatant les indications qui figurent au paragraphe 1 peut se substituer à la délivrance du titre de transport mentionné dans ce paragraphe. Si un tel autre moyen est utilisé, le transporteur offrira de délivrer au passager un document écrit constatant les indications qui y sont consignées.*
3. *Le transporteur délivrera au passager une fiche d'identification pour chaque article de bagage enregistré.*
4. *Il sera donné au passager un avis écrit indiquant que, lorsque la présente convention s'applique, elle régit la responsabilité des transporteurs en cas de mort ou de lésion ainsi qu'en cas de destruction, de perte ou d'avarie des bagages, ou de retard.*
5. *L'inobservation des dispositions des paragraphes précédents n'affecte ni l'existence ni la validité du contrat de transport, qui n'en sera pas moins soumis aux règles de la présente convention, y compris celles qui portent sur la limitation de la responsabilité.*

Schrifttum

Bollweg Das Montrealer Übereinkommen, Rückblick – Überblick – Ausblick, ZLW **2000** 439–451; *Jankśter* Fluggastrechte im internationalen Luftverkehr, Diss. Konstanz **2008**; *Karsten/Seidenspinner* „Zum Vorteile des Verkehrsnutzers" – Zwanzig Jahre EU-Passagierrecht im Spannungsfeld zwischen international governance und europäischen Nutzerrechten, ZEuP **2010** 830–860; *Müller-Rostin* Die Internationale Luftrechtskonferenz von Montreal zur Reform des Warschauer Abkommens (10.–28. Mai 1999), ZLW **2000** 36–51; *Rudolf* Der Flugschein im internationalen Linienverkehr ZLW **1969** 90–122; *Saenger* Harmonisierung des internationalen Luftprivatrechts, NJW **2000** 169–175; *Schmid* Der Flugschein – seine Bedeutung für Fluggast und Luftfrachtführer, Festschrift Piper, **1996** S. 999–1013; *ders.* Rechtsprobleme bei der Beförderung von Flugpauschalreisen, NJW **2002** 3510–3517; *Schmid/Müller-Rostin* In-Kraft-Treten des Montrealer Übereinkommens von 1999: Neues Haftungsregime für internationale Lufttransporte, NJW **2003** 3516–3523; *Schoner* Die internationale Rechtsprechung zum Warschauer Abkommen in den Jahren 1977 bis 1980, ZLW **1980** 327–366; *Schwenk* Flugpauschalreiserecht, TranspR **1996** 223–228; *Vogt* Erwerb von Flugscheinen für Dritte, ZLW **1967** 125–134; *Weber* The Modernization and Consolidation of the Warsaw System on Air Carriage Liability: The Montreal Convention 1999, Festschrift Böckstiegel, **2001** S. 247–255.

Parallelvorschriften

Artt. 3, 4 WA 1955; Artt. 3, 4 ZP von Guatemala 1971.

Übersicht

Alphabetische Übersicht

A. Allgemeines

I. Normzweck

1 Art. 3 MÜ befasst sich wie Artt. 3 und 4 WA 1955 mit der Dokumentation der zu erbringenden Beförderungsleistungen für Passagiere und Gepäck, die allerdings gegenüber dem Warschauer Abkommen wesentliche Vereinfachungen erfährt. Die Aufnahme der geschuldeten Beförderung des Reisenden und der weiteren geforderten Angaben in eine verkörperte Urkunde und deren Übergabe[1] ist zwar weiterhin möglich, anders als nach dem Warschauer Abkommen aber nicht mehr erforderlich. Nach dem Vorbild des nicht in Kraft getretenen Zusatzprotokolls von Guatemala vom 8. März 1971 ist vielmehr auch eine andere Aufzeichnung der erforderlichen Angaben zulässig, womit künftig weitgehend eine elektronische Abwicklung Einzug halten kann.[2] In diesem Fall ist dem Reisenden die Aushändigung eines schriftlichen Dokuments über die elektronisch aufgezeichneten Angaben anzubieten. Bei der Beförderung von Reisegepäck wird die Ausstellung eines Fluggepäckscheins[3] durch einen Beleg zur Gepäckidentifizierung ersetzt.

II. Entstehungsgeschichte

2 Die Regelungen in Absätzen 1 und 2, welche die bei der Beförderung von Reisenden zu erstellenden Dokumentationen und auszuhändigenden Urkunden betreffen, gehen auf das Vorbild des Art. 3 Abs. 1 und 2 des nicht in Kraft getretenen Zusatzprotokolls von Guatemala vom 8. März 1971 zurück.[4] Gleiches gilt für die in Absatz 5 getroffene Regelung. Absatz 3 geht auf Art. 4 Abs. 1 Satz 1

1 Vgl. Artikel 3 WA 1955.
2 Ebenso FrankfKomm/*Schmid* Art. 3 MÜ Rn. 13.
3 Vgl. Artikel 4 WA 1955.
4 Vgl. *Bollweg* ZLW **2000** 439, 443.

WA 1955 zurück. Die in Absatz 4 angesprochene Informationspflicht knüpft an Art. 3 Abs. 1 Buchstabe c WA 1955 an.

B. Rechtsnatur und Funktion des Beförderungsscheins

I. Zu Rechtsnatur und Rechtswirkungen des Beförderungsscheins

Der in **Absatz 1** behandelte Beförderungsschein wird nur rudimentär im Montrealer Übereinkommen geregelt. Seine Ausstellung ist nicht zwingend. Die Parteien können seine Nichtausstellung vertraglich vereinbaren. Über die Rechtsnatur des Beförderungsscheins schweigt das Montrealer Übereinkommen. Diese ist folglich nach dem jeweils anwendbaren Recht zu beurteilen.[5] 3

Gemäß **Absatz 5** hat die Nichtausstellung eines Beförderungsscheins keinen Einfluss auf den Bestand oder die Wirksamkeit des Luftbeförderungsvertrages. Ob der Beförderungsschein als echtes Wertpapier ausgestaltet werden kann, ist bei Maßgeblichkeit deutschen Rechts äußerst zweifelhaft, wenn man dessen Kriterium gerade darin sieht, dass das Recht aus dem Papier nicht ohne das Papier geltend gemacht werden kann.[6] Eine Einordnung des Beförderungsscheins als echtes Inhaberpapier, das etwa den Beförderungsanspruch des Fluggastes verbrieft, scheidet daher aus.[7] Denn der Beförderungsanspruch entsteht bereits mit Abschluss des Beförderungsvertrages[8] und der Beförderungsschein gewährt keinen Beförderungsanspruch. Richtigerweise wird man aus Absatz 5 den Schluss ziehen, dass es sich bei dem Beförderungsschein um ein **Beweispapier** handelt.[9] Mit dem Beförderungsschein soll bei der Abfertigung des Reisenden schnell Klarheit darüber geschafft werden, ob der Reisende zu diesem bestimmten Flug berechtigt ist. Ferner folgt aus Absatz 5, dass der Beförderungsschein **keine konstitutive Urkunde** ist;[10] denn der Beförderungsanspruch entsteht bereits mit dem Abschluss eines entsprechenden Vertrages als Begründungsakt, nicht dagegen erst durch Ausstellung und Übergabe des Beförderungsscheins.[11] Ob der Beförderungsschein als Beweisurkunde auf den Inhaber, an Order oder auf den Namen zu stellen ist oder gestellt werden kann, richtet sich allein nach dem anwendbaren nationalen Recht. Wegen des numerus clausus der Orderpapiere kann der Beförderungsschein nach deutschem Recht nicht an Order ausgestaltet werden. Ebenso wenig kann der Beförderungsschein mangels Wertpapierqualität als sog. Inhaberzeichen iSd. § 807 BGB qualifiziert werden.[12] Der Beförderungsschein, sofern 4

5 FrankfKomm/*Schmid* Art. 3 MÜ Rn. 36.

6 *Abraham*[3] I Art. 3 WA 1955 Anm. 1.

7 Zust. *Schladebach* in: Luftrecht Bd. 3, Teil I A Rn. 250; zum WA zumindest missverständlich der BGH, wonach die Reisepapiere dem Reisenden unmittelbare Ansprüche gegen die wichtigsten Leistungsträger, insbesondere gegen Beförderungs- und Beherbergungsunternehmen „verbriefen": BGH, Urt. v. 17.1.1985 – VII ZR 63/84 – BGHZ **93** 271, 274 = NJW **1985** 1457; BGH, Urt. v. 20.3.1986 – VII ZR 191/85 – NJW **1986** 1613, 1614; dies übersieht auch *Schmid*, wenn er eine Verbriefung des Beförderungsanspruchs annimmt, FrankfKomm/*Schmid* Art. 3 MÜ Rn. 41.

8 Richtig *Schladebach* in: Luftrecht Bd. 3, Teil I A Rn. 255.

9 BGH, Urt. v. 24.6.1969 – VI ZR 45/67 – BGHZ **52** 194, 201 = NJW **1969** 2008, 2013 = ZLW **1970** 199; OLG Köln, Urt. v. 27.10.1992 – 20 U 79/92 – ZLW **1995** 248, 249; AG Hamburg, Urt. v. 8.11.1989 – 17 C 888/89 – TranspR **1990** 201, 202; AG Düsseldorf, Urt. v. 5.1.2000 – 25 C 11414/99 – NJW-RR **2000** 1442. FrankfKomm/*Schmid* Art. 3 MÜ Rn. 41; BeckOGK/*Förster* Art. 3 MÜ Rn. 14; *Kirsch* in: Luftrecht Bd. 3, Teil I A Rn. 122; *Ruhwedel*[3] Luftbeförderungsvertrag Rn. 260; *Schmid* FS Piper, 1996 S. 999, 1005 f; *ders.* NJW **2002** 3510.

10 Unzutreffend *Rudolf* ZLW **1969** 90, 99 f., welcher der Ausstellung des Beförderungsscheins nach dem Warschauer Abkommen *konstitutive* Wirkung beimisst; ebenso wie hier FrankfKomm/*Schmid* Art. 3 MÜ Rn. 41.

11 FrankfKomm/*Schmid* Art. 3 MÜ Rn. 36; zum WA ebenso: LG Köln, Urt. v. 9.11.1977 – 9 S. 201/77 – ZLW **1979** 67, 69.

12 Unzutreffend insoweit LG Frankfurt am Main – 2/9 T 434/90 – DGVZ **1990** 169, 170; AG Bad Homburg, Urt. v. 15.5.1992 – 2 C 407/92 – TranspR **1992** 330, 331.

er auf einen Inhaber lautet, lässt sich bei Anwendbarkeit deutschen Rechts daher nur als **qualifiziertes Legitimationspapier** einordnen, das den Regeln des § 808 BGB unterworfen ist.[13]

5 Aus der Qualifikation des Beförderungsscheins als qualifiziertes Legitimationspapier folgt, dass der Aussteller berechtigt ist, an den Inhaber der Urkunde **schuldbefreiend** zu leisten,[14] der Inhaber der Urkunde aber nicht berechtigt ist, die Leistung zu verlangen.[15] Im Fall eines **Diebstahls eines Beförderungsscheins** erwirbt der Dieb zwar keinen Anspruch auf Beförderung, jedoch wird der Luftfrachtführer von seiner Beförderungspflicht gegenüber dem Vertragspartner frei, es sei denn, dass der Luftfrachtführer die Nichtberechtigung kannte oder grobfahrlässig nicht kannte.[16] Gleiches gilt, wenn der Beförderungsschein als elektronisches Ticket auf einer Karte der Fluggesellschaft oder einer Bankkarte dokumentiert war und die Karte dem Inhaber vor Abflug entwendet worden ist. Im Fall des Verlusts ist der materiell berechtigte Reisende nicht an die Vorlage des Beförderungsscheins gebunden, so dass er die Ausstellung eines Ersatzdokuments gegen Bezahlung eines Bearbeitungsentgelts verlangen kann.[17]

6 Bei der **Umschreibung des Beförderungsscheins** handelt es sich wegen der rechtlichen Qualifikation als qualifiziertes Legitimationspapier iSd. § 808 BGB daher nicht um eine dingliche Übertragung eines rechtlich verselbständigten und im Papier enthaltenen Beförderungsanspruchs. Vielmehr stellt sich die Umschreibung des Beförderungsscheins als eine befreiende Schuldübernahme[18] zugunsten des den Beförderungsschein ausstellenden Luftfrachtführers durch einen anderen Luftfrachtführer dar.[19]

7 Die **Pfändung eines Beförderungsscheins** unterliegt nicht den Vorschriften über die Zwangsvollstreckung in körperliche Sachen. Als qualifiziertes Legitimationspapier ist der Beförderungsschein nicht selbst Träger eines pfändbaren Rechts. Die Wegnahme des Beförderungsscheins erfolgt im Rahmen der Pfändung des Beförderungsanspruchs gegen die Fluggesellschaft[20] durch Nebenpfändung (§ 836 Abs. 3 Satz 1 und 3 ZPO). Zur Abwendung einer Vollstreckungsvereitelung ist die vorsorgliche Wegnahme des Beförderungsscheins zulässig, sofern die dafür erforderliche Pfändung der Forderung gegen die Fluggesellschaft unverzüglich (innerhalb eines Monats[21]) nachgeholt wird.[22]

II. Funktion des Beförderungsscheins; Abgrenzung von anderen Dokumenten

1. Funktion des Beförderungsscheins

8 Der Beförderungsschein ist zunächst ein Beförderungsdokument. Dabei stehen im Vordergrund die **Datenträgerfunktion** (Abflugdaten, Zielort, Name des Reisenden), die **Quittungsfunktion** (Quittung für den Reisenden sowie für die Aufgabe von Gepäck) sowie die **Beweisfunktion** (Beförderungsanspruch sowie die Zahlung des Flugpreises). Daneben ist der Beförderungsschein auch

---

13 So zum WA: BGH, Urt. v. 21.12.1973 – IV ZR 158/72 – BGHZ **62** 71, 75 = NJW **1974** 852 = ZLW **1974** 202; AG Hamburg, Urt. v. 8.11.1989 – 17 C 888/89 – TranspR **1990** 201, 202; ebenso FrankfKomm/*Schmid* Art. 3 MÜ Rn. 41; *Führich*[6] Reiserecht Rn. 970; *Janköster* Fluggastrechte S. 57; *Kirsch* in: Luftrecht Bd. 3, Teil I A Rn. 125; *Ruhwedel* Luftbeförderungsvertrag[3] Rn. 262; *Schmid* FS Piper, 1996 S. 999, 1005 f; *Schwenk* TranspR **1996** 223, 227.

14 Unabhängig davon, ob dieser Berechtigter ist oder nicht (vgl. § 808 Abs. 1 Satz 1 BGB).

15 Vgl. § 808 Abs. 1 Satz 2 BGB.

16 Ebenso *Ruhwedel*[3] Luftbeförderungsvertrag Rn. 265; *Schwenk*[2] Handbuch S. 629.

17 AG Düsseldorf, Urt. v. 5.1.2000 – 25 C 11414/99 – NJW-RR **2000** 1442.

18 Vgl. §§ 414, 415 BGB.

19 BGH, Urt. v. 21.12.1973 – IV ZR 158/72 – BGHZ **62** 71, 76 = NJW **1974** 852, 853 = ZLW **1974**, 202; ebenso *Ruhwedel* Luftbeförderungsvertrag[3] Rn. 262; *Schmid* FS Piper, 1996 S. 999, 1006.

20 §§ 857, 829 ZPO.

21 Vgl. § 156 Abs. 1 Satz 5 GVGA.

22 Zutreffend LG Frankfurt am Main – 2/9 T 434/90 – DGVZ **1990** 169, 170.

ein wichtiges **Abrechnungsdokument**.[23] Diese Mehrfachfunktion erklärt, warum der Beförderungsschein regelmäßig mehrere Ausfertigungen hat: Er besteht aus einem grünen Abrechnungscoupon, welcher der Verkaufsabrechnung zugeht, einem rosa Ausstellercoupon, der bei der den Beförderungsschein ausgebenden Stelle, z.B. dem Reisebüro, verbleibt, zwei oder mehr gelben Flugcoupons, die bei Antritt des Fluges herausgenommen und an die Verkaufsabrechnung weitergeleitet werden sowie dem weißen Fluggastcoupon, der im Flugscheinheft verbleibt und dem Reisenden als Beförderungsdokument dient.[24]

2. Abgrenzung von anderen Dokumenten

Ein elektronisch erstellter Flugschein ist dem papiermäßigen Beförderungsschein gleichzustellen.[25] Dieser ersetzt in der Praxis den papiermäßigen Flugschein und die Bordkarte. Ebenso genügt die Übermittlung von Strichcodes via SMS auf das Mobiltelefon des Reisenden.[26] Es handelt sich dabei um alternative Beförderungsdokumente iSv. Art. 3 Abs. 2 Satz 2 MÜ. Dieses entfaltet die gleichen Wirkungen wie ein papiermäßiges Beförderungsdokument. Nicht gleichgestellt werden kann dem papiermäßigen Beförderungsschein zum einen ein Ersatzcoupon (Auxiliary Flight Coupon) und zum anderen das sog. „Flight Interruption Manifest“ (FIM).[27] Letzteres wird ausgestellt, wenn ein Flug unplanmäßig unterbrochen oder mit einem anderen Flugzeug oder einem anderen Luftfrachtführer fortgesetzt wird. 9

C. Ausstellung des Beförderungsscheins (Absätze 1, 2 und 4)

I. Aussteller

Absatz 1 statuiert die Pflicht, bei Personenbeförderung einen Beförderungsschein auszuhändigen. 10
Dabei lässt die Vorschrift im Gegensatz zu Absatz 3 offen, wer Aussteller des Beförderungsscheins ist. In der Fassung des Warschauer Abkommens von 1929 wurde noch der Luftfrachtführer als Adressat klar bezeichnet. Im Hinblick auf die häufige Ausstellung von Beförderungsscheinen durch Reisebüros und Reiseveranstalter wurde diese Bezeichnung bei den Beratungen des Haager Protokolls zum Warschauer Abkommen 1955 fallengelassen, ohne dabei an der bisherigen Rechtslage etwas ändern zu wollen.[28] Bei der Ausstellung und Aushändigung sog. Fremdbeförderungsscheine (Interlinetickets) handelt der Aussteller als Vertreter des Luftfrachtführers, der die Beförderung durchführen soll, sofern eine entsprechende Vereinbarung vorliegt.[29]

Von eher theoretischer Bedeutung[30] ist die Frage, ob auch der ausführende Luftfrachtführer 11
iSd. Art. 39 MÜ zur Ausstellung und Aushändigung eines Beförderungsscheins verpflichtet ist, wenn der vertragliche Luftfrachtführer dies bereits getan hat. Zwar unterliegt der ausführende Luftfrachtführer ebenso wie der vertragliche Luftfrachtführer den Dokumentationsvorschriften, wie sich aus Art. 40 MÜ ergibt. Eine weitere Ausstellung und Aushändigung eines Beförderungsscheins durch den ausführenden Luftfrachtführer ist jedoch angesichts des Art. 41 Abs. 2 Satz 1

23 *Schladebach* in: Luftrecht Bd. 3, Teil I A Rn. 243.
24 FrankfKomm/*Schmid* Art. 3 MÜ Rn. 4.
25 FrankfKomm/*Schmid* Art. 3 MÜ Rn. 13.
26 *Schladebach* in: Luftrecht Teil I Bd. 3, Teil I A Rn. 248.
27 Ebenso FrankfKomm/*Schmid* Art. 3 MÜ Rn. 6.
28 *Guldimann* Art. 3 WA 1955 Rn. 3.
29 *Rudolf* ZLW **1969** 90, 97; siehe auch *Schwenk*[2] Handbuch S. 628.
30 Ebenso FrankfKomm/*Schmid* Art. 3 MÜ Rn. 15.

MÜ überflüssig, da diesem die Aushändigung des Beförderungsscheins durch den vertraglichen Luftfrachtführer zugerechnet wird.[31]

II. Aushändigen eines Einzel- und Sammelbeförderungsscheins oder alternativer Beförderungsdokumente

1. Aushändigen eines Beförderungsdokuments

12 **Absatz 1** enthält zunächst in seinem ersten Halbsatz die Pflicht, bei der Beförderung von Reisenden einen Beförderungsschein auszuhändigen. Dies kann ein **Einzel-** oder **Sammelbeförderungsschein** sein. An wen die Aushändigung des Beförderungsscheins zu erfolgen hat, wird nicht vorgeschrieben.[32] Im Prinzip ist es daher gleichgültig, ob der Beförderungsschein vom Reisenden selbst, einem Reisegruppenleiter[33] oder einem Vertreter, wie z.B. einem Ehegatten oder den Eltern eines Kindes[34] oder einem befreundeten Begleiter, entgegengenommen wird.[35] Kauft eine Person ein Flugticket für einen Dritten, so genügt die Aushändigung des Einzelbeförderungsscheins an den Käufer.[36] Mit dem Erwerb eines Beförderungsscheins wird der Käufer jedoch nicht Reisender iSd. Montrealer Übereinkommens. Dies ist erst der Fall, wenn der Luftfrachtführer seinen Willen, den Käufer als Passagier anzunehmen, beim Einchecken durch Übergabe der Bordkarte dokumentiert.[37]

13 Bei **Verlust seines Beförderungsscheins** hat der Reisende einen Anspruch auf Ausstellung eines **Ersatzbeförderungsscheins**, wenn seine Berechtigung anhand der Buchungslisten festgestellt werden kann und keine Gründe für eine Verweigerung vorliegen.[38] Der Luftfrachtführer kann jedoch für die Ausstellung eines Ersatzbeförderungsscheins eine angemessene Bearbeitungsgebühr verlangen.[39] Falls dem Reisenden versehentlich ein Beförderungsschein für einen nichtexistenten Flug ausgestellt wird, macht sich der Luftfrachtführer insoweit grundsätzlich schadensersatzpflichtig.[40]

14 Die Ausstellung und Aushändigung des Beförderungsscheins ist indes nicht mehr obligatorisch. Stattdessen erlaubt **Absatz 2 Satz 1**, eine entsprechende Regelung des nicht in Kraft getretenen Zusatzprotokolls von Guatemala aufgreifend,[41] die anderweitige Aufzeichnung der in Absatz 1 geforderten Angaben. Damit ist insbesondere die elektronische Aufzeichnung zulässig, so dass beispielsweise die Buchung im Computersystem der Fluggesellschaft unter einer Kreditkartennummer oder durch Strichcode via SMS auf das Mobiltelefon festgehalten werden kann. Anders als das Zusatzprotokoll von Guatemala sieht das Montrealer Übereinkommen aber **nicht** die Möglichkeit eines **vollständigen flugscheinlosen** Luftverkehrs vor. **Absatz 2 Satz 2** verpflichtet vielmehr den Luftfrachtführer, der sich statt der Ausstellung eines Beförderungsscheins nach Absatz 2 Satz 1 entscheidet, dem Reisenden eine schriftliche Erklärung über die aufgezeichneten Angaben auszuhändigen. Damit wird dem Bedürfnis von Reisenden nach Information über die Buchung und nach ihrem einfachen Nachweis Rechnung getragen. Die Ausstellung einer elektronischen

---

31 So auch FrankfKomm/*Schmid* Art. 3 MÜ Rn. 15; BeckOGK/*Förster* Art. 3 MÜ Rn. 18: vertraglicher Luftfrachtführer ist der Hauptadressat der Norm.

32 So auch bereits grundsätzlich *Shawcross & Beaumont*[4] Air Law VII–149.

33 So *Abraham*[3] I Art. 3 MÜ Anm. 3; FrankfKomm/*Schmid* Art. 3 MÜ Rn. 18; *Guldimann* Art. 3 WA 1955 Rn. 5; *Riese* Luftrecht, S. 433 Rn. 2 a.

34 *Shawcross & Beaumont*[4] Air Law VII–148.

35 FrankfKomm/*Schmid* Art. 3 MÜ Rn. 18; *Guldimann* Art. 3 WA 1955 Rn. 5.

36 Zur Rechtslage beim Erwerb von Flugtickets für Dritte siehe *Vogt* ZLW **1967** 125 ff.

37 New York SC, Urt. v. 31.10.1980 – *Adamsons v. American Airlines* – **16** Avi 17.195, 197.

38 AG Hamburg, Urt. v. 8.11.1989 – 17 C 888/89 – TranspR **1990** 201 = ZLW **1990** 232.

39 AG Düsseldorf, Urt. v. 5.1.2000 – 25 C 11414/99 – NJW-RR **2000** 1442: € 25.

40 LG Frankfurt am Main, Urt. v. 15.1.1988 – 2/1 S 363/86 – ZLW **1990** 407.

41 Vgl. *Bollweg* ZLW **2000** 439, 443.

Bordkarte, die der Reisende in Papierform vor dem Einchecken erhält, genügt diesen Voraussetzungen.

2. Zeitpunkt der Übergabe

Das Montrealer Übereinkommen definiert nicht den Zeitpunkt, bis wann dem Reisenden der Beförderungsschein ausgehändigt werden muss. Da der Beförderungsschein bzw. die alternativen Beförderungsdokumente der Identifizierung des Reisenden dienen, ist der Beförderungsschein spätestens vor dem Einchecken auszuhändigen.[42] 15

3. Beweislast

Für die Aushändigung des Beförderungsscheins oder des alternativen Beförderungsdokuments 16 iSv. Art. 3 Abs. 2 Satz 2 MÜ trägt der Luftfrachtführer die Darlegungs- und Beweislast.[43] Da die Nichtaushändigung des Beförderungsscheins keine für den Luftfrachtführer nachteilige Konsequenzen zieht, der Verstoß gegen die Hinweispflicht nach Art. 3 Abs. 4 MÜ folgenlos bleibt, spielt die Beweislastfrage in der Praxis keine entscheidende Rolle.[44]

III. Reisender

Der Begriff des „Reisenden" ist nicht auf mitfliegende Insassen schlechthin, sondern auf solche 17 bezogen, die auf Grund Vertrages befördert werden. Reisender im Sinne des Art. 3 MÜ ist derjenige, der auf Grund eines Beförderungsvertrages mittels eines Luftfahrzeuges durch den Luftfrachtführer befördert wird. Unerheblich ist, ob der Reisende selbst den Vertrag geschlossen hat oder ein Dritter zu seinen Gunsten.[45] Die Nichtausstellung eines Einzel- oder Sammelbeförderungsscheins berührt den Bestand eines Beförderungsvertrages nicht.[46] Nach den IATA-Beförderungsbedingungen ist Reisender „jede Person mit Ausnahme der Besatzungsmitglieder, die mit Zustimmung des Luftfrachtführers mit einem Flugzeug befördert wird oder befördert werden soll". Nach Art. 3 Buchst. g der Verordnung EG Nr. 785/2004 umfasst der Begriff des „Fluggastes" alle Personen, die sich mit Zustimmung des Luftfahrunternehmens oder des Luftfahrzeugbetreibers auf einem Flug befinden, mit Ausnahme der Dienst habenden Flug- und Kabinenbesatzungsmitglieder. Ein Sachverständiger für Lawinensprengungen, der zum Zwecke der Verrichtung dieser Aufgaben befördert wird, ist Reisender, auch wenn er besondere Aufgaben während des Fluges auf Anweisung des Piloten durchzuführen hat. Der Pilot ist nämlich als Kommandant stets berechtigt, allen an Bord eines Luftfahrzeugs befindlichen Personen einschließlich der Fluggäste Anweisungen zu erteilen.[47]

---

42 FrankfKomm/*Schmid* Art. 3 MÜ Rn. 19; BeckOGK/*Förster* Art. 3 MÜ Rn. 20.

43 FrankfKomm/Schmid Art. 3 MÜ Rn. 20. Ebenso zum WA: US CA, Urt. v. 28.7.1977 – *De Marines v. KLM* – ZLW **1978** 286 = **14** Avi 18.212; US CA, Urt. v. 6.4.1982 – *Manion v. Pan Am* – ZLW **1985** 149, 150 = 16 Avi 18.450; *Goldhirsch* Handbook, S. 28; *Shawcross & Beaumont*[4] Air Law VII–148; **aA** US CA, Urt. v. 16.2.1965 – *Mertens v. Flying Tiger Line* – **341** F.2 d 851, 856.

44 BeckOGK/*Förster* Art. 3 MÜ Rn. 21.

45 FrankfKomm/*Giemulla* Art. 1 MÜ Rn. 47; *Kirsch* in: Kölner Kompendium Luftrecht, Bd. 3, Teil I A Rn. 115 ff.; *Janköster* Fluggastrechte S. 67.

46 Art. 3 Abs. 5 MÜ.

47 EuGH, Urt. v. 26.2.2015 – *Wucher Helicopter GmbH, Euro-Aviation Versicherungs AG v. Fridolin Santer* – C-6/14, BeckRS **2015** 80299.

18 **Kein Reisender** sind dagegen der **blinde Passagier**[48] oder eine **Geisel**, die an Bord gebracht wurde, da diese Personen keinen Luftbeförderungsvertrag mit dem Luftfrachtführer abgeschlossen haben.[49] Ebenso wenig sind Personen, die aufgrund eines Gefälligkeitsverhältnisses befördert werden, der **Flugschüler** während eines Ausbildungsfluges,[50] die **Bordbediensteten**[51] und sonstige **Angestellten des Luftfrachtführers**, welche die Reise nicht aufgrund eines Beförderungsvertrages, sondern aufgrund eines Arbeits- oder Dienstvertrages unternehmen,[52] Reisende iSd. Montrealer Übereinkommens. Ebenso wenig ist eine Person, die zum Zwecke einer Evakuierungsübung an einem Seilwindenseil eines Hubschraubers hängt, Reisender. Denn bei einer Evakuierungsübung fehlt es an einem Beförderungsvertrag. Dies ergibt sich im Umkehrschluss zu Art. 51 MÜ. Danach wird der Luftfrachtführer bei der Beförderung unter außergewöhnlichen Umständen und außerhalb des gewöhnlichen Luftverkehrs von seiner Dokumentationspflicht nach Art. 3 bis 5, 7 und 8 MÜ freigestellt. Die Vorschrift erfasst damit die sog Rettungsflüge, Katastropheneinsätze, Repatriierungsflüge von Flüchtlingen oder sonst gefährdeten Personen.

IV. Inhalt des Beförderungsscheins

1. Mindestinhalt

19 Das Montrealer Übereinkommen schreibt für den Inhalt des Beförderungsscheins in Absatz 1 zwei Mindestangaben vor: Wie bereits nach dem Warschauer Abkommen sind gemäß **Buchstabe a** der **Abgangs-** und **Bestimmungsort**[53] anzugeben. Nach dieser Angabe bestimmt sich gemäß Art. 1 Abs. 2 MÜ der internationale Charakter der Beförderung und damit die Anwendbarkeit des Übereinkommens.

20 Soweit Abgangs- und Bestimmungsort in **demselben Vertragsstaat** liegen, jedoch eine oder mehrere **Zwischenlandungen** im Hoheitsgebiet eines anderen Staats vorgesehen sind, muss der Beförderungsschein gemäß **Buchstabe b** zumindest einen dieser Zwischenlandepunkte angeben. Mit dieser Formulierung ist der Zweck der Vorschrift wie jener in Buchstabe a darauf beschränkt, gegebenenfalls die Anwendbarkeit des Übereinkommens unter Art. 1 Abs. 2 MÜ urkundlich festzuhalten. Bedeutung kommt Buchstabe b gerade bei Rundflügen (München–Wien–München) oder bei Flügen von einem Hoheitsgebiet eines Staates in ein anderes desselben Staates (z.B. von Paris nach St. Denis/Reunion) zu.[54] Bei einem Non-stop-Flug unterliegt die Beförderung ausschließlich nationalem Recht.[55] Wird dagegen der Flug planmäßig durch eine Zwischenlandung unterbrochen (z.B. Paris–Kapstadt–Reunion), unterliegt die Beförderung dem Montrealer Übereinkommen. Eine Beförderung, die durch Vereinbarung einer bestimmten Zwischenlandung iSd. Art. 1 Abs. 2 MÜ international ist, verliert ihren Charakter auch nicht dadurch, dass die vorgesehene Zwischenlandung entfällt und die tatsächlich durchgeführte Beförderung nicht mehr international ist.[56]

---

48 *Riese* Luftrecht S. 406.

49 FrankfKomm/*Schmid* Art. 17 MÜ Rn. 87; *Ruhwedel*³ Luftbeförderungsvertrag Rn. 119; *Wessels* ZLW **1961** 173 ff.

50 Vgl. auch § 33 Abs. 1 Satz 3 LuftVG.

51 Ebenso FrankfKomm/*Giemulla* Art. 1 MÜ Rn. 48; *Guldimann* Art. 1 WA 1955 Rn. 9; *Führich* Reiserecht Rn. 969; *Müller* ZLW **1960**, 41 (42); *Ruhwedel*³ Luftbeförderungsvertrag Rn. 119.

52 Ebenso *Abraham* Luftbeförderungsvertrag Art. 1 WA 1955 Rn. 8; *Guldimann* Art. 1 WA 1955 Rn. 9; *Koffka/Bodenstein/Koffka* Art. 1 WA 1929 S. 268; *Riese* Luftrecht S. 406; *Schweickhardt* ZLR 1954 7; **aA** FrankfKomm/*Giemulla* Art. 1 MÜ Rn. 48 (für sog. Dead-head-Flüge); *Goldhirsch* Handbook S. 9; *Müller* ZLW **1960** 41, 48 ff.

53 Vgl. zu den Begriffen Art. 1 MÜ Rdn. 33.

54 FrankfKomm/*Schmid* Art. 3 MÜ Rn. 23.

55 FrankfKomm/*Schmid* Art. 3 MÜ Rn. 23.

56 BeckOGK/*Förster* Art. 3 MÜ Rn. 24.

Für die Angabe der Zwischenlandungen ist ein pauschaler Verweis auf die Flugpläne ausreichend.[57] Schon die Haager Konferenz verzichtete für das Warschauer Abkommen auf das in der Fassung von 1929 enthaltene Erfordernis, *alle* Zwischenlandepunkte anzugeben.[58] Ebenso reichen auch Abkürzungen aus, sofern diese gebräuchlich sind. Als solche können die IATA-Codes (z.B. MUC für München, CAI für Kairo, ATH für Athen) angesehen werden.[59] **21**

2. Gestaltung

Formale Angaben über das Aussehen eines Beförderungsscheins oder der im Beförderungsschein verwandten Sprache schreibt das Montrealer Übereinkommen nicht vor. An das äußere Erscheinungsbild sind daher verhältnismäßig geringe Anforderungen zu stellen. Der Beförderungsschein muss nicht formularmäßig ausgestaltet sein. Ein normales Blatt Papier oder ein an den Reisenden gerichteter Brief kann als Beförderungsschein anzusehen sein.[60] Es muss aus dem Papier lediglich unzweideutig hervorgehen, dass es sich auf eine vom Luftfrachtführer vorgesehene Reise bezieht und das die Berechtigung des Reisenden zu beweisen vermag.[61] Die früher unter Geltung des Warschauer Abkommens umstrittene Frage, ob ein Boarding pass als gültiger Beförderungsschein anzusehen ist,[62] ist angesichts Art. 3 Abs. 5 MÜ nur noch von theoretischer Bedeutung. **22**

3. Sonstiger möglicher Inhalt

Im Gegensatz zu der ursprünglichen Fassung des Warschauer Abkommens von 1929 müssen im Beförderungsschein keine Angaben mehr über Ort und Tag sowie über Name und Anschrift des Luftfrachtführers enthalten sein. Um die Berechtigung des Reisenden prüfen zu können, erfolgt in der Praxis jedoch zumindest die Aufnahme von dessen Namen in den Beförderungsschein. Damit soll die generelle Unübertragbarkeit des Beförderungsscheins dokumentiert werden.[63] Im Beförderungsschein kann der nach Absatz 4 dem Luftfrachtführer obliegende Hinweis, dass das Montrealer Übereinkommen in seinem Anwendungsbereich die Haftung des Luftfrachtführers für Tod und Köperverletzung von Reisenden und für Verlust, Zerstörung oder Beschädigung des Reisegepäcks sowie für Verspätung regelt und beschränken kann, aufgenommen werden.[64] **23**

Ergänzt werden kann der Inhalt des Beförderungsscheins durch wirksam einbezogene Allgemeine Beförderungsbedingungen. Allgemeine Beförderungsbedingungen sind bei Anwendbarkeit deutschen Rechts nur dann wirksam einbezogen, wenn der Luftfrachtführer den Reisenden bei Vertragsschluss ausdrücklich oder durch deutlich sichtbaren Aushang am Ort des Vertragsschlusses auf sie hingewiesen oder dem Reisenden die Möglichkeit verschafft hat, in zumutbarer Weise von ihrem Inhalt Kenntnis zu nehmen.[65] Diese Voraussetzungen werden nicht stets gegeben sein: **24**

---

57 FrankfKomm/*Schmid* Art. 3 MÜ Rn. 24; zum WA wurde der Passus *„with agreed stopping places as shown in the time tables of the carriers concerned, which lists … are parts hereof"* im Beförderungsschein als ausreichend erachtet: GB QBD, Urt. v. 18.2.1953 – *Rotterdamsche Bank and Banque de l'Indo-Chine v. BOAC* – USAvR **1953** 163, 168; F Cass, Urt. v. 16.11.1961 – *Caisse Régionale de Sécurité Sociale c. Veuve Della Roma, Air France* – RFDA **1962** 90, 91; ebenso *Shawcross & Beaumont*[4] Air Law VII–146; *Goldhirsch* Handbook S. 17.

58 Protokoll: ICAO Doc. 7450-LC/136, S. XX.

59 BeckOGK/*Förster* Art. 3 MÜ Rn. 23.

60 Zum WA: BGH, Urt. v. 24.6.1969 – VI ZR 45/67 – BGHZ **52** 194, 210 = NJW **1969** 2008 = ZLW **1970** 199 = VersR **1969**, 942; OLG Düsseldorf, Urt. v. 15.12.1966 – 1 U 283/64 – VersR **1968** 583, 585; *Ruhwedel*[3] Luftbeförderungsvertrag Rn. 258.

61 So bereits zum WA: *Goedhuis* Warsaw Convention S. 157 („any kind of ticket"); *Ruhwedel*[3] Luftbeförderungsvertrag Rn. 258.

62 Vgl. FrankfKomm/*Schmid* Art. 3 MÜ Rn. 12 m.w.N.

63 Vgl. Art. 3.1.2. ABB-Flugpassage.

64 Vgl. Denkschrift zum MÜ, BT-Drucks. **15/2285**, S. 37.

65 Vgl. § 305 Abs. 2 BGB.

So nicht bei telefonischen Buchungen von Flügen oder wenn das Reisebüro die Allgemeinen Beförderungsbedingungen nicht zur Verfügung stellen kann. Die Einbeziehung Allgemeiner Geschäftsbedingungen in einen internationalen Luftbeförderungsvertrag scheitert jedoch nicht daran, dass diese in englischer Sprache abgefasst sind.[66] Geschäftlich reisende Vielflieger sind bei Maßgeblichkeit deutschen Rechts als „Unternehmer" iSv. § 14 BGB zu qualifizieren,[67] so dass zur Einbeziehung der Allgemeinen Beförderungsbedingungen eine stillschweigend erklärte Willenserklärung, die im Erwerb eines Beförderungsscheins zu sehen ist, genügt.[68] Anders als im Luftfrachtbrief müssen die Allgemeinen Geschäftsbedingungen nicht im Beförderungsschein niedergelegt sein.[69]

4. Rechtswirkungen

25 Mit der Entgegennahme des Beförderungsscheins durch den Reisenden wird der Inhalt der Urkunde zugleich auch Inhalt des Luftbeförderungsvertrags.[70] Die auf dem Beförderungsschein eingetragenen Angaben haben bei Anwendbarkeit deutschen Rechts als Individualabrede gemäß § 305b BGB Vorrang gegenüber allen anderslautenden Bestimmungen in den ABB-Flugpassagen oder sonstigen Allgemeinen Geschäftsbedingungen des Luftfrachtführers.

26 Der Beförderungsschein ist als Beweisurkunde iSd. § 416 ZPO zu qualifizieren, die bis zum Gegenbeweis den Abschluss und die Bedingungen des Luftbeförderungsvertrages und damit den Anspruch auf Beförderung beweisen. Er kann aber auch den Beweis erbringen, dass eine einheitliche Beförderung iSd. Art. 1 Abs. 3 MÜ vereinbart wurde.[71] Ferner schafft er den widerleglichen Beweis des ersten Anscheins dafür, dass die Beförderung zu einem bestimmten Tag zur angegebenen Zeit durchgeführt wurde.[72] Schließlich vermag ein Beförderungsschein die Aufgabe des Gepäcks zu beweisen, wenn er entsprechende Eintragungen enthält.[73] Die Frage, ob die Zahlung des Flugpreises mit dem Beförderungsschein bewiesen werden kann, ist strittig. Teils wird damit argumentiert, dass die entsprechenden Angaben über Flugpreis, Gegenwert und Art. der Bezahlung im Beförderungsschein ausdrücklich als „nur für den Aussteller bestimmt" gekennzeichnet seien.[74] Richtigerweise wird man unter der Geltung des Montrealer Übereinkommens die Beweiswirkung eines Beförderungsscheins nach dem anwendbaren nationalen Verfahrensrecht beurteilen. Insofern greifen bei Anwendbarkeit deutschen Prozessrechts § 416 ZPO und § 286 ZPO ein. Der Vermerk „cash" neben der Angabe des Flugpreises beweist, dass der Flugpreis bar entrichtet worden ist.[75]

V. Hinweispflicht nach Absatz 4

27 Die Vorschrift knüpft an die Informationspflichten gegenüber dem Reisenden nach Art. 3 Abs. 1 Buchstabe c WA 1955 an. Der hiernach dem Luftfrachtführer gegenüber dem Reisenden obliegende Hinweis muss sich darauf erstrecken, dass dieses Übereinkommen in seinem Anwendungsbereich die Haftung des Luftfrachtführers für Tod und Körperverletzung von Reisenden und für Verlust, Zerstörung oder Beschädigung des Reisegepäcks sowie für Verspätung regelt und beschränken

66 AG Frankfurt am Main, Urt. v. 21.11.1988 – 32 C 3322/88-19 – TranspR **1989** 368, 369.
67 Ebenso LG Frankfurt am Main, Urt. v. 7.3.2003 – 2/1 S 133/02 – RRa **2004** 133.
68 Vgl. § 310 Abs. 1 Satz 1 BGB.
69 Vgl. Art. 11 MÜ Rn. 18.
70 FrankfKomm/*Schmid* Art. 3 MÜ Rn. 35; *Schwenk*[2] Handbuch S. 628.
71 OLG Köln, Urt. v. 2.9.1982 – 6 U 75/92 – TranspR **1984** 44, 45.
72 Zutreffend *Schmid* FS Piper, 1996 S. 999, 1010.
73 Zutreffend *Schmid* FS Piper, 1996 S. 999, 1010.
74 So *Rudolf* ZLW **1969** 90, 100.
75 FrankfKomm/*Schmid* Art. 3 MÜ Rn. 39.

kann. Anders als nach dem Warschauer Abkommen muss dieser Hinweis indes nicht in den Beförderungsschein aufgenommen werden.[76] Vielmehr wird aus der nach Absatz 2 bestehenden Möglichkeit, auf die Aushändigung eines verkörperten Beförderungsscheins zu verzichten, die Konsequenz gezogen und nur eine schriftliche Information des Reisenden verlangt. Wird allerdings ein Beförderungsschein ausgegeben, kann die nach Absatz 4 erforderliche Information selbstverständlich aufgenommen werden (siehe oben Rn 23). Ein Verstoß gegen die Hinweispflicht ist nicht sanktionsbewehrt (vgl. unten Rn 35).

Das Montrealer Übereinkommen lässt offen, in welcher Sprache der Hinweis auf die Haftungsbeschränkung zu erfolgen hat. Nicht erforderlich ist, dass der Hinweis in der jeweiligen Muttersprache des Reisenden abgedruckt ist.[77] Ausreichend ist vielmehr, dass der Hinweis in der Sprache des Staates erfolgt, in dem das Beförderungsdokument verkauft wird und/oder in dem der Flug beginnt.[78] Die überwiegende Mehrheit der Reisenden wird nämlich ihren Flug im Heimatstaat buchen und die Beförderungsdokumente dort ausgehändigt erhalten. Um dem Bedürfnis ausländischer Reisender bei Buchung der Reise im Ausland Rechnung zu tragen, ist es ausreichend, wenn der Hinweis auf englisch erfolgt. Dass der einzelne Reisende diese Sprache unter Umständen nicht oder nicht genügend beherrscht, zeitigt keine nachteiligen Folgen für den Luftfrachtführer. Denn es ist einem Reisenden bei einer Weltsprache zuzumuten, dass er sich den Inhalt des Hinweises im Beförderungsdokument übersetzen lässt. 28

D. Gepäckbeleg (Absatz 3)

Die Vorschrift betrifft die für befördertes Reisegepäck auszustellenden Transportdokumente. Unter Verzicht auf den nach Art. 4 WA 1955 erforderlichen Fluggepäckschein und die erforderliche Dokumentation einzelner Angaben ist dem Reisenden für jedes Gepäckstück nur noch ein Beleg zur Identifizierung des Gepäcks („Gepäckmarke")[79] auszuhändigen. 29

I. Rechtsnatur des Gepäckbelegs

Über die Rechtsnatur des Belegs lässt sich dem Montrealer Übereinkommen – wie auch beim Beförderungsschein – nichts Bestimmtes entnehmen. Auch hier richtet sich deshalb die Frage nach dem jeweiligen nationalen Recht. Der Gepäckbeleg kann nicht als sog. Inhaberzeichen iSv. § 807 BGB qualifiziert werden. Denn dann müsste der Luftfrachtführer an jeden Inhaber, unabhängig von dessen Berechtigung aus dem Beförderungsvertrag, das Gepäck herausgeben. Richtigerweise wird man den Gepäckbeleg nur als ein **Legitimationspapier iSd. § 808 BGB** einordnen können.[80] Durch den Gepäckbeleg soll der Luftfrachtführer lediglich der Prüfung der Berechtigung des Inhabers enthoben werden. Dessen ungeachtet darf der Luftfrachtführer trotz Vorlage des Gepäckbeleges durch den Inhaber von diesem den Nachweis der Berechtigung verlangen.[81] Im Fall eines Diebstahls eines Gepäckbeleges wird der Luftfrachtführer von seiner Pflicht, das Gepäck herauszugeben, gegenüber dem Reisenden auch dann frei, wenn er es an einen Nichtberechtigten aushändigt, es sei denn, dass der Luftfrachtführer dessen Nichtberechtigung kannte oder grobfahrlässig nicht kannte.[82] 30

---

76 *Karsten/Seidenspinner* ZEuP **2010** 830, 852.
77 FrankfKomm/*Schmid* Art. 3 MÜ Rn. 30.
78 FrankfKomm/*Schmid* Art. 3 MÜ Rn. 31.
79 *Führich*[6] Reiserecht Rn. 970.
80 *Janköster* Fluggastrechte S. 59; *Schladebach* in: Luftrecht Bd. 3, Teil I A Rn. 260.
81 Ebenso BGH, Urt. v. 15.3.2011 – X ZR 99/10 – juris Rn. 16.
82 *Ruhwedel*[3] Luftbeförderungsvertrag Rn. 277.

31 Die Frage der Übertragbarkeit des Gepäckbelegs lässt das Montrealer Übereinkommen ungeregelt; sie muss daher nach dem jeweiligen nationalen Recht bestimmt werden. Nach deutschem Recht erfolgt diese durch Abtretung des Anspruchs auf Auslieferung des Gepäcks gemäß §§ 398 ff. BGB.[83] Das Eigentum am Gepäckbeleg geht gemäß § 952 BGB auf den Zessionar über. Die Übergabe des Gepäckbeleges ist daher zur Abtretung weder erforderlich noch ausreichend, jedoch kann man in der Übergabe ein Indiz für die erfolgte Abtretung sehen.

II. Gepäckbeförderungsvertrag

32 Das Montrealer Übereinkommen regelt den der Beförderung der Gepäckstücke zugrunde liegenden Vertragstypus nicht. Der hier in Rede stehende Gepäckbeförderungsvertrag ist rein akzessorischer Natur. Er setzt begriffsmäßig eine Personenbeförderung voraus, in dem sich der Luftfrachtführer auch zur Gepäckbeförderung verpflichtet. Soweit dagegen ein selbständiger Gepäckbeförderungsvertrag abgeschlossen wird, handelt es sich um einen Luftfrachtvertrag. Eine klare Trennung wird im Zweifelsfalle schwierig sein. Als Indiz für einen Gepäckbeförderungsvertrag spricht die zwischen den Parteien ausdrückliche oder stillschweigende Vereinbarung, dass die Reisegepäckstücke mit demselben Flugzeug zu derselben Zeit am Zielort ankommen sollen.[84]

III. Zum Begriff des „aufgegebenen Gepäcks"

33 Das Montrealer Übereinkommen unterscheidet zwei verschiedene Arten von Reisegepäck.[85] Die Unterscheidung ist von maßgebender Bedeutung bei der Haftung für Beschädigung von Reisegepäck. Bei **aufgegebenem Reisegepäck** besteht eine verschuldensunabhängige Haftung,[86] wohingegen bei **nicht aufgegebenem Reisegepäck** und **persönlichen Gegenständen (Bordgepäck)** eine streng verschuldensabhängige Haftung besteht.

34 Den Gegenständen, die der Reisende während der Luftbeförderung in seiner Obhut behält, d.h. die er entweder unmittelbar an sich trägt oder als Kabinengepäck mit sich führt, wird in **Absatz 3** das **aufgegebene Gepäckstück** gegenübergestellt. Darunter werden alle Gegenstände verstanden, die der Reisende dem Luftfrachtführer vor Beginn der Luftbeförderung übergibt, so dass sie in dessen Obhut sind. Ein Indiz für die Aufgabe können die Eintragung des Gewichts- und der Gepäckstücke im Beförderungsschein oder die Beförderung im Frachtraum des Flugzeuges sein.[87] Bei den Gegenständen muss es sich nicht um Koffer handeln; auch Sondergepäck wie z.B. Skier, Fahrräder, Kinderwagen können Reisegepäck sein. Nicht von Absatz 3 erfasst wird dagegen das Hand- oder Kabinengepäck und zwar auch dann nicht, wenn der Reisende es wegen seiner besonderen Eigenart (Zerbrechlichkeit, Gefährlichkeit etc) dem Flugbegleiterpersonal freiwillig oder auf dessen Verlangen lediglich zur Aufbewahrung überträgt.[88] Für die Unterscheidung zwischen Handgepäck oder Reisegepäck ist jedoch nicht maßgebend, ob der Luftfrachtführer den Gegenstand als Handgepäck oder Reisegepäck angenommen hat.[89] Denn auch Kabinengepäck wird zum aufgegebenen Reisegepäck, wenn es so verstaut wird, dass der Reisende keinen Zugriff mehr

---

83 *Ruhwedel*[3] Luftbeförderungsvertrag Rn. 277.

84 *Shawcross & Beaumont*[4] Air Law VII–166; FrankfKomm/*Schmid* Art. 4 WA 1955 Rn. 3.

85 Vgl. Art. 17 Abs. 4 MÜ.

86 Vgl. Art. 17 Abs. 2 Satz 1 MÜ.

87 FrankfKomm/*Schmid* Art. 4 WA 1955 Rn. 2.

88 BGH, Urt. v. 28.11.1978 – VI ZR 257/77 – BGHZ **72** 389 = VersR **1979** 188 = ZLW **1979** 137; ebenso Giemulla/Schmid/*Schmid* Art. 4 WA 1955 Rn. 2; *Ruhwedel*[3] Luftbeförderungsvertrag Rn. 272; *Schladebach* in: Luftrecht Bd. 3, Teil I A Rn. 259; *Schoner* ZLW **1980** 336.

89 So aber *Abraham*[3] I Art. 3 WA 1955 Anm. 3.

auf dieses während des Fluges hat.[90] Vor dem Einstieg abgegebenes Kabinengepäck (sog. **delivery at aircraft**) fällt daher unter das aufgegebene Reisegepäck.

E. Keine konstitutive Ausstellungspflicht von Beförderungsdokumenten (Absatz 5)

Die Vorschrift greift schließlich Artikel 3 Abs. 3 des nicht in Kraft getretenen Zusatzprotokolls von 35
Guatemala auf, indem sie klarstellt, dass die Beachtung der vorstehenden Absätze Bestand und Wirksamkeit des Beförderungsvertrages unberührt lassen. Anders als es die in diesem Übereinkommen nicht aufgegriffenen Art. 3 Abs. 2 und Art. 4 Abs. 2 WA 1955 vorsehen, führt die Nichtbeachtung des Hinweises nach Absatz 4, insbesondere der unterbliebene Hinweis auf die Haftungsbeschränkung nach diesem Übereinkommen, damit auch nicht mehr zum Wegfall der Haftungsbegrenzung.[91] Wegen der wesentlich umfassenderen, partiell sogar unbegrenzten Haftung nach diesem Übereinkommen[92] ist die Bedeutung dieser Abweichung indes weniger erheblich.

90 US CC, Urt. v. 22.2.1979 – *Schedelmayer v. Trans International Airlines* – USAvR **1979** 1029, 1033.

91 *Littger/Kirsch* ZLW **2003** 563, 579; *Saenger* NJW **2000** 169, 172; *Schladebach* in: Luftrecht Bd. 3, Teil I A Rn. 256; *Schmid/Müller-Rostin* NJW **2003** 3516, 3520; *Weber* FS Böckstiegel, **2001** S. 247, 251.

92 Vgl. Art. 21, 22 MÜ.

Artikel 4 Güter

1. **Bei der Beförderung von Gütern ist ein Luftfrachtbrief auszuhändigen.**
2. **[1]Anstelle eines Luftfrachtbriefs kann jede andere Aufzeichnung verwendet werden, welche die Angaben über die auszuführende Beförderung enthält. [2]Werden derartige andere Aufzeichnungen verwendet, so muss der Luftfrachtführer dem Absender auf dessen Verlangen eine Empfangsbestätigung über die Güter aushändigen, die es ermöglicht, die Sendung genau zu bestimmen und auf die in diesen anderen Aufzeichnungen enthaltenen Angaben zurückzugreifen.**

Article 4 Cargo

1. *In respect of the carriage of cargo, an air waybill shall be delivered.*
2. *Any other means which preserves a record of the carriage to be performed may be substituted for the delivery of an air waybill. If such other means are used, the carrier shall, if so requested by the consignor, deliver to the consignor a cargo receipt permitting identification of the consignment and access to the information contained in the record preserved by such other means.*

Article 4 Marchandises

1. *Pour le transport de marchandises, une lettre de transport aérien est émise.*
2. *L'emploi de tout autre moyen constatant les indications relatives au transport à exécuter peut se substituer à l'émission de la lettre de transport aérien. Si de tels autres moyens sont utilisés, le transporteur délivre à l'expéditeur, à la demande de ce dernier, un récépissé de marchandises permettant l'identification de l'expédition et l'accès aux indications enregistrées par ces autres moyens.*

Schrifttum

Georgiades Aperçu critique sur la lettre de transport aérien, RFDA **1966** 387–414; *Gran* Probleme der Luftfrachtspedition, TranspR **1996** 138–142; *Grönfors* Verfügungsrecht und Kreditsicherheit beim Luftgütertransport ohne Dokument, Festschrift Alex Meyer, **1975** S. 103–113; *Herber* Seefrachtbriefe und das geltende Recht, TranspR **1986** 169–176; *Müller-Rostin* Erfordernis der Novellierung der frachtrechtlichen Vorschriften des Warschauer Abkommens durch eine Ratifikation des Montrealer Protokolls Nr. 4, TranspR **1994** 321–326; *ders.* Die Internationale Luftrechtskonferenz von Montreal zur Reform des Warschauer Abkommens (10.–28. Mai 1999), ZLW **2000** 36–51; *ders.* Neuregelungen im internationalen Luftfrachtverkehr: Montrealer Protokoll Nr. 4 und Montrealer Übereinkommen, TranspR **2000** 234–238; *Röbbert* Die internationale Luftrechtskonferenz in Montreal vom 3. bis 25. September 1975, ZLW **1976** 5–14; *Ruhwedel* Der Luftfrachtbrief, TranspR **1983** 1–5; *ders.* Der „elektronische" Luftfrachtbrief, TranspR **2004** 421–425; *ders.* Neue Entwicklungen im Lufttransportrecht, TranspR **2006** 421–428; *Schoner* Der Luftfrachtbrief, TranspR **1979** 80–83; *Schweickhardt* Lettre de transport aérien ou connaissement aérien? RFDA **1951** 19–34.

Parallelvorschriften

Art. 5 WA 1955; Art. 5 MP Nr. 4.

Übersicht

https://doi.org/10.1515/9783110564945-005

A. Allgemeines

I. Normzweck

Die Vorschrift regelt den in Papierform erteilten Luftfrachtbrief und die Möglichkeit seiner Ersetzung durch anderweitige Aufzeichnungen, insbesondere durch elektronische Datenverarbeitung. Die Neufassung berücksichtigt damit besser als das Warschauer Abkommen in der Fassung von 1955 die Bedürfnisse der verladenden Wirtschaft und der Beförderer, sich moderner Kommunikationsmittel zu bedienen. Die Vorschrift setzt den Begriff der „Güter" voraus, ohne diesen im Übereinkommen näher zu definieren.[1] **1**

II. Entstehungsgeschichte

Die Vorschrift geht auf Art. 5 des Montrealer Protokolls Nr. 4 zurück.[2] **2**

B. Rechtsnatur und verschiedene Formen des Luftfrachtbriefs

I. Rechtsnatur des Luftfrachtbriefs

Das zentrale Dokument des Montrealer Übereinkommens ist der Luftfrachtbrief[3] (französisch: lettre de transport; englisch: **Air Waybill**).[4] Eine Bezeichnung als Luftfrachtbrief ist nicht erforderlich.[5] Die Eigenschaft des Dokuments als Luftfrachtbrief ergibt sich aus Art. 7 MÜ.[6] Der Luftfrachtbrief wird durch den Absender in drei Originalausfertigungen ausgestellt: die *erste* Ausfertigung verbleibt beim Luftfrachtführer und wird vom Absender unterzeichnet; die *zweite* Ausfertigung ist für den Empfänger bestimmt; die *dritte* Ausfertigung wird vom Luftfrachtführer unterzeichnet und nach Annahme der Güter dem Absender ausgehändigt. In der Praxis erfolgt heute die Ausstellung von Luftfrachtbriefen standardisiert durch die Luftfrachtführer: Im äußeren Ablauf unter- **3**

---

1 FrankfKomm/*Müller-Rostin* Art. 4 MÜ Rn. 13.

2 Vgl. hierzu *Müller-Rostin* TranspR **1994** 321, 323 f.

3 Neben der Ausstellung eines Luftfrachtbriefs lässt es das Übereinkommen zu, dass nach nationalem Recht ein Ladeschein ausgestellt wird. Im Gegensatz zum Luftfrachtbrief ist der Ladeschein iSv. § 444 HGB nicht ein bloßes Beweispapier. Es stellt vielmehr ein dem seerechtlichen Konnossement entsprechendes Wertpapier dar, welches den Herausgabeanspruch gegen den Luftfrachtführer verbrieft.

4 Zur Entstehungsgeschichte des Frachtbriefs, vgl. *Basedow* S. 361 f.

5 *Koller*[11] Art. 4 MÜ Rn. 1; Ebenroth/Boujong/*Pokrant*[5] Art. 4 MÜ Rn. 2.

6 *Koller*[11] Art. 4 MÜ Rn. 2.

scheidet sich die Verwendung von Luftfrachtbriefen daher oft kaum noch von der Ausstellung von Seefrachtbriefen.[7] Auch ähneln sich die beiden Dokumente inhaltlich, was die Angaben über die Transportabwicklung anbelangt. Jedoch besteht ein grundlegender Unterschied zwischen einem Konnossement und einem Luftfrachtbrief, der bei letzterem sich aus der Trennung von Frachtbrief und Transportvertrag ergibt: der Auslieferungsanspruch des Empfängers ist nicht von der Vorlage der ihm übersandten Ausfertigung des Luftfrachtbriefs abhängig, sondern allein davon, dass sich der Empfänger als die aufgrund des Beförderungsvertrags begünstigte Person legitimieren kann. Daraus folgt vor allem, dass der Luftfrachtbrief kein begebbares Wertpapier ist,[8] ihm die **Legitimationsfunktion** (Verbriefung des Herausgabeanspruchs auf das beförderte Gut) und die **Traditionsfunktion** (Repräsentation des Gutes)[9] fehlen.[10] Darüber hinaus wurde bei den Vorarbeiten zum Warschauer Abkommen die Gleichstellung des Luftfrachtbriefs mit dem Konnossement im Hinblick auf die damals noch nicht geklärte Rechtsstellung des Luftfahrzeugkommandanten, die sich von derjenigen des Seeschiff-Kapitäns wesentlich unterscheidet, verneint.[11] Das Übereinkommen schließt es jedoch nicht aus, dass anstelle eines Luftfrachtbriefs nach national anwendbarem Recht (Art. 15 MÜ) ein Ladeschein ausgestellt wird.[12]

4 Beim Luftfrachtbrief stehen die **Informationsträger-**,[13] die **Quittungs-** sowie die **Beweisfunktion** im Vordergrund.[14] Der Luftfrachtfrachtbrief dient als Informationsträger, auf dem der Absender dem ersten bzw. nachfolgenden Luftfrachtführer, aber auch sonst mit der Ware befassten Personen sowie schließlich dem Empfänger Angaben über die Güter und den Umgang mit ihnen zukommen lässt; das ist die Funktion des Begleitpapiers, die auf das engste mit der Transportorganisation verknüpft ist. Daneben stellt der Luftfrachtbrief auch das Beweismittel für die Menge und den Zustand der Güter dar;[15] schließlich können mittels des Luftfrachtbriefs auch der Abschluss und der Inhalt des Luftbeförderungsvertrages bewiesen werden.[16]

5 Trotz der oben beschriebenen mangelnden Wertpapierqualität des Luftfrachtbriefs kommt diesem in der Praxis erhebliche wirtschaftliche Bedeutung zu. Insbesondere dient er den Banken zur Kreditsicherung. Da die dem Absender ausgehändigte Ausfertigung (sog. **Luftfrachtbriefdritt**) den Empfang eines bestimmten Gutes durch den Luftfrachtführer beweist, trägt diese schon eine gewisse Verselbständigung in sich.[17] Dies wird dadurch begünstigt, dass Verfügungen des Absenders über das Gut während der Beförderung nur möglich sind, wenn dem Luftfrachtführer das Luftfrachtbriefdritt vorgelegt wird.[18] Vor Ankunft des Gutes am Bestimmungsort kommt dem Besitz des Luftfrachtbriefs dieselbe Sperrwirkung zu wie einem von mehreren Konnossementsexemplaren im Seehandel.[19] Dadurch wird dem Inhaber zwar keine dingliche Berechtigung am Gut, immerhin aber eine schuldrechtliche Kontrolle in transitu vermittelt.[20] Entspricht der Luftfrachtführer den Weisungen des Absenders, ohne das Luftfrachtbriefdritt zu verlangen, haftet er nach Art. 12 Abs. 3 MÜ dem rechtmäßigen Besitzer des Luftfrachtbriefdritts für den daraus entstehenden Schaden. Daher akzeptieren die Banken, die im Auftrage des Käufers dem Verkäufer/Absender

7 Zum Seefrachtbrief vgl. *Herber* TranspR **1986** 169 ff.
8 *Koller*[11] Art. 4 MÜ Rn. 4; Ebenroth/Boujong/*Pokrant*[5] Art. 4 MÜ Rn. 2; MünchKommHGB/*Müller-Rostin*[5] Art. 4 MÜ Rn. 17; BeckOGK/*Förster* Art. 4 MÜ Rn. 7.
9 Vgl. im Seerecht § 524 HGB.
10 MünchKommHGB/*Kronke* Art. 5 WA 1955 Rn. 8; *Ruhwedel* TranspR **1983** 1, 5; *Goedhuis* Warsaw Convention S. 168.
11 Vgl. *Goedhuis* Warsaw Convention S. 169.
12 Vgl. oben Fn. 2.
13 Vgl. dazu *Grönfors* FS Alex Meyer, **1975** S. 103, 104 ff.
14 So *Kirsch* in: Luftrecht Bd. 3, Teil I A Rn. 205; *Koller*[11] Art. 4 MÜ Rn. 4; Ebenroth/Boujong/*Pokrant*[5] Art. 4 MÜ Rn. 2. Zum WA: MünchKommHGB/*Kronke* Art. 5 WA 1955 Rn. 8.
15 *Schwenk*[5] Handbuch S. 667.
16 So *Ruhwedel*[3] Luftbeförderungsvertrag Rn. 291; *Schwenk*[5] Handbuch S. 667.
17 *Ruhwedel* TranspR **1983** 1, 5.
18 Vgl. Art. 12 Abs. 3 MÜ.
19 Vgl. zum Seekonnossement *Herber* Seehandelsrecht S. 302 f.
20 So *Basedow* S. 363.

den Kaufpreis auszahlen, das Luftfrachtbriefdritt als taugliches Papier für das Dokumenten-Akkreditiv. Um die Kontrolle über das Gut nach Ankunft am Bestimmungsort ausüben zu können, muss sich die Bank als Empfänger und den Käufer als bloße notify address (sog. Meldeadresse) in den Luftfrachtbrief eintragen lassen.[21]

II. Formen des Luftfrachtbriefs in der Praxis

Das Übereinkommen spricht nur vom Luftfrachtbrief. Zur Erstellung des Luftfrachtbriefs werden grundsätzlich vierzehn, nach Form und Inhalt übereinstimmende Papierurkunden verwendet. Hierfür hat die IATA ein formularmäßig ausgestaltetes Einheitsdokument („**IATA-AWB**")[22] geschaffen, welches weltweit für die Beförderung von Luftfrachtgütern eingesetzt wird.[23] In der Praxis wird aufgrund des starken Aufkommens des Sammelladeverkehrs zwischen dem Hauptluftfrachtbrief (**Master Air Waybill**) und dem Hausluftfrachtbrief (**House Air Waybill**) unterschieden.[24] Art. 4 MÜ regelt den sogenannten Master Air Waybill.[25] In ihm werden bei einer Sammelladung der Luftfrachtspediteur als Absender und die Luftverkehrsgesellschaft als Luftfrachtführer dokumentiert. Demgegenüber decken die einzelnen House Air Waybills die verschiedenen Sendungen ab, die mittels der Sammelladung in einem Master Air Waybill zusammengefasst sind.[26] 6

1. House Air Waybill

Durch den Speditionsvertrag wird der Luftfrachtspediteur verpflichtet, die Gütersendung zu besorgen.[27] Als Abgangs- und Bestimmungsort müssen nicht unbedingt Flughäfen benannt werden, vielmehr ist auch eine Beförderung von der Niederlassung des Absenders mit einem Oberflächentransportmittel im Vorfeld oder im Anschluss an die Luftbeförderung denkbar. Der Luftspeditionsvertrag ist bei Anwendbarkeit deutschen Rechts als ein handelsrechtlicher Spezialfall des Geschäftsbesorgungsvertrags[28] (§ 675 i.V.m. §§ 663 ff BGB), der Luftfrachtvertrag hingegen ein handelsrechtlicher Sonderfall des Werkvertrags zu qualifizieren.[29] Die Frage, ob der „Luftbeförderungsvertrag" im Einzelnen als Fracht- oder als Speditionsvertrag einzuordnen ist, ist jedoch von der Frage frachtrechtlicher Vorschriften auf bestimmte Konstellationen des Speditionsvertrages zu unterscheiden. Durch die Ausstellung eines sog. House Air Waybill verlässt der Spediteur in der Regel seinen eigentlichen Tätigkeitsbereich als Geschäftsbesorger, wenn er beispielsweise eine Sammelladung der zu befördernden Güter zusammenstellt.[30] In diesem Fall wird er durch Selbsteintritt bei Anwendbarkeit deutschen Rechts nach §§ 458 bis 460 HGB zum vertraglichen Luftfrachtführer. Dokumentiert wird diese vertragliche Beziehung im House Air Waybill, das den 7

21 Zutreffend *Basedow* S. 363.
22 Vgl. dazu die IATA-Resolution 600 a.
23 MünchKommHGB/*Müller-Rostin*[5] Art. 4 MÜ Rn. 11; *Kirsch* in: Luftrecht Bd. 3, Teil I A Rn. 201.
24 Vgl. hierzu FrankfKomm/*Müller-Rostin* Art. 4 MÜ Rn. 3; Ebenroth/Boujong/*Pokrant*[5] Art. 4 MÜ Rn. 3; *Gran* TranspR **1994** 138, 139.
25 So auch FrankfKomm/*Müller-Rostin* Art. 4 MÜ Rn. 3.
26 Ebenso Ebenroth/Boujong/*Pokrant*[5] Art. 4 MÜ Rn. 3.
27 Vgl. *Fremuth* in: Fremuth/Thume vor § 453 HGB Rn. 7.
28 Hopt/*Merkt*[42] § 453 HGB Rn. 5.
29 St. Rspr.: BGH, Urt. v. 24.6.1969 – VI ZR 48/67 – NJW **1969** 2014, 2015; BGH, Urt. v. 21.12.1973 – IV ZR 158/72 – BGHZ **62** 71, 75; BGH, Urt. v. 28.9.1978 – VII ZR 116/77 – NJW **1979**, 495; BGH, Urt. v. 15.11.1988 – IX ZR 11/88 – TranspR **1989** 151, 153; OLG Frankfurt am Main, Urt. v. 31.1.1984 – 11 U 43/83 – TranspR **1984** 297, 298; OLG Düsseldorf, Urt. v. 19.5.1993 – 18 U 316/92 – TranspR **1995** 29, 30; OLG Köln, Urt. v. 4.3.1994 – 20 U 140/93 – TranspR **1995** 72, 73; ebenso *Ruhwedel*[3] Luftbeförderungsvertrag Rn. 3; *Schwenk*[5] Handbuch S. 666.
30 So auch *Gran* TranspR **1996** 138, 139.

Luftfrachtspediteur als vertraglichen Luftfrachtführer und den Versender als Absender ausweist. Während der Luftbeförderung haftet der Luftfrachtspediteur nach Artt. 18, 19 MÜ. Wenn im Vorfeld oder im Anschluss an die Luftbeförderung ein Schaden eingetreten und der Schadensort unbekannt ist, haftet der Luftfrachtspediteur ebenfalls nach dem Montrealer Übereinkommen. Art. 18 Abs. 4 Satz 2 MÜ stellt insoweit eine dem § 452 HGB vorrangige Multimodalregelung dar.[31] Bei bekanntem Schadensort richtet sich die Haftung des Luftfrachtspediteurs bei Maßgeblichkeit deutschen Rechts nach §§ 452 ff. HGB.[32]

8 Bedeutung kommt dem House Air Waybill für den Zahlungsverkehr zu, soweit er als Dokumentenakkreditiv eingesetzt wird.[33] Beim Akkreditivgeschäft beauftragt der Käufer einer Ware eine Bank in seinem Importland und weist diese Bank zur Zahlung an den Verkäufer gegen Übergabe vorgeschriebener Dokumente an.[34] Eines dieser Dokumente ist der Frachtbrief, der Beweis dafür erbringt, dass die Beförderung des Gutes, das mit Akkreditiv bezahlt wird, begonnen hat. Dies erfordert, dass der Verkäufer die Sendung als Stückgut einem Spediteur und dieser wiederum einem Luftfrachtführer übergibt. Für dieses Stückgut wird dem Verkäufer als Versender des Gutes vom Spediteur ein House Air Waybill ausgehändigt, wodurch er ein bankfähiges Dokument für den Zahlungsverkehr erhält.

2. Master Air Waybill

9 Der Luftfrachtspediteur schließt für die Beförderung der von ihm zusammengestellten Sammelladung in der Regel in eigenem Namen einen Luftbeförderungsvertrag mit der Luftverkehrsgesellschaft oder einem anderen Spediteur als vertraglichem Luftfrachtführer ab. Der Master Air Waybill weist den Luftfrachtspediteur als Absender und die jeweilige Luftverkehrsgesellschaft als Luftfrachtführer aus. Der Versender der individuellen Sendung ist rechtlich hieran nicht vertragsbeteiligt.[35] Der Master Air Waybill stellt daher kein akkreditivfähiges Dokument dar. Denn dieser dokumentiert anders als der House Air Waybill eine nur stückzahl- und gewichtsmäßig bezeichnete Sammelladung und weist den Sammelladungsspediteur als Absender anstelle des einzelnen Versenders des Stückguts aus.[36]

C. Anspruch auf Aushändigung eines Luftfrachtbriefs (Absatz 1); Begriff „Güter"

10 **Absatz 1** bestimmt, dass bei der Beförderung von Gütern ein Luftfrachtbrief auszuhändigen ist. Systematisch betrachtet, ist die Vorschrift verunglückt. Denn sie lässt zum einen offen, wer dieser Pflicht nachzukommen hat und wer diese einfordern kann. Zum anderen bleibt zunächst unklar, wer Aussteller des Luftfrachtbriefs sein soll.[37] Erst aus Art. 7 Abs. 1 MÜ ergibt sich, dass im Gegensatz zur Ausstellung von Beförderungsscheinen nicht der Luftfrachtführer, sondern der Absender Aussteller des Luftfrachtbriefs ist. Daraus folgt, dass der Luftfrachtführer gegen den Absender von Gütern einen unmittelbaren Anspruch auf Aushändigung eines Luftfrachtbriefs

---

31 Vgl. Art. 18 MÜ Rn. 57; **aA** FrankfKomm/*Müller-Rostin* Art. 4 MÜ Rn. 4.
32 Vgl. Art. 18 MÜ Rn. 55; ebenso FrankfKomm/*Müller-Rostin* Art. 4 MÜ Rn. 4.
33 Hartenstein/Reuschle/*Müller-Rostin* Kap. 13 Rn. 35.
34 Hartenstein/*Reuschle* Kap. 1 Rn. 116.
35 Vgl. *Gran* TranspR **1996** 138, 139.
36 Hartenstein/Reuschle/*Müller-Rostin* Kap. 13 Rn. 35.
37 BeckOGK/*Förster* Art. 4 MÜ Rn. 8.

hat.[38] Dabei ist das Wort „ein" nicht als Zahlwort zu verstehen.[39] Vielmehr stellt Art. 8 MÜ klar, dass der Luftfrachtführer bei einer mehrteiligen Sendung mehrere Luftfrachtbriefe verlangen kann. Der zur Ausstellung und Aushändigung verpflichtete Absender kann seine Pflichten auf Dritte, z.B. einen Luftfrachtspediteur oder den Luftfrachtführer, delegieren.[40] In diesem Fall muss aber erkennbar sein, dass der Luftfrachtspediteur für den Absender handelt. Bezeichnet sich dagegen der Luftfrachtspediteur im Luftfrachtbrief selbst als **„Aussteller"**[41] oder setzt er seinen Firmenstempel in das für den Luftfrachtführer vorgesehene Feld ein, so ist dies bei Anwendbarkeit deutschen Rechts ein starkes Indiz für den **Selbsteintritt** des Spediteurs nach § 458 HGB.[42] Stellt der Luftfrachtführer auf Verlangen des Versenders den Luftfrachtbrief aus, wird er dadurch rechtlich nicht zum Absender, sondern handelt bis zum Beweis des Gegenteils als Beauftragter.[43]

Mangels einer eigenen Begriffsbestimmung versteht man unter **Güter** alle körperlichen Ge- **11**
genstände, auf die sich der Frachtvertrag bezieht.[44] Vom Begriff der Güter ausgenommen ist die Beförderung von Postsendungen nach Art. 2 Abs. 3 MÜ. Die Abgrenzung zwischen Gut und Reisegepäck, für das der in Art. 3 Abs. 3 MÜ geregelte Beleg auszuhändigen ist, überlässt das Montrealer Übereinkommen der Auslegung. In den meisten Fällen wird die Zuordnung eines beförderten Gegenstandes zu einer der beiden Kategorien unproblematisch sein: Zum Reisegepäck gehören idR die vom Reisenden nach der Vereinbarung der Parteien in demselben Flugzeug zur Entgegennahme am Bestimmungsort mitgeführten Gegenstände,[45] wobei die Beförderung in demselben Flugzeug nicht maßgebend ist.[46] Demgegenüber sind Gegenstände, die – überwiegend im Handelsverkehr – ohne Bezug zu einer Personenbeförderung auf dem Luftwege befördert werden, regelmäßig klar als Güter iSd. Art. 5 Abs. 1 MÜ zu qualifizieren. Doch können auch Koffer und Pakete, die als Reisegepäck eingeschätzt werden könnten, Verkaufsgüter (z.B. Bücher, Uhren oder Produkte eines Gewerbebetriebs) enthalten, so dass ein Luftfrachtbrief ausgestellt werden müsste.[47] In Grenzfällen wird man die Art. des Beförderungsdokuments als Indiz zur Einordnung heranziehen dürfen. Soweit danach noch begründete Zweifel an der Einordnung bestehen, kann die Definition der Begriffe „Gut" und „Gepäckstücke" in den Allgemeinen Beförderungsbedingungen des Luftfrachtführers helfen.[48] **Tiere** sind idR. als Gut zu behandeln.[49] Doch kann sich aus den ausdrücklichen Absprachen oder den Begleitumständen ergeben, dass sie als Gepäck befördert werden sollen; namentlich bei Haustieren wird dies nicht selten der Fall sein. **Leichname** sind nach herrschender Meinung als Güter anzusehen.[50]

---

38 Ebenroth/Boujong/*Pokrant*[5] Art. 4 MÜ Rn. 5.

39 FrankfKomm/*Schmid* Art. 5 WA Rn. 3.

40 FrankfKomm/*Schmid* Art. 5 WA Rn. 3.

41 Zum WA: OLG Frankfurt am Main, Urt. v. 10.1.1978 – 5 U 50/77 – NJW **1978** 2457 (LS).

42 Vgl. BGH, Urt. v. 22.4.1982 – I ZR 86/80 – BGHZ **84** 101, 105; OLG Hamburg, Urt. v. 10.9.1974 – 12 U 32/74 – Vers **1975** 660; OLG Hamburg, Urt. v. 27.3.1980 – 6 U 172/79 – VersR **1980** 827; OLG Hamburg, Urt. v. 18.2.1988 – 6 U 195/87 – TranspR **1988** 201, 202; LG Mönchengladbach, Urt. v. 24.2.1988 – 9 O 58/87 – TranspR **1988** 283, 284.

43 Siehe Art. 7 Abs. 4 MÜ. Vgl. auch OLG Frankfurt am Main, Urt. v. 20.4.1989 – 1 U 34/88 – ZLW **1989** 381, 382; *Ruhwedel* TranspR **1983** 1.

44 MünchKommHGB/*Müller-Rostin*[5] Art. 4 MÜ Rn. 6.

45 Vgl. dazu Art. 3 MÜ Rdn. 32, 34.

46 So aber *Verwer*, Liability for Damage S. 16; ebenso wie hier MünchKommHGB/*Kronke* Art. 5 WA 1955 Rn. 3.

47 Cass du Liban, Urt. v. 26.3.1970 – *KLM v. Zahra Kachour* – RFDA **1972** 190, 191; F TribCom de la Seine, Urt. v. 10.6.1964 – *Vairon et Cie c. Air Express International France* – RFDA **1964** 410, 411.

48 Vgl. Art. 1.4 IATA – Conditions of Carriage; Begriffsbestimmungen der ABB-Fracht und der ABB-Flugpassage.

49 Ebenroth/Boujong/*Pokrant*[5] Art. 4 MÜ Rn. 4; zum WA: OLG Düsseldorf, Urt. v. 12.1.1978 – 18 U 118/77 – VersR **1978** 964, 965.

50 FrankfKomm/*Müller-Rostin* Art. 4 MÜ Rn. 13; MünchKommHGB/*Müller-Rostin*[5] Art. 4 MÜ Rn. 6; zum WA: US CA, Urt. v. 2.1.1992 – *Onyeanussi v Pan Am* – **23** Avi 18.122, 125; MünchKommHGB/*Kronke* Art. 5 WA 1955 Rn. 4; **aA F** TribPaix Paris, Urt. v. 31.3.1952 – *Djedraoui et Aouici c. Air Algérie* – RFDA **1953** 494.

D. Alternative Frachtbriefdokumente; Empfangsbestätigung (Absatz 2)

12 **Absatz 2 Satz 1** sieht vor, dass anstelle des herkömmlichen Luftfrachtbriefs auch zeitsparende und den Transport beschleunigende andere Aufzeichnungsmöglichkeiten durch den Luftfrachtführer verwendet werden können. Der unbestimmte Begriff „andere Aufzeichnung“ wurde in der Absicht gewählt, den Einsatz moderner Technologie nicht a priori durch eine zu enge Begriffswahl zu behindern.[51] In erster Linie wurde an EDV-Verfahren gedacht.[52] Der Einsatz der elektronischen Datenverarbeitung soll vorrangig der Beschleunigung der Güterbeförderung dienen: zum Zeitpunkt der Eingabe der für die Güterbeförderung bedeutsamen Daten werden alle mit dieser Beförderung befassten Parteien (Absenderspediteur, Luftfrachtführer, ggf. nachfolgender Luftfrachtführer, Empfangsspediteur, Lagerhalter) über die Ausführung der Beförderung informiert und können somit die notwendigen Vorkehrungen treffen, vorausgesetzt allerdings, sie sind alle gleichermaßen elektronisch vernetzt. Selbst wenn eine Vernetzung nicht vorliegt, kann die Aufzeichnung mittels E-Mail, Telekopie oder Fax den anderen mit der Beförderung befassten Parteien sofort zugeleitet werden. Unter der Federführung der IATA hat sich für die „andere Aufzeichnung“ zwischenzeitlich das Institut des papierlosen Luftfrachtbriefs (freight waybill message – **FWB**) etabliert.[53] Die Verwendung einer anderen Aufzeichnung ähnelt stark dem Vorläufer des papiermäßigen Frachtbriefs,[54] der nur eine Nachricht des Absenders in Form eines offenen Begleitschreibens an den Empfänger darstellt, die das verladene Gut sowie die Bedingungen der Beförderung beschreibt. Missbrauchsvorkehrungen bei der Verwendung elektronischer Luftfrachtbriefe trifft das Montrealer Übereinkommen jedoch nur eingeschränkt, z.B. durch Ausstellung einer Empfangsbestätigung. Die Aufzeichnung muss Angaben iSd. Artt. 5, 6 MÜ enthalten. Sie bedarf keiner Unterschrift.[55]

13 Die Entscheidung darüber, ob anstelle des Luftfrachtbriefs eine andere Aufzeichnung verwendet wird, wird abweichend vom Montrealer Protokoll Nr. 4 nicht von der Zustimmung des Absenders abhängig gemacht. Nach dem Willen der Verfasser des Montrealer Übereinkommens sollte allein dem Luftfrachtführer die Entscheidung über die Verwendung alternativer Frachtbriefdokumente zufallen.[56] Soweit der Luftfrachtführer anstelle eines Luftfrachtbriefs eine „andere Aufzeichnung“, also insbesondere eine Aufzeichnung mittels elektronischer Datenverarbeitung, wählt, kann aber der Absender nach **Satz 2** vom Luftfrachtführer eine Empfangsbestätigung verlangen. Mittels dieser Empfangsbestätigung wird dem Absender ermöglicht, einerseits das Gut anhand der gespeicherten Daten zu identifizieren und andererseits sein Weisungsrecht nach Art. 12 MÜ auszuüben.[57] Letzteres ist dann von Bedeutung, wenn es bei dem Transport zu Unregelmäßigkeiten kommt oder der Empfänger vor der Auslieferung des Gutes insolvent wird und daher eine Übergabe an ihn unterbunden werden soll. Wird die Empfangsbestätigung über die Güter als elektronisches Dokument erstellt, bedarf sie bei Maßgeblichkeit der deutschen Zivilprozessordnung einer elektronischen Signatur nach § 126a BGB, um nach § 371a Abs. 1 ZPO als Urkundenbeweis gelten zu können.[58]

14 Die „andere Aufzeichnung“ im Sinne des Absatzes 2 ist **mithin nicht** dem Luftfrachtbrief gleichgestellt. Dies zeigt sich auch bei der Beweiskraft: Nach Art. 11 MÜ begründen nur der Luftfrachtbrief und die Empfangsbestätigung die widerlegbare Vermutung für den Abschluss des Ver-

---

51 Vgl. *Müller-Rostin* TranspR **2000** 234, 236; *Ruhwedel* TranspR **2004** 421, 423 f.; MünchKommHGB/*Kronke* Art. 5 WA 1955 Rn. 18.

52 Siehe *Röbbert* ZLW **1976** 5, 9 ff.

53 MünchKommHGB/*Müller-Rostin*[5] Art 4 MÜ Rn. 31.

54 Vgl. dazu *Basedow* S. 361, der darauf hinweist, dass die Nachricht entweder durch besonderen Kurier oder durch den Fuhrmann übermittelt wurde.

55 *Koller*[11] Art. 5 MÜ Rn. 6.

56 FrankfKomm/*Müller-Rostin* Art. 4 MÜ Rn. 11.

57 FrankfKomm/*Müller-Rostin* Art. 4 MÜ Rn. 10.

58 Ebenroth/Boujong/*Pokrant*[5] Art. 4 MÜ Rn. 6; MünchKommHGB/*Müller-Rostin*[5] Art. 4 MÜ Rn. 36; *Ruhwedel* TranspR **2006** 421, 424.

trages. Jeder anderen Aufzeichnung kommt, wenn eine Empfangsbestätigung nicht ausgestellt wird, diese Vermutungswirkung nicht zu.[59]

E. Rechtsfolgen der Nichtausstellung eines Luftfrachtbriefs oder eines alternativen Luftfrachtbriefdokuments

Die Nichtausstellung eines Luftfrachtbriefs oder alternativen Luftfrachtbriefdokuments berührt 15
gemäß Art. 9 MÜ weder den Bestand noch die Wirksamkeit des Beförderungsvertrags.[60] Dadurch wird klargestellt, dass der Luftfrachtbrief und die alternativen Frachtbriefdokumente keine konstitutiven Urkunden sind:[61] auch ohne Ausstellung der Beförderungsdokumente kann ein Luftbeförderungsvertrag über Güter wirksam zustande kommen. Der Luftfrachtvertrag ist daher als formlos gültiger Konsensualvertrag zu qualifizieren,[62] der nach den Vorschriften des jeweils anwendbaren Landesrechts zustande kommt.[63]

F. Beförderungen unter außergewöhnlichen Umständen

Art. 51 MÜ stellt den Luftfrachtführer bei Beförderungen unter außergewöhnlichen Umständen 16
und außerhalb des gewöhnlichen Luftverkehrs von der Dokumentationspflicht nach Artt. 3 bis 5, 7 und 8 MÜ frei. Dies ist z.B. der Fall bei der Beförderung von militärischen Gütern,[64] von Hilfsgütern in Katastrophengebieten sowie Krankentransporten aus Katastrophengebieten.[65]

---

59 Ebenso FrankfKomm/*Müller-Rostin* Art. 4 MÜ Rn. 10; ebenso zum WA: MünchKommHGB/*Kronke* Art. 11 WA 1955 Rn. 24; FrankfKomm/*Schmid* Art. 11 WA 1955 Rn. 16.

60 Ebenroth/Boujong/*Pokrant*[5] Art. 4 MÜ Rn. 7.

61 *Abraham*[3] I Art. 5 WA 1955 Anm. 1.

62 H.M.: *Koller*[11] Art 9 MÜ Rn. 1; Ebenroth/Boujong/*Pokrant*[5] Art. 4 MÜ Rn. 7; *Ruhwedel*[3] Luftbeförderungsvertrag Rn. 14.

63 Vgl. §§ 407 ff. HGB.

64 FrankfKomm/*Müller-Rostin* Art. 4 MÜ Rn. 14; Ebenroth/Boujong/*Pokrant*[5] Art. 4 MÜ Rn. 8.

65 Vgl. dazu Art. 51 MÜ.

Artikel 5 Inhalt des Luftfrachtbriefs und der Empfangsbestätigung über Güter

Der Luftfrachtbrief und die Empfangsbestätigung über Güter müssen enthalten:
a) die Angabe des Abgangs- und Bestimmungsorts;
b) falls Abgangs- und Bestimmungsort im Hoheitsgebiet desselben Vertragsstaats liegen, jedoch eine oder mehrere Zwischenlandungen im Hoheitsgebiet eines anderen Staates vorgesehen sind, die Angabe von zumindest einem dieser Zwischenlandepunkte;
c) die Angabe des Gewichts der Sendung.

Article 5 Contents of Air Waybill or Cargo Receipt

The air waybill or the cargo receipt shall include:
a) an indication of the places of departure and destination;
b) if the places of departure and destination are within the territory of a single State Party, one or more agreed stopping places being within the territory of another State, an indication of at least one such stopping place; and
c) an indication of the weight of the consignment.

Article 5 Contenu de la lettre de transport aérien ou du récépissé de marchandises

La lettre de transport aérien ou le récépissé de marchandises contiennent:
a) l'indication des points de départ et de destination;
b) si les points de départ et de destination sont situés sur le territoire d'un même État partie et qu'une ou plusieurs escales sont prévues sur le territoire d'un autre État, l'indication d'une de ces escales;
c) la mention du poids de l'expédition.

Schrifttum

Gran Das Volumengewicht – Grundlage der limitierten Haftung des Luftfrachtführers nach Maßgabe des Warschauer Abkommens, TranspR **1998** 343–344; *Müller-Rostin* Neuregelungen im internationalen Luftfrachtverkehr: Montrealer Protokoll Nr. 4 und Montrealer Übereinkommen, TranspR **2000** 234–238.

Parallelvorschriften

Art. 8 WA 1955; Art. 3 HambR; Art. 6 CMR; Art. 7 CIM 1999.

Übersicht

https://doi.org/10.1515/9783110564945-006

A. Allgemeines

I. Normzweck

1 Die Vorschrift beschreibt den **Mindestinhalt** eines **Luftfrachtbriefs** für einen dem Übereinkommen unterliegenden Beförderungsvertrag nur unvollständig. Um der Datenträger- und Instruktionsfunktion des Luftfrachtbriefs gerecht zu werden, muss der Luftfrachtbrief, um gültig zu sein, über die in Art. 5 MÜ erwähnten Informationen hinaus Angaben enthalten, die eine Individualisierung des Transports erlauben.[1] Dazu zählen Angaben zur Person des Absenders, des Luftfrachtführers und des Empfängers. Darüber hinaus ist es zulässig, im Luftfrachtbrief weitere Angaben aufzunehmen.

II. Entstehungsgeschichte

2 Die ursprüngliche Fassung des Warschauer Abkommens von 1929 enthielt einen umfassenden Katalog zur Umschreibung des Mindestinhalts eines Luftfrachtbriefs. Dadurch wurde die Datenträger- und Instruktionsfunktion des Luftfrachtbriefs deutlich unterstrichen.[2] Bereits bei der Neufassung des Warschauer Abkommens im Jahre 1955 wurde der Mindestinhalt auf folgende Angaben beschränkt: Angabe zum Abgangs- und Bestimmungsort;[3] Angabe zu gegebenenfalls stattfindenden Zwischenlandungen[4] sowie ein Hinweis[5] darauf, dass die Haftung des Luftfrachtführers bei internationalen Beförderungen summenmäßig beschränkt sein kann. Art. 5 Buchstaben a und b MÜ entsprechen Art. 8 Buchstaben a und b WA 1955. Der Hinweis auf die Haftungsordnung ist aufgrund der verschuldensunabhängigen Haftung nicht mehr erforderlich. Das in Art. 5 Buchstabe c enthaltene Erfordernis der Gewichtsangabe entspricht Art. 8 Buchstabe i WA 1929, weicht jedoch von Art. 8 WA 1955 ab. Die Wiedereinführung dieses Erfordernisses ist angebracht, weil das Gewicht der Sendung eine Kalkulationsgröße bei der Berechnung der Haftungsgrenze gemäß Art. 22 Abs. 3 MÜ ist und den Frachtdokumenten nach Art. 11 Abs. 2 MÜ insoweit Beweiskraft zukommt.[6] Unerwähnt bleiben in Art. 5 MÜ die Beteiligten des Luftbeförderungsvertrags, der Absender,[7] der Luftfrachtführer[8] und der Empfänger.[9] Der Vorschlag, deren Daten gleichfalls in die generelle Transportdokumentation aufzunehmen, wurde auf der Konferenz in Montreal zurückgestellt, um einen formalen Widerspruch zu dem inhaltlich gleichlautenden Art. 8 WA/MP Nr. 4 zu vermeiden.[10]

B. Mindestangaben

I. Angabe des Abgangs- und Bestimmungsorts (Buchstabe a)

3 Nach **Buchstabe a** sind im Luftfrachtbrief[11] bzw. in der Empfangsbestätigung[12] Abgangs- und Bestimmungsort der Beförderung festzuhalten. Die Angabe von Abgangs- und Bestimmungsort soll

---

1 MünchKommHGB-*Müller-Rostin*[5] Art 5 MÜ Rn. 5; *Koller*[11] Art. 5 MÜ Rn. 1. Zum WA: *Koller*[7] Artt. 5–11 WA 1955 Rn. 9; *Müller-Rostin* in: *Fremuth/Thume* Art. 8 WA 1955 Rn. 5.

2 MünchKommHGB-*Kronke* Art. 8 WA 1955 Rn. 1; FrankfKomm/*Müller-Rostin* Art. 8 WA 1955 Rn. 1.

3 Art 8 Buchst. a WA 1955.

4 Art 8 Buchst. b WA 1955.

5 Art 8 Buchst. c WA 1955.

6 Vgl. Denkschrift zum MÜ BT-Drs. **15/2285**, S. 38.

7 Vgl. zum Begriff Art. 1 MÜ Rdn. 26.

8 Vgl. zum Begriff Art. 1 MÜ Rdn. 20 ff.

9 Vgl. zum Begriff Art. 1 MÜ Rdn. 27.

10 Vgl. ICAO-Documentation Nr. 9775-DC/2, Volume III – Preparatory Material, S. 166 Nr. 4:71.

11 Vgl. zum Begriff Art. 4 MÜ Rdn. 3 bis 9.

12 Vgl. zum Begriff Art. 4 MÜ Rdn. 13.

nicht nur der Feststellung, welche Leistung die Parteien vereinbart haben, sondern vor allem der Feststellung dienen, ob der Beförderungsvertrag dem Montrealer Übereinkommen unterliegt.[13] Vereinbarter Abgangs- und Bestimmungsort müssen nach Art. 1 Abs. 2 MÜ in zwei verschiedenen Vertragsstaaten des Montrealer Übereinkommens liegen; befinden sich Abgangs- und Bestimmungsort dagegen in demselben Vertragsstaat, muss eine Zwischenlandung in einem Drittstaat, der nicht unbedingt Vertragsstaat des Montrealer Übereinkommens sein muss, geplant sein. **Abgangsort** ist derjenige Flughafen,[14] an dem das Gut entsprechend den vertraglichen Bedingungen in das Flugzeug eingeladen wird.[15] **Bestimmungsort** ist demgemäß derjenige Flughafen, auf dem das Gut entsprechend den vertraglichen Bedingungen aus dem Flugzeug entladen werden soll.[16] Die Dokumentation des Bestimmungsortes ist zudem für die Anwendbarkeit des vierten Gerichtsstandsortes nach Art. 33 Abs. 1 MÜ von Bedeutung.[17]

II. Angabe des Zwischenlandepunktes (Buchstabe b)

4 Die Angabe des Zwischenlandepunktes dient ebenso wie Art. 5 Buchstabe a MÜ der Feststellung, ob der Beförderungsvertrag dem Montrealer Übereinkommen unterliegt. Der Vorschrift kommt nur sehr eingeschränkte Bedeutung zu. Im Unterschied zum Passagierverkehr kommen im Luftfrachtverkehr Hin- und Rückflüge oder Rundflüge so gut wie nie vor, so dass zur Bestimmung der Internationalität einer Beförderung bereits Art. 5 Buchstabe a MÜ ausreicht.[18] Gleichwohl macht die Angabe des Zwischenlandepunktes dann Sinn, wenn ein nationaler Flug z.B. von Paris nach St. Denis (Réunion) ausgeführt wird und dieser planmäßig im Gebiet eines anderen Staates, der nicht unbedingt Vertragspartei sein muss, durch eine Zwischenlandung unterbrochen wird. Ohne die entsprechende Eintragung des Zwischenlandepunktes im Luftfrachtbrief wäre der internationale Charakter der Luftbeförderung nicht erkennbar.

5 Der Eintragung eines Zwischenlandepunktes im Luftfrachtbrief ist durch bloße Bezugnahme auf den Flugplan und die dort festgelegten Flugrouten Genüge getan.[19] Insofern bedarf es bei Zwischenlandungen in den Hoheitsgebieten mehrerer Staaten nicht der Angabe aller Zwischenlandungspunkte. Das Übereinkommen verlangt lediglich die Angabe einer einzigen Zwischenlandung.[20]

III. Angabe des Gewichts der Sendung (Buchstabe c)

6 Das Gewicht ist vor allem als Kalkulationsgröße bei der Berechnung der Haftungsgrenze gem Art. 22 Abs. 3 MÜ von Bedeutung. Die Eintragungspflicht trägt zur Beweiserleichterung bei. Unter Gewicht der Sendung ist grundsätzlich das Gesamtgewicht einschließlich Verpackung zu verstehen.[21] Bei sperrigen oder großformatigen Sendungen kann indes das **Volumengewicht** („Chargeable Weight") höher sein als das **reale Gewicht** (sog. „Gross Weight"). Im internationalen Luftver-

---

13 Ebenroth/Boujong/*Pokrant*[5] Art. 5 MÜ Rn. 2; MünchKommHGB-*Müller-Rostin*[5] Art. 5 MÜ Rn. 7.

14 Siehe auch Art. 18 Abs. 4 Satz 1 MÜ.

15 FrankfKomm/*Müller-Rostin* Art. 5 MÜ Rn. 2.

16 OLG Hamm, Urt. v. 24.10.2002 – 18 U 104/01 – TranspR **2003** 201, 202; FrankfKomm/*Müller-Rostin* Art. 5 MÜ Rn. 2; *Koller*[11] Art. 5 MÜ Rn. 12.

17 Ebenso US CA 2nd Cir., Urt. v. 29.8.2001 – *Republic National Bank of New York v. Delta Airlines* – **263** F.3 d 42, Rz. 29.

18 FrankfKomm/*Müller-Rostin* Art. 5 MÜ Rn. 4; E/B/J/S/*Pokrant*[5] Art. 5 MÜ Rn. 3.

19 US CA 2nd Cir., Urt. v. 30.3.2000 – *Intercargo Insurance Company v. China Airlines* – **208** F.3 d. 64, Rz. 25; US CA 2nd Cir., Urt. v. 8.8.1996 – *Tai Ping Insurance v. Northwest Airlines* – **94** F.3 d 29, Rz 17; US CA 2nd Cir., Urt. v. 8.8.1996 – *Brink's Ltd v. South African Airlines* – **93** F.3 d 1022, Rz. 70; GB QBD., Urt. v. 18.2.1953 – *Rotterdamsche Bank and Banque de l'Indo-Chine v. BOAC* – USAvR **1953** 163, 168.

20 FrankfKomm/*Müller-Rostin* Art. 5 MÜ Rn. 5.

21 *Abraham*[3] I Art. 8 WA 1929 Anm. 10; FrankfKomm/*Müller-Rostin* Art. 5 MÜ Rn. 9.

kehr ist dann das Volumengewicht Berechungsgrundlage. Grund ist der beschränkte Laderaum in einem Flugzeug, für dessen Ausnutzung weniger das Gewicht einer Sendung als vielmehr deren Ausmaß von Bedeutung und entscheidend ist.[22] Das Volumengewicht berechnet sich nach der IATA-Resolution 502. Es wird nach folgender Formel berechnet:

$$\textbf{Volumengewicht in kg} = \frac{\text{Länge} \times \text{Breite} \times \text{Höhe (in cm)}}{6000}$$

Eine Kiste wiegt effektiv 20 kg und hat die Maße 50 cm × 50 cm × 60 cm. Ihr Volumengewicht beträgt folglich 25 kg; die Frachtberechnung richtet sich daher nach dem höheren Volumengewicht. Ob im Rahmen von Art. 22 Abs. 3 MÜ auf das **Volumengewicht** oder das sog. **Gross Weight** abzustellen ist, ist umstritten.[23] Anders als Art. 5 Buchst. c MÜ und Art. 11 Abs. 2 MÜ stellt Art. 22 Abs. 3 MÜ nicht auf das Gewicht („weight"), sondern auf das Kilogramm der Sendung („per kilogramme") ab. Insofern kann zur Bestimmung des Haftungshöchstbetrags nicht auf das Volumengewicht,[24] sondern ausschließlich auf das gewogene Gewicht abgestellt werden.[25]

IV. Weitere nicht geregelte Pflichtangaben

Der Luftfrachtbrief muss, um gültig zu sein, über die in Art. 5 MÜ erwähnten Informationen hinaus Angaben enthalten, die eine Individualisierung des Transports erlauben.[26] Dazu zählen Angaben zur Person des Absenders, des Luftfrachtführers und des Empfängers. Das Fehlen dieser Angaben kann auch Rechtsfolgen nach sich ziehen, wie z.B. die nicht vorhandene Anschrift des Absenders dazu führt, dass dieser keine Verfügungen iSd. Art. 12 MÜ ausüben kann.[27] 7

Einzutragen sind daher Name und Anschrift des Absenders. Die Anschriftangabe trägt zur Identifizierung des Absenders bei, ist aber auch bei allen Rückfrage- und Informationsfragen wichtig. Durch die Angabe von Name und Anschrift des Luftfrachtführers wird widerleglich festgelegt, welche konkrete Person die Pflichten aus der Luftfrachtführerstellung treffen, vor allem, wer in Güter- und Verspätungsschadensfällen der richtige Beklagte ist, ebenso, wem die Rechte aus dem Luftfrachtvertrag zustehen. Die Eintragung des Namens und der Anschrift des Empfängers ist für Fragen der Aktivlegitimation und Zahlungspflichten von besonderer Bedeutung. 8

C. Weitere fakultative Angaben

Für den reibungslosen Ablauf des Transports und die Entfaltung der Instruktions- und Beweisfunktion des Luftfrachtbriefs können weitere Angaben erforderlich sein. Die Eintragung weiterer Angaben ist ohne Einschränkung zulässig. 9

Die Parteien des Luftfrachtvertrages können Angaben zur **„Art"**[28] oder der **„Eigenart"**[29] der Güter in den Luftfrachtbrief mitaufnehmen. Diese Angaben sind im Falle ihrer Unrichtigkeit, Ungenauigkeit oder Unvollständigkeit nach Art. 10 MÜ sanktionsbewehrt. Gemäß Art. 6 MÜ kann der Luftfrachtführer vom Absender solche „Angaben zur Art. der Güter" verlangen, die im Einzelfall zur Einhaltung der Vorschriften der Zoll-, der Polizei- oder anderen Behörden notwendig sind. 10

---

22 *Gran* TranspR **1998** 343.
23 Vgl. OLG Frankfurt a.M., Urt. v. 18.4.2007 – 13 U 62/06 – TranspR **2007** 367, 372.
24 So aber LG Frankfurt a.M., Urt. v. 8.5.2002 – 3/13 O 164/01 – TranspR **2002** 447.
25 Ebenso MünchKommHGB*Müller-Rostin*[5] Art. 22 MÜ Rn. 4.
26 *Koller*[7] Artt. 5–11 WA 1955 Rn. 9; *Müller-Rostin* in: Fremuth/Thume Art. 8 WA 1955 Rn. 5.
27 Ebenroth/Boujong/*Pokrant*[5] Art. 5 MÜ Rn. 5.
28 Vgl. Art. 6 MÜ.
29 Vgl. Art. 18 Abs. 2 Buchst. a MÜ.

11 Des Weiteren können die Vertragsparteien den Luftfrachtbeförderungsvertrag um eine **Interessendeklaration** im Sinne von Art. 22 Abs. 3 Satz 1 2. Hs. MÜ ergänzen. Diese hat nicht zwingend schriftlich[30] zu erfolgen. Der ausführende Luftfrachtführer wird über Art. 41 Abs. 2 Satz 3 MÜ geschützt für den Fall, dass der Reisende gegenüber dem vertraglichen Luftfrachtführer eine Interessendeklaration abgegeben hat. Im Fall des nachfolgenden Luftfrachtführers besteht bei einer abgegebenen Interessendeklaration gegenüber dem ersten Luftfrachtführer ebenso wenig die Gefahr, dass der nachfolgende Luftfrachtführer unbeschränkt haftet. Denn Art. 36 ordnet keine Schuldübernahme an, sondern nur einen Vertragseintritt auf der Teilstrecke des ausführenden Luftfrachtführers.

12 Gewährt der Luftfrachtführer dem Absender einen **höheren Haftungshöchstbetrag** als die 22 SZR je Kilogramm, so ist diese Vereinbarung im Luftfrachtbrief zu vermerken. Schließlich können die Parteien des Luftbeförderungsvertrages auch Einträge über die **vereinbarte Fracht**[31] und über einen **Nachnahmebetrag**[32] vornehmen.

---

30 Vgl. Art. 22 Rdn. 28. **AA** zum WA: OLG Köln, Urt. v. 16.2.1990 – 20 U 177/89 – NJW-RR **1990** 527, 528 = TranspR **1998** 123.

31 Vgl. insoweit Art. 3 Nr. 1 Satz 3 ABB-Fracht (**2023**): „Die Fracht und gegebenenfalls festgesetzte Gebühren muss der Luftfrachtführer in den Luftfrachtbrief setzen bzw. einsetzen lassen.".

32 Nach Art. 3 Nr. 6 Satz 3 ABB-Fracht (**2023**) ist „[i]m Falle von Gütersendungen gegen Nachnahme ausschließlich der Absender für die Eintragung des Nachnahmebetrages in den Luftfrachtbrief verantwortlich. Der Luftfrachtführer haftet nicht für die Unterlassung der Einziehung des Nachnahmebetrages, wenn dieser nicht oder nicht richtig vom Absender eingetragen ist.".

Artikel 6 Angaben zur Art der Güter

[1]Falls notwendig, kann vom Absender verlangt werden, zur Einhaltung der Vorschriften der Zoll-, der Polizei- oder anderer Behörden eine Urkunde mit Angaben zur Art der Güter auszuhändigen. [2]Diese Bestimmung begründet für den Luftfrachtführer keine Verpflichtung, Verbindlichkeit oder Haftung.

Article 6 Document Relating to the Nature of the Cargo

The consignor may be required, if necessary to meet the formalities of customs, police and similar public authorities, to deliver a document indicating the nature of the cargo. This provision creates for the carrier no duty, obligation or liability resulting therefrom.

Article 6 Document relatif à la nature de la marchandise

L'expéditeur peut être tenu pour accomplir les formalités nécessaires de douane, de police et d'autres autorités publiques d'émettre un document indiquant la nature de la marchandise. Cette disposition ne crée pour le transporteur aucun devoir, obligation ni responsabilité.

Schrifttum

Kadletz Das neue Montrealer Übereinkommen vom 28.5.1999 über den internationalen Luftbeförderungsvertrag („Neues Warschauer Abkommen"), VersR **2000** 927–935; *Milde* Liability in international carriage by air: the new Montreal Convention, ULR **1999** 835–861; *Müller-Rostin* Die Internationale Luftrechtskonferenz von Montreal zur Reform des Warschauer Abkommens (10.–28. Mai 1999), ZLW **2000** 36–51; *ders.* Redaktionelle Unzulänglichkeiten im Übereinkommen von Montreal von 1999 über den internationalen Luftbeförderungsvertrag, VersR **2001** 683–688.

Übersicht

A. Allgemeines

I. Normzweck

Gem. Art. **6 Satz 1** MÜ kann vom Absender die Aushändigung einer Urkunde mit Angaben zur Art der Güter verlangt werden, soweit dies zur Einhaltung von Verwaltungsvorschriften erforderlich ist. Zugleich erweitert diese Bestimmung den nach Art. 5 MÜ obligatorischen Inhalt eines 1

https://doi.org/10.1515/9783110564945-007

Luftfrachtbriefs.[1] Indes begründet die Bestimmung ausdrücklich keine Verbindlichkeit, Verpflichtung oder Haftung des Luftfrachtführers (**Satz 2**). Selbst wenn er auf Grund der Urkunde hätte erkennen müssen oder sogar erkannt hat, dass wegen der Natur der Güter besondere Vorkehrungen erforderlich sind, wird ihm nicht vorgeworfen werden können, dass er den Inhalt der Urkunde ignoriert oder nicht entsprechende Vorsorge getroffen hat.

II. Entstehungsgeschichte

2 Die Vorschrift findet weder ein Vorbild in den Vorgängern der Warschauer Abkommen noch in einem der Montrealer Zusatzprotokolle. Sie wurde erst am vorletzten Tage der Diplomatischen Konferenz in Montreal geschaffen.[2] Anlässlich der Beratungen zu Art. 5 Buchstabe c MÜ plädierten zahlreiche arabische und afrikanische Delegierte dafür, neben der Angabe des Gewichts auch Angaben über die Art. der Sendung im Luftfrachtbrief aufzunehmen.[3] Die Aufnahme dieser zusätzlichen Forderung wurde damit begründet, dass der Luftfrachtführer im Bilde darüber sein müsse, welche Art von Gütern er zur Beförderung annehme.[4] Die Aufnahme der Art der Güter in den Luftfrachtbrief wurde vor allem aber in Bezug auf Gefahrgüter gefordert,[5] da Annex 18 zum Chicagoer Abkommen vom 7. Dezember 1944 über die internationale Zivilluftfahrt[6] eine Deklarationspflicht für den Lufttransport gefährlicher Güter enthalte. Die Diplomatische Konferenz verständigte sich auf Vorschlag des Vorsitzenden auf die Neuaufnahme des Art. 6 MÜ[7] neben der Bestimmung zu Art. 16 MÜ.

B. Inhalt

I. Verhältnis des Art. 6 MÜ zu Art. 16 MÜ

3 Gem. der Denkschrift zum Montrealer Übereinkommen begründet Art. 6 Satz 1 MÜ im Gegensatz zu Art. 16 Abs. 1 MÜ, der das privatrechtliche Verhältnis zwischen Absender und Luftfrachtführer regelt, ausschließlich eine **öffentlich-rechtliche** Pflicht[8] des Absenders: Der Absender sei auf Verlangen gegenüber den Zoll- und Polizeibehörden sowie anderen Behörden verpflichtet, die Einhaltung der zoll-, seuchenpolizei-, veterinär- oder devisenrechtlichen Vorschriften durch ein Dokument nachzuweisen.[9] Diese Erläuterungen überzeugen nicht. Denn zum einen ist der Absender beim Transport des Gutes nicht anwesend, so dass er der Aufforderung der Behörden kaum Folge zu leisten mag; zum anderen hat die These, dass nur Art. 6 MÜ die Erfüllung der mit dem Transport zusammenhängenden öffentlich-rechtlichen Vorschriften regele, gerade keinen Niederschlag gefunden, sondern wird durch Art. 16 MÜ widerlegt. Schließlich wird übersehen, dass die Vorschrift es gerade offenlässt, wer Anspruchsinhaber sein soll. Die Entstehungsgeschichte zeigt

---

1 MünchKommHGB/*Müller-Rostin*[5] Art. 6 MÜ Rn. 1.

2 FrankfKomm/*Müller-Rostin* Art. 6 MÜ Rn. 2.

3 Vgl. Protokoll der Diplomatischen Konferenz vom 27. Mai 1999, DCW S. 228–232 sowie S. 237 f.

4 So richtig FrankfKomm/*Müller-Rostin* Art. 6 MÜ Rn. 1; *Müller-Rostin*, ZLW **2000** 36, 38, führte als Grund für die Aufnahme der Angabe „der Natur der Sendung" die Forderungen der Zollbehörden oder ähnlicher Behörden an. Diese Auffassung wurde nur vom guineischen Delegierten geteilt; der Vorsitzende der Diplomatischen Konferenz wies in diesem Zusammenhang auf die einschlägige Norm des Art. 16 Satz 1 MÜ hin.

5 So der jeminitische Delegierte, siehe Protokoll der Diplomatischen Konferenz vom 27. Mai 1999, DCW S. 231 Rn. 15.

6 BGBl. II S. 412.

7 Vgl. Protokoll der Diplomatischen Konferenz vom 27. Mai 1999, DCW S. 238.

8 Vgl. BT-Drucks. **15/2285**, S. 38; ebenso Ebenroth/Boujong/*Pokrant*[5] Art. 6 MÜ Rn. 2, Art. 16 MÜ Rn. 1; *Koller*[11] Art. 6 MÜ Rn. 1; BeckOGK/*Förster* Art. 6 MÜ Rn. 2.

9 Ebenso *Milde* ULR **1999** 835, 852; FrankfKomm/*Müller-Rostin* Art. 6 MÜ Rn. 2.

deutlich, dass die Vorschrift im Interesse des Luftfrachtführers geschaffen worden ist, nicht dagegen im Interesse der Behörden.[10]

II. Auskunftsanspruch des Luftfrachtführers (Satz 1)

1. Einklagbarkeit des Auskunftsanspruchs

Der eigentliche Sinn und Zweck des Art. 6 MÜ erhellt sich weiter, wenn man die Durchsetzbarkeit der in Art. 16 MÜ geregelten Verpflichtungen des Absenders näher betrachtet.[11] Weder der Anspruch auf Erteilung von Auskünften noch der Anspruch auf Zurverfügungstellung von Begleitpapieren ist einklagbar.[12] Art. 6 Satz 1 MÜ räumt dagegen dem Luftfrachtführer das Recht ein, vom Absender die Aushändigung eines Papiers zu verlangen, das die Natur des Gutes angibt, um es den Zoll-, Polizei- oder anderen Behörden vorzulegen. Diesen Anspruch kann der Luftfrachtführer gegebenenfalls prozessual durchsetzen. Art. 6 Satz 1 MÜ schafft daher im Gegensatz zu Art. 16 Abs. 1 Satz 1 MÜ einen einklagbaren Anspruch.[13] 4

Der einleitende Eingangssatz „Falls notwendig," macht deutlich, dass der Anspruch nur dann besteht, wenn der Luftfrachtführer zur Ausführung der Beförderung auf die Information angewiesen ist. Erfüllt der Absender die aus Art. 6 Satz 1 MÜ resultierende Pflicht nicht, steht dem Luftfrachtführer nicht nur ein Zurückbehaltungsrecht, sondern vielmehr auch die Einrede des nicht erfüllten Vertrags (§ 322 BGB) zu, wenn die Beförderung deutschem Recht unterfällt. 5

2. Die Art der Güter

Der Begriff **„Art der Güter"** wird bereits in Art. 8 Buchstabe g WA 1929 verwendet. Dabei ist der Begriff nicht im Sinne des Art. 18 Abs. 2 Buchstabe a MÜ zu verstehen. Der dort verwandte Begriff soll gerade alle Schäden erfassen, die sich aus der immanenten („natürlichen") Schadensanfälligkeit von Gütern ergeben. Die Angaben zur Art. der Güter iSv Art. 6 MÜ hat jedoch eine andere Funktion,[14] wie der englische Begriff „nature" zeigt, der in Art. 18 Abs. 2 Buchstabe a MÜ keinen Niederschlag gefunden hat.[15] Die Angaben dienen zur Erfüllung von Verwaltungsvorschriften und zur Erleichterungen der Durchführung des Luftbeförderungsvertrages. Der Luftfrachtführer soll in der Lage sein, die zu befördernden Güter zu bezeichnen und kennzeichnen zu können. 6

Die **Angaben des Absenders**[16] sind entweder im Luftfrachtbrief ergänzend oder in einer Begleiturkunde aufzunehmen. Werden die Angaben in einer Begleiturkunde eingetragen, ist diese dem Luftfrachtführer vom Absender auszuhändigen. Das Erfordernis der Aushändigung scheint zwar nach dem Wortlaut nur eine physische Übergabe des Dokuments zuzulassen. Jedoch erscheint kein zwingender Grund ersichtlich, weshalb die Begleiturkunde nicht ebenso wie jede andere Aufzeichnung iSv Art. 4 Abs. 2 MÜ in elektronischer Form erstellt werden kann.[17] Die Angaben des Absenders zur „Art" der Güter unterliegen im Fall der Aufnahme in den Luftfrachtbrief oder in die Empfangsbestätigung über die Güter zwar nicht der Richtigkeitsvermutung des 7

---

10 FrankfKomm/*Müller-Rostin* übersieht, dass der Vorsitzende der Auslegung des guineischen Delegierten widersprochen hat, siehe oben Rdn. 2.

11 **AA** *Müller-Rostin* VersR **2001** 683, 685; *ders.* ZLW **2000** 36, 38, der die Vorschrift angesichts Art. 16 MÜ für überflüssig hält; ebenso Ebenroth/Boujong/*Pokrant*[5] Art. 6 MÜ Rn. 2; *Koller*[11] Art. 6 MÜ Rn. 1.

12 Vgl. zur Parallele § 413 HGB; statt vieler: *Koller*[11] § 413 HGB Rn. 12.

13 **AA** BeckOGK/*Förster* Art. 6 MÜ Rn. 5.

14 Ebenso FrankfKomm/*Müller-Rostin* Art. 6 MÜ Rn. 5.

15 Anders die deutsche amtliche Übersetzung, die von der Eigenart der Güter spricht.

16 Vgl. zum Begriff Art. 1 MÜ Rdn. 27.

17 Ebenso FrankfKomm/*Müller-Rostin* Art. 6 MÜ Rn. 6; BeckOGK/*Förster* Art. 6 MÜ Rn. 9.

Art. 11 MÜ. Jedoch unterliegen sie im Falle ihrer Unrichtigkeit, Ungenauigkeit oder Unvollständigkeit der Haftungssanktion des Art. 10 MÜ. Danach trifft den Absender eine verschuldensunabhängige, unbegrenzte Haftung für alle auf die Ungenauigkeit, Unvollständigkeit oder Unrichtigkeit adäquat kausal zurückzuführenden Folgeschäden.[18]

3. Notwendigkeit für Angaben zur Art der Güter

8 Die Notwendigkeit für Angaben zur Art der Güter ergibt sich meist aus der Einhaltung öffentlich-rechtlicher Vorschriften zur Abwicklung des Luftbeförderungsvertrages. Hierfür spielt die Natur des entsprechenden Gutes eine entscheidende Rolle. Die Begriffe „Vorschriften der Zoll-, der Polizei- oder anderer Behörden“ sind weit auszulegen.[19] In Betracht kommen neben Zolldeklaration, gefahrenabwehrrechtliche Verfügungen und Verordnungen. So folgt z.B. die Notwendigkeit für Angaben zur Art bestimmter Güter aus § 27 LuftVG. Danach bedarf die Beförderung von Stoffen und Gegenständen, die durch Rechtsverordnung als gefährliche Güter bestimmt sind, insbesondere Giftgase, Kernbrennstoffe und andere radioaktive Stoffe, mit Luftfahrzeugen der Erlaubnis. Bei solchen Gütern kann es für den Luftfrachtführer notwendig werden, Angaben zur Art. der Güter zu verlangen. Darüber hinaus können auch zur Einhaltung seuchenpolizei-, veterinär- oder devisenrechtlicher Vorgaben Informationen erforderlich sein. Die Vorschrift schweigt über den Zeitpunkt, bis zu dem die Angaben zu machen sind. Nach der ratio der Vorschrift sind die Angaben vor Beginn der Beförderung dem Luftfrachtführer zu machen.[20]

III. Haftungsausschluss zugunsten des Luftfrachtführers (Satz 2)

9 **Satz 2** hat nur Klarstellungsfunktion. Danach haftet der Luftfrachtführer nicht, wenn er nicht vom Absender die entsprechenden Angaben über das zu befördernde Gut verlangt. Für die Einhaltung der mit dem Transport verbundenen öffentlich-rechtlichen Vorschriften bleibt der Absender weiterhin verantwortlich. Eine Haftung des Luftfrachtführers kommt selbst dann nicht in Betracht, wenn er die Fehlerhaftigkeit der vom Absender gemachten Angaben zur Art. der Güter erkannt hat. Dafür spricht insbesondere der Rechtsgedanke, dass eine nicht geschuldete Handlung nicht allein durch die Kenntnis möglicher Folgen zu einer geschuldeten werden kann.[21] Dieser Regelungsgedanke steht im Einklang mit der in Art. 16 Abs. 2 MÜ getroffenen Aussage, dass den Luftfrachtführer hinsichtlich der Vollständigkeit und Richtigkeit der Auskünfte und Unterlagen keine Prüfungspflicht trifft. Eine Schadensersatzpflicht des Luftfrachtführers ist allenfalls in den engen Grenzen zu bejahen, in denen sich die Absicht des Luftfrachtführers auf eine Schädigung des Absenders bezieht.[22]

---

18 Vgl. Art. 10 MÜ Rdn. 16 ff.

19 Vgl. auch Art. 5 Nr. 3 Satz 2 ABB-Fracht **2023**: „[d]ie jeweilige Beförderung verstößt nicht gegen Gesetze (insbesondere Embargo- oder Import, Durchfuhr- und Exportkontrollvorschriften); insbesondere darf die Beförderung, Ausfuhr oder Einfuhr nicht durch Gesetze oder Bestimmungen eines Landes, von welchem, in welches oder über welches der Flug erfolgt, verboten sein, …“.

20 Ebenso FrankfKomm/*Müller-Rostin* Art. 6 MÜ Rn. 3; BeckOGK/*Förster* Art. 6 MÜ Rn. 7.

21 So auch bereits *Abraham*[3] I Art. 16 WA 1955 Anm. 3.

22 Im Ergebnis wohl auch FrankfKomm/*Müller-Rostin* Art. 6 MÜ Rn. 8.

Artikel 7 Luftfrachtbrief

1. **Der Luftfrachtbrief wird vom Absender in drei Ausfertigungen ausgestellt.**
2. **[1]Die erste Ausfertigung trägt den Vermerk „für den Luftfrachtführer"; sie wird vom Absender unterzeichnet. [2]Die zweite Ausfertigung trägt den Vermerk „für den Empfänger"; sie wird vom Absender und vom Luftfrachtführer unterzeichnet. [3]Die dritte Ausfertigung wird vom Luftfrachtführer unterzeichnet und nach Annahme der Güter dem Absender ausgehändigt.**
3. **Die Unterschrift des Luftfrachtführers und diejenige des Absenders können gedruckt oder durch einen Stempel ersetzt werden.**
4. **Wird der Luftfrachtbrief auf Verlangen des Absenders vom Luftfrachtführer ausgestellt, so wird bis zum Beweis des Gegenteils vermutet, dass der Luftfrachtführer im Namen des Absenders gehandelt hat.**

Article 7 Description of Air Waybill

1. *The air waybill shall be made out by the consignor in three original parts.*
2. *The first part shall be marked „for the carrier"; it shall be signed by the consignor. The second part shall be marked „for the consignee"; it shall be signed by the consignor and by the carrier. The third part shall be signed by the carrier who shall hand it to the consignor after the cargo has been accepted.*
3. *The signature of the carrier and that of the consignor may be printed or stamped.*
4. *If, at the request of the consignor, the carrier makes out the air waybill, the carrier shall be deemed, subject to proof to the contrary, to have done so on behalf of the consignor.*

Article 7 Description de la lettre de transport aérien

1. *La lettre de transport aérien est établie par l'expéditeur en trois exemplaires originaux.*
2. *Le premier exemplaire porte la mention „pour le transporteur"; il est signé par l'expéditeur. Le deuxième exemplaire porte la mention „pour le destinataire"; il est signé par l'expéditeur et le transporteur. Le troisième exemplaire est signé par le transporteur et remis par lui à l'expéditeur après acceptation de la marchandise.*
3. *La signature du transporteur et celle de l'expéditeur peuvent être imprimées ou remplacées par un timbre.*
4. *Si, à la demande de l'expéditeur, le transporteur établit la lettre de transport aérien, ce dernier est considéré, jusqu'à preuve du contraire, comme agissant au nom de l'expéditeur.*

Schrifttum

Georgiades Aperçu critique sur la lettre de transport aérien, RFDA **1966** 387–414; *Gran* Probleme der Luftfrachtspedition, TranspR **1996,** 138–142; *ders.* Die Beförderungsbedingungen im Luftfrachtverkehr, TranspR **1999** 173–188; *Grönfors* Verfügungsrecht und Kreditsicherheit beim Luftgütertransport ohne Dokument, Festschrift Alex Meyer, **1975** S. 103–113; *Müller-Rostin* Erfordernis der Novellierung der frachtrechtlichen Vorschriften des Warschauer Abkommens durch eine Ratifikation des Montrealer Protokolls Nr. 4, TranspR **1994** 321–326; *ders.* Neuregelungen im internationalen Luftfrachtverkehr: Montrealer Protokoll Nr. 4 und Montrealer Übereinkommen, TranspR **2000** 234–238; *Röbbert* Die internationale Luftrechtskonferenz in Montreal vom 3. bis 25. September 1975, ZLW **1976** 5–14; *Ruhwedel* Der Luftfrachtbrief, TranspR **1983** 1–5; *Schoner* Der Luftfrachtbrief, TranspR **1979,** 80–83; *Schweickhardt* Lettre de transport aérien ou connaissement aérien? RFDA **1951** 19–34.

https://doi.org/10.1515/9783110564945-008

Parallelvorschriften

Art. 6 WA 1955.

Übersicht

Alphabetische Übersicht

A. Allgemeines

I. Normzweck

Während Art. 5 MÜ lediglich den Inhalt und die Mindestangaben des Luftfrachtbriefs regelt, stellt Art. 7 MÜ die **Formalien** und **Ausstellungsmodalitäten** eines papiermäßigen Luftfrachtbriefs („lettre de transport aérien", „air waybill" – AWB) auf. Vorbehaltlich der in Artt. 5 und 7 MÜ genannten Inhalts- und Formvorschriften ist der Luftfrachtführer in Bezug auf die inhaltliche und äußere Gestaltung des Luftfrachtbriefs frei. Insbesondere schreibt das Montrealer Übereinkommen keine Verwendung eines Standardluftfrachtbriefs vor. In der Praxis hat sich ein von der IATA entwickeltes **Einheitsformular** durchgesetzt, das von nahezu allen Luftverkehrsgesellschaften selbst dann benutzt wird, wenn die Luftbeförderung nicht dem Montrealer Übereinkommen oder dem Warschauer Abkommen unterliegt.[1] 1

Absatz 1 verlangt die Ausstellung durch den Absender in drei Originalausfertigungen. **Absatz 2** enthält Einzelheiten über Bezeichnungen, Unterschriften und Verwendung der drei Ausfertigungen. **Absatz 3** schafft Ersatzmöglichkeiten für die Unterschriften. **Absatz 4** befasst sich mit dem Fall, dass der Luftfrachtbrief auf Verlangen des Absenders durch den Luftfrachtführer ausgestellt wird. 2

II. Entstehungsgeschichte

Die Vorschrift entspricht weitgehend Art. 6 WA 1955. Anders als Art. 6 Abs. 2 Satz 2 Hs 2 WA 1955 regelt Art. 7 MÜ hingegen nicht, dass die *zweite* Ausfertigung des Luftfrachtbriefs das Gut begleiten muss. Der Grund für das Fehlen einer entsprechenden Regelung liegt in der ausdrücklichen Anerkennung elektronischer Dokumente.[2] Da bei der Verwendung derartiger Dokumente keine Ausfertigung auf Papier vorliegt, die dem Gut beigegeben werden und dieses damit begleiten kann, und der Empfänger postalisch, per Fax oder einem anderen Kommunikationsmittel von der Sendung unterrichtet werden kann, verzichtet Art. 7 Abs. 2 MÜ auf die Normierung dieses Erfordernisses. Dabei lässt es allerdings unberücksichtigt, dass die das Gut begleitende Ausfertigung nicht selten zollrechtlichen Zwecken dient und eine Beschlagnahme des Gutes durch die Zollbehörde wegen Fehlens notwendiger Transportdokumente verhindern kann.[3] Die Regelung des Art. 7 Abs. 2 MÜ steht jedoch der Aufrechterhaltung der bisherigen Praxis, die zweite papiermäßige Ausfertigung dem Gut beizufügen, nicht entgegen.[4] 3

B. Luftfrachtbrief und seine Ausfertigungen

I. Luftfrachtbrief für die gesamte Sendung

Das Montrealer Übereinkommen sieht **drei gleichwertige[5] Ausfertigungen** vor, was sich sowohl aus dem englischen Begriff „original parts" und dem französischen Begriff „exemplaires originaux" ergibt: die *erste* für den Luftfrachtführer (Luftfrachtführerausfertigung), die *zweite* für den Empfänger (Empfängerausfertigung), die *dritte* für den Absender (Absenderausfertigung; Luftfrachtbriefdritt). Der Luftfrachtbrief muss nicht als solcher bezeichnet werden. Maßgebend ist allein, dass das Dokument den Mindestanforderungen des Art. 5 MÜ genügt (vgl. auch unten 4

1 FrankfKomm/*Müller-Rostin* Art. 7 MÜ Rn. 1; Ebenroth/Boujong/*Pokrant*[5] Art. 7 MÜ Rn. 1.
2 Vgl. die Denkschrift zum MÜ in BT-Drucks. **15/2285**, S. 38.
3 Ebenso *Ruhwedel*[3] Luftbeförderungsvertrag Rn. 283; *ders.* TranspR **1983** 1, 2.
4 Vgl. die Denkschrift zum MÜ in BT-Drucks. **15/2285**, S. 38.
5 FrankfKomm/*Müller-Rostin* Art. 7 MÜ Rn. 4; *Schoner* TranspR **1979** 80.

Rn. 17).[6] Wenngleich auch das Montrealer Übereinkommen ebenso wenig wie das Warschauer Abkommen keine Verpflichtung zur Verwendung eines Standardformulars vorschreibt, so hat sich ein solches doch unter dem Einfluss der IATA ausgeprägt. Das als Muster von der IATA erarbeitete Einheitsdokument wird zwischenzeitlich von allen der IATA angehörenden Luftverkehrsgesellschaften verwandt.[7] In der Praxis sind Durchschreibesätze üblich; der Durchschreibesatz eines Luftfrachtbriefes enthält in der Regel 8 oder sogar 12 teilweise verschiedenfarbige Durchschriften, die im unteren Rand als Original 1 (for issuing carrier), Original 2 (for consignee) oder Original 3 (for shipper) bezeichnet werden, als **Originalexemplare** gelten.[8] Werden mehr als drei Ausfertigungen verwendet, führt dies jedoch nicht zur Nichtigkeit des Luftfrachtvertrags oder den einzelnen Luftfrachtbriefausfertigungen. Die Mindestangaben nach Art. 5 MÜ sind auf den Ausfertigungen einzutragen; ihr Fehlen auf den weiteren Durchschriften ist hingegen unschädlich.[9]

5 Den verschiedenen Ausfertigungen kommen unterschiedliche Bedeutungen zu. Alle drei können **Beweisfunktionen** übernehmen. Die Luftfrachtführerausfertigung ist Beweisurkunde des Luftfrachtführers, insbesondere für seine Rechte[10] und stellt zugleich das Angebot des Absenders auf Abschluss eines Luftbeförderungsvertrags dar.[11] Die zweite Ausfertigung kann vor allem zur Begründung von Ansprüchen gegen den Empfänger dienen, dem sie normalerweise übergeben werden muss.[12] Mit der Unterzeichnung der zweiten Ausfertigung durch den Absender und den Luftfrachtführer kommt spätestens der Luftbeförderungsvertrag zustande.[13] Die Absenderausfertigung kann als Sperrpapier nach 12 Abs. 3 MÜ verwendet werden.

II. Mehrere Teilluftfrachtbriefe für eine Sendung

6 Nach Art. 8 MÜ besteht die Möglichkeit, für Beförderungen mehrerer Frachtstücke Teilluftfrachtbriefe für die vom Luftfrachtvertrag umfasste Sendung auszustellen. Durch diese Möglichkeit können die einzelnen Frachtstücke für Handelszwecke gesondert dokumentiert werden. Ob ein Luftfrachtbrief oder mehrere Teilluftfrachtbriefe ausgestellt wurden, kommt bei der Ausübung des Verfügungsrechts nach Artt. 12 und 13 MÜ[14] praktische Bedeutung zu.

III. Luftfrachtbriefdritt

7 Eine besonders **wirtschaftliche** und auch **rechtliche Bedeutung** kommt der Absenderausfertigung, dem sog. **Luftfrachtbriefdritt**, zu.[15] Die dritte Ausfertigung ist vom Luftfrachtführer zu unterzeichnen oder zu stempeln; eine Unterzeichnung durch den Absender ist für die Beweiswirkung der Absenderausfertigung nicht erforderlich.[16] Die Absenderausfertigung dokumentiert nicht nur den Abschluss des Luftbeförderungsvertrages, sondern auch gleichzeitig die Inempfangnahme eines bestimmten Gu-

---

6 Ebenso *Koller*[11] Art. 7 MÜ Rn. 1; Ebenroth/Boujong/*Pokrant*[5] Art. 7 MÜ Rn. 3.

7 Vgl. auch *Gran* TranspR **1999** 173 ff.; *Ruhwedel* TranspR **1983** 1 f.

8 BeckOGK/*Förster* Art. 7 MÜ Rn. 5; *Ruhwedel*[3] Luftbeförderungsvertrag Rn. 281; *Georgiades* RFDA **1966** 387, 391; *Schweickhardt* RFDA **1951** 19, 23.

9 FrankfKomm/*Müller-Rostin* Art. 7 MÜ Rn. 4.

10 Ebenso MünchKommHGB/*Müller-Rostin*[5]Art. 7 MÜ Rn. 7.

11 Ebenso BeckOGK/*Förster* Art. 7 MÜ Rn. 7; beachte auch Art. 3 Nr. 7 Satz 2 ABB-Fracht **2023**, wonach der Luftfrachtführer Luftfrachtbriefe, deren Eintragungen abgeändert oder radiert sind, nicht anzunehmen braucht.

12 Vgl. Art. 13 MÜ Rdn. 12.

13 Ebenso MünchKommHGB/*Müller-Rostin*[5] Art. 7 MÜ Rn. 8.

14 Vgl. Art. 13 MÜ Rdn. 9.

15 Vgl. auch Hartenstein/Reuschle/*Müller-Rostin* Kap. 13 Rn. 38; Ebenroth/Boujong/*Pokrant*[5] Art. 7 MÜ Rn. 8; MünchKommHGB/*Müller-Rostin*[5] Art. 7 MÜ Rn. 12.

16 OLG Hamm, Urt. v. 24.10.2002 – 18 U 104/01 – TranspR **2003** 201, 202; FrankfKomm/*Müller-Rostin* Art. 7 MÜ Rn. 9; *Koller*[7] Art. 5–11 WA 1955 Rn. 15.

tes durch den Luftfrachtführer. Sie ist vom Luftfrachtführer dem Absender nach Annahme des Gutes auszuhändigen und dient insofern als Empfangsbestätigung.[17] Gem. Art. 12 Abs. 3 MÜ kann der Absender über das Gut nur dann disponieren, wenn er dem Luftfrachtführer das Luftfrachtbriefdritt vorlegen kann. Insoweit kommt dem Luftfrachtbriefdritt eine **Legitimationsfunktion** für seinen Besitzer und für alle anderen Personen eine entsprechende **Sperrfunktion** zu.[18] Daneben kann die Absenderausfertigung gegenüber Banken auch zur **Kreditsicherung**, z.B. als Dokumenten-Akkreditiv, eingesetzt werden.[19] Voraussetzung hierfür ist jedoch, dass das Luftfrachtbriefdritt den Empfangsstempel oder die Unterschrift des Luftfrachtführers oder seines Bevollmächtigten trägt. In rein tatsächlicher Hinsicht nimmt das Luftfrachtbriefdritt kreditsichernde Aufgaben wahr, die im Seehandelsverkehr ihre Parallele im Konnossement findet. Das Luftfrachtbriefdritt steht jedoch in rechtlicher Hinsicht weder dem Konnossement noch einem Inhaber- oder Orderpapier gleich.[20] Denn das Luftfrachtbriefdritt repräsentiert weder die Ware als solche noch verbrieft es den Herausgabeanspruch auf diese selbst.[21] In rechtlicher Hinsicht gleicht das Luftfrachtbriefdritt vielmehr dem Frachtbriefdoppel des Eisenbahnverkehrs.[22] Die Übergabe des Luftfrachtbriefdritts steht daher nicht der Übergabe des Guts gleich, sondern ist nur ein Indiz dafür, dass der vertragliche Herausgabeanspruch des Absenders gegenüber dem Luftfrachtführer abgetreten worden und auf diese Weise das Eigentum übergegangen ist.

C. Grundsätzliche Voraussetzungen und Wirkungen des Luftfrachtbriefs

I. Absender als Aussteller

Anders als in der CMR[23] weist das Montrealer Übereinkommen die Aufgabe der Ausstellung des Luftfrachtbriefs grundsätzlich dem Absender, der über die maßgeblichen Daten verfügt, zu. Im Gegensatz zum Beförderungsschein für die Reisenden ist im Güterluftverkehr der **Absender** nach **Absatz 1 ausstellungsverpflichtet**.[24] Praktisch kommt es jedoch nicht selten vor, dass der Luftfrachtbrief anstelle vom Absender vom Luftfrachtführer oder seinen Leuten, idR. nach den Angaben des Absenders ausgefüllt wird. So sehen die ABB-Fracht (2011) in Art. 3 Nr. 1 Satz 3 vor, dass „die Fracht und gegebenenfalls festgesetzte Gebühren ... der Luftfrachtfrachtführer in den Luftfrachtbrief einsetzen bzw. einsetzen lassen [muss]". **Absatz 4** stellt für diesen Fall eine widerlegliche Vermutung auf, dass der Luftfrachtführer im Namen des Absenders gehandelt hat. 8

II. Zeitpunkt der Unterzeichnung

Das Montrealer Übereinkommen trifft keine Aussage darüber, wann der Absender den Luftfrachtbrief zu unterzeichnen hat. Der Luftfrachtbrief kann während, vor oder nach der Übernahme des Gutes ausgestellt werden. Aus Beweisgründen sollte der Luftfrachtbrief bereits bei der Übergabe des 9

17 *Ruhwedel*[3] Luftbeförderungsvertrag Rn. 285.
18 *Ruhwedel*[3] Luftbeförderungsvertrag Rn. 299; *ders.* TranspR **1983** 1, 5.
19 BGH, Urt. v. 19.3.1976 – I ZR 75/74, NJW **1976,** 1583 (1584); FrankfKomm/*Müller-Rostin* Art. 7 MÜ Rn. 8; MünchKommHGB/*Müller-Rostin*[5] Art. 4 MÜ Rn. 21, Art. 7 MÜ Rn. 8; *Ruhwedel*[3] Luftbeförderungsvertrag Rn. 299; *ders.* TranspR **1983** 1, 5.
20 Siehe auch Art. 4 MÜ Rdn. 3.
21 *Basedow* S. 363; Ebenroth/Boujong/*Pokrant*[5] Art. 7 MÜ Rn. 9.
22 MünchKommHGB/*Kronke* Art. 5 WA 1955 Rn. 8; *Ruhwedel*[3] Luftbeförderungsvertrag Rn. 299.
23 Vgl. hierzu *Reuschle* Art. 5 CMR Rn. 4.
24 Vgl. auch FrankfKomm/*Müller-Rostin* Art. 7 MÜ Rn. 3.

Gutes unterschrieben sein; denn nur die Aushändigung unterschriebener Dokumente ist sinnvoll.[25] Alle drei Originale des Luftfrachtbriefs sind zu unterzeichnen (siehe auch unten Rdn. 19, 21).[26]

III. Mindestinhalt

10 Der Mindestinhalt eines Luftfrachtbriefs ist im Montrealer Übereinkommen nicht vollständig festgelegt. Art. 5 MÜ nennt als **Mindestangaben** nur die Angabe des Abgangs- und Bestimmungsorts, gegebenenfalls die Angabe von Zwischenlandepunkten sowie die Angabe des Gewichts der Sendung. Gleichwohl muss der Luftfrachtbrief, um gültig zu sein, über die in Art. 5 MÜ genannten Angaben hinaus Informationen enthalten, die eine Individualisierung der Beförderung erlauben.[27] Dazu zählen Angaben zur Person des Absenders,[28] des Luftfrachtführers und des Empfängers.

IV. Sprache

11 Der von den Luftverkehrsunternehmen verwandte standardisierte IATA-Luftfrachtbrief ist in englischer Sprache abgefasst. Eine Übersetzung in die Landessprache steht regelmäßig zur Verfügung. Das Montrealer Übereinkommen behandelt Probleme der Vertrags- bzw. der Vertragsurkundensprache nicht.[29] Insoweit ist auf das für den Vertragsschluss maßgebliche Recht zurückzugreifen und dieses darauf zu untersuchen, ob es einschlägige gesetzliche oder richterrechtliche Regeln kennt. Die Abfassung von Luftfrachtbriefen in der Landessprache mag bei Abschluss des Beförderungsvertrags mit einem Nichtkaufmann oder einem Verbraucher[30] von Bedeutung sein.

V. Rechtsnatur und Wirkungen

12 Der Luftfrachtbrief („air waybill" oder „lettre de transport aérien") ist international wie innerdeutsch,[31] betrachtet das den Luftbeförderungsvertrag dokumentierende Papier. Funktional betrachtet fasst der Luftfrachtbrief alle für die Beteiligten des Luftbeförderungsvertrags wichtigen und ihren Gütertransport betreffenden Daten in einem gesonderten Schriftsstück zusammen.[32] Die Rechtsnatur des Luftfrachtbriefs ist nicht an das Modell des seerechtlichen Konnossements[33] sondern an das **Modell des landfrachtrechtlichen Frachtbriefs**[34] angelehnt.[35] Daraus folgt vor allem, dass der Luftfrachtbrief kein begebbares Wertpapier ist,[36] ihm die **Legitimationsfunktion** (Verbriefung des Herausgabeanspruchs auf das Gut) und die **Traditionsfunktion** (Repräsentation

---

25 FrankfKomm/*Müller-Rostin* Art. 7 MÜ Rn. 10; *Koller*[7] Art. 5–11 WA 1955 Rn. 4 aE.

26 FrankfKomm/*Müller-Rostin* Art. 7 MÜ Rn. 9.

27 FrankfKomm/*Müller-Rostin* Art. 8 WA 1955 Rn. 7; Ebenroth/Boujong/Joost/*Gass* Art. 8 WA 1955 Rn. 8, 9; *Koller*[7] Artt. 5–11 WA 1955 Rn. 8.

28 BGH, Urt. v. 21.9.2000 – I ZR 135/98 – TranspR **2001** 29, 30 (Shipper, consignor).

29 MünchKommHGB/*Kronke* Art. 6 WA 1955 Rn. 8.

30 Vgl. *de Juglart* Traité de droit aérien I Rn. 2611.

31 Siehe §§ 407 Abs. 3 Nr. 1, 408 Abs. 2 HGB.

32 Hierzu OLG Karlsruhe, Urt. v. 25.2.2005 – 15 U 23/03 – TranspR **2005** 367, 368, wobei das OLG übersieht, dass der Luftfrachtbrief nicht nur das Verhältnis zwischen dem Absender und dem Luftfrachtführer dokumentiert, sondern auch etwaige Ansprüche gegen den Empfänger.

33 Vgl. §§ 642 ff. HGB.

34 Vgl. § 407 HGB.

35 Vgl. *Basedow* S. 361 ff.; *Grönfors* FS Alex Meyer, **1975** S. 103; MünchKommHGB/*Kronke* WA Art. 5 1955 Rn. 8; *Matte* Int. Encycl. Comp. L. XII **1982** S. 41; *Ruhwedel* TranspR **1983** 1, 5.

36 Vgl. auch MünchKommHGB/*Müller-Rostin*[5] Art. 4 MÜ Rn. 17; Ebenroth/Boujong/*Pokrant*[5] Art. 7 MÜ Rn. 9; BeckOGK/*Förster* Rn. 8.

des Gutes) fehlen. Ungeachtet dessen sind die Funktionen des Luftfrachtbriefs vielfältig: vor allem als Beweispapier in Bezug auf Abschluss und Inhalt des Beförderungsvertrages (**Beweisfunktion**),[37] als Quittung für die Übernahme des Guts durch den Luftfrachtführer (**Quittungsfunktion**),[38] als Sperrpapier,[39] als Voraussetzung für die Ausübung des Weisungsrechts und die Empfängerrechte, als Träger rechtsbegründender Eintragungen (**Datenträgerfunktion für Mitteilungen** etc.).[40]

1. Bedeutung des Luftfrachtbriefs für den Vertragsschluss

Rechtnatur und Rechtswirkungen des Luftfrachtbriefs entsprechen allgemeinen frachtrechtlichen Grundsätzen. Da das Montrealer Übereinkommen auch im Frachtbriefrecht keine lückenlosen Regelungen trifft, ist an verschiedenen Stellen nationales Recht ergänzend anzuwenden. Daher gilt, wenn das Vertragsstatut nach IPR deutsches Recht ist, vor allem das HGB.[41] 13

2. Der Luftbeförderungsvertrag als Konsensualvertrag; Entbehrlichkeit des Luftfrachtbriefs

Nach Art. 9 MÜ hat die Nichtbeachtung der Vorschriften über den Luftfrachtbrief, d.h. das Fehlen, die Mangelhaftigkeit oder der Verlust des Luftfrachtbriefs, keinen Einfluss auf die Gültigkeit des Beförderungsvertrags. Der Luftbeförderungsvertrag ist daher kein formgebundener Vertrag, sondern als **formfreier Konsensualvertrag** in Literatur und Rechtsprechung anerkannt.[42] Er unterliegt daher auch bei Nichtausstellung eines Luftfrachtbriefs oder bei mangelhafter Ausstellung eines Luftfrachtbriefs dem Montrealer Übereinkommen. 14

Der Luftfrachtbrief ist in erster Linie Beweisurkunde.[43] Die Angaben über die Parteien und den Inhalt des Luftbeförderungsvertrags begründen nur widerlegliche Vermutungen; auch eine im Luftfrachtbrief nicht eingetragene Person kann Luftfrachtführer, Absender oder Empfänger sein. Die umfangreichen, vor allem beweisrechtlichen Funktionen sprechen auch heute noch für die Ausstellung eines Luftfrachtbriefs oder eine diesen ersetzende Empfangsbestätigung iSv. Art. 4 Abs. 2 Satz 2 MÜ. 15

3. Der Luftfrachtbrief als Sperrpapier

Nach Art. 12 Abs. 3 MÜ dient der Luftfrachtbrief auch dazu, weitere Verfügungen über das Gut zu verhindern; seine Vorlage ist für wirksame neue Verfügungen grundsätzlich erforderlich. Fehlt er gänzlich, entfallen diese Möglichkeiten. Ohne Luftfrachtbrief oder eine diesen ersetzende Empfangsbestätigung iSv. Art. 4 Abs. 2 Satz 2 MÜ gibt es die Sperrwirkung für Dispositionen des Absenders nicht.[44] 16

---

37 Siehe Art. 11 MÜ; zum WA: BGH, Urt. v. 15.11.1988 – IX ZR 11/88 – NJW **1989** 252, 253 = TranspR **1989** 151, 153; *Schweickhardt* RFDA **1951** 19, 20 f.

38 Vgl. *Schweickhardt* RFDA **1951** 19, 20 ff.

39 Siehe Art. 12 MÜ.

40 Siehe Art. 15 Abs. 2 MÜ.

41 Insbesondere §§ 407 ff. HGB.

42 BGH, Urt. v. 19.3.1976 – I ZR 75/74 – NJW **1976** 1583, 1584 = VersR **1976** 778; Ebenroth/Boujong/*Pokrant*[5] vor Art. 1 MÜ Rn. 31; *Koller*[7] vor Art. 1 Rn. 7 WA 1955; MünchKommHGB/*Müller-Rostin*[5] Art. 1 MÜ Rn. 12; *Ruhwedel*[3] Luftbeförderungsvertrag Rn. 1.

43 BGH, Urt. v. 15.11.1988 – IX ZR 11/88 – NJW **1989** 252, 253 = TranspR **1989** 151, 153.

44 Ebenso Ebenroth/Boujong/*Pokrant*[5] Art. 7 MÜ Rn. 16.

D. Gültiger Luftfrachtbrief

I. Voraussetzungen

17 Die im Montrealer Übereinkommen geregelten Wirkungen kann nur ein vollgültiger Luftfrachtbrief erbringen. Wann überhaupt ein Luftfrachtbrief gegeben ist, wird vom MÜ nicht geregelt. Eine gesetzliche Regelung dieses Dokuments findet sich im nationalen deutschen Luftrecht nicht. Wie aber für den Luftbeförderungsvertrag allgemein bei Anwendbarkeit deutschen Rechts die Vorschriften der §§ 407 ff. HGB entsprechend heranzuziehen sind, so lässt sich auch für den Luftfrachtbrief selbst die Vorschrift des § 408 Abs. 2 HGB entsprechend anwenden. Diese Rückgriffsmöglichkeit auf nationales Recht darf jedoch nicht überbewertet werden. Unter dem Einfluss der Artt. 5 ff. WA 1955 und auf Veranlassung der IATA ist für den Luftfrachtbrief ein Einheitsdokument („IATA-Luftfrachtbrief") entwickelt worden, das weltweit von allen Luftverkehrsunternehmen verwendet wird.

1. Identität der drei Ausfertigungen

18 Gem. Art. 7 Abs. 1 MÜ ist der Luftfrachtbrief in drei Ausfertigungen auszustellen. Die Ausfertigungen müssen identische Angaben enthalten. Bei einer – aufgrund des Durchschreibeverfahrens selten eintretenden – Nichtübereinstimmung der drei Ausfertigungen soll nach hM in der Literatur die zweite Ausfertigung, die sowohl vom Absender als auch vom Luftfrachtführer unterzeichnet wurde – maßgebend sein.[45] Dieser Auffassung ist aufgrund des klaren Wortlauts der Vorschrift zu widersprechen. Die französische Fassung verwendet bewusst „la lettre de transport aérien" im Singular, die in drei Ausfertigungen (trois exemplaires originaux) auszustellen ist.[46] Gleiches gilt für die englische Fassung. Insofern fehlt es stets dort, wo zu wenige oder unterschiedliche Ausfertigungen ausgestellt wurden, am Erfordernis der drei Originalausfertigungen. Zwar ist die Nichtbeachtung der Bestimmungen über den Luftfrachtbrief nach Art. 9 MÜ nicht mehr mit Sanktionen belegt, so dass ein unvollständig ausgefüllter Luftfrachtbrief keinen Einfluss auf Bestand oder Wirksamkeit des Beförderungsvertrags hat. Die **Abweichung** der **Originalfassungen** hat jedoch zur Folge, dass mangels Vorliegens eines gültigen Luftfrachtbriefs Art. 11 MÜ nicht angewandt werden kann. Insoweit ist auf nationale Beweisvorschriften zurückzugreifen, die gegebenenfalls schärfer ausgestaltet sind.

2. Unterzeichnung

19 Nach Art. 7 Abs. 2 MÜ ist die erste Ausfertigung für den Luftfrachtführer vom Absender, die zweite Ausfertigung vom Luftfrachtführer und vom Absender und die dritte Ausfertigung für den Absender vom Luftfrachtführer zu unterzeichnen. Neben der eigenhändigen Unterschrift erlaubt das MÜ nach **Absatz 3** Surrogate. So kann die **Unterschrift** des Luftfrachtführers oder diejenige des Absenders sowohl **gedruckt** als auch durch einen **Stempel**, z.B. einen Faksimilie- oder Firmenstempel,[47] **ersetzt** werden. Teilweise wird eine Unterschriftsleistung mit Schreibmaschine oder Computerausdruck wegen Fälschungsgefahr für nicht statthaft gehalten.[48] Tatsächlich sind diese Verfahren vom Wortlaut des Absatzes 3 nicht gedeckt. Auch ein Rückgriff auf Art. 4 Abs. 2 MÜ, der neben dem herkömmlichen Luftfrachtbrief auch zeitsparende und den Transport beschleunigende

---

45 FrankfKomm/*Müller-Rostin* Art. 11 MÜ Rn. 5. Zum WA: *Abraham*[3] I Art. 6 WA 1955 Anm. 3; MünchKommHGB/*Kronke* Art. 11 WA 1955 Rn. 5.

46 Zutreffend *Koller*[7] Artt. 5–11 WA 1955 Rn. 3; *Koffka/Bodenstein/Koffka* Art. 11 WA 1929 Rn. 1.

47 BeckOGK/*Förster* Art. 7 MÜ Rn. 10; *Koller*[11] Art. 7 MÜ Rn. 4.

48 *Koller*[7] Artt. 5–11 WA 1955 Rn. 4.

andere Aufzeichnungsmöglichkeiten zulässt, hilft hier nicht unbedingt weiter: Denn diese „anderen Aufzeichnungsmöglichkeiten" sind einem Luftfrachtbrief nicht völlig gleichgestellt, was gerade die Beweiswirkung anbelangt:[49] Nach Art. 11 MÜ begründen nur der Luftfrachtbrief und eine Empfangsbestätigung, nicht dagegen die bloße andere Aufzeichnung, wie z.B. der Computerausdruck, Beweis für den Abschluss und Inhalt des Beförderungsvertrags. Ungeachtet dessen enthält das MÜ keine Sanktionspflichten, wenn eine Unterschrift mittels Schreibmaschine oder Computerausdruck geleistet werden. Der Absender, welcher einen Computerausdruck oder einen Faksimile-Stempel verwendet, hat zu beweisen, dass das bedruckte Dokument von ihm stammt.

3. Stellvertretung

Nach Art. 4 Abs. 1 MÜ kann der Luftfrachtführer vom Absender die Ausstellung eines Luftfrachtbriefs verlangen. Dass Aussteller der Absender und nicht der Luftfrachtführer ist, macht Sinn. Denn nur ersterer ist in der Lage, die für den Transport notwendigen Angaben und Daten zu liefern.[50] Aus diesem Grunde besitzen viele als Absender fungierende Speditionsunternehmen einen Vorrat an Luftfrachtbriefblanketten einzelner Luftverkehrsgesellschaften. In der Praxis kommt es jedoch ebenfalls häufig vor, dass der Luftfrachtführer auf Verlangen des Absenders den Luftfrachtbrief ausstellt. Dies ist beispielsweise der Fall, wenn der Absender eine Privatperson ist und kein Speditionsunternehmen bei der Beförderung des Gutes zwischengeschaltet wurde. Da es sich bei den Eintragungen um Angaben des Absenders handelt, besteht die Vermutung nach Absatz 4, dass der Luftfrachtführer im Innenverhältnis als Beauftragter des Absenders,[51] im Außenverhältnis als dessen Stellvertreter gehandelt hat. Die Voraussetzungen und Folgen aus den jeweiligen Rechtsverhältnissen richten sich grundsätzlich nach dem anwendbaren nationalen Recht.[52] Macht der Absender Ansprüche gegenüber dem Luftfrachtführer wegen fehlerhaft ausgefülltem Frachtbrief geltend, so kann sich der Luftfrachtführer darauf berufen, dass der Luftfrachtbrief als vom Absender ausgestellt gilt.[53] Allerdings kann der Absender, ohne dass er das Auftragsverhältnis als solches bestreitet, mangelhafte Ausführung des Auftragsverhältnisses geltend machen.[54] Anders als das Warschauer Abkommen enthält das Montrealer Übereinkommen in Art. 10 Abs. 3 MÜ eine vereinheitlichte Regelung über die Skripturhaftung:[55] Danach haftet der Luftfrachtführer verschuldensunabhängig für die falsche Ausstellung einer Empfangsbestätigung oder einer sonstigen Aufzeichnung iSv. Art. 4 Abs. 2 MÜ. Diese Regelung ist insoweit unvollständig, als sie die fehlerhafte Eintragung von Angaben im Luftfrachtbrief durch den Luftfrachtführer nicht erwähnt. Die Vorschrift trägt dabei der Tatsache Rechnung, dass die in Art. 4 Abs. 2 eingeführten alternativen Frachtdokumente durch den Luftfrachtführer erstellt werden und dieser Herr der Datenverarbeitungsanlage und des Verfahrens der Eingabe und der Datenpflege ist.[56] Insofern ist die Interessenlage dieselbe, wenn der Luftfrachtführer auf Verlangen des Absenders einen papiermäßigen Luftfrachtbrief fehlerhaft ausfüllt und dieser Fehler nicht dem Absender zugerechnet werden kann. Art. 10 Abs. 3 MÜ kann insofern entsprechend angewandt werden; ein Rückgriff auf das anwendbare nationale Recht kommt insoweit nicht in Betracht.[57] **20**

49 Vgl. Denkschrift zum MÜ BT-Drucks. **15/2285**, S. 38.
50 FrankfKomm/*Müller-Rostin* Art. 7 MÜ Rn. 12.
51 FrankfKomm/*Müller-Rostin* Art. 7 MÜ Rn. 12; so bereits zum WA: OLG Frankfurt am Main, Urt. v. 20.4.1989 – 1 U 34/88 – ZLW **1989**, 381 (382); OLG München – 23 U 6113/98 – ZLW **2000** 118, 121; MünchKommHGB/*Kronke* Art. 6 WA 1955 Rn. 6.
52 FrankfKomm/*Müller-Rostin* Art. 7 MÜ Rn. 12; zum WA: *Guldimann* Art. 6 WA 1955 Rn. 16.
53 Vgl. US DC, Urt. v. 23.10.1989 – *Confeccoes Textesis de Vouzela v. Space Tech Inc* – **22** Avi 17.494, 496.
54 So OLG Frankfurt am Main, Urt. v. 20.4.1989 – 1 U 34/88 – ZLW **1989** 381, 382.
55 Dies wird wohl übersehen von FrankfKomm/*Müller-Rostin* Art. 7 MÜ Rn. 12; MünchKommHGB/*Müller-Rostin*[5] Art. 7 MÜ Rn. 14.
56 Vgl. Denkschrift zum MÜ BT-Drucks. **15/2285**, S. 39.
57 **AA** FrankfKomm/*Müller-Rostin* Art. 7 MÜ Rn. 12; MünchKommHGB/*Müller-Rostin*[5] Art. 7 MÜ Rn. 14.

II. Fehlende Unterschriften

21 Im Gegensatz zur CMR müssen nicht alle Ausfertigungen vom Absender und vom Luftfrachtführer unterzeichnet werden.[58] Vielmehr reicht es nach Art. 7 Abs. 2 Satz 3 MÜ aus, dass die dritte der drei vom Absender ausgestellten Ausfertigungen des Luftfrachtbriefs vom Luftfrachtführer (das Luftfrachtbriefdritt) unterzeichnet und nach Annahme des Gutes dem Absender ausgehändigt wird. Eine Unterschrift auch des Absenders ist dann für die Beweiswirkung des Luftfrachtbriefs nicht erforderlich. Beruft sich dagegen der Luftfrachtführer auf die Angaben der Luftfrachtführerausfertigung, so ist erforderlich, dass diese vom Absender zumindest unterzeichnet wurde.

III. Fehlen des Luftfrachtbriefs

22 Fehlt der Luftfrachtbrief völlig oder wurde er überhaupt nicht ausgestellt, kommt die Anwendung der Vorschriften, die ihn oder sie voraussetzen, nicht in Betracht; so etwa seine geregelte Beweiswirkung nach Art. 11 MÜ oder Sperrwirkung nach Art. 12 Abs. 3 MÜ.

E. Haftung des Luftfrachtführers und des Absenders

23 Macht der Luftfrachtführer von sich aus eigene Eintragungen in den Luftfrachtbrief, der die Unterschrift des Absenders trägt, stellt dies eine Verfälschung des Luftfrachtbriefs dar. Insoweit wird man den Luftfrachtführer nicht nach nationalem anwendbarem Recht, sondern nach der unvollständig geregelten Skripturhaftung des Art. 10 Abs. 3 MÜ haften lassen. Es ist von der Interessenlage kein Unterschied erkennbar, ob der Luftfrachtführer eine Empfangsbestätigung nach Art. 4 Abs. 2 MÜ unrichtig, ungenau oder unvollständig ausfüllt oder ob er einen papiermäßigen Luftfrachtbrief fahrlässig (vgl. oben Rdn. 20) oder vorsätzlich falsch ausfüllt und der Angabefehler dem Absender nicht zurechenbar ist. Kann der Absender indes die fehlende Zurechenbarkeit des Angabefehlers nicht widerlegen, so haftet er nach Art. 10 MÜ ohne Rücksicht auf sein eigenes Verschulden.[59]

24 Der Absender haftet für die Richtigkeit, die Genauigkeit und Vollständigkeit der Angaben im Luftfrachtbrief nach Art. 10 Abs. 1 und 2 MÜ. Hat der Absender den Luftfrachtbrief unrichtig, ungenau oder unvollständig ausgefüllt, so entfallen seine Ansprüche und die Ersatzansprüche des Empfängers nach Art. 10 Abs. 3 MÜ gegen den Luftfrachtführer.

---

58 FrankfKomm/*Müller-Rostin* Art. 7 MÜ Rn. 9; zum WA: OLG Hamm, Urt. v. 24.10.2002 – 18 U 104/01 – TranspR **2003** 201, 202; **aA** *Koller*[11] Art. 7 MÜ Rn. 1, der von der Ungültigkeit des Luftfrachtbriefs ausgeht, wenn eine der Unterschriften fehlt.

59 Ebenso Ebenroth/Boujong/*Pokrant*[5] Art. 7 MÜ Rn. 17.

Artikel 8 Mehrere Frachtstücke

Handelt es sich um mehrere Frachtstücke,
a) so kann der Luftfrachtführer vom Absender die Ausstellung einzelner Luftfrachtbriefe verlangen;
b) so kann der Absender vom Luftfrachtführer die Aushändigung einzelner Empfangsbestätigungen verlangen, wenn andere Aufzeichnungen im Sinne des Artikels 4 Absatz 2 verwendet werden.

Article 8 *Documentation for Multiple Packages*

When there is more than one package:
a) the carrier of cargo has the right to require the consignor to make out separate air waybills;
b) the consignor has the right to require the carrier to deliver separate cargo receipts when the other means referred to in paragraph 2 of Article 4 are used.

Article 8 Documents relatifs à plusieurs colis

Lorsqu'il y a plusieurs colis:
a) le transporteur de marchandises a le droit de demander à l'expéditeur l'établissement de lettres de transport aérien distinctes;
b) l'expéditeur a le droit de demander au transporteur la remise de récépissés de marchandises distincts, lorsque les autres moyens visés au paragraphe 2 de l'article 4 sont utilisés.

Schrifttum

Vgl. zu Art. 7 MÜ.

Parallelvorschriften

Art. 7 WA 1955.

Übersicht

https://doi.org/10.1515/9783110564945-009

A. Allgemeines

I. Normzweck

1 Die Vorschrift regelt, wie die Beförderung mehrerer Frachtstücke zu dokumentieren ist. Nach der Vorschrift besteht die Möglichkeit, für die vom Luftbeförderungsvertrag umfasste Sendung mehrere Teilluftfrachtbriefe oder bei Verwendung alternativer Frachtdokumente iSv. Art. 4 Abs. 2 mehrere Empfangsbestätigungen auszustellen. Die Regelung entspricht einem Bedürfnis der Praxis: Zum einen gewinnt die Vorschrift Bedeutung in Fällen, in denen der Luftfrachtführer nicht in der Lage ist, die Sendung in ihrer Gesamtheit im Luftfahrzeug zu befördern. Zum anderen kann eine Aufteilung der Sendung auf mehrere Frachtstücke dann geboten sein, wenn anderenfalls der Wert der Sendung so hoch wäre, dass der Luftfrachtführer gezwungen wäre, die Beförderung mangels ausreichender Haftpflichtversicherungsdeckung abzulehnen.[1]

II. Entstehungsgeschichte

2 Die Vorschrift entspricht Art. 7 WA 1955, soweit sie das Recht des Luftfrachtführers regelt, vom Absender die Ausstellung mehrerer Teilluftfrachtbriefe zu verlangen (Buchstabe a).[2] Abweichend von Art. 7 WA 1955 berücksichtigt sie jedoch zusätzlich die Möglichkeit, dass an die Stelle eines Luftfrachtbriefs auf Papier auch eine andere, insbesondere elektronisch erstellte Aufzeichnung iSv. Art. 4 Abs. 2 MÜ treten kann (Buchstabe b).

B. Recht des Luftfrachtführers auf Ausstellung mehrerer Teilluftfrachtbriefe (Buchstabe a)

3 Das Montrealer Übereinkommen geht, wie insbesondere Art. 11 Abs. 2 Hs. 1 MÜ zeigt, davon aus, dass mehrere Frachtstücke in der Regel unter einem einzigen Luftfrachtbrief versandt werden.[3] Art. 8 Buchstabe a MÜ räumt dem Luftfrachtführer das Recht ein, vom Absender die Ausstellung so vieler Luftfrachtbriefe zu verlangen, als Frachtstücke vorhanden sind. Angesichts des Art. 27 MÜ, wonach der Luftfrachtführer ohnehin berechtigt ist, einen Beförderungsvertrag zu verweigern oder ihn durch seine Vertragsbedingungen festzulegen, wird die Vorschrift für überflüssig gehalten;[4] denn ohne die Vorschrift des Art. 8 MÜ könnte der Luftfrachtführer die Ausstellung eines Luftfrachtbriefs für jedes Frachtstück verlangen. Dessen ungeachtet erlangt die Vorschrift insbesondere dann Bedeutung, wenn der Luftfrachtführer aus betrieblichen Gründen die Güter getrennt befördern will und der Beförderungsvertrag bereits vor Ausstellung des Luftfrachtbriefs geschlossen wurde, ohne dass man getrennte Dokumentation vereinbart hätte.[5] In diesem Fall gewährt Art. 8 Buchstabe a MÜ ein nachträgliches, **einseitiges Recht** zur **Änderung des Vertragsinhalts** zugunsten des Luftfrachtführers.

4 Der Ausstellung eines einzigen Luftfrachtbriefs bzw. mehrerer Teilluftfrachtbriefe kommt bei der Ausübung des Verfügungsrechts nach Art. 12 MÜ Bedeutung zu. Wurde mit Zustimmung des Luftfrachtführers für die aus mehreren Frachtstücken bestehende Sendung nur ein Luftfrachtbrief ausgestellt, so kann der Absender nur einheitlich über die gesamte Sendung verfügen. Anders

---

1 So FrankfKomm/*Müller-Rostin* Art. 8 MÜ Rn. 2.
2 Ebenso *Koller*[11] Art. 8 MÜ Rn. 1.
3 Ebenso FrankfKomm/*Müller-Rostin* Art. 8 MÜ Rn. 2.
4 *Abraham*[3] I Art. 7 WA 1955 Anm. 1; *Koffka/Bodenstein/Koffka* Art. 7 WA 1929, S. 289 f.
5 MünchKommHGB-*Kronke* Art. 7 WA 1955 Rn. 1.

verhält es sich bei Ausstellung mehrerer Teilluftfrachtbriefe, bei denen der Absender bis zum Eintreffen der Güter über jedes einzelne Frachtstück verfügen kann.

Nach Art. 3 Nr. 1 der ABB-Fracht (2023) der Lufthansa kann der Luftfrachtführer verlangen, 5
dass der Absender getrennte Luftfrachtbriefe ausfüllt oder in seinem Namen ausfüllen lässt, wenn es sich um mehr als ein Packstück handelt,[6] oder wenn die Gütersendung nicht geschlossen in einem Flugzeug befördert werden kann, oder wenn sie nicht ohne Verstoß gegen Regierungsvorschriften oder Bestimmungen des Luftfrachtführers mit einem einzigen Luftfrachtbrief befördert werden kann. Die Beförderungsbedingungen beschreiben nur klarstellend, was bereits aus Art. 8 Buchstabe a MÜ folgt.

C. Recht des Absenders auf Ausstellung mehrerer Empfangsbestätigungen (Buchstabe b)

Art. 8 Buchstabe b MÜ berücksichtigt, dass an die Stelle eines Luftfrachtbriefs auf Papier auch 6
eine andere, insbesondere elektronisch erstellte Aufzeichnung treten kann. Da nach der Konzeption des Montrealer Übereinkommens bei der Verwendung alternativer Frachtdokumente nicht der Absender, sondern der Luftfrachtführer Aussteller[7] ist, räumt Art. 8 Buchstabe b MÜ dem Absender einen Anspruch auf Ausstellung so vieler Empfangsbestätigungen wie Frachtstücke befördert werden ein.[8]

6 Vgl. auch Art. 4.1 der IATA Conditions of Carriage Cargo.

7 Dies folgt aus Art. 4 Abs. 2, Art. 10 Abs. 3 MÜ.

8 BeckOGK/*Förster* Art. 8 MÜ Rn. 7; Ebenroth/Boujong/*Pokrant*[5] Art. 8 MÜ Rn. 3.

Artikel 9 Nichtbeachtung der Bestimmungen über Beförderungsurkunden

Die Nichtbeachtung der Artikel 4 bis 8 berührt weder den Bestand noch die Wirksamkeit des Beförderungsvertrags; dieser unterliegt gleichwohl den Vorschriften dieses Übereinkommens einschließlich derjenigen über die Haftungsbeschränkung.

Article 9 Non-compliance with Documentary Requirements

Non-compliance with the provisions of Articles 4 to 8 shall not affect the existence or the validity of the contract of carriage, which shall, nonetheless, be subject to the rules of this Convention including those relating to limitation of liability.

Article 9 Inobservation des dispositions relatives aux documents obligatoires

L'inobservation des dispositions des articles 4 à 8 n'affecte ni l'existence ni la validité du contrat de transport, qui n'en sera pas moins soumis aux règles de la présente convention, y compris celles qui portent sur la limitation de responsabilité.

Schrifttum

Boettge Haftungserweiterung nach Art. 25 MÜ durch Ziff. 27 ADSp, TranspR **2007** 306–310; *Ehlers* Montrealer Protokolle Nr. 3 und 4, Warschauer Haftungssystem und Rechtsprechung, Diss. Köln **(1985)**; *Rudolf* Haftung bei der Beförderung von Gütern mit Luftfahrzeugen, in: Haftung für Schäden bei der Beförderung von Personen, Deutsche Verkehrswissenschaftliche Gesellschaft (Hrsg.), Bd. 34 S. 213–232.

Parallelvorschriften

Art. 9 MP Nr. 4; Art. 4 CMR.

Übersicht

A. Allgemeines

I. Normzweck

1 Die Vorschrift bestimmt in Anlehnung an Art. 4 Satz 2 des Übereinkommens vom 19. Mai 1956 über den Beförderungsvertrag im internationalen Straßengüterverkehr (CMR),[1] dass das Fehlen oder die Mangelhaftigkeit eines Luftfrachtbriefs oder einer Empfangsbestätigung weder den Bestand noch die Wirksamkeit des Beförderungsvertrages berührt. Das Montrealer Übereinkommen wendet sich damit von dem in Artikel 9 WA 1955 verankerten Prinzip ab, wonach das Fehlen eines Luftfrachtbriefs oder dessen Mangelhaftigkeit eine unlimitierte Haftung des Luftfrachtführers zur

1 Vgl. BGBl. 1961 II S. 1119.

https://doi.org/10.1515/9783110564945-010

Folge hat. Diese Entschärfung ist folgerichtig angesichts des mit dem Übereinkommen verfolgten Ziels, die Dokumentationsvorschriften von unnötigem Ballast zu befreien und das neue Recht praxisnäher auszugestalten.[2]

II. Entstehungsgeschichte

Die Vorschrift hat kein Vorbild im Warschauer Abkommen. Sie geht vielmehr auf Art. 9 MP Nr. 4 2
zurück. Durch die Vorgängervorschrift, Art. 9 WA 1955, wurde sanktioniert, dass kein Luftfrachtbrief ausgestellt wurde oder dieser einigen Vorschriften der Artt. 5 ff. WA 1955 – insbesondere der Forderung nach dem Hinweis auf die gemäß Art. 8 Buchstabe c WA 1955 mögliche Geltung des Warschauer Abkommens und die damit zusammenhängenden Haftungsbeschränkungen – nicht entspricht. Als Rechtsfolge bei einem Verstoß gegen die Dokumentationspflichten sah das Warschauer Abkommen vor, dass der Luftfrachtführer sich nicht auf die Haftungsbeschränkungen des Abkommens berufen konnte und daher für Zufallsschäden unbegrenzt haftete.[3] Die Sanktion der unbeschränkten Haftung trat dabei unabhängig davon ein, ob der Dokumentationsfehler ursächlich für den eingetretenen Schaden war. Diese Verbindung zwischen Dokumentationsfehler und Haftung ist im internationalen Transportrecht einmalig und zu Recht als Irrweg[4] bezeichnet worden. Das Montrealer Übereinkommen führt diesen Ansatz nicht mehr fort.

B. Unbeachtlichkeit von Dokumentationsfehlern

Das Fehlen oder die Nichtausstellung eines Luftfrachtbriefs oder eines alternativen Frachtbriefdo- 3
kuments hat keine Auswirkungen auf den Bestand oder die Wirksamkeit des Beförderungsvertrags. Dadurch wird klargestellt, dass der Luftfrachtbrief und die alternativen Frachtbriefdokumente keine konstitutiven Urkunden sind:[5] auch ohne Ausstellung der Beförderungsdokumente kann ein Luftbeförderungsvertrag über Güter wirksam zustande kommen. Der Luftbeförderungsvertrag ist daher als formlos gültiger Konsensualvertrag zu qualifizieren,[6] der nach den Vorschriften des jeweils anwendbaren Landesrechts zustande kommt.[7] Der Luftbeförderungsvertrag genießt insoweit Bestandsschutz.[8]

C. Abschluss- und Inhaltsfreiheit des Luftbeförderungsvertrages

Aus Art. 9 MÜ ergibt sich, dass der Luftbeförderungsvertrag insgesamt formfrei ist. Er kann so- 4
wohl papiermäßig als auch in einer anderen Aufzeichnung (Art. 4 Abs. 2 MÜ), d.h. nur elektronisch, dokumentiert sein. Die Formfreiheit wird durch Art. 27 MÜ ergänzt, wonach der Luftfrachtführer den Abschluss eines Beförderungsvertrages verweigern, auf Einwendungen, die ihm nach dem Übereinkommen zur Verfügung stehen, verzichten oder Vertragsbedingungen, die nicht im

2 MünchKommHGB-*Kronke* Art. 9 WA 1955 Rn. 15; FrankfKomm/*Müller-Rostin* Art. 9 WA 1955 Rn. 19; *Ehlers* Montrealer Protokolle S. 84, 93 f.
3 Vgl. auch MünchKommHGB-*Müller-Rostin*[5] Art. 9 MÜ Rn. 4.
4 *Rudolf* in: Haftung für Schäden bei der Beförderung von Personen S. 213, 223.
5 FrankfKomm/*Müller-Rostin* Art. 9 MÜ Rn. 3. Zum WA: *Abraham*[3] I Art. 5 WA 1955 Anm. 1.
6 H.M.: BGH, Urt. v. 19.3.1976 – I ZR 75/74 – NJW **1976** 1583, 1584 = VersR **1976** 778; FrankfKomm/*Müller-Rostin* Art. 9 MÜ Rn. 2; BeckOGK/*Förster* Art. 9 MÜ Rn. 7; *Koller*[11] Art. 9 Mü Rn. 1; Ebenroth/Boujong/*Pokrant*[5] Art. 9 MÜ Rn. 1; *Ruhwedel*[3] Luftbeförderungsvertrag Rn. 14.
7 Vgl. §§ 407 ff. HGB.
8 So zutreffend MünchKommHGB-*Müller-Rostin*[5] Art. 9 MÜ Rn. 1.

Widerspruch zu diesem Übereinkommen stehen, festlegen kann. Art. 27 MÜ spricht insoweit nicht nur die Abschlussfreiheit, sondern auch die Inhaltsfreiheit des Luftbeförderungsvertrages an.

5 Im Rahmen der Inhaltsfreiheit ist es dem Luftfrachtführer gestattet, in den Luftbeförderungsvertrag ergänzend auch Allgemeine Geschäftsbedingungen (IATA-Bedingungen)[9] ausdrücklich miteinzubeziehen. Die rechtswirksame Einbeziehung der vom Luftfrachtführer verwendeten Allgemeinen Geschäftsbedingungen wird nach Art. 11 Abs. 1 MÜ bis zum Beweis des Gegenteils vermutet, wenn die Beförderungsbedingungen im Luftfrachtbrief oder in der Empfangsbestätigung über die Güter darin niedergelegt sind.[10] Die einbezogenen Beförderungsbedingungen müssen aber dem zwingenden Recht in Art. 26, Art. 47 und Art. 49 MÜ genügen.

---

9 Bei ihnen handelt es sich in der Praxis um die „IATA Cargo Sevices Conference Resolution – Recommended Practice“, die auf die IATA-Empfehlung Nr. 1601 zurückgehen. Vgl. dazu Abdruck in MünchKommHGB-*Kronke* Art. 1 IATA.

10 Zur Einbeziehung von AGB bzw. ADSp in den Luftbeförderungsvertrag: OLG Düsseldorf, Urt. v. 21.11.2007 – I-18 U 105/07 – TranspR **2008** 38, 39; AG Hamburg, Urt. v. 4.4.2007 – 31A C 310/06 – TranspR **2007** 328, 329 m. krit. Anm. *Boettge* TranspR **2007** 306, 308.

Artikel 10 Haftung für die Angaben in den Urkunden

1. [1]Der Absender haftet für die Richtigkeit der Angaben und Erklärungen über die Güter, die von ihm oder in seinem Namen in den Luftfrachtbrief eingetragen werden, sowie der von ihm oder in seinem Namen dem Luftfrachtführer gemachten Angaben oder Erklärungen zur Aufnahme in die Empfangsbestätigung über die Güter oder in die anderen Aufzeichnungen im Sinne des Artikels 4 Absatz 2. [2]Dies gilt auch, wenn die für den Absender handelnde Person zugleich der Beauftragte des Luftfrachtführers ist.

2. Der Absender hat dem Luftfrachtführer den Schaden zu ersetzen, den dieser oder ein Dritter, dem der Luftfrachtführer haftet, dadurch erleidet, dass die vom Absender oder in seinem Namen gemachten Angaben und Erklärungen unrichtig, ungenau oder unvollständig sind.

3. Vorbehaltlich der Absätze 1 und 2 hat der Luftfrachtführer dem Absender den Schaden zu ersetzen, den dieser oder ein Dritter, dem der Absender haftet, dadurch erleidet, dass die Angaben und Erklärungen, die vom Luftfrachtführer oder in seinem Namen in die Empfangsbestätigung über die Güter oder in die anderen Aufzeichnungen im Sinne des Artikels 4 Absatz 2 aufgenommen wurden, unrichtig, ungenau oder unvollständig sind.

Article 10 Responsibility for Particulars of Documentation

1. The consignor is responsible for the correctness of the particulars and statements relating to the cargo inserted by it or on its behalf in the air waybill or furnished by it or on its behalf to the carrier for insertion in the cargo receipt or for insertion in the record preserved by the other means referred to in paragraph 2 of Article 4. The foregoing shall also apply where the person acting on behalf of the consignor is also the agent of the carrier.

2. The consignor shall indemnify the carrier against all damage suffered by it, or by any other person to whom the carrier is liable, by reason of the irregularity, incorrectness or incompleteness of the particulars and statements furnished by the consignor or on its behalf.

3. Subject to the provisions of paragraphs 1 and 2 of this Article, the carrier shall indemnify the consignor against all damage suffered by it, or by any other person to whom the consignor is liable, by reason of the irregularity, incorrectness or incompleteness of the particulars and statements inserted by the carrier or on its behalf in the cargo receipt or in the record preserved by the other means referred to in paragraph 2 of Article 4.

Article 10 Responsabilité pour les indications portées dans les documents

1. L'expéditeur est responsable de l'exactitude des indications et déclarations concernant la marchandise inscrites par lui ou en son nom dans la lettre de transport aérien, ainsi que de celles fournies et faites par lui ou en son nom au transporteur en vue d'être insérées dans le récépissé de marchandises ou pour insertion dans les données enregistrées par les autres moyens prévus au paragraphe 2 de l'article 4. Ces dispositions s'appliquent aussi au cas où la personne agissant au nom de l'expéditeur est également l'agent du transporteur.

2. L'expéditeur assume la responsabilité de tout dommage subi par le transporteur ou par toute autre personne à l'égard de laquelle la responsabilité du transporteur est engagée, en raison d'indications et de déclarations irrégulières, inexactes ou incomplètes fournies et faites par lui ou en son nom.

3. Sous réserve des dispositions des paragraphes 1 et 2 du présent article, le transporteur assume la responsabilité de tout dommage subi par l'expéditeur ou par toute autre personne à l'égard de laquelle la responsabilité de l'expéditeur est engagée, en raison d'indications et de déclarati-

https://doi.org/10.1515/9783110564945-011

ons irrégulières, inexactes ou incomplètes insérées par lui ou en son nom dans le récépissé de marchandises ou dans les données enregistrées par les autres moyens prévus au paragraphe 2 de l'article 4.

Schrifttum

Ehlers Montrealer Protokolle Nr. 3 und 4, Warschauer Haftungssystem und neuere Rechtsentwicklung, Diss. Köln (1985); *Mankiewics* Irregularité des documents de transport prescrits par la Convention de Varsovie, ETR **1973** 200–217; *Ruhwedel* Der Luftfrachtbrief, TranspR **1983** 1–4.

Parallelvorschriften

Art. 10 WA 1955; Art. 8 § 1 CIM 1999; Art. 7 CMR.

Übersicht

A. Allgemeines

I. Normzweck

1 **Absatz 1** und **2** regeln die **Haftung** für **unrichtige, ungenaue** oder **unvollständige Angaben** im Luftfrachtbrief oder in der Empfangsbestätigung. Das Montrealer Übereinkommen betrachtet die Richtigkeit der im Luftfrachtbrief eingetragenen oder der zur Aufnahme in die Empfangsbestätigung[1] bestimmten Angaben und Erklärungen als Angelegenheit des Absenders;[2] nicht der Luftfrachtführer, sondern der Absender ist Haftpflichtiger.[3] Dies entspricht einer typisierten Einschätzung der Kenntnis-, Einflussnahme- und Fehlervermeidungsmöglichkeiten des Absenders als Warenfachmann.[4] Den Angaben des Absenders werden auch diejenigen zugerechnet, die der Luftfrachtführer, seine Leute oder sonstige Hilfspersonen als Beauftragte[5] machen. Dies ist vor dem Hintergrund gerechtfertigt, als der Luftfrachtführer nur mit der technisch-organisatorischen Seite der Beförderung vertraut ist, der Absender dagegen als Warenfachmann Herr über alle güterbezogenen Informationen ist: er kennt das Gut, die Transportzwecke und den Empfänger.[6] Die in Art. 10 MÜ statuierte Haftung des Absenders ist **verschuldensunabhängig**.

1 Vgl. Art. 4 Abs. 2 Satz 2 MÜ.
2 MünchKommHGB-*Kronke* Art. 10 WA 1955 Rn. 1.
3 FrankfKomm/*Müller-Rostin* Art. 10 MÜ Rn. 1.
4 Ebenroth/Boujong/Joost/*Gass* Art. 10 WA 1955 Rn. 1.
5 Vgl. Art. 7 Abs. 4 MÜ.
6 MünchKommHGB-*Kronke* Art. 10 WA 1955 Rn. 1.

Absatz 3 sieht eine **verschuldensunabhängige Haftung des Luftfrachtführers** für eine fehlerhafte Ausstellung der Empfangsbestätigung oder eine falsche, ungenaue oder unvollständige Speicherung der vom Absender richtig übermittelten Daten dar. Diese Regelung über die verschuldensunabhängige Haftung des Luftfrachtführers stellt das **Komplementärstück**[7] zu derjenigen in Absatz 2 dar, die eine verschuldensunabhängige Haftung des Absenders für Schäden normiert, welche der Luftfrachtführer infolge mangelhafter Angaben des Absenders erleidet. Sie trägt dabei der Tatsache Rechnung, dass die in Artikel 4 Abs. 2 MÜ eingeführten alternativen Frachtdokumente durch den Luftfrachtführer erstellt werden und dieser Herr der Datenverarbeitungsanlage sowie des Verfahrens der Eingabe und der Datenpflege ist. 2

II. Entstehungsgeschichte

Die in **Absatz 1 Satz 1** enthaltene Regelung über die Haftung des Absenders für die Richtigkeit der im Luftfrachtbrief gemachten Angaben entspricht Art. 10 Abs. 1 WA 1955. Darüber hinaus begründet Absatz 1 – insoweit weitergehend als das WA 1955 – eine Absenderhaftung auch für Angaben und Erklärungen, die für anderweitige Aufzeichnungen und gegebenenfalls die Empfangsbestätigung im Sinne von Art. 4 Abs. 2 Satz 2 MÜ bestimmt sind. Die Regelung geht auf Art. 10 MP Nr. 4 zurück. **Absatz 2** entspricht Art. 10 Abs. 2 WA 1955 und stellt nur in Bezug auf die anderen Dokumentationsverfahren eine sachliche Erweiterung dar. **Absatz 3** hat sein Vorbild in Art. 10 Abs. 3 MP Nr. 4. 3

B. Absenderhaftung (Absatz 1 und 2)

Der Absender ist nach **Absatz 1 Satz 1** für die Richtigkeit, Genauigkeit und Vollständigkeit der von ihm im Luftfrachtbrief gemachten und zur Aufnahme in die Empfangsbestätigung bestimmten Angaben und Erklärungen über das Gut verantwortlich. Der Absender haftet grundsätzlich auch dann, wenn er den Frachtbrief nicht selbst ausgefüllt hat, sondern der Luftfrachtführer auf sein Verlangen hin tätig geworden ist. Denn nach Artikel 7 Abs. 4 MÜ wird in diesem Falle vermutet, dass der Luftfrachtführer im Namen des Absenders gehandelt hat.[8] Nach **Satz 2** haftet der Absender auch in den Fällen, in denen die Leute des Luftfrachtführers oder sonstige von ihm beauftragte Personen für den Absender die Angaben oder Erklärungen abgeben. Diese Regelung ergänzt insoweit die in Art. 7 Abs. 4 MÜ statuierte Vermutungsregel, begründet aber keine Vermutung zu Lasten des Absenders.[9] Voraussetzung für die Haftung des Absenders ist stets, dass die Angaben aus dessen Sphäre und nicht aus der Luftfrachtführersphäre (wie beispielsweise Airline- und Flughafen-Code, Streckenführung) stammen.[10] Die dem Absender obliegende Verpflichtung nach Art. 10 MÜ bezieht sich daher nur auf das beförderte Gut. Haben der Luftfrachtführer oder dessen Leute bei der Ausfüllung des Luftfrachtbriefs für den Absender schuldhaft falsche Angaben gemacht, so beeinträchtigt das nicht die Verantwortlichkeit des Absenders gegenüber dem Empfänger oder Dritten für seine Erklärungen. Ob und in welchem Umfang der Luftfrachtführer oder seine Leute ihrerseits dem Absender für ihr Verschulden verantwortlich sind, richtet sich nach dem jeweils anwendbaren nationalen Recht.[11] 4

---

7 ICAO Doc 9154-LC/174-1, volume I, Minutes, 1977, S. 71ff.
8 Vgl. auch FrankfKomm/*Müller-Rostin* Art. 10 MÜ Rn. 3.
9 *Koller*[11] Art. 10 MÜ Rn. 3.
10 US CA 2nd Cir., Urt. v. 30.3.2000 – *Intercargo Insurance Company v. China Airlines* – Rz. 26, **208** F.3 d. 64, wonach es nicht Aufgabe des Absenders ist, zutreffende Angaben bezüglich der im Luftfrachtbrief einzutragenden Zwischenlandepunkte zu machen. Vgl. auch Denkschrift zum MÜ BT-Drs. **15/2285**, S. 39; Münch-KommHGB-*Kronke* Art. 10 WA 1955 Rn. 4.
11 *Abraham*[3] I Art. 10 WA 1955 Anm. 5.

5 Der Absender haftet nach **Absatz 2** für den Schaden, der durch die Unrichtigkeit, Ungenauigkeit, oder Unvollständigkeit entsteht. Adäquate Ursächlichkeit zwischen falscher Angabe und Schaden ist erforderlich.[12]

I. Schadensverursachende Angaben

1. Das Gut betreffende Angaben

6 Der Absender oder dessen Hilfsperson müssen **Angaben über das Gut** im Luftfrachtbrief machen. Unter diese weit auszulegende Voraussetzung fallen neben den unter Art. 6 MÜ genannten auch alle anderen beförderungsrelevanten Angaben über das Gut,[13] z.B. Angaben zur „handling information" wie „fragile" oder „bissiger Hund". Ferner stellt der bei einer Interessendeklaration nach Art. 22 Abs. 3 Satz 1 Hs. 2 MÜ angegebene Wert des Gutes eine Angabe oder Erklärung über Güter dar. Dagegen bezieht sich die Angabe des Empfängers, an wen das Gut auszuliefern ist, nicht auf das Gut.[14] Solche Angaben im Luftfrachtbrief begründen allenfalls eine Haftung nach dem jeweils anwendbaren nationalen Recht;[15] bei Anwendbarkeit deutschen Rechts käme eine Anwendung von §§ 407 Abs. 3 Nr. 1, 414 Abs. 1 Satz 2 Nr. 2 HGB in Betracht. Die Haftung für außerhalb des Luftfrachtbriefs gemachte Angaben, etwa in geschäftlicher Korrespondenz der Parteien, richtet sich vorbehaltlich der Anwendbarkeit des Art. 16 MÜ nach dem jeweils anwendbaren nationalen Recht.[16]

2. Die Fehlerhaftigkeit der Angaben

7 Die Haftung bezieht sich nur auf unrichtige, ungenaue oder unvollständige Angaben. Diese Begriffe, die den Begriff der Richtigkeit in Absatz 1 konkretisieren, erfassen auch die Fälle, in denen der Luftfrachtbrief lückenhaft ist.[17]

8 Der Begriff **„Unrichtig"** erschließt sich aus dem Wortsinn. Teilweise wurde unter Geltung des Warschauer Abkommens darauf hingewiesen, dass der französische Begriff „irrégulières" als „vorschriftswidrig" zu verstehen[18] und der Begriff daher eng auszulegen sei. Diese Auslegung war gerechtfertigt, als das Warschauer Abkommen noch einen Mindestangabenkatalog für den Luftfrachtbrief in Art. 8 WA 1929 enthielt. Mit der Revision der Vorschrift durch das Haager Protokoll hat diese enge Auslegung ihren Sinn verloren.[19] Denn eine unrichtige Angabe oder Erklärung über die Güter, z.B. die Deklarierung frischer Lebensmittel als konserviert, braucht nicht zwangsläufig Vorschriften zu verletzen, mag aber gleichwohl Schäden beim Luftfrachtführer oder Dritten zeitigen.[20] Nach allgemeiner Meinung soll einer weiten Auslegung nach dem Sinngehalt der Vorzug gegeben werden.[21] Eine **unrichtige** Angabe liegt beispielsweise vor, wenn explosionsgefährliche Chemikalien als nicht explosionsgefährlich oder Kriegswaffen als „landwirtschaftliches Gerät"

---

12 *Abraham*[3] I Art. 10 WA 1955 Anm. 1.

13 Ebenroth/Boujong/*Pokrant*[5] Art. 10 MÜ Rn. 3. Zum WA: FrankfKomm/*Müller-Rostin* Art. 10 WA 1955 Rn. 2; *Guldimann* Art. 10 WA 1955 Rn. 6.

14 *Koller*[7] Artt. 5–11 WA 1955 Rn. 34.

15 Ebenso BeckOGK/*Förster* Art. 10 MÜ Rn. 5.

16 FrankfKomm/*Müller-Rostin* Art. 10 MÜ Rn. 3. Ebenso zum WA: *Guldimann* Art. 10 WA 1955 Rn. 6; MünchKommHGB-*Kronke* Art. 10 WA 1955 Rn. 4; *Ruhwedel* TranspR **1983** 1, 4.

17 Ebenso MünchKomHGB-*Kronke* Art. 10 WA 1955 Rn. 6; *Koller*[7] Artt. 5–11 WA 1955 Rn. 35. **A.A.** *Koffka/Bodenstein/Koffka* Art. 10 WA 1929 S. 295.

18 *Guldimann* Art. 10 WA 1955 Rn. 9; MünchKommHGB-*Kronke* Art. 10 WA 1955 Rn. 6.

19 BeckOGK/*Förster* Art. 10 MÜ Rn. 9.

20 Zutreffend FrankfKomm/*Müller-Rostin* Art. 10 MÜ Rn. 6.

21 FrankfKomm/*Müller-Rostin* Art. 10 MÜ Rn. 6; Ebenroth/Boujong/*Pokrant*[5] Art. 10 MÜ Rn. 5.

oder „Werkzeugmaschinen und Ersatzteile" bezeichnet werden.[22] Wird bei einer Interessendeklaration der Wert der Güter zu niedrig angegeben, um die Versicherungsprämie zu ermäßigen, so ist diese Angabe unrichtig. Haftet bei zu niedriger Interessendeklaration der Luftfrachtführer oder der Versicherer nur bis zu dem angegebenen Wert, so kann der Empfänger vom Absender die Differenz zwischen dem angegebenen und dem tatsächlichen Wert fordern.[23] Wurde dagegen der Wert bei der Interessendeklaration nach Art. 22 Abs. 3 MÜ zu hoch angegeben, haftet der Luftfrachtführer bis zur Höhe dieses Wertes, es sei denn, er weist nach, dass der Ersatzbetrag höher ist als das tatsächliche Interesse des Absenders an der Ablieferung am Bestimmungsort. Soweit der Luftfrachtführer die zu hohe Entschädigung geleistet hat, kann er über Art. 10 MÜ den überhöhten Differenzbetrag vom Absender zurückfordern.[24]

Ungenau ist eine Angabe, wenn sie vom tatsächlichen Maß, von der tatsächlichen Größe in 9
nicht mehr vertretbarem Umfang abweicht, z.B. 1 t statt 1100 kg.[25] Ab wann eine Angabe die noch zulässige Toleranzmarke überschritten hat, ist nach den Einzelfallumständen und den Handelsgebräuchen festzulegen. Die Grenze zur Unrichtigkeit kann dabei fließend sein.

Unvollständig bedeutet das Weglassen wesentlicher Elemente, die zur Einschätzung wichtig 10
sind oder sein können.[26] Der Absender ist beispielsweise verpflichtet, den Luftfrachtführer im Luftfrachtbrief auf güterspezifische Gefahren (Feuer- oder Explosionsgefährlichkeit, Radioaktivität oder Verderblichkeit von Gütern) hinzuweisen, sofern dies nicht bereits eindeutig aus der Bezeichnung des beförderten Gutes hervorgeht. Diese Pflicht zur Auskunft besteht unabhängig davon, ob das Luftfrachtformular etwaige Rubriken zur Ausfüllung und Angabe bestimmter Gefahren bei der Beförderung vorsieht.[27] Unterlässt der Absender dies, sind die Angaben unvollständig.

3. Schaden

Die fehlerhaften Angaben müssen einen Schaden verursacht haben. Die Schadensart ist unerheb- 11
lich.[28] Das Montrealer Übereinkommen sieht keine Regel vor, welcher Art. ein Kausalzusammenhang sein muss, um die Haftung zu begründen. **Kausalitäts-** und **Schadensbegriff** sind daher dem ergänzend **anwendbaren nationalen Recht** zu entnehmen.[29] Für die Haftung des Absenders kommt es auf ein Verschulden des Absenders nicht an.[30]

II. Rechtsfolge – Beteiligte

Nach **Absatz 2** haftet der Absender gegenüber dem Luftfrachtführer und Dritten unbegrenzt für 12
alle Schäden, die adäquat kausal durch die fehlerhaften Angaben verursacht wurden.[31] Der Absender haftet auch dann, wenn ihn kein Verschulden an der Eintragung der fehlerhaften Angaben oder Erklärungen trifft.[32]

---

22 Beispiel nach FrankfKomm/*Müller-Rostin* Art. 10 MÜ Rn. 7; BeckOGK/*Förster* Art. 10 MÜ Rn. 9.
23 Ebenso FrankfKomm/*Müller-Rostin* Art. 10 MÜ Rn. 7.
24 Ebenso FrankfKomm/*Müller-Rostin* Art. 10 MÜ Rn. 7.
25 FrankfKomm/*Müller-Rostin* Art. 10 MÜ Rn. 10; Ebenroth/Boujong/*Pokrant*[5] Art. 10 MÜ Rn. 8.
26 FrankfKomm/*Müller-Rostin* Art. 10 MÜ Rn. 11; *Guldimann* Art. 10 WA 1955 Rn. 11.
27 FrankfKomm/*Müller-Rostin* Art. 10 MÜ Rn. 11.
28 FrankfKomm/*Müller-Rostin* Art. 10 MÜ Rn. 17; Ebenroth/Boujong/*Pokrant*[5] Art. 10 MÜ Rn. 8; BeckOGK/*Förster* Art. 10 MÜ Rn. 12; MünchKommHGB-*Kronke* Art. 10 WA 1955 Rn. 7.
29 *Koller*[7] Artt. 5–11 WA 1955 Rn. 34; *Müller-Rostin* in: Fremuth/Thume Art. 10 WA 1955 Rn. 4; MünchKommHGB-*Kronke* Art. 10 WA 1955 Rn. 7.
30 BeckOGK/*Förster* Art. 10 MÜ Rn. 12.
31 FrankfKomm/*Müller-Rostin* Art. 10 MÜ Rn. 17.
32 BGH, Urt. v. 19.3.1976 – I ZR 75/74 – NJW **1976** 1583; MünchKommHGB-*Kronke* Art. 10 WA 1955 Rn. 8.

1. Passivlegitimation

13 Der Anspruch richtet sich gegen den Absender. Wer Absender ist, ergibt sich aus der Eintragung im Luftfrachtbrief. Nach Art. 10 Abs. 2 MÜ ist auch ein Spediteur, der sich auf dem Luftfrachtbrief ohne Nennung seines Auftraggebers als Absender bezeichnet, passivlegitimiert.[33] Der Absender bleibt auch dann passivlegitimiert, wenn nicht er, sondern für ihn der Luftfrachtführer den Luftfrachtbrief ausgefüllt hat.[34]

2. Aktivlegitimation

14 Aktivlegitimiert ist sowohl der Luftfrachtführer als auch jeder Dritte.[35] Dies folgt neben der Bestimmung des Art. 10 MÜ auch aus der Natur des Luftfrachtvertrages, der – soweit Absender und Empfänger nicht identisch sind – ein Vertrag zugunsten Dritter ist. Als Dritter kommt in erster Linie der Empfänger in Betracht. Aus dem Wortlaut von Art. 10 Abs. 2 MÜ ergibt sich weiter, dass der Absender auch dem Dritten haftet, der nicht durch den Luftfrachtvertrag begünstigt werden soll und der nicht in einem Vertragsverhältnis zum Absender steht. Die Regelung stellt daher eine besondere deliktische Anspruchsgrundlage gegen den Absender dar. Dieser haftet beispielsweise auch demjenigen, der einen Schaden erleidet, weil der Absender ein zu geringes Gewicht angegeben hat und deshalb das Flugzeug wegen Überlastung einen Unfall hat.[36] Dritte sind daher auch die Absender und Empfänger anderer, in demselben Luftfahrzeug beförderter Güter.[37] Ferner sind auch Besatzungsmitglieder, Reisende und der Eigentümer des Flugzeuges, der nicht mit dem Luftfrachtführer personenidentisch zu sein braucht, ersatzberechtigt.[38] Wird beispielsweise der Pilot eines Flugzeuges, das Kriegswaffen befördert hat, nach einer Zwischenlandung festgenommen, so kann er bei Unkenntnis von der Falschdeklaration hinsichtlich der transportierten Güter die Folgen der strafrechtlichen Inanspruchnahme geltend machen.[39] Der Absender haftet im Gegensatz zu den Bestimmungen des deutschen Rechts auch für Schäden des nur **mittelbar Geschädigten**, soweit ihm gegenüber auch der Luftfrachtführer haften würde.[40] Durch diese Einschränkung wird ausgeschlossen, dass beispielsweise ein Theaterunternehmen, das infolge der Tötung des Schauspielers einen Verlust erleidet, diesen Schaden nicht vom Absender verlangen kann, da ihm ein solcher Anspruch auch nicht gegen den Luftfrachtführer zusteht.

15 Soweit der Luftfrachtführer von dem Geschädigten in Anspruch genommen wird, kann er als Ersatzberechtigter selbst beim Absender Rückgriff nehmen.[41] In diesem Fall wird es sich empfeh-

---

33 *Guldimann* Art. 10 WA 1955 Rn. 13.

34 Vgl. Art. 10 Abs. 1 Satz 2, Art. 7 Abs. 4 MÜ. Ebenso FrankfKomm/*Müller-Rostin* Art. 10 MÜ Rn. 14; *Koller*[11] Art. 10 MÜ Rn. 1; BeckOGK/*Förster* Art. 10 MÜ Rn. 16.

35 Ebenso Ebenroth/Boujong/*Pokrant*[5] Art. 10 MÜ Rn. 9. Einschränkend FrankfKomm/*Müller-Rostin* Art. 10 MÜ Rn. 16, wonach der Luftfrachtführer den Schaden des Dritten im Rahmen einer Drittschadensliquidation geltend zu machen oder den Anspruch an den Empfänger abzutreten hat. Eine Drittschadensliquidation ablehnend *Koller*[11] Art. 10 MÜ Rn. 1, mit dem Hinweis, dass der Luftfrachtführer nur eigene Ansprüche geltend machen kann, soweit er selbst gegenüber dem Dritten haftet.

36 Beispiel nach *Koffka/Bodenstein/Koffka* Art. 10 WA 1929 S. 295.

37 FrankfKomm/*Müller-Rostin* Art. 10 MÜ Rn. 16; MünchKommHGB-*Kronke* Art. 10 WA 1955 Rn. 10.

38 FrankfKomm/*Müller-Rostin* Art. 10 MÜ Rn. 16. Ebenso zum WA: *Abraham*[3] I Art. 10 WA 1955 Anm. 3; *Koller*[7] Artt. 5–11 WA 1955 Rn. 37.

39 Ebenso FrankfKomm/*Müller-Rostin* Art. 10 MÜ Rn. 16.

40 **AA** *Koller*[7] Artt. 5–11 WA 1955 Rn. 37, der es für nicht erforderlich erachtet, dass der Luftfrachtführer dem Dritten selbst haftet.

41 BeckOGK/*Förster* Art. 10 Rn. 14; *Koller*[11] Art. 10 MÜ Rn. 14. **AA** Ebenroth/Boujong/*Pokrant*[5] Art. 10 MÜ Rn. 9: Drittschadensliquidation des Luftfrachtführers beim Absender zugunsten des Dritten.

len, dass der Luftfrachtführer in dem gegen ihn geführten Schadensersatzprozess zugleich dem Absender den Streit verkündet.[42]

3. Haftungsumfang

Die Haftung des Absenders ist sowohl dem Luftfrachtführer als auch dem Dritten gegenüber summenmäßig unbeschränkt.[43] Hingegen wurde zur Parallelvorschrift des Warschauer Abkommens die Auffassung vertreten, Dritten gegenüber hafte der Absender – wegen der Einschränkung „dem der Luftfrachtführer haftet“ – nur insoweit, als der Luftfrachtführer selbst hafte.[44] Durch den Einschub soll jedoch nur der Personenkreis der möglichen Anspruchsberechtigten eingeschränkt werden. Die Deutung des Einschubs als Haftungsbeschränkung findet auch in den Materialien zum Haager Änderungsprotokoll zum Warschauer Abkommen keine Stütze.[45] **16**

Fraglich ist, ob die Haftung des Absenders nach Art. 10 MÜ nur auf solche Schäden beschränkt ist, die „während der Luftbeförderung“ iSv. Art. 1 MÜ eintreten. Zwar lässt sich aus dem Wortlaut des Art. 10 MÜ eine derartige Einschränkung nicht entnehmen; sie folgt indes aus dem Gedanken des Art. 38 Abs. 1 MÜ: Danach findet bei einem gemischten Transport das Übereinkommen nur für den Teil der eigentlichen Luftbeförderung iSv. Art. 1 MÜ Anwendung. Dieser Gedanke ist verallgemeinerungsfähig und daher bei Art. 10 MÜ anzuwenden, gleichviel ob sich an eine Luftbeförderung z.B. ein Straßentransport anschließt oder nicht.[46] Der Absender haftet daher bei bekanntem Schadensort auf der Luftstrecke wegen der Unrichtigkeit, Unvollständigkeit oder Ungenauigkeit der Angaben nach Art. 10 MÜ unbeschränkt.[47] Realisiert sich demgegenüber der Schaden aufgrund der unrichtigen, unvollständigen oder ungenauen Angabe bzw. Erklärung über die Güter außerhalb der Luftstrecke, so ist bei Maßgeblichkeit deutschen Rechts § 414 HGB anzuwenden.[48] In diesem Fall hat der Absender für Schäden aus der Unrichtigkeit oder Unvollständigkeit der in den Frachtbrief aufgenommen Angaben nur bis zu einem Betrag von 8,33 Rechnungseinheiten für jedes Kilogramm des Rohgewichts der Sendung Ersatz zu leisten.[49] **17**

Bei einem Mitverschulden des Luftfrachtführers oder seiner Leute bei Ausstellung des Luftfrachtbriefs kann sich der Absender bei Anwendbarkeit deutschen Rechts auf § 254 BGB berufen.[50] Befördert der Luftfrachtführer jedoch die Güter in Kenntnis der Unrichtigkeit, Ungenauigkeit oder Unvollständigkeit der Angaben über die Güter im Luftfrachtbrief und entsteht z.B. aufgrund einer Beschlagnahme der Güter dem Absender ein Schaden, so haftet der Luftfrachtführer nach Art. 18 MÜ. Tritt der Luftfrachtführer dem Einwand des Mitverschuldens unter Berufung auf die Beförderungsbedingungen entgegen, so ist nach dem den Beförderungsvertrag beherrschenden nationalen Recht zu prüfen, ob die Beförderungsbedingungen wirksam einbezogen wurden oder sonst wirksam sind.[51] **18**

---

42 Vgl. §§ 72 ff. ZPO.

43 FrankfKomm/*Müller-Rostin* Art. 10 MÜ Rn. 20; Ebenroth/Boujong/*Pokrant*[5] Art. 10 MÜ Rn. 13. **AA** MünchKommHGB-*Müller-Rostin*[5] Art. 10 MÜ Rn. 5, wonach bei Maßgeblichkeit deutschen Rechts § 414 Abs. 1 Nr. 2 HGB greife. Zur unbegrenzten Haftung zum WA: *Koller*[7] Artt. 5–11 WA 1955 Rn. 37; MünchKommHGB-*Kronke* Art. 10 WA 1955 Rn. 10; Ebenroth/Boujong/Joost/*Gass* Art. 10 WA 1955 Rn. 11; *Schwenk*[2] Handbuch S. 669 f.

44 *Abraham*[3] I Art. 10 WA 1955 Anm. 8; wohl auch *Müller-Rostin* in: Fremuth/Thume Art. 10 WA 1955 Rn. 7 aE.

45 *Guldimann* Art. 10 WA 1955 Rn. 15; MünchKommHGB-*Kronke* Art. 10 WA 1955 Rn. 10.

46 Ebenso OLG Düsseldorf, Urt. v. 14.3.1991 – 18 U 271/90 – TranspR **1991** 235, 240; *Koller*[7] Artt. 5–11 WA 1955 Rn. 36. **AA** FrankfKomm/*Müller-Rostin* Art. 10 MÜ Rn. 22.

47 **AA** MünchKommHGB*Müller-Rostin*[5] Art. 10 MÜ Rn. 5.

48 *Koller*[11] Art. 31 MÜ Rn. 2.

49 Vgl. § 414 Abs. 1 Satz 2 Hs. 1 HGB.

50 MünchKommHGB-*Kronke* Art. 10 WA 1955 Rn. 10; Ebenroth/Boujong/Joost/*Gass* Art. 10 WA 1955 Rn. 11; *Müller-Rostin* in: Fremuth/Thume Art. 10 WA 1955 Rn. 4. *Koller*[7] Artt. 5–11 WA Rn. 37 will demgegenüber Art. 21 WA (= Art. 20 MÜ) analog anwenden, wobei es für die Analogie bereits an einer Regelungslücke fehlt.

51 MünchKommHGB-*Kronke* Art. 10 WA 1955 Rn. 10.

C. Haftung des Luftfrachtführers (Absatz 3)

19 Als Gegenstück zur Absenderhaftung bestimmt **Absatz 3**, dass der Luftfrachtführer gegenüber dem Absender und jedem Dritten, für den der Absender haftet, in dem Umfang haftet, als der Absender oder der Dritte einen Schaden aufgrund der fehlerhaften Ausstellung der Empfangsbestätigung oder der unrichtigen, ungenauen oder unvollständigen Aufnahme in der anderweitigen Aufzeichnung iSv. Art. 4 Abs. 2 MÜ oder Speicherung durch den Luftfrachtführer („*inserted by the carrier*")[52] erleiden. Die Haftung ist verschuldensunabhängig. Ihrer Art. nach handelt es sich bei der Haftung um eine Skripturhaftung des Luftfrachtführers.[53] Insoweit ist die Vorschrift auf vorsätzlich falsche Eintragungen durch den Luftfrachtführer analog anzuwenden.[54]

20 Hinsichtlich der Begriffe der Unrichtigkeit, Unvollständigkeit der Angaben und Erklärungen über die Güter gelten die obigen Ausführungen entsprechend.

21 Der haftpflichtige Luftfrachtführer hat nur solche Schäden zu ersetzen, welche der Absender im Vertrauen auf die Richtigkeit und Vollständigkeit der Daten in den anderen Aufzeichnungen bzw. in der Empfangsbestätigung erleidet und welche auf Fehler, Ungenauigkeiten und Unvollständigkeiten dieser Dokumente zurückzuführen sind. Auch hier ist entscheidend, dass der Schaden während der Luftbeförderung eingetreten ist.

52 US DC, Urt. v. 31.3.2019 – *Louis Vuitton North America Inc. v. Schenker S.A., Air France, and Cargo Airport Services USA* – 17-cv-7445 (DLI) (PK), Rz. 11f.

53 Ebenso *Ehlers* Montrealer Protokolle S. 85. Kritisch gegen die Verwendung des Begriffs MünchKommHGB-*Kronke* Art. 10 WA 1955 Rn. 13.

54 Vgl. Art. 7 MÜ Rdn. 20, 23.

Artikel 11 Beweiskraft der Urkunden

1. **Der Luftfrachtbrief und die Empfangsbestätigung über die Güter begründen die widerlegbare Vermutung für den Abschluss des Vertrags, die Annahme der Güter und die Beförderungsbedingungen, die darin niedergelegt sind.**
2. **Die Angaben in dem Luftfrachtbrief und der Empfangsbestätigung über die Güter zu Gewicht, Maßen und Verpackung sowie zu der Anzahl der Frachtstücke begründen die widerlegbare Vermutung ihrer Richtigkeit; die Angaben über Menge, Rauminhalt und Zustand der Güter begründen diese Vermutung gegenüber dem Luftfrachtführer nur insoweit, als er diese Angaben in Gegenwart des Absenders nachgeprüft hat und dies auf dem Luftfrachtbrief oder der Empfangsbestätigung vermerkt ist, oder wenn es sich um Angaben handelt, die sich auf den äußerlich erkennbaren Zustand der Güter beziehen.**

Article 11 Evidentiary Value of Documentation

1. *The air waybill or the cargo receipt is prima facie evidence of the conclusion of the contract, of the acceptance of the cargo and of the conditions of carriage mentioned therein.*
2. *Any statements in the air waybill or the cargo receipt relating to the weight, dimensions and packing of the cargo, as well as those relating to the number of packages, are prima facie evidence of the facts stated; those relating to the quantity, volume and condition of the cargo do not constitute evidence against the carrier except so far as they both have been, and are stated in the air waybill or the cargo receipt to have been, checked by it in the presence of the consignor, or relate to the apparent condition of the cargo.*

Article 11 Valeur probante des documents

1. *La lettre de transport aérien et le récépissé de marchandises font foi, jusqu'à preuve du contraire, de la conclusion du contrat, de la réception de la marchandise et des conditions du transport qui y figurent.*
2. *Les énonciations de la lettre de transport aérien et du récépissé de marchandises, relatives au poids, aux dimensions et à l'emballage de la marchandise ainsi qu'au nombre des colis, font foi jusqu'à preuve du contraire; celles relatives à la quantité, au volume et à l'état de la marchandise ne font preuve contre le transporteur que si la vérification en a été faite par lui en présence de l'expéditeur, et constatée sur la lettre de transport aérien, ou s'il s'agit d'énonciations relatives à l'état apparent de la marchandise.*

Schrifttum

Gansfort Wirksame Einbeziehung der Allgemeinen Beförderungsbedingungen der Luftfahrtunternehmen in den Pauschalflugreise-Vertrag, TranspR **1989** 131–139; *Müller-Rostin* Erfordernis der Novellierung der frachtrechtlichen Vorschriften des Warschauer Abkommens durch eine Ratifikation des Montrealer Protokolls Nr. 4, TranspR **1994** 321–326; *Schmid/Müller-Rostin* In-Kraft-Treten des Montrealer Übereinkommens von 1999: Neues Haftungsregime für internationale Lufttransporte NJW **2003** 3516–3523.

Parallelvorschriften

§ 409 HGB; Art. 9 CMR; Art. 12 §§ 3, 4 CIM 1999.

https://doi.org/10.1515/9783110564945-012

Übersicht

A. Allgemeines

I. Normzweck

1 Die Vorschrift regelt die **Beweiskraft des Luftfrachtbriefs** und der **Empfangsbestätigung**. Dem Inhalt nach sind der Luftfrachtbrief und die Empfangsbestätigung kein Wertpapier, sondern lediglich eine Beweisurkunde iSd. § 416 ZPO,[1] die zugleich die vom Absender erteilten Weisungen dokumentiert (Beweis- und Instruktionspapier).[2] Art. 11 MÜ gestaltet die Beweiswirkung des Luftfrachtbriefs und der Empfangsbestätigung näher aus. Beide Absätze stellen für unterschiedliche sachliche Anwendungsbereiche widerlegliche Vermutungen für im Luftfrachtbrief oder der Empfangsbestätigung beurkundete Tatsachen[3] auf. Ebenso wenig wie die anderen Vorschriften des Übereinkommens berührt Art. 11 MÜ den Charakter des Luftbeförderungsvertrags als Konsensualvertrag nicht, für dessen Zustandekommen und Inhalt es weder auf die Einhaltung der Form der Artt. 4 bis 8 MÜ noch irgendeiner anderen Form ankommt.[4] Infolgedessen kann der tatsächliche Inhalt der transportvertraglichen Vereinbarung auch auf andere Weise als durch den Luftfrachtbrief oder die Empfangsbestätigung nachgewiesen werden.

1 BGH, Urt. v. 19.3.1976 – I ZR 75/74 – ZLW **1977** 83; BGH, Urt. v. 15.11.1988 – IX ZR 11/88 – TranspR **1989** 151; FrankfKomm/*Müller-Rostin* Art. 11 MÜ Rn. 1; Ebenroth/Boujong/*Pokrant*[5] Art. 11 MÜ Rn. 12; MünchKommHGB-*Müller-Rostin*[5] Art. 11 MÜ Rn. 3.

2 Vgl. FrankfKomm/*Müller-Rostin* Art. 11 MÜ Rn. 1; Ebenroth/Boujong/*Pokrant*[5] Art. 11 MÜ Rn. 1. Zum WA: Ebenroth/Boujong/Joost/*Gass* Art. 11 WA 1955 Rn. 1; MünchKommHGB-*Kronke* Art. 11 WA 1955 Rn. 1; *Riese* Luftrecht S. 437; *Ruhwedel*[3] Luftbeförderungsvertrag Rn. 290; *Schwenk*[2] Handbuch S. 667.

3 OLG München, Urt. v. 7.5.1999 – 23 U 6113/98 – ZLW **2000** 118, 121.

4 Vgl. Art. 9 MÜ.

II. Entstehungsgeschichte

Die Vorschrift entspricht vom Regelungsgehalt Art. 11 WA 1955. Zwar weicht der deutsche Wortlaut von Absatz 1 und 2 bei der Formulierung der Beweiskraft des Frachtbriefs vom Wortlaut der entsprechenden Vorschrift des WA 1955 ab. Die französische Fassung der Beweislastregelung („... *foi, jusqu'au preuve contraire, ...*"), an denen sich die deutsche Übersetzung des Art. 11 MÜ orientiert, ist jedoch wortgleich mit Art. 11 WA 1955. In der Sache ergeben sich daher keine Abweichungen vom geltenden Recht. 2

B. Der Luftfrachtbrief und die Empfangsbestätigung als Beweis für Abschluss und Inhalt des Luftbeförderungsvertrages sowie die Übernahme des Gutes (Absatz 1)

I. Allgemeines

Die gesetzlichen Beweiswirkungen des Art. 11 Abs. 1 MÜ setzen zunächst voraus, dass entweder ein Luftfrachtbrief oder an dessen Stelle eine Empfangsbestätigung ausgestellt wurde. Fehlt es daran oder ist der Luftfrachtbrief oder die Empfangsbestätigung nicht voll gültig, wird nach dem Montrealer Übereinkommen keine Vermutung begründet.[5] Andere Dokumente, wie beispielsweise jede andere Aufzeichnung iSv. Art. 4 Abs. 2 Satz 1 MÜ, **können die Funktion des Luftfrachtbriefs oder der Empfangsbestätigung** als spezifisch geregeltes Beweismittel nach dem Montrealer Übereinkommen **nicht ersetzen**. Eine Erstreckung der widerlegbaren Vermutung auf jede andere Aufzeichnung wurde mehrheitlich bei den Beratungen zum Montrealer Übereinkommen mit der Begründung abgelehnt, dass derartigen Aufzeichnungen, wenn nicht noch eine Empfangsbestätigung vorliege, mangels Perpetuierung der Urkundencharakter fehle.[6] Dessen ungeachtet können andere Dokumente im Rahmen des allgemeinen Beweisrechts von Bedeutung sein. Die Beweiswirkung des Luftfrachtbriefs und der Empfangsbestätigung ist durchweg widerleglich ausgestaltet. Sie kann also durch entsprechende andere Beweise durchbrochen oder ersetzt werden.[7] 3

Der Luftfrachtbrief iSd. Montrealer Übereinkommens umfasst gemäß Art. 7 Abs. 1 MÜ die drei Ausfertigungen. Da sie alle gleichwertig sind und nur gemeinsam den Luftfrachtbrief konstituieren, geht die Beweiskraft des Luftfrachtbriefs nur soweit, als die drei Ausfertigungen miteinander übereinstimmen.[8] Dies bedeutet aber nicht, dass derjenige, der sich auf eine Angabe im Luftfrachtbrief beruft, sämtliche drei Ausfertigungen vorlegen muss.[9] Es genügt vielmehr, wenn z.B. der Absender seine Ausfertigung vorlegt. Dem Luftfrachtführer obliegt es dann, anhand der anderen Ausfertigung nachzuweisen, dass die vorgelegte Ausfertigung des Absenders im entscheidenden Punkt mit seiner Ausfertigung nicht übereinstimmt. Wird dies zur Überzeugung des Gerichts festgestellt, so ist die Beweiskraft in diesem Punkt erschüttert. Wird jedoch festgestellt, dass beispielsweise die zur Entkräftung der Absenderausfertigung vorgelegte Luftfrachtführerausfertigung gefälscht ist, entfaltet die vorgelegte Absenderausfertigung allein volle Beweiskraft. Soweit 4

5 *Koller*[11] Art. 11 MÜ Rn. 2; Ebenroth/Boujong/*Pokrant*[5] Art. 11 MÜ Rn. 3. **AA** BeckOGK/*Förster* Art. 11 MÜ Rn. 6, demzufolge das Fehlen einzelner Angaben den Frachtbrief nicht unbrauchbar mache, sondern lediglich die Reichweite der Vermutungswirkung verringere.

6 Vgl. Denkschrift zum MÜ, BT-Drs. **15/2285** S. 39.

7 FrankfKomm/*Müller-Rostin* Art. 11 MÜ Rn. 1 aE.

8 Ebenso *Koller*[7] Artt. 5–11 WA 1955 Rn. 3. **AA** FrankfKomm/*Müller-Rostin* Art. 11 MÜ Rn. 5; MünchKommHGB-*Kronke* Art. 11 WA 1955 Rn. 5.

9 Unrichtig daher *Koller*[7] Artt. 5–11 WA 1955 Rn. 15.

dagegen im Schrifttum[10] vorgeschlagen wird, die vom Absender und seinem Vertragspartner, dem Luftfrachtführer unterzeichnete und für den Empfänger bestimmte zweite Ausfertigung als allein maßgeblich heranzuziehen, widerspricht dies dem eindeutigen Wortlaut nach Art. 7 Abs. 1 MÜ, wonach der Luftfrachtbrief („*La lettre de transport aérien est établie ... en trois exemplaires originaux*") in seiner Gesamtheit aus den drei gleichwertigen Ausfertigungen besteht. Ferner spricht für die hier vertretene Auffassung auch, dass Art. 11 MÜ bewusst nicht auf die Beweiswirkung einer einzelnen Ausfertigung Bezug nimmt, wohingegen das Übereinkommen an anderen Stellen, z.B. in Art. 12 Abs. 3 MÜ auf die einzelne Ausfertigung abhebt. Gegen das Abstellen auf die zweite Ausfertigung spricht auch die im Montrealer Übereinkommen neu eingeführte Empfangsbestätigung. Danach kann der Luftfrachtbrief durch eine andere Aufzeichnung ersetzt werden, wobei dem Absender auf Verlangen eine Empfangsbestätigung auszuhändigen ist. Eine das Gut begleitende Ausfertigung gibt es, wie Art. 7 Abs. 2 Satz 2 MÜ zeigt, nicht mehr.

5 Im Unterschied zu Art. 5 CMR setzt das Montrealer Übereinkommen nicht voraus, dass alle Ausfertigungen von beiden Parteien des Luftfrachtvertrages unterzeichnet werden (vgl. Art. 7 Abs. 2 MÜ). Das Fehlen einer der beiden Unterschriften auf den Ausfertigungen vermag daher nicht die Vermutung der Richtigkeit der Angaben zu erschüttern. Bei der Frage, ob sich die Beteiligten auf die Vermutung des Art. 11 MÜ berufen können, ist indes wie folgt zu differenzieren: Beruft sich der Absender auf das Luftfrachtbriefdritt, genügt es für die Beweisvermutung, wenn dieses vom Luftfrachtführer unterzeichnet wurde.[11] Umgekehrt kann sich der Luftfrachtführer auf die Angaben der Luftfrachtführerausfertigung berufen, wenn diese vom Absender unterzeichnet wurde.

6 Der oben beschriebene Grundsatz der Gleichwertigkeit der drei Ausfertigungen des Luftfrachtbriefs erleidet im Hinblick auf die Annahme des Gutes eine gewisse, jedoch keine systematische Einschränkung. Für die Annahme des Gutes durch den Luftfrachtführer können nur die für den Absender und den Empfänger bestimmten, vom Luftfrachtführer unterzeichneten Ausfertigungen Beweis erbringen. Das folgt daraus, dass die Annahme des Gutes zur Beförderung eine einseitige Handlung des Luftfrachtführers ist, der Luftfrachtbrief also für sie nur insoweit Beweis erbringen kann, als der Luftfrachtführer die erfolgte Annahme auf dem Luftfrachtbrief bestätigt hat. Soweit das Gut im Zeitraum zwischen seiner Annahme durch den Luftfrachtführer und der Übergabe der Absenderausfertigung beschädigt wird, kann sich der Absender nicht auf die Beweiskraft des vom Luftfrachtführer noch nicht unterzeichneten Transportdokuments berufen.[12]

7 Die Empfangsbestätigung iSd. Art. 4 Abs. 2 Satz 2 MÜ entfaltet ebenso wie der Luftfrachtbrief in drei verschiedenen Teilbereichen (Abschluss des Vertrages, Empfang des Gutes sowie Angaben über das Gut) volle Beweiswirkung.

8 Der Luftfrachtbrief und die Empfangsbestätigung erzeugen eine widerlegliche Vermutung bestimmter, in dem Transportdokument beurkundeter Tatsachen oder Abreden.[13] Die widerlegbare Vermutung kann bei Anwendbarkeit deutschen Verfahrensrechts nur mit dem Beweis des Gegenteils angegriffen werden.[14] Dieser kann – ebenso wie jener der Richtigkeit der Angaben – mit sämtlichen zulässigen Beweismitteln geführt werden.[15] Zur Führung des Beweises des Gegenteils genügt es nicht, dass der Vertragspartner des Luftfrachtführers die zu beweisende Tatsache zur

---

10 FrankfKomm/*Müller-Rostin* Art. 11 MÜ Rn. 5. Zum WA: *Guldimann* Art. 11 WA 1955 Rn. 4; E/B/J/*Gass* Art. 11 WA 1955 Rn. 7; MünchKommHGB-*Kronke* Art. 11 WA 1955 Rn. 5.

11 Ebenso *Koller*[11] Art. 11 MÜ Rn. 2.

12 OLG Hamm, Urt. v. 18.10.1984 – 18 U 175/82 – TranspR **1985** 107, 110 (zur CMR). Ebenso FrankfKomm/*Müller-Rostin* Art. 11 MÜ Rn. 11.

13 BGH, Urt. v. 15.11.1988 – IX ZR 11/88 – TranspR **1989** 151, 153; BGH, Urt. v. 21.9.2000 – I ZR 135/98 – TranspR **2001** 29, 30.

14 Ungenau Ebenroth/Boujong/*Pokrant*[5] Art. 11 MÜ Rn. 2, der einerseits vom „Gegenbeweis" spricht, andererseits zur Entkräftung der Vermutungswirkung einen Vollbeweis fordert. Der Gegenbeweis ist aber bereits geführt, wenn dem Gericht die tatsächlichen Behauptungen der beweisbelasteten Partei zweifelhaft bleiben.

15 US DC, Urt. v. 18.10.1985 – *Harvest Tones, Inc v. Pakistan International Airlines* – **19** Avi 18.415, 416. In diesem Fall entkräftete das Übergabeprotokoll des Agenten des Absenders den ebenfalls von diesem ausgefüllten Luftfrachtbrief.

Überzeugung des Gerichts erschüttern kann; vielmehr ist erforderlich, dass die Tatsache als unwahr erwiesen wird oder sich auch nur eine zwingende Schlussfolgerung gegen sie ergibt.[16]

II. Beweis für den Abschluss

1. Beweis für den Abschlussvorgang

Der Luftfrachtbrief bzw. die Empfangsbestätigung schafft nach **Absatz 1** widerleglichen Beweis 9 für den **Abschluss** eines Luftbeförderungsvertrages,[17] den **Empfang des Gutes**[18] und die **Beförderungsbedingungen**. Der Vertragsschluss wird in den oben dargestellten Grenzen[19] durch jede der drei Ausfertigungen bewiesen, die Annahme des Gutes durch den Stempel oder die Unterschrift des Luftfrachtführers auf der Absenderausfertigung oder der Empfängerausfertigung. Der Luftfrachtbrief oder die Empfangsbestätigung hat daher die weitere Funktion einer Quittung.[20] Die Beförderungsbedingungen sind in die Beweiswirkung nur insoweit einbezogen, als sie im Luftfrachtbrief erwähnt sind. Dagegen kann durch die Vermutung nach Absatz 1 nicht nachgewiesen werden, inwieweit nationale Vorschriften über Vertretung oder Willensmängel als gegeben erachtet werden oder weitere für den Vertragsschluss maßgebliche Umstände vorliegen.

2. Beweis für die beteiligten Personen

Grundsätzlich bezieht sich die Beweiskraft der Eintragungen des Luftfrachtbriefs auch auf die 10 beteiligten Personen.[21]

a) Luftfrachtführer. Wer Luftfrachtführer ist, bestimmt sich primär nach den Angaben im gülti- 11 gen Luftfrachtbrief.[22] Eine Nichteintragung des Vertragspartners als Luftfrachtführer ist nach Art. 9 ohne materielle Bedeutung. Ist in einem Luftfrachtbrief ein bestimmter Luftfrachtführer benannt, so begründet dies die widerlegliche Vermutung, dass diese Person als vertraglicher Luftfrachtführer tätig geworden ist.[23] Bestreitet die eingetragene Person ihre Eigenschaft als Luftfrachtführer, muss sie die Unrichtigkeit der Eintragung beweisen.[24] Wer sich wahrheitswidrig im Luftfrachtbrief oder in der Empfangsbestätigung als Luftfrachtführer geriert, kann gegenüber Personen, die darauf vertrauen, nach § 826 BGB haften.

b) Absender. Wer Absender ist, bestimmt sich beweisrechtlich nach der Eintragung im Luft- 12 frachtbrief, soweit kein Beweis des Gegenteils geführt werden kann.[25] Der Luftfrachtbrief begrün-

---

16 BGH, Urt. v. 14.4.1978 – V ZR 10/77 – MDR **1978** 914 f.; BGH, Urt. v. 23.3.1983 – IVa ZR 120/81 – VersR **1983** 560, 561; *Koller*[11] Art. 11 MÜ Rn. 2; Ebenroth/Boujong/*Pokrant*[5] Art. 11 MÜ Rn. 2; *Gansfort* TranspR **1989** 131, 134.

17 BGH, Urt. v. 21.9.2000 – I ZR 135/98 – TranspR **2001** 29; OLG Hamburg, Urt. v. 31.12.1986 – 6 U 151/85 – VersR **1988** 1078.

18 OLG München, Urt. v. 7.5.1999 – 23 U 6113/98 – ZLW **2000** 118, 121 = VersR **2000** 1567.

19 Siehe oben Art. 11 MÜ Rdn. 6.

20 Vgl. *Ruhwedel*[3] Luftbeförderungsvertrag Rn. 293, der zu Recht auf die Parallele zum Konnossement des Seerechts (§ 656 Abs. 2 HGB) hinweist.

21 FrankfKomm/*Müller-Rostin* Art. 11 MÜ Rn. 9; *Ruhwedel*[3] Luftbeförderungsvertrag Rn. 291.

22 BGH, Urt. v. 15.11.1988 – IX ZR 11/88 – NJW-RR **1989** 252, 253; BGH, Urt. v. 21.9.2000 – I ZR 135/98 – NJW-RR **2001** 396 = TranspR **2001** 29.

23 OLG Düsseldorf, Urt. v. 11.11.1993 – 18 U 102/93 – TranspR **1995** 30, 31 = ZLW **1995** 347.

24 F CA Paris, Urt. v. 3.2.1971 – *Sté SAS c. Cie La Fortune* – RFDA **1972** 49, 51 f.

25 BGH, Urt. v. 21.9.2000 – I ZR 135/98 – NJW-RR **2001** 396 = TranspR **2001** 29.

det daher nicht die Stellung des Eingetragenen als Absender, sondern nur die widerlegliche Vermutung dafür.[26]

13 **c) Empfänger.** Wer Empfänger ist, wird ebenfalls widerleglich durch die Eintragung im Luftfrachtbrief oder in der Empfangsbestätigung bestimmt.[27] Ebenfalls werden von der Beweiswirkung die von der Ankunft zu benachrichtigenden weiteren Personen („notify") erfasst.[28] Weist ein Luftfrachtbrief den Kläger nicht als Empfänger, sonder legiglich als „notify" aus, so kann er aus eigenem Recht nicht den Luftfrachtführer auf vertraglichen Schadensersatz in Anspruch nehmen.[29]

III. Beweis für den Inhalt und Rechtsnatur des Luftbeförderungsvertrages

14 Die Beweiswirkung für den Inhalt des Luftbeförderungsvertrags bezieht sich zunächst auf die Einzelheiten der Leistungsbeschreibung, zu denen neben den am Luftbeförderungsvertrag beteiligten Personen die Art und Zahl der Güter, die anzuwendende Tarifart sowie der vertraglich bestimmte Abgangs- und Bestimmungsflughafen gehören. Auch Sonderabreden und Allgemeine Geschäftsbedingungen, soweit sie selbst im Luftfrachtbrief erwähnt sind,[30] können durch die Eintragung bewiesen werden.

15 Die Eintragungen erbringen schließlich widerleglichen Beweis für die Rechtsnatur des Vertrags als Frachtvertrag anstatt Speditionsvertrag.[31]

1. Umschreibung der Vertragsleistung

16 Der Luftfrachtbrief erbringt widerleglichen Beweis für alle in ihm festgehaltenen Vertragsinhalte. Dazu gehören ggf Tarife, Streckenführung, die Bezeichnung des aus dem Vertrag berechtigten Empfängers sowie eine „notify adress".[32] Ferner kann der Luftfrachtbrief oder die Empfangsbestätigung widerleglichen Beweis dafür erbringen, ob eine einheitliche Leistung gemäß Art. 1 Abs. 3 MÜ vereinbart worden ist.[33] Ist im Luftfrachtbrief oder der Empfangsbestätigung eine Versicherungssumme und eine Versicherungsprämie eingetragen, ist damit zugleich der Abschluss des Luftbeförderungsvertrags widerleglich bewiesen.[34]

2. Besondere Abreden

17 Zum Inhalt des Luftbeförderungsvertrags gehören auch die Sonderabreden. Auch auf diese erstreckt sich daher die Beweiswirkung von Art. 11 Abs. 1 MÜ, wenn diese im Luftfrachtbrief oder in der Empfangsbestätigung niedergelegt sind. Von besonderer Bedeutung sind die Angaben im Luftfrachtbrief über die Lieferfrist, Versicherungssummen und die Interessendeklaration. Die Ein-

---

26 BGH, Urt. v. 21.9.2000 – I ZR 135/98 – TranspR **2001** 29; OLG Frankfurt a.M., Urt. v. 23.9.1996 – 3/1 O 61/96 – TranspR **1999** 24, 25; vgl. auch OLG Köln, Urt. v. 15.8.1995 – 7 U 221/84 – TranspR **1986** 194, 196.

27 Vgl. oben Fn. 21.

28 FrankfKomm/*Müller-Rostin* Art. 11 MÜ Rn. 9; *Ruhwedel*[3] Luftbeförderungsvertrag Rn. 291.

29 MünchKommHGB-*Müller-Rostin*[5] Art. 11 MÜ Rn. 12.

30 Ebenso MünchKommHGB-*Kronke* Art. 11 WA 1955 Rn. 24.

31 OLG München, Urt. v. 30.10.1974 – Z U 4596/73 – VersR **1975** 129 (zur CMR).

32 MünchKommHGB-*Kronke* Art. 11 WA 1955 Rn. 8.

33 FrankfKomm/*Müller-Rostin* Art. 11 MÜ Rn. 10; MünchKommHGB-*Kronke* Art. 11 WA 1955 Rn. 8.

34 FrankfKomm/*Müller-Rostin* Art. 11 MÜ Rn. 10.

tragung im Luftfrachtbrief begründet die Vereinbarung solcher besonderer Vertragsinhalte. Die Angabe einer Interessendeklaration erbringt daher den widerleglichen Beweis für den Wert des Gutes.[35]

Zum Vertragsinhalt gehören auch die gesondert genannten Beförderungsbedingungen. In Betracht kommen selbstformulierte Beförderungsbedingungen sowie die auf den IATA-Conditions aufbauenden Standardbedingungen, wie etwa die ABB-Fracht der Deutschen Lufthansa AG. Die Neuformulierung des Art. 11 Abs. 1 MÜ hat zur Folge, dass der Luftfrachtbrief bzw. die Empfangsbestätigung die Bedingungen selbst aufführen oder in einem Anhang zu dem Transportdokument mit abdrucken muss. Ein **Verweis auf einen Aushang der Beförderungsbedingungen genügt** nach dem klaren Wortlaut **nicht mehr**; derartige Beförderungsbedingungen nehmen an der Beweiswirkung des Luftfrachtbriefs bzw. der Empfangsbestätigung gemäß Art. 11 Abs. 1 nicht teil.[36] Die These, dass die Allgemeinen Geschäftsbedingungen nicht in einem Luftfrachtbrief oder der Empfangsbestätigung darstellbar seien und ihre vollständige Aufnahme in dem Frachtdokument kein zusätzliches Informationsbedürfnis erfülle,[37] ist im Hinblick auf den klaren Wortlaut der Vorschrift abzulehnen. Die Aufnahme der Allgemeinen Geschäftsbedingungen soll letztlich zu mehr Klarheit und Rechtssicherheit für die Verwender führen; nach dem Sinn der Vorschrift soll der Absender oder Empfänger nämlich sofort die abweichenden Bestimmungen anhand des Transportdokuments erkennen können. Dessen ungeachtet können die Beförderungsbedingungen bei Anwendbarkeit deutschen Sachrechts kraft stillschweigender Unterwerfung einbezogen sein.[38] Da Vertragspartner des Luftfrachtführers im Regelfall ein Spediteur oder ein gewerblicher Versender ist, genügt unter Unternehmern, dass eine Partei deutlich macht, dass sie den Vertrag nur unter Geltung ihrer AGB schließen will. Dabei ist nicht erforderlich, dass die Vertragspartner die AGB tatsächlich kennen.[39] 18

C. Beweis für das Gut

Die Beweiskraft des Luftfrachtbriefs bzw. der Empfangsbestätigung betrifft zwei unterschiedliche Gegenstände: den Annahmevorgang (Absatz 1) und bestimmte Angaben über das Gut, wie äußerer Zustand, Menge und Identifikationszeichen (Absatz 2). 19

I. Beweis für die Annahme (Absatz 1)

Die widerlegliche Beweiswirkung für die Annahme entspricht einer Quittung.[40] Sie markiert den Beginn der Obhutshaftung.[41] Sie bezieht sich auf den Annahmevorgang als solchen, aber jedenfalls auch auf den Inhalt der Ladung; sonst wäre die Vermutung im Verlustfalle wirkungslos. Die Annahme kann auch durch andere Beweismittel bewiesen werden. Ist der Empfang bescheinigt, obliegt es dem Luftfrachtführer darzulegen und zu beweisen, dass er die Güter tatsächlich nicht erhalten hat. Die Vermutung der Annahmebestätigung ist widerlegt, wenn der Luftfrachtführer 20

---

35 Zweifelnd FrankfKomm/*Müller-Rostin* Art. 11 MÜ Rn. 10.

36 Ebenso die Denkschrift zum MÜ BT-Drs. **15/2285** S. 40; *Boettge* Luftfrachtrecht S. 37; *Koller*[11] Art. 11 MÜ Rn. 1; Ebenroth/Boujong/*Pokrant*[5] Art. 11 MÜ Rn. 6; BeckOGK/*Förster* Art. 11 MÜ Rn. 12; MünchKommHGB-*Müller-Rostin*[5] Art. 11 MÜ Rn. 16; *Schmid*/*Müller-Rostin* NJW **2003** 3516, 3520 f. **A.A.** OLG Stuttgart, Urt. v. 7.10.1987 – 3 U 181/86 – BeckRS **2008** 06202; FrankfKomm/*Müller-Rostin* Art. 11 MÜ Rn. 17.

37 So FrankfKomm/*Müller-Rostin* Art. 11 MÜ Rn. 17.

38 Zur Einbeziehung der ADSp: BGH, Urt. v. 3.2.1953 – I ZR 61/52 – NJW **1953** 541; BGH, Urt. v. 10.5.1984 –I ZR 52/82 – NJW **1985** 2411, 2412; BGH, Urt. v. 17.10.1984 – I ZR 130/82 – NJW **1985** 560.

39 Ebenso FrankfKomm/*Müller-Rostin* Art. 11 MÜ Rn. 11: MünchKommHGB-*Müller-Rostin*[5] Art. 11 MÜ Rn. 17.

40 Ebenroth/Boujong/*Pokrant*[5] Art. 11 MÜ Rn. 8; *Ruhwedel*[3] Luftbeförderungsvertrag Rn. 293.

41 BeckOGK/*Förster* Art. 11 MÜ Rn. 10.

nachweist, dass die Bescheinigung unverschuldet „blind unterschrieben“ wurde und entgegen dem Bestätigungsinhalt eine stückzahlmäßige Überprüfung nicht stattgefunden hat.[42]

21 Der Luftfrachtbrief bzw. die Empfangsbestätigung erbringt auch widerleglichen Beweis für die Übergabe der Begleitpapiere. Denn diese gehören insofern zum Gut, als sie ebenso wie dieses an den Luftfrachtführer übergeben werden.

II. Beweiskraft der Angaben über das Gut (Absatz 2)

1. Beweisgrundsätze

22 **Absatz 2** regelt die Beweiswirkung des Luftfrachtbriefs bzw. der Empfangsbestätigung bezüglich der darin enthaltenen Angaben über das Gut. Dabei sind **drei Gruppen** zu unterscheiden.[43] Die **erste** Gruppe betrifft solche Angaben, deren Nachprüfung dem Luftfrachtführer ohne weiteres zuzumuten ist.[44] Hierzu gehören die Angaben über Gewicht, Maß und Verpackung des Gutes sowie die Anzahl der Frachtstücke. Es wird vom Luftfrachtführer vorausgesetzt, dass er die Frachtstücke nachzählt, nachwiegt und nachmisst und sich davon überzeugt, dass die Art. der Verpackung im Luftfrachtbrief richtig angegeben ist.[45] Die Angaben des Luftfrachtbriefs über diese Punkte erbringen deshalb den widerleglichen Beweis für ihre Richtigkeit. Die **zweite** Gruppe umfasst die Angaben über Menge, Raumgehalt und Zustand des Gutes. Für diese zweite Gruppe von Angaben, deren Nachprüfung in der Regel nicht so leicht ist wie die der erstgenannten Gruppe, erbringt der Luftfrachtbrief gegenüber dem Luftfrachtführer nur Beweis, wenn er sie in Gegenwart des Absenders nachgeprüft hat und dies auf dem Luftfrachtbrief oder der Empfangsbestätigung vermerkt ist, oder wenn es sich um Angaben handelt, die sich auf den äußerlich erkennbaren Zustand des Gutes beziehen. Die **dritte** – nicht ausdrücklich genannte – Gruppe umfasst alle übrigen Angaben, die der Luftfrachtbrief oder die Empfangsbestätigung über das Gut enthält. Die für die beiden anderen Gruppen getroffene Aufzählung ist abschließend; die zu ihren Gunsten aufgestellte Vermutung erstreckt sich nicht auf weitere Angaben.[46] Diesbezüglich gelten daher die Beweisregeln der lex fori.[47]

23 Die Beweiswirkung ist ausgeschlossen, wenn der Luftfrachtführer in den Luftfrachtbrief oder die Empfangsbestätigung mit Gründen versehene Vorbehalte eingetragen hat. Der Gegenbeweis, dass der Vorbehalt unzutreffend ist, bleibt offen. Ist der Vorbehalt nicht begründet, hat er nicht die vorgesehene Beweiswirkung.

24 Der Beweis des Gegenteils kann – wie jener der Richtigkeit der Angaben – mit sämtlichen zulässigen Beweismitteln geführt werden; die Beweisführung unterliegt dem jeweiligen nationalen Verfahrensrecht.[48] Will der Luftfrachtführer das Gegenteil von offenbaren und im Luftfrachtbrief angegeben Eigenschaften nach Art. 11 Abs. 2 Satz 1 (z.B. Anzahl der Frachtstücke) beweisen und hat er die Gesamtsendung übernommen, so ist der Beweis nicht schon dadurch geführt, dass

---

42 OLG Düsseldorf, Urt. v. 12.10.1995 – 18 U 43/95 – NJW-RR **1996** 361 (zu §§ 17, 29 KVO); OLG Köln, Urt. v. 20.6.1997 – 19 U 225/96 – TranspR **1998** 303, 304. Ebenso FrankfKomm/*Müller-Rostin* Art. 11 MÜ Rn. 12; Ebenroth/Boujong/*Pokrant*[5] Art. 11 MÜ Rn. 8. **A.A.** *Koller*[11] Art. 11 MÜ Rn. 2, der lediglich eine Erschütterung, aber keine Widerlegung der Vermutungswirkung annimmt.

43 Vgl. Ebenroth/Boujong/*Pokrant*[5] Art. 11 MÜ Rn. 10. Zum WA: vgl. auch *Guldimann* Art. 11 WA 1955 Rn. 9 ff.

44 BeckOGK/*Förster* Art. 11 MÜ Rn. 13.

45 B Rb Antwerpen, Urt. v. 12.10.1990 – *Sphere Drake Insurance Group v. Swissair* – ETR **1991** 687, 695 ff.

46 Zutreffend FrankfKomm/*Müller-Rostin* Art. 11 MÜ Rn. 18; *Guldimann* Art. 11 WA 1955 Rn. 14.

47 Ebenso Ebenroth/Boujong/*Pokrant*[5] Art. 11 MÜ Rn. 12. Unzutreffend FrankfKomm/*Müller-Rostin* Art. 11 WA 1955 Rn. 9, der anstelle des IPZR die Beweisregeln nach dem IPR oder einer vorrangigen Parteivereinbarung anwenden möchte.

48 US DC, Urt. v. 19.12.2008 – *Delta Airlines v. Chimet,* Civil Action No. 07-2898, Rz. 9ff.

das angegebene Gesamtgewicht Zweifel an der Mengenangabe weckt.[49] Bei der in Art. 11 MÜ statuierten Vermutung handelt es um eine Beweislastregel.[50]

2. Angaben über Gewicht, Maß und Verpackung und Anzahl der Frachtstücke

Angaben im Luftfrachtbrief bzw. der Empfangsbestätigung über Gewicht,[51] Maß und Verpackung und Anzahl der Frachtstücke entfalten ohne weiteres Beweiswirkung. Unklar ist, ob sich die Angaben des Gewichts und der Abmessungen auf das verpackte Gut beziehen oder nicht.[52] Aus Art. 5 Buchstabe c MÜ ergibt sich, dass mit dem Begriff nicht das Rohgewicht des Gutes, sondern das verpackte Gut gemeint ist.[53] Denn nach dieser Vorschrift ist das Gewicht der Sendung und nicht das Rohgewicht des Gutes anzugeben. Im Schadensersatzprozess wegen Verlusts kann der Beweis für die Anzahl der übergebenen Frachtstücke und den Zustand des Gutes von dem Anspruchsberechtigten grundsätzlich durch eine von dem Luftfrachtführer ausgestellte Übernahmequittung geführt werden.[54] 25

3. Angaben über Menge, Rauminhalt und den äußerlichen Zustand der Güter

Die zweite Gruppe von Angaben betrifft Menge, Rauminhalt und Zustand der verpackten Güter. 26

Unter der **Menge** ist im Gegensatz zur Anzahl der Frachtstücke die in einem Frachtstück enthaltene Menge zu verstehen, z.B. 5 Mikroskope; 60 Diamanten; 100 Stück Felle. 27

Unter **Rauminhalt** ist der Raumgehalt eines Gutes, z.B. in Liter oder Gallon-Angaben, zu verstehen. 28

Beim **Zustand der Güter** ist zwischen dem **äußerlichen** und dem **inneren** Zustand der Güter zu differenzieren. Soweit der innere Zustand betroffen ist, wie z.B. die Frische der Lebensmittel, der Gesundheitszustand der Tiere und die einwandfreie Funktion des Mikroskops), sind diese Angaben für den Luftfrachtführer nicht ohne weiteres nachprüfbar. Derartige Angaben ebenso wie die Angaben über die Menge und den Rauminhalt des verpackten Gutes erbringen daher nur insoweit widerlegbaren Beweis, als der Luftfrachtführer diese in Gegenwart des Absenders geprüft hat und dies im Luftfrachtbrief oder der Empfangsbestätigung vermerkt hat.[55] Hat eine Prüfung nicht stattgefunden, so kann der Zustand der Güter nach ihrer Ankunft nicht für sich allein auf während der Beförderung eingetretene Ereignisse zurückgeführt werden.[56] Soweit es sich dagegen um Angaben über den äußerlich erkennbaren Zustand der Güter handelt, greift die widerlegliche Beweiswirkung bereits, wenn die Feststellungen vom Luftfrachtführer getroffen worden sind. Mit dem äußerlichen Zustand der Güter ist der offensichtliche Zustand gemeint, der äußerlich ohne Hinzuziehung des Absenders leicht feststellbar ist. Insofern betrifft diese Untergruppe meist die Verpackung und die Umhüllung des Gutes. Der Vermerk auf dem Luftfrachtbrief *„It is agreed that the goods described herein are accepted in apparent good order and condition* 29

---

49 So bereits zum WA: MünchKommHGB-*Kronke* Art. 11 WA Rn. 20. **AA** MünchKommHGB-*Müller-Rostin*[5] Art. 11 MÜ Rn. 27.

50 Vgl. zur Reichweite der tatsächlichen Vermutung der privatrechtlichen Urkunde: BGH, Urt. v. 5.7.2002 – V ZR 143/01 – NJW **2002** 3164.

51 OLG Frankfurt a.M., Urt. v. 30.8.2004 – 13 U 215/02 – TranspR **2004** 471, 472.

52 Unzutreffend zum WA FrankfKomm/*Müller-Rostin* Art. 11 WA 1955 Rn. 10. Richtig dagegen *Guldimann* Art. 11 WA 1955 Rn. 9; MünchKommHGB-*Kronke* Art. 11 WA 1955 Rn. 14.

53 **A.A.** FrankfKomm/*Müller-Rostin* Art. 11 MÜ Rn. 19.

54 BGH, Urt. v. 24.10.2002 – I ZR 104/00 – NJW-RR **2003** 754, 756 = TranspR **2003** 156.

55 B Cass, Urt. v. 30.9.1988 – *Pacific Employers Insurance Company v. KLM, Sabena* – ETR **1989** 97, 99.

56 OLG Frankfurt a.M., Urt. v. 15.11.1983 – 5 U 20/83 – TranspR **1984** 20.

(except as noted) for carriage" bezieht sich auf den äußeren Zustand des Gutes (Verpackung), nicht dagegen auf den inneren Zustand.[57]

30 Der Wortlaut in Absatz 2 Hs. 2 scheint nahe zu legen, dass die Angaben ausschließlich „gegenüber dem Luftfrachtführer" Beweis erbringen. Es wäre jedoch falsch, anzunehmen, dass die Beweisvermutung gegenüber den anderen Beteiligten (Absender und Empfänger) nicht Platz greife. Die redaktionell misslungene Vorschrift soll lediglich klarstellen, dass der Luftfrachtführer den Beweis ohne Einschränkungen führen können soll, während dies dem Empfänger und dem Absender nur unter den zwei alternativ genannten Voraussetzungen möglich sein soll:[58] Entweder sind die Angaben in Gegenwart des Absenders vom Luftfrachtführer geprüft, für richtig befunden und im Luftfrachtbrief vermerkt worden oder die Angaben betreffen den äußerlich erkennbaren Zustand der Güter.

31 Verweigert der Absender seine Mitwirkungspflicht bei der Nachprüfung, so können die Feststellungen des Luftfrachtführers auf dem Luftfrachtbrief dem Wortlaut nach keine Beweiswirkung entfalten.[59] Dem Luftfrachtführer bleibt nichts anderes übrig, als einen Dritten zur Feststellung der Tatsachen hinzuzuziehen. Die Feststellungen des Dritten stellen dann im Rechtsstreit eine einzuführende Zeugenaussage dar. Auf den Luftfrachtbrief kann sich der Luftfrachtführer aufgrund des klaren Wortlauts nicht stützen.

4. Pflicht zur Nachprüfung

32 Dem Luftfrachtführer steht unstreitig ein Recht zur Nachprüfung zu. Für den unter Einschluss der IATA-Conditions oder der ABB-Fracht zustande gekommenen Luftbeförderungsvertrag sieht dies z.B. Art. 5 Nr. 7 ABB-Fracht (**2023**) vor, wonach der Luftfrachtführer berechtigt, jedoch nicht verpflichtet ist, den Inhalt aller Gütersendungen zu überprüfen. Eine Pflicht zur Nachprüfung folgt aus dem Montrealer Übereinkommen indes nicht.[60] Ob der Luftfrachtführer zu einer Nachprüfung verpflichtet ist, kann sich allenfalls aus dem anwendbaren nationalen Recht ergeben.[61] Gemäß § 409 Abs. 3 Satz 2 HGB besteht eine derartige Verpflichtung, wenn der Absender dies verlangt und angemessene Mittel zur Verfügung stehen.

D. Verfahrensrecht

33 Der Luftfrachtbrief bzw. die Empfangsbestätigung ist Beweisurkunde iSd. § 416 ZPO.[62] Wenn nach Art. 28 Abs. 4 MÜ das Verfahren und damit die Beweiserhebung und Beweiswürdigung der lex fori unterliegt, so bedeutet dies bei einem Verfahren vor deutschen Gerichten, dass deutsches Recht einschließlich des deutschen Zivilprozessrechts Anwendung findet. Dessen Regeln können auch ihrerseits auf ausländisches Recht verweisen.

---

57 So LG Frankfurt a.M., Urt. v. 6.1.1987 – 3/11 O 63/86 – TranspR **1987** 389 = RIW **1987** 392 = ZLW **1988** 85 = VersR **1988** 352.

58 FrankfKomm/*Müller-Rostin* Art. 11 MÜ Rn. 21. Ebenso zum WA: MünchKommHGB-*Kronke* Art. 11 WA 1955 Rn. 16; *Guldimann* Art. 11 WA 1955 Rn. 11; *Koffka/Bodenstein/Koffka* Art. 11 WA 1929 S. 297.

59 **AA** FrankfKomm/*Müller-Rostin* Art. 11 WA 1955 Rn. 25, der einen neutralen Dritten anstelle des Absenders für ausreichend hält, wobei sich die Frage nach der Auswahl des neutralen Dritten stellt.

60 FrankfKomm/*Müller-Rostin* Art. 11 MÜ Rn. 24. Zum WA: OLG Frankfurt a.M., Urt. v. 15.11.1983 – 5 U 20/83 – TranspR **1984** 20; LG Frankfurt a.M., Urt. v. 6.1.1987 – 3/11 O 63/86 – TranspR **1987** 389; MünchKommHGB-*Kronke* Art. 11 WA 1955 Rn. 18.

61 FrankfKomm/*Müller-Rostin* Art. 11 MÜ Rn. 24. Ebenso zum WA: *Guldimann* Art. 11 WA 1955 Rn. 12; MünchKommHGB-*Kronke* Art. 11 WA 1955 Rn. 18.

62 BGH, Urt. v. 19.3.1976 – I ZR 75/74 – ZLW **1977** 83; BGH, Urt. v. 15.11.1988 – IX ZR 11/88 – TranspR **1989** 151.

Die beweisrechtlichen Vermutungen des Art. 11 MÜ sind ohne weiteres widerlegbar.[63] Die in Art. 11 MÜ angeordneten Vermutungen stellen bei Anwendbarkeit deutschen Prozessrechts sog. tatsächliche Vermutungen dar.[64] Legt der Kläger zum Nachweis eines bestimmten Luftfrachtbeförderungsvertrages den Luftfrachtbrief vor, so hat dieser nach st. Rspr. die – tatsächliche – Vermutung der Vollständigkeit und Richtigkeit für sich. Entgegen der üblichen Verteilung der objektiven Beweislast braucht der Absender bzw. Empfänger den Inhalt des Luftbeförderungsvertrages nicht beweisen; vielmehr muss der Gegner den Beweis des Gegenteils führen, d.h. den vollen Nachweis eines vom Urkundentext abweichenden Willens der Vertragsparteien erbringen. Die Frage nach der Rechtsfolge einer tatsächlichen Vermutung wird dabei unterschiedlich beantwortet, wobei dies von einer Indizwirkung über eine Beweiserleichterung im Rahmen der Beweiswürdigung bis hin zur Beweislastumkehr reicht. Der vom Absender bzw. Empfänger zu führende Hauptbeweis für den Inhalt des behaupteten Luftbeförderungsvertrages ist mit Vorlage des Luftfrachtbriefs geführt. Damit wird nicht nur die subjektive Beweisführungslast, sondern auch die objektive Beweislast umgekehrt.[65] **34**

Erachtet das erkennende Gericht im Rahmen seiner freien Beweiswürdigung eine der Beweisvermutungen als widerlegt, so obliegt demjenigen die Darlegungs- und Beweislast, welcher sich unabhängig von dem jeweiligen Transportdokument auf das Vorhandensein aller Voraussetzungen der ihm günstigen Normen beruft. **35**

Enthält der Luftfrachtbrief oder die Empfangsbestätigung über die Güter Angaben, welche nicht von der Beweiswirkung des Art. 11 MÜ erfasst sind, so bestimmt sich der Beweiswert dieser Angaben nach dem jeweils anzuwendenden nationalen Verfahrensrecht.[66] Für den Luftfrachtbrief bzw. die Empfangsbestätigung gilt als Privaturkunde iSv. § 416 ZPO die Vermutung der Vollständigkeit und Richtigkeit für sich. Die Partei, die sich auf außerhalb der Urkunde liegende Umstände beruft, trägt insoweit die Darlegungs- und Beweislast. Dies gilt entsprechend auch für elektronische Dokumente iSv. § 371a ZPO. **36**

63 BeckOGK/*Förster* Art. 11 MÜ Rn. 17; *Koller*[11] Art. 11 MÜ Rn. 9, 11.

64 Zum Begriff vgl. Vgl. *Baumgärtel/Laumen/Prütting*[5] Beweislast § 14 Rn. 1, 9.

65 **AA** MünchKommHGB-*Müller-Rostin*[5] Art. 11 MÜ Rn. 25, der die Beweisvermutung in Art. 11 MÜ als Anwendungsfall des Anscheinsbeweises begreift.

66 MünchKommHGB-*Müller-Rostin*[5] Art. 11 MÜ Rn. 27; BeckOGK/*Förster* Art. 11 MÜ Rn. 16.

Artikel 12 Verfügungsrecht über die Güter

1. [1]Der Absender ist unter der Bedingung, dass er alle Verpflichtungen aus dem Frachtvertrag erfüllt, berechtigt, über die Güter in der Weise zu verfügen, dass er sie am Abgangs- oder Bestimmungsflughafen sich zurückgeben, unterwegs während einer Landung aufhalten, am Bestimmungsort oder unterwegs an eine andere Person als den ursprünglich bezeichneten Empfänger abliefern oder zum Abgangsflughafen zurückbringen lässt. [2]Dieses Recht kann nur insoweit ausgeübt werden, als dadurch der Luftfrachtführer oder die anderen Absender nicht geschädigt werden; der Absender ist zur Erstattung der durch die Ausübung dieses Rechts entstehenden Kosten verpflichtet.

2. Ist die Ausführung der Weisungen des Absenders unmöglich, so hat der Luftfrachtführer ihn unverzüglich zu verständigen.

3. Kommt der Luftfrachtführer den Weisungen des Absenders nach, ohne die Vorlage der diesem übergebenen Ausfertigung des Luftfrachtbriefs oder der Empfangsbestätigung über die Güter zu verlangen, so haftet er unbeschadet seines Rückgriffsanspruchs gegen den Absender dem rechtmäßigen Besitzer des Luftfrachtbriefs oder der Empfangsbestätigung über die Güter für den daraus entstehenden Schaden.

4. [1]Das Recht des Absenders erlischt mit dem Zeitpunkt, in dem das Recht des Empfängers nach Artikel 13 entsteht. [2]Es lebt jedoch wieder auf, wenn der Empfänger die Annahme der Güter verweigert oder wenn er nicht erreicht werden kann.

Article 12 Right of Disposition of Cargo

1. Subject to its liability to carry out all its obligations under the contract of carriage, the consignor has the right to dispose of the cargo by withdrawing it at the airport of departure or destination, or by stopping it in the course of the journey on any landing, or by calling for it to be delivered at the place of destination or in the course of the journey to a person other than the consignee originally designated, or by requiring it to be returned to the airport of departure. The consignor must not exercise this right of disposition in such a way as to prejudice the carrier or other consignors and must reimburse any expenses occasioned by the exercise of this right.

2. If it is impossible to carry out the instructions of the consignor, the carrier must so inform the consignor forthwith.

3. If the carrier carries out the instructions of the consignor for the disposition of the cargo without requiring the production of the part of the air waybill or the cargo receipt delivered to the latter, the carrier will be liable, without prejudice to its right of recovery from the consignor, for any damage which may be caused thereby to any person who is lawfully in possession of that part of the air waybill or the cargo receipt.

4. The right conferred on the consignor ceases at the moment when that of the consignee begins in accordance with Article 13. Nevertheless, if the consignee declines to accept the cargo, or cannot be communicated with, the consignor resumes its right of disposition.

Article 12 Droit de disposer de la marchandise

1. L'expéditeur a le droit, à la condition d'exécuter toutes les obligations résultant du contrat de transport, de disposer de la marchandise, soit en la retirant à l'aéroport de départ ou de destination, soit en l'arrêtant en cours de route lors d'un atterrissage, soit en la faisant livrer au lieu de destination ou en cours de route à une personne autre que le destinataire initialement désigné, soit en demandant son retour à l'aéroport de départ, pour autant que l'exercice de ce

https://doi.org/10.1515/9783110564945-013

droit ne porte préjudice ni au transporteur, ni aux autres expéditeurs et avec l'obligation de rembourser les frais qui en résultent.

2. *Dans le cas où l'exécution des instructions de l'expéditeur est impossible, le transporteur doit l'en aviser immédiatement.*
3. *Si le transporteur exécute les instructions de disposition de l'expéditeur, sans exiger la production de l'exemplaire de la lettre de transport aérien ou du récépissé de la marchandise délivré à celui-ci, il sera responsable, sauf son recours contre l'expéditeur, du préjudice qui pourra être causé par ce fait à celui qui est régulièrement en possession de la lettre de transport aérien ou du récépissé de la marchandise.*
4. *Le droit de l'expéditeur cesse au moment où celui du destinataire commence, conformément à l'article 13. Toutefois, si le destinataire refuse la marchandise, ou s'il ne peut être joint, l'expéditeur reprend son droit de disposition.*

Schrifttum

Bernauw Who has standing to sue in International Air Cargo Claims, ETR **1987** 331–354; *Faesch* Das Verfügungsrecht des Absenders und Empfängers im Luftfrachtverkehr, IntTranspZ **1955** 2332–2333; *Gran* Die Beförderungsbedingungen im Luftfrachtverkehr, TranspR **1999** 173–188; *Grönfors* Verfügungsrecht und Kreditsicherheit beim Luftgütertransport ohne Dokument, FS Alex Meyer **(1975)** S. 103–113; *Koller* Rechtsnatur und Rechtswirkungen frachtrechtlicher Sperrpapiere, TranspR **1994** 181–189; *Müller-Rostin* Verfügungsrechte und Anspruchsberechtigung von Absender und Empfänger nach dem Warschauer Abkommen, TranspR **1989** 1–4; *ders.* Die Anspruchsberechtigung für Güterschäden nach dem Warschauer Abkommen, TranspR **1995** 89–94; *Neupert* Zur Aktivlegitimation für Schadensersatzansprüche gegen den Luftfrachtführer aufgrund des Warschauer Abkommens, ASDA **1988** 24–33; *Ruhwedel* Der Luftfrachtbrief, TranspR **1983** 1–4.

Parallelvorschriften

Art. 12 WA 1955; Art. 12 CMR; Art. 30 CIM; § 418 HGB.

Übersicht

Alphabetische Übersicht

A. Allgemeines

I. Normzweck

1 Art. 12 MÜ regelt das frachtrechtliche Verfügungsrecht von Absender und Empfänger (**Recht zur einseitigen Vertragsänderung**).[1] Grundlage des Verfügungsrechts ist das Bestehen eines Luftfrachtvertrages; es entfällt anders als bei der CMR nicht erst mit dessen Erfüllung durch Ablieferung des Gutes, sondern bereits mit seiner Ankunft am Bestimmungsort (siehe Artt. 12 Abs. 4, 13 MÜ). Übt der Absender das Verfügungsrecht in den zulässigen Grenzen bis zur Ankunft des Gutes am Bestimmungsort aus, so verwandelt sich die Verpflichtung des Luftfrachtführers durch die einseitige Willenserklärung des Absenders in dem betreffenden Punkt automatisch in eine andere, ohne dass es einer vertraglichen Änderung des Luftfrachtvertrages bedarf.[2]

2 Die Regelung des Verfügungsrechts im Montrealer Übereinkommen geht zwar in der Regel von der Ausstellung eines Luftfrachtbriefs aus. Der Luftfrachtbrief kann jedoch auch durch eine Empfangsbestätigung iSd. Art. 4 Abs. 2 MÜ ersetzt werden. Durch beide Instrumente sichert Art. 12 MÜ vor allem den Luftfrachtführer gegen unangemessene Folgen von Weisungen. Im Gegensatz zu Art. 12 Abs. 3 WA 1955 lässt die Regelung des Verfügungsrechts im Montrealer Übereinkommen auch Weisungen zu, wenn kein Luftfrachtbrief oder keine Empfangsbestätigung vorliegt. Dafür spricht zum einen die geänderte Formulierung in Art. 12 Abs. 3 MÜ (*„Kommt der Luftfrachtführer den Weisungen des Absenders nach, …“*). Zum anderen scheint die Steuerung durch den Absender angesichts

1 Ebenso Ebenroth/Boujong/*Pokrant*[5] Art. 12 MÜ Rn. 1; MünchKommHGB/*Müller-Rostin*[5] Art. 12 MÜ Rn. 8.
2 *Koller*[11] Art. 12 WA 1955 Rn. 2 spricht plastisch von Anweisungsmodalitäten.

moderner Transportaufgaben (wie just-in-time-Geschäft und flexibler Marktbedingungen) auch ohne Luftfrachtbrief nach wie vor von Interesse zu sein. Die moderne Datenübermittlung eröffnet auch im Lufttransport die Möglichkeit zu raschen Ad-hoc-Entscheidungen des Absenders.

3 Das **Verfügungsrecht** des Absenders nach Art. 12 MÜ ist **dispositiv.**[3] Es kann also von den Parteien abbedungen oder durch AGB[4] anders ausgestaltet werden. Jedoch ist dann darauf zu achten, die abweichende Vereinbarung im Transportdokument festzuhalten.

4 Die Vorschrift berührt weder den Gefahrübergang noch den Eigentumsübergang. Diese richten sich nach dem anwendbaren Einheits- oder nationalen Kaufrecht bzw. Sachenrechtsstatut.[5]

II. Entstehungsgeschichte

5 Die Vorschrift entspricht im Wesentlichen Art. 12 WA 1955. Eine inhaltliche Erweiterung erfuhr die Vorschrift nur insoweit, als dem Umstand Rechnung zu tragen war, dass der herkömmliche Luftfrachtbrief durch „jede andere Aufzeichnung" und eine Empfangsbestätigung (siehe Art. 4 Abs. 2 MÜ) ersetzt werden kann.[6] Die Empfangsbestätigung entfaltet daher in gleicher Weise eine Sperrwirkung wie ein Luftfrachtbrief (Art. 12 Abs. 3 MÜ).

B. Überblick zum Weisungs- und Verfügungsrecht

I. Weisungen und Weisungsrecht

6 Weisungen sind verbindliche Anordnungen des Auftraggebers oder sonst dazu Berechtigten, die der Konkretisierung der übernommenen Geschäftsbesorgungspflichten dienen. Dem Begriff der Weisung in der deutschen Übersetzung entspricht in der englischen Fassung der Begriff „instruction" (Art. 12 Abs. 2, 3, Art. 42 MÜ), die französische Fassung verwendet in Artt. 12 und 42 MÜ das gleiche Wort, in der Überschrift zu Art. 42 MÜ dagegen den Ausdruck „ordre". Letzteres dürfte auf ein Redaktionsversehen zurückzuführen sein. Weisungen sind einseitige empfangsbedürftige Willenserklärungen.[7] Im Rahmen von Art. 12 MÜ wirken sie rechtsgestaltend auf das Vertragsverhältnis ein. Sie sind widerruflich durch neue Verfügungen und bedürfen mangels abweichender Vereinbarung iSd. Art. 15 Abs. 2 MÜ keiner Form.[8]

7 Das Recht des Absenders, dem Luftfrachtführer Weisungen zu erteilen, wird im MÜ als selbstverständlich vorausgesetzt. Die Begründung des Weisungsrechts lässt sich, wenn deutsches Recht anwendbar ist, aus dem Charakter des Frachtvertrags als Geschäftsbesorgungsvertrag (§§ 675, 665 BGB) herleiten. Das Weisungsrecht ist zwingender Bestandteil der Wirkung des Montrealer Übereinkommens; ein Ausschluss des Weisungsrechts durch Allgemeine Geschäftsbedingungen des Luftfrachtführers ist daher ausgeschlossen. Weisungen entfalten nur Wirkung, wenn sie sich im Rahmen des abgeschlossenen Luftfrachtvertrages halten. Der Luftfrachtvertrag kann dabei ein einseitiges **Umgestaltungsrecht durch Weisung** vorsehen. Außerhalb dieses Rahmens kann der Luftfrachtvertrag nur durch einen Änderungsvertrag gemäß § 305 BGB modifiziert werden. In den

3 *Koller*[11] Art. 12 MÜ Rn. 1; MünchKommHGB/*Müller-Rostin*[5] Art. 12 MÜ Rn. 1.

4 Vgl. insbes. Art. 7 IATA-Conditions of Carriage for Cargo; *Gran* TranspR **1999** 173, 184 ff.

5 D.h. UN-KaufR (CISG) oder dem vom IPR (z.B. Art. 3 EG-VO Nr. 593/08 berufenen Kaufrecht bzw. dem vom internationalen Sachenrecht berufenen Recht, vgl. *Kegel/Schurig* IPR § 19; Grüneberg/*Thorn*[83] Art. 4 Rom I Rn. 5 f. (Gefahrübergang), Art. 43 EGBGB Rn. 1, 3 ff., 9 (Sachenrecht).

6 Vgl. die Denkschrift zum MÜ BT-Drs. **15/2285** S. 40.

7 *Koller*[11] Art. 12 WA 1955 Rn. 3.

8 FrankfKomm/*Müller-Rostin* Art. 12 MÜ Rn. 14; Ebenroth/Boujong/*Pokrant*[5] Art. 12 MÜ Rn. 10; MünchKommHGB/*Müller-Rostin*[5] Art. 12 MÜ Rn. 9. Zum WA: *Koller*[11] Art. 12 WA 1955 Rn. 3; *Abraham*[3] I Art. 12 WA 1955 Anm. 2 aE.

Luftfrachtbrief eingetragene Weisungen nehmen an dessen Beweiskraft teil, gleichviel, ob sie auf den Vorschriften des Art. 12 MÜ oder auf anderen Vereinbarungen beruhen.[9]

Von der Ausstellung eines Luftfrachtbriefs ist die Weisung nicht abhängig. Zwar legt Art. 12 Abs. 3 MÜ die Schlussfolgerung nahe, das Weisungsrecht setze die Ausstellung eines Luftfrachtbriefs voraus und entstehe gar nicht erst, wenn kein Luftfrachtbrief ausgestellt werde. Das Bedürfnis nach Vertragsänderung, das ökonomischen Erwägungen entspringt und dem das Weisungsrecht Rechnung tragen soll, muss unabhängig davon Anerkennung finden, ob ein Luftfrachtbrief oder eine Empfangsbestätigung iSd. Art. 4 Abs. 2 Satz 2 MÜ ausgestellt wurde. Dieses Bedürfnis kann im Übrigen, selbst wenn erst später eine Empfangsbestätigung ausgehändigt wird, bereits in der Anfangsphase entstehen, wenn das Gut dem Luftfrachtführer übergeben worden ist und der Absender es an einen anderen Bestimmungsort transportieren lassen will. Insofern knüpft die **Entstehung des Weisungsrechts** nicht an die Ausstellung eines Luftfrachtbriefs oder eine Empfangsbestätigung an, sondern ausschließlich an den Abschluss des Frachtvertrages, wohingegen die **Ausübung des Weisungsrechts** gem. Art. 12 Abs. 3 MÜ zum Schutze des Luftfrachtführers von der Vorlage des Luftfrachtbriefs oder der Empfangsbestätigung abhängt. Weisungen können vom Absender grundsätzlich **formlos** erteilt werden.[10] Abweichendes kann sich aus Landesrecht oder besonderer Parteivereinbarung ergeben (vgl. Art. 7 Nr. 2 Satz 2 ABB-Fracht der Lufthansa Cargo AG). **8**

Das Erlöschen des Weisungsrechts kann sich auf verschiedene Fallgestaltungen beziehen.[11] Gem. Art. 12 Abs. 4 Satz 1 MÜ erlischt es im Zeitpunkt, in welchem dem Empfänger das Recht nach Art. 13 MÜ zusteht, d.h. mit der Ankunft des Gutes am Bestimmungsort.[12] Ferner erlischt es, wenn das Gut untergeht oder es aufgrund einer Verfügung gem. Art. 12 Abs. 1 MÜ an den Absender wieder ausgehändigt wird.[13] **9**

Eine Weisung verlangt **ein bestimmtes Verhalten** des Luftfrachtführers, setzt also eine Anordnung des Weisungsberechtigten mit bestimmtem Inhalt voraus. Weder stellt die nachträgliche Genehmigung einer Geschäftsführung ohne Auftrag (§ 684 Satz 2 BGB), wenn deutsches Recht heranzuziehen ist, noch das bloße Einverständnis mit einer Notmaßnahme eine Weisung dar. **10**

II. Verfügungen und Verfügungsrecht

Die „Verfügung“[14] über die Güter stellt einen Spezialfall der Weisung dar. Art. 12 Abs. 1 Satz 1 MÜ nennt 4 verschiedene Möglichkeiten, über die Güter zu verfügen (Rückgabe des Gutes am Abgangs- oder Bestimmungsflughafen; Nicht-Weiterbeförderung; Änderung des Empfängers sowie Rücksendung an den Abgangsflughafen). Eine Differenzierung zwischen Verfügung und Weisung sieht das Montrealer Übereinkommen nicht vor. **11**

Das frachtrechtliche Verfügungsrecht ist rein schuldrechtlicher Natur; es hat mit der Ermächtigung iSv. § 185 BGB nichts zu tun und hat keinen sachenrechtlichen Charakter.[15] Es entsteht kraft Gesetzes mit dem Abschluss des Luftfrachtvertrags. Das Verfügungsrecht stellt ein unselbständiges Recht dar und kann daher nicht separat auf Dritte übertragen werden. Zu seiner Ausübung können aber Dritte bevollmächtigt werden. **12**

9 Siehe Art. 11 MÜ.
10 BeckOGK/*Förster* Art. 12 MÜ Rn. 21; MünchKommHGB/*Müller-Rostin*[5] Art. 12 MÜ Rn. 9.
11 Ausführlich auch FrankfKomm/*Müller-Rostin* Art. 12 MÜ Rn. 45 ff.
12 Zu abweichenden Allgemeinen Geschäftsbedingungen beachte Art. 15 Abs. 2 MÜ.
13 FrankfKomm/*Müller-Rostin* Art. 12 MÜ Rn. 45.
14 Englisch: „disposition; to dispose“; französisch: „disposition; disposer“.
15 FrankfKomm/*Müller-Rostin* Art. 12 MÜ Rn. 2; BeckOGK/*Förster* Art. 12 MÜ Rn. 6.

III. Verfügungsberechtigter

13 Verfügungsberechtigter ist derjenige, dem das Verfügungsrecht jeweils zusteht und der für die Weisungen verantwortlich ist. Im Gegensatz zur CMR[16] ist der Absender ausschließlicher Inhaber des Weisungsrecht. Sein Recht erlischt, sobald der Empfänger Ablieferung fordern darf.[17] Nach dem eindeutigen Wortlaut des Montrealer Übereinkommens ist kein Übergang des Weisungsrechts vorgesehen. Daher darf der Empfänger selbst dann, wenn er das Luftfrachtbriefdritt vorlegt, keine Weisungen gegenüber dem Luftfrachtführer treffen.[18]

14 Der Absender hat sich, wenn in der Form des Art. 15 Abs. 2 MÜ nichts Abweichendes vereinbart wurde, durch Vorlage des Luftfrachtbriefdritts (Art. 7 Abs. 2 Satz 1 MÜ) zu legitimieren. Der Absender ist für die Legitimation beweispflichtig (arg E Art. 12 Abs. 3 MÜ); die Innehabung des Luftfrachtbriefdritts spricht für die Legitimation.[19]

IV. Adressat der Weisung

15 Adressat der Weisung ist der Luftfrachtführer. Bedient sich der vertragliche Luftfrachtführer zur Durchführung der Beförderung eines ausführenden Luftfrachtführers, so kann der Absender Weisungen nur gegenüber seinem vertraglichen Luftfrachtführer verbindlich erteilen (Art. 42 Satz 2 MÜ). Eine statt dessen nur an den „ausführenden“ Luftfrachtführer ergangene Weisung ist gegenüber beiden Luftfrachtführern unwirksam und zeitigt keine Haftungsfolgen bei Nichtbefolgung.[20]

C. Der Inhalt des Verfügungs- und Weisungsrechts (Absatz 1)

I. Inhalt des Verfügungsrechts (Absatz 1 Satz 1)

16 Das Verfügungsrecht kann im **Eigeninteresse** des Absenders, aber auch im **Interesse eines Dritten** ausgeübt werden.[21] Art. 12 Abs. 1 Satz 1 MÜ gestattet dem Absender jedoch nicht unbeschränkt, über das dem Luftfrachtführer anvertraute Gut zu verfügen, sondern nur in vier bestimmten Formen.[22] Er kann den Luftfrachtführer anweisen:

1. das Gut ihm am Abgangs- oder Bestimmungsflughafen zurückzugeben (**Rn. 16**);
2. das Gut unterwegs während einer Landung aufzuhalten (**Rn. 17**);
3. das Gut am Bestimmungsort oder unterwegs an eine andere Person als den ursprünglich bezeichneten Empfänger abliefern zu lassen (**Rn. 19**); oder
4. das Gut vom Luftfrachtführer an den Abgangsflughafen zurückbringen zu lassen (**Rn. 20**).

1. Rückgabe des Gutes am Abgangsflughafen

17 Der Absender hat zunächst das Recht, sich das Gut **zurückgeben** zu lassen, und zwar entweder am Abgangs- oder am Bestimmungsflughaben. Daraus, dass unter der vierten Alternative die Rücksendung an den Abgangsflughafen besonders erwähnt wird, ist abzuleiten, dass unter **Zu-**

---

16 Art. 12 Abs. 2 Satz 2 CMR.
17 Art. 12 Abs. 4 Satz 1 MÜ, Art. 13 Abs. 1 MÜ; zu abweichenden Allgemeinen Geschäftsbedingungen siehe FrankfKomm/*Müller-Rostin* Art. 12 MÜ Rn. 46.
18 Ebenso *Koller*[11] zu Art. 12 WA 1955 Rn. 3. **AA** *Mankiewicz* Liability Regime Nr. 122.
19 *Koller* TranspR **1994** 181, 185.
20 MünchKommHGB/*Müller-Rostin*[5] Art. 12 MÜ Rn. 10.
21 Art. 14 MÜ.
22 Siehe auch *Faesch* ITZ **1955** 2332 f.; BeckOGK/*Förster* Art. 12 MÜ Rn. 7.

rückgeben am Abgangsflughafen die Rückgabe *vor Beginn* der Beförderung zu verstehen ist. In dem Rückgabeverlangen ist weder ein Rücktritt vom Vertrag noch eine Kündigung[23] zu sehen.[24] Das Weisungsrecht des Absenders setzt gem. Art. 12 Abs. 1 MÜ gerade voraus, dass der Absender den Luftfrachtvertrag seinerseits erfüllt, insbesondere das vereinbarte Beförderungsentgelt entrichtet. Die Ausübung der Rückgabe ist im Montrealer Übereinkommen nicht geregelt; sie unterliegt daher dem anwendbaren nationalen Recht. Die Rückgabe kann durch Abholung durch einen Bevollmächtigten oder durch einen Dritten erfolgen, sofern ihm der Absender den Herausgabeanspruch abgetreten hat.[25] Das Recht der **Rückgabe am Bestimmungsflughafen** kann der Absender solange noch ausüben, wie das Gut dort noch nicht angekommen ist, denn im Zeitpunkt der Ankunft des Gutes am Bestimmungsort erlischt sein Verfügungsrecht[26] und entsteht dasjenige des Empfängers.[27]

2. Anhalten des Gutes

Das Recht, das Gut unterwegs aufhalten zu lassen, hat der Absender bei jeder Zwischenlandung. **18**
Er braucht dabei nicht anzugeben, zu welchem Zweck das Gut aufgehalten werden soll; vielmehr kann er sich die weitere Veranlassung vorbehalten, die aber nur in einer der im Art. 12 Abs. 1 MÜ zugelassenen Verfügungen bestehen darf. Eine Frist für die weitere Veranlassung ist im Montrealer Übereinkommen ebenso wenig wie im Warschauer Abkommen geregelt; auch die IATA-Bedingungen enthalten hierüber nichts. Die durch die Aufbewahrung entstehenden Kosten hat der Absender gem. Art. 12 Abs. 1 Satz 2 MÜ zu ersetzen.

Art. 12 Abs. 1 MÜ spricht zwar ausdrücklich nur vom Recht des Absenders, unterwegs wäh- **19**
rend einer Landung das Gut aufzuhalten, nicht hingegen auch am Abgangs- oder Bestimmungsflughafen. Jedoch besteht Einigkeit[28] darüber, dass die aufgezählten Rechte nach Art. 12 Abs. 1 MÜ weit ausgelegt werden sollen. Begrenzt wird die Ausübung der Verfügungsrechte allerdings durch den Rahmen der im Luftfrachtvertrag vereinbarten Leistungspflichten.[29] Würde die Ausübung des Verfügungsrechts beispielsweise zu einer anderen Streckenführung führen, wäre diese Grenze gewiss überschritten.[30] Demgegenüber wird man dem Absender das Recht zugestehen, die Ablieferung am Bestimmungsort auszusetzen, zumal er das Recht hat, das Gut unterwegs anzuhalten oder dieses am Bestimmungsort an eine andere Person als den Empfänger abliefern zu lassen. Insofern liegt keine wesentliche Veränderung der Leistungspflicht gegenüber dem im Luftfrachtvertrag vereinbarten Rahmen vor, da die Ausübung des Verfügungsrechts hier nur einen zeitweiligen Schwebezustand hervorruft.

3. Ablieferung des Gutes an einen anderen Empfänger

Der Absender hat das Recht, das Gut unterwegs oder am Bestimmungsort **an eine andere Person** **20**
als den frachtbriefmäßigen Empfänger **abliefern** zu lassen. **„Unterwegs"** bedeutet Ablieferung

23 Bei Anwendbarkeit deutschen Sachrechts: § 415 Abs. 1 HGB.

24 Ebenso FrankfKomm/*Müller-Rostin* Art. 12 MÜ Rn. 5; *Guldimann* Art. 12 WA 1955 Rn. 3; *Abraham*[3] I Art. 12 WA 1955 Anm. 5. **AA** MünchKommHGB/*Müller-Rostin*[5] Art. 12 MÜ Rn. 3; *Koffka/Bodenstein/Koffka* Art. 19 WA 1929 S. 299.

25 FrankfKomm/*Müller-Rostin* Art. 12 MÜ Rn. 5; *Abraham*[3] I Art. 12 WA 1955 Rn. 5.

26 Vgl. Art. 12 Abs. 4 Satz 1 MÜ.

27 Vgl. Art. 13 Abs. 1 MÜ.

28 Vgl. Materialien zum Warschauer Abkommen, II. Conférence Internationale de Droit Privé Aérien, 4–12 Octobre 1929 Varsovie, 1930 S. 134; *Abraham*[3] I Art. 12 WA 1955 Rn. 3; *Guldimann* Art. 12 WA 1955 Rn. 7; *Müller-Rostin* TranspR **1989** 1.

29 Siehe unten Rdn. 22.

30 FrankfKomm/*Müller-Rostin* Art. 12 MÜ Rn. 7.

im Anschluss an eine vorgesehene Zwischenlandung.[31] Damit wird der ursprüngliche Bestimmungsort abgeändert. Darf der Absender somit Empfänger und Bestimmungsort unter der Voraussetzung, dass der neue Bestimmungsort auf der vereinbarten Beförderungsroute liegt, wechseln, so darf er unter dieser Voraussetzung auch den Bestimmungsort alleine ohne den Empfänger ändern.[32] Er kann folglich bestimmen, dass das Gut unterwegs dem ursprünglich benannten Empfänger ausgeliefert wird. Schließlich kann er als neuen Empfänger auch sich selbst bestimmen, z.B. eine seiner Niederlassungen.[33]

4. Rücktransport des Gutes zum Abgangsflughafen

21 Dem Absender steht schließlich auch das Recht zu, das Gut an den Abgangsflughafen zurückbringen zu lassen.[34] Dies umfasst auch das Recht, das Gut auf dem Rückfluge „unterwegs" anlässlich einer Zwischenlandung herauszuverlangen.[35] Mit dem Recht auf Rücksendung ist das Recht auf Wiederaushändigung verbunden.[36] Zur Rücksendung des Gutes bedarf es **keiner erneuten Ausstellung** eines Luftfrachtbriefes, denn die Rücksendepflicht des Luftfrachtführers resultiert aus dem ursprünglichen, durch die Weisung inhaltlich geänderten Vertrag. Etwas anderes gilt dann, wenn der Empfänger die Annahme des Gutes verweigert und selbst den Luftfrachtführer anweist, das Gut zum Absender zurückzubefördern. Die Weisung des Absenders bedingt einen neuen Luftfrachtvertrag, in dem der ursprüngliche Empfänger Absender und der vormalige Absender Empfänger des zurückzubringenden Gutes werden. In diesem Fall bedarf es für den „Rücktransport" eines neuen Luftfrachtbriefs.[37]

5. Vertragsänderung statt Weisung

22 Alle Verfügungen müssen sich allerdings im Rahmen des bestehenden Luftfrachtvertrages halten. Verfügungen halten sich daher noch im Rahmen des bestehenden Luftfrachtvertrages, wenn sie auf Anhaltung des Gutes am Abgangs- oder Bestimmungsort, auf Ablieferung anlässlich einer Zwischenlandung an den im Frachtbrief bezeichneten Empfänger oder an sich selbst, die Rückgabe anlässlich einer Zwischenlandung während des Rückflugs oder Ablieferung des Gutes gegen Nachnahme gerichtet sind. Durch Weisung kann dagegen **nicht** der Gegenstand der Beförderung (zB Menge des Gutes) verändert werden; ebenso wenig das zu verwendende Beförderungsmittel (Straße statt Luft).[38] Ferner können weder die Verwertung des Gutes durch den Frachtführer[39] noch die Abänderung des Bestimmungsortes außerhalb der vereinbarten Streckenführung[40] verlangt werden.[41] In solchen Fällen bedarf es einer Änderung des Luftfrachtvertrages. Ebenso wenig ist die Einziehung einer Nachnahme von Art. 12 MÜ gedeckt.[42] Verfügungen und Weisungen, die

31 FrankfKomm/*Müller-Rostin* Art. 12 MÜ Rn. 8; *Abraham*[3] I Art. 12 WA 1955 Anm. 6.

32 *Abraham*[3] I Art. 12 WA 1955 Anm. 6.

33 FrankfKomm/*Müller-Rostin* Art. 12 MÜ Rn. 8. Ebenso zum WA: *Koffka/Bodenstein/Koffka* Art. 12 WA 1929 S. 300; *Abraham*[3] I Art. 12 WA 1955 Anm. 6.

34 BGH, Urt. v. 27.10.1989 – I ZR 156/86 – TranspR **1989** 60, 63 = ZLW **1989** 368 = NJW-RR **1989** 160; OLG Düsseldorf, Urt. v. 31.7.1986 – 18 U 163/85 – TranspR **1986** 341, 343.

35 FrankfKomm/*Müller-Rostin* Art. 12 MÜ Rn. 9; BeckOGK/*Förster* Art. 12 MÜ Rn. 12; *Guldimann* Art. 12 WA 1955 Rn. 8.

36 BGH, Urt. v. 27.10.1989 – I ZR 156/86 – TranspR **1989** 60, 63 = ZLW **1989** 368 = NJW-RR **1989** 160.

37 Zutreffend FrankfKomm/*Müller-Rostin* Art. 12 MÜ Rn. 10.

38 BeckOGK/*Förster* Art. 12 MÜ Rn. 13.

39 BeckOGK/*Förster* Art. 12 MÜ Rn. 13.

40 Für die Möglichkeit einer Änderung der Streckenführung *Goedhuis* La Convention de Varsovie S. 135.

41 FrankfKomm/*Müller-Rostin* Art. 12 MÜ Rn. 12; Ebenroth/Boujong/*Pokrant*[5] Art. 12 MÜ Rn. 6; MünchKommHGB/*Müller-Rostin*[5] Art. 12 MÜ Rn. 20. Ebenso zum WA: *Abraham*[3] I Art. 12 WA 1955 Anm. 8; *Guldimann* Art. 12 WA 1955 Rn. 8.

42 MünchKommHGB/*Müller-Rostin*[5] Art. 12 MÜ Rn. 13.

nicht vom Verfügungsrecht des Art. 12 Abs. 1 Satz 1 MÜ gedeckt sind und auf eine **Erweiterung des Beförderungsvertrages** zielen, sind ggf als Angebote zum Abschluss eines neuen Vertrages zu verstehen. Eine möglicherweise nicht wirksame Verfügung wird daher bindend, wenn sich die Parteien darauf einigen.

II. Voraussetzungen und Schranken des Verfügungsrechts (Absätze 1 bis 3)

1. Erfüllung aller Verpflichtungen aus dem Luftfrachtvertrag nach Absatz 1 Satz 1

Der Luftfrachtführer ist zu einer Ausführung der Weisungen (Verfügungen) des Absenders nur dann verpflichtet, wenn dieser im Zeitpunkt des Zugangs der Weisung **alle ihm obliegenden, fälligen Verpflichtungen aus dem Luftfrachtvertrag erfüllt hat.**[43] Der Luftfrachtführer hat also gegenüber den Verfügungen des Absenders die Einrede des nicht oder nicht gehörig erfüllten Vertrages, vgl. § 320 BGB. Diese steht ihm dann nicht zu, wenn er nach dem Luftfrachtvertrag zur Vorleistung verpflichtet ist. Der Absender muss, um eine Einrede des Luftfrachtführers gegen seine Weisung zu vermeiden, alle Verpflichtungen aus dem Luftfrachtvertrag erfüllen (vgl. die englische Fassung: „*carry out all its obligations*"). Hierzu gehört vor allem die Entrichtung der fälligen Fracht und die Erstattung der durch die Verfügung entstehenden Kosten. Darunter sind allerdings nicht nur die Verpflichtungen des Absenders zu verstehen, sondern auch diejenigen des Empfängers, wenn dieser beispielsweise eine Nachnahmegebühr zu entrichten hat.[44] 23

Ist deutsches Recht Vertragsstatut, so wird der **Vergütungsanspruch** nach § 420 Abs. 1 Satz 1 HGB erst mit vollständiger Ausführung der Beförderung **fällig**. Gibt z.B. der Absender im Fall des Annahmeverzugs des Empfängers die Weisung, das Gut zurückzubefördern, so hat er die mit Eintritt des Annahmeverzugs fällige Fracht zu zahlen.[45] Dagegen löst die Weisung, das Gut vor Beginn des Transports an den Absender zurückzugeben, nicht die Fälligkeit des Vergütungsanspruchs aus.[46] Denn das Verfügungsrecht steht gerade nicht im Synallagma (§ 320 BGB) zur Zahlungspflicht,[47] so dass der Vergütungsanspruch erst mit Rückgabe des Gutes in entsprechender Anwendung der § 420 Abs. 1 Satz 1 HGB fällig wird. Ebenso wenig löst die Weisung, das Gut bei einer Zwischenlandung an einen anderen als den im Frachtbrief bezeichneten Empfänger abzuliefern, eine vorzeitige Fälligkeit des Vergütungsanspruchs aus.[48] Denn die Weisung ändert nicht die Verknüpfung der Fälligkeit mit der tatsächlichen Ablieferung des Gutes. Dagegen können **Individualabreden** oder **Formularklauseln**, wie z.B. Art. 4 Nr. 4 Buchstabe c Satz 2 der ABB-Fracht der Deutschen Lufthansa sowie Artikel 5.4.2 Satz 2 der ABB-Fracht der IATA, den **Fälligkeitszeitpunkt vorverlegen**. Sind sie nach dem maßgeblichen Recht in den Vertrag einbezogen und inhaltlich wirksam, so bestimmen sie den Fälligkeitszeitpunkt für die fragliche Verpflichtung. Der Vermerk **„Prepaid"** in einem Luftfrachtbrief oder in einer Empfangsbestätigung hat zur Folge, dass der Luftfrachtführer die Güter am Bestimmungsort aushändigen kann, ohne auf die Zahlung der Fracht achten zu müssen.[49] 24

---

43 BGH, Urt. v. 27.10.1988 – I ZR 156/86 – TranspR **1989** 60, 63 = VersR **1989** 213 = NJW-RR **1989** 160.

44 BeckOGK/*Förster* Art. 12 MÜ Rn. 15; *Abraham*[3] I Art. 12 WA 1955 Rn. 9; *Guldimann* Art. 12 WA 1955 Rn. 14; MünchKommHGB/*Kronke* Art. 12 WA 1955 Rn. 4; *Müller-Rostin* TranspR **1989** 1.

45 Ebenroth/Boujong/*Pokrant*[5] Art. 12 MÜ Rn. 6.

46 Zutreffend *Koller*[11] Art. 12 WA 1955 Rn. 6.

47 Ebenso MünchKommHGB/*Müller-Rostin*[5] Art. 12 MÜ Rn. 22; MünchKommHGB/*Kronke* Art. 12 WA 1955 Rn. 8; *Guldimann* Art. 12 WA Rn. 15. **AA** FrankfKomm/*Müller-Rostin* Art. 12 MÜ Rn. 20.

48 *Koller*[11] Art. 12 WA 1955 Rn. 6. **AA** FrankfKomm/*Müller-Rostin* Art. 12 MÜ Rn. 20.

49 LG Frankfurt a.M., Urt. v. 27.3.1992 – 3/11 S 3/91 – TranspR **1992** 414.

2. Keine Schädigung des Luftfrachtführers oder Dritter nach Absatz 1 Satz 2

25 Das Verfügungsrecht des Absenders ist dann **eingeschränkt**, wenn die Ausführung der Verfügung eine Schädigung des Luftfrachtführers oder anderer Absender zur Folge hätte. Unter anderen Absendern versteht das Übereinkommen diejenigen Absender des Luftfrachtführers, deren Güter der Luftfrachtführer in demselben Luftfahrzeug befördert.[50] Bei der Beurteilung der Schadenswahrscheinlichkeit steht dem Luftfrachtführer ein **Ermessensspielraum** zu.[51] Dabei ist zu beachten, dass die Gefährdung konkret sein muss. Dabei genügt es nicht, dass wie in § 418 Abs. 1 Satz 3 HGB vorausgesetzt allein Nachteile für den Betrieb des Luftfrachtführers als solchen drohen.[52] Ebenso wenig genügen allein bloße Mutmaßungen.[53] Die Gefährdung muss sich vielmehr auf das Flugzeug als solches beziehen, was die gemeinsame Nennung des Luftfrachtführers und der anderen Absender nahelegt. Eine derartige Schädigung wäre also darin zu sehen, dass infolge des Anhaltens der Güter „unterwegs" diese verderben und dadurch der Frachtraum des Flugzeugs verschmutzt werden würde.[54] Dem Absender obliegt die Beweislast, dass die Gefahr einer solchen, auf der Weisung beruhenden Schädigung nicht besteht.[55]

3. Ausführbarkeit und Zumutbarkeit der Verfügung nach Absatz 2

26 Die Verfügung muss tatsächlich und rechtlich ausführbar sein, arg e Absatz 2. Nach allgemeiner Meinung rechtfertigt neben der objektiven auch die subjektive Unmöglichkeit die Nichtbefolgung einer Weisung des Absenders.[56] Bei Anwendbarkeit deutschen Rechts bestimmt sich die Unmöglichkeit nach § 275 BGB.[57] Danach ist der Anspruch auf die Leistung ausgeschlossen, soweit diese für den Schuldner oder für jedermann unmöglich ist. Fälle der objektiven Unmöglichkeit liegen vor, wenn das zu entladende Flugzeug zum Zeitpunkt der Verfügung bereits abgeflogen ist, das Gut dem Empfänger bereits ausgeliefert wurde, das Gut zerstört oder in Verlust geraten ist.[58] Fälle der subjektiven Unmöglichkeit liegen vor, wenn dem Luftfrachtführer eine Startverschiebung oder eine Zwischenlandung nicht möglich ist. Unmöglichkeit ist auch dann anzunehmen, wenn die Weisung des Absenders sich nur auf einen Teil der Sendung beschränkt, diese im konkreten Fall aber nicht aufteilbar ist.[59] Der Absender hat ggf. zu beweisen, dass die Ausführung zumutbar und möglich ist. Soweit Weisungen gegen Verbotsgesetze verstoßen, sind diese bei Anwendbarkeit deutschen Sachrechts nach § 134 BGB nichtig und für den Luftfrachtführer nicht verbindlich.

4. Keine Teilbarkeit einheitlichen Frachtguts

27 Weitere ungeschriebene Voraussetzung des Verfügungsrechts des Absenders ist, dass sich die Verfügung auf das Gut in seiner Gesamtheit und nicht auf einzelne Frachtstücke einer Sendung

---

50 BeckOGK/*Förster* Art. 12 MÜ Rn. 16; *Müller-Rostin* TranspR **1989** 1.

51 BeckOGK/*Förster* Art. 12 MÜ Rn. 17; Ebenroth/Boujong/*Pokrant*[5] Art. 12 MÜ Rn. 7; MünchKommHGB/*Kronke* Art. 12 WA 1955 Rn. 7.

52 MünchKommHGB/*Müller-Rostin*[5] Art. 12 MÜ Rn. 24.

53 *Koller*[11] Art. 12 MÜ Rn. 7; BeckOGK/*Förster* Art. 12 MÜ Rn. 17.

54 In diese Richtung FrankfKomm/*Müller-Rostin* Art. 12 MÜ Rn. 22; MünchKommHGB/*Müller-Rostin*[5] Art. 12 MÜ Rn. 24.

55 BGH, Urt. v. 9.10.1964 – Ib ZR 226/62 – NJW **1964** 2348, 2350 = ZLW **1965** 167.

56 FrankfKomm/*Müller-Rostin* Art. 12 MÜ Rn. 7. Ebenso zum WA: MünchKommHGB/*Kronke* Art. 12 WA 1955 Rn. 8; *Abraham*[3] I Art. 12 WA 1955 Anm. 12.

57 FrankfKomm/*Müller-Rostin* Art. 12 MÜ Rn. 31.

58 Ebenso BeckOGK/*Förster* Art. 12 MÜ Rn. 18.

59 MünchKommHGB/*Müller-Rostin*[5] Art. 12 MÜ Rn. 26.

beziehen muss.[60] Demgegenüber will eine Mindermeinung im Schrifttum[61] dem Absender das Recht einräumen, die Verfügung auf einzelne Frachtstücke einer Sendung beschränken zu können, d.h. einen Teil des Gutes sich zurückgeben, sich zurücksenden, anhalten oder an eine andere Person aushändigen lassen zu können. Gegen die Zulassung von Teilverfügungen sprechen der Grundsatz der Unteilbarkeit des Frachtvertrages, der klare Wortlaut des Art. 12 MÜ sowie die Bestimmung in Art. 8 MÜ.[62] Soweit nämlich nicht von Anfang an mehrere (Teil-)Luftfrachtbriefe ausgestellt werden, steht dem Absender kein teilgutbezogenes Verfügungsrecht zu. Bestätigung findet die Auslegung ebenfalls in Art. 7.1 der IATA Conditions of Carriage for Cargo und Art. 7 der ABB-Fracht.

5. Vorlage der Absenderausfertigung nach Absatz 3 (Sperrfunktion des Luftfrachtbriefdritts)

Das Verfügungsrecht des Absenders ist dadurch eingeschränkt, dass der Luftfrachtführer die Ausführung der Verfügung von der **Vorlage des Luftfrachtbriefdritts** oder **der Empfangsbestätigung** iSd. Art. 4 Abs. 2 Satz 2 MÜ abhängig machen kann (arg e Art. 12 Abs. 3 MÜ).[63] Das Luftfrachtbriefdritt ist die dritte, für den Absender bestimmte Ausfertigung des Luftfrachtbriefs. Sie ist vom Luftfrachtführer zu unterzeichnen oder zu stempeln und nach der Annahme der Güter dem Absender auszuhändigen (Art. 7 Abs. 2 MÜ). Das Luftfrachtbriefdritt dient ebenso wie die Empfangsbestätigung als Empfangsbescheinigung.[64] Der Luftfrachtführer braucht den Weisungen des Absenders daher nicht Folge zu leisten, wenn das Luftfrachtbriefdritt, das ausgestellt wurde, nicht vorgelegt wurde, es sei denn, eine abweichende Vereinbarung wurde in dem Luftfrachtbrief oder in der Empfangsbestätigung iSd. Art. 4 Abs. 2 Satz 2 MÜ eingetragen (Art. 15 Abs. 2 MÜ). Dem Luftfrachtbrief kommt insoweit Sperrfunktion zu.[65] Sinn und Zweck des Absatzes 3 ist der Schutz des Vertrauens Dritter auf die Legitimationsfunktion des Luftfrachtbriefes. Gerade diese Funktion macht den Luftfrachtbrief zu einem tauglichen Papier für das **Dokumenten-Akkreditiv**,[66] wie auch die Behandlung des Luftfrachtbriefs als andienungsfähiges Papier in der ERA[67] beweist. 28

Die **Sperrwirkung** der Absenderausfertigung des Luftfrachtbriefs oder der sie ersetzenden Empfangsbestätigung ist jedoch **nicht undurchbrechbar**. Vielmehr kann die Berechtigung auch in anderer Weise als durch den Frachtbrief nachgewiesen werden. Hierzu bedarf es keines wertpapierrechtlichen Aufgebotsverfahrens.[68] Dieses ist zum einen zu langwierig, wie § 1015 Satz 1 ZPO zeigt. Zum anderen kann der Absender nicht in entsprechender Anwendung des § 1020 Satz 1 ZPO eine Auslieferungssperre beantragen;[69] denn bei Verlust eines Luftfrachtbriefs ist im Gegensatz zu anderen Urkunden nicht auf die in §§ 1010 bis 1014 ZPO genannten Wartefristen Rücksicht zu nehmen mit der Folge, dass ein Aufgebotsverfahren stets zulässig sein wird und die in § 1020 Satz 1 ZPO genannte selbständige Maßregel tatbestandlich gar nicht eingreift. Im Verlustfall der 29

---

60 BeckOGK/*Förster* Art. 12 MÜ Rn. 20; FrankfKomm/*Müller-Rostin* Art. 12 MÜ Rn. 25. Ebenso zum WA: *Koffka/Bodenstein/Koffka* Art. 12 WA 1929 S. 301 f.; *Guldimann* Art. 12 WA 1955 Rn. 25. **AA** *Koller*[11] Art. 12 MÜ Rn. 8.

61 *Abraham*[3] I Art. 12 WA 1955 Anm. 11 aE; *Koller*[11] Art. 12 WA 1955 Rn. 8.

62 Ebenso MünchKommHGB/*Müller-Rostin*[5] Art. 12 MÜ Rn. 26.

63 Ebenroth/Boujong/*Pokrant*[5] Art. 12 MÜ Rn. 11; MünchKommHGB/*Müller-Rostin*[5] Art. 12 MÜ Rn. 15; *Ruhwedel* TranspR **1983** 1, 5.

64 *Ruhwedel* TranspR **1983** 1, 2.

65 Ebenroth/Boujong/*Pokrant*[5] Art. 12 MÜ Rn. 1; MünchKommHGB/*Müller-Rostin*[5] Art. 12 MÜ Rn. 17; *Koller*[11] Art. 12 WA 1955 Rn. 13.

66 BGH, Urt. v. 19.3.1976 – I ZR 75/74 – BGHZ **76** 213 = NJW **1976** 1583 = ZLW **1977** 79; *Ruhwedel* TranspR **1983** 1, 5. Vgl. oben auch Art. 4 MÜ Rn. 7 a, Art. 7 MÜ Rn. 7.

67 Abdruck bei: *Baumbach/Hopt*[34] 2. Teil VI (Bankgeschäfte) Nr. 11.

68 So *Koller* TranspR **1994** 181, 183, der Weisungen bei Verlust der Absenderausfertigung in entsprechender Anwendung des § 365 Abs. 2 Satz 2 HGB von einer Sicherheitsleistung des Absenders abhängig machen will.

69 Unrichtig insoweit *Koller* TranspR **1994** 181, 183.

Absenderausfertigung ist ein anderweitiger Berechtigungsnachweis ausreichend.[70] Demzufolge entfällt die Vorlagepflicht der Absenderausfertigung oder der Empfangsbestätigung in folgenden Fällen:

- wenn mangels Ausstellung eines Luftfrachtbriefs oder einer Empfangsbestätigung von Anfang an kein Luftfrachtbrief existierte. Hier entfällt nämlich zum einen der Hauptzweck der Bestimmung, das Luftfrachtbriefdritt mit Legitimationsfunktion auszustatten; zum anderen ist im Zeitpunkt der Verfügung auch gar kein zu schützender rechtmäßiger Besitzer des Luftfrachtbriefs vorhanden;
- wenn der Absender dem Luftfrachtführer den Nachweis erbringt, dass das Luftfrachtbriefdritt oder die Empfangsbestätigung untergegangen ist;
- wenn die schriftliche Zustimmung des derzeitigen rechtmäßigen Besitzers des Luftfrachtbriefdritts oder der Empfangsbestätigung anstelle der Vorlage des Dritts gegeben wird.

30 Aus Art. 12 Abs. 3 MÜ folgt, dass die Absenderausfertigung nur vorzulegen, nicht aber dem Luftfrachtführer zu übergeben ist. Dieser kann somit die Absenderausfertigung nicht als Beweisstück behalten, aber im Prozess ihre Vorlegung nach § 422 ZPO iVm. § 810 BGB erzwingen.

6. Kostenerstattungspflicht

31 Der Luftfrachtführer braucht die Weisungen oder Verfügungen nur auszuführen gegen Ersatz der ihm entstehenden Kosten. Art. 12 Abs. 1 Satz 2 MÜ spricht hierbei in der englischen Fassung von „expenses“ und in der französischen Fassung von „frais“, während in der Parallelvorschrift zu Art. 12 Abs. 5a CMR von „expenses, loss and damage“ bzw. „frais et préjudice“ die Rede ist. Aus dieser Gegenüberstellung folgt, dass der Luftfrachtführer im Gegensatz zum Straßenfrachtführer lediglich den Ersatz seiner freiwilligen Vermögensopfer ersetzt verlangen darf.[71] Zumindest besteht also ein durch die Aufwendungen begründeter grundsätzlich unbegrenzter Anspruch.[72] Dieser umfasst auch eine angemessene Vergütung, d.h. Entgelt plus angemessenen Gewinn.[73] Bei Anwendbarkeit deutschen Rechts wird der Kostenerstattungsanspruch dahingehend konkretisiert, dass der Frachtführer vom Absender seine durch die Ausführung der Weisung entstehenden Aufwendungen sowie eine angemessene Vergütung verlangen kann. Zu den ersatzfähigen Kosten gehört bei einer Verlängerung der Beförderungsstrecke ein anteilig erhöhtes Beförderungsentgelt, welches den Gewinn mit abdeckt und sich nicht auf den Ersatz der Seblstkosten beschränkt.[74]

32 **Nicht erstattungspflichtig** sind jedoch extrem hohe Kosten, die der Luftfrachtführer hätte voraussehen und auf die er den Absender hätte hinweisen können.[75] Ebenso entfällt eine Kostenerstattung, wenn der Luftfrachtführer die Kosten nicht für erforderlich halten durfte.[76] Inwieweit eine Pflicht des Luftfrachtführers anzunehmen ist, die Kosten gering zu halten oder auf eine exorbitante Kostensteigerung hinzuweisen, muss jedoch das Statut des Beförderungsvertrages entscheiden.[77] Ebenso richtet sich die Frage einer möglichen Erstattungspflicht des Luftfrachtführers nach dem anwendbaren innerstaatlichen Recht, wenn durch die Verfügung eine Ersparnis von Beförderungskosten eingetreten sein sollte.[78]

---

70 Ebenso FrankfKomm/*Müller-Rostin* Art. 12 MÜ Rn. 37; *Guldimann* Art. 12 WA 1955 Rn. 41 ff.

71 Ebenso *Koller*[11] Art. 12 WA 1955 Rn. 10; einschränkend *Guldimann* Art. 12 WA 1955 Rn. 28.

72 Bei Anwendbarkeit deutschen Rechts ist die in § 670 BGB gezogene Grenze beachtlich.

73 Dies kann sich aus ergänzend anwendbarem nationalen Recht ergeben, z.B. aus § 418 Abs. 1 Satz 4, § 419 Abs. 1 Satz 3 HGB; ergänzend kann nach *Abraham*[3] I Art. 12 WA 1955 Anm. 3 auch § 632 Abs. 2 BGB herangezogen werden.

74 Ebenroth/Boujong/*Reuschle*[5] § 418 HGB Rn. 18.

75 FrankfKomm/*Müller-Rostin* Art. 12 MÜ Rn. 27; Ebenroth/Boujong/*Pokrant*[5] Art. 12 MÜ Rn. 14; *Guldimann* Art. 12 WA 1955 Rn. 28.

76 *Koller*[11] Art. 12 WA 1955 Rn. 10; E/B/J/*Gass* Art. 12 WA 1955 Rn. 12.

77 MünchKommHGB/*Kronke* Art. 12 WA 1955 Rn. 13.

78 So auch *Müller-Rostin* TranspR **1989** 1, 2; Ebenroth/Boujong/*Reuschle*[5] § 418 HGB Rn. 18.

Wenn nach dem Inhalt eines Luftfrachtvertrages der Luftfrachtführer mit der Beförderung erst auf Abruf des Empfängers hin beginnen darf, er jedoch gleichwohl die Beförderung ohne einen solchen Abruf ausführt und es infolgedessen nicht zur Auslieferung an den Empfänger kommt, so ist der Absender, der das Gut zum Abgangsflughafen zurückbringen lässt, nicht zur Erstattung der hierdurch entstehenden Kosten verpflichtet.[79] Der Luftfrachtführer macht sich nämlich schadensersatzpflichtig, wenn er weisungswidrig – ohne Abruf des Guts durch den Empfänger – die Beförderung ausführt. Dem Luftfrachtführer obliegt es insoweit, den tatsächlichen Abruf darzulegen und zu beweisen.[80] 33

Umstritten ist, ob der Luftfrachtführer zur Ausführung der Weisung einen **Kostenvorschuss** verlangen kann.[81] Der Text des Montrealer Übereinkommens sagt dazu nichts. Vor der Transportrechtsreform griff bei Anwendbarkeit deutschen Rechts § 669 BGB ein; nach der Reform ist die Vorschrift durch § 419 Abs. 1 Satz 3, § 418 Abs. 1 Satz 4 HGB verdrängt. Dem Luftfrachtführer steht daher ein Kostenvorschuss zu; bis zur Erfüllung dieser Vorschusspflicht steht ihm ein Zurückbehaltungsrecht nach § 273 Abs. 1 BGB zu. Zu beachten ist allerdings, dass das Verlangen eines Kostenvorschusses in bestimmten Situationen rechtsmissbräuchlich sein kann. 34

D. Benachrichtigungspflicht bei Unmöglichkeit der Ausführung der Weisung (Absatz 2)

Nach Art. 12 Abs. 2 MÜ muss bei Nichtausführung der Weisung der Absender **unverzüglich** verständigt werden. Über den Wortlaut hinaus entsteht die Benachrichtigungspflicht nicht nur bei Unmöglichkeit der auszuführenden Weisung, sondern in jedem Fall, in dem der Luftfrachtführer die Ausführung der Weisung ablehnt.[82] Der Verstoß gegen die Benachrichtigungspflicht führt, ohne dass dies im Montrealer Übereinkommen besonders geregelt wäre, zur Schadensersatzpflicht.[83] Umstritten ist jedoch, ob die Haftung sich ausschließlich aus Artt. 18 und 19 MÜ ergibt[84] oder ausschließlich[85] bzw. ergänzend[86] bei Anwendbarkeit deutschen Rechts auf § 280 BGB gestützt werden kann. Richtig ist bei der Haftung danach zu differenzieren, ob der Schaden unter Artt. 18, 19 MÜ fällt oder ob ein anderer Schaden eingetreten ist. Letzterer ist bei Anwendbarkeit deutschen Rechts nach § 280 BGB zu ersetzen. 35

Innerhalb welcher Zeit die Benachrichtigung zu erfolgen hat, ist im Montrealer Übereinkommen nicht geregelt. Der französische Ausdruck „immédiatement" und der englische „immediately" können sowohl „sofort"[87] wie auch „unverzüglich" bedeuten. Die deutsche Übersetzung wird daher eher streng auszulegen sein. Für eine sofortige Mitteilungspflicht spricht insbesondere, dass der Luftfrachtführer bei Nichtausführung der Weisung sich in einem Entscheidungskonflikt mehr befindet und insoweit keine Überlegungszeit mehr benötigt.[88] 36

---

79 OLG Düsseldorf, Urt. v. 31.7.1986 – 18 U 163/85 – TranspR **1986** 341, 343.

80 Siehe vorangehende Fn. 74.

81 Ablehnend wohl *Koller*[11] Art. 12 WA 1955 Rn. 10; bejahend zur Parallelvorschrift des Art. 12 CMR *Helm* Art. 12 CMR Rn. 43.

82 FrankfKomm/*Müller-Rostin* Art. 12 MÜ Rn. 31 f.. Ebenso zum WA: MünchKommHGB/*Kronke* Art. 12 WA 1955 Rn. 14; *Guldimann* Art. 12 WA 1955 Rn. 35; *Koffka/Bodenstein/Koffka* Art. 12 WA 1929 S. 300. **AA** *Abraham*[3] I Art. 12 WA 1955 Anm. 13.

83 Ganz h.M.: vgl. statt vieler MünchKommHGB/*Kronke* Art. 12 WA 1955 Rn. 14.

84 FrankfKomm/*Müller-Rostin* Art. 12 MÜ Rn. 34. Ebenso zum WA: *Guldimann* Art. 12 WA 1955 Rn. 37; *Abraham*[3] I Art. 12 WA 1955 Anm. 16.

85 *Mankiewics* Nr. 110 spricht sich für eine unbeschränkte Einstandspflicht aus.

86 So *Koller*[11] Art. 12 WA 1955 Rn. 12; MünchKommHGB/*Kronke* Art. 12 WA 1955 Rn. 14, 17.

87 So FrankfKomm/*Müller-Rostin* Art. 12 MÜ Rn. 31; *Guldimann* Art. 12 WA 1955 Rn. 36; *Abraham*[3] I Art. 12 WA 1955 Anm. 13.

88 Richtig BeckOGK/*Förster* Art. 12 MÜ Rn. 25.

E. Haftung des Luftfrachtführers für Fehler bei der Behandlung von Weisungen (Absatz 3)

37 Bei der Haftung des Luftfrachtführers für Fehler bei der Behandlung von Weisungen ist zwischen den in Art. 12 Abs. 3 MÜ geregelten Fällen und den nicht geregelten Fällen zu differenzieren: Art. 12 Abs. 3 MÜ regelt die Fälle der Haftung für Ausführungen von Weisungen ohne Vorlage der Absenderausfertigung sowie über den Wortlaut hinaus den Fall, dass der Luftfrachtführer den Empfang des Gutes im Luftfrachtbrief bestätigt, ohne es erhalten zu haben (Skripturhaftung).[89] Hiervon zu unterscheiden ist die Haftung des Luftfrachtführers bei Zuwiderhandlung gegen Weisungen oder fehlerhafter Ausführung der Weisung des Absenders.

I. Haftung für Ausführung ohne Vorlage der Absenderausfertigung

1. Schadensersatzpflicht des Luftfrachtführers nach Absatz 3

38 Nach Art. 12 Abs. 3 MÜ haftet der Luftfrachtführer dem rechtmäßigen Besitzer des Luftfrachtbriefs auf Schadensersatz, wenn er Verfügungen des Absenders ausführt, ohne dass ihm das Luftfrachtbriefdritt vom Absender ausgehändigt worden ist. Dabei handelt es sich um eine **verschuldensunabhängige Haftung**.[90] Mit der Vorschrift ist der rechtmäßige Besitzer gegen nachträgliche Verfügungen des Absenders geschützt; insbesondere gilt dieser Schutz demjenigen, der gegen Aushändigung des Luftfrachtbriefdritts Vorleistungen auf das Gut erbracht hat, sei es der Käufer oder ein Kreditgeber.

39 Die Ersatzpflicht bezieht sich dabei auf Schäden, die dem „rechtmäßigen" Besitzer erwachsen. Rechtmäßig ist der Besitz, der in nicht anfechtbarer Weise vom Absender oder dessen Rechtsnachfolger erworben wurde; mittelbarer Besitz genügt jedoch auch.[91] Zu den rechtmäßigen Besitzern zählen insbesondere der (im Luftfrachtbrief benannte) Empfänger oder ein sein Besitzrecht von ihm oder vom Absender ableitender Dritter, z.B. kreditgebende Banken.[92] Erforderlich ist der Besitz im Zeitpunkt der Verfügung; dieser braucht im Zeitpunkt der Anspruchserhebung nicht mehr anzudauern.[93] Insofern können spätere rechtmäßige Besitzer anspruchsberechtigt sein, wenn der Kausalzusammenhang zwischen ihrem Schaden und der Pflichtverletzung gegeben ist.[94]

40 Der Luftfrachtführer ist nur für den Schaden ersatzpflichtig, der adäquat kausal aus der unterbliebenen Vorlage des Frachtbriefdritts im Zeitpunkt der Verfügung des Absenders entstanden ist.[95] Die Pflichtverletzung des Luftfrachtführers muss unmittelbare Ursache für die Schädigung des rechtmäßigen Besitzers sein.[96] Dies ist regelmäßig der Fall, wenn der Absender Verfügungen trifft, nachdem er sich des Luftfrachtbriefdritts begeben hat. Anders verhält es sich jedoch, wenn der Absender zur Zeit der Verfügung im Besitz des Luftfrachtbriefdritts ist, dieses nicht vorlegt und anschließend den Briefbesitz an einen anderen überträgt. Hier vertraut der neue

89 BGH, Urt. v. 19.3.1976 – I ZR 75/74 – BGHZ **76** 213 = NJW **1976** 1583, 1584 f. m zust Anm. v *Kropholler* = ZLW **1977** 79 = MDR **1976** 824.

90 FrankfKomm/*Müller-Rostin* Art. 12 MÜ Rn. 42; BeckOGK/*Förster* Art. 12 MÜ Rn. 28; Ebenroth/Boujong/*Pokrant*[5] Art. 12 MÜ Rn. 21. Zum WA MünchKommHGB/*Kronke* Art. 12 WA 1955 Rn. 23; E/B/J/*Gass* Art. 12 WA 1955 Rn. 17; *Ruhwedel*[3] Luftbeförderungsvertrag Rn. 230 f.

91 FrankfKomm/*Müller-Rostin* Art. 12 MÜ Rn. 14; Ebenroth/Boujong/*Pokrant*[5] Art. 12 MÜ Rn. 21. Ebenso zum WA: *Koffka/Bodenstein/Koffka* Art. 12 WA 1929 S. 303; *Abraham*[3] I Art. 12 WA 1955 Anm. 17; *Guldimann* Art. 12 WA 1955 Rn. 44.

92 MünchKommHGB/*Kronke* Art. 12 WA Rn. 21.

93 FrankfKomm/*Müller-Rostin* Art. 12 MÜ Rn. 39; *Guldimann* Art. 12 WA 1955 Rn. 44.

94 *Guldimann* Art. 12 WA 1955 Rn. 44.

95 MünchKommHGB/*Kronke* Art. 12 WA 1955 Rn. 22; *Abraham*[3] I Art. 12 WA 1955 Rn. 17; *Guldimann* Art. 12 WA1955 Rn. 45.

96 FrankfKomm/*Müller-Rostin* Art. 12 MÜ Rn. 39.

Briefbesitzer darauf, dass der Absender noch **keine** aus dem Luftfrachtbriefdritt nicht eingetragene Verfügung über das Gut getroffen habe; nicht die Nichtvorlage des Luftfrachtbriefdritts, sondern die fehlende Eintragung der Verfügung stellt dann die schädigende Handlung dar, für die der Luftfrachtführer mangels Pflicht zur Eintragung nicht haftet.[97]

Umstritten war bei der Parallelvorschrift des Art. 12 WA, ob sich die Ersatzpflicht nach den Vorschriften des 3. Kapitels richtet[98] oder es sich um eine eigenständige Haftungsregel[99] handelt. Für die letztere Auffassung spricht auch im Rahmen des Art. 12 MÜ, dass die Haftungsregeln des dritten Kapitels nur für die anlässlich der Beförderungen entstandenen unmittelbaren Sachschäden, nämlich Verlust, Zerstörung, Beschädigung (Art. 18 MÜ) oder Verspätung (Art. 19 MÜ) gelten. Die Haftung nach 12 Abs. 3 MÜ ist jedoch auf diese Schadensfälle nicht beschränkt. Der Luftfrachtführer haftet daher für jeden gemäß dem zur Anwendung berufenen nationalen Recht ersatzwürdigen Schaden. Eine Haftungsbeschränkung nach Art. 22 Abs. 3 MÜ kommt nicht in Betracht.[100] Soweit deutsches Recht zur Anwendung berufen ist, kann sich der Luftfrachtführer auch nicht auf die Haftungsbeschränkung nach § 433 HGB berufen, da diese Haftungsbeschränkung für den Haftungstatbestand nach § 418 Abs. 6 HGB speziell ausgenommen ist. Zwar ist die Haftung nach Art. 12 Abs. 3 MÜ anders als diejenige nach Artt. 17 ff. MÜ nicht zwingend ausgestaltet, einem Haftungsausschluss oder einer Haftungsbeschränkung stünde bei Anwendbarkeit deutschen Sachrechts § 418 Abs. 6 Satz 2 MÜ entgegen.[101] 41

2. Skripturhaftung bei fehlender Übernahme des Gutes?

Über den Wortlaut des Art. 12 Abs. 3 MÜ hinaus bejaht der BGH einen Fall der Skripturhaftung bei fehlender Übernahme des Gutes.[102] Danach macht sich der Luftfrachtführer schadensersatzpflichtig, wenn er das Beförderungsgut überhaupt nicht erhalten hat, er aber gleichwohl das von ihm unterzeichnete dritte Stück des Luftfrachtbriefes dem Absender ausgehändigt und damit wahrheitswidrig den Empfang des Gutes bestätigt hat. Die entsprechende Anwendung lässt sich mittels eines *argumentum a majore ad minus* sachlich rechtfertigen: Art. 12 Abs. 3 MÜ setzt begrifflich zwar die Übergabe des Gutes an den Luftfrachtführer voraus und greift z.B. dann ein, wenn dieser die Ware dem Absender ohne Vorlage des Luftfrachtbriefdritts zurückgegeben hat. Nach ihrem Sinn und Zweck (*Schutz des Vertrauens Dritter auf die Legitimationsfunktion des Luftfrachtbriefs*) muss die Vorschrift jedoch erst recht gelten, wenn der Luftfrachtführer den Empfang der Ware im Luftfrachtbrief wahrheitswidrig bestätigt.[103] Denn im Vergleich zu der vom Wortlaut erfassten Rückgabe des Gutes liegt sogar ein besonders grober Fall der Gefährdung schutzwürdiger Interessen Dritter vor, weil dem Absender (Verkäufer) ermöglicht wird, sich mit Hilfe des ihm ausgehändigten Stückes des Luftfrachtbriefes den Kaufpreis zu verschaffen, ohne die geschuldete Ware überhaupt zur Lieferung zur Verfügung zu haben. 42

3. Vorbehalt des Rückgriffs gegen den Absender

Art 12 Abs. 3 MÜ behält das Rückgriffsrecht des **Luftfrachtführers** gegen den Absender ausdrücklich vor. Das Montrealer Übereinkommen schweigt über Art. und Umfang des Anspruchs: Insofern 43

---

97 Ebenso *Abraham*³ I Art. 12 WA 1955 Anm. 17; *Koffka/Bodenstein/Koffka* Art. 12 WA 1929 S. 304.
98 So *Abraham*³ I Art. 12 WA1955 Anm. 17.
99 So FrankfKomm/*Müller-Rostin* Art. 12 MÜ Rn. 42; *Guldimann* Art. 12 WA 1955 Rn. 46; *Koller* TranspR **1994** 181.
100 FrankfKomm/*Müller-Rostin* Art. 12 MÜ Rn. 42.
101 MünchKommHGB/*Müller-Rostin*⁵ Art. 12 MÜ Rn. 18.
102 BGH, Urt. v. 19.3.1976 – I ZR 75/74 – BGHZ **76** 213 = NJW **1976** 1583, 1584 f. m. zust. Anm. v. *Kropholler* = ZLW **1977** 79 = MDR **1976** 824.
103 **AA** *Koller* TranspR **1994** 181, 186.

ist auf das anwendbare Landesrecht zurückzugreifen.[104] Der Rückgriffsanspruch ist von einem Verschulden des Absenders abhängig.[105] Dieses ist darin zu sehen, dass der Absender bei Verfügungen ohne Vorlage des Luftfrachtbriefes den Luftfrachtführer dem Schadensersatzanspruch des rechtmäßigen Besitzers des Luftfrachtbriefdritts aussetzt.[106]

44 Über die Ansprüche des **Geschädigten** gegen den Absender selbst enthält das Übereinkommen keine Regelung; auch sie richten sich nach dem anwendbaren Landesrecht.

II. Haftung für Nichtausführung von Weisungen

45 Das Montrealer Übereinkommen regelt nicht die Fälle der Nichtausführung oder der fehlerhaften Ausführung von Weisungen.[107] Als Haftungstatbestand kommt bei Anwendung deutschen Rechts § 280 Abs. 1 BGB in Betracht.[108] In diesen Fällen haftet der Luftfrachtführer nicht unbeschränkt, sondern nach § 433 HGB auf das Dreifache des Betrages, der bei Verlust des Gutes zu zahlen wäre, beschränkt. Hinsichtlich der Güter- und Verspätungsschäden ist jedoch die Haftung nach Artt. 18 und 19 MÜ vorrangig.[109]

F. Erlöschen des Verfügungsrechts (Absatz 4)

I. Grundsatz: Erlöschen mit der Ankunft am Bestimmungsort – Ausnahmen

46 Das Verfügungsrecht des Absenders erlischt grundsätzlich im Zeitpunkt der Ankunft des Gutes am Bestimmungsort (Art. 13 Abs. 1 MÜ). Auf das Ausladen des Gutes kommt es dabei nicht mehr an.[110] Ebenso erlischt das Verfügungsrecht des Absenders nach Ablauf der in Art. 13 Abs. 3 MÜ bestimmten Frist, wenn das Gut verspätet oder überhaupt nicht am Bestimmungsort ankommt.[111] An die Stelle des Verfügungsrechts des Absenders treten dann die Rechte des Empfängers nach Art. 13 Abs. 3 MÜ. Schließlich erlischt das Verfügungsrecht des Absenders mit dem Untergang der Güter.[112]

47 Im Gegensatz hierzu sieht Art. 7.4 der IATA Conditions of Carriage for Cargo und einen zeitlich späteren Zeitpunkt in Bezug auf das Erlöschen des Verfügungsrechts vor: Danach erlischt das Verfügungsrecht des Absenders erst zu dem Zeitpunkt, zu dem der Empfänger das Gut nach Ankunft am Bestimmungsort in Besitz nimmt oder die Auslieferung des Gutes oder des Luftfrachtbriefes verlangt oder in anderer Weise zu erkennen gibt, dass er das Gut annimmt. Weitergehend als Art. 12 Abs. 4 Satz 1 MÜ verlangen diese Allgemeinen Geschäftsbedingungen ein aktives Handeln des Empfängers, um das Verfügungsrecht des Absenders zum Erlöschen zu bringen. Die bloße Ankunft des Gutes am Bestimmungsort führt diesen Erfolg nicht mehr herbei. Die Allgemeinen Geschäftsbedingungen stehen in Widerspruch mit Art. 12 Abs. 4 MÜ und 13 Abs. 1 MÜ. Zwar sind die Artt. 12 bis 14 MÜ dispositiver Natur, wie Art. 15 Abs. 2 MÜ zeigt, abweichende Vorschriften bedürfen zu ihrer Wirksamkeit aber der Einbeziehung in den Luftfrachtbrief (vgl. auch Art. 11 Abs. 1 MÜ). Wird in Luftfrachtbrief-Standard-Formularen auf der Rückseite nur auf Allgemeine

104 FrankfKomm/*Müller-Rostin* Art. 12 MÜ Rn. 44; *Guldimann* Art. 12 WA 1955 Rn. 47.
105 FrankfKomm/*Müller-Rostin* Art. 12 MÜ Rn. 44; Ebenroth/Boujong/*Pokrant*[5] Art. 12 MÜ Rn. 21.
106 *Abraham*[3] I Art. 12 WA 1955 Anm. 18.
107 BeckOGK/*Förster* Art. 12 MÜ Rn. 23.
108 Ebenso MünchKommHGB/*Müller-Rostin*[5] Art. 12 MÜ Rn. 27.
109 Ebenso MünchKommHGB/*Müller-Rostin*[5] Art. 12 MÜ Rn. 28; Ebenroth/Boujong/*Pokrant*[5] Art. 12 MÜ Rn. 15.
110 *Mankiewics* Liability Regime Nr. 117.
111 FrankfKomm/*Müller-Rostin* Art. 12 MÜ Rn. 45; Ebenroth/Boujong/*Pokrant*[5] Art. 12 MÜ Rn. 22; *Guldimann* Art. 12 WA 1955 Rn. 49.
112 FrankfKomm/*Müller-Rostin* Art. 12 MÜ Rn. 45.

Geschäftsbedingungen verwiesen, ist der Hinweis unzureichend. Insoweit entfaltet Art. 7.4 der IATA-Bedingungen keine Wirkung.

Das System des Montrealer Übereinkommens gestattet grundsätzlich keine widersprüchlichen Verfügungen von Absender und Empfänger. Zu Überschneidungen zwischen dem Weisungsrecht des Absenders und des Ablieferungsanspruchs des Empfängers kommt es dann, wenn zwischen dem Bestimmungsflughafen (Art. 12 Abs. 1 Satz 1 Var. 1 MÜ) und dem Bestimmungsort (Art. 13 Abs. 1 MÜ) Identität besteht. Diese Konkurrenzsituation löst Art. 13 Abs. 1 MÜ zugunsten des Absenders auf, wenn es dort heißt: „Sofern der Absender nicht von seinem Recht nach Artikel 12 Gebrauch gemacht hat, ...“. Folglich tritt der Ablieferungsanspruch des Empfängers hinter dem Weisungsrecht des Absenders zurück.[113] 48

II. Wiederaufleben des Verfügungsrechts

Das in Art. 12 Abs. 4 Satz 1 angeordnete Erlöschen des Absenderverfügungsrechts bedeutet entgegen seiner Formulierung keinen endgültigen Untergang. Vielmehr fällt es nach Art. 12 Abs. 4 Satz 2 MÜ bei Annahmeverweigerung des Empfängers an den Absender zurück. Gleiches gilt, wenn der Empfänger nicht erreichbar ist. Unerreichbarkeit des Empfängers ist anzunehmen, wenn er nicht ohne Schwierigkeiten unter der im Frachtbriefdoppel angegebenen Adresse ermittelt oder erreicht werden kann.[114] Eine Verzichtserklärung für den Fall des Auffindens verlorengegangener Güter kann der Verweigerung gleichbehandelt werden.[115] Das Aufleben des Absenderverfügungsrechts ist in diesem Fall unschädlich, da der Luftfrachtführer kaum ein legitimes Interesse an der Sendung haben wird, das mit dem Recht des Absenders kollidieren könnte. Anders als bei Art. 12 Abs. 4 Satz 2 WA 1955 stellt die Annahmeverweigerung des Luftfrachtbriefs selbst kein Ablieferungshindernis mehr dar.[116] 49

Den Frachtführer trifft im Fall des 12 Abs. 4 Satz 2 MÜ die allgemeine in Absatz 2 statuierte Pflicht zur unverzüglichen Benachrichtigung.[117] Denn auch Annahmeverweigerung und Unerreichbarkeit des Empfängers stellen Fälle der Nichtausführung von Weisungen des Absenders dar. 50

---

113 MünchKommHGB/*Müller-Rostin*[5] Art. 12 MÜ Rn. 33; BeckOGK/*Förster* Art. 12 MÜ Rn. 20.
114 Ebenroth/Boujong/*Pokrant*[5] Art. 12 MÜ Rn. 23; MünchKommHGB/*Kronke* Art. 12 WA 1955 Rn. 27.
115 *Guldimann* Art. 12 WA 1955 Rn. 52; *Müller-Rostin* TranspR **1989** 1, 2.
116 Vgl. Textsynopse im Anh I. – 1.
117 MünchKommHGB/*Kronke* Art. 12 WA 1955 Rn. 28.

Artikel 13 Ablieferung der Güter

1. Sofern der Absender nicht von seinem Recht nach Artikel 12 Gebrauch gemacht hat, ist der Empfänger berechtigt, nach Eintreffen der Güter am Bestimmungsort vom Luftfrachtführer die Ablieferung der Güter gegen Zahlung der geschuldeten Beträge und gegen Erfüllung der Beförderungsbedingungen zu verlangen.
2. Sofern nichts anderes vereinbart ist, hat der Luftfrachtführer dem Empfänger das Eintreffen der Güter unverzüglich anzuzeigen.
3. Hat der Luftfrachtführer den Verlust der Güter anerkannt oder sind die Güter nach Ablauf von sieben Tagen seit dem Tag, an dem sie hätten eintreffen sollen, nicht eingetroffen, so kann der Empfänger die Rechte aus dem Frachtvertrag gegen den Luftfrachtführer geltend machen.

Article 13 Delivery of the Cargo

1. Except when the consignor has exercised its right under Article 12, the consignee is entitled, on arrival of the cargo at the place of destination, to require the carrier to deliver the cargo to it, on payment of the charges due and on complying with the conditions of carriage.
2. Unless it is otherwise agreed, it is the duty of the carrier to give notice to the consignee as soon as the cargo arrives.
3. If the carrier admits the loss of the cargo, or if the cargo has not arrived at the expiration of seven days after the date on which it ought to have arrived, the consignee is entitled to enforce against the carrier the rights which flow from the contract of carriage.

Article 13 Livraison de la marchandiese

1. Sauf lorsque l'expéditeur a exercé le droit qu'il tient de l'article 12, le destinataire a le droit, dès l'arrivée de la marchandise au point de destination, de demander au transporteur de lui livrer la marchandise contre le paiement du montant des créances et contre l'exécution des conditions de transport.
2. Sauf stipulation contraire, le transporteur doit aviser le destinataire dès l'arrivée de la marchandise.
3. Si la perte de la marchandise est reconnue par le transporteur ou si, à l'expiration d'un délai de sept jours après qu'elle aurait dû arriver, la marchandise n'est pas arrivée, le destinataire est autorisé à faire valoir vis-à-vis du transporteur les droits résultant du contrat de transport.

Schrifttum

Bernauw Who has standing to sue in International Air Cargo Claims, ETR 1987 331–354; *Faesch* Das Verfügungsrecht des Absenders und Empfängers im Luftfrachtverkehr, IntTranspZ **1955** 2332–2333; *Grönfors* Verfügungsrecht und Kreditsicherheit beim Luftgütertransport ohne Dokument, FS Alex Meyer (**1975**) S 103–113; *Koller* Die Haftung des Unterfrachtführers gegenüber dem Empfänger, VersR **1988** 673–674; *Müller-Rostin* Verfügungsrechte und Anspruchsberechtigung von Absender und Empfänger nach dem Warschauer Abkommen, TranspR **1989** 1–4; *ders.* Erfordernis der Novellierung der frachtrechtlichen Vorschriften des Warschauer Abkommens durch eine Ratifikation des Montrealer Protokolls Nr 4, TranspR **1994** 321–326; *ders.* Die Anspruchsberechtigung für Güterschäden nach dem Warschauer Abkommen, TranspR **1995** 89–94; *Schoner* Anleitung für Schadensfälle im internationalen Luftfrachtverkehr, TranspR **1978** 68–70; *Thume* Keine Rechte des Empfängers nach Art. 13 Abs. 1 CMR und § 435 HGB gegen den Unterfrachtführer?, TranspR **1991** 85–89; *Tunn* Rechtsstellung des Empfängers im Frachtrecht, TranspR **1996** 401–406; *Zivy* Le droit du destinataire réel d'une L.T.A., RFDA **1986** 18–23.

https://doi.org/10.1515/9783110564945-014

Parallelvorschriften

Art. 13 WA 1955; Art. 13 CMR; Art. 17 § 1 CIM 1999; § 421 HGB.

Übersicht

Alphabetische Übersicht

A. Allgemeines

I. Normzweck

1 Art. 13 MÜ stellt eine Kernvorschrift des Montrealer Übereinkommens unter dem Gesichtspunkt dar, dass es sich bei Gütertransporten stets um ein Dreiecksverhältnis (Absender, Luftfrachtführer, Empfänger) handelt: Ziel des Luftfrachtvertrages zwischen den beiden Erstgenannten ist die Ankunft des Gutes beim Empfänger. Der Luftfrachtvertrag ist dabei als echter Vertrag zugunsten Dritter iSv. § 328 BGB zu qualifizieren.[1] Der Empfänger ist nicht Vertragspartei des Luftfrachtvertrages zwischen Absender und Luftfrachtführer,[2] sondern nur Begünstigter mit bestimmten Rechten und Pflichten, die sich aus Art. 13 MÜ ergeben.

2 Die Vorschrift regelt die Rechte des Empfängers **nach Ankunft** (Absatz 1) oder **bei Verlust** der Güter (Absatz 3). Daneben sieht Absatz 2 eine **Anzeigepflicht** des Luftfrachtführers vor. Die Regelungen des Art. 13 MÜ sind **dispositiven Rechts,**[3] Art. 15 Abs. 2 MÜ. Regelungen wie jene der Artt. 7.4, 8 IATA Conditions of Carriage for Cargo und Art. 8 der ABB-Fracht können diese abwandeln oder ersetzen.

II. Entstehungsgeschichte

3 Die Vorschrift entspricht im Wesentlichen Art. 13 WA 1955. Im Gegensatz zu Art. 13 WA 1955 verzichtet Art. 13 Abs. 1 MÜ auf die Erwähnung, dass die Zweitausfertigung des Luftfrachtbriefs dem Empfänger auszuhändigen ist. Durch diese Änderung soll berücksichtigt werden, dass eine Luftbeförderung nach dem Montrealer Übereinkommen auch dokumentenlos erfolgen kann und dem Luftfrachtführer die Vorlage der zweiten Ausfertigung nicht möglich ist.[4]

III. Zum Begriff „Empfänger"

4 Der Begriff des Empfängers ist gesetzlich nicht allgemein definiert, auch nicht im Montrealer Übereinkommen. Seine Person kann während der Dauer des Luftfrachtvertrages wechseln, insbesondere aufgrund des frachtvertraglichen Verfügungsrechts. Da die Bestimmung der Empfängerstellung stets wechseln kann,[5] ist keine für alle Fälle gleichmäßige Definition möglich. Der Empfänger wird mangels anderer Bestimmungen zunächst definiert als die Person, an die das Gut

1 OLG Frankfurt a.M., Urt. v. 10.5.1977 – 5 U 154/76 – ZLW **1977** 230, 232 = BB **1977** 1071; OLG Frankfurt a.M., Urt. v. 12.7.1993 – 5 U 159/92 – RIW **1994** 68; LG Frankfurt a.M., Urt. v. 23.9.1992 – 3/2 O 48/92 – ZLW **1995** 357, 359; FrankfKomm/*Müller-Rostin* Art. 13 MÜ Rn. 2; Ebenroth/Boujong/*Pokrant*[5] Art. 13 MÜ Rn. 1; *Tunn* TranspR **1996** 401, 402.

2 BeckOGK/*Förster* Art. 13 MÜ Rn. 2.

3 *Guldimann* Art. 13 WA 1955 Rn. 2.

4 Vgl. die Denkschrift zum MÜ BT-Drs. **15/2285** S. 40.

5 Ebenroth/Boujong/*Pokrant*[5] Art. 13 MÜ Rn. 3.

adressiert und abzuliefern ist.[6] Nicht entscheidend ist daher, wer Endempfänger des Gutes sein soll.[7] Wer Empfänger ist, ergibt sich regelmäßig aus der Eintragung in der entsprechenden Spalte des Luftfrachtbriefs.[8] Der Luftfrachtbrief erbringt allerdings nur widerleglichen Beweis für die Eigenschaft als Empfänger.[9] Wird das Gut im Einverständnis aller Beteiligten an eine Person ausgeliefert, ist dieser Empfänger, gleichgültig, ob sich dies jeweils aus dem Luftfrachtbrief ergab.[10] Die Ablieferung an eine im Luftfrachtbrief zusätzlich angegebene **Meldeadresse**[11] („notify address") macht den in Empfang Nehmenden noch nicht zum Empfänger.[12] Weist der Luftfrachtbrief in der Empfängerrubrik einen Spediteur aus, so ist dieser und nicht die unter „notify" angegebene Firma der Empfänger.[13] Der Empfänger kann je nach Fallgestaltung auch selbst der Verfügungsberechtigte sein.

Der Empfänger kann Inhaber der Rechte aus zwei Luftfrachtverträgen sein, wenn er Adressat der Ablieferung nach dem Hauptluftfrachtvertrag und nach dem den Transport abschließenden Unterluftfrachtvertrag ist.[14] Der BGH hat seine frühere Rechtsprechung,[15] wonach dem frachtbriefmäßigen Empfänger des Gutes gegen den Unterfrachtführer, der nicht aufeinanderfolgender Frachtführer iSv. Art. 30 Abs. 1 WA (= Art. 36 MÜ) ist, keine eigenen Schadensersatzansprüche zustehen, aufgegeben.[16] Der Hauptluftfrachtführer, der einen Beförderungsauftrag nicht selbst ausführt, sondern damit im eigenen Namen und für eigene Rechnung einen anderen Frachtführer, den Unterfrachtführer, beauftragt, schließt einen selbständigen (Unter-)Luftfrachtvertrag ab. Er ist Absender iSd. Montrealer Übereinkommens, weil er Vertragspartner des Unterluftfrachtführers ist. Dieser Unterluftfrachtführer haftet dem Hauptfrachtführer als dem Absender, soweit es sich um einen grenzüberschreitenden Beförderungsvertrag handelt, nach Artt. 18 ff. MÜ. Trifft aber den Unterluftfrachtführer dem Hauptluftfrachtführer gegenüber die volle Frachtführerhaftung, gibt es keinen Grund, seine Haftung gegenüber dem Empfänger als Drittbegünstigten des Unterfrachtvertrages auszuschließen. Nach dem jeweils anwendbaren Recht wird beim Einsatz von Unterluftfrachtführern wie folgt zu differenzieren sein: 5

- Der Unterluftfrachtvertrag wird ausschließlich in Deutschland ausgeführt und die Voraussetzungen des Art. 1 Abs. 3 MÜ greifen nicht. Für ihn gilt mangels einer internationalen Beförderung das Montrealer Übereinkommen nicht. Anwendbar ist vielmehr das deutsche HGB. Der Empfänger kann daher neben dem Absender seine Schäden nach §§ 421 Abs. 1 S. 2, 407 Abs. 3 S. 1 Nr. 1 HGB geltend machen.
- Der durch den Unterluftfrachtführer ausgeführte Beförderungsteil ist grenzüberschreitender Natur. Der Empfänger hat die Ansprüche nach Art. 13 Abs. 3 MÜ sowohl gegen den Hauptluftfrachtführer als auch gegen den Unterluftfrachtführer.

---

6 OLG Hamburg, Urt. v. 27.3.1980 – 6 U 6/80 – VersR **1980** 1075; FrankfKomm/*Müller-Rostin* Art. 13 MÜ Rn. 4; *Koller*[11] Art. 13 MÜ Rn. 4; MünchKommHGB-*Kronke* Art. 13 WA 1955 Rn. 4.

7 OLG Frankfurt a.M., Urt. v. 27.1.1989 – 5 U 193/87 – TranspR **1990** 68, 70.

8 FrankfKomm/*Müller-Rostin* Art. 13 MÜ Rn. 4.

9 FrankfKomm/*Müller-Rostin* Art. 13 MÜ Rn. 4; MünchKommHGB-*Kronke* Art. 13 WA 1955 Rn. 4.

10 AA *Koller*[11] Art. 13 MÜ Rn. 4.

11 § 408 Abs. 1 Nr. 5 HGB.

12 FrankfKomm/*Müller-Rostin* Art. 13 MÜ Rn. 4; MünchKommHGB-*Müller-Rostin*[5] Art. 13 MÜ Rn. 6; *Koller*[11] Art. 13 MÜ Rn. 4; *Müller-Rostin* TranspR **1995** 89, 91; *Ruhwedel*[3] Luftbeförderungsvertrag Rn. 236.

13 OLG Hamburg, Urt. v. 27.3.1980 – 6 U 6/80 – VersR **1980** 1075. **A.A.** wohl MünchKommHGB-*Kronke* Art. 13 WA 1955 Rn. 4, nach dem der Empfangsspediteur Empfänger sein kann, aber nicht muss. Entscheidend sei vielmehr, ob der Spediteur der materiell Empfangsberechtigte sei.

14 Ebenso *Koller*[11] Art. 13 MÜ Rn. 11. Off.enlassend *Ruhwedel* Luftbeförderungsvertrag[3] Rn. 124.

15 BGH, Urt. v. 24.9.1987 – I ZR 197/85 – TranspR **1988** 108, 111 = VersR **1988** 244 ff.; BGH, Urt. v. 24.10.1991 – I ZR 208/89 – BGHZ **116** 15, 18 = TranspR **1992** 177, 178 = VersR **1992** 640, 641 (zu Art. 34 CMR).

16 BGH, Urt. v. 30.10.2008 – I ZR 12/06 – TranspR **2009** 130, 132; BGH, Urt. v. 14.6.2007 – I ZR 50/05 – TranspR **2007** 425, 426.

B. Rechte des Empfängers nach Ankunft (Absatz 1)

6 Absatz 1 regelt die Aktivlegitimation des Empfängers. Dem Empfänger steht zu, nach Eintreffen der Güter am Bestimmungsort vom Luftfrachtführer die Ablieferung der Güter gegen Zahlung der geschuldeten Beträge und gegen Erfüllung der Beförderungsbedingungen zu verlangen. Bis zum Eintreffen der Güter am Bestimmungsort kann der Absender über das Gut verfügen; vor der Ankunft des Gutes am Bestimmungsort stehen dem Empfänger daher keine Rechte zu.[17] Dies betont der in Absatz 1 MÜ vorgesehene Vorbehalt, wonach mögliche Verfügungen des Absenders über das Gut, die dieser **vor** dessen Ankunft am Bestimmungsort getroffen hat, dem Ablieferungsanspruch des Empfängers vorgehen.[18]

I. Ankunft am Bestimmungsort

7 Das Gut muss am Bestimmungsort angekommen sein. Als **Bestimmungsort** kann – ebenso wie in Artt. 1 und 33 MÜ –, nur der **vornherein vereinbarte** oder **nachträglich geänderte Endpunkt** der Beförderung gelten.[19] Bestimmungsort ist nicht die genannte Stadt, sondern der **jeweilige Zielflughafen** (Bestimmungsflughafen, Art. 12 Abs. 1 MÜ). Allerdings steht es den Parteien frei, zu vereinbaren, dass der Luftfrachtführer die Sendung an einem anderen Ort, z.B. am Sitz des Empfängers, abliefern soll.[20] Ist eine derartige Vereinbarung getroffen, ist nach Art. 15 Abs. 2 MÜ für ihre Wirksamkeit nicht die Eintragung in den Luftfrachtbrief erforderlich, da es sich um eine den Art. 13 MÜ ergänzende, nicht aber ihn abändernde Vereinbarung handelt.[21]

8 Als **„angekommen"** ist das Gut zu betrachten, sobald das Luftfahrzeug gelandet und auf seiner ihm angewiesenen Parkposition zum Stillstand gekommen ist.[22] Art. 7.4 Satz 1 der IATA Conditions of Carriage for Cargo verschiebt den verfügungsrechtsrelevanten Zeitpunkt auf die Übergabe des Gutes, des Luftfrachtbriefs oder einer sonstigen Annahmehandlung.

9 Schwierigkeiten bereitet die Bestimmung des Ankunftszeitpunktes, wenn lediglich ein Teil der Sendung angekommen ist. Hier stellt sich die Frage, ob der maßgebende Zeitpunkt durch die Ankunft des ersten oder des letzten Teils der Sendung oder für jedes einzelne Teil durch seine eigene Ankunft bestimmt werden soll. Bei **mehrteiligen Sendungen**, die getrennt befördert werden, ist danach zu unterscheiden, ob ein oder mehrere Frachtbriefe[23] ausgestellt wurden: Bei Beförderung unter einem Luftfrachtbrief ist auf die Ankunft des ersten Teiles abzustellen; bei mehreren Luftfrachtbriefen ist für jedes Gut dessen eigener Ankunftszeitpunkt maßgebend.[24] Mit der Ankunft des Gutes erlischt das Absenderverfügungsrecht gemäß Art. 12 Abs. 4 Satz 1 MÜ, und zwar im ersten Fall für die Gesamtsendung. Im zweiten Fall mag die Verneinung von einzelnen Verfügungsrechten über die einzelnen Teile der Sendung aus Praktikabilitätserwägungen vorzuziehen sein,[25] sie ist indes vom Wortlaut des Übereinkommens nicht gedeckt. Insoweit bestehen und erlöschen Verfügungsrecht und Ablieferungsanspruch in Bezug auf jede Teilsendung getrennt.[26]

---

17 FrankfKomm/*Müller-Rostin* Art. 13 MÜ Rn. 5; *Abraham*[3] I Art. 13 WA 1955 Anm. 2.
18 BeckOGK/*Förster* Art. 13 MÜ Rn. 7.
19 OLG Frankfurt a.M., Urt. v. 24.10.2002 – 18 U 104/01 – TranspR **2003** 201; MünchKommHGB-*Kronke* Art. 13 WA 1955 Rn. 5.
20 FrankfKomm/*Müller-Rostin* Art. 13 MÜ Rn. 8.
21 FrankfKomm/*Müller-Rostin* Art. 13 MÜ Rn. 8; *Abraham*[3] I Art. 13 WA 1955 Anm. 3.
22 Ebenroth/Boujong/*Pokrant*[5] Art. 13 MÜ Rn. 5; MünchKommHGB-*Kronke* Art. 13 WA 1955 Rn. 5.
23 Vgl. Art. 8 MÜ.
24 BeckOGK/*Förster* Art. 13 MÜ Rn. 10; Ebenroth/Boujong/*Pokrant*[5] Art. 13 MÜ Rn. 6; MünchKommHGB-*Kronke* Art. 13 WA 1955 Rn. 6; *Guldimann* Art. 13 WA 1955 Rn. 7; *Abraham*[3] I Art. 13 WA 1955 Anm. 2; *Müller-Rostin* TranspR **1989** 1, 2.
25 *Guldimann* Art. 13 WA 1955 Rn. 9.
26 FrankfKomm/*Müller-Rostin* Art. 13 WA 1955 Rn. 3.

II. Inhalt und Umfang des Aushändigungsanspruchs

Nach Ankunft des Gutes am Bestimmungsort erwirbt der Empfänger nach Art. 13 MÜ unter den dort beschriebenen Voraussetzungen zwei Rechte: (1) den Anspruch auf Ablieferung der Güter sowie (2) die Übergabe der den Transport begleitenden[27] zweiten Ausfertigung des Luftfrachtbriefs.[28] 10

1. Anspruch auf Ablieferung der Güter

Dem Empfänger steht der Anspruch auf Ablieferung der Güter gegen Zahlung der geschuldeten Beträge und gegen Erfüllung der Beförderungsbedingungen zu. **Erfüllungsort** für die Ablieferung ist grundsätzlich der Bestimmungsort. 11

2. Anspruch auf Übergabe der Zweitausfertigung des Luftfrachtbriefs

Das Montrealer Übereinkommen erwähnt in Art. 13 Abs. 1 MÜ nicht mehr den Anspruch des Empfängers auf Übergabe der Zweitausfertigung des Luftfrachtbriefs. Der Grund für das ausdrückliche Fehlen dieses Empfängerrechts liegt in der ausdrücklichen Anerkennung elektronisch erstellter Dokumente. Da bei Verwendung derartiger Dokumente keine Ausfertigung auf Papier vorliegt, die dem Gut beigegeben werden und dieses damit begleiten[29] kann, und der Empfänger postalisch, per Fax oder einem anderen Kommunikationsmittel von der Sendung unterrichtet werden kann, wollte man ebenso wie in Art. 7 Abs. 2 MÜ auch in Art. 13 Abs. 1 MÜ dem dokumentenlosen Luftfrachtbrief durch Streichung der in der Parallelvorschrift verwandten Wörter „Aushändigung des Luftfrachtbriefs" Rechnung tragen. Die Streichung bedeutet jedoch keineswegs, dass der Empfänger bei Ausstellung eines papiermäßigen, das Gut begleitenden Luftfrachtbriefs auf Aushändigung der zweiten Ausfertigung keinen Anspruch haben soll.[30] Im Übrigen hätte es auch keiner Änderung des Art. 13 MÜ wegen der Einführung des dokumentenlosen Luftfrachtbriefs bedurft; denn bei einem elektronischen Dokument lässt sich das Fehlen der Zweitausfertigung mit dem Sachverhalt vergleichen, dass überhaupt kein Luftfrachtbrief ausgestellt wurde. 12

III. Zahlungspflicht des Empfängers

1. Gegenrechte des Luftfrachtführers bei Vorliegen eines Luftfrachtbriefs

Die Ablieferungsverpflichtung des Luftfrachtführers ist nach dem Wortlaut der Vorschrift mit der korrespondierenden Zahlungsverpflichtung des Empfängers dergestalt verknüpft, dass beide Vertragspflichten nur Zug-um-Zug zu erfüllen sind. Es handelt sich dabei nicht um eine von Amts wegen zu berücksichtigende Einrede, sondern um eine Einrede im Sinne des Leistungsverweigerungsrechts. 13

---

27 Das Montrealer Übereinkommen lässt bei Ausstellung eines Frachtbriefs die Verwendung der zweiten Ausfertigung völlig off.en (vgl. Art. 7 Abs. 2 MÜ).

28 Wenn kein Luftfrachtbrief ausgestellt ist, kommt dieser Anspruch nicht in Frage.

29 Art. 7 Abs. 2 MÜ regelt – anders als Art. 6 Abs. 2 Satz 2 Hs. 2 WA 1955 – nicht, dass die zweite Ausfertigung des Luftfrachtbriefs das Gut begleiten muss.

30 Ebenso BeckOGK/*Förster* Art. 13 MÜ Rn. 12; FrankfKomm/*Müller-Rostin* Art. 13 MÜ Rn. 17. Unrichtig die Denkschrift zu Art. 13 MÜ BT-Drs. **15/2285**, S. 40. Der Denkschrift folgend: MünchKommHGB-*Ruhwedel*[2] Art. 15 MÜ Rn. 6.

14 **a) Zahlungspflicht des Empfängers.** Die gesetzlich vorgesehene Zahlungspflicht des Empfängers setzt zunächst das Bestehen eines wirksamen Luftfrachtbriefs oder eine diesen ersetzende Aufzeichnung iSv. Art. 4 Abs. 2 MÜ voraus. Ohne den Luftfrachtbrief oder die den Luftfrachtbrief ersetzende Aufzeichnung lassen sich die vom Empfänger noch geschuldeten Beträge nicht ermitteln. Darüber hinaus ist erforderlich, wie Art. 13 Abs. 3 MÜ zeigt, dass der Empfänger den Anspruch auf Ablieferung geltend macht. Der Eintritt der Zahlungsverpflichtung setzt auf Grund der damit verbundenen erheblichen Verpflichtung des Empfängers die Abgabe einer entsprechenden Willenserklärung, eben der Geltendmachung des Ablieferungsverlangens, voraus.[31] Eine derartige Willenserklärung kann auch konkludent abgegeben werden. Die Zahlungsverpflichtung tritt dagegen weder mit der Ankunft des Gutes am Bestimmungsort noch mit der tatsächlichen Ablieferung noch der bloßen Entgegennahme des Gutes ein. Macht der Empfänger von seinem Ablieferungsverlangen keinen Gebrauch, so trifft ihn auch keine Zahlungsverpflichtung.[32]

15 Der Vergütungsanspruch des Frachtführers wird bei Anwendung deutschen Rechts nach §§ 641, 646 BGB, § 420 Abs. 1 HGB erst mit Ablieferung des Gutes an den berechtigten Empfänger fällig. Verweigert der Empfänger die Annahme des Gutes, so hat der Luftfrachtführer seine Pflichten aus dem Beförderungsvertrag mit der Folge des Fälligwerdens seines Vergütungsanspruchs auch dann vollständig erfüllt, wenn es nicht zur Übergabe des Gutes kommt.[33] Art. 13 Abs. 1 MÜ bewirkt, dass der Luftfrachtführer vorleistungspflichtig ist.[34] Demgegenüber sehen die ABB-Fracht (2023) in Art. 4 Nr. 4 Buchstabe c vor, dass sämtliche Frachten, Gebühren und sonstigen Beträge schon zum Zeitpunkt der Übernahme durch den Luftfrachtführer fällig und zahlbar werden. Diese Regelung einer Vorleistungsverpflichtung des Absenders hält einer Inhaltskontrolle nach § 307 BGB stand.[35] Einer Inhaltskontrolle nach § 307 BGB hält dagegen Art. 4 Nr 4 Buchstabe b der ABB-Fracht (2011) nicht stand, wonach die zu zahlenden Beträge mit Abschluss des Beförderungsvertrages als voll verdient angesehen werden und mithin vollständige Vergütung gefordert werden kann. Diese Klausel enthält eine unangemessene Benachteiligung des Vergütungspflichtigen, da sie mit den wesentlichen Grundgedanken des § 645 BGB und des § 420 Abs. 2 HGB nicht zu vereinbaren ist.[36]

16 Die Zahlungspflicht des Empfängers entsteht, wenn dieser sich vom Luftfrachtführer einen Luftfrachtbrief bzw. eine andere Aufzeichnung iSv. Art. 4 Abs. 2 Satz 1 MÜ aushändigen und sich das Gut abliefern lässt. Bei der dogmatischen Einordnung dieser Rechtsfolge handelt es sich weder um einen Eintritt in einen Luftfrachtvertrag, noch um eine privative Schuldübernahme iSv. §§ 414 ff. BGB, sondern um einen gesetzlichen Schuldbeitritt des Empfängers.[37]

17 **b) Erfüllung der Beförderungsbedingungen.** Des Weiteren hat der Luftfrachtfüher einen Anspruch auf Erfüllung der Beförderungsbedingungen. Dabei handelt es sich im Wesentlichen um Zoll-, Steuer- oder Polizeivorschriften, deren Erfüllung sich aus den Allgemeinen Beförderungsbedingungen ergeben muss. Darüber können die Beförderungsbedingungen verschiedene Klauseln in Bezug auf den Ablieferungsanspruch vorsehen, wie z.B. „cash against documents“, „cash on delivery“ oder „prepaid as per charter agreement“.

18 Die Klausel ***„cash against documents“*** (CAD) begründet im Verhältnis zwischen den Kaufvertragsparteien eine Vorleistungspflicht des Verkäufers betreffend die Urkundenvorlage und des

---

31 MünchKommHGB-*Müller-Rostin*[5] Art. 13 MÜ Rn. 15.
32 FrankfKomm/*Müller-Rostin* Art. 13 MÜ Rn. 22; Ebenroth/Boujong/*Pokrant*[5] Art. 13 MÜ Rn. 7.
33 BGH, Urt. v. 27.10.1988 – I ZR 156/88 – NJW-RR **1989** 160, 162 = TranspR **1989** 60.
34 Ebenroth/Boujong/*Pokrant*[5] Art. 13 MÜ Rn. 8. **A.A.** MünchKommHGB-*Müller-Rostin*[5] Art. 13 MÜ Rn. 16.
35 FrankfKomm/*Müller-Rostin* Art. 13 MÜ Rn. 21; Ebenroth/Boujong/*Pokrant*[5] Art. 13 MÜ Rn. 8.
36 FrankfKomm/*Müller-Rostin* Art. 13 MÜ Rn. 21.
37 MünchKommHGB-*Müller-Rostin*[5] Art. 13 MÜ Rn. 17.

Käufers bezüglich der Zahlung ohne Untersuchung der Ware.[38] Diese Klausel vermittelt anders als die Nachnahme keine Geldeinziehungsbefugnis des Luftfrachtführers.[39]

Die Klausel ***„cash on delivery"*** (COD) stellt eine Nachnahmevereinbarung dar. Der Luftfrachtführer muss bei Ablieferung den noch ausstehenden Betrag einziehen. Bei der Bareinziehung schuldet der Empfänger den Nachnahmebetrag in Geld. Dem Bargeld gleichgestelltes Zahlungsmittel ist das sog. electronic cash, die Bezahlung mittels EC-Karte oder Kreditkarte. Kein gleichgestelltes Zahlungsmittel ist hingegen der Scheck oder ein Wechsel.[40] Die Klausel *„cash on delivery"* legt dem Empänger eine Vorleistungs- und Barzahlungspflicht auf und statuiert zudem ein Aufrechnungsverbot zwischen den Parteien des Liefervertrages.[41] Bei Anwendbarkeit deutschen Rechts haftet der Luftfrachtführer nach § 422 Abs. 3 HGB verschuldensunabhängig bei Verstoß gegen die Einziehungspflicht. 19

Enthalten hingegen der Luftfrachtbrief oder die Empfangsbestätigung die Klausel ***„prepaid as per charter agreement"***, so bedeutet dies nach der Verkehrssitte, dass der Empfänger bei Übergabe der Güter keine Fracht zahlen soll.[42] Der Vermerk „prepaid" auf einem Luftfrachtbrief hat zur Folge, dass der Luftfrachtführer dem Empfänger das Gut ohne Rücksicht auf die Frachtzahlung aushändigen kann.[43] 20

2. Entsprechende Rechte des Luftfrachtführers bei Fehlen des Luftfrachtbriefs

Die Zahlungspflicht des Empfängers ist durch Art. 13 Abs. 1 MÜ im Fall des Ablieferungsverlangens des Empfängers zwar abdingbar geregelt (vgl. Art. 15 Abs. 2 MÜ), setzt aber die Ausstellung eines wirksamen Luftfrachtbriefs oder eine den Luftfrachtbrief ersetzende Aufzeichnung voraus. Wurde kein Luftfrachtbrief oder keine Empfangsbestätigung über die Güter ausgestellt, enthält Art. 13 MÜ eine Lücke, welche durch Rückgriff auf das nationale Recht geschlossen werden kann. Ein Anspruch des Luftfrachtführers auf Erstattung von Kosten gegen den Empfänger kann sich bei Fehlen der Transportdokumentation aus nationalem Recht, insbesondere aufgrund rechtsgeschäftlicher Begründung durch Vertrag zwischen Luftfrachtführer und Empfänger ergeben. Dies wird von § 421 Abs. 2 Satz 2 HGB für die Nichtausstellung oder die Nichtvorlage des Frachtbriefs vorgesehen, falls die Fracht angemessen ist. Diese Bestimmung ist als ergänzendes Recht anzuwenden. Die Beweislast dafür, dass die mit dem Absender vereinbarte Fracht unangemessen ist, trägt der Empfänger. 21

C. Anzeigepflicht des Luftfrachtführers (Absatz 2)

Gemäß Art. 13 Abs. 2 MÜ hat der Luftfrachtführer dem Empfänger das Eintreffen der Güter unverzüglich anzuzeigen. Wann der Luftfrachtführer genau das Eintreffen der Güter anzuzeigen hat, um dem Gebot der Unverzüglichkeit zu genügen, ist bereits zur Parallelvorschrift des Warschauer Abkommens nicht festgelegt worden.[44] Weder die französische Textfassung *„dès l'arrivée"* noch die englische Textfassung *„as soon as"* sind hier aussagekräftig genug. Hinsichtlich des Gebotes 22

38 OLG Frankfurt a.M., Urt. v. 27.1.1989 – 5 U 193/87 – NJW-RR **1990** 101 = TranspR **1990** 68.

39 MünchKommHGB-*Müller-Rostin*[5] Art. 13 MÜ Rn. 19; Ebenroth/Boujong/*Reuschle*[5] § 422 HGB Rn. 13.

40 Vgl. Ebenroth/Boujong/*Reuschle*[5] § 422 HGB Rn. 9.

41 Zum Aufrechnungsausschluss vgl. Vgl. BGH, Urt. v. 19.9.1984 – VIII ZR 108/83 – NJW **1985** 550.

42 OLG Düsseldorf, Urt. v. 31.7.1986 – 18 U 163/85 – TranspR **1986** 341. Ebenso FrankfKomm/*Müller-Rostin* Art. 13 MÜ Rn. 19; MünchKommHGB-*Müller-Rostin* Art. 13 MÜ Rn. 21.

43 LG Frankfurt a.M., Urt. v. 27.3.1992 – 3/11 S 3/91 – TranspR **1992** 414.

44 Ursprünglich war „binnen 24 Stunden" erwogen worden, vgl. II. Conférence Internationale de Droit Privé Aérien, 4.–12. Octobre 1929, Varsovie, 1930, S. 163.

der Unverzüglichkeit sollte man sich daher am Maßstab des § 121 BGB orientieren.[45] Eine besondere **Form der Mitteilung** schreibt das Montrealer Übereinkommen nicht vor.[46]

D. Ansprüche auf Schadensersatz (Absatz 3)

I. Voraussetzungen

23 Geht das Gut verloren oder ist das Gut nach Ablauf von sieben Tagen, seit dem Tag, an dem das Gut hätte eintreffen sollen, nicht eingetroffen, so wird der Aushändigungsanspruch nach Absatz 1 durch andere Ansprüche ersetzt. Der Übergang vom Aushändigungsanspruch auf den Schadensersatzanspruch nach Artt. 18 und 19 MÜ hängt von zwei alternativen Voraussetzungen ab.

1. Anerkenntnis des Verlusts

24 Das Recht des Empfängers nach **Absatz 3** entsteht zum einen, wenn der Luftfrachtführer den Verlust des Gutes anerkannt hat.[47] Für die **Anerkennung des Verlusts** sieht das Montrealer Übereinkommen kein besonderes Verfahren vor. Es bedarf **keiner besonderen Form.**[48] Gleichwohl muss der Luftfrachtführer dem Empfänger gegenüber eindeutig mitteilen, dass die Güter verloren sind.[49] Für das Anerkenntnis des Luftfrachtführers ist es indes unerheblich, ob das Gut im Sinne von Art. 18 Abs. 1 MÜ verloren oder ob es nur zeitweise unauffindbar ist.[50] Die Frage des Verlusts[51] muss erst dann geklärt werden, wenn der Empfänger trotz Anerkenntnis des Verlusts die Aushändigung des Gutes verlangt. Dies ist nur möglich, solange das Gut objektiv noch nicht verloren ist; anderenfalls wandelt sich der Erfüllungsanspruch in einen Schadensersatzanspruch um.

25 Der Empfänger ist zur Geltendmachung von Verlustansprüchen nach Art. 13 Abs. 3 MÜ legitimiert, wenn das Gut vom Abholenden unwiederbringlich beiseite geschafft wurde und lediglich streitig ist, ob der Abholende zur Entgegennahme des Gutes für den Empfänger ermächtigt war.[52] Unerheblich ist, ob das abgegebene Anerkenntnis auf einem Irrtum des Luftfrachtführers beruht.[53]

2. Fristablauf von 7 Tagen nach dem Ankunftstermin

26 Das Recht des Empfängers nach Absatz 3 entsteht zum anderen, wenn das Gut nach **Ablauf einer siebentägigen Frist** seit dem Tage, an dem es nach dem Luftfrachtvertrag hätte eintreffen sollen, nicht angekommen ist.[54] Schwierig zu entscheiden ist die Frage, von welchem Zeitpunkt an die

---

45 FrankfKomm/*Müller-Rostin* Art. 13 MÜ Rn. 25; BeckOGK/*Förster* Art. 13 MÜ Rn. 16; Ebenroth/Boujong/*Pokrant*[5] Art. 13 MÜ Rn. 10. Ebenso zum WA: MünchKommHGB-*Kronke* Art. 13 WA 1955 Rn. 11. **AA** *Abraham*[3] I Art. 13 WA 1955 Anm. 5, der sich für eine sofortige Anzeige ausspricht.

46 Ebenroth/Boujong/*Pokrant*[5] Art. 13 MÜ Rn. 10; BeckOGK/*Förster* Art. 13 Rn. 16.

47 OLG Köln, Urt. v. 26.3.2002 – 3 U 214/01 – NJW-RR **2002** 1682, 1683.

48 Ebenroth/Boujong/*Pokrant*[5] Art. 13 MÜ Rn. 11; *Koffka/Bodenstein/Koffka* Art. 13 WA 1929 S. 309; *Guldimann* Art. 13 WA 1955 Rn. 20.

49 BeckOGK/*Förster* Art. 13 Rn. 18; FrankfKomm/*Müller-Rostin* Art. 13 MÜ Rn. 29; *Koffka/Bodenstein/Koffka* Art. 13 WA 1929 S. 309.

50 MünchKommHGB-*Kronke* Art. 13 WA 1955 Rn. 13; *Abraham*[3] I Art. 13 WA 1955 Anm. 6.

51 Zum Begriff. des Verlusts vgl. Art. 18 MÜ Rdn. 12.

52 OLG Frankfurt a.M., Urt. v. 14.7.1977 – 5 U 129/76 – ZLW **1977** 53, 55 = RIW **1978** 197.

53 FrankfKomm/*Müller-Rostin* Art. 13 MÜ Rn. 29; *Guldimann* Art. 13 WA 1955 Rn. 20; *Helm* Haftung für Frachtschäden S. 90.

54 OLG Hamburg, Urt. v. 9.8.1984 – 6 U 28/84 – TranspR **1984** 299, 300.

siebentägige Frist zu laufen beginnt. Haben die Parteien eine Lieferfrist vereinbart, so ist ihr Ablauf maßgebend.[55] Allerdings wird bei der Güterbeförderung im Gegensatz zur Passagierbeförderung im Regelfall kein fester Ankunftstermin vereinbart, es sei denn, dass verderbliche Güter befördert werden. Mangels Vereinbarung eines Ankunftstermins ist eine angemessene Lieferfrist zugrunde zu legen.[56] Diese Auslegung steht nicht nur mit dem Wortlaut der Vorschrift („aurait dû arriver"), sondern auch mit Art. 20 Abs. 1 CMR und Art. 29 § 1 CIM 1999 in Einklang. Die Angemessenheit der Frist kann allerdings nicht allein anhand der Flugpläne des Luftfrachtführers bestimmt werden;[57] vielmehr ist sie von der Art. der zu befördernden Güter abhängig, so dass beim Einladen oder Umladen auf einem „Umsteige"-Flughafen mit Verzögerungen gerechnet werden muss.[58] Die angemessene Frist ist daher stets nach den Umständen des Einzelfalls, insbesondere der Berücksichtigung der Wetterlage, zu berechnen.

Unter Zugrundelegung dieser Bedingungen ist der Zeitpunkt zu berechnen: Dabei gilt es zunächst den Abflugzeitpunkt zu ermitteln und festzustellen, ob nicht bereits der Abflug durch irgendwelche vom Luftfrachtführer zu vertretende Umstände verspätet ist. Bei rechtzeitigem Abflug ist festzustellen, wann das Gut unter Zugrundelegung der Flugpläne hätte ankommen sollen. Dann ist zu prüfen, ob besondere Umstände den Luftfrachtführer zur Abweichung von den Flugplänen veranlasst haben, um zu berechnen, um wieviel sich die Beförderungszeit normalerweise hätte verlängern müssen. Der so bestimmte Zeitpunkt ist dann der Ausgangspunkt für die Berechnung der siebentägigen Frist. Bei der Berechnung sind nach Art. 52 MÜ Sonn- und Feiertage mitzuzählen. 27

Bei der Bestimmung der Klagefrist nach Art. 35 MÜ ist die siebentägige Frist nicht zu berücksichtigen,[59] da Art. 35 MÜ dies nach seinem klaren Wortlaut nicht vorsieht: Die Ausschlussfrist beginnt mit dem Tag, an dem das Luftfahrzeug am Bestimmungsort angekommen ist oder an dem es hätte ankommen sollen oder an dem die Beförderung abgebrochen worden ist. 28

II. Rechtsfolge

Hat der Luftfrachtführer den Verlust des Gutes anerkannt oder ist die siebentägige Frist verstrichen, so kann der Empfänger die Rechte aus dem Frachtvertrag gegenüber dem Luftfrachtführer geltend machen. Welches sind die Rechte?: 29

- Im erstgenannten Fall kann der Empfänger die Schadensersatzansprüche wegen Verlusts nach Art. 18 MÜ geltend machen.[60] Daneben stehen ihm etwaige Ansprüche auf Rückzahlung zuviel gezahlter Fracht im Rahmen der Haftungshöchstbeträge des Art. 22 MÜ zu.[61] Stellt sich nachträglich heraus, dass das Gut tatsächlich nicht verloren ist, kann der Empfänger seinen Erfüllungsanspruch auf Aushändigung des Gutes, verbunden mit einem Anspruch auf Ersatz des Verspätungsschadens, geltend machen.[62]
- Im zweitgenannten Fall, dem Ablauf der siebentägigen Frist, kommt zunächst das Recht auf Erfüllung des Luftbeförderungsvertrags, dh auf Ausführung der Beförderung und Ablieferung des Gutes zum Zuge. Daneben kommt ein weiterer Anspruch auf Schadensersatz wegen Verlusts des Gutes in Frage, schließlich der Anspruch wegen Verspätung der Beförderung des

55 BeckOGK/*Förster* Art. 13 Rn. 19; FrankfKomm/*Müller-Rostin* Art. 13 MÜ Rn. 31.
56 FrankfKomm/*Müller-Rostin* Art. 13 MÜ Rn. 31. Ebenso zum WA: *Koller*[7] Art. 13 WA 1955 Rn. 5; MünchKommHGB-*Kronke* Art. 13 WA 1955 Rn. 13; *Abraham*[3] I Art. 13 WA 1955 Anm. 6.
57 *Koffka/Bodenstein/Koffka* Art. 13 WA 1929 S. 309 f.
58 FrankfKomm/*Müller-Rostin* Art. 13 MÜ Rn. 31.
59 Ebenso FrankfKomm/*Müller-Rostin* Art. 13 MÜ Rn. 32; Ebenroth/Boujong/*Pokrant*[5] Art. 13 MÜ Rn. 12. **A.A.** US CC, Urt. v. 2.6.1976 – *Schwimmer v. Air France* – **87** Misc.2d 147 = **384** NYS 2d 658, S. 1, 3.
60 OLG Frankfurt a.M., Urt. v. 14.9.1999 – 5 U 30/97 – TranspR **2000** 260.
61 *Müller-Rostin* TranspR **1989** 1, 3.
62 *Guldimann* Art. 13 WA 1955 Rn. 24.

Gutes. Gegenüber dem Anspruch auf Erfüllung steht dem Luftfrachtführer der Einwand zu, dass das Gut verloren, die Erfüllung daher ausgeschlossen sei. Dann hat der Empfänger nur noch den Anspruch wegen Verlust des Gutes.

30 Absatz 3 ebenso wie Art. 13 Abs. 1 Satz 2 CMR implizieren eine Regelung der Aktivlegitimation. Zur Geltendmachung der Rechte ist formell berechtigt der Empfänger;[63] daneben stehen sie auch dem Absender aus dem Luftfrachtvertrag zu.

1. Aktivlegitimation

31 **a) Formale Legitimation des Empfängers.** Der Empfänger braucht nicht bereits verfügungsberechtigt zu sein, um die Rechte aus Absatz 3 geltend zu machen und auch nicht die Absenderausfertigung des Luftfrachtbriefs vorzulegen. Denn Absatz 3 knüpft die Aktivlegitimation nicht an den Übergang des frachtrechtlichen Verfügungsrechts des Absenders auf den Empfänger an.[64] Wenn es nicht zu einem Erwerb der Ersatzberechtigung durch den Empfänger kommt, bleibt es bei der originären Aktivlegitimation des Absenders. Macht der Empfänger seine Rechte aus dem Frachtvertrag **vor dem Anerkenntnis des Luftfrachtführers** oder **vor Ablauf der Sieben-Tagesfrist** geltend, bedarf es insofern der **Abtretung der Ansprüche** seitens des Absenders.[65]

32 Die dem Empfänger erwachsenen Rechte gegenüber dem Luftfrachtführer erlöschen, wenn er die Annahme der Güter verweigert. Hierin liegt ein Verzicht des Empfängers auf die ihm gemäß Art. 13 MÜ zustehenden Rechte.[66] Will der Empfänger seine Ansprüche nach Art. 18 MÜ nicht geltend machen, bleibt der Absender – trotz Ablieferung des Gutes – anspruchsberechtigt.

33 **b) Doppellegitimation des Empfängers und des Absenders.** Bis zum Erwerb der Verfügungsberechtigung durch den Empfänger ist nur der Absender als Vertragspartner des Luftfrachtführers zur Geltendmachung der Ersatzansprüche berechtigt. Ebenso wie in der CMR ist fraglich, ob bei Entstehung der Berechtigung des Empfängers diejenige des Absenders erlöschen sollte. Im Schrifttum zum Warschauer Abkommen wurde eine Doppellegitimation von Absender und Empfänger anfangs verneint.[67] Diese Auffassung gilt zwischenzeitlich als überholt.[68] Der Luftfrachtführer ist aufgrund der bestehenden Gesamtgläubigerschaft[69] von Absender und Empfänger, die sich bei Maßgeblichkeit deutschen Rechts aus § 428 BGB ergibt, auch nicht der Gefahr ausgesetzt, zweimal leisten zu müssen.[70] Für das innerdeutsche Recht ist seit 1998 die Doppellegitimation festgeschrieben durch § 421 Abs. 1 Satz 2 HGB. Bei Anwendung von Art. 13 MÜ steht die volle Ersatzberechtigung zu:

- stets dem Absender ohne Rücksicht darauf, ob der Empfänger ersatzberechtigt ist; in diesem Falle neben dem Empfänger (sog Doppellegitimation);
- dem Empfänger ab dem frühesten unter folgenden Zeitpunkten: (1) von der Ablieferung des Gutes; (2) nach Ablauf der in 13 Abs. 3 MÜ bestimmten Frist, wenn das Gut verspätet oder überhaupt nicht am Bestimmungsort ankommt;
- dem nachträglich bestimmten Drittempfänger iSv. 12 Abs. 1 Var. 3 MÜ.

---

63 BeckOGK/*Förster* Art. 13 Rn. 20.

64 Ebenroth/Boujong/*Pokrant*[5] Art. 13 MÜ Rn. 13.

65 FrankfKomm/*Müller-Rostin* Art. 13 MÜ Rn. 28.

66 OLG Köln, Urt. v. 20.11.1980 – 1 U 120/79 – TranspR **1982** 43, 45.

67 Vgl. Art. 14 MÜ Rdn. 4.

68 Vgl. FrankfKomm/*Müller-Rostin* Art. 14 MÜ Rn. 7; MünchKommHGB-*Müller-Rostin*[5] Art. 13 MÜ Rn. 25.

69 Vgl. BGH, Urt. v. 19.9.2019 – ZR 64/18 – NJW **2019** 3722 Rz. 50 zur Gesamtgläubigerschaft von Absender und Empfänger nach dem vergleichbaren Art. 13 Abs. 1 Satz 2 CMR.

70 OLG Stuttgart, Urt. v. 10.6.2009 – 3 U 12/09 – BeckRS **2009** 21065.

c) Geltendmachung durch Dritte. Klagt eine andere Person als der Absender oder Empfänger den Schaden ein, muss die Klage abgewiesen werden, wenn die Ansprüche nicht an sie abgetreten (§ 398 BGB) oder gesetzlich auf sie übergegangen (§ 67 Abs. 1 VVG) oder zulässigerweise in Prozessstandschaft geltend gemacht werden.[71] 34

d) Drittschadensliquidation. Der zur Geltendmachung der Ansprüche Berechtigte kann auf der Grundlage des Art. 14 MÜ Schäden betroffener Dritter einklagen. Dies folgt bei subsidiärer Anwendbarkeit deutschen Rechts ohnehin schon aus § 421 Abs. 1 Satz 3 HGB. Nach Art. 14 MÜ kann der Spediteur als frachtbriefmäßiger Absender oder Empfänger den Schaden des tatsächlichen Absenders oder Empfängers im Wege der Drittschadensliquidation geltend machen.[72] Eine Leistung des Transportversicherers auf den seinem Versicherungsnehmer (Absender) wegen des Verlusts des Gutes entstandenen Schaden führt nicht zum Erlöschen der Ansprüche des frachtbriefmäßigen Empfängers der Ware gegen den Luftfrachtführer (Art 13 Abs. 3 MÜ).[73] Eine „notify“-Person ist hingegen nicht zur Klageerhebung berechtigt.[74] 35

2. Passivlegitimation

Passivlegitimiert ist der Luftfrachtführer als Vertragspartner des Absenders, es sei denn, dass Art. 36 MÜ eingreift. Dem Absender können unter Umständen auch Ansprüche nach Art. 18 MÜ gegen den Unterluftfrachtführer zustehen.[75] 36

71 Vgl. Art. 18 MÜ Rdn. 82 ff.; *Schoner* TranspR **1979** 67, 68 f.
72 *Koller*[11] Art. 14 MÜ Rn. 1, FrankfKomm/*Müller-Rostin* Art. 14 MÜ Rn. 3; Ebenroth/Boujong/*Pokrant*[5] Art 14 MÜ Rn. 6.
73 Zur CMR: BGH, Urt. v. 6.7.2006 – I ZR 226/03 – NJW-RR **2006** 1544, 1545 f.
74 OLG Düsseldorf, Urt. v. 2.2.1993 – 18 U 102/93 – TranspR **1995** 30, 31; FrankfKomm/*Müller-Rostin* Art. 14 MÜ Rn. 5; Ebenroth/Boujong/*Pokrant*[5] Art. 14 MÜ Rn. 6.
75 Vgl. oben Rdn. 5. Ebenso *Koller*[11] Art. 13 MÜ Rn. 11.

Artikel 14 Geltendmachung der Rechte des Absenders und des Empfängers

Der Absender und der Empfänger können, gleichviel ob sie für eigene oder fremde Rechnung handeln, die ihnen nach den Artikeln 12 und 13 zustehenden Rechte im eigenen Namen geltend machen, sofern sie die Verpflichtungen aus dem Frachtvertrag erfüllen.

Article 14 Enforcement of the Rights of Consignor and Consignee

The consignor and the consignee can respectively enforce all the rights given to them by Articles 12 and 13, each in ist own name, whether it is acting in its own interest or in the interest of another, provided that it carries out the obligations imposed by the contract of carriage.

Article 14 Possibilité de faire valoir les droits de l'expéditeur et du destinataire

L'expéditeur et le destinataire peuvent faire valoir tous les droits qui leur sont respectivement conférés par les articles 12 et 13, chacun en son nom propre, qu'il agisse dans son propre intérêt ou dans l'intérêt d'autrui, à condition d'exécuter les obligations que le contrat de transport impose.

Schrifttum

Bernauw Who has standing to sue in International Air Cargo Claims, ETR **1987** 331–354; *Kuhn* Haftung für Schäden an Frachtgütern, Diss. Köln (**1987**); *Müller-Rostin* Verfügungsrechte und Anspruchsberechtigung von Absender und Empfänger nach dem Warschauer Abkommen, TranspR **1989** 1–4; *ders.* Die Anspruchsberechtigung für Güterschäden nach dem Warschauer Abkommen, TranspR **1995** 89–94; *Neupert* Zur Aktivlegitimation für Schadensersatzansprüche gegen den Luftfrachtführer aufgrund des Warschauer Abkommens, ASDA **1988** 24–33; *Schoner* Anleitung für Schadensfälle im internationalen Luftfrachtverkehr (Teil 2), TranspR **1979** 67–70.

Parallelvorschriften

Art. 14 WA 1955; § 421 Abs. 1 Satz 2 HGB.

Übersicht

https://doi.org/10.1515/9783110564945-015

A. Allgemeines

I. Normzweck

Art. 14 MÜ behandelt die Geltendmachung der Rechte, die dem Absender nach Art. 12 MÜ und dem Empfänger nach Art. 13 MÜ zustehen. Die Regelung bestimmt, dass diese Rechte vom Empfänger und Absender auch dann im eigenen Namen geltend gemacht werden können, selbst wenn sie für fremde Rechnung handeln.[1] Der Vorschrift kommt doppelte Funktion zu: Zum einen stellt sie klar, dass Absender und Empfänger zur Schadensliquidation des Drittinteresses befugt sind.[2] Die Möglichkeit der Drittschadensliquidation ist insbesondere beim Kommissionsgeschäft (verdeckte Stellvertretung) und bei internationalen Transporten bei Einschaltung mehrerer Spediteure bedeutsam.[3] Zum anderen regelt sie die Frage der Prozessstandschaft in Bezug auf Ersatzansprüche, wenn die frachtrechtliche Verfügungsbefugnis vom Absender auf den Empfänger übergegangen ist.[4] **Nicht** von der Bestimmung **erfasst** werden Ansprüche von **Eigentümern** oder **wirtschaftlichen Endempfängern**.[5] 1

II. Entstehungsgeschichte

Art. 14 MÜ wurde im Warschauer Abkommen in der Fassung von 1955 gegenüber dem Warschauer Abkommen in der Fassung von 1929 nicht verändert. Auch das Montrealer Übereinkommen weicht von der Ausgangsfassung nicht ab. 2

B. Funktionen und Anwendungsbereich der Vorschrift

I. Fälle der Drittschadensliquidation

Art 14 MÜ betrifft nach seinem Wortlaut nur die dem Absender und dem Empfänger nach Artt. 12 und 13 MÜ zustehenden Rechte. Erfasst werden demzufolge zum einen die Verfügungsrechte des Absenders sowie zum anderen die Ansprüche des Empfängers auf Anzeige der Ankunft, auf Auslieferung ggf. des Luftfrachtbriefs[6] (Art. 13 Abs. 1 und 2 MÜ) und die übrigen Ansprüche aus dem Beförderungsvertrag nach Art. 13 Abs. 3 MÜ.[7] Diese Rechte können nach Art. 14 MÜ der Absender und Empfänger geltend machen, auch wenn sie für fremde Rechnung handeln.[8] Dies ist für Fälle der verdeckten Stellvertretung sachgerecht, wie namentlich im Falle der Kommission oder der Spedition. Dagegen ist weder in Art. 12 MÜ noch Art. 13 MÜ von den Rechten des Absenders, insbesondere jene auf Schadensersatz, die Rede. Daran, dass dem Absender diese Rechte jedenfalls bis zu dem Augenblick zustehen, in dem die Rechte des Empfängers entstehen, und ebenfalls von dem Augenblick an, in dem der Empfänger die Annahme der Güter verweigert oder nicht erreicht werden kann, besteht kein Zweifel. 3

---

1 BeckOGK/*Förster* Art. 14 MÜ Rn. 2.
2 OLG Frankfurt a.M., Urt. v. 12.7.1977 – 5 U 188/76 – NJW **1978** 502, 503 = ZLW **1978** 217; OLG Frankfurt a.M., Urt. v. 14.9.1999 – 5 U 30/97 – TranspR **2000** 260, 262; LG Frankfurt a.M., Urt. v. 20.9.1985 – 3/7 O 202/84 – TranspR **1985** 432, 433 = ZLW **1986**, 154; *Abraham*[3] I Art. 14 WA 1955 Anm. 1.
3 FrankfKomm/*Müller-Rostin* Art. 14 MÜ Rn. 3. Ebenso zum WA: MünchKommHGB-Kronke Art. 14 WA 1955 Rn. 1; Ebenroth/Boujong/Joost/*Gass* Art. 14 WA 1955 Rn. 1.
4 Ebenso *Koffka/Bodenstein/Koffka* Art. 14 WA 1929 S. 312.
5 Ebenroth/Boujong/*Pokrant*[5] Art. 14 MÜ Rn. 2.
6 Siehe oben Art. 13 MÜ Rdn. 12.
7 So auch *Koffka/Bodenstein/Koffka* Art. 14 WA 1929 S. 311.
8 OLG München, Urt. v. 3.2.1995 – 23 U 5322/94 – TranspR **1996** 242, 243 = ZLW **1997** 531, 532.

II. Doppellegitimation von Empfänger und Absender

1. Aktivlegitimation

4 Umstritten ist indes wie bereits unter der Geltung des Warschauer Abkommens, ob dem Absender die Rechte aus dem Luftfrachtvertrag auch während des Zeitraums zustehen, in dem er nach Art. 12 Abs. 4 Satz 1 MÜ kein Verfügungsrecht mehr hat. Im Schrifttum zum Warschauer Abkommen[9] wurde eine Doppellegitimation von Absender und Empfänger überwiegend verneint mit dem Hinweis, dass wegen der Frage, wer zur **Erhebung von Schadensersatzansprüchen** berechtigt ist, auf die Bestimmungen über die Verfügungsrechte von Absender und Empfänger zurückzugreifen sei. Mit dem Übergang der frachtrechtlichen Verfügungsbefugnis erlösche auch die Aktivlegitimation des Absenders. Ergänzend beruft sich diese Meinung insbesondere auf die Materialien zum Warschauer Abkommen: Nach den Ausführungen des Schweizer Delegierten *Pittard* anlässlich der Erörterung des Art. 30 WA 1929[10] sei es undenkbar gewesen, dass Rechte dem Absender noch zustünden, wenn bereits diejenigen des Empfängers entstanden seien.[11] Dieser Auffassung ist aus mehreren Gründen nicht zu folgen: Die Berufung auf die Entstehungsgeschichte zum Warschauer Abkommen überzeugt bereits deshalb nicht, da die Ausführungen des Schweizer Delegierten nicht im Rahmen der Beratungen zu Art. 14 WA 1929[12] angebracht worden sind. Ferner ist die Behauptung des Schweizer Delegierten weder damals im Warschauer Abkommen[13] noch im Montrealer Übereinkommen zum Ausdruck gelangt. In der Sache selbst ist die These, dass es nicht zwei Berechtigte für einen Schadensersatzanspruch geben kann, längst durch die Rechtsentwicklung überholt. Im Rahmen der CMR[14] sowie im deutschen Transportrecht[15] werden sowohl dem Absender als auch dem Empfänger in Bezug auf Schadensersatzansprüche eine Doppellegitimation eingeräumt. Schließlich spricht für eine Doppellegitimation bei Schadensersatzansprüchen eine grammatikalische Auslegung der Rechte des Empfängers in Art. 13 MÜ. Während Art. 13 Abs. 1 MÜ davon spricht, dass der Empfänger vorbehaltlich Art. 12 Abs. 4 Satz 2 MÜ berechtigt ist, die Ablieferung der Güter zu verlangen, heißt es im Rahmen von Artikel 13 Abs. 3 MÜ, dass der Empfänger bei Verlust der Güter den Schadensersatzanspruch geltend machen kann. Diese unterschiedliche Formulierung zeigt deutlich, dass im erstgenannten Falle eine ausschließliche Befugnis des Empfängers gemeint ist, im zweitgenannten Falle der Absender neben dem Empfänger den Schadensersatzanspruch geltend machen kann.[16] Durch die Doppellegitimation wird insbesondere sichergestellt, dass ein Anspruchsverlust wegen Geltendmachung durch die „falsche“ Partei ausgeschlossen wird. Darüber hinaus läuft der Luftfrachtführer wegen der zwischen dem Absender und dem Empfänger bestehenden Gesamtgläubigerschaft iSd. § 428 BGB[17] auch nicht Gefahr, nach einem Schadensausgleich zugunsten des einen zusätzlich noch von dem anderen Anspruchsinhaber wirksam in Anspruch genommen werden zu können.[18] Wenn der Empfänger seine Ansprüche

---

9 *Abraham*[3] I Art. 14 WA 1955 Anm. 1; E/B/J/*Gass* Art. 14 WA 1955 Rn. 5; MünchKommHGB-*Kronke* Art. 14 WA 1955 Rn. 5; FrankfKomm/*Müller-Rostin* Art. 14 WA 1955 Rn. 4; *Müller-Rostin* TranspR **1995** 89, 91; *Schoner* TranspR **1979** 67, 68.

10 Art. 30 WA 1929 entspricht Art. 36 MÜ.

11 Vgl. II. Conférence Internationale de Droit Privé Aérien, 4.–12. Octobre 1929, Varsovie 1930, S. 88 f.

12 Art. 14 WA 1929 entspricht Art. 14 MÜ.

13 Hierauf weisen hin *Koffka/Bodenstein/Koffka* Art. 14 WA 1929 S. 312.

14 Vgl. *Reuschle* Art. 13 CMR Rn. 14 ff.

15 Vgl. § 421 Abs. 1 Satz 2 HGB.

16 Ebenso wie hier Ebenroth/Boujong/*Pokrant*[5] Art. 14 MÜ Rn. 3; *Riese* Luftrecht S. 430; *Guldimann* Art. 14 WA 1955 Rn. 6; *Koffka/Bodenstein/Koffka* Art. 14 WA 1929 S. 312.

17 Die Maßgeblichkeit deutschen Rechts wird vorausgesetzt.

18 BGH, Urt. v. 6.7.2006 – I ZR 226/03 – NJW-RR **2006** 1544, 1546 = TranspR **2006** 363; OLG Stuttgart, Urt. v. 10.6.2009 – 3 U 12/09 – BeckRS **2009** 21065; BeckOGK/*Förster* Art. 14 MÜ Rn. 3. **AA** MünchKommHGB-*Kronke* Art. 14 WA Rn. 5; *Müller-Rostin* TranspR **1995** 89, 91; *Schoner* TranspR **1979** 67, 68.

wegen Verlusts oder Verspätung gegen den Luftfrachtführer nicht geltend machen will, bleibt der Absender – trotz Ablieferung des Gutes – anspruchsberechtigt.[19]

In welcher Weise der Absender die Ansprüche neben dem Empfänger geltend machen kann, bestimmt Art. 14 MÜ allerdings nicht. Insoweit beantwortet Art. 14 MÜ nicht die Frage, ob der Kläger aktivlegitimiert ist oder nicht. Diese Frage gilt es nach dem ergänzend anwendbaren Recht zu beantworten. Nach deutschem Recht handelt es sich bei dem Luftfrachtvertrag um einen Vertrag zugunsten Dritter, so dass der Absender, der den Erfüllungsanspruch geltend macht, auf Beförderung des Gutes zum Bestimmungsort und Leistung an den Empfänger klagen kann.[20] Ob der Absender Schadensersatz an sich oder nur an den Empfänger verlangen kann, hängt davon ab, wem von beiden der Schaden entstanden ist. Art. 14 MÜ ändert daher nichts an der Aktivlegitimation des Absenders oder des Empfängers.[21] 5

2. Prozessführungsbefugnis des Absenders und des Empfängers

a) Gesetzliche Prozessstandschaft. Art. 14 MÜ regelt die Frage der Prozessstandschaft in Bezug auf Ersatzansprüche, wenn die frachtrechtliche Verfügungsbefugnis vom Absender auf den Empfänger übergegangen ist. Dies belegt auch der Wortlaut der Norm, wenn man den Akzent auf folgenden Teil der Bestimmung legt: *„Der Absender und der Empfänger können ... die ihnen nach Artikel 12 und 13 zustehenden Recht im eigenen Namen geltend machen ...“*.[22] Die Vorschrift gewährt dem Absender und Empfänger eine übereinkommensautonome gesetzliche Prozessführungsbefugnis, gleichviel ob das frachtrechtliche Verfügungsrecht erloschen ist.[23] Während Art. 14 MÜ die Frage der Prozessführungsbefugnis regelt, betrifft Art. 29 Satz 1 Hs. 2 MÜ die Frage der Aktivlegitimation. 6

b) Reichweite der Prozessstandschaft – Rechte nach Artt. 12 und 13 MÜ. Art. 14 MÜ stellt nach der hier vertretenen Auffassung eine Erweiterung der Prozessführungsbefugnis des Absenders oder des Empfängers dar.[24] Insofern kann der Absender die Rechte des Empfängers nach Art. 13 Abs. 3 MÜ wahrnehmen, wenn dieser sie nicht geltend machen sollte.[25] Ferner ist der Absender berechtigt, auf Erfüllung der Beförderung zu klagen, auch wenn sein Verfügungsrecht erloschen ist.[26] Jedoch führt die hier vertretene Auffassung nicht dazu, dass sie eine **Über-Kreuz-Berechtigung** hinsichtlich der Verfügungsrechte des Absenders zugunsten des Empfängers ermöglicht;[27] anderenfalls wäre die Regelung des Art. 12 Abs. 1 und Abs. 4 MÜ sinnentleert.[28] 7

---

19 OLG Frankfurt a.M., Urt. v. 12.7.1977 – 5 U 188/78 – MDR **1977** 1024 f; FrankfKomm/*Müller-Rostin* Art. 13 MÜ Rn. 37; *Ruhwedel*[3] Luftbeförderungsvertrag Rn. 237.

20 *Guldimann* Art. 14 WA 1955 Rn. 6.

21 *Koller*[11] Art. 14 MÜ Rn. 1.

22 Diese Lesart räumt auch *Abraham*[3] I Art. 14 WA 1955 Anm. 1 ein.

23 Vgl. auch ICAO-Documentation „Conference for the Unification of Certain Rules for International Carriage by Air“, Vol I: Minutes, Doc 9775-DC/2, S. 67 Nr. 25: *„The Delegate of Greece suggested there was a correlation between Articles 12, 13 and 14 and that they should be considered together. There were provisions in Article 14 which should not be considered independently especially when referring to the rights of the consignee and those of the consignor. The issue was wether the rights which arose in relation to the delivery ot the cargo as against the carrier in Article 12 were affected by the relations between the consignor and the consignee, or the derivative rights of other parties from the consignor and consignee.“*.

24 **AA** *Kuhn* Haftung S. 62, der die Klagebefugnis und die Aktivlegitimation miteinander vermengt.

25 **AA** *Müller-Rostin* TranspR **1989** 1, 3.

26 Ebenso *Guldimann* Art. 14 WA 1955 Rn. 6.

27 BeckOGK/*Förster* Art. 14 MÜ Rn. 5.

28 MünchKommHGB-*Kronke* Art. 14 WA 1955 Rn. 4; *Müller-Rostin* TranspR **1989** 1, 3.

8 Die gesetzliche Prozessstandschaft steht unter dem Vorbehalt, dass der Prozessstandschafter bei Geltendmachung der Rechte aus dem Luftfrachtvertrag alle noch unerfüllten Verpflichtungen, d.h. nicht nur die eigenen, sondern sämtliche, erfüllt. Für den Frachtanspruch des Luftfrachtführers ist es daher gleichgültig, ob der Absender eine Weisung erteilt oder der Empfänger die Ablieferung begehrt.[29] Im erstgenannten Fall bleibt der Absender trotz Weisung zur Zahlung der Fracht verpflichtet. Im zweitgenannten Fall besteht der Anspruch auf Fracht so lange fort, bis der Luftfrachtführer vom Absender oder vom Empfänger seinen Frachtlohn erhalten hat.

III. Keine Regelung der materiellen Rechtslage

9 Art. 14 regelt nicht die materielle Rechtslage und Berechtigung. Die Vorschrift lässt insoweit ungeregelt, in welcher Weise der Absender die Ansprüche gegen den Luftfrachtführer neben dem Empfänger geltend machen kann. Diese Frage ist nach ergänzend anwendbarem Recht zu beantworten. Ist deutsches Recht anwendbar, findet § 328 Abs. 1 BGB Anwendung. Danach kann der Absender, der den Erfüllungsanspruch gegen den Luftfrachtführer geltend macht, auf Beförderung des Gutes zum Bestimmungsort und Leistung an den Empfänger klagen.[30]

10 Ob der Absender eine Schadensersatzleistung an sich oder nur an den Empfänger verlangen kann, hängt davon ab, wann der Schaden entstanden ist.

29 MünchKommHGB-*Müller-Rostin*[5] Art. 14 MÜ Rn. 5 ff.

30 Ebenroth/Boujong/*Pokrant*[5] Art. 14 MÜ Rn. 7.

Artikel 15 Rechtsverhältnisse zwischen Absender und Empfänger oder Dritten

1. **Die Rechtsverhältnisse zwischen dem Absender und dem Empfänger sowie die Rechtsverhältnisse Dritter, die ihre Rechte vom Absender oder vom Empfänger herleiten, werden durch die Artikel 12, 13 und 14 nicht berührt.**
2. **Jede von den Artikeln 12, 13 und 14 abweichende Vereinbarung muss auf dem Luftfrachtbrief oder auf der Empfangsbestätigung über die Güter vermerkt werden.**

Article 15 Relations of Consignor and Consignee or Mutual Relations of Third Parties

1. *Articles 12, 13 and 14 do not affect either the relations of the consignor and the consignee with each other or the mutual relations of third parties whose rights are derived either from the consignor or from the consignee.*
2. *The provisions of Articles 12, 13 and 14 can only be varied by express provision in the air waybill or the cargo receipt.*

Article 15 Rapports entre l'expéditeur et le destinataireou rapports entre les tierces parties

1. *Les articles 12, 13 et 14 ne portent préjudice ni aux rapports entre l'expéditeur et le destinataire, ni aux rapports mutuels des tierces parties dont les droits proviennent de l'expéditeur ou du destinataire.*
2. *Toute clause dérogeant aux dispositions des articles 12, 13 et 14 doit être inscrite dans la lettre de transport aérien ou dans le récépissé de marchandises.*

Schrifttum

Berger-Walliger Luftbeförderungsbedingungen und AGB-Kontrolle im deutschen, französischen und internationalen Privatrecht, Diss. Bielefeld (**2001**); *Müller-Rostin* Verfügungsrechte und Anspruchsberechtigung von Absender und Empfänger nach dem Warschauer Abkommen, TranspR **1989** 1–4; *Riese* Die internationale Luftprivatrechtskonferenz im Haag zur Revision des Warschauer Abkommens, September 1955, ZLR **1956** 4–45.

Parallelvorschriften

Art. 15 WA 1955.

Übersicht

https://doi.org/10.1515/9783110564945-016

A. Allgemeines

I. Normzweck

1 Art. 15 MÜ regelt die Wirkung der Artt. 12 bis 14 MÜ auf die Rechtsverhältnisse zwischen Absender und Empfänger oder eines Dritten. **Absatz 1** befasst sich mit der Reichweite der in Artt. 12 bis 14 MÜ angeordneten Rechtsfolgen. **Absatz 2** enthält eine Formvorschrift für Parteivereinbarungen, die von Artt. 12 bis 14 MÜ abweichen, und unterstreicht damit den dispositiven Charakter dieser Vorschriften.

II. Entstehungsgeschichte

2 Die Vorschrift weicht gegenüber dem Warschauer Abkommen in zwei Punkten ab. Zum einen sieht die Vorschrift gegenüber Art. 15 Abs. 2 WA 1955 vor, dass abweichende Vereinbarungen auch auf der Empfangsbestätigung vermerkt werden können. Diese Abweichung ist auf den Wegfall des faktischen Frachtbriefzwangs[1] zurückzuführen. Zum anderen hat das Montrealer Übereinkommen eine dem Art. 15 Abs. 3 WA 1955 entsprechende Regelung, wonach das Übereinkommen der Ausstellung eines begebbaren Luftfrachtbriefs nicht entgegensteht, nicht übernommen. Art. 15 Abs. 3 WA 1955 gestaltete den Luftfrachtbrief als **indossables Orderpapier** aus, um seine Verwertung und die Finanzierung von Gütern zu erleichtern. Art. 15 WA 1955 hatte indes gegenüber dem ursprünglichen Abkommenstext von 1929 nur klarstellende Funktion, da allgemein anerkannt war, dass der Gesetzgeber berechtigt sei, den Luftfrachtbrief entsprechend einem seerechtlichen Konnossement als begebbares Papier auszugestalten.[2] Der ersatzlose Wegfall der Regelung im Montrealer Übereinkommen ist darauf zurückzuführen, dass infolge der relativ kurzen Transportdauer begebbaren Wertpapieren im Luftfrachtverkehr kaum Bedeutung zukommt.[3] Das Montrealer Übereinkommen schließt jedoch nicht aus, dass nach nationalem Recht ein begebbares Luftfrachtpapier ausgestellt werden kann,[4] also etwa ein Ladeschein nach den §§ 443 ff. HGB.

B. Durch Artt. 12 bis 14 MÜ nicht berührte Rechtsverhältnisse (Absatz 1)

3 **Absatz 1** liegt die allgemeine Erwägung zugrunde, dass das Übereinkommen auf außerhalb des Luftbeförderungsvertrags bestehende Rechtsverhältnisse keine Einwirkung zeitigt. Die Regelungen über das Verfügungsrecht (Art. 12 MÜ), über die Ablieferung der Güter (Art. 13 MÜ) sowie über die Geltendmachung von bestimmten Rechten (Art. 14 MÜ) betreffen nur die Beziehungen zwischen dem Absender und dem Luftfrachtführer einerseits und zwischen dem Luftfrachtführer und dem Empfänger, nicht dagegen die Binnenbeziehungen zwischen Absender und Empfänger, denen zumeist ein Kaufvertrag zugrunde liegt. Diese Regelung entspricht der Systematik des Übereinkommens, das grundsätzlich nur den Beförderungsvertrag regelt. Der eben beschriebene Regelungsansatz wird jedoch nicht streng durchgeführt. Eine klare Ausnahme dazu ist Art. 10 MÜ, der in seinen Regelungsbereich auch Dritte miteinbezieht.[5] Ebenso dürfte Art. 12 Abs. 3 MÜ auch eine Ausnahme des vom Übereinkommen intendierten Regelungsansatzes darstellen.

---

1 Vgl. Art. 4 Abs. 2 MÜ.

2 Vgl. dazu *Riese* ZLR **1956** 4, 18.

3 Vgl. Denkschrift zum MÜ BT-Drs. **15/2285** S. 40.

4 Ebenso FrankfKomm/*Müller-Rostin* Art. 15 MÜ Rn. 1; Ebenroth/Boujong/*Pokrant*[5] Art. 15 MÜ Rn. 1; BeckOGK/*Förster* Art. 15 MÜ Rn. 3; *Koller*[11] Art. 15 MÜ Rn. 3; MünchKommHGB-*Müller-Rostin*[5] Art. 15 MÜ Rn. 7.

5 FrankfKomm/*Müller-Rostin* Art. 15 MÜ Rn. 4; *Guldimann* Art. 15 WA 1955 Rn. 3.

I. Beziehungen zwischen Absender und Empfänger

Das Verhältnis zwischen Absender und Empfänger ist vom Luftbeförderungsvertrag getrennt zu sehen und nach den Vorschriften des jeweils einschlägigen Statuts zu beurteilen.[6] Insbesondere können durch die in Artt. 12 bis 14 MÜ angeordneten Rechtsfolgen nicht solche Verpflichtungen zwischen Absender und Empfänger beseitigt werden, die sich aus dem Innenverhältnis, z.B. aus Kauf- oder Werkvertrag über das Gut, ergeben.[7] Dies gilt vor allem für Verfügungen des Absenders nach Art. 12 MÜ, zu denen dieser – etwa mit Rücksicht auf die vereinbarte Versendung – dem Empfänger gegenüber berechtigt ist. 4

II. Beziehungen Dritter in Bezug auf Absender oder Empfänger

Ebenso sind die Beziehungen Dritter, die ihre Rechte vom Absender oder vom Empfänger herleiten, vom Regelungsbereich ausgenommen. Unklar bleibt, was mit den Beziehungen Dritter gemeint ist und wem gegenüber diese bestehen. Das Übereinkommen lässt diese Frage offen. Als Beziehungen Dritter kommen Vertragsbeziehungen zum Absender und Empfänger in Betracht. Dass auch Beziehungen zum Luftfrachtführer gemeint sein sollen, die auf den hergeleiteten Rechten beruhen, ist dagegen nicht anzunehmen.[8] Dem steht die ausdrückliche Vorschrift des Art. 12 Abs. 3 MÜ nicht entgegen. Diese Vorschrift regelt den Sonderfall, dass ein Kreditgeber gegen Aushändigung des Luftfrachtbriefdritts das Gut bevorschusst; danach behält der Dritte neben seinem Schadensersatzanspruch gegen den Luftfrachtführer aus Art. 12 Abs. 3 MÜ eventuelle Ansprüche aus dem jeweils anwendbaren nationalen Recht gegen den Absender oder Empfänger.[9] 5

C. Artt. 12 bis 14 MÜ als dispositive Rechtssätze

I. Aufnahme der abweichenden Vereinbarung in den Luftfrachtbrief (Absatz 2)

Aus **Absatz 2** ergibt sich, dass die in Artt. 12 bis 14 MÜ enthaltenen Rechtssätze dispositives Recht darstellen. Abweichende Vereinbarungen bedürfen zu ihrer **Wirksamkeit** der Aufnahme in den Luftfrachtbrief oder in die Empfangsbestätigung.[10] Es handelt sich insoweit um eine **Formvorschrift**,[11] deren Missachtung die Unwirksamkeit der Abrede zur Folge hat. Der Abdruck allgemeiner Beförderungsbedingungen auf der Rückseite des Luftfrachtbriefs dürfte mangels wirksamer Einbeziehung nicht genügen.[12] Ebenso wenig genügt der Verweis auf bestehende Beförderungsbedingungen, da damit dem hauptsächlichen Ziel von Absatz 2, dass der Empfänger Abweichungen gegenüber dem Übereinkommen sofort aus dem Luftfrachtbrief erkennen kann, nicht Genüge getan wird.[13] Der Vermerk auf den Standardformularen von IATA-Luftfrachtbriefen, wonach der Absender die Allgemeinen Geschäftsbedingungen des Luftfrachtführers kenne und anerkenne, ist daher nicht ausreichend. 6

6 Ebenroth/Boujong/*Pokrant*[5] Art. 15 MÜ Rn. 2.

7 Vgl. BeckOGK/*Förster* Art. 15 MÜ Rn. 4; MüchKommHGB-*Müller-Rostin*[5] Art. 15 MÜ Rn. 4; *Guldimann* Art. 15 WA 1955 Rn. 4; *Müller-Rostin* in: Fremuth/Thume Art. 15 WA 1955 Rn. 3.

8 Ebenso Ebenroth/Boujong/*Pokrant*[5] Art. 15 MÜ Rn. 3.

9 Ebenso *Guldimann* Art. 15 WA 1955 Rn. 5.

10 BeckOGK/*Förster* Art. 15 MÜ Rn. 7.

11 *Koller*[11] Art. 15 MÜ Rn. 2; Ebenroth/Boujong/*Pokrant*[5] Art. 15 MÜ Rn. 4; MünchKommHGB-*Müller-Rostin*[5] Art. 15 MÜ Rn. 5.

12 Siehe FrankfKomm/*Müller-Rostin* Art. 15 MÜ Rn. 8. Ebenso zum WA: *Koffka/Bodenstein/Koffka* Art. 15 WA 1929 S. 313; *Abraham*[3] I Art. 15 WA 1955 Anm. 2; *Guldimann* Art. 15 WA 1955 Rn. 7.

13 *Müller-Rostin* in: Fremuth/Thume Art. 15 WA 1955 Rn. 3.

7 Auch die in Art. 12 Abs. 3 MÜ vorgesehene Pflicht des Luftfrachtführers, sich vor Durchführung einer Weisung das Luftfrachtbriefdritt vorlegen zu lassen, unterliegt der Freizeichnungsmöglichkeit. Allerdings setzt die Freizeichnung die Beachtung der Formvorschrift, d.h. einen schriftlichen Vermerk auf dem Luftfrachtbrief, voraus, so dass jeder Empfänger des Luftfrachtbriefdritts hiervon Kenntnis erhält und sich entsprechend vorsehen kann.[14]

II. Unterscheidung zwischen von Artt. 12 bis 14 MÜ abweichenden und ergänzenden Vereinbarungen

8 Nur die von Artt. 12 bis 14 MÜ abweichenden Vereinbarungen bedürfen zu ihrer Wirksamkeit der Aufnahme in den Luftfrachtbrief oder die Empfangsbestätigung, nicht dagegen die ergänzenden Vereinbarungen. Die Abgrenzung kann im Einzelfall Schwierigkeiten bereiten. Abweichende Vereinbarungen sind z.B. solche, die das Verfügungsrecht des Absenders aufheben oder beschränken, oder solche, die das Recht des Empfängers später eintreten lassen, als dies Art. 13 Abs. 1 MÜ vorsieht.[15] So bestimmt z.B. Art. 7.5 der ABB-Fracht der Deutschen Lufthansa AG bzw. Art. 7.4 der IATA Conditions of Carriage for Cargo, dass das Verfügungsrecht des Absenders erst in dem Zeitpunkt erlischt, zu dem der Empfänger die Sendung nach Ankunft am Bestimmungsort in Besitz nimmt oder die Auslieferung der Sendung oder des Luftfrachtbriefs verlangt oder zu erkennen gibt, dass er die Sendung annimmt. Diese Bedingungen weichen insoweit von Art. 13 Abs. 1 MÜ ab, wonach bei Ankunft des Gutes am Bestimmungsort das Verfügungsrecht des Absenders erlischt. Diese abweichende Vertragsbedingung muss daher zu ihrer Wirksamkeit im Luftfrachtbrief oder in der Empfangsbestätigung aufgenommen sein.

9 Bloße ergänzende Vereinbarungen sind z.B. solche, die eine bestimmte Form für die Ausübung des Verfügungsrechts des Absenders vorsehen[16] oder dem Briefbesitzer auch einen Ersatzanspruch für den Schaden zubilligen, der dadurch entstanden ist, dass die nachträgliche Verfügung des Absenders nicht in das Luftfrachtbriefdritt eingetragen ist.

10 Schwierigkeiten bereitet die Frage, ob Vereinbarungen, die das Verfügungsrecht des Absenders erweitern, zu den abweichenden oder zu den bloß ergänzenden Vereinbarungen gehören. Richtigerweise wird man danach differenzieren müssen, ob die Erweiterung der Rechte des Absenders gleichzeitig eine Einschränkung der Rechte des Empfängers bedeutet oder nicht;[17] nur im letztgenannten Fall ist die Erweiterung nicht formbedürftig.

---

14 FrankfKomm/*Müller-Rostin* Art. 15 MÜ Rn. 9; *Guldimann* Art. 15 WA 1955 Rn. 8.

15 FrankfKomm/*Müller-Rostin* Art. 15 MÜ Rn. 10.

16 FrankfKomm/*Müller-Rostin* Art. 15 MÜ Rn. 10.

17 *Guldimann* Art. 15 WA 1955 Rn. 11; Ebenroth/Boujong/*Pokrant*[5] Art. 15 MÜ Rn. 5.

Artikel 16 Vorschriften der Zoll-, der Polizei- und anderer Behörden

1. [1]Der Absender ist verpflichtet, alle Auskünfte zu erteilen und alle Urkunden zur Verfügung zu stellen, die vor Aushändigung der Güter an den Empfänger zur Erfüllung der Vorschriften der Zoll-, der Polizei- und anderer Behörden erforderlich sind. [2]Der Absender haftet dem Luftfrachtführer für den Schaden, der durch das Fehlen, die Unvollständigkeit oder die Unrichtigkeit dieser Auskünfte und Urkunden entsteht, es sei denn, dass den Luftfrachtführer oder seine Leute ein Verschulden trifft.
2. Der Luftfrachtführer ist nicht verpflichtet, diese Auskünfte und Urkunden auf ihre Richtigkeit und Vollständigkeit zu prüfen.

Article 16 Formalities of Customs, Police or Other Public Authorities

1. The consignor must furnish such information and such documents as are necessary to meet the formalities of customs, police and any other public authorities before the cargo can be delivered to the consignee. The consignor is liable to the carrier for any damage occasioned by the absence, insufficiency or irregularity of any such information or documents, unless the damage is due to the fault of the carrier, its servants or agents.
2. The carrier is under no obligation to enquire into the correctness or sufficiency of such information or documents.

Article 16 Formalités de douane, de police ou d'autres autorités publiques

1. L'expéditeur est tenu de fournir les renseignements et les documents qui, avant la remise de la marchandise au destinataire, sont nécessaires à l'accomplissement des formalités de douane, de police ou d'autres autorités publiques. L'expéditeur est responsable envers le transporteur de tous dommages qui pourraient résulter de l'absence, de l'insuffisance ou de l'irrégularité de ces renseignements et pièces, sauf le cas de faute de la part du transporteur ou de ses préposés ou mandataires.
2. Le transporteur n'est pas tenu d'examiner si ces renseignements et documents sont exacts ou suffisants.

Schrifttum

Kadletz Das neue Montrealer Übereinkommen vom 28.5.1999 über den internationalen Luftbeförderungsvertrag („Neues Warschauer Abkommen"), VersR **2000** 927–935; *Milde* Liability in international carriage by air: the new Montreal Convention, ULR **1999** 835–861; *Müller-Rostin* Die Internationale Luftrechtskonferenz von Montreal zur Reform des Warschauer Abkommens (10.–28. Mai 1999), ZLW **2000** 36–51; *ders.* Redaktionelle Unzulänglichkeiten im Übereinkommen von Montreal von 1999 über den internationalen Luftbeförderungsvertrag, VersR **2001** 683–688.

Parallelvorschriften

§ 413 HGB; Art. 11 CMR; Art. 15 §§ 1 und 2 CIM 1999.

Übersicht

https://doi.org/10.1515/9783110564945-017

A. Allgemeines

I. Normzweck

1 Zur Unterstützung der Schnelligkeit der Durchführung von Transportabläufen kommen häufig Begleitpapiere zum Einsatz. Sie vereinfachen und beschleunigen insbesondere behördliche Abfertigungen und Kontrollen. Aufgrund der starken Verbreitung von Begleitpapieren sind Pflichtverletzungen als beförderungsspezifische Risiken einzuordnen. Art. 16 MÜ verteilt die diesbezüglich bestehenden Verantwortungsbereiche von Absender und Luftfrachtführer.

2 Nach **Absatz 1 Satz 1** muss der Absender dem Luftfrachtführer alle Auskünfte sowie diejenigen Begleitpapiere zur Verfügung zu stellen, welche dieser zur Erfüllung der mit der Ausführung der Beförderung zusammenhängenden öffentlich-rechtlichen Vorschriften benötigt. Durch die Erteilung der Auskünfte und die Übergabe der Begleitpapiere soll der Luftfrachtführer in die Lage versetzt werden, den gerade bei grenzüberschreitenden Beförderungen geforderten behördlichen Genehmigungen, Steuer- und Zollformalitäten nachkommen zu können, um Verzögerungen bei der Ausführung der Beförderung zu vermeiden. Die in Absatz 1 umschriebene Pflicht zur Auskunftserteilung und zur Dokumentation zieht bei Verletzung eine unbeschränkte Schadensersatzpflicht des Absenders gegenüber dem Luftfrachtführer nach sich. Fällt dagegen nach **Satz 2** dem Luftfrachtführer oder seinen Leuten ein Verschulden zur Last, ist die Haftung des Absenders gänzlich ausgeschlossen.

3 **Absatz 2** entlastet den Luftfrachtführer von der Pflicht zur Prüfung der Auskünfte bzw. der Begleitpapiere. Dadurch wird der für den Luftfrachtführer geltende Verschuldensmaßstab näher konkretisiert.[1]

4 Art. 16 MÜ regelt nur die materielle Verpflichtung des Absenders, wohingegen Art. 6 MÜ die prozessuale Durchsetzbarkeit gewährleistet (siehe unten Rdn. 11).[2]

II. Entstehungsgeschichte

5 Das Montrealer Übereinkommen weicht von Art. 16 WA 1955 lediglich redaktionell und auch insoweit nur in Absatz 1 geringfügig ab. Während Art. 16 WA 1955 verlangte, dass der Absender die notwendigen Begleitpapiere dem Luftfrachtbrief beizugeben hat, begnügt sich Art. 16 MÜ damit, die Zurverfügungstellung aller erforderlichen Urkunden zu verlangen. Durch diese flexiblere Formulierung trägt er der Tatsache Rechnung, dass eine Beförderung auch ohne Ausstellung eines Luftfrachtbriefs durchgeführt werden kann.[3]

---

1 FrankfKomm/*Müller-Rostin* Art. 16 MÜ Rn. 6.
2 Vgl. auch Art. 6 MÜ Rn. 4.
3 Vgl. Denkschrift zum MÜ BT-Drucks. **15/2285**, S. 40.

B. Pflicht zur Auskunft und zur Stellung der Urkunden (Absatz 1 Satz 1)

I. Materiellrechtliche Verpflichtung des Absenders

Die Verpflichtung des Absenders nach Art. 16 Abs. 1 Satz 1 MÜ bezieht sich auf zwei Gegenstände: zum einen ist der Absender verpflichtet, dem Luftfrachtführer alle Auskünfte zu erteilen; zum anderen hat er diesem alle Begleitpapiere zur Verfügung zu stellen, die hinsichtlich der öffentlich-rechtlichen Anforderungen an den Transport notwendig sind. Die Auferlegung dieser Verpflichtung ist insofern gerechtfertigt, als der Absender als Warenfachmann allein das Gut kennt und das Beförderungsziel bestimmt und insoweit die der Beförderung unterliegenden Bestimmungen in Erfahrung bringen kann.[4] Wird z.B. das Gut infolge einer Zwischenlandung wegen Fehlens der von der dortigen Zollbehörde geforderten Papiere für Einfuhr oder Durchfuhr beschlagnahmt, so fällt eine solche Beschlagnahme in den Risikobereich des Absenders, da die Beigabe der zur Erfüllung der Zollvorschriften erforderlichen Papiere in die Verantwortungssphäre des Absenders fällt.[5] 6

Besondere Erwähnung finden die Zoll- und Polizeivorschriften in Absatz 1 Satz 1. Sie sind nur beispielhaft genannt und weit auszulegen.[6] Bei Zollvorschriften kann es sich z.B. um Zoll- und Steuerdeklarationen, Ursprungszeugnisse des Herstellerlandes oder Devisengenehmigungen handeln.[7] Der Begriff „Polizeivorschriften" meint alle gültigen Gesetze, Verordnungen, polizeiliche Verordnungen und Verfügungen, die den Transport gefährlicher Güter, Waffen, radioaktiver Stoffe, von Drogen, Leichen oder Tieren[8] regeln.[9] 7

Neben den bereits erwähnten Begleitpapieren sind noch Bescheinigungen zuständiger Stellen über die Nichtverletzung von Embargo-Bestimmungen sowie technische oder chemische Produktbeschreibungen zu nennen. Dies folgt bei ergänzender Anwendbarkeit deutschen Rechts aus § 410 Abs. 1 HGB. Danach hat der Absender dem Luftfrachtführer die genaue Art. der Gefahr und die erforderlichen Vorsichtsmaßnahmen mitzuteilen. Der Maßstab ist nach objektiven Kriterien aus Sicht des Absenders zu bestimmen, wobei die Anforderungen über eine schlichte Mitteilungspflicht des Absenders hinausgehen. Eine Mitteilungspflicht kann sich zusätzlich aus öffentlich-rechtlichen Gefahrgutvorschriften ergeben, etwa aus § 9 GGVSE.[10] Die Mitteilung der **Gefahrenklasse** eines unter die Europäisches Übereinkommen über die internationale Beförderung gefährlicher Güter auf der Straße vom 30.9.1957[11] fallenden Gutes und die gängige Bezeichnung genügt,[12] nicht aber alleinige **chemische Bezeichnung**, weil derartige Fachkenntnisse vom Frachtführer nicht erwartet werden dürfen. 8

Art und Umfang der vom Absender zu erteilenden Auskünfte werden von dem konkret auszuführenden Transport abhängen. 9

Den Zeitpunkt, zu dem die Auskünfte oder Urkunden dem Luftfrachtführer zur Verfügung gestellt werden müssen, präzisiert Absatz 1 Satz 1 nicht. Aus der Formulierung „vor Aushändigung der Güter an den Empfänger" wird man schließen können, dass die Begleitpapiere und Auskünfte nicht erst am Bestimmungsort, sondern während der gesamten Beförderung von Bedeutung 10

---

4 Vgl. OLG Düsseldorf – 18 U 37/17, RdTW **2020** 335, 337 Rz. 28; BeckOGK/*Förster* Art. 16 MÜ Rn. 5; FrankfKomm/*Müller-Rostin* Art. 16 MÜ Rn. 7.

5 BGH – Ib 226/62 – NJW **1964** 2348, 2349 f. = ZLW 1965, 167.

6 BeckOGK/*Förster* Art. 16 MÜ Rn. 7; *Koller*[11] Art. 16 MÜ Rn. 2; FrankfKomm/*Müller-Rostin* Art. 16 MÜ Rn. 9.

7 *Guldimann* Art. 16 WA 1955 Rn. 3.

8 Vgl. hierzu auch das Europäische Übereinkommen über den Schutz von Tieren beim internationalen Transport (BGBl. 1973 II S. 722).

9 FrankfKomm/*Müller-Rostin* Art. 16 MÜ Rn. 9; Ebenroth/Boujong/*Pokrant*[5] Art. 16 MÜ Rn. 3; *Abraham*[3] I Art. 16 WA 1955 Anm. 1.

10 VO über die innerstaatliche und grenzüberschreitende Beförderung gefährlicher Güter auf der Straße und mit Eisenbahnen (GefahrgutVO Straße – GGVSE) vom 24. November 2006, BGBl. I S. 2684.

11 BGBl. 1969 II S. 1489.

12 Vgl. Ebenroth/Boujong/*Reuschle*[5] § 410 HGB Rn. 3 m.w.N.

sind.[13] Infolgedessen ist der Absender nach Übergabe des Gutes samt Begleitpapiere weiterhin zur Auskunftserteilung und Zurverfügungstellung weiterer Papiere verantwortlich, wenn sich während der Dauer der Beförderung Änderungen der geforderten Papiere ergeben.

II. Prozessuale Durchsetzbarkeit des Anspruchs – Verhältnis zwischen Art. 6 und Art. 16 MÜ

11 Die Vorschrift des Art. 16 MÜ scheint auf den ersten Blick in einem gewissen Spannungsverhältnis zu Art. 6 MÜ zu stehen. Nach Art. 6 MÜ kann vom Absender verlangt werden, zur Einhaltung der zoll- und polizeirechtlichen Vorschriften eine Urkunde mit Angaben zur Art. der Güter auszuhändigen. Im Schrifttum wird Art. 6 MÜ überwiegend für überflüssig gehalten.[14] Der eigentliche Sinn und Zweck des Art. 6 MÜ erhellt sich indes, wenn man die Durchsetzbarkeit der in Art. 16 MÜ geregelten Verpflichtungen des Absenders näher betrachtet. Weder der Anspruch auf Erteilung von Auskünften noch der Anspruch auf Zurverfügungstellung von Begleitpapieren sind einklagbar.[15] Art. 6 Satz 1 MÜ räumt dagegen dem Luftfrachtführer das Recht ein, vom Absender die Aushändigung eines Papiers zu verlangen, das die Natur des Gutes angibt, um es den Zoll-, Polizei- oder anderen Behörden vorzulegen, und diesen Anspruch gegebenenfalls prozessual durchzusetzen.[16] Art. 6 Satz 1 MÜ schafft daher im Gegensatz zu Art. 16 Abs. 1 Satz 1 MÜ einen klagbaren Anspruch. Erfüllt der Absender seine aus Art. 6 Satz 1 MÜ resultierende Pflicht nicht, steht dem Luftfrachtführer nicht nur ein Zurückbehaltungsrecht, sondern vielmehr auch die Einrede des nicht erfüllten Vertrags (§ 322 BGB) zu, wenn die Beförderung deutschem Recht unterfällt.[17]

C. Haftung des Absenders (Absatz 1 Satz 2)

I. Haftungsgrundsätze

1. Haftungsvoraussetzungen

12 Art. 16 Abs. 1 Satz 2 MÜ legt dem Absender eine unbegrenzte Gewährhaftung **ohne Rücksicht auf Verschulden**[18] für alle aus dem Fehlen, der Unvollständigkeit oder der Unrichtigkeit der Auskünfte oder Begleitpapiere entstehenden Schäden auf. Dies entspricht der Rechtslage nach § 414 Abs. 1 Nr. 4 HGB. Diese Kausalhaftung findet in Übereinstimmung mit dem innerdeutschen Recht auch auf schuldlos unrichtige Auskünfte des Absenders Anwendung. Insofern haftet der Absender auch dann, wenn sich die einschlägigen Vorschriften während der Dauer der Beförderung ändern und die Unterlagen, die zu Beginn der Beförderung noch als einwandfrei erschienen, nun nicht mehr genügen. Ebenso haftet er, wenn die Begleitpapiere während der Beförderung durch Zufall oder höhere Gewalt ohne Verschulden des Luftfrachtführers oder seiner Leute verlustig gehen oder beschädigt werden.[19]

---

13 *Guldimann* Art. 16 WA 1955 Rn. 4.

14 FrankfKomm/*Müller-Rostin* Art. 16 MÜ Rn. 2; *ders.* VersR **2001** 683, 685; *ders.* ZLW **2000** 36, 38; *Milde* ULR **1999** 835, 852. Vgl. auch *Kadletz* VersR **2000** 927, 932, der den Sinngehalt der Vorschrift als obskur bezeichnet.

15 Vgl. zur Parallele § 413 HGB; statt vieler *Koller*[11] § 413 HGB Rn. 12.

16 Siehe Art. 6 MÜ Rn. 4.

17 Siehe Art. 6 MÜ Rn. 5.

18 BeckOGK/*Förster* Art. 16 MÜ Rn. 9; FrankfKomm/*Müller-Rostin* Art. 16 MÜ Rn. 16; Ebenroth/Boujong/*Pokrant*[5] Art. 16 MÜ Rn. 7; MünchKommHGB/*Müller-Rostin*[5] Art. 16 MÜ Rn. 8. Ebenso zum WA: BGH – Ib 226/62 – NJW 1964, 2348 (2349 f); MünchKommHGB/*Kronke* Art. 16 WA 1955 Rn. 5; Ebenroth/Boujong/Joost/*Gass* Art. 16 WA 1955 Rn. 7; *Koller*[7] Art. 16 WA 1955 Rn. 3; *Guldimann* Art. 16 WA 1955 Rn. 6; *Abraham*[3] I Art. 16 WA 1955 Anm. 2.

19 FrankfKomm/*Müller-Rostin* Art. 16 MÜ Rn. 10.

2. Haftungsfolge

Der Absender haftet für alle Schäden, die durch Fehler der Begleitpapiere und fehlerhafte Auskünfte entstanden sind. Die **Höhe der Haftung** für Schäden und Kosten ist nach dem Übereinkommen **nicht begrenzt**. Die Ersatzpflicht erstreckt sich dabei auch auf **mittelbare Vermögensschäden**, die unter Umständen darin liegen können, dass der Luftfrachtführer einem Dritten zum Schadensersatz verpflichtet ist oder Zoll- oder Steuerstrafen zahlen muss.[20] Zu denken ist etwa an Vermögensschäden infolge einer Inanspruchnahme durch eigene Kunden wegen verspäteter Lieferungen.[21] Dieser Auslegung steht nicht entgegen, dass die amtliche Übersetzung nicht mehr wie zum Warschauer Abkommen von einer Ersatzpflicht aller Schäden, sondern vielmehr nur noch von der Ersatzpflicht des Schadens spricht, der durch das Fehlen etc. der Urkunde entsteht. In der englischen und französischen authentischen Fassung findet sich diese einengende Formulierung nicht wieder. Weitere Einzelheiten der Ersatzpflicht sind nach dem ergänzend anwendbaren nationalen Recht zu beurteilen.[22] Bei Anwendbarkeit deutschen Sachrechts hat der Absender nach § 414 Abs. 1 Satz 2 HGB jedoch nur bis zu einem Betrag von 8,33 Rechnungseinheiten (SZR) für jedes Kilogramm des Rohgewichts der Sendung Ersatz zu leisten.[23] 13

3. Haftungsausschluss

Die Schadensersatzpflicht des Absenders ist ausgeschlossen, wenn dem Luftfrachtführer oder seinen Leuten ein Verschulden zur Last fällt. Verschulden umfasst jede Form von Fahrlässigkeit und Vorsatz.[24] Es liegt beispielsweise vor, wenn der Luftfrachtführer oder seine Leute vorsätzlich oder fahrlässig die Begleitpapiere beschädigen, vernichten oder verlegen. Zweifelhaft ist es, ob ein Verschulden des Luftfrachtführers oder seiner Leute auch darin zu sehen ist, dass sie dem Absender auf dessen Befragen oder von sich aus unrichtige Auskünfte über bestehende Vorschriften erteilen, oder dass sie auf Mängel der Begleitpapiere nicht hinweisen, obgleich sie diese erkannt haben. Im Schrifttum wird ein Verschulden teilweise mit der Begründung abgelehnt, dass der Luftfrachtführer nicht zur Überprüfung der Dokumente verpflichtet sei (vgl. Art. 16 Abs. 2 MÜ) und eine nicht geschuldete Handlung nicht allein durch Kenntnis des möglicherweise eintretenden Schadens zu einer geschuldeten Vertragspflicht werde.[25] Dieser Auffassung ist zu widersprechen. Zwar wird man den Verschuldensvorwurf des Luftfrachtführers nicht mit einer originären Vertragspflichtverletzung begründen können; jedoch wird man in dem Verhalten des Luftfrachtführers eine Obliegenheitsverletzung des Beförderungsvertrags bzw. eine nebenvertragliche Pflichtverletzung sehen können.[26] 14

Die Folge eines Verschuldens beim Luftfrachtführer ist, dass die Haftpflicht des Absenders vollständig entfällt. Dies hat auch im Falle eines etwaigen Mitverschuldens des Absenders zu gelten. Der klare Wortlaut des Art. 20 MÜ steht einer analogen Anwendung entgegen.[27] Denn Art. 20 MÜ setzt gerade einen Schadensersatzanspruch gegen den Luftfrachtführer voraus; hier handelt es sich dagegen um einen Schadensersatzanspruch des Luftfrachtführers gegen den Ab- 15

20 FrankfKomm/*Müller-Rostin* Art. 16 MÜ Rn. 17; Ebenroth/Boujong/*Pokrant*[5] Art. 16 MÜ Rn. 9.
21 Beispiel bei BeckOGK/*Förster* Art. 16 MÜ Rn. 10.
22 FrankfKomm/*Müller-Rostin* Art. 16 MÜ Rn. 17; Ebenroth/Boujong/*Pokrant*[5] Art. 16 MÜ Rn. 9; *Koller*[11] Art. 16 MÜ Rn. 3.
23 MünchKommHGB/*Müller-Rostin*[5] Art. 16 MÜ Rn. 10.
24 Ebenroth/Boujong/*Pokrant*[5] Art. 16 MÜ Rn. 10; MünchKommHGB/*Müller-Rostin*[5] Art. 16 MÜ Rn. 11; MünchKommHGB/*Kronke* Art. 16 WA 1955 Rn. 7.
25 FrankfKomm/*Müller-Rostin* Art. 16 MÜ Rn. 22 im Anschluss an *Abraham*[3] I Art. 16 WA 1955 Anm. 3.
26 Im Ergebnis wohl auch *Guldimann* Art. 16 WA 1955 Rn. 14; *Koffka/Bodenstein/Koffka* Art. 16 WA 1929 S. 314.
27 So aber FrankfKomm/*Müller-Rostin* Art. 16 MÜ Rn. 20.

sender. Ebenso verbietet es sich, § 254 BGB bei Anwendbarkeit deutschen Rechts heranzuziehen.[28] Die Regelung in Absatz 1 Satz 2 ist ähnlich wie Art. 11 Abs. 2 Satz 2 CMR Ausdruck des anspruchsausschließenden Grundsatzes der *„contributory negligence“*, wonach der Anspruch des Luftfrachtführers entfällt. Dieser vollständige Haftungsausschluss stellt in aller Regel im Falle des Mitverschuldens des Absenders für den Luftfrachtführer keine besondere Härte dar. Denn Art. 16 Abs. 2 MÜ stellt den Luftfrachtführer von der Überprüfung der Auskünfte und Urkunden ausdrücklich frei, senkt also den Maßstab der vom Luftfrachtführer zu beobachtenden Sorgfalt.

4. Beweislast

16 Macht der Luftfrachtführer Schadensersatzansprüche nach Absatz 1 Satz 2 gegen den Absender geltend, so trifft ihn die Darlegungs- und Beweislast, dass die Auskünfte oder Begleitpapiere mangelhaft waren.[29] Sind die Begleitpapiere im Luftfrachtbrief verzeichnet worden, so schafft dies zugunsten des Absenders die Vermutung, dass der Absender sie dem Luftfrachtführer übergeben hatte. Dagegen schafft die Tatsache, dass die Begleitpapiere nicht im Luftfrachtbrief verzeichnet worden sind, keine Vermutung dahingehend, dass der Absender dieses nicht dem Luftfrachtführer übergeben hätte, denn das Verzeichnis der Begleitpapiere ist keine Mindestangabe des Luftfrachtbriefs.[30]

17 Den Absender trifft die Darlegungs- und Beweislast für ein Verschulden des Luftfrachtführers oder dessen Leute.[31] Diesen Beweis wird der Absender nur schwer führen können, da ihm ein Einblick in die Organisation des Luftfrachtführers fehlt. Steht fest, dass die Begleitpapiere dem Luftfrachtführer übergeben sind, so muss gleichwohl der Absender auch bei nachträglichem Verlust oder nachträglicher Beschädigung das Verschulden des Luftfrachtführers oder dessen Leute darlegen und beweisen.

II. Haftungsbefreiung des Luftfrachtführers bei Güterschäden und Lieferfristüberschreitung

18 Aus Art. 16 Abs. 1 Satz 2 MÜ lässt sich der Schluss ziehen, dass der Luftfrachtführer für Güterschäden oder Lieferfristüberschreitungen, die durch mangelhafte oder fehlende Begleitpapiere oder Auskünfte entstehen, nicht haftet.[32] Insofern stellt die Vorschrift einen besonderen Haftungsbefreiungsgrund innerhalb der Haftung nach Art. 18 ff. MÜ dar.

D. Keine Prüfungspflicht des Luftfrachtführers (Absatz 2)

19 Grundsätzlich muss der Luftfrachtführer die Richtigkeit und die Vollständigkeit der Auskünfte und der Begleitpapiere nicht überprüfen. Der Absender trägt somit das gesamte Risiko für die öffentlich-rechtliche Zulässigkeit des Transports. Durch Parteivereinbarung kann jedoch eine Prüfungspflicht des Luftfrachtführers begründet werden.

20 Erkennen der Luftfrachtführer oder seine Leute indessen, dass die erteilten Auskünfte oder Begleitpapiere im Zeitpunkt der Übergabe unrichtig sind oder nach Übergabe der Begleitpapiere aufgrund einer Änderung der gesetzlichen Bestimmungen unrichtig werden, so wird man eine

---

28 *Guldimann* Art. 16 WA 1955 Rn. 12; FrankfKomm/*Müller-Rostin* Art. 16 WA 1955 Rn. 7 aE; *Koffka/Bodenstein/Koffka* Art. 16 WA 1929 S. 314; *Koller*[7] Art. 16 WA 1955 Rn. 3.

29 BeckOGK/*Förster* Art. 16 MÜ Rn. 12; Ebenroth/Boujong/*Pokrant*[5] Art. 16 MÜ Rn. 13.

30 FrankfKomm/*Müller-Rostin* Art. 16 MÜ Rn. 22.

31 BeckOGK/*Förster* Art. 16 MÜ Rn. 12; Ebenroth/Boujong/*Pokrant*[5] Art. 16 MÜ Rn. 14.

32 Ebenroth/Boujong/*Pokrant*[5] Art. 16 MÜ Rn. 11.

Obliegenheitspflichtverletzung des Beförderungsvertrags darin sehen, wenn weder der Luftfrachtführer oder seine Leute den Absender hierauf aufmerksam machen. Dies steht auch im Einklang mit Art. 16 Abs. 2 MÜ, der nur den Luftfrachtführer von der Primärverpflichtung der Überprüfung der Auskünfte und Begleitpapiere befreit, nicht hingegen einen Ausschluss nebenvertraglicher Pflichten normieren will. Insofern kann sich aus dem ergänzend anwendbaren Recht eine sanktionsbewehrte Obliegenheitsverletzung ergeben, welche bei den Ersatzansprüchen des Luftfrachtführers schadensmindernd zu berücksichtigen sein wird.

KAPITEL III Haftung des Luftfrachtführers und Umfang des Schadensersatzes

Artikel 17 Tod und Körperverletzung von Reisenden – Beschädigung von Reisegepäck

1. Der Luftfrachtführer hat den Schaden zu ersetzen, der dadurch entsteht, dass ein Reisender getötet oder körperlich verletzt wird, jedoch nur, wenn sich der Unfall, durch den der Tod oder die Körperverletzung verursacht wurde, an Bord des Luftfahrzeugs oder beim Ein- oder Aussteigen ereignet hat.
2. [1]Der Luftfrachtführer hat den Schaden zu ersetzen, der durch Zerstörung, Verlust oder Beschädigung von aufgegebenem Reisegepäck entsteht, jedoch nur, wenn das Ereignis, durch das die Zerstörung, der Verlust oder die Beschädigung verursacht wurde, an Bord des Luftfahrzeugs oder während eines Zeitraums eingetreten ist, in dem sich das aufgegebene Reisegepäck in der Obhut des Luftfrachtführers befand. [2]Der Luftfrachtführer haftet jedoch nicht, wenn und soweit der Schaden auf die Eigenart des Reisegepäcks oder einen ihm innewohnenden Mangel zurückzuführen ist. [3]Bei nicht aufgegebenem Reisegepäck, einschließlich persönlicher Gegenstände, haftet der Luftfrachtführer, wenn der Schaden auf sein Verschulden oder das Verschulden seiner Leute zurückzuführen ist.
3. Hat der Luftfrachtführer den Verlust des aufgegebenen Reisegepäcks anerkannt oder ist das aufgegebene Reisegepäck nach Ablauf von einundzwanzig Tagen seit dem Tag, an dem es hätte eintreffen sollen, nicht eingetroffen, so kann der Reisende die Rechte aus dem Beförderungsvertrag gegen den Luftfrachtführer geltend machen.
4. Vorbehaltlich entgegenstehender Bestimmungen bezeichnet in diesem Übereinkommen der Begriff „Reisegepäck“ sowohl aufgegebenes als auch nicht aufgegebenes Reisegepäck.

CHAPTER III Liability of the Carrier and Extent of Compensation for Damage

Article 17 Death and Injury of Passengers – Damage to Baggage

1. *The carrier is liable for damage sustained in case of death or bodily injury of a passenger upon condition only that the accident which caused the death or injury took place on board the aircraft or in the course of any of the operations of embarking or disembarking.*
2. *The carrier is liable for damage sustained in case of destruction or loss of, or of damage to, checked baggage upon condition only that the event which caused the destruction, loss or damage took place on board the aircraft or during any period within which the checked baggage was in the charge of the carrier. However, the carrier is not liable if and to the extent that the damage resulted from the inherent defect, quality or vice of the baggage. In the case of unchecked baggage, including personal items, the carrier is liable if the damage resulted from its fault or that of its servants or agents.*
3. *If the carrier admits the loss of the checked baggage, or if the checked baggage has not arrived at the expiration of twenty-one days after the date on which it ought to have arrived, the passenger is entitled to enforce against the carrier the rights which flow from the contract of carriage.*
4. *Unless otherwise specified, in this Convention the term „baggage“ means both checked baggage and unchecked baggage.*

https://doi.org/10.1515/9783110564945-018

CHAPITRE III Responsabilité du transporteur et étendue de l'indemnisation du préjudice

Article 17 Mort ou lésion subie par le passager – Dommage causé aux bagages

1. *Le transporteur est responsable du préjudice survenu en cas de mort ou de lésion corporelle subie par un passager, par cela seul que l'accident qui a causé la mort ou la lésion s'est produit à bord de l'aéronef ou au cours de toutes opérations d'embarquement ou de débarquement.*
2. *Le transporteur est responsable du dommage survenu en cas de destruction, perte ou avarie de bagages enregistrés, par cela seul que le fait qui a causé la destruction, la perte ou l'avarie s'est produit à bord de l'aéronef ou au cours de toute période durant laquelle le transporteur avait la garde des bagages enregistrés. Toutefois, le transporteur n'est pas responsable si et dans la mesure où le dommage résulte de la nature ou du vice propre des bagages. Dans le cas des bagages non enregistrés, notamment des effets personnels, le transporteur est responsable si le dommage résulte de sa faute ou de celle de ses préposés ou mandataires.*
3. *Si le transporteur admet la perte des bagages enregistrés ou si les bagages enregistrés ne sont pas arrivés à destination dans les vingt et un jours qui suivent la date à laquelle ils auraient dû arriver, le passager est autorisé à faire valoir contre le transporteur les droits qui découlent du contrat de transport.*
4. *Sous réserve de dispositions contraires, dans la présente convention le terme „bagages" désigne les bagages enregistrés aussi bien que les bagages non enregistrés.*

Schrifttum

Achilles-Pujol Die Entwicklung des Reiserechts der Luftbeförderung einschließlich der EU-Fluggastrechte-VO im Jahr 2022, MDR **2023** 1023–1028; *Adenauer* Gesundheit und Luftverkehr, Festgabe Ruhwedel, **2004** S. 1–17; *Alexander/Felten* Anmerkung zur Haftung des Luftfahrtunternehmens für Sturz eines Fluggastes beim Einsteigevorgang auf der Fluggastbrücke, VersR **2018** 939–943; *Basedow* Der Luftbeförderungsvertrag, ZHR **1987** 258–265; *Clark/Fulena* Deep vein thrombosis – a new risk exposure area? ASL **2001** 218–222; *Bollweg* Die Vorauszahlungspflicht in der Luftverkehrshaftung – oder: „Bis dat, qui cito dat", Festgabe Ruhwedel, **2004** S. 57–81; *ders.* Schadensersatz wegen nutzlos aufgewendeter Urlaubszeit bei interntaionalen Flugpauschalreisen? RRa **2007** 242–245; *Clarke* Will Montreal Convention be able to replace the Warsaw System and what will the changes be? TranspR **2003** 436–443; *Cobbs* The Shifting Meaning of 'accident' under article 17 of the Warsaw Convention: What did the Airline know and what did it do about it? ASL **1999** 121–127; *Fröhlich* Leistungsstörungen im Luftverkehr, Diss. Tübingen **2001**; *Fischer* Die Haftung des Reiseveranstalters bei Flugbeförderung **1990**; *Führich* Entschädigung wegen nutzlos aufgewendeter Urlaubszeit, MDR **2009** 906–913; *Garcia-Bennett* Psychological Injuries under Article 17 of the Warsaw Convention, ASL **2001** 49–55; *Garnault* Le détournement d'aéronefs et les autres atteintes à la sûreté de l'Aviation civile, RFDA **1979** 139–149; *Giesecke* Unruly Passengers and Respective Passenger Rights, ZLW **2002** 547–556; *Godfroid* L'étendue dans le temps de la responsabilité du transporteur aérien international à l'égard des passagers, RFDA **1984** 26–34; *Goldhirsch* Definition of „accident": Revisiting Air France v Saks., ASL **2001** 86–89; *Harris* Warsaw Convention – „Disembarking" in the United Kingdom, ZLW **1993,** 148–150; *Heinz* Neue Rechtsprechung zum Pauschalreiserecht unter Berücksichtigung konkurrierender Bestimmungen im nationalen und internationalen Beförderungsrecht, TranspR **1991** 45–55; *Hermida* The New Montreal Convention: The International Passenger's Perspective, ASL **2001** 150–155; *Jankköster* Fluggastrechte im internationalen Luftfverkehr, Diss. Konstanz **2008**; *Kadletz* Das neue Montrealer Übereinkommen vom 28.5.1999 über den internationalen Luftbeförderungsvertrag („Neues Warschauer Abkommen"), VersR **2000** 927–935; *Kahlert/Hast* Die haftungsrechtlichen Folgen des sogenannten „Economy-Class-Syndroms", VersR **2001** 559–561; *Kehrberger* Overhead Bin – Unfälle an Bord von Flugzeugen – eine Fallstudie, Festschrift Guldimann, **1997** S. 129–168; *Kilian* Die Haftung des Luftfrachtführers für schadensverursachende Passagiere – Der „disruptive passenger" als Problem des Luftprivatrechts, TranspR **2003** 177–185; *Koller* Zum Begriff des Schadens und zur Kausalität im Recht der CMR, VersR **1994** 384–388; *Kuhn* Sonderfälle der Anspruchsberechtigung bei Art. 17, 18, 19 WA, WA/HP, ZLW **1989** 21–29; *Kuznicki* Terrorismus und luftspezifische Gefahr auf eine Haftung des Luftfrachtführers gemäß Artikel 17 des Warschauer Abkommens, ZLW **1992** 360–376; *Löw* Art. 17 Abs. 1 MÜ in der Rechtsprechung des EuGH, RRa **2022** 211–215; *Mauritz* Current Legal Developments: The ICAO International Conference on Air Law, Montreal, May 1999, ASL **1999** 153–157; *Mercer* Liability of Air Carriers for Mental Injury under the Warsaw Convention, ASL **2003,** 147–187; *Meyer* Deep Vein thrombosis – blood flow v. Profit flow, ASL **2001** 225–230; *Möllring* Haftung von Fluglinien für psychische Unfallfolgen, MDR **2022** 374–375; *Mühlbauer* Die haftungsrechtlichen Folgen des sogenannten „Economy-Class-Syndroms", VersR **2001** 1480–1485; *Müller* Die Haftung des Luftfrachtführers bei Dienst- und Freiflügen seiner Arbeitnehmer, ZLW **1960** 41–58; *Müller-Rostin* Die Haftung für anlässlich einer Flugzeugentführung erlittene Personenschäden, TranspR **1980** 122–124; *ders.* Die Haftung des Luftfrachtführers bei der Beförderung von Luftfracht, TranspR **1989** 121–130; *ders.* Die Internationale Luftrechtskonferenz von Montreal zur Reform des Warschauer Abkommens (10.–28. Mai 1999), ZLW **2000** 36–51; *ders.* Urteilsanmerkung zu LG Frankfurt a.M. vom 29.10.2001 zu Thromboseschäden, NZV **2002** 182–183; *ders.* Der EuGH und das Luftrecht – echte Freunde werden sie nie, TranspR **2023** 289–296; *Reuschle* Haftung des Luftfrachtführers bei Unfällen im internationalen Luftverkehr (Teil I), RdTW **2023** 418–426; *ders.* Haftung des Luftfrachtführers bei Unfällen im internationalen Luftverkehr (Teil II), RdTW **2023** 471–478; *Rodegra* Haftung von Reiseveranstalter und Fluggesellschaft bei Terroranschlägen, MDR **2017** 1102–1106; *Rosenau* Die Haftung des Beförderers für Personenschäden von Reisenden, Diss. Hamburg **1970**; *Rudolf* Die neuen IATA-Beförderungsbedingungen für Fluggäste und Gepäck, ZLW **1971** 153–165; *Ruhwedel* Das Montrealer Übereinkommen zur Vereinheitlichung bestimmter Vorschriften über die Beförderung im internationalen Luftverkehr vom 28.5.1999, TranspR **2001** 189–202; *Schmid* Der Zeitraum der Haftung des Luftfrachtführers im Rahmen des Warschauer Abkommens, RIW **1984** 429–437; *ders.* Keine Haftung des Luftfrachtführers bei Flugzeugentführungen, VersR **1986** 17–19; *ders.* Meilenstein-Entscheidungen des U.S. Supreme Court zum Warschauer Abkommen, TranspR **2000** 72–74; *ders.* Haftungsrisiken bei Personenschäden im Luftfahrtbereich, VersR **2002** 26–30; *Schmidt-Räntsch* Fragen des Luftfrachtführers für Schäden durch widerrechtliche Entführung von Luftfahrzeugen, ZLW **1979** 429–434; *Schneider* Die Haftung des Luftfrachtführers bei Flugzeugentführungen und sonstigen kriminellen Angriffen auf den Luftverkehr, ZLW **1989** 220–226; *Schneider* Haftung und Haftungsbeschänkung bei Personenschäden im internationalen Lufttransport, Diss. Basel **1998**; *Schoner* Die internationale Rechtsprechung zum Warschauer Abkommen in den Jahren 1974 bis 1976 (Teil I), ZLW **1977** 256–276; *Schönwerth* Zur luftfahrttypischen Kausalität – als Voraussetzung der Anwendung der Haftungsregeln von WA/HP und LuftVG, TranspR **1992** 11–13; *Schweickhardt* Zur Frage der rechtlichen Beurteilung der Haftung des Luftfrachtführers aus Dienst- und Freiflügen seiner Angestellten, ZLR **1954** 7–10; *Schwenk* Haftung und Versicherungspflicht im Luftverkehr, BB **1968** 189–193; *Stefula* Schadenersatz für Passagiere im Luftfahrtgesetz, Diss. Graz **2000**; *Thor* Muss der Luftfrachtführer für alle Zufälle des täglichen Lebens haften? Festgabe Ruhwedel, **2004** S. 273–303; *Tompkins* Deep vein thrombosis (DVT) and air carrier legal liability – the myth and the law, ASL **2001** 231–235; *ders.* DVT Litigation Update: 1 March 2003 United States of America, ASL **2003** 100–105; *ders.* DVT Litigation Update: 1 October 2003 United States of America, ASL **2003** 331–333; *ders.* DVT Litigation Update: 1 January 2004 United States of America, ASL **2004** 147–148; *ders.* DVT Litigation Update: June 2004 United States of America, ASL **2004** 230–236; *ders.* DVT Litigation Update: September 2004 United States of America, ASL **2004** 312–314; *Verwer* Liability for Damage to Luggage in International Air Transport, Diss. Amsterdam **1987**; *Vollmar* Die Haftung des Luftfrachtführers nach deutschem Recht für Personenschäden von Fluggästen bei nationaler und internationaler Beförderung, Diss. Köln **1986**; *Waegner* Haftungsfragen bei Flug- und Gesellschaftsreisen, Diss. München **1977**; *Wahlen* The new Warsaw Convention: The Montreal Convention, ASL **2000** 12–26; *Wessels* Einige Zweifelsfragen bei der Haftung des Luftfrachtführers für Handgepäck gemäß Warschauer Abkommen und deutschem Recht, ZLR **1958** 209–216; *Wodrich/Suhr* Keine Anzeigepflicht des Absenders gegenüber dem Luftfrachtführer bei Verlust von Luftfrachtgut, VersR **1977** 263; *Wokuschitz* Der ungeklärte Treppensturz eines Fluggastes – ein „Unfall", TranspR **2022** 477–481.

Parallelvorschriften

Art. 17 WA 1955; Art. 18 WA 1955; Art. 26 CIV 1999; Art. 33 CIV 1999.

Übersicht

Alphabetische Übersicht

A. Allgemeines

I. Normzweck

Art. 17 MÜ regelt im Einzelnen in den **Absätzen 1** und **2** die Haftung des Luftfrachtführers gegenüber dem Reisenden wegen dessen Körper- oder Reisegepäckschadens sowie eines Schadens an Sachen, die der Reisende an Bord des Luftfahrzeugs mitgenommen hat. Art. 17 MÜ befasst sich nicht nur mit Voraussetzungen, unter denen die nach dem jeweils nationalen Recht anwendbaren Anspruchsgrundlagen anzuwenden sind, sondern normiert vielmehr eine **eigenständige Anspruchsgrundlage**.[1] Diese Anspruchsgrundlage ist, soweit sie auf Sachverhalte anwendbar ist, exklusiv[2] und erlaubt insoweit keinen Rückgriff auf nationales ergänzendes Recht. Die Haftung für Unfälle ist ausschließlich durch Art. 17 MÜ geregelt, gleichviel ob der einzelne Vorgang den Tatbestand eines Unfalls im Sinne des Montrealer Übereinkommens erfüllt. 1

Absatz 1 enthält die grundlegende Haftungsnorm für **Personenschäden**. Das Haftungssystem erhellt sich allerdings erst durch das Zusammenwirken dieser Haftungsnorm mit Art. 21 MÜ.[3] Danach ist das **Haftungssystem zweistufig** ausgestaltet:[4] Bis zu einer individuellen Haftungshöchstgrenze von 128 821 Sonderziehungsrechten[5] besteht hiernach eine verschuldensunabhängige **Gefährdungshaftung** des Luftfrachtführers,[6] welcher nur noch der Mitverschuldenseinwand des Art. 20 MÜ entgegengehalten werden kann. Für darüber hinausgehende Individualschäden besteht eine der Höhe nach unbegrenzte **Haftung für vermutetes Verschulden**.[7] Schadensersatzansprüchen jenseits eines Individualschadens von 128 821 Sonderziehungsrechten kann der Luftfrachtführer durch den Nachweis entgehen, dass dieser Schaden nicht auf einer unrechtmäßigen Handlung oder Unterlassung des Luftfrachtführers oder seiner Leute, sei sie auch nur fahrlässig begangen, zurückzuführen ist[8] oder dass dieser Schaden ausschließlich auf eine unrechtmäßige Handlung oder Unterlassung eines Dritten, sei sie auch nur fahrlässig begangen, zu gründen ist.[9] Daneben befreit auch von dieser Haftung – ganz oder teilweise – die erfolgreiche Berufung auf den Mitverschuldenseinwand des Art. 20 MÜ.[10] 2

Absatz 2 enthält die grundlegenden Haftungsnormen für **Gepäckschäden**. Auch insoweit erhellt sich das Haftungssystem allerdings erst im Zusammenwirken dieser Haftungsnormen mit Art. 22 Abs. 2 MÜ. Dabei wird hier zwischen aufgegebenem Reisegepäck einerseits und nicht aufgegebenem Reisegepäck und persönlichen Gegenständen (Bordgepäck) andererseits unterschieden: 3

Bei **aufgegebenem Reisegepäck** besteht eine **verschuldensunabhängige Gewährhaftung** (**Absatz 2 Satz 1**). Sie setzt – wie bereits Art. 18 WA 1955 – die Zerstörung, den Verlust oder die 4

---

1 So auch BeckOGK/*Förster* Art. 17 MÜ Rn. 14; FrankfKomm/*Schmid* Art. 17 MÜ Rn. 3; ebenso die US-amerikanische Rechtsprechung zum WA: US CA 2nd Cir., Urt. v. 30.12.1953 – *Komlos v. Air France* – **1953** USAvR 471, 474; US CA 2nd Cir., Urt. v. 9.8.1957 – *Noel v. Linea Aeropostal Venezolona* – **1957** USAvR 274; US CA 2nd Cir., Urt. v. 6.3.1978 – *Benjamins v. BEA* – **572** F2d 913, 916 f. = **14** Avi 18.370; US DC, Urt. v. 19.12.1969 – *Zousmer v. Canadian Pacific Airlines* – **1970** USAvR 496, 512.

2 ZA HC, Urt. v. 25.1.2005 – *Potgieter v. British Airways* – **2005** (3) SA 133; US SC, Urt. v. 12.1.1999 – *EL AL Israel Airlines v. Tsui Yuan Teng* – **525** US 155, Rz. 3; US CA 9th Cir., Urt. v. 3.7.2001 – *Gordon T Carey v. United Airlines* – **255** F.3 d 1044, Rz. 10; US CA 2nd Cir., Urt. v. 23.10.2003 – *Commercial Union Insurance v. Alitalia Airlines* – Rz. 15, **347** F.3 d 448; CA SKQB, Urt. v. 16.5.2006 – *Walton v. MyTravel Canada Holding* – **2006** SKQB 231, Rz. 39; AG Hannover, Urt. v. 13.5.2002 – 547 C 3247/02 – RRa **2003** 181, 182; unzutreffend LG Frankfurt am Main, Urt. v. 16.12.2005 – 2-01 S 181/01 – NJW-RR **2006** 704, 705.

3 Vgl. BeckOGK/*Förster* Art. 17 MÜ Rn. 11.

4 *Demsey* in: Luftrecht Bd. 3, Teil II A Rn. 20.

5 Dies entspricht am 4.1.2024 einem Betrag von € 157 943.

6 Vgl. Art. 17 Abs. 1 MÜ i.V.m. Art. 21 Abs. 1 MÜ.

7 Vgl. Art. 17 Abs. 1 MÜ i.V.m. Art. 21 Abs. 2 MÜ.

8 Vgl. Art. 21 Abs. 2 Buchstabe a MÜ.

9 Art. 21 Abs. 2 Buchstabe b MÜ.

10 Siehe Art. 20 Satz 3 MÜ.

Beschädigung des Gepäcks voraus, die sich an Bord des Luftfahrzeugs oder jedenfalls während des Zeitraums ereignet haben müssen, in dem sich das Gepäck in der Obhut des Luftfrachtführers befand. Einer Haftung kann der Luftfrachtführer neben dem auch hier von der Haftung befreienden Mitverschuldenseinwand nach Art. 20 MÜ nur dann entgehen, wenn und soweit er nachweist, dass der Schaden auf die Eigenart des Gepäcks oder einen ihm innewohnenden Mangel zurückzuführen ist (**Absatz 2 Satz 2**).

5 Bei **nicht aufgegebenem Reisegepäck** und **persönlichen Gegenständen** (Bordgepäck) besteht indes eine **strenge verschuldensabhängige** Haftung. Sie tritt nach Art. 17 Abs. 2 Satz 3 MÜ nur dann ein, wenn dem Luftfrachtführer oder seinen Leuten eine schuldhafte Schadensverursachung nachzuweisen ist. Damit wird der Tatsache Rechnung getragen, dass das Bordgepäck grundsätzlich in der Obhut des Reisenden verbleibt.

6 Unabhängig davon, ob der Schaden aufgegebenes oder nicht aufgegebenes Reisegepäck betrifft, ist der Anspruch grundsätzlich auf einen individuellen Haftungshöchstbetrag von 1 288 Sonderziehungsrechten[11] begrenzt,[12] es sei denn, der Reisende hat eine Wertdeklaration nach Art. 22 Abs. 2 Satz 1 Hs. 2 MÜ abgegeben. In diesem Fall ist bis zur Höhe des deklarierten Betrages Ersatz zu leisten, sofern der Luftfrachtführer nicht nachweist, dass dieser höher ist als das tatsächliche Interesse des Reisenden an der Ablieferung am Bestimmungsort.[13] Nach Art. 22 Abs. 5 MÜ tritt eine Haftungsbegrenzung indes nicht ein, wenn der Anspruchsteller dem Luftfrachtführer ein besonders grobes Verschulden bei der Schadensverursachung nachweisen kann, nämlich dann, wenn der Schaden entweder absichtlich oder leichtfertig und in dem Bewusstsein seines wahrscheinlichen Eintritts herbeigeführt wurde.

II. Entstehungsgeschichte

7 Die Haftung für Personenschäden folgt weitgehend dem Vorbild des IATA-Intercarrier-Agreements und der EG-VO Nr. 2027/97. Damit unterscheidet sich das neue Montrealer Haftungssystem für Personenschäden grundlegend von der Personenschadenshaftung nach dem Warschauer Abkommen, das eine Haftung für vermutetes Verschulden bis zu einer individuellen Haftungshöchstgrenze von 250 000 Franken vorsah. Diese Haftungsgrenze belief sich nach der 4. Verordnung über den Umrechnungssatz für französische Franken bei Anwendung des ersten Abkommens zur Vereinheitlichung des Luftprivatrechts vom 4. Dezember 1973[14] auf 53 500 DM.[15] Darüber hinaus wurde nur (unbegrenzt) gehaftet, wenn der Anspruchsteller dem Luftfrachtführer ein besonders grobes Verschulden bei der Schadensverursachung nachweisen konnte, nämlich dann, wenn der Schaden entweder absichtlich oder leichtfertig und in dem Bewusstsein seines wahrscheinlichen Eintritts herbeigeführt wurde.[16]

8 Gegenüber dem Warschauer Abkommen in der Fassung von 1955 ist das Tatbestandsmerkmal der „sonstigen Gesundheitsverletzung“ entfallen.[17] Damit soll klargestellt werden, dass **bloß psychische Schäden** nicht nach Art. 17 MÜ ersatzfähig sind (siehe unten Rdn. 12 ff.).

9 Neben der Haftung für Personenschäden hat das Montrealer Übereinkommen auch die Haftung für Reisegepäckschäden grundlegend novelliert. Im Gegensatz zum Montrealer Übereinkommen sah das Warschauer Abkommen eine Haftung für vermutetes Verschulden bis zu einer indivi-

11 Dies entspricht am 4.1.2024 einem Betrag von € 1 579.
12 Vgl. Art. 22 Abs. 2 Satz 1 Hs. 1 MÜ.
13 Siehe Art. 22 Abs. 2 Satz 2 MÜ.
14 BGBl. I S. 1079.
15 Dies entspricht einem Betrag von 27 354,12 €.
16 Art. 17, 25 WA 1955.
17 Zur Entstehungsgeschichte *Mauritz* ASL **1999** 153; *Müller-Rostin* ZLW **2000** 36, 39 f.; *Wahlen* ASL **2000** 12, 17; kritisch zur Streichung der „sonstigen Gesundheitsverletzung“ *Mercer* ASL **2003** 147, 185.

duellen Haftungshöchstgrenze von 250 Franken[18] je Kilogramm aufgegebenes Gepäck und bis zu 5000 Franken[19] je Reisenden für nicht aufgegebenes Reisegepäck vor.[20] Darüber hinaus wird aber auch bereits nach dem Warschauer Abkommen nur (unbegrenzt) gehaftet, wenn der Schaden entweder absichtlich oder leichtfertig und in dem Bewusstsein seines wahrscheinlichen Eintritts herbeigeführt wurde.[21]

B. Haftung des Luftfrachtführers bei der Personenbeförderung

I. Haftungsvoraussetzungen bei Personenschäden (Absatz 1)

10 Nach Absatz 1 setzt die Schadensersatzpflicht des Luftfrachtführers voraus, dass die durch ein Schadensereignis (Unfall) hervorgerufene Rechtsgutverletzung (Tod oder Körperverletzung) zu einem Vermögensschaden geführt hat.

1. Rechtsgutverletzung

11 Als haftungsbegründende Rechtsverletzung nennt Absatz 1 den **Tod** und die **Körperverletzung**. Nach deutschem Recht ist bei der Tötung eines Reisenden auf den Eintritt des sog. Gesamthirntods abzustellen.[22] Unter Körperverletzung wird gemeinhin die unmittelbare Verletzung der körperlichen Integrität verstanden. Keine Erwähnung dagegen findet mehr der Begriff der sonstigen Gesundheitsbeschädigung. Anders als im Zusatzprotokoll von Guatemala vom 8. März 1971[23] und in den ersten Vorentwürfen des ICAO-Legal Committee wird im Montrealer Übereinkommen nämlich weder der Begriff *„personal injury“*[24] noch der Begriff *„mental injury“*, sondern allein der Begriff *„bodily injury“* verwandt. Durch den Wegfall der weiteren nach dem Warschauer Abkommen haftungsbegründenden Rechtsgutsverletzung „Gesundheitsbeschädigung“ im Montrealer Übereinkommen ergeben sich indes aus dem Blickwinkel der deutschen Judikatur keine wesentlichen Änderungen gegenüber der früheren Rechtslage.[25]

12 **a) Internationale Rechtsprechung zur Ersatzfähigkeit psychischer Schäden.** Gleichwohl war die internationale Rechtsprechung zur Ersatzfähigkeit psychischer Schäden bereits unter dem Warschauer Abkommen gespalten. So nahm der Israelische Supreme Court in dem Fall *Air France v. Teichner* die Ersatzfähigkeit von rein psychischen Schäden, die im Rahmen einer Geiselnahme entstanden sind, an.[26] Demgegenüber lehnte der Supreme Court in seiner richtungsweisenden Entscheidung *Eastern Airlines, Inc. v. Floyd* die Ersatzfähigkeit von psychischen Schäden, die allein auf dem Unfallereignis (Notlandung, Turbulenzen) beruhen, ab.[27] Dem US Supreme Court zufolge

---

18 Dies entspricht einem Betrag von 27,35 €.
19 Dies entspricht einem Betrag von 547,08 €.
20 Vgl. Art. 18 WA 1955 i.V.m. Art. 20, 22 Abs. 2, 3 WA 1955.
21 Vgl. Art. 18, 25 WA 1955.
22 BeckOGK/*Förster* Art. 17 MÜ Rn. 20.
23 Vgl. Art. IV ZP Guatemala, das Zusatzprotokoll ist nicht in Kraft getreten; es ist abgedruckt im Frankfurter Kommentar zum Warschauer Abkommen, Anhang II.-1.
24 Dieser Begriff wurde im Hinweis für Passagiere über die Haftungsbegrenzung in der sog. Montrealer Zwischenvereinbarung von 1966 verwendet, vgl. auch BeckOGK/*Förster* Art. 17 MÜ Rn. 22.
25 Vgl. die Denkschrift zu Art. 17 MÜ BT-Drucks. **15/2285** S. 41; **aA** *Ruhwedel* TranspR **2001** 189, 193; vgl. auch die Darstellung über die US-Rechtsprechung zur Kompensation seelischer Schäden bei FrankfKomm/*Schmid* Art. 17 WA 1955 Rn. 4 ff.; *Mercer* ASL **2003** 147, 170.
26 IL SC, Urt. v. 22.10.1984 – *Air France v. Consorts Teichner* – ETR **1988** 87 ff.
27 US SC, Urt. v. 17.4.1991 – *Eastern Airlines v. Floyd* – 111 S. Ct. 1489, 1493 ff. = **23** Avi 17.367.

gehe weder aus dem Wortlaut des Art. 17 WA noch aus den vorbereitenden Arbeiten, dass die Verfasser des Warschauer Abkommens derartige Schäden miterfassen wollten.[28] Nach dem Sinn und Zweck der Vorschrift sollte die damals noch aufstrebende Luftfahrtindustrie gefördert werden und vor zu hohen Schadensersatzforderungen geschützt werden. Differenzierter entschied dagegen das House of Lords in der Sache *King v. Bristow Helicopters.*[29] In diesem Fall stiegt ein Helikopter von einer schwimmenden Plattform in die Luft. Er schwebte eine kurze Weile, als die Motoren ausfielen, Sodann landete er auf der Plattform. Die Reisenden fürchteten, der Hubschrauber würde ins Meer abstürzen. Eine der Reisenden entwickelte eine **Post Traumatic Stress Disorder**, die zum Ausbruch eines Magengeschwürs führte. Das House of Lords entschied, dass rein psychische Schäden, die körperliche Symptome wie z.B. Schlaflosigkeit, Transpiration oder Gewichtsverlust zur Folge hätten, nicht ersatzfähig seien. Dagegen seien Körperverletzung, die auf einer psychischen Störung beruhen, dann ersatzfähig, wenn die Symptome ein Organ oder eine fassbare Materie des Körpers betreffen, z.B. Herzinfarkt oder Magengeschwür.

13 **b) Ersatzfähigkeit psychischer Schäden nach der Rechtsprechung des EuGH und Kritik.** Dieser international gesicherten Rechtsprechung ist der EuGH in seiner Entscheidung zur Ersatzfähigkeit von psychischen Schäden entgegengetreten.[30] Zugrunde lag eine posttraumatische Belastungsstörung eines Reisenden, die er sich beim abgebrochenen Start des Flugzeugs beim Verlassen über die Notfallrutsche infolge eines Jetblast zugezogen hatte.[31] Dabei nahm er zwar zur Kenntnis, dass auf der Diplomatischen Konferenz keiner der Vorschläge, den Begriff „psychische Beeinträchtigung“ ausdrücklich in das Übereinkommen von Montreal aufzunehmen, umgesetzt wurde. Dabei missachtet der EuGH bei der Auslegung den Vorrang des Art. 32 WVÜ, wonach der historischen Auslegung einen Vorrang gegenüber der grammatikalischen, systematischen und teleologischen Auslegung zukommt. Im Vorentwurf für das Montrealer Übereinkommen war vorgesehen gewesen, in die Haftungsbestimmungen auch den Begriff der „mental injury“ aufzunehmen. Darüber wurde auf der Konferenz gerade keine Einigkeit erzielt, was der EuGH in seiner Entscheidung unerwähnt lässt.[32] Der Vorsitz hielt auf der Diplomatischen Konferenz fest, dass der Begriff „bodily injury“ in das Übereinkommen aufgenommen worden sei *„on the basis of the fact that in some States damages for mental injuries are recoverable under certain circumstances, that jurisprudence in this area is developping and that it is not intended to interfere with this development, having regard to jurisprudence in areas other than international carriage by air; [...]“*. Damit stand aufgrund der Entstehungsgeschichte fest, dass nur solche psychischen Schäden, die letztlich im Zusammenhang mit einer Körperverletzung stehen, ersatzfähig sind. Auch das teleologische Argument des EuGH überzeugt insoweit nicht: Würde man jedoch die physischen und psychischen Verletzungen aufgrund desselben Unfalls nicht gleichbehandeln, würde man die Angemessenheit des Schadensersatzes in Frage stellen, wenn Art. 17 MÜ Schadenersatzansprüche für durch einen solchen Unfall verursachte psychische Beeinträchtigungen ausschließe, wenn sie keinen Zusammenhang mit einer Körperverletzung aufweisen. Diese Annahme beruht gerade auf einem Zirkelschluss.[33] Eine Gleichbehandlung ist nur insoweit gerechtfertigt, als die psychischen Schäden tatsächlich zu einer körperlichen Schädigung geführt haben.

28 Ebenso B CA de Mons, in der Datenbank des EuGH unter C-687/19 abrufbar.

29 UK HL – *King v. Bristow Helicopters* – [2002] UKHL 7.

30 EuGH, Urt. v. 20.10.2022 – *BT v. Laudamotion GmbH* – C-111/21 – NJW **2022** 3701 m. zust. Anm. *Möllring* MDR **2022** 373, 375.

31 *Achilles-Pujol* MDR **2023** 1023, 1026f.

32 Kritisch hierzu auch Heger, EuZW **2022** 1124, 1125.

33 Kritisch auch BeckOGK/*Förster* Art. 17 MÜ Rn. 50.

c) Eigener Standpunkt. Soweit psychische Schäden aufgrund einer Körperverletzung entstehen oder mit einer Körperverletzung in Zusammenhang stehen, sind diese gewiss weiterhin ersatzfähig.[34] Demgegenüber lösen *rein psychische* Schäden, die sich körperlich nicht auswirken, keine Schadensersatzfolgen aus.[35] Folglich werden Alpträume sowie posttraumatische Seelenleiden aufgrund einer gelungenen Notlandung, einer Bombendrohung[36] oder einer vorübergehenden Geiselnahme (vgl. auch unter Rn. 16)[37] – ohne Verletzung der körperlichen Integrität der Passagiere – nicht von der Schadensersatzpflicht des Absatzes 1 erfasst.[38] Auch genügt ein körperliches Unbehagen oder körperliche Beschwerden infolge einer überhitzten Flugzeugkabine noch nicht, um eine Körperverletzung zu begründen.[39] Ebenso wenig unterfällt unter den Begriff der Körperverletzung eine rein emotionale Notlage oder eine psychische Verletzung wegen einer verspäteten Beförderung des Reisenden oder seines Gepäckstücks.[40] Ferner zählen Schrecken, Angst, Besorgnis oder Nervosität des Reisenden bei Start, Landung, während eines abgebrochenen Startvorgangs, eines Fehlanflugs, einer Überschreitung der Landebahn nicht zu den ersatzfähigen körperlichen Verletzungen des Art. 17 MÜ.[41] 14

2. Schadensereignis während des Haftungszeitraums

a) Schadensereignis: „Unfall". Der Tod oder die Körperverletzung des Reisenden muss durch einen **„Unfall" verursacht** worden sein.[42] Ebenso wenig wie das Warschauer Abkommen definiert das Montrealer Übereinkommen, wann ein Unfall vorliegt. Die für die Interpretation des Art. 17 MÜ unter anderem maßgebende englische oder französische Textfassung lautet *„accident"*. Aus dem Vergleich zwischen den Begriffen „Unfall" (*„accident"*) in Art. 17 MÜ und „Ereignis" (*„event"*; *„fait"*) in Art. 18 MÜ folgt, dass die Schöpfer des Montrealer Übereinkommens im Falle des Personenschadens gerade *nicht jedwedes Schadensereignis* als Ursache ausreichend lassen sein wollten, sondern im Falle von Personenschäden eine restriktivere Zurechnung vor Augen hatten.[43] Vielmehr stellt der Unfall ein **besonderes qualifiziertes Ereignis** dar.[44] 15

aa) Der Unfallbegriff in der Rechtsprechung zum Warschauer Abkommen. Die US-amerikanische Rechtsprechung nimmt nach der Grundsatzentscheidung des US Supreme Court in Sachen *Air France v. Saks*[45] einen Unfall stets an, wenn der Tod oder die Körperverletzung des 16

---

34 Ebenso FrankfKomm/*Schmid* Art. 17 MÜ Rn. 4; *Garcia-Bennett* ASL **2001** 49, 52 f.; *Müller-Rostin* ZLW **2000** 36 39 f.

35 Ausführlich unter Berücksichtigung der Stellungnahme auf der Diplomatischen Konferenz: US CA 2nd Cir., Urt. v. 8.4.2004 – *Ehrlich v. American Airlines* – **360** F.3 d 366, Rz. 140; FrankfKomm/*Schmid* Art. 17 MÜ Rn. 4; *Margo/Battista* in: Luftrecht Bd. 3, Teil II A Rn. 72; ebenso zum WA bereits zutreffend US SC, Urt. v. 17.4.1991 – *Eastern Airlines v. Floyd* – **111** S. Ct. 1489, 1493 ff. = **23** Avi 17.367; US DC, Urt. v. 7.9.1999 – *Alvarez v. American Airlines* – **1999** WL 691922 S. 1, 3 f; **aA** UK SCSD – *King v. Bristow Helicopters Ltd* – **2001** 1 LLR 95, Rz. 24, 66.

36 US CA 3th Cir., Urt. v. 23.7.1998 – *Terrafranca v. Virgin Atlantic Airways* – **151** F.3 d 108, Rz. 19.

37 So UK HL – *Abnett v. British Airways PLC* – **1997** 1 All ER 193.

38 *Kadletz* VersR **2000** 927, 932.

39 CA SKQB, Urt. v. 16.5.2006 – *Walton v. MyTravel Canada Holdings Inc* – Rz. 50, **2006** SKQB 231.

40 US CA 5th Cir., Urt. v. 14.7.2008 – *Bassam v. American Airlines* – **287** Fed. Appx. 309, 318.

41 US CA 9th Cir., Urt. v. 3.7.2001 – *Gordon T Carey v. United Airlines* – Rz. 26, **255** F.3 d 1044; ebenso zum WA: *Tompkins* in: Luftrecht Bd. 3, Teil II A Rn. 202.

42 Kritisch zur Verwendung des Begriffs „Unfall" *Hermida* ASL **2001** 150, 154 f.

43 Ebenso BeckOGK/*Förster* Art. 17 MÜ Rn. 59; FrankfKomm/*Schmid* Art. 17 MÜ Rn. 12 („besonderes Ereignis"); *Löw* RRa **2022** 211, 212. Zum WA vgl. statt vieler *Schneider* ZLW **1989** 220, 223.

44 EuGH, Urt. v. 19.12.2019 – *Niki Luftfahrt* – C-532/18, NJW **2020** 381, wobei der EuGH es offenließ, ob zur Annahme eines Unfalls auf den Umstand der äußeren Einwirkung abzustellen ist, vgl. dazu *Löw* RRa **2022** 211, 213.

45 US SC, Urt. v. 4.3.1985 – *Air France v. Saks* – **18** Avi 18.538, 540; vgl. dazu auch *Cobbs* ASL **1999** 121, 122 f.; *Goldhirsch* ASL **2001** 86 ff.; *ders.* Handbook S. 60 ff.

Passagiers Folge eines ungewöhnlichen, unerwarteten und von außen auf den Passagier einwirkenden Ereignisses ist.[46] Ebenso setzt nach Auffassung des französischen Kassationshofs der Begriff des „Unfalls" voraus, dass es sich um *„un quelconque événement extérieur à sa personne"* handeln muss.[47] Die deutsche Rechtsprechung hat im Rahmen der Halterhaftung iSd. § 33 Abs. 1 Satz 1 LuftVG zum Unfallbegriff mehrfach Stellung genommen.[48] Unter einem Unfall ist danach ein auf äußerer Einwirkung beruhendes plötzliches, örtlich und zeitlich bestimmtes Ereignis zu verstehen, durch das der Reisende getötet oder verletzt wird.[49] Das Wesentliche ist, dass der Betroffene für ihn selbst unerwartet einen Schaden der genannten Art durch ein plötzliches äußeres Ereignis erleidet, es sich um ein extrinsisches Ereignis für den Reisenden handelt.[50] Zu beachten ist, dass die „Plötzlichkeit" nur das Ereignis, nicht den Eintritt des Schadens zu betreffen braucht.[51] Die Ursache der Körperverletzung oder des Todes muss außerhalb des Betroffenen entstanden sein.[52] Unerheblich ist dagegen, ob der Schaden durch einen Dritten vorsätzlich oder fahrlässig oder ohne jedes Verschulden herbeigeführt wird.

17 **bb) Der Unfallbegriff im Schrifttum.** Dem Unfallbegriff der Rechtsprechung wird im Schrifttum[53] vorgehalten, dass er letztlich zu weit und uferlos ist. Insbesondere die Auslegung des Unfallbegriffs der US-Rechtsprechung[54] führe dazu, dass Kläger jedes noch so entfernt liegende ungewöhnliche Ereignis als Schadensursache heranziehen werden mit der Begründung, es habe die Körperverletzung oder den Tod des Reisenden ausgelöst.[55] *Schmid* schlägt daher einen engen Unfallbegriff vor, um den Interessen der Vertragsbeteiligten besser gerecht zu werden.[56] Nach dieser Auffassung erwarte der Reisende vom Luftfrachtführer, dass dieser die Luftbeförderung nach den verkehrsüblichen Standards vornehme. Dafür soll der Luftfrachtführer haften. Nicht dagegen soll der Luftfrachtführer für typische Ereignisse bei einer Luftbeförderung (Turbulenzen, Schlechtwetter, Blitzschläge in den Flugzeugrumpf, Druckveränderungen, sogenannte Luftlöcher) haften müssen,[57] da der Reisende diese Ereignisse kenne und damit einkalkuliere. Dieser Auffassung ist zu widersprechen. Zum einen beschränkt sie den Unfallbegriff letztlich auf den eigentlichen Luftfahrzeugunfall, wie er in Art. 28 MÜ verwandt wird. Zum anderen ist es nicht einzusehen, weshalb ein Luftfrachtführer bei typischen Vorkommnissen wie Luftlöchern nicht haften soll, wenn er es den Reisenden gestattet hat, nach Erreichen der Flugreisehöhe sich auszugurten. Die vorgeschlagene Auffassung führt letztlich dazu, die verschuldensunabhängige Gefährdungshaftung zu Lasten des Reisenden aufzuweichen, indem sie dem Reisenden die Darlegungslast für die Atypik des eingetretenen Ereignisses auferlegt.[58] Diese Meinung lässt sich jedoch nicht mit der

46 Ebenso AU HC, Urt. v. 23.6.2005 – *Povey v. Qantas Airways Ltd* – **2005** HCA 33, Rz. 149, 166.

47 F Cass, Urt. v. 29.11.1989 – *Sanchez c. Air France* – RFDA **1989**, 539 (540).

48 BGH, Urt. v. 1.12.1981 – VI ZR 111/80 – NJW **1982**, 1046; OLG Oldenburg, Urt. v. 27.10.1989 – 6 U 135/89 – NJW-RR **1990** 992; AG Köln, Urt. v. 27.11.1980 – 124 C 3029/79 – ZLW **1981** 315; vgl. auch RG, Urt. v. 4.7.1938 – V ZR 17/38 – RGZ **158** 34, 37 (zu § 19 LuftVG a.F).

49 BGH, Urt. v. 21.11.2017 – X ZR 30/15 – NJW **2018** 861, 862.

50 AG Hannover, Urt. v. 9.7.2021 510 C 270/21 – BeckRS **2021** 25056 Rz. 25 ff.; BeckOGK/*Förster* Art. 17 MÜ Rn. 94; *Löw* RRa **2022** 211, 213.

51 *Ruhwedel*[3] Luftbeförderungsvertrag Rn. 326.

52 US SC, Urt. v. 24.2.2004 – *Olympic Airways v. Husain* – **540** US 644, Rz. 19; US CA 2nd Cir., Urt. v. 16.9.1997 – *Tseng v. EL Al Israel Airlines* – **122** F.3 d 99, Rz. 29.

53 Vgl. hierzu insbesondere FrankfKomm/*Schmid* Art. 17 MÜ Rn. 10 ff.

54 Vgl. US SC, Urt. v. 24.2.2004 – *Olympic Airways v. Husain* – **124** S. Ct. 1211 S. 4 ff.

55 FrankfKomm/*Schmid* Art. 17 MÜ Rn. 15.

56 FrankfKomm/*Schmid* Art. 17 MÜ Rn. 11.

57 So FrankfKomm/*Schmid* Art. 17 MÜ Rn. 13; widersprüchlich dazu Rn. 41 aE, wo er Turbulenzen nicht als typisches Vorkommnis, sondern als luftfahrttypisches Risiko qualifiziert. Für luftfahrtspezifische Risiken hat der Luftfrachtführer grds. die Verantwortung zu tragen.

58 BeckOGK/*Förster* Art. 17 MÜ Rn. 63.

Intention des Montrealer Übereinkommens in Einklang bringen. Zur Auslegung des Begriffs „Unfall“ ist daher weiterhin auf die zum Warschauer Abkommen im In- und Ausland ergangene Rechtsprechung zurückzugreifen.

cc) Kasuistik zum Unfallbegriff. Ein Unfall iSd. Art. 17 MÜ stellen folgende Ereignisse dar: das plötzliche Absinken des Luftdrucks in der Kabine aufgrund eines technischen Defekts,[59] das Platzen eines Reifens kurz nach dem Start,[60] plötzlich auftretende Turbulenzen infolge schlechter Wetterbedingungen,[61] leichte und moderate Turbulenzen,[62] das Auslösen eines Ischiasschmerzes infolge eines defekten Schlafsitzes,[63] Plastiksplitter in der Bordverpflegung des Reisenden,[64] der Verzehr verdorbener Bordverpflegung,[65] das Verschütten von heißen Getränken oder Speisen auf dem Körper des Reisenden[66] sowie das Herabfallen von schweren Gegenständen aus den Gepäckfächern (sog. **Overhead Bin**).[67] Ebenso handelt es sich um einen Unfall iSv. Art. 17 MÜ, wenn sich ein Trolley im Sinkflug selbständig macht und nach vorne rollt und dabei ein Reisender verletzt wird[68] bzw. wenn ein Reisebegleiter den Trolley mit hoher Geschwindigkeit durch den Gang schiebt und dabei den Service-Wagen in das Knie eines Reisenden rammt.[69] Ein Unfall ist ferner anzunehmen, wenn eine im Bordverkauf angebotene „Nostalgiedose aus Blech“, welche die Stewardess für den Reisenden in der Gepäckablage verstauen wollte, auf dessen Nase fällt.[70] 18

Bei **Stürzen auf einer mobilen Treppe** nimmt der Bundesgerichtshof[71] einen Unfall an, weil sich dabei das Risiko verwirklicht, das sich aus der typischen Beschaffenheit oder dem Zustand eines Luftfahrzeugs oder einer beim Ein- oder Ausstieg verwendeten luftfahrttechnischen Einrichtung ergibt. Demgegenüber hält der EuGH in seiner Entscheidung *Austrian Airlines I*[72] zur Annahme eines Unfalls eine Situation für ausreichend, in der ein Fluggast aus unbestimmtem Grund auf einer für den Ausstieg der Fluggäste eines Luftfahrzeugs bereitgestellten mobilen Treppe stürzt und verletzt wird, und zwar auch dann, wenn das betreffende Luftfahrtunternehmen hierbei nicht gegen seine Sorgfalts- und Verkehrssicherungspflichten verstoßen hat.[73] Der EuGH begründet dies damit, dass die Haftung nach Art. 17 MÜ nicht von einem Fehlverhalten/einer Fahrläs- 19

---

59 So US DC, Urt. v. 29.6.1978 – *Morris v. Boing* Co – **15** Avi 17.241.

60 So US DC, Urt. v. 26.12.1985 – *Arkin v. Trans International Airlines* – **19** Avi 18.311.

61 Vgl. F CA, Urt. v. 22.3.1965 – *Maydec c. Compagnie EL Al* – RFDA **1965** 232, 233; US DC, Urt. v. 31.1.1974 – *Fleming v. Delta Air Lines, Inc* – **12** Avi 18.259.

62 US CA 2nd Cir., Urt. v. 12.8.2003 – *Magan v. Lufthansa German Airlines* – **339** F.3 d 158, Rz. 24; **aA** *Schneider* Haftung S. 126.

63 AU VSC, Urt. v. 20.9.2005 – *Malaysian Airline Systems Berhad v. Krum* – **2005** VSCA 232.

64 US DC, Urt. v. 18.6.1992 – *Gonzales v. Taca International Airlines* – **23** Avi 18.431.

65 Ebenso: LG Frankfurt am Main, Urt. v. 5.12.1977 – 2/24 S 222/77 – unveröffentlicht; US CA 2nd Cir., Urt. v. 2.8.1985 – *Alleged Food Poisoning Incident March al Zamil v. British Airways* – **770** F.2 d 3, 5; *Shawcross & Beaumont*[4] Air Law VII–153; *Vollmar* Haftung für Personenschäden S. 189; **aA** FrankfKomm/*Schmid* Art. 17 MÜ Rn. 33; *Geigel/Schönwerth*[23] Haftpflichtprozess Kap. 29 Rn. 45; *Rudolf* ZLW **1971** 153, 161.

66 EuGH, Urt. v. 19.12.2019 – *Niki Luftfahrt* – C-532/18, NJW **2020** 381; *Kehrberger* FS für Guldimann, S. 129, 130. **AA** LG Düsseldorf, Urt. v. 31.1.2003 – 22 S 266/03 – RRa **2003** 172.

67 Vgl. zu diesem Problemkreis ausführlich *Kehrberger* FS für Guldimann, S. 129, 132 ff.

68 Vgl. dazu OLG Köln, Urt. v. 25.3.1997 – 15 U 96/94 – VersR **1998** 1120 ff., das letztlich die Frage offen gelassen hat, jedoch feststellt, dass sich auch dann eine dem Luftverkehr eigentümliche Gefahr realisiert, wenn sich infolge von Flughöhenänderungen nicht gesicherte Gegenstände innerhalb der Kabine in Bewegung setzen und einen Schaden verursachen.

69 OLG Celle – 11 W 1/20 – MDR **2020** 604.

70 Unrichtig insoweit AG Hannover, Urt. v. 13.5.2002 – 547 C 3247/02 – RRa **2003** 181 f.

71 BGH, Urt. v. 21.11.2017 – X ZR 30/15 – NJW **2018** 861; kritisch zur fehlerhaften Ableitung des Unfallbegriffs aus § 33 LuftVG, *Alexander/Felten* VersR **2018** 939, 942.

72 EuGH, Urt. v. 2.6.2022 – *Austrian Airlines I* – C-589/20, TranspR **2022** 513.

73 *Achilles-Pujol* MDR **2023** 1023, 1026.

sigkeit des Luftfahrtunternehmens abhängen kann. Dieser Ansatz ist wiederum zu weitgehend.[74] Ein Unfall ereignet sich dann, wenn der Sturz eines Fluggasts – zumindest teilweise – durch irgendeinen „außerhalb der Sphäre" dieser Person liegenden Faktor ausgelöst wird. Außerdem muss dieser Faktor aus der Sicht eines unbeteiligten Betrachters „unerwartet", „ungewöhnlich" oder „unvorhergesehen" sein. Dies ist insbesondere dann der Fall, wenn bei dem Sturz ein Stoff oder ein Gegenstand eine Rolle spielt, dessen Vorhandensein nicht zum normalen Betrieb des Luftfahrzeugs oder der Ein- und Ausstiegseinrichtungen gehört. Stürzt oder rutscht ein Fluggast auf einem Schmierfleck auf dem Kabinenboden, auf einer tückisch schneebedeckten Bordtreppe oder aufgrund anderer ähnlicher Umstände aus, sind die daraus resultierende Verletzung durch einen „Unfall" im Sinne von Art. 17 Abs. 1 MÜ verursacht. Wenn hingegen ein Fluggast auf einer Bordtreppe stürzt, die nicht rutschig, schadhaft oder in irgendeiner anderen Weise ungewöhnlich gefährlich ist, und wenn zudem nicht nachgewiesen wird, dass der Sturz durch einen anderen „unerwarteten" oder „ungewöhnlichen" (oder „unvorhergesehenen") Faktor – eine plötzlich sich auftuende Lücke zwischen dem Luftfahrzeug und der Treppe usw. – ausgelöst wurde, dann liegt kein solcher „Unfall" vor.[75] Bei diesem Sturz handelt es sich um nichts anderes als um die dem Fluggast eigentümliche, eigene oder sonderbare – und unerklärliche – Reaktion auf die gewöhnliche, normale und erwartete Funktion dieser Treppe.

20 **Umstritten** sind dagegen die Fälle, in denen Reisende durch fahrlässige oder vorsätzliche **Angriffe anderer Mitreisender oder Terroristen** verletzt werden. Zum Teil haben US-amerikanische Gerichte einen Unfall verneint, wenn ein Reisender bei einer tätlichen Auseinandersetzung mit einem Mitreisenden verletzt wurde.[76] Ebenso wurde das Vorliegen eines Unfalls abgelehnt, wenn ein Reisender im Wege unmittelbaren Zwangs aus dem Flugzeug verbracht wurde und er dabei eine körperliche Verletzung erlitt.[77] Für diese Judikate wird insbesondere das Normverständnis zu Art. 17 WA 1929 angeführt, wonach sog. „passenger-to-passenger interactions" nicht von der Vorschrift erfasst werden sollten. *Goedhuis*[78] begründet den Ausschluss folgendermaßen: *„In the example ... in which a passenger is injured in a fight with another passenger, it would be unjustifiable to declare the carrier liable by virtue of Article 17, because the accident which caused the damage has no relation with the operation of the aircraft."* Demgegenüber wird im Schrifttum der vorsätzliche Angriff eines Mitreisenden (sog. „disruptive passenger") grundsätzlich als externes Ereignis, das vom gewöhnlichen, vom Reisenden zu erwartenden Verlauf eines Fluges abweicht, und damit als Unfall bewertet.[79] In jüngster Zeit ist auch eine Abkehr der US-amerikanischen Rechtsprechung vom Ausschluss der sog. „passenger-to-passenger interactions" im Rahmen des Art. 17 WA 1955 zu verfolgen. Im Rechtsstreit *Wallace v Korean Airlines* wurde eine sexuelle Belästigung durch einen Mitreisenden als Unfall bewertet, weil sich darin – insbesondere während Nachtflügen bei abgedunkelter Kabine – ein luftfahrttypisches Risiko der Reise verwirklicht.[80] In dem Rechtsstreit *Schneider v Swiss Air Transp Co* war ein Passagier im Rahmen einer tätlichen Auseinandersetzung verletzt worden, nachdem er sich geweigert hat, seinen Sitz in eine aufrechte Position zu bringen.[81] Den Entscheidungen ist zuzustimmen. Entgegen der von *Schmid* geäußerten Auffassung handelt es sich bei den Ereignissen nicht um das allgemeine Lebensrisi-

---

74 Zur Kritik an der Entscheidung des EuGH in der Rechtssache *Austrian Airlines I*, vgl. *Wukoschitz* TranspR **2022** 477 ff.; *Müller-Rostin* **2023** 289, 296.

75 Zutreffend der Generalanwalt in seinen Schlussanträge in der Rechtssache C-589/20 Rn. 61.

76 US DC, Urt. v. 7.7.1992 – *Price v. British Airways* – **23** Avi 18.465.

77 US DC, Urt. v. 29.6.1999 – *Schaeffer v. Cavallero* – **54** F.Supp. 2 d 350, 352; US DC, Urt. v. 30.6.1999 – *Grimes v. Northwest Airlines* – **1999** WL 562244 S. 3; US DC, Urt. v. 11.12.2001 – *Cush v. BWIA* – 175 F.Supp 2 d 483, 487.

78 Siehe dazu insbesondere *Goedhuis* Warsaw Convention, S. 200; kritisch dazu *Thor* FG für Ruhwedel, 2004 S. 273, 290.

79 *Kilian* TranspR **2003** 177, 179; *Clarke* MCLQ **2001** 369, 370 f.; *Kehrberger* FS Guldimann, S. 129, 131.

80 US CA 2nd Cir. – Urt. v. 6.6.2000 – *Wallace v. Korean Airlines* – **214** F.3 d 293, 297; vgl. dazu auch *Cobbs* ASL **1999** 121, 124 f.

81 US DC, Urt. v. 16.5.1988 – *Schneider v. Swiss Air Transp Co* – **686** F. Supp 15, 17; ebenso US DC, Urt.v. 5.10.2000 – *Lahey v. Singapore Airlines* – **115** F.2 d 464, 466.

ko.[82] Vielmehr sind Auslöser der „**passenger-to-passenger interactions**" in vielen Fällen ein luftreisespezifisches Moment. Beengte Situationen in der Economy Class-Kabine rechtfertigen es, das „Ausgeliefertsein" des Reisenden von sonstigen Alltagssituationen abzugrenzen.[83] Im Hinblick auf Flugzeugentführungen und **terroristische Anschläge** auf das Flugzeug wird man ebenfalls das Vorliegen eines Unfalls nicht verneinen können.[84] Für die Einordnung als Unfall spricht, dass der Begriff des Unfalls nicht auf technische oder mechanische Ereignisse beschränkt ist; vielmehr umfasst er auch unvorhersehbare Eingriffe Dritter.[85] Insbesondere kann der Luftfrachtführer bereits beim Boarding entsprechende präventive Sicherheitsmaßnahmen vornehmen.[86] Von der US-amerikanischen[87] und der französischen Rechtsprechung[88] werden auch **Flugzeugentführungen und terroristische Anschläge** als Unfall gewertet.[89] Für die hiesige Auffassung spricht insbesondere Art. 21 Abs. 2 Buchstabe b MÜ. Danach kann der Luftfrachtführer seine Haftung auf den Höchstbetrag von 128 821 Sonderziehungsrechte beschränken, wenn er nachweist, dass der Schaden ausschließlich auf eine unrechtmäßige Handlung oder Unterlassung eines Dritten, sei sie nur fahrlässig begangen, zurückzuführen ist. Der Luftfrachtführer kann hier nur seine Haftung beschränken, jedoch kann er seine Haftung bei solchen Dritthandlungen nicht generell ausschließen. Damit haben die Verfasser des Montrealer Übereinkommens den weiten Unfallbegriff, wie er insbesondere von der US-Rechtsprechung geprägt war, anerkannt. Insofern soll nach den Vorstellungen der Verfasser bei einem durch Dritthandlungen ausgelösten Unfall der Luftfrachtführer bis zur Haftungshöchstgrenze von 128 821 Sonderziehungsrechten haften.[90] Anderenfalls hätte ein Haftungsausschlussgrund nach dem Vorbild des Art. 21 Abs. 2 Buchstabe b MÜ auch im Fall der verschuldensunabhängigen Haftung des Luftfrachtführers vorgesehen werden müssen, wenn der Schaden durch einen Dritten verursacht wurde.

Ein Unfall ist ferner anzunehmen, wenn er nicht auf der luftfahrtspezifischen Sondersituation beruht, sondern auf einer Obhutspflichtverletzung des Kabinenpersonals. Fällt ein Reisender bereits im Vorfeld dem Bordservice auf, wird man im Ausschank von Alkoholika an den später randalierenden Reisenden eine Pflichtverletzung des Kabinenpersonals annehmen müssen.[91] Insofern wird man dem Luftfrachtführer den Vorwurf machen müssen, dass er den Unfall hätte vor- **21**

---

82 FrankfKomm/*Schmid* Art. 17 MÜ Rn. 41.

83 *Kilian* TranspR **2003** 177, 181.

84 Ebenso die Rechtsprechung zum WA: US Supreme Court, Urt. v. 22.3.1972 – *Herman v. TWA* – ZLW **1973** 43, 44 f.; US CA 2nd, Urt. v. 22.12.1975 – *Day v. TWA* – **528** F.2 d 31, 34 = 14 Avi 17.101; US CA 3rd Cir.„ Urt. v. 4.2.1977 – *Evangelinos v. TWA* – **1977** USAvR 526, 530 = **550** F.2 d 152; US SC Illinois, Urt. v. 4.12.1978 – *Air France v. Giliberto* – **1978** USAvR 498, 505; US DC, Urt. v. 10.9.1975 – *Krystal v. British Overseas Airways Corp* – **14** Avi 17.128 = 403 F. Supp 1332; F TGI Paris, Urt. v. 28.4.1978 – *Epoux Haddad c. Cie Air France* – RFDA **1979** 329; F TGI Paris, Urt. v. 27.4.1979 – *Bornier c. Cie Air-Inter* – RFDA **1979** 340; F Cass, Urt. v. 16.2.1982 – *Epoux Haddad c. Cie Air France* – RFDA **1982** 342, 343; CS Israel, Urt. v. 22.10.1984 – *Cie Air France v. Consorts Teichner* – ETR **1988** 87, 96.

85 Ebenso F Cass, Urt. v. 16.2.1982 – *Epoux Haddad c. Cie Air France* – RFDA **1982** 342.

86 **AA** FrankfKomm/*Schmid* Art. 17 MÜ Rn. 44, der darauf hinweist, dass der Luftfrachtführer die Gefahrsituation meist nicht beherrschen könne, da allein der örtlichen Polizei oder dem Flughafenbetreiber die Sicherheitsmaßnahmen vorbehalten seien. Diese These überzeugt indes wenig.

87 US CA 3rd Cir., Urt. v. 4.2.1977 – *Evangelinos v. TWA* – **1977** USAvR 526, 530 = **528** F.2 d 152; US DC, Urt. v. 3.11.1972 – *Husserl v. Swissair* – **351** F. Supp 702, 707; US DC, Urt. v. 10.9.1975 – *Krystal v. British Overseas Airways Corp* – **403** F. Supp 1332; US DC, Urt. v. 22.12.1975 – *Day v. TWA* – **528** F.2 d 31, 34.

88 F TGI, Urt. v. 28.4.1978 – *Epoux Haddad c. Cie Air France* – RFDA **1979**, 329 (330); F CA, Urt. v. 19.6.1979 – *Cie Air France c. Epoux Haddad* – RFDA **1979** 327, 328; F Cass, Urt. v. 16.2.1982 – *Epoux Haddad c. Cie Air France* – RFDA **1982** 342.

89 Ebenso *Cobbs* ASL **1999** 121, 125 f.; *Schneider* Haftung S. 127; differenzierend *Rodegra* MDR **2017** 1102 (1105); **aA** UK HL – *Abnett v. British Airways PLC* – **1997** 1 All ER 193, für den Fall einer Geiselnahme während einer Zwischenlandung; FrankfKomm/*Schmid* Art. 17 MÜ Rn. 44; *Kuznicki* ZLW **1992** 360, 370 ff.; *Müller-Rostin* TranspR **1980** 122 ff.; *Schneider* ZLW **1989** 220.

90 Hierauf weist auch BeckOGK/*Förster* Art. 17 MÜ Rn. 156 hin.

91 Ebenso US CA 1st, Urt. v. 6.1.2000 – *Gregory Langadinos v. American Airlines Inc* – **199** F.3 d 68, Rz. 12.

hersehen können oder müssen und nichts gegen den Schadenseintritt unternommen hat.[92] Ferner ist je nach den Umständen des Einzelfalls ein Unfall anzunehmen, wenn ein Reisender beim Einsteigen in das Flugzeug im Gang über das am Boden abgelegte Reisegepäck eines anderen Mitreisenden stolpert und sich dabei verletzt.[93] Zum einen liegt die Situation ähnlich wie bei den Overhead Bin-Unfällen. Zum anderen kann hier auch der Gedanke der Ingerenz des Bordservice bei Verletzung der Verkehrssicherungspflichten eingreifen. Die Garantenpflicht aus vorangegangenem gefährdendem Tun beruht auf dem Verbot, andere zu verletzen. Wer eine Störung der auf Vermeidung von Rechtsgutverletzungen angelegten sozialen Schutzordnung herbeiführt (Ingerenz), muss dafür sorgen, dass sich die geschaffene Gefahrenquelle nicht in einen Erfolg umsetzt. Steigt ein Passagier mit einem großen Regenschirm in das Flugzeug ein, den er auf dem Fußboden ablegt, so kann den Leuten des Luftfrachtführers der Vorwurf gemacht werden, dass ein Sturz eines Mitreisenden über den Regenschirm aufgrund der geschaffenen Gefahrenquelle objektiv vorhersehbar war.[94] Weigert sich eine Fluggesellschaft, wegen Herzinfarkts eines Reisenden zwischenzulanden und wird dadurch der Tod des Reisenden verursacht, liegt ein Unfall vor.[95] Ebenso kann die **Unterlassung einer angemessenen Reaktion** auf die medizinische Notlage eines Reisenden durch eine Flugbegleiterin einen Unfall begründen, auch wenn der Tod des Reisenden auf einen **Asthamanfall** zurückzuführen ist. Denn das Nichthandeln angesichts der medizinischen Notlage erfüllt die Bedeutung des Begriffs „Unfall", solange es zumutbare Alternativen[96] zur wesentlichen Minimierung des Risikos gibt, deren Umsetzung den normalen, erwarteten Betrieb des Luftfahrzeugs nicht in unangemessener Weise stören.[97] Die unterlassene Hilfeleistung der Flugbegleiterin lag daher nicht in der Person des Reisenden begründet. In Sachen *Fishman v. Delta Airlines* wurde das Vorliegen eines Unfallereignis damit begründet, dass das Verhalten des Kabinenpersonals die Schwelle des in der betreffenden Situation „Unerwarteten" überschreitet. Die Flugbegleiterin verbrühte ein Kleinkind, als sie dessen Ohrenschmerzen durch Auflegen eines Tuches lindern wollte.[98]

22 **Kein Unfall** liegt vor, wenn ein Schaden allmählich, z.B. durch dauernde Einwirkung, entsteht. Ein Unfall wurde verneint im Falle einer Gehörbeeinträchtigung des Reisenden während des Landeanflugs, die erst fünf Tage später zur Taubheit führte.[99] Eine Knieverletzung, die sich ein Reisender beim Betreten der engen Stuhlreihen zuzieht, stellt keinen Unfall dar.[100] Ebenso wenig stellt das Handeln oder Unterlassen eines Luftfrachtführers oder seiner Leute, das angeblich die bereits bestehende innere Verletzung eines Reisenden verschlimmert hat, keinen Unfall iSd. Art. 17 MÜ dar.[101] Kein Unfall liegt ferner vor beim Sturz eines Reisenden infolge hohen Alkoholkonsums,[102] bei der allergischen Reaktion eines Reisenden infolge des behördlich vorgeschriebenen Versprühens von Desinfektionsmittel[103] oder Insektenvernichtungsmittel,[104] sowie

---

92 So auch *Kilian* TranspR **2003** 177, 182.

93 **AA** US DC, Urt. v. 30.8.2000 – *Sethy v. Malev* – ZLW **2001** 39.

94 Im Ergebnis wie hier *Schönwerth* TranspR **1992** 11, 13.

95 So US CA 11th Cir., Urt. v. 25.8.1997 – *Krys v. Lufthansa* – **119** F. 3 d 1515, 1522; US DC, Urt. v. 29.10.2001 – *Fulop v. Malev Hungarian Airlines* – **175** F. Supp 2 d 651, 664 ff.

96 Dem Reisenden hätte im konkreten Fall problemlos ein Sitzplatz in größerer Entfernung zugewiesen werden können.

97 US SC, Urt. v. 24.2.2004 – *Olympic Airways v. Husain* – **540** US 644, Rz. 25.

98 US CA2nd Cir., Urt. v. 5.1.1998 – *Fishman v. Delta Airlines* – **132** F. 3d 138.

99 US SC, Urt. v. 4.3.1985 – *Air France v. Saks* – **18** Avi 18.538, 541 ff.

100 US CA 5th Cir., Urt. v. 6.11.1996 – *Potter v. Delta Air Lines* – **98** F.3 d 881, Rz. 10 ff.

101 US CA 3rd Cir., Urt. v. 19.7.1984 – *Abramson v. Japan Airlines Co* – **18** Avi 18.064 m. Anm. v. *Müller-Rostin* TranspR **1985** 391.

102 US DC, Urt. v. 29.6.1993 – *Schwartz v. Lufthansa German Airlines* – **24** Avi 17.841.

103 OLG Frankfurt am Main, Urt. v. 13.2.1997 – 16 U 99/96 – TranspR **1998** 362, 364 = RRa **1997** 139.

104 US DC, Urt. v. 4.6.1990 – *Kleiner v. Qantas* – **22** Avi 18.179.

der Asthmaanfall[105] eines Reisenden.[106] Ein Unfall ist schließlich auch in Fällen einer erlittenen Lungenembolie durch Thrombose[107] infolge Bewegungsmangels bei Langstreckenflügen zu verneinen.[108] Die Unterlassung einer Warnung vor einer Thrombosegefahr stellt ebenfalls keinen Unfall dar.[109] Ebenso wenig haftet der Luftfrachtführer, wenn eine Stewardess einem nicht erkennbar körperlich behinderten Reisenden beim Aufstehen hilft und sich dieser dabei Verletzungen zuzieht.[110] Kein Unfall liegt vor im Fall eines Schwächeanfalls eines Reisenden, der aufgrund der langen Dauer der Reise in der Toilette stürzt.[111] Nicht auf einem Unfall beruhen die seelischen Schäden, die ein Reisender erleidet, weil er als Terrorist verdächtigt, festgenommen, durchsucht und verhört wird.[112] Insoweit kann ein im Nachhinein nicht tatverdächtiger Reisender, der infolge einer gründlichen Untersuchung ein Trauma erleidet, keine Ansprüche aus Art. 17 MÜ herleiten.[113] Allein eine harte Landung begründet keinen Unfall iSv. Art. 17 MÜ,[114] da die Verletzung des Reisenden aus einem anderen Grund als der Reaktion des Reisenden auf den normalen Betrieb des Luftfahrzeugs stammen muss.[115]

b) Haftungszeitraum. Der Unfall muss sich an Bord des Luftfahrzeugs oder während des Ein- und Aussteigevorgangs ereignet haben. Die Formulierung verleitet daher zu dem Schluss, dass die Beförderung des Reisenden erst mit dem Betreten des Flugzeugs beginnt und mit dem Verlassen endet.[116] Der in der amtlichen deutschen Übersetzung verwandte Ausdruck „beim Ein- oder Aussteigen" ist zu eng. Sowohl die englische Textfassung („*operations of embarking or disembarking*") als auch die französische Textfassung („*toutes opérations d'embarquement ou de débarquement*") 23

105 F Cass, Urt. v. 29.11.1989 – *Sanchez c. Air France* – RFDA **1989** 539.
106 Vgl. auch *Tompkins* ASL **2001** 231, 233 m.w.N. zur US-amerikanischen Rechtsprechung.
107 Vgl. dazu auch *Adenauer* FG Ruhwedel, 2004 S. 1 ff.; *Clark/Fulena* ASL **2001** 218, 221 ff.; *Clarke* TranspR **2003** 436, 441 f.; *Geigel/Mühlbauer*[26] Kap. 29 Rn. 54; *Meyer* ASL **2001** 225 ff.; *Tompkins* ASL **2001** 230 ff. und ASL **2003** 100 ff. ausführlich auch die Rechtsprechungsübersicht.
108 Zutreffend OLG Frankfurt am Main, Urt. v. 6.11.2002 – 23 U 243/01 – ZLW **2003** 268, 270; LG Frankfurt am Main, Urt. v. 29.10.2001 – 2-21 O 54/01 – VersR **2001** 1575; im Ergebnis richtig LG München, Urt. v. 7.3.2001 – 29 O 20354/00 – RRa **2001** 165, 167, das jedoch rechtsirrig annimmt, dass sich Erkrankungen eines Passagiers, die er sich möglicherweise an Bord zugezogen hatte, nach dem anwendbaren nationalen Recht richten würden. Richtigerweise ist hierauf stets Art. 17 MÜ anzuwenden; ebenso FrankfKomm/*Schmid* Art. 19 MÜ Rn. 31; zur Frage, ob auf nationale Rechtsgrundlagen zurückgegriffen werden kann, vgl. *Mühlbauer* VersR **2001** 1480, 1481; *Müller-Rostin* NZV **2002** 182 f.; *Schmid* TranspR **2000** 72, 74 sowie Art. 29 MÜ Rdn. 7.
109 UK HL – *Deep Vein Thrombosis and Air Travel Group Ligitation* – **2006** 1 LLR 231, Rz. 86; UK QBD, Urt. v. 20.12.2002 – *Deep Vein Thrombosis and Air Travel Group Ligitation* – **2003** 1 All ER 935, Rz. 234; AU HC, Urt. v. 23.6.2005 – *Povey v. Qantas Airways Ltd* – **2005** HCA 33, Rz. 168; AU VSC, Urt. v. 23.12.2003 – *Qantas Ltd & British Airways PLC v. Povey* – Rz. 34, VSCA **2003** VSCA 227; SCJ Ontario, Urt. v. 18.9.2002 – *McDonald v. Korean Air and China Travel Inc.* – **2002** CanLII 3901, Rz. 17; OLG Frankfurt am Main, Urt. v. 6.11.2002 – 23 U 243/01 – RRa **2002** 273, 274; *Adenauer* FG Ruhwedel, 2004 S. 1, 8. *Tompkins* ASL **2004** 147 f. und 313 f.
110 So US DC, Urt. v. 8.5.1989 – *Ax v. Delta Air Lines* – **21** Avi 18.474.
111 New York SC, Urt. v. 28.11.1980 – *Rullmann v. Pan Am* – **15** Avi 18.522.
112 US CA 7th Cir., Urt. v. 23.5.1989 – *Schroeder v. Lufthansa* – **875** F.2 d 613, Rz. 15, 18.
113 US CA 2nd Cir., Urt. v. 16.9.1997 – *Tseng v. EL Al Israel Airlines* – **122** F.3 d 99, Rz. 23, 29.
114 EuGH, Urt. v. 12.5.2021 – *Altenrhein Luftfahrt* – C-70/21, TranspR **2021**, 469; LG Düsseldorf, Urt. v. 12.10.2007 – 22 S 240/07 – RRa **2008** 34; BeckOGK/*Förster* Art. 17 MÜ Rn. 67.2.
115 Zutr. Müller-Rostin TranspR **2023** 289, 293.
116 So unzutreffend zum WA: B Trib Bruxelles, Urt. v. 18.3.1983 – *Baum c. AUA et Flughafen Wien* – ETR **1987** 161, 164; bestätigt vom CA, Urt. v. 5.2.1986, ETR **1987** 168, 171 m. Anm. *Muller.*

sprechen für eine weite Auslegung.[117] Es kommt mit Blick auf den Wortlaut der Vorschrift nicht darauf an, dass sich das Flugzeug bewegt oder sich schon bzw. noch in der Luft befindet.[118]

24 Zweifelhaft ist jedoch im Einzelfall, welche Handlungen noch zum Ein- und Aussteigevorgang dazugehören und welche nicht mehr.[119] Nicht mehr vom Haftungszeitraum erfasst sind gewiss die Zubringerdienste des Luftfrachtführers zum Flughafen mit anderen Verkehrsmitteln, z.B. mit eigenen Transferbussen oder in einem gemieteten Zugabteil des Luftfrachtführers.[120] Auf diese Beförderungsmittel ist das Montrealer Übereinkommen wegen Art. 1 Abs. 1 MÜ und Art. 38 Abs. 1 MÜ nicht anwendbar.[121] Auch eine anderslautende Beweisregel wie die des Art. 18 Abs. 4 Satz 2 MÜ existiert hier nicht.[122] Auf der anderen Seite beginnt oder endet der Haftungszeitraum nicht begrifflich mit dem Ein- oder Aussteigen auf der Gangway.[123] Im Fall *„Day v TWA“*[124] ereignete sich direkt vor dem Boarding für einen TWA-Flug von Athen nach New York ein Terrorangriff. In dieser Entscheidung stellte das US Berufungsgericht hierzu Folgendes fest:

> „Offenkundig bestimmt Artikel 17 den Zeitpunkt des Einsteigevorgangs nicht, zu dem die Reisenden den Kabinenraum des Flugzeugs betreten. Zum Zeitpunkt des Terrorangriffs hatten die Kläger bereits ihre Tickets ausgehändigt bekommen, hatten die Passkontrolle passiert und den Bereich betreten, der ausschließlich Personen vorbehalten war, die unmittelbar vor ihrem Abflug auf internationalen Flügen standen. Man hatte sie am Abfluggate versammelt, praktisch bereit, sich zum Flugzeug zu begeben. Die Reisenden waren keine freien Reisenden, die nach Belieben durch das Flughafengebäude schlenderten. Sie waren aufgefordert, sich in eine Reihe in der Richtung für TWA-Reisende aufzustellen, um nach Waffen durchsucht zu werden, was eine Voraussetzung dafür war, an Bord des Flugzeugs zu gelangen. Gleichgültig, ob wir die Aktivität der Reisenden (die eine Bedingung für das Einsteigen war), die Einschränkung ihres Bewegungsspielraums, das unmittelbar bevorstehende Betreten des Flugzeugs, und selbst ihre Position neben dem Terminal Gate betrachten, gelangen wir zu dem Schluss, dass die Kläger‚im Vorgang des Einsteigens‘ befasst waren.“

25 Zur Feststellung, wann das Ein- bzw. Aussteigen begonnen hat, verwendet das US Berufungsgericht einen aus 3 Faktoren bestehenden Test: (1) den Ort des Unfalls, (2) die Aktivität des Reisenden zum Zeitpunkt des Unfalls sowie (3) das Maß der vom Luftfrachtführer zum Zeitpunkt des Unfalls über die Reisenden ausgeübten Kontrolle. In der Entscheidung *„Evangelinos v TWA“* maß das US Berufungsgericht dem Faktor der „Kontrolle des Luftfrachtführers“ weniger Bedeutung zu.[125] Dieser Entscheidung zufolge ist ein weiterer wichtiger Faktor, ob sich im Unfall eine dem Luftverkehr innewohnende Gefahr verwirklicht habe,[126] welche das Gericht bei terroristischen Anschlägen grundsätzlich bejahte. Einige andere US Berufungsgerichte rekurrieren zudem auf den zeitlichen Faktor bei der Beurteilung des Ein- und Aussteigevorgangs: das unmittelbar bevorstehende Betreten des Flugzeugs.[127]

---

117 So bereits zum WA: *Abraham*[3] I Art. 17 WA 1955 Anm. 4; *Riese* Luftrecht S. 445; *Schwenk*[2] Handbuch S. 637; *ders.* BB **1968**, 189 (190); *Wessels* ZLW **1958**, 209 (215).

118 US DC, Urt. v. 16.9.2010 – *Garissi v. Northwest Airlines* – Case No. **10**-12298: Haftung auch beim Parken des Flugzeugs noch am Gate.

119 Vgl. dazu auch *Goldhirsch* Handbook S. 62 ff. m.w.N. zur ausländischen Rechtsprechung; *Schmid* RIW **1984** 429 (430 ff.); *Thor* FG Ruhwedel, **2004** S. 273, 278 f.

120 OLG Frankfurt am Main, Urt. v. 23.10.1996 – 9 U 16/96 – NJW-RR **1997**, 930 f.

121 FrankfKomm/*Schmid* Art. 17 MÜ Rn. 70 ff.; *Ruhwedel*[3] Luftbeförderungsvertrag Rn. 337.

122 FrankfKomm/*Schmid* Art. 17 MÜ Rn. 70 ff.

123 In diese Richtung wohl *Thor* FG Ruhwedel, 2004 S. 273, 278.

124 US CA 2nd *Cir., Urt. v. 22.12.1975 – Day v. TWA* – **528** F.2 d 31.

125 US CA 3th Cir., Urt. v. 4.12.1977 – *Evangelinos v. TWA* – **550** F.2 d 152, Rz. 8.

126 Vgl. US CA 3th Cir., Urt. v. 4.12.1977 – *Evangelinos v. TWA* – **550** F.2 d 152, Rz. 26.

127 US CA 11th Cir., Urt. v. 12.7.2000 – *Marotte v. American Airlines* – **296** F.3 d 1255, Rz. 13; US CA 2nd Cir., Urt. v. 22.12.1975 – *Day v. TWA* – **528** F.2 d 31, Rz. 8 ff.; US CA 1st Cir., Urt. v. 31.5.1995 – *McCarthy v. Northwest Airlines* – **56** F.3 d 313, Rz. 19, wonach das Einsteigen einen engen zeitlichen und räumlichen Bezug zum Abflug selbst benötigt.

26 Von einem „Einsteigen“ wird man im Lichte *der „Day“*-Entscheidung (vgl. Rn. 20) ausgehen müssen, wenn der Aufruf zum Boarding erfolgt,[128] die Bordkarte vom Bodenpersonal zur Überprüfung der mitfliegenden Reisenden in Empfang genommen und die abgetrennte Bordkarte dem Reisenden ausgehändigt wird. Ab diesem Zeitpunkt hat sich der Reisende in die Obhut des Luftfrachtführers gegeben, so dass der Luftfrachtführer für Personenschäden in einer Einstiegsanlage (im sog. Einsteig-Finger),[129] z.B. Sturz auf einer Fluggasttreppe, welche im Augenblick des Betretens weggezogen wurde,[130] Sturz auf einer glatten Treppe nach Überprüfung des Bordpasses durch das Bodenpersonal oder infolge Glatteisbildung auf dem Flughafenfeld[131] haftet.[132] Für die Obhut spricht insbesondere, dass ab dem Moment der Überprüfung der Bordkarte der Reisende sich in eine Zone begibt, in der er der Befehlsgewalt des Luftfrachtführers unterworfen ist. Die Bewegungsfreiheit des Reisenden ist damit erheblich eingeschränkt. Dagegen beginnt die „Obhutshaftung“ des Luftfrachtführers noch nicht in dem Augenblick, wenn der Reisende den Boarding Pass ausgestellt erhalten hat und sich nach der Passkontrolle in einem öffentlich zugänglichen Warteraum aufhält.[133] Denn der Reisende kann sich bis zum Aufruf des Boarding noch relativ frei bewegen und Serviceleistungen des Flugplatzbetreibers (Geschäfte, Restaurants etc) in Anspruch nehmen.[134] Gleiches gilt auch für den Aufenthalt in der VIP-Lounge, die der Reisende jederzeit verlassen kann.[135] Ferner fallen Verletzungen bei einer Passkontrolle nicht in den Haftungszeitraum des Luftfrachtführers.[136] Ebenso wenig ist der Luftfrachtführer dem Reisenden gegenüber haftbar, wenn dieser beim Umherschlendern im Flughafengebäude über ein Staubsaugerkabel stürzt, das nicht unter den Einflussbereich des Luftfrachtführers fiel.[137]

27 Umgekehrt endet der Haftungszeitraum des Luftfrachtführers mit dem Aussteigevorgang. Hierzu wird man die Fahrt mit dem Vorfeldbus zum Terminal,[138] den Gang über die Fluggastzubringerbrücke sowie den Weg zur Gepäckausgabestelle[139] noch rechnen müssen. Stürzt der Reisende auf dem Weg über das Vorfeld zum Zollgebäude in eine ungesicherte Kanalisationsgrube, so stellt dies kein allgemeines Lebensrisiko dar und zeitigt eine Haftung des Luftfrachtführers, da der Aussteigevorgang noch nicht abgeschlossen ist.[140] Erleidet der Reisende einen Schaden auf dem Vorfeld z.B. durch sich noch drehende Triebwerke des Flugzeugs, fällt dieser Schaden, welcher beim Ein- und Aussteigen verursacht wurde, in den Haftungszeitraum nach Art. 17 MÜ.[141] Das Aussteigen iSv. Art. 17 MÜ ist jedoch in dem Zeitpunkt abgeschlossen, in dem der Reisende

---

128 KG, Urt. v. 11.3.1961 – 10 U 61/60 – ZLW **1962** 78; *Tompkins* in: Luftrecht Bd. 3, Teil II A Rn. 210; **aA** *Schmid* RIW **1984** 429, 432, der allein den Aufruf, sich zum Flugsteig zu begeben, nicht zur Phase des Einsteigens rechnen möchte.

129 Ebenso FrankfKomm/*Schmid* Art. 17 MÜ Rn. 74; *Ruhwedel*³ Luftbeförderungsvertrag Rn. 340; **aA** LG Köln, Urt. v. 8.11.1979 – 15 O 75/78 – VersR **1981** 90.

130 US DC, Urt. v. 27.6.1955 – *Chutter v. KLM* – **132** FSupp 611 = ZLR **1957** 128.

131 **AA** OLG Köln, Urt. v. 9.1.1997 – 7 U 106/96 – TranspR **1997** 234, das bei einem Inlandsflug den Anwendungsbereich des § 44 LuftVG aF als nicht eröffnet ansieht; kritisch hierzu *Ruhwedel*³ Luftbeförderungsvertrag Rn. 340.

132 Von der Frage des Beginns des Haftungszeitraums ist die Frage der Zurechnung bestimmter Risiken zu trennen. Diese Fragen werden bei FrankfKomm/*Schmid* Art. 17 MÜ Rn. 55 ff. nicht sauber differenziert.

133 Ebenso US CA 2nd Cir., Urt. v. 27.3.1990 – *Buonocore v. TWA* – **900** F.2 d 8, Rz. 14, 15; **aA** *Ruhwedel*³ Luftbeförderungsvertrag Rn. 337.

134 Richtig FrankfKomm/*Schmid* Art. 17 MÜ Rn. 58.

135 **AA** FrankfKomm/*Schmid* Art. 17 MÜ Rn. 62; *Vollmar* Haftung für Personenschäden S. 190 ff.

136 Dieses Ergebnis lässt sich aus einer entsprechenden Anwendung des Art. 18 Abs. 2 Buchstabe d MÜ herleiten.

137 US CA 9th Cir., Urt. v. 15.8.1980 – *Schmidkunz v. Scandinavian Airlines System* – **628** F.2 d 1205, Rz. 6,7.

138 US CA 2nd Cir., Urt. v. 1.5.1980 – *Evangelinos See Ricotta v. Iberia Lineas Aereas* – **482** FSupp. 497.

139 US CA 2nd Cir., Urt. v. 17.4.1995 – *Stagl v. Delta Airlines* – **24** Avi 18.475; **aA** FrankfKomm/*Schmid* Art. 17 MÜ Rn. 64 ff., der zwar einen Unfall im Vorfeldbus noch in den Haftungszeitraum fallen lässt, nicht dagegen einen Unfall bei der Gepäckentgegennahme. Dies erscheint wenig einleuchtend.

140 Unzutreffend F Cass, Urt. v. 3.6.1970 – *Moché c. Air France* – RFDA **1970** 311.

141 Ebenso F Cass, Urt. v. – *Legal Kerjean c. Pichon* – RFDA **1973** 313; F TGI de Brest, Urt. – *Legal Kerjean c. Pichon* – RFDA **1971** 173; **aA** OLG Köln, Urt. v. 9.1.1997 – 7 U 106/96 – TranspR **1997** 234, wonach die Verkehrssicherungspflicht für Flughafenanlagen dem Flughafenunternehmer als eigene Aufgabe obliege und die Freihaltung des Flugfeldes von Vereisungen keine dem Luftfrachtführer übertragene Aufgabe sei.

das Flugzeug mit Hilfe von irgendwelchen bereitgestellten Mitteln verlassen und einen sicheren Ort innerhalb des Terminals erreicht hat, auch wenn ihm der Status eines Reisenden des Luftfrachtführers zukommen kann.[142] Ebenso wenig befinden sich Reisende beim Aussteigen, wenn sie nach Durchquerung der Passkontrolle infolge eines Terroranschlages im Gepäckbereichs des Terminalgebäudes verletzt werden.[143]

28 Wird eine Person aus schwer zugänglichem Gelände mittels eines Retters, der mit einem Seilwindenseil mit dem Helikopter verbunden ist und sich außerhalb des Helikopters befindet, evakuiert, beginnt der Einsteigevorgang für die gerettete Person in dem Zeitpunkt, in dem das Seil mit der Rettungsbahre verbunden wird. Auf den Umstand, dass der Retter dem Piloten bereits die Freigabe zum Hochziehen der Bahre erteilt hat, kommt es nicht an. Denn bereits mit dem Einklinken der Rettungsbahre beginnt der unmittelbare Einsteigevorgang.

29 Schwierig ist die Frage zu beurteilen, ob der Haftungszeitraum bei einer aufeinanderfolgenden Beförderung durch die Zwischenlandung unterbrochen wird. Dabei wird man verschiedene Situationen zu unterscheiden haben: Wird der Flug aus betriebs- oder sicherheitstechnischen Gründen unterbrochen, so handelt es sich um einen sog. **Transit-Aufenthalt**. Muss der Reisende z.B. während des Auftankens das Flugzeug zwar verlassen, darf er sich jedoch nur in einer Transit Lounge bis zum Abruf aufhalten, wird man davon ausgehen müssen, dass der Reisende während der gesamten Unterbrechung unter der Obhut des Luftfrachtführers steht und dieser Zeitraum von Art. 17 Abs. 1 MÜ erfasst ist.[144] Anders verhält es sich dagegen bei einem sog. **Transfer-Aufenthalt**, bei dem der Reisende aus einem Zubringerflugzeug in ein anderes umsteigt, das ihn zum Bestimmungsziel fliegen soll. Auch wenn nach Art. 1 Abs. 3 MÜ bei einem Wechsel des Luftfrachtführers bei einer internationalen Beförderung eine einheitliche Beförderung anzunehmen ist, folgt daraus nicht, dass der gesamte Zeitraum während des Umsteigens der Haftung der Luftfrachtführer unterliegt.[145] Vielmehr wird man eine Unterbrechung der Haftung des Luftfrachtführers in dem Augenblick annehmen dürfen, sobald der Reisende das Terminal zur Abfertigung des Anschlussflugs betritt.[146] Ab diesem Zeitpunkt befindet sich der Reisende nicht mehr in der Obhut des Luftfrachtführers.[147] Die Unterbrechung dauert solange an, bis der Aufruf des Anschlussflugs erfolgt und die Bordkarte des Reisenden überprüft wird.

c) Kausalität und Zurechnung

30 **aa) Haftungsbegründende Kausalität.** Der konkrete Personenschaden muss sich nach Art. 17 Abs. 1 MÜ durch den Unfall ereignet haben. Das Unfallereignis muss conditio sine qua non für den Schaden gewesen sein. Es darf somit nicht hinweggedacht werden können, ohne dass nicht zugleich auch der eingetretene Schaden entfiele. Ob diese im naturwissenschaftlichen Sinne verstandene Kausalität im Wege der Adäquanz schadenersatzrechtlich weiter einzuschränken ist, lässt sich dem Montrealer Übereinkommen nicht entnehmen (vgl. unten Rn. 40). Indes erschiene es unbillig, dem Luftfrachtführer auch solche Schäden infolge eines Unfalls zuzurechnen, die völlig außerhalb gewöhnlicher Geschehensabläufe liegen.[148] Sind die Verletzungen des Reisenden auf körperliche Reaktionen bei gewöhnlicher Flugdurchführung zurückzuführen, beruhen diese

---

142 US CA 1st Cir., Urt. v. 25.3.1972 – *MacDonald v. Air Canada* – **439** F.2 d 1402, Rz. 9; *Tompkins* in: Luftrecht Bd. 3, Teil II A Rn. 211.

143 US CA 1st Cir., Urt. v. 19.11.1976 – *Martinez Hernandes v. Air France* – **545** F.2 d 279, Rz. 9.

144 Ebenso FrankfKomm/*Schmid* Art. 17 MÜ Rn. 67.

145 Ebenso FrankKomm/*Schmid* Art. 17 MÜ Rn. 68.

146 Vgl. US DC, Urt. v. 3.7.1990 – *Rabinowitz v. SAS* – **741** F. Supp 441, 446 f; FrankfKomm/*Schmid* Art. 17 MÜ Rn. 67; *Tompkins* in: Luftrecht Bd. 3, Teil II A Rn. 212.

147 US CA 9th Cir., Urt. v. 19.1977 – *Maugnie v. Compangie Nationale Air France* – Rz. 28, **549** F.2 d 1256.

148 BeckOGK/*Förster* Art. 17 MÜ Rn. 164; FrankfKomm/*Schmid* Art. 17 MÜ Rn. 45; *Ruhwedel*[8] Luftbeförderungsvertrag Rn. 327.

nicht auf einem Unfall.[149] Greifen Dritte in den Kausalverlauf ein, kann dieser unterbrochen werden.[150] Die Ursache der Körperverletzung oder des Todes muss außerhalb des Betroffenen entstanden sein. Insofern kann die Kausalität in Zweifel gezogen werden, wenn ein älterer Mensch ohne Erklärung stürzt. Hatte ein Reisender bereits vor Reiseantritt eine Entzündung des Gehörnervs, so fehlt es am Kausalzusammenhang, wenn der Reisende durch eine Veränderung des Kabinendrucks eine Gleichgewichtsstörung erleidet.[151]

bb) Luftverkehrsspezifische Kausalität – Begrenzung auf luftverkehrstypische Gefahren im Rahmen der Lehre vom Schutzzweck der Norm

(1) Lehre von der luftverkehrsspezifischen Kausalität. Umstritten war bereits unter Gel- 31
tung des Warschauer Abkommens die Frage, ob die Haftung wegen Personenschadens einen Zusammenhang zwischen dem Unfall und dem Betrieb des Luftfahrzeugs erfordere, ob also der Unfall durch **luftverkehrsspezifische Risiken** ausgelöst sein müsse. Nach der im Schrifttum[152] und in der deutschen Rechtsprechung[153] überwiegend vertretenen Meinung soll Absatz 1 nur solche Schäden erfassen, die ihre Ursachen in betriebstypischen Risiken des Luftverkehrs haben, nicht jedoch auch Schäden, die in ähnlicher Weise in anderen Lebensbereichen vorkommen und die nur gelegentlich einer Luftbeförderung entstehen. Das versehentliche Herabstoßen einer Kaffeekanne vom Servierwagen infolge einer Schusseligkeit der Flugbegleiterin würde folglich keine luftfahrttypische Gefahr begründen.[154] Grund für diese einschränkende Auslegung des Art. 17 WA 1955 ist es, dass man nicht das allgemeine Lebensrisiko des Reisenden auf den Luftfrachtführer abwälzen können solle.[155] Der Luftfrachtführer könne daher nicht für einen bei Betrieb, sondern nur durch den Betrieb entstandenen Schaden haften.[156] Die von einem Luftfahrzeug ausgehende Betriebsgefahr werde bereits durch das Zweite Römer Haftungsabkommen[157] bzw. § 33 LuftVG erfasst. Wegen der darüber hinausgehenden Gefahren hafte der Luftfrachtführer aus Art. 17 WA 1955.[158] Demgegenüber lehnte die ältere Literatur[159] zum Warschauer Abkommen das Postulat luftverkehrstypischer Kausalität ab. Gegen das Erfordernis eines kausalen Zusammenhangs zwischen dem Betrieb und dem Unfall wurde vorgebracht, dass dem Luftfrachtführer auch im Bereich der Passagierbeförderung eine, wenn auch verglichen mit der Güterbeförderung schwäche-

149 US SC, Urt. v. 4.3.1985 – *Air France v. Saks* – **18** Avi 18.543; US SC, Urt. v. 24.2.2004 – *Olympic Airways v. Husain* – **540** US 644, Rz. 19; US CA 2nd Cir., Urt. v. 16.9.1997 – *Tseng v. EL Al Israel Airlines* – Rz. 29, **122** F.3 d 99, Rz. 29.

150 BeckOGK/*Förster* Art. 17 MÜ Rn. 166.

151 FrankfKomm/*Schmid* Art. 17 MÜ Rn. 45.

152 *Führich*[6] Reiserecht Rn. 1078; *Garnault* RFDA **1979** 139, 145; *Geigel/Mühlbauer*[26] Haftpflichtprozess Kap. 29 Rn. 55; *Kahlert/Hast* VersR **2001** 559 ff.; *Kuznicki* ZLW **1992** 360, 370; *Müller-Rostin* TranspR **1980** 122, 124; *Riese* Luftrecht S. 443 f; *Ruhwedel*[3] Luftbeförderungsvertrag Rn. 331; *Schmid* VersR **1986** 18; *Schneider* ZLW **1989** 220, 224; *Schneider* Haftung S. 128; *Schoner* ZLW **1977** 256, 276; *Schwenk*[2] Handbuch S. 636 f.; *Thor* FG Ruhwedel, **2004** S. 273,283 ff.

153 BGH, Urt. v. 21. 11.2017 – X ZR 30/15 – NJW **2018** 861, 862; OLG Frankfurt am Main, Urt. v. 23.10.1996 – 9 U 16/96 – NJW-RR **1997** 930; LG Düsseldorf, Urt. v. 4.4.1990 – 23 S 429/89 – TranspR **1992** 29; LG Düsseldorf, Urt. v. 31.1.2003 – 22 S 266/03 – RRa **2003** 172, 173.

154 LG Düsseldorf, Urt. v. 31.1.2003 – 22 S 266/03 – RRa **2003** 172, 173; LG Frankfurt am Main, Urt. v. 16.12.2005 – 2-01 S 182/01 – NJW-RR **2006** 704.

155 FrankfKomm/*Schmid* Art. 17 MÜ Rn. 19; *Schmidt-Räntsch* ZLW **1979** 429, 434.

156 *Schoner* ZLW **1977** 256, 277.

157 Abkommen über Schäden, welche Dritten auf der Erde durch ausländische Luftfahrzeuge zugefügt werden – sog. Zweites Römer Haftungsabkommen vom 7.10.1952. Das Abkommen wurde von Deutschland nicht ratifiziert.

158 FrankfKomm/*Schmid* Art. 17 MÜ Rn. 18; *Schoner* ZLW **1977** 256, 277.

159 *Abraham*[3] I Art. 17 WA 1955 Rn. 3; *ders.* Luftbeförderungsvertrag S. 48 f.; *Guldimann* Art. 17 WA 1955 Rn. 6; *Hoffmann/Grabherr* Luftverkehrsgesetz § 44 Rn. 14. *Koffka/Bodenstein/Koffka* Art. 17 WA 1929 S. 317; dieser Auffassung schließen sich neuerdings auch an: *Kehrberger* FS Guldimann, **1997** S. 129, 142 ff.; *Schönwerth* TranspR **1997** 414, 416; *Stefula* Schadenersatz für Passagiere S. 119 ff.

re, Obhutspflicht zukomme. Ferner erfordere der Wortlaut eine derartige Eingrenzung ebenso wenig.

32 Der EuGH hat der im deutschen Schrifttum und in der Rechtsprechung vertretenen Auffassung der luftfahrtspezifischen Kausalität in der sog. Kaffeebecher-Entscheidung[160] eine klare Absage erteilt. Zutreffend weist der EuGH darauf hin, dass sich aus der gewöhnlichen Bedeutung des Begriffes »Unfalls« ein solches Erfordernis nicht ergibt. Dem gerechten Ausgleich der Interessen des Luftfrachtführers und des Reisenden wird dadurch Rechnung getragen, dass der Luftfrachtführer bei Personenschäden nur für die Folgen des Unfalls – und im Unterschied zu Reisegepäck- und Güterschäden – nicht für die sehr wie weitergehenden Folgenden eines Ereignisses zu haften habe. Schließlich könne sich der Luftfrachtführer nach Art. 20 MÜ von seiner Haftung ganz oder teilweise befreien, wenn er mitwirkendes Verschulden des Geschädigten nachweisen könne.

33 In der Tat überzeugt die von der hM gelieferte Begründung, dass man zwischen der Betriebsgefahr und den darüber hinausgehenden luftverkehrsspezifischen Risiken, für welche der Luftfrachtführer nach Art. 17 Abs. 1 MÜ haftet, zu unterscheiden habe, nicht.[161] Denn die Normen betreffen nämlich ganz unterschiedliche Personenkreise: § 33 LuftVG oder das Zweite Römer Haftungsabkommen regeln nur die Drittschäden, wohingegen Art. 17 MÜ gerade die im Zusammenhang mit der Beförderung entstandenen Schäden betrifft. Gegen die hM spricht weiter, dass die Haftungsnormen leerzulaufen drohen, sobald der Luftfrachtführer nachweist, dass es sich nicht um ein luftverkehrsspezifisches Risiko handelt, sondern allein um ein organisatorisches oder beherrschbares Risiko. Der Sturz auf einer vereisten Gangway oder auf dem Rollfeld beim Besteigen des Vorfeldbusses ist nämlich nicht zwingend mit einem luftfahrtspezifischen Risiko verbunden,[162] sondern ein Risiko, das sich auch bei anderen Transportarten ereignen kann.[163] Gegen die hier vertretene Auffassung spricht auch nicht die Formulierung in Art. 28 MÜ, die eine Vorauszahlungspflicht nach den Vorgaben des nationalen Rechts bei Luftfahrzeugunfällen vorsieht.[164] Die Formulierung in Art. 28 MÜ dürfte als verunglückt anzusehen sein.[165] Denn in Art. 17 MÜ geht es nicht stets um einen Luftfahrzeugunfall, sondern um einen Unfall an Bord eines Luftfahrzeugs. Nähme man die Formulierung in Art. 28 MÜ als Auslegungshilfe für Art. 17 MÜ, würde der Anwendungsbereich erheblich eingeschränkt werden, da nur Flugzeugabstürze oder -kollisionen in Betracht kämen.

34 **(2) Die Lehre vom Schutzzweck der Norm.** Den Befürwortern einer luftverkehrsspezifischen Kausalität ist zwar zuzugeben, dass es kaum Sinn der Haftungsvorschriften des Montrealer Übereinkommens sein kann, die Kunden des Lufttransportunternehmens von ihrem allgemeinen Lebensrisiko zu entlasten. Um dies zu erreichen, sollte man aber nicht eine luftverkehrsspezifische Kausalität fordern, sondern die Norm des Art. 17 MÜ im Rahmen der Lehre vom Schutzzweck zu begrenzen versuchen.[166] Dabei ist also nicht zu fragen, ob der Vorfall auch bei einer anderen

---

160 EuGH, Urt. v. 19.12.2019 – Niki Luftfahrt – C-532/18, NJW **2020** 381 m. zust. Anm. v. *Daßbach* NJW **2020** 383.

161 *Fröhlich* Leistungsstörungen S. 106 f.

162 Siehe aber auch OLG Köln, Urt. v. 9.1.1997 – 7 U 106/96 – TranspR **1997** 234, das allein dem Flugplatzbetreiber die Verkehrsicherungspflicht auferlegen will. Insofern könne sich der Betreiber nicht als Leute des Luftfrachtführers auf die Haftungsbeschränkung berufen. Diese alleinige Zuweisung der Verkehrssicherungspflicht höhlt den Anwendungsbereich der Haftungsnormen nach Art. 17 MÜ mE zu sehr aus.

163 Ebenso *Geigel/Schönwerth*[23] Haftpflichtprozess Kap. 29 Rn. 45, 68; *Kehrberger* FS Guldimann, **1997** S. 129, 143; *Schönwerth* TranspR **1992** 11, 13.

164 So aber *Ruhwedel* TranspR **2001** 189, 193, der in der Formulierung den Beleg für die Voraussetzung des luftverkehrsspezifischen Risikos sieht.

165 Ebenso *Bollweg* FG *Ruhwedel*, **2004** S. 57, 68.

166 Ebenso *Fröhlich* Leistungsstörungen S. 111 ff.; *Geigel/Mühlbauer*[26] Kap. 29 Rn. 55; in diese Richtung deutet auch die Entscheidung des US CA 3rd Cir., Urt. v. 4.12.1977 – *Evangelinos v. TWA* – **550** F.2 d 152, Rz. 25 ff., wonach zu berücksichtigen sei, ob sich im Unfall eine dem Luftverkehr innewohnende Gefahr verwirklicht habe, weil sich das WA gerade mit diesen Gefahren beschäftige.

Gelegenheit als einer Flugreise hätte geschehen können, was zur Verneinung eines luftfahrtspezifischen Risikos führt. Vielmehr ist die Zurechnung aus Schutzzweckgründen nur in den Fällen zu verneinen, soweit es sich um gänzlich mit dem Luftverkehr unverbundene Ereignisse handelt.[167] Die exakte Abgrenzung hängt letztlich vom Einzelfall ab:

Nicht mehr zurechenbar ist eine – unsachgemäße – medizinische Behandlung eines Fluggastes durch eine Flugbegleiterin.[168] Im konkreten Fall legte die Flugbegleiterin der Reisenden, der übel war, einen Beutel mit Trockeneis in den Nacken, woraufhin diese eine drittgradige Erfrierung erlitt. Die Übernahme einer **medizinischen Behandlung** durch die Leute des Luftfrachtführers wird man in Fällen von Übelkeit nicht annehmen können; vielmehr lag es in der alleinigen Verantwortung der Reisenden, sich für eine „Behandlung mit Trockeneis" zu entscheiden und dieses rechtzeitig von ihrem Nacken zu entfernen. Dagegen dürfte beim Auflegen eines heißtropfenden Tuchs auf den Nacken eines Kleinkindes die unsachgemäße Behandlung nicht außerhalb des Schutzzwecks liegen, da dem Luftfrachtführer und seinen Leuten eine gesteigerte „Obhutspflicht" obliegt und ein Kleinkind nicht selbständig reagieren kann. 35

Reagiert ein Reisender allergisch auf ein behördlich **vorgeschriebenes Versprühen eines Insektensprays**, wird man die Zurechnung ebenfalls verneinen, wenn die allergische Reaktion des Reisenden singulär ist und daher nicht vorhersehbar war.[169] Gleiches gilt, wenn der Reisende auf eine **Mahlzeit an Bord** allergisch reagiert und er seine Unverträglichkeit nicht vor Antritt der Reise dem Flugbegleiterpersonal mitgeteilt hat. 36

Bei **Stürzen von Reisenden** wird man zu differenzieren haben: Der Sturz eines Reisenden über eine im Flugzeug hochstehende Teppichleiste ist dem Luftfrachtführer zurechenbar, da der Vorfall nicht unvorhersehbar ist und der Luftfrachtführer kraft seiner „Obhutspflicht" Sorge dafür tragen muss, dass sich die Reisenden nicht verletzen.[170] Ebenso zurechenbar ist ein Sturz eines Reisenden im Fingersteig, weil die durch Feuchtigkeit auf dem Boden eines Flugsteiges bedingte Rutschgefahr noch im Schutzzweck des Art. 17 MÜ liegt und ein derartiger Unfall kein allgemeines Lebensrisiko darstellt.[171] Gleiches gilt beim Einsteigevorgang in den Zubringerbus, wenn der Reisende beim Einstieg auf einem feuchten oder schmierigen Boden ausrutscht. Rutscht dagegen ein Reisender beim Aufstehen auf einer auf dem Boden liegenden Folie aus, in die zuvor eine Decke verpackt war, fällt dieser Unfall dagegen nicht in den Schutzzweck des Art. 17 MÜ.[172] Gleiches hat zu geltend, wenn sich der Reisende beim Platznehmen in der Sitzreihe sein Knie verdreht. 37

Bei einem Angriff eines sog. **disruptive passenger** wird man eine Haftung des Luftfrachtführers dann zu verneinen haben, wenn der Mitreisende vollverantwortlich eine neue selbständig auf den Erfolg hinwirkende Gefahr begründet, die sich im Erfolg auch realisiert. Bei einem sexuellen Übergriff wird im Regelfall keine Haftung des Luftfrachtführer bestehen.[173] Anders liegt es jedoch, wenn die betroffene Reisende dem Kabinenpersonal bereits auf die Belästigung hingewiesen hat und das Kabinenpersonal es unterlassen hat, die Reisende umzusetzen, um einen **sexuellen Übergriff** eines anderen Passagiers zu verhindern. Die Haftung ist aufgrund der Verletzung der dem Luftfrachtführer obliegenden „Obhutspflicht" der ihm anvertrauten Reisenden gerechtfertigt. 38

---

167 Ähnlich *Kehrberger* FS Guldimann, **1997** S. 129, 144.

168 LG Düsseldorf, Urt. v. 4.4.1990 – 23 S 429/89 – TranspR **1992**, 29 (30).

169 Im Ergebnis ebenso OLG Frankfurt am Main, Urt. v. 13.2.1997 – 16 U 99/96 – TranspR **1998** 362,364 = RRa **1997** 139; US DC, Urt. v. 4.6.1990 – *Kleiner v. Qantas* – **22** Avi 18.179.

170 **AA** AG Frankfurt am Main, Urt. v. 4.12.1990 – 31 C 189/90-78 – TranspR **1992** 30; dem zustimmend *Ruhwedel*[3] Luftbeförderungsvertrag Rn. 332.

171 BGH, Urt. v. 21.11.2017 – X ZR 30/15 – NJW **2018**, 861 (863); **aA** OLG Düsseldorf, Urt. v. 25. 2.2015 – I-18 U 124/14 – VersR **2016** 1129; OLG München, Urt. v. 11.2.2009 – 20 U 3687/08 – TranspR **2013** 126; OLG München, Urt. v. 4.4.2000 – 18 U 4736/99 – RRa **2003** 269, 270.

172 KG, Urt. v. 4.7.2008 – 3 U 17/07 – RRa **2009** 93, 94; ebenso US DC, Urt. v. 31.5.2008 – *Rafailov v. El Al Israel Airlines* – 06 CV 13318 (GBD), Rz. 6.

173 Vgl. oben die zitierte Entscheidung des US CA 2nd Cir. – Urt. v. 6.6.2000 – *Wallace v. Korean Airlines* – **214** F.3 d 293, 297.

39 **d) Darlegungs- und Beweislast.** Der Reisende hat im Bestreitensfalle die Rechtsgutverletzung, das konkrete Schadensereignis und den entstandenen Schaden darzulegen und zu beweisen.[174] Ist der Kausalzusammenhang zwischen Unfall und eingetretenem Schaden streitig, so obliegt es dem Kläger, darzulegen und zu beweisen, dass der Schaden durch einen Unfall verursacht worden ist.[175] Bleibt ungeklärt, ob die Verletzung des Klägers auf ein externes flugspezifisches Schadensereignis oder vielmehr seinen schlechten Gesundheitszustand zurückzuführen ist, ist zugunsten des Verbrauchers ein Unfall anzunehmen.[176] Gleichwohl kann im Einzelfall eine Zurechnung des Unfallereignisses – wie oben unter dem Gesichtspunkt des Schutzzweck der Norm – zu verneinen sein.

40 **e) Ergänzend anwendbares Recht.** Das in Art. 17 MÜ genannte Kriterium des Kausalzusammenhangs stellt keine versteckte Kollisionsnorm dar, welche auf das am Gerichtsort (lex fori) geltende Sachrecht verweist.[177] Vielmehr bestimmen sich die Anforderungen an die Kausalität nach dem auf den Beförderungsvertrag anwendbaren Recht.[178]

3. Anzeigefristen

41 Eine Anzeigefrist zur Geltendmachung der Schadensersatzansprüche, wie sie im Fall der Beförderung des Reisegepäcks und der Güter vorgesehen ist,[179] besteht nicht. Die Schadensersatzklage muss jedoch nach Art. 35 MÜ binnen zwei Jahren erhoben werden. Die Frist beginnt mit dem Tag, an dem das Luftfahrzeug am Bestimmungsort angekommen ist oder an dem es hätte ankommen sollen oder an dem die Beförderung abgebrochen worden ist.

II. Haftungsvoraussetzungen bei Reisegepäckschäden (Absatz 2)

42 **Absatz 2** unterscheidet bei der Haftung für Zerstörung, Verlust, Beschädigung des Reisegepäcks danach, ob das Reisegepäck aufgegeben wurde **(Satz 1)** oder nicht. Wurde das Gepäck nicht aufgegeben, handelt es sich um sog. Hand- oder Kabinengepäck **(Satz 3)**. Die Unterscheidung ist insbesondere bei der Einordnung des Haftungsprinzips und der Reichweite der Haftung von Bedeutung.

1. Zerstörung, Verlust und Beschädigung

43 **a) Rechtsnatur, Grundbegriffe.** Der Luftfrachtführer haftet für Zerstörung, Verlust und Beschädigung des Reisegepäcks. Die Haftung nach dem Montrealer Übereinkommen ist Vertragshaftung. Voraussetzung ist also das Bestehen eines Luftbeförderungsvertrags nach dem MÜ zwischen den Parteien.[180]

---

174 US CA 1st Cir., Urt. v. 25.3.1971 – *MacDonald v. Air Canada* – **439** F.2 d 1402, Rz. 9.

175 FrankfKomm/*Schmid* Art. 17 MÜ Rn. 48; *Shawcross & Beaumont*[4] Air Law VII–153; ebenso US DC, Urt. v. 14.12.1977 – *Warshaw v. TWA* – **442** F. Supp 400, 413 = 14 Avi 17.297; US DC, Urt. v. 29.6.1978 – *Morris v. EL Al and Boeing* – **15** Avi 17.241.

176 So OGH Wien – Niki Luftfahrt, S. 6 f; aA *Reuschle* Montrealer Übereinkommen[2] Art. 17 MÜ Rn. 28; US DC – *Margrave v. British Airways* – 20 Avi 17.368, 372.

177 So aber *Schneider* Haftung S. 127.

178 Zutreffend *Dettling-Ott* Lufttransportrecht S. 167.

179 Vgl. Art. 31 MÜ.

180 *Ruhwedel*[3] Luftbeförderungsvertrag Rn. 420.

Absatz 2 hat kein einheitliches Gesicht in Bezug auf den Haftungsgrundsatz. Im Fall von **aufgegebenem Reisegepäck** handelt es sich wie im Rahmen von Art. 18 MÜ um eine **Gewährhaftung**.[181] Demgegenüber handelt es sich im Fall von **nicht aufgegebenem Reisegepäck** um eine **Verschuldenshaftung**.[182] 44

Die Begriffe „Güter“, „Zerstörung“, „Verlust“ und „Beschädigung“ in Absatz 2 sind allgemeiner 45 frachtrechtlicher Art. Bereits zum Warschauer Abkommen sind diese Grundbegriffe, insbesondere der Begriff der Beschädigung, nicht immer einheitlich interpretiert worden.[183] Es fragt sich daher, ob die teilweise unterschiedlichen national herrschenden Grundbegriffe auch im Bereich des Montrealer Übereinkommens anzuwenden, oder ob dem Montrealer Übereinkommen eigene Begriffe zu entnehmen sind. Maßgebender Text ist dabei nicht die amtliche deutsche Übersetzung – sie stellt nur eine Anwendungshilfe dar – sondern allein die authentischen Textfassungen. Da das Montrealer Übereinkommen ebenso wie die CMR,[184] das UN-Kaufrecht,[185] die CIM 1999[186] und die CIV 1999[187] zum Kreis des internationalen Einheitsrechts gehören, sind die Begriffe nicht im Lichte nationaler Rechtsvorstellungen zu interpretieren, weil dies sonst in kurzer Zeit zum Verlust der intendierten Rechtseinheit führen würde.[188] Soweit die Originalfassungen voneinander abweichen, so wird häufig der englische Text den Willen der Konferenz am besten zum Ausdruck bringen, weil in dieser Sprache die wesentlichen Verhandlungen geführt wurden und auch der Redaktionsausschuss der Konferenz englisch redigiert hat. Soweit das Montrealer Übereinkommen die Textfassungen des Warschauer Abkommens übernommen hat, bleibt für die Originalfassung aus dem Jahre 1929 zu beachten, dass die wesentlichen Verhandlungen auf französisch geführt wurden.

b) Reisegepäck

aa) Begriff, Abgrenzung zwischen Reisegepäck und Gut. Der Begriff des Reisegepäcks ist 46 im Montrealer Übereinkommen nicht definiert. Die Abgrenzung zwischen Reisegepäck und Gut überlässt das Übereinkommen der Auslegung. In den meisten Fällen wird die Zuordnung eines beförderten Gegenstandes zu einer der beiden Kategorien unproblematisch sein. Reisegepäck sind idR die vom Reisenden nach der Vereinbarung der Parteien in demselben Flugzeug zur Entgegennahme am Bestimmungsort mitgeführten Gegenstände (vgl. dazu Art. 3 Rn. 32). Demgegenüber sind Gegenstände, die – überwiegend im Handelsverkehr – ohne Bezug zu einer Personenbeförderung auf dem Luftwege befördert werden, regelmäßig klar als Güter iSd. Art. 5 Abs. 1 MÜ zu qualifizieren (siehe hierzu auch Art. 4 MÜ Rn. 11). **Tiere** sind idR als Gut zu behandeln.[189] Doch kann sich aus den ausdrücklichen Absprachen oder den Begleitumständen ergeben, dass sie als Gepäck befördert werden sollen; namentlich bei Haustieren wird dies nicht selten der Fall sein.

---

181 Vgl. Art. 18 MÜ Rdn. 7.

182 Vgl. Denkschrift zu Art. 17 MÜ BT-Drucks. **15/2285**, S. 41.

183 Zu den Abgrenzungsschwierigkeiten zwischen Teilverlust und Beschädigung in der französischen und belgischen Rechtsprechung vgl.: B TribCom Bruxelles, Urt. v. 9.1.1976 – *Cie Air Zaire c. Kimo et consorts* – RFDA **1977** 96, 97; F TribCom Toulouse, Urt. v. 14.2.1980 – *Cie Helvetia c. Cie Air France* – RFDA **1981** 236. Diesen Urteilen zufolge kann der Begriff Beschädigung („avarie“) nicht den Teilverlust miteinschließen, da für diesen die besondere Formulierung „perte partielle“ gebräuchlich sei. Dagegen wird sich nach der deutschen Rechtsprechung ein Teilverlust regelmäßig als Beschädigung darstellen, wenn das beförderte Gut im Luftfrachtbrief als eine einzige Beförderungseinheit ausgewiesen ist, vgl. OLG Frankfurt am Main, Urt. v. 3.6.1976 – 16 U 92/75 – ZLW **1977** 152.

184 Vgl. BGBl. 1961 II S. 1119.

185 Vgl. BGBl. 1989 II S. 586, 1990 II S. 1699.

186 Vgl. BGBl. 2002 II S. 2190.

187 Vgl. BGBl. 2002 II S. 2221.

188 Vgl. FrankfKomm/*Giemulla* vor Art. 1 WA 1955 Rn. 36.

189 OLG Düsseldorf, Urt. v. 12.1.1978 – 18 U 118/77 – VersR **1978** 964.

47 Unter **aufgegebenem Reisegepäck** iSv. Absatz 2 Satz 1 sind solche Gegenstände zu verstehen, die der Reisende dem Luftfrachtführer vor oder bei Reiseantritt in dessen Obhut gegeben hat.[190] Zum aufgegebenen Reisegepäck gehören nicht nur Gegenstände, die beim Check-in aufgegeben werden, sondern auch alle Gegenstände, die der Luftfrachtführer oder seine Leute vor dem Einstieg in das Flugzeug entgegennehmen (sog. delivery at aircraft) und im Laderaum des Flugzeugs befördert werden.[191] In der Regel begleitet das aufgegebene Reisegepäck den Reisenden auf dem Flug, wobei die Beförderung in demselben Flugzeug nicht maßgebend ist.[192] Wird das aufgegebene Reisegepäck versehentlich oder aus berechtigten Gründen in einem anderen Flugzeug befördert, wird das Reisegepäck nicht zum Gut iSd. Art. 18 Abs. 1 MÜ.[193] Zum aufgegebenen Gepäck können auch Gegenstände gehören, die ein Reisender als Teil bzw. Inhalt des Gepäckstücks eines Mitreisenden aufgegeben hat, obwohl dafür nur diesem ein Gepäckschein ausgehändigt wurde.[194]

48 Demgegenüber zählen alle Gegenstände, die der Reisende während der Luftbeförderung in seiner eigenen Obhut behält, d.h. die er an sich trägt oder als **Kabinengepäck** mit sich führt sowie auch Gegenstände, die er im Flugzeug dem Bordpersonal freiwillig oder auf dessen Verlangen zur Aufbewahrung aushändigt, nicht zum aufgegebenen Reisegepäck.[195] Das sog. **Handgepäck** unterliegt nicht der strikten Obhutshaftung. Vielmehr haftet der Luftfrachtführer bei eigenem Verschulden oder Verschulden seiner Leute.

49 **bb) Gleichstellungsfiktion des aufgegebenen Reisegepäcks mit dem Bordgepäck (Absatz 4).** Nach Absatz 4 bezeichnet vorbehaltlich entgegenstehender Bestimmungen im Montrealer Übereinkommen der Begriff „Reisegepäck" sowohl das aufgegebene als auch nicht aufgegebenes Reisegepäck. Im Gegensatz zum WA, wo auf die Existenz dieser beiden Kategorien nur mittelbar geschlossen werden kann, erkennt sie das Montrealer Übereinkommen ausdrücklich an.[196] Die Gleichstellung beider Kategorien nur unter Vorbehalt schafft die Möglichkeit, unterschiedliche Haftungsmaßstäbe festzulegen. Entgegenstehende Bestimmungen enthalten insbesondere Art. 17 Abs. 2 Satz 1 bis 3, Abs. 3 MÜ, Art. 22 Abs. 2 Satz 1 Hs 2 MÜ, Art. 31 Abs. 1, Abs. 2 Satz 1 MÜ. Bei Verspätungsschäden und der Anzeige der Verspätung[197] differenziert dagegen das Übereinkommen aus verständlichem Grund nicht danach, ob das Reisegepäck aufgegeben wurde oder nicht. Ferner begrenzt das Übereinkommen den Schadensersatzanspruch auf 1 288 Sonderziehungsrechte, unabhängig davon, ob der Schaden aufgegebenes oder nicht aufgegebenes Reisegepäck betrifft.[198]

50 **c) Zerstörung.** Zerstörung liegt vor, wenn die Substanz des Reisegepäcks oder Teile davon vernichtet sind,[199] so etwa, wenn ein gängiger Hartschalenkoffer nach dem Herabfallen vom Gepäcktrolley durch einen Flugzeugschlepper („pusher") überrollt worden ist und nur noch Fragmente

---

190 BGH, Urt. v. 28.11.1978 – VI ZR 257/77 – BGHZ **72** 389 (391) = NJW **1979** 496; BGH, Urt. v. 15.3.2011 – X ZR 99/10 – juris Rz. 15; LG Frankfurt am Main, Urt. v. 5.1.1990 – 2/8 S 71/90 – TranspR **1991** 143, 144; AG Bad Homburg, Urt. v. 30.10.1991 – 2 C 841/91 – TranspR **1992** 222.

191 FrankfKomm/*Müller-Rostin* Art. 18 WA 1955 Rn. 5a.

192 So aber *Verwer*, Liability for Damage S. 16; ebenso wie hier MünchKommHGB/*Kronke* Art. 5 WA 1955 Rn. 3.

193 LG Frankfurt am Main, Urt. v. 27.11.1996 – 2/1 S 33/96 – ZLW **1997** 545, 546.

194 BGH, Urt. v. 15.3.2011 – X ZR 99/10 – NJW-RR **2011** 787, 788: Verlust einer Golftasche mit eigenen Schlägern und Schlägern des mitreisenden Lebensgefährten.

195 BGH, Urt. v. 28.11.1978 – VI ZR 257/77 – NJW **1979** 496, 497; AG Bad Homburg, Urt. v. 30.10.1991 – 2 C 841/91 – TranspR **1992** 222.

196 EuGH, Urt. v. 22.11.2012 – *Sanchez v. Iberia Líneas Aéreas de España SA* – C-410/11, NJW **2013** 845, 846.

197 Vgl. Art. 31 Abs. 2 Satz 2 MÜ.

198 BeckOGK/*Förster* Art. 17 MÜ Rn. 173.

199 BeckOGK/*Förster* Art. 17 MÜ Rn. 183; FrankfKomm/*Müller-Rostin* Art. 18 WA 1955 Rn. 9.

übrigbleiben,[200] oder wenn das Reisegepäck als Substanz noch vorhanden ist, es aber nicht mehr seinem bestimmungsgemäßen Gebrauch dienen kann.[201]

d) Verlust. Ein Verlust des aufgegebenen Reisegepäcks ist dann anzunehmen, wenn der Luftfrachtführer gegenüber dem Reisenden den aus dem Luftbeförderungsvertrag resultierenden Besitzverschaffungsanspruch nicht erfüllen kann.[202] Ob der Luftfrachtführer weiß, wo sich das Gut befindet oder darüber in Unkenntnis ist, ist ebenso unerheblich, wie die Art und Weise des Abhandenkommens, die Frage der Vorwerfbarkeit uä. Insbesondere kann auch Verlust bei Nichtablieferung oder Falschauslieferung vorliegen.[203] 51

e) Beschädigung. Beschädigung ist jede Beeinträchtigung der Sachsubstanz, die zu einer Wertminderung des Reisegepäcks führt.[204] Die Beschädigung kann sowohl die äußere als auch die innere Unversehrtheit des Reisegepäcks betreffen.[205] Die Abgrenzung zwischen einem – nach dem MÜ nicht anzeigebedürftigen[206] – Verlust und einer Beschädigung kann im Einzelfall schwierig sein und ist fließend. Dies gilt vor allem in Fällen des Teilverlustes. Er kann sich je nach Sachlage als Beschädigung oder als Verlust darstellen.[207] Fehlen aus einem aufgegebenen Reisegepäck bei dessen Ankunft am Bestimmungsort einzelne Teile seines Inhalts, so ist dieser Teilverlust als anzeigepflichtige Beschädigung zu behandeln.[208] 52

2. Obhutshaftung bei aufgegebenem Reisegepäck (Absatz 2 Satz 1)

a) Schadensereignis während der Obhutszeit

aa) Allgemeines. Der Luftfrachtführer verpflichtet sich durch den Luftbeförderungsvertrag gegenüber dem Reisenden, diesen sowie sein Gepäck an den vereinbarten Bestimmungsort zu bringen. Das Montrealer Übereinkommen regelt den der Beförderung der Gepäckstücke zugrunde liegenden Vertragstypus nicht. Der hier in Rede stehende **Gepäckbeförderungsvertrag** ist rein **akzessorischer Natur.**[209] Durch den akzessorischen Gepäckbeförderungsvertrag verpflichtet sich der Luftfrachtführer nicht nur, das ihm anvertraute Reisegepäck an den vereinbarten Ort zu bringen, sondern er nimmt es zugleich in Obhut. Die Obhutspflicht („sous la garde“)[210] besteht darin, dass der Luftfrachtführer die übernommenen Gegenstände gegen **Verlust und Beschädi-** 53

---

200 Beispiel nach FrankfKomm/*Schmid* Art. 17 MÜ Rn. 129.
201 LG Frankfurt am Main, Urt. v. 5.1.1990 – 2/8 S 71/90 – TranspR **1991** 143, 144; *Ruhwedel*³ Luftbeförderungsvertrag Rn. 424; vgl. auch Art. 18 MÜ Rdn. 10.
202 OLG Frankfurt am Main, Urt. v. 21.4.1998 – 5 U 210/96 – TranspR **1999** 24; OLG Frankfurt am Main, Urt. v. 14.7.1977 – 5 U 129/76 – ZLW **1978** 53; LG Frankfurt am Main, Urt. v. 20.9.1985 – 3/7 O 202/84 – ZLW **1986** 154 = TranspR **1986** 345; BeckOGK/*Förster* Art. 17 MÜ Rn. 184; *Guldimann* Art. 18 WA 1955 Rn. 4.
203 Vgl. dazu Art. 18 MÜ Rn. 12.
204 BeckOGK/*Förster* Art. 17 MÜ Rn. 185; MünchKommHGB/*Kronke* Art. 18 WA 1955 Rn. 12; *Ruhwedel*³ Luftbeförderungsvertrag Rn. 428.
205 *Guldimann* Art. 18 WA 1955 Rn. 4.
206 Vgl. Art. 31 MÜ Rdn. 18.
207 Zur Abgrenzung vgl. Art. 18 MÜ Rdn. 14 ff.
208 AG Köln, Urt. v. 21.2.2002 – 117 C 340/01 – NVZ **2003** 45, 46; ebenso FrankfKomm/*Müller-Rostin* Art. 18 WA 1955 Rn. 10 b.
209 Vgl. dazu auch Art. 3 MÜ Rdn. 32.
210 Vgl. Art. 18 Abs. 3 MÜ in der französischen Textfassung.

gung zu schützen hat.[211] Sie tritt als zweite Hauptpflicht neben die werkvertragliche Pflicht zur Erbringung der Beförderungsleistung.[212]

54 Die Obhutspflicht erstreckt sich nach Absatz 2 Satz 1 auf den Zeitraum, während sich das aufgegebene Reisegepäck **an Bord des Luftfahrzeugs** befindet oder noch in der **Obhut des Luftfrachtführers** befindet. Dem Tatbestandsmerkmal „an Bord des Luftfahrzeugs" kommt keine eigenständige Bedeutung zu, da sich das Reisegepäck auch zu diesem Zeitpunkt in der Obhut des Luftfrachtführers befindet. Der Begriff der Obhut darf nämlich nicht gleichgesetzt werden mit Besitz oder Gewahrsam.[213] Vielmehr ist der Begriff der Obhut im räumlich-zeitlichen Sinne dahin auszuweiten, dass das Schadensereignis in einem Moment eingetreten ist, als sich das Reisegepäck „an Bord des Luftfahrzeugs" oder sonst an einem beliebigen Ort in der Obhut des Luftfrachtführers befunden hat.[214] Eine körperliche Inbesitznahme des Gutes durch den Luftfrachtführer ist nicht erforderlich, vielmehr genügt auch eine Willenseinigung.[215]

55 **bb) Zeitraum der Obhutshaftung.** Der Zeitraum der Obhutshaftung wird in den meisten nationalen und internationalen frachtrechtlichen Haftungsregelungen durch die Begriffe „Annahme" und „Ablieferung" bestimmt. Auch wenn die verwendeten Begriffe in den nationalen und internationalen Haftungsregelungen sprachlich unterschiedlich bezeichnet werden, so ändert das nichts daran, dass mit ihnen der gleiche Vorgang gemeint ist. Beginn und Ende der Obhut werden daher durch die Annahme und die Ablieferung des Reisegepäcks begrenzt.[216]

56 **(1) Beginn der Obhutshaftung.** Die Obhut beginnt mit der **Entgegennahme** des **Reisegepäcks** am **Check-in-Schalter**.[217] Dazu ist körperlicher Gewahrsam durch den Luftfrachtführer nicht zwingend erforderlich. Es genügt, dass der Luftfrachtführer auf die Behandlung des Reisegepäcks Einfluss nehmen kann. Für die Annahme der Obhut reicht es aus, wenn die obhutsbegründende Einwirkungsmöglichkeit durch das rechtliche Band etwa einer Vertragsbeziehung vermittelt wird. Unerheblich ist dabei, ob der Reisende bereits am Vorabend eincheckt und das Reisegepäck auf dem Flughafen oder außerhalb des Flughafengeländes zwischengelagert wird. Besorgt der vertragliche Luftfrachtführer den **Transfer des Reisegepäcks** vom Flughafen zum Hotel oder umgekehrt, wird man wie folgt zu differenzieren haben. Erhält der Reisende beim Transfer zum Flughafen vor dem Check-in noch Zugriff auf sein Reisegepäck, so unterliegt der Transfer nicht der Haftung des Art. 17 MÜ.[218] Erhält der Reisende sein Reisegepäck nach der Übernahme im Hotel am Abgangsflughafen nicht mehr ausgehändigt, so haftet der Luftfrachtführer ab dem Zeitpunkt der Übernahme des Reisegepäcks im Hotel.[219]

57 **(2) Unterbrechung der Obhutshaftung.** Die Obhut des Luftfrachtführers und damit die dem Vertragspartner geschuldeten Schutzpflichten können unterbrochen werden. Eine Unterbrechung ist dann anzunehmen, wenn dem Luftfrachtführer faktische und rechtliche Einwirkungsmöglichkeiten auf das Reisegepäck zeitweise entzogen sind. Bei einer Kontrolle des Reisegepäcks durch

211 BGH, Urt. v. 24.2.2011 – I ZR 91/10 – VersR **2012** 205, 207.

212 Ebenso BGH, Urt. v. 15.3.2011 – X ZR 99/10 – juris Rz. 12.

213 BGH, Urt. v. 27.10.1978 – I ZR 114/76 – VersR **1979** 83, 84 = ZLW **1980** 61.

214 Ebenso *Ruhwedel*[3] Luftbeförderungsvertrag Rn. 437.

215 BGH, Urt. v. 27.10.1978 – I ZR 114/76 – VersR **1979** 83 = ZLW **1980** 61; LG Köln, Urt. v. 10.6.1987 – 88 O 181/86 – TranspR **1987** 389 = ZLW **1988** 262; LG Frankfurt, Urt. v. 2.5.2007 – 3-13 O 170/06 – BeckRS **2007** 16381.

216 Vgl. dazu auch Art. 18 MÜ Rdn. 22.

217 OLG Frankfurt, Urt. v. 29.7.2015 – 3 U 29/15 – RdTW **2015** 336, 338.

218 Vgl. FrankfKomm/*Schmid* Art. 17 MÜ Rn. 133.

219 Ebenso FrankfKomm/*Schmid* Art. 17 MÜ Rn. 133.

die Zollbehörden wird man eine Obhutsunterbrechung im Regelfall nicht annehmen können, es sei denn, dass dem Luftfrachtführer faktische Einwirkungsmöglichkeiten zeitweise entzogen sind.[220] Jedoch wird mit der Beschlagnahme des Reisegepäcks durch die Zollbehörde die Obhut des Luftfrachtführers unterbrochen.[221]

(3) Ender der Obhutshaftung. Die Obhut endet mit der Ablieferung des Reisegepäcks. Unter **Ablieferung** ist der Vorgang zu verstehen, durch den der Luftfrachtführer den zur Beförderung erlangten Gewahrsam am Reisegepäck mit ausdrücklicher oder stillschweigender Einwilligung des Empfängers wieder aufgibt und diesen in den Stand setzt, die tatsächliche Gewalt über das Gepäck auszuüben.[222] Für Schäden am Reisegepäck, die daraus resultieren, dass der Reisende einem Zollbeamten den Inhalt des Koffers zeigen muss, haftet der Luftfrachtführer nicht. Die Obhut wird nicht dadurch beendet, dass versehentlich ein anderer Reisender das Reisegepäck mitgenommen hat.[223] 58

Fraglich ist, wann die Obhutshaftung des Luftfrachtführers endet, wenn der Reisende sein Reisegepäck nicht abholt. Denkbar ist es, die Haftung des Luftfrachtführers nach Art. 17 Abs. 2 Satz 1 MÜ in dem Zeitpunkt erlöschen zu lassen, in dem alle anderen Fluggäste des Fluges ihr Gepäck abgeholt haben.[224] Für diese Rechtsauffassung könnte gewiss angeführt werden, dass man anderenfalls dem Luftfrachtführer alle Schadensrisiken für eine nicht absehbare Zeit aufbürden würde.[225] Ferner könnte man anführen, dass die Aufbewahrung des Reisegepäcks im Anschluss an eine Luftbeförderung nicht vereinbart ist. Dem ist jedoch entgegenzuhalten, dass im Bereich der Güterbeförderung grundsätzlich eine Lagerung oder Verwahrung vor oder nach der Luftbeförderung noch in den Haftungszeitraum fällt.[226] Insofern gilt dies mutatis mutandis für die Haftung für Reisegepäckschäden. Für diese Auffassung spricht auch der klare Wortlaut des Art. 17 Abs. 2 Satz 1 MÜ, der eine Haftung des Luftfrachtführers so lange vorsieht, als das Reisegepäck noch in der Obhut des Luftfrachtführers ist. Der Annahmeverzug bei der Entgegennahme des Reisgepäcks durch den Reisenden beendet daher die Obhut des Luftfrachtführers nicht.[227] Ebenso besteht die Obhut fort, wenn ein – mittels eines anderen Flugzeuges – am Bestimmungsort verspätet angekommenes Reisegepäckstück vom Reisenden nicht im Zeitpunkt seiner Ankunft abgeholt werden kann.[228] Schickt der Luftfrachtführer stehen gebliebenes oder zurückgegebenes Reisegepäck auf dem Postweg an den Reisenden, so haftet der Luftfrachtführer für Schäden, die während der Nachsendung entstehen, mangels Obhut nicht mehr.[229] 59

cc) Haftungsbegründende Kausalität

(1) Beliebiges schadensauslösendes Ereignis. Anders als bei der Haftung für Personenschäden nach Absatz 1 verzichtet das Montrealer Übereinkommen bei Haftung wegen Reisegepäckschäden auf das Vorliegen eines Unfalls als schadenstiftendes Ereignis. Zwischen dem Ereignis und dem Betrieb des Luftfahrzeugs braucht daher kein ursächlicher Zusammenhang zu bestehen. 60

---

220 Vgl. dazu auch Art. 18 MÜ Rdn. 25.

221 Vgl. auch LG Frankfurt am Main, Urt. v. 2.5.2007 – 3-13 O 170/06 – BeckRS **2007** 16381.

222 BGH, Urt. v. 14.2.1962 – II ZR 19/61 – NJW **1963** 1830 (LS zu §§ 75, 82 EVO); BGH, Urt. v. 23.10.1981 – I ZR 157/79 – NJW **1982** 1284 (zu § 29 KVO); OLG Köln, Urt. v. 13.12.1994 – 22 U 148/94 – VersR **1996** 523 (zu § 29 KVO); LG Stuttgart, Urt. v. 21.2.1992 – 11 KfH O 172/90 – TranspR **1993** 141, 142 (zu Artt. 18, 20, 26 WA 1955); *Helm* Haftung S. 98.

223 FrankfKomm/*Müller-Rostin* Art. 18 WA 1955 Rn. 27.

224 So FrankfKomm/*Müller-Rostin* Art. 18 WA 1955 Rn. 27 zur Rechtslage unter Geltung des WA.

225 *Verwer* Liability for Damage Nr. 60.

226 Vgl. Art. 18 MÜ Rdn. 23.

227 **AA** BeckOGK/*Förster* Art. 17 MÜ Rn. 194; FrankfKomm/*Schmid* Art. 17 MÜ Rn. 139.

228 Vgl. AG Düsseldorf, Urt. v. 31.7.1986 – 47 C 755/84 – TranspR **1988** 285.

229 LG Frankfurt am Main, Urt. v. 11.7.1994 – 2/24 S 455/93 – RRa **1994** 210; AG Düsseldorf, Urt. v. 13.6.1985 – 47 C 137/85 – TranspR **1985** 387; BeckOGK/*Förster* Art. 17 MÜ Rn. 194.

Vielmehr soll jedes beliebige Ereignis genügen.[230] Als schadensstiftendes Ereignis kommt daher jede Ursache in Betracht, z.B. ein Unfall, ein Diebstahl, Temperaturschwankungen bei der Beförderung. Das Ereignis braucht weder plötzlich noch unvorhersehbar eintreten. Auch muss kein aktives Tun oder Unterlassen des Luftfrachtführers oder seiner Leute ursächlich gewesen sein. Der Grund dafür, dass bei der Gepäckbeförderung im Gegensatz zur Personenbeförderung bereits jedes beliebige Ereignis genügt, ist darin zu sehen, dass der Absender seine Sachherrschaft und die Kontrolle über das Gepäck aufgibt und diese dem Luftfrachtführer anvertraut, während die Obhut und Kontrolle des Luftfrachtführers im Fall der Personenbeförderung wesentlich eingeschränkter sind.[231]

61 **(2) Verursachung des Primärschadens.** Das Ereignis muss einen der Primärschäden „Zerstörung", „Verlust" oder „Beschädigung" verursacht haben („*the event which caused the destruction*"; „*le fait qui a causé la destruction*"). Die Kausalität zwischen Ereignis und Schaden ist anhand des ergänzend anwendbaren Rechts zu beurteilen.[232] Die Kausalität ist gegeben, wenn das Ereignis nicht hinweggedacht werden kann, ohne dass nicht zugleich auch der eingetretene Schaden entfiele (conditio sine qua non). Bei Anwendbarkeit deutschen Rechts ist die Frage der Kausalität zusätzlich durch den Gesichtspunkt der Adäquanz zu beurteilen, um zu vermeiden, dass dem Luftfrachtführer auch solche Schadensfolgen zugerechnet werden, die völlig außerhalb gewöhnlicher Geschehensabläufe liegen.

62 Unerheblich ist, wann der Schaden entstanden ist. Dies kann auch nach Beendigung der Luftbeförderung sein, vorausgesetzt, dass das Ereignis während des Obhutszeitraums eingetreten ist.

63 **dd) Darlegungs- und Beweislast.** Die Beweisanforderungen unterliegen den allgemeinen internationalen zivilverfahrensrechtlichen Regelungen. Diese gehen von der Maßgeblichkeit des Beweisrechts am Sitz des mit der Sache befassten Gerichts aus.

64 Der Anspruchssteller muss für die Geltendmachung eines Schadensersatzanspruchs aufgrund des Übereinkommens zunächst den Abschuss eines Luftbeförderungsvertrags darlegen und beweisen. Er muss ferner den eingetretenen Verlust oder die Beschädigung des Reisegepäcks darlegen und – im Falle des Bestreitens – beweisen. Dabei obliegt dem Reisenden die Darlegungs- und Beweislast, dass das Reisegepäck in einwandfreiem Zustand an den Luftfrachtführer ausgehändigt worden ist. Es gibt keinen Beweis des ersten Anscheins, wonach aus dem Eintreffen im beschädigten Zustand am Zielort auf ein schadensauslösendes Ereignis während der Luftbeförderung geschlossen werden kann.[233]

65 Lässt sich die Übergabe in einem entsprechenden Zustand in die Obhut des Luftfrachtführers als solche nicht beweisen, dann steht dem Anspruchsteller der Weg offen, die Beschädigung oder den Verlust des Reisegepäcks während der Luftbeförderung zu beweisen. Ist die Beschädigung während des Obhutszeitraums streitig und gelingt dem Anspruchsteller weder der Beweis der unbeschädigten Übergabe noch jener der Schadensverursachung während der Luftbeförderung, so ist die Klage abweisungsreif.[234]

230 OLG Köln, Urt. v. 20.11.1980 – 1 U 120/79 – ZLW **1982** 167, 171 = TranspR **1982**, 43; BeckOGK/*Förster* Art. 17 MÜ Rn. 187.

231 FrankfKomm/*Müller-Rostin* Art. 18 WA 1955 Rn. 14.

232 *Koller* VersR **1994** 384, 388; FrankfKomm/*Müller-Rostin* Art. 18 WA 1955 Rn. 16.

233 FrankfKomm/*Müller-Rostin* Art. 18 WA 1955 Rn. 17; MünchKommHGB/*Kronke* Art. 18 WA 1955 Rn. 81.

234 OLG Frankfurt am Main, Urt. v. 15.11.1983 – 5 U 20/83 – ZLW **1984** 90; OLG Nürnberg, Urt. v. 9.4.1992 – 12 U 3644/91 – TranspR **1992** 276.

b) Haftungsausschlüsse bei aufgegebenem Reisegepäck

aa) Absatz 2 Satz 2. **Absatz 2 Satz 2** schließt die Haftung des Luftfrachtführers für Schäden aus, die auf die **Eigenart des Reisegepäcks** oder einen ihm **innewohnenden Mangel** zurückzuführen ist. Mit dem Begriff „Eigenart des Reisegepäcks" sollen gerade Schäden erfasst werden, die sich aus der normalen („natürlichen") Schadensanfälligkeit von Reisegepäck ergeben. Die Eigenart des Reisegepäcks erhöht daher das Schadensrisiko, ohne dass ein Mangel vorliegt. Ist ein Koffer mit zerbrechlichen Glasgegenständen gefüllt, so liegt ein gesteigertes Schadensrisiko aufgrund der Eigenart des Reisegepäcks vor. Demgegenüber sollen mit der Formulierung „dem Reisegepäck innewohnende Mängel" Situationen erfasst werden, in denen das Reisegepäck selbst mangelhaft ist, also von der normalen, ordnungsgemäßen Beschaffenheit eines Gutes der beförderten Art. abweicht. Ein Musikinstrument stellt kein in besonderer Weise schadensempfindliches Objekt dar.[235] 66

bb) Analoge Anwendung des Art. 18 Abs. 2 MÜ. Obgleich die Haftung für Schäden wegen aufgegebenen Reisegepäcks der Obhutshaftung für Güter nach Art. 18 MÜ nachgebildet ist, sieht Art. 17 Abs. 2 Satz 2 MÜ nur einen Haftungsausschluss wegen der Eigenart des Reisegepäcks oder eines ihm innewohnenden Mangels vor. Gibt der Reisende als Reisegepäck ein Fahrrad oder ein Surfbrett auf, so besteht kein sachlicher Grund, weshalb sich der Luftfrachtführer nicht entsprechend auf Art. 18 Abs. 2 Buchstabe b berufen können soll. Gleiches gilt, wenn die Schäden am Reisegepäck aufgrund einer hoheitlichen Handlung durch die Zollbehörden verursacht wurden. Insofern ist die Sachlage mit der Beförderung von Gütern vergleichbar, so dass die Haftungsausschlussgründe des Art. 18 Abs. 2 MÜ entsprechend angewandt werden können.[236] 67

c) Anzeigefrist – Sonderregelung in Absatz 3. Das Montrealer Übereinkommen schreibt für den Fall des Verlusts, der Zerstörung oder der Nichtauslieferung von Reisegepäck keine Anzeigepflicht vor. Demgegenüber sind die Beschädigung binnen 7 Tagen nach der Annahme,[237] die Verspätung binnen 21 Tagen,[238] nachdem das Reisegepäck dem Reisenden zur Verfügung gestellt wurde, anzuzeigen. Dieser Differenzierung liegt der Gedanke zugrunde, dass der Luftfrachtführer bei Verlust, Zerstörung und Nichtauslieferung ohnedies Kenntnis von der Unregelmäßigkeit des Transportablaufs hat, während diese Kenntnis bei Beschädigungen oder Verspätungen nicht zwingend vermutet werden kann.[239] Die Schadensanzeige im Fall der Beschädigung und der Verspätung hat, außer im Falle der Arglist des Luftfrachtführers,[240] **schriftlich** zu erfolgen. 68

Absatz 3 enthält eine Sonderregelung für den Fall des Verlustes aufgegebenen Reisegepäcks. Wegen des hier vielfach zunächst unklaren Schadenseintritts wird die Geltendmachung von Ersatzansprüchen an die Anerkennung des Verlustes durch den Luftfrachtführer oder an den fruchtlosen Ablauf einer **Wartefrist** von 21 Tagen seit dem Tag, an dem das Reisegepäck hätte eintreffen sollen, geknüpft. Im letztgenannten Fall beginnt die Ausschlussfrist des Art. 35 MÜ ab diesem Tag zu laufen. Absatz 3 **verschiebt** daher für den Fall des Verlusts des Reisegepäcks den **Fristbeginn der Ausschlussfrist**. 69

---

235 Offenlassend OLG Stuttgart, Urt. v. 29.3.2006 – 3 U 272/05 – ZLW **2007** 503, 507.

236 AA OLG Stuttgart, Urt. v. 29.3.2006 – 3 U 272/05 – ZLW **2007**, 503, 507.

237 Vgl. Art. 31 Abs. 2 Satz 1 MÜ.

238 Vgl. Art. 31 Abs. 2 Satz 2 MÜ.

239 *Guldimann* Art. 26 WA 1955 Rn. 11; *Wodrich/Suhr* VersR **1977** 263; kritisch hierzu *Müller-Rostin* TranspR **1989** 121, 127; *Schoner* ZLW **1978** 259, 269.

240 Der Arglisteinwand ist z.B. geführt, wenn ein Mitarbeiter des Luftfahrtunternehmens dem Reisenden versichert, dass eine mündliche Anzeige genügen würde, vgl. auch US CA 2nd Cir., Urt. v. 7.6.1984 – *Me Denby v. Seabord World Airlines* – 737 F.2 d 172, Rz. 68.

3. Verschuldenshaftung bei Bordgepäck (Absatz 2 Satz 3)

70 Anders als für das aufgegebene Reisegepäck zählt Art. 17 Abs. 2 Satz 3 MÜ keine Schadensformen auf. Als ersatzfähige Schäden kommen jedoch wie beim aufgegebenen Reisegepäck die Tatbestände der Beschädigung, der Zerstörung und des Verlusts in Betracht. Der Tatbestand der Verspätung des aufgegebenen und nicht aufgegebenen Reisegepäcks in Art. 19 MÜ ist als besondere Schadensform geregelt.

71 **a) Haftungszeitraum.** Das Montrealer Übereinkommen definiert zunächst nicht den Haftungszeitraum. Zur Eingrenzung des Haftungszeitraums wird man jedoch auf denjenigen des Absatzes 2 Satz 1 zurückgreifen können.[241] Dies erscheint sachgerecht, da Absatz 2 Satz 3 nur einen anderen Haftungsmaßstab – die Verschuldenshaftung – an die Stelle der Obhutshaftung setzen, nicht dagegen den Haftungszeitraum anders bestimmen möchte. Danach haftet der Luftfrachtführer für Schäden am Kabinengepäck und an den persönlichen Gegenständen, sofern der Schaden sich an Bord ereignet hat und auf das Verschulden des Luftfrachtführers oder seiner Leute zurückzuführen ist. Gleiches gilt, wenn er Gegenstände dem Bordpersonal in Obhut während der Luftbeförderung gibt und der Schaden auf ein Verschulden des Luftfrachtführers oder seiner Leute zurückzuführen ist. Der Haftungszeitraum ist anders als im Fall des Absatzes 2 Satz 1 auf die eigentliche Luftbeförderung beschränkt. Lässt der Reisende versehentlich das Handgepäck an Bord zurück, z.B. eine Kamera, haftet der Luftfrachtführer nicht nach Art. 17 Abs. 2 Satz 3 MÜ für den Verlust, wenn er das Gepäckstück nachsendet.[242]

72 Hat ein Reisender Gegenstände seines Bordgepäcks auf Anordnung der Flugbesatzung z.B. zur Vorbereitung einer Notlandung zu übergeben, hat die Abgabe dieser Gegenstände nicht zur Folge, dass diese Gegenstände den Charakter von Bordgepäck verlieren[243] und als aufgegebenes Reisegepäck zu werten wären.

b) Verschulden des Luftfrachtführers oder seiner Leute

73 **aa) Begriff des Verschuldens.** Der Luftfrachtführer haftet bei nicht aufgegebenem Reisegepäck, wenn der Schaden auf sein Verschulden oder das Verschulden seiner Leute zurückzuführen ist. Der Begriff des Verschuldens wird im Montrealer Übereinkommen nicht definiert. Das zugrundeliegende Verschuldensprinzip („sa faute"; „its fault") bindet die Haftung an die Voraussetzung, dass ein vorwerfbares Verhalten des Luftfrachtführers den Schaden herbeigeführt hat. Als Verschuldensformen kommen dabei sowohl Vorsatz als auch Fahrlässigkeit in Betracht. In beiden Fällen ist das Verschulden Ausdruck einer subjektiven Vorwerfbarkeit. Verschulden setzt Rechtswidrigkeit und Zurechnungsfähigkeit des Verhaltens voraus.

74 **Rechtswidrig** ist jedes Verhalten, das in fremde Rechte oder rechtlich geschützte Interessen eingreift, ohne durch einen Rechtfertigungsgrund gedeckt zu sein. Der Verletzungserfolg indiziert damit die Rechtswidrigkeit. Im Vertragsrecht entspricht der Rechtswidrigkeit die objektive Pflichtwidrigkeit.

75 Für die Zurechnungs- bzw. Verschuldensfähigkeit sind bei Anwendbarkeit deutschen Rechts die Vorschriften der §§ 827, 828 i.V.m. § 276 Abs. 1 Satz 2 BGB maßgeblich.

241 Entsprechende Anwendung des Haftungszeitraums für Personenschäden, welche das Ein- und Aussteigen mitumfasst: FrankfKomm/*Schmid* Art. 17 MÜ Rn. 149.

242 Vgl. dazu auch LG Hannover, Urt. v. 6.4.2000 – 3 O 3871/99-92 – RRa **2000** 230 m. Anm. v. *Ruhwedel*.

243 BGH, Urt. v. 28.11.1978 – VI ZR 257/77 – NJW **1979** 496.

bb) Einstandspflicht des Luftfrachtführers für seine Leute. Neben dem eigenen Verschulden hat der Luftfrachtführer auch das Verschulden seiner Leute zu vertreten. Der Begriff der Leute wird im Montrealer Übereinkommen nicht definiert.[244] Der Begriff ist im Kontext der jeweiligen Norm zu deuten. Art. 17 Abs. 2 Satz 3 MÜ betrifft eine Haftung für das Kabinengepäck während der Luftbeförderung. Insofern fallen unter den Kreis der Leute nur der Kapitän einschließlich des gesamten Bordpersonals, nicht dagegen des Reinigungspersonals nach erfolgter Landung. Insofern ist der Begriff der Leute im Kontext der Vorschrift enger zu interpretieren als bei der Frachtgutbeförderung und der Beförderung von aufgegebenem Gepäck.[245] 76

c) Darlegungs- und Beweislast. Für die Voraussetzungen des Art. 17 Abs. 2 Satz 3 MÜ trägt der Geschädigte die Darlegungs- und Beweislast.[246] Zu der Frage, ob die im Rahmen zu Art. 29 CMR und im nationalen Transportrecht von der Rechtsprechung[247] entwickelten Grundsätze der sekundären Beweisführungslast bei der Beförderung von Gütern im Fall des Verlusts und Abhandenkommens von Reisgepäck angewandt werden können.[248] 77

C. Geltendmachung der Ansprüche

I. Person des Ersatzberechtigten

1. Allgemeines

Das Montrealer Übereinkommen regelt die Frage, wer im Falle von Personenschäden und Reisegepäckschäden zur Geltendmachung der Ansprüche aus Art. 17 MÜ berechtigt ist, nicht. Vielmehr wird die Frage der Aktivlegitimation durch Art. 29 Satz 1 Hs 2 MÜ dem ergänzenden nationalen Recht überstellt.[249] Das für den Geltungsbereich des deutschen Rechts erlassene Gesetz zur Durchführung des Übereinkommens vom 28. Mai 1999 zur Vereinheitlichung über die Beförderung im internationalen Luftverkehr (Montrealer-Übereinkommensdurchführungsgesetz – **MontÜG**)[250] verweist in seinem § 1 MontÜG auf Einzelregelungen über den Kreis der Ersatzberechtigten in § 35 Abs. 2 LuftVG. 78

2. Reisender

Ersatzberechtigt und damit aktivlegitimiert ist nach dem Wortlaut der Vorschrift der Reisende. Der Begriff des Reisenden entspricht demjenigen des Fluggastes in § 45 LuftVG.[251] Reisender ist diejenige Person, die aufgrund eines mit dem Luftfrachtführer oder seinem Vertreter oder Agenten geschlossenen Luftbeförderungsvertrag befördert wird. Ebenso ist Reisender ein Kind unter 2 Jahren, das zum Null-Tarif mit den Erziehungsberechtigten reist.[252] 79

---

244 BeckOGK/*Förster* Art. 17 MÜ Rn. 206.
245 **AA** wohl BeckOGK/*Förster* Art. 17 MÜ Rn. 206.
246 Ebenso *Ruhwedel* TranspR **2001** 189, 195.
247 Vgl. BGH, Urt. v. 21.9.2000 – I ZR 135/98 – TranspR **2001** 29; OLG München, Urt. v. 7.5.1999 – 23 U 6113/98 – TranspR **1999** 301, 303; OLG Köln, Urt. v. 27.6.1999 – 22 U 265/94 – NJW-RR **1997** 98; OLG Frankfurt am Main, Urt. v. 14.9.99 – 5 U 30/97 – TranspR **2000** 260.
248 Vgl. Art. 22 MÜ Rdn. 41.
249 Zur Parallelnorm des Art. 24 WA 1955, vgl. auch *Kuhn* ZLW **1989**, 21 (25).
250 BGBl. 2004 I S. 550.
251 Ebenso FrankfKomm/*Schmid* Art. 17 MÜ Rn. 87.
252 *Vollmar* Haftung für Personenschäden S. 77.

80 Bei den Gepäckschäden ist zu beachten, dass nach der neueren Rechtsprechung zum Verlust von Gepäck nicht nur dem Reisenden ein Ersatzanspruch zusteht, der sein eigenes Reisegepäck individuell aufgegeben hat, sondern auch demjenigen, dessen Gegenstände sich in dem aufgegebenen und verlorengegangenen Reisegepäck eines auf demselben Flug Mitreisenden befunden haben.[253]

81 Unerheblich ist, ob der Reisende selbst den Vertrag geschlossen hat oder ein Dritter zu seinen Gunsten.[254] Die Nichtausstellung eines Einzel- oder Sammelbeförderungsscheins berührt den Bestand eines Beförderungsvertrages nicht.[255] Retter und Gerettete im Rahmen von Evakuierungsmaßnahmen werden auch vom Begriff der Beförderung erfasst. Nach Art. 3 Buchst. g der Verordnung EG Nr. 785/2004 umfasst der Begriff des „Fluggastes" alle Personen, die sich mit Zustimmung des Luftfahrunternehmens oder des Luftfahrzeugbetreibers auf einem Flug befinden, mit Ausnahme der Dienst habenden Flug- und Kabinenbesatzungsmitglieder. Ein Sachverständiger für Lawinensprengungen, der zum Zwecke der Verrichtung dieser Aufgaben befördert wird, ist Reisender, auch wenn er besondere Aufgaben während des Fluges auf Anweisung des Piloten durchzuführen hat. Der Pilot ist nämlich als Kommandant stets berechtigt, allen an Bord eines Luftfahrzeugs befindlichen Personen einschließlich der Fluggäste Anweisungen zu erteilen.[256]

82 **Nicht ersatzberechtigt** ist dagegen ein „blinder Passagier" oder eine Geisel, die an Bord gebracht wurde, da diese Personen keinen Luftbeförderungsvertrag mit dem Luftfrachtführer abgeschlossen haben.[257] Ebenso wenig sind Personen, die aufgrund eines Gefälligkeitsverhältnisses befördert werden, der Flugschüler während eines Ausbildungsfluges,[258] die Bordbediensteten[259] und sonstige Angestellten des Luftfrachtführers, welche die Reise nicht aufgrund eines Beförderungsvertrages, sondern aufgrund eines Arbeits- oder Dienstvertrages unternehmen,[260] Reisende iSd. Montrealer Übereinkommens. Ebenso wenig ist eine Person, die zum Zwecke einer Evakuierungsübung an einem Seilwindenseil eines Hubschraubers hängt, Reisender. Denn bei einer Evakuierungsübung fehlt es an einem Beförderungsvertrag. Dies ergibt sich im Umkehrschluss zu Art. 51 MÜ. Danach wird der Luftfrachtführer bei der Beförderung unter außergewöhnlichen Umständen und außerhalb des gewöhnlichen Luftverkehrs von seiner Dokumentationspflicht nach Art. 3 bis 5, 7 und 8 MÜ freigestellt. Die Vorschrift erfasst damit die sog. Rettungsflüge, Katastropheneinsätze, Repatriierungsflüge von Flüchtlingen oder sonst gefährdeten Personen.

83 Hat der Reisende eine Reisgepäckversicherung abgeschlossen, so geht die Anspruchsberechtigung insoweit auf das Versicherungsunternehmen über, als dieses den Schaden nach § 67 VVG reguliert hat.[261]

3. Angestellte des Luftfrachtführers

84 Fraglich ist, ob auch Arbeitnehmern des Luftfrachtführers Ansprüche aus Art. 17 MÜ zustehen, wenn sie während einer Luftbeförderung einen Personenschaden erleiden. Man wird hier wie folgt differenzieren müssen:

---

253 EuGH, Urt. v. 22.11.2012 – *Sanchez v. Iberia Líneas Aéreas de España SA* – C-410/11, NJW **2013** 845.

254 FrankfKomm/*Giemulla* Art. 1 MÜ Rn. 47; *Kirsch* in: Kölner Kompendium Luftrecht, Bd. 3, Teil I A Rn. 115 ff.; *Jankötter* Fluggastrechte S. 67.

255 Art. 3 Abs. 5 MÜ.

256 EuGH, Urt. v. 26.2.2015 – *Wucher Helicopter GmbH, Euro-Aviation Versicherungs AG v. Fridolin Santer* – C-6/14, BeckRS **2015** 80299.

257 FrankfKomm/*Schmid* Art. 17 MÜ Rn. 87; *Ruhwedel*³ Luftbeförderungsvertrag Rn. 119; *Wessels* ZLW **1961** 173 ff.

258 Vgl. auch § 33 Abs. 1 Satz 3 LuftVG.

259 Ebenso FrankfKomm/*Giemulla* Art. 1 MÜ Rn. 48; *Guldimann* Art. 1 WA 1955 Rn. 9; *Führich* Reiserecht Rn. 969; *Müller* ZLW **1960** 41, 42; *Ruhwedel*³ Luftbeförderungsvertrag Rn. 119.

260 Ebenso *Abraham* Luftbeförderungsvertrag Art. 1 WA 1955 Rn. 8; *Guldimann* Art. 1 WA 1955 Rn. 9; *Koffka/Bodenstein/Koffka* Art. 1 WA 1929 S. 268; *Riese* Luftrecht S. 406; *Schweickhardt* ZLR 1954, 7; **aA** FrankfKomm/*Giemulla* Art. 1 MÜ Rn. 48 (für sog. Dead-head-Flüge); *Goldhirsch* Handbook S. 9; *Müller* ZLW **1960** 41, 48 ff.

261 OLG Frankfurt, Urt. v. 29.5.2002 – 2 U 150/01 – NJW-RR **2003** 22 = VersR **2003** 321.

a) Besatzungsmitglieder. Das Montrealer Übereinkommen findet auf die Besatzung einschließlich des Kabinenpersonals keine Anwendung, da diese nicht aufgrund eines Luftbeförderungsvertrags an dem Flug teilnehmen.[262] Ihre Rechte und Pflichten ergeben sich aus dem jeweils anwendbaren nationalen Arbeits- und Sozialrecht. 85

b) Luftfahrzeugführer in der Eigenschaft als Prüfungsbeauftragter. Ebenso wenig kann ein Luftfahrzeugführer Ansprüche gegen den Luftfrachtführer aus Art. 17 MÜ herleiten, wenn er als Prüfungsbeauftragter des Luftfahrtbundesamtes mitfliegt, um zu prüfen, ob der Pilot die Voraussetzungen zur Verlängerung seiner Erlaubnis zum Führen bestimmter Flugzeuge erfüllt. Zwar übt der Prüfungsbeauftragte als sog. „Check-Pilot" kraft seiner Beleihung hoheitliche Gewalt aus und gehört deshalb nicht zu den Besatzungsmitgliedern. Jedoch schließt der Prüfungsbeauftragte keinen Luftbeförderungsvertrag mit dem Luftfahrtunternehmen des zu prüfenden Piloten ab, sein Anwesenheitsrecht fußt allein auf der öffentlich-rechtlichen Beleihung.[263] 86

c) Sonstige Angestellte des Luftfrachtführers, die in dienstlicher Eigenschaft mitfliegen, aber nicht zur Besatzung des verwendeten Luftfahrzeugs gehören. Fliegen sonstige Angestellte des Luftfrachtführers in dienstlicher Eigenschaft auf einem Flug mit, ohne zur Besatzung des Bordpersonals zu gehören, ist umstritten, ob diese Personen Reisende im Sinne des Montrealer Übereinkommens sind. Zu denken ist z.B. an einen Mechaniker, der zu einem Flugplatz mitfliegt, an dem kein Wartungspersonal stationiert ist,[264] oder an Piloten oder Stewardessen, die erst noch zu ihrem Einsatzort geflogen werden müssen oder wegen Überschreitung der gesetzlich zulässigen Dienstzeiten zu ihrer Dienststelle zurückgeflogen werden. Zweifel über die Anwendbarkeit des Montrealer Übereinkommens auf die genannten Sachverhalte ergeben sich zunächst daraus, dass der im Luftfahrzeug des eigenen Unternehmens dienstlich fliegende Arbeitnehmer kein Entgelt schuldet. Dieser Umstand soll nach einer im Schrifttum[265] und in der US-amerikanischen Rechtsprechung[266] vertretenen Auffassung gleichwohl die Anwendbarkeit des Montrealer Übereinkommens nicht hindern. Begründet wird dies folgendermaßen: Führe ein Angestellter des Luftfrachtführers seine Dienstreise mit einem unternehmensfremden Luftfahrzeug aus, sei anzunehmen, dass dies aufgrund eines Luftbeförderungsvertrags geschehe. In diesem Fall stünden dem Angestellten gegen seinen Dienstherrn Anspruch auf Ersatz von gemachten oder Freistellung von zu machenden Aufwendungen für die Reise zu. Der gleiche Anspruch müsse dem Angestellten zustehen, wenn er mit einem unternehmenseigenen Luftfahrzeug eine Dienstreise ausführe. 87

Dieser Auffassung ist mit der bereits zum Warschauer Abkommen herrschenden Meinung[267] nicht zu folgen: Zunächst übersieht sie, dass die Angestellten das Flugzeug nicht aufgrund eines Luftbeförderungsvertrages benutzen, sondern aufgrund eines mit dem Luftfrachtführer bestehenden Arbeitsvertrags. Die Annahme, bei der Dienstreise eines Angestellten im unternehmenseigenen Flugzeug einen Luftbeförderungsvertrag zu unterstellen, ist gekünstelt 88

262 FrankfKomm/*Schmid* Art. 17 MÜ Rn. 94; ebenso zum WA: *Guldimann* Art. 1 WA 1955 Rn. 9; *Müller* ZLW **1960** 41, 42; *Ruhwedel*[3] Luftbeförderungsvertrag Rn. 119; *Schwenk*[2] Handbuch S. 714; *Tompkins*: Luftrecht Bd. 3, Teil II A Rn. 187.

263 Ebenso FrankfKomm/*Schmid* Art. 17 MÜ Rn. 95.

264 US CA 2nd Cir., Urt. v. 20.5.1991 – *Sulewski v. Federal Express* – **933** F.2 d 180, Rz. 45, sowie die Vorinstanz US DC, Urt. v. 19.10.1990 – *Sulewski v. Federal Express* – **22** Avi 18.497, 502 = **749** F. Supp 506, lehnten die Eigenschaft als Reisender ab.

265 Siehe FrankfKomm/*Schmid* Art. 17 MÜ Rn. 96; *Goldhirsch* Handbook S. 9; *Müller* ZLW **1960** 41, 48 ff.

266 US CA 9th Cir., Urt. v. 24.5.1983 – *In re Mexico City Aircrash of October 31, 1979* – **708** 2.Fd 400, Rz. 70 f.

267 *Abraham* I Art. 1 WA 1955 Anm 8; *Guldimann* Art. 1 WA 1955 Rn. 9; *Koffka/Bodenstein/Koffka* Art. 1 WA 1929 S. 268; *Riese* Luftrecht S. 406; *Schweickhardt* ZLR **1954**, 7.

und beruht nur auf Gründen der Zweckmäßigkeit.[268] Der Abschluss eines Luftbeförderungsvertrags setzt stets eine zwischen dem Reisenden und dem Luftfrachtführer frei getroffene Willenseinigung über die essentialia negotii voraus, an der es hier fehlen wird. Der Angestellte des Luftfrachtführers wird aufgrund seiner aus dem Arbeitsvertrag abzuleitenden Dienstpflicht auf die Dienstreise beordert. Insofern stehen dem Angestellten im Falle eines Unfalls Ansprüche gegen den Luftfrachtführer nicht aufgrund eines fiktiven Beförderungsvertrages, sondern aus dem Arbeitsverhältnis zu. Ferner spricht gegen die Gegenauffassung, dass die Durchführung einer Dienstreise im unternehmenseigenen Flugzeug nicht mit derjenigen im unternehmensfremden Flugzeug vergleichbar ist. Denn in dem letztgenannten Fall wird gerade ein Luftbeförderungsvertrag geschlossen, woran es im erstgenannten Fall fehlt. Auch verfängt die Argumentation, dass ein Arbeitnehmer nicht schlechter gestellt werden dürfe als ein solcher, dessen Arbeitgeber kein Luftverkehrsunternehmen betreibt, nicht.[269] Denn in beiden Fällen ist bei Personenschäden nach deutschem Recht die Haftung unbegrenzt, gleichviel ob das Montrealer Übereinkommen zur Anwendung kommt.[270]

89 **d) Mit einem Freiflugschein oder einem Flugschein zu einem ermäßigten Sondertarif fliegende Bedienstete des Luftfrachtführers.** Fliegen die Angestellten des Luftfrachtführers mit einem Freiflugschein oder einem Flugschein zu einem ermäßigten Tarif in unternehmenseigenen Flugzeugen, wird man die Frage, ob der Angestellte den Status eines Reisenden innehat, differenzierend beantworten müssen. Die Einordnung des Angestellten als Reisender ist dann unproblematisch, soweit er mit einem Flugschein zu einem ermäßigten Sondertarif fliegt. Denn dann liegt ein entgeltlicher Luftbeförderungsvertrag vor. Anders verhält es sich jedoch, wenn ein Angestellter des Luftverkehrsunternehmens einen Freiflug als Gratifikation erhält. In diesem Fall steht der Angestellte nicht der Status eines Reisenden iSd. Art. 17 MÜ zu, da ein solcher Flug als arbeitsrechtlich ausgerichtete Leistung zu bewerten ist.[271] Dieser von *Ruhwedel* begründeten Auffassung steht auch nicht entgegen, dass Freiflüge für Angehörige von Angestellten des Luftfrachtführers nicht die Eigenschaft als Reisende ausschließen.[272] Denn diese stehen ja gerade nicht in dem Arbeitsverhältnis zum Luftfrachtführer, so dass die Differenzierung der Sachverhalte sehr wohl sachgerecht erscheint.

4. Mittelbar Geschädigte

90 § 1 Abs. 1 MontÜG i.V.m. § 35 LuftVG erweitert bei Tötung des Reisenden den Kreis der Ersatzberechtigten insofern, als der Luftfrachtführer in zwei Fällen auch einem nur mittelbar Geschädigten ersatzpflichtig ist.

91 **a) Unterhaltsberechtigter.** Nach § 35 Abs. 2 LuftVG sind bei Tötung eines Reisenden auch solche Personen ersatzberechtigt, denen der Getötete kraft Gesetzes zum Unterhalt verpflichtet war oder werden konnte. Stand der Getötete zur Zeit des Unfalls zu einem Dritten in einem Verhältnis, vermöge dessen er diesem gegenüber kraft Gesetzes unterhaltspflichtig war oder werden konnte, und ist dem Dritten infolge der Tötung das Recht auf Unterhalt entzogen, so hat der Ersatzpflichtige ihm so weit Schadensersatz zu leisten, wie der Getötete während der mutmaßlichen Dauer

---

268 *Schweickhardt* ZLR **1954**, 7.

269 So aber FrankfKomm/*Schmid* Art. 17 MÜ Rn. 97.

270 Vgl. auch Art. 21 MÜ.

271 Zutreffend *Ruhwedel*[3] Luftbeförderungsvertrag Rn. 119; **aA** *Basedow* ZHR **1987** 258, 262; FrankfKomm/*Schmid* Art. 17 MÜ Rn. 99.

272 *Ruhwedel*[3] Luftbeförderungsvertrag Rn. 119.

seines Lebens zur Gewährung des Unterhalts verpflichtet gewesen sein würde. Die Ersatzpflicht tritt auch dann ein, wenn der Dritte zur Zeit des Unfalls gezeugt, aber noch nicht geboren war.

Der in § 35 Abs. 2 Satz 1 LuftVG vorausgesetzte gesetzliche Unterhaltsanspruch ergibt sich 92
nach deutschem Recht, z.B. für die in gerader Linie Verwandten (§ 1589 BGB) aus § 1601 BGB, für die nichtehelichen Kinder aus § 1615 a BGB, für als Kind angenommene Personen aus §§ 1754, 1601 BGB, für Ehegatten aus § 1360 BGB. Nicht erfasst von der Regelung des § 35 Abs. 2 Satz 1 LuftVG sind die Stiefkinder des Getöteten, weil sie weder unmittelbar noch mittelbar einen gesetzlichen Unterhaltsanspruch gegen ihren Stiefvater haben.[273]

Ferner muss der Unterhaltsanspruch entzogen sein. Ob dies der Fall ist, bestimmt sich nach 93
dem Heimatrecht des getöteten Reisenden.[274] Entzogen ist das Recht auf Unterhalt nach deutschem Recht stets im Fall des Todes des Unterhaltsverpflichteten nach § 1586 b Abs. 1 Satz 1 BGB. Besteht dagegen ein Unterhaltsanspruch gegen den Erben fort, so ist das Recht nur insoweit entzogen, als der Erbe seine Erbenhaftung nach § 1975 BGB beschränkt.[275] Keine Entziehung des Unterhaltsanspruchs liegt vor, wenn Eltern durch den Tod ihres Kindes um dessen Mitarbeit im Haushalt oder Betrieb gebracht werden.[276] Soweit dagegen eine solche Mitarbeit unter Ehegatten nach § 1360 Satz 2 BGB geschuldet war, hat der überlebende Ehegatte einen Anspruch aus Art. 17 Abs. 1 MÜ auf Ersatz des Schadens, der durch den Wegfall der Arbeitsleistung in Form des gesetzlich geschuldeten Unterhalts entsteht.[277]

b) Erbe. Im Fall der Tötung eines Reisenden ist der Luftfrachtführer auch insoweit einem nur 94
mittelbar Geschädigten zum Schadensersatz verpflichtet, als er gemäß § 1 Abs. 1 MontÜG i.V.m. § 35 Abs. 1 Satz 2 LuftVG die Bestattungskosten demjenigen zu ersetzen hat, der diese zu tragen hat. Ersatzberechtigter ist bei Maßgeblichkeit deutschen Rechts insoweit primär der mit den Bestattungskosten nach § 1968 belastete – testamentarische oder gesetzliche – Erbe.

II. Person des Ersatzverpflichteten

1. Vertraglicher Luftfrachtführer

Passivlegitimiert ist der Luftfrachtführer, der dem Reisenden die Beförderung nach dem zwischen 95
ihnen geschlossenen Vertrag schuldet. Das ist der vertragliche Luftfrachtführer iSd. Art. 1 MÜ. Eine Fluggesellschaft, die einen Beförderungsschein für eine andere Luftverkehrsgesellschaft ausstellt, handelt nur als Beauftragte des tatsächlichen Flugbetreibers und ist dagegen nicht als Luftfrachtführer anzusehen.[278]

2. Ausführender Luftfrachtführer

Wird die Beförderung durch einen Dritten, der in keinem vertraglichen Verhältnis zum Reisenden 96
steht, ausgeführt, so unterliegt der ausführende Luftfrachtführer nach Art. 40 MÜ der Haftungsordnung des Montrealer Übereinkommens für den von ihm ausgeführten Teil; daneben haftet der

---

273 BGH, Urt. v. 24.6.1969 – VI ZR 66/67 – MDR **1969** 921.
274 BGH, Urt. v. 14.6.1960 – VI ZR 81/59 – VersR **1960** 990; BGH, Urt. v. 24.6.1969 – VI ZR 87/67 – VersR **1969** 954; OLG Celle, Urt. v. 21.7.1966 – 5 U 94/64 – VersR **1967** 164, 165.
275 Ebenso FrankfKomm/*Schmid* Art. 17 MÜ Rn. 108.
276 BGH, Urt. v. 24.6.1969 – VI ZR 53/67 – NJW **1969** 2005.
277 FrankfKomm/*Schmid* Art. 17 MÜ Rn. 108; *Ruhwedel*[3] Luftbeförderungsvertrag Rn. 351.
278 US CA 2nd Cir., Urt. v. 13.5.1966 – *Eck v. United Arab Airlines* – **360** F.2 d 804, Rz. 27 f.

die Beförderung versprechende Luftfrachtführer für die gesamte Beförderung.[279] Bei einem Flug, der im Rahmen einer Code-Sharing-Vereinbarung durchgeführt wird, ist der Betreiber des durchführenden Luftfahrzeugs der sog. *ausführende* Luftfrachtführer, auch wenn er nicht Vertragspartner des Codeshare-Reisenden ist.

3. Mehrheit von Luftfrachtführern

97 Sind mehrere Luftfrachtführer vertraglich verpflichtet, je eine Teilstrecke der Gesamtbeförderung als einheitliche Leistung auszuführen, kommt Art. 36 MÜ zur Anwendung. Im Fall einer aufeinanderfolgenden Beförderung treten nach Art. 36 Abs. 1 MÜ weitere Luftfrachtführer in den mit dem Reisenden geschlossenen Luftbeförderungsvertrag ein. Bei der Personenbeförderung beschränkt sich die Haftung eines jeden Luftfrachtführers nach Art. 36 Abs. 2 MÜ auf den jeweils durchgeführten Teilabschnitt. Für Schäden, die von einem nachfolgenden Luftfrachtführer verursacht wurden, kann der vorangegangene Luftfrachtführer nur dann verantwortlich gemacht werden, wenn er ausdrücklich die Haftung für alle Streckenabschnitte übernommen hat.[280] Bei der Beförderung von Reisegepäck kann der Reisende nach Art. 36 Abs. 3 Satz 1 MÜ sowohl den ersten als auch den letzten Luftfrachtführer in Anspruch nehmen.

D. Rechtsfolge – Höhe und Umfang des Schadens

I. Allgemeines

98 Das Montrealer Übereinkommen gibt keine Auskunft darüber, in welchem Umfang Schadensersatz zu leisten ist. **Ausgeschlossen** ist indes nach Art. 29 Satz 2 MÜ jeder eine Strafe einschließende, verschärfte oder sonstige **nicht kompensatorische Schadensersatz**. Ferner wird im Fall von Reisegepäckschäden in Art. 22 Abs. 2 MÜ die Höhe festgelegt. Die in Art. 22 Abs. 2 MÜ genannten Beträge sind jedoch nicht als pauschale Schadensersatzleistungen, sondern lediglich als Höchstgrenzen zu verstehen. Dagegen gilt für Personenschäden ein zweistufiges Haftungskonzept: Bis zu einer individuellen Haftungshöchstgrenze von 128 821 Sonderziehungsrechten besteht hiernach eine verschuldensunabhängige Gefährdungshaftung des Luftfrachtführers,[281] der nur noch der Mitverschuldenseinwand des Art. 20 MÜ entgegengehalten werden kann. Für darüber hinausgehende Individualschäden besteht eine der Höhe nach unbegrenzte Haftung für vermutetes Verschulden.[282] Schadensersatzansprüchen jenseits eines Individualschadens von 128 821 Sonderziehungsrechten kann der Luftfrachtführer durch den Nachweis entgehen, dass dieser Schaden nicht auf einer unrechtmäßigen Handlung oder Unterlassung des Luftfrachtführers oder seiner Leute, sei sie auch nur fahrlässig begangen, zurückzuführen ist[283] oder dass dieser Schaden ausschließlich auf eine unrechtmäßige Handlung oder Unterlassung eines Dritten, sei sie auch nur fahrlässig begangen, zurückzuführen ist.[284] Zur Bestimmung des Umfangs des Schadensersatzes ist, wie Art. 29 Satz 1 Hs. 2 MÜ zeigt, auf das nationale Recht zurückzugreifen, um festzustellen, welche Schäden bei Tod oder Körperverletzung eines Reisenden ersatzfähig sind.[285]

---

279 Siehe dazu Art. 40 MÜ.
280 Vgl. Art. 36 MÜ Rdn. 20.
281 Vgl. Art. 17 Abs. 1 MÜ i.V.m. 21 Abs. 1 MÜ.
282 Vgl. Art. 17 Abs. 1 MÜ i.V.m. 21 Abs. 2 MÜ.
283 Vgl. Art. 21 Abs. 2 Buchstabe a MÜ.
284 Art. 21 Abs. 2 Buchstabe b MÜ.
285 US CA 2nd Cir., Urt. v. 5.12.1994 – *Zicherman v. Korean Air Lines* – **43** F.3 d 18, Rz. 29; *Tompkins* in: Luftrecht Bd. 3, Teil II A Rn. 199.

II. Materielle Maßstäbe – Schadensberechnung

1. Personenschäden

Bei Maßgeblichkeit deutschen Rechts bestimmen § 1 Abs. 1 MontÜG (siehe oben Rn. 78) i.V.m. §§ 35, 36 und 38 LuftVG den Gegenstand und Umfang der Ersatzpflicht sowie die Art. der Ersatzleistung. 99

a) Tod. Im Fall der Tötung des Reisenden umfasst der Schadensersatz nach § 35 Abs. 1 Satz 1 LuftVG die Kosten versuchter Heilung sowie den Vermögensnachteil, den der Getötete dadurch erlitten hat, dass während der Krankheit seine Erwerbsfähigkeit aufgehoben oder gemindert oder sein Fortkommen erschwert oder seine Bedürfnisse vermehrt waren. Außerdem sind nach § 35 Abs. 1 Satz 2 LuftVG die Kosten der Bestattung demjenigen zu ersetzen, der sie zu tragen verpflichtet ist. § 35 Abs. 2 LuftVG bestimmt ferner, dass der Luftfrachtführer demjenigen Schadensersatz zu leisten hat, zu dem der Getötete zur Zeit des Unfalls in einem Verhältnis stand, aufgrund dessen er diesem gegenüber kraft Gesetzes unterhaltspflichtig war oder werden konnte, wenn diesem Dritten infolge der Tötung das Recht auf Unterhalt entzogen wurde (siehe oben Rn. 90 ff.). 100

b) Körperverletzung. Im Fall der bloßen Verletzung des Körpers umfasst der Schadensersatz nach § 36 Satz 1 LuftVG die Heilungskosten sowie den Vermögensnachteil, den der Verletzte dadurch erleidet, dass infolge der Verletzung zeitweise oder dauernd seine Erwerbsfähigkeit aufgehoben oder gemindert oder sein Fortkommen erschwert ist oder seine Bedürfnisse vermehrt sind. Wegen des Schadens, der nicht Vermögensschaden ist, kann nach § 36 Satz 2 LuftVG auch eine billige Entschädigung in Geld gefordert werden. Bei der Bemessung des Schmerzensgeldes spielt die US-Staatsbürgerschaft eines Reisenden keine Rolle.[286] Dagegen umfasst der Schmerzensgeldanspruch bei Anwendbarkeit des Reisevertragsrechts auch eine Entschädigung für die vertane Urlaubszeit (vgl. unten Rn. 107). Da § 36 Satz 2 LuftVG nur die Schmerzensgeldansprüche eines verletzten, nicht aber eines getöteten Reisenden regelt, können die Erben des Reisenden den Anspruch auf Schmerzensgeld nur dann geltend machen, wenn dieser dem Reisenden bereits erwachsen ist.[287] Einen eigenen Anspruch auf Schmerzensgeld hat der deutsche Gesetzgeber bewusst den Hinterbliebenen verwehrt.[288] 101

c) Art des Schadensersatzes nach § 38 LuftVG. § 38 LuftVG bestimmt die Art. des Schadensersatzes. Der Schadensersatz für Aufhebung oder Minderung der Erwerbsfähigkeit, für Erschwerung des Fortkommens oder für Vermehrung der Bedürfnisse des Verletzten und der nach § 35 Abs. 2 LuftVG einem Dritten zu gewährende Schadensersatz ist in Gestalt einer Geldrente zu leisten.[289] Die Rente ist jeweils für drei Monate im voraus gemäß § 38 Abs. 2 LuftVG, § 843 Abs. 2, § 760 BGB zu leisten. Das auf Zahlung einer solchen Geldrente erkennende Urteil ist auch ohne entsprechenden Antrag des Klägers für vorläufig vollstreckbar zu erklären.[290] Statt der Rente kann der unterhaltsberechtigte Dritte eine Abfindung in Kapital verlangen, wenn ein wichtiger Grund vorliegt.[291] Im Übrigen wird der Ersatzanspruch des unterhaltsberechtigten Dritten nicht dadurch ausgeschlossen, dass eine andere Person ihm Unterhalt zu gewähren hat.[292] 102

---

286 KG, Urt. v. 23.4.2001 – 12 U 971/00 – NZV **2002** 398, 400; *Geigel/Mühlbauer*[26] Kap. 29 Rn. 52.
287 *Benkö/Kadletz* Unfallhaftpflicht S. 29; FrankfKomm/*Schmid* Art. 17 MÜ Rn. 111.
288 *Bollweg/Hellmann* Schadensersatzrecht S. 56; kritisch dazu *Schmid* VersR **2002** 26, 29.
289 Vgl. § 38 Abs. 1 LuftVG.
290 Siehe § 708 Nr. 8 ZPO.
291 Vgl. § 38 Abs. 2 LuftVG i.V.m. § 843 Abs. 3 BGB.
292 Vgl. § 38 Abs. 2 LuftVG i.V.m. § 843 Abs. 4 BGB.

2. Reisegepäckschäden

103 Bei der Beförderung von Reisegepäck haftet der Luftfrachtführer nach Art. 22 Abs. 2 Satz 1 MÜ für Zerstörung, Verlust oder Beschädigung nur bis zu einem Betrag von 1 288 SZR je Reisenden. Dieser Haftungshöchstbetrag gilt sowohl für das aufgegebene Reisegepäck als auch das Kabinengepäck. Dieser Haftungshöchstbetrag gilt für das aufgegebene Reisegepäck nur dann nicht, wenn der Reisende bei der Übergabe des Reisegepäcks an den Luftfrachtführer das Interesse an der Ablieferung am Bestimmungsort betragsmäßig angegeben und den verlangten Zuschlag entrichtet hat.[293] Die in Art. 22 Abs. 2 MÜ genannten Beträge sind nicht als pauschale Schadensersatzleistungen zu verstehen, sondern lediglich als Höchstbeträge, so dass der Reisende in jedem Einzelfall die Höhe seines Schadens darlegen und beweisen muss.

104 Nicht ersatzfähig ist im Rahmen des Art. 17 Abs. 2 MÜ vertane Urlaubszeit.[294] Wird beispielsweise das aufgegebene Surfbrett bei der Beförderung zerstört, steht dem Reisenden kein Anspruch wegen eines immateriellen Schadens, der vertanen Urlaubszeit, zu.[295] Art. 29 MÜ bestimmt nämlich, dass ein Anspruch auf Schadensersatz gegen den Luftfrachtführer, auf welchem Rechtsgrund er auch beruht, nur unter den Voraussetzungen und mit den Beschränkungen geltend gemacht werden kann, die im Montrealer Übereinkommen vorgesehen sind. Art. 17 Abs. 2 MÜ sieht aber nur den Ersatz des *materiellen* Schadens für Zerstörung, Verlust oder Beschädigung des Reisegepäcks vor und Art. 19 MÜ bestimmt den Ersatz des Schadens, der durch die Verspätung der Beförderung des Reisegepäcks entsteht. Der Begriff des Schadens in Art. 17 Abs. 2 MÜ ist daher auf den Ersatz materieller Schäden beschränkt.[296] Weder aus Art. 17 Abs. 2 MÜ noch aus Art. 19 MÜ lässt sich ein Anspruch wegen entgangener Urlaubsfreude herleiten.[297]

E. Konkurrierende Anspruchsgrundlagen

I. Ersatz nach § 1 OEG a.F. bzw. § 13 Abs. 1 SGB XIV im Falle von Flugzeugentführungen

105 Nach der Rechtsprechung stehen den Reisenden im Falle einer Flugzeugentführung oder eines terroristischen Angriffs Ansprüche aus Art. 17 MÜ zu. Diese Ansprüche konkurrieren mit den Ansprüchen nach § 1 des Gesetzes über die Entschädigung für Opfer von Gewalttaten a.F. (OEG)[298] bzw. nach § 13 Abs. 1 SGB XIV.[299] Gemäß § 1 Abs. 1 OEG a.F. bzw. § 13 Abs. 1 SGB XIV kann jeder Inländer, der im Geltungsbereich dieses Gesetzes oder auf einem deutschen Schiff oder Luftfahrzeug infolge eines vorsätzlichen, rechtswidrigen tätlichen Angriffs gegen seine oder eine andere Person oder durch dessen rechtmäßige Abwehr eine gesundheitliche Schädigung erlitten hat, wegen der gesundheitlichen und wirtschaftlichen Folgen Versorgung in entsprechender Anwendung der Vorschriften des Bundesversorgungsgesetzes beantragen. Ausländer haben dagegen nach § 1 Abs. 4 OEG a.F. nur dann einen Anspruch, wenn sie entweder Staatsangehörige eines Mitgliedstaates der Europäischen Gemeinschaften sind oder die Rechtsvorschriften der Europäischen Gemein-

293 Vgl. Art. 22 Abs. 2 Satz 1 Hs. 2 MÜ.

294 BeckOGK/*Förster* Art. 17 MÜ Rn. 214.

295 Ebenso FrankfKomm/*Schmid* Art. 17 MÜ Rn. 165.

296 Dies übersieht der EuGH, Urt. v. 6.5.2010 – *Walz v. Clickair* – C-63/09, NZV **2010** 441, der annimmt, dass der Begriff des Schadens sowohl materielle als auch immaterielle Schäden umfasse.

297 Ebenso FrankfKomm/*Schmid* Art. 17 MÜ Rn. 165; zum WA bereits: OLG Frankfurt am Main, Urt. v. 25.11.1992 – 19 U 229/91 – TranspR **1993** 350; AG Düsseldorf, Urt. v. 14.1.1985 – 47 C 680/84 – VersR **1985** 1198; *Heinz* TranspR **1991** 45, 48.

298 Das OEG ist zum 31. Dezember 2023 außer Kraft getreten. Die vormaligen Regelungen wurden in das SGB XIV integriert.

299 Ebenso FrankfKomm/*Schmid* Art. 17 MÜ Rn. 115.

schaften, die eine Gleichbehandlung mit Deutschen erforderlich machen, auf sie anwendbar sind oder die Gegenseitigkeit mit dem jeweiligen Heimatstaat vereinbart ist.

II. Ersatz von Schäden, die nicht auf einem Unfall beruhen

Werden Schadensersatzansprüche aus dem Beförderungsvertrag im Zusammenhang mit den ergänzenden nationalen Schadensersatzregeln hergeleitet, ist bei Maßgeblichkeit deutschen Rechts zu beachten, dass die Haftungsbegrenzung nur solche Schäden erfasst, die auch im Montrealer Übereinkommen geregelt sind. Nicht dagegen unterliegen der Wirkung des Art. 29 MÜ Schadensersatzansprüche im Zusammenhang mit Schadensursachen, die vor oder nach der Beförderung vorhanden waren und denen kein dem Luftverkehr typisches Beförderungsrisiko anhaftet.[300] Schadensersatzansprüche aus der Tötung eines Reisenden vor Beginn der Einsteig- oder nach Beendigung der Aussteigvorgänge, aus nicht unfallverursachter Gesundheitsbeschädigung,[301] aus der Zerstörung des Reisegepäcks vor oder nach der Luftbeförderung unterliegen daher nicht der Präklusionswirkung des Art. 29 MÜ. Kann jedoch ein Schadenseintritt nicht auf ein isoliertes Ereignis zurückgeführt werden, sondern stellt sich der Schaden als Folge eines Bündels von Ereignissen dar, ist ein innerlich zusammenhängender Vorgang gegeben, der keine Aufspaltung des Unfallvorgangs in unterschiedliche Schadensereignisse gestattet.[302] Dies ist z.B. der Fall, wenn das Umfallen einer Kaffeekanne dazu führt, dass ein Reisender verbrüht wird und unverzüglich vom Bordpersonal medizinisch erstversorgt werden muss. In Anbetracht der räumlichen und zeitlichen Kontinuität zwischen dem Umfallen der Kaffeekanne und der medizinischen Erstversorgung des dadurch verletzten Reisenden besteht nämlich unbestreitbar ein Kausalzusammenhang zwischen diesem Umfallen und der Verschlimmerung der dadurch verursachten Körperverletzung aufgrund der unzureichenden medizinischen Erstversorgung. 106

III. Anspruch auf Ersatz eines weitergehenden immateriellen Schadens neben dem Anspruch auf Schmerzensgeld?

Fraglich ist, ob dem Reisenden neben dem Schmerzensgeldanspruch nach Art. 17 MÜ i.V.m. § 1 MontÜG, § 36 Satz 2 LuftVG ein weitergehender Anspruch auf Ersatz des immateriellen Schadens, z.B. wegen nutzlos aufgewendeter Urlaubszeit, nach 651f Abs. 2 BGB zu gewähren ist. Diese Frage ist von Bedeutung, da auch ein Reiseveranstalter Luftfrachtführer iSd. Montrealer Übereinkommens sein kann. Die Beantwortung der Frage hängt letztlich davon ab, wie man das Verhältnis des Montrealer Übereinkommens zu den übrigen nationalen Rechtsgrundlagen betrachtet. Anders als Art. 24 WA 1955 verdrängt Art. 29 MÜ die anwendbaren Anspruchsgrundlagen nicht, sondern unterwirft sie alle einem einheitlichen Haftungsrahmen.[303] Insofern steht der Geltendmachung eines weitergehenden Anspruchs auf Ersatz entgangener Urlaubsfreude nach § 651f Abs. 2 BGB die Vorschrift des Art. 29 MÜ nicht entgegen.[304] Diesem Ergebnis steht auch nicht entgegen, dass im Rahmen von Art. 19 MÜ nach der hier vertretenen Auffassung kein Anspruch nach § 651f Abs. 2 BGB besteht. Denn der Gesetzgeber hat bewusst entschieden, dass der Umfang des Schadensersat- 107

300 Vgl. dazu OLG Düsseldorf, Urt. v. 6.9.1995 – 28 U 174/95 – TranspR **1997** 150; OLG Frankfurt am Main, Urt. v. 20.2.1997 – 1 U 126/95 – TranspR **1997** 373.

301 A OGH Wien – 2 Ob 19/21i, vgl. dazu auch *Löw* RRa **2022** 211, 213.

302 EuGH, Urt. v. 6.7.2023 – *Austrian Airlines II* – C-510/21 – NJW-RR **2023** 1027, 1028 Rz. 22.

303 Das übersieht *Bollweg* RRa **2007** 242, 244.

304 AA FrankfKomm/*Schmid* Art. 17 MÜ Rn. 116, das von *Schmid* dort zitierte Urteil des LG Hannover, Urt. v. 15.8.1989 – 17 O 140/89 – TranspR **1990** 67, ist indes wegen Änderung der Rechtslage zu § 36 Satz 2 LuftVG bereits überholt. Die Denkschrift zum Montrealer Übereinkommen, BT-Drucks. **15/2285**, S. 47, geht ebenfalls davon aus, dass Art. 29 MÜ die Vorschriften der §§ 651a ff. BGB verdrängt. Dem dürfte der klare Wortlaut des Art. 29 MÜ entgegenstehen.

zes bei einer Körperverletzung gemäß Art. 17 MÜ i.V.m. § 1 Abs. 1 MontÜG, § 36 Satz 2 LuftVG auch eine billige Entschädigung in Geld umfasse, so dass auch die entgangene Urlaubsfreude als Faktor bei der Bemessung mit in Ansatz gebracht werden kann.[305] Dagegen hat der Gesetzgeber bei Verspätungsschäden auf eine billige Entschädigung in Geld verzichtet, so dass eine weitergehende Anspruchsgrundlage nach nationalem Recht dem Umfang nach von Art. 29 MÜ ausgeschlossen wird.[306]

108 Soweit es sich indes nur um die Buchung eines einzelnen Fluges (Nurflug) von einem Reiseveranstalter oder direkt bei der Charterfluggesellschaft handelt, ist der Beförderungsvertrag nicht als Reise iSv. § 651a BGB, sondern als Werkvertrag zu qualifizieren, so dass dem Reisenden keine direkten Ansprüche nach § 651f Abs. 2 BGB zustehen.[307] Eine entsprechende Anwendung des § 651f Abs. 2 BGB scheidet ebenfalls aus, da bei reinen Luftbeförderungsverträgen der Urlaubszweck nicht als Vertragsinhalt von den Parteien vereinbart ist, sondern allein der Transport zum Bestimmungsflughafen.[308]

---

305 Zutreffend LG Frankfurt am Main, Urt. v. 5.6.2007 – 2-24 S 44/06 – RRa **2007** 269; *Geigel/Mühlbauer*[26] Kap. 29 Rn. 53; *Janköster* Fluggastrechte Fn. 1122; *Führich* MDR **2009** 906; **aA** *Bollweg* RRa **2007** 242, 244.

306 Siehe auch Art. 19 MÜ Rdn. 56.

307 Vgl. BGH, Urt. v. 20.9.1984 – VII ZR 325/83 – BGHZ **92** 177, 178; BGH, Urt. v. 12.3.1987 – VII ZR 37/86 – BGHZ **100** 157, 180 ff.; ebenso *Führich*[6] Reiserecht Rn. 410.

308 Ebenso *Führich*[6] Reiserecht Rn. 410.

Artikel 18 Beschädigung von Gütern

1. Der Luftfrachtführer hat den Schaden zu ersetzen, der durch Zerstörung, Verlust oder Beschädigung von Gütern entsteht, jedoch nur, wenn das Ereignis, durch das der Schaden verursacht wurde, während der Luftbeförderung eingetreten ist.

2. Der Luftfrachtführer haftet jedoch nicht, wenn und soweit er nachweist, dass die Zerstörung, der Verlust oder die Beschädigung der Güter durch einen oder mehrere der folgenden Umstände verursacht wurde:
   a) die Eigenart der Güter oder ein ihnen innewohnender Mangel;
   b) mangelhafte Verpackung der Güter durch eine andere Person als den Luftfrachtführer oder seine Leute;
   c) eine Kriegshandlung oder ein bewaffneter Konflikt;
   d) hoheitliches Handeln in Verbindung mit der Einfuhr, Ausfuhr oder Durchfuhr der Güter.

3. Die Luftbeförderung im Sinne des Absatzes 1 umfasst den Zeitraum, während dessen die Güter sich in der Obhut des Luftfrachtführers befinden.

4. [1]Der Zeitraum der Luftbeförderung umfasst nicht die Beförderung zu Land, zur See oder auf Binnengewässern außerhalb eines Flughafens. [2]Erfolgt jedoch eine solche Beförderung bei Ausführung des Luftbeförderungsvertrags zum Zweck der Verladung, der Ablieferung oder der Umladung, so wird bis zum Beweis des Gegenteils vermutet, dass der Schaden durch ein während der Luftbeförderung eingetretenes Ereignis verursacht worden ist. [3]Ersetzt ein Luftfrachtführer ohne Zustimmung des Absenders die von den Parteien vereinbarte Luftbeförderung ganz oder teilweise durch eine andere Art der Beförderung, so gilt diese als innerhalb des Zeitraums der Luftbeförderung ausgeführt.

Article 18 Damage to Cargo

1. The carrier is liable for damage sustained in the event of the destruction or loss of, or damage to, cargo upon condition only that the event which caused the damage so sustained took place during the carriage by air.

2. However, the carrier is not liable if and to the extent it proves that the destruction, or loss of, or damage to, the cargo resulted from one or more of the following:
   a) inherent defect, quality or vice of that cargo;
   b) defective packing of that cargo performed by a person other than the carrier or its servants or agents;
   c) an act of war or an armed conflict;
   d) an act of public authority carried out in connection with the entry, exit or transit of the cargo.

3. The carriage by air within the meaning of paragraph 1 of this Article comprises the period during which the cargo is in the charge of the carrier.

4. The period of the carriage by air does not extend to any carriage by land, by sea or by inland waterway performed outside an airport. If, however, such carriage takes place in the performance of a contract for carriage by air, for the purpose of loading, delivery or transhipment, any damage is presumed, subject to proof to the contrary, to have been the result of an event which took place during the carriage by air. If a carrier, without the consent of the consignor, substitutes carriage by another mode of transport for the whole or part of a carriage intended by the agreement between the parties to be carriage by air, such carriage by another mode of transport is deemed to be within the period of carriage by air.

https://doi.org/10.1515/9783110564945-019

Article 18 Dommage causé à la marchandise

1. *Le transporteur est responsable du dommage survenu en cas de destruction, perte ou avarie de la marchandise par cela seul que le fait qui a causé le dommage s'est produit pendant le transport aérien.*
2. *Toutefois, le transporteur n'est pas responsable s'il établit, et dans la mesure où il établit, que la destruction, la perte ou l'avarie de la marchandise résulte de l'un ou de plusieurs des faits suivants:*
   a) *la nature ou le vice propre de la marchandise;*
   b) *l'emballage défectueux de la marchandise par une personne autre que le transporteur ou ses préposés ou mandataires;*
   c) *un fait de guerre ou un conflit armé;*
   d) *un acte de l'autorité publique accompli en relation avec l'entrée, la sortie ou le transit de la marchandise.*
3. *Le transport aérien, au sens du paragraphe 1 du présent article, comprend la période pendant laquelle la marchandise se trouve sous la garde du transporteur.*
4. *La période du transport aérien ne couvre aucun transport terrestre, maritime ou par voie d'eau intérieure effectué en dehors d'un aéroport. Toutefois, lorsqu'un tel transport est effectué dans l'exécution du contrat de transport aérien en vue du chargement, de la livraison ou du transbordement, tout dommage est présumé, sauf preuve du contraire, résulter d'un fait survenu pendant le transport aérien. Si, sans le consentement de l'expéditeur, le transporteur remplace en totalité ou en partie le transport convenu dans l'entente conclue entre les parties comme étant le transport par voie aérienne, par un autre mode de transport, ce transport par un autre mode sera considéré comme faisant partie de la période du transport aérien.*

Schrifttum

Brinkmann Frachtgüterschäden im internationalen Straßen- und Lufttransport, TranspR **2006** 146–150; *ders.* Der Luftfrachtersatzverkehr, Diss. Mannheim **2009**; *Cheng* The 1999 Montreal Convention of International Carriage by Air, ZLW **2000** 287–307, 484–499; *Chun* Die verschuldensunabhängige Haftung im Luftverkehr **1992**; *Clarke* Carriers' Liability in Cross-Border Air Cargo Substitute Transportation, TranspR **2005** 182–185; *Ficht* Die unbekannte Schadensursache im internationalen Luftverkehr **1986**; *Freise* Unimodale transportrechtliche Übereinkommen und multimodale Beförderungen, TranspR **2012** 1–13; *Fricke* Rechtliche Probleme des Ausschlusses von Kriegsrisiken in AVB, VersR **1991** 1098–1103; *ders.* Rechtliche Probleme des Ausschlusses von Kriegsrisiken in AVB, VersR **2002** 6–11; *Giesen* Frühstück in London, Lunch in New York, Koffer in Bombay oder Begründung und Beschränkung der Haftung im internationalen Flugreiseverkehr, ZVglRWiss **1983** 31–61; *Giemulla/Brautlacht* Schadensersatzansprüche wegen vorzeitigen Abbruchs einer Luftbeförderung, TranspR **1988** 360–363; *Godfroid* L'étendue dans le temps de la responsabilité du transporteur aérien en matière de fret, RFDA **1983** 321–331; *Guerreri* The Airport Operator: Aircarrier's Agent or Independent Contractor? ASL **1992** 231–234; *Harms/Schuler-Harms* Die Haftung des Luftfrachtführers nach dem Montrealer Übereinkommen, TranspR **2003** 369–377; *Kirchhof* Der Luftfrachtvertrag als multimodaler Vertrag im Rahmen des Montrealer Übereinkommens, TranspR **2007** 133–141; *Knöfel* Die Haftung des Güterbeförderers für Hilfspersonen, Diss. Hamburg **1995**; *Koller* Die Haftung beim Transport mit vertragswidrigen Beförderungsmitteln, VersR **1988** 432–439; *ders.* Die Haftung bei unbekanntem Schadensort im multimodalen Verkehr, VersR **1989** 769–775; *ders.* Die Haftung für Sachschäden infolge vertragswidrigen Truckings im grenzüberschreitenden Luftfrachtverkehr, ZLW **1989** 359–367; *ders.* Reklamation und Verjährung sowie Ausschlussfristen bei internationalen Lufttransporten mit gekoppelten Zubringerleistungen, TranspR **2001** 69–72; *ders.* Schadensverhütung und Schadensausgleich bei Güter- und Verspätungsschäden nach dem Montrealer Übereinkommen, TranspR **2004** 181–194; *ders.* Unbeschränkte Haftung des Luftbeförderers nach dem Montrealer Übereinkommen, TranspR **2005** 177–181; Koning Liability in Air Carriage. Carriage of Cargo under the Warsaw and Montreal Conventions, ASL **2008** 318–345; *Krahe* Der Begriff „Kriegsereignis" in der Sachversicherung, VersR **1991** 634–636; *Kuhn* Haftung für Schäden an Frachtgütern, Diss. Köln **1987**; *Liesecke* Die neuere Rechtsprechung zum Luftfrachtrecht des Warschauer Abkommens von 1929 nebst Haager Protokoll von 1955, MDR **1968** 1–4, 93–99; *Mankiewics* Application of Article 26 (2) of the Warsaw Convention as amended at the Hague to partial loss of contents of registered baggage – the House of Lords' new standards for the interpretation of Uniform Law Conventions, ZLW **1981** 119–136; *Müller-*

Rostin Die Luftfrachtersatzbeförderung, TranspR **1996** 217–223; *ders.* Der vertragswidrige Luftfrachtersatzverkehr, Festschrift Piper, **1996** S. 967–978; *ders.* Die Internationale Luftrechtskonferenz von Montreal zur Reform des Warschauer Abkommens (10.–28. Mai 1999), ZLW **2000** 36–51; *ders.* Redaktionelle Unzulänglichkeiten im Übereinkommen von Montreal von 1999, VersR **2001** 683–688; *ders.* Multimodalverkehr und Luftrecht, TranspR **2012** 14–22; *ders.* Luftfrachtersatzbeförderung – nicht zwingend zwischen zwei Flughäfen, TranspR **2015** 292–296; *Ott* Die Luftfrachtbeförderung im nationalen und internationalen Bereich, Diss. München **1990**; *Ramming* Internationalprivatrechtliche Fragen der Multimodal-Beförderung und des Multimodal-Ladescheins, TranspR **2007** 279–300; *Ruhwedel* Das Montrealer Übereinkommen zur Vereinheitlichung bestimmter Vorschriften über die Beförderung im internationalen Luftverkehr vom 28.5.1999, TranspR **2001** 189–202; *ders.* Haftungsbegrenzungen und deren Durchbrechung im Luftrecht oder: Die absolute Beschränkung der Haftung bei Schäden an Luftfrachtgütern, TranspR **2004** 137–141; *ders.* Neue Entwicklungen im Lufttransportrecht vor dem Hintergrund des Inkrafttretens des Montrealer Übereinkommens, TranspR **2006** 421–428; *Runge* Zur transportrechtlichen Rechtsprechung des OLG Karlsruhe, TranspR **2009** 96–103; *Saenger* Harmonisierung des internationalen Luftprivatrechts, NJW **2000** 169–175; *Schmid* Die Arbeitsteiligkeit im modernen Luftverkehr und ihr Einfluß auf die Haftung des Luftfrachtführers – Der Begriff „Leute" im sog. Warschauer Abkommen, Diss. Frankfurt a.M. **1983**; *Schmidt-Räntsch* Die Ausführung der Luftbeförderung durch einen Dritten, Festschrift Riese, **1964** S. 479–496; *Schoner* Die internationale Rechtsprechung zum Warschauer Abkommen in den Jahren 1974 bis 1976 (Teil II), ZLW **1978,** 151–170; *Schönwerth* Zur luftfahrttypischen Kausalität als Voraussetzung der Anwendung der Haftungsregeln von WA/HP und LuftVG –, TranspR **1992** 11–13; *Schönwerth/Müller-Rostin* Unmittelbare Ansprüche des Eigentümers von Gepäck und Fracht gegen den Luftfrachtführer, ZLW **1993** 21–28; *Thume* Haftungsprobleme beim Containerverkehr, TranspR **1990** 41–48; *ders.* Vergleich der Haftungsregeln des Warschauer Abkommens mit denen der CMR, TranspR **1996** 143–148; *ders.* Verlust – Zerstörung – Beschädigung, GS Johann Georg Helm, **2001** S. 341–354; *ders.* Zum Verlustbegriff, insbesondere bei weisungswidriger Ablieferung einer Sendung, TranspR **2001** 433–436; *Verwer* Liability for damage to luggage in international air transport, Diss. Amsterdam **1976**; *Vogt* Der Umfang des Schadensersatzes von Luftfrachtschäden, ZLW **1970** 146–156; *Wahlen* The New Warsaw Convention: The Montreal Convention, ASL **2000** 12–26; *Willenberg/Lucas* Der Luftfrachtverkehr auf der Straße oder das Trucking und seine haftungsrechtlichen Folgen, TranspR **1989** 201–207.

Parallelvorschriften

Art. 18 WA 1955; Art. 17 CMR; Art. 23 CIM 1999; § 425 HGB.

Übersicht

Alphabetische Übersicht

A. Allgemeines

I. Normzweck

1 Nach Art. 18 MÜ hat der Luftfrachtführer den Schaden zu ersetzen, der durch Zerstörung, Verlust oder Beschädigung von Gütern entsteht, wenn das Ereignis, durch das der Schaden verursacht wurde, während der Luftbeförderung eingetreten ist. Die Vorschrift ist eine **eigenständige An-**

spruchsgrundlage für einen der beiden wichtigsten Schlechterfüllungstatbestände im Rahmen des Montrealer Übereinkommens.[1] Sie gehört damit zu den Kernvorschriften des Übereinkommens.

2 **Absatz 1** statuiert – in Abkehr von dem in den Art. 19, 20 und 22 Abs. 2 WA 1955 und dem in Art. 18 WA 1955 i.V.m. Art. 20 WA 1955 in der Fassung des Montrealer Protokolls Nr. 4 geregelten System der Verschuldenshaftung mit umgekehrter Beweislast – eine sog. **Gewährhaftung**[2] des Luftfrachtführers, d.h. eine verschuldensunabhängige Haftung[3] des Luftfrachtführers für Schäden, die während der Zeit, in der sich das Gut in seiner Obhut befand, verursacht wurden. Von diesem Grundsatz kann nicht durch Parteivereinbarung abgewichen werden.[4] Diese *Gewährhaftung* kann nur bei Vorliegen der in **Absatz 2** genannten **Haftungsbefreiungsgründen** durchbrochen werden und wird durch die Zulassung des Mitverschuldenseinwands[5] sowie durch die Festlegung von Haftungshöchstbeträgen[6] eingeschränkt. Auf diese Weise soll die Prozessführung und die Schadensregulierung vereinfacht werden.

3 **Absatz 3** definiert den **Haftungszeitraum**. Er bestimmt, dass der Luftfrachtführer nur für diejenigen schadensverursachenden Ereignisse einzustehen hat, die in dem Zeitraum eingetreten sind, während dessen sich die Güter in seiner Obhut befanden. Der Haftungszeitraum ist damit, anders als nach Art. 18 Abs. 2 WA 1955, nicht mehr auf denjenigen Zeitraum beschränkt, während dessen sich die Güter auf dem Flughafen[7] oder an Bord eines Luftfahrzeuges befinden. Erfasst ist vielmehr auch der Zeitraum, während dessen die Güter in einem außerhalb des Flughafengeländes befindlichen Lager des Luftfrachtführers zwischengelagert werden.[8] Nicht zum Haftungszeitraum zählt, wie **Absatz 4 Satz 1** ausdrücklich bestimmt, der Zeitraum, während dessen das Gut zu Land, zur See oder auf Binnengewässern befördert wird. Bei einem Landtransport als Erfüllungshandlung im Rahmen des Luftbeförderungsvertrages zum Zwecke der Ablieferung, sog. **Annextransport**,[9] wird nach **Absatz 4 Satz 2** vermutet, dass der Schaden durch ein während der Luftbeförderung eingetretenes Ereignis verursacht worden ist.

II. Entstehungsgeschichte

4 Die Vorschrift entspricht im Wesentlichen Art. 18 WA 1955 in der Fassung des MP Nr. 4. Das MP Nr. 4 wurde von der Bundesrepublik Deutschland nicht ratifiziert. Die mit der Ratifikation des Montrealer Übereinkommens in Kraft getretenen Haftungsregelungen stellen gegenüber dem bisherigen Haftungssystem des Warschauer Abkommens eine ganz erhebliche Abweichung dar.[10]

---

1 BeckOGK/*Förster* Art. 18 MÜ Rn. 3; Ebenroth/Boujong/*Pokrant*[5] Art. 18 MÜ Rn. 1; *Koller*[11] Art 18 MÜ Rn. 1 hält die Regelung für rechtspolitisch äußert bedenklich; zum WA: FrankfKomm/*Müller-Rostin* Art. 18 WA 1955 Rn. 2; MünchKommHGB/*Kronke* Art. 18 WA 1955 Rn. 1. US SC, Urt. v. 17.4.1991 – *Eastern Airlines v. Floyd* – **499** US 530 = **111** S. Ct. 1489.

2 Vgl. zu diesem Begriff *Helm* Haftung S. 103 i.V.m. Fn 513.

3 *Koller*[11] Art. 18 MÜ Rn. 1; FrankfKomm/*Müller-Rostin* vor Art. 18 MÜ Rn. 1; Ebenroth/Boujong/*Pokrant*[5] Art. 18 MÜ Rn. 1; *Ruhwedel* TranspR **2001** 189, 196; *Brinkmann* TranspR **2006** 146, 147.

4 Ebenroth/Boujong/*Pokrant*[5] Art. 18 MÜ Rn. 1.

5 Vgl. Art. 20 MÜ.

6 Vgl. Art. 22 Abs. 3, 4 MÜ.

7 Vgl. zur Begriffsbestimmung „Flughafen" iSd. WA: OLG Frankfurt, Urt. v. 11.12.2009 – 5 U 23/09 – BeckRS **2010** 1585, Rz. 25 ff.

8 Ebenso *Müller-Rostin* ZLW **2000** 36, 42; *Saenger* NJW **2000** 169, 173; *Wahlen* ASL **2000** 12, 18; **aA** *Harms/Schuler-Harms* TranspR **2003** 369, 371.

9 LG Darmstadt, Urt. v. 4.8.2009 – 12 O 3/09 – NZV **2010** 82, 83.

10 BGH, Urt. v. 21.9.2000 – I ZR 135/98 – BGHZ **145** 170, 176; *Boettge* VersR **2005** 908, 911.

B. Anwendungsbereich

Art. 18 MÜ regelt nicht etwa nur Anspruchsvoraussetzungen im Rahmen einer zunächst aufzusuchenden nationalen Rechtsordnung, sondern stellt eine **eigenständige** Anspruchsgrundlage dar. Art. 18 MÜ setzt voraus, dass die allgemeinen Anwendungsvoraussetzungen, d.h. eine vertraglich geschuldete Luftbeförderung iSv. Art. 1 MÜ, gegeben sind. Die Vorschrift regelt indes die Haftung des Luftfrachtführers für Leistungsstörungen nicht abschließend.[11] Die im Montrealer Übereinkommen geregelten Haftungstatbestände sind Sonderfälle der allgemeinen Vertragsbruchhaftung, die im deutschen Recht als positive Vertragsverletzung (§ 280 Abs. 1 BGB) bezeichnet wird. Soweit sie eingreifen, sind sie leges speciales zum allgemeinen Recht der Pflichtverletzung, das durch sie ausgeschaltet ist.[12] Soweit auch diese Sondertatbestände nicht eingreifen, ist jedoch eine Haftung aus positiver Vertragsverletzung nach Maßgabe des ergänzend anwendbaren Rechts möglich.[13] Bestätigt wird dies durch den eingeschränkten Anwendungsbereich des Übereinkommens, welcher, wie bereits der offizielle Titel („Convention for the Unification of *Certain Rules* for the International Carriage by Air") zeigt, nicht den gesamten Luftbeförderungsvertrag, sondern nur einige Aspekte regelt. Nach ergänzend anwendbarem Recht kommt neben den Fällen der Nichterfüllung in anderen als den genannten Schlechterfüllungsfällen die Haftung aus positiver Vertragsverletzung in Betracht. Zu denken ist etwa an eine mangelhafte Dokumentation als positive Vertragsverletzung des Beförderungsvertrags zwischen Absender und Luftfrachtführer[14] oder die vorvertragliche Haftung wegen Aufklärungspflichtverletzung nach § 311 BGB.[15] 5

C. Haftung für Zerstörung, Verlust, Beschädigung des Gutes (Obhutshaftung)

I. Zerstörung, Verlust oder Beschädigung (Absatz 1)

1. Rechtsnatur der Haftung, Grundbegriffe

Gemäß **Absatz 1** haftet der Luftfrachtführer für Zerstörung, Verlust und Beschädigung des Gutes. 6 Die Haftung nach dem Montrealer Übereinkommen ist Vertragshaftung. Voraussetzung ist also das Bestehen eines Luftbeförderungsvertrags nach dem Montrealer Übereinkommen zwischen den Parteien.[16]

Welcher **Haftungsgrundsatz** dem Art. 18 MÜ zugrunde liegt, lässt sich nur aus dem Zusam- 7 menhang von Absatz 1 und Absatz 3 bestimmen. Formal betrachtet handelt es sich zwar in der Umschreibung um eine sog. **Erfolgshaftung**, da sie grundsätzliche keinen Kausalzusammenhang zwischen schädigendem Ereignis und dem Betrieb des Luftfahrzeugs fordert[17] und keine Verschuldenselemente[18] enthält. Der Begriff der Erfolgshaftung eignet sich indes hier weniger,

11 *Koller*[11] Art. 18 MÜ Rn. 1; MünchKommHGB/*Kronke* Art. 18 WA 1955 Rn. 4.
12 Ebenroth/Boujong/*Pokrant*[5] Art. 18 MÜ Rn. 4.
13 *Koller*[7] Vorbemerkung vor Art. 17–30 WA 1955 Rn. 2.
14 OLG Frankfurt am Main, Urt. v. 20.4.1989 – 1 U 34/88 – ZLW **1989** 381, 382 f.
15 *Koller*[11] Art. 18 MÜ Rn. 1; Ebenroth/Boujong/*Pokrant*[5] Art. 18 MÜ Rn. 4; *Koller* TranspR **2004** 181, 194.
16 *Ruhwedel*[3] Luftbeförderungsvertrag Rn. 420.
17 FrankfKomm/*Müller-Rostin* Art. 18 MÜ Rn. 28; *Koller*[11] Art. 18 MÜ Rn. 3; ebenso zum WA: BGH, Urt. v. 9.10.1964 – Ib ZR 226/62 – NJW **1964** 2348 = MDR **1965** 24; BGH, Urt. v. 27.10.1978 – I ZR 114/76 – NJW **1979** 493 = VersR **1979** 83 = ZLW **1980** 61; OLG Köln, Urt. v. 20.11.1980 – 1 U 120/79 – ZLW **1982** 167, 171; MünchKommHGB/*Kronke* Art. 18 WA 1955 Rn. 15.
18 *Ruhwedel* TranspR **2001** 189, 196.

als außer der vertragsgemäßen Durchführung der Beförderung gerade keine schadensverursachende Handlung des Luftfrachtführers gegeben sein muss. Ebenso wenig handelt es sich bei der Haftung um eine sogenannte **Gefährdungshaftung**. Der Begriff der Gefährdungshaftung findet nämlich nur dort seine Berechtigung, wo die Gefährdung Dritter die Rechtfertigung für das Abgehen vom Verschuldensprinzip bilden kann, so z.B. in § 7 StVG, § 833 BGB. Im Güterbeförderungsrecht ist die Gefährdung des beförderten Gutes nicht das Motiv der Haftung.[19] Denn das beförderte Gut wird nicht der Beförderungsgefahr *einseitig* durch den Luftfrachtführer, sondern ebenso auch durch den Absender ausgesetzt. Der Begriff der **Gefährdungshaftung** betont daher für den Güterbeförderungsvertrag ein **falsches Moment** und verleitet zu einer Wertung der in Wahrheit nicht bestehenden Gefährdung der Güter durch das Handeln des Luftfrachtführers.[20] Richtigerweise wird man die Haftung als sogenannte **Gewährhaftung** zu qualifizieren haben. Damit wird zum Ausdruck gebracht, dass der Luftfrachtführer für alle innerbetrieblichen Beförderungsrisiken grundsätzlich im Sinne einer Gewährschaft haftet. Die rechtliche Verantwortung des Luftfrachtführers konzentriert sich darauf, dass er die Annahme, Aufbewahrung während der Obhut und die Auslieferung des Gutes sorgfältig und speditiv organisiert.[21] Der Luftfrachtführer wird nur in den nach Absatz 2 genannten Ausnahmen von seiner Gewährhaftung befreit.

8 Die Begriffe „Güter“, „Zerstörung“, „Verlust“ und „Beschädigung“ in Absatz 1 sind allgemeiner frachtrechtlicher Art. Bereits zum Warschauer Abkommen sind diese Grundbegriffe, insbesondere der Begriff der Beschädigung, nicht immer einheitlich interpretiert worden.[22] Es fragt sich daher, ob die teilweise unterschiedlichen national herrschenden Grundbegriffe auch im Bereich des Montrealer Übereinkommens anzuwenden, oder ob dem Montrealer Übereinkommen eigene Begriffe zu entnehmen sind. Maßgebender Text ist dabei nicht die amtliche deutsche Übersetzung – sie stellt nur eine Anwendungshilfe dar – sondern allein die authentischen Textfassungen.[23] Da das Montrealer Übereinkommen ebenso wie die CMR,[24] das UN-Kaufrecht,[25] die CIM 1999[26] und die CIV 1999[27] zum Kreis des internationalen Einheitsrechts gehören, sind die Begriffe nicht im Lichte nationaler Rechtsvorstellungen zu interpretieren, weil dies sonst in kurzer Zeit zum Verlust der intendierten Rechtseinheit führen würde.[28] Soweit die Originalfassungen voneinander abweichen, wird häufig der englische Text den Willen der Konferenz am besten zum Ausdruck bringen, weil in dieser Sprache die wesentlichen Verhandlungen geführt wurden und auch der Redaktionsausschuss der Konferenz englisch redigiert hat. Soweit das Montrealer Übereinkommen die Textfassungen des Warschauer Abkommens übernommen hat, bleibt für die Originalfassung aus dem Jahre 1929 zu beachten, dass die wesentlichen Verhandlungen auf französisch geführt wurden.

---

19 *Helm* Haftung S. 103 i.V.m. Fn. 513.

20 *Reuschle* Art. 17 CMR Rn. 28.

21 *Dettling-Ott* Lufttransportrecht S. 179.

22 Zu den Abgrenzungsschwierigkeiten zwischen Teilverlust und Beschädigung in der französischen und belgischen Rechtsprechung vgl.: B TribCom Bruxelles, Urt. v. 9.1.1976 – *Air Zaïre c. Kimo* – RFDA **1977** 96 97 f.; F TribCom Toulouse, Urt. v. 14.2.1980 – *Helvetia c. Air France* – RFDA **1981** 236, 238. Diesen Urteilen zufolge kann der Begriff Beschädigung („avarie“) nicht den Teilverlust miteinschließen, da für diesen die besondere Formulierung „perte partielle“ gebräuchlich sei. Dagegen wird sich nach der deutschen Rechtsprechung ein Teilverlust regelmäßig als Beschädigung darstellen, wenn das beförderte Gut im Luftfrachtbrief als eine einzige Beförderungseinheit ausgewiesen ist, vgl. OLG Frankfurt am Main, Urt. v. 3.6.1976 – 16 U 92/75 – ZLW **1977** 152.

23 Vgl. Präambel Rdn. 56.

24 Vgl. BGBl. 1961 II S. 1119.

25 Vgl. BGBl. 1989 II S. 586, 1990 II S. 1699.

26 Vgl. BGBl. 2002 II S. 2190.

27 Vgl. BGBl. 2002 II S. 2221.

28 Vgl. FrankfKomm/*Giemulla* vor Art. 1 WA 1955 Rn. 36.

2. Güter

Das Montrealer Übereinkommen bestimmt den Begriff **„Güter“** nicht.[29] Unter dem Begriff „Gut“ iSd. Montrealer Übereinkommens ist nicht nur Handelsware, wie dies der französische Begriff „marchandises“ nahezulegen scheint, gemeint, sondern alle körperlichen Gegenstände, die befördert werden können,[30] mit Ausnahme der in Art. 2 Abs. 3 MÜ genannten Postsendungen. Im gleichen Sinne umschreiben die ABB-Fracht der Deutschen Lufthansa AG (2011) diesen Begriff: „Gut/Güter sind alle Gegenstände, die in einem Luftfahrzeug befördert werden oder befördert werden sollen, einschließlich Postsendungen soweit die Beförderungsbedingungen aufgrund der geltenden internationalen Abkommen auf solche anwendbar sind. Auch unbegleitetes Gepäck und Tiere, die aufgrund eines Luftfrachtbriefes befördert werden, sind Güter in diesem Sinne.“ Gut ist regelmäßig auch die Verpackung der zu befördernden Ware. Unter den Güterbegriff fallen auch Gegenstände ohne Wert sowie Leichen.[31] Ferner zählen zu Gütern auch lebende Tiere[32] oder auch tote Tiere. Allerdings können im Einzelfall Tiere auch als aufgegebenes Gepäck gelten, wenn der Reisende sie nicht mit in die Kabine mitnehmen darf.[33] Zu den Gütern zählt auch die Verpackung, wie z.B. der Container oder die Palette.[34] Nicht zu den Gütern zählt dagegen das Reisegepäck, das in Art. 17 Abs. 2 MÜ eine eigenständige Regelung gefunden hat.[35] 9

3. Zerstörung

Zerstörung liegt vor, wenn die Substanz des Gutes vernichtet ist oder wenn das Gut als Substanz noch vorhanden ist, es aber nicht mehr seinem bestimmungsgemäßen Gebrauch dienen kann.[36] Letzteres kann bei leicht verderblichem Obst oder Gemüse der Fall[37] sein oder wenn Hunde verendet am Bestimmungsort ankommen.[38] Unerheblich ist dabei, ob die verbliebene Substanz noch einen Marktpreis hat.[39] So sind verdorbene Nahrungsmittel als solche zerstört, auch wenn sie als Viehfutter noch zu veräußern wären. Gleiches gilt für ein verendetes Rennsporttier, wenn es infolge des Transportschadens nur noch als Schlachtvieh Verwendung finden kann. Durch Frosteinwirkung verursachte Keimunfähigkeit von Palmensamen, die eine wirtschaftliche sinnvolle Aussaat ausschließt, stellt einen wirtschaftlichen Totalschaden dar, der zum Fall der Zerstörung zu rechnen ist.[40] Etwaige Umsatzerlöse aus dem Verkauf der zerstörten Sache können jedoch im Rahmen der Schadensersatzberechnung schadensmindernd zu berücksichtigen sein.[41] 10

---

29 BeckOGK/*Förster* Art. 18 MÜ Rn. 11; FrankfKomm/*Müller-Rostin* Art. 18 MÜ Rn. 7; Ebenroth/Boujong/*Pokrant*[5] Art. 18 MÜ Rn. 5; MünchKommHGB/*Müller-Rostin*[5] Art. 18 MÜ Rn. 27.

30 RG, Urt. v. 26.11.1887 – I 257/87 – RGZ **20** 47, 49.

31 Ebenso die US-Rechtsprechung zum WA: US CA 9th Cir., Urt. v. 17.12.1987 – *Johnson v. American Airlines* – **20** Avi 18.248, 249 = AL **1988** 146 Nr. 10; US CA 3rd Cir., Urt. v. 2.1.1992 – *Onyeanussi v. Pan Am* – **23** Avi 18.122, 125 = AL **1994** 96.

32 US CA 5th Cir., Urt. v. 7.4.1978 – *Dalton v. Delta Airlines* – **14** Avi 18.425 = ZLW **1979** 29 = TranspR **1980** 21; OLG Düsseldorf, Urt. v. 12.1.1978 – 18 U 118/77 – VersR **1978** 964, 965.

33 Vgl. auch *Verwer* Liability for damage S. 19 Rn. 34.

34 FrankfKomm/*Müller-Rostin* Art. 18 MÜ Rn. 9; MünchKommHGB/*Kronke* Art. 18 MÜ Rn. 53.

35 Zur Unterscheidung von Gütern und Reisegepäck, vgl. Art. 17 MÜ Rn. 46.

36 *Dettling-Ott* Lufttransportrecht S. 178; *Ruhwedel*[3] Luftbeförderungsvertrag Rn. 424.

37 OLG Frankfurt am Main, Urt. v. 25.1.1983 – 5 U 155/82 – ZLW **1983** 371 = TranspR **1983** 120; Ebenroth/Boujong/*Pokrant*[5] Art. 18 MÜ Rn. 6; offenlassend BeckOGK/*Förster* Art. 18 MÜ Rn. 16.

38 Vgl. Fn. 11.

39 Ebenroth/Boujong/*Pokrant*[5] Art. 18 MÜ Rn. 6; MünchKommHGB/Kronke Art. 18 WA 1955 Rn. 7; Ebenroth/Boujong/Joost/*Gass* Art. 18 WA 1955 Rn. 4.

40 *Thume* GS Helm S. 341, 345.

41 Ebenroth/Boujong/*Pokrant*[5] Art. 18 MÜ Rn. 6; MünchKommHGB/*Kronke* Art. 18 WA 1955 Rn. 7 aE.

11 Im Fall der Zerstörung oder des Verlusts des Gutes kann der Luftfrachtführer in gewissen Fällen auch ohne ausdrückliche Vereinbarung aufgrund einer sich aus dem Beförderungsvertrag herzuleitenden Nebenpflicht verpflichtet sein, dem Absender oder dem Empfänger eine Bescheinigung über die Zerstörung oder den Verlust des Gutes auszustellen.[42]

4. Verlust

12 Verlust eines Gutes ist gegeben, wenn der Luftfrachtführer die tatsächliche Verfügungsgewalt über das Gut verloren hat und es ihm unmöglich ist, dem Empfänger Besitz daran zu verschaffen.[43] Ob der Luftfrachtführer weiß, wo sich das Gut befindet oder darüber in Unkenntnis ist, ist ebenso unerheblich, wie die Art und Weise des Abhandenkommens, die Frage der Vorwerfbarkeit uä. Deshalb ist Verlust im Falle der Beschlagnahme oder der Enteignung zu bejahen, gleichviel ob dies in rechtmäßiger Ausübung von Hoheitsgewalt geschieht.[44] Insbesondere kann auch Verlust bei Nichtablieferung oder Falschauslieferung[45] vorliegen. Bei Wiedererlangung des Gutes kommt unter Umständen Verspätung (Art 19 MÜ) in Betracht.[46] Die dauernde Unmöglichkeit der Erlangung, z.B. durch endgültige behördliche Beschlagnahme als Folge der Nichtbeachtung von Zollvorschriften, wird dem Verlust gleichgestellt.[47] Ferner steht es einem Verlust gleich, wenn die Sendung entgegen der Anweisung des Absenders nicht gegen Übergabe eines bankbestätigten Schecks ausgeliefert wurde; denn dem Absender wurde dadurch die Verfügungsgewalt an der Sendung entzogen, ohne dass er seinen Zahlungsanspruch gegenüber dem Empfänger durchsetzen konnte.[48] Ebenfalls vom Begriff des Verlusts werden Fälle des **wirtschaftlichen Totalverlusts** erfasst, bei denen die Reparaturkosten den Neuwert des Gutes übersteigen (Reparaturunwürdigkeit).[49]

5. Beschädigung

13 Beschädigung ist eine körperliche Verschlechterung des Gutes durch Substanzverletzung, also eine substantielle wertkürzende Verminderung des Gutes.[50] Sie führt zu einer äußeren oder inneren Substanzverletzung der zu befördernden Ware.[51] **Äußere Substanzverletzungen** treten beispiels-

---

42 OLG Frankfurt a.M. – 5 W 15/82 – ZLW **1983** 59.

43 OLG Frankfurt am Main, Urt. v. 14.7.1977 – 5 U 129/76 – ZLW **1978** 53; OLG Frankfurt am Main, Urt. v. 21.4.1998 – 5 U 210/96 – TranspR **1999** 24; LG Frankfurt am Main, Urt. v. 20.9.1985 – 3/7 O 202/84 – ZLW **1986** 154 = TranspR **1986** 345; BeckOGK/*Förster* Art. 18 MÜ Rn. 12; FrankfKomm/*Müller-Rostin* Art. 18 MÜ Rn. 12; Ebenroth/Boujong/*Pokrant*[5] Art. 18 MÜ Rn. 7; MünchKommHGB/*Müller-Rostin*[5] Art. 18 MÜ Rn. 30; *Dettling-Ott* Lufttransportrecht S. 177; *Thume* GS Helm S. 341, 343.

44 Beachte aber das mögliche Eingreifen des Haftungsausschlusses nach Art. 18 Abs. 2 MÜ.

45 FrankfKomm/*Müller-Rostin* Art. 18 MÜ Rn. 12; *Dettling-Ott* Lufttransportrecht S. 177; ebenso zum WA: OLG Frankfurt am Main, Urt. v. 14.7.1977 – 5 U 129/76 – ZLW **1978** 53; F CA Paris, Urt. v. 3.2.1977 – *Banque Libanaise c. Société SAS* – RFDA **1977** 282, 284; *Schoner* ZLW **1978** 151, 158.

46 MünchKommHGB/*Kronke* Art. 18 WA 1955 Rn. 10.

47 FrankfKomm/*Müller-Rostin* Art. 18 MÜ Rn. 14; Ebenroth/Boujong/*Pokrant*[5] Art. 18 MÜ Rn. 7; *Kuhn* Haftung S. 119; *Thume* GS Helm S. 341, 344.

48 OLG Nürnberg, Urt. v. 18.4.2001 – 12 U 4114/00 – TranspR **2001** 262, 263; **aA** *Thume* TranspR **2001** 433, 435 f., der keinen Verlust annimmt, sondern in dem Verhalten des Luftfrachtführers nur einen Nachnahmefehler sieht, der von den Regelungen des Übereinkommens nicht erfasst sei. Die Pflichtwidrigkeit stelle daher eine positive Vertragsverletzung dar, auf die das nach Art. 27 EGBGB anwendbare Recht anzuwenden sei.

49 Im Ergebnis ebenso: FrankfKomm/*Müller-Rostin* Art. 18 MÜ Rn. 15; Ebenroth/Boujong/Joost/*Gass*, die diese Fälle unter den Begriff der Beschädigung subsumieren.

50 FrankfKomm/*Müller-Rostin* Art. 18 MÜ Rn. 15; MünchKommHGB/*Kronke* Art. 18 WA 1955 Rn. 12; *Dettling-Ott* Lufttransportrecht S. 178; *Ruhwedel*[3] Luftbeförderungsvertrag Rn. 428; *Thume* GS Helm S. 341, 346.

51 *Guldimann* Art. 18 WA 1955 Rn. 4.

weise ein durch das Abbrechen einzelner Teile des Gutes, durch Bruch, Kratzer, Schrammen, Verbiegungen, durch Verrostungen und Oxydation, aber auch durch Knitterschäden, durch Nässe oder durch Verschmutzung mit Fremdstoffen. Eine **innere Substanzverletzung** ist demgegenüber gegeben, wenn das Gut nach außen hin körperlich unversehrt erscheint, aber durch äußere Einflüsse Qualitätsminderung erlitten hat mit der Folge eines geringeren Verwertungserlöses.[52] Solche Qualitätsverschlechterungen können im Rahmen der Beförderung von Lebensmitteln auftreten. Beispiele sind hierfür Aromaverluste, Geruchsschäden, Frischeverlust oder Verderb von Frischfleisch wegen ungenügender Kühlung. Ebenso kann ein begründeter **Schadensverdacht** zu einer Minderung der Wertschätzung des betroffenen Gutes im geschäftlichen Verkehr führen.[53] Denn der potentielle Erwerber einer mit Schadensverdacht behafteten Sache wird im Allgemeinen nicht bereit sein, ohne vorherige Ausräumung des Verdachts den vollen Marktpreis für die betroffene Sache zu zahlen. **Nicht ersatzfähig** sind Inspektionskosten, die bei der notwendigen Prüfung eines nicht vertragsmäßig transportierten Gutes anfallen, das sich im Zuge der Untersuchung jedoch als unbeschädigt herausstellt.[54] Einem Ersatz von Inspektionskosten steht bereits der Wortlaut des Art. 18 Abs. 1 MÜ entgegen, da er als Schadensursache die Zerstörung, den Verlust oder die Beschädigung des Gutes voraussetzt.[55]

6. Abgrenzung zwischen Verlust und Beschädigung

Die Abgrenzung zwischen einem – nach dem Montrealer Übereinkommen nicht anzeigebedürftigen (vgl. Art. 31 MÜ Rn. 18) – Verlust und einer – nach dem MÜ anzeigebedürftigen – Beschädigung kann im Einzelfall schwierig sein und ist fließend.,[56] Dies gilt vor allem in Fällen des Teilverlustes. Er kann sich je nach Sachlage als Beschädigung oder als Verlust darstellen.[57] Die von der Rechtsprechung hierzu entwickelten Kriterien sind nicht einheitlich: 14

Zum einen wurde anhand der einprägsamen, aber doch ungenauen Formel „damage is damage and loss is loss" versucht, die Fälle des Teilverlusts von den Fällen der Beschädigung abzugrenzen.[58] Diese Formel übersieht indes, dass es sehr wohl Teilverluste geben kann, die eben nicht Verluste, sondern nur Beschädigungen sind. Beispiele aus der Praxis sind etwa die Versendung von 18 000 Küken (von denen 11 000 tot eintreffen),[59] von Zierfischen (von denen bei der Zollabfertigung 70 % als verendet deklariert werden),[60] von einer Ladung von 5000 Krokodilhäuten, die teilweise verdorben sind. 15

Zum anderen wurde von der belgischen[61] und französischen[62] Rechtsprechung zum Warschauer Abkommen die Auffassung vertreten, dass Teilverlust nicht als Beschädigung zu behandeln sei. Begründet wurde dies teilweise mit dem Hinweis, dass das im französischen Text für „Beschädigung" enthaltene Wort „avarie" den Teilverlust begrifflich deshalb nicht einschließen 16

52 *Thume* GS Helm S. 341, 347.

53 Ebenso zu § 425 HGB: BGH, Urt. v. 24.5.2000 – I ZR 84/98 – NJW-RR **2001** 322 = TranspR **2000** 456.

54 US DC, Urt. v. 21.6.2018 – *Indem. Ins. Co. of N. Am. v. Agility Logistics Corp.* – 16-CV-9731, 7.

55 BeckOGK/*Förster* Art. 18 MÜ Rn. 109.

56 Siehe auch *Thume* GS Helm S. 341, 354.

57 Anders ist die Rechtslage in Großbritannien: Dort regelt der Carriage by Air and Road Act, Section II von 1979, dass der Begriff Beschädigung auch den Teilverlust von Gütern und Reisegepäck umfasst, vgl. *Mankiewics* ZLW **1981** 119, 136; *Shawcross & Beaumont*[4] Air Law VII–171.2.

58 CA Beyrouth, Urt. v. 4.3.1973 –*Trans Mediterranean Airlines c. Black Sea and Baltic Insurance* – RFDA **1973** 441, 443; US CC, Urt. v. 2.6.1976 – *Schwimmer v. Air France* – **87** Misc.2d 147 = **14** Avi 17.488; ähnlich F TribCom Lyon, Urt. v. 6.3.1978 – *Helvetia c. Alitalia* – RFDA **1979** 89, 92.

59 LG Frankfurt a.M., Urt. v. 7.3.1973 – 3/3 O 227/72 – ZLW **1973** 306.

60 OLG Frankfurt a.M., Urt. v. 3.6.1976 – 16 U 92/75 – ZLW **1977** 152.

61 B TribCom, Urt. v. 9.1.1976 – *Air Zaïre c. Kimo* – RFDA **1977** 96; **aA** B Rb Brüssel, Urt. v. 4.3.1991 – *Alliance Assurance v. Air Express International* – ETR **1991** 556.

62 F TribCom Toulouse, Urt. v. 14.2.1980 – *Helvetia c. Air France* – RFDA **1981** 236.

könne, weil für diesen die besondere Formulierung „perte partielle“ gebräuchlich sei. Dieser Gebrauch der Wortwahl wird zwar durch einen Blick auf Art. 17 CMR bestätigt, der zwischen „perte totale“ und „perte partielle“ unterscheidet. Dass der Begriff „avarie“ indes auch den Teilverlust umfasst, lässt sich mittels der Verhandlungen in Den Haag zur Revision des Warschauer Abkommen im Jahre 1955 belegen: ein Antrag zur ausdrücklichen Klarstellung der Begrifflichkeiten im Rahmen des Art. 26 WA[63] wurde nämlich mit dem Hinweis zurückgezogen, dass die Beschädigung auch den Teilverlust erfasse.[64]

17 Demgegenüber erscheint es vorzugswürdig, nicht jeden Teilverlust der Beschädigung gleichzustellen.[65] Dabei ist die Entscheidung, unter welchen Umständen der Teilverlust als Verlust oder als Beschädigung aufzufassen ist, aufgrund der einschlägigen vertraglichen Vereinbarungen[66] der Parteien zu treffen, wie sie im Luftfrachtbrief dokumentiert sind.[67] Dabei kommt es darauf an, ob das in Verlust geratene Gut im Luftfrachtbrief als selbständige Einheit erscheint.[68] Sind in einem **Luftfrachtbrief mehrere Frachtstücke einzeln aufgelistet**, von denen eines oder mehrere verloren gegangen sind, so ist von einem **Verlust** auszugehen.[69] Beispiele der Praxis sind etwa der Teilverlust von 50 der insgesamt 300 versandten Säcke Zement,[70] Auslieferung von 715 statt 900 Rhesusaffen[71] Auslieferung von 134 statt 135 Kisten Luftfrachtgut.[72] Rechtfertigen lässt sich das Ergebnis in den genannten Fällen, dass für jedes einzelne dieser Frachtstücke ein eigenständiger Luftfrachtbrief nach Art. 8 MÜ ausgestellt hätte werden können mit der Folge, dass die Nichtauslieferung eines einzelnen Frachtstückes dann unzweifelhaft Verlust gewesen wäre.[73] Die Tatsache, dass ein einheitlicher Luftfrachtbrief für alle Frachtstücke ausgestellt wurde, kann eine andere Beurteilung nicht rechtfertigen.[74]

18 Dagegen ist ein **Teilverlust** als **anzeigebedürftige Beschädigung** zu behandeln, wenn der Teilverlust die Folge einer Beschädigung ist, wenn also ein teilweiser Verlust des Inhalts von Packstücken vorliegt oder die Packstücke, von denen einige verloren gingen, zu einem größeren Packstück zusammengepackt waren und die Beschädigung oder Zerstörung dieses größeren Packstücks zum Teilverlust geführt hat.[75] Ein Fall der Beschädigung ist daher anzunehmen, wenn der Luftfrachtbrief nur die Gesamtzahl der Packstücke aufführt und diese unter einem Gesamtgewicht zu einer Beförderungseinheit zusammenfasst.[76] Fehlen bei einer Sendung 46 Paar Schuhe sowie in 4 Fällen das Gegenstück der Schuhpaare, so ist der Teilverlust in Bezug auf die 46 Paar Schuhe

---

63 Art. 26 WA 1955 behandelt die fristgerechte Schadensanzeige, vgl. Art. 31 MÜ.

64 ICAO Doc 7686-LC/140, Band I, International Conférence on Private Air Law, The Hague, Minutes S. 398–9. Hierauf weisen *Shawcross & Beaumont*[4] Air Law VII–171.2 und FrankfKomm/*Müller-Rostin* Art. 18 MÜ Rn. 16 hin.

65 MünchKommHGB/*Kronke* Art. 18 WA 1955 Rn. 13; vgl. auch die ausländische Rechtsprechung: CH Trib Genève, Urt. v. 25.6.1980 – *Union des Assurances de Pairs c. Seabord World Air Lines* – RFDA **1985** 356, 357.

66 FrankfKomm/*Müller-Rostin* Art. 18 MÜ Rn. 17; MünchKommHGB/*Kronke* Art. 18 WA 1955 Rn. 13; *Thume* GS Helm, S. 341, 354.

67 BGH, Urt. v. 22.4.1982 – I ZR 86/80 – BGHZ **84** 101, 108 = NJW **1983** 513; OLG Hamburg, Urt. v. 18.2.1988 – 6 U 195/87 – ZLW **1988** 362, 363 = TranspR **1988** 201= VersR **1988** 1158; OLG Frankfurt a.M., Urt. v. 11.11.1986 – 5 U 240/85 – TranspR **1987** 68.

68 Ebenso FrankfKomm/*Müller-Rostin* Art. 18 MÜ Rn. 18; *Thume* GS Helm, S. 341, 354.

69 Ebenso Ebenroth/Boujong/*Pokrant*[5] Art. 18 MÜ Rn. 11; *Kuhn* Haftung S. 168; *Thume* GS Helm, S. 341, 354.

70 OLG Frankfurt am Main, Urt. v. 28.4.1981 – 5 U 29/80 – ZLW **1981** 312, 313 = MDR **1981** 850.

71 US CC, Urt. v. 30.1.1958 – *Park Davis & Company v. British Overseas Airways Corporation & Western Airlines* – ZLR **1959** 58, 59 m. zutr. Kritik v. *Rehm.*

72 LG Frankfurt a.M., Urt. v. 20.9.1985 – 3/7 O 202/84 – TranspR **1986** 345, 346 = ZLW **1986** 154.

73 Vgl. FrankfKomm/*Müller-Rostin* Art. 18 MÜ Rn. 17 aE; ebenso zum WA: LG Frankfurt am Main, Urt. v. 20.9.1985 – 3/7 O 202/84 – TranspR **1986** 345, 346 = ZLW **1986** 154.

74 OLG Frankfurt am Main, Urt. v. 28.4.1981 – 5 U 29/80 – ZLW **1981** 312, 313 = MDR **1981** 850.

75 Vgl. vorstehende Fn.

76 Ebenroth/Boujong/*Pokrant*[5] Art. 18 MÜ Rn. 11; FrankfKomm/*Müller-Rostin* Art. 18 MÜ Rn. 18; OLG Köln, Urt. v. 27.2.1986 – 5 U 260/83 – TranspR **1987** 108; OLG Hamburg, Urt. v. 18.2.1988 – 6 U 195/87 – TranspR **1988** 201, 203 = ZLW **1988** 362; **aA** *Koller*[11] Art. 26 MÜ Rn. 7, welcher der Angabe des Gesamtgewichts nicht die nötige Beachtung schenkt.

als Verlust zu qualifizieren, die fehlenden Gegenstücke als Beschädigung.[77] Werden 80 % der beförderten Küken nicht lebend am Bestimmungsort ausgeliefert, ist dieser Teilverlust als Beschädigung zu qualifizieren.[78] Wenn der Luftfrachtführer den Verlust nicht bemerken konnte, weil z.B. lediglich Teile des Inhalts eines einheitlich im Frachtbrief vermerkten Gutes verloren gehen, stellt sich der Teilverlust als eine Beschädigung dar.[79]

II. Schadensereignis während der Obhutszeit (Absätze 3 und 4)

1. Allgemeines; Begriff der Obhut und Voraussetzungen des Bestehens

Durch den Güterbeförderungsvertrag verpflichtet sich der Luftfrachtführer nicht nur, das ihm anvertraute Gut an den vereinbarten Ort zu bringen, sondern er nimmt es zugleich in Obhut, ebenso wie der Verwahrer, Lagerhalter oder Kommissionär. Die Obhutspflicht („*sous la garde*")[80] besteht darin, dass der Luftfrachtführer die übernommenen Sachen gegen Verlust und Beschädigung zu schützen hat.[81] Sie tritt als zweite Hauptpflicht neben die werkvertragliche Pflicht zur Erbringung der Beförderungsleistung. 19

Die zeitliche Erstreckung der Obhutspflicht wird in **Absatz 1** durch das Tatbestandsmerkmal „während der Luftbeförderung" umschrieben. Haftungszeitraum ist daher die Dauer der Luftbeförderung. Der Begriff der Luftbeförderung im Sinne des Absatzes 1 wird in **Absatz 3** als der Zeitraum bestimmt, während dessen sich die Güter in der Obhut des Luftfrachtführers befinden. Der Vertragsschluss bzw. die Ausstellung und Übergabe des Luftfrachtbriefs sind für den Beginn des Haftungszeitraums daher ohne Belang.[82] Entscheidend ist für die Begrenzung des Haftungszeitraums – ebenso wie in anderen Sparten des Transportrechts – die Annahme und Ablieferung des Gutes.[83] 20

Das Übereinkommen erläutert weder den Begriff der Obhut näher noch definiert es einzelne Voraussetzungen.[84] Nach einer engen Auffassung[85] liegt Obhut nur dann vor, wenn der Luftfrachtführer das alleinige Bestimmungsrecht über die Güter sowie den Gewahrsam daran hat und der Absender oder Empfänger faktisch nicht auf die Güter einwirken können. Dieser engen Auffassung, welche die Obhut auf die Luftbeförderung im technischen Sinne beschränkt, ist jedoch nicht zu folgen.[86] Sinn und Zweck des Art. 18 Abs. 3 MÜ ist es, die Haftung des Luftfrachtführers auf Schadensfälle auszuweiten, die nicht während der eigentlichen Luftbeförderung, sondern in einem Zeitpunkt eintreten, während dessen sich das Gut – auf einem Flughafen oder bei Einlagerung auch außerhalb eines Flughafens[87] – im Einwirkungsbereich des Luftfrachtführers befindet, so dass dieser jederzeit in der Lage ist, das Gut seiner Obhutspflicht entsprechend vor Verlust 21

---

77 Demgegenüber ging das OLG Frankfurt am Main, Urt. v. 4.12.1979 – 5 U 149/78 – ZLW **1980** 441, 444, insgesamt von einem Fall der Beschädigung aus.

78 LG Frankfurt am Main, Urt. v. 7.3.1973 – 3/3 O 227/72 – ZLW **1973** 306, 308.

79 OLG Frankfurt, Urt. v. 9.1.2007 – 8 U 184/06 – RRa **2007** 79, 80 (Verlust einer Kamera aus einem Koffer); FrankfKomm/*Müller-Rostin* Art. 18 MÜ Rn. 19.

80 Vgl. Art. 18 Abs. 3 MÜ in der französischen Textfassung.

81 Zu Art. 17 CMR: BGH, Urt. v. 27.6.1985 – I ZR 40/83 – NJW-RR **1986** 248, 249.

82 Vgl. F TribCom Paris, Urt. v. 4.4.1990 – *S.A. Air Cat c. Air France* – RFDA **1990** 360, 362.

83 *Koller*[11] Art. 18 WA 1955 Rn. 4.

84 BGH, Urt. v. 24.2.2011 – I ZR 91/10 – VersR **2012** 205, 207; BeckOGK/*Förster* Art. 18 MÜ Rn. 27; Ebenroth/Boujong/*Pokrant*[5] Art. 18 MÜ Rn. 15.

85 OLG Frankfurt am Main, Urt. v. 21.5.1975 – 17 U 191/74 – ZLW **1975** 218 = NJW **1975** 1604; OLG Frankfurt a.M., Urt. v. 10.1.1978 – 5 U 50/77 – ZLW **1978** 215, 216 = NJW **1978** 2457 (LS) = RIW **1978** 197 = TranspR **1979** 73; ebenso *Godfroid* RFDA **1983** 321.

86 Ebenso FrankfKomm/*Müller-Rostin* Art. 18 MÜ Rn. 35.

87 *Müller-Rostin* ZLW **2000** 36, 42; *Saenger* NJW **2000** 169, 173; *Wahlen* ASL **2000** 12, 18; **aA** *Harms/Schuler-Harms* TranspR **2003** 369, 371.

oder Beschädigung zu schützen.[88] Eine körperliche Inbesitznahme des Gutes durch den Luftfrachtführer ist nicht erforderlich, vielmehr genügt auch eine Willenseinigung.[89]

2. Zeitraum der Obhutshaftung

22 Der Zeitraum der Obhutshaftung wird in den meisten nationalen und internationalen frachtrechtlichen Haftungsregelungen durch die Begriffe „Annahme" und „Ablieferung" bestimmt. Auch wenn die verwendeten Begriffe in den nationalen und internationalen Haftungsregelungen sprachlich unterschiedlich bezeichnet werden, so ändert das nichts daran, dass mit ihnen der gleiche Vorgang gemeint ist. Der Vorentwurf zum Warschauer Abkommen[90] verwendete die Begriffe „Annahme" und „Ablieferung" der Güter; im Montrealer Übereinkommen ebenso wie im Warschauer Abkommen hat nur der Begriff der Ablieferung Eingang gefunden, um das Ende der Obhutshaftung zu fixieren. Es ist jedoch kein rechtfertigender Grund ersichtlich, den Haftungszeitraum bei einer Luftbeförderung anders als bei den sonstigen Sparten des Transportrechts zu bestimmen: Beginn und Ende der Obhut werden daher durch die Annahme und die Ablieferung der Güter begrenzt.[91]

23 In den Haftungszeitraum fällt auch nach Art. 18 Abs. 3 MÜ die Lagerung oder Verwahrung des Gutes vor oder nach der eigentlichen Luftbeförderung in einem dem Luftfrachtführer gehörenden Sicherheitsraum oder Lagerhaus,[92] in dem es anschließend zu Schaden kommt.

24 **a) Beginn der Obhutshaftung.** Die Obhut des Luftfrachtführers beginnt grundsätzlich im Moment der **Annahme des Gutes.**[93] Unter **Annahme** wird allgemein die Entgegennahme der Güter durch den Luftfrachtführer in seinen Besitz oder Gewahrsam zum Zwecke der Beförderung verstanden.[94] Übergibt der Luftfrachtführer das Frachtgut freiwillig in die Hand eines Dritten, so wird die Obhut des Luftfrachtführers zumindest im Kernbereich der Luftbeförderung im Regelfall bereits deshalb fortbestehen, weil der Dritte seinerseits in Erfüllung seiner dem Luftfrachtführer gegenüber bestehenden Vertragspflichten zum sorgsamen Umgang mit dem Frachtgut verpflichtet ist.[95] Beim Beginn der Obhutshaftung ist neben dem Moment der Annahme ebenso wie beim Warschauer Abkommen die Örtlichkeit des Gutes zu beachten:

- So beginnt die haftungsentscheidende Obhut am Gut, wie sich aus einem Umkehrschluss zu Art. 18 Abs. 4 Satz 1 MÜ ergibt, erst unmittelbar an der Grenze des Flughafens, wenn der Luftfrachtführer das Gut selbst oder durch seine Leute von der Annahmestelle zum Flughafen befördert. Ungeachtet der bestehenden Obhut des Luftfrachtführers ist für eine Haftung auf

---

88 FrankfKomm/*Müller-Rostin* Art. 18 MÜ Rn. 36; ebenso zum WA: BGH, Urt. v. 27.10.1978 – I ZR 114/76 – NJW **1979** 493 = VersR **1979** 83 = ZLW **1980** 61; OLG Frankfurt am Main, Urt. v. 21.4.1998 – 5 U 210/96 – TranspR **1999** 24; LG Köln, Urt. v. 10.6.1987 – 88 O 181/86 – TranspR **1987** 389 = ZLW **1988** 262; *Ruhwedel*[3] Luftbeförderungsvertrag Rn. 437.

89 FrankfKomm/*Müller-Rostin* Art. 18 MÜ Rn. 35 f.; Ebenroth/Boujong/*Pokrant*[5] Art. 18 MÜ Rn. 15; ebenso die Rspr. zum WA: BGH, Urt. v. 27.10.1978 – I ZR 114/76 – NJW **1979** 493 = VersR **1979** 83 = ZLW **1980** 61; LG Köln, Urt. v. 10.6.1987 – 88 O 181/86 – TranspR **1987** 389 = ZLW **1988** 262.

90 Abgedruckt in Frankfurter Kommentar zum WA, Band 4 Anh. IV-1.

91 FrankfKomm/*Müller-Rostin* Art. 18 MÜ Rn. 41; ebenso zum WA: F Trib la Seine, Urt. v. 14.1.1955 – *Caisse Parisienne c. Air Frane et Air Liban* – RFDA **1955** 439; F CA Paris, Urt. v. 3.2.1977 – *Banque Libanaise c. SAS* – RFDA **1977** 282; OLG Frankfurt am Main, Urt. v. 7.5.1999 – 23 U 6113/98 – ZLW **2000** 118.

92 BeckOGK/*Förster* Art. 18 MÜ Rn. 72; FrankfKomm/*Müller-Rostin* Art. 18 MÜ Rn. 42; ebenso zum WA: OLG Frankfurt am Main, Urt. v. 21.5.1975 – 17 U 191/74 – NJW **1975** 1604, 1605 = ZLW **1975** 218; OLG Frankfurt am Main, Urt. v. 12.7.1977 – 5 U 188/76 – ZLW **1978** 217, 219; *Liesecke* MDR **1968** 93; kritisch dazu *Schoner* ZLW **1978** 151, 157.

93 OLG Frankfurt am Main, Urt. v. 23.2.2018 – 13 U 151/16 – NJW-RR **2018** 803, 804; BeckOGK/*Förster* Art. 18 MÜ Rn. 29; Ebenroth/Boujong/*Pokrant*[5] Art. 18 MÜ Rn. 16; MünchKommHGB/*Müller-Rostin*[5]Art 18 MÜ Rn. 41.

94 FrankfKomm/*Müller-Rostin* Art. 18 MÜ Rn. 42.

95 BGH, Urt. v. 21.9.2000 – I ZR 135/98 – BGHZ **145** 170, 178 = NJW-RR **2001** 396.

der Grundlage des Montrealer Übereinkommens grundsätzlich kein Raum, wenn der Luftfrachtführer das Gut beim Absender abholt und es zum Flughafen befördert. Nur wenn ein solcher Transport im Zusammenhang mit der Verladung, Auslieferung oder Umladung geschieht, bleibt es nach Art. 18 Abs. 4 Satz 2 MÜ bei der Geltung des Montrealer Übereinkommens.

- Bringt dagegen ein Landfrachtführer auf eigenen Fahrzeugen Güter auf das Flughafengelände, so erlangt der Luftfrachtführer nicht bereits beim Überschreiten der Flughafengrenze die Obhut. In diesem Fall sind nämlich weitere Umstände erforderlich, um durch eine Annahme der Güter eine Obhut an diesen zu begründen. Diese Umstände sind darin zu sehen, dass dem Luftfrachtführer der Besitz oder Gewahrsam an den Gütern eingeräumt wird und die Einwirkungsmöglichkeiten des Absenders auf die Güter aufgegeben oder beschränkt werden. Die Obhut geht daher auf dem Flughafen erst dann auf den Luftfrachtführer über, wenn dieser vom anliefernden Landfrachtführer in die Lage versetzt wird, die Güter zu übernehmen, und er seine Bereitwilligkeit dazu dadurch zum Ausdruck bringt, dass er mit dem Abladen beginnt.[96] Hat dagegen der Luftfrachtführer auf das Gut – hier: ein Turnierpferd – im Zeitpunkt der Verladung noch keine tatsächliche Einwirkungsmöglichkeit gehabt, weil der Tierpfleger dieses selbst ohne Hilfe der Leute des Luftfrachtführers vom Lkw in den bereitgestellten Transportcontainer führte, läuft für den Luftfrachtführer dementsprechend auch der haftungsbegründende Zeitraum der Obhut noch nicht an.[97] Wird ein Gut beim Luftfrachtführer zur Aufbewahrung in dessen Lager auf dem Flughafen oder auch außerhalb des Flughafens zwischengelagert,[98] so greift die Obhutshaftung gleichwohl auch dann ein, selbst wenn der Verlust oder die Beschädigung vor der eigentlichen Luftbeförderung passiert ist. Im Unterschied zu Art. 18 Abs. 2 WA 1955 verlangt Art. 18 MÜ nicht mehr, dass der Verlust oder die Beschädigung des Gutes sich ereignet, während dessen die Güter auf einem Flughafen, an Bord eines Luftfahrzeuges oder bei einer Landung außerhalb eines Flughafens, an einem beliebigen Orte unter der Obhut des Luftfrachtführers befinden.[99] Maßgebliches Kriterium ist nicht die Örtlichkeit, sondern die Obhutsausübung durch den Luftfrachtführer.[100]

b) Unterbrechung der Obhutshaftung. Die Obhut des Luftfrachtführers und damit die dem Vertragspartner geschuldeten Schutzpflichten können unterbrochen werden.[101] Eine Unterbrechung ist dann anzunehmen, wenn dem Luftfrachtführer faktische und rechtliche Einwirkungsmöglichkeiten auf das Gut zeitweise entzogen sind. Nimmt ein Ladungsinteressent oder ein vom ihm Beauftragter nach Annahme und vor Ablieferung durch den Luftfrachtführer das Gut wieder zwischenzeitlich in Obhut, ist die Obhut des Luftfrachtführers unterbrochen.[102] So etwa, wenn Windhunde bei einer Zwischenlandung von Beauftragten des Absenders in dessen Zwinger vor dem Weiterflug verpflegt werden. 25

Ob die Obhut auch bei Übergabe des Gutes an **Zollbehörden** unterbrochen wird, ist schwer zu beurteilen. Zwar ordnet Art. 18 Abs. 2 Buchstabe d MÜ einen Haftungsausschluss an, wenn der Schaden auf eine hoheitliche Handlung zurückzuführen ist. Daher könnte man meinen, dass die Frage nach der Unterbrechung der Obhut rein akademischer Natur ist. Jedoch entfällt die Haftung des Luftfrachtführers nur anteilig, soweit die hoheitliche Handlung nur mitursächlich war. Insofern hat die Frage, ob die Übergabe des Gutes an Zollbehörden die Obhut des Luftfrachtführers unterbricht, nach wie vor seine Berechtigung. Gegen eine Unterbrechung der Obhutshaftung 26

96 BGH, Urt. v. 27.10.1978 – I ZR 114/76 – ZLW **1980** 61.
97 OLG Köln, Urt. v. 29.5.1987 – 1 U 5/87 – ZLW **1988** 184, 185.
98 Beachte hier Art. 18 Abs. 4 Satz 2 MÜ.
99 FrankfKomm/*Müller-Rostin* Art. 18 MÜ Rn. 33; MünchKommHGB/*Müller-Rostin*[5] Art. 18 MÜ Rn. 35, 38.
100 Im Ergebnis ebenso *Freise* TranspR **2012** 1, 10 f.
101 Ebenroth/Boujong/*Pokrant*[5] Art. 18 MÜ Rn. 17.
102 MünchKommHGB/*Kronke* Art. 18 WA 1955 Rn. 24.

spricht, dass die Luftbeförderung erst mit der Ablieferung des Gutes an den frachtrechtlichen Empfänger abgeschlossen ist.[103] Die Zollbehörden sind aber nicht ein derartiger Empfänger, sondern nehmen im Rahmen des einschlägigen Zollrechts staatliche Aufgaben wahr. Vollzieht sich die Zollbehandlung auf dem Betriebsgelände oder auf einem Beförderungsmittel des Luftfrachtführers nach § 9 ZollVG, wird man eine Unterbrechung der Obhut des Luftfrachtführers verneinen müssen.[104] Dagegen sollte man dann eine Unterbrechung der Obhut bejahen, wenn die Zollbeschau in einem Lagerhaus eines Zollagenten oder sonst von der Zollbehörde beauftragten Dritten aufgrund von § 4 Abs. 1 ZollVG durchgeführt wird. Da der Dritte dem Luftfrachtführer hinsichtlich der Güter herausgabepflichtig ist, sind zwar die rechtlichen Einwirkungsmöglichkeiten gegeben. Jedoch fehlt es dem Luftfrachtführer an den tatsächlichen Einwirkungsmöglichkeiten.[105] Denn im Regelfall wird der Luftfrachtführer keinen dauernden Zugang zum Lagerhaus haben, so dass er nicht in der Lage ist, Schäden vor oder während der Zollbehandlung an den Gütern zu verhindern. Je eingeschränkter die rechtlichen und tatsächlichen Einflussmöglichkeiten des Luftfrachtführers sind, desto eher ist daher davon auszugehen, dass die Obhutspflicht des Luftfrachtführers von der pflichtgemäßen Übergabe des Guts an den Zoll bis zur Rückgabe an den Luftfrachtführer unterbrochen ist.[106]

27 Mit der **Beschlagnahme der Frachtsendung** durch den Zoll wegen unzulässigen Inhalts der beförderten Güter wird die Obhutshaftung unterbrochen, wie auch Art. 18 Abs. 2 Buchstabe d MÜ belegt.[107]

28 **Nicht unterbrochen** wird die Obhut des Luftfrachtführers durch Übergabe des Gutes an das Personal des Flughafenbodenverkehrsdienstes, da dieser idR zu den Leuten des Luftfrachtführers nach Art. 30 MÜ zu rechnen ist[108] bzw. der Luftfrachtführer diese Handlungen grundsätzlich bei der Erfüllung seiner transportvertraglichen Pflichten sich zurechnen lassen muss (vgl. oben Rdn. 20 aE). Ebenso wenig wird die Obhut des Luftfrachtführers bei einer Zwischen- oder einer Notlandung unterbrochen.[109] Müssen bei einer Notlandung Güter ausgeladen und bis zum Transport irgendwo eingelagert werden, so haftet der Luftfrachtführer auch für die während dieser Einlagerung eingetretenen Beschädigungen oder Verluste. Denn in der Obhut des Luftfrachtführers befinden sich die Güter nicht nur, solange sie im unmittelbaren Besitz des Luftfrachtführers oder seiner Leute sind, sondern auch, wenn diese sie vor Beendigung der Luftbeförderung, insbesondere also während der Dauer einer Notlandung, einem Dritten zur Aufbewahrung übergeben. Landet der Luftfrachtführer auf einem anderen als dem vertraglich vereinbarten Zielflughafen, so dauert die Obhut so lange an, bis die Güter am Zielflughafen abgeliefert worden sind.[110] Wie Art. 18 Abs. 4 Satz 2 MÜ zeigt, gilt dies auch dann, wenn die Güter – mit anderen Beförderungsmitteln – an den Zielflughafen befördert werden.

---

103 LG Stuttgart, Urt. v. 21.2.1992 – 11 KfH O 172/90 – TranspR **1993** 141; BeckOGK/*Förster* Art. 18 MÜ Rn. 36.

104 OLG Frankfurt am Main, Urt. v. 1.2.1972 – 5 U 141/71 – ZLW **1972** 276, 280; OLG Köln, Urt. v. 20.11.1980 – 1 U 120/79 – ZLW **1982** 167, 171 = TranspR **1982** 43; LG Stuttgart, Urt. v. 21.2.1992 – 11 KfH O 172/90 – TranspR **1993** 141; *Koller*[11] Art. 18 WA 1955 Rn. 5; FrankfKomm/*Müller-Rostin* Art. 18 WA 1955 Rn. 21 b; *Ruhwedel*[3] Luftbeförderungsvertrag Rn. 443; in diesem Sinne wohl auch FrankfKomm/*Müller-Rostin* Art. 18 MÜ Rn. 55, der die geänderte Rechtslage zum Zollverwaltungsgesetz nicht berücksichtigt; **aA** OLG Stuttgart, Urt. v. 1.10.1963 – U 67/63 – ZLW **1966** 63, 68; OLG Karlsruhe, Urt. v. 7.3.1984 – 13 U 136/82 – TranspR **1984** 235, 236; *Schoner* ZLW **1980** 326, 342; *Knöfel* Haftung des Güterbeförderers S. 244 f; *Kuhn* Haftung S. 142.

105 Ebenso *Knöfel* Haftung des Güterbeförderers S. 244.

106 BGH, Urt. v. 21.9.2000 – I ZR 135/98 – TranspR **2001** 29, 31; *Müller-Rostin* TranspR **1989** 121, 124; *Schmid* Arbeitsteiligkeit S. 210.

107 Ebenso FrankfKomm/*Müller-Rostin* Art. 18 MÜ Rn. 56; Ebenroth/Boujong/*Pokrant*[5] Art. 18 MÜ Rn. 17.

108 BGH, Urt. v. 21.9.2000 – I ZR 135/98 – BGHZ **145** 170, 178 = NJW-RR **2001** 396; OLG Frankfurt am Main, Urt. v. 21.5.1975 – 17 U 191/74 – ZLW **1975** 218 = NJW **1975** 1604, 220; OLG Nürnberg, Urt. v. 9.4.1992 – 12 U 3644/91 – TranspR **1992** 276, 278; Ebenroth/Boujong/*Pokrant*[5] Art. 18 MÜ Rn. 17 aE.

109 So auch FrankfKomm/*Müller-Rostin* Art. 18 MÜ Rn. 57.

110 Die Entscheidung des OLG Hamburg, Urt. v. 25.6.1981 – 6 U 194/80 – VersR **1982** 375, ist aufgrund des gegenüber dem WA weiteren Obhutsbegriffs im Montrealer Übereinkommen überholt.

c) Ende der Obhutshaftung. Die Obhut endet mit der Ablieferung des Gutes. Unter **Ablieferung** ist der Vorgang zu verstehen, durch den der Luftfrachtführer den zur Beförderung erlangten Gewahrsam am Gut mit ausdrücklicher oder stillschweigender Einwilligung des Empfängers wieder aufgibt und diesen in den Stand setzt, die tatsächliche Gewalt über das Gut auszuüben.[111] Eine körperliche Inbesitznahme des Gutes durch den Empfänger ist nicht erforderlich.[112] Mit Einverständnis des Empfängers kann die Ablieferung auch an einem anderen als dem ursprünglich vereinbarten Ablieferungsort erfolgen.[113] Wird nicht dem Empfänger selbst, sondern einem Dritten Besitz verschafft, so muss der Dritte zur Empfangnahme berechtigt sein.[114] Seine Berechtigung kann sich entweder daraus ergeben, dass er entsprechend Art. 12 MÜ selbst Empfänger geworden ist, oder dass er vom Empfänger zur Empfangnahme ermächtigt worden ist oder in dessen Namen entgegennehmen darf, ferner, dass an ihn der Ablieferungsanspruch abgetreten worden ist.[115] Die Obhut des Luftfrachtführers wird nicht dadurch beendet, dass sich der Empfänger im Annahmeverzug befindet oder die Annahme verweigert.[116] 29

Da die Beendigung der Obhut des Luftfrachtführers die Übergabe des Gutes an den berechtigten Empfänger voraussetzt, kann die Übergabe an eine nichtberechtigte Person den Haftungszeitraum des Art. 18 MÜ nicht beenden.[117] Händigt der Luftfrachtführer das Gut an einen anderen als den im Luftfrachtbrief benannten Empfänger aus, z.B. an die als notify-Person, d.h. an die als Meldeadresse benannte Person, trägt der Luftfahrtführer nach Art. 18 MÜ das Haftungsrisiko, wenn das Gut vom nicht berechtigten Empfänger nicht unversehrt an den Berechtigten herausgegeben werden kann. Gleiches gilt für eine Übergabe des Gutes an einen unberechtigten Abholer nach Eintreffen des Gutes am Zielflughafen.[118] Dagegen beendet die Aushändigung des Gutes an einen Empfangsspediteur die Obhutshaftung des Luftfrachtführers, sofern dieser im Einverständnis des Empfängers eingeschaltet wurde.[119] Wird das Gut zum Weitertransport von einem anderen, nicht vom Luftfrachtführer eingeschalteten Frachtführer übernommen, so entlässt der Luftfrachtführer das Gut erst mit dem Abschluss der Beladung des übernehmenden Lkw aus seiner Obhut.[120] 30

d) Die Bedeutung des Absatzes 4 Satz 1 im Zusammenhang mit der Obhutshaftung. Der Zeitraum der Luftbeförderung umfasst nach **Absatz 4 Satz 1** nicht die Beförderung zu Land, zur See oder auf Binnengewässern außerhalb eines Flughafens. Für diese Transportstrecken gelten die für das jeweilige Transportmittel anzuwendenden spezialgesetzlichen Sonderbestimmungen.[121] Dieser Grundsatz ergibt sich letztlich auch bereits aus Art. 1 MÜ und Art. 38 MÜ. In Art. 38 31

---

111 BGH, Urt. v. 27.10.1978 – I ZR 114/76 – NJW **1979** 493 = VersR **1979** 83 = ZLW **1980** 61; BGH, Urt. v. 23.10.1981 – I ZR 157/79 – NJW **1982** 1284 (zu § 29 KVO); OLG Köln, Urt. v. 13.12.1994 – 22 U 148/94 – VersR **1994** 523, 524; OLG Stuttgart, Urt. v. 10.6.2009 – 3 U 12/09 – TranspR **2010** 37, 40; LG Stuttgart, Urt. v. 21.2.1992 – 11 KfH O 172/90 – TranspR **1993** 141; FrankfKomm/*Müller-Rostin* Art. 18 MÜ Rn. 43; Ebenroth/Boujong/*Pokrant*[5] Art. 18 MÜ Rn. 18; *Helm* Haftung für Schäden an Frachtgütern S. 98.

112 *Müller-Rostin* TranspR **1989** 121, 123.

113 FrankfKomm/*Müller-Rostin* Art. 18 WA 1955 Rn. 43.

114 Ebenroth/Boujong/*Pokrant*[5] Art. 18 MÜ Rn. 18.

115 BeckOGK/*Förster* Art. 18 MÜ Rn. 44.

116 Vgl. BeckOGK/*Förster* Art. 18 MÜ Rn. 46; Ebenroth/Boujong/Joost/*Gass* Art. 18 WA 1955 Rn. 17.

117 FrankfKomm/*Müller-Rostin* Art. 18 MÜ Rn. 50; ebenso zum WA: *Abraham*[3] I Art. 18 WA 1955 Anm. 1; *Liesecke* MDR **1968** 93.

118 FrankfKomm/*Müller-Rostin* Art. 18 MÜ Rn. 50; ebenso zum WA: LG Frankfurt am Main, Urt. v. 23.9.1992 – 3/2 O 48/92 – ZLW **1995** 357.

119 Ebenso FrankfKomm/*Müller-Rostin* Art. 18 MÜ Rn. 50 aE.

120 LG Hamburg, Urt. v. 23.1.2020 – 407 HKO 23/19 – RdTW **2021** 208; *Koller*[11] Art. 18 MÜ Rn. 20; BeckOGK/*Förster* Art. 18 MÜ Rn. 44.

121 Vgl. dazu OLG Hamburg, Urt. v. 25.6.1981 – 6 U 194/80 – VersR **1982** 375; OLG Düsseldorf, Urt. v. 8.3.1984 – 18 U 154/83 – VersR **1984** 533 = TranspR **1985** 351.

MÜ sind die Fälle des Multimodaltransports geregelt: Eine **multimodale Beförderung** iSd. Art. 38 MÜ liegt vor, wenn die Parteien des Beförderungsvertrags vereinbart haben, dass der Transport teils in der Luft, teils mit einem anderen Verkehrsträger zu Wasser oder zu Lande ausgeführt werden soll. Bei einer derartigen Beförderung wird idR ein Luftfrachtbrief über die Gesamtstrecke ausgestellt, während für die von dem anderen Verkehrsträger ausgeführte Teilstrecke ein gesonderter Frachtbrief ausgestellt wird. Art. 38 Abs. 1 MÜ bestimmt, dass bei gemischten (multimodalen) Beförderungen, die zum Teil durch Luftfahrzeuge, zum Teil durch andere Verkehrsmittel ausgeführt werden, das Montrealer Übereinkommen nur für die Luftbeförderung gilt. Prima vista scheint Absatz 4 Satz 1 daher gegenüber Art. 38 MÜ überflüssig zu sein. Zwar soll das Übereinkommen nach Absatz 4 Satz 2 auch dann Anwendung finden, wenn die Land- oder Schiffsbeförderung zum Zwecke der Verladung, Ablieferung oder Umladung vorgenommen und nicht bewiesen wird, dass der Schaden während der Land- oder Schiffsbeförderung eingetreten ist. Die Verladungs-, Ablieferungs- oder Umladungsbeförderung iSv. Absatz 4 Satz 2 stellt aber keine von den in Art. 38 Abs. 1 MÜ angesprochenen gemischten Beförderungen wesensverschiedene Kategorie dar.[122] Dies folgt bereits daraus, dass Art. 18 Abs. 4 Satz 2 MÜ die Verladungs-, Ablieferungs- oder Umladungsbeförderung nicht als Luftbeförderung fingiert, sondern lediglich eine widerlegbare **Vermutung des Schadenseintritts** während der Luftbeförderung aufstellt.[123] Der **eigentliche Sinn des Absatzes 4 Satz 1** erschließt sich jedoch, wenn man vor dem Hintergrund der in Satz 2 ausgeführten Zubringerdienste die Vorschrift erneut betrachtet. Absatz 4 Satz 1 stellt zwar fest, dass Beförderungen mit erdoberflächengebundenen Verkehrsträgern außerhalb des Flughafens nicht mehr in den Zeitraum der Luftbeförderungen fallen. Im Umkehrschluss ergibt sich daraus, dass die in Satz 1 genannten Beförderungen indes noch als Luftbeförderung angesehen werden, sofern sie **innerhalb eines Flughafens erfolgen.**[124] Typische Fälle sind der mit Lkw, Transportbändern oder Mafi-Trailern bewirkte An- und Abtransport zwischen Annahme- bzw. Auslieferungspunkt und Flugzeug,[125] der Transport des Gutes aus dem Flugzeug zum Lagerhaus des Luftfrachtführers, der Verkehr zwischen Flugzeugen. Die Beweisregel des Absatz 4 Satz 2 ist in diesen Fällen nicht einschlägig.[126] Für diese im Wege des Umkehrschlusses genannten Fälle trifft Absatz 4 Satz 1 eine wichtige Kernaussage, die nicht mittels Art. 38 Abs. 1 MÜ bereits beantwortet ist.[127]

3. Haftungsbegründende Kausalität

32 **a) Beliebiges schadensauslösendes Ereignis.** Anders als bei der Haftung nach Art. 17 MÜ verzichtet das Montrealer Übereinkommen bei Haftung wegen Güterschäden auf das Vorliegen eines Unfalls als schadensstiftendes Ereignis.[128] Zwischen dem Ereignis und dem Betrieb des Luftfahrzeugs braucht daher kein ursächlicher Zusammenhang zu bestehen. Vielmehr soll jedes beliebige Ereignis genügen.[129] Als schadensstiftendes Ereignis kommt daher jede Ursache in Betracht, z.B. ein Unfall, Gefahren, die vom Gut herrühren, ein Diebstahl, Temperaturschwankungen und

122 So aber *Drion* Limitation of Liabilities S. 86.

123 *Shawcross & Beaumont*[4] Air Law VII–110. Ebenso *Kirchhof* TranspR **2007** 133, 135; *Müller-Rostin* TranspR **2012** 14, 16.

124 Ebenso *Koller* TranspR **2005** 177, 180.

125 Vgl. OLG Frankfurt am Main, Urt. v. 21.5.1975 – 17 U 191/74 – ZLW **1975** 218 = NJW **1975** 1604; OLG Nürnberg, Urt. v. 9.4.1992 – 12 U 3644/91 – TranspR **1992** 276.

126 MünchKommHGB/*Kronke* Art. 18 WA 1955 Rn. 35.

127 Insofern erklärt sich auch der Vorbehalt in Art. 38 Abs. 1 MÜ auf Art. 18 Abs. 4 MÜ in toto.

128 AU CANSW, Urt. v. 30.8.2017 – *Singapore Airlines Cargo v. Principle International* – **2017** NSWCA 216, Rz. 68: »*The inquiry is not directed to ascertaining whether there was something unusual or unexpected happening outside the normal incidents of the flight. That is relevant to determining whether there was an accident for the purposes of Art 17(1).*«; ebenso BeckOGK/*Förster* Art. 18 MÜ Rn. 27; FrankfKomm/*Müller-Rostin* Art. 18 MÜ Rn. 23, 28.

129 OLG Köln, Urt. v. 20.11.1980 – 1 U 120/79 – ZLW **1982** 167, 171 = TranspR **1982** 43.

Luftfeuchtigkeit bei der Beförderung,[130] die Weigerung des Luftfrachtführers, die Güter am Bestimmungsort auszuladen.[131] Das Ereignis braucht weder plötzlich noch unvorhersehbar eintreten.[132] Auch muss kein aktives Tun oder Unterlassen des Luftfrachtführers oder seiner Leute ursächlich gewesen sein.[133] Der Grund dafür, dass bei der Güterbeförderung im Gegensatz zur Personenbeförderung bereits jedes beliebige Ereignis genügt, ist zum einen darin zu sehen, dass der Absender seine Sachherrschaft und die Kontrolle über das Gut aufgibt und diese dem Luftfrachtführer anvertraut, während die Obhut und Kontrolle des Luftfrachtführers im Fall der Personenbeförderung wesentlich eingeschränkter ist.[134] Zum anderen soll der Tatsache Rechnung getragen werden, dass die Haftung des Luftfrachtführers nicht auf die Gefahren der „eigentlichen" Luftbeförderung beschränkt ist, sondern vielmehr auf alle Schadensfälle ausgedehnt ist, die sich unter der Obhut des Gutes auf einem Flugplatz oder einer Lagerhalle des Luftfrachtführers ereignen.

b) Verursachung des Primärschadens. Das Ereignis muss einen der Primärschäden „Zerstörung", „Verlust" oder „Beschädigung" verursacht haben („*the event which caused the damage*"; „*le fait qui a causé le dommage*"). Die Kausalität zwischen Ereignis und Schaden ist anhand des ergänzend anwendbaren Rechts zu beurteilen.[135] Die Kausalität ist gegeben, wenn das Ereignis nicht hinweggedacht werden kann, ohne dass nicht zugleich auch der eingetretene Schaden entfiele (conditio sine qua non). Ebenso wenig wie beim Unfall iSv. Art. 17 Abs. 1 MÜ muss das Ereignis bei Art. 18 Abs. 1 MÜ alleinursächlich für den Güterschaden gewesen sein. Es genügt insoweit, wenn es mitursächlich war und erst in der Kombination mit weiteren Ursachen zu einer Beeinträchtigung geführt hat.[136] Bei Anwendbarkeit deutschen Rechts ist die Frage der Kausalität zusätzlich durch den Gesichtspunkt der Adäquanz zu beurteilen, um zu vermeiden, dass dem Luftfrachtführer auch solche Schadensfolgen zugerechnet werden, die völlig außerhalb gewöhnlicher Geschehensabläufe liegen.[137] 33

Unerheblich ist, wann der Schaden entstanden ist.[138] Dies kann auch nach Beendigung der Luftbeförderung sein, vorausgesetzt, dass das Ereignis während des Obhutszeitraums eingetreten ist. 34

4. Darlegungs- und Beweislast

Die Beweisanforderungen unterliegen den allgemeinen internationalen zivilverfahrensrechtlichen Regelungen. Diese gehen von der Maßgeblichkeit des Beweisrechts am Sitz des mit der Sache befassten Gerichts aus. 35

---

130 OLG Frankfurt am Main, Urt. v. 25.1.1983 – 5 U 155/82 – ZLW **1983** 371 = TranspR **1983** 120.

131 US CC – *Cohen v. Varig* – **380** NY S 2 d 450; ebenso *Goldhirsch* Handbook S. 70.

132 Ebenroth/Boujong/*Pokrant*[5] Art. 18 MÜ Rn. 13; *Goedhuis* Warsaw Convention S. 201; *Guldimann* Art. 18 WA 1955 Rn. 5; *Kuhn* Haftung S. 133.

133 FrankfKomm/*Müller-Rostin* Art. 18 MÜ Rn. 23; ebenso zum WA: *Abraham*[3] I WA 1955 Anm. 23; *Koffka/Bodenstein/Koffka* Art. 18 WA 1929 S. 319.

134 FrankfKomm/*Müller-Rostin* Art. 18 Mü Rn. 25.

135 FrankfKomm/*Müller-Rostin* Art. 18 MÜ Rn. 28; Ebenroth/Boujong/*Pokrant*[5] Art. 18 MÜ Rn. 14; *Koller* VersR **1994** 384, 388.

136 OLG Frankfurt am Main, Urt. v. 12.7.1993 – 5 U 159/92 – RIW **1994** 68: „mehrere denkbare Ursachen für das Verwelken von Schnittblumen".

137 BeckOGK/*Förster* Art. 18 MÜ Rn. 106; FrankfKomm/*Müller-Rostin* Art. 18 MÜ Rn. 28; Ebenroth/Boujong/*Pokrant*[5] Art. 18 MÜ Rn. 14.

138 OLG Köln, Urt. v. 20.11.1980 – 1 U 120/79 – TranspR **1982** 43, 44.

36 Der Anspruchsteller muss darlegen und beweisen, dass das Gut in einwandfreiem Zustand ausgehändigt worden ist.[139] Es gibt keinen Beweis des ersten Anscheins, wonach aus dem Eintreffen im beschädigten Zustand am Zielort auf ein schadensauslösendes Ereignis während der Luftbeförderung geschlossen werden kann.[140] Enthält dagegen der Luftfrachtbrief oder die Empfangsbestätigung Angaben über den Zustand des Gutes, so erbringt der Luftfrachtbrief oder die Empfangsbestätigung nach Art. 11 Abs. 2 Hs. 2 MÜ insoweit Beweis, als der Luftfrachtführer diese in Gegenwart des Absenders nachgeprüft hat und dies auf dem Luftfrachtbrief oder der Empfangsbestätigung vermerkt hat, oder wenn es sich um Angaben handelt, die sich auf den äußerlich erkennbaren Zustand des Gutes beziehen. Der auf dem Luftfrachtbrief generell wiedergegebene Vermerk *„Received in apparent good order and condition"* bezieht sich allein auf den äußeren (Verpackung), nicht aber auf den inneren Zustand der Ware.[141] Grundsätzlich obliegt es dem Luftfrachtführer nicht, die ihm angelieferten Güter auf ihren Zustand zu untersuchen.[142] Überprüft der Luftfrachtführer jedoch den inneren Zustand des Gutes selbst in Gegenwart des Absenders, so erbringt der Vermerk *„Received in apparent good order and condition"* insofern auch Beweis über die Beschaffenheit des Gutes.[143]

37 Lässt sich die Übergabe in einem entsprechenden Zustand in die Obhut des Luftfrachtführers als solche nicht beweisen, dann steht dem Anspruchsteller der Weg offen, die Beschädigung während der Luftbeförderung zu beweisen.[144] Ist die Beschädigung während des Obhutszeitraums streitig und gelingt dem Anspruchsteller weder Beweis der unbeschädigten Übergabe noch jener der Schadensverursachung während der Luftbeförderung, so ist die Klage abweisungsreif.[145]

38 Enthält der Luftfrachtbrief Angaben zur Anzahl der Frachtstücke, so begründet der Luftfrachtbrief die widerlegbare Vermutung ihrer Richtigkeit und der Übernahme des Gutes.[146] Die Eintragung der Angaben auf der Absenderausfertigung stellt dabei eine sog. Wissenserklärung dar. Sie erbringt Beweis für ihren Inhalt nach § 416 ZPO und unterliegt der freien Beweiswürdigung nach § 286 ZPO. Die Widerlegung einer vom Luftfrachtführer ausgestellten Absenderausfertigung in Bezug auf die Übernahme der angegebenen Frachtstücke erfordert echten Gegenbeweis oder doch zumindest eine Erschütterung der Überzeugung des Gerichts.

5. Erstreckung des Obhutszeitraums auf eine Beförderung zu Lande, zur See oder auf Binnengewässern (Absatz 4)

39 Güterbeförderungen ausschließlich mit Luftfahrzeugen werden in der Praxis immer seltener. In der Mehrzahl der Fälle geht eine kürzere oder längere Beförderung mit einem **anderen Verkehrsträger** der Luftbeförderung voraus (**Vortransport**). Ebenso häufig schließt sich an eine Luftbeförderung ein **Nachtransport** mit einem **anderen Verkehrsträger** an.[147] Nicht selten erfolgt eine Beförderung mit

---

139 OLG Frankfurt am Main, Urt. v. 15.11.1983 – 5 U 20/83 – ZLW **1984** 90 = TranspR **1984** 20 = MDR **1984** 236; LG Frankfurt am Main, Urt. v. 6.1.1987 – 3/11 O 63/86 – RIW **1987** 392; *Ruhwedel*[3] Luftbeförderungsvertrag Rn. 473.

140 FrankfKomm/*Müller-Rostin* Art. 18 MÜ Rn. 29; MünchKommHGB/*Kronke* Art. 18 WA 1955 Rn. 81.

141 OLG Frankfurt am Main, Urt. v. 12.7.1993 – 5 U 159/92 – RIW **1994** 68, 69; LG Frankfurt am Main, Urt. v. 6.1.1987 – 3/11 O 63/86 – RIW **1987** 392.

142 *Geigel/Mühlbauer*[56] Haftpflichtprozess Kap. 29 Rn. 63; *Ruhwedel*[3] Luftbeförderungsvertrag Rn. 473.

143 So die US-Rspr zum WA: US DC, Urt. v. 24.11.1981 – *Boehringer Mannheim Diagnostics v. Pan Am* – **531** F. Supp 344, 347; US DC, Urt. v. 9.11.1989 – *BRI Coverage v. Air Canada* – **725** F. Supp 133, 139; US DC, Urt. v. 6.11.1991 – *Arkwright-Boston v. Intertrans Airfreight* – 777 F. Supp 103, 107.

144 FrankfKomm/*Müller-Rostin* Art. 18 MÜ Rn. 30.

145 OLG Karlsruhe, Urt. v. 14.1.1975 – 8 U 85/73 – BB **1975** 1545 (LS); OLG Frankfurt am Main, Urt. v. 15.11.1983 – 5 U 20/83 – ZLW **1984** 90 = TranspR **1984** 20 = MDR **1984** 236; OLG Nürnberg, Urt. v. 9.4.1992 – 12 U 3644/91 – TranspR **1992** 276; LG Hamburg, Urt. v. 7.9.1977 – 5 O 24/77 – RIW **1977** 652; LG Frankfurt am Main, Urt. v. 6.1.1987 – 3/11 O 63/86 – RIW **1987** 392; *Ruhwedel*[3] Luftbeförderungsvertrag Rn. 474.

146 F Cass, Urt. v. 28.5.1996 – *Air France v. Air Cat* – ETL **1997** 129 (130).

147 BeckOGK/*Förster* Art. 18 MÜ Rn. 58.

einem Oberflächentransportmittel zwischen zwei Flughäfen (zB New York JFK und New York La Guardia) zur Umladung des Gutes von einem in ein anderes Flugzeug. Grundsätzlich ist das Montrealer Übereinkommen bei sog. *Hilfsbeförderungen* unanwendbar, wie Art. 38 Abs. 1 MÜ und Art. 18 Abs. 4 Satz 1 MÜ zeigen.[148] Von diesem Grundsatz sieht das Montrealer Übereinkommen Ausnahmen vor: Erfolgt eine Beförderung bei Ausführung des Luftbeförderungsvertrags zum Zweck der Verladung, der Ablieferung oder der Umladung, so wird nach **Absatz 4 Satz 2** bis zum Beweis des Gegenteils vermutet, dass der Schaden durch ein während der Luftbeförderung eingetretenes Ereignis verursacht worden ist. Darüber hinaus unterstellt **Absatz 4 Satz 3** die vertragswidrige Luftfrachtersatzbeförderung der Haftungsordnung des Montrealer Übereinkommens.

a) Zubringer- oder Umladetransporte iSv Absatz 4 Satz 2

aa) Voraussetzungen. **Absatz 4 Satz 2** setzt zum einen voraus, dass mit dem Beförderer ein Vertrag geschlossen worden ist, der alle Elemente eines internationalen Luftfrachtvertrags erfüllt.[149] Streitig ist, ob die Abrede über die Hilfsbeförderung zum Zwecke der Verladung, Ablieferung oder Umladung im Luftfrachtbrief zwingend erforderlich ist. Nach Auffassung von *Müller-Rostin*[150] erfolgen nur solche Zu-, Um- und Abladungsbeförderungen bei Ausführung eines Luftbeförderungsvertrags, wenn der Oberflächentransport bei Vertragsschluss als Teil der Gesamtbeförderung in den Luftfrachtbrief aufgenommen worden ist.[151] Dieser Auslegung ist nicht zu folgen.[152] Sie übersieht zum einen, dass der Luftfrachtbrief nur eine widerlegbare Vermutung erbringt,[153] zum anderen engt sie den Anwendungsbereich des Absatzes 4 Satz 2 unnötig ein. Ebenfalls abzulehnen ist die Auffassung von *Guldimann*,[154] wonach Hilfsbeförderungen, die aufgrund einer besonderen Vereinbarung durchgeführt werden, nicht als bei Ausführung des Luftbeförderungsvertrags erfolgen. Nur wenn die Hilfsbeförderungen und die Luftbeförderung aufgrund eines einheitlichen Vertrages erfolgten, sei der Anwendungsbereich des Absatzes 4 Satz 2 eröffnet. Gegen diese Auffassung spricht insbesondere, dass Absatz 4 Satz 2 nicht „in Ausführung", sondern „bei Ausführung des Luftbeförderungsvertrags" formuliert und insofern gerade nicht einen einheitlichen Vertrag zwischen Hilfsbeförderung und Luftbeförderung voraussetzt.[155] Richtigerweise sollte man die Voraussetzung, dass der Oberflächentransport bei Ausführung des Luftbeförderungsvertrages erfolgt ist, als erfüllt ansehen, wenn die Luftbeförderung und der Zu-, Um- oder Abladetransport als Gesamtbeförderung vereinbart wurde, selbst wenn die Hilfsbeförderung auf rechtlich selbständigen Verträgen beruht.[156] Ist auf dem Luftfrachtbrief besonders vermerkt, dass die Ablieferung des Gutes an den Empfänger nicht auf dem Zielflughafen, sondern an der innerstädtischen Adresse des Empfängers vorgenommen werden soll, gilt die Straßenbeförderung vom Flughafen bis zur Adresse des Empfängers als sog. Hilfsbeförderung zum Zwecke der Ablieferung.[157] 40

Zum anderen darf die Beförderung zu Lande (Straße, Eisenbahn), zur See oder auf Binnengewässern lediglich zum Zwecke der Verladung, Ablieferung oder Umladung erfolgen. Die Beförderung be- 41

148 BeckOGK/*Förster* Art. 18 MÜ Rn. 48; FrankfKomm/*Müller-Rostin* Art. 18 MÜ Rn. 84; MünchKommHGB/*Kronke* Art. 18 WA 1955 Rn. 37.

149 BGH, Urt. v. 24.2.2011 – I ZR 91/10 – VersR **2012** 205, 208; OLG Karlsruhe, Urt. v. 18.5.2011 – 15 U 23/10 – TranspR **2011** 382, 384 Rz. 31.

150 FrankfKomm/*Müller-Rostin* Art. 18 MÜ Rn. 90.

151 Ebenso LG Bonn, Urt. v. 20.2.2003 – 140 O 106/02 – TranspR **2003** 170, 171.

152 Ebenso *Koller*[11] Art. 18 MÜ Rn. 4; Ebenroth/Boujong/*Pokrant*[5] Art. 18 MÜ Rn. 20; *Brinkmann* Luftfrachtersatzverkehr S. 73.

153 *Koller*[11] Art. 18 MÜ Rn. 13.

154 *Guldimann* Art. 18 WA 1955 Rn. 12.

155 Zutreffend *Kuhn* Haftung S. 150.

156 Ebenso zu Art. 18 Abs. 3 WA 1955: *Kuhn* Haftung S. 150.

157 US DC 1989, Urt. v. 26.5.1989 – *Jaycees Patou v. Pier Air International* – **21** Avi 18.496, 498 f; FrankfKomm/*Müller-Rostin* Art. 18 WA 1955 Rn. 23 b; *Shawcross & Beaumont*[4] Air Law VII–179.3.

trifft daher lediglich die sog. **Zubringerdienste**.[158] Das Hauptcharakteristikum einer Zu-, Um- oder Abladebeförderung bildet ihre reine **Hilfsfunktion** für die Luftbeförderung.[159] Dabei kommt es auf eine wertende Betrachtung der konkreten Umstände an.[160] Echte Hilfsfunktion hat indes nur die Oberflächenbeförderung auf einer Teilstrecke, für die eine Luftbeförderung aufgrund technischer Gegebenheiten, insbesondere wegen Fehlens eines unmittelbar benachbarten, geeigneten Flugplatzes oder in Ermangelung passender Verkehrsverbindungen am Ausgangs- oder Endpunkt der Teilstrecke nicht möglich ist. Wäre dagegen die Beförderung auf der Teilstrecke technisch und verbindungsmäßig möglich, unterbleibt sie aber zugunsten einer Oberflächenbeförderung aufgrund wirtschaftlicher Überlegungen des Absenders oder des Luftfrachtführers, so hat die Oberflächenbeförderung keinen Hilfs-, sondern einen **eigenständigen Alternativcharakter**:[161] Ist eine Luftbeförderung von Warschau nach Leipzig vereinbart und wird nur die Strecke Warschau/Berlin-Tegel auf dem Luftweg, die Strecke Berlin-Tegel/Leipzig mit dem Lkw ausgeführt, so handelt es sich gewiss um keinen Zubringerdienst, sondern um eine gemischte Beförderung,[162] es sei denn, dass der Flugzeugtyp wegen der Länge der Landebahn, technischer Defekte oder aus witterungsbedingten Gründen nur in Berlin-Tegel landen konnte. Setzt der Luftfrachtführer bewusst einen Flugzeugtyp ein, der auf dem Zielflughafen nicht landen kann, stellt die ausgeführte Oberflächenbeförderung keinen Zubringerdienst, sondern eine (vertragswidrige) multimodale Beförderung dar.[163] Eine derartige Oberflächenbeförderung wird nach Absatz 4 Satz 3 kraft Fiktion als Luftbeförderung behandelt.

42 Eine **Verladungsbeförderung** im Sinne des Art. 18 Abs. 4 Satz 2 MÜ ist daher nur diejenige Oberflächenbeförderung von dem Ort, an dem das Gut abzuholen ist, bis zum nächstgelegenen, für die Luftbeförderung dieses Gutes technischen und nach Verkehrsverbindungen in Frage kommenden Flughafen.[164] Da Art. 18 Abs. 4 Satz 2 MÜ in erster Linie auf die Akzessorietät und nicht auf die Entfernung abstellt, kann auch ein Annextransport zu einem unwesentlich weiter entfernteren Flughafen noch als Zubringerdienst zu qualifizieren sein.[165] Führt ein Fixkostenspediteur diesen akzessorischen Zubringerdienst und im Anschluss hieran eine internationale Luftbeförderung aus, unterfällt die Zubringerstrecke ebenfalls Art. 18 Abs. 4 Satz 2 MÜ.[166] Umgekehrt gilt als **Ablieferbeförderung** im Sinne der Vorschrift nur eine solche Oberflächenbeförderung, welche den eigentlichen Ablieferungsort des Gutes mit dem nächstgelegenen technisch und verbindungsmäßig geeigneten Flughafen verbindet.[167] Unter einer **Umladungsbeförderung** im Sinne der Vorschrift ist nur diejenige Oberflächenbeförderung zwischen zwei Flughäfen zu verstehen, die aus technischen Gründen oder mangels passender Verkehrsverbindungen nicht durch eine Luftbeförderung zu ersetzen oder durch eine insgesamt andere Luftbeförderung zu umgehen ist.[168]

---

158 FrankfKomm/*Müller-Rostin* Art. 18 MÜ Rn. 89; ebenso zum WA: OLG Stuttgart, Urt. v. 2.7.1979 – 2 U 49/79 – VersR **1980** 183 = ZLW **1980** 437; OLG Düsseldorf, Urt. v. 8.3.1984 – 18 U 154/83 – VersR **1984** 533; *Koller*[11] Art. 18 MÜ Rn. 13; *ders.* TranspR **2001** 69.

159 BGH, Urt. v. 10.12.2015 – I ZR 87/14 – RdTW **2016** 136, 138.

160 LG Karlsruhe, Urt. v. 30.12.2009 – 15 O 70/09 – NZV **2010** 522, 523.

161 BGH, Urt. v. 13.6.2012 – I ZR 161/10 – RdTW **2013** 66, 70; BeckOGK/*Förster* Art. 18 MÜ Rn. 65; *Kuhn* Haftung S. 153 f.

162 US CA 2nd, Urt. v. 23.10.2003 – *Commercial Union Ins. v. Alitalia* – **347** F. 3d 448, 464: »a distinct leg in an instance of combined carriage«.

163 *Koller*[11] Art. 18 MÜ Rn. 13; **aA** F CA Paris, Urt. v. 6.3.1976 – *Cie UTA c. Sté Electro-Entreprise* – RFDA **1977** 79.

164 OLG Karlsruhe, Urt. v. 21.2.2006 – 15 U 5/04 – TranspR **2007** 203, 204; *Brinkmann* Luftfrachtersatzverkehr S. 77; *Kuhn* Haftung S. 154; FrankfKomm/*Müller-Rostin* Art. 18 MÜ Rn. 88.

165 Eine Verladungsbeförderung ist z.B. von Aachen zum Brüsseler Flughafen genauso möglich wie zum Flughafen Köln-Bonn, da beide Strecken nur untergeordnete Bedeutung zu einer anschließenden Luftbeförderung hätten.

166 *Brinkmann* Luftfrachtersatzverkehr S. 73 f; **aA** *Koller* TranspR **2005** 177, 180; *Kirchhof* TranspR **2007** 133 (134), die eine unimodale Luftbeförderung zum Kriterium des Art. 18 Abs. 4 Satz 2 MÜ erheben und bei Vorliegen einer multimodalen Beförderung, durch Einsatz eines Fixkostenspediteurs, die Anwendbarkeit von Art. 18 Abs. 4 Satz 2 ausschließen. Übersehen wird dabei, dass der eintretende Fixkostenspediteur Luftfrachtführer ist und eine unimodale Beförderung ab dem Flughafen erbringt.

167 Ebenso *Kuhn* Haftung S. 154; BeckOGK/*Förster* Art. 18 MÜ Rn. 68; FrankfKomm/*Müller-Rostin* Art. 18 MÜ Rn. 88.

168 OLG Hamburg, Urt. v. 11.1.1996 – 6 U 195/95 – TranspR **1997** 267, 269; *Brinkmann* Luftfrachtersatzverkehr S. 78.

bb) Rechtsfolge; Beweisregel. Der allgemeine dem Absatz 4 Satz 1 und 2 zugrunde liegende Gedanke ist, dass der Luftfrachtführer für Schäden während der Luftbeförderung haftet, nicht hingegen für solche während einer Oberflächenbeförderung (vgl. oben Rn. 31, 39). Erfolgt indes eine erdoberflächengebundene Zu-, Um- oder Abladebeförderung bei der Ausführung des Luftbeförderungsvertrags, so wird nach Absatz 4 Satz 2 vermutet, dass der Schaden durch eine während der Luftbeförderung eingetretene Schadensursache entstanden ist. Mit dieser **widerlegbaren Beweisvermutung** soll in erster Linie dem Geschädigten geholfen werden, da er regelmäßig in Beweisnot geraten würde, wenn er nachzuweisen hätte, dass das Schadensereignis in den Zeitraum der Luftbeförderung gefallen ist und sich nicht während des Vor- oder Nachtransports ereignet hat.[169] Daraus darf man aber nicht folgern, dass ausschließlich der Geschädigte und nicht der in Anspruch genommene Luftfrachtführer von der Beweisvermutung nach Absatz 4 Satz 2 begünstigt werden soll.[170] Vielmehr kann nach dem Wortlaut und ohne sinnwidrige Ergebnisse auch der betroffene Luftfrachtführer in einem Falle, in dem für ihn eine Anwendung der Haftungsordnung des Montrealer Übereinkommen ein besseres als das ansonsten einschlägige Recht bringt, von der Vermutung profitieren.[171] Die Vorschrift soll zu einer Beweiserleichterung führen, nicht dagegen zur einer Meistbegünstigung des Geschädigten.[172] Die an sich im Falle des unbekannten Schadensortes geltenden Vorschriften der §§ 452, 425 HGB bei Maßgeblichkeit deutschen Rechts werden von Art. 18 Absatz 4 Satz 2 verdrängt.[173] 43

Anders als Absatz 4 Satz 3 dehnt die Vorschrift nicht den Haftungszeitraum des Luftfrachtführers aus, sondern stellt nur eine **widerlegbare Beweisvermutung** auf. Steht bereits fest, dass sich das schadensauslösende Ereignis außerhalb der Flugplatzgrenzen ereignet hat, ist für die Vermutung kein Raum und bedarf es der Führung des Gegenbeweises nicht.[174] Steht dagegen nicht fest, ob das schadensauslösende Ereignis während der Luftbeförderung oder während der Oberflächenbeförderung eingetreten ist, so muss derjenige, der den Eintritt des schadensauslösenden Ereignisses während der Luftbeförderung bestreitet, das Gericht vom Gegenteil, d.h. von der Schädigung des Gutes während des Oberflächentransportes überzeugen.[175] Dabei gilt es Folgendes bei der Beweisführung des Luftfrachtführers zu beachten: 44

- Führt der **Absender** oder der **Empfänger** selbst den **Vor-** oder **Nachtransport** aus, scheidet grundsätzlich die Haftung des Luftfrachtführers mangels Obhut aus. Jedoch greift die Beweisregel dann ein, wenn der Luftfrachtführer sich beim Vor- oder Nachtransport der Arbeitnehmer des Absenders oder Empfängers bedient hat, um seine transportvertraglich geschuldete Leistung zu erfüllen (vgl. oben Rn. 28).

---

169 BeckOGK/*Förster* Art. 18 MÜ Rn. 60; *Brinkmann* Luftfrachtersatzverkehr S. 74.

170 *Koller*[11] Art. 18 WA 1955 Rn. 14; *Koffka/Bodenstein/Koffka* Art. 18 WA 1929 S. 318; *Kirchhof* TranspR **2007** 133, 137 und *Runge* TranspR **2009** 96, 101 meinen, dass die Beweislastregel nur zugunsten des Geschädigten gelte.

171 BeckOGK/*Förster* Art. 18 MÜ Rn. 69; ebenso zum WA: *Guldimann* Art. 18 WA 1955 Rn. 13; FrankfKomm/*Müller-Rostin* Art. 18 WA 1955 Rn. 23 d; MünchKommHGB/*Kronke* Art. 18 WA 1955 Rn. 44; *de Juglart*[5] Traité de Droit Aérien Rn. 2765.

172 FrankfKomm/*Müller-Rostin* Art. 18 MÜ Rn. 92; *Brinkmann* Luftfrachtersatzverkehr S. 75; *Guldimann* Art. 18 WA 1955 Rn. 13; MünchKommHGB/*Kronke* Art. 18 WA 1955 Rn. 44; **aA** *Kirchhof* TranspR **2007** 133, 137; *Runge* TranspR **2009** 96, 101.

173 *Ramming* Multimodaler Transport Rn. 193.

174 BGH, Urt. v. 10.5.2012 – I ZR 109/11 – NJW **2013** 778, 780; OLG Düsseldorf, Urt. v. 11.7.2018 – I-18 U 69/17 – RdTW **2020** 188, 189; FrankfKomm/*Müller-Rostin* Art. 18 MÜ Rn. 92; BeckOGK/*Förster* Art. 18 MÜ Rn. 59; Ebenroth/Boujong/*Pokrant*[5] Art. 18 MÜ Rn. 19; *Brinkmann* Luftfrachtersatzverkehr S. 74; ebenso zum WA: OLG Düsseldorf, Urt. v. 14.3.1991 – 18 U 271/90 – TranspR **1991** 235, 237; LG Köln, Urt. v. 10.6.1987 – 88 O 181/86 – ZLW **1988** 262 = TranspR **1987** 389; AU HC, Urt. v. 9.3.2004 – *Siemens Ltd v. Schenker International Pty Ltd* – **2004** HCA 11, Rz. 83 unter Bezug auf dortige Fn 80; F CA Paris, Urt. v. 6.3.1976 – *Cie UTA c. Sté Electro-Entreprise* – RFDA **1977** 79; F Cass, Urt. v. 31.1.1978 – *UTA et Air Algérie c. Sté Electro-Entreprise* – RFDA **1979** 310 m. unzutr. Anm. v. *Grelière*; MünchKommHGB/*Kronke* Art. 18 WA 1955 Rn. 37; *Kuhn* Haftung S. 148; *Ruhwedel*[3] Luftbeförderungsvertrag Rn. 448.

175 BeckOGK/*Förster* Art. 18 MÜ Rn. 60.

- Führt ein **Dritter** (Rollfuhrunternehmer, Bahn) den **Vor-** oder **Nachtransport** aus, so haftet dieser Transportunternehmer gemäß Art. 38 Abs. 1 MÜ nach dem für sein Transportmittel maßgeblichen Recht (CMR, GüKG, CIM usw.). Der Luftfrachtführer kann, um sich von seiner Haftung zu befreien, nach Absatz 4 Satz 2 den Beweis antreten, dass der Schaden bei der Abwicklung durch diesen anderen Transportunternehmer verursacht worden ist. Eine Haftung dieses Transportunternehmers, der das auf dem Luftweg eingetroffene Gut vom Flughafen dem Empfänger zurollt oder vom Absender zum Flughafen bringt, ist hingegen nicht nach Art. 18 Abs. 4 MÜ zu beurteilen, denn Luftfrachtführer im Sinne des Montrealer Übereinkommens kann nur derjenige sein, welcher sich zu einer Beförderung auf dem Luftweg verpflichtet hat.[176] Die Beweisregel des Absatzes 4 Satz 2 greift jedoch auch hier zu Lasten des Luftfrachtführers, wenn der Dritte Erfüllungsgehilfe oder zu den Leuten des Luftfrachtführers gehört.[177]
- Führt der **Luftfrachtführer** den **Vor-** oder **Nachtransport** selbst aus, so wirkt auch in diesem Fall die Beweisregel zugunsten des Absenders oder des Empfängers. Kann der Luftfrachtführer den Schadenseintritt in der Phase des Vor- oder Nachtransportes beweisen, haftet er nach dem für das eingesetzte Beförderungsmittel maßgeblichen Recht.

45 Welche Anforderungen an einen Beweis zu stellen sind (Anscheinsbeweis, Beweismittel, Beweismaßstäbe), entnimmt das Gericht nach der im internationalen Zivilprozessrecht herrschenden Meinung seinem eigenen Recht (lex fori).[178]

46 Art. 18 Abs. 4 Satz 2 stellt eine Regelung des multimodalen[179] Transportvertrages dar. Dass die Vorschrift nur eine Beweislastregelung trifft, ändert nichts daran, dass die Anwendbarkeit des Lufttransportrechts eröffnet ist. Bei Anwendbarkeit deutschen Rechts verdrängt diese Bestimmung als vorrangige Multimodalregelung § 452 HGB.[180] Ist unklar, auf welcher Teilstrecke es zu der Zerstörung, des Verlusts oder der Beschädigung des Gutes gekommen ist, wird vermutet, dass der Schaden durch ein während der Luftbeförderung eingetretenes Ereignis eingetreten ist.[181] Hinsichtlich der **Reklamation, Verjährung** und **Ausschlussfristen** verdrängt Art. 18 Abs. 4 Satz 2 MÜ ergänzend anwendbares Recht nicht nur dort, wo der Schaden nachgewiesenermaßen während der Luftbeförderung eingetreten ist, sondern auch dort, wo der Schaden nur vermuteter Weise während der Luftbeförderung eingetreten ist.[182]

47 **b) Luftfrachtersatzverkehr – Trucking (Absatz 4 Satz 3).** Von der oben erwähnten Hilfsbeförderung zum Zwecke der Verladung, Ablieferung oder Umladung ist der Luftfrachtersatzverkehr zu unterscheiden (vgl. oben Rn. 40). Beim Luftbeförderungsvertrag besteht die Hauptpflicht des Luftfrachtführers in der Beförderung des Gutes durch ein Luftfahrzeug. Führt der Luftfrachtführer den gesamten Transport oder einen Teil davon und diesen auf einer Teilstrecke, die er auch mit dem Luftfahrzeug hätte bedienen können, statt mit dem Luftfahrzeug mit einem Lkw durch (sog. **Trucking**), handelt es sich nicht mehr um eine sog. Hilfsbeförderung im Sinne des Absatzes 4

---

176 OLG Stuttgart, Urt. v. 2.7.1979 – 2 U 49/79 – VersR **1980** 183 = ZLW **1980** 437 (438); OLG Düsseldorf, Urt. v. 8.3.1984 – 18 U 154/83 – TranspR **1985** 351 = VersR **1984** 533.

177 MünchKommHGB/*Kronke* Art. 18 WA 1955 Rn. 39.

178 BGH, Urt. v. 10.5.2012 – I ZR 109/11 – NJW **2013** 778, 780; BeckOGK/*Förster* Art. 18 MÜ Rn. 81; *Schack*[5] IZVR Rn. 655.

179 **AA** wohl OLG Frankfurt am Main, Urt. v. 30.8.2004 – 13 U 215/02 – TranspR **2004** 471, 472, das den Zulieferdienst nicht als Bestandteil einer gemischten Beförderung betrachtet, sondern als „bloßes Akzessorium der Luftbeförderung".

180 BGH, Urt. v. 2.4.2009 – I ZR 60/06 – NJW-RR **2009** 1335; OLG Düsseldorf, Urt. v. 21.4.2010 – I-18 U 238/09 – juris Rz. 6; *Koller*[11] Art. 18 MÜ Rn. 4; Ebenroth/Boujong/*Pokrant*[5] Art. 18 MÜ Rn. 19; *Ramming* TranspR **2007** 279, 285; die Entscheidung des OLG München, Urt. v. 18.8.2010 – 7 U 2114/10 – juris Rz. 32, untersucht hingegen nicht zutreffend, ob der LKW-Transport zum Zwecke der Ablieferung erfolgt. Für diesen Fall wäre Art. 18 Abs. 2 Satz 4 MÜ vorrangig gewesen.

181 OLG Celle, Urt. v. 21.5.2004 – 11 U 7/04 – TranspR **2005** 214, 216.

182 FrankfKomm/*Müller-Rostin* Art. 18 MÜ Rn. 91; *Ramming* TranspR **2007** 279, 285; **aA** *Kirchhof* TranspR **2007** 133, 139 ff.; *Koller* TranspR **2001** 69.

Satz 2.[183] Vielmehr liegt eine Beförderung vor, bei der das Luftfahrzeug durch ein Landfahrzeug ersetzt wird (**„Luftfrachtersatzverkehr"**).[184] Bei der ausgeführten Teilstrecke mit dem LKW muss es sich um eine Strecke mit erheblichem Gewicht handeln.[185] Die Ersetzung des Luftfahrzeugs durch ein Landfahrzeug hat aus Sicht des Luftfrachtführers verschiedene wirtschaftliche und operative Gründe. Beim Luftfrachtersatzverkehr handelt es sich regelmäßig um sog. Zubringerbeförderungen von regionalen Flughäfen zum Zentralflughafen des Luftfrachtführers.[186] Die Ersetzung des Luftfahrzeugs durch einen Lkw geschieht meist vor dem Hintergrund, dass das vorgesehene Zubringer- oder Abbringerflugzeug nicht hinreichend ausgelastet wäre und die wirtschaftlichen Kosten durch die Lkw-Beförderung geringer sind.[187] Ferner verhindert das auf vielen europäischen Flughäfen bestehende Nachtstartverbot, dass spät abends angelieferte Güter noch per Flugzeug rechtzeitig bis zum nächsten Morgen zum Zentralflughafen verbracht werden und somit wichtige Anschlüsse erreicht werden können.[188] Der Lkw-Verkehr kennt nämlich kein Nachtstartverbot.

Befördert der Luftfrachtführer das Gut ganz oder zum Teil anstelle eines Luftfahrzeugs mit einem Landtransportmittel, so ist im Schadensfall zu unterscheiden, ob es sich bei dem Luftfrachtersatzverkehr um eine vertragsgemäße oder um eine vertragswidrige Ersatzbeförderung gehandelt hat. Die vertragsgemäße Luftersatzbeförderung unterfällt Art. 18 Abs. 4 Satz 1 und Art. 38 MÜ;[189] der Luftfrachtführer haftet nach dem jeweiligen Teilstreckenrecht. Handelt es sich dagegen um eine vertragswidrige Luftersatzbeförderung, haftet der Luftfrachtführer nach Art. 18 Abs. 1 i.V.m. Abs. 4 Satz 3 MÜ. 48

aa) Vertragsgemäßer Luftfrachtersatzverkehr. Ob ein Luftfrachtersatzverkehr vertragsgemäß oder vertragswidrig ist, ist anhand der Parteivereinbarung zwischen Absender und Luftfrachtführer zu beurteilen.[190] Eine Ersetzungsbefugnis kann dabei sowohl auf einer ausdrücklichen Vereinbarung als auch auf einem nachträglichen Leistungsbestimmungsrecht des Luftfrachtführers nach § 315 BGB beruhen. Schließlich kann dem Luftfrachtführer eine Befugnis zum Einsatz eines Oberflächentransportsmittels aufgrund Allgemeiner Geschäftsbedingungen,[191] z.B. der IATA-Resolution Nr. 507b, zustehen. 49

(1) Ersetzungsbefugnis aufgrund ausdrücklicher Parteivereinbarung zwischen Luftfrachtführer und Absender. Der Luftfrachtführer ist berechtigt, die Gesamtstrecke oder einen Teil hiervon mit einem Oberflächentransportmittel zurückzulegen, wenn dies zwischen Absender und Luftfrachtführer ausdrücklich vereinbart wurde. Eine Vereinbarung kann bereits darin gesehen werden, wenn im Luftfrachtbrief in Bezug auf eine Teilstrecke das Wort „Lkw" („Truck") oder eine Lkw-„Flug"-Nummer eingetragen wird.[192] Dies gilt selbst dann, wenn der Luftfrachtbrief nicht vom Absender, sondern auf dessen Verlangen vom Luftfrachtführer ausgestellt wurde, da nach Art. 7 Abs. 4 MÜ bis zum Beweis des Gegenteils vermutet wird, dass der Luftfrachtführer im Namen des Absenders gehandelt hat. Hierfür kann bereits eine telefonische Vereinbarung darü- 50

183 Ebenso Ebenroth/Boujong/*Pokrant*[5] Art. 18 MÜ Rn. 23.
184 BeckOGK/*Förster* Art. 18 MÜ Rn. 86; *Ruhwedel* TranspR **2006** 412, 426.
185 *Brinkmann* Luftfrachtersatzverkehr S. 85.
186 Vgl. FrankfKomm/*Müller-Rostin* Art. 18 MÜ Rn. 24.
187 So auch FrankfKomm/*Müller-Rostin* Art. 18 MÜ Rn. 94.
188 Vgl. FrankfKomm/*Müller-Rostin* Art. 18 MÜ Rn. 24.
189 *Koller*[11] Art. 18 MÜ Rn. 6; Ebenroth/Boujong/*Pokrant*[5] Art. 18 MÜ Rn. 23.
190 FrankfKomm/*Müller-Rostin* Art. 18 MÜ Rn. 97; Ebenroth/Boujong/*Pokrant*[5] Art. 18 MÜ Rn. 23.
191 OLG Düsseldorf, Urt. v. 12.3.2008 – I-18 U 160/07 – juris Rz. 17.
192 Vgl. FrankfKomm/*Müller-Rostin* Art. 18 MÜ Rn. 104.

ber, dass das Gut über eine Teilstrecke per Lkw befördert wird, genügen, zumindest dann, wenn der Absender selbst über hinreichende Kenntnisse im Luftfrachtrecht verfügt.[193]

51 **(2) Nachträgliche Bestimmung des Beförderungsmittels.** In der Praxis kommt es nicht selten vor, dass die Parteien bei Abschluss des Güterbeförderungsvertrages das einzusetzende Beförderungsmittel noch nicht bestimmt haben.[194] Für den Abschluss eines Güterbeförderungsvertrages ist dies unschädlich.[195] Denn ein Güterbeförderungsvertrag kann auch dahingehend abgeschlossen werden, dass der Frachtführer nach billigem Ermessen berechtigt sein solle, ein geeignetes Beförderungsmittel zu wählen.[196] Soweit bei Vertragsschluss das Beförderungsmittel noch nicht bestimmt war, kann allein aus der Ausstellung und Übergabe eines „Forwarder Airwaybills" an den Absender noch nicht geschlossen werden, dass der abgeschlossene Güterbeförderungsvertrag als Luftbeförderungsvertrag zu qualifizieren und daher die Beförderung mittels Luftfahrzeugs auszuführen ist.[197] Eine verbindliche Festlegung des Beförderungsmittels ist aus der Sicht des Luftfrachtführers nämlich dann nicht zu erwarten, wenn die Luftbeförderung z.B. wetterbedingt nicht, eine Beförderung mit der Bahn oder dem Lkw indes noch rechtzeitig durchgeführt werden kann.

52 Haben sich die Parteien bereits auf ein Beförderungsmittel bei Vertragsschluss geeinigt, kann sich der Luftfrachtführer bei Maßgeblichkeit deutschen Rechts das Recht vorbehalten, nach billigem Ermessen iSd. § 315 BGB anstelle des ursprünglich festgelegten Beförderungsmittels ein anderes zu wählen.[198] Das Wahlrecht des Luftfrachtführers wird durch die Entscheidung für das zum Einsatz kommende Beförderungsmittel ausgeübt.

53 **(3) Ersetzungsbefugnis aufgrund Allgemeiner Geschäftbedingungen – IATA-Resolution Nr. 507b.** Schließlich kann sich die Ersetzungsbefugnis des Luftfrachtführers, ein anderes Beförderungsmittel zu wählen, aufgrund von Allgemeinen Geschäftsbedingungen ergeben.[199] Voraussetzung ist dabei stets, dass die Allgemeine Geschäftsbedingungen wirksam in den Luftbeförderungsvertrag einbezogen sind. Eine derartige Ersetzungsbefugnis folgt jedoch weder aus Art. 6.3.2 der IATA Conditions of Carriage for Cargo noch aus Art. 6 Nr. 3 Buchstabe b der ABB-Fracht, wonach der Luftfrachtführer ohne Ankündigung einen anderen Luftfrachtführer oder ein Ersatzluftfahrzeug einsetzen kann.[200] Denn „other means of carriage" in Art. 6.3.2 der IATA Conditions of Carriage for Cargo bedeutet, wie sich aus der Begriffsbestimmung zu carriage in Art. 1.5 ergibt, nur die Beförderung auf dem Luftweg. Gleiches gilt für die ABB-Fracht, die zutreffend von einem Ersatzluftfahrzeug sprechen und gerade nicht von einer Ersatzbeförderung.[201]

54 Demgegenüber kann sich eine Ersetzungsbefugnis des Luftfrachtführers aufgrund der IATA-Resolution Nr. 507b[202] ergeben. Bei dieser Resolution handelt es sich um IATA-Bedingungen, die nur für die Mitglieder der IATA bindend sind. Die IATA-Bedingungen zeitigen keine Außenwirkungen, sind mithin weder Völker- noch Gesetzesrecht, sondern lediglich Modellbestimmungen für

---

193 OLG Hamburg, Urt. v. 24.10.1991 – 6 U 103/91 – TranspR **1992** 66 = VersR **1992** 1543.

194 Vgl. die Sachverhalte folgender Entscheidungen: BGH, Urt. v. 13.4.1989 – I ZR 28/87 – TranspR **1989** 327, 328; OLG Düsseldorf, Urt. v. 18.3.1993 – 18 U 200/92 – TranspR **1993** 287; OLG Hamburg, Urt. v. 11.1.1996 – 6 U 195/95 – TranspR **1997** 267, 269; OGH Wien, Urt. v. 13.7.1994 – 7 Ob 586/93 – TranspR **1995** 21, 22.

195 Vgl. BGH, Urt. v. 13.4.1989 – I ZR 28/87 – TranspR **1989** 327, 328.

196 *Basedow* S. 39, 58 ff.

197 So BGH, Urt. v. 13.4.1989 – I ZR 28/87 – TranspR **1989** 327, 328.

198 *Basedow* S. 39, 58; FrankfKomm/*Müller-Rostin* Art. 18 MÜ Rn. 98.

199 Vgl. Fn. 193.

200 Zutreffend MünchKommHGB/*Kronke* Art. 18 WA 1955 Rn. 48; *Brinkmann* Luftfrachtersatzverkehr S. 99.

201 Unrichtig insoweit FrankfKomm/*Müller-Rostin* Art. 18 MÜ Rn. 100.

202 Abgedruckt im Anhang III.-3.

Allgemeine Geschäftsbedingungen.[203] Sie werden erst dann Teil der von den einzelnen IATA-Mitgliedern mit den Absendern abgeschlossenen Luftbeförderungsverträgen, wenn die jeweilige Luftverkehrsgesellschaft die Beförderungsbedingungen zu ihren Bedingungen erklärt, den Beförderungsverträgen zugrunde gelegt hat und zwingendes Recht nicht entgegensteht. Eine Bezugnahme auf die Allgemeinen Geschäftsbedingungen dürfte angesichts des klaren Wortlauts von Art. 11 Abs. 1 MÜ nicht mehr genügen.[204] Gemäß der IATA-Resolution Nr. 507b soll der Luftfrachtführer ungeachtet eines entgegenstehenden Vertragsschlusses berechtigt sein, unter den nachstehenden Voraussetzungen die Beförderung anstelle mit einem Luftfahrzeug mit einem Oberflächentransportmittel durchzuführen:

- Kapazitätsmangel des Luftfrachtführers (Abs. 1 Buchstabe b Nr. i);
- Größe, Gewicht oder Art. der Frachtsendung lassen eine Beförderung in dem bestimmten Flugzeugtyp des Luftfrachtführers nicht zu (Abs. 1 Buchstabe b Nr. ii);
- Weigerung des Luftfrachtführers, die Frachtsendung anzunehmen (Abs. 1 Buchstabe b Nr. iii);
- eine Luftbeförderung würde die Ankunft der Frachtsendung entweder am Umladungsflughafen oder am Bestimmungsflughafen verzögern (Abs. 1 Buchstabe b Nr. iv);
- eine Luftbeförderung kann nicht innerhalb von 24 Stunden durchgeführt werden (Abs. 1 Buchstabe b Nr. v);
- eine Luftbeförderung würde das Verpassen eines Anschlussfluges zur Folge haben (Abs. 1 Buchstabe b Nr. vi).

Fraglich ist, ob eine aufgrund der IATA-Resolution Nr. 507b vorgenommene Ersetzung des ur- 55
sprünglich vorgesehenen Luftfahrzeugs durch ein Oberflächentransportmittel – bei Maßgeblichkeit deutschen Rechts – einer sog. AGB-Kontrolle nach § 307 BGB standhält. Gegen eine unangemessene Benachteiligung iSd. § 307 Abs. 1 BGB wird angeführt, dass der Absender eines Luftbeförderungsvertrags hauptsächlich daran interessiert sei, dass das Gut möglichst rasch den Bestimmungsort erreiche.[205] Unter dem Aspekt der Schnelligkeit der Beförderung läge eine Ersetzung des Beförderungsmittels daher im Interesse des Absenders. Dieser Auffassung ist indes nicht zu folgen. Sie übersieht, dass die auf der Grundlage der IATA-Resolution Nr. 507b gewährte Ersetzungsbefugnis des Luftfrachtführers nicht unerheblich die Rechte des Absenders beeinträchtigt.[206] Denn der Luftfrachtführer kann bereits von seiner Ersetzungsbefugnis Gebrauch machen, wenn ein Kapazitätsmangel auftritt, wenn eine Luftbeförderung nicht innerhalb der nächsten 24 Stunden erfolgen kann oder wenn eine Luftbeförderung das Verpassen eines Anschlussfluges zur Folge hat. Gerade die letztgenannte Voraussetzung schießt eindeutig über das Ziel hinaus, wenn die Luftbeförderung mit einem *nachfolgenden* Anschlussflugzeug noch innerhalb der geforderten 24 Stundenfrist[207] ausgeführt werden könnte und das Gut daher noch rechtzeitig am Bestimmungsort einträfe. Insofern höhlt die aufgrund der IATA-Resolution Nr. 507b im Wege Allgemeiner Geschäftsbedingungen eingeführte Ersetzungsbefugnis des Luftfrachtführers die Rechtsposition des Absenders, nämlich den Anspruch auf Luftbeförderung, zu sehr aus und ist bei Maßgeblichkeit deutschen Rechts mit Art. 307 Abs. 2 Nr. 2 BGB nicht vereinbar.[208]

---

203 BGH, Urt. v. 20.1.1983 – VII ZR 105/81 – BGHZ **86** 284, = TranspR **1993** 116, 117 = ZLW **1983** 144 = NJW **1983** 1322.

204 Ebenso die Denkschrift zu Art. 11 MÜ BT-Drucks. **15/2285** S. 40.

205 OLG Frankfurt am Main, Urt. v. 11.1.1981 – 21 U 108/81 – VersR **1982** 697; OLG Stuttgart, Urt. v. 7.10.1987 – 3 U 181/86 – VersR **1988** 909; im Anschluss an diese Judikate auch FrankfKomm/*Müller-Rostin* Art. 18 MÜ Rn. 103, der sich zu Unrecht zusätzlich auf eine höchstrichterliche Entscheidung des BGH, Urt. v. 17.5.1989 – I ZR 211/87 – TranspR **1990** 19, 20 beruft. In dieser Entscheidung ließ der BGH die Frage gerade dahinstehen, ob nach dem Luftfrachtvertrag – sei es in Auslegung dieses Vertrages, sei es aufgrund der etwa in den Vertrag einbezogenen IATA-Resolution Nr. 507b – die Beförderung des Gutes mittels Lkw erlaubt war.

206 Ebenfalls in diese Richtung *Dettling-Ott* Lufttransportrecht S. 155 f.

207 Vgl. Abs. 1 Buchstabe b Nr. v der IATA-Resolution 507 b.

208 Ebenso *Brinkmann* Luftfrachtersatzverkehr S. 112; *Willenberg/Lucas* TranspR **1989** 201, 205; **aA** OLG Frankfurt, Urt. 11.11.1981 – 21 U 108/21 – VersR **1982** 697; FrankfKomm/*Müller-Rostin* Art. 18 MÜ Rn. 103.

56 **(4) Bekannter Schadensort.** Soweit der Luftfrachtersatzverkehr erlaubt war und der Schadensort bekannt ist, haftet der Luftfrachtführer – wie Art. 38 Abs. 1 MÜ klarstellt – nach dem für sein Transportmittel maßgeblichen Recht, je nachdem, auf welcher Teilstrecke der Schaden eingetreten ist.[209] Ist deutsches Recht ergänzend anwendbar, gelten daher die Regeln des multimodalen Transports (§§ 452 ff. HGB). Nach § 452a Satz 1 HGB bestimmt sich die Haftung des Luftfrachtführers nach dem Recht der betroffenen Teilstrecke, auf der der Schaden eingetreten ist. Bei Maßgeblichkeit deutschen Rechts sind folgende Frachtrechtsordnungen zu berücksichtigen:

- §§ 407 ff. HGB, §§ 452a bis 452d HGB, wenn der Schaden auf einer inländischen Luft-, Land-, Binnengewässer- oder Schienenstrecke eingetreten ist;
- Seefrachtrecht und §§ 452a bis 452d HGB bei Schäden auf der Seestrecke;
- ER CIM 1999 und §§ 452a bis 452d HGB bei grenzüberschreitendem Schienenverkehr;
- CMR und §§ 452a bis 452d HGB bei grenzüberschreitendem Straßentransport.

57 Die Anwendung einer anderen Frachtrechtsordnung kann zur Folge haben, dass der Geschädigte sich im Vergleich zum Montrealer Übereinkommen völlig anderen Haftungshöchstbeträgen, Rügefristen und Ausschlussfristen gegenübersieht.

58 **(5) Unbekannter Schadensort.** Ist dagegen der Schadensort unbekannt, auf welcher Teilstrecke sich der Schaden ereignete, haftet der Luftfrachtführer nicht nach dem Montrealer Übereinkommen,[210] sondern bei Anwendbarkeit deutschen Sachrechts nach §§ 452 i.V.m. 425 HGB.[211] Art. 38 MÜ enthält gerade keine vorrangige Norm iSd. § 452 Satz 1 HGB, welche die Haftung des Luftfrachtführers bei einem erlaubten Luftfrachtersatzverkehr regelt. Dies gilt selbst dann, wenn der Schaden *möglicherweise* bei der Luftbeförderung eingetreten ist.[212]

bb) Vertragswidrige Ersatztransporte zu Land, zur See, auf Binnengewässern

59 **(1) Keine Gültigkeit des Meistbegünstigungsprinzip. Absatz 4 Satz 3** unterstellt vertragswidrige Luftfrachtersatzbeförderungen der Haftungsordnung des Montrealer Übereinkommens. Abweichend von der bisherigen Rechtsprechung zu der Frage, ob bei vertragswidrigen Luftfrachtersatzbeförderungen das Recht des tatsächlich eingesetzten Beförderungsmittels oder das Recht des vereinbarten Beförderungsmittels anzuwenden ist,[213] ist also nicht – auch – das Recht des tatsächlich eingesetzten Beförderungsmittels anzuwenden, sondern ausschließlich das im Montrealer Übereinkommen verankerte Luftrecht, also das Recht des vereinbarten Beförderungsmittels. Der vertragswidrig handelnde Frachtführer muss daher nicht mehr die Haftungsordnung gegen sich gelten lassen, in die er sich durch die Wahl des Beförderungsmittels selbst hineingestellt hat. Er wird damit letztlich besser gestellt als der Frachtführer, der vereinbarungsgemäß ein anderes Verkehrsmittel als ein Luftfahrzeug benutzt.[214] Denn nach Art. 38 MÜ wird ein solcher Frachtführer den Haftungsregeln des Montrealer Übereinkommens nur im Hinblick auf den Beförderungsabschnitt unterstellt, der tatsächlich mit einem Luftfahrzeug ausgeführt wird. Die Vorschrift kann daher dazu führen, dass der Luftfrachtführer nur deshalb milder haftet, weil er etwas Verbotenes

---

209 BGH, Urt. v. 22.2.2001 – I ZR 282/98 – NJW-RR **2001** 1543, 1544; OLG Düsseldorf, Urt. v. 12.3.2008 – I-18 U 160/07 – juris Rz. 17, 26, 29; *Müller-Rostin* in: Hartenstein/Reuschle Kap. 13 Rn. 66.

210 So *Reuschle* Montrealer Übereinkommen[1] Art. 18 MÜ Rn. 57.

211 Zutreffend FrankfKomm/*Müller-Rostin* Art. 18 MÜ Rn. 112; *Brinkmann* Luftfrachtersatzverkehr S. 130; *Harms/Schuler-Harms* TranspR **2003** 369, 372.

212 OLG Karlsruhe, Urt. v. 21.2.2006 – 15 U 5/04 – TranspR **2007** 203, 204; *Müller-Rostin* in: Hartenstein/Reuschle Kap. 13 Rn. 67.

213 BGH, Urt. v. 17.5.1989 – I ZR 211/87 – TranspR **1990** 19, 20.

214 *Koller*[11] Art. 18 MÜ Rn. 9; FrankfKomm/*Müller-Rostin* Art. 18 MÜ Rn. 114; Ebenroth/Boujong/*Pokrant*[5] Art. 18 MÜ Rn. 24; *Harms/Schuler-Harms* TranspR **2003** 369, 372; *Ruhwedel* TranspR **2004** 137, 138.

tut.[215] Wird der Schaden bei einem Landtransport „leichtfertig und in dem Bewusstsein, dass er mit Wahrscheinlichkeit eintreten werde“ verursacht, so haftet der Luftfrachtführer bei erlaubtem Trucking nach Art. 29 CMR und bei Maßgeblichkeit deutschen Rechts nach § 435 HGB unbegrenzt. Bei verbotenem Trucking bleibt es dagegen bei der begrenzten Haftung.[216]

Dieses sinnwidrige Ergebnis lässt sich jedoch durch eine nachträgliche Genehmigung des Truckings durch den Geschädigten korrigieren. Durch die nachträgliche Genehmigung wird das verbotene Trucking zu einem erlaubten Trucking mit der Folge, dass sich die Haftung nach dem für die Teilstrecke anwendbaren Recht richtet.[217] Die Zulassung der nachträglichen Genehmigung steht dem Wortlaut des Art. 18 Abs. 4 Satz 3 MÜ auch nicht entgegen: Die Begriffe des „consentement“[218] in der französischen Textfassung und des „consent“[219] in der englischen Textfassung setzen nicht zwingend die vorherige Zustimmung voraus, sondern erfassen auch die nachträgliche Genehmigung.[220] Insoweit bedeutet die Genehmigung nicht, dass aus dem abgeschlossenen Luftbeförderungsvertrag ein „Vertrag über die entgeltliche Beförderung von Gütern auf der Straße“ hervorgeht, sondern allein die Zustimmung, dass im Rahmen eines Luftbeförderungsvertrags die Ausführung mit anderen Verkehrsmitteln als mit Luftfahrzeugen vollzogen werden kann.[221] 60

(2) Hilfsweise Genehmigung des vertragswidrigen Ersatztransports im Prozess. Aufgrund der hier vertretenen restriktiven Auslegung des Art. 18 Abs. 4 Satz 3 MÜ wird man es dem Geschädigten gestatten müssen, die Genehmigung zur Durchführung des vertragswidrigen Ersatztransports im Prozess auch hilfsweise für den Fall zu erteilen, dass der Luftfrachtführer leichtfertig iSd. Art. 29 CMR oder des § 435 HGB gehandelt hat. Mit der hilfsweisen Genehmigung soll den unterschiedlichen Haftungsgrenzen in der CMR und im MÜ Rechnung getragen werden: Verneint das Gericht die Leichtfertigkeit des Luftfrachtführers, so liegt weiterhin ein vertragswidriger Ersatztransport vor und der Geschädigte profitiert von der gegenüber dem § 431 Abs. 1 HGB[222] und des Art. 23 Abs. 3 CMR[223] höheren Haftungsgrenze[224] des Übereinkommens. Bejaht dagegen das Gericht die Leichtfertigkeit, so liegt nach dem Hilfsvorbringen ein erlaubter Ersatztransport vor, der dem jeweiligen Teilstreckenrecht unterliegt. Hinsichtlich der Genehmigung genügt der Anspruchssteller seiner Darlegungs- und Beweislast, wenn er tatsächliche Anhaltspunkte für die Beförderung im Luftersatzverkehr behauptet.[225] 61

Grundsätzlich sind Prozesshandlungen zwar bedingungsfeindlich. Etwas Anderes gilt jedoch für innerprozessuale Bedingungen, die mit Erwirkungshandlungen, hier den Behauptungen in Bezug auf die Leichtfertigkeit des Handelns des Luftfrachtführers und der Beweisführung, verbunden werden. Die dadurch erzeugte Ungewissheit ist mit den Interessen des Gerichts und der Gegenpartei vereinbar, weil im Laufe des Rechtsstreits durch das Gericht verbindlich geklärt wird, ob die gesetzte Bedingung eingetreten ist. 62

---

215 So *Harms/Schuler-Harms* TranspR **2003** 369, 372.

216 Vgl. Art. 22 Abs. 5 MÜ, der Art. 22 Abs. 3 MÜ nicht erwähnt.

217 So *Koller*[11] Art. 18 MÜ Rn. 6; Ebenroth/Boujong/*Pokrant*[5] Art. 18 MÜ Rn. 24; *Harms/Schuler-Harms* TranspR **2003** 369, 372; **aA** BeckOGK/*Förster* Art. 18 MÜ Rn. 104; *Ruhwedel* TranspR **2006** 421, 427; *Müller-Rostin* in: Hartenstein/Reuschle Kap. 13 Rn. 70; *Müller-Rostin* TranspR **2015** 292, 294.

218 „Consentement“ bedeutet im Französischen sowohl „accord“, „acceptation“ als auch „approbation“ (=nachträgliche Zustimmung), vgl. Petit Robert.

219 „Consent“ bedeutet im Englischen auch „acquiescence to or acceptance of something done or planned by another“, vgl. Collins Dictionary.

220 So zutreffend *Harms/Schuler-Harms* TranspR **2003** 369, 375.

221 Insofern übersieht *Ruhwedel*, dass die nachträgliche Genehmigung nicht die Vertragsform, sondern den Austausch der Beförderungsmittel betrifft, MünchKommHGB/*Müller-Rostin*[5]Art. 18 MÜ Rn. 60.

222 8,33 Sonderziehungsrechte.

223 8,33 Sonderziehungsrechte.

224 22 Sonderziehungsrechte.

225 OLG Köln, Urt. v. 6.3.2007 – 3 U 122/06 – juris Rz. 10.

D. Haftungsausschlüsse (Absatz 2)

I. Allgemeines

1. Gesetzliche Regelung, Anwendungsbereich

63 **a) Entstehung und Ursachen von Schäden.** Haftungsausschlüsse sind Ausnahmetatbestände, bei deren Vorliegen die sonst nach dem Haftungsgrundsatz gegebene Haftung nicht entsteht. Die Entstehung des Schadens in der Obhutszeit ist nach Art. 18 Abs. 1 und 3 MÜ der tragende Bestandteil der Güterschadenshaftung. Von diesem Grundtatbestand gehen die Vorschriften über den Haftungsausschluss in Absatz 2 aus. Diese Gründe müssen für den während der Obhut entstandenen Schaden zumindest mitursächlich gewesen sein.[226] Waren die Gründe nur eine von mehreren Ursachen, so ist allerdings der Ersatzanspruch, wie durch die Wörter „wenn und soweit" klargestellt wird, entsprechend anteilig zu mindern.[227]

64 **b) Entsprechende Anwendung der Haftungsausschlüsse.** Die Haftungsausschlüsse gelten grundsätzlich nur für die Güterschadenshaftung. Es besteht jedoch sachlich kein Grund, die Verspätungshaftung nach Art. 19 MÜ härter zu behandeln als die normalen Obhutsschäden. Insofern sind die Haftungsausschlüsse auch bei Art. 19 MÜ zu berücksichtigen.[228] Dem steht auch nicht entgegen, dass Art. 19 MÜ eine Haftung aus vermutetem Verschulden darstellt.

2. Mehrere Haftungsausschlüsse gleichzeitig, Beweislast

65 Jeder Haftungsausschlussgrund reicht für sich aus, um die Haftung des Luftfrachtführers auszuschließen. Werden mehrere in demselben Fall geltend gemacht (zB. ein dem Gut innewohnender Mangel sowie ein Verpackungsfehler nach Art. 18 Abs. 2 Buchstabe a und b MÜ), reicht der Nachweis für einen von ihnen. Die Voraussetzungen der Ausschlusstatbestände müssen vom Luftfrachtführer dargelegt und bewiesen werden.

II. Haftungsausschlüsse im Einzelnen

1. Eigenart und Mängel des Gutes (Buchstabe a)

66 Absatz 2 Buchstabe a schließt die Haftung des Luftfrachtführers für Schäden aus, die auf der Eigenart der Güter oder einem ihnen innewohnenden Mangel beruhen. Mit dem Begriff „Eigenart der Güter" sollen gerade alle Schäden erfasst werden, die sich aus der normalen („natürlichen") Schadensanfälligkeit von Gütern während der Beförderung ergeben, ohne dass ein Mangel des Guts vorliegt.[229] Gemeint sind damit Schäden infolge inneren Verderbs, Austrocknens, Auslaufens etc.[230]

67 Demgegenüber sollen mit der Formulierung „den Gütern innewohnende Mängel" Situationen erfasst werden, in denen die Güter selbst mangelhaft sind, also von der normalen, ordnungsgemä-

---

226 Vgl. Denkschrift zu Art. 18 MÜ BT-Drucks. **15/2285**, S. 42.

227 *Koller*[11] Art. 18 MÜ Rn. 10; *Müller-Rostin* VersR **2001** 683, 685; *Ruhwedel* TranspR **2001** 189, 197; *Wahlen* ASL **2000** 12, 18.

228 **AA** Ebenroth/Boujong/*Pokrant*[5] Art. 18 MÜ Rn. 25; *Brinkmann* TranspR **2006** 146, 147 f., *ders.* Luftfrachtersatzverkehr S. 41 f.

229 FrankfKomm/*Müller-Rostin* Art. 18 MÜ Rn. 61; Ebenroth/Boujong/*Pokrant*[5] Art. 18 MÜ Rn. 26.

230 Vgl. auch die Parallelregelung in Art. 17 Abs. 4 Buchstabe d CMR.

ßen Beschaffenheit eines Gutes der beförderten Art. abweichen.[231] Dass sich dieses Defizit haftungsbefreiend auswirken kann, setzt allerdings voraus, dass es überhaupt dazu geeignet ist, einen Güterschaden bei der Beförderung eintreten zu lassen.[232] Letzteres wird man etwa bei einem zuvor bereits nicht ausreichend befestigten Teil einer Küchenmaschine bejahen können, das während des Transports abfällt und beschädigt wird.[233] Dagegen ist die Eignung zu verneinen, wenn ein Fehler in der Elektronik derselben Küchenmaschine „nur" dazu führt, dass sie beim Teigkneten überhitzt, ohne jedoch zugleich in irgendeiner Form die Schadensanfälligkeit während der Beförderung zu beeinflussen.[234]

Waren die Eigenart oder der Mangel des Gutes nur eine von mehreren Schadensursachen, so ist der Ersatzanspruch anteilig zu mindern.[235] Anders als Art. 18 Abs. 3 MP Nr. 4 sieht Art. 18 Abs. 2 MÜ („wenn und soweit") eine Abwägung der gegenseitigen Verursachungsbeträge vor. Nach Art. 18 Abs. 3 MP Nr. 4 konnte der Luftfrachtführer sich nur entlasten, wenn eine der Haftungsausschlussgründe alleinige Ursache war. 68

2. Mangelhafte Verpackung (Buchstabe b)

Die Haftung des Luftfrachtführers ist bei verpackungsbedürftigen Gütern ausgeschlossen, wenn die mangelhafte Verpackung der Güter schadensursächlich war.[236] Verpackungsbedürftig sind Güter, die ihrer Natur nach in unverpacktem Zustand den normalen Einwirkungen eines ordnungsgemäßen Transports nicht standhalten können. Auf den Schutz von Personen oder anderer, z.B. mitbeförderter Güter, kommt es dabei nicht an. Zweck der Verpackung ist auch nicht die Sicherung vor Entwendung. Die Verpackung ist nicht deshalb mangelhaft, weil sie zu Diebstählen veranlasst.[237] Mangelhafte Verpackung ist nur dann schadensursächlich, wenn Gefahren sich verwirklicht haben, vor denen die Verpackung schützen soll. Deshalb kann sich der Luftfrachtführer auf die mangelhafte Verpackung bei außergewöhnlichen Ereignissen, wie Notlandungen, nicht berufen. 69

Die Verpackungsbedürftigkeit hängt von der Beschaffenheit der Güter und den vereinbarten Beförderungsmodalitäten ab. Geplantes mehrfaches Umladen muss berücksichtigt werden. Bei Schadensfällen zur CMR wird die Frage diskutiert, ob die unzureichende Vorkühlung kühlungsbedürftiger Güter ein Mangel des Gutes[238] oder eine mangelhafte Verpackung[239] darstellt. Da die mangelnde Vorkühlung des Frachtraumes keine Eigenschaft des Gutes ist, spricht vieles dafür, die mangelnde Vorkühlung als Verpackungsmangel anzusehen.[240] 70

Der Haftungsausschluss setzt indes voraus, dass die Verpackung der Güter nicht vom Luftfrachtführer oder seinen Leuten,[241] sondern durch eine andere Person vorgenommen wurde. Das Montrealer Übereinkommen regelt dabei nicht die Frage, wen die Verpackungspflicht trifft. Über- 71

231 Ebenso BeckOGK/*Förster* Art. 18 MÜ Rn. 123; FrankfKomm/*Müller-Rostin* Art. 18 MÜ Rn. 64.
232 BeckOGK/*Förster* Art. 18 MÜ Rn. 123; Ebenroth/Boujong/*Pokrant*[5] Art. 18 MÜ Rn. 26.
233 Beispiel bei BeckOGK/*Förster* Art. 18 MÜ Rn. 123.
234 Beispiel bei BeckOGK/*Förster* Art. 18 MÜ Rn. 123.
235 *Koller*[11] Art. 18 MÜ Rn. 7; Ebenroth/Boujong/*Pokrant*[5] Art. 18 MÜ Rn. 26; *Müller-Rostin* VersR **2001** 683, 685.
236 BGH, Urt. v. 1.10.1986 – IVa ZR 61/85 – NJW **1987** 590, 591; OLG Düsseldorf, Urt. v. 17.10.2018 – 18 U 84/17 – RdTW **2020** 221, 223 zu § 425 HGB.
237 Vgl. OLG München, Urt. v. 19.11.1985 – 13 U 4210/85 – VersR **1986** 678; OLG Frankfurt am Main, Urt. v. 7.11.1985 – 1 U 240/84 – TranspR **1986** 231, 232 f. (jeweils zur EVO).
238 So OLG Schleswig, Urt. v. 30.8.1979 – 9 U 29/78 – VersR **1979** 141, 142; MünchKommHGB/*Basedow* Art. 17 CMR Rn. 39; *Koller*[11] Art. 18 CMR Rn. 6.
239 So OLG Brandenburg, Urt. v. 29.3.2000 – 7 U 206/98 – TranspR **2000** 358, 359; OLG Hamm, Urt. v. 26.6.1997 – 18 U 106/94 – TranspR **1998** 301, 302; *Thume* in Fremuth/Thume Art. 18 CMR Rn. 42.
240 So auch FrankfKomm/*Müller-Rostin* Art. 18 MÜ Rn. 70.
241 *Koller*[11] Art. 18 MÜ Rn. 7; Ebenroth/Boujong/*Pokrant*[5] Art. 18 MÜ Rn. 27.

nimmt der Luftfrachtführer die Verpflichtung zur Verpackung, findet der Haftungsausschluss keine Anwendung.[242]

72 Erkennt der Luftfrachtführer die Mangelhaftigkeit der Verpackung bei der Übernahme des Gutes oder springen solche Mängel ins Auge, so ist er grundsätzlich aufgrund seiner Obhutspflicht gehalten, den Absender hierauf aufmerksam zu machen.[243] Bemerkt er den Mangel erst nach Annahme des Gutes, hat er alles zu tun, um das Gut vor Schaden zu bewahren. Auch trifft ihn hier eine Informationspflicht gegenüber dem Absender. Hat der Luftfrachtführer auf die mangelhafte Verpackung hingewiesen, muss er die Durchführung der Luftbeförderung nicht ablehnen oder die Ware selbst verpacken, wenn der Absender den Hinweis ignoriert oder Weisung zur Durchführung der Beförderung erteilt. Etwas Anderes gilt nur, wenn dem Luftfrachtführer es sich aufdrängt, dass angesichts des Verpackungsmangels eine schadensfreie Beförderung ausscheidet. Dann wird man ihm auch die Berufung auf den Haftungsausschluss verwehren.[244]

3. Kriegshandlung, bewaffneter Konflikt (Buchstabe c)

73 Der Haftungsausschluss beruht auf der Gefahr eines gehäuften Schadenseintritts[245] und greift ein, wenn ein für einen Schaden adäquat ursächliches oder mitursächliches Ereignis vorliegt, das so, wie es sich vollzogen hat, ohne den Krieg nicht eingetreten wäre. Der Begriff des Krieges ist nicht zwingend völkerrechtlich zu deuten. Es kommt daher weder auf eine förmliche Kriegserklärung noch auf die Feststellung des Verteidigungsfalls nach Art. 115 a GG für den Beginn des Krieges an.[246] Unter Krieg ist neben der bewaffneten Auseinandersetzung zwischen zwei oder mehreren Staaten das Bestehen eines kriegsmäßigen Gewaltzustandes zu verstehen.[247] Die vom internationalen Terrorismus verursachten Schäden werden vom Kriegsbegriff insofern mitumfasst, als die Handlungen einzelner Terroristen von einer kriegführenden Partei unterstützt werden.[248] Unanwendbar ist der Haftungsausschluss bei Schadensfällen, bei denen der Krieg nur ein zufälliges Moment darstellt, weil dann die adäquate Kausalität fehlt.

74 Der Begriff „bewaffneter Konflikt" umfasst bürgerkriegsähnliche Situationen und Situationen des inneren Notstandes iSv. Art. 87 a Abs. 4 GG, bei denen Waffen eingesetzt werden.[249]

4. Hoheitliches Handeln (Buchstabe d)

75 Nach Buchstabe d stellt hoheitliches Handeln in der Verbindung mit der Einfuhr, Ausfuhr oder Durchfuhr der Güter einen weiteren Haftungsausschluss dar. In Betracht kommen ein Embargo, eine Beschlagnahme, eine Pfändungsmaßnahme, eine einstweilige Verfügung und sonstige Handlungen der Zollabfertigung. Unerheblich ist dabei, ob die hoheitliche Maßnahme rechtmäßig ist.[250] Der Haftungsausschlussgrund greift allerdings nur insoweit, als der Luftfrachtführer seiner Schutzpflicht aufgrund der Obhut über die Güter nicht nachkommen kann. Verstößt der Luftfrachtführer selbst gegen Zollvorschriften und kommt es dabei zu einer Beschlagnahme oder einer

242 Ebenso FrankfKomm/*Müller-Rostin* Art. 18 MÜ Rn. 66.
243 BeckOGK/*Förster* Art. 18 MÜ Rn. 133.
244 Ähnlich FrankfKomm/*Müller-Rostin* Art. 18 MÜ Rn. 72 aE.
245 RG, Urt. v. 3.7.1917 – VII ZR 114/17 – RGZ **90** 378, 383 f.
246 Ebenso BeckOGK/*Förster* Art. 18 MÜ Rn. 136; *Ehlers* in Thume/de la Motte Transportversicherung, 3 ABV-Güter Rn. 107.
247 *Fricke* VersR **1991** 1098, 1099; *ders.* VersR **2002** 6 ff.; *Krahe* VersR **1991** 634.
248 Ebenso FrankfKomm/*Müller-Rostin* Art. 18 MÜ Rn. 74.
249 *Koller*[11] Art. 18 MÜ Rn. 7; Ebenroth/Boujong/*Pokrant*[5] Art. 18 MÜ Rn. 28.
250 *Koller*[11] Art. 18 MÜ Rn. 59; BeckOGK/*Förster* Art. 18 MÜ Rn. 140.

Anhaltung der Güter, wird man ihm die Berufung auf den Haftungsausschlussgrund verwehren müssen.[251]

III. Darlegungs- und Beweislast in Bezug auf die Haftungsausschlussgründe

Beruft sich der Luftfrachtführer auf den Haftungsausschluss nach Buchstabe a „*Eigenart der Güter*“, so muss er Umstände darlegen und beweisen, dass die natürliche Beschaffenheit der Güter diese für den eingetretenen Schaden anfällig machte. Bei dem Haftungsausschluss des „den Gütern innewohnenden Mangels“ obliegt ihm, das Abweichen der Güter von der normalen Beschaffenheit eines gleichartigen Gutes mittlerer Art. und Güte sowie die Kausalität des Mangels für den Schadenseintritt darzulegen und zu beweisen.[252] Bei dem Haftungsausschluss der „mangelhaften Verpackung“ ist neben dem Beweis der Notwendigkeit der Verpackung und deren Mangelhaftigkeit die Kausalität zwischen Mangelhaftigkeit der Verpackung und dem Schaden nachzuweisen. Zugunsten des Luftfrachtführers wird die Kausalität vermutet, wenn der Verpackungsmangel als Schadensursache nicht außerhalb aller Wahrscheinlichkeit liegt.[253] Bei den Haftungsausschlussgründen nach Buchstabe c und d hat ebenfalls der Luftfrachtführer die Schadensursächlichkeit der Ausschlussgründe darzulegen und zu beweisen. 76

E. Zurechnung des Schadens

Die Frage, für wessen Handlungen der Luftfrachtführer einzustehen hat, ist nicht nur bei einer Haftung für vermutetes Verschulden, sondern auch bei einer Gewährhaftung von Bedeutung.[254] Die Frage der Schadenszurechnung kann eine Rolle spielen, wenn Leute des Absenders dem Luftfrachtführer bei der Abladung des Gutes behilflich sind. 77

I. Leute des Luftfrachtführers und sonstige Dritte

Befindet sich das Gut mit Willen des Luftfrachtführers in seinem Einwirkungsbereich, so sind dem Luftfrachtführer alle Handlungen seiner eigenen Leute und sonstiger Dritter – vorbehaltlich der Haftungsausschlüsse – zuzurechnen. Wegen der strikten Obhutshaftung des Luftfrachtführers stellt sich grundsätzlich die Frage der Zurechenbarkeit von Gehilfenhandlungen nicht. Von dem gerade erwähnten Grundsatz sieht Art. 20 Satz 1 MÜ eine Ausnahme vor. Danach ist der Luftfrachtführer ganz oder teilweise von seiner Haftung gegenüber dem Absender oder Empfänger der Güter befreit, wenn diese Personen den Schaden durch eine unrechtmäßige Handlung oder Unterlassung, sei es auch nur fahrlässig, verursacht oder dazu beigetragen haben. Der Mitverschuldenseinwand greift indes nicht ein, wenn der Luftfrachtführer sich der Leute des Absenders oder des Empfängers zur Erfüllung seiner transportvertraglichen Pflichten bedient.[255] Entscheidend ist dabei, ob die Ausführung der Ladevorgänge in den Obhutszeitraum einbezogen ist. So gelangen z.B. Strickmaschinen, die vom anliefernden LKW mittels eines Lifters auf einen Palettentransporter verbracht werden, schon wenn die Ladeklappe des LKW geöffnet, spätestens wenn die Blockiervorrichtung an den Paletten gelöst ist, in die Sphäre des Luftfrachtführers. Das fahrlässige Han- 78

251 OLG Düsseldorf, Urt. v. 23.5.2018 – 18 U 37/17 – RdTW **2020** 335, 338; FrankfKomm/*Müller-Rostin* Art. 18 MÜ Rn. 75.
252 Ebenso FrankfKomm/*Müller-Rostin* Art. 18 MÜ Rn. 79; Ebenroth/Boujong/*Pokrant*[5] Art. 18 MÜ Rn. 30.
253 OLG Frankfurt am Main, Urt. v. 11.6.1992 – 5 U 237/87 – NJW-RR **1993** 169, 170 (zur CMR).
254 Vgl. auch *Helm* Haftung S. 111.
255 So auch die Rechtslage zum WA: vgl. BGH, Urt. v. 27.10.1978 – I ZR 114/76 – NJW **1979** 493 = VersR **1979** 83 = ZLW **1980** 61.

deln der Hilfspersonen des Ladungsinteressenten fällt daher nicht mehr in dessen Sphäre, sondern in diejenige des Luftfrachtführers.[256]

II. Aufeinanderfolgende Luftfrachtführer

79 Wird die Beförderung von aufeinanderfolgenden Luftfrachtführern als einheitliche Leistung erbracht, so wird die Obhutshaftung des ersten Luftfrachtführers grundsätzlich durch Übergabe des Gutes an den nachfolgenden Luftfrachtführer beendet. Im Außenverhältnis haften die aufeinanderfolgenden Luftfrachtführer jedoch für den eingetretenen Schaden als Gesamtschuldner.[257] Art. 37 MÜ stellt klar, dass das Übereinkommen keine Regelung hinsichtlich des Ausgleichs der Gesamtschuldner untereinander trifft und das Rückgriffsrecht dem nationalen Recht überantwortet bleibt.

III. Vertraglicher und ausführender Luftfrachtführer

80 Wird die Beförderung ausschließlich durch einen ausführenden Luftfrachtführer ausgeführt, muss sich der vertragliche Luftfrachtführer im Außenverhältnis den Schaden nach Art. 40 MÜ zurechnen lassen. Der vertragliche und der ausführende Luftfrachtführer haften gesamtschuldnerisch. Art. 48 MÜ stellt ebenso wie Art. 37 MÜ klar, dass das Übereinkommen keine Regelung hinsichtlich des Ausgleichs der Gesamtschuldner untereinander trifft und das Rückgriffsrecht dem nationalen Recht überantwortet bleibt.

F. Anzeigefrist

81 Das Montrealer Übereinkommen schreibt für den Fall des Verlusts, der Zerstörung oder der Nichtauslieferung von Gütern keine Anzeigepflicht vor. Demgegenüber sind die Beschädigung unverzüglich nach Entdeckung binnen 14 Tagen nach der Annahme,[258] die Verspätung binnen 21 Tagen,[259] nachdem die Güter dem Empfänger zur Verfügung gestellt wurden, anzuzeigen. Dieser Differenzierung liegt der Gedanke zugrunde, dass der Luftfrachtführer bei Verlust, Zerstörung und Nichtauslieferung ohnedies Kenntnis von der Unregelmäßigkeit des Transportablaufs hat, während diese Kenntnis bei Beschädigungen oder Verspätungen nicht zwingend vermutet werden kann.[260]

G. Geltendmachung der Ansprüche

I. Person des Ersatzberechtigten

1. Gesetzliche Regelung im MÜ: Formelle Ersatzberechtigung

82 **a) Grundsätzliches.** Das Montrealer Übereinkommen regelt die Frage, wer im Falle von Güter- und Verspätungsschäden zur Geltendmachung der Ansprüche aus Art. 18 und 19 MÜ berechtigt ist, nicht.,[261] Vielmehr weist Art. 29 Satz 1 Hs. 2 MÜ im Gegensatz zum Warschauer Abkommen die

256 *Guerreri* ASL **1992** 231, 233; *Helm* Haftung S. 84; *Knöfel* Haftung des Güterbeförderers S. 245.
257 Vgl. Art. 36 Abs. 3 Satz 2 MÜ.
258 Vgl. Art. 31 Abs. 2 Satz 1 MÜ.
259 Vgl. Art. 31 Abs. 2 Satz 2 MÜ.
260 *Guldimann* Art. 26 WA 1955 Rn. 11; *Wodrich/Suhr* VersR **1977** 263; kritisch hierzu *Müller-Rostin* TranspR **1989** 121, 127; *Schoner* ZLW **1978** 259, 269.
261 BeckOGK/*Förster* Art. 18 MÜ Rn. 144; Ebenroth/Boujong/*Pokrant*[5] Art. 18 MÜ Rn. 32.

Frage der Aktivlegitimation nicht nur bei Geltendmachung von Ansprüchen wegen Personenschadens[262] sondern auch bei Geltendmachung von Güterschäden dem nationalen Recht[263] zu. Ungeachtet dieses Verweises auf das nationale Recht sind jedoch die sich aus dem Übereinkommen ergebenden Hinweise auf die Person des Ersatzberechtigten vorrangig zu berücksichtigen. So können sowohl die Vorschriften der Art. 12–14 MÜ sowie des Art. 36 MÜ zur Feststellung der Anspruchsberechtigung herangezogen werden. Art. 12 MÜ regelt das Weisungs- und Verfügungsrecht des Absenders. Art. 13 MÜ bestimmt hingegen die Rechte des Empfängers nach Ankunft des Gutes am Bestimmungsort. Art. 36 MÜ regelt die Anspruchsberechtigung im Fall einer aufeinanderfolgenden Beförderung. Art. 36 Abs. 3 MÜ spricht davon, dass der Absender den ersten, der Empfänger, der die Auslieferung verlangen kann, den letzten Luftfrachtführer in Anspruch nehmen kann. Aus den angeführten Vorschriften kommen vorbehaltlich der Regelung in Art. 29 Satz 1 Hs. 2 MÜ daher als formell Ersatzberechtigte der Absender und der Empfänger in Betracht.

Die Aktivlegitimation muss der Kläger konkret behaupten und nachweisen. Die Ersatzberech- 83
tigung des Absenders ergibt sich aus seiner Stellung als Vertragspartner des Luftfrachtführers,[264] die des Empfängers für die wichtigsten Haftungsfälle aus Art. 13 MÜ.[265] Die Position des Empfängers als Gläubiger des Luftbeförderungsvertrags kann bereits durch die Eintragung im Luftfrachtbrief und später durch die Ausübung des Verfügungsrechts des Absenders begründet werden. Sie kann auch durch Benennung eines neuen Empfängers wieder entzogen werden. Klagt eine andere Person als der Absender oder der Empfänger den Schaden ein, so muss die Klage grundsätzlich abgewiesen werden, wenn die Ansprüche nicht abgetreten oder gesetzlich übergegangen sind oder zulässigerweise in Prozessstandschaft (vgl. unten Rn. 89) geltend gemacht werden, es sei denn, die nationale Rechtsordnung hält eine andere Person für klageberechtigt.

b) Aktivlegitimation des Absenders als Vertragspartner. Die Ansprüche gegen den Luft- 84
frachtführer stehen zunächst dem Absender als Vertragspartner zu. Wer Vertragspartner des Luftfrachtführers ist, ist allerdings nicht Gegenstand des Übereinkommens. Absender ist auch nicht zwangsläufig derjenige, der im Luftfrachtbrief oder in der Empfangsbestätigung genannt wird. Diesen Angaben kommt nach Art. 11 MÜ nur Vermutungswirkung[266] zu.

c) Aktivlegitimation des Empfängers. Ersatzberechtigt sein kann aber auch der Empfänger als 85
Adressat der Sendung.[267] Er verliert seine Ansprüche nicht durch Annahmeverweigerung. Wer Empfänger ist, wird vom Montrealer Übereinkommen nicht geregelt. Auch hier entfaltet der Luftfrachtbrief Beweisvermutung auf die Empfängerstellung. Wird die Person des Empfängers aufgrund einer Verfügung des Absenders ausgewechselt, so ist allein der neue Empfänger anspruchsberechtigt.[268]

d) Aktivlegitimation des „notify". Unter „notify" wird diejenige Person bezeichnet, die im 86
Luftfrachtbrief als Meldeadresse, d.h. als über die Ankunft des Gutes zu benachrichtigende Person, angegeben worden ist. Obwohl diese Person im Luftfrachtbrief genannt wird, gilt sie – vorbehalt-

262 Vgl. Art. 24 Abs. 2 Satz 2 WA 1955.
263 Anders als bei den Personenschäden schweigt § 2 MontÜG zur Frage der Aktivlegitimation.
264 Zum WA: OLG Köln, Urt. v. 20.11.1980 – 1 U 120/79 – ZLW **1982** 167, 172; CH BG, Urt. v. 6.6.2002 – 4C 148/2001 – BGE **128** III 390, 394; Ebenroth/Boujong/*Pokrant*[5] Art. 18 MÜ Rn. 32; MünchKommHGB/*Müller-Rostin*[5] Art. 18 MÜ Rn. 87.
265 Zum WA: OLG Frankfurt, Urt. v. 10.5.1977 – 5 U 154/76 – BB **1977** 1071 = MDR **1977** 846 = ZLW **1977** 230; US CA 2nd Cir., Urt. v. 8.8.1996 – *Brink's Ltd v. South African Airways* – **93** F. 3 d 1022, 1025.
266 BGH, Urt. v. 21.9.2000 – I ZR 135/98 – TranspR **2001** 29, 30.
267 Vgl. oben Fn. 269.
268 Ebenso *Goldhirsch* Handbook S. 115.

lich einer Prozessstandschaft – als nicht aktivlegitimiert.[269] Für die fehlende Aktivlegitimation spricht insbesondere, dass Art. 12 und 13 MÜ nur dem Absender und Empfänger Verfügungsrechte einräumen und die Formvorschriften der Art. 4 und 7 MÜ nur diese beiden Personen bezeichnen.

87 **e) Konkurrierende Berechtigung von Absender und Empfänger.** Kommen sowohl der Absender und der Empfänger als Berechtigte in Betracht, so muss entschieden werden, ob nur einer von ihnen oder beide gleichzeitig klageberechtigt sein sollen. Im Schrifttum zum Warschauer Abkommen[270] wurde eine Doppellegitimation von Absender und Empfänger überwiegend verneint unter dem Hinweis, dass zu der Frage, wer zur **Erhebung von Schadensersatzansprüchen** berechtigt ist, auf die Bestimmungen über die Verfügungsrechte von Absender und Empfänger zurückzugreifen sei. Mit dem Übergang der frachtrechtlichen Verfügungsbefugnis auf den Empfänger erlösche auch die Aktivlegitimation des Absenders.[271] Ergänzend beruft sich diese Meinung insbesondere auf die Materialien zum Warschauer Abkommen: Nach den Ausführungen des Schweizer Delegierten *Pittard* anlässlich der Erörterung des Art. 30 WA 1929[272] sei es undenkbar gewesen, dass Rechte dem Absender noch zustünden, wenn bereits diejenigen des Empfängers entstanden seien.[273] Dieser Auffassung ist aus mehreren Gründen nicht zu folgen: Die Berufung auf die Entstehungsgeschichte zum Warschauer Abkommen überzeugt bereits deshalb nicht, da die Ausführungen des Schweizer Delegierten nicht im Rahmen der Beratungen zu Art. 14 WA 1929[274] angebracht worden sind. Ferner ist die Behauptung des Schweizer Delegierten weder damals im Warschauer Abkommen[275] noch später im Montrealer Übereinkommen zum Ausdruck gelangt. In der Sache selbst ist die These, dass es nicht zwei Anspruchsberechtigte für einen Schadensersatzanspruch geben kann, längst durch die Rechtsentwicklung widerlegt. Sowohl im Rahmen der CMR[276] als auch im deutschen Transportrecht[277] werden sowohl dem Absender als auch dem Empfänger in Bezug auf Schadensersatzansprüche eine Doppellegitimation eingeräumt.[278] Schließlich spricht für eine Doppellegitimation bei Schadensersatzansprüchen eine grammatikalische Auslegung der Rechte des Empfängers in Art. 13 MÜ. Während Art. 13 Abs. 1 MÜ davon spricht, dass der Empfänger vorbehaltlich Art. 12 Abs. 4 Satz 2 MÜ berechtigt ist, die Ablieferung der Güter zu verlangen, heißt es im Rahmen von Artikel 13 Abs. 3 MÜ, dass der Empfänger bei Verlust der Güter den Schadensersatzanspruch geltend machen kann. Diese unterschiedliche Formulierung zeigt deutlich, dass im erstgenannten Falle eine ausschließliche Befugnis des Empfängers gemeint ist, im zweitgenannten Falle der Absender neben dem Empfänger den Schadensersatzanspruch geltend machen kann.[279] Durch die Doppellegitimation wird insbeson-

---

269 Ebenso FrankfKomm/*Müller-Rostin* Art. 18 MÜ Rn. 129; *Geigel/Mühlbauer*[56] Haftpflichtprozess Kap. 29 Rn. 61; ebenso zum WA: *Koller*[7] Art. 13 WA 1955 Rn. 4; OLG Düsseldorf, Urt. v. 11.11.1993 – 18 U 102/93 – TranspR **1995** 30, 31; F Cass, Urt. v. 14.5.1991 – *France Handling v. Japan Time, Lufthansa et al* – ZLW **1993** 392; B TribCom Brüssel, Urt. v. 15.5.1981 – *Globus International c. Sabena* – RFDA **1983** 378; **aA** MünchKommHGB/*Kronke* Art. 18 WA 1955 Rn. 58.

270 *Abraham*[3] I Art. 14 WA 1955 Anm. 1; *Drion* Limitation of Liabilities S. 330; Ebenroth/Boujong/Joost/*Gass* Art. 14 WA 1955 Rn. 5; *Goedhuis* Warsaw Convention S. 181; MünchKommHGB/*Kronke* Art. 14 WA 1955 Rn. 5; *Müller-Rostin* TranspR **1995** 89, 91; *Schoner* TranspR **1979** 67, 68; **aA** *Kuhn* Haftung S. 63; *Ruhwedel*[3] Luftbeförderungsvertrag Rn. 464.

271 Ebenso FrankfKomm/*Müller-Rostin* Art. 18 MÜ Rn. 125 ff.

272 Art 30 WA 1929 entspricht Art. 36 MÜ.

273 II. Conférence Internationale de Droit Privé Aérien, 4.–12. Octobre 1929, Varsovie, 1930, S. 88 f.; dieser Auffassung zustimmend: FrankfKomm/*Müller-Rostin* Art. 18 Rn. 126; *Abraham*[3] I Art. 14 WA 1955 Anm. 1; *Drion* Limitation of Liabilities S. 330; *Goedhuis* Warsaw Convention S. 181; *Schoner* TranspR **1979** 67, 68.

274 Art. 14 WA 1929 entspricht Art. 14 MÜ.

275 Hierauf weisen hin *Koffka/Bodenstein/Koffka* Art. 14 WA 1929 S. 312.

276 Vgl. *Reuschle* Art. 13 CMR Rn. 14 ff.

277 Vgl. § 421 Abs. 1 Satz 2 HGB.

278 So auch zum MÜ: *Geigel/Mühlbauer*[56] Haftpflichtprozess Kap. 29 Rn. 61; ebenso zum WA: *Kuhn* Haftung S. 63; *Ruhwedel*[3] Luftbeförderungsvertrag Rn. 464.

279 Ebenso wie hier *Riese* Luftrecht S. 430; *Guldimann* Art. 14 WA 1955 Rn. 6; *Koffka/Bodenstein/Koffka* Art. 14 WA 1929 S. 312.

dere sichergestellt, dass ein Anspruchsverlust wegen Geltendmachung durch die „falsche" Partei ausgeschlossen wird. Darüber hinaus läuft der Luftfrachtführer wegen der zwischen dem Absender und dem Empfänger bestehenden Gesamtgläubigerschaft iSd. § 428 BGB[280] auch nicht Gefahr, nach einem Schadensausgleich zugunsten des einen zusätzlich noch von dem anderen Anspruchsinhaber wirksam in Anspruch genommen werden zu können.

2. Geltendmachung durch Dritte, im MÜ nicht genannte Personen – Art. 29 Satz 1 Hs. 2 MÜ

a) Abtretung und Forderungsübergang aus dem Luftbeförderungsvertrag. Die Rechte aus dem Luftbeförderungsvertrag können vom Absender und Empfänger durch Abtretung nach dem darauf anwendbaren Landesrecht[281] auf beliebige Personen übertragen werden[282] oder kraft Gesetzes (zB. § 67 VVG) auf dritte Personen übergehen.[283] Ebenso sind Einziehungsermächtigungen möglich. Werden die Ansprüche abgetreten, tritt an die Stelle des Zedenten der Zessionar als berechtigter Inhaber des Anspruchs. Da Abtretung und Forderungsübergang in der Praxis oft verdeckt erfolgen, treten sie erst zu Tage, wenn sie im Prozess von den Parteien geltend gemacht werden. Eine Leistung des Transportversicherers auf den seinem Versicherungsnehmer (Absender) wegen des Verlusts des Gutes entstandenen Schaden führt nicht zum Erlöschen der Ansprüche des frachtbriefmäßigen Empfängers der Ware gegen den Luftfrachtführer (Art 13 Abs. 3 MÜ).[284] 88

b) Prozessstandschaft. Bei der Prozessstandschaft wird der materiell Geschädigte vom Anspruchsinhaber ausdrücklich oder konkludent ermächtigt, den fremden Ersatzanspruch prozessual geltend zu machen. Sie betriff die Prozessführungsbefugnis und damit die Zulässigkeit der Klage. Die Zulässigkeit der Prozessstandschaft bestimmt sich nach Art. 29 Satz 1 Hs. 2 MÜ nach der lex fori. Nach ständiger Rechtsprechung wird eine Prozessstandschaft anerkannt, soweit der Kläger an der Verfolgung des fremden Rechts ein eigenes schutzwürdiges Interesse hat.[285] Anerkannt wird das schutzwürdige Interesse, wenn der materiell Geschädigte im Namen des Absenders, Empfängers oder Empfangsspediteurs den Prozess führt. Eine im Luftfrachtbrief als notify bezeichnete Person kann die Rechte des Empfängers nur im Wege der Prozessstandschaft geltend machen.[286] 89

c) Aktivlegitimation des Eigentümers, der weder Absender noch Empfänger ist. Art 29 Satz 1 Hs. 2 MÜ bestimmt, dass das Montrealer Übereinkommen alle Ansprüche aus Schäden an Gütern, gleich von wem, der Haftungsordnung unterwirft. Die Frage der Aktivlegitimation bleibt jedoch dem nationalen Recht vorbehalten. Insofern ist auch der Eigentümer, der weder Absender noch Empfänger des Gutes ist, aktivlegitimiert.[287] Man wird jedoch bei Anwendbarkeit deutschen Rechts die sich aus § 434 Abs. 2 Satz 2 HGB ergebenden Grenzen zu beachten haben:[288] Der Luftfrachtführer kann sich auf die Haftungsbeschränkungen des Montrealer Übereinkommens dann nicht berufen, wenn der Eigentümer weder mit der Beförderung gerechnet noch diese veranlasst 90

280 Die Maßgeblichkeit deutschen Rechts wird vorausgesetzt.
281 Vgl. Art. 33 EGBGB.
282 Zum WA: US CA 2nd Cir., Urt. v. 23.10.2003 – *Commercial Union Insurance Company v. Alitalia Airlines* – **347** F. 3 d 448: Ein tatsächlich Beteiligter wird auf Grundlage eines Versicherungsverhältnisses zum Absender.
283 Ebenroth/Boujong/*Pokrant*[5] Art. 18 MÜ Rn. 34.
284 Zur CMR: BGH, Urt. v. 6.7.2006 – I ZR 226/03 – NJW-RR **2006** 1544, 1545 f.
285 BGH, Urt. v. 26.9.1957 – II ZR 267/56 – BGHZ **25** 250, 259 f.
286 Ebenso *Koller*[11] Art. 13 WA 1955 Rn. 4; MünchKommHGB/*Kronke* Art. 18 WA 1955 Rn. 58.
287 So wohl auch *Schönwerth/Müller-Rostin* ZLW **1993** 21, 27.
288 FrankfKomm/*Müller-Rostin* Art. 18 MÜ Rn. 138; Ebenroth/Boujong/*Pokrant*[5] Art. 18 MÜ Rn. 32.

hat. Gleiches gilt, wenn das Gut vor der Übernahme zur Beförderung dem Dritten abhanden gekommen ist. Soweit diese Ausnahmen zugunsten des vertragsfremden Eigentümers dagegen nicht eingreifen, kann sich der Luftfrachtführer diesem gegenüber auch auf die Haftungsordnung des Montrealer Übereinkommens berufen.[289]

II. Person des Ersatzverpflichteten

91 Passivlegitimiert ist der Luftfrachtführer, welcher dem Absender die Beförderung nach dem zwischen ihnen geschlossenen Vertrag schuldet. Das ist der vertragliche Luftfrachtführer iSd. Art. 1 MÜ. Ein Luftfahrtunternehmen, welches im Rahmen eines Kooperationsabkommens Lager- und Zollabfertigungsdienste für ein anderes Unternehmen leistet, tritt damit nicht an die Stelle des letztgenannten als vertraglicher Luftfrachtführer.[290] Führt hingegen der vertragliche Luftfrachtführer die Beförderung nicht oder nur zum Teil aus, so ist der *ausführende* Luftfrachtführer für den Teil der ausgeführten Luftbeförderung neben dem vertraglichen Luftfrachtführer passivlegitimiert (Art. 39, 40 MÜ). Unter bestimmten Voraussetzungen können dem Empfänger Ansprüche aus Art. 18 MÜ auch gegen den Unterluftfrachtführer, der nicht aufeinanderfolgender Luftfrachtführer ist, zustehen.[291]

92 Sind mehrere Luftfrachtführer vertraglich verpflichtet, je eine Teilstrecke der Gesamtbeförderung auszuführen, kommt Art. 36 MÜ zur Anwendung.

93 Das Montrealer Übereinkommen lässt die Frage offen, ob auch andere Personen, wie z.B. der Vercharterer eines Flugzeuges oder ein Spediteur (air freight forwarder) passivlegitimiert sein können. Dies ist insofern problematisch, als diese Personen nicht unbedingt Vertragspartei des Geschädigten sind. Im Fall der Charter steht der Vercharterer in keinem Vertragsverhältnis mit dem Absender. In diesem Fall können dem Absender zwei mögliche Ansprüche zustehen: Zum einen sowohl gegen den Vercharterer als ausführenden Luftfrachtführer selbst als auch gegen den vertraglichen Luftfrachtführer.[292] Zum anderen gegen den vertraglichen Luftfrachtführer unter der Voraussetzung, dass der Ausführende entweder zu seinen Leuten zu rechnen ist oder Unterfrachtführer ist.[293] Bei der Einordnung des Luftfrachtspediteurs als Luftfrachtführer im Sinne des Montrealer Übereinkommens wird man wie folgt zu differenzieren haben: Schließt der Spediteur mit den Absendern einen Luftbeförderungsvertrag ab, zu dessen Ausführung er sich eines Vercharterers[294] bedient, so ist er jedenfalls dann als Luftfrachtführer zu qualifizieren, wenn er dem Absender den Luftfrachtbrief ausstellt.[295] Vermittelt dagegen der Spediteur den Absendern den Luftbeförderungsvertrag oder schließt er lediglich als ihr Vertreter diesen ab, so ist er kein Luftfrachtführer im Sinne des Montrealer Übereinkommens, es sei denn, dass er von seinem Recht zum Selbsteintritt Gebrauch macht. Im letztgenannten Falle wird er dann zum vertraglichen Luftfrachtführer.[296] Druckt der Spediteur in dem für die Angabe des Luftfrachtführers vorgesehe-

289 Ebenso FrankfKomm/*Müller-Rostin* Art. 18 MÜ Rn. 138; *Geigel/Mühlbauer*[56] Haftpflichtprozess Kap. 29 Rn. 61.

290 OLG Düsseldorf, Urt. v. 11.11.1993 – 18 U 102/93 – TranspR **1995** 30, 31 = ZLW **1995** 347 = IPRax **1995** 402 m. Anm. v. *Kronke*; F CA Paris, Urt. v. 9.2.1990 – *Air France c. Belamich* – RFDA **1990** 215.

291 BGH, Urt. v. 14.6.2007 – I ZR 50/05 – TranspR **2007** 425, 427.

292 Vgl. Art. 40 MÜ.

293 OLG Frankfurt am Main, Urt. v. 10.5.1977 – 5 U 154/76 – ZLW **1977** 230.

294 Zum Begriff vgl. *Schmid* TranspR **1983** 113 ff.

295 OLG Hamburg, Urt. v. 18.2.1988 – 6 U 195/87 – TranspR **1988** 201 = ZLW **1988** 362; OLG München, Urt. v. 7.5.1999 – 23 U 6113/98 – ZLW **2000** 118, 121; US DC, Urt. v. 6.3.1987 – *Royal Insurance v. Amerford* – **654** F. Supp 679. Ebenso FrankfKomm/*Müller-Rostin* Art. 18 WA 1955 Rn. 41; *Riese* ZLW **1962** 8; *Schoner* TranspR **1979** 60.

296 BGH, Urt. v. 22.4.1982 – I ZR 86/80 – BGHZ **84** 101; OLG Hamburg, Urt. v. 10.9.1974 – 12 U 32/74 – VersR **1975** 660; OLG Frankfurt am Main, Urt. v. 10.1.1978 – 5 U 50/77 – ZLW **1978** 215, 216 = NJW **1978** 2457 (LS); OLG Düsseldorf, Urt. v. 31.5.1979 – 18 U 202/78 – VersR **1979** 774, 775; OLG Hamburg, Urt. v. 27.3.1980 – 6 U 172/79 – VersR **1980** 827; LG Mönchengladbach, Urt. v. 24.2.1988 – 9 O 58/87 – TranspR **1988** 283, 284; FrankfKomm/*Müller-Rostin* Art. 18 MÜ Rn. 141; *Schmidt-Räntsch* FS Riese, 1964 S. 479, 494; **aA** *Schoner* TranspR **1979** 64 Fn. 88.

nen Feld seinen Namen ein, bringt er nach Auffassung des OLG Hamburg seinen Willen zum Selbsteintritt nach § 458 HGB zum Ausdruck.[297] Ebenso ist ein Spediteur als Luftfrachtführer zu qualifizieren, der eine Beförderung durch eine Sammelladung iSd. § 460 HGB bewirkt hat[298] oder der eine Spedition zu fixen Kosten iSd. § 459 HGB durchgeführt hat.[299] In Zweifelsfällen hat sich die im Luftfrachtbrief eingetragene Person bis zum Beweis des Gegenteils als Luftfrachtführer gemäß Art. 11 Abs. 1 MÜ behandeln zu lassen.[300]

Setzt der Vertragspartner des Absenders durch sogenanntes Indossieren des Luftfrachtbriefes 94 einen anderen Luftfrachtführer an seine Stelle und ist dies kein nach Art. 39 MÜ zu beurteilender Sachverhalt, ist mittels der nach den Regeln des IPR berufenen Rechtsordnung zu klären, ob eine Schuldübernahme, eine Vertragsübernahme oder eine Substitution zulässig war.[301] Der Schuldnerwechsel lässt indes die sich aus dem Luftbeförderungsvertrag ergebenden Pflichten unberührt.

H. Höhe und Umfang des Schadensersatzes bei Güterschäden

I. Allgemeines

Das Montrealer Übereinkommen gibt keine Auskunft darüber, in welchem Umfang Schadensersatz 95 zu leisten ist. Ausgeschlossen ist indes nach Art. 29 Satz 2 MÜ jeder eine Strafe einschließende, verschärfte oder sonstige nicht kompensatorische Schadensersatz. Der vom Luftfrachtführer zu ersetzende Schaden wird durch Art. 22 Abs. 3 MÜ begrenzt. Das Montrealer Übereinkommen sieht eine Durchbrechung der Haftung auch nicht im Falle vorsätzlichen Handelns des Luftfrachtführers vor.[302] Der in Art. 22 Abs. 3 MÜ genannte Betrag ist nicht als pauschale Schadensersatzleistung zu verstehen, sondern lediglich als Haftungshöchstbetrag. Der Geschädigte hat daher in jedem Einzelfall seinen Schaden darzulegen und zu beweisen.[303]

Ebenso wie das Warschauer Abkommen schweigt das Montrealer Übereinkommen zur Frage, 96 welche Maßstäbe an die haftungsausfüllende Kausalität anzusetzen sind. Unakzeptabel erscheint der Vorschlag, diese im Montrealer Übereinkommen bestehende Lücke durch die dem angerufenen Gericht vertrauten inländischen Regeln (lex fori) zu schließen.[304] Richtiger erscheint demgegenüber, das nach dem IPR des Forums den Luftbeförderungsvertrag beherrschende Recht, d.h. das Vertragsstatut,[305] auf die Frage anzuwenden, welcher Kausalzusammenhang die Haftung des Luftfrachtführers für einen bestimmten Einzelschaden noch rechtfertigt und welcher Schaden nicht mehr ersatzfähig ist.[306]

II. Materielle Maßstäbe – Schadensberechnung

Das Montrealer Übereinkommen schweigt zu der Frage über Art. und Umfang des Schadensersat- 97 zes.[307] Es ist daher ergänzend auf das nach Art. 28 Abs. 4 EGBGB bzw. Art. 5 EG-VO Nr. 593/08 (vgl.

297 Vgl. vorstehende Fn.
298 OLG Düsseldorf, Urt. v. 31.5.1979 – 18 U 202/78 – VersR **1979** 774.
299 BGH, Urt. v. 10.10.1985 – I ZR 124/83 – BGHZ **96** 136, 139 = TranspR **1986** 70.
300 OLG Düsseldorf, Urt. v. 11.11.1993 – 18 U 103/93 – TranspR **1995** 30 = ZLW **1995** 347; *Ruhwedel*³ Luftbeförderungsvertrag Rn. 91.
301 Ebenso MünchKommHGB/*Kronke* Art. 18 WA 1955 Rn. 70.
302 Arg e contrario aus Art. 22 Abs. 5 MÜ.
303 FrankfKomm/*Müller-Rostin* Art. 18 MÜ Rn. 144.
304 So FrankfKomm/*Müller-Rostin* Art. 18 MÜ Rn. 146; ebenso zum WA: OLG Frankfurt am Main, Urt. v. 28.4.1981 – 5 U 29/80 – ZLW **1981** 312.
305 Vgl. dazu Art. 27 EGBGB und Art. 28 Abs. 4 EGBGB.
306 MünchKommHGB/*Kronke* Art. 18 WA 1955 Rn. 74; *Ruhwedel*³ Luftbeförderungsvertrag Rn. 468.
307 FrankfKomm/*Giemulla* Art. 29 MÜ Rn. 5; Ebenroth/Boujong/*Pokrant*⁵ Art. 18 MÜ Rn. 36; *Koning* ASL **2008** 318, 332.

Präambel Rn. 64 ff.) anwendbare Recht des Staates zurückzugreifen, mit welchem der Luftbeförderungsvertrag die engste Verbindung aufweist.[308] Bei Maßgeblichkeit deutschen Rechts bestimmt sich die Art. des zu leistenden Schadensersatzes aufgrund der Rechtsfolgenverweisung des § 2 MontÜG nach § 429 HGB: Danach kann der Geschädigte nicht Naturalrestitution verlangen, sondern nur **Wertersatz**. Nach § 429 Abs. 1 HGB ist bei Verlust des Gutes der Wert am Ort und zur Zeit der Übernahme zu ersetzen. Bei Beschädigung des Gutes ist nach § 429 Abs. 2 Satz 1 HGB der Unterschied zwischen dem Wert des Gutes in unbeschädigtem und jenem in beschädigtem Zustand zu ersetzen. Der Anspruch auf Zahlung der erforderlichen Reparaturkosten (§ 249 Satz 2 BGB) ist durch § 429 Abs. 2 HGB ausgeschlossen.[309] Wegen der eindeutigen Verweisung in § 2 MontÜG auf § 429 HGB sind Schadensfeststellungskosten nach § 430 HGB nicht ersatzfähig.[310] Aus der Entstehungsgeschichte und der Gesetzesbegründung zum MontÜG[311] ist nicht ersichtlich, weshalb § 430 HGB nicht mit einbezogen wurde. Es dürfte sich daher um ein Redaktionsversehen des Gesetzgebers handeln.

98 Aus dem Wertersatzprinzip nach § 429 HGB folgt weiter, dass für Betriebsausfallzeiten, entgangenen Gewinn, nutzlose Aufwendungen, Produktionsverzögerungen und -ausfälle, vom Anspruchsberechtigten an seinen Vertragspartner zu zahlende Vertragsstrafen sowie weitere Folgeschäden kein Ersatz zu leisten ist.[312] Damit sind mittelbare Schäden und Sachfolgeschäden von der Ersatzpflicht nach Art. 18 MÜ ausgeschlossen. Solche Schäden können allenfalls im Rahmen von Verspätungsschäden nach Art. 19 MÜ Gegenstand von Schadensersatzleistungen sein.

I. Konkurrierende Anspruchsgrundlagen

I. Anspruchskonkurrenz zwischen Art. 18 und Art. 19 MÜ

99 Während Art. 19 MÜ davon ausgeht, dass das beförderte Gut in unversehrtem Zustand, aber zu spät ankommt und dem Empfänger die durch die Verspätung eingetretenen Schäden zu ersetzen sind, also in erster Linie der Verspätungsschaden, liegt der Regelung des Art. 18 MÜ die Vorstellung zugrunde, dass das beförderte Gut überhaupt nicht oder jedenfalls nicht in unversehrtem Zustand beim Empfänger ankommt und deshalb der Schaden zu ersetzen ist, der durch die Beschädigung oder Verlust des Gutes eingetreten ist, also in erste Linie der Sachschaden. Jedoch sind auch Fälle denkbar, in denen auch die Verspätung zu einem Sachschaden führt, etwa wenn verderbliche Güter aufgrund einer – infolge Verspätung – zu langen Beförderungsdauer verderben.[313] In diesem Fall sind beide Anspruchsgrundlagen kumulativ anwendbar.[314] Dies bedeutet jedoch nicht, dass in diesem Fall der Sachschaden nach Art. 19 MÜ zu ersetzen sei, sondern nur, dass neben die Haftung des Art. 18 MÜ zusätzlich jene aus Art. 19 MÜ hinzutritt.[315]

---

308 BGH, Urt. v. 9.6.2004 – I ZR 266/00 – NJW-RR **2004** 1482, 1484; *Geigel/Mühlbauer*[56] Haftpflichtprozess Kap. 29 Rn. 60; ebenso zum WA: MünchKommHGB/*Kronke* Art. 18 WA 1955 Rn. 75.

309 *Fremuth* in Fremuth/Thume § 429 HGB Rn. 16.

310 **AA** FrankfKomm/*Müller-Rostin* Art. 18 MÜ Rn. 147.

311 Vgl. BT-Drucks. **15/2359** S. 17.

312 Unrichtig insoweit BGH, Urt. v. 9.6.2004 – I ZR 266/00 – NJW-RR **2004** 1482, 1484, der auf § 249 BGB statt auf §§ 429 ff. HGB bei der Bemessung des Schadensersatzes nach dem WA abstellt; unzutreffend insoweit auch *Geigel/Mühlbauer*[56] Haftpflichtprozess Kap. 29 Rn. 60. Zutreffend *Koller*[11] Art. 18 MÜ Rn. 22; *Koning* ASL **2008** 318, 335 f.

313 Vgl. OLG Frankfurt am Main, Urt. v. 23.12.1992 – 21 U 62/91 – TranspR **1993** 103, 106.

314 FrankfKomm/*Müller-Rostin* Art. 18 MÜ Rn. 148; *Ruhwedel*[3] Luftbeförderungsvertrag Rn. 560; *Schoner* ZLW **1978** 163.

315 So OLG Frankfurt am Main, Urt. v. 23.12.1992 – 21 U 62/91 – TranspR **1993** 103, 106; Ebenroth/Boujong/*Pokrant*[5] Art. 18 MÜ Rn. 37.

II. Ansprüche nach § 280 BGB neben Art. 18 MÜ?

Die in Art. 18 MÜ geregelten Haftungstatbestände sind Sonderfälle der allgemeinen Vertragsbruchhaftung, die im deutschen Recht in § 280 BGB kodifiziert ist. Art. 18 MÜ ist jedoch nicht lex specialis, wie Art. 29 Satz 1 MÜ zeigt. Danach sind auf anderen Rechtsgründen beruhende Schadensersatzansprüche nicht ausgeschlossen. Vielmehr unterwirft Art. 29 MÜ diese nur den Voraussetzungen und Beschränkungen des Übereinkommens.[316] Soweit der Haftungstatbestand jedoch den Sachverhalt gar nicht erfasst, können weitergehende unbeschränkte Schadensersatzansprüche nach nationalem Recht geltend gemacht werden.[317] 100

316 Ebenso FrankfKomm/*Giemulla* Art. 24 WA 1955 Rn. 6; **aA** *Ruhwedel* TranspR **2001** 189, 199; FrankfKomm/*Müller-Rostin* Art. 18 MÜ Rn. 149; die Denkschrift zum Montrealer Übereinkommen lässt diese Frage offen, vgl. BT-Drucks. **15/2285** S. 47.

317 **AA** FrankfKomm/*Müller-Rostin* Art. 18 MÜ Rn. 149.

Artikel 19 Verspätung

[1]Der Luftfrachtführer hat den Schaden zu ersetzen, der durch Verspätung bei der Luftbeförderung von Reisenden, Reisegepäck oder Gütern entsteht. [2]Er haftet jedoch nicht für den Verspätungsschaden, wenn er nachweist, dass er und seine Leute alle zumutbaren Maßnahmen zur Vermeidung des Schadens getroffen haben oder dass es ihm oder ihnen nicht möglich war, solche Maßnahmen zu ergreifen.

Article 19 Delay

The carrier is liable for damage occasioned by delay in the carriage by air of passengers, baggage or cargo. Nevertheless, the carrier shall not be liable for damage occasioned by delay if it proves that it and its servants and agents took all measures that could reasonably be required to avoid the damage or that it was impossible for it or them to take such measures.

Article 19 Retard

Le transporteur est responsable du dommage résultant d'un retard dans le transport aérien de passagers, de bagages ou de marchandises. Cependant, le transporteur n'est pas responsable du dommage causé par un retard s'il prouve que lui, ses préposés et mandataires ont pris toutes les mesures qui pouvaient raisonnablement s'imposer pour éviter le dommage, ou qu'il leur était impossible de les prendre.

Schrifttum

Arnold Application of Regulation (EC) No 261/2004 on denied boarding, cancellation and long delay of flights, ASL **2007** 93–107; *dies./Mendes de Leon* Regulation (EC) 261/2004 in the light of the recent decisions of the European Court of Justice: Time for a Change?! ASL **2010** 91–112; *Balfour* Airline liability for delays: The Court of Justice of the EU rewrites EC Regulation 261/2004, ASL **2010** 71–75; *Bollweg* Das Montrealer Übereinkommen, Rückblick – Überblick – Ausblick, ZLW **2000** 439–451; *Demsey/Johansson* Montreal v. Brussels: The conflict of laws on the issue of delay in international air carriage, ASL **2010** 207–224; *Diederiks-Verschoor* The Liability for Delay in Air Transport, ASL **2001** 300–314; *Ficht* Die unbekannte Schadensursache im internationalen Luftverkehr **1986**; *Fröhlich* Leistungsstörungen im Luftverkehr, Diss. Tübingen **2001**; *Führich* Entschädigung bei Überbuchung von Linienflügen, NJW **1977** 1044–1046; *ders.* Entschädigung wegen nutzlos aufgewendeter Urlaubszeit, MDR **2009** 906–913; *Giemulla* Überbuchungen bei Luftbeförderung, EuZW **1991** 367–369; *Giemulla/Brautlacht* Schadensersatzansprüche wegen vorzeitigen Abbruchs einer Luftbeförderung, TranspR **1988** 360–363; *Gimbel* Die gesetzliche Neuregelung der Verspätungshaftung: Eine gerechtfertigte Forderung im Interesse der Frachtkunden und des Luftverkehrs, ITZ **1964** 1162, 1254–1255; *Gregor* Der Gerichtsstand des Erfüllungsorts beim Luftbeförderungsvertrag, IPRax **2008** 403–404; *Grönförs* The concept of delay in transportation law, ETR **1974** 400–413; *Heim* Haftung des Luftfrachtführers für verspätete Auslieferung, VW **1956** 580; *Hobe/Müller-Rostin/Recker* Fragwürdiges aus Luxemburg zur Verordnung 261/2004, ZLW **2010** 149–166; *Janköster* Fluggastrechte im internationalen Luftverkehr, Diss. Konstanz **2009**; *Kadletz* Das neue Montrealer Übereinkommen vom 28.5.1999 über den internationalen Luftbeförderungsvertrag („Neues Warschauer Abkommen"), VersR **2000** 927–935; *Karsten/Seidenspinner* „Zum Vorteile des Verkehrsnutzers" – Zwanzig Jahre EU-Passagierrecht im Spannungsfeld zwischen international governance und europäischen Nutzerrechten, ZEuP **2010** 830–860; *Kober-Dehm/Meier-Beck* Die Rechtsprechung des Bundesgerichtshofs zum Personenbeförderungs- und Reiserecht in den Jahren 2009 und 2010, RRa **2010** 250–262; *Krüger* Die Rechtsstellung des Reisebüros bei der Luftbeförderung, Diss. Köln **1991**; *Kummer* Zur Abgrenzung der „großen Verspätung" von der „Annullierung" eines Fluges, RRa **2008** 14–15; *Laib* „No Show, No Compensation" – Keine Ausgleichsleistungen bei Nichterscheinen von Fluggästen, RdTW **2024** 122–126; *Lee/Wheeler* Air Carrier Liability for Delay: A Plea to Return to International Uniformity, 77 J. Air L. & Com. 43 **2012** 43–101; *Leffers* Minderung des Flugpreises bei Verspätungen im internationalen Luftverkehr, TranspR **1997** 93–97; *Lienhard* Europäisches Schuldrecht für den Flugverkehr, GPR **2004** 259–266; *Liesecke* Die neuere Rechtsprechung zum Luftfrachtrecht des Warschauer Abkommens von 1929 nebst Haager Protokoll von 1955, MDR **1968** 1–4, 93–99; *Michlmayr* Die Judikatur des HG Wien zur Fluggastrechte-Verordnung in den Jahren 2020 und 2021, RRa **2022** 8–12; *Milner* Regulation EC 261/2004 and 'Extraordinary Circumstances', ASL **2009** 215–220; *Müller-Rostin* Die Haftung des Luftfrachtführers bei der Beförderung von Luftfracht, TranspR **1989** 121–130; *ders.* Flug-

https://doi.org/10.1515/9783110564945-020

annullierungen wegen Sperrung des Luftraumes – die Rechte der Fluggäste und der Absender von Luftfracht, TranspR **2011** 129–134; *Neumann* Kein Recht des Fluggastes auf Minderung bei Flugverspätung, ZLW **1997** 217–222; *Rieländer* Internationale und örtliche Zuständigkeit von Ansprüchen nach der Fluggastrechte-VO und dem MÜ in kumulativer Klagehäufung, EuZW **2020** 59–63; *Ruhwedel* Das Montrealer Übereinkommen zur Vereinheitlichung bestimmter Vorschriften über die Beförderung im internationalen Luftverkehr vom 28.5.1999, TranspR **2001** 189–202; *Schmid* Die Arbeitsteiligkeit im modernen Luftverkehr und ihr Einfluß auf die Haftung des Luftfrachtführers – Der Begriff „Leute" im sog. Warschauer Abkommen, Diss Frankfurt a.M. **1983**; *ders.* Der Begriff „Leute" im sog. Warschauer Abkommen, TranspR **1984** 1–6; *ders.* La notion de „préposés" dans la Convention de Varsovie, RFDA **1986** 165–176; *ders.* Verspätung und Nichtbeförderung im Luftverkehr, TranspR **1985** 369–375; *ders.* Die Verordnung (EG) Nr. 261/2004 – Europäischer Verbraucherschutz mit Nachbesserungsbedarf, ZLW **2005** 373–385; *ders.* May a technical fault with an aircraft be considered as‚extraordinary circumstances' in the meaning of the regulation (EC) No. 261/2004? ASL **2007** 376–379; *ders.* Die Verordnung (EG) Nr. 261/2004 – eine „Sagrada familia" des Fluggastrechts? RRa **2008** 202–211; *ders./Hopperdietzel* Rechtsfallen im Luftverkehrsrecht: Wichtige Fristen, NJW **2009** 3085–3087; *Richter/Monteiro* Passagierrechte bei Flugverspätungen, GPR **2012** 199–205; *Schoner* Die internationale Rechtsprechung zum Warschauer Abkommen in den Jahren 1974 bis 1976 Teil II, ZLW **1978** 151–170; *ders.* Die internationale Rechtsprechung zum Warschauer Abkommen in den Jahren 1977 bis 1980, ZLW **1980** 327–389; *Sendmeyer* Alle Jahre wieder: Europäische Fluggastrechte im Schneechaos, NJW **2011** 808–812; *Staudinger* Wider die Qualifikation des Luftbeförderungsvertrages als absolutes Fixgeschäft sowie die Relevanz des Mängelrechts, RRa **2005** 249–256; *ders.* Der Begriff „Streik" in der Verordnung „EWG" Nr. 295/91, RRa **2006** 254–256; *ders.* Abgrenzung zwischen großer Verspätung und Annullierung im Luftverkehrsrecht – eine neue Aufgabe für den EuGH? NJW **2007** 3392–3394; *ders./Schmidt-Bedun* Neuregelung über Ausgleichs- und Unterstützungsleistungen für Fluggäste, NJW **2004** 1897–1901; *Stefula/Thoß* Minderungsrecht des Passagiers bei Flugverspätungen? TranspR **2001** 248–256; *Sundberg* Quelques aspects de la responsabilité pour retard en droit aérien, RFDA **1966** 139–163; *Tonner* Flugverspätung, Annullierung und Nichtbeförderung im europäischen Reiserecht, RRa **2006** 278–279; *Trappe* Zum Verspätungsschaden im Luftrecht, VersR **1975** 596–598; *Verwer* Liability for Damage to Luggage in International Air Transport, Diss Amsterdam **1976**; *Videla* Escalada The Warsaw Convention within Argentine Law, ZLW **1991** 339–362; *Wahlen* The New Warsaw Convention: The Montreal Convention, ASL **2000** 12–26; *Wegter* The ECJ Decision of 10 January 2006 on the Validity of Regulation 261/2004: Ignoring the Exclusivity of the Montreal Convention, ASL **2006** 133–148.

Parallelvorschriften

Art. 19 WA 1955; Art. 17 CMR; Art. 32 CIV 1999; Art. 33 CIM 1999; § 425 HGB.

Übersicht

Alphabetische Übersicht

A. Allgemeines

I. Normzweck

Art 19 Satz 1 MÜ enthält eine eigenständige **Anspruchsgrundlage**[1] und regelt die **Haftung** des Luftfrachtführers für **Verspätungsschäden**. Die Verspätungshaftung tritt also als selbständiger Haftungsgrund neben die Haftung wegen Personenschäden nach Art. 17 MÜ und die Obhutshaftung nach Art. 18 MÜ. Sie greift auch ein, wenn die Verspätung beispielsweise nicht zu Verlust oder Beschädigung der transportierten Güter führt, sondern zu einem reinen Vermögensschaden. Damit steht das Montrealer Übereinkommen im Einklang mit anderen Haftungsübereinkommen 1

1 Ebenroth/Boujong/*Pokrant*[5] Art. 19 MÜ Rn. 1; **zum WA:** MünchKommHGB/*Kronke* Art. 19 WA 1955 Rn. 1; Ebenroth/Boujong/Joost/*Gass* Art. 19 WA 1955 Rn. 1.

kommen des Personen- und Güterbeförderungsrechts.[2] Von der Verzugshaftung unterscheidet sich die Verspätungshaftung insoweit, als es einer Inverzugsetzung nicht bedarf (§ 284 Abs. 1 BGB).[3]

2 Die Bestimmung betrifft freilich nur das Haftungsprinzip, also die Sekundärpflichten des Luftfrachtführers. Sie regelt dagegen nicht die Primärpflicht zur rechtzeitigen Ablieferung des Gutes oder Beförderung der Personen. Hierzu bedarf es eines Rückgriffs auf den geschlossenen Luftbeförderungsvertrag. Ferner regelt die Bestimmung nicht den Fall der Nichtbeförderung, wie die Entstehungsgeschichte der Vorschrift zeigt.[4] Art. 19 S. 1 MÜ entspricht wörtlich Art. 19 WA. In den Verhandlungen für dieses Abkommen wurde darauf hingewiesen, dass im Abkommen zwar eine Regelung unter anderem für die verspätete Beförderung von Reisenden, Gepäck oder Gütern vorgesehen sei, nicht aber für den Fall der Nichtbeförderung („cas de non exécution“) und dass, wenn Letztere einbezogen werden solle, dies zum Ausdruck gebracht werden müsse. In der weiteren Erörterung wurden der Bedarf einer Regelung der Nichtbeförderung in dem vorgesehenen Abkommen und die Angemessenheit einer damit verbundenen Haftungsbeschränkung des Luftfrachtführers verneint, weil die Interessen des Kunden vom nationalen Recht hinreichend geschützt würden.[5] Ebenso wenig findet Art. 19 MÜ auf Annullierungen von Flügen Anwendung.[6]

3 Im Gegensatz zur Obhutshaftung nach Art. 18 MÜ ist die Verspätungshaftung im Montrealer Übereinkommen – wie Art. 19 i.V.m. Art. 20 WA 1955 – als Haftung für vermutetes Verschulden ausgestaltet.[7] Der Luftfrachtführer kann sich daher entlasten, wenn er nachweist, dass er oder seine Leute alle Maßnahmen zur Schadensvermeidung getroffen haben oder dass diese nicht getroffen werden konnten (Art. 19 Satz 2 MÜ). An diesen Nachweis werden allerdings mit dem Abstellen auf die Zumutbarkeit der Maßnahmen wohl geringere Anforderungen als nach dem Warschauer Abkommen gestellt, das auf alle erforderlichen Maßnahmen abgestellt hat.

4 Art. 19 MÜ unterscheidet sich von Art. 6 EG-VO Nr. 261/04 dahingehend, dass erstere Bestimmung den Fall der sog. Ankunftsverspätung regelt, wohingegen letzterer Bestimmung die sog. Abflugverspätung als Regelungsgegenstand zugrunde liegt.[8]

II. Entstehungsgeschichte

5 Die Vorschrift entspricht Art. 19 und 20 WA 1955.[9] Im Unterschied zu Art. 20 WA 1955, der von allen erforderlichen Maßnahmen zur Schadensverhütung spricht, verlangt Art. 19 Satz 2 MÜ, dass der Luftfrachtführer oder seine Leute alle zumutbaren Maßnahmen zur Schadensvermeidung ergriffen haben.

---

2 Vgl. § 425 Abs. 1 HGB; Art. 17 i.V.m. 19 CMR, Art. 32 CIV 1999.

3 Ebenso MünchKommHGB/*Kronke* Art. 19 WA 1955 Rn. 1.

4 BGH, Urt. v. 13.10.2015 – X ZR 126/14 – NJW **2016** 491; OLG Koblenz, Urt. v. 29.3.2006 – 1 U 983/05 – NJW-RR **2006** 1356, 1357 („Stehenlassen von Reisenden“); LG Zweibrücken, Urt. v. 20.2.2007 – 3 S 150/06 – juris Rz. 37; FrankfKomm/*Schmid* Art. 19 MÜ Rn. 1; Ebenroth/Boujong/*Pokrant*[5] Art. 19 MÜ Rn. 1.

5 Vgl. II. Conférence Internationale de Droit Privé Aérien, S. 52, 115; ferner dazu US CA7th Circ., Urt. v. 12.6.1987 – *Wolgel v. Mexicana Airlines* – 821 F. 2 d 442, 444 f.

6 BeckOGK/*Förster* Art. 19 MÜ Rn. 39.

7 Ebenso die Denkschrift zum MÜ BT-Drucks. **15/2285**, S. 35; *Geigel/Mühlbauer*[26] Haftpflichtprozess Kap. 29 Rn. 65; *Ruhwedel* TranspR **2001** 189, 198; ebenso zum WA: *Diederiks-Verschoor* ASL **2001** 300, 311; MünchKommHGB/*Kronke* Art. 19 WA 1955 Rn. 2.

8 EuGH, Urt. v. 10.1.2006 – *The Queen v. Department of Transport* – C-344/04, NJW **2006** 351, 354 f.; *Janköster* Fluggastrechte S. 30; *Schladebach* Luftrecht S. 117; kritisch zu der getroffenen Unterscheidung *Ehlers/Müller-Rostin* in: Luftrecht Bd. 3, Teil III A Rn. 7.

9 Vgl. auch *Wahlen* ASL **2000** 12, 18.

B. Haftungsvoraussetzungen nach Art. 19 Satz 1 MÜ

Die Verspätungshaftung nach **Satz 1** greift ein, wenn ein Schaden durch die Verspätung bei der Beförderung von Reisenden, Gepäck und Gütern entstanden ist. 6

I. Verspätung

1. Begriff

Ebenso wenig wie das Warschauer Abkommen definiert das Montrealer Übereinkommen den Begriff der Verspätung.[10] Unter **Verspätung** wird generell ein **nicht rechtzeitiges Eintreffen am Bestimmungsort** verstanden.[11] In der US-Rechtsprechung heißt es entsprechend, „[the carrier] properly delivered baggage or persons to the appropriate destination but it did so in a untimely manner".[12] Entscheidend ist dabei nicht der Zeitpunkt der Landung (touch down),[13] sondern bei Reisenden der Aussteigezeitpunkt,[14] bei der Beförderung von Reisegepäck der Auslieferungszeitpunkt und bei der Beförderung von Gütern der Zeitpunkt der Benachrichtigung des Empfängers von der Ankunft nach Art. 13 Abs. 2 MÜ.[15] Das Kriterium des nicht rechtzeitigen Eintreffens am Bestimmungsort soll auch dann gelten, wenn der Luftfrachtführer ersatzweise ein anderes Flugzeug eingesetzt hat, weil der Reisende auf dem vorhergesehenen Flug wegen Überbuchung nicht befördert werden konnte (richtigerweise findet im Fall der Überbuchung Art. 19 MÜ keine Anwendung, siehe unten Rn. 9).[16] In den Fällen des Art. 18 Abs. 4 Satz 2 MÜ ist daher nicht auf die Ankunft des Gutes beim Empfänger abzustellen, sondern auf den Zeitpunkt der Benachrichtigung, dass die Güter am Bestimmungsflughafen eingetroffen sind.[17] Für danach auftretende Verzögerungen im Rahmen des Zubringerdienstes wird gem. Art. 38 Abs. 1 MÜ nach Maßgabe des einschlägigen Land-, See- oder Binnenschifffahrtsrechts gehaftet.[18] 7

Um festzustellen, ob eine Verspätung eingetreten ist, ist zunächst zu prüfen, wann die Ankunft hätte erfolgen müssen. Maßgeblich ist hierfür der Vertragsinhalt.[19] Sind bestimmte Beförderungsfristen vereinbart, so macht diese Feststellung keine Schwierigkeiten. Im Personenbeförderungs- 8

---

10 Ebenroth/Boujong/*Pokrant*[5] Art. 19 MÜ Rn. 3; *Boettge* Luftfrachtrecht S. 49; *Demsey/Johansson* ASL **2010** 207, 211; *Janköster* Fluggastrecht S. 161; *Schwenk/Giemulla*[3] Handbuch S. 405.

11 BeckOGK/*Förster* Art. 19 MÜ Rn. 8; FrankfKomm/*Schmid* Art. 19 MÜ Rn. 6; Ebenroth/Boujong/*Pokrant*[5] Art. 19 MÜ Rn. 3; *Janköster* Fluggastrechte S. 117; ebenso zum WA: OLG Frankfurt am Main, Urt. v. 25.4.1983 – 5 U 75/82 – TranspR **1984** 21; OLG Frankfurt am Main, Urt. v. 23.12.1992 – 21 U 62/92 – NJW-RR **1993** 809, 810; LG Düsseldorf Urt. v. 3.2.1971 – 14 S 27/70 – ZLW **1971** 290; Ebenroth/Boujong/Joost/*Gass* Art. 19 WA 1955 Rn. 3; *Goldhirsch* Handbook S. 76; *Koller*[7] Art. 19 WA 1955 Rn. 4; MünchKommHGB/*Kronke* Art. 19 WA 1955 Rn. 12.

12 US DC, Urt. v. 20.4.2012 – *Vumbaca v. Terminal One Group Association* – 859 F. Supp. 2d 343, 366; US DC, Urt. v. 9.7.2014 – *Benjamin v. American Airlines* – 32 F. Supp. 3d 1309, 1316; US DC, Urt. v. 25.2.2016 – Ahmed v. Air France-KLM – 165 F. Supp. 3d 1302, 1312.

13 BeckOGK/Förster Art. 19 MÜ Rn. 9; Ebenroth/Boujong/*Pokrant*[5] Art. 19 MÜ Rn. 3.

14 Vgl. zum Begriff der tatsächlichen Ankunftszeit im Kontext der EG-VO Rn. 261/04, EuGH, Urt. v. 4.9.2014 – Germanwings v. Henning – C-452/13 – NJW 2015 221, 222.

15 Zutr. BeckOGK/Förster Art. 19 MÜ Rn. 10; FrankfKomm/*Schmid* Art. 19 MÜ Rn. 6; *Koller*[11] Art. 19 MÜ Rn. 4; zum WA: MünchKommHGB/*Kronke* Art. 19 WA 1955 Rn. 9; **aA** Ebenroth/Boujong/*Pokrant*[5] Art. 19 MÜ Rn. 3: Auslieferung des Gutes.

16 OLG Frankfurt am Main, Urt. v. 25.4.1983 – 5 U 75/82 – TranspR **1984** 21, 22; FrankfKomm/*Schmid* Art. 19 MÜ Rn. 6; *Ruhwedel*[3] Luftbeförderungsvertrag Rn. 553.

17 OLG Köln, Urt. v. 27.10.1992 – 20 U 79/92 – ZLW **1995** 248, 249.

18 Ebenso *Koller*[7] Art. 19 WA 1955 Rn. 4.

19 MünchKommHGB/*Müller-Rostin*[5] Art. 19 MÜ Rn. 16; *Guldimann* Art. 19 WA 1955 Rn. 3; *Janköster* Fluggastrechte S. 118 f.; *Ruhwedel*[3] Luftbeförderungsvertrag Rn. 554; *Schoner* ZLW **1978** 151, 159.

verkehr lässt sich die Verspätung anhand des Flugplanes ermitteln.[20] Die Luftfahrtunternehmen, die Fluglinienverkehr unter der Geltung des deutschen Rechts betreiben, sind nämlich gemäß § 21 Abs. 2 Satz 3 LuftVG gehalten, die genehmigten Flugpläne einzuhalten. Bei einer Buchung wird die aktuelle Fassung des Flugplanes zumindest konkludent zum Vertragsinhalt.[21] Eine Freizeichnungsklausel in den Allgemeinen Geschäftsbedingungen des Luftfrachtführers verstößt gegen Art. 26 MÜ.[22] Bei Reisegepäck kann von Verspätung gesprochen werden, wenn es nicht innerhalb des Zeitraums ausgeliefert wird, der normalerweise für die Ausladung aus dem Flugzeug und der Ablieferung an der Gepäckausgabestelle zu veranschlagen ist.[23] Bei einer Dauer von mehr als 1 Stunde kann von Verspätung ausgegangen werden. Ist dagegen eine Beförderungsfrist nicht vereinbart worden, wie dies regelmäßig im Güterbeförderungsverkehr der Fall ist, tritt an die Stelle der vereinbarten die angemessene Beförderungszeit.[24] Zur Bestimmung der Angemessenheit der Beförderungszeit siehe unten die Ausführungen zu Rn. 17.

2. Anwendungsbereich, Abgrenzungen, Überschneidungen

9 **a) Unmöglichkeit der Beförderung.** Nicht erfasst werden von Art. 19 MÜ Schäden, die daraus resultieren, dass der Luftfrachtführer am Übergabeort nicht übernehmen konnte, weil die Ausführung der Beförderung nicht möglich war.[25] Kann der Luftfrachtführer den Flughafen zur Annahme des Gutes zufolge Triebwerksschadens gar nicht anfliegen, liegt daher bereits keine Erfüllung des Luftbeförderungsvertrages vor.[26] Bei Maßgeblichkeit deutschen Rechts ist eine Schadensersatzpflicht wegen Pflichtverletzung nach § 280 BGB zu prüfen.[27]

10 **b) Verspäteter Beginn der Beförderung.** Bei dem Vertrag über eine Luftbeförderung handelt es sich in der Regel um ein **absolutes Fixgeschäft**.[28] Denn der Luftfrachtführer schuldet die Beförderung dem Reisenden oder dem Absender nicht „irgendwann", sondern exakt zu dem vereinbarten Termin. Ein Überschreiten dieses Termins stellt grundsätzlich wegen des Charakters des Fixgeschäfts der Luftbeförderung mit einem bestimmten Flug eine Nichterfüllung des Vertrags dar, da die Leistung nicht stets nachholbar ist;[29] im Fall der Überbuchung liegt daher kein nach

---

20 BeckOGK/*Förster* Art. 19 MÜ Rn. 11; FrankfKomm/*Schmid* Art. 19 MÜ Rn. 7; *Janköster* Fluggastrechte S. 119; *Sabathil* Linienflugverkehr S. 84 ff.

21 *Janköster* Fluggastrechte S. 120.

22 Ebenroth/Boujong/*Pokrant*[5] Art. 19 MÜ Rn. 4; zur Parallelnorm des Art. 23 WA: BGH, Urt. v. 20.1.1983 – VII ZR 105/81 – TranspR **1983** 116, 118 f.; F CA Paris, Urt. v. 20.5.1975 – *Ets Peronny c. Ethiopian Airlines* – RFDA **1975** 395, 396 f.; *Koller*[7] Art. 19 WA 1955 Rn. 5.

23 *Verwer* Liability for damage S. 71.

24 OLG Frankfurt am Main, Urt. v. 25.4.1983 – 5 U 75/82 – TranspR **1984** 21; OLG Frankfurt am Main, Urt. v. 23.12.1992 – 21 U 62/91 – TranspR **1993** 103, 105 f.

25 *Koller*[7] Art. 19 WA 1955 Rn. 2.

26 LG Frankfurt am Main, Urt. v. 19.4.1982 – 2/24 S 301/81 – NJW **1982** 1538; LG Frankfurt am Main, Urt. v. 12.3.1984 – 2/24 S 40/83 – ZLW **1985** 376, 377; ebenso *Schoner* ZLW **1978** 151, 165; *Trappe* VersR **1975** 596 ff.

27 Vgl. oben Fn. 4.

28 BGH, Urt. v. 30.11.1972 – VII ZR 239/71 – NJW **1973** 318; OLG Frankfurt am Main, Urt. v. 24.11.1988 – 5 U 301/86 – ZLW **1989** 178, 180 f.; OLG Düsseldorf, Urt. v. 13.12.1990 – 18 U 120/90 – TranspR **1991** 106, 107; OLG Koblenz, Urt. v. 11.1.2008 – 10 U 385/07 – RRa **2008** 181, 182; FrankfKomm/*Schmid* Art. 19 MÜ Rn. 98; MünchKommHGB/*Müller-Rostin*[5]Art. 19 MÜ Rn. 26; *Führich* NJW **1997** 1044; *Geigel/Mühlbauer*[26] Haftpflichtprozess Kap. 20 Rn. 65; *Ruhwedel*[3] Luftbeförderungsvertrag Rn. 218; **aA** BGH, Urt. v. 28.5.2009 – Xa 113/08 – RRa **2009** 242, 244; *Janköster* Fluggastrechte S. 139 ff.; *Staudinger* RRa **2005** 249, 251 f.; *Tonner* RRa **2006** 278.

29 BGH, Urt. v. 28.5.2009 – Xa 113/08 – RRa **2009** 242, 244.

Art. 19 MÜ zu beurteilender Sachverhalt vor.[30] Kann der Reisende oder das Gut daher nicht mit dem bestimmten Flug zur bestimmten Zeit befördert werden, liegt ein Fall der Unmöglichkeit vor, der den Reisenden oder den Absender bei ergänzend anwendbarem deutschen Recht nach §§ 280, 281 BGB berechtigt, Schadensersatz zu verlangen.[31] Gleiches gilt im Fall einer Ersatzbeförderung des Reisenden oder des Gutes auf einem anderen Flug.[32] Denn die spätere Ersatzbeförderung unter einer anderen Flugnummer stellt keine Erfüllung der geschuldeten Leistung dar.

Eine Verspätung iSd. Art. 19 Satz 1 MÜ, nicht eine Nichtbeförderung im Sinne der Unmöglichkeit, 11
ist jedoch dann anzunehmen, wenn der Luftfrachtführer den aus technischen Gründen zunächst verschobenen oder gestrichenen Flug unter derselben Flugnummer dann doch noch ausführt, also keine Umbuchung erforderlich ist, also Änderungen auf dem Flugschein nicht vorgenommen werden.[33] In solchen Fällen ist eine – wenn auch verspätete – Erfüllung der versprochenen Leistung noch gegeben, solange jedenfalls das Ausmaß der Verspätung nicht zu einem völlig neuen Leistungsinhalt führt, wie etwa die Verspätung um einen Tag.[34] Führt die Verspätung in solchen Fällen zu höheren Lagerkosten, so ist Art. 19 MÜ entsprechend anzuwenden, da die Schadensentstehung nicht an das verspätete Eintreffen, sondern an das verspätete Abfliegen angeknüpft wird.[35] Mit anderen Worten ist der Schaden bereits vor Abflug entstanden und nicht durch die Verspätung. Die Interessenlage des Sachverhalts rechtfertigt indes keine gegenüber Art. 19 MÜ abweichende Beurteilung.

c) Überschneidungen zwischen Art. 19 und Art. 18 MÜ. Die Verspätungshaftung nach Art. 19 12
MÜ kann in Einzelfällen auch mit einem Anspruch nach Art. 18 MÜ konkurrieren.[36] So schließt z.B. der Verlust des Gutes verstanden als Nichtablieferung nach Übernahme denknotwendig die Überschreitung der Beförderungsfrist ein. Auch eine Beschädigung kann zu einer solchen Verzögerung führen, wenn z.B. wegen der Beschädigung langwierige Sicherungsmaßnahmen wie das Neuverpacken des Gutes erforderlich werden. Auch der umgekehrte Fall tritt – etwa bei Lebensmittellieferungen – häufig ein: Durch die Überschreitung der Beförderungsfrist verdirbt das beförderte Gut (im Fall *Peronny*: Knoblauch).[37] Das Verhältnis zwischen Art. 18 MÜ und Art. 19 MÜ ist im Fall des Verlusts von besonderer Relevanz: Nach Art. 31 Abs. 2 Satz 2 MÜ besteht im Fall einer durch Verlust des Gutes eingetretenen Verspätung eine Anzeigepflicht, nicht dagegen für die Geltendmachung des Verlusts nach Art. 18 MÜ. Der Übereinkommenstext liefert keine eindeutigen Abgrenzungskriterien. Nicht herangezogen werden kann als Unterscheidungskriterium das Schadensereignis, weil nach dem Wortlaut des Art. 18 Abs. 1 MÜ jeder Verlust den Tatbestand der Obhutshaftung auslöst, gleich auf welche Ursachen er zurückzuführen ist. Auch ist den Regelungen nicht zu entnehmen, dass zwischen Obhutshaftung und Verspätungshaftung ein Verhältnis der Spezialität besteht.[38] Soweit Art. 18 MÜ und Art. 19 MÜ keine eindeutige Antwort liefern, ist das MÜ zunächst aus sich selbst heraus auszulegen, ohne dass auf

30 BGH, Urt. v. 28.9.1978 – VII ZR 116/77 – NJW **1979** 495; OLG München, Urt. v. 20.9.1982 – 21 U 1442/82 – ZLW **1983** 60, 61; AG Düsseldorf, Urt. v. 12.8.1999 – 27 C 20229/98 – TranspR **2000** 263; MünchKommHGB/*Müller-Rostin*[5] Art. 19 MÜ Rn. 25; *Führich* NJW **1997** 1044, 1045; *Geigel/Mühlbauer*[26] Haftpflichtprozess Kap. 20 Rn. 67; ebenso Cour provinciale du District de Montreal, Urt. v. 20.9.1979 – *Stephen Hendler v. Iberia* – RFDA **1980** 215, 217; *Goldhirsch* Handbook S. 83 lässt dagegen offen, ob es sich um eine Nichtausführung des Vertrages oder nur um eine Verspätung handelt.

31 OLG Frankfurt am Main, Urt. v. 13.6.1996 – 18 U 174/95 – TranspR **1997** 150, 151; OLG Frankfurt am Main, Urt. v. 20.2.1997 – 1 U 126/95 – ZLW **1997** 540; AG Köln, Urt. v. 20.9.2001 – 117 C 164/01 – NJW **2002** 833.

32 OLG Frankfurt am Main, Urt. v. 24.11.1987 – 5 U 301/86 – MDR **1989** 165; *Schmid* TranspR **1995** 369, 374; FrankfKomm/*Schmid* Art. 19 MÜ Rn. 98 m.w.N; **aA** *Koller*[7] Art. 19 WA 1955 Rn. 3; *Videla Escalada* ZLW **1991** 339, 352.

33 AG Frankfurt am Main, Urt. v. 5.9.1997 – 30 C 854/97-47 – ZLW **1998** 247, 248.

34 LG Frankfurt am Main, Urt. v. 14.11.1990 – 2/1 S 119/90 – TranspR **1991** 145.

35 LG Frankfurt am Main, Urt. v. 14.11.1990 – 2/1 S 119/90 – TranspR **1991** 145; AG Frankfurt am Main, Urt. v. 5.9.1997 – 30 C 854/97-47 – ZLW **1998** 247, 248; **aA** Ebenroth/Boujong/Joost/*Gass* Art. 19 WA 1955 Rn. 5; *Koller*[7] Art. 19 WA 1955 Rn. 3.

36 FrankfKomm/*Schmid* Art. 19 MÜ Rn. 89 ff.; Ebenroth/Boujong/*Pokrant*[5] Art. 19 MÜ Rn. 8.

37 F CA Paris, Urt. v. 30.5.1975 – *Ets Peronny c. Ethiopian Airlines* – RFDA **1975** 395.

38 FrankfKomm/*Schmid* Art. 19 MÜ Rn. 89; *Schoner* ZLW **1978** 151, 163.

nationales Recht zurückgegriffen wird. Der Begriff der „Verspätung“ setzt nach allgemeinen Sprachgebrauch voraus, dass eine Ablieferung – wenn auch nicht innerhalb der vorgesehenen Zeit – noch möglich ist, wohingegen der Begriff des „Verlusts“ impliziert, dass die Ablieferung des Gutes entweder nicht möglich oder nicht in absehbarer Zeit mehr möglich ist. Dies ist nicht nur der Fall, wenn das Gut untergegangen ist, sondern auch wenn es an einen falschen Empfänger ausgeliefert wurde. Vom Fall des Verhältnisses zwischen Verlust und Verspätung abgesehen, ist eine eindeutige Abgrenzung der beiden Haftungstatbestände nach Art. 18 MÜ und Art. 19 MÜ nicht möglich, so dass sie grundsätzlich kumulativ anwendbar sind.[39]

3. Überschreiten der Beförderungsfrist

13 **a) Allgemeines.** Wann eine Beförderungsfrist überschritten ist, wird durch Art. 19 MÜ, der nur die Sekundärpflichtverletzung regelt, bestimmt. Fehlt es an einer Vereinbarung, so ist auf die angemessene Beförderungszeit abzustellen, die ein sorgfältiger Luftfrachtführer eingeplant und benötigt hätte.

b) Vertraglich vereinbarte Beförderungsfrist

14 **aa) Inhalt der Vereinbarung, formlose Vereinbarung.** Die Vereinbarung muss bestimmt sein. Die Bezugnahme auf Flugpläne ist bei einer Beförderung im Fluglinienverkehr bestimmt genug.[40] Dies folgt letztlich auch aus § 21 Abs. 2 Satz 3 LuftVG, wonach Luftfahrtunternehmen, die Fluglinienverkehr unter der Geltung des deutschen Rechts betreiben, verpflichtet sind, die genehmigten Flugpläne einzuhalten. Ferner kann sich eine Abrede aus dem vom Luftfrachtführer oder vom Absender ausgefüllten Luftfrachtbrief ergeben.[41] Enthält dieser Klauseln zum Ankunfts- oder Ablieferungstermin, dann ist von der Annahme des dahingehenden Angebots des Absenders auszugehen, sofern der Luftfrachtführer nicht einen Vorbehalt im Luftfrachtbrief angebracht hat.[42] Allgemeine Geschäftsbedingungen, die den Ausschluss fester Beförderungstermine zum Inhalt haben, sind regelmäßig wegen Art. 26 MÜ und § 307 BGB unwirksam.[43]

15 Wann eine formlose Vereinbarung einer Beförderungsfrist vorliegt, kann im Einzelfall zweifelhaft sein. Inwieweit z.B. Auskünfte des Luftfrachtführers über die voraussichtliche Beförderung als Vereinbarung einer Beförderungsfrist zu beurteilen sind, ist eine Frage der Ermittlung des rechtsgeschäftlichen Willens der Parteien.

16 **bb) Vertragsstatut.** Die Vereinbarung einer Beförderungsfrist ist ein Vertragsbestandteil und untersteht daher dem Vertragsstatut. Ist nach deutschem Kollisionsrecht deutsches Sachrecht anwendbar, ist auch der Vertragsabschluss deutschem Recht zu unterstellen.[44]

---

39 FrankfKomm/*Schmid* Art. 19 MÜ Rn. 89; *Schoner* ZLW **1978** 151, 163.

40 FrankfKomm/*Schmid* Art. 19 MÜ Rn. 7; ebenso zum WA: OLG Düsseldorf, Urt. v. 13.12.1990 – 18 U 120/90 – TranspR **1991** 106, 107; OLG Frankfurt am Main, Urt. v. 6.2.1992 – 21 U 62/91 – TranspR **1993** 103, 105; *Koller*[7] Art. 19 WA 1955 Rn. 5; MünchKommHGB/*Kronke* Art. 19 WA 1955 Rn. 14.

41 BeckOGK/Förster Art. 19 MÜ Rn. 11.

42 OLG Frankfurt am Main, Urt. v. 15.1.1980 – 5 U 74/79 – ZLW **1980** 146, 147 (Eintragung: höchst dringlich; Sendung muss ankommen am ...).

43 BGH, Urt. v. 20.1.1983 – VII ZR 105/81 – NJW **1983** 1322, 1324; OLG Frankfurt am Main, Urt. v. 15.1.1980 – 5 U 74/79 – ZLW **1980** 146, 147; LG München, Urt. v. 23.11.1977 – 34 S 19 534/76 – NJW **1978** 2454; BeckOGK/Förster Art. 19 MÜ Rn. 11; *Koller*[7]Art 19 WA 1955 Rn. 5; *Ruhwedel*[3] Luftbeförderungsvertrag Rn. 217.

44 Ebenroth/Boujong/*Pokrant*[5] Art. 19 MÜ Rn. 6.

c) Die angemessene Beförderungszeit mangels Vereinbarung einer Beförderungsfrist. Ist keine Beförderungsfrist vereinbart, was regelmäßig im Güterbeförderungsbereich der Fall sein wird,[45] muss der Luftfrachtführer die Beförderung innerhalb einer angemessenen Frist ausführen.[46] Nicht gefolgt werden kann der Entscheidung des LG Hamburg[47] in Sachen *SAS* gegen *Wucherpfennig*, das mangels Vereinbarung einer Beförderungszeit eine Verspätung nicht angenommen hat.[48] Denn der Reisende bzw. der Absender eines Gutes vertrauen regelmäßig darauf, dass er oder das Gut nicht in irgendeiner Zeit, sondern in angemessener Zeit befördert wird.[49] Die Materialien zum Warschauer Abkommen geben zur Bestimmung der Angemessenheit nur eine begrenzte Hilfestellung. Der Verspätungshaftung nach Art. 19 MÜ liegt die Erwägung zugrunde, dass es bei dem auf Schnelligkeit angelegten Transportmittel nicht im Belieben des Luftfrachtführers stehen dürfe, wann die Güter ihr Ziel erreichen. Eine exakte Definition der angemessenen Beförderungsdauer schien auf der Warschauer Konferenz nicht möglich. Wann eine Verspätung vorliegt, sei eine Tatsachenfrage, die dem Richter vorbehalten sei.[50] Im Schrifttum und der Rechtsprechung ist dabei umstritten, ob der Verspätungsbegriff letztlich subjektiv oder objektiv zu deuten ist. 17

aa) Subjektiver Verspätungsbegriff. Im Schrifttum[51] sowie in der Rechtsprechung[52] wird teilweise ein subjektiver Verspätungsbegriff vertreten. Insbesondere die französische Rechtsprechung[53] stellt hinsichtlich der Frage der Angemessenheit darauf ab, ob dem Luftfrachtführer eine schnellere Beförderung möglich gewesen wäre. Das Vorliegen einer haftungsbegründenden Verspätung (retard important) begründen die Gerichte folglich mit Verschuldenserwägungen, in dem sie prüfen, ob der Luftfrachtführer die von ihm zu erwartende Sorgfalt hat walten lassen. Im Schrifttum werden unterschiedliche Maßstäbe zur Bestimmung einer haftungsbegründenden Verspätung angelegt: *Grönförs* will die besonderen Umstände des Einzelfalles für die Bestimmung der angemessenen Beförderungsdauer zugrunde legen. Dabei sei zu berücksichtigen, was von einem sorgfältigen Luftfrachtführer verlangt werden könne.[54] Demgegenüber will *Trappe* als Kriterium für den Verspätungsbegriff die Vermeidbarkeit der Verzögerung heranziehen, wenn sie während eines Aufenthaltes am Boden eintrete, da dann der Luftfrachtführer Herr des Geschehens sei.[55] Dagegen plädiert *Sundberg* dafür, bei der haftungsbegründenden Verspätung objektive und subjektive Kriterien zu berücksichtigen: Entweder müsse eine erhebliche Zeitüberschreitung oder ein schweres Verschulden des Luftfrachtführers vorliegen.[56] 18

Gegen diesen subjektiven Verzögerungsbegriff sprechen indes folgende Bedenken: Wenn man bereits für die Frage, ob eine Verspätung iSv. Art. 19 Satz 1 MÜ vorliegt, den Gesichtspunkt des Verschuldens des Luftfrachtführers oder die Vermeidbarkeit der Verzögerung heranzieht, höhlt man den eigentlichen Sinn des Art. 19 Satz 2 MÜ völlig aus.[57] Dadurch wird letztlich die Frage der 19

---

45 *Goldhirsch* Handbook S. 76; anders mag es beim Transport verderblicher Güter sein.
46 OLG Frankfurt am Main, Urt. v. 15.1.1980 – 5 U 74/79 – ZLW **1980** 146, 147; *Koller*[7] Art 19 WA 1955 Rn. 6; MünchKommHGB/*Kronke* Art. 19 WA 1955 Rn. 16; *Janköster* Fluggastrechte S. 121.
47 LG Hamburg, Urt. v. 6.4.1955 – ZLR **1955** 226, 231; ebenso *Alff*[2] § 428 HGB a.F. Rn. 8.
48 Ebenfalls ablehnend FrankfKomm/*Schmid* Art. 19 MÜ Rn. 10.
49 *Janköster* Fluggastrechte S. 121.
50 Vgl. II. Conférence Internationale de Droit Privé Aérien, 4–12 Octobre, 1929, Varsovie, S. 164.
51 *Grönförs* ETR **1974** 400, 406; *Trappe* VersR **1975** 596, 597; *Sundberg* RFDA **1966** 139, 145 f.
52 F TribCom la Seine, Urt. v. 23.12.1956 – *General Air Fret c. TWA* – RFDA **1956** 324; F TribCom Paris, Urt. v. 9.1.1979 – *Fret et Transit Aérien c. Cie Trans-Mediterranean-Airways* – RFDA **1979** 229; OLG Düsseldorf, Urt. v. 13.12.1990 – 18 U 120/90 – TranspR **1991** 106, 107.
53 Vgl. vorstehende Fn.
54 *Grönförs* ETR **1974** 400, 406.
55 *Trappe* VersR **1975** 596, 597.
56 *Sundberg* RFDA **1966** 139, 145 f.
57 Ebenso *Fröhlich* Leistungsstörungen S. 123; MünchKommHGB/*Kronke* Art. 19 WA 1955 Rn. 17.

Angemessenheit der Verspätung und die Möglichkeit des Entlastungsbeweises vermengt.[58] Viel schwerer wiegt aber, dass die französische Rechtsprechung die Haftung für vermutetes Verschulden letztlich in eine Haftung für nachgewiesenes Verschulden verkehrt. Denn sie zwingt den Kläger, die mangelnde Sorgfalt des Luftfrachtführers zu beweisen, da er für das Vorliegen der Verspätung darlegungs- und beweispflichtig ist.[59] Eine derartige Verschiebung der Beweislast verstößt letztlich auch gegen Art. 19 Satz 2 MÜ.

20 **bb) Objektiver Verspätungsbegriff.** Ausgehend vom Normzweck (siehe oben Rn. 7) hat der Luftfrachtführer bei Fehlen einer Beförderungsfrist das Gut innerhalb eines angemessenen Zeitraums zu befördern.[60] Dabei ist der Leistungszeitpunkt objektiv anhand verschiedener Gesichtspunkte mit Blick auf die Schnelligkeit des Lufttransports einerseits und dessen Unwägbarkeiten im Einzelfall zu bestimmen:[61]

21 Zum einen ist zunächst auf die Parteierwartung, d.h. auf die von einem vernünftigen Kunden in Ansatz gebrachte Zeit, zurückzugreifen. Um diese ermitteln zu können, ist die durchschnittliche Beförderungsdauer anderer Luftfrachtführer auf derselben Strecke heranzuziehen.[62] Dabei wird ein vernünftiger Reisender bei einem internationalen Langstreckenflug eher mit größeren Abweichungen als bei einem Kurzstreckenflug rechnen und daher seine Terminplanung großzügiger gestalten.[63] Ebenso wird ein vernünftiger Reisender bei mehreren Zwischenlandungen eher eine zeitliche Verzögerung einplanen.[64] Zur Bestimmung der durchschnittlichen Beförderungsdauer kommen bei der Personenbeförderung auch die Flugpläne und Presseveröffentlichungen des Luftfrachtführers in Betracht.[65]

22 Zum anderen spielen weitere objektive Faktoren bei der Bestimmung der angemessenen Beförderungsdauer eine Rolle, wie beispielsweise die meteorologischen Gegebenheiten, die Eigenschaft des beförderten Gutes (verderbliche Lebensmittel,[66] Impfstoffe,[67] lebende Tiere, Tageszeitungen) sowie die tatsächlichen Auswirkungen der Verspätung im zu beurteilenden Einzelfall.[68] Derartige objektive Faktoren können dazu führen, dass mangels Parteivereinbarung einer konkreten Frist die absolut schnellstmögliche Beförderung geschuldet wird.

23 **d) Überschreiten der Beförderungsfrist.** Nicht jede Überschreitung der vertraglich vereinbarten Ankunftszeit oder der angemessenen Beförderungszeit mangels Vereinbarung einer Beförderungsfrist löst eine Verspätungshaftung nach Art. 19 Satz 1 MÜ aus. Von einer Verspätung kann erst bei Verstreichen einer angemessenen Schonfrist gesprochen werden. Zugunsten des Luftfrachtführers sind daher Toleranzgrenzen anzuerkennen.[69] Diese variieren nach Streckenlänge, vereinbarten Teilstrecken und Zwischenlandungen, Zielflughäfen, Art. des beförderten Gutes und

---

58 *Shawcross & Beaumont*[4] Air Law VII–626.

59 *Fröhlich* Leistungsstörungen S. 123.

60 BeckOGK/*Förster* Art. 19 MÜ Rn. 12; Ebenroth/Boujong/*Pokrant*[5] Art. 19 MÜ Rn. 5; *Koller*[11] Art. 19 MÜ Rn. 6.

61 NL HR, Urt 4.2.2005 – *Bocchi Fruit Trade Benelux v. Iberia Lineas Aereas* – **ETL 2005** 742, 744; FrankfKomm/*Schmid* Art. 19 MÜ Rn. 9; *Jankóster* Fluggastrechte S. 121; zum WA: *Guldimann* Art. 19 WA 1955 Rn. 5; *Koller*[7] Art. 19 WA 1955 Rn. 6; MünchKommHGB/*Kronke* Art. 19 WA 1955 Rn. 16; *Ruhwedel*[3] Luftbeförderungsvertrag Rn. 555; *Schoner* ZLW **1978** 151, 160.

62 FrankfKomm/*Schmid* Art. 19 MÜ Rn. 9 f; ebenso zum WA: F CA Paris, Urt. v. 30.5.1975 – *Ets Peronny c. Sté Ethopian Airlines* – RFDA **1975** 395; *Schoner* ZLW **1978** 151, 161.

63 Ebenso BeckOGK/Förster Art. 19 MÜ Rn. 14; *Krüger* Rechtsstellung des Reisebüros S. 178; *Schoner* ZLW **1980** 345.

64 Ebenso *Krüger* Rechtsstellung des Reisebüros S. 178; *Schmid* TranspR **1985** 369, 370.

65 FrankfKomm/*Schmid* Art. 19 MÜ Rn. 9.

66 F CA Paris, Urt. v. 7.7.1978 – *Alitalia c. Sté Serre et Pilane* – RFDA **1979** 181.

67 F CA Lyon, Urt. v. 17.2.1983 – *Cie d'Assurance Helvetia c. Cie Air France, UTA, Air Africaine* – RFDA **1983** 228.

68 MünchKommHGB/*Kronke* Art. 19 WA 1955 Rn. 16.

69 FrankfKomm/*Schmid* Art. 19 MÜ Rn. 9.

anderen Faktoren.[70] Äußerste Grenze ist auch im Falle der vereinbarten Leistungszeit die ohne eine solche Vereinbarung geltende angemessene Beförderungsdauer durch einen sorgfältigen Luftfrachtführer. Für das Überschreiten der Beförderungsfrist soll im Folgenden zwischen der Personen- und der Güterbeförderung unterschieden werden:

aa) Überschreitung der Beförderungsfrist bei der Personenbeförderung

(1) Analoge Anwendung der Grenzwerte nach der Verordnung (EG) Nr. 261/04? Die 24
Verordnung (EG) Nr. 261/2004 (im Folgenden: EG-VO Nr. 261/04) vom 11. Februar 2004 über eine gemeinsame Regelung für Ausgleichs und Unterstützungsleistungen für Fluggäste im Fall der Nichtbeförderung und bei Annullierung oder großer Verspätung von Flügen und zur Aufhebung der Verordnung (EWG) Nr. 295/91[71] gewährt Mindestrechte für Reisende. Die Verordnung gilt gemäß Art. 249 Abs. 2 Satz 1 EG-Vertrag innerhalb der Mitgliedstaaten der Europäischen Union unmittelbar. Art. 6 Abs. 1 der EG-VO Nr. 261/04 regelt einen sog. Verspätungstatbestand, der entsprechende Unterstützungsleistungen etc gestaffelt je nach Flugentfernung ab zwei, drei, vier oder 5 Stunden Verzögerung gewährt. Gegen eine Übertragbarkeit der Schwellen streitet jedoch der Gesichtspunkt, dass der Gemeinschaftsgesetzgeber im Lichte des Titels der Verordnung sowie der Erwägungsgründe 2 und 20 ab diesen Zeitspannen von großen Verspätungen ausgeht, so dass etwa der Tatbestand des Art. 19 Satz 1 MÜ auch bei einer erheblich geringeren Verzögerung bereits erfüllt sein kann.[72] Dies gilt insbesondere für solche grenzüberschreitenden Flüge, deren Flugzeit sich im Rahmen von 60 bis 90 Minuten bewegt. Hier wäre es völlig unangebracht, die Verspätungshaftung nach Art. 19 Satz 1 MÜ erst nach Verstreichen einer Frist von 2 Stunden eingreifen zu lassen. Ferner spricht gegen eine Übertragbarkeit, dass die Grenzwerte eine sog. Abflugverspätung behandeln, nicht indes die Verspätung am Bestimmungsort berühren. Dessen ungeachtet kommt den genannten Zeitintervallen bei Verzögerungen auf längeren Flugstrecken Indizwirkung zu, als in diesen Fällen keine Unannehmlichkeit mehr vorliegt, welche ersatzlos hinzunehmen wäre.[73]

(2) Pauschale Berechnungsmethode der angemessenen Beförderungsfrist. Im Schrift- 25
tum besteht Einigkeit darüber, dass feste Richtwerte zur Bestimmung der Überschreitung der angemessenen Beförderungsdauer im Passagierbereich nicht gegeben werden können.[74] Ein fester Prozentsatz kommt daher nicht in Betracht.[75] Unter Berücksichtigung der oben genannten Umstände (siehe Rn. 21) wird man bei der Beurteilung einer Verspätung in Ansatz bringen, ob der Reisende einen Kurz-, Mittel- oder Langstreckenflug gewählt hat. Bei einem Kurzstreckenflug wird daher eine absolut geringere, aber prozentual größere Flugüberschreitung als bei einem Langstreckenflug zuzulassen sein.[76] Für eine Beurteilung der Verspätung bietet sich folgende Faustformel an:

$$\underline{V > Fz \times 0{,}2 + 20,}$$

70 MünchKommHGB/*Kronke* Art. 19 WA 1955 Rn. 14.

71 ABl. EG 2004 Nr. L 46 S. 1.

72 Zutreffend *Staudinger/Schmidt-Bendun* NJW **2004** 1897, 1898 f.

73 Vgl. OLG Düsseldorf, Urt. v. 27.2.1992 – 18 U 173/91 – NJW-RR **1992** 1330, 1331; LG Frankfurt am Main, Urt. v. 17.10.1988 – 2/24 S 364/87 – NJW-RR **1989** 48. Ebenso *Staudinger/Schmidt-Bendun* NJW **2004** 1897, 1899.

74 FrankfKomm/*Schmid* Art. 19 MÜ Rn. 12.

75 Abzulehnen ist die Auffassung von *Gimbel*, ITZ **1964** 1254, der pauschal von einer Überschreitung der angegebenen Flugzeit von 15 % und mehr ausgeht. Ebenso wenig kann dem von der IATA auf ihrer 30. Sitzung gemachten Vorschlag gefolgt werden, wonach Beförderungen noch als pünktlich angesehen werden sollen, wenn die im Flugplan vorgesehene Zeit um nicht mehr als 50 % überschritten wird (vgl. zu dem Vorschlag *Goedhuis* National Airlegislations and the Warsaw Convention S. 209 Fn. 2). Gleichermaßen ungeeignet war auch die Regelung von § 32 der AGB der früheren DDR-Fluggesellschaft Interflug, wonach eine Verspätung bei jeder Überschreitung der angegebenen Zeiten um mehr als 30 Minuten vorliegen sollte.

76 So auch *Krüger* Rechtsstellung des Reisebüros S. 178 f.; *Schmid* TranspR **1985** 369, 370.

wobei Fz die planmäßige Flugzeit in Minuten bedeutet und V das Zeitintervall bestimmt, ab wann eine Verspätung am Ankunftsort unangemessen ist und die Haftungsfolge nach Art. 19 Satz 1 MÜ auslöst.[77] Unter Zugrundelegung dieser Formel kann bei einer Flugdauer von einer Stunde eine Verspätung angenommen werden, wenn der Reisende 32 Minuten später als vorgesehen am Bestimmungsort eintrifft. Bei einer zweistündigen Flugdauer wäre eine Verspätung anzunehmen, wenn der Reisende 44 Minuten später als vorgesehen am Bestimmungsort eintrifft. Bei einer achtstündigen Flugdauer darf der Reisende nicht später als 116 Minuten am Bestimmungsort eintreffen; anderenfalls ist die Beförderungsdauer unangemessen lang.

26 **(3) Rechtsprechungsfälle zur Verspätungshaftung nach dem Warschauer Abkommen.** Bei einer um **2 Stunden** verspäteten Ankunft am Bestimmungsort auf der Strecke Paris–München, die regelmäßig in 80 Minuten zurückgelegt wird, hat das LG München einen Anspruch nach Art. 19 WA 1955 bejaht.[78] Diesen Anspruch kürzte es jedoch um ein Mitverschulden des Reisenden, da dieser mit Verspätungen rechnen müsse und auch bei pünktlicher Beförderung nur 30 Minuten vor seinem Termin angekommen wäre. Die Entscheidung ist entgegen der Ansicht von *Schmid* auch heute noch praxisnah.[79] Bei seiner Kritik übersieht *Schmid*, dass der Luftfrachtführer die angemessene Beförderungsdauer bis zum Zeitpunkt des Eingreifens der Verspätungshaftung hätte ausschöpfen können. Nach *Schmid* läge in dem genannten Fall bei einer um knapp 20 Minuten verspäteten Ankunft am Bestimmungsort noch keine Verspätung vor,[80] nach der hier vertretenen Auffassung wäre eine um knapp 36 Minuten verspätete Ankunft noch hinzunehmen. Insofern erscheint es höchst unwahrscheinlich, dass der Reisende den Termin rechtszeitig wahrnehmen konnte, so dass ihm nach heutiger Rechtslage gemäß Art. 20 Satz 1 MÜ der geltend gemachte Schadensersatzanspruch wegen Mitverschuldens anteilig zu kürzen ist.[81] Bei einer Verzögerung der Luftbeförderung um **11 Stunden** auf der Strecke Berlin nach Kairo hat das OLG Frankfurt a.M. eine Verspätung angenommen.[82] Ebenso wurde eine Verzögerung des Abflugs um **8 Stunden** als haftungsrelevante Verspätung qualifiziert.[83] Wird auf einer Weltreise das Reisegepäck erst nach 16 Tagen ausgehändigt, liegt eine haftungsrelevante Verspätung iSv. Art. 19 Satz 1 MÜ vor.[84] Keine Verspätung in Bezug auf das Reisegepäck liegt vor, wenn der Reisende und sein Gepäck verspätet am Bestimmungsort eintreffen.[85]

bb) Überschreitung der Beförderungsfrist bei der Güterbeförderung

27 **(1) Keine pauschale Berechnungsmethode hinsichtlich des Überschreitens der angemessenen Beförderungsfrist.** Im Güterbeförderungsbereich lässt sich eine allgemeine Berechnungsmethode, wie sie hier für die Personenbeförderung vorgeschlagen wurde (siehe oben Rn. 25), nicht aufstellen.[86] Bei der Frage der haftungsrelevanten Verspätung wird man danach zu unterscheiden haben, ob ein Ablieferungstermin fest bestimmt wurde oder ob eine nach Tagen

77 Demgegenüber schlägt *Krüger*, Rechtsstellung des Reisebüros S. 179, vor, die zulässige Flugzeitüberschreitung nach der Formel (Flugzeit in Minuten × 0,1 + 25) zu berechnen. Der Begriff „Flugzeitüberschreitung“ ist ungeschickt gewählt, da die Verspätung idR nicht auf einer längeren Flugzeit, sondern meist auf einem verzögerten Abflug beruht. Richtigerweise geht es um das Überschreiten der noch angemessenen Ankunftszeit.

78 LG München, Urt. v. 23.11.1977 – 34 S 19 534/76 – NJW **1978** 2454.

79 Vgl. FrankfKomm/*Schmid* Art. 19 MÜ Rn. 15.

80 Vgl. dazu FrankfKomm/*Schmid* Art. 19 MÜ Rn. 12, der für eine Flugdauer von 1 Stunde eine Verspätung um 25 % hinnehmen möchte.

81 Ebenso AG Frankfurt am Main, Urt. v. 11.10.1996 – 32 C 1922/96-48 – ZLW **1997** 299, 300.

82 OLG Frankfurt am Main, Urt. v. 26.4.1983 – 5 U 75/82 – ZLW **1984** 177, 179.

83 So New York SC, Urt. v. 22.11.1980 – *Rullmann v. Pan Am* – **15** Avi 18.523, 524.

84 US CC, Urt. v. 27.3.1981– *Kupfermann v. Pakistan International Airlines* – **16** Avi 17.443.

85 *Verwer* Liability for damage S. 180.

86 Ebenso BeckOGK/*Förster* Art. 19 MÜ Rn. 21.

bemessene Frist vereinbart wurde, innerhalb derer die Übernahme des Gutes beginnen soll. Im erstgenannten Fall wird der Maßstab erheblich strenger sein, so dass gegebenenfalls bereits die Überschreitung der Ablieferung von mehr als sechs Stunden eine Verzögerung begründen kann. Werden z.B. Ton- und Beleuchtungsgegenstände und Musikinstrumente zu spät ausgeliefert, so dass das Konzert abgesagt werden muss, liegt ein Verspätungsschaden vor.[87] Im zweitgenannten Fall ist zu beachten, dass die Verspätung erst mit Ablauf der vereinbarten Frist eintreten kann. Beendet wird eine derartige Frist bei Anwendbarkeit deutschen Rechts durch ihren Auslauf, gemäß § 188 BGB am Ende des letzten Fristtages um 24 Uhr. Allerdings ist gemäß § 358 HGB das Ende des Geschäftstages des Empfängers maßgeblich.

(2) Rechtsprechungsfälle zur Verspätungshaftung nach dem Warschauer Abkommen. 28
Übernimmt es der Luftfrachtführer ausweislich des Luftfrachtbriefs, Teppiche von Kathmandu (Nepal) zunächst nach New Delhi (Indien), dann nach Kuwait und von dort aus nach Frankfurt a.M. zu befördern, und ist hierfür eine Beförderungsfrist von sieben Tage und für den Abschnitt Kuwait nach Frankfurt a.M. von drei Tagen vorgesehen, dann ist die Einräumung einer Fristverlängerung von *drei Tagen* für die letzte Teilstrecke wohl die äußerste, hinnehmbare Toleranzmarge.[88] Ein Lufttransport nach Nigeria, der **19 Tage** dauert, ist als unangemessen iSv. Art. 19 WA 1955 betrachtet worden.[89] Die Ablieferung von Frachtgut nach **2 Monaten** wurde als verspätet angesehen.[90] Bei verderblichen Gütern (hier: Aprikosen) wurde dagegen bereits eine um 24 Stunden verzögerte Auslieferung als ausreichend angesehen, um Haftungsansprüche nach Art. 19 WA 1955 auszulösen.[91] Ebenfalls wurde ein Verspätungsschaden bejaht, wenn für das Weihnachtsgeschäft bestimmte Waren erst in der ersten Januarwoche des Folgejahres geliefert werden.[92]

II. Haftungszeitraum

Im Gegensatz zu Art. 17 und 18 MÜ definiert Art. 19 MÜ nicht den maßgeblichen Haftungszeitraum, 29
nämlich den Begriff der Luftbeförderung.[93] Unter der Luftbeförderung iSv. Art. 19 Satz 1 MÜ ist dabei nicht nur der Zeitraum zu verstehen, während dessen sich der Reisende, das Gepäck oder das Gut an Bord des Luftfahrzeugs befinden.[94] Anderenfalls wäre es dem Geschädigten nur unter größter Schwierigkeit möglich, zu beweisen, dass eine etwaige Verspätung gerade während dieses Zeitraums eingetreten ist. Vielmehr muss man als Luftbeförderung iSv. Art. 19 Satz 1 MÜ die gesamte dem Luftfrachtführer nach dem Luftbeförderungsvertrag obliegende Tätigkeit ansehen. Wer heute sich für das Beförderungsmittel „Luftfahrzeug“ entscheidet, tut dies in der Regel, um Zeit zu sparen.[95] Das dürfte gleichermaßen für die Personen- und die Güterbeförderung gelten. Dem Reisenden oder Absender ist aber nicht allein damit gedient, dass das Flugzeug pünktlich abhebt, sondern er hat das gleiche oder gar vorrangige Interesse, dass er oder die Güter rechtzeitig

87 F CA Paris, Urt. v. 6.1.1977 – *Cie UTA c. Demoiselle Balin, Sté Air-Mer International, Cie Lufthansa* – RFDA **1977** 181, 184 (Ablieferung der Instrumente nach 10 Tagen).
88 OLG Frankfurt am Main, Urt. v. 23.12.1992 – 21 U 62/92 – EuZW **1993** 452 = IPRax **1994** 141 (LS) m. Anm. v. *Kronke*.
89 GB QBD, Urt. v. 1.5.1980 – *Panalpina International Transport v. Densil Underwear* – **1981** LLR 187.
90 F CA, Urt. v. 14.3.1960 – *Transports Mondiaux v. Lufthansa and Air France* – RFDA **1960** 317.
91 F CA, Urt. v. 7.7.1978 – *Alitalia c. Serres et Pilaires* – RFDA **1979** 181, 182.
92 US DC, Urt. v. 17.3.1981 – *Saiyed v. TMA and Northwest Orient* – USAvR **1981** 1 (LS).
93 Ebenroth/Boujong/*Pokrant*[5] Art. 19 MÜ Rn. 9.
94 So *Goedhuis* La Convention de Varsovie S. 166, 170 ff.
95 FrankfKomm/*Schmid* Art. 19 MÜ Rn. 1.

am Bestimmungsort ankommen. Die gesamte Tätigkeit, die dem Luftfrachtführer nach dem Vertrag obliegt, ist von der Eilbedürftigkeit der Beförderung geprägt. Es besteht daher auch nicht die Notwendigkeit, die verschiedenen Arten von Tätigkeiten, die der Luftfrachtführer bei der Luftbeförderung ausübt, in Bezug auf die Verspätungshaftung differenziert zu behandeln, wie insbesondere im Fall des Art. 17 MÜ. Diese Vorschrift will gerade die typischen Risiken der Luftbeförderung (Verletzung von Personen oder Beschädigungen, Zerstörung und Verlust von Gepäck) erfassen, die gerade während eines bestimmten Zeitraumes durch bestimmte Ereignisse möglicherweise hoch sind. Das Montrealer Übereinkommen zwingt auch nicht dazu, von der Luftbeförderung im Sinne des Art. 19 Satz 1 MÜ denjenigen Zeitraum auszunehmen, während dessen die Reisenden oder Sachen von anderen Beförderungsmitteln als Luftfahrzeugen befördert werden. Art. 18 Abs. 4 MÜ gilt nicht für Art. 19 MÜ. Unerheblich ist daher im Rahmen des Art. 19 Satz 1 MÜ, ob eine verspätete Ankunft von Reisenden oder Gütern auf Verzögerungen beim Zubringerdienst, beim Ein- oder Umladen, ungenügender Geschwindigkeit des Luftfahrzeugs selbst oder auf unzulässiger Flugunterbrechung oder auch darauf beruht, dass ein Gut falsch verladen oder eine nach Art. 12 MÜ bindende Anweisung des Empfängers nicht befolgt wurde. Mit anderen Worten kommt es nicht darauf an, wann die Ursache der Verspätung gesetzt worden ist. Entscheidend ist vielmehr, dass der Reisende oder das Gut nicht rechtzeitig ankommt.[96] Hierfür spricht insbesondere, dass Art. 19 Satz 1 MÜ nicht wie Art. 18 Abs. 1 MÜ die Wörter *„pendant le transport aérien"*, sondern die Wörter *„dans le transport aérien"* verwendet.[97] Es genügt daher bereits eine Verzögerung beim Einsatz eines Luftfahrzeugs, während sich das Gut im Umschlaglager außerhalb des Flugplatzes befindet.[98]

III. Haftungsbegründende Kausalität

30 Der Luftfrachtführer haftet nach Art. 19 Satz 1 MÜ nur für den Schaden, der „durch" die Verspätung eingetreten ist. Die Verspätung muss daher conditio sine qua non sein. Nicht dagegen hat er den Schaden zu ersetzen, der *während* der Verspätung (z.B. Verlust) entstanden ist[99] oder gänzlich unabhängig von der Verspätung entstanden ist.[100] Besondere Anforderungen an den Kausalnexus werden anders als bei Art. 17 MÜ nicht gestellt. Der verspätungsbedingte Schaden muss daher nicht unerwartet eingetreten sein.[101]

31 Anders als beim Personenschaden muss der durch die Verspätung eingetretene Schaden nicht mit den luftverkehrsspezifischen Risiken in Zusammenhang stehen.[102] Insofern haftet der Luftfrachtführer nach Art. 19 MÜ für den Fall, dass das für die Beförderung vorgesehene Flugzeug nicht startbereit ist, weil ein Triebwerksschaden vorliegt. Gleiches gilt, wenn die Startverzögerung durch einen Defekt am Tankverschluss ausgelöst worden ist.[103]

---

96 Ebenso FrankfKomm/*Schmid* Art. 19 MÜ Rn. 30; zum WA: *Koffka/Bodenstein/Koffka* Art. 19 WA 1929 S. 320; *Drion* Limitation of Liabilities S. 86.

97 Ebenso BeckOGK/*Förster* Art. 19 MÜ Rn. 41.

98 So zutr. BeckOGK/*Förster* Art. 19 MÜ Rn. 44; *Koller*[7] Art. 19 WA 1955 Rn. 4.

99 Ebenso BeckOGK/*Förster* Art. 19 MÜ Rn. 55.

100 US DC, Urt. v. 27.6.2016 – Hebert v. American Airlines – Civil Action No. 2:16-cv-00345, S. 5: verweigerte Rückerstattung einer Reservierungsgebühr durch die Fluggesellschaft.

101 US DC, Urt. v. 23.2.1998 – Daniel v. Virgin Atlantic Airways – 59 F. Supp. 2d 986, 991.

102 OLG Frankfurt am Main, Urt. v. 18.2.2004 – 21 U 11/03 – NJW-RR 2005 65, 66; US DC, Urt. v. 4.1.1980 – *McMurray v. Capitol International Airways* – **15** Avi 18.087 (Motorschaden); BeckOGK/*Förster* Art. 19 MÜ Rn. 59; *Koller*[7] Art. 19 WA 1955 Rn. 8; **aA** OLG Düsseldorf, Urt. v. 13.6.1996 – 18 U 174/95 – TranspR **1997** 150, 151; LG Bonn, Urt. v. 14.1.1998 – 5 S 158/97 – TranspR **1999** 109; FrankfKomm/*Schmid* Art. 19 MÜ Rn. 24; Ebenroth/Boujong/*Pokrant*[5] Art. 19 MÜ Rn. 11; *Ruhwedel*[8] Luftbeförderungsvertrag Rn. 548, 552.

103 **AA** OLG Frankfurt am Main, Urt. v. 20.2.1997 – 1 U 126/95 – MDR **1997** 534 = RRa **1997** 161.

IV. Schaden

Durch die Verspätung muss ein Schaden entstanden sein. Das Montrealer Übereinkommen definiert den Begriff des Schadens nicht;[104] die Begriffsbestimmung hat nach dem anwendbaren nationalen Recht zu erfolgen.[105] Unter **Schaden** ist jedes **unfreiwillige Vermögensopfer** zu verstehen. Ersatzfähig sind daher finanzielle Einbußen, die im Zusammenhang mit der Verspätung stehen. Im Rahmen der Personenbeförderung kommt als Schaden z.B. die zusätzlichen Übernachtungs- und Verpflegungskosten in Betracht.[106] Auch die Kosten für die Buchung eines neuen **Anschlussflugs** als Ersatz für den vom Reisenden separat gebuchten verpassten Weiterflug werden erstattet.[107] Ersatzfähig ist grundsätzlich auch ein Verdienstausfall aus beruflicher Tätigkeitkeit, sofern der Geschädigte nachzuweisen vermag, dass der entgangene Gewinn gerade auf der Verspätung beruht.[108] Eine Bagatellgrenze kennt Art. 19 MÜ grundsätzlich nicht.[109] Nicht von Art. 19 Satz 1 MÜ erfasst werden dagegen die Mehrkosten für eine Ersatzbeförderung durch einen anderen Luftfrachtführer, da hierauf Art. 19 MÜ richtigerweise keine Anwendung findet.[110] Diese sind nur im Rahmen eines Nichterfüllungsschadens durchsetzbar.[111] Der reine Zeitverlust und die mit einer Verspätung verbundenen Unannehmlichkeiten sind nicht ersatzfähig.[112] Gleiches gilt auch für auf einer Verspätung beruhende rein psychisch erlittene Schäden („emotional distress", „mental distress").[113] Bei Anwendbarkeit deutschen Rechts ist bei der Ersatzfähigkeit der Schäden nach Personen- und Güterschäden zu differenzieren: Bei Personenschäden folgt der Umfang des Schadensersatzes nach §§ 249 BGB, bei Güterschäden nach §§ 429 ff HGB.[114] Zwar knüpft § 2 MontÜG bei der Verweisung auf § 429 HGB lediglich an den Haftungstatbestand des Art. 18 MÜ an, jedoch dürfte es sich insoweit um ein Redaktionsversehen handeln. Denn die Bestimmungen der §§ 407 ff HGB gelten ohnehin subsidiär für Beförderungen mit Luftfahrzeugen, § 407 Abs. 3 Nr. 1 HGB. 32

Im Gegensatz zum Warschauer Abkommen stellt das Montrealer Übereinkommen klar, dass die Verspätungshaftung auch für nicht aufgegebenes Reisegepäck gilt, wie aus Art. 18 Abs. 4 MÜ folgt. Kann ein Reisender wichtige Gegenstände, die er bei sich führt, nicht rechtzeitig am Bestimmungsort abliefern, so findet Art. 19 Satz 1 MÜ und nicht das ergänzend anwendbare nationale Recht Anwendung.[115] Werden Frachtgüter am Bestimmungsort nicht rechtzeitig angeliefert mit der Folge eines Produktionsstillstands in der Betriebsstätte am Bestimmungsort, stellt der Produktionsausfall einen Verspätungsschaden nach Art. 19 Satz 1 MÜ dar.[116] Werden von einer aus fünf Teilen bestehenden Sendung nur vier angeliefert und verzögert sich die Zusammensetzung der Teile wegen des noch ausstehenden Sendungsteils, begründet dies ebenfalls einen Verspätungsschaden.[117] 33

---

104 US DC, Urt. v. 20.4.2012 – *Vumbaca v. Terminal One Group Association* – **859** F. Supp. 2d 343, 367; BeckOGK/Förster Art. 19 MÜ Rn. 46; *Karsten/Seidenspinner* ZEuP **2010** 830, 852.

105 *Goldhirsch* Handbook S. 80.

106 LG Hamburg, Urt. v. 29.8.2012 – 318 S 56/11 – BeckRS **2013** 10136, Rz. 42 ff.

107 OLG Bremen, Urt. v. 31.3.2021 – 1 U 62/20 – NJW-RR **2021** 779, 781, Rz. 24.

108 US DC, Urt. v 21.6.2011 – Rubin v. Air China Limited – Case No.: 5:10-CV-05110-LHK, Rz. 5; DC, Urt. v. 6.12.2004 – Ikekpeazu v. Air France – Case No.: 3:04 CV00811 (RNC), Rz. 4.

109 US DC, Urt. v. 22.1.2020 – Bandurin v. Aeroflot Russian Airlines – No. 19 CV 255 Rz. 19.

110 Widersprüchlich FrankfKomm/*Schmid* Art. 19 MÜ Rn. 2 und 19.

111 BeckOGK/*Förster* Art. 19 MÜ Rn. 47.

112 BeckOGK/*Förster* Art. 19 MÜ Rn. 49.

113 BeckOGK/Förster Art. 19 MÜ Rn. 51.

114 MünchKommHGB/*Müller-Rostin*[5] Art 19 MÜ Rn. 44; **aA** Ebenroth/Boujong/*Pokrant*[5] Art. 19 MÜ Rn. 22; *Koller*[7] Art. 19 MÜ Rn. 4.

115 Ebenso FrankfKomm/*Schmid* Art. 19 MÜ Rn. 3.

116 Ebenso BeckOGK/*Förster* Art. 19 MÜ Rn. 54; FrankfKomm/*Schmid* Art. 19 MÜ Rn. 3; Ebenroth/Boujong/*Pokrant*[5] Art. 19 MÜ Rn. 10.

117 Trib Mailand, Urt. v. 20.3.1976 – *Vibra v. Alitalia and Lufthansa* – ASL **1991** 299 No. 84 (LS); Ebenroth/Boujong/*Pokrant*[5] Art. 19 MÜ Rn. 10; *Diederiks-Verschoor* ASL **2001** 300, 310.

V. Beweislast

34 Für die Verspätung ist der Geschädigte, hier der Reisende, Absender oder Empfänger, darlegungs- und beweispflichtig.[118] Der Geschädigte muss darlegen, welcher Ankunftszeitpunkt nach dem Flugplan oder nach der Beförderungsvereinbarung vorgesehen war. Mangels Vereinbarung einer Beförderungsfrist hat der Geschädigte zum einen die Angemessenheit der Beförderungsdauer darzulegen und zum anderen hat er vorzutragen, weshalb die Überschreitung der angemessenen Frist nicht unerheblich ist. Ferner hat der Geschädigte den Schadenseintritt der Höhe und dem Umfang nach darzulegen und zu beweisen.[119]

C. Haftungsausschluss

I. Haftungsausschluss nach Art. 19 Satz 2 MÜ

35 **Satz 2** enthält zwei wesentliche Elemente, die für die Verspätungshaftung bedeutsam sind: Er stellt in Ergänzung des Satzes 1 klar, dass es sich bei der Verspätungshaftung um eine **Verschuldenshaftung** des Luftfrachtführers handelt. Zusätzlich ergibt sich im Wege des Umkehrschlusses, dass der Luftfrachtführer auch für das Tun und Unterlassen seiner Leute einzustehen hat. An den Entlastungsbeweis werden allerdings mit dem Abstellen auf die Zumutbarkeit der Maßnahmen wohl geringere Anforderungen als nach dem Warschauer Abkommen gestellt, das auf alle erforderlichen Maßnahmen abhebt.[120]

36 Was aber unter einer zumutbaren Maßnahme zu verstehen ist, lässt das Montrealer Übereinkommen offen. Zur Auslegung des Begriffs „alle zumutbaren Maßnahmen" iSv. Art. 19 Satz 2 MÜ müssen die Originalfassungen herangezogen werden. Dabei kommt der Auslegung der englischen Originalfassung besondere Bedeutung zu,[121] als die vorbereitenden Konferenzen und die Diplomatische Konferenz 1999 in Montreal im Wesentlichen in englischer Sprache geführt wurden. Die englische Textfassung verwendet die Worte *„all measures that could reasonably be required"*. Richtigerweise hätte die amtliche Übersetzung dies mit den Worten *„alle Maßnahmen, die vernünftigerweise gefordert werden können"* wiedergeben müssen.[122] Die amtliche Übersetzung ist in diesem Punkt unpräzise, als sie von den zumutbaren Maßnahmen spricht.

1. Verschulden des Luftfrachtführers

37 Unter Verschulden des Luftfrachtführers ist nur der Verstoß gegen die *verkehrserforderliche* Sorgfalt zu verstehen, nicht dagegen jedes leichte Verschulden iSv. Nichttreffen aller möglichen Maßnahmen. Welche Maßnahmen „zumutbar" sind, ist nicht aus der Sicht des einzelnen Luftfrachtführers zu bestimmen, sondern vielmehr aus der Sicht eines sorgfältigen Unternehmers. Die Bestimmung der zumutbaren Maßnahmen ist ex ante zu betrachten.[123] Der Luftfrachtführer hat immer dann alle zumutbaren Maßnahmen getroffen, wenn einem sorgfältigen Luftfrachtführer das Unterlassen weiterer Maßnahmen nicht als ein Verstoß gegen die diligentia quam in suis vorgeworfen werden kann. Verspätungen, deren Ursachen vorhersehbar waren, so dass der Scha-

118 FrankfKomm/*Schmid* Art. 19 MÜ Rn. 25; Ebenroth/Boujong/*Pokrant*[5] Art. 19 MÜ Rn. 26; ebenso zum WA: *Koffka/Bodenstein/Koffka* Art. 19 WA 1929 S. 321; **aA** *Verwer* Liability for damage S. 142.

119 BeckOGK/Förster Art. 19 MÜ Rn. 62; FrankfKomm/*Schmid* Art. 19 MÜ Rn. 4; ebenso zum WA: *Shawcross & Beaumont*[4] Air Law VII–173 Fn. 5; VII–189.

120 FrankfKomm/*Schmid* Art. 19 MÜ Rn. 31; *Bollweg* ZLW **2000** 439, 445; *Kadletz* VersR **2000** 927, 933.

121 Ebenso FrankfKomm/*Schmid* Art. 19 MÜ Rn. 34.

122 Ebenso FrankfKomm/*Schmid* Art. 19 MÜ Rn. 34; Ebenroth/Boujong/*Pokrant*[5] Art. 19 MÜ Rn. 13.

123 Ebenso FrankfKomm/*Schmid* Art. 19 MÜ Rn. 35; *Ruhwedel*[3] Luftbeförderungsvertrag Rn. 633.

den hätte vermieden werden können, lassen indes den Entlastungsversuch des Luftfrachtführers scheitern.

2. Entlastung für Verhalten Dritter

a) Allgemeines. Der in der amtlichen Übersetzung verwandte „Leute"-Begriff im Montrealer Übereinkommen gibt den authentischen englischen und französischen Text nur unzutreffend wieder. Im englischen Text ist von *„its servants and agents"*, im französischen Text von *„ses préposés et mandataires"* die Rede.[124] Der „Leute"-Begriff kann daher weder mit jenem des Erfüllungsgehilfen iSd. § 278 BGB noch dem Leute-Begriff iSd. § 428 Satz 1 HGB ohne weiteres gleichgesetzt werden.[125] Sein Inhalt ist daher wie stets im Einheitsrecht autonom zu entwickeln. Mit der Gleichstellung von „agents" und „servants" (abhängig Beschäftigte) wird deutlich, dass es bei der Bestimmung des Leute-Begriffs weder auf die Auswahlfreiheit des Luftfrachtführers[126] noch auf die arbeitsvertraglich bedingte Subordination oder Weisungsgebundenheit ankommt. 38

b) Leute des Luftfrachtführers. Zu den Leuten des Luftfrachtführers gehören nicht nur Arbeitnehmer, sondern alle Personen, derer sich der Luftfrachtführer zur Ausführung bedient, sofern sie in Ausführung einer ihnen vom Luftfrachtführer übertragenen Verrichtung handeln.,[127] Hierzu zählen etwa Luftfrachtumschlaggesellschaften,[128] das Frachtannahmebüro[129] und der Unterfrachtführer.[130] Auch das Abfertigungspersonal eines anderen Luftfrachtführers (handling agent),[131] der ein Monopol besitzende Bodenverkehrsdienst[132] (Cargo Center), Lagerhalter[133] sowie das eigene Sicherheits-, Versorgungs- und Reinigungspersonal gehören zu den Leuten des Luftfrachtführers. Handlungen und Unterlassungen dieser Personen, die zu Verspätungen führen, muss sich der Luftfrachtführer zurechnen lassen, es sei denn, es gelingt ihm der Entlastungsbeweis. 39

---

124 Vgl. allgemein zur Auslegung der Begriffe im anglo-amerikanischen und französischen Recht *Knöfel* Haftung des Güterbeförderers S. 36 ff.

125 FrankfKomm/*Schmid* Art. 19 MÜ Rn. 66; Ebenroth/Boujong/*Pokrant*[5] Art. 19 MÜ Rn. 15; zum WA: BGH, Urt. v. 14.2.1989 – VI ZR 121/88 – NJW-RR **1989** 723, 724; OLG Frankfurt am Main, Urt. v. 10.1.1978 – 5 U 50/77 – NJW **1978** 2457 (LS); FrankfKomm/*Schmid* Art. 20 WA 1955 Rn. 24; *Koller*[7] Art. 20 WA 1955 Rn. 17; *Liesecke* MDR **1968** 93, 97; MünchKommHGB/*Kronke* Art. 20 WA 1955 Rn. 33.

126 Ebenso OLG Nürnberg, Urt. v. 9.4.1992 – 12 U 3644/91 – TranspR **1992** 276, 278.

127 Vgl. BGH, Urt. v. 14.2.1989 – VI ZR 121/88 – NJW-RR **1989** 723, 724; OLG Nürnberg, Urt. v. 9.4.1992 – 12 U 3644/91 – TranspR **1992** 276, 278; siehe auch *Diederiks-Verschoor* ASL **2001** 300, 307.

128 OLG Frankfurt am Main, Urt. v. 21.5.1975 – 17 U 191/74 – NJW **1975** 1604; OLG Nürnberg, Urt. v. 9.4.1992 – 12 U 3644/91 – TranspR **1992** 276, 278.

129 OLG Frankfurt am Main, Urt. v. 10.1.1978 – 5 U 50/77 – NJW **1978** 2457 (LS); OLG Frankfurt am Main, Urt. v. 21.4.1998 – 5 U 210/96 – TranspR **1999** 24, 25; OLG München, Urt. v. 7.5.1999 – 23 U 6113/98 – TranspR **1999** 301, 303; F CA Paris, Urt. v. 17.11.1985 – *Cie Languedoc c. Société Hernu-Peron* – RFDA **1976** 109, 112.

130 OLG Düsseldorf, Urt. v. 12.1.1978 – 18 U 188/77 – VersR **1978** 964.

131 OLG Nürnberg, Urt. v. 9.4.1992 – 12 U 3644/91 – TranspR **1992** 276, 278.

132 BGH, Urt. v. 21.9.2000 – I ZR 135/98 – TranspR **2001** 29, 32; OLG Nürnberg, Urt. v. 9.4.1992 – 12 U 3644/91 – TranspR **1992** 276, 278; OLG Frankfurt am Main, Urt. v. 21.4.1998 – 5 U 210/96 – TranspR **1999** 24, 25; LG Stuttgart, Urt. v. 21.2.1992 – 11 KfH O 172/90 – TranspR **1993** 141, 142 = ZLW **1994** 240, 241; LG Hamburg, Urt. v. 3.12.1992 – 418 O 90/91 – TranspR **1995** 76; *Giemulla/Schmid* ZLW **1993** 386, 394; *Müller-Rostin* TranspR **1989** 121, 124; *Schmid* TranspR **1984** 1, 5 f.

133 OLG Frankfurt am Main, Urt. v. 21.5.1975 – 17 U 191/74 – ZLW **1975** 218; OLG Köln, Urt. v. 20.11.1980 – 1 U 120/79 – ZLW **1982** 167, 171.

40 Nicht zu den Leuten des Luftfrachtführers zählen dagegen die Flugsicherungsbehörde[134] der Flugwetterdienst, die Zollbehörde,[135] Polizeibeamte, die Sicherheitskontrollen durchführen, sowie die zur Durchführung von Sicherheitsmaßnahmen nach § 5 Abs. 5 LuftSiG Beliehenen.[136]

3. Einzelfälle

41 **a) Wetter.** Schlechtes Wetter, Schnee und Eis können auch auf Flugplätzen, die für den Allwetterbetrieb eingerichtet sind, allein wegen der aus Sicherheitsgründen erforderlichen notwendigen größeren Staffelung der Abstände der anfliegenden Flugzeuge erhebliche Verzögerungen zeitigen. Wird ein Flugplatz wegen schlechter Wetterbedingungen geschlossen, liegt höhere Gewalt vor.[137] Hier kann sich der Luftfrachtführer entlasten. Ebenso kann sich der Luftfrachtführer bei einem schweren Unwetter entlasten, wenn ein Start oder eine Landung auf einem Flughafen nicht möglich ist.[138] Schwieriger ist der Fall zu beurteilen, wenn aufgrund einer 12 Stunden im Voraus bekannten Wettervorhersage am Abflugtag nicht genügend Enteisungsmaschinen vorhanden sind. Hier kann man grundsätzlich erwarten, dass der Luftfrachtführer alle ihm zumutbaren Maßnahmen trifft, die einen reibungslosen Abflug der Maschinen garantieren. Insofern ist es gewiss zumutbar, wenn die Maschinen bereits vor dem Boarding enteist werden, um etwaige Verzögerungen so gering wie möglich zu halten. Dagegen genügt ein pauschales Berufen auf starke Winde nicht.[139] Ein Luftfahrtunternehmen muss nachprüfbar darlegen, welche konkreten Windverhältnisse zum Zeitpunkt des geplanten Starts oder der geplanten Landung geherrscht haben und bei welchen Seiten- oder Rückenwind-Komponenten der konkret eingesetzte Flugzeugtyp nach den Herstellervorgaben nicht mehr betrieben werden darf.[140]

42 **b) Verkehrsverhältnisse.** Beruht die Verzögerung des Abfluges darauf, dass die Flugsicherung wegen Überlastung des Luftraums zunächst keine Startfreigabe erteilt hatte, kann der Luftfrachtführer sich entlasten, wenn solche Verspätungen aufgrund starken Verkehrsaufkommens generell nicht vorhersehbar sind.[141] Eine um 25 Minuten verzögerte Erteilung einer Abfluggenehmigung bewegt sich durchaus noch im Rahmen dessen, was der normalen Ausübung der Tätigkeit eines Luftfahrtunternehmens bzw. den üblichen und erwartbaren Abläufen des Luftverkehrs entspricht.[142]

43 **c) Mängel des Luftfahrzeugs.** Dem Montrealer Übereinkommen liegt eine sog. **Transportmitteltauglichkeitshaftung** iSv. § 559 HGB zugrunde.[143] Dem Luftfrachtführer obliegt daher die Prüfung der Eignung des Fluggeräts, seiner Ausrüstung und seiner Einrichtungen sowie die ordnungsgemäße Bereitstellung des Transportmittels für die konkrete Beförderung. Ein technischer Defekt, wie z.B. eine leckende Treibstoffleitung, kann eine vom Luftfrachtführer nicht zu vertretende höhere Gewalt sein.[144] In diesem Fall muss der Luftfrachtführer beweisen, dass er den Defekt nicht erkannt hat bzw.

134 LG Hannover, Urt. v. 30.3.1989 – 3 S 451/88 – VersR **1990** 282, 283.
135 Dies folgt bereits aus einer entsprechenden Anwendung des Art. 18 Abs. 2 MÜ, siehe unten Rdn. 46.
136 LG Frankfurt am Main, Urt. v. 2.5.2007 – 3-13 O 170/06 – ZLW **2008** 136 (139).
137 F TribCom Brüssel, Urt. v. 20.12.1965 – *Wegge c. Sabena* – RFDA **1966** 353 (356).
138 LG Dortmund, Urt. v. 17.6.2010 – 4 S 117/09 – juris Rz. 6 f zu Art. 5 Abs. 3 EG-VO Nr. 261/04.
139 Michlmayr RRa **2022** 8, 10.
140 A HG Wien, Urt. v. 17.8.2020 – 60 AR 48/20v – (unv.) zu Art. 5 Abs. 3 EG-VO Nr. 261/04.
141 AG Düsseldorf, Urt. v. 9.5.1990 – 23 C 14699/89 – ZLW **1991** 205; F TGI Évry, Urt. v. 5.3.1990 – *Air France c. Belamich* – RFDA **1990** 219, 220 f.
142 *Michlmayr* RRa **2022** 8, 10.
143 Zutreffend Ebenroth/Boujong/*Pokrant*[5] Art. 19 MÜ Rn. 16.
144 F CA Aix-en-Provence, Urt. v. 23.11.1983 – *Martel c. Air Inter* – RFDA **1984** 298; ebenso FrankfKomm/*Schmid* Art. 19 MÜ Rn. 49.

erkennen konnte und dass er sonst alle Maßnahmen zur Schadensverhütung, wie z.B. vorschriftsmäßige Wartung und Instandhaltung des Luftfahrzeuges, getroffen hat.[145] Nicht zu vertreten hat der Luftfrachtführer außergewöhnliche Umstände, d.h. Vorkommnisse, die aufgrund ihrer Natur oder ihrer Ursache nicht Teil der normalen Ausübung der Tätigkeit des betroffenen Luftfrachtführers sind und von ihm tatsächlich nicht zu beherrschen sind.[146] Dabei genügt ein pauschales Berufen auf einen technischen Mangel nicht. Der Luftfrachtführer muss darlegen, welche Schadensverhütungsmaßnahmen er vor und während des Fluges getroffen hat.[147] Behauptet der Luftfrachtführer, er habe in vollem Umfang die erforderlichen Kontrolluntersuchungen durchgeführt, genügt allein die Vorlage des Logbuches nicht, da dies keine Auskunft darüber gibt, ob die Untersuchungen auch ordnungsgemäß durchgeführt worden sind, sodass der Fehler tatsächlich nicht hätte früher entdeckt oder durch vorsorgliche Wartung hätte verhindert werden können.[148] Ist die Verspätung auf einen Bau- oder sonstigen Materialfehler des Luftfahrzeugs zurückzuführen, wird man dem Luftfrachtführer stets die Entlastung zubilligen müssen.[149] Dies folgt bereits daraus, dass der Hersteller des Luftfahrzeugs nicht zu den Leuten des Luftfrachtführers gehört.

d) Personalmangel. Verzögert sich der Abflug, weil die ursprünglich vorgesehene Flugbesatzung ihre maximale Flugdienstzeit erreicht hat und gegen eine neue ausgetauscht werden muss, soll sich der Luftfrachtführer nach Auffassung des Tribunal de Grande Instance d'Evry ebenfalls entlasten könnten. Dieser Entscheidung ist zu widersprechen. Grundsätzlich muss der Luftfrachtführer alle zumutbaren Maßnahmen tragen, dass eine Ersatz-Crew rechtzeitig zur Verfügung steht. Wann die Flugbesatzung ihre maximale Flugdienstzeit erreicht hat, ist grundsätzlich vorhersehbar. 44

e) Streik. Das Bodenpersonal, das im Rahmen eines Streiks untätig bleibt, handelt nicht in Ausführung seiner Verrichtungen, so dass die Unterlassungen oder Handlungen dem Luftfrachtführer nicht zurechenbar sind.[150] Dagegen wird man bei einem Streik der Besatzungsmitglieder und der Piloten keine Entlastungsmöglichkeit anerkennen dürfen, da diese zu den Leuten des Luftfrachtführers zählen.[151] Aber auch in Fällen, in denen der Streik nicht in die Risikosphäre des Luftfrachtführers fällt, ist für den Haftungsausschluss nach Art. 19 Satz 2 MÜ entscheidend, dass der Schaden unabwendbar war.[152] 45

f) Zollbeschlagnahmen. Nach Eintreffen der Güter am Bestimmungsort können Verspätungen durch Zollbeschlagnahmen oder sonstige hoheitliche Eingriffe entstehen. Auf derartige Maßnahmen hat der Luftfrachtführer grundsätzlich keinen Einfluss, so dass er sich entlasten kann.[153] 46

---

145 AG Baden-Baden, Urt. v. 5.2.1999 – 6 C 27/97 – TranspR **1999** 402, 404.

146 Vergleichbar zu Art. 5 Abs. 3 EG-VO Nr. 261/04: EuGH, Urt. v. 19.11.2009 – *Sturgeon v. Condor* – C-402/07, RRa **2009** 282, 289.

147 AG Wiesloch, Urt. v. 2.5.2003 – 3 C 89/03 – NJOZ **2004** 305, 306.

148 AG Baden-Baden, Urt. v. 5.2.1999 – 6 C 27/97 – ZLW **2000** 423, 427.

149 Ebenso FrankfKomm/*Schmid* Art. 19 MÜ Rn. 39; Ebenroth/Boujong/*Pokrant*[5] Art. 19 MÜ Rn. 16; ebenso zum WA: *Koffka*/*Bodenstein*/*Koffka* Art. 20 WA 1929 S. 323.

150 OLG Stuttgart, Urt. v. 24.2.1993 – 3 U 167/92 – TranspR **1995** 74, 75; LG Berlin, Urt. v. 22.3.2002 – 55 S 276/01 – ZLW **2002** 466, 467; **aA** A HG Wien, Urt. v. 14.7.2020 – 50 R 55/20z – (unv.); *Michlmayr* RRa **2022** 8, 11.

151 FrankfKomm/*Schmid* Art. 19 MÜ Rn. 57; **aA** AR CA, Urt. v. 19.4.1988 – *Tiscornia B v. Swissair* – La Ley **1988** – D 190.

152 So auch FrankfKomm/*Schmid* Art. 19 MÜ Rn. 57.

153 BGH, Urt. v. 9.10.1964 – I b ZR 226/62 – NJW **1964** 2348; OLG Köln, Urt. v. 10.4.1992 – 25 U 10/91 – RIW **1993** 938; OLG Frankfurt am Main, Urt. v. 23.12.1992 – 21 U 62/92 – NJW-RR **1993** 809.

4. Beweislast

47 Der Luftfrachtführer hat im Prozess darzulegen und zu beweisen, dass ihn und seine Leute kein Verschulden an dem Verspätungsschaden trifft.[154] Hierzu muss er darlegen, dass er selbst und seine Leute alles getan haben, was ihnen möglich und zumutbar war, um den konkret eingetretenen Verspätungsschaden zu vermeiden.[155] Ein pauschales Berufen auf technische Mängel genügt nicht. Ein „non liquet" geht zu Lasten des Luftfrachtführers.[156] Bleibt die Schadensursache daher ungeklärt, ist davon auszugehen, dass der Luftfrachtführer den Nachweis nicht erbracht hat.[157] Werden mehrere nicht ausschließbare Schadensursachen festgestellt, obliegt es dem Luftfrachtführer, den Entlastungsbeweis mehrfach zu führen; er muss sich daher hinsichtlich aller in Betracht kommenden Möglichkeiten entlasten.[158]

II. Analoge Anwendung der Haftungsausschlüsse nach Art. 18 Abs. 2 MÜ

48 Die Haftungsausschlüsse nach Art. 18 Abs. 2 MÜ gelten grundsätzlich nur für die Güterschadenshaftung. Es besteht jedoch sachlich kein Grund, die Verspätungshaftung nach Art. 19 MÜ härter zu behandeln als die normalen Obhutsschäden.[159] Insofern sind die Haftungsausschlüsse auch bei Art. 19 MÜ zu berücksichtigen. Zwar ließe sich das Ergebnis auch über eine extensive Interpretation des Art. 19 Satz 2 MÜ erreichen. Jedoch wird durch die entsprechende Anwendung der Haftungsausschlussgründe nach Art. 18 Abs. 2 MÜ die Beweisführung für den Luftfrachtführer vereinfacht, weil er nicht die Zumutbarkeit anderer Alternativmaßnahmen darlegen muss.

III. Vertraglicher Haftungsausschluss

49 Nach Art. 26 MÜ ist jede Bestimmung im Beförderungsvertrag, welche die im Montrealer Übereinkommen normierte Haftung ganz oder teilweise aufhebt oder den vorgesehenen Haftungshöchstbetrag herabsetzt, nichtig.[160] Eine Klausel, wonach der Luftfrachtführer nicht für mittelbare Schäden oder Folgeschäden haftet, ist hingegen nach deutschem Recht nicht unwirksam, da diese Schäden vom Montrealer Übereinkommen nicht erfasst werden. Nach § 309 Nr. 7 Buchstabe d BGB ist eine derartige Klausel nur dann unwirksam, wenn damit ein Schaden ausgeschlossen werden soll, der auf einer grob fahrlässigen Vertragsverletzung des Luftfrachtführers oder auf einer vorsätzlichen oder grob fahrlässigen Vertragsverletzung eines Erfüllungsgehilfen des Luftfrachtführers beruht.[161]

D. Anzeigefrist

50 Bei Personenbeförderungen ist keine Anzeige des Schadens innerhalb einer bestimmten Frist erforderlich. Demgegenüber sieht Art. 31 Abs. 2 Satz 2 MÜ im Fall einer Verspätung von aufgegebe-

---

154 FrankfKomm/*Schmid* Art. 19 MÜ Rn. 43.
155 BeckOGK/*Förster* Art. 19 MÜ Rn. 85.
156 So zum WA: CH BG, Urt. v. 28.6.1960 – ZLW **1961** 133, 135; F CA Paris, Urt. v. 12.12.1961 – *Jugoslovenski Aérotransport c. Epoux Gati* – RFDA **1962** 93, 94; *Abraham*[3] I Art. 20 WA 1955 Anm. 4; *Ruhwedel*[3] Luftbeförderungsvertrag Rn. 634; *Koffka/Bodenstein/Koffka* Art. 20 WA 1929 S. 322.
157 *Goldhirsch* Handbook S. 88.
158 FrankfKomm/*Schmid* Art. 19 MÜ Rn. 44; ebenso zum WA: Schweizerisches BG, Urt. v. 28.6.1960 – ZLW **1961** 133, 135; *Riese* Luftrecht S. 458.
159 **AA** BeckOGK/*Förster* Art. 19 MÜ Rn. 87; *Müller-Rostin* TranspR **2011** 129, 133.
160 FrankfKomm/*Schmid* Art. 19 MÜ Rn. 86; Ebenroth/Boujong/*Pokrant*[5] Art. 19 MÜ Rn. 18.
161 FrankfKomm/*Schmid* Art. 19 MÜ Rn. 87.

nem Reisegepäck oder Gütern eine Anzeigepflicht vor. Die Schadensanzeige muss binnen 21 Tagen erfolgen. Teilt der Empfänger dem Luftfrachtführer mit, dass die Sendung nicht eingetroffen sei, so liegt darin grundsätzlich gleichzeitig die Rüge der Verspätung.[162] Wird die Anzeigefrist versäumt, so ist die Klage gegen den Luftfrachtführer nach Art. 31 Abs. 4 MÜ ausgeschlossen, es sei denn, dass dieser arglistig gehandelt hat.[163]

E. Aktiv- und Passivlegitimation

I. Person des Ersatzberechtigten

Art 19 Satz 1 MÜ definiert nicht die Ersatzberechtigten.[164] Aus Art. 29 Satz 1 Hs. 2 MÜ ist ersichtlich, 51
dass das Montrealer Übereinkommen die Frage der Aktivlegitimation nicht abschließend regelt. Zu den Ersatzberechtigten gehören indes nach dem Übereinkommen der Vertragspartner des Luftfrachtführers, d.h. der Reisende oder der Absender. Ersatzberechtigt ist aber auch der mittelbar Geschädigte, wie der Wortlaut des Art. 36 Abs. 2 MÜ (sonst anspruchsberechtigte Person) zeigt. Wird z.B. ein minderjähriges Kind um seinen Unterhaltsanspruch nach § 1615 BGB gebracht, weil der auf dem Flug erkrankte und aufgrund der Verspätung nicht mehr rechtzeitig behandelte Vater stirbt,[165] so wird das Kind gegen den Luftfrachtführer einen Anspruch aus Art. 19 MÜ geltend machen können. Ferner kann auch ein Arbeitgeber, der seine Arbeitnehmer auf eine Dienstreise geschickt hat, und dem aufgrund einer Flugverspätung höhere Kosten entstanden sind, diese Kosten als Verspätungsschaden gegenüber dem Luftfrachtführer geltend machen.[166] Schließlich ist der Empfänger ersatzberechtigt. Sind Absender oder Empfänger Spediteure, können sie bei Anwendbarkeit deutschen Rechts den Verspätungsschaden im Drittinteresse liquidieren.

Ob dem Eigentümer der mit Verspätung beförderten Sache außervertragliche Ansprüche – 52
z.B. wegen zeitweisen Entzugs des Eigentums – zustehen, wird vom Übereinkommen nicht geregelt.[167] Diese Frage ist mit Hilfe der Rechtsordnung, die nach der Regel des internationalen Deliktsrechts hierauf anwendbar ist, zu beantworten.[168]

II. Person des Ersatzverpflichteten

Passivlegitimiert ist der Luftfrachtführer, der dem Absender die Beförderung nach dem zwischen 53
ihnen abgeschlossenen Vertrag schuldet. Gemeint ist sowohl der vertragliche als auch der ausführende Luftfrachtführer. Auch der nachfolgende Luftfrachtführer iSd. Art. 36 MÜ kommt als Ersatzverpflichteter in Betracht, soweit er Reisende, Reisegepäck oder Güter annimmt.[169] Unter bestimmten Voraussetzungen können dem Empfänger die Ansprüche aus Art. 19 MÜ gegen den Unterluftfrachtführer, der nicht aufeinanderfolgender Luftfrachtführer ist, zustehen.[170]

162 OLG Frankfurt am Main, Urt 15.1.1980 – 5 U 74/79 – ZLW **1980** 146, 150; FrankfKomm/*Schmid* Art. 19 WA 1955 Rn. 29; *Ruhwedel*[3] Luftbeförderungsvertrag Rn. 569.

163 Vgl. Art. 31 MÜ.

164 FrankfKomm/*Schmid* Art. 19 MÜ Rn. 60; Ebenroth/Boujong/*Pokrant*[5] Art. 19 MÜ Rn. 20.

165 Beispiel nach *Ruhwedel*[3] Luftbeförderungsvertrag Rn. 566.

166 EuGH, Urt. v. 17.2.2016 – *Air Baltic Corporation/Lietuvos Respublikos specialiųjų tyrimų tarnyba* – C-429/14, NJW **2016** 1433, 1435, Rz. 46.

167 Vgl. Art. 29 Satz 1 Hs. 2 MÜ.

168 MünchKommHGB/*Kronke* Art. 19 WA 1955 Rn. 27.

169 FrankfKomm/*Schmid* Art. 19 MÜ Rn. 64; Ebenroth/Boujong/*Pokrant*[5] Art. 19 MÜ Rn. 21.

170 BGH, Urt. v. 14.6.2007 – I ZR 50/05 – TranspR **2007** 425 ff.

F. Höhe und Umfang des Schadensersatzes

I. Allgemeines

54 Die vom Luftfrachtführer zu erbringende Schadensersatzleistung ist der Höhe nach grundsätzlich begrenzt. Begrenzt ist der Anspruch nach Art. 22 Abs. 1 MÜ bei der Beförderung von Personen auf einen Betrag von 4694 SZR je Reisenden, nach Art. 22 Abs. 2 MÜ bei der Beförderung von Reisegepäck auf einen Betrag von 1131 SZR je Reisenden und nach Art. 22 Abs. 3 MÜ bei der Beförderung von Gütern auf einen Betrag von 17 SZR je Kilogramm. Bei der Beförderung von aufgegebenem Reisegepäck und Gütern kann mittels Interessendeklaration und Zahlung eines zusätzlichen Entgelts eine über diese Höchstsummen hinausgehende Haftung auf den „angegebenen Betrag" erlangt werden, sofern der Luftfrachtführer nicht nachweist, dass dieser Betrag höher ist als das tatsächliche Interesse des Reisenden an der fristgerechten Ablieferung am Bestimmungsort.[171] Die Haftung ist bei der verspäteten Beförderung von Reisenden und ihrem Gepäck – wie bei Substanzschäden – indes unbeschränkt, wenn der Anspruchsteller dem Luftfrachtführer ein besonders grobes Verschulden bei der Schadensverursachung nachweisen kann, nämlich dann, wenn der Schaden entweder absichtlich oder leichtfertig und in dem Bewusstsein seines wahrscheinlichen Eintritts herbeigeführt wurde.[172]

55 Welche aus Verspätung resultierende Einbußen zu ersetzen sind, wird dagegen vom Montrealer Übereinkommen nicht geregelt.[173] Art. 29 Satz 2 MÜ stellt jedoch klar, dass bei Klagen im Rahmen des Montrealer Übereinkommens jeder eine Strafe einschließende, verschärfte oder sonstige nicht kompensatorische Schadensersatz ausgeschlossen wird. Von dieser Klarstellung abgesehen hat das nach dem IPR des Forums den Beförderungsvertrag beherrschende Recht, d.h. das Vertragsstatut, darüber zu befinden, welche Art. von Schäden in welchem Umfang zu ersetzen sind.[174]

II. Materiellrechtliche Maßstäbe – Schadensberechnung

56 Ist deutsches Recht anwendbar, so gelten die §§ 249 ff BGB für Personenschäden, die §§ 429 ff HGB für Güterschäden.[175] Die Frage der haftungsausfüllenden Kausalität stellt sich bei der Verspätungshaftung nicht in der Schärfe wie bei beim Güterschaden. Dennoch bedarf es der Feststellung, dass z.B. das Nichteintreffen des Ersatzteils, der Frischeverlust des Obstes adäquat kausal für den einen Schaden war. Dabei gilt es auch hypothetische Reserveursachen zu berücksichtigen. Wird eine Sendung mit einwöchiger Verspätung verladen, während sich die Fluglotsen am Bestimmungsflughafen in einem Streik befinden, dann wird die Reserveursache zumindest als schadensmindernder Faktor zu berücksichtigen sein.[176] Die Reduzierung des bestehenden Anspruchs hat der Luftfrachtführer darzulegen und zu beweisen.

57 Ersetzt verlangt werden können neben dem entgangenen Gewinn (§ 252 BGB) auch verspätungsverursachende Mehraufwendungen,[177] nicht dagegen immaterielle Schäden, wie entgangene

---

171 Vgl. Art. 22 Abs. 2 Satz 1 Hs. 2, Satz 2 MÜ und Art. 22 Abs. 3 Satz 1 Hs. 2 und Satz 2 MÜ.

172 Vgl. Art. 22 Abs. 5 MÜ.

173 FrankfKomm/*Schmid* Art. 19 MÜ Rn. 84; Ebenroth/Boujong/*Pokrant*[5] Art. 19 MÜ Rn. 36.

174 *Abraham*[3] I WA 1955 Anm. 4; FrankfKomm/*Schmid* Art. 19 WA 1955 Rn. 30; *Koller*[7] Art. 19 WA 1955 Rn. 9; MünchKommHGB/*Kronke* Art. 19 WA 1955 Rn. 29; *Ruhwedel*[3] Luftbeförderungsvertrag Rn. 568.

175 Zwar erfasst § 2 MontÜG mit seiner Verweisung auf § 429 HGB nicht Verspätungsschäden; es dürfte sich insoweit um ein Redaktionsversehen handeln (anders noch *Reuschle* Montrealer Übereinkommen[1] Rn. 53).

176 MünchKommHGB/*Kronke* Art. 19 WA 1955 Rn. 33.

177 FrankfKomm/*Schmid* Art. 19 WA 1955 Rn. 31; *Ruhwedel*[3] Luftbeförderungsvertrag 568.

Urlaubsfreude.[178] Mittelbare Folgeschäden können jedoch dann nicht geltend gemacht werden, wenn sie in den Beförderungsbedingungen wirksam ausgeschlossen sind.[179]

G. Konkurrierende Anspruchsgrundlagen

I. Anspruchskonkurrenz mit Art. 18 MÜ

Nach Wortlaut und Systematik betreffen Art. 18 und 19 MÜ zwei verschiedene Tatbestände: Während Art. 18 MÜ davon ausgeht, dass das beförderte Gut überhaupt nicht oder jedenfalls nicht in unversehrtem Zustand beim Empfänger ankommt und deshalb der Schaden zu ersetzen ist, der durch die Beschädigung oder Verlust des Gutes eingetreten ist, also in erste Linie der Sachschaden, liegt der Regelung des Art. 19 MÜ die Vorstellung zugrunde, dass das beförderte Gut in unversehrtem Zustand, aber zu spät beim Empfänger ankommt und dem Empfänger die durch die Verspätung eingetretenen Schäden zu ersetzen sind, also in erster Linie der Verspätungsschaden. Bei leicht verderblichen Gütern kann die Schadensursache indes sowohl auf der Verspätung als auch auf einem unsachgemäßen Transport beruhen.[180] Gegebenenfalls sind beide Vorschriften dergestalt anzuwenden, dass neben der Haftung nach Art. 19 MÜ die Haftung nach Art. 18 MÜ kumulativ hinzutritt (siehe oben Rn. 12). 58

II. Anspruch auf Ersatz des immateriellen Schadens nach § 651f Abs. 2 BGB

Dem Reisenden steht wegen einer verspäteten Beförderung kein Anspruch auf Schmerzensgeld in entsprechender Anwendung des § 651f Abs. 2 BGB zu.[181] Da das Montrealer Übereinkommen den Umfang des Schadensersatzes nicht bestimmt, ist hierfür auf das anwendbare nationale Recht zurückzugreifen. § 36 Satz 2 i.V.m. § 1 MontÜG sieht den Ersatz immateriellen Schaden indes nur im Falle der Körperverletzung vor, nicht hingegen bei reinen Verspätungsschäden. Ein Rückgriff auf § 651f Abs. 2 BGB ist wegen Art. 29 MÜ verwehrt.[182] 59

III. Minderungsanspruch nach § 638 BGB

Eine Minderung der Beförderungskosten kann nicht auf den Mangel der verspäteten Ankunft gestützt werden, da insoweit Art. 19 MÜ i.V.m. Art. 29 MÜ lex specialis ist.[183] Selbst wenn man nämlich unterstellen würde, dass Minderungsansprüche bei verspäteter Ankunft nach deutschem Werkvertragsrecht gemäß § 638 BGB bestehen sollten, so sind diese Ansprüche dennoch nach Art. 29 MÜ ausgeschlossen. Nach Art. 29 MÜ kann in Fällen der Verspätung bei der Luftbeförde- 60

---

178 OLG Frankfurt am Main, Urt. v. 25.11.1992 – 19 U 229/91 – TranspR **1993** 350; ebenso *Ruhwedel* TranspR **2001** 189, 198; **aA** *Geigel/Mühlbauer*[26] Kap. 29 Rn. 68.

179 LG Köln, Urt. v. 3.8.1972 – 11 S 174/72 – ZLW **1974** 145, 146 f.; LG Köln, Urt. v. 9.11.1977 – 9 S 201/77 – ZLW **1979** 67, 69; FrankfKomm/*Schmid* Art. 19 WA 1955 Rn. 31; offenlassend *Koller*[7] Art. 19 WA 1955 Rn. 9; **aA** *Geigel/Mühlbauer*[26] Kap. 29 Rn. 68.

180 So OLG Frankfurt am Main, Urt. v. 23.12.1992 – 21 U 62/91 – TranspR **1993** 103, 106.

181 So zutreffend OLG Frankfurt am Main, Urt. v. 25.11.1992 – 19 U 229/91 – TranspR **1993** 350; ebenso *Ruhwedel* TranspR **2001** 189, 198.

182 **AA** *Führich* MDR **2009** 906.

183 AG Frankfurt am Main, Urt. v. 4.10.1994 – 32 C 2722/94-18 – ZLW **1997** 297, 298; *Fröhlich* Leistungsstörungen S. 89; *Koller*[7] Art. 19 MÜ Rn. 4; *Leffers* TranspR **1997** 93; *Neumann* ZLW **1997** 217, 221; **aA** LG Frankfurt am Main, Urt. v. 9.8.1993 – 2/24 S 162/93 – TranspR **1994** 243 = NJW-RR **1993** 1270; AG Frankfurt am Main, Urt. v. 28.6.1995 – 31 C 1207/95-16 – ZLW **1996** 110; AG Bad Homburg, Urt. v. 1.11.2001 – 2 C 2413/01 – RRa **2002** 88; FrankfKomm/*Schmid* Art. 19 MÜ Rn. 92; *Ruhwedel*[8] Luftbeförderungsvertrag Rn. 235; *Stefula/Thoß* TranspR **2001** 248 ff.

rung von Reisenden, Gepäck oder Gütern ein Anspruch auf Schadensersatz, auf welchem Rechtsgrund er auch beruht, sei es dieses Übereinkommen, ein Vertrag, eine unerlaubte Handlung oder ein sonstiger Rechtsgrund, nur unter den Voraussetzungen und Beschränkungen geltend gemacht werden, die in diesem Übereinkommen vorgesehen sind. Dem steht auch nicht entgegen, dass es bei der Verspätungshaftung um einen verschuldensabhängigen Schadensersatzanspruch, beim Minderungsanspruch um einen verschuldensunabhängigen Anspruch handelt.[184] Denn die dem Art. 29 MÜ innewohnende Präklusionswirkung in Bezug auf die Geltendmachung weitergehender Ansprüche knüpft nicht an die juristischen Kategorien des Anspruchs an, sondern allein an den geregelten Lebenssachverhalt.[185] Bei den Minderungsansprüchen wegen Flugverspätung und den Schadensersatzansprüchen wegen Verspätung handelt es sich um Zahlungsansprüche, die beide in der verspäteten Ankunft am Bestimmungsflughafen ihren Grund haben. Insofern wäre es fehlerhaft, wenn man dem dogmatischen Verständnis einer Rechtsordnung den Vorrang gegenüber der einheitlichen Auslegung eines internationalen Übereinkommens einräumen würde, um den Minderungsanspruch zuzulassen.

IV. Ansprüche des Reisenden nach der Verordnung (EG) Nr. 261/04

1. Zweck und Anwendungsbereich der Verordnung (EG) Nr. 261/04

61 **a) Zweck der Verordnung.** Die Verordnung (EG) Nr. 261/2004 (im Folgenden: EG-VO Nr. 261/04) steht, auch wenn sie in ihrem Anwendungsbereich nicht auf Verbraucher beschränkt ist, in klarem Kontext der Verbraucherprivatrechtsrichtlinien.[186] Im Unterschied zu den typischen Verbraucherprivatrechtsrichtlinien,[187] die auf Art. 95 EGV gestützt werden, konnte die EG-VO Nr. 261/04 auf den Kompetenztitel nach Art. 80 Abs. 2 EGV für Regelungen der Luftfahrt gestützt werden. Gleichwohl verzichtet die Verordnung nicht auf einen Binnenmarktrechtsbezug.[188] Mit der Stärkung der Fluggastrechte sollen zugleich die Bedingungen harmonisiert werden, denen die Geschäftstätigkeit von Luftfahrtunternehmen in einem liberalisierten Markt unterliegt.[189] Die Notwendigkeit eines besonderen Schutzstandards der Fluggäste wird darin gesehen, dass Nichtbeförderung und Annullierung oder eine große Verspätung für die Fluggäste ein Ärgernis sind und ihnen große Unannehmlichkeiten verursachen.[190]

b) Anwendungsbereich der Verordnung

62 **aa) Grundsatz.** Die EG-VO Nr. 261/04 statuiert für den Linienflug- und den Charterverkehr[191] bestimmte Leistungen für den Fall der **Nichtbeförderung**, **Annullierung** sowie bei einer großen **Abflugverspätung** von Flügen.[192] Der Sekundärrechtsakt ist nach Art. 19 EG-VO Nr. 261/04 zum 17. Februar 2005 in Kraft getreten. Nach Art. 3 Abs. 1 Buchstabe a EG-VO Nr. 261/04 gilt diese Verordnung für Reisende, die auf Flughäfen im **Gebiet eines Mitgliedstaates** der Europäischen Uni-

184 So aber LG Frankfurt am Main, Urt. v. 9.8.1993 – 2/24 S 162/93 – TranspR **1994** 243, 244 = NJW-RR **1993** 1270; AG Frankfurt am Main, Urt. v. 28.6.1995 – 31 C 1207/95-16 – ZLW **1996** 110; AG Bad Homburg, Urt. v. 1.11.2001 – 2 C 2413/01 – RRa **2002** 88; Frankkomm/*Schmid* Art. 19 MÜ Rn. 92.

185 Zutreffend *Neumann* ZLW **1997** 217, 221.

186 Vgl. ausführlich *Lienhard* GPR **2004** 259, 260 f.

187 So z.B. die Richtlinie des Rates vom 13.6.1990 über Pauschalreisen 93/314/EG, ABl. EG 1990 L 158 S. 59.

188 Siehe dazu Art. 3 EG-VO Nr. 261/04.

189 Vgl. den vierten Erwägungsgrund der EG-VO Nr. 261/04.

190 Vgl. den fünften Erwägungsgrund der EG-VO Nr. 261/04.

191 *Schladebach* Luftrecht S. 111.

192 Vgl. auch *Staudinger/Schmidt-Bendun* NJW **2004** 1897 ff.

on eine **Reise antreten**, unter Einschluss von Inlandsflügen. Dabei spielt es keine Rolle, ob das Luftfahrtunternehmen seinen Sitz in der Gemeinschaft hat. Art. 3 Abs. 1 Buchstabe b EG-VO Nr. 261/04 erstreckt den Sekundärrechtsakt auf ausführende Luftfahrtunternehmen der Gemeinschaft, sofern der **Flug aus einem Drittstaat** zu einem Flughafen im Gebiet eines Mitgliedstaats erfolgt und im Drittstaat noch keine Gegen-, Ausgleichs- oder Unterstützungsleistungen erbracht wurden.

bb) Hin- und Rückflug; Rundflüge. Auslegungsschwierigkeiten bereitet der Begriff **„Antreten eines Fluges"**. Bei einem **Rundflug** stellt sich die Frage, ob jede einzelne Teilstrecke als auf einem Flughafen im Gebiet eines Mitgliedstaates angetreten ist oder ob Hin- und Rückflüge als zwei verschiedene Flüge zu bewerten sind. Für die erste Auffassung mag sprechen, dass entsprechend Art. 1 Abs. 3 MÜ die einzelnen Teilstrecken zusammenhängend als einheitliche Leistung vereinbart worden sind.[193] Gegen diese Betrachtung, dass Flug die Hin- und Rückreise umfasst, spricht aber, dass Reisenden dann ihrer Rechte verlustig gehen würden, wenn der Flug von einem Flughafen im Gebiet eines Mitgliedstaats ausgehend nicht von einem Luftfahrtunternehmen der Gemeinschaft ausgeführt wird. Reisende eines solchen Fluges, die ursprünglich von einem Flughafen in einem Drittstaat abgeflogen sind, könnten nicht in den Genuss des mit der Verordnung (EG) Nr. 261/2004 gewährten Schutzes kommen. Bei einem Flug Manila-Dubai-Frankfurt-Dubai – ausgeführt von einem Nicht-Luftfahrtunternehmen – wäre der Flugabschnitt ab Frankfurt nicht im Gebiet eines Mitgliedstaates angetreten. Dagegen kämen Reisende, die ihre Reise mit demselben Flug auf dem Flugabschnitt ab Frankfurt antreten, in den Genuss dieses Schutzes, da sie als Reisende angesehen würden, die auf einem Flughafen im Gebiet eines Mitgliedstaats einen Flug antreten. Die Reisenden ein und desselben Fluges, deren Schutz gegenüber dessen schädlichen Folgen identisch sein muss, würden demnach unterschiedlich behandelt.[194] Dies spricht dafür jeden Flugabschnitt als Flug im Sinne der Verordnung zu werten.[195] Der EuGH übernimmt für die EG-VO Nr. 261/04 nicht den Begriff des sog. **Rundflugs** aus dem MÜ, der den Hin- und Rückflug als einheitlichen Flug qualifiziert. Vielmehr segmentiert er den Rundflug in einzelne Flugabschnitte mit Hinweis auf Art. 8 Abs. 1 EG-VO Nr. 261/04, wo zwischen dem „ersten Abflugort" und dem „Endziel" unterschieden wird. Anderenfalls wären bei einem Hin- und Rückflug der Abflugort und das Endziel im Rahmen der Verordnung identisch, so dass die Bestimmung in Art. 8 Abs. 1 Buchstaben a und b sinnlos wäre.[196] 63

cc) Umsteigen in ein anderes Fluggerät eines anderen Luftfrachtführers. Nach der Entscheidung des EuGH in der Rechtssache *Emirates Airlines v. Schenkel* stellt sich die Frage, ob es sich um einen oder mehrere Flüge handelt, wenn das Endziel des Hinflugs oder Rückflugs nicht unmittelbar oder mit Zwischenlandungen, sondern nur mit einem Umsteigen in das Fluggerät eines anderen Luftfahrtunternehmens erreicht wird. Zur Verdeutlichung dient folgendes Beispiel: Bei einem Flug von Frankfurt a.M. nach Phönix (USA) führt die Lufthansa die erste Teilstrecke von Frankfurt a.M. bis Washington D.C. durch; der Weiterflug zum Endziel sollte durch den Code-Share-Partner United Airlines durchgeführt werden. Infolge einer geringen Flugverspätung konnte der Reisende in Washington D.C. den Anschlussflug nicht wahrnehmen. Der Bundesgerichtshof sah in dem gebuchten Weiterflug mit einem anderen ausführenden Luftfrachtführer einen neuen 64

193 So AG Frankfurt am Main, Urt. v. 21.9.2006 – 30 C 1565/06 – RRa **2006** 273, 274; AG Rüsselsheim, Urt. v. 6.1.2006 – 3 C 1127/05 – RRa **2006** 92, 93; A HG Wien, Urt. v. 4.8.2006 – 8 C 2016/05 – RRa **2006** 276, 277.
194 EuGH, Urt. v. 10.7.2008 – *Emirates Airlines v. D. Schenkel* – C-173/07, Rz. 37, 38 = RRa **2008** 237, 241.
195 AG Berlin, Urt. v. 14.12.2005 – 11 C 206/05 – RRa **2006** 89, 91; AG Frankfurt am Main, Urt. v. 17.8.2006 – 32 C 1503/06 – RRa **2006** 270, 271.
196 EuGH, Urt. v. 10.7.2008 – *Emirates Airlines v. D. Schenkel* – C-173/07, Rz. 34 = RRa **2008** 237, 241.

inneramerikanischen Flug in einem Drittstaat, auf den die EG-VO Nr. 261/04 keine Anwendung findet.[197]

2. Aktiv- und Passivlegitimation

65 Aktivlegitimiert ist der Reisende unabhängig von seiner Verbrauchereigenschaft. Dies gilt nach Art. 3 Abs. 3 Satz 2 EG-VO Nr. 261/04 auch für Reisende, die im Rahmen von Kundenbindungsprogrammen oder sonstigen Werbeprogrammen fliegen. Ausgenommen sind nach Art. 3 Abs. 3 Satz 1 EG-VO Nr. 261/04 lediglich Fluggäste, die kostenlos oder zu einem reduzierten Tarif reisen, der für die Öffentlichkeit nicht zugänglich ist. Ebenso wenig gilt die Verordnung für Reisende eines Helikopterflugs.[198]

66 Passivlegitimiert ist das ausführende Luftfahrtunternehmen. Auch wenn zwischen einem Reisenden und dem ausführenden Luftfahrtunternehmen keine vertraglichen Beziehungen bestehen müssen, eröffnet die Verordnung die Inanspruchnahme des ausführenden Luftfahrtunternehmens. Das ausführende Luftfahrtunternehmen wird in Art. 2 Buchstabe b EG-VO Nr. 261/04 definiert; es entspricht im Wesentlichen dem Begriff des ausführenden Luftfrachtführers iSv. Art. 39 MÜ. Anders als in Art. 41 Abs. 1 MÜ werden die Handlungen und Unterlassungen des ausführenden nicht dem vertraglichen Luftfahrtunternehmen zugerechnet, da dieses nicht passivlegitimiert ist (Art. 3 Abs. 5 EG-VO Nr. 261/04). Art. 13 EG-VO Nr. 261/04 regelt die Möglichkeit des Regresses des ausführenden Luftfahrtunternehmens gegenüber dem vertraglichen Luftfahrtunternehmen, z.B. dem Reiseunternehmen als Vertragspartner des Reisenden.[199] Im Fall des Code-Sharing ist ausführendes Unternehmen dasjenige, das den Flug tatsächlich ausführt. Im Fall der Annullierung des Fluges haftet daher dasjenige Unternehmen, das den Flug ursprünglich ausführen sollte, nicht dagegen das Unternehmen, das den Reisenden später tatsächlich befördert.[200]

3. Ansprüche des Reisenden

67 **a) Haftungstatbestände.** Die Verordnung gewährt insgesamt **drei verschiedene Haftungstatbestände**: den Fall der **Nichtbeförderung**, den Fall der **Annullierung** eines Fluges sowie denjenigen der **Verspätung**.

68 **aa) Fall der Nichtbeförderung.** Der Begriff der Nichtbeförderung ist in Art. 2 Buchstabe j EG-VO Nr. 261/04 legaldefiniert. Unter **Nichtbeförderung** versteht die Verordnung die Weigerung, Fluggäste zu befördern, obwohl sie sich unter den in Art. 3 Abs. 2 EG-VO Nr. 261/04 genannten Bedingungen am Flugsteig eingefunden haben, sofern keine vertretbaren Gründe für die Nichtbeförderung gegeben sind, z.B. im Zusammenhang mit der Gesundheit oder der allgemeinen oder betrieblichen Sicherheit oder wegen unzureichender Reiseunterlagen. Vertretbar können angesichts dieser Beispiele nur in der Person des Reisenden liegende Gründe sein, die Luftverkehr, Flug oder Mitreisende in ihrer Sicherheit gefährden oder sonstige öffentliche oder vertragliche Belange berühren.[201]

69 Die deutsche Sprachfassung der Verordnung bringt das Tatbestandsmerkmal der Verweigerung des Einstiegs nur undeutlich zum Ausdruck, indem sie von *„Nichtbeförderung“* spricht. In

---

197 BGH, Urt. v. 28.5.2009 – Xa ZR 113/08 – NJW **2009** 2743; zustimmend *Führich*[6] Reiserecht Rn. 1019.

198 Vgl. Art. 3 Abs. 4 EG-VO Nr. 261/04.

199 AG Erding, Urt. v. 5.7.2006 – 4 C 309/06 – RRa **2007** 41; AG Düsseldorf, Urt. v. 28.9.2006 – 39 C 9179/06 – RRa **2007** 38, 39.

200 BGH, Urt. v. 26.11.2009 – Xa 132/08 – RRa **2010** 85, 89; zustimmend *Führich*[6] Reiserecht Rn. 1022.

201 So *Lienhard* GPR **2004** 259, 262; *Staudinger/Schmid-Bendun* NJW **2004** 1897, 1898.

anderen Sprachfassungen (zB französisch: refus d'embarquement; englisch: denied boarding; italienisch: negato imbarco; spanisch: denegación de embarque) wird deutlicher, dass sich der Reisende am Flugsteig eingefunden haben muss, um das Flugzeug zu besteigen.[202]

Offen lässt die Verordnung die Frage, ob eine ***„Verlegung auf einen anderen Flug"*** iSv. Art. 3 70
Abs. 2 Buchstabe b den Tatbestand der Nichtbeförderung oder denjenigen der Abflugverspätung erfüllt. Den Begriff der Verlegung benutzt die Verordnung nur im Zusammenhang mit einer Höher- oder Herabstufung nach Klassen auf demselben Flug.[203] Es spricht vieles dafür, die Ersatzbeförderung mit einem anderen Flugzeug als Nichtbeförderung mit dem gebuchten Flugzeug zu verstehen. Denn in der Verlegung auf einen anderen Flug wird man eine Verweigerung der Beförderung auf dem gebuchten Flug, der nicht allein durch die Abflugzeit, sondern vielmehr durch die Flugnummer identifiziert wird, zu sehen haben.[204] Dafür spricht auch, dass die Luftbeförderung ein absolutes Fixgeschäft[205] ist, der Flug durch eine bestimmte Flugnummer konkretisiert wird.[206] Gegen eine Qualifizierung als Abflugverspätung spricht auch der Sinn und Zweck der Verordnung. Anderenfalls könnte ein Luftfrachtführer durch Verlegung auf spätere Flüge oder auf fremde Flugkapazität die Rechtsfolgen der Verordnung umgehen.[207]

Schwieriger zu beantworten ist die Frage, ob ein Fall der Nichtbeförderung auch dann vor- 71
liegt, wenn infolge eines **verspäteten Zubringerflugs** der Reisende von der Beförderung auf dem **Anschlussflug ausgeschlossen** wird. Der Bundesgerichtshof hat die Frage zu Recht verneint.[208] Der Ausgleichsanspruch wegen Nichtbeförderung ist an drei Voraussetzungen geknüpft: der Reisende müsse eine Buchungsbestätigung für den Flug besitzen, er müsse zur angegebenen Zeit am Abfertigungsschalter erschienen sein und ihm müsse gegen seinen Willen am Flugsteig der Einstieg verweigert worden sein. Diese Voraussetzungen sind im Fall des wegen eines verspäteten Zubringerfluges verpassten Anschlussfluges nicht erfüllt. Der Reisende hat sich nicht rechtzeitig, wenn auch ohne Verschulden, zur Abfertigung eingefunden und ihm ist infolgedessen nicht der Flugeinstieg bei Erscheinen gegen seinen Willen verweigert worden. Insoweit liegt keine **gezielte Handlung** des den Anschlussflug ausführenden Luftfahrtunternehmens vor.[209] Bei verpasstem Anschlussflug stehen dem Reisenden jedenfalls vertragliche Ansprüche nach Art. 19 MÜ zu.[210]

bb) Fall der Annullierung. Die Annullierung wird in Art. 2 Buchstabe l EG-VO Nr. 261/04 legal 72
definiert. Unter einer **Annullierung** versteht die Verordnung die Nichtdurchführung eines geplanten Fluges, für den zumindest ein Platz reserviert war. Sie stellt ebenfalls einen Fall der Nichtleistung dar. Der Fall der Verlegung eines einzelnen Reisenden auf einen anderen Flug iSv. Art. 3 Abs. 2 Buchstabe b EG-VO Nr. 261/04 stellt keinen Fall der Annullierung dar, weil bei einer Annullierung der geplante Flug überhaupt nicht durchgeführt wird. Vielmehr handelt es sich dann um einen Fall der Nichtbeförderung, da dem Reisenden die Beförderung auf dem gebuchten Flug verweigert wird.[211] Anders verhält es sich dann, wenn ein ursprünglich geplanter und verspäteter Flug vollständig auf einen anderen Flug verlegt wird, d.h. wenn die Planung des ursprünglichen

202 BGH, Urt. v. 30.4.2009 – Xa 132/08 – RRa **2009** 239, 240.
203 Siehe Art. 10 EG-VO Nr. 261/04.
204 *Lienhard* GPR **2004** 259, 262.
205 **H.M.**; **aA** *Lienhard* GPR **2004** 259, 262.
206 Zutreffend *Schmid* TranspR **1985** 369, 373.
207 Zutreffend *Lienhard* GPR **2004** 259, 263; *Führich*[6] Reiserecht Rn. 1026.
208 BGH, Urt. v. 30.4.2009 – Xa 132/08 – RRa **2009** 239, 241 f.; **aA** OLG Hamburg, Urt. v. 6.11.2007 – 6 U 94/07 – RRa **2008** 139, 140; LG Leipzig, Urt. v. 10.11.2008 – 6 S 319/08 – RRa **2009** 94; LG Berlin, Urt. v. 11.10.2007 – 57 S 39/07 – RRa **2008** 42, 44; AG Hamburg-Harburg, Urt. v. 5.12.2006 – 14 C 248/06 – RRa **2007** 88, 89; *Schmid* RRa **2008** 202, 208.
209 *Führich*[6] Reiserecht Rn. 1025.
210 *Ehlers/Müller-Rostin* in: Luftrecht Bd. 3, Teil III A Rn. 14.
211 *Ehlers/Müller-Rostin* in: Luftrecht Bd. 3, Teil III A Rn. 14.

Fluges aufgegeben wird und die Reisenden dieses Fluges zu den Fluggästen eines anderen, ebenfalls geplanten Fluges stoßen.[212]

73 Für die Abgrenzung der Annullierung von der Abflugverspätung ist nicht der Zeitfaktor das entscheidende Kriterium.[213] Indizwirkung für das Vorliegen einer Annullierung zeitigen folgende Umstände: das Ausstellen eines neuen Tickets, das Ausstellen neuer Bordkarten, Vergabe neuer Flugnummern[214] sowie die Beförderung anderer Mitreisender auf dem ausgeführten Flug.[215] Der Bundesgerichtshof hält demgegenüber die genannten Kriterien nicht als zwingende objektive Annullierungsindizien, da der Luftfrachtführer auch im Wege einer Subcharter ein Ersatzflugzeug zur Ausführung des Fluges angemietet haben könnte.[216] Demgegenüber wird man in der Aufforderung aller Reisender zur Umbuchung auf eine andere Maschine eine Annullierung erblicken können.[217]

74 **cc) Fall der Verspätung.** Art. 6 EG-VO Nr. 261/04 regelt den Fall der Verspätung. Richtigerweise geht es aber nicht um die Verspätung am Bestimmungsort, die während der Flugstrecke infolge günstiger Winde ja noch reduziert werden kann, sondern um die **Abflugverspätung** am Ausgangsort. Ob eine Abflugverspätung erheblich ist, wird in Relation zur Entfernung des Flugziels bestimmt. Sie ist erheblich, wenn sich der Abflug für einen Flug über eine Entfernung unter 1500 km um mindestens 2 Stunden, für einen innergemeinschaftlichen Flug über eine Entfernung von 1500 km bzw. sonstigen Flug von 1500 bis 3500 km um drei Stunden oder bei allen weiteren Flügen um mindestens vier Stunden verzögern wird.

75 **b) Rechtsfolgen.** Alle Ansprüche der Verordnung haben die Besonderheit gemeinsam, dass sie schon vor der eigentlichen Beförderungsleistung fällig werden.[218] Eine Anspruchskonkurrenz mit Art. 19 MÜ ist daher nicht gegeben.

76 **aa) Erstattungsanspruch oder anderweitige Beförderung im Fall der Nichtbeförderung oder Annullierung.** Der Anspruch auf Erstattung oder anderweitige Beförderung nach Art. 8 EG-VO steht als am häufigsten anwendbare Rechtsfolge im Zentrum der Verordnung. Die Vorschrift räumt dem Reisenden ein **Wahlrecht** ein: Danach kann er für den Fall, dass der Luftfrachtführer einer mehrstreckigen Flugreise einen Alternativflug anbietet,[219] entweder die Erstattung der Flugscheinkosten, einen Rückflug zum ersten Abflugort oder eine anderweitige Beförderung zum Endziel verlangen. In den beiden erstgenannten Fällen wird also der Vertrag rückabgewickelt, soweit er noch nicht erfüllt ist oder soweit die Erfüllung ihren Zweck verfehlt hat. Dieser Anspruch konkretisiert und erweitert die Pflichten aus dem Beförderungsvertrag sowie die Rücktrittsmöglichkeiten des Reisenden nach nationalem Recht. Soweit der Reisende dagegen eine anderweitige Ersatzbeförderung zum Endziel verlangt, handelt es sich um eine Form der Nacherfüllung.

---

212 EuGH, Urt. v. 19.11.2009 – *Sturgeon v. Condor sowie Böck und Lepuschitz v. Air France* – C-402/07, C-432/07, Rz. 36 – RRa **2009** 282, 286.

213 AG Frankfurt am Main, Urt. v. 31.8.2006 – C 1370/06 – RRa **2007** 42, 43.

214 So AG Frankfurt am Main, Urt. v. 31.8.2006 – C 1370/06 – RRa **2007** 42, 43; kritisch *Kummer* RRa **2008** 14, 15.

215 A HG Wien, Urt. v. 4.8.2006 – 8 C 2016/05 – RRa **2006** 276, 277; **aA** EuGH, Urt. v. 19.11.2009 – *Sturgeon gegen Condor sowie Böck und Lepuschitz gegen Air France* – C-402/07, C-432/07, Rz. 37 – RRa **2009** 282, 286; *Führich*[6] Reiserecht Rn. 1043.

216 BGH, Urt. v. 14.10.2008 – X ZR 15/08 – NJW **2009** 358, 359.

217 LG Berlin, Urt. v. 20.8.2009 – 57 S 44/07 – RRa **2009** 291, 292.

218 Zutreffend *Lienhard* GPR **2004** 259, 263.

219 Art. 7 Abs. 2 EG-VO Nr. 261/04.

bb) Betreuungsleistung in Fällen der Nichtbeförderung, Annullierung oder Verspätung. Nach Art. 9 EG-VO Nr. 261/04 hat das ausführende Luftfahrtunternehmen dem Reisenden unentgeltlich Verpflegung, Unterbringung, Beförderung zwischen Flughafen und Hotel sowie Kommunikationsmöglichkeiten anzubieten. Die zu gewährenden Betreuungsleistungen sind nicht schadensersatzrechtlicher Natur, wie auch Art. 12 EG-VO Nr. 261/04 belegt. Vielmehr handelt es sich um sog. Aufwendungen, die zum Zwecke der Nacherfüllung, etwa in Form einer anderweitigen Beförderung zum Endziel notwendig sind. 77

cc) Finanzieller Ausgleichsanspruch im Fall der Annullierung und der Nichtbeförderung. Nach Art. 7 Abs. 1 EG-VO Nr. 261/04 kann der Reisende eine nach der Flugentfernung gestaffelte Ausgleichszahlung zwischen 250 und 600 € verlangen. Die Berechnungen der Entfernungen soll gemäß Art. 7 Abs. 4 EG-VO Nr. 261/04 nach der Methode der Großkreisentfernung ermittelt werden.[220] Dieser finanzielle Ausgleichsanspruch wird nur für die Haftungstatbestände der Nichtbeförderung und der Annullierung gewährt. Voraussetzung ist jedoch, dass sich der Reisende rechtzeitig zur Abfertigung bzw. im Fall einer Online-Registrierung bei einem Vertreter des ausführenden Luftunternehmens eingefunden hat („*No Show, No Compensation*").[221] Die Ausgleichszahlungen erfolgen grundsätzlich durch Barzahlung, Überweisung oder Scheck und nur mit schriftlichem Einverständnis des Reisenden, in Form von Reisegutscheinen und/oder anderen Dienstleistungen.[222] Bei der Ausgleichszahlung handelt es sich im Ergebnis um einen sog. pauschalierten Schadensersatz,[223] der auf weitergehende Schadensersatzansprüche aus dem anwendbaren nationalen Recht gemäß Art. 12 Abs. 1 Satz 2 EG-VO Nr. 261/04 anzurechnen ist. 78

Der finanzielle Ausgleichsanspruch tritt neben den Erstattungs- oder Eratzanspruch und den Betreuungsanspruch. 79

Im Fall der **Annullierung** kann sich das Luftfahrtunternehmen bezüglich des Ausgleichsanspruchs entlasten, wenn es nachweisen kann, dass die Annullierung auf außergewöhnliche Umstände zurückzuführen ist (Art. 5 Abs. 3 EG-VO Nr. 261/04). Solche Umstände können insbesondere bei politischer Instabilität, mit der Durchführung des betreffenden Fluges nicht zu vereinbarenden Wetterbedingungen, Sicherheitsrisiken, unerwarteten Flugsicherheitsmängeln und den Betrieb des ausführenden Luftfahrtunternehmens beeinträchtigenden Streiks eintreten.[224] **Außergewöhnliche Umstände** iSv. Art. 5 Abs. 3 EG-VO Nr. 261/04 sind im Sinne einer Sphärentheorie[225] solche Umstände, die außerhalb des gewöhnlichen Geschäftsbetriebs eines Luftfahrtunternehmens liegen, die aufgrund ihrer Natur oder Ursache nicht Teil der normalen Ausübung der Tätigkeit des betroffenen Luftfahrtunternehmens sind und von ihm tatsächlich nicht zu beherrschen sind.[226] Technische Probleme, die sich bei der Wartung eines Flugzeuges zeigen oder infolge einer unterbliebenen Wartung auftreten, sind keine außergewöhnlichen Umstände.[227] Dies gilt selbst dann, wenn das technische Problem am Flugzeug durch Vogelschlag verursacht wurde.[228] Ebenso wenig stellt ein Streik des eigenen Personals einen zur Entlastung gereichenden „außergewöhnli- 80

220 Zur Höhe des Ausgleichsanspruchs, vgl. *Schmid* ZLW **2005** 373, 381.
221 EuGH, Urt. v. 25.1.2024 – *FlightRight v. Laudamotion* – C-474/22, RdTW **2024** 146, 148 m. zust. Bespr. v. *Laib* RdTW **2024** 122ff. ("No Show, No Compensation").
222 Vgl. Art. 7 Abs. 3 EG-VO Nr. 261/04.
223 Ebenso *Staudinger/Schmidt-Bendun* NJW **2004** 1897, 1899.
224 Vgl. Erwägungsgrund Nr. 14 EG-VO Nr. 261/04.
225 *Richter/Monteiro* GPR **2012** 199, 202.
226 EuGH, Urt. v. 22.12.2008 – *Wallentin-Hermann v. Alitalia* – C-549/07, Rz. 34 = RRa **2009** 35, 39; vgl. auch zur österreichischen Judikatur *Michlmayr* RRa **2022** 8, 10 f.
227 Vgl. vorstehende Fn.
228 *Richter/Monteiro* GPR **2012** 199, 202.

chen Umstand" dar.[229] Das pauschale Berufen auf starke Winde genügt nicht (vgl. oben Rn. 41).[230] Dagegen stellen Flugausfälle infolge Vulkanasche einen außergewöhnlichen Umstand dar.[231] Sind Start oder Landung aufgrund von Schneefall, vereisten Tragflächen oder mit Schnee- und/oder Eis bedeckten Start- und Landebahnen nicht möglich, liegen ebenso außergewöhnliche Umstände vor. Bei einer im Voraus bekannten Wettervorhersage muss hingegen der Luftfrachtführer für ein rechtzeitiges Enteisen der Flugzeuge sorgen, indem er zumutbare Gegenmaßnahmen zur Vermeidung einer Annullierung oder einer Verspätung ergreift.[232] Aus dem Erwägungsgrund Nr. 15 der EG-VO 261/04 folgt ferner, dass außergewöhnliche Umstände anzunehmen sind, wenn ein Flugzeug einer aufgrund der Witterungsverhältnisse ergangenen Entscheidung des Flugverkehrsmanagements zufolge nicht abfliegen kann oder auf einem anderen Flughafen nicht abfliegen konnte und deshalb für einen anderen Flug auf einem anderen Flughafen nicht zur Verfügung stand.[233]

81 Im Fall der **Nichtbeförderung** regelt die Verordnung einen Ausschlusstatbestand nur insoweit, als die Ursache für die Nichtbeförderung allein beim Reisenden liegt. Es erscheint aber sachgerecht zu sein, den Anspruch nach Art. 7 i.V.m. 4 Abs. 3 EG-VO Nr. 261/04 auch dann für ausgeschlossen zu erachten, wenn der Grund der Nichtbeförderung auf allgemeinen oder betrieblichen Risiken, welche außerhalb der Einflusssphäre des Luftfahrtunternehmens liegen, beruhen. Denn es ist kein Grund dafür ersichtlich, das Luftfahrtunternehmen für eine Nichtbeförderung als Folge höherer Gewalt haften zu lassen.[234]

82 **dd) Finanzieller Ausgleichsanspruch im Fall der großen Verspätung.** Die Verordnung sieht im Falle der großen Verspätung keinen Anspruch auf Ausgleichsleistungen vor. Der EuGH entschied in den Rechtssachen *Sturgeon gegen Condor* sowie *Böck, Lepuschitz gegen Air France*, dass Reisende verspäteter Flüge Ausgleichsansprüche analog Art. 7 EG-VO Nr. 261/04 geltend machen kann, wenn sie einen Zeitverlust von drei Stunden oder mehr erleiden.[235] Eine solche Verspätung führt allerdings dann zu keinem Ausgleichsanspruch der Reisenden, wenn das Luftfahrtunternehmen nachweisen kann, dass die große Verspätung auf außergewöhnliche Umstände zurückgeht, die sich auch dann nicht hätten vermeiden lassen, wenn alle zumutbaren Maßnahmen ergriffen worden wären, also auf Umstände, die von dem Luftfahrtunternehmen tatsächlich nicht zu beherrschen sind.

83 Die Entscheidung des EuGH überzeugt insoweit nicht, als er nun einen Ausgleichsanspruch für eine Ankunftsverspätung schafft und damit das dem Sekundärrechtsakt vorrangige völkerrechtliche Übereinkommen, welches in Art. 19 MÜ hierfür eine Regelung vorsieht, auszuhöhlen versucht. Dadurch übersieht der EuGH den Vorrang des Montrealer Übereinkommens. Nach Art. 29 Satz 1 MÜ kann ein Anspruch auf Schadensersatz, auf welchem Rechtsgrund er auch beruht, nur unter den Voraussetzungen und mit den Beschränkungen geltend gemacht werden, die im Montrealer Übereinkommen vorgesehen sind. Art. 29 Satz 2 MÜ normiert darüber hinaus den Ausschluss nicht-kompensatorischer Ansprüche. Da Art. 19 MÜ die Ankunftsverspätung regelt, führt die Entscheidung in der Rechtssache *Sturgeon gegen Condor* zu dem Ergebnis, dass auch Fluggäste nach Art. 7 EG-VO Nr. 261/04 anspruchsberechtigt sein sollen, wenn sie ihr Endziel nicht früher als drei Stunden nach der vom Luftfahrtunternehmen ursprünglich geplanten Ankunftszeit

---

229 AG Erding, Urt. v. 21.2.2020 – 14 C 4549/19 – BeckRS **2020** 4738 Rz. 14; *Staudinger* RRa **2006** 254, 255 f.; **aA** *Führich*[6] Reiserecht Rn. 1037.

230 *Michlmayr* RRa **2022** 8, 10 f.

231 *Führich*[6] Reiserecht Rn. 1038.

232 *Sendmeyer* NJW **2011** 808, 812.

233 *Sendmeyer* NJW **2011** 808, 811.

234 Zutreffend *Ehlers/Müller-Rostin* in: Luftrecht Bd. 3, Teil III A Rn. 13.

235 EuGH, Urt. v. 19.11.2009 – *Sturgeon v. Condor sowie Böck und Lepuschitz v. Air France* – C-402/07, C-432/07, Rz. 61 – RRa **2009** 282, 288.

erreichen. Damit ist der leistungsauslösende Haftungstatbestand nach Art. 7 EG-VO Nr. 261/04 mit dem Tatbestand des Art. 19 MÜ identisch.[236]

84 In einer weiteren Entscheidung in der Rechtssache Nelson gegen Deutsche Lufthansa tritt der EuGH diesem Verdacht entgegen:[237] Art. 19 des Übereinkommens von Montreal setzt nämlich insbesondere voraus, dass der Schaden infolge einer Verspätung entsteht, dass zwischen der Verspätung und dem Schaden ein Kausalzusammenhang besteht und dass der Schaden durch unterschiedliche Schädigungen der einzelnen Fluggäste individualisiert wird. Zunächst ist ein Zeitverlust kein infolge der Verspätung entstandener Schaden, sondern stellt eine Unannehmlichkeit dar. Sodann erleiden alle Fluggäste verspäteter Flüge den Zeitverlust in gleicher Weise, so dass dieser durch eine standardisierte Maßnahme ausgeglichen werden kann, ohne dass es einer Beurteilung der individuellen Situation jedes einzelnen betroffenen Fluggasts bedarf. Schließlich besteht nicht notwendig ein Kausalzusammenhang zwischen der tatsächlichen Verspätung und dem Zeitverlust, der für die Feststellung eines Ausgleichsanspruchs nach der EG-VO Nr. 261/04 oder für die Berechnung der Höhe dieses Anspruchs als maßgeblich angesehen wird.[238]

85 **c) Schadensersatzansprüche bei Verweigerung der Rechte nach der Verordnung (EG) Nr. 261/04.** Verweigert der Luftfrachtführer dem Fluggast die Rechte aus der EG-VO Nr. 261/04, so stehen diesem bei Anwendbarkeit deutschen Rechts Sekundäransprüche nach §§ 280, 281 BGB zu. Die Verordnung regelt einen derartigen Anspruch originär nicht. Art. 12 EG-VO Nr. 261/04 sieht indes vor, dass die Verordnung unbeschadet weitergehender Schadensersatzansprüche des Fluggastes gilt. Verweigert ein Flugunternehmen die durch die Verordnung gewährte Hotelunterkunft, Verpflegung oder frühzeitige Alternativbeförderung, dann verletzt es eine aus dem Luftbeförderungsvertrag resultierende Nebenpflicht nach § 280 Abs. 1 BGB.[239] So bleibt eine Fluggesellschaft ihren Fluggästen gegenüber zu Unterstützungsleistungen verpflichtet, auch wenn sie den Flug wegen außergewöhnlicher Umstände annullieren durfte.[240] Der Anspruch nach § 280 BGB setzt ein Verschulden des Luftfrachtführers voraus, welches nach § 280 Abs. 1 Satz 2 BGB vermutet wird. Ein Anspruch gegen den Luftfrachtführer scheidet aber aus, wenn dieser seiner Pflicht aus der Verordnung nicht nachkommen kann, weil die Hotels im Umkreis des Flughafens von 100 km ausgebucht sind.[241] Schlafen die Fluggäste statt im Hotel auf bereitgestellten Hotelbetten, fehlt es an einem nachweisbaren Schaden. Der Schadensersatzanspruch nach § 280 BGB tritt neben den Anspruch auf Ausgleichszahlung nach Art. 7 EG-VO Nr. 261/04; eine Anrechnung nach Art. 12 Abs. 1 Satz 2 EG-VO Nr. 261/04 findet nicht statt.[242]

4. Verjährung

86 Auf Ansprüche auf Ausgleichszahlungen nach der EG-VO Nr. 261/04 findet die Ausschlussfrist des Art. 35 Abs. 1 MÜ keine Anwendung.[243] Zum einen ist der Ausgleichsanspruch nach Art. 7 EG-VO Nr. 261/04 grundsätzlich nicht als Schadensersatzanspruch iSv. Art. 19, 29 MÜ anzusehen. Zum

236 Zutreffend *Hobe/Müller-Rostin/Recker* ZLW **2010** 149, 154 ff.
237 EuGH, Urt. v. 23.10.2012 – *Nelson u.a. v. Deutsche Lufthansa u.a.* – C-581/10, C-629/10, Rz. 43, 45, 51 ff.. – NJW **2013** 671, 673.
238 Kritisch und einen Verstoß gegen den Vorrang des Montrealer Übereinkommens annehmend *Lee/Wheeler* 77 J. Air L. & Com 43 **2012**, 43, 80 ff.
239 BGH, Urt. v. 25 3 2010 – Xa ZR 96/09 – NJW-RR **2010** 1641, 1643; AG Rüsselsheim, Urt. v. 11 1 2011 – 3 C 1698/10 – NJW-RR **2011** 560.
240 AG Rüsselsheim, Urt. v. 11 1 2011 – 3 C 1698/10 – NJW-RR **2011** 560.
241 *Sendmeyer* NJW **2011** 808, 810.
242 BGH, Urt. v. 25.3.2010 – Xa ZR 96/09 – NJW-RR **2010** 1641, 1643.
243 BGH, Urt. v. 10.12.2009 – Xa ZR 61/09 – RRa **2009** 90, 91; *Schmid/Hopperdietzel* NJW **2009** 3085, 3086.

anderen fehlt es an einer erheblichen Regelungslücke in der Verordnung, welche eine entsprechende Anwendung des Art. 35 Abs. 1 MÜ rechtfertigen würde.

87 Bei Maßgeblichkeit deutschen Rechts unterliegen Ansprüche auf Ausgleichszahlungen der Regelverjährung nach § 195 BGB.[244]

5. Gerichtsstand

88 Die Verordnung regelt keinen Gerichtsstand.[245] Der Verbrauchergerichtsstand nach Art. 15 EuGVVO greift grundsätzlich nicht ein, es sei denn, dass es sich um einen Pauschalreisevertrag handelt.[246] Für eine auf Ausgleichszahlungen gestützte Klage ist nach Wahl des Klägers sowohl das Gericht des Abflugortes oder das Gericht des Ankunftsortes nach Art. 5 Abs. 1 Buchst. b 2. Spiegelstrich EuGVVO zuständig.[247] Klagt ein Reisender lediglich aus EG-VO Nr. 261/04 Ansprüche wegen Nichtbeförderung, Annullierung oder Verspätung ein, so gelangt Art. 33 MÜ nicht zur Anwendung.[248]

89 Art. 33 MÜ unterliegt auch keinem Günstigkeitsvorbehalt.[249] Der Reisende kann sich daher nicht unter Verweis darauf, Art. 5 Abs. 1 Buchstabe b 2. Spiegelstrich EUGVVO eröffne ihm ein Wahlrecht und damit eine Prozessführung am Abflugort, auf die EuGVVO berufen, wenn er Ansprüche nach Art. 19 MÜ wegen einer Ankunftsverspätung verfolgt. Für den Fall, dass der Reisende konkurrierende Ansprüche aus der EG-VO Nr. 261/04 und aus dem Montrealer Übereinkommen – etwa infolge einer Abflugverspätung und einer Ankunftsverspätung – geltend macht, verbietet sich die Annahme einer Zuständigkeitskonzentration oder eines Gerichtsstands des Sachzusammenhangs. Der Gerichtsstand ist allein davon abhängig, auf welche Rechtsgrundlage der Kläger seine Klage stützt.[250]

90 Für Luftfahrtunternehmen aus Drittstaaten kommen als Gerichtsstände in Deutschland der Sitz der Verwaltung (§ 17 ZPO), der Ort der Niederlassung, von der selbständig Geschäfte geschlossen werden (§ 21 ZPO) oder der Erfüllungsort (§ 29 ZPO) in Betracht.

---

244 BGH, Urt. v. 10.12.2009 – Xa ZR 61/09 – RRa **2009** 90.

245 AG Berlin-Lichtenberg – 5 C 184/06 – IPRax **2008** 426.

246 Vgl. Art. 15 Abs. 3 EG-VO Nr. 44/2001.

247 EuGH, Urt. v. 9.7.2009 – *Rehder v. Air Baltic* – C-204/08, Rz. 44 ff., NJW **2009** 2801, 2803; BGH, Urt. v. 12.11.2009 – Xa ZR 76/07 – NJW **2010** 1070; AG Berlin-Lichtenberg – 5 C 184/06 – IPRax **2008** 426, 427 m. krit. Anm. v. *Gregor* IPRax **2008** 403; *Kober-Dehm/Meier-Beck* RRa **2010** 250, 256.

248 EuGH, Urt. v. 7.11.2019 – *Guaitoli v. easyJet Airline* – C-213/18, EuZW **2020** 74, 76; zustimmend *Rieländer* EuZW **2020** 59, 61; unzutreffend AG Geldern, Urt. v. 20.4.2011 – 4 C 33/11 – juris Rz. 15, wonach eine in AGB vereinbarte Gerichtsstandklausel bei Geltendmachung von Ansprüchen nach der EG-VO 261/04 gegen Art. 49 MÜ verstoße.

249 *Führich*[6] Reiserecht Rn. 1116; *Staudinger* RRa **2009** 219.

250 *Führich*[6] Reiserecht Rn. 1116; *Staudinger* RRa **2009** 219.

Artikel 20 Haftungsbefreiung

[1]Weist der Luftfrachtführer nach, dass die Person, die den Schadensersatzanspruch erhebt, oder ihr Rechtsvorgänger den Schaden durch eine unrechtmäßige Handlung oder Unterlassung, sei es auch nur fahrlässig, verursacht oder dazu beigetragen hat, so ist der Luftfrachtführer ganz oder teilweise von seiner Haftung gegenüber dieser Person insoweit befreit, als diese Handlung oder Unterlassung den Schaden verursacht oder dazu beigetragen hat. [2]Verlangt eine andere Person als der Reisende wegen dessen Tod oder Körperverletzung Schadensersatz, so ist der Luftfrachtführer ganz oder teilweise von seiner Haftung insoweit befreit, als er nachweist, dass eine unrechtmäßige Handlung oder Unterlassung des Reisenden, sei es auch nur fahrlässig, den Schaden verursacht oder dazu beigetragen hat. [3]Dieser Artikel gilt für alle Haftungsbestimmungen in diesem Übereinkommen einschließlich Artikel 21 Absatz 1.

Article 20 Exoneration

If the carrier proves that the damage was caused or contributed to by the negligence or other wrongful act or omission of the person claiming compensation, or the person from whom he or she derives his or her rights, the carrier shall be wholly or partly exonerated from its liability to the claimant to the extent that such negligence or wrongful act or omission caused or contributed to the damage. When by reason of death or injury of a passenger compensation is claimed by a person other than the passenger, the carrier shall likewise be wholly or partly exonerated from its liability to the extent that it proves that the damage was caused or contributed to by the negligence or other wrongful act or omission of that passenger. This Article applies to all the liability provisions in this Convention, including paragraph 1 of Article 21.

Article 20 *Exonération*

Dans le cas où il fait la preuve que la négligence ou un autre acte ou omission préjudiciable de la personne qui demande réparation ou de la personne dont elle tient ses droits a causé le dommage ou y a contribué, le transporteur est exonéré en tout ou en partie de sa responsabilité à l'égard de cette personne, dans la mesure où cette négligence ou cet autre acte ou omission préjudiciable a causé le dommage ou y a contribué. Lorsqu'une demande en réparation est introduite par une personne autre que le passager, en raison de la mort ou d'une lésion subie par ce dernier, le transporteur est également exonéré en tout ou en partie de sa responsabilité dans la mesure où il prouve que la négligence ou un autre acte ou omission préjudiciable de ce passager a causé le dommage ou y a contribué. Le présent article s'applique à toutes les dispositions de la convention en matière de responsabilité, y compris le paragraphe 1 de l'article 21.

Schrifttum

Naumann Die Haftung des Luftfrachtführers für den Verlust wertvollen Gepäcks nach Montrealer Übereinkommen, TranspR **2010** 415–419; *Wahlen* The new Warsaw Convention: The Montreal Convention, ASL **2000** 12–26.

Parallelvorschriften

Art. 21 WA 1955; Art. VII ZP von Guatemala.

https://doi.org/10.1515/9783110564945-021

Übersicht

A. Allgemeines

I. Normzweck

1 Die Vorschrift regelt die **Haftungsbefreiung** bei **Mitverschulden des Geschädigten** vertragsautonom[1] und enthält zugleich eine Beweislastregel. Der Luftfrachtführer kann sich hiernach – bei jeder Haftung nach dem Montrealer Übereinkommen und unabhängig von dem verletzten Schutzgut und der Höhe des Schadens (Artikel 20 Satz 3) – soweit von der Haftung befreien wie ihm der Nachweis einer Schadensverursachung durch den Anspruchsteller selbst oder seinen Rechtsvorgänger gelingt (**Satz 1**).

2 Gleiches gilt gegenüber einem Anspruchsteller, der Ansprüche wegen des Todes oder der Körperverletzung eines Reisenden erhebt, soweit der Reisende den Schaden verursacht hat (**Satz 2**). Haftungsbefreiend wirkt allerdings nur unrechtmäßiges und schuldhaftes („sei es auch nur fahrlässig“) schadensverursachendes Verhalten des Reisenden.

3 **Satz 3** stellt ausdrücklich klar, dass das Mitverschulden des Geschädigten bzw. seines Rechtsvorgängers bei allen Haftungsbestimmungen des Montrealer Übereinkommens zu berücksichtigen ist, also insbesondere auch dann, wenn es auf ein Verschulden des Luftfrachtführers nicht ankommt.

II. Entstehungsgeschichte

4 Die Vorschrift orientiert sich inhaltlich und im Wortlaut an Art. VII des nicht in Kraft getretenen Zusatzprotokolls von Guatemala[2] und unterscheidet sich daher von Art. 21 WA 1955: Die Vorschrift regelt die Haftungsbefreiung bei Mitverschulden des Geschädigten vertragsautonom. Damit erübrigt sich der in Artikel 21 WA 1955 vorgesehene Rückgriff auf die lex fori.

1 FrankfKomm/*Giemulla* Art. 20 MÜ Rn. 17; *Koller*[11] Art. 20 MÜ Rn. 1; Ebenroth/Boujong/*Pokrant*[5] Art. 20 MÜ Rn. 1; MünchKommHGB/*Müller-Rostin*[5] Art. 20 MÜ Rn. 4.

2 Zusatzprotokoll von Guatemala vom 8. März 1971, abgedruckt in Frankfurter Kommentar zum WA: Anhang II.-1.

B. Voraussetzungen des Mitverschuldens nach Art. 20 MÜ

I. Anwendungsbereich der Vorschrift und Bedeutung des Satzes 3

Satz 3 stellt ausdrücklich klar, dass das Mitverschulden des Geschädigten bzw. seines Rechtsvorgängers bei allen Haftungsbestimmungen des Montrealer Übereinkommens zu berücksichtigen ist, also insbesondere auch dann, wenn es auf ein Verschulden des Luftfrachtführers nicht ankommt. Einbezogen wird ausdrücklich auch die Haftung für Personenschäden bis zur nach Art. 21 Abs. 1 MÜ maßgeblichen Höchstgrenze von 113 100 SZR. Satz 3 enthält insoweit eine teleologische Normtextreduzierung des dort angeordneten Freizeichnungs- und Beschränkungsverbots. Sie führt dazu, dass die Haftung auch in diesem Bereich nicht uneingeschränkt, sondern nur soweit besteht, wie ein Mitverschulden nicht festzustellen ist. Dies erscheint interessengerecht. Sowohl das europäische[3] als auch das deutsche[4] Luftverkehrshaftungsrecht kennen entsprechende Einschränkungen der verschuldensunabhängigen Gefährdungshaftung. 5

II. Vorliegen eines Mitverschuldens des Anspruchsberechtigten

1. Mitverschulden des Anspruchsberechtigten (Satz 1)

Nach Satz 1 kann der Luftfrachtführer seine Haftung reduzieren, wenn die Person, die den Schadensersatzanspruch geltend macht, oder ihr Rechtsvorgänger fahrlässig den Schaden mitverursacht hat. Ein fahrlässiges Fehlverhalten liegt vor, wenn die im Verkehr erforderliche Sorgfalt außer Acht gelassen wird. Das Mitverschulden iSv. Art. 20 Satz 1 MÜ ist indes nicht ein Verschulden gegen einen anderen, sondern ein Verstoß gegen das Gebot des eigenen Interesses.[5] Dieses liegt vor, wenn der Geschädigte unter Verstoß gegen Treu und Glauben diejenigen zumutbaren Maßnahmen unterlässt, die ein vernünftiger, wirtschaftlich denkender Mensch nach Lage der Dinge ergreifen würde, um Schaden von sich abzuwenden oder zu mindern. 6

a) Haftungsminderung auch bei schuldloser Mitverursachung? Nach der unverbindlichen amtlichen Übersetzung muss sich der Geschädigte eine unrechtmäßige Handlung oder Unterlassung, sei sie auch nur fahrlässig begangen, entgegenhalten lassen. Die amtliche Übersetzung zum Montrealer Übereinkommen verleitet dabei zu der Annahme, dass der Luftfrachtführer den Mitverschuldenseinwand auch auf schuldloses Handeln des Anspruchsberechtigten stützen könnte.[6] Diese Fassung gibt die englische und französische Originalfassung nicht präzise wieder.[7] In den beiden Originalfassungen wird nämlich zunächst die Fahrlässigkeit genannt und der Fahrlässigkeit wird mit einem „oder" ein *„other wrongful act"* bzw. *„autre acte ou omission préjudiciable"* gleichgestellt. Daraus folgt aber, dass das „andere" Handeln oder Unterlassen dem fahrlässigen Fehlverhalten entsprechen muss.[8] 7

---

3 Vgl. Art. 3 Abs. 3 EG-VO Nr. 2027/97.

4 Vgl. §§ 47, 34 LuftVG.

5 OLG Frankfurt am Main, Urt. v. 14.7.1977 – 5 U 129/76 – ZLW **1977** 53, 59; BeckOGK/*Förster* Art. 20 MÜ Rn. 14.

6 Demgegenüber stellt die amtliche Übersetzung zu Art. VII des Zusatzprotokolls von Guatemala vom 8. März 1971 klar, dass es auf ein Verschulden des Geschädigten ankommt; die Übersetzung ist abgedruckt im FrankfKomm zum WA: Anhang II.-2.

7 Ebenso *Koller*[11] Art. 20 MÜ Rn. 1.

8 Ebenso die Denkschrift zum MÜ BT-Drucks. **15/2285**, S. 36; FrankfKomm/*Giemulla* Art. 20 MÜ Rn. 10; *Koller*[11] Art. 20 MÜ Rn. 1; Ebenroth/Boujong/*Pokrant*[5] Art. 20 MÜ Rn. 2; *Wahlen* ASL **2000** 12, 18.

8 **b) Fälle der Rechtsprechung zum Mitverschulden.** Ein Reisender muss sich ein Mitverschulden anrechnen lassen, wenn er z.B. über eine deutlich sichtbare Unebenheit in der Ausstiegsvorrichtung stolpert. Ebenso hat der Reisende bei einem Transatlantikflug mit Verspätungen, die ihre Ursache in witterungsbedingten Umständen, technischen Problemen oder Überlastung von Flughäfen und Lufträumen haben können, zu rechnen, so dass bei zu knapper Terminplanung die Haftung des Luftfrachtführers nach Art. 19 Satz 1 MÜ wegen überwiegenden Mitverschuldens des Reisenden zurücktreten kann.[9] War der Reisende in einem solchen Maße bewegungsbeeinträchtigt, dass er nicht ohne fremde Hilfe gefahrlos einsteigen konnte, so gereicht es ihm zum Vorwurf, wenn er nicht Unterstützung anfordert. Das Unterlassen schloss in dem konkreten Fall die Haftung des Luftfrachtführers bei einem Unfall beim Einsteigen völlig aus.[10] Führt der Reisende wichtige Unterlagen im aufgegebenen Reisegepäck anstelle im Bordgepäck mit und kann aufgrund einer Verzögerung des beförderten Reisegepäcks dieses nicht rechtzeitig ausgehändigt werden, hat der Anspruchsteller den daraus entstandenen Schaden vollumfänglich alleine zu tragen.[11] Gleiches gilt, wenn der Reisende wertvollen Schmuck nicht bei sich behält, sondern in das Gepäckfach ablegt.[12] Befördert der Reisende einen Pocket-PC im Reisegepäck statt im Handgepäck, ist wegen des überwiegenden Mitverschuldens des Reisenden der Anspruch nach Art. 17 Abs. 2 MÜ ausgeschlossen.[13]

9 Der Anspruchssteller hat sich das Verhalten seiner Hilfspersonen bei der Abholung einer Sendung zurechnen zu lassen.[14] Der Absender muss sich ein Mitverschulden entgegenhalten lassen, wenn er die erforderliche sichere Verpackung des Gutes unterlässt mit der Folge, dass das Gut ungeschützt im Freien gelagert und durch Witterungseinflüsse beschädigt wird.[15] Ebenso wurde ein Mitverschulden des Absenders angenommen, der eine Ladung Fleisch widersprüchlich etikettiert hatte mit der Folge, dass der Zoll am Bestimmungsort die Abfertigung verweigerte und die Sendung schließlich wieder an den Abgangsort zurücktransportiert wurde.[16] Unterlässt es der Absender, den hohen Wert des Gutes offen zu legen, obwohl er wusste oder hätte erkennen können, dass das Gut bei korrekter Wertangabe sicherer befördert worden wäre, so ist ein haftungsminderndes Mitverschulden zu berücksichtigen.[17] Ebenso kann ein Mitverschulden des Absenders gegeben sein, wenn dieser den Luftfrachtführer nicht auf die Gefahr eines ungewöhnlich hohen Schadens hingewiesen hat.[18]

2. Bedeutung von Satz 2

10 Im Gegensatz zum Warschauer Abkommen stellt **Satz 2** klar, dass sich andere Personen, z.B. die Erben, die Ansprüche des Reisenden gegen den Luftfrachtführer geltend machen, ein Mitverschulden des Reisenden anrechnen lassen müssen.

---

9 AG Frankfurt am Main, Urt. v. 11.10.1996 – 32 C 1922/96-48 – ZLW **1997** 299, 300 zu Art. 21 WA 1955.

10 LG Köln, Urt. v. 8.11.1979 – 15 O 75/78 – VersR **1981** 90, 91.

11 LG Köln, Urt. v. 30.3.1988 – 10 O 445/87 – ZLW **1988** 265, 266 f.

12 AG Baden-Baden, Urt. v. 28.7.1999 – 6 C 58/98 – RRa **1999** 216; AG Berlin Charlottenburg, Urt. v. 8.9.2009 – 216 C 141/09 – RRa **2009** 293, 294.

13 AG Berlin Charlottenburg, Urt. v. 9.9.2009 – 207 C 242/09 – RRa **2009** 298; *Naumann* TranspR **2010** 415, 416.

14 Ebenso OLG Frankfurt am Main, Urt. v. 14.7.1977 – 5 U 129/76 – ZLW **1977** 53, 59; enger dagegen *Koller*[11] Art. 20 MÜ Rn. 1, der eine Zurechnung nur für den Fall des Auswahlverschuldens bejaht.

15 LG Hamburg, Urt. v. 3.12.1992 – 418 O 90/91 – TranspR **1995** 76, 77.

16 F TribCom Paris, Urt. v. 9.11.1988 – *Webert Ricoeur c. Air France* – RFDA **1988** 391.

17 BGH, Urt. v. 15.11.2001 – I ZR 158/99 – BGHZ **149** 337, 352 ff.; BGH, Urt. v. 1.12.2005 – I ZR 31/04 – NJW **2006** 1426; BGH, Urt. v. 19.1.2006 – I ZR 80/03 – NJW-RR **2006** 822; BGH, Urt. v. 20.7.2006 – I ZR 9/05 – NJW-RR **2007** 28.

18 BGH, Urt. v. 19.1.2006 – I ZR 80/03 – NJW-RR **2006** 822.

III. Beweislast

Die Vorschrift enthält neben der grundsätzlichen Anordnung, ein Mitverschulden des Anspruchsberechtigten haftungsmindernd zu berücksichtigen, die Beweislastregel, dass der Luftfrachtführer das Mitverschulden sowie den Kausalzusammenhang zwischen Mitverschulden und schädigendem Ereignis darzulegen und zu beweisen hat.[19] Die Anforderungen, welche an den Beweis zu stellen sind, ergeben sich aus den Beweisregeln der lex fori.[20] **11**

C. Rechtsfolge des Art. 20 MÜ

Nach Art. 20 MÜ ist das Mitverschulden des Anspruchsberechtigten haftungsmindernd zu berücksichtigen. Für Schäden, in denen wegen der Haftungshöchstgrenze nach Art. 21 Abs. 1 MÜ oder Art. 22 MÜ nur ein Teil des eingetretenen Schadens zu entschädigen ist, stellt sich die Frage, ob entsprechend allgemeinen Grundsätzen zunächst der Schaden nach dem Verhältnis der Verursachungsbeiträge aufgeteilt und dann der Anteil des Schädigers der Haftungshöchstgrenze nach Art. 21 Abs. 1 MÜ bzw. Art. 22 MÜ unterworfen wird oder ob die unter Anwendung des Haftungshöchstbetrags errechnete Haftung verhältnismäßig zu mindern ist. Für den letzteren Ansatz mag zwar der Wortlaut der Vorschrift sprechen, indes erscheint es aus Billigkeitsgesichtspunkten angemessen, der ersteren Variante den Vorzug zu geben.[21] Die Haftungsminderung ist daher von dem nachgewiesenen Schaden und nicht von der Haftungshöchstgrenze zu berechnen. **12**

---

19 EuGH, Urt. V. 2.6.2022 – *Austrian Airlines I* – C-589/20, NJW-RR **2022** 986, 988; FrankfKomm/*Giemulla* Art. 20 MÜ Rn. 12; Ebenroth/Boujong/*Pokrant*[5] Art. 20 MÜ Rn. 4; zum WA: *Guldimann* Art. 21 WA 1955 Rn. 9; *Ruhwedel*[3] Luftbeförderungsvertrag Rn. 648.

20 BeckOGK/*Förster* Art. 20 MÜ Rn. 18.

21 Ebenso *Geigel/Mühlbauer*[26] Haftpflichtprozess Kap. 29 Rn. 73.

Artikel 21 Schadensersatz bei Tod oder Körperverletzung von Reisenden

1. Für Schäden nach Artikel 17 Absatz 1, die 128 821* Sonderziehungsrechte je Reisenden nicht übersteigen, kann die Haftung des Luftfrachtführers nicht ausgeschlossen oder beschränkt werden.
2. Der Luftfrachtführer haftet nicht für Schäden nach Artikel 17 Absatz 1, soweit sie 128 821 Sonderziehungsrechte je Reisenden übersteigen, wenn er nachweist, dass
   a) dieser Schaden nicht auf eine unrechtmäßige Handlung oder Unterlassung des Luftfrachtführers oder seiner Leute, sei sie auch nur fahrlässig begangen, zurückzuführen ist oder
   b) dieser Schaden ausschließlich auf eine unrechtmäßige Handlung oder Unterlassung eines Dritten, sei sie auch nur fahrlässig begangen, zurückzuführen ist.

Article 21 Compensation in Case of Death or Injury of Passengers

1. For damages arising under paragraph 1 of Article 17 not exceeding 128 821 Special Drawing Rights for each passenger, the carrier shall not be able to exclude or limit its liability.
2. The carrier shall not be liable for damages arising under paragraph 1 of Article 17 to the extent that they exceed for each passenger 128 821 Special Drawing Rights if the carrier proves that:
   a) such damage was not due to the negligence or other wrongful act or omission of the carrier or its servants or agents; or
   b) such damage was solely due to the negligence or other wrongful act or omission of a third party.

Article 21 *Indemnisation en cas de mort ou de lésion subie par le passager*

1. Pour les dommages visés au paragraphe 1 de l'article 17 et ne dépassant pas 128 821 droits de tirage spéciaux par passager, le transporteur ne peut exclure ou limiter sa responsabilité.
2. Le transporteur n'est pas responsable des dommages visés au paragraphe 1 de l'article 17 dans la mesure où ils dépassent 128 821 droits de tirage spéciaux par passager, s'il prouve:
   a) que le dommage n'est pas dû à la négligence ou à un autre acte ou omission préjudiciable du transporteur, de ses préposés ou de ses mandataires, ou
   b) que ces dommages résultent uniquement de la négligence ou d'un autre acte ou omission préjudiciable d'un tiers.

Schrifttum

Bollweg Das Montrealer Übereinkommen, Rückblick – Überblick – Ausblick, ZLW **2001** 439–451; *Müller-Rostin* Das Warschauer Abkommen – nur noch eine Hülse? TranspR **1996**, 125–127; *Ruhwedel* Das Montrealer Übereinkommen zur Vereinheitlichung bestimmter Vorschriften über die Beförderung im internationalen Luftverkehr vom 28.5.1999, TranspR **2001** 189–202.

Parallelvorschriften

Art. 3 Abs. 2 der EG-VO Nr. 2027/97; Art. 20 WA 1955.

* Die Anpassung der Haftungshöchstbeträge auf 128 821 SZR erfolgte durch die Zweite VO vom 3.12.2019 zum 28.12.2019, BGBl. II S. 1098. Zuvor waren die Haftungshöchstbeträge von ehemals 100 000 SZR auf 113 100 SZR durch die VO vom 14.12.2009 zum 30.12.2009, BGBl. II S. 1258, angepasst worden; vgl. auch Art. 24 MÜ Rdn. 7 ff.

https://doi.org/10.1515/9783110564945-022

Übersicht

A. Allgemeines

I. Normzweck

1 Art 21 MÜ regelt in Ergänzung des Art. 17 MÜ die Haftungsbegrenzung bei Personenschäden. Für die Befreiung von der Personenschadenshaftung unterscheidet Art. 21 MÜ zwischen Schäden bis 128 821 Sonderziehungsrechten und Schäden über 128 821 Sonderziehungsrechten:

2 **Absatz 1** stellt klar, dass für Personenschäden nach Art. 17 Abs. 1 MÜ bis zu einem Betrag von 128 821 Sonderziehungsrechten verschuldensunabhängig gehaftet wird. Nur durch den Nachweis des Mitverschuldens nach Art. 20 MÜ kann der Luftfrachtführer dieser Gefährdungshaftung noch entgehen. Die von dem Luftfahrzeug ausgehende besondere Betriebsgefahr rechtfertigt diesen strengen Haftungsmaßstab ebenso wie die Beweisschwierigkeiten, die mit einem Verschuldensnachweis für den anspruchsstellenden Geschädigten verbunden wären. Wenn im Gegenzug der Umfang dieser Haftung durch eine auf 128 821 Sonderziehungsrechte festgesetzte Haftungshöchstsumme begrenzt wird, so schafft dies einen gewissen Ausgleich zum besonders strengen Haftungsmaßstab. Er gewährleistet zum einen, dass der Geschädigte – abgesehen vom Mitverschuldensfall – seinen Schaden ganz oder zu einem ganz wesentlichen Teil zumeist schnell und unproblematisch ersetzt erhält. Zum anderen macht er die Haftung und damit auch die Deckungsvorsorge – etwa durch Abschluss von Versicherungen – für den Luftfrachtführer kalkulierbar. Damit übernimmt das Montrealer Haftungssystem ein Haftungskonzept, das weitgehend auch bereits der deutschen verkehrsrechtlichen Haftung für Personenschäden zugrunde liegt: Eine auf der Betriebsgefahr beruhende und durch Haftungshöchstgrenzen beschränkte Gefährdungshaftung ist sowohl für Schadensereignisse im Straßenverkehr (§§ 7, 12 StVG) als auch im Bahnverkehr (§§ 1, 9 HPflG) sowie für Drittschadensfälle im Luftverkehr (§§ 33, 37 LuftVG) und kraft europäischen Rechts auch für Passagierschadensfälle im Luftverkehr[1] vorgesehen.[2]

3 **Absatz 2** sieht für Personenschäden, die den Höchstbetrag von 113 100 Sonderziehungsrechten nach Absatz 1 übersteigen, eine Haftung für vermutetes Verschulden vor.[3] Anknüpfend an Art. 20 WA 1955, der eine Haftung für vermutetes Verschulden allerdings generell und nicht erst für Schadensbeträge jenseits von 128 821 Sonderziehungsrechten vorsieht, wird dem Luftfrachtführer nachgelassen, sich durch den Nachweis, dass der Schaden nicht auf eigenem unrechtmäßigen und schuldhaften Verhalten oder unrechtmäßigem und schuldhaftem Verhalten seiner Leute beruht (**Buchstabe a**), oder durch den Nachweis, dass der Schaden ausschließlich auf einem unrechtmäßigen und schuldhaften Verhalten eines Dritten beruht (**Buchstabe b**), von der weitergehenden Haftung zu befreien.

---

1 Vgl. Art. 3 der Verordnung (EG) des Rates vom 9. Oktober 1997 über die Haftung von Luftfahrtunternehmen bei Unfällen, ABl. EG Nr. L 258 vom 17.10.1997 S. 1. Im Folgenden wird die Verordnung als EG-VO Nr. 2027/97 abgekürzt.

2 Kritisch zur Einordnung als Gefährdungshaftung, FrankfKomm/*Giemulla* Art. 21 MÜ Rn. 2.

3 Vgl. Denkschrift zum MÜ BT-Drucks. **15/2285**, S. 43; *Bollweg* ZLW **2000** 439, 444; *Ruhwedel* TranspR **2001** 189, 194.

II. Entstehungsgeschichte

4 Vorbild der Regelungen waren das IATA-Intercarrier-Agreement[4] und Art. 3 Abs. 2 der EG-VO Nr. 2027/97.

B. Umfang der Haftung

I. Haftungsbegrenzung nach Absatz 1

5 Der Umfang der Haftung bestimmt sich danach, ob der in Anspruch genommene Luftfrachtführer sich nach Absatz 2 Buchstabe a oder Buchstabe b entlasten kann oder nicht. Gelingt dem Luftfrachtführer der Entlastungsbeweis, so haftet er nach **Absatz 1** dem Reisenden jeweils begrenzt auf 128 821 Sonderziehungsrechte. Die Haftung des Luftfrachtführers nach Absatz 1 ist verschuldensunabhängig.

6 Der in Absatz 1 genannte Betrag ist nicht als pauschale Schadensersatzleistung zu verstehen, sondern lediglich als Haftungshöchstbetrag, so dass in jeden Einzelfall der Anspruchsteller die Höhe seines Schadens nachweisen muss, wie auch Art. 20 Satz 3 MÜ ausdrücklich klarstellt. Danach ist bei der Haftung für Personenschäden bis zu der nach Art. 21 Abs. 1 MÜ maßgeblichen Haftungshöchstgrenze auch ein etwaiges Mitverschulden des Geschädigten zu berücksichtigen.

7 Die Haftungsbegrenzung nach Absatz 1 gilt auch dann, wenn wegen der Tötung oder der Körperverletzung des Reisenden mehrere Personen ersatzberechtigt sind. Für diesen Fall bestimmt § 1 Abs. 2 MontÜG i.V.m. § 45 Abs. 3 LuftVG Folgendes: Falls die Schadensgesamtsumme der wegen einer einzelnen Körperverletzung oder Tötung den in Art. 21 Abs. 1 MÜ[5] genannten Haftungshöchstbetrag übersteigt, sind die einzelnen Entschädigungszahlungen im Verhältnis des Gesamtbetrages zum Haftungshöchstbetrag herabzusetzen. Die Herabsetzung erfolgt nach der Formel

$$A = \frac{F \times H}{G}$$

wobei A der zu bestimmende herabgesetzte Anspruch, F die noch nicht gekürzte Einzelforderung, H der Haftungshöchstbetrag und G der Gesamtbetrag aller Forderungen der Ersatzberechtigten bedeutet.

II. Unbegrenzte Haftung nach Absatz 2

1. Grundsatz

8 Nach Absatz 2 haftet der Luftfrachtführer über den nach Absatz 1 vorgesehenen Haftungshöchstbetrag für vermutetes Verschulden hinaus unbegrenzt. Der Luftfrachtführer kann seine Haftung jedoch auf den Haftungshöchstbetrag nach Absatz 1 beschränken, wenn er nachweist, dass ihn kein Verschulden hinsichtlich des verursachten Schadens betrifft. Der Luftfrachtführer muss den Nachweis einer Schadens- bzw. Unfallverursachung, die im Ergebnis vollständig außerhalb der Kontrolle des Luftfrachtführers lag und ihm daher nicht zugerechnet werden kann, führen.[6]

---

4 Abgedruckt bei *Müller-Rostin* TranspR **1996** 125, 127.

5 § 1 Abs. 2 MontÜG nimmt unrichtigerweise Bezug auf Art. 21 Abs. 2 MÜ. Dort wird indes nicht der Haftungshöchstbetrag festgesetzt, sondern das Nichteingreifen der Haftungsbegrenzung geregelt. Insofern handelt es sich um ein Redaktionsversehen des Gesetzgebers. Dies ist in der Sache unschädlich, da Art. 21 Abs. 2 MÜ ebenfalls den Haftungshöchstbetrag erwähnt.

6 BeckOGK/*Förster* Art. 21 MÜ Rn. 11.

2. Haftungsbeschränkung in Bezug auf weitergehende Haftung wegen vermuteten Verschuldens

a) Keine unrechtmäßige Handlung oder Unterlassung des Luftfrachtführers oder seiner Leute (Buchstabe a). Der Luftfrachtführer haftet nicht über den Betrag von 128 821 SZR hinaus, wenn er nach Buchstabe a nachweist, dass der Schaden weder auf eine unrechtmäßige Handlung noch auf eine Unterlassung seiner Person oder seiner Leute, sei sie auch nur fahrlässig begangen, zurückzuführen ist. Zu den Leuten des Luftfrachtführers sind alle Personen zu rechnen, deren sich der Luftfrachtführer zur Ausführung der Beförderung bedient. Dabei ist es unerheblich, ob die Personen selbständig oder angestellt sind.[7] 9

Der Begriff der „unrechtmäßigen Handlung oder Unterlassung umfasst sowohl vertragswidrige als auch deliktische Handlungen des Luftfrachtführers oder seiner Leute. Sofern es um einen Schaden geht, der durch eine Handlung oder Unterlassung einer der Leute des Luftfrachtführers verursacht worden ist, muss dieser **in Ausführung der Verrichtung** gehandelt haben. Zwar erwähnt die Vorschrift anders als z.B. Art. 30 Abs. 1 MÜ dieses Erfordernis nicht; es versteht sich jedoch von selbst, dass dem Luftfrachtführer als Geschäftsherrn nur Handlungen und Unterlassungen seiner Leute zurechenbar sind, die diese in Ausführung ihrer Verrichtung vollzogen haben. Ohne diese tatbestandsimmanente Einschränkung würde die Möglichkeit des Luftfrachtführers, seine Haftung auf den Haftungshöchstbetrag zu beschränken, leerlaufen. In Ausführung ihrer Verrichtungen handeln die Leute des Luftfrachtführers, wenn ein unmittelbarer innerer Zusammenhang zwischen der ihnen aufgetragenen Verrichtung nach ihrer Art. und ihrem Zweck und der schädigenden Handlung besteht.[8] Ein derartiger Zusammenhang wird allgemein bejaht, wenn der Gehilfe des Luftfrachtführers im Rahmen seiner normalen Obliegenheiten tätig wird und sein Verhalten selbst als Mangel der Vertragserfüllung angesehen werden kann.[9] Diese Grenze ist weit zu ziehen. Auch bewusstes Zuwiderhandeln der Leute gegen Weisungen des Luftfrachtführers können noch „in Ausführung der Verrichtung“ erfolgt sein. Jenseits dieser Grenze liegende Handlungen, die nur noch in äußerem Zusammenhang mit diesen Obliegenheiten stehen, sind dem Luftfrachtführer nicht mehr zurechenbar. Dementsprechend sind Schädigungen „bei Gelegenheit“[10] der Dienstverrichtung dem Luftfrachtführer hinsichtlich der Haftungsdurchbrechung nicht zurechenbar.[11] Tätliche Angriffe auf Reisende oder Beleidigungen durch Angestellte sind nur im Rahmen der Verrichtung erfolgt, wenn dem betreffenden Bediensteten eine Aufgabe übertragen worden ist, zu welcher der Kontakt mit den Reisenden gehört.[12] Fehlt es hieran, ist dem Luftfrachtführer die Handlung nicht zurechenbar mit der Folge, dass er seine nach Absatz 2 weitergehende Haftung auf den Haftungshöchstbetrag beschränken kann. 10

Dem Luftfrachtführer obliegt die Darlegungs- und Beweislast in Bezug auf den Haftungsbeschränkungstatbestand. Der Luftfrachtführer hat darzulegen, dass ihn weder eine Pflicht gegenüber dem Reisenden traf noch er eine Pflicht gegenüber dem Geschädigten verletzt hat noch seine Handlung für die Verletzung kausal war.[13] Öffnet ein Reisender während des Steigflugs das über ihm befindliche Gepäckfach und fällt dadurch ein Laptop auf einen anderen Reisenden, hat der Luftfrachtführer den Nachweis geführt, wenn das Kabinenpersonal die Reisenden über die Anschnallpflicht *„fasten seat belt“* informiert und vor herabfallenden Gegenständen durch die Ansa- 11

---

7 FrankfKomm/*Giemulla* Art. 21 MÜ Rn. 35; *Koller*[11] Art. 20 MÜ Rn. 18, 19.

8 Vgl. BGH, Urt. v. 6.10.1970 – VI ZR 56/59 – NJW **1971** 31; US CA, Urt. v. 5.3.1985 – *Johnson v. Allied Eastern States Maintenance Corporation* – **19** Avi 17.847, 850.

9 Vgl. BGH, Urt. v. 6.10.1970 – VI ZR 56/59 – NJW **1971** 31, wo darauf abgestellt wird, ob ein „unmittelbarer innerer Zusammenhang zwischen der aufgetragenen Verrichtung und der schädigenden Handlung“ besteht.

10 Zur Abgrenzung der Haftungsmerkmale „in Ausführung ihrer Verrichtungen“ und „bei Gelegenheit“ im Zusammenhang mit der Luftbeförderung: BGH, Urt. v. 14.2.1989 – VI ZR 121/88 – TranspR **1989** 275, 278.

11 Siehe auch *Ruhwedel*[3] Luftbeförderungsvertrag Rn. 592.

12 *Drion* Limitation of Liabilities Nr. 207.

13 US DC, Urt. v. 10.1.2017 – *Lee v. Air Canada* – **228** F. Supp. 3d 302, 312f.

ge *„be careful when opening overhead bins because falling objects can cause injury to you or someone seated near you“* gewarnt hat.[14]

12 **b) Ausschließliche Schadensverursachung durch einen Dritten (Buchstabe b).** Ebenfalls haftet der Luftfrachtführer nicht unbegrenzt, wenn er nach Buchstabe b nachweist, dass der Schaden ausschließlich auf eine unrechtmäßige Handlung oder Unterlassung eines Dritten, sei sie auch nur fahrlässig begangen, zurückzuführen ist. Genau genommen kommt Buchstabe b keine eigenständige Bedeutung zu.[15] Denn er enthält nur einen Unterfall von Buchstabe a: Immer dann, wenn der Schaden ausschließlich auf ein unrechtmäßiges und schuldhaftes Verhalten eines Dritten zurückzuführen ist, ist er nicht auf ein unrechtmäßiges und schuldhaftes Verhalten des Luftfrachtführers und seiner Leute zurückzuführen.[16]

13 Der Entlastungsbeweis kann insbesondere bei terroristischen Anschlägen auf ein Luftfahrzeug geführt werden.[17] Jedoch ist der Entlastungsbeweis dann nicht geführt, wenn die Schäden durch Terroristen, die wegen einer unzureichenden Personenkontrolle auf einem ausländischen Flughafen mit ihren Waffen an Bord gelangen konnten, verursacht wurden.[18] In diesem Fall war die unzureichende Personenkontrolle durch die Leute des Luftfrachtführers letztlich mitursächlich für die Körperverletzung der Reisenden mit der Folge, dass der Schaden nicht ausschließlich durch einen Dritten verursacht wurde. In Deutschland sind die Personen- und Gepäckkontrolle der Bundespolizei (§ 5 LuftSiG) vorbehalten, so dass eine Zurechnung gegenüber dem Luftfrachtführer scheitert und der Entlastungsbeweis geführt werden kann.[19]

14 Ferner kann der Entlastungsbeweis in Fällen der „passenger-to-passenger interactions“[20] geführt werden.

---

14 US DC, Urt. v. 8.2.2010 – *Wright v. American Airlines* – No. **4:08**-CV-660-A.

15 So auch die Denkschrift zum MÜ BT-Drucks. **15/2285**, S. 44.

16 BeckOGK/*Förster* Art. 21 MÜ Rn. 13.

17 *Ruhwedel* TranspR **2001** 1989, 194 Fn. 40.

18 Vgl. dazu bereits F CA, Urt. v. 19.6.1979 – *Haddad c. Air France* – RFDA **1979** 327, 328.

19 FrankfKomm/*Giemulla* Art. 21 MÜ Rn. 37.

20 Vgl. dazu Art. 17 MÜ Rdn. 20.

Artikel 22 Haftungshöchstbeträge bei Verspätung sowie für Reisegepäck und Güter

1. **Für Verspätungsschäden im Sinne des Artikels 19 haftet der Luftfrachtführer bei der Beförderung von Personen nur bis zu einem Betrag von 5 346* Sonderziehungsrechten je Reisenden.**
2. **[1]Bei der Beförderung von Reisegepäck haftet der Luftfrachtführer für Zerstörung, Verlust, Beschädigung oder Verspätung nur bis zu einem Betrag von 1 288** Sonderziehungsrechten je Reisenden; diese Beschränkung gilt nicht, wenn der Reisende bei der Übergabe des aufgegebenen Reisegepäcks an den Luftfrachtführer das Interesse an der Ablieferung am Bestimmungsort betragsmäßig angegeben und den verlangten Zuschlag entrichtet hat. [2]In diesem Fall hat der Luftfrachtführer bis zur Höhe des angegebenen Betrags Ersatz zu leisten, sofern er nicht nachweist, dass dieser höher ist als das tatsächliche Interesse des Reisenden an der Ablieferung am Bestimmungsort.**
3. **[1]Bei der Beförderung von Gütern haftet der Luftfrachtführer für Zerstörung, Verlust, Beschädigung oder Verspätung nur bis zu einem Betrag von 22*** Sonderziehungsrechten für das Kilogramm; diese Beschränkung gilt nicht, wenn der Absender bei der Übergabe des Frachtstücks an den Luftfrachtführer das Interesse an der Ablieferung am Bestimmungsort betragsmäßig angegeben und den verlangten Zuschlag entrichtet hat. [2]In diesem Fall hat der Luftfrachtführer bis zur Höhe des angegebenen Betrags Ersatz zu leisten, sofern er nicht nachweist, dass dieser höher ist als das tatsächliche Interesse des Absenders an der Ablieferung am Bestimmungsort.**
4. **[1]Im Fall der Zerstörung, des Verlusts, der Beschädigung oder der Verspätung eines Teiles der Güter oder irgendeines darin enthaltenen Gegenstands ist für die Feststellung, bis zu welchem Betrag der Luftfrachtführer haftet, nur das Gesamtgewicht der betroffenen Frachtstücke maßgebend. [2]Beeinträchtigt jedoch die Zerstörung, der Verlust, die Beschädigung oder die Verspätung eines Teiles der Güter oder eines darin enthaltenen Gegenstands den Wert anderer Frachtstücke, die in demselben Luftfrachtbrief oder derselben Empfangsbestätigung oder, wenn diese nicht ausgestellt wurden, in den anderen Aufzeichnungen im Sinne des Artikels 4 Absatz 2 aufgeführt sind, so ist das Gesamtgewicht dieser Frachtstücke für die Feststellung, bis zu welchem Betrag der Luftfrachtführer haftet, maßgebend.**
5. **Die Absätze 1 und 2 finden keine Anwendung, wenn nachgewiesen wird, dass der Schaden durch eine Handlung oder Unterlassung des Luftfrachtführers oder seiner Leute verursacht worden ist, die entweder in der Absicht, Schaden herbeizuführen, oder leichtfertig und in dem Bewusstsein begangen wurde, dass wahrscheinlich ein Schaden eintreten wird; im Fall einer Handlung oder Unterlassung der Leute ist außerdem nachzuweisen, dass diese in Ausführung ihrer Verrichtungen gehandelt haben.**
6. **[1]Die in Artikel 21 und in diesem Artikel festgesetzten Haftungsbeschränkungen hindern das Gericht nicht, zusätzlich nach seinem Recht einen Betrag zuzusprechen, der ganz oder teilweise den vom Kläger aufgewendeten Gerichtskosten und sonstigen Ausgaben für den Rechtsstreit, einschließlich Zinsen, entspricht. [2]Dies gilt nicht, wenn der zuge-**

---

* Die Anpassung der Haftungshöchstbeträge auf 5 346 SZR erfolgte durch die Zweite VO vom 3.12.2019 zum 28.12.2019, BGBl. II 1098. Zuvor waren die Haftungshöchstbeträge von ehemals 4 150 SZR auf 4 694 SZR durch die VO vom 14.12.2009 zum 30.12.2009, BGBl. II S. 1258, angepasst worden; vgl. auch Art. 24 MÜ Rdn. 8.

** Die Anpassung der Haftungshöchstbeträge auf 1 288 SZR erfolgte durch die Zweite VO vom 3.12.2019 zum 28.12.2019, BGBl. II 1098. Zuvor waren die Haftungshöchstbeträge von ehemals 1 000 SZR auf 1 131 SZR durch die VO vom 14.12.2009 zum 30.12.2009, BGBl. II S. 1258, angepasst worden; vgl. auch Art. 24 MÜ Rdn. 8.

*** Die Anpassung der Haftungshöchstbeträge auf 22 SZR erfolgte durch die Zweite VO vom 3.12.2019 zum 28.12.2019, BGBl. II 1098. Zuvor waren die Haftungshöchstbeträge von ehemals 17 SZR auf 19 SZR durch die VO vom 14.12.2009 zum 30.12.2009, BGBl. II S. 1258, angepasst worden; vgl. auch Art. 24 MÜ Rdn. 8.

https://doi.org/10.1515/9783110564945-023

sprochene Schadensersatz, ohne Berücksichtigung der Gerichtskosten und der sonstigen Ausgaben für den Rechtsstreit, den Betrag nicht übersteigt, den der Luftfrachtführer dem Kläger schriftlich innerhalb einer Frist von sechs Monaten seit dem Ereignis, das den Schaden verursacht hat, oder, falls die Klage nach Ablauf dieser Frist erhoben worden ist, vor ihrer Erhebung angeboten hat.

Article 22 Limits of Liability in Relation to Delay, Baggage and Cargo

1. *In the case of damage caused by delay as specified in Article 19 in the carriage of persons, the liability of the carrier for each passenger is limited to 5 346 Special Drawing Rights.*
2. *In the carriage of baggage, the liability of the carrier in the case of destruction, loss, damage or delay is limited to 1 288 Special Drawing Rights for each passenger unless the passenger has made, at the time when the checked baggage was handed over to the carrier, a special declaration of interest in delivery at destination and has paid a supplementary sum if the case so requires. In that case the carrier will be liable to pay a sum not exceeding the declared sum, unless it proves that the sum is greater than the passenger's actual interest in delivery at destination.*
3. *In the carriage of cargo, the liability of the carrier in the case of destruction, loss, damage or delay is limited to a sum of 22 Special Drawing Rights per kilogramme, unless the consignor has made, at the time when the package was handed over to the carrier, a special declaration of interest in delivery at destination and has paid a supplementary sum if the case so requires. In that case the carrier will be liable to pay a sum not exceeding the declared sum, unless it proves that the sum is greater than the consignor's actual interest in delivery at destination.*
4. *In the case of destruction, loss, damage or delay of part of the cargo, or of any object contained therein, the weight to be taken into consideration in determining the amount to which the carrier's liability is limited shall be only the total weight of the package or packages concerned. Nevertheless, when the destruction, loss, damage or delay of a part of the cargo, or of an object contained therein, affects the value of other packages covered by the same air waybill, or the same receipt or, if they were not issued, by the same record preserved by the other means referred to in paragraph 2 of Article 4, the total weight of such package or packages shall also be taken into consideration in determining the limit of liability.*
5. *The foregoing provisions of paragraphs 1 and 2 of this Article shall not apply if it is proved that the damage resulted from an act or omission of the carrier, its servants or agents, done with intent to cause damage or recklessly and with knowledge that damage would probably result; provided that, in the case of such act or omission of a servant or agent, it is also proved that such servant or agent was acting within the scope of its employment.*
6. *The limits prescribed in Article 21 and in this Article shall not prevent the court from awarding, in accordance with its own law, in addition, the whole or part of the court costs and of the other expenses of the litigation incurred by the plaintiff, including interest. The foregoing provision shall not apply if the amount of the damages awarded, excluding court costs and other expenses of the litigation, does not exceed the sum which the carrier has offered in writing to the plaintiff within a period of six months from the date of the occurrence causing the damage, or before the commencement of the action, if that is later.*

Article 22 Limites de responsabilité relatives aux retards, aux bagages et aux marchandises

1. *En cas de dommage subi par des passagers résultant d'un retard, aux termes de l'article 19, la responsabilité du transporteur est limitée à la somme de 5 346 droits de tirage spéciaux par passager.*

2. *Dans le transport de bagages, la responsabilité du transporteur en cas de destruction, perte, avarie ou retard est limitée à la somme de 1 288 droits de tirage spéciaux par passager, sauf déclaration spéciale d'intérêt à la livraison faite par le passager au moment de la remise des bagages enregistrés au transporteur et moyennant le paiement éventuel d'une somme supplémentaire. Dans ce cas, le transporteur sera tenu de payer jusqu'à concurrence de la somme déclarée, à moins qu'il prouve qu'elle est supérieure à l'intérêt réel du passager à la livraison.*
3. *Dans le transport de marchandises, la responsabilité du transporteur, en cas de destruction, de perte, d'avarie ou de retard, est limitée à la somme de 22 droits de tirage spéciaux par kilogramme, sauf déclaration spéciale d'intérêt à la livraison faite par l'expéditeur au moment de la remise du colis au transporteur et moyennant le paiement d'une somme supplémentaire éventuelle. Dans ce cas, le transporteur sera tenu de payer jusqu'à concurrence de la somme déclarée, à moins qu'il prouve qu'elle est supérieure à l'intérêt réel de l'expéditeur à la livraison.*
4. *En cas de destruction, de perte, d'avarie ou de retard d'une partie des marchandises, ou de tout objet qui y est contenu, seul le poids total du ou des colis dont il s'agit est pris en considération pour déterminer la limite de responsabilité du transporteur. Toutefois, lorsque la destruction, la perte, l'avarie ou le retard d'une partie des marchandises, ou d'un objet qui y est contenu, affecte la valeur d'autres colis couverts par la même lettre de transport aérien ou par le même récépissé ou, en l'absence de ces documents, par les mêmes indications consignées par les autres moyens visés à l'article 4, paragraphe 2, le poids total de ces colis doit être pris en considération pour déterminer la limite de responsabilité.*
5. *Les dispositions des paragraphes 1 et 2 du présent article ne s'appliquent pas s'il est prouvé que le dommage résulte d'un acte ou d'une omission du transporteur, de ses préposés ou de ses mandataires, fait soit avec l'intention de provoquer un dommage, soit témérairement et avec conscience qu'un dommage en résultera probablement, pour autant que, dans le cas d'un acte ou d'une omission de préposés ou de mandataires, la preuve soit également apportée que ceux-ci ont agi dans l'exercice de leurs fonctions.*
6. *Les limites fixées par l'article 21 et par le présent article n'ont pas pour effet d'enlever au tribunal la faculté d'allouer en outre, conformément à sa loi, une somme correspondant à tout ou partie des dépens et autres frais de procès exposés par le demandeur, intérêts compris. La disposition précédente ne s'applique pas lorsque le montant de l'indemnité allouée, non compris les dépens et autres frais de procès, ne dépasse pas la somme que le transporteur a offerte par écrit au demandeur dans un délai de six mois à dater du fait qui a causé le dommage ou avant l'introduction de l'instance si celle-ci est postérieure à ce délai.*

Schrifttum

Boettge Das Luftrecht nach dem Montrealer Übereinkommen, VersR **2005** 908–917; *Brautlacht* Die Abdingbarkeit der Wertdeklaration für Fluggepäck, TranspR **1991** 342–345; *Csoklich* Durchbrechung der Haftungsgrenzen des Montrealer Übereinkommens, RdW **2013** 319–323; *Giemulla/Schmid* Ausgewählte internationale Rechtsprechung zum Warschauer Abkommen in den Jahren 1989–1991, ZLW **1992** 123–136; *Gran* Beweisführung und Einlassungsobliegenheit bei qualifiziertem Verschulden des Luftfrachtführers nach der Haftungsordnung des Warschauer Abkommens, Festschrift Piper, **1996** S. 847–855; *Harms/Schuler-Harms* Die Haftung des Luftfrachtführers nach dem Montrealer Übereinkommen, TranspR **2003** 369–377; *Heuer* Was ist eigentlich so besonders am Luftfrachtverkehr, oder Haftungsbeschränkungen für Vorsatz? TranspR **2003** 100–102; *Janköster* Fluggastrechte im internationalen Luftverkehr, Diss. Konstanz **2008**; *Kirsch* Die Haftung des internationalen Luftfrachtführers nach dem Warschauer Abkommen im Anwendungsbereich des Montrealer Protokolls Nr. 4, TranspR **2002** 435–437; *ders.* Das Besondere am Luftfrachtverkehr, TranspR **2003** 295–297; *Koller* Schadensverhütung und Schadensausgleich bei Güter- und Verspätungsschäden nach dem Montrealer Übereinkommen, TranspR **2004** 181–194; *Kuhn* Die Haftung für Schäden an Frachtgütern, Gepäck und Luftpostsendungen nach dem Warschauer Haftungssystem und den §§ 44–52 LuftVG, Diss. Köln (1987); *ders.* Sonderfälle der Anspruchsberechtigung bei Art. 17, 18, 19 WA, WA/HP, ZLW **1989** 21–29; *Liesecke* Die neuere Rechtsprechung zum Luftfrachtrecht des Warschauer Abkommens von 1929 nebst Haager Protokoll von 1955, MDR **1968** 1–4, 93–99; *Mühlbauer* Der Haftungsanspruch wegen Verlustes von Reisegepäck und die Durchbrechung von Haftungslimits im Luftverkehr, TranspR **2003** 185–188; *Müller-Rostin* Ist die Wertdeklaration des Art. 22 Abs. 2 WA als eine Haftungsbeschränkung anzusehen oder nicht? TranspR **1996** 149–150; *ders.* Die Unverbrüchlichkeit der Haftungsgrenzen bei Frachtschäden im Montrealer Protokoll Nr. 4 und im Montrealer Übereinkommen von 1999, GS Helm, **2001** S. 227–241; *ders.* Anhebung der Haftungsgrenzen und Interessendeklaration im Luftrecht, TranspR **2015**, 140 –148; *Otte* Zur Erleichterung der Beweisführung durch Einlassungsobliegenheit im internationalen Luftrecht, GS Lüderitz, **2000** S. 523–541; *Reuschle* Das Nacheinander von Entscheidungen – Eine Untersuchung über die Auswirkungen einer späteren Entscheidung auf den Geltungsanspruch eines vorausgegangenen rechtskräftigen Zivilurteils, Diss. München **1998**; *Ruhwedel* Künftig keine Kilogramm-Pauschale mehr bei Frachtgutschäden im Luftverkehr? Festschrift Guldimann, **1997** S 201–214; *ders.* Das Montrealer Übereinkommen zur Vereinheitlichung bestimmter Vorschriften über die Beförderung im internationalen Luftverkehr vom 28.5.1999, TranspR **2001** 189–202; *ders.* Haftungsbegrenzungen und deren Durchbrechung im Luftrecht – Oder: Die absolute Beschränkung der Haftung bei Schäden an Luftfrachtgütern, TranspR **2004** 137–141; *Schobel* Die Haftungsbegrenzung des Luftfrachtführers nach dem Warschauer Abkommen, Diss. Erlangen **1992**; *Schönwerth* Unmittelbare Ansprüche des Eigentümers von Gepäck und Fracht gegen den Luftfrachtführer, FS Guldimann, **1997** S. 215–229; *Thume* Haftungsprobleme beim Containerverkehr, TranspR **1990** 41–48; *Vyvers* Luftfracht im Kurz-Überblick, NZV **2020** 298–300; *Wessels* Haftungsgrenze und Wertdeklaration in Art. 22 Abs. 2 des Warschauer Abkommens bei Teilschäden an Fracht und Reisegepäck, ZLW **1960** 35–40.

Parallelvorschriften

Art. 22 WA 1955; Art. 25 WA 1955; Art. 29 CMR; § 435 HGB.

Übersicht

A. Allgemeines

I. Normzweck

Art. 22 MÜ enthält die Regelungen über **Haftungshöchstgrenzen** für Schäden an Gepäck und Gütern sowie für Verspätungsschäden bei Reisenden, Gepäck und Gütern. Haftungshöchstgrenzen gehören seit jeher zu den Kernelementen des nationalen und internationalen Transportrechts.[1] Der ursprüngliche Zweck der Haftungshöchstgrenzen, den tatsächlichen Warenwert gegenüber dem Beförderer offenzulegen, war bereits bei Verabschiedung des Warschauer Abkommen obsolet geworden.[2] Im 18. und 19. Jahrhundert haftete der Geschädigte dem Beförderer, wenn er über den tatsächliche Warenwert getäuscht hatte, und konnte zudem keinen Ersatz für die verloren gebliebenen Güter verlangen.[3] Geblieben ist jedoch die für die Verfasser des Warschauer Abkommens und des Montrealer Übereinkommens zentrale Funktion, etwaige Transportrisiken überschaubar zu halten, deren Versicherbarkeit zu gewährleisten und dadurch den Luftfrachtführer vor ruinöser Haftung zu bewahren.[4] 1

Die in Art. 22 MÜ genannten Haftungshöchstbeträge kann der Luftfrachtführer nach Art. 25 MÜ durch vertragliche Vereinbarungen erweitern, jedoch wegen Art. 26 MÜ nicht reduzieren. Sie sind daher für den Luftfrachtführer zwingendes Recht. Der Einwand, es seien alle erforderlichen Maßnahmen zur Verhütung des Schadens getroffen worden, greift nur bei Verspätungsschäden und der Verschuldenshaftung für nicht aufgegebenes Reisegepäck durch. Die Haftungshöchstbeträge, welche durch Notifikation der ICAO zum 30. Dezember 2009 erhöht und innerstaatlich durch Rechtsverordnung[5] in Kraft gesetzt wurden, unterscheiden sich gem. Absätze 1 bis 3 je nachdem, ob ein Personen-,[6] Reisegepäck- oder Gütertransport in Rede steht: 2

Nach **Absatz 1** haftete der Luftfrachtführer seit Inkrafttreten des Montrealer Übereinkommens bei der **Beförderung von Personen** für **Verspätungsschäden** bis zu einem Betrag von **4 150** Sonderziehungsrechten, seit der inflationsbedingten Anpassung der Haftungshöchstbeträge ab 30. Dezember 2009 bis zu einem Betrag von **4 694** Sonderziehungsrechten (vgl. Art. 24 MÜ Rdn. 7). Seit 28. Dezember 2019 haftet der Luftfrachtführer für Verspätungsschäden bis zu einem Betrag von **5 346** Sonderziehungsrechten (vgl. Art. 24 MÜ Rdn. 8). 3

Nach **Absatz 2** haftete der Luftfrachtführer seit dem Inkrafttreten des Montrealer Übereinkommens für **Zerstörung, Verlust, Beschädigung** oder **Verspätung von Reisegepäck** bis zu einem Betrag von **1 000** Sonderziehungsrechten, seit der inflationsbedingten Anpassung der Haftungshöchstbeträge ab 30. Dezember 2009 bis zu einem Betrag von **1 131** Sonderziehungsrechten (vgl. Art. 24 MÜ Rdn. 7). Seit 28. Dezember 2019 haftet der Luftfrachtführer aufgrund der weiteren inflationsbedingten Anpassung bis zu einem Betrag von **1 288** Sonderziehungsrechten (vgl. Art. 24 MÜ Rdn. 8). Die Haftungsgrenze gilt jeweils bezogen auf einen Reisenden, umfasst also die Verschuldenshaftung für nicht aufgegebenes Gepäck und persönliche Gegenstände und die Gefähr- 4

---

1 *Basedow* S. 408 ff.
2 MünchKommHGB/*Kronke* Art. 22 WA 1955 Rn. 1.
3 Siehe *Basedow* S. 408 f.
4 Vgl. hierzu die Materialien des Warschauer Abkommens: II. Conférence Internationale de Droit Privé Aérien, 4.–12. Octobre 1929, Varsovie, Procès-Verbaux, 1930 S. 16 f., 60 ff.
5 BGBl. 2009 II S. 1258.
6 Vorbehaltlich der Regelung des Art. 21 MÜ.

dungshaftung für aufgegebenes Gepäck. Der Reisende kann die Geltung dieser Haftungsgrenze ausschließen, wenn er bei der Abgabe des Gepäcks ein höheres Interesse an der Ankunft des Gepäcks deklariert und den für die höhere Haftung vom Luftfrachtführer erhobenen Zuschlag entrichtet.[7] Im Schadensfall haftet der Luftfrachtführer in Höhe des deklarierten Interesses, es sei denn, er weist nach, dass das tatsächliche Interesse hinter dem deklarierten Interesse zurückbleibt.

5 Nach **Absatz 3** beläuft sich seit Inkrafttreten des Montrealer Übereinkommens der Haftungshöchstbetrag sowohl für **Substanzschäden** als auch für **Verspätungsschäden bei Gütern** auf **17** Sonderziehungsrechte **pro Kilogramm**, seit der inflationsbedingten Anpassung der Haftungshöchstbeträge ab 30. Dezember 2009 bis zu einem Betrag von **19** Sonderziehungsrechten **pro Kilogramm** (vgl. Art. 24 MÜ Rdn. 7). Seit 28. Dezember 2019 haftet der Luftfrachtführer aufgrund der weiteren inflationsbedingten Anpassung bis zu einem Betrag von Sonderziehungsrechten (vgl. Art. 24 MÜ Rdn. 8). Abzustellen ist dabei – vorbehaltlich der Regelung des Absatzes 4 – auf das Gewicht der gesamten Sendung. Nach **Absatz 4** ist für die Berechnung des in Absatz 3 festgelegten Haftungshöchstbetrages bei Teilverlust, -beschädigung oder -verspätung einer aus mehreren Frachtstücken bestehenden Sendung nur auf das Gewicht des verlorengegangenen, beschädigten oder verspäteten Frachtstücks der Sendung abzustellen.

6 **Absatz 5** sieht eine **Durchbrechung der Haftungsbeschränkungen** vor, wenn der Schaden absichtlich oder leichtfertig und in dem Bewusstsein eines wahrscheinlichen Schadenseintritts durch den Luftfrachtführer oder seine Leute verursacht worden ist. In diesen Fällen wird unbegrenzt gehaftet. Ausdrücklich begrenzt Absatz 5 diese Durchbrechung der Haftungsbeschränkungen aber auf **Verspätungsschäden** bei der **Beförderung von Personen** nach Absatz 1 sowie **auf Substanz- und Verspätungsschäden** bei der **Beförderung von Reisegepäck** nach Absatz 2 vor. Die Regelung gilt also nicht für Substanz- und Verspätungsschäden von Gütern. Anders als die Haftungshöchstbeträge der Absätze 1 und 2 gelten die in Absatz 3 und 4 festgelegten Haftungshöchstbeträge mithin selbst dann, wenn der Schaden vom Luftfrachtführer oder dessen Leuten absichtlich oder leichtfertig und in dem Bewusstsein verursacht wurde, dass wahrscheinlich ein Schaden eintreten werde.

7 **Absatz 6** bestimmt, unter welchen Voraussetzungen das streitbefasste Gericht dem Kläger über den Haftungshöchstbetrag hinaus noch Kosten der Rechtsverfolgung zusprechen darf.

II. Entstehungsgeschichte

8 Eine der entscheidenden Neuerungen des Montrealer Übereinkommens gegenüber dem Warschauer Abkommen ist die Umstellung der Haftungshöchstbeträge von der Rechnungseinheit des Goldfranken auf die des Sonderziehungsrechts des Internationalen Währungsfonds in Art. 22 MÜ. Bereits die Montrealer Zusatzprotokolle Nr. 1–3 sahen eine Umstellung der bisher in Goldfranken ausgedrückten Haftungshöchstbeträge auf Sonderziehungsrechte vor. Deutschland hat jedoch keines dieser Zusatzprotokolle ratifiziert. Durch die Einführung des Sonderziehungsrechts im Montrealer Übereinkommen wird die Diskussion zur Umrechnung des Goldfranken nach der 4. Umrechnungsverordnung vom 4. Dezember 1973[8] beendet und in Zukunft vermieden, dass in der Praxis – abhängig vom Gerichtsstand – die Umrechnung des Goldfranken in die eigene Währung auf unterschiedliche Weise erfolgt.[9] Zugleich wird wieder der ursprünglich auch mit der Einführung des Goldfranken angestrebte Zustand hergestellt, dass die wegen eines bei einer Luftbeförderung entstandenen Schadens zu zahlende Entschädigung von den Schwankungen einer einzelnen Währung unabhängig ist und in allen Vertragsstaaten des Übereinkommens annähernd den gleichen Wert hat.

---

7 Vgl. Absatz 2 Satz 1 Hs. 2.

8 BGBl. I S. 1815.

9 Ebenroth/Boujong/*Pokrant*[5] Art. 22 MÜ Rn. 3; *Boettge* VersR **2005** 908, 913.

B. Haftungshöchstbeträge im Einzelnen

Die Haftungshöchstbeträge unterscheiden sich gemäß Absätzen 1 bis 3 je nachdem, ob ein Personen-,[10] Reisegepäck-oder Gütertransport in Rede steht. Der Luftfrachtführer haftet bis zu dem genannten Betrag. Dieser ist weder als pauschaler Schadensersatz zu verstehen noch unabhängig vom tatsächlichen Schadensumfang zu zahlen.[11] Vielmehr hat der Geschädigte die Höhe seines Schadens in jedem Einzelfall zu beweisen.[12] 9

I. Verspätungsschäden bei der Beförderung von Personen (Absatz 1)

1. Grundsatz

Für Verspätungsschäden iSd. Art. 19 MÜ haftet der Luftfrachtführer seit 28. Dezember 2019 bei der Beförderung von Personen nur bis zu einem Betrag von 5 346 Sonderziehungsrechten je Reisenden. Diese Haftungshöchstbeträge stellen gegenüber der vergleichbaren Regelung in Art. 22 Abs. 1 Satz 1 WA 1955[13] eine deutliche Verschlechterung dar.[14] Zu erstatten ist der materielle, nicht hingegen ein immaterieller Schaden, wie aus der Bezugsgröße „5 346 Sonderziehungsrechte je Reisender" ersichtlich ist. Nicht subjektive individuell kaum bestimmbare Beeinträchtigungen, sondern objektivierbare Verspätungsschäden des Reisenden, wie z.B. zusätzliche Übernachtungs- und Verpflegungskosten, sind nach Art. 22 Abs. 1 MÜ zu erstatten. 10

2. Durchbrechung der Haftungshöchstgrenzen (Absatz 5)

Absatz 5 regelt die Durchbrechung der Haftungshöchstgrenzen. **Objektive Voraussetzung** für den Wegfall der Haftungsbeschränkung ist, dass der Luftfrachtführer oder seine Leute in **Ausführung ihrer Verrichtung** den Schaden verursacht haben. In **subjektiver Hinsicht** müssen die Schädiger in einer qualifizierten Art. und Weise gehandelt haben. Ein qualifiziertes Verschulden liegt danach vor, wenn die schadensverursachende Handlung des Luftfrachtführers oder seiner Leute entweder in der Absicht, Schaden herbeizuführen, oder leichtfertig und in dem Bewusstsein begangen wurde, dass wahrscheinlich ein Schaden eintreten wird. Die Vorschrift orientiert sich an dem Vorbild des Art. 25 WA 1955. 11

a) Handlung und Kausalität, Schaden. Anwendbarkeitsvoraussetzung der verschärften Haftung nach Absatz 5 ist, dass ein Verspätungsschaden hinsichtlich der Beförderung von Personen nach Art. 19 MÜ oder ein Reisegepäckschaden nach Art. 18 MÜ vorliegt. 12

Als schädigende Personen kommen entweder der Luftfrachtführer oder seine Leute in Betracht. Luftfrachtführer ist derjenige, welcher sich durch Vertrag in eigenem Namen verpflichtet, Personen, Gepäck oder Güter auf dem Luftweg zu befördern.[15] Zu den Leuten des Luftfrachtfüh- 13

---

10 Vorbehaltlich der Regelung des Art. 21 MÜ.

11 US DC, Urt. v. 1.9.1987 – *The Hartford v. TWA* – **20** Avi 18.254.

12 BGH, Urt. v. 15.3.2011 – X ZR 99/10 – juris Rz. 21; *Guldimann* Art. 22 WA 1955 Rn. 5.

13 Dort wurde bis zu einem Betrag von 250 000 Franken gehaftet.

14 Hierauf weisen FrankfKomm/*Giemulla* Art. 22 MÜ Rn. 5 und Geigel/*Mühlbauer*[26] Haftpflichtprozess Kap. 29 Rn. 75 hin.

15 Vgl. BGH, Urt. v. 24.6.1969 – VI ZR 45/67 – BGHZ **52** 194; BGH, Urt. v. 25.3.1974 – II ZR 54/73 – VersR **1974** 776; BGH, Urt. v. 16.2.1979 – I ZR 97/77 – BGHZ **74** 162; OLG Frankfurt am Main, Urt. v. 20.2.1973 – 5 U 119/72 – VersR **1976** 628; OLG Stuttgart, Urt. v. 2.7.1979 – 2 U 49/79 – VersR **1980** 183; FrankfKomm/*Giemulla* Art. 25 WA 1955 Rn. 6; *Riese* Luftrecht S. 406; *Ruhwedel*[3] Luftbeförderungsvertrag Rn. 83.

rers sind alle Personen zu rechnen, deren sich der Luftfrachtführer zur Ausführung der Beförderung bedient. Dabei ist es unerheblich, ob die Personen selbständig oder angestellt sind.[16] Sofern es um einen Schaden geht, der durch eine Handlung oder Unterlassung einer der Leute des Luftfrachtführers verursacht worden ist, muss dieser **in Ausführung der Verrichtung** gehandelt haben. In Ausführung ihrer Verrichtungen handeln die Leute des Luftfrachtführers, wenn ein unmittelbarer innerer Zusammenhang zwischen der ihnen aufgetragenen Verrichtung nach ihrer Art. und ihrem Zweck und der schädigenden Handlung besteht.[17] Ein derartiger Zusammenhang wird allgemein bejaht, wenn der Gehilfe des Luftfrachtführers im Rahmen seiner normalen Obliegenheiten tätig wird und sein Verhalten selbst als Mangel der Vertragserfüllung angesehen werden kann.[18] Diese Grenze ist weit zu ziehen. Auch bewusstes Zuwiderhandeln der Leute gegen Weisungen des Luftfrachtführers können noch „in Ausführung der Verrichtung" erfolgt sein. Jenseits dieser Grenze liegende Handlungen, die nur noch in äußerem Zusammenhang mit diesen Obliegenheiten stehen, sind dem Luftfrachtführer nicht mehr zurechenbar. Dementsprechend sind Schädigungen „bei Gelegenheit"[19] der Dienstverrichtung dem Luftfrachtführer hinsichtlich der Haftungsdurchbrechung nicht zurechenbar.[20] Das gilt beispielsweise für Handlungen des Bodenpersonals des Luftfrachtführers, die allein streikbezogen sind.[21]

14 Das vorsätzliche oder qualifiziert fahrlässige Verhalten muss **kausal** für den entstandenen Schaden sein, damit die Haftungsbeschränkung entfallen kann. Das qualifizierte Verschulden muss sich nur auf den Haftungstatbestand einschließlich der grundsätzlichen Schadensmöglichkeit, nicht dagegen auf den konkret eingetretenen Schaden beziehen.[22] Maßgeblich ist die nach nationalem Recht zu beurteilende Kausalität.[23] Wegen der Unterschiedlichkeit der Kausalitätsbegriffe ist das nach dem Kollisionsrecht des angerufenen Gerichts anwendbare Recht (Statut des Luftbeförderungsvertrags) maßgeblich.

15 **b) Qualifiziertes Verschulden.** Das Montrealer Übereinkommen kennt ebenso wenig wie das Warschauer Abkommen keine an nationale Traditionen anknüpfende Rechtsbegriffe für das qualifizierte Verschulden, sondern umschreibt lediglich die Formen von Vorsatz und Fahrlässigkeit.[24] Anders als die CMR verweist das Montrealer Übereinkommen auch nicht auf die jeweilige Rechtsauffassung des angerufenen Gerichts. Die schädigende Handlung oder das Unterlassen des Luftfrachtführers oder seiner Leute muss entweder in der Absicht, Schaden herbeizuführen, oder leichtfertig und in dem Bewusstsein, dass ein Schaden mit Wahrscheinlichkeit eintreten werde, begangen worden sein (vgl. zur Auslegung beider Begriffe unten Rdn. 13 ff).

16 **aa) Absichtliche Schadensverursachung.** Bei der Auslegung des Begriffs „Absicht" darf nicht das deutsche Rechtsverständnis zugrunde gelegt werden,[25] da der Begriff der absichtlichen Schädigung eine seltene Ausnahme im deutschen Schadensersatzrecht und die Schädigungsabsicht

---

16 Ebenroth/Boujong/Joost/*Gass* Art. 25 WA 1955 Rn. 4; FrankfKomm/*Giemulla* Art. 25 WA 1955 Rn. 7; *Koller*[11] Art. 20 MÜ Rn. 18, 19.

17 Vgl. BGH, Urt. v. 6.10.1970 – VI ZR 56/59 – NJW **1971** 31; US CA Columbia Cir., Urt. v. 5.3.1985 – *Johnson v. Allied Eastern States Maintenance Corporation* – **19** Avi 17.847, 850.

18 Vgl. BGH, Urt. v. 6.10.1970 – VI ZR 56/59 – NJW **1971** 31, wo darauf abgestellt wird, ob ein „unmittelbarer innerer Zusammenhang zwischen der aufgetragenen Verrichtung und der schädigenden Handlung" besteht.

19 Zur Abgrenzung der Haftungsmerkmale „in Ausführung ihrer Verrichtungen" und „bei Gelegenheit" im Zusammenhang mit der Luftbeförderung: BGH, Urt. v. 14.2.1989 – VI ZR 121/88 – TranspR **1989** 275, 278.

20 Siehe auch *Ruhwedel*[3] Luftbeförderungsvertrag Rn. 592.

21 Vgl. OLG Stuttgart, Urt. v. 24.2.1993 – 3 U 167/92 – TranspR **1995** 74, 75.

22 Vgl. BGH, Urt. v. 27.6.1985 – I ZR 40/83 – VersR **1985** 1060, 1062 (zu Art. 29 CMR).

23 BeckOGK/*Förster* Art. 22 MÜ Rn. 47.

24 Vgl. FrankfKomm/*Giemulla* Art. 25 WA 1955 Rn. 10; MünchKommHGB/*Kronke* Art. 25 WA 1955 Rn. 23.

25 So wohl aber *Guldimann* Art. 25 WA 1955 Rn. 4.

schwer beweisbar ist.[26] Ausweislich der englischen Originalversion muss sich der Schaden aus einer Handlung oder Unterlassung *„done with intent to cause damage"* ergeben. Damit soll zum Ausdruck gebracht werden, dass Handlung und Schaden in einem **funktionellen Zusammenhang** stehen müssen,[27] es muss der schädigenden Person gerade darum gegangen sein, einen Schaden zu verursachen.[28] Das ist lediglich eine andere Umschreibung dessen, was Vorsatz ist: Danach ist unter Vorsatz das Wissen und Wollen des rechtswidrigen Erfolgs zu verstehen. Der im Montrealer Übereinkommen verwandte Begriff der Absicht erfasst nicht nur den Vorsatz ersten Grades, sondern auch die anderen Vorsatzformen, wie z.B. den Eventualvorsatz.[29]

bb) Leichtfertige Verursachung und Bewusstsein der Schadenswahrscheinlichkeit. Der Luftfrachtführer haftet ferner unbeschränkt, wenn er oder einer seiner Leute den Schaden leichtfertig und in dem Bewusstsein, dass wahrscheinlich ein Schaden eintreten treten werde, handeln. Diese Definition greift im Wesentlichen die angloamerikanische Rechtsprechung auf, die dort mit „wilful misconduct" umschrieben wird, und entspricht § 435 HGB. Die h.M. betrachtet die in Rede stehende Verschuldensform als zweigliedrig: die Leichtfertigkeit bezieht sich auf das Verhalten des Luftfrachtführers, das Bewusstsein des Schädigers bezüglich der Schadenswahrscheinlichkeit stellt dagegen eine innere Tatsache dar, welche aus dem äußeren Geschehensablauf zu ermitteln ist. 17

(1) Leichtfertigkeit. Der Luftfrachtführer handelt leichtfertig, wenn er oder einer seiner Leute eine auf der Hand liegende Sorgfaltspflicht außer Acht lässt.[30] Dies ist dann der Fall, wenn er sich bewusst war, dass sein Handeln oder Unterlassen einen Schaden auslösen kann und er dennoch – aus Nachlässigkeit oder Bequemlichkeit – nicht sorgfältig handelt. Aus dem Begriff *„téméraire-ment"* der französischen Originalfassung lässt sich entnehmen, dass sich der Luftfrachtführer oder seine Leute in besonders krasser Weise über die Sicherungsinteressen der ihnen anvertrauten Reisenden hinweggesetzt haben müssen.[31] Zur Auslegung des Begriffs *„recklessly"* in der englischen Originalfassung kann auch auf die US-amerikanische Rechtsprechung zum „wilful misconduct" zurückgegriffen werden, welcher wie folgt umschrieben wird: „Wilful misconduct ist die absichtliche Ausführung einer Handlung mit dem Wissen, dass sie wahrscheinlich zu einer Verletzung oder einem Schaden führen wird; oder es kann die absichtliche Ausführung einer Handlung in solch einer Art. und Weise sein, die eine fahrlässige Missachtung möglicher Folgen impliziert, oder das vorsätzliche Unterlassen einer Handlung mit dem Wissen, dass ein solches Unterlassen möglicherweise in Schäden und Verletzungen resultieren kann; oder das vorsätzliche Unterlassen in einer Art. und Weise, die eine rücksichtslose Missachtung möglicher Konsequenzen impliziert."[32] Das leichtfertige Fehlverhalten des Luftfrachtführers kann durch Nachweis unrechtmäßiger Handlungen oder Unterlassungen dargelegt werden. Die fehlende Kontrolle des Wetterberichts, die Nichtinanspruchnahme eines Wetterradars, der Versuch, das Flugzeug bei schlechtem Wetter zu landen, das Versäumnis, die Triebwerke nach dem Aufprall des Flugzeugs auszuschal- 18

26 FrankfKomm/*Giemulla* Art. 22 MÜ Rn. 21.

27 FrankfKomm/*Giemulla* Art. 22 MÜ Rn. 21.

28 FrankfKomm/*Giemulla* Art. 22 MÜ Rn. 21; zum WA: *Koller*[7] Art. 25 WA 1955 Rn. 3; MünchKommHGB/*Kronke* Art. 25 WA 1955 Rn. 14.

29 Ebenso *Janköster* Fluggastrechte S. 316.

30 Vgl. BGH, Urt. v. 16.2.1979 – I ZR 97/77 – BGHZ **74** 162; OLG Stuttgart, Urt. v. 24.2.1993 – 3 U 167/92 – TranspR **1995** 74, 75.

31 BGH, Urt. v. 12.1.1982 – VI ZR 286/80 – NJW **1982** 1218.

32 US CA 2nd Cir., Urt. v. 9.6.1965 – *Berner v. British Commonwealth Pacific Airlines* – **346** F.2 d 532, Rz. 30; US CA 2nd Cir., Urt. v. 30.3.1987 – *Republic National Bank v. Eastern Airlines* – **815** F.2 d 232, Rz. 42.

ten, sowie das Scheitern einer sofortigen Evakuierung der Reisenden stellen hinreichende Indizien für das Vorliegen des leichtfertigen Verhaltens des Luftfrachtführers dar.[33]

19 **(2) In dem Bewusstsein, dass ein Schaden wahrscheinlich ist.** Das weiter erforderliche Bewusstsein ist eine sich dem Handelnden aus seinem leichtfertigen Verhalten aufdrängende Erkenntnis, es werde mit Wahrscheinlichkeit ein Schaden entstehen. Der Schaden muss dabei überwiegend wahrscheinlich gewesen sein. Dies ist der Fall, wenn der Eintritt des Schadens mit höherer Wahrscheinlichkeit zu erwarten ist als sein Ausbleiben. Wahrscheinlich ist ein Ereignis, wenn die Chance seines Eintritts mindestens 50 % beträgt.[34] Dabei ist nicht auf eine objektive Wahrscheinlichkeit[35] einer Schadensrealisierung, sondern vielmehr auf die konkrete Einstellung und Vorstellung des Schädigers[36] abzustellen. Eine derartige Erkenntnis des Schadenseintritts ist als innere Tatsache dann anzunehmen, wenn das leichtfertige Verhalten nach seinem Inhalt und nach den Umständen, unter denen es aufgetreten ist, diese Folgerung rechtfertigt. Dabei ist festzuhalten, dass nicht mit jedem leichtfertigen Verhalten ein solches Bewusstsein – eine solche Erkenntnis der Wahrscheinlichkeit eines Schadenseintritts – verbunden sein muss. Der Schluss vom äußeren Geschehensablauf auf die Erkenntnis der Schadenseintrittswahrscheinlichkeit liegt in der Regel bei drohenden Schäden an Leib und Leben nahe.[37] Ebenso haben teilweise US-Gerichte in den Entscheidungen *Butler v Aeromexico*[38] und *KLM Royal Dutch Airlines v Tuller*[39] aus dem äußeren Geschehensablauf (sog. objektiver Test) auf die Annahme eines Fehlverhaltens geschlossen. In der Entscheidung *Cortes v American Airlines*[40] hielt das US-Gericht dagegen die Prüfung der subjektiven Vorwerfbarkeit neben dem objektiven Pflichtenverstoß für erheblich, wonach sich die Besatzung im klaren darüber gewesen sein muss, dass bei einer Abweichung vom Kurs in einer bergigen Region mit einer Landung den Passagieren Schäden zugefügt werden können.[41]

20 **c) Beweislast.** Der Geschädigte hat die **Absicht**, die **Leichtfertigkeit** sowie das **Bewusstsein des Schädigers** von der Wahrscheinlichkeit des Schadenseintritts darzulegen und zu beweisen.[42] Ob sich der Schädiger der Wahrscheinlichkeit des Schadenseintritts bewusst war, darf nicht nach den Grundsätzen des Anscheinsbeweises ermittelt werden.[43] Nach deutschem Recht ist der Darlegungs- und Beweislast Genüge getan, wenn der Geschädigte die Tatsachen beweist, anhand derer auf das Bewusstsein des Schädigers geschlossen werden kann. Die Frage der sekundären Beweisführungslast spielt im Rahmen der Verspätungsschäden bei der Beförderung von Personen im Gegensatz zu Schäden am Reisegepäck (siehe dazu unten Rn 41) keine Rolle.

---

33 US CA 11th Cir., Urt. v. 18.10.1985 – *Butler v. Aeromexico* – **774** F.2 d 429, Rz. 13 ff.

34 OLG Frankfurt am Main, Urt. v. 22.10.1980 – 17 U 83/77 – ZLW **1981** 87, 89; *Guldimann* Art. 25 WA 1955 Rn. 6; FrankfKomm/*Schmid* Art. 25 WA 1955 Rn. 45.

35 So aber zum WA: F CA Lyon, Urt. v. 17.2.1983 – *Assurance Helvetia c. Air France* – RFDA **1983** 228, 229; Federal Court of Canada, Urt. v. 22.10.1981 – *Cie Swiss Bank Corp v. Swissair and Air Canada* – ETL **1983** 826, 853.

36 FrankfKomm/*Giemulla* Art. 22 MÜ Rn. 26 ff.; *Janköster* Fluggastrechte S. 317; zum WA: BGH, Urt. v. 16.2.1979 – I ZR 97/77 – BGHZ **74** 162; OLG Frankfurt am Main, Urt. v. 15.10.1991 – 5 U 196/90 – TranspR **1993** 61, 63; CS de Gabon, Urt. v. 9.4.1979 – *Air Service et Sonagar c. Wieffering e CNSS* – RFDA **1979** 456; F CA Riom, Urt. v. 24.1.1973 – *Morand et Marsaud c société Air-Centre* – RFDA **1976** 138.

37 BGH, Urt. v. 16.2.1979 – I ZR 97/77 – BGHZ **74** 162, 168.

38 US CA 11th *Cir., Urt. v. 18.10.1985 – Butler v. Aeromexico* – **774** F.2 d 429.

39 US CA Columbia Cir., Urt. v. 23.6.1961 – *KLM Royal Dutch Airlines v. Tuller* – **292** F.2 d 775.

40 US CA 11th *Cir., Urt. v. 15.6.1999 – Cortes v. American Airlines* – **177** F.3 d 1272, Rz. 81.

41 Zur weiteren internationalen Rechtsprechungsübersicht, vgl. FrankfKomm/*Giemulla* Art. 22 MÜ Rn. 27 ff.

42 BGH, Urt. v. 16.2.1979 – I ZR 97/77 – NJW **1979** 2474, 2476; BGH, Urt. v. 12.1.1982 – VI ZR 286/80 – VersR **1982** 369, 370; OLG Düsseldorf, Urt. v. 21.1.1993 – 18 U 144/92 – NJW-RR **1993** 811, 812; OLG Frankfurt am Main, Urt. v. 10.6.1994 – 10 U 145/93 – ZLW **1995** 242, 246; OLG München, Urt. v. 10.8.1994 – 7 U 7322/93 – TranspR **1995** 118, 119.

43 OLG München, Urt. v. 10.8.1994 – 7 U 7322/93 – TranspR **1995** 118, 119.

d) Rechtsprechungsfälle. Die Rechtsprechung hat in folgenden Beispielsfällen die Annahme eines **qualifizierten Verschuldens** zu Art. 22 Abs. 5 MÜ und zu seinen Vorgängervorschriften **bejaht**. Auch wenn jeder Beispielsfall singulär ist, sollen die nachstehenden Beispiel eine Richtschnur bei der Bewertung gleichartiger Fälle darstellen: 21

- Die Banco de Canarias in Las Palmas, die bei den Klägerinnen gegen Transportschäden versichert ist, übergab der beklagten Fluggesellschaft am 2. April 1971 **zwei Pakete mit Banknoten**, die von Las Palmas über Madrid nach Frankfurt bzw. Stockholm befördert werden sollten. Beide Pakete wurden entgegen der bestehenden Anweisung nicht im Frachtraum der Boeing 747 verstaut, sondern der **Chefstewardess** übergeben. Diese stellte weder eine Empfangsbescheinigung aus, noch unterrichtete sie den Flugkapitän, dessen Erlaubnis sie nach den Dienstvorschriften hätte erbitten müssen, wenn sie ein Frachtstück übernehmen wollte. Sie stellte **die beiden Pakete in einen Schrank**, der sich bei der Einmündung der Zugangstreppe zum oberen Salon befand, **schloss diesen aber nicht ab**. Nachdem das Flugzeug ausgeladen war und die Passagiere das Flugzeug verlassen hatten, durchsuchten Beamte der Guardia Civil die Maschine, ohne die Devisenpakete zu finden oder ihr Fehlen bemerkt zu haben. Die Chefstewardess **hatte die beiden Pakete vergessen**, und es kam niemand zu ihr, um die Pakete abzuholen. Erst bei der Zollkontrolle wurde nach Überprüfung der Fracht auf ihre Vollständigkeit im Frachthof festgestellt, dass die beiden Geldpakete fehlten.[44]
- Für die Firma N. S.A. in G. sollten nach dem Luftfrachtbrief der Swissair vom 27. Juni 1968, **vier Kisten Uhren** von Genf nach Buenos Aires befördert werden. Die vorgesehene Flugroute mit Anschlüssen war in dem Frachtbrief angegeben, die Art des Frachtgutes war in dem Luftfrachtbrief mit „montres" (Uhren) bezeichnet. Jede dieser vier noch verpackten Metallkisten wog etwas über 40 kg. Der Transport von Genf nach Frankfurt (Main) wurde am 4. Juli 1968 von der Swissair ausgeführt. Die Weiterbeförderung war für den 5. Juli 1968 nachmittags vorgesehen und sollte von der Beklagten übernommen werden. Die Swissair übergab die vier Kisten am 5. Juli 1968 gegen 11.45 Uhr der Beklagten gegen Quittung zur Weiterbeförderung. Die Übergabe verlief wie folgt: Ein Angestellter der Sw. fuhr das Frachtgut mit einem **offenen Transportfahrzeug** auf die Rampe vor das Frachtgebäude des Frankfurter Flughafens; dort händigte er dem Angestellten Tertel der Beklagten die Fracht- und anderen Begleitpapiere aus und ließ die Fracht auf dem Fahrzeug vor dem Frachtgebäude stehen, wo sie auch nach der Übernahme verblieb. In dem Fracht- und Bürogebäude steht der Beklagten im Keller ein Frachtraum zur Verfügung. Als der Angestellte der Beklagten die Sendung zur Zollabfertigung bringen wollte, stellte er fest, dass eine **Kiste nicht mehr vorhanden** war. Nach der bestrittenen Behauptung der Klägerin sollen sich in ihr Uhren und Uhrwerke im Gesamtwert von 41.144 sfrs befunden haben. Wenn das Berufungsgericht zu dem Ergebnis kommt, auch bei einem besonders hohen Diebstahlsrisiko auf Flughäfen sei es angesichts des Massenbetriebes nicht grob fahrlässig, **Frachtgut über 3 Stunden ohne Aufsicht und ohne Kontrolle auf der Rampe vor dem Frachtgebäude des Flughafens stehen zu lassen**, dann ist dieser Maßstab nicht eingehalten; denn bei Zusammentreffen aller vom Berufungsgericht herangezogenen Umstände, die es teilweise als gegeben unterstellt hat, liegt die Gefahr auf der Hand, dass ein Frachtstück gestohlen wird.[45]
- Gemäß Luftfrachtbrief vom 1. Juni 1989 hatte die Bekl. vier Colli „Camera Equipment" zur Beförderung von Köln nach Warschau übernommen. Empfänger in Warschau war E. Am 2. Juni 1989 wurde festgestellt, dass lediglich zwei der vier Colli in Warschau vorhanden waren. Hierüber wurde die Empfängerin allerdings erst am 3. Juni 1989 informiert. Nach längerer Suche wurden die zwei fehlenden Colli am 9. Juni 1989 gefunden. Zu diesem Zeitpunkt waren sie auf dem Flughafengelände in Warschau im Freien abgestellt, die Colli selbst und die darin befindlichen Geräte waren nass und von allen Seiten demoliert. Die Lagerung von zwei der vier Kisten der Luftfrachtsendung im Freien auf dem Flughafengelände in Warschau ist als leichtfertig anzusehen, da die Kisten nicht nur ungeschützt den Witterungseinflüssen

44 BGH, Urt. v. 16.2.1979 – I ZR 97/77 – BGHZ **74** 162, 168.
45 BGH, Urt. v. 10.5.1074 – I ZR 61/73 – VersR **1974** 776.

ausgesetzt wurden, sondern offensichtlich auch so gelagert wurden, dass eine Nachsuche zunächst nicht erfolgreich war. Nur durch dieses Verhalten ist der für den entstandenen Schaden ursächliche lange Zeitraum vom 2. Juni bis zum 9. Juni 1989 zu erklären, in dem die Kisten zunächst unauffindbar blieben. Beide Umstände zusammen zeigen, dass sich die Bekl. und die ihr zuzurechnenden Mitarbeiter der Fluglinie in besonders krasser Weise über die Sicherungsinteressen ihres Vertragspartners hinweggesetzt und ihre Sicherungspflichten leichtfertig verletzt haben. Die von der Bekl. eingesetzten Leute der Fluglinie handelten auch in subjektiver Hinsicht gemäß Art. 25 WA grob fahrlässig. Das dafür erforderliche Bewusstsein ist eine sich dem Handelnden aus seinem leichtfertigen Verhalten aufdrängende Erkenntnis, es werde mit Wahrscheinlichkeit ein Schaden entstehen. Hier mussten die Bekl. und ihre Leute erkennen, dass eine tagelange Lagerung von in Pappkartons verpackten Frachtgütern im Freien auch im Sommer mit höchster Wahrscheinlichkeit zu Schäden führen würde.[46]

- The plaintiffs, New Yorkers, traveling mostly by plane, were making an extended tour of South America. [...] In accordance with the itinerary indicated on their tickets, plaintiffs disembarked at Rio and demanded their baggage. While the plane was still on the runway at Rio, employees of the **defendant refused to remove the baggage** from the New York-bound plane saying that it was too expensive to do so inasmuch as the plaintiffs were the only passengers disembarking at Rio. [...] Varig's refusal to discharge plaintiffs' baggage was **an intentional omission to perform their manifest duty** under the terms of their contract of carriage. There was a **disregard of the probable consequences** in the light of common knowledge that on such flights passengers rely on the contents of their luggage for their physical comfort, enjoyment and well-being.[47]
- Flight TG-311 was a regularly scheduled flight from Bangkok, Thailand to Kathmandu, Nepal. Tribhuvan International Airport in **Kathmandu** has the reputation of being one of the most difficult airports in the world in which to land. It is situated in a valley surrounded by very high mountains, requiring a steep approach to land and the full extension of the wing flaps during the entire descent. [...] On the night of the crash, the weather in Kathmandu was cloudy and rainy. The flight crew had little visibility and were entirely **dependent upon navigational instruments to fly the aircraft**. [...] When the crew attempted to configure the airplane for landing, they discovered [...] that the wing flaps failed to extend properly, rendering landing too dangerous to attempt. [In order to take another approach at landing, the crew intended to turn 180 degrees and head south], but **mistakenly turned the aircraft full circle, 360 degrees**, and unknowingly continued heading north toward the mountains surrounding Kathmandu **for approximately six minutes**. They realized their error too late so that the aircraft crashed into the side of a mountain twenty-three miles north of Kathmandu at an altitude of 11,500 feet and a ground speed of 300 nautical miles per hour, killing all ninety-nine passengers and fourteen crew members on board instantly. [...] Here, the district court judge could have determined from the evidence that **frequently checking navigational instruments** to verify heading is a task so **fundamental** to basic flying safety, the sheer fact the crew f**or nearly six minutes did not realize they were flying in the wrong direction** indicates they must consciously have ignored this duty. Consciously ignoring this duty while flying in a notoriously mountainous area certainly impl[ies a] **reckless disregard of the probable consequences**.[48]
- Plaintiffs' Second Amended Class Action Complaint alleges that Defendant British Airways Plc's („BA") **baggage handling system as a whole is inadequate**. It alleges that the Air Transport Users Council determined that BA loses (temporarily or permanently) 23 bags per 1,000 passengers carried, which is a rate 60 % higher than the industry average. This transla-

46 LG Hamburg, Urt. v. 3.12.1992 – 418 O 90/91 – TranspR **1995** 76.

47 US CC, Urt. v. 15.10.1975 – *Cohen v. Varig Airlines* – **380** NYS 2d 450; bestätigt durch SC New York, Urt. v. 2.5.1978 – *Cohen v. Varig Airlines* – **15** Avi 17.112.

48 US CA 9th Cir., Urt. v. 25.9.1997 – *Koirala v. Thai Airways International Ltd* – **126** F.3d 1205.

tes to over **1 million lost bags** over the two years prior to Plaintiffs' filing suit. [...] According to the Complaint, BA's „processing centre“ at Heathrow Airport has been overrun with lost baggage, including „a massive backlog of thousands of pieces of lost luggage“. In March 2007, employees of BA admitted that BA had a **backlog of 40,000 lost bags** that had yet to be returned to their owners, and in April 2007, admitted that its baggage handling system was running at nearly 25 % above capacity. [...] Moreover, Plaintiffs allege that BA failed to notify its passengers of the elevated risk of mismanaged baggage and that BA **prematurely auctioned off some of the lost baggage**, sometimes after being lost for only a few weeks. BA has also failed to provide accurate information to its passengers regarding the status of lost and delayed baggage. At the same time, Plaintiffs allege that BA **has been aware** of the severity of the shortcomings in its baggage handling system. [...] The Complaint plausibly suggests that the stated injuries were the result of **recklessness** on the part of BA, and that BA was subjectively aware of an unjustifiable risk of injury to its passengers' baggage. [...] Plaintiffs are entitled to offer evidence in support of their claim. If Plaintiffs could so establish and satisfy their high evidentiary burden to show knowing recklessness, the limitation on BA's liability for destroyed, lost, damaged, or delayed baggage set forth in Article 22(2) of the Montreal Convention would not apply, and they could recover actual damages caused in that way.[49]

Die Rechtsprechung hat in folgenden Beispielsfällen die Annahme eines **qualifizierten Verschuldens** zu Art. 22 Abs. 5 MÜ und zu seinen Vorgängervorschriften **verneint**. Auch wenn jeder Beispielsfall singulär ist, sollen die nachstehenden Beispiel eine Richtschnur bei der Bewertung gleichartiger Fälle darstellen: 22

- Die Parteien streiten über den **Verlust eines Pakets mit Armbanduhren** während eines Warnstreiks. Nach dem nicht widerlegten Sachvortrag der Bekl. hatte der Sicherheitsmann das Paket **in einen Luftcontainer gepackt** und diesen Container in der **Frachthalle** stehen lassen, deren Ein- und Ausgänge und deren Laderampen während des Streiks **verschlossen** und bei der außerdem **Streikposten aufgestellt** waren. Unter diesen Umständen kann nicht angenommen werden, dass der Sicherheitsmann der Beklagten auf der Hand liegende Sorgfaltspflichten außer Acht gelassen hat, indem er den Luftcontainer in der verschlossenen Frachthalle hat stehen lassen und keine zusätzlichen Sicherheitsvorkehrungen getroffen hat. Nach dem Sachvortrag der Beklagten hatte er den Luftcontainer **gerade nicht an einem jedem zugänglichen Ort auf dem Flughafengelände** stehen lassen. Dem Sicherheitsmann war zwar schon aus seinem Einsatz **bekannt**, dass die Pakete in dem Luftcontainer einen erheblichen Wert verkörperten und deshalb besonders diebstahlsgefährdet waren. Diese Kenntnis **lässt aber noch nicht in überzeugender Weise auf sein Bewusstsein schließen**, dass aus dem in der Frachthalle abgestellten Luftcontainer während des Streiks wahrscheinlich ein Paket entwendet werde. Denn nach dem nicht widerlegten Sachvortrag der Beklagten waren, wie bereits ausgeführt, die Ein- und Ausgänge und die Laderampen während des Streiks verschlossen und außerdem Streikposten aufgestellt, und unter diesen Umständen brauchte sich dem Sicherheitsmann der Beklagten die Erkenntnis einer wahrscheinlichen Entwendung eines Teils des Inhalts des Luftcontainers während jenes Zeitraums **nicht aufzudrängen**.[50]
- Eigene Erkenntnis der Leute des Luftfrachtführers, dass die als **„Golddraht“** beschriebene Ware einer besonderen Sicherung bedurften, der sich mit dem Lagern der beiden Frachtstücke in einem speziellen „Lockerraum“ begegneten; im Zuge dessen stellt es keine hier erforderliche Leichtfertigkeit dar, dass sie die Fracht **versehentlich für drei Minuten unbeaufsichtigt** auf der Laderampe zurückließen.[51]

---

49 US DC, Urt. v. 6.4.2009 – *Hutchinson v. British Airways PLC* – **08**-cv-2781 (NGG).
50 OLG Stuttgart, Urt. v. 24.2.1993 – 3 U 167/92 – TranspR **1995** 74, 75.
51 OLG Frankfurt am Main, Urt. v 15.10.1991 – 5 U 196/90 – ZLW **1993** 208.

- Auch wenn der vom Luftfrachtführer eingeschaltete Bodendienst eine **Ausgangskontrolle** der einzelnen **Frachtgüter** beim Verbringen zum Flugzeug **nicht durchführt**, ist die für eine volle Haftung des Luftfrachtführers gem. Art. 25 WA erforderliche grobe Fahrlässigkeit dann nicht gegeben, wenn der Bodendienst vorher das **Luftfrachtgut getrennt nach Fluglinien und Flügen geordnet und aufgestapelt** und anschließend die Richtigkeit der Flugfrachtzusammenstellung kontrolliert hat.[52]
- On September 3, 1968, Wing Hang Bank (WHB) counted, packaged and sealed on its premises in Hong Kong **US$ 250,000.00 of mixed denominations**. The package was taken to the Hong Kong airport for shipment to New York on Japan Air Lines (JAL). [...] The shipment arrived in New York on September 4, 1968. Pursuant to agreement with JAL, American Airlines (AAL) stored the **shipment in its Valuable Cargo Area**. This is space in AAL Hangar 10 at Bay 10 which is enclosed by heavy wire and is kept under lock. The only key to the area is kept in the possession of the supervisor of the particular shift on duty. The area is patrolled by guards and is monitored by a closed circuit television. However, no particular employee on duty apparently was given any special responsibility to keep watch on the television, everyone being expected to keep an eye on the set while doing their other assigned duties. In the early morning hours of September 5, **armed robbers broke into the Valuable Cargo Area and stole plaintiff's package**, along with other items in the cage. AAL had its Valuable Cargo Area under guard. While it is true that the guards patrolling the area were unarmed, that fact could not be said to have contributed to the robbery since robberies occur every day despite the presence of armed guards. In addition to the guards and **closed circuit television**, AAL had taken further steps to tighten security **by limiting the number of its own personnel** who would obtain advance notice of the impending arrival of valuable cargo, by employing professionals to handle security and by **restricting access** to the Valuable Cargo Area.[53]
- As TWA Flight 840 was approaching Athens airport en route from Rome on April 2, 1986, a **bomb exploded** under one of the seats. Four passengers were killed and others were injured. Mohsen Youssef, seated some distance from the explosion, suffered physical and psychic injury. Alberto Ospina, seated over the bomb, was blown out of the plane; his broken body was later found with serious wounds in the lower torso. Despite a large hole in the fuselage, the plane landed safely. A young female terrorist had boarded in Cairo and placed the bomb under her seat. She was **allowed aboard in flagrant violation of many basic security measures**. Compounding TWA's gross errors was a failure to search the cabin properly in Rome, the first stop after Cairo. The terrorist set the bomb trigger and left the plane in Rome, proceeding to a self-contratulatory T.V. appearance in Lebanon. However, having reviewed the record, we **do not** believe that a reasonable jury could have concluded that TWA's acts and omissions constituted **willful misconduct**. TWA's failure to take certain measures in searching the cabin did not provide evidence of willful misconduct. Moreover, none of TWA's other acts or omissions violated a specific FAA requirement, and **each of TWA's acts complied with all positive FAA safety procedures and regulations** as well as the laws of the countries in which TWA operated. Nor do we believe that a reasonable jury could have concluded, based on the record in this case, that a specific threat existed that was sufficient to raise to the level of willful misconduct TWA's failure to employ the security measures pointed out by plaintiffs. Of course, if TWA had searched the place where the bomb was hidden, the bomb would have been discovered. That would be true in any case involving a hidden bomb. However, **the test for willful misconduct is not 20-20 hindsight.**[54]

52 OLG München, Urt. v. 7.5.1999 – 23 U 6113/98 – TranspR **1999** 301.
53 US DC, Urt. v. 17. 4 1973 – *Wing Hang Bank v. Japan Air Lines* – **357** F. Supp. 94.
54 US CA[2nd] Cir., Urt. v. 3.9.1992 – *Ospina v. Trans World Airlines* – **975** F.2d 35, 37.

II. Schäden an Reisegepäck (Absatz 2)

1. Grundsatz

Bei der Beförderung von Reisegepäck haftet der Luftfrachtführer für Zerstörung, Verlust, Beschädigung oder Verspätung grundsätzlich nur bis zu einem Betrag von 1 288 Sonderziehungsrechten je Reisenden. Der Begriff des „Schadens" iSv. Art. 17 Abs. 2 MÜ umfasst bei Anwendbarkeit deutschen Rechts nur **materielle** – nicht dagegen immaterielle – Schäden.[55] Absatz 2 Satz 1 Hs. 1 stellt den Haftungshöchstbetrag für aufgegebenes und nicht aufgegebenes Reisegepäck nur gemeinsam zur Verfügung.[56] Der Betrag steht dem Geschädigten auch im Falle eines Teilverlustes, soweit sein Schaden reicht, voll zu. Das Warschauer Abkommen sah dagegen in Art. 22 Abs. 3 WA 1955 vor, dass im Fall eines Teilverlustes des aufgegebenen Reisegepäcks für die Feststellung, bis zu welchem Betrag der Luftfrachtführer haftet, nur das Gesamtgewicht der betroffenen Stücke in Betracht kommt. 23

Das Übereinkommen von Montreal räumt nicht nur dem Reisenden, der sein eigenes Reisegepäck individuell aufgegeben hat, sondern auch dem Reisenden, dessen Gegenstände sich in dem von einem Mitreisenden, der denselben Flug genommen hat, aufgegebenen Reisegepäck befunden haben, bei Verlust dieser Gegenstände einen individuellen Anspruch auf Schadensersatz nach den Modalitäten des Art. 17 Abs. 2 Satz 1 MÜ und in den Grenzen des Art. 22 Abs. 2 MÜ ein.[57] Dem Luftfrachtführer kommt die Haftungsbegrenzung unabhängig davon, ob über das Gepäckstück ein Gepäckschein ausgestellt wurde oder der Reisende ordnungsgemäß über die Geltung des MÜ samt dessen Haftungsgrenzen informiert worden ist (Art. 3 Abs. 5 MÜ), zu Gute.[58] 24

2. Ausnahmen

Der Haftungshöchstbetrag des Art. 22 Abs. 2 Satz 1 MÜ für Reisegepäckschäden gilt weder im Falle einer Interessendeklaration[59] noch bei qualifiziertem Verschulden des Luftfrachtführers oder seiner Leute. Der Geschädigte hat in beiden Fällen die Möglichkeit, im Schadensfall auch jenseits der Haftungshöchstgrenze seinen Schaden zu liquidieren. 25

a) Interessendeklaration. Die Interessendeklaration ist ein einseitiger Akt[60] und bedarf daher keiner vertraglichen Vereinbarung.[61] Dies folgt im Umkehrschluss zu Art. 25 MÜ, wonach die Parteien höhere Haftungshöchstbeträge vereinbaren können. Folglich kann die Interessendeklaration nur den einseitigen Akt der Angabe des Lieferinteresses in Geld betreffen.[62] Die Interessendeklaration ist nur bei Aufgabe des Reisegepäcks und nicht nachträglich möglich.[63] Den Luftfrachtführer 26

55 Ebenso BeckOGK/*Förster* Art. 22 MÜ Rn. 15; **aA** EuGH, Urt. v. 6.5.2010 – *Walz v. Clickair* – C-63/09, NZV **2010**,441, wobei übersehen wird, dass das MÜ nur die *Höhe* der Haftung regelt, zum ersetzenden Schaden indes schweigt.

56 EuGH, Urt. v. 22.11.2012 – *Sanchez v. Iberia Líneas Aéreas de España SA* – C-410/11, NJW **2013** 845 Rz. 25; US DC, Urt. v. 9.9.2009 – *Shah v. Kuwait Airways Corp.* – **653** F. Supp. 2d 499, 505; ebenso *Geigel/Mühlbauer*[26] Haftpflichtprozess Kap. 29 Rn. 76; **aA** *Ruhwedel* TranspR **2001** 189, 195.

57 EuGH, Urt. v. 22.11.2012 – *Sanchez v. Iberia Líneas Aéreas de España SA* – C-410/11, NJW **2013** 845 Rz. 27.

58 US CA 2nd Cir., Urt. v. 13.1.2009 – *Booker v. BWIA West Indies Airways* – **307** F. App'x 491, 493.

59 Vgl. auch zur Wertdeklaration nach dem WA, *Müller-Rostin* TranspR **1996** 149 f.

60 A OGH Wien, Urt. v. 26.9.2012 – 7 Ob 111/12t – RdTW **2014** 17, 21 Rz. 48; OGH Wien – 7 Ob 188/12s – RdTW **2014** 61, 63 Rz. 30. *Geigel/Mühlbauer*[26] Haftpflichtprozess Kap. 29 Rn. 76; *Koller*[11] Art. 22 MÜ Rn. 4; *Brinkmann* Luftfrachtersatzverkehr S. 34; **aA** MünchKommHGB/*Müller-Rostin*[5] Art. 22 MÜ Rn. 11.

61 **AA** *Müller-Rostin* TranspR **2015** 140, 145.

62 So wohl auch zum WA: OLG Köln, Urt. v. 16.2.1990 – 20 U 177/89 – TranspR **1990** 199, 200; OLG Frankfurt am Main, Urt. v. 15.10.1991 – 5 U 196/90 – TranspR **1993** 61, 64.

63 Vgl. *Kuhn* Haftung S. 187; **aA** MünchKommHGB-*Kronke* Art. 22 WA 1955 Rn. 24.

trifft keine Pflicht, den Reisenden beim Einchecken oder bei Abschluss des Beförderungsvertrages auf die Möglichkeit einer Interessendeklaration hinzuweisen.[64]

27 Die Interessendeklaration gilt nach ihrem Wortlaut nur für das aufgegebene Reisegepäck. Bei nicht aufgegebenem Reisegepäck besteht kein gleichartiges Bedürfnis für die Durchbrechung des Haftungshöchstbetrags, da solches Reisegepäck die unmittelbare Obhut des Reisenden nicht verlässt.[65] Das bedeutet jedoch nicht, dass nicht auch hier eine Interessendeklaration zulässig sein sollte;[66] relevant könnte dies z.B. bei einem Transport eines Instruments oder eines Kunstwerkes an Bord werden.

28 **aa) Voraussetzungen.** Umstritten ist, ob die Interessendeklaration der Schriftform bedarf. Das Oberlandesgericht Köln[67] vertrat zum Warschauer Abkommen die Rechtsauffassung, dass eine Interessendeklaration, um wirksam zu sein, der Schriftform bedürfe. Der dem Begriff „déclaration" hinzugefügte Zusatz „spéciale" spreche im Hinblick darauf, dass die Beförderungsurkunden (Flugschein, Fluggepäckschein und Luftfrachtbrief) nach Artt. 3, 4 und 5 WA 1955 grundsätzlich schriftlich auszustellen seien, eher für die Notwendigkeit einer ebenfalls schriftlichen Wertanzeige. Für die Erforderlichkeit der Schriftform spreche der Zweck der Anzeige, nämlich die Haftungsbeschränkung aufzuheben und dem Luftfrachtführer das erhöhte Risiko deutlich bewusst zu machen, so dass er zusätzliche Sicherungsvorkehrungen treffen und hierfür insbesondere ein Entgelt verlangen könne. Dieser Ansicht ist im Hinblick auf Artt. 5 und 9 MÜ, insbesondere aufgrund des klaren Wortlauts des Art. 22 Abs. 2 MÜ, der im Gegensatz zu Art. 31 Abs. 3 MÜ keinen Hinweis auf die Schriftlichkeit enthält, zu widersprechen. Die Interessendeklaration ist daher **formlos** möglich.[68]

29 Die Möglichkeit der Interessendeklaration kann auch für Reisegepäck nicht durch Allgemeine Geschäftsbedingungen abbedungen werden.[69] Ein Ausschluss der Deklarationsmöglichkeit wäre zwar nicht nach Art. 26 MÜ nichtig. Denn diese Vorschrift meint nur Vereinbarungen, mit denen die Mindesthaftung des Luftfrachtführers weiter eingeschränkt oder für diese Haftung zusätzlich, im Übereinkommen nicht vorgesehene Voraussetzungen verlangt werden (vgl. Art. 26 MÜ Rn 8). Die Abbedingung der Deklarationsmöglichkeit stellt indes bei Anwendbarkeit deutschen Rechts eine unangemessene Benachteiligung iSv. § 307 Abs. 1 Satz 1 BGB dar.[70]

30 Die Deklaration eines besonderen Interesses muss eindeutig und bestimmt sein;[71] hierin liegt die Bedeutung des Wortes „spéciale", und natürlich muss es **beziffert**[72] werden. Keine Interessen-

---

64 **AA** OGH Wien – 7 Ob 188/12s – RdTW **2014** 61, 63 Rz. 32, wonach bei Verletzung der speditionellen Pflicht zur Versicherung der Gegenstände durch eine Interessendeklaration nicht die Haftungsgrenzen des MÜ zur Anwendung kämen; zu Recht ablehnend: BeckOGK/*Förster* Art. 22 MÜ Rn. 26; *Koller*[11] Art. 22 MÜ Rn. 4.

65 So auch *Geigel/Mühlbauer*[26] Haftpflichtprozess Kap. 29 Rn. 76.

66 Ebenso BeckOGK/*Förster* Art. 22 MÜ Rn. 19; ebenso zum WA: *Guldimann* Art. 22 WA 1955 Rn. 27; FrankfKomm/*Giemulla* Art. 22 WA 1955 Rn. 12.

67 Zum WA: OLG Köln, Urt. v. 16.2.1990 – 20 U 177/89 – TranspR **1990** 199, 200.

68 *Geigel/Mühlbauer*[26] Haftpflichtprozess Kap. 29 Rn. 76; **aA** FrankfKomm/*Giemulla* Art. 22 MÜ Rn. 63; BeckOGK/*Förster* Art. 22 MÜ Rn. 24; Ebenroth/Boujong/*Pokrant*[5] Art. 22 MÜ Rn. 12; MünchKommHGB/*Müller-Rostin*[5] Art. 22 MÜ Rn. 8; *Ruhwedel* FS *Guldimann*, **1997** S. 201, 207; zum WA: *Guldimann* Art. 22 WA 1955 Rn. 14; *Koller*[11] Art. 22 WA 1955 Rn. 4; MünchKommHGB/*Kronke* Art. 22 WA 1955 Rn. 23.

69 So auch *Brautlacht* TranspR **1990** 342, 344; *Geigel/Mühlbauer*[26] Haftpflichtprozess Kap. 29 Rn. 76; **aA** *Ruhwedel* FS Guldimann, **1997** S. 201, 207 mit dem Hinweis, dass für den Luftfrachtführer wegen Art. 27 MÜ kein prinzipieller Kontrahierungszwang und insofern kein rechtlicher Anlass bestünde, einen Vertrag mit einer haftungserhöhenden Interessendeklaration zu akzeptieren.

70 *So Brautlacht* TranspR **1990** 342, 345.

71 A OGH Wien, Urt. v. 26.9.2012 – 7 Ob 111/12t – RdTW **2014** 17, 21 (Rz. 49); BeckOGK/*Förster* Art. 22 MÜ Rn. 23.

72 Richtig insoweit OLG Köln, Urt. v. 16.2.1990 – 20 U 177/89 – TranspR **1990** 199, 200.

deklaration ist dagegen die bloße Wertangabe z.B. für Gebührenberechnung, Steuern oder Zoll,[73] die Angabe des Versicherungswerts im Luftfrachtbrief[74] oder der unbezifferte Hinweis auf einen hohen Wert.[75] Das Verwenden der Klausel „NVD“ (no value declared) spricht für Fehlen einer Interessendeklaration.[76] Ausreichend soll eine „ca.“-Angabe mit Änderungsvorbehalt sein.[77]

Die Interessendeklaration zeitigt ihre Wirkung nur dann, wenn der Reisende den verlangten Zuschlag entrichtet hat.[78] Sowohl die englische als auch die französische Originalfassung knüpfen die Interessendeklaration nicht zwingend an einen Zuschlag („*supplementary sum if the case so requires*“; „*paiement éventuel d'une somme supplémentaire*“). Eine Interessendeklaration ist daher auch dann wirksam, wenn der Luftfrachtführer keinen Zuschlag verlangt[79] oder hierauf verzichtet.[80] Falls ein Zuschlag zu zahlen ist, ist er bei Übergabe des Reisegepäcks, d.h. spätestens beim Einchecken, zu entrichten.[81] Aus der Formulierung („entrichtet hat“) ergibt sich nicht etwa, dass der Zuschlag vom Reisenden bereits entrichtet sein muss, bevor der Schaden eingetreten ist. Vielmehr tritt die erhöhte Haftung entsprechend der Interessendeklaration auch in diesem Fall ein.[82] Allerdings muss der Zuschlag vor dem schädigenden Ereignis bereits vereinbart worden sein. Art. 3 a EG-VO Nr. 2027/97[83] idF der EG-VO Nr. 889/2002[84] führt ergänzend zur Interessendeklaration Folgendes aus: „Der Zuschlag, den ein Luftfahrtunternehmen der Gemeinschaft gemäß Art. 22 Absatz 2 des Übereinkommens von Montreal verlangen kann, wenn ein Fluggast sein Interesse an der Ablieferung am Bestimmungsort betragsmäßig angegeben hat, richtet sich nach einem Tarif, der sich auf die Kosten für die Beförderung und die Versicherung des betreffenden Reisegepäcks bezieht, die über die Kosten für Reisegepäck bis zum Haftungshöchstbetrag hinausgehen. Der Tarif wird den Fluggästen auf Anfrage mitgeteilt.“ 31

bb) Inhalt und Wirkungen. Das Interesse an der Ablieferung am Bestimmungsort umfasst sowohl dasjenige, welches der Reisende an dem Wert des Reisegepäcks hat, als auch dasjenige, welches er an einem rechtzeitigen Eintreffen des Reisegepäcks am Bestimmungsort hat. In Betracht kommt jedes **vermögensrechtliche Interesse** im weitesten Sinne; ideelle Interessen nur insoweit, als sie vermögensrechtliche Auswirkungen haben. Ist ein Reisegepäckstück, dessen Interesse deklariert war, verlorengegangen, zerstört oder beschädigt worden oder verspätet am Bestimmungsort eingetroffen, so ist der Luftfrachtführer dem Geschädigten zum Ersatz für jeden hieraus entstandenen Vermögensschaden verpflichtet. Enthielt das Reisegepäck wichtige Geschäftsunterlagen, z.B. Projektvorschläge etc, und kommen deshalb verschiedene Vertragsabschlüsse nicht zu Stande, gehört auch zu den ersatzpflichtigen Vermögensschäden der Verlust von 32

---

73 OLG Karlsruhe, Urt. v. 7.3.1984 – 13 U 136/82 – TranspR **1984** 235, 236; MünchKommHGB/*Müller-Rostin*[5] Art. 22 MÜ Rn. 10.

74 OLG Frankfurt am Main, Urt. v. 16.4.1996 – 5 U 219/94 – NJW-RR **1997** 1060 = TranspR **1998** 123, 125.

75 OLG Frankfurt am Main, Urt. v. 15.10.1991 – 5 U 196/90 – TranspR **1993** 61, 63; *Geigel/Mühlbauer*[26] Haftpflichtprozess Kap. 29 Rn. 76.

76 OLG Karlsruhe, Urt. v. 21.2.2006 – 15 U 5/04 – TranspR **2006** 203; OLG Frankfurt am Main, Urt. v. 16.4.1996 – 5 U 219/94 – TranspR **1998** 123, 125.

77 A OGH Wien, Urt. v. 26.9.2012 – 7 Ob 111/12t – RdTW **2014** 17, 21 (Rz. 50;) krit. dagegen *Müller-Rostin* TranspR **2015** 140, 148.

78 OLG Köln, Urt. v. 6.3.2007 – 3 U 122/06 – BeckRS **2007** 4383 Rz. 11.

79 A OGH Wien, Urt. v. 26.9.2012 – 7 Ob 111/12t – RdTW **2014** 17, 21 (Rz. 46); CA C, Urt. v. 29.11.2012 – *Durunna v. Air Canada* – **2013** ABPC 31, Rz. 79; Ebenroth/Boujong/*Pokrant*[5] Art. 22 MÜ Rn. 13; BeckOGK/*Förster* Art. 22 MÜ Rn. 22.

80 *Csoklich* RdW **2013** 319, 320.

81 Vgl. A OGH Wien, Urt. v. 26.9.2012 – 7 Ob 111/12t – RdTW **2014** 17, 21 (Rz. 49); BeckOGK/*Förster* Art. 22 Rn. 25; *Koller*[11] Art. 22 MÜ Rn. 4.

82 FrankfKomm/*Giemulla* Art. 22 MÜ Rn. 65; Ebenroth/Boujong/*Pokrant*[5] Art. 22 MÜ Rn. 13; *Geigel/Mühlbauer*[26] Haftpflichtprozess Kap. 29 Rn. 76; **aA** *Koller*[11] Art. 22 MÜ Rn. 4.

83 ABl. EG Nr. L 258 vom 17.10.1997, S. 1.

84 ABl. EG Nr. L 140 vom 30.5.2002, S. 2.

Kunden, der Verfall einer Vertragsstrafe, der entgangene Gewinn und ähnliches.[85] Ein bloßes Affektionsinteresse wird hingegen nicht erfasst, wie nachstehender Beispielsfall[86] verdeutlicht:

> *"The „**actual value**" is the „real value to [the] owner and of [the] loss by being deprived" of the property, „not including, however, any sentimental or fanciful value [the owner] may for any reason place upon it." The „**real value to the owner**" is „determined by considering all of the circumstances in a rational way and assessing damages through the exercise of good sense and judgment". „[T]here may be either nominal or substantial damages." The owner's own estimate of the value of personal belongings and household items may be credited, but for more uncommon items some demonstrated expertise of the owner may be necessary. [T]his being said, [o]n August 10, 2004, Wali Mohammed flew Air France from New York to Nigeria to participate in a religious ceremony that, he testified at trial, could be fairly characterized as an „ordination". Over a period of seven days, ten people, including Mr. Mohammed, **produced a number of religious artifacts** from iron, wood and other materials that were not purchased, but „came from the land". [On his flight back to New York the artifacts were lost.] In short, accepting that the religious artifacts were both irreplaceable and unique, the Court has no basis for making an award that is not „inadequate or excessive". At most, then, **the Court can only make an award of „nominal" damages.**"*

33 Nach Absatz 2 Satz 2 hat der Luftfrachtführer den angegebenen Betrag zu ersetzen, es sei denn, er kann beweisen, dass das wirkliche Lieferinteresse geringer ist. Ihrem Inhalt nach gleicht diese Regelung den Bestimmungen des § 504 HGB, des Art. 24 CMR und des Art. 34 ER CIM 1999. Neben der Erhöhung der Haftungshöchstbeträge bewirkt die Interessendeklaration eine Umkehr der Beweislast.[87] Nicht mehr der Geschädigte, sondern vielmehr der Luftfrachtführer hat zu beweisen, dass das tatsächliche Interesse des Geschädigten unter dem deklarierten Wert liegt.[88] In Bezug auf die anderen Anspruchsvoraussetzungen ändert sich an der Beweislast, die dem Geschädigten obliegt, nichts.

34 Gibt der Reisende einen geringeren als den tatsächlichen Wert des Reisegepäcks an, um die Versicherungsprämie zu ermäßigen, ist der geringere der für den Ersatz maßgebliche Wert.[89] Ist das deklarierte Interesse niedriger als der in Art. 22 Abs. 2 MÜ vorgesehene Haftungshöchstbetrag, so ist dieses maßgeblich.[90]

35 Bei Teilverlust ist der proportional entsprechende Anteil des deklarierten Interesses zu ersetzen.[91]

36 **cc) Adressat der Interessendeklaration bei mehreren Luftfrachtführern.** Aus Art. 41 Abs. 2 Satz 3 MÜ, wonach *„eine betragsmäßige Angabe des Interesses an der Lieferung nach Artikel 22 ... gegenüber dem ausführenden Luftfrachtführer nur mit seiner Zustimmung wirksam"* ist, folgt, dass die Interessendeklaration stets gegenüber dem vertraglichen Luftfrachtführer zu erklären ist. Ohne die Zustimmung des ausführenden Luftfrachtführers geht dessen Haftung nicht über den in Art. 22 Abs. 2 statuierten Haftungshöchstbetrag hinaus.

37 Führt ein nachfolgender Luftfrachtführer hingegen die Beförderung aus, wirkt eine Interessendeklaration des Reisenden gegenüber dem ersten Luftfrachtführer auch gegenüber dem nachfolgenden Luftfrachtführer. Denn letzterer gilt nach Art. 36 Abs. 1 Hs. 2 MÜ als Partei des Beförderungsvertrages. Dem nachfolgenden Luftfrachtführer steht indes ein Rückgriffsrecht gegen den

---

85 *Koffka/Bodenstein/Koffka* Art. 22 WA 1929 S. 329.
86 US CC, Urt. v. 28.3.2006 – *Mohammed v. Air France* – **816** N.Y.S. 2d 697.
87 *Guldimann* Art. 22 WA 1955 Rn. 18; *Kuhn* Haftung S. 185.
88 BekOGK/*Förster* Art. 22 MÜ Rn. 27; Ebenroth/Boujong/*Pokrant*[5] Art. 22 MÜ Rn. 15.
89 CH Cour Genève, Urt. v. 16.3.1962 – *Cie d'Assurances Aöoina c. Cie Trans World Airlines* – RFDA **1964** 234 (245).
90 *Giemulla/Schmid* ZLW **1992** 123, 132; *Koller*[11] Art. 22 MÜ Rn. 5; MünchKommHGB/*Kronke* Art. 22 WA 1955 Rn. 27.
91 B Rb Antwerpen, Urt. v. 12.10.1990 – *Drake Insurance Group v. Swissair* – ETL **1991** 687, 700; MünchKommHGB/*Kronke* Art. 22 WA 1955 Rn. 27.

ersten Luftfrachtführer insoweit zu, als die Interessendeklaration den Haftungshöchstbetrag wertmäßig überschritten hat.

b) Durchbrechung der Haftungshöchstgrenzen (Absatz 5)

aa) Allgemeines. Bei Vorwurf eines qualifizierten Verschuldens auf Seiten des Luftfrachtführers 38 oder seiner Leute sieht **Absatz 5** eine Durchbrechung der Haftungshöchstgrenzen vor. Anders als das Warschauer Abkommen stellt Absatz 5 klar, dass die Interessendeklaration im Fall qualifizierten Verschuldens ebenfalls keine Anwendung findet und der Geschädigte einen höheren Schaden geltend machen kann. Hinsichtlich der Voraussetzungen der Durchbrechung der Haftungshöchstgrenzen kann grundsätzlich auf die obigen Ausführungen[92] im Zusammenhang mit der Haftungsdurchbrechung bei Verspätungsschäden bei der Beförderung von Personen verwiesen werden. Ein fehlender Hinweis auf eine Interessendeklaration begründet keinen Vorwurf eines qualifizierten Verschuldens, wenn z.B. eine Stewardess einen Reisenden auffordert, ein nicht als Handgepäck zugelassenes Gepäckstück nachträglich noch als Reisegepäck aufzugeben.[93]

bb) Geschieht der Diebstahl oder die Unterschlagung von Reisegepäck durch die Leute des Luftfrachtführers noch in Ausführung der Verrichtung? In Ausführung ihrer Verrichtungen handeln die Leute des Luftfrachtführers, wenn ein unmittelbarer innerer Zusammenhang zwischen der ihnen aufgetragenen Verrichtung nach ihrer Art. und ihrem Zweck und der schädigenden Handlung besteht.[94] Auch bewusstes Zuwiderhandeln der Leute gegen Weisungen des Luftfrachtführers können noch „in Ausführung der Verrichtung“ erfolgt sein. Jenseits dieser Grenze liegende Handlungen, die nur noch in äußerem Zusammenhang mit diesen Obliegenheiten stehen, sind dem Luftfrachtführer nicht mehr zurechenbar. Dementsprechend sind **Schädigungen „bei Gelegenheit“**[95] der Dienstverrichtung dem Luftfrachtführer hinsichtlich der Haftungsdurchbrechung **nicht zurechenbar**.[96] 39

Für die Fallgruppe der Diebstähle durch Hilfspersonen des Luftfrachtführers besteht international Uneinigkeit, inwieweit derartige Handlungen noch „in Ausführung der Verrichtungen“ begangen sind.[97] Während z.B. die deutsche,[98] kanadische[99] und schweizerische[100] Rechtsprechung Diebstähle von Reisegepäck als in Ausführung der Verrichtung erfolgt ansehen, schließen französische[101] und US-amerikanische[102] Gerichte in solchen Fällen ein Handeln der Hilfspersonen in 40

---

92 Siehe oben Art. 22 MÜ Rdn. 11–19.

93 OLG Köln, Urt. v. 11.1.2005 – 22 U 137/04 – RRa **2005** 178, 179.

94 Vgl. BGH, Urt. v. 6.10.1970 – VI ZR 56/59 – NJW **1971** 31; US CA Columbia Cir., Urt. v. 5.3.1985 – *Johnson v. Allied Eastern States Maintenance Corporation* – **19** Avi 17.847.

95 Zur Abgrenzung der Haftungsmerkmale „in Ausführung ihrer Verrichtungen“ und „bei Gelegenheit“ im Zusammenhang mit der Luftbeförderung: BGH, Urt. v. 14.2.1989 – VI ZR 121/88 – TranspR **1989** 275, 278.

96 Siehe auch *Janköster* Fluggastrechte S. 317; *Ruhwedel*³ Luftbeförderungsvertrag Rn. 592.

97 Vgl. auch *Kuhn* Haftung S. 101 f.

98 BGH, Urt. v. 30.10.1967 – VII ZR 82/65 – BGHZ **49** 19; LG Frankfurt am Main, Urt. v. 16.1.1996 – 3/5 O 105/95 – ZLW **1997** 548, 550 = TranspR **1996** 424; ebenso FrankfKomm/*Schmid* Art. 20 WA 1955 Rn. 27; Ebenroth/Boujong/Joost/*Gass* Art. 25 WA 1955 Rn. 5; *Ruhwedel*³ Luftbeförderungsvertrag Rn. 592.

99 Federal Court of Canada, Urt. v. 22.10.1981 – *Cie Swiss Bank Corp v. Swissair and Air Canada* – ETL **1983** 826, 853.

100 CH BG, Urt. v. 22.9.1959 – *Cie Swissair c. Cie La Concorde* – RFDA **1961** 202 f.

101 F CA Paris, Urt. v. 18.10.1978 – *Mutuelle Générale Française Accidents c. Sabena* – RFDA **1978** 456, 461; F Cass, Urt. v. 22.7.1986 – *Cie Saint-Paul Fire and Marine c. Cie Air-France* – RFDA **1986** 428, 430; F Cass, Urt. v. 21.7.1987 – ETR **1987** 764; vgl. rechtsvergleichend auch *Knöfel* Haftung des Güterbeförderers S. 262 ff.

102 SC New York, Urt. v. 24.5.1979 – *Rymanowski v. Pan Am* – USAvR **1979** 503, 506; US DC, Urt. v. 22.11.1985 – *Baker v. Landell Protective Agency* – **19** Avi 18.193, 195 = **509** FSupp 165; US CC, Urt. v. 5.1.1968 – *Eve Boutique v. Seabord World* – USAvR **1968** 33, 34; ablehnend *Kuhn* Haftung S. 101 f.

Ausführung ihrer Verrichtungen aus, da ein Diebstahl oder eine Unterschlagung als solche außerhalb der übertragenen Verrichtungen liege. Richtigerweise wird man wie folgt differenzieren müssen: Der Angestellte handelt noch in Ausführung seiner Verrichtung, wenn er unmittelbar die Verantwortung für die Obhut des Reisegepäcks hat und die ihm durch seine Position gebotene Gelegenheit missbraucht, diese Gegenstände zu stehlen.[103] Dagegen handelt ein Angestellter nicht mehr in Ausführung seiner Verrichtungen, wenn er den Diebstahl außerhalb seiner Arbeitszeit begeht[104] oder wenn er während der Arbeitszeit den Diebstahl wie ein Dritter, der keine Verantwortung für die Obhut des Reisegepäcks innehat, verübt. Letzteres ist der Fall, wenn ein Mechaniker rein beiläufig aus dem Lagerraum Gegenstände entwendet, der mit der Beförderung im eigentlichen Sinne nichts zu tun hat.[105] Insofern wird man auch innerhalb des Unternehmens des Luftfrachtführers die Verantwortungsbereiche der Gehilfen abgrenzen können und je nach Einzelfall die Begehung eines Diebstahls oder einer Unterschlagung durch einen Angestellten nicht mehr als in Ausführung seiner Verrichtungen betrachten können. Entscheidend ist dabei, inwieweit die der Hilfsperson übertragene Funktion die Ausübung der Güterobhut in Bezug auf den konkreten Gegenstand obliegt.[106]

41 **cc) Sekundäre Beweisführungslast des Luftfrachtführers bei Verlust und Abhandenkommen des Reisegepäcks.** Der Reisende muss beweisen, dass der Luftfrachtführer oder seine Leute die Voraussetzungen des Absatzes 5 erfüllen. Umstritten ist indes, ob die im Rahmen zu Art. 29 CMR und im nationalen Transportrecht von der Rechtsprechung[107] entwickelten Grundsätze der sekundären Beweisführungslast bei der Beförderung von Gütern im Fall des Verlusts und Abhandenkommenkommens von Reisgepäck angewandt werden können. *Mühlbauer*[108] und eine Reihe der unteren Instanzgerichte[109] sprechen sich gegen eine Anwendbarkeit der Grundsätze der sekundären Beweisführungslast aus. Für die Ablehnung der Übertragung dieser Grundsätze auf die Fälle des Verlusts von Reisegepäck wird insbesondere ins Feld geführt, dass die Sach- und Interessenlage bei der Beförderung von Reisegepäck und Gütern unterschiedlich sei. Bei der Reisegepäckbeförderung bleibe das Gepäck in der Regel in der Obhut eines Luftfrachtführers, wobei die Obhut des Luftfrachtführers in der Regel am Gepäckschalter beginne und mit der Ablieferung am Gepäckband am Bestimmungsort ende.[110] Demgegenüber beginne die Obhut des Luftfrachtführers bei der Güterbeförderung bereits auch dann, wenn dies nicht erst auf dem Flughafen geschehe.[111] Das AG Hannover[112] lehnte die Anwendbarkeit der Grundsätze der sekundären Beweisführungslast mit dem Hinweis ab, dass beim Transport von Reisegepäck verschiedene Erfüllungsgehilfen des Luftfrachtführers tätig seien, weshalb bei Totalverlust ein etwaiger Verursacher nicht festgestellt werden könnte. Darüber

103 Vgl. RG, Urt. v. 19.2.1921 – I 282/20 – RGZ **101** 348 zu §§ 417, 390 HGB aF.

104 **AA** wohl F Cass, Urt. v. 22.7.1986 – *Cie Saint-Paul Fire and Marine c. Cie Air-France* – RFDA **1986** 428, 430.

105 Ebenso *Knöfel* Haftung des Güterbeförderers S. 284.

106 Vgl. *Knöfel* Haftung des Güterbeförderers S. 285.

107 Vgl. BGH, Urt. v. 21.9.2000 – I ZR 135/98 – TranspR **2001** 29; OLG Köln, Urt. v. 27.6.1995 – 22 U 265/94 – NJW-RR **1997** 98; OLG München, Urt. v. 7.5.1999 – 23 U 6113/98 – TranspR **1999** 301, 303; OLG Frankfurt am Main, Urt. v. 14.9.1999 – 5 U 30/97 – TranspR **2000** 260.

108 *Geigel/Mühlbauer[26] Haftpflichtprozess Kap. 29 Rn. 78, die dort zitierte Rechtsprechung hält die Grundsätze der sekundären Beweisführungslast dagegen grundsätzlich für anwendbar, worauf es allerdings in der Sache nicht ankam, da der Kläger seiner primären Obliegenheit, die Anspruchsvoraussetzungen des qualifizierten Verschuldens darzulegen, nicht nachgekommen ist.*

109 AG Hannover, Urt. v. 25.6.1996 – 560 C 2531/96 – RRa **1996** 207; LG Köln, Urt. v. 4.12.1997 – 29 O 77/97 – unveröffentlicht (vgl. dazu auch die Berufungsentscheidung des OLG Köln, Urt. v. 11.8.1998 – 15 U 12/98 – ZLW **1999** 163, 165f., das die Frage der Anwendbarkeit der Grundsätze der sekundären Beweisführungslast des Luftfrachtführers anders als das LG Köln offen lässt); LG Stuttgart, Urt. v. 23.4.2003 – 37 O 222/02 – RRa **2003** 177, 178.

110 So *Mühlbauer* TranspR **2003** 185, 186.

111 So *Mühlbauer* TranspR **2003** 185, 186.

112 So auch AG Hannover, Urt. v. 25.6.1996 – 560 C 2531/96 – RRa **1996** 207.

hinaus war das Gericht der Auffassung, dass vom Luftfrachtführer beim Massengeschäft mit Gepäckstücken im heutigen Luftreiseverkehr zum Grund und Hergang des Schadensereignisses kein so detaillierter Vortrag erwartet werden könne. Dieser Auffassung ist zu widersprechen.[113] Zunächst rechtfertigen die herausgearbeiteten Unterschiede zum Obhutszeitpunkt bei der Güter- und der Reisegepäckbeförderung es nicht, die Grundsätze der **sekundären Beweisführungslast** im Fall des Verlusts von Reisegepäck nicht anzuwenden. Stets geht es nämlich um dasselbe Problem. Der Geschädigte hat keinen Einblick in die Organisationsstruktur des Luftfrachtführers. Die Grundsätze der sekundären Beweisführungslast entbinden indes den Kläger nicht von seiner primären Obliegenheit, die Anspruchsvoraussetzungen des qualifizierten Verschuldens in Ansätzen darzulegen. Ein Klägervortrag, der lediglich die Tatsache des Verlusts enthält, ist nämlich nicht ausreichend.[114] Dagegen genügt es, wenn das vorgetragene Schadensbild Rückschlüsse darauf zulässt, dass die nicht mehr aufgefundenen Gegenstände aus dem Koffer entweder durch Diebstahl oder durch eine von den Leuten des Luftfrachtführers während der Inobhutnahme des Reisegepäcks begangene Unterschlagung abhanden gekommen sind.[115] Soweit der Kläger bei Beschädigungen oder Verlust des Reisegepäcks zum qualifizierten Verschulden des Luftfrachtführers vorgetragen hat, obliegt es letzterem darzulegen, welche Maßnahmen er im allgemeinen oder im besonderen getroffen hat, um das Abhandenkommen des Reisegepäcks zu verhindern. Kommt der Luftfrachtführer dieser Einlassungsobliegenheit aufgrund seines Informationsvorsprungs nicht nach, kann das unsubstantiiert gebliebene Vorbringen des Klägers als substantiiert behandelt werden und je nach den Umständen des Einzelfalls ist der Schluss auf qualifiziertes Verschulden gerechtfertigt.[116] Kommt dagegen der Luftfrachtführer seiner Einlassungsobliegenheit nach, reicht ein Bestreiten durch den Geschädigten nicht aus. Vielmehr muss er in Bezug auf den konkreten Sachverhalt Anknüpfungspunkte in objektiver sowie subjektiver Hinsicht vortragen und Beweis dafür anbieten.

Der Anscheinsbeweis ist zum Nachweis des groben Organisationsverschulden nur beschränkt zulässig.[117] Im Hinblick auf subjektive Faktoren existieren grundsätzlich keine Erfahrungssätze.[118] Wird ein als Reisegepäck aufgegebenes, verschlossenes Paket ohne Inhalt am Bestimmungsort an den Reisenden übergeben, so ist bereits aufgrund des Schadensbildes davon auszugehen, dass der Schaden vorsätzlich verursacht wurde.[119] 42

III. Schäden an Gütern (Absatz 3)

1. Grundsatz

Nach **Absatz 3 Satz 1 Hs 1** beläuft sich der Haftungshöchstbetrag sowohl für Substanzschäden als auch für Verspätungsschäden bei Gütern auf 22 Sonderziehungsrechte pro Kilogramm. Abzustellen ist dabei – vorbehaltlich der Regelung des Absatzes 4 – auf das Gewicht der gesamten Sendung. Anders als Art. 5 Buchstabe c MÜ und Art. 11 Abs. 2 MÜ stellt die Vorschrift nicht auf das Gewicht („*weight*“), sondern auf das Kilogramm der Sendung („*per kilogramme*“) ab. Insofern kann zur 43

---

113 Ebenso LG Berlin, Urt. v. 22.3.2002 – 55 S 276/01 – ZLW **2002** 466, 467; LG Frankfurt am Main, Urt. v. 16.1.2003 – 3/6 O 76/02 – TranspR **2003** 203, 204; LG Köln, Urt. v. 11.12.2002 – 91 O 234/01 – TranspR **2003** 204, 205 f.; AG Bad Homburg, Urt. v. 30.3.2001 – 2 C185/01 (17) – ZLW **2001** 619, 620.

114 Vgl. LG Frankfurt am Main, Urt. v. 16.1.2003 – 3/6 O 76/02 – TranspR **2003** 203, 204.

115 OLG Köln, Urt. v. 15.2.2005 – 22 U 145/04 – RRa **2005** 181, 182.

116 *Otte* GS Lüderitz S. 523, 532 f.

117 *Koller*[7] Art. 25 WA 1955 Rn. 9.

118 OLG München, Urt. v. 30.12.1994 – 7 U 7322/93 – TranspR **1995** 300, 302.

119 So zum WA: LG Darmstadt, Urt. v. 24.9.2002 – 18 O 68/01 – TranspR **2003** 114, 115 f. für den Fall der Güterbeförderung.

Bestimmung des Haftungshöchstbetrags nicht auf den Begriff des Volumengewichts,[120] sondern ausschließlich auf das gewogene Gewicht abgestellt werden.[121]

2. Mehrteilige Sendungen (Absatz 4)

44 **Absatz 4** klärt die Frage, woran sich die Haftungsberechnung zu orientieren hat, wenn im Fall der Zerstörung, des Verlusts, der Beschädigung oder der Verspätung der Güter oder irgendeines darin enthaltenen Gegenstandes ein **Teilschaden** entsteht. Nach **Satz 1** ist bei Teilverlust, -beschädigung oder -verspätung einer aus mehreren Frachtstücken bestehenden Sendung nur auf das Gewicht des verloren gegangenen, beschädigten oder verspäteten Frachtstücks der Sendung abzustellen. Die Folge ist daher dieselbe, wie wenn für die Sendung nicht ein Gesamtluftfrachtbrief, sondern lauter einzelne Luftfrachtbriefe nach Art. 8 MÜ ausgestellt worden wären.[122] Beeinträchtigt jedoch der Verlust, die Beschädigung oder der Verlust eines Teils der Güter oder eines darin enthaltenen Gegenstandes den Wert anderer auf demselben Luftfrachtbrief aufgeführten Frachtstücke, so ist nach **Satz 2** das Gesamtgewicht dieser Frachtstücke für die Feststellung, bis zu welchem Betrag der Luftfrachtführer haftet, zu berücksichtigen. Die Frage, ab wann man von einer solchen **Beeinträchtigung** sprechen kann, ist nicht leicht zu beantworten. Zu weit ginge es hier eine Wertverringerung der restlichen Sendung dergestalt zu verlangen, dass diese für den Absender nur noch Schrottwert hat. Vielmehr dürfte bereits mit Blick auf den englischen und französischen Originalwort, bei dem von einem »affects the value« bzw. »affecte la valeur« die Rede ist, jegliche negative Auswirkung auf den wirtschaftlichen Wert der Sendung genügen.[123] Anhaltspunkte für einen solchen Effekt sind zum einen die Funktionsabhängigkeit zwischen verschiedenen Teilen der unmittelbar geschädigten und der übrigen. Sendung sowie die fehlende Möglichkeit, das einzelne Teil einzeln zu beschaffen oder dies nur unter erheblicher Zeitverzögerung beschaffen zu können.[124]

45 Dem Übereinkommenswortlaut lässt sich nicht ohne weiteres entnehmen, ob der Verlust, die Beschädigung oder Verspätung eines *„darin* enthaltenen Gegenstandes" auf die Gesamtsendung oder nur das Sendungsteil bezieht. Die deutsche Übersetzung legt letzteres nahe. Sie differenziert zwischen Güter (Gesamtsendung), ggf Einzelgut (Frachtstück) sowie darin enthaltenen Gegenstände.[125] Bestätigt wird dieses Auslegungsergebnis auch durch die französische Originalfassung (*„le poids total du ou des colis dont il s'agit"*), derzufolge es allein darauf ankommt, welche Packstücke (colis) von dem Schaden betroffen sind.[126]

46 Unklar bleibt indes, wie die Haftungshöchstgrenze zu berechnen ist, wenn einzelne Gegenstände aus mehreren Packstücken der ganzen Sendung verloren gegangen sind oder beschädigt wurden. Denkbar ist es, auf das Gesamtgewicht der betreffenden Packstücke für die Begrenzung des Gesamtschadens abzustellen,[127] oder die Haftungshöchstgrenze für jeden Teilschaden einzeln nach dem Gewicht des davon betroffenen Packstücks zu bestimmen.[128] Zur Illustration des Prob-

---

120 So aber LG Frankfurt am Main, Urt. v. 8.5.2002 – 3/13 O 164/01 – TranspR **2002** 447; offen lassend OLG Frankfurt am Main, Urt. v. 18.4.2007 – 13 U 62/06 – TranspR **2007** 367, 372; zur Berechnung des Volumengewichts, vgl. Art. 5 Rdn. 6.

121 MünchKommHGB/*Müller-Rostin*[5]Art 22 MÜ Rn. 4.

122 BeckOGK/*Förster* Art. 22 MÜ Rn. 40; *Guldimann* Art. 22 WA 1955 Rn. 21.

123 UK QBD, Urt. v. 5.5.2000 – *Applied Implants Technology Ltd v. Lufthansa Cargo AG* – **2000** EWHC J0418-9, Rn. 16.

124 US DC, Urt. v. 26.4.1985 – *Deere Co.V. Deutsche Lufthansa AG* – **621** F.Supp 721, 722.

125 Anders zum WA: LG Frankfurt am Main, Urt. v. 12.3.1991 – 2/8 S 179/90 – TranspR **1991** 241, 242 m. abl. Anm. v. *Moeser.*

126 BeckOGK/*Förster* Art. 22 MÜ Rn. 40; ebenso zum WA: *Guldimann* Art. 22 WA 1955 Rn. 22; *Koller*[11] Art. 22 MÜ Rn. 8; MünchKommHGB/*Kronke* Art. 22 WA 1955 Rn. 9; *Moeser* TranspR **1991** 243; unklar LG Frankfurt am Main, Urt. v. 12.3.1991 – 2/8 S. 179/90 – TranspR **1991** 241, 242.

127 So *Koller*[11] Art. 22 MÜ Rn. 8; MünchKommHGB/*Kronke* Art. 22 WA 1955 Rn. 8.

128 So *Guldimann* Art. 22 WA 1955 Rn. 23.

lems soll folgendes Beispiel von *Guldimann*[129] dienen: Aus einer Sendung von Uhren im Wert von je 30 €, die in drei Stücken von 2, 5 und 1 kg befördert wird, kommen aus dem ersten und zweiten Packstück je zwei Uhren abhanden (Gesamtwert der abhanden gekommenen Uhren: 120 €): Nach dem Gesamtgewicht der verloren gegangenen Packstücke berechnet, liegt die Haftungshöchstgrenze bei 154 SZR (7 × 22 SZR),[130] so dass der Schaden gedeckt wäre. Berechnet man dagegen die Haftungshöchstgrenze für jeden Teilschaden nach dem Einzelgewicht der Packstücke, liegt die Haftungshöchstgrenze für die erste Packung bei 44 SZR (= 2 × 44 SZR), jene für die zweite Packung bei 110 SZR (= 5 × 22 SZR). Der Verlust aus dem Packstück Nr. 2 in Höhe von 60 € für 2 verlorene Uhren wäre daher gedeckt, jener aus Nr. 1 nur ungenügend gedeckt. Für die zweite Lösung mag zwar sprechen, dass sie der Situation bei Aufteilung der Sendung auf mehrere Luftfrachtbriefe iSv. Art. 8 MÜ entspricht. Dagegen spricht, dass das Übereinkommen vom **„Gesamtgewicht betroffenen Frachtstücke“** spricht.[131]

Bei der Beschädigung nur eines Teils eines **Containerinhalts** oder einer **Paletteneinheit**, ist ferner unklar, ob für den Haftungshöchstbetrag das Gesamtgewicht des Containers oder der Palette bzw. vielmehr das Gesamtgewicht der einzelnen Frachtstücke maßgeblich ist. Befindet sich z.B. ein Geräteteil in einer Kiste neben mehreren Kisten in einem Container, so wird die Zugrundelegung des Gesamtgewichts des Containers im Interesse des Absenders, die des Kistengewichts im Interesse des Beförderers sein. Hier wird man wie folgt differenzieren müssen: Hat der Luftfrachtführer die Verfrachtung in Containern, etwa zur Erleichterung des Transportes, gegen Ausstellung separater Luftfrachtbriefe vorgenommen, so soll seine Haftung nur auf beschädigte Frachtstücke (die einzelne Kiste) innerhalb des Containers, nicht aber auf dessen Gesamtgewicht beziehen.[132] Hierfür spricht auch die Parallele zu Art. 2 der seerechtlichen Visby-Rules[133] vom 23.2.1968.[134] Liefert der Absender dagegen die Sendung containerisiert an, so ist sie ein Stück und dessen Gesamtgewicht ist maßgebend,[135] es sei denn, die Zahl der Einzelkisten ist im Luftfrachtbrief dokumentiert.[136] 47

3. Ausnahmen

Im Unterschied zur Beförderung von Reisegepäck sieht das Montrealer Übereinkommen bei der Beförderung von Gütern nur die Möglichkeit der Interessendeklaration nach Absatz 3 Satz 1 Hs 2 MÜ vor, nicht dagegen die Durchbrechung des Haftungshöchstbetrages bei Vorwurf eines qualifizierten Verschuldens des Luftfrachtführers oder seiner Leute. 48

a) Interessendeklaration. Die Ausführungen zur Interessendeklaration zu Absatz 2 Satz 1 Hs. 2, Satz 2 gelten entsprechend (vgl. oben Rn 26 bis 37). Die Angabe eines Zollwertes stellt keine Inte- 49

129 Vgl. vorstehende Fn.

130 Da das dritte Packstück unversehrt blieb, muss es bei der Berechnung des Gesamtgewichts der betroffenen Frachtstücke außen vor bleiben.

131 Ebenso Ebenroth/Boujong/*Pokrant*[5] Art. 22 MÜ Rn. 6; MünchKommHGB/*Müller-Rostin*[5]Art 22 MÜ Rn. 22.

132 FrankfKomm/*Giemulla* Art. 22 MÜ Rn. 51; Ebenroth/Boujong/*Pokrant*[5] Art. 22 MÜ Rn. 7; MünchKommHGB/*Kronke* Art. 22 WA 1955 Rn. 9; *Kuhn* Haftung S. 184; *Ruhwedel*[3] Luftbeförderungsvertrag Rn. 508; *Thume* TranspR **1990** 41, 48.

133 Vgl. im deutschen Recht § 660 HGB a.F.

134 So auch MünchKommHGB/*Kronke* Art. 22 WA 1955 Rn. 9 aE; *Kuhn* Haftung S. 184; *Ruhwedel*[3] Luftbeförderungsvertrag Rn. 508; *Thume* TranspR **1990** 41, 48.

135 Ebenroth/Boujong/Joost/*Gass* Art. 22 WA 1955 Rn. 7; MünchKommHGB/*Kronke* Art. 22 WA 1955 Rn. 9; *Kuhn* Haftung S. 184.

136 BeckOGK/*Förster* Art. 22 MÜ Rn. 41; MünchKommHGB/*Kronke* Art. 22 WA 1955 Rn. 9; **aA** *Koller*[11] Art. 22 MÜ Rn. 8; LG Frankfurt am Main, Urt. v. 12.3.1991 – 2/8 S 179/90 – TranspR **1991** 241, 242, wonach der Angabe oder Nichtangabe der Zahl der Frachtstücke im Luftfrachtbrief keine Bedeutung beizumessen ist.

ressendeklaration dar.[137] Die Interessendeklaration muss sich nicht zwingend aus dem Luftfrachtbrief ergeben, da die Verwendung eines bestimmten Dokuments keine Wirksamkeitsvoraussetzung ist.[138] Wenn Angaben fehlen oder die Angaben im Luftfrachtbrief widersprüchlich sind, kann auf außerhalb des Luftfrachtbriefs liegende Dokumente zurückgegriffen werden.[139]

b) Keine Durchbrechung der Haftungshöchstgrenzen (Absatz 5)

50 **aa) Erläuterung der Denkschrift zum Ausschluss der Haftungsdurchbrechung.** Der Denkschrift zum Montrealer Übereinkommen zufolge ist der für den Ausschluss der Haftungsdurchbrechung bei vorsätzlicher Schadensverursachung insbesondere darin zu sehen, dass Streitigkeiten über das Vorliegen eines gravierenden Verschuldens vermieden werden sollen, um die Schadensregulierung zu beschleunigen, Versicherungsprämien niedrig zu halten und damit Frachtkosten zu senken. Allerdings reduziere die generelle Haftungsbegrenzung den Anreiz, Schaden zu vermindern, und lege dem Absender selbst in einem gewissen Maße auf, hierfür durch eine Interessendeklaration oder durch den Abschluss einer Versicherung für über den Haftungshöchstbetrag hinausgehende Schäden Sorge zu tragen. Bedenken gegen eine solche Regelung, deren Verfassungsmäßigkeit in der Literatur[140] – namentlich auch vor dem Hintergrund, dass der rechtsgeschäftliche Haftungsausschluss für Vorsatz im Allgemeinen nicht möglich sei[141] – diskutiert würde, bestünden nicht. Der Staat sei zwar verpflichtet, durch einen Kernbestand an Normen die Existenz und Funktionsfähigkeit des Eigentums zu sichern und schutzwürdige Interessen der Beteiligten in einen gerechten Ausgleich und ein ausgewogenes Verhältnis zu bringen.[142] Hierzu müssten vorsätzliche Eigentumsverletzungen grundsätzlich durch Schadensersatzansprüche ausgeglichen werden, woran es hier indes wegen der ausnahmslosen Haftungshöchstsumme insoweit fehle, als der Schaden im konkreten Einzelfall diese Summe übersteige. Doch gelte dies nicht uneingeschränkt. Dies zeige bereits die Zulässigkeit einer Freizeichnung für vorsätzliches Verhalten von Erfüllungsgehilfen.[143] Die generelle Haftungsbegrenzung sei zudem Teil eines international einheitlichen Haftungssystems, das die typischen Interessen von Absendern und Luftfrachtführern klar und transparent auszugleichen suche. Mit der Etablierung eines solchen Systems könne der Gesetzgeber den Anforderungen an einen effektiven Eigentumsschutz ebenfalls genügen, wenn sich dieses bei einer Gesamtbetrachtung als ausgewogen und als den Besonderheiten des internationalen Transportwesens angemessen darstelle.

51 Eine solche Gesamtbetrachtung zeige, dass das Haftungssystem namentlich durch zwei Elemente geprägt sei, welche die generelle Haftungsbegrenzung als Gegengewichte ausglichen:[144] Zum einen sei in Artikel 18 Abs. 1 MÜ zu Lasten des Luftfrachtführers eine verschuldensunabhängige Haftung verankert. Sie würde zwar wieder durch die Normierung eng umschriebener Haftungsausschlussgründe (Art. 18 Abs. 2 MÜ) und durch die Zulassung des Mitverschuldenseinwands (Art. 20 MÜ) eingeschränkt. Gleichwohl weise sie als prägendes Element eine besonders strenge Haftung des Luftfrachtführers auf, die sie auch gegenüber der allgemeinen Vertragshaftung abhebe. Zum anderen habe der Absender, der sich mit der Haftungsbeschränkung auf 19 SZR pro kg bei Güterschäden nicht zufrieden geben wolle, nach Art. 22 Abs. 3 MÜ das Recht, bei Übergabe des Gutes an den Luftfrachtführer einen höheren Betrag zu bestimmen, der seinem Interesse an der Ablieferung des Gutes am Bestimmungsort entspreche. Der Absender könne also auf Grund

137 *Vyvers* NZV **2020** 298, 299.
138 US CA 3rd, Urt. v. 30.8.2010 – *Delta Air Lines v. Chimet, S.P.A.* – **619** F.3d 288, 297 f.
139 BeckOGK/*Förster* Art. 22 MÜ Rn. 36.
140 *Ruhwedel* TranspR **2001** 189, 196; *Schiller* SJZ **2000** 184, 186; ablehnend *Heuer* TranspR **2003** 100, 101 f.
141 Vgl. § 276 Abs. 3 BGB.
142 Vgl. BVerfGE **87** 114, 138; BVerfGE **95** 48, 58.
143 Siehe § 278 Satz 2 BGB.
144 *Ruhwedel* TranspR **2001** 189, 196 f.; *Schiller* SJZ **2000** 184, 186.

einer solchen Interessendeklaration sicherstellen, dass im Schadensfall ausreichender Ersatz geleistet werde.[145] Gleiches könne er durch eine Transportversicherung erreichen, was er als Kaufmann, der er im Regelfall ist, vielfach ohnehin in Erwägung ziehen werde. Darüber hinaus könnten die Vertragsparteien nach Art. 25 MÜ einen höheren Haftungshöchstbetrag vereinbaren oder sogar die Haftungsbeschränkung ausschließen.[146]

bb) Vereinbarkeit der Unverbrüchlichkeit der Haftungsregeln mit Art. 14 GG – verfassungskonforme Auslegung des Art. 22 Abs. 5 MÜ sowie des Art. 30 MÜ. Der verfassungsrechtliche Eigentumsbegriff reicht über den Eigentumsbegriff des § 903 BGB hinaus und schützt neben dem Grund- und Sacheigentum alle vermögenswerten privaten Rechte.[147] Die beförderten Güter als solche unterliegen ohne weiteres als Sacheigentum dem verfassungsrechtlichen Eigentumsbegriff. Die Unverbrüchlichkeit der Haftungshöchstgrenze lässt allerdings das Eigentum des Geschädigten an den verlorenen, entwendeten oder beschädigten Gütern unberührt, so dass die Eigentumsgarantie insoweit nicht betroffen ist.[148] Indes wird von der verfassungsrechtlichen Eigentumsgarantie auch der Schadensersatzanspruch gegen den Luftfrachtführer nach Art. 18 MÜ erfasst, da dieser dem Eigentümer des verlorenen, entwendeten oder beschädigten Gutes ausschließlich zum privaten Nutzen und zur eigenen Verfügung zugeordnet ist.[149] Die Eigentumsgarantie erfordert in ihrer Funktion als Schutzpflicht gegen Beeinträchtigung durch Dritte neben der Bereitstellung einer Privatrechtsordnung den strafrechtlichen Schutz des Eigentums sowie ein angemessenes Verfahren der Rechtsdurchsetzung. Die Regelung des Art. 22 Abs. 3 MÜ erscheint im Zusammenspiel mit Artt. 29 und 30 MÜ unter vier Gesichtspunkten prima vista bedenklich: 52

- Zunächst greift die Regelung des Art. 22 Abs. 3 MÜ selbst dort ein, wo der Luftfrachtführer den Schaden vorsätzlich verursacht hat, z.B. wertvolle Güter unterschlägt oder vorsätzlich den Diebstahl Dritter begünstigt. Versilbert der Luftfrachtführer nach einer Unterschlagung das Gut, wäre er dem Geschädigten nur in Höhe von 22 SZR pro kg nach Artt. 18, 22 Abs. 3 MÜ schadensersatzpflichtig; der unrechtmäßige, über den Schadensersatzanspruch hinausgehende[150] erlangte Vermögensvorteil könnte bei einer Verfallsanordnung nach § 73 Abs. 1 Satz 1 StGB insoweit dem Staat zufallen. Insofern ist es nicht völlig ausgeschlossen, dass der Gesetzgeber mit der Ratifikation des Montrealer Übereinkommens das Untermaßverbot in Bezug auf die Eigentumsgarantie verletzt haben könnte.
- Ferner privilegiert die Unverbrüchlichkeit der Haftung auch die Leute des Luftfrachtführers nach Art. 22 Abs. 5 Hs. 2, Art. 30 MÜ.
- Darüber hinaus könnte man dem Wortlaut des Art. 29 MÜ entnehmen, dass auch ein Eigentümer den Haftungsbeschränkungen des Übereinkommens unterworfen sein solle, der überhaupt nicht am Luftbeförderungsvertrag beteiligt ist und von der Beförderung des ihm abhanden gekommenen Gutes nichts wusste.
- Schließlich unterwirft Art. 18 Abs. 4 Satz 3 MÜ selbst das verbotene, d.h. vom Absender nicht gebilligte Trucking, der Haftungsordnung des Montrealer Übereinkommens. Danach scheint jeder Luftfrachtführer die Möglichkeit zu haben, die Unverbrüchlichkeit der Haftung für sich und seine Leute auf einer mittels Oberflächentransportmittels durchgeführten Beförderung

145 Ebenso Ebenroth/Boujong/*Pokrant*[5] Art. 22 MÜ Rn. 10; *Boettge* VersR **2005** 908, 914; *Harms/Schuler-Harms* TranspR **2003** 369, 375 ff.

146 Ebenso *Koller* TranspR **2004** 181, 193.

147 *Sachs* Verfassungsrecht II: Grundrechte Rn. 5, 11.

148 Vgl. für Art. 34 Weltpostvertrag: BGH, Urt. v. 28.1.2003 – X ZR 113/02 – TranspR **2003** 238, 240; ebenso zu Art. 22 Abs. 3 MÜ *Harms/Schuler-Harms* TranspR **2003** 369, 373.

149 Vgl. BVerfGE **78** 58, 71.

150 Vgl. § 73 Abs. 1 Satz 2 StGB.

in Kraft zu setzen, was unter dem Gesichtspunkt des Eigentumsschutzes höchst bedenklich wäre.[151]

53 Die Weiterveräußerung des unterschlagenen Gutes durch den Luftfrachtführer an Dritte stellt bei näherer Betrachtung **kein Problem der Eigentumsgarantie** dar. Durch Art. 29 Satz 1 Hs 1 MÜ werden nämlich Kondiktionsansprüche des vormaligen Eigentümers gegen den Luftfrachtführer oder dessen Leute nicht erfasst. Der Anspruch nach § 816 Abs. 1 Satz 1 BGB ist daher nicht als Schadensersatzanspruch im Sinne des Montrealer Übereinkommens zu qualifizieren.[152] Insofern hat eine Verfallsanordnung den Anspruch nach § 816 Abs. 1 Satz 1 BGB im Rahmen des § 73 Abs. 1 Satz 2 StGB vollständig zu berücksichtigen. Problematisch wird der Fall erst dann, wenn der Luftfrachtführer das unterschlagene Gut zu eigenen Zwecken verbraucht hat. Hier kann der Absender keine Verfügung genehmigen und insofern auch nicht den Verfügungserlös kondizieren. Eine Berufung auf § 823 BGB iVm § 246 StGB soll ihm dagegen wegen Art. 29 MÜ verwehrt bleiben. Die aus dem unterschlagenen Gut gezogenen Nutzungen werden hier von der Verfallsanordnung nach § 73 Abs. 2 Satz 1 StGB erfasst mit der Folge, dass diese dem Staat und mangels Anspruchs gegen den Luftfrachtführer nicht dem Geschädigten anheimfallen. Diese Differenzierung erscheint bei einer vorsätzlich nachgewiesenen Straftat nicht mehr plausibel, sondern eher willkürlich. Damit gilt es zu prüfen, ob der Gesetzgeber mit der Ratifikation des Montrealer Übereinkommens den nach Art. 3 Abs. 1 GG abzuleitenden Gleichheitsgrundsatz verletzt hat. Nach der ständigen Rechtsprechung des Bundesverfassungsgerichts[153] ist der Gleichheitsgrundsatz verletzt, wenn eine Gruppe von Adressaten oder Betroffenen einer Norm im Vergleich zu einer anderen Gruppe verschieden behandelt wird, obwohl zwischen beiden Gruppen keine Unterschiede von solcher Art. und solchem Gewicht bestehen, dass sie die unterschiedliche Behandlung rechtfertigen können. Entscheidend dafür ist, in welchem Maß sich die Ungleichbehandlung von Personen oder Sachverhalten auf die Ausübung grundrechtlich geschützter Freiheiten nachteilig auswirken kann. Im Übrigen ist der allgemeine Gleichheitssatz verletzt, wenn sich ein vernünftiger, aus der Sache ergebender Grund für die Ungleichbehandlung nicht finden lässt.[154] Wie bereits gezeigt wurde, hängt die Frage, ob der Geschädigte einen Verfügungserlös kondizieren kann, allein davon ab, ob sich an die Straftat eine weitere Verfügungshandlung des Luftfrachtführers anschließt; etwaige zu eigenen Gunsten gezogene Nutzungen aus dem unterschlagenen Gut unterfallen nur einer strafrechtlichen Verfallsanordnung, die letztlich nicht dem Geschädigten zugute kommen. Durch die Ratifikation des Montrealer Übereinkommens wird das Restitutionsinteresse[155] des Geschädigten im Zusammenspiel mit den zivil- und strafrechtlichen Vorschriften ohne einleuchtenden Grund unterschiedlich garantiert, was letztlich seinen Grund in der mangelnden Haftungsdurchbrechung hat.

54 Dieser Befund bedeutet jedoch nicht, dass Art. 22 Abs. 5 MÜ iVm Art. 29 MÜ in toto verfassungswidrig ist. Vielmehr ist zu untersuchen, inwieweit das verfassungswidrig gewonnene Normauslegungsergebnis sich durch ein verfassungskonformes ohne Normtextreduzierung[156] ersetzen lässt. Dabei gilt es einen Blick auf die Leutehaftung zu werfen: Nach der hier vertretenen Auffassung (siehe oben Rn 40) handelt ein Angestellter nicht mehr in Ausführung seiner Verrichtungen, wenn er den Diebstahl außerhalb seiner Arbeitszeit begeht[157] oder wenn er während der Arbeitszeit den Diebstahl wie ein Dritter, der keine Verantwortung für die Obhut des Reisegepäcks innehat, begeht. Er kann sich dann nicht mehr auf die Haftungsbegrenzung nach Art. 22 Abs. 5 MÜ berufen. Insofern lässt sich bei der Haftung der Leute über eine entsprechende Auslegung der Wörter „in Ausführung ihrer Verrichtung" ein verfassungsrechtlich unbedenkliches Ergebnis

---

151 Zutreffend *Harms/Schuler-Harms* TranspR **2003** 369, 375.

152 Ebenso die Denkschrift zum MÜ BT-Drucks. **15/2285**, S. 47.

153 BVerfGE **55** 72, 88; BVerfGE **105** 73, 110.

154 BVerfGE **55** 72, 90.

155 Das Restitutionsinteresse ist hier nur auf Geld beschränkt.

156 Vgl. dazu *Reuschle* Das Nacheinander von Entscheidungen S. 88 m.w.N.

157 **AA** wohl F Cass, Urt. v. 22.7.1986 – *Cie Saint-Paul Fire and Marine c. Cie Air-France* – RFDA **1986** 428, 430.

erzielen. Den gleichen Weg sollte man bei der Haftung des Luftfrachtführers einschlagen, d.h. der Luftfrachtführer darf nicht besser gestellt werden als seine Leute: Würde das pönale Verhalten des Luftfrachtführers in der Funktion eines seiner Leute heraus betrachtet dazu führen, dass er sich nicht auf ein Handeln in Ausführung der Verrichtung berufen könnte, muss ihm die Berufung auf die Unverbrüchlichkeit der Haftung versagt sein. Eine verfassungskonforme Auslegung des Art. 22 Abs. 5 Hs. 1 MÜ lässt sich daher durch eine entsprechende Anwendung des Regelungsinhalts des Halbsatzes 2 erreichen.

Ferner gilt es noch die Frage zu klären, ob auch Ersatzansprüche von Personen, die am Luftbeförderungsvertrag nicht beteiligt sind, durch Art. 29 MÜ in einem verfassungsrechtlich bedenklichen Maße eingeschränkt werden. Aus der weiten Formulierung könnte einerseits geschlossen werden, dass auch diese Ansprüche betroffen sein sollten.[158] Andererseits befasst sich das Montrealer Übereinkommen grundsätzlich nur mit der Regelung der internationalen Luftbeförderung. Würde man nach Art. 29 MÜ die Ansprüche dritter am Luftbeförderungsvertrag nicht beteiligter Personen verkürzen, so würde der Luftbeförderungsvertrag zum Vertrag zu Lasten Dritter werden. Ist der Eigentümer nicht zugleich Absender oder Empfänger im Rahmen eines Luftbeförderungsvertrages, aus dem Ansprüche nach den Artt. 18, 19 MÜ in Betracht kommen, so kann der Eigentümer gegen den schädigenden Luftfrachtführer grds. nach ergänzendem nationalen Recht vorgehen. Der Luftfrachtführer kann sich daher Eigentümern gegenüber, zu denen er weder in einer Absender- noch in einer Empfängerbeziehung steht, grundsätzlich nicht auf Art. 29 MÜ berufen,[159] wie § 434 Abs. 2 HGB bei Maßgeblichkeit deutschen Rechts zeigt. 55

Schließlich gilt es noch dem letzten Einwand zu begegnen, wonach Art. 18 Abs. 4 Satz 3 MÜ das verbotene Trucking durch den Luftfrachtführer nicht sanktioniert und dadurch es dem Luftfrachtführer gestattet, auf einer mittels Oberflächentransportmittel vertragswidrig durchgeführten Beförderung die Unverbrüchlichkeit der Haftung nach Art. 22 Abs. 3, Abs. 5 MÜ in Kraft zu setzen. Dieses sinnwidrige Regelungsergebnis lässt sich aber dadurch entschärfen, dass man dem Vertragspartner des Luftfrachtführers es gestattet, das Trucking auch nachträglich zu genehmigen (siehe auch Art. 18 MÜ Rdn. 60 ff).[160] Mit der Genehmigung wird aus dem verbotenen ein erlaubtes Trucking mit der Folge, dass sich die Haftung unter Umständen nach dem für die Teilstrecke günstigeren anwendbaren Recht richtet. 56

C. Zusätzliche Erstattung von Rechtsverfolgungskosten (Absatz 6)

I. Umfang der Kostenerstattung nach Satz 1

Absatz 6 bestimmt, unter welchen Voraussetzungen das streitbefasste Gericht dem Kläger über den Haftungshöchstbetrag hinaus noch Kosten der Rechtsverfolgung zusprechen darf. Die Vorschrift ist nahezu wortgleich mit Art. 22 Abs. 4 WA 1955. Neu ist allein die Bezugnahme auf „Zinsen" in Satz 1.[161] Damit soll klargestellt werden, dass auch Zinsen zu den Beträgen zählen, die nicht auf die Haftungshöchstsumme anzurechnen sind.[162] Unter den Rechtsverfolgungskosten sind die nach dem Rechtsanwaltsvergütungsgesetz veranlassten Anwaltskosten sowie die Gerichtskosten zu verstehen. 57

---

158 So *Müller-Rostin* TranspR **1995** 89, 93; OLG Köln, Urt. v. 20.11.1980 – 1 U 120/79 – ZLW **1982** 167, 172.

159 *Guldimann* Art. 24 WA 1955 Rn. 13; *Koller*[7] Art. 24 WA 1955 Rn. 2; MünchKommHGB/*Kronke* Art. 18 WA 1955 Rn. 65; *Kuhn* ZLW **1989** 21, 24; *Liesecke* MDR **1968** 93, 96.

160 Ebenso *Harms/Schuler-Harms* TranspR **2003** 369, 375.

161 Eine Heranziehung der ergänzend anwendbaren Verzugsvorschriften, insbesondere des § 288 Abs. 4 BGB ist damit entbehrlich geworden. Zur früheren Rechtslage vgl. LG Frankfurt am Main, Urt. v. 5.3.1982 – 3/7 O 177/81 – ZLW **1983** 63, 69; *Guldimann* Art. 22 WA 1955 Rn. 29.

162 Denkschrift zum MÜ BT-Drucks. **15/2285**, S. 45.

II. Verhältnis von Satz 2 zu § 91 ZPO

58 Hat der Luftfrachtführer binnen 6 Monaten nach Schadensverursachung oder vor Klageerhebung eine ausreichende Ersatzleistung angeboten, so schließt Satz 2 die Anwendung von § 91 ZPO bei Anwendbarkeit deutschen Verfahrensrechts aus.[163] Ferner sind in diesem Fall auch keine Zinsen zu erstatten.[164]

---

163 Ebenso *Koller*[11] Art. 22 MÜ Rn. 1.

164 Ebenso *Koller*[11] Art. 22 MÜ Rn. 3; Ebenroth/Boujong/*Pokrant*[5] Art. 22 MÜ Rn. 14; MünchKommHGB/*Müller-Rostin*[5] Art. 22 MÜ Rn. 23; *Boettge* Luftfrachtrecht S. 51.

Artikel 23 Umrechnung von Rechnungseinheiten

1. **[1]Die in diesem Übereinkommen angegebenen Beträge von Sonderziehungsrechten beziehen sich auf das vom Internationalen Währungsfonds festgelegte Sonderziehungsrecht. [2]Die Umrechnung dieser Beträge in Landeswährungen erfolgt im Fall eines gerichtlichen Verfahrens nach dem Wert dieser Währungen in Sonderziehungsrechten im Zeitpunkt der Entscheidung. [3]Der in Sonderziehungsrechten ausgedrückte Wert der Landeswährung eines Vertragsstaats, der Mitglied des Internationalen Währungsfonds ist, wird nach der vom Internationalen Währungsfonds angewendeten Bewertungsmethode errechnet, die im Zeitpunkt der Entscheidung für seine Operationen und Transaktionen gilt. [4]Der in Sonderziehungsrechten ausgedrückte Wert der Landeswährung eines Vertragsstaats, der nicht Mitglied des Internationalen Währungsfonds ist, wird auf eine von diesem Staat bestimmte Weise errechnet.**
2. **[1]Dessen ungeachtet können Staaten, die nicht Mitglieder des Internationalen Währungsfonds sind und deren Recht die Anwendung des Absatzes 1 nicht zulässt, bei der Ratifikation oder dem Beitritt oder jederzeit danach erklären, dass die Haftung des Luftfrachtführers in gerichtlichen Verfahren in ihrem Hoheitsgebiet im Fall des Artikels 21 auf 1 500 000 Rechnungseinheiten je Reisenden begrenzt ist, im Fall des Artikels 22 Absatz 1 auf 62 500 Rechnungseinheiten je Reisenden, im Fall des Artikels 22 Absatz 2 auf 15 000 Rechnungseinheiten je Reisenden und im Fall des Artikels 22 Absatz 3 auf 250 Rechnungseinheiten für das Kilogramm. [2]Rechnungseinheit entspricht 65½ Milligramm Gold von 900/1000 Feingehalt. Diese Beträge können in einen abgerundeten Betrag der Landeswährung umgerechnet werden. [3]Die Umrechnung der Beträge in die Landeswährung erfolgt nach dem Recht des betreffenden Staates.**
3. **[1]Die Berechnung nach Absatz 1 Satz 4 und die Umrechnung nach Absatz 2 ist so vorzunehmen, dass soweit wie möglich die Beträge in den Artikeln 21 und 22 demselben Realwert in der Landeswährung des Vertragsstaats entsprechen, wie er sich aus der Anwendung des Absatzes 1 Sätze 1 bis 3 ergeben würde. [2]Die Vertragsstaaten unterrichten den Verwahrer bei der Hinterlegung der Ratifikations-, Annahme-, Genehmigungs- oder Beitrittsurkunde von der Berechnungsweise nach Absatz 1 oder dem Ergebnis der Umrechnung nach Absatz 2 sowie von jeder Änderung derselben.**

Article 23 Conversion of Monetary Units

1. *The sums mentioned in terms of Special Drawing Right in this Convention shall be deemed to refer to the Special Drawing Right as defined by the International Monetary Fund. Conversion of the sums into national currencies shall, in case of judicial proceedings, be made according to the value of such currencies in terms of the Special Drawing Right at the date of the judgement. The value of a national currency, in terms of the Special Drawing Right, of a State Party which is a Member of the International Monetary Fund, shall be calculated in accordance with the method of valuation applied by the International Monetary Fund, in effect at the date of the judgement, for its operations and transactions. The value of a national currency, in terms of the Special Drawing Right, of a State Party which is not a Member of the International Monetary Fund, shall be calculated in a manner determined by that State.*
2. *Nevertheless, those States which are not Members of the International Monetary Fund and whose law does not permit the application of the provisions of paragraph 1 of this Article may, at the time of ratification or accession or at any time thereafter, declare that the limit of liability of the carrier prescribed in Article 21 is fixed at a sum of 1 500 000 monetary units per passenger in judicial proceedings in their territories; 62 500 monetary units per passenger with respect to paragraph 1 of Article 22; 15 000 monetary units per passenger with respect to paragraph 2 of Article 22; and 250 monetary units per kilogramme with respect to paragraph 3 of Article 22.*

https://doi.org/10.1515/9783110564945-024

This monetary unit corresponds to sixty-five and a half milligrammes of gold of millesimal fineness nine hundred. These sums may be converted into the national currency concerned in round figures. The conversion of these sums into national currency shall be made according to the law of the State concerned.

3. *The calculation mentioned in the last sentence of paragraph 1 of this Article and the conversion method mentioned in paragraph 2 of this Article shall be made in such manner as to express in the national currency of the State Party as far as possible the same real value for the amounts in Articles 21 and 22 as would result from the application of the first three sentences of paragraph 1 of this Article. States Parties shall communicate to the depositary the manner of calculation pursuant to paragraph 1 of this Article, or the result of the conversion in paragraph 2 of this Article as the case may be, when depositing an instrument of ratification, acceptance, approval of or accession to this Convention and whenever there is a change in either.*

Article 23 Conversion des unités monétaires

1. *Les sommes indiquées en droits de tirage spéciaux dans la présente convention sont considérées comme se rapportant au droit de tirage spécial tel que défini par le Fonds monétaire international. La conversion de ces sommes en monnaies nationales s'effectuera, en cas d'instance judiciaire, suivant la valeur de ces monnaies en droit de tirage spécial à la date du jugement. La valeur, en droit de tirage spécial, d'une monnaie nationale d'un État partie qui est membre du Fonds monétaire international, est calculée selon la méthode d'évaluation appliquée par le Fonds monétaire international à la date du jugement pour ses propres opérations et transactions. La valeur, en droit de tirage spécial, d'une monnaie nationale d'un État partie qui n'est pas membre du Fonds monétaire international, est calculée de la façon déterminée par cet État.*
2. *Toutefois, les États qui ne sont pas membres du Fonds monétaire international et dont la législation ne permet pas d'appliquer les dispositions du paragraphe 1 du présent article, peuvent, au moment de la ratification ou de l'adhésion, ou à tout moment par la suite, déclarer que la limite de responsabilité du transporteur prescrite à l'article 21 est fixée, dans les procédures judiciaires sur leur territoire, à la somme de 1 500 000 unités monétaires par passager; 62 500 unités monétaires par passager pour ce qui concerne le paragraphe 1 de l'article 22; 15 000 unités monétaires par passager pour ce qui concerne le paragraphe 2 de l'article 22; et 250 unités monétaires par kilogramme pour ce qui concerne le paragraphe 3 de l'article 22. Cette unité monétaire correspond à soixante-cinq milligrammes et demi d'or au titre de neuf cents millièmes de fin. Les sommes peuvent être converties dans la monnaie nationale concernée en chiffres ronds. La conversion de ces sommes en monnaie nationale s'effectuera conformément à la législation de l'État en cause.*
3. *Le calcul mentionné dans la dernière phrase du paragraphe 1 du présent article et la conversion mentionnée au paragraphe 2 du présent article sont effectués de façon à exprimer en monnaie nationale de l'État partie la même valeur réelle, dans la mesure du possible, pour les montants prévus aux articles 21 et 22, que celle qui découlerait de l'application des trois premières phrases du paragraphe 1 du présent article. Les États parties communiquent au dépositaire leur méthode de calcul conformément au paragraphe 1 du présent article ou les résultats de la conversion conformément au paragraphe 2 du présent article, selon le cas, lors du dépôt de leur instrument de ratification, d'acceptation ou d'approbation de la présente convention ou d'adhésion à celle-ci et chaque fois qu'un changement se produit dans cette méthode de calcul ou dans ces résultats.*

Schrifttum

Ehlers Montrealer Protokolle Nr. 3 und 4, Diss. Köln **1985**; *Groth* Neuere Rechtsprechung zum CMR 1980–1982, VersR **1983** 1104–1108.

Parallelvorschriften

Art. III MP Nr. 3 und Art. VII MP Nr. 4.

Übersicht

A. Allgemeines

I. Normzweck

Die Vorschrift hat zum einen die **Umrechnung** der in dem Übereinkommen verwendeten Rechnungseinheit Sonderziehungsrecht zum Gegenstand. Zum anderen hält Art. 23 MÜ Vorschriften für diejenigen Vertragsstaaten bereit, die nicht Mitglieder des Internationalen Währungsfonds sind. 1

II. Entstehungsgeschichte

Vorbild der Vorschrift sind Art. III MP Nr. 3 und Artikel VII MP Nr. 4. 2

B. International einheitliche Beschränkung der Haftung auf der Grundlage von Sonderziehungsrechten

I. Allgemeines

Die Einheit, in denen die Haftungshöchstbeträge des Warschauer Systems ausgedrückt sind, ist der Goldfranken.[1] Wegen der Ausschaltung der Golddeckung im internationalen Währungssystem wurde der Goldfranken im Montrealer Übereinkommen wie anderen internationalen Übereinkommen durch das Sonderziehungsrecht ersetzt.[2] Vorbilder waren hierfür die Umrechnungsvorschriften der Montrealer Zusatzprotokolle Nr. 3 und 4. 3

Für Länder, die dem Internationalen Währungsfonds (IWF) angehören, gilt die jetzige Regelung des Art. 23 Abs. 1 MÜ ohne Ausnahme. Länder, die dem IWF nicht angehören, können zwischen dem Sonderziehungsrecht (Absatz 1 Satz 4) oder dem Goldfranken als Umrechnungsgrundlage wählen. Wählen sie das Sonderziehungsrecht, berechnen sie dessen Wert nach Landesrecht. 4

---

1 Vgl. zur Entstehungsgeschichte *Ehlers* Montrealer Protokolle Nr. 3 und 4 S. 34.

2 MünchKommHGB/*Müller-Rostin*[5] Art. 23 MÜ Rn. 4.

5 Die Umrechnung des Betrags der Haftungsbeschränkung erfolgt gemäß Art. 23 Abs. 1 MÜ aus dem nach Art. 22 MÜ errechneten Betrag in Sonderziehungsrechten in die Landeswährung. Diese Umrechnung setzt jedoch neben Ratifikation des Protokolls zusätzlich die Mitgliedschaft des Landes im Internationalen Währungsfonds (IWF) voraus.[3] Der amtliche Kurs des Sonderziehungsrechts wird jeden Montag bis Freitag täglich vom IWF berechnet und bekannt gemacht. Er wird für alle Mitgliedsländer des IWF für jeden Tag regelmäßig im Bundesanzeiger und in der DVZ veröffentlicht; ferner im Handelsblatt und im Internet.[4]

II. Maßgeblicher Zeitpunkt für die Umrechnung

6 Maßgeblicher Zeitpunkt für die Umrechnung ist gemäß Art. 23 Abs. 1 Satz 2 MÜ im Fall eines gerichtlichen Verfahrens der **Zeitpunkt** der **Entscheidung**. Der Zeitpunkt der Entscheidung darf nicht mit dem Zeitpunkt der letzten mündlichen Verhandlung gleichgesetzt werden,[5] dies widerspräche dem eindeutigen Wortlaut der Vorschrift.[6] Dem kann auch nicht entgegengehalten werden, dass der Wert des Sonderziehungsrechts dem Gericht nur zum Zeitpunkt der letzten mündlichen Verhandlung, nicht aber zur Zeit der Urteilsverkündung vorliege, denn das Gericht kann sich auch an diesem Tag über den Umrechnungswert etwa im Bundesanzeiger oder im Internet kundig machen. Daraus folgt zugleich, dass stets auf den Tag der Verkündung des letztinstanzlichen Urteils abzustellen ist, wenn z.B. bei einem zurückverweisenden Urteil des BGH die nachfolgende Entscheidung des Berufungsgerichts maßgeblich ist.

7 Das Montrealer Übereinkommen bestimmt dagegen keinen Zeitpunkt für den Fall der Schadensersatzleistung außerhalb gerichtlicher Verfahren. Diese Lücke wird durch § 3 MontÜG geschlossen. Die Vorschrift verweist für Güterschäden auf die Anwendung des § 431 Abs. 4 HGB und lässt damit das transportrechtliche Umrechnungssystem auch im Anwendungsbereich des Montrealer Übereinkommens unberührt. Für Passagierschäden (Personenschäden, Gepäckschäden, Verspätungsschäden) verweist sie auf die Anwendung des § 49b LuftVG, der die Umrechnung für die nationale luftverkehrsrechtliche Haftung wegen dieser Schäden regelt.[7] Danach kommt es im Fall der Schadensersatzleistung außerhalb gerichtlicher Verfahren auf den Kurswert zur Zeit der Zahlung an.

III. Formulierung des Klageantrags und des Urteilstenors

8 Da die Verurteilung nicht auf Zahlung eines Betrages, der einer Anzahl Sonderziehungsrechte entspricht, sondern in Landeswährung am Tag des Urteils (Urteilsverkündung) erfolgt und sich das Verhältnis zwischen dem Sonderziehungsrecht und der Währung des Urteilsstaates im Zeitraum zwischen Klageerhebung und Urteilsverkündung ändern kann, sollte man dem Klageantrag, mit dem die Zahlung eines bestimmten Betrages in Landeswährung verlangt wird, den Zusatz anhängen, „höchstens aber einen Betrag, der am Tag der Urteilsverkündung × Sonderziehungsrechten entspricht",[8] um ein teilweises Unterliegen der Höhe nach zu vermeiden.[9]

---

3 Dies waren nach dem Fundstellennachweis B am 31.12.2004 alle MÜ-Vertragsstaaten mit Ausnahme von Monaco.
4 Vgl. http://www.imf.org.
5 So OLG Düsseldorf, Urt. v. 12.1.1984 – 18 U 151/83 – TranspR **1984** 102.
6 Ebenroth/Boujong/*Pokrant*[5] Art. 23 MÜ Rn. 3.
7 FrankfKomm/*Giemulla* Art. 23 MÜ Rn. 12.
8 Ebenso *Groth* VersR **1983** 1104, 1107.
9 Vgl. LG Darmstadt, Urt. v. 20.1.2010 – 7 S 136/09 – TranspR **2010** 194.

C. International einheitliche Beschränkung der Haftung nach dem Goldfranken

Soweit das Land des angerufenen Gerichts nicht Mitglied des IWF ist, gilt weiterhin der Goldfranken als Rechnungsgröße. Nichtmitglieder des IWF sind lediglich Cook Islands, Kuba,[10] Monaco und die Republik Mazedonien. Für die Berechnung der Haftungsgrenze ist das jeweilige Landesrecht (Absatz 1 Satz 4) maßgeblich. 9

Der Goldfranken ist in Absatz 2 Satz 2 mit $65^1/_2$ Milligramm Gold von 900/1000 Gehalt definiert. 10
Es handelt sich um den sog. Poincaré-Franc. Das Warschauer Abkommen von 1929 war das erste internationale Vertragswerk, das den Poincaré-Franc heranzog.[11] Dieser trägt seinen Namen nach dem französischen Premierminister *Poincaré*, unter dessen Regierung die Goldparität des französischen Franc durch ein Gesetz vom 25. Juni 1928 festgelegt wurde.[12] Der in Absatz 2 verwendete Goldfranken ist kein Zahlungsmittel, sondern, wie das Sonderziehungsrecht, nur eine künstliche Rechnungseinheit, deren Umrechnungskurs zur jeweiligen Landeswährung erst ermittelt werden muss.

---

10 Kuba ist aus dem IWF am 2.4.1964 ausgetreten.

11 Im Gegensatz dazu lag der CMR vor dem Goldfrankenprotokoll der Franc de Germinal von 1803 zugrunde.

12 Vgl. zur Übernahme dieser Rechnungsgröße in das Warschauer System, *Ehlers* Montrealer Protokolle S. 35 ff.

Artikel 24 Überprüfung der Haftungshöchstbeträge

1. [1]Unbeschadet des Artikels 25 und vorbehaltlich des Absatzes 2 werden die Haftungshöchstbeträge nach den Artikeln 21, 22 und 23 vom Verwahrer nach jeweils fünf Jahren überprüft; die erste Überprüfung ist am Ende des fünften Jahres vorzunehmen, das auf das Inkrafttreten dieses Übereinkommens folgt, oder, wenn das Übereinkommen nicht innerhalb von fünf Jahren ab dem Tag, an dem es erstmals zur Unterzeichnung aufliegt, in Kraft tritt, innerhalb des ersten Jahres nach Inkrafttreten; der Überprüfung ist ein Inflationsfaktor zugrunde zu legen, welcher der kumulierten Inflationsrate seit der vorherigen Überprüfung oder, beim ersten Mal, seit Inkrafttreten des Übereinkommens entspricht. [2]Die für die Bestimmung des Inflationsfaktors zu verwendende Inflationsrate ist der gewogene Mittelwert der jährlichen Zuwachs- oder Rückgangsraten der Verbraucherpreisindizes der Staaten, deren Währungen das in Artikel 23 Absatz 1 genannte Sonderziehungsrecht bilden.
2. [1]Ergibt die in Absatz 1 genannte Überprüfung, dass der Inflationsfaktor 10 vom Hundert übersteigt, so notifiziert der Verwahrer den Vertragsstaaten die angepassten Haftungshöchstbeträge. [2]Jede Anpassung tritt sechs Monate nach ihrer Notifikation an die Vertragsstaaten in Kraft. [3]Teilt innerhalb von drei Monaten nach der Notifikation an die Vertragsstaaten eine Mehrheit der Vertragsstaaten ihre Ablehnung mit, so tritt die Anpassung nicht in Kraft; in diesem Fall unterbreitet der Verwahrer die Angelegenheit einer Zusammenkunft der Vertragsstaaten. [4]Der Verwahrer notifiziert allen Vertragsstaaten unverzüglich das Inkrafttreten jeder Anpassung.
3. [1]Unbeschadet des Absatzes 1 ist das in Absatz 2 genannte Verfahren auf Verlangen eines Drittels der Vertragsstaaten jederzeit anzuwenden, wenn der in Absatz 1 genannte Inflationsfaktor seit der vorherigen Überprüfung oder, wenn eine solche nicht erfolgt ist, seit Inkrafttreten des Übereinkommens, 30 vom Hundert überstiegen hat. [2]Weitere Überprüfungen nach dem in Absatz 1 beschriebenen Verfahren werden nach jeweils fünf Jahren vorgenommen, erstmals am Ende des fünften Jahres, das auf eine Überprüfung nach diesem Absatz folgt.

Article 24 Review of Limits

1. *Without prejudice to the provisions of Article 25 of this Convention and subject to paragraph 2 below, the limits of liability prescribed in Articles 21, 22 and 23 shall be reviewed by the Depositary at five-year intervals, the first such review to take place at the end of the fifth year following the date of entry into force of this Convention, or if the Convention does not enter into force within five years of the date it is first open for signature, within the first year of its entry into force, by reference to an inflation factor which corresponds to the accumulated rate of inflation since the previous revision or in the first instance since the date of entry into force of the Convention. The measure of the rate of inflation to be used in determining the inflation factor shall be the weighted average of the annual rates of increase or decrease in the Consumer Price Indices of the States whose currencies comprise the Special Drawing Right mentioned in paragraph 1 of Article 23.*
2. *If the review referred to in the preceding paragraph concludes that the inflation factor has exceeded 10 per cent, the Depositary shall notify States Parties of a revision of the limits of liability. Any such revision shall become effective six months after its notification to the States Parties. If within three months after its notification to the States Parties a majority of the States Parties register their disapproval, the revision shall not become effective and the Depositary shall refer the matter to a meeting of the States Parties. The Depositary shall immediately notify all States Parties of the coming into force of any revision.*

https://doi.org/10.1515/9783110564945-025

3. *Notwithstanding paragraph 1 of this Article, the procedure referred to in paragraph 2 of this Article shall be applied at any time provided that one-third of the States Parties express a desire to that effect and upon condition that the inflation factor referred to in paragraph 1 has exceeded 30 per cent since the previous revision or since the date of entry into force of this Convention if there has been no previous revision. Subsequent reviews using the procedure described in paragraph 1 of this Article will take place at five-year intervals starting at the end of the fifth year following the date of the reviews under the present paragraph.*

Article 24 Révision des limites

1. *Sans préjudice des dispositions de l'article 25 de la présente convention et sous réserve du paragraphe 2 ci-dessous, les limites de responsabilité prescrites aux articles 21, 22 et 23 sont révisées par le dépositaire tous les cinq ans, la première révision intervenant à la fin de la cinquième année suivant la date d'entrée en vigueur de la présente convention, ou si la convention n'entre pas en vigueur dans les cinq ans qui suivent la date à laquelle elle est pour la première fois ouverte à la signature, dans l'année de son entrée en vigueur, moyennant l'application d'un coefficient pour inflation correspondant au taux cumulatif de l'inflation depuis la révision précédente ou, dans le cas d'une première révision, depuis la date d'entrée en vigueur de la convention. La mesure du taux d'inflation à utiliser pour déterminer le coefficient pour inflation est la moyenne pondérée des taux annuels de la hausse ou de la baisse des indices de prix à la consommation des États dont les monnaies composent le droit de tirage spécial cité au paragraphe 1 de l'article 23.*
2. *Si la révision mentionnée au paragraphe précédent conclut que le coefficient pour inflation a dépassé 10 %, le dépositaire notifie aux États parties une révision des limites de responsabilité. Toute révision ainsi adoptée prend effet six mois après sa notification aux États parties. Si, dans les trois mois qui suivent cette notification aux États parties, une majorité des États parties notifie sa désapprobation, la révision ne prend pas effet et le dépositaire renvoie la question à une réunion des États parties. Le dépositaire notifie immédiatement à tous les États parties l'entrée en vigueur de toute révision.*
3. *Nonobstant le paragraphe 1 du présent article, la procédure évoquée au paragraphe 2 du présent article est applicable à tout moment, à condition qu'un tiers des États parties exprime un souhait dans ce sens et à condition que le coefficient pour inflation visé au paragraphe 1 soit supérieur à 30 % de ce qu'il était à la date de la révision précédente ou à la date d'entrée en vigueur de la présente convention s'il n'y a pas eu de révision antérieure. Les révisions ultérieures selon la procédure décrite au paragraphe 1 du présent article interviennent tous les cinq ans à partir de la fin de la cinquième année suivant la date de la révision intervenue en vertu du présent paragraphe.*

Schrifttum

Bollweg Neue Haftungshöchstgrenzen und Mindestdeckungssummen in der Luftverkehrshaftung, RRa **2011** 202–206; *Müller-Rostin* Anhebung der Haftungshöchstbeträge des Montrealer Übereinkommens, TranspR **2020** 74–76; *Tompkins* The 1999 Montreal Convention: Alive, Well and Growing, ASL **2009** 421–426.

Übersicht

A. Allgemeines

I. Normzweck

1 Um inflationsbedingter Geldentwertung Rechnung tragen zu können, sieht Art. 24 MÜ eine **periodische Überprüfung** der in dem Übereinkommen niedergelegten **Haftungsgrenzen** und ein Verfahren zu ihrer Anpassung vor, das ohne eine Änderung des Übereinkommens oder eine Ergänzung durch Zusatzprotokolle auskommt. Auf diese Weise wird sichergestellt, dass erforderliche Anpassungen unkompliziert vorgenommen werden können und für alle Vertragsstaaten einheitlich wirksam werden, so dass es nicht zur Geltung unterschiedlicher Fassungen durch Protokolle kommt, an denen nur einzelne Vertragsstaaten beteiligt sind.

II. Entstehungsgeschichte

2 Die Vorschrift ist neu und hat im Warschauer System oder anderen internationalen Regelwerken zur Haftung im Luftverkehr kein Vorbild.

B. Anwendungsbereich

3 **Absatz 1** regelt die Überprüfung der Haftungshöchstgrenzen nach den Artikeln 21, 22 und 23 des Übereinkommens. Die Verwendung des Begriffs „Haftungshöchstgrenze" ist in Bezug auf Art. 21 MÜ missverständlich.[1] Denn Art. 21 MÜ sieht für Personenschäden ein zweistufiges Haftungskonzept vor: Bis zu einem Betrag von 128 821 Sonderziehungsrechten wird verschuldensunabhängig und darüber hinaus für vermutetes Verschulden unbegrenzt gehaftet.[2] Schadensersatzansprüchen jenseits eines Individualschadens von 128 821 Sonderziehungsrechten kann der Luftfrachtführer durch den Nachweis entgehen, dass dieser Schaden nicht auf einer unrechtmäßigen Handlung oder Unterlassung des Luftfrachtführers oder seiner Leute, sei sie auch nur fahrlässig begangen, zurückzuführen ist[3] oder dass dieser Schaden ausschließlich auf eine unrechtmäßige Handlung oder Unterlassung eines Dritten, sei sie auch nur fahrlässig begangen, zu gründen ist.[4] Die in Art. 21 MÜ genannte Grenze stellt daher im Gegensatz zu den in Art. 22 und 23 MÜ genannten Grenzen keine Haftungshöchstgrenze, sondern eine sog. **„Nicht-Entlastungs-Mindestgrenze"** dar.[5]

4 Zur Durchführung der Überprüfung vergleicht der Verwahrer nach Ablauf von jeweils fünf Jahren die Teuerungsraten derjenigen Staaten, deren Währungen das Sonderziehungsrecht bilden. Die für die Bestimmung des Inflationsfaktors zu verwendende Inflationsrate ist der gewogene Mittelwert der jährlichen Zuwachs- oder Rückgangsraten der Verbraucherpreisindizes dieser Staaten.

5 Die **Absätze 2** und **3** regeln das Anpassungsverfahren: Ergibt die Überprüfung nach Absatz 1, dass der Inflationsfaktor 10 Prozent übersteigt, teilt der Verwahrer den Vertragsstaaten die angepassten Höchstbeträge mit. Jede Anpassung tritt sechs Monate nach dieser Mitteilung in Kraft, es sei denn, innerhalb von drei Monaten nach der Mitteilung lehnt eine Mehrheit der Vertragsstaaten die Anpassung ab. Außerdem kann ein Drittel der Vertragsstaaten eine Anpassung verlangen, wenn die Teuerung seit der letzten Anpassung mehr als dreißig Prozent ausmacht.

---

1 FrankfKomm/*Giemulla* Art. 24 MÜ Rn. 3.
2 Vgl. Art. 17 Abs. 1, 21 MÜ.
3 Vgl. Art. 21 Abs. 2 Buchstabe a MÜ.
4 Art. 21 Abs. 2 Buchstabe b MÜ.
5 FrankfKomm/*Giemulla* Art. 24 MÜ Rn. 3.

Auf der Grundlage der in Art. 2 des Vertragsgesetzes zum Montrealer Übereinkommen[6] enthaltenen Ermächtigung kann das Bundesministerium der Justiz die Änderungen der Haftungshöchstbeträge durch Rechtsverordnung in Kraft setzen. 6

C. Anhebung der Haftungshöchstgrenzen

Mit Schreiben vom 30. Juni 2009 teilte die Internationale Zivilluftfahrt-Organisation (ICAO) als 7
Verwahrer den Staaten mit, dass die Überprüfung der Haftungshöchstgrenzen nach Art. 24 Abs. 1 MÜ einen Inflationsfaktor von 13,1 Prozent ergeben habe,[7] so dass nach Art. 24 Abs. 2 Satz 1 MÜ eine Anpassung der Haftungshöchstbeträge erforderlich sei. Die ICAO notifizierte daher eine Erhöhung der Höchstgrenzen um diesen Faktor. Mit weiterer Notifikation vom 4. November 2009 teilte die ICAO mit, dass innerhalb der am 30. September 2009 abgelaufenen Frist keine Mehrheit der Vertragsstaaten Widerspruch erhoben habe und die Erhöhung am 30. Dezember 2009 in Kraft trete.[8] Mit Rechtsverordnung vom 14. Dezember 2009 hat das Bundesministerium der Justiz die erhöhten Haftungshöchstgrenzen zum 30. Dezember 2009 innerstaatlich in Kraft gesetzt.[9] Danach wurden die bisherigen Haftungshöchstgrenzen wie folgt angepasst.

Haftung	Höchstgrenze bis 29.12.2009	Höchstgrenze ab 30.12.2009 – 27.12.2019
Personenschäden nach Art. 21 Abs. 1 MÜ	100 000 SZR	113 100 SZR
Verspätungsschäden nach Art. 22 Abs. 1 MÜ	4 150 SZR	4 694 SZR
Gepäckschäden nach Art. 22 Abs. 2 MÜ	1 000 SZR	1 131 SZR
Güterschäden nach Art. 22 Abs. 3 MÜ	17 SZR/kg	19 SZR/kg

Während die zweite Überprüfung der Haftungshöchstbeträge im Jahre 2014 keine Anpassungen 8
notwendig machte, teilte die ICAO den Staaten mit Schreiben vom 28. Juni 2019, dass über den Zehnjahreszeitraum hinweg die Inflationsrate 13,9 % betragen hatte[10] und die Anhebung der im Jahre 2009 angepassten Haftungsgrenzen zum 28. Dezember 2019 wie folgt angehoben werden. Die Umsetzung erfolgte durch eine Rechtsverordnung des Bundesjustizministeriums vom 3. Dezember 2019.[11]

Haftung	Höchstgrenze bis 27.12.2019	Höchstgrenze ab 28.12.2019
Personenschäden nach Art. 21 Abs. 1 MÜ	113 100 SZR	128 821 SZR
Verspätungsschäden nach Art. 22 Abs. 1 MÜ	4 694 SZR	5 346 SZR
Gepäckschäden nach Art. 22 Abs. 2 MÜ	1 131 SZR	1 288 SZR
Güterschäden nach Art. 22 Abs. 3 MÜ	19 SZR/kg	22 SZR/kg

6 Vgl. BGBl. 2004 II S. 458.
7 Vgl. BGBl. 2009 II S. 1259.
8 Vgl. BGBl. 2009 II S. 1261; vgl. auch *Tompkins* ASL **2009** 421 f.
9 Vgl. BGBl. 2009 II S. 1258.
10 *Müller-Rostin* TranspR **2020** 74, 75.
11 Vgl. BGBl. 2019 II S. 1098.

Artikel 25 Vereinbarungen über Haftungshöchstbeträge

Ein Luftfrachtführer kann sich im Beförderungsvertrag höheren als die in diesem Übereinkommen vorgesehenen Haftungshöchstbeträgen unterwerfen oder auf Haftungshöchstbeträge verzichten.

Article 25 Stipulation on Limits

A carrier may stipulate that the contract of carriage shall be subject to higher limits of liability than those provided for in this Convention or to no limits of liability whatsoever.

Article 25 Stipulation de limites

Un transporteur peut stipuler que le contrat de transport peut fixer des limites de responsabilité plus élevées que celles qui sont prévues dans la présente convention, ou ne comporter aucune limite de responsabilité.

Schrifttum

Boettge Haftungserweiterung nach Art. 25 MÜ durch Ziff. 27 ADSp? – Zugleich Anmerkung zu AG Hamburg – 31A C 310/06, TranspR **2007** 306–310; *Brinkmann* Zum Konflikt von Ziff. 27 ADSp und der Haftungsbeschränkung nach dem Montrealer Übereinkommen, TranspR **2010** 216–219; *Müller-Rostin* Anhebung der Haftungsgrenzen und Interessendeklaration im Luftrecht, TranspR **2015** 140–148; *Pokrant* Aktuelle höchstrichterliche Rechtsprechung zum Transportrecht, TranspR **2011** 49–56; *Runge* Zur transportrechtlichen Rechtsprechung des OLG Karlsruhe, TranspR **2009** 96–103; *Vyvers* Zum (Vor-)Rangverhältnis von Montrealer Übereinkommen und Allgemeinen Deutschen Spediteurbedingungen, VersR **2010** 1554–1558.

Parallelvorschriften

Art. 22 Abs. 1 Satz 3 WA 1955.

Übersicht

A. Allgemeines

I. Normzweck

1 Art. 25 MÜ bestimmt, dass Luftfrachtführer sich höheren Haftungshöchstbeträgen als sie nach dem Übereinkommen vorgesehen sind oder einer unbegrenzten Haftung unterwerfen können.

https://doi.org/10.1515/9783110564945-026

Die Vorschrift macht deutlich, dass die Haftungshöchstbeträge nach Artt. 21 und 22 MÜ nur nach einer Richtung hin zwingendes Recht darstellen, indem den Parteien zwar die Vereinbarung von Erhöhungen freigestellt ist, nicht jedoch die Herabsetzung vorgesehener Haftungshöchstbeträge.

II. Entstehungsgeschichte

Die Vorschrift orientiert sich an dem Vorbild des Art. 22 Abs. 1 Satz 3 WA 1955. Während das WA 2
einen freiwilligen Verzicht auf Haftungshöchstgrenzen nur für den Fall der Personenschäden vorsah, enthält die entsprechende Regelung in Art. 25 MÜ keinerlei Einschränkungen. Sie erstreckt sich daher auf alle Schadensarten.[1]

B. Anwendungsbereich

I. Unterscheidung zwischen haftungserhöhenden Vereinbarungen und der einseitigen Interessendeklaration nach Art. 22 Abs. 2 und Abs. 3 MÜ

Der Anwendungsbereich zwischen Art. 25 MÜ und Art. 22 Abs. 2 und Abs. 3 MÜ könnte zunächst 3
dergestalt abgegrenzt werden, dass Art. 25 MÜ ebenso wie seine Vorgängervorschrift nur eine haftungserhöhende Vereinbarung für den Fall des Personenschadens statuiert und für die Fälle des Reisegepäckschadens und des Güterschadens nur das Instrument der Interessendeklaration vorgesehen ist.[2] Diese Abgrenzung würde aber den Umstand ausblenden, dass eine einseitige Interessendeklaration[3] für sich allein noch nicht zur Erhöhung der Haftungshöchstbeträge führt.[4] Denn letztere bedingt, dass der Luftfrachtführer den zu zahlenden Zuschlag annimmt. Insofern gestattet Art. 25 MÜ, die Haftungshöchstbeträge für alle Schadensarten zu erhöhen. Der Unterschied zwischen Art. 25 MÜ und der einseitigen Interessendeklaration nach Art. 22 Abs. 2 und Abs. 3 MÜ liegt allerdings im zeitlichen Moment. Die Interessendeklaration muss im Zeitpunkt der Übergabe des Reisegepäcks oder des Gutes erklärt sein; die Abänderung des Haftungshöchstbetrages kann im Rahmen der Beförderung noch erfolgen.[5]

II. Folgen der Verwendung „alter" IATA-Luftfrachtbriefe unter Geltung des Montrealer Übereinkommens

Verwendet der Luftfrachtführer bei einer Beförderung, die in den Anwendungsbereich des Mont- 4
realer Übereinkommens fällt, noch IATA-Luftfrachtbriefe, die auf die Haftungsgrenzen des Warschauer Abkommens Bezug nehmen, ist umstritten, ob der Luftfrachtführer sich gerade im Bereich der Güterbeförderung der Gefahr aussetzt, dass er nach den höheren Beträgen, nämlich auf der Grundlage von 250 Goldfranken je kg, haftet. Die Klausel „*Carriage hereunder is subject to the rules relating to liability established by the Warsaw Convention unless such carriage is not 'international carriage' as defined by that Convention*" stellt grundsätzlich eine erhöhende Haftungszusage dar,[6] wenn die Beförderung tatsächlich dem Montrealer Übereinkommen unterliegt. Dabei handelt es sich nicht bloß um eine unbeachtliche Falschbezeichnung des anwendbaren internationalen Rechtsinstruments (falsa demonstratio non nocet). Denn die Aufspaltung der verwendeten Klausel

1 FrankfKomm/*Giemulla* Art. 25 MÜ Rn. 2; Ebenroth/Boujong/*Pokrant*[5] Art. 25 MÜ Rn. 3.
2 So *Reuschle*[2] Art. 25 MÜ Rn. 3.
3 Siehe dazu auch Art. 22 MÜ Rn. 20.
4 Zutreffend Ebenroth/Boujong/*Pokrant*[5] Art. 25 MÜ Rn. 2.
5 Vgl. *Koller*[11] Art. 25 MÜ Rn. 1.
6 AG Hamburg, Urt. v. 12.6.2009 – 310 C 108/08 – (unv.).

in einen zulässigen Teil bezüglich der Haftungsbestimmungen und einen unzulässigen Teil bzgl. der übrigen Vorschriften verstößt gegen Art. 49 MÜ.[7]

III. Haftungserweiterung durch AGB

5 Der Inhalt eines Luftbeförderungsvertrages kann auch durch die wirksame Einbeziehung von Allgemeinen Geschäftsbedingungen des Absenders mitgestaltet werden. Die Einbeziehung von Allgemeinen Geschäftsbedingungen ist ferner mittels kaufmännischer Bestätigungsschreiben möglich.[8] Gegen haftungserhöhende Vereinbarungen bestehen auch angesichts Art. 49 MÜ keine Bedenken.[9] Art. 25 MÜ sieht gerade diesbezüglich eine Abweichung von den zwingenden Vorschriften zuungunsten des Luftfrachtführers vor.[10]

6 Umstritten war hingegen, ob die Einbeziehung von Ziff. 27 ADSp 2003[11] in den Luftbeförderungsvertrag einen Verzicht auf die unverbrüchliche Haftungsbeschränkung des Luftfrachtführers bedeutet. Die hM in Rechtsprechung[12] und im Schrifttum[13] bejahen dies:[14] Die Berufung auf Ziff. 27 ADSp solle dem Anspruchsteller über Art. 25 MÜ eine Durchbrechung ermöglichen, weil der Luftfrachtführer durch die Einbeziehung der ADSp auf die Haftungsbeschränkungen nach Art. 22 Abs. 3 MÜ verzichte. Art. 22 Abs. 3 MÜ stelle eine „vorstehende" Haftungsbegrenzung iSv. Ziff. 27 ADSp 2003 dar. Denn Ziff. 27 ADSp 2003 verweise auf die Ziff. 23 ff ADSp, wobei Ziff. 23.1.2 ADSp 2003[15] wiederum Bezug auf die zwingend geltenden gesetzlichen Haftungsregelungen nehme. Dadurch werde im Ergebnis auch eine gesetzliche Haftungsbegrenzung wie Art. 22 Abs. 3 MÜ über die Verweisung erfasst, so dass der Luftfrachtführer unbeschränkt für einen qualifiziert schuldhaft verursachten Schaden hafte.

7 Dieser Argumentation ist unter zweierlei Gesichtspunkten zu widersprechen. Zum einen übersieht diese Auffassung, dass die Klauseln in Ziff. 23 und Ziff. 27 ADSp 2003 als einheitliche Klausel zu bewerten sind.[16] Durch die Einbeziehung der ADSp in den Luftbeförderungsvertrag ist nach Ziff. 23.1.1 ADSp 2003 vorgesehen, dass die Haftung des Spediteurs bei Güterschäden auf € 5 für jedes Kilogramm des Rohgewichts der Sendung beschränkt ist. Die Einbeziehung von Ziff. 23.1.1 ADSp 2003 verstößt damit klar gegen den Haftungsmindestbetrag von 19 SZR pro Kilogramm nach

---

7 OLG Düsseldorf, Urt. v. 9.3.2016 – I-18 U 61/15 – RdTW **2016** 266, 267 (Rz. 20); ebenso *Müller-Rostin* TranspR **2015** 140, 143.

8 *Koller*[11] Art. 25 MÜ Rn. 1; Ebenroth/Boujong/*Pokrant*[5] Art. 25 MÜ Rn. 4.

9 *Boettge* Luftfrachtrecht S. 54.

10 *Brinkmann* TranspR **2010** 216, 217.

11 Ziff. 27.1 ADSp lautet: „Die vorstehenden Haftungsbefreiungen und -begrenzungen gelten nicht, wenn der Schaden verursacht worden ist durch Vorsatz oder grobe Fahrlässigkeit des Spediteurs oder seiner leitenden Angestellten oder durch Verletzung vertragswesentlicher Pflichten, wobei Ersatzansprüche in letzterem Fall begrenzt sind auf den vorhersehbaren, typischen Schaden.".

12 BGH, Urt. v. 22.7.2010 – I ZR 194/08 – TranspR **2011** 80, 83 f.; OLG Karlsruhe, Urt. v. 29.11.2006 – 15 U 65/06 – (unv.); OLG Karlsruhe, Urt. v. 10.11.2008 – 15 U 75/07 – (unv.); OLG Düsseldorf, Urt. v. 12.3.2008 – 18 U 160/07 – juris; LG Düsseldorf, Urt. v. 31.7.2008 – 31 O 54/07 – BeckRS **2008** 17132; AG Hamburg, Urt. v. 4.4.2007 – 31A C 310/06 – TranspR **2007** 328; **aA** zu § 660 HGB a.F.: OLG Hamburg, Urt. v. 10.4.2008 – 6 U 90/05 – TranspR **2008** 213, 218; LG Bremen, Urt. v. 15.7.2009 – 11 O 82/09 – TranspR **2010** 347, 348.

13 MünchKommHGB/*Müller-Rostin*[5] Art. 25 MÜ Rn. 4; *Pokrant* TranspR **2011** 49, 55; *Runge* TranspR **2009** 96, 101; **aA** *Brinkmann* TranspR **2010** 216, 218; *Boettge* TranspR **2007** 306, 308; *Müller-Rostin* in: Transport- und Speditionsrecht, Kap. 13 Rn. 80.

14 Diese vom BGH und der im Schrifttum geteilten Auffassung lässt sich mit der aktuellen Fassung der ADSp 2017 nicht mehr aufrechterhalten, vgl. auch BeckOGK/*Förster* Art. 25 MÜ Rn. 7; *Koller*[11] Art. 25 MÜ Rn. 3.

15 Ziff. 23.1.2 lautet: „Die Haftung des Spediteurs bei Verlust oder Beschädigung des Gutes (Güterschäden) ist mit Ausnahme der verfügten Lagerung der Höhe nach begrenzt bei einem Schaden, der an dem Gut während des Transports mit einem Beförderungsmittel eingetreten ist, abweichend von Ziffer 23.1.1 auf den für diese Beförderung gesetzlich festgelegten Haftungshöchstbetrag.".

16 Unzutreffend OLG Düsseldorf, Urt. v. 12.3.2008 – 18 U 160/07 – juris Rz 31.

Art. 22 Abs. 3 MÜ und ist damit nach Art. 26 MÜ nichtig. Stehen zwei Klauseln in Wechselwirkung, von denen eine schon isoliert betrachtet eine unangemessene Benachteiligung der Vertragspartner des Verwenders enthält, während die andere für sich gesehen nicht zu beanstanden ist, kann sich die Unwirksamkeit auf beide Klauseln erstrecken.[17] Da Ziff. 23 und Ziff. 27 ADSp 2003 in einem denklogischen Regel-Ausnahme-Verhältnis zueinander stehen, bedingt bereits die Nichtigkeit der Grundregel der vertraglich vereinbarten Haftungsbegrenzung auch die Nichtigkeit der Ausnahme der Haftungsdurchbrechung in Ziff. 27 ADSp 2003.

Dessen ungeachtet entfallen bei Anwendbarkeit der Ziff. 27.1 ADSp 2003 nur diejenigen vertraglichen Haftungserleichterungen, die **auf den ADSp beruhen.**[18] Die Ziff. 23.1.1 bis 23.1.4 ADSp 2003 enthalten originäre vertragliche Haftungsbeschränkungen. Soweit diese in den ADSp geregelten („vorstehenden") Haftungsbegrenzungen wegfallen, bleibt es bei der gesetzlichen Regelung. Sofern die gesetzliche Bestimmung, hier Art. 22 Abs. 3 MÜ, ihren Geltungsanspruch nicht aus den ADSp schöpft, sondern kraft eigenen Geltungsanspruchs ihre Wirkung entfaltet, bleibt es dabei. Mit anderen Worten folgt aus Ziff. 27.1 ADSp 2003 gerade nicht, dass auch gesetzliche Haftungsbeschränkungen – mangels Erwähnung im ersten Satzteil der Ziff. 23.1 ADSp 2003 – wegfallen sollen.[19] Dieses Ergebnis bestätigt auch Ziff. 2.5 und Ziff. 22.1 Satz 2 ADSp 2003, wonach der Verwender nur dann nach den Ziff. 22 ff ADSp haftet, wenn kein zwingender bzw. halbseitig zwingender Haftungsrahmen, wie z.B. im MÜ, existiert.[20] 8

---

17 BGH, Urt. v. 14.5.2003 – VIII ZR 308/02 – NJW **2003** 2234, 2235.
18 Zutreffend Ebenroth/Boujong/*Bahnsen*[5] Ziff. 27 ADSp Rn. 25.
19 Ebenso zu § 660 HGB a.F.: OLG Hamburg, Urt. v. 10.4.2008 – 6 U 90/05 – TranspR **2008** 213, 218.
20 *Brinkmann* TranspR **2010** 216, 219.

Artikel 26 Unwirksamkeit von Vertragsbestimmungen

Jede Bestimmung des Beförderungsvertrags, durch welche die Haftung des Luftfrachtführers ausgeschlossen oder der in diesem Übereinkommen festgesetzte Haftungshöchstbetrag herabgesetzt werden soll, ist nichtig; ihre Nichtigkeit hat nicht die Nichtigkeit des gesamten Vertrags zur Folge; dieser unterliegt gleichwohl diesem Übereinkommen.

Article 26 Invalidity of Contractual Provisions

Any provision tending to relieve the carrier of liability or to fix a lower limit than that which is laid down in this Convention shall be null and void, but the nullity of any such provision does not involve the nullity of the whole contract, which shall remain subject to the provisions of this Convention.

Article 26 Nullité des dispositions contractuelles

Toute clause tendant à exonérer le transporteur de sa responsabilité ou à établir une limite inférieure à celle qui est fixée dans la présente convention est nulle et de nul effet, mais la nullité de cette clause n'entraîne pas la nullité du contrat qui reste soumis aux dispositions de la présente convention.

Schrifttum

Schoner Die internationale Rechtsprechung zum Warschauer Abkommen in den Jahren 1977 bis 1980, ZLW **1980** 327–389.

Parallelvorschriften

Art. 23 WA 1955; Art. 41 CMR.

Übersicht

https://doi.org/10.1515/9783110564945-027

A. Allgemeines

I. Normzweck

1 Die Vorschrift ordnet die **Unwirksamkeit** von vertraglichen **Haftungsausschlüssen** und vertraglichen **Reduzierungen** der im Montrealer Übereinkommen festgesetzten **Haftungshöchstbeträge** an. Das Freizeichnungsverbot verfolgt den Zweck, den durch das Montrealer Übereinkommen vorgenommenen Ausgleich zwischen den Interessen des Ladungsinteressenten sowie des Reisenden einerseits und denen des Luftfrachtführers andererseits nicht durch Parteiabsprachen zu gefährden.[1]

II. Entstehungsgeschichte

2 Die Vorschrift entspricht Art. 23 Abs. 1 WA 1955.

B. Geltungsbereich und Wirkung des Art. 26 MÜ

I. Materielle Regelungen des Montrealer Übereinkommens

3 Art. 26 MÜ erklärt die Vorschriften des Montrealer Übereinkommens, d.h. die die Haftung betreffenden Rahmenbedingungen der Luftbeförderung, für **einseitig zwingendes Recht**. Jede Vereinbarung, durch welche die Haftung des Luftfrachtführers ausgeschlossen wird oder der im Montrealer Übereinkommen festgesetzte Haftungshöchstbetrag herabgesetzt wird, ist nichtig. Demgegenüber sind vertragliche Haftungsverschärfungen zu Lasten des Luftfrachtführers[2] sowie der Verzicht auf Haftungshöchstbeträge nach Art. 25 MÜ zulässig (vgl. dort auch Art. 25 MÜ Rdn. 5ff.). Ebenso zulässig sind Vereinbarungen, soweit das Montrealer Übereinkommen zu dem Sachverhalt keine Regelungen trifft (vgl. Art. 27 MÜ Rdn. 5). Im Unterschied zu Art. 41 CMR macht Art. 26 MÜ deutlich, dass es dem Montrealer Übereinkommen nur um eine einheitliche Mindesthaftung geht: Der Luftfrachtführer darf also nur zu Gunsten des Reisenden oder des Ladungsinteressenten abweichende Vereinbarungen treffen, nicht jedoch zu deren Ungunsten.

4 Art. 26 MÜ betrifft nur die Regelungen des MÜ selbst. Wo dagegen nationales Recht ergänzend Anwendung finden kann, ist grundsätzlich Raum für vertragliche Vereinbarungen, die auch gegen die Nichtigkeitsfolge des Art. 26 MÜ Bestand haben.[3] Dies folgt aus Art. 27 MÜ. Soweit weitergehende Ersatzansprüche nach nationalem Recht neben Ansprüchen aus dem Montrealer Übereinkommen bestehen, können diese eingeschränkt oder ausgeschlossen werden.[4]

II. Vertragsfreiheit trotz Art. 26 MÜ

5 Art. 26 MÜ betrifft nur die im Montrealer Übereinkommen geregelten, zumeist die Haftung betreffenden Rahmenbedingungen der Luftbeförderung. Vom Übereinkommen nicht geregelte Fragen, wie beispielsweise die Ersatzfähigkeit bestimmter Schäden, sowie die Schadensersatzpflicht von sog. mittelbaren oder Folgeschäden,[5] werden von Art. 26 MÜ nicht erfasst. Der Ausschluss sog.

---

1 Ebenso FrankfKomm/*Giemulla* Art. 26 MÜ Rn. 1; Ebenroth/Boujong/*Pokrant*[5] Art. 26 MÜ Rn. 1.

2 MünchKommHGB/*Kronke* Art. 24 WA 1955 Rn. 9; **aA** *Abraham*[3] I Art. 23 WA 1955 Anm. 1; *Guldimann* Art. 24 WA 1955 Rn. 5. Unklar *Koffka/Bodenstein/Koffka* Art. 23 WA 1929 S. 330.

3 Ebenroth/Boujong/*Pokrant*[5] Art. 26 MÜ Rn. 2.

4 *Geigel/Mühlbauer*[56] Haftpflichtprozess Kap. 29 Rn. 81.

5 FrankfKomm/*Giemulla* Art. 26 WA 1955 Rn. 12.

Folgeschäden, wie z.B. psychischer Beeinträchtigungen, die nicht im Zusammenhang mit einer Körperverletzung entstanden sind, ist daher zulässig.[6] Gleiches gilt, wenn der Luftfrachtführer den Schadensersatzanspruch wegen entgangener Urlaubsfreude bei verspäteter Anlieferung des Gepäcks ausgeschlossen hat.[7] Ebenso ist es dem Luftfrachtführer gestattet, seine Haftung[8] für das Handeln seiner Leute bei einfacher Fahrlässigkeit auszuschließen oder zu begrenzen.[9] Solche Regelungen entspringen aus der arbeitsrechtlichen Fürsorgepflicht und werden vom Montrealer Übereinkommen nicht angesprochen. In diesen Grenzen unterliegt die Ausgestaltung des Beförderungsvertrags trotz Art. 26 MÜ weiterhin der Privatautonomie.

C. Verbot haftungsausschließender oder -begrenzender Vereinbarungen

6 Art. 26 MÜ statuiert ein Verbot haftungsausschließender oder -begrenzender Vereinbarungen. Umstritten ist, ob sich das Verbot auch gegen Vereinbarungen richtet, die nur mittelbar haftungsbegrenzend wirken. Nach einer im Schrifttum zum Warschauer Abkommen vertretenen Mindermeinung[10] werden nur solche Vereinbarungen nach Art. 26 MÜ erfasst, die sich unmittelbar und ausdrücklich auf Haftungsbegrenzungen unterhalb der Haftungshöchstbeträge oder auf Haftungsbefreiung richten, nicht dagegen solche, die nur mittelbar wirken. Für diese den Art. 26 MÜ einschränkende Auslegung wird der Wortlaut der Norm („Toute clause *tendant* à exonérer...“; „...werden *soll*“) angeführt. Nach dieser Auffassung ist der Verbotstatbestand nur erfüllt, wenn eine Vereinbarung abstrakt-generell wirkt und der Luftfrachtführer die Absicht hatte, sie zu seinen Gunsten herbeizuführen. Der Bundesgerichtshof[11] hat diese Unterscheidung zu Recht mit dem Hinweis verworfen, dass der vom Übereinkommen bezweckte Schutz des Vertragspartners die Nichtigkeit in jedem Falle erfordere, wenn durch die Vereinbarung der geregelte Haftungstatbestand berührt werde.[12]

I. Vollständiger oder teilweiser Haftungsausschluss

7 Ein vollständiger Haftungsausschluss scheitert an Art. 26 MÜ.[13] Gleiches gilt, wenn die Haftung nur für einzelne Haftungstatbestände (z.B. Verspätung, Beschädigung, Verlust) ausgeschlossen wird. Ein verbotener teilweiser Ausschluss liegt vor, wenn der Beförderungsbedingung zufolge die Haftung für einen Teil der zur Beförderung angenommenen Güter ausgeschlossen oder reduziert wird.[14] Gleiches gilt, wenn die Haftung nur für einen Teilstreckenabschnitt ausgeschlossen wird.

II. Hinzufügen einzelner haftungserschwerender Voraussetzungen

8 Werden den gesetzlichen Voraussetzungen nach dem Montrealer Übereinkommen durch Vereinbarung weitere Voraussetzungen hinzugefügt, die den Anspruch in irgendeiner Weise mindernd

6 US SC New York, Urt. v. 2.5.1978 – *Cohen v. Varig Airlines* – ZLW **1980** 249, 250 = **15** Avi 17.112.

7 Vgl. LG Köln, Urt. v. 3.8.1972 – 11 S 174/72 – ZLW **1974,** 145; LG Köln, Urt. v. 9.11.1977 – 9 S 201/77 – ZLW **1979** 67, 68 f.; *Schoner* ZLW **1980** 327, 349 f.

8 Dies gilt nur, soweit es sich um eine Verschuldenshaftung handelt.

9 *Geigel/Mühlbauer*[56] Haftpflichtprozess Kap. 29 Rn. 81.

10 *Guldimann* Art. 23 WA 1955 Rn. 3.

11 BGH, Urt. v. 22.4.1982 – I ZR 86/80 – BGHZ **84** 101, 106 ff. = ZLW **1982** 378, 381 = NJW **1983** 516 zu Art. 23 WA 1955.

12 Ebenso: BeckOGK/*Förster* Art. 26 MÜ Rn. 6; FrankfKomm/*Giemulla* Art. 26 MÜ Rn. 2; *Koller*[11] Art. 26 MÜ Rn. 1; zum WA: MünchKommHGB/*Kronke* Art. 23 WA 1955 Rn. 6.

13 FrankfKomm/*Giemulla* Art. 26 MÜ Rn. 6.

14 BeckOGK/Förster Art. 26 MÜ Rn. 8; zum WA: MünchKommHGB/*Kronke* Art. 23 WA 1955 Rn. 10.

berühren, so verstößt dies ebenfalls gegen Art. 26 MÜ.[15] Unerheblich ist nach dem Sinn und Zweck des Art. 26 MÜ, ob die Hinzufügung einzelner haftungserschwerender Voraussetzungen unmittelbar oder nur mittelbar wirken (siehe oben Rn. 6).

Nichtig wegen Verstoßes gegen Art. 26 MÜ sind daher:

- Bestimmungen, in denen für den Fall des Verlustes des Gutes eine Anzeigefrist von 120 Tagen vorgesehen ist;[16]
- Bestimmungen, die eine Anzeigeobliegenheit entgegen Art. 31 MÜ auch für die Fälle der „Zerstörung“ und des „Verlustes“ des Gutes vorsehen;[17]
- Bestimmungen, die eine kürzere als die in Art. 31 MÜ bestimmte Anzeigefrist oder einen Zugang der Anzeige binnen der Frist des Art. 31 MÜ statuieren;[18]
- Bestimmungen, die die Beweislast bei Schadensersatzansprüchen zu Lasten des Geschädigten verändern;[19]
- Bestimmungen, in denen ein gänzlicher Wegfall der Haftung des Luftfrachtführers bei jeder Art. von Mitverschulden des Geschädigten vorgesehen ist.[20]

III. Ausschluss bestimmter Schadensursachen

Der Ausschluss ganzer Schadensursachen aus dem Schadensersatzanspruch verstößt gegen Art. 26 MÜ.[21] Soweit sich dagegen der Ausschluss auf die in Art. 18 Abs. 2 MÜ genannten Haftungsausschlussgründe bezieht, ist die Vereinbarung wirksam, da sie den Haftungsrahmen des Luftfrachtführers nicht zu seinen Gunsten verändert. 9

IV. Ausschluss oder Begrenzung des Haftungsumfangs

Vereinbarungen, die den Schadensumfang, soweit er nach Artt. 17 bis 19 MÜ geschuldet ist, einschränken, sind ohne Wirkung.[22] Dies ist der Fall, wenn der Luftfrachtführer seine Haftung nach Art. 17 Abs. 2 Satz 2 MÜ für Schäden durch Zerstörung, Verlust oder Beschädigung von aufgegebenem Reisegepäck einschränkt und die Haftung für bestimmte Gegenstände im Reisegepäck wie z.B. zerbrechliche oder verderbliche Gegenstände, Computer oder sonstige elektronische Geräte, Geld, Juwelen, Edelmetalle, Wertpapiere, Effekten, Geschäftspapiere und Muster ausschließt.[23] Demgegenüber verstößt nicht gegen Art. 26 MÜ der Ausschluss sog. Folgeschäden. Denn das Montrealer Übereinkommen enthält keine Aussage darüber, welcher Schaden zu ersetzen ist. Der Inhalt des Schadensersatzanspruchs richtet sich vielmehr nach dem anwendbaren nationalen Recht, 10

---

15 BGH, Urt. v. 22.4.1982 – I ZR 86/80 – BGHZ **84** 101, 106 ff. = ZLW **1982** 378, 381= NJW **1983** 516 zu Art. 23 WA 1955; *Koller*[11] Art. 26 MÜ Rn. 1; Ebenroth/Boujong/*Pokrant*[5] Art. 26 MÜ Rn. 1.

16 BGH, Urt. v. 22.4.1982 – I ZR 86/80 – BGHZ **84** 101, 106 ff. = ZLW **1982** 378, 381 = NJW **1983** 516 zu Art. 23 WA 1955; NL SC, Urt. v. 12.2.1982 – *Affretair v. VOB or Fothergill's Dutch Treatment* – AL **1982** 173.

17 MünchKommHGB/*Müller-Rostin*[5] Art. 26 MÜ Rn. 6; ebenso zu Art. 23 WA: BGH, Urt. v. 22.4.1982 – I ZR 86/80 – BGHZ **84** 101, 106 ff.; OLG Frankfurt am Main, Urt. v. 11.11.1986 – 5 U 240/85 – TranspR **1987** 68; OLG Hamburg, Urt. v. 18.2.1988 – 6 U 195/87 – TranspR **1988** 201, 202 f.; LG Frankfurt am Main, Urt. v. 5.11.1990 – 2/8 S 71/90 – TranspR **1991** 143, 144; LG Stuttgart, Urt. v. 21.2.1992 – 11 KfH O 172/90 – TranspR **1993** 141, 142.

18 US CA 9th Cir., Urt. v. 25.4.2000 – *Nissan Fire & Marine Insurance v. Fritz Companies* – **210** F.3 d 1099, Rz. 25 ff.

19 FrankfKomm/*Giemulla* Art. 26 MÜ Rn. 7.

20 Vgl. OLG Frankfurt am Main, Urt. v. 14.7.1977 – 5 U 129/76 – ZLW **1978** 53, 59.

21 FrankfKomm/*Giemulla* Art. 26 MÜ Rn. 9.

22 US CA 9th Cir., Urt. v. 16.10.2002 – *Motorola Inc v. Federal Express Corporation* – **308** F.3 d 995, Rz. 20 ff; FrankfKomm/*Giemulla* Art. 26 MÜ Rn. 13; MünchKommHGB/*Kronke* Art. 23 WA 1955 Rn. 10.

23 BGH, Urt. v. 5.12.2006 – X ZR 165/03 – NJW **2007** 997, 999 = TranspR **2007** 27 = LMK **2007** 213130 m. krit. Anm. v. *Koller*. Ebenso A HG Wien, Urt. v. 10.5.2001 – 1 R 48/01 g – TranspR **2002** 118, 119.

das den Ausschluss für Folgeschäden oder mittelbare Schäden für zulässig erachten kann.[24] Der Ausschluss sog. Folgeschäden, wie z.B. psychischer Beeinträchtigungen, die nicht im Zusammenhang mit einer Körperverletzung entstanden sind, ist daher zulässig. Gleiches gilt, wenn der Luftfrachtführer den Schadensersatzanspruch wegen entgangener Urlaubsfreude bei verspäteter Anlieferung des Gepäcks ausgeschlossen hat.[25]

D. Rechtsfolge

11 Als Rechtsfolge ordnet Art. 26 MÜ die Nichtigkeit der entsprechenden Vereinbarung an. Entgegen der im deutschen Vertragsrecht geltenden Grundregel erstreckt sich die Nichtigkeitsfolge nicht auf den gesamten Vertrag. Vielmehr bleibt der übrige Vertragsinhalt gültig. Anstelle der nichtigen Vereinbarung gilt die Regelung des Montrealer Übereinkommens.[26]

---

24 US SC New York, Urt. v. 2.5.1978 – *Cohen v. Varig Airlines* – ZLW **1980** 249, 250 = **15** Avi 17.112.

25 Vgl. LG Köln, Urt. v. 3.8.1972 – 11 S 174/72 – ZLW **1974** 145; LG Köln, Urt. v. 9.11.1977 – 9 S 201/77 – ZLW **1979** 67, 68 f.; *Schoner* ZLW **1980** 327, 349 ff.

26 Ebenroth/Boujong/*Pokrant*[5] Art. 26 MÜ Rn. 4.

Artikel 27 Vertragsfreiheit

Dieses Übereinkommen hindert den Luftfrachtführer nicht daran, den Abschluss eines Beförderungsvertrags zu verweigern, auf Einwendungen, die ihm nach dem Übereinkommen zur Verfügung stehen, zu verzichten oder Vertragsbedingungen festzulegen, die nicht im Widerspruch zu diesem Übereinkommen stehen.

Article 27 Freedom to Contract

Nothing contained in this Convention shall prevent the carrier from refusing to enter into any contract of carriage, from waiving any defences available under the Convention, or from laying down conditions which do not conflict with the provisions of this Convention.

Article 27 Liberté de contracter

Rien dans la présente convention ne peut empêcher un transporteur de refuser la conclusion d'un contrat de transport, de renoncer aux moyens de défense qui lui sont donnés en vertu de la présente convention ou d'établir des conditions qui ne sont pas en contradiction avec les dispositions de la présente convention.

Schrifttum

Vgl. vor Art. 1 MÜ.

Parallelvorschriften

Art. 33 WA 1955.

Übersicht

A. Allgemeines

I. Normzweck

1 Die Vorschrift stellt klar, dass das Übereinkommen über die einseitig zwingenden haftungsrechtlichen Bestimmungen hinaus die Vertragsfreiheit der Beteiligten, namentlich des Luftfrachtführers, nicht einschränkt. Damit wird sichergestellt, dass das IATA-Intercarrier-Agreement, soweit es ergänzende Regelungen trifft und nicht mit zwingenden Vorschriften des Montrealer Übereinkom-

https://doi.org/10.1515/9783110564945-028

mens im Widerspruch steht, wirksam bleibt. Durch das Montrealer Übereinkommen wird ferner kein Kontrahierungszwang für den Luftfrachtführer begründet.[1]

II. Entstehungsgeschichte

2 Die Vorschrift entspricht im Wesentlichen Art. 33 WA 1955 in der Fassung des Montrealer Zusatzprotokolls Nr. 4.

B. Anwendungsbereich

I. Kein Kontrahierungszwang

3 Keine Vorschrift des Montrealer Übereinkommens hindert den Luftfrachtführer, den Abschluss eines Luftbeförderungsvertrages zu verweigern.[2] Aus dem Übereinkommen darf keine Beförderungspflicht abgeleitet werden, wie er in einigen nationalen Regelungen für Linienunternehmen vorgesehen ist.[3] Das Landesrecht bleibt hiervon aber unberührt.[4] Danach sind z.B. in Deutschland Luftfahrtunternehmen, die Linienverkehr betreiben, außer im Falle der Unzumutbarkeit jedermann gegenüber verpflichtet, Beförderungsverträge abzuschließen.[5] Bei einer internationalen Luftbeförderung kann der Luftfrachtführer die Beförderung von Übergepäck davon abhängig machen, dass der Reisende eine Übergepäck-Rate zahlt.[6]

II. Verzicht des Luftfrachtführers auf Einwendungen

4 Die Vorschrift stellt ferner gegenüber dem Warschauer Abkommen klar, dass der Luftfrachtführer auf ihm nach dem Übereinkommen zustehende Einwendungen verzichten kann.[7] Gegen die Zulässigkeit einer Vereinbarung, mit welcher der Luftfrachtführer auf ihn begünstigende Voraussetzungen verzichten kann, wurde unter der Geltung des Warschauer Abkommens überwiegend die geschlossene Haftungsordnung angeführt;[8] diese bestehe in einem „höheren, allgemeineren Interesse“,[9] was einen Verzicht auf die Rechte des Luftfrachtführers zugunsten des Reisenden ausschließe. Diese Auffassung hat sich mit der Verabschiedung des Montrealer Übereinkommens überholt. Das Montrealer Übereinkommen regelt ein gewöhnliches privatrechtliches Verhältnis, das einseitig zwingend und im Übrigen innerhalb der Schranken der §§ 134, 138, 242 BGB[10] privatautonomer Gestaltung zugänglich ist. Der Begriff der Einwendung ist dabei im prozessualen Sinne zu verstehen. Er umfasst alle den Luftfrachtführer begünstigenden Haftungsvoraussetzungen sowie -beschränkungen, wie z.B. die Haftungsausschlussgründe iSd. Art. 18 Abs. 2 MÜ, die Haftungsbefreiung nach Art. 20 MÜ, den Fristablauf für eine Schadensanzeige nach Art. 31 Abs. 2 MÜ sowie

1 MünchKommHGB/*Müller-Rostin*[5] Art. 27 MÜ Rn. 5.
2 MünchKommHGB/*Müller-Rostin*[5] Art. 27 MÜ Rn. 5.
3 Vgl. für Deutschland § 21 Abs. 2 Satz 3 und Abs. 4 Satz 4 LuftVG.
4 Ebenroth/Boujong/*Pokrant*[5] Art. 27 MÜ Rn. 1; FrankfKomm/*Schmid* Art. 27 MÜ Rn. 2; BeckOGK/*Förster* Art. 27 MÜ Rn. 5.
5 AG Bad Homburg, Urt. v. 29.10.2002 – 2 C 331/02 – RRa **2003** 117 (Beförderungsverweigerung wegen Thrombosegefahr); AG Bad Homburg, Urt. v. 3.12.2003 – 2 C 364/03 (34) – RRa **2003** 271 (Beförderungsverweigerung wegen Überschreitung des zulässigen Gewichts).
6 AG Offenbach, Urt. v. 3.2.2005 – 340 C 126/04 – RRa **2005** 185.
7 Ebenroth/Boujong/*Pokrant*[5] Art. 27 MÜ Rn. 3.
8 So *Guldimann* Art. 24 WA 1955 Rn. 5; **aA** MünchKommHGB/*Kronke* Art. 24 WA 1955 Rn. 9.
9 FrankfKomm/*Giemulla* Art. 24 WA 1955 Rn. 8.
10 Die Maßgeblichkeit deutschen Rechts vorausgesetzt.

den Fristablauf für eine Schadensersatzklage nach Art. 35 Abs. 1 MÜ. Ein Einwendungsverzicht kann sich auch aus wirksam einbezogenen Allgemeinen Geschäftsbedingungen ergeben.[11]

III. Abweichende Vertragsbedingungen

1. Allgemeine Geschäftsbedingungen

Während Art. 26 MÜ jede Bestimmung des Beförderungsvertrags, durch welche die Haftung des Luftfrachtführers ausgeschlossen oder der in diesem Übereinkommen bestimmte Haftungshöchstbetrag herabgesetzt werden soll, für nichtig erklärt – unbeschadet der Gültigkeit des Vertrags, der den Vorschriften des Montrealer Übereinkommens unterworfen bleibt – ordnet Art. 27 MÜ an, dass keine Bestimmung des Übereinkommens den Luftfrachtführer daran hindern soll, Vertragsbedingungen festzusetzen, die nicht im Widerspruch zum Übereinkommen stehen. Insoweit sind also zusätzliche Vereinbarungen zulässig, für deren Erfüllung er dann nach Maßgabe des anwendbaren nationalen Rechts haftet.[12] Unter den Vertragsbedingungen versteht das Montrealer Übereinkommen solche Vereinbarungen, die über die schlichte Beförderungsabrede, deren haftungsrechtliche Folgen das Montrealer Übereinkommen ausschließlich regelt, hinausgehen.[13] Art. 27 MÜ gestattet es dem Luftfrachtführer, Abreden mittels Allgemeiner Geschäftsbedingungen bei Abschluss oder nach Abschluss des Luftbeförderungsvertrages zu treffen. Ferner gilt die Vorschrift auch sinngemäß für besondere Verpflichtungen, die der Luftfrachtführer auf sich nimmt, z.B. auch für die Vereinbarung, das Gut treffe zu einem genau bestimmten Zeitpunkt ein.[14] Trifft das Gut dann nicht zu dem vertraglich vereinbarten Zeitpunkt ein oder wurde die Beförderung gar nicht ausgeführt, hat der Luftfrachtführer nicht nur nach Art. 19 MÜ einzustehen, sondern auch für einen darüber hinausgehenden Schaden. Ebenso haftet der Luftfrachtführer nach dem anwendbaren nationalen Recht und nicht im Rahmen des Art. 17 MÜ, wenn für einen Flug ein Flugzeug mit Überdruckkabine vereinbart wurde, der Reisende mangels Einhaltung des Überdrucks auf der Reise erkrankt und einen Monat später verstirbt.[15] 5

2. Rechtsgeschäftliche Einbeziehung

Art 27 MÜ spricht vom „Festlegen" von Vertragsbedingungen. Durch das Festlegen von Allgemeinen Geschäftsbedingungen werden diese jedoch nicht Bestandteil des Luftbeförderungsvertrages.[16] Hierzu bedarf es einer besonderen rechtsgeschäftlichen Einbeziehung in den jeweiligen Vertrag. Bei Maßgeblichkeit deutschen Rechts erfolgt diese nach den §§ 305, 310 Abs. 1 BGB. 6

11 MünchKommHGB/*Müller-Rostin*[5] Art. 27 MÜ Rn. 8; FrankfKomm/*Schmid* Art. 27 MÜ Rn. 4.
12 *Abraham*[3] I Art. 33 WA 1955 Anm. 2.
13 FrankfKomm/*Schmid* Art. 27 MÜ Rn. 3; *Abraham*[3] I Art. 33 WA 1955 Anm. 2.
14 FrankfKomm/*Schmid* Art. 27 MÜ Rn. 3.
15 US SC New York, Urt. v. 1.10.1951 – *Salomon v. Koninklijke Luchtvaart Maatschappij* – **1951** USAvR 378.
16 MünchKommHGB/*Müller-Rostin*[5] Art. 27 MÜ Rn. 11.

Artikel 28 Vorauszahlungen

[1]Haben Luftfahrzeugunfälle den Tod oder die Körperverletzung von Reisenden zur Folge, so hat der Luftfrachtführer, wenn er dazu nach nationalem Recht verpflichtet ist, unverzüglich Vorauszahlungen an schadensersatzberechtigte natürliche Personen zur Befriedigung ihrer unmittelbaren wirtschaftlichen Bedürfnisse zu leisten. [2]Diese Vorauszahlungen stellen keine Haftungsanerkennung dar und können mit späteren Schadensersatzleistungen des Luftfrachtführers verrechnet werden.

Article 28 Advance Payments

In the case of aircraft accidents resulting in death or injury of passengers, the carrier shall, if required by its national law, make advance payments without delay to a natural person or persons who are entitled to claim compensation in order to meet the immediate economic needs of such persons. Such advance payments shall not constitute a recognition of liability and may be offset against any amounts subsequently paid as damages by the carrier.

Article 28 Paiements anticipés

En cas d'accident d'aviation entraînant la mort ou la lésion de passagers, le transporteur, s'il y est tenu par la législation de son pays, versera sans retard des avances aux personnes physiques qui ont droit à un dédommagement pour leur permettre de subvenir à leurs besoins économiques immédiats. Ces avances ne constituent pas une reconnaissance de responsabilité et elles peuvent être déduites des montants versés ultérieurement par le transporteur à titre de dédommagement.

Schrifttum

Bollweg Das Montrealer Übereinkommen, Rückblick – Überblick – Ausblick, ZLW **2000** 439–451; *ders.* Die Vorauszahlungspflicht in der Luftverkehrshaftung – oder: „Bis dat, qui dito dat", Festgabe Ruhwedel, **2004** S. 57–80; *Gansfort* Praktische Anmerkungen zu der Europäischen Verordnung über die Haftung von Luftfahrtunternehmen bei Flugunfällen mit Personenschäden, ZLW **1998** 263–280; *Giemulla/Schmid* Die europarechtliche Neuordnung der Haftung bei Flugunfällen und ihre Auswirkung auf Luftfahrtunternehmen, NZV **1998** 225–229; *Littger/Kirsch* Die Haftung im internationalen Luftverkehr nach Inkrafttreten des Montrealer Übereinkommens, ZLW **2003** 563–581; *Milde* Liability in international carriage by air: the new Montreal Convention, ULR **1999** 835–861; *Möhrle* Die Luftfahrt-Unfallversicherung: unter Berücksichtigung des Verhältnisses der obligatorischen Passagier-Unfallversicherung zur Vorschusspflicht des Luftfrachtführers bei nationaler und internationaler Beförderung, Diss. Hamburg **2002**; *Mühlbauer* Die Verbesserung des Schutzes der Fluggäste durch die EG-Verordnung Nr. 2027/97 vom 9.10.1997, VersR **1998** 1335–1337; *Müller-Rostin* Gedanken eines Luftfahrtversicherers zur Neugestaltung der Haftung für Passagierschäden im internationalen Luftverkehr, Festgabe Herber, **1999** S. 245–257; *Schiller* Vom Warschauer Abkommen zum Montrealer Übereinkommen, SJZ **2000** 184–189; *Schmid* Neue Haftungsrisiken bei Personenschäden im Luftfahrtbereich, VersR **2002** 26–30.

Parallelvorschriften

Art. 5 EG-VO Nr. 2027/97 idF der EG-VO Nr. 889/2002.

Übersicht

https://doi.org/10.1515/9783110564945-029

A. Allgemeines

I. Normzweck

Die Vorschrift stellt eine Empfehlung an den nationalen Gesetzgeber dar.[1] Sie führt nämlich keine unmittelbar geltende Vorauszahlungspflicht ein,[2] sondern stellt lediglich klar, dass nationale Regelungen über eine Vorauszahlungspflicht auch im Anwendungsbereich des Übereinkommens Geltung beanspruchen.[3] Für Luftfahrtunternehmen der Gemeinschaft gemäß der EG-VO Nr. 2407/92[4] folgt die Vorauszahlungspflicht in Höhe von 16 000 Sonderziehungsrechten aus Art. 5 der EG-VO Nr. 2027/97[5] in der Fassung der EG-VO Nr. 889/02. 1

II. Entstehungsgeschichte

Die Vorschrift hat kein Vorbild im Warschauer Abkommen und in den Montrealer Zusatzprotokollen. Sie orientiert sich an dem Vorbild des Art. 5 EG-VO Nr. 2027/97 in der Fassung der EG-VO Nr. 889/02. 2

B. Anwendungsbereich

I. Ermächtigung der Vertragsstaaten zur Regelung einer Vorauszahlungspflicht im nationalen Recht (Satz 1)

Das Montrealer Übereinkommen bestimmt anders als Art. 5 EG-VO Nr. 2027/97 keine materielle Vorauszahlungspflicht, sondern ermächtigt nur die Vertragsstaaten, eine solche im nationalen Recht vorzusehen.[6] 3

---

1 So auch *Geigel/Mühlbauer*[26] Haftpflichtprozess Kap. 29 Rn. 83.

2 FrankfKomm/*Schmid* Art. 28 MÜ Rn. 4; *Bollweg* ZLW **2000** 439, 444, der in Art. 28 MÜ eine weitere bedeutende Verbesserung bei Personenschäden erblickt.

3 Insofern stellt sich die Frage nach dem Sinn einer solchen Regelung in einem Übereinkommen, das die privatrechtlichen Beziehungen unter anderem zwischen Reisenden und Luftfrachtführer regelt. Kritisch zur Regelung *Milde* ULR **1999** 835, 857.

4 Verordnung (EWG) Nr. 2407/92 des Rates vom 23. Juli 1992 über die Erteilung von Betriebsgenehmigungen an Luftfahrtunternehmen ABl. EG Nr. L 240 vom 24.8.1992 S. 1, abgedruckt im Anhang unter II.-2.

5 Verordnung (EG) Nr. 2027/97 des Rates vom 9. Oktober 1997 über die Haftung von Luftfahrtunternehmen bei Unfällen, ABl. EG Nr. L 258 vom 17.10.1997 S. 1, abgedruckt im Anhang unter I.-4.

6 FrankfKomm/*Schmid* Art. 28 MÜ Rn. 4; *Bollweg* FG Ruhwedel, 2004 S. 57, 68; *Littger/Kirsch* ZLW **2003** 563, 579; *Schiller* SJZ **2000** 184, 188; unzutreffend dagegen *Benkö/Kadletz* Unfallhaftpflicht S. 105; *Schmid* VersR **2002** 26, 27, die in Art. 28 MÜ eine generelle materiellrechtliche Regelung erblicken.

1. Begriff des Luftfahrzeugunfalls

4 Der Begriff des Luftfahrzeugunfalls ist nicht deckungsgleich mit dem Begriff des Unfalls iSv. Art. 17 Abs. 1 MÜ; er ist vielmehr enger gewählt. Der Luftfahrzeugunfall setzt anders als Art. 17 Abs. 1 MÜ gerade voraus, dass zwischen der Schadensursache und dem Betrieb des Luftfahrzeugs ein Kausalzusammenhang gegeben ist. Nicht erfasst werden daher Unfälle außerhalb des Luftfahrzeugs,[7] für die der Luftfrachtführer gleichwohl nach Art. 17 MÜ haftet.[8] Für die restriktive Auffassung spricht nicht nur der Wortlaut der Norm, sondern auch der Umstand, dass nur in Fällen, in denen sich eine dem Luftverkehr eigentümliche Gefahr realisiert hat, eine Vorschussverpflichtung angemessen erscheint. Aufgrund der im Geltungsbereich der EG-VO Nr. 2027/97 kurzen Zahlungsfristen lässt sich eine Schadensaufklärung bei den sonstigen haftungsrelevanten Unfällen nach Art. 17 MÜ nicht realisieren. Gegen die hier vertretene Auffassung ließe sich zwar einwenden, dass z.B. Art. 5 Abs. 3 Hs. 2 EG-VO Nr. 2027/97 idF. der EG-VO Nr. 889/02 einen Rückforderungsanspruch des Luftfrachtführers regelt, wenn der Reisende gar keinen Schadensersatzanspruch hatte. Insofern knüpfe die Vorauszahlungspflicht an einen Unfall an, in dem sich zwangsläufig eine dem Luftverkehr eigentümliche Gefahr realisiert habe, sondern an jeden Unfall iSv. Art. 17 MÜ. Diese Argumentation übersieht jedoch, dass die EG-VO Nr. 2027/97 idF. der EG-VO Nr. 889/02 nicht Auslegungsmaßstab für das Übereinkommen sein kann.

2. Begriff der schadensersatzberechtigten Person

5 Unter der schadensersatzberechtigten Person sind jeder Reisende sowie bei dessen Tod alle mittelbar Geschädigten zu verstehen. Als mittelbar Geschädigte kommen nach § 1 MontÜG i.V.m. § 35 LuftVG sowohl die nach § 35 Abs. 2 LuftVG unterhaltsberechtigten Personen (vgl. Oben Art. 17 MÜ Rn. 91 ff) sowie der mit den Überführungs- und Bestattungskosten belastete Erbe in Betracht (vgl. Oben Art. 17 MÜ Rn. 94). Da durch die Vorschusszahlung nur Versorgungsengpässe vermieden werden sollen, wenn bei einem Luftfahrzeugunfall der „Ernährer" der Familie wegfällt, steht juristischen Personen kein derartiger Anspruch zu. Der Sozialversicherungsträger kann folglich den Vorschusszahlungsanspruch nicht als eigenen Anspruch geltend machen. Art. 28 MÜ verwehrt dem nationalen Gesetzgeber insofern, einen gesetzlichen Forderungsübergang auf den Sozialversicherungsträger zu regeln.[9]

3. Verpflichtung zur Vorauszahlung nach nationalem Recht

6 Art. 28 MÜ überantwortet dem nationalen Gesetzgeber die Ausgestaltung der Vorauszahlungspflicht. Im Geltungsbereich der EG-VO Nr. 2027/97 idF Der EG-VO Nr. 889/02 begründet diese Verordnung die in Art. 28 MÜ angesprochene Pflicht und formt sie näher aus.[10] Art. 5 der EG-VO Nr. 2027/97 stellt dem Geschädigten neben dem Schadensersatzanspruch einen eigenständigen Anspruch auf Zahlung eines Vorschusses zur Verfügung.[11]

---

7 **AA** *Geigel/Mühlbauer*[26] Haftpflichtprozess Kap. 29 Rn. 83.

8 **AA** FrankfKomm/*Schmid* Art. 28 MÜ Rn. 8, wonach die Verfasser des Übereinkommens die Vorauszahlungspflicht an den Haftungstatbestand des Art. 17 MÜ anknüpfen wollten; ebenso BeckOGK/*Förster* Art. 28 MÜ Rn. 3.

9 Zutr. *Geigel/Mühlbauer*[26] Haftpflichtprozess Kap. 29 Rn. 83.

10 Vgl. ausführlich zu der Verordnung *Bollweg* FG Ruhwedel, 2004 S. 57, 61 ff; *Gansfort* ZLW **1998** 263 ff.; *Giemulla/Schmid* NZV **1998** 225; *Möhrle* Luftfahrt-Unfallversicherung S. 141 ff; *Mühlbauer* VersR **1998** 1335 ff.

11 *Benkö/Kadletz* Unfallhaftpflicht S. 105; *Gansfort* ZLW **1998** 263, 275; *Möhrle* Luftfahrt-Unfallversicherung S. 143.

a) Zahlungsfrist. Art. 5 Abs. 1 der EG-VO Nr. 2027/97 idF. Der EG-VO Nr. 889/02 bestimmt, dass die Vorschusspflicht unverzüglich, spätestens 15 Tage nach der Feststellung der Identität der schadensersatzberechtigten natürlichen Person zu erfüllen ist. Unverzüglich ist im Sinne von § 121 BGB zu verstehen, d.h. ohne schuldhaftes Zögern. Die Bestimmung wird teilweise als verunglückt betrachtet: Nehme man das Erfordernis der „Feststellung der Identität der anspruchsberechtigten Personen" ernst und prüfe die Anspruchsberechtigung von Hinterbliebenen sorgfältig, so könne dies bei einem größeren Luftfahrzeugunfall mehrere Wochen in Anspruch nehmen. Das Ziel einer raschen Hilfe wäre dadurch verfehlt.[12] Wende man dagegen das Erfordernis der Identität der Berechtigten weniger streng an, so sei die maximale Zahlungsfrist zu kurz. Andererseits wird darauf hingewiesen, dass die Fälligkeitsregel *„15 Tage nach Feststellung der Identität der schadensersatzberechtigten Person"* grundsätzlich einen Rückschritt gegenüber der sofortigen Fälligkeit[13] des Schadensersatzanspruchs nach deutschem Recht darstelle:[14] Denn im Todesfall des Reisenden stünde den Erben ein Anspruch auf Ersatz der Beerdigungskosten nach § 1 Abs. 1 MontÜG i.V.m. § 35 Abs. 1 Satz 2 LuftVG zu, der sofort fällig sei und auch im Vorschusswege beansprucht werden könne. Ferner habe der Reisende im Verletzungsfall einen Anspruch auf Ersatz der Heilungskosten nach § 1 Abs. 1 MontÜG i.V.m. § 36 Satz 1 LuftVG. Dieser Anspruch werde sofort mit dem Schadensfall fällig. Dieser Kritik an der Vorschrift des Art. 5 EG-VO Nr. 2027/97 ist indes zu widersprechen. Sie übersieht, dass der Geschädigte bei der Abwicklung von Haftpflichtschäden – nur soweit diese bereits entstanden sind – mit dem Schadensereignis sofort ersetzt verlangen kann. Entstehende Folgeschäden kann der Geschädigte erst ab deren Eintritt verlangen: Hat die Körperverletzung des Reisenden zur Folge, dass dieser seine Wohnung behindertengerecht umbauen muss, so können diese Folgeschäden erst mit der Vornahme der Umbaumaßnahme ersetzt verlangt werden. Art. 5 EG-VO Nr. 2027/97 will demgegenüber dem Geschädigten helfen, indem auch die Schwelle für die Darlegungslast für etwaige Vorschussansprüche zugunsten der schadensersatzberechtigten Person gesenkt wird. Denn das deutsche Schadensersatzrecht erfordert grundsätzlich auch im Rahmen von Vorschussansprüchen einen substantiierten Tatsachenvortrag des zu erwartenden Wiederherstellungsaufwands. Demgegenüber lässt Art. 5 EG-VO Nr. 2027/97 einen pauschalen Vortrag unter Berücksichtigung der Schwere der Verletzung im Verhältnis zu den wirtschaftlichen Bedürfnissen genügen. Dies ist aus Verbrauchergesichtspunkten ein nicht zu unterschätzender Vorteil, der ein Novum für das deutsche Schadensersatzrecht darstellt.[15] 7

b) Vorschussbeträge. Art. 5 Abs. 2 der EG-VO Nr. 2027/97 idF der EG-VO Nr. 889/02 sieht im Todesfall eines Reisenden einen Vorschuss mindestens auf einen 16 000 SZR entsprechenden Betrag in Euro vor. Im Falle von erlittenen Körperverletzungen ist dagegen kein Mindestvorschuss vorgesehen. Dieser soll sich an den unmittelbaren wirtschaftlichen Bedürfnissen des Einzelfalls orientieren. 8

c) Verrechnung auf die Haftpflichtschuld. Der Vorschuss stellt nach Art. 5 Abs. 3 der EG-VO Nr. 2027/97 idF der EG-VO Nr. 889/02 keine Haftungsanerkennung dar und kann mit den eventuell später aufgrund der Haftung des Luftfrachtunternehmens der Gemeinschaft gezahlten Beträgen verrechnet werden. Er ist grundsätzlich nicht zurückzuzahlen, es sei denn, dass die vorschussberechtigte Person den Schaden durch Fahrlässigkeit verursacht oder mitverursacht hat und daher das Luftfahrtunternehmen von seiner Haftung teilweise oder ganz befreit ist. 9

---

12 So FrankfKomm/*Schmid* Art. 28 MÜ Rn. 15; *Schiller* SJZ **2000** 184, 188.

13 Vgl. § 271 BGB.

14 So *Bollweg* FG Ruhwedel, 2004 S. 57, 78.

15 Kritisch dagegen *Bollweg* FG Ruhwedel, 2004 S. 57, 78; *Müller-Rostin* FG Herber, 1999 S. 245, 257, der die ganze Verordnung – auch im Hinblick auf ihre Vorauszahlungspflicht – sogar als *„unausgereiftes und verbesserungsfähiges Stück europäischer Gesetzgebung"* kritisiert; ähnlich kritisch auch *Mühlbauer* VersR **1998** 1335, 1337.

II. Rechtliche Bedeutung der Vorauszahlungspflicht (Satz 2)

10 Nach **Satz 2** stellen diese Vorauszahlungen keine Haftungsanerkennung dar und können mit späteren Schadensersatzleistungen des Luftfrachtführers verrechnet werden. Die Vorschrift ist eigentlich überflüssig. Wenn sich bereits die Vorauszahlungspflicht nach dem nationalen anwendbaren Recht bestimmt, so bestimmt sich auch die Frage der Rechtsnatur der Vorauszahlung automatisch nach dieser Rechtsordnung. Einen Sinn kann man in Satz 2 nur darin erblicken, dass das Montrealer Übereinkommen generell Vorauszahlungen als keine Haftungsanerkennung des Luftfrachtführers qualifiziert. Insofern ist diese Zweifelsfrage für alle Vertragsstaaten des Montrealer Übereinkommens ausgeräumt.

11 Art. 28 MÜ trifft weder eine Regelung im Falle einer Leistung des Luftfrachtführers an einen Nichtberechtigten noch eine Regelung im Falle der Überzahlung an einen Berechtigten. Das Rückforderungsrecht des Luftfrachtführers richtet sich daher nach dem jeweils national anwendbaren Recht.[16] Eine Rückzahlungsverpflichtung gegenüber einem Luftfahrtunternehmen der Gemeinschaft ist nach Art. 5 Abs. 3 EG-VO Nr. 2027/97 grundsätzlich ausgeschlossen. Eine Rückzahlungsverpflichtung des Reisenden besteht nur im Falle des Allein- oder Mitverschuldens nach Art. 20 MÜ oder bei mangelnder Aktivlegitimation des Vorauszahlungsempfängers.

16 BeckOGK/*Förster* Art. 28 MÜ Rn. 5; FrankfKomm/*Schmid* Art. 28 MÜ Rn. 21.

Artikel 29 Grundsätze für Ansprüche

[1]Bei der Beförderung von Reisenden, Reisegepäck und Gütern kann ein Anspruch auf Schadensersatz, auf welchem Rechtsgrund er auch beruht, sei es dieses Übereinkommen, ein Vertrag, eine unerlaubte Handlung oder ein sonstiger Rechtsgrund, nur unter den Voraussetzungen und mit den Beschränkungen geltend gemacht werden, die in diesem Übereinkommen vorgesehen sind; die Frage, welche Personen zur Klage berechtigt sind und welche Rechte ihnen zustehen, wird hierdurch nicht berührt. [2]Bei einer derartigen Klage ist jeder eine Strafe einschließende, verschärfte oder sonstige nicht kompensatorische Schadensersatz ausgeschlossen.

Article 29 Basis of Claims

In the carriage of passengers, baggage and cargo, any action for damages, however founded, whether under this Convention or in contract or in tort or otherwise, can only be brought subject to the conditions and such limits of liability as are set out in this Convention without prejudice to the question as to who are the persons who have the right to bring suit and what are their respective rights. In any such action, punitive, exemplary or any other non-compensatory damages shall not be recoverable.

Article 29 Principe des recours

Dans le transport de passagers, de bagages et de marchandises, toute action en dommages-intérêts, à quelque titre que ce soit, en vertu de la présente convention, en raison d'un contrat ou d'un acte illicite ou pour toute autre cause, ne peut être exercée que dans les conditions et limites de responsabilité prévues par la présente convention, sans préjudice de la détermination des personnes qui ont le droit d'agir et de leurs droits respectifs. Dans toute action de ce genre, on ne pourra pas obtenir de dommages-intérêts punitifs ou exemplaires ni de dommages à un titre autre que la réparation.

Schrifttum

Cheng The 1999 Montreal Convention on International Carriage by Air concluded on the Seventieth Anniversary of the 1929 Warsaw Convention (Part 1), ZLW **2000** 287–307; *Fröhlich* Leistungsstörungen im Luftverkehr, Diss. Tübingen **2001**; *Hübsch* Die Bedeutung des Warschauer Abkommens für die deliktische Haftung des Luftfrachtführers bei Personen- und Sachschäden, TranspR **1996** 366–375; *Jahnke* Haftung bei Unfällen im internationalen Luftverkehr, Diss. Rostock **2008**; *Koller* Schadensverhütung und Schadensausgleich bei Güter- und Verspätungsschäden nach dem Montrealer Übereinkommen, TranspR **2004** 181–194; *Koning* Liability in Air Carriage. Carriage of Cargo under the Warsaw and Montreal Convention, ASL **2008** 318–345; *Kuhn* Sonderfälle der Anspruchsberechtigung bei Art. 17, 18 und 19 WA, WA/HP, ZLW **1989** 21–32; *Liesecke* Die neuere Rechtsprechung zum Luftfrachtrecht des Warschauer Abkommens von 1929 nebst Haager Protokoll von 1955, MDR **1968** 1–4, 93–99; *Majiyagbe/Dalley* The Exclusivity of the Warsaw Convention Regime vis-à-vis Actions and Remedies in International Carriage by Air under Nigerian Laws, ASL **2006** 196–210; *Müller-Rostin* Die Anspruchsberechtigung für Güterschäden nach dem Warschauer Abkommen, TranspR **1995** 89–94; *ders.* Passagier hier – Koffer dort, TranspR **2023** 78–81; *Politis* Zur Reichweite des Exklusivitätsprinzips des Montrealer Übereinkommens, RdTW **2015** 486–488; *Roesch* Kann im Frachtrecht bei Güterschäden über die Haftungsbestimmungen der einzelnen anzuwendenden frachtrechtlichen Regelungen hinaus Ersatz aus positiver Vertragsverletzung oder unerlaubter Handlung beansprucht werden? VersR **1980** 314–321; *Ruhwedel* Das Montrealer Übereinkommen zur Vereinheitlichung bestimmter Vorschriften im internationalen Luftverkehr vom 28.5.1999, TranspR **2001** 189–202; *Saenger* Harmonisierung des internationalen Luftprivatrechts: Vom IATA-Intercarrier Agreement zur Neufassung des Warschauer Abkommens in der Montrealer Konvention vom Mai 1999, NJW **2000** 169–175; *Schönwerth/Müller-Rostin* Unmittelbare Ansprüche des Eigentümers von Gepäck und Fracht gegen den Luftfrachtführer, ZLW **1993** 21–28; *Wahlen* The new Warsaw Convention: The Montreal Convention, ASL **2000** 12–26; *Weber/Ludwig* The modernization of the Warsaw system: The Montreal Convention of 1999, ASL **1999** 333–353; *Wegter* The ECJ Decision of 10 January 2006 on the

https://doi.org/10.1515/9783110564945-030

Validity of Regulation 261/2004: Ignoring the Exclusivity of the Montreal Convention, ASL **2006** 133–148; *Welly* The Misleading Legacy of Tseng: Removal Jurisdiction under the Montreal Convention, **75** J. Air L. & Com. **2010** 407–434; *Westwood Wilson/Geraghty* The progeny of Tseng, ASL **2000** 62–75

Parallelvorschriften

Art. 28 CMR; Art. 24 WA 1955.

Übersicht

A. Allgemeines

I. Normzweck

1 **Satz 1** regelt das Verhältnis der nach dem Übereinkommen bestehenden Schadensersatzansprüche zu den Schadensersatzansprüchen nach nationalem Recht: Diese Ansprüche unterliegen den Voraussetzungen und Beschränkungen des Übereinkommens. Damit wird zur Wahrung der internationalen Einheitlichkeit der Haftung sichergestellt, dass sich die Luftfrachtführer in den Vertragsstaaten keiner weitergehenden Schadensersatzhaftung aufgrund nationalen Rechts ausgesetzt sehen müssen.

2 **Satz 2** sieht einen Ausschluss von punitive damages vor.

II. Entstehungsgeschichte

3 Art. 29 MÜ ist an die Regelung des Art. 24 WA 1955 sowie des Art. 24 WA in der Fassung des Montrealer Übereinkommens angelehnt.

B. Verhältnis der Haftungsregeln des Montrealer Übereinkommens zu konkurrierenden nationalen Anspruchsgrundlagen

I. Zulässigkeit von auf anderen Rechtsgründen beruhenden Schadensersatzansprüchen neben den Haftungsregelungen des Montrealer Übereinkommens?

Satz 1 Hs. 1 greift Art. 24 Abs. 1 WA 1955 auf, schlüsselt darüber hinaus aber noch auf, auf welchen 4
Rechtsgründen eine anderweitige Schadensersatzhaftung beruhen kann (Montrealer Übereinkommen, Vertrag, unerlaubte Handlung, sonstiger Rechtsgrund). Durch diese nationalen Anspruchsgrundlagen könnte die Haftungsregelung im Montrealer Übereinkommen zu einem guten Teil überspielt werden; vor allem durch die Haftung aus unerlaubter Handlung – je nach anwendbarem nationalen Recht. Um diese Störungen der im Montrealer Übereinkommen vorgesehenen Haftungsregelung bei Verlust, Beschädigung oder Verspätung zu unterbinden, unterwirft Satz 1 auch auf anderen Rechtsgründen beruhende Schadensersatzansprüche den Voraussetzungen und Beschränkungen des Montrealer Übereinkommens. Unklar bleibt jedoch, ob das Montrealer Übereinkommen nationale Vorschriften verdrängt (sog. **Verdrängungslösung**) oder diese nur einem einheitlichen Haftungsrahmen (sog. **Rahmenlösung**) unterwirft.

1. Verdrängungslösung: Montrealer Einkommen als lex specialis gegenüber anderen nationalen Anspruchsgrundlagen?

Im Schrifttum,[1] in weiten Teilen der unteren US-Instanzrechtsprechung[2] sowie vom Supreme 5
Court in Kanada[3] wird die These vertreten, dass das Montrealer Übereinkommen ebenso wie das Warschauer Abkommen[4] die Haftungstatbestände des unvereinheitlichten Rechts verdränge. Dieser Auffassung zufolge solle durch den Wortlaut der Vorschrift lediglich klargestellt werden, dass, wo immer auch eine Anspruchsgrundlage herstamme, das Übereinkommen sie für die genannten Fälle ausschließe. Für diese Auffassung mag zwar der Vereinheitlichungszweck des Übereinkommens sprechen, der Rechtswahlfragen möglichst ausschließen soll.[5] Dieses Ziel wird auch in der

1 BeckOGK/*Förster* Art. 29 MÜ Rn. 17; *Cheng* ZLW **2000** 287, 294; *Fröhlich* Leistungsstörungen S. 101; *Majiyagbe/Dalley* ASL **2006** 196, 209; *Ruhwedel* TranspR **2001** 189, 199; *Weber/Ludwig* ASL **1999** 333, 345; *Westwood Wilson/Geraghty* ASL **2000** 62, 72.

2 US DC, Urt. v. 30.3.2019 – *Thede v. United Airlines* – Case No. **17**-cv-03528-PJH, 5; DC, Urt. v. 19.1.2018 – *Kao v. British Airways* – **17** Civ. 0232 (LGS), 4; DC, Urt. v. 2.5.2017 – Sanches-Naek v. TAP Port. – **260** F. Supp. 3d 185, 196; DC, Urt. v. 20.7.2017 – *Selke v. Germanwings* – **261** F.Supp. 3d 645, 660, 666 f.; DC, Urt. v. 26.1.2015 – *Vanderwall v. United Airlines* – **80** F.Supp.3d 1324, 1334; DC, Urt. v. 30.4.2013 – *Kripalani v. AMR Corp.* – **12** Civ. 5609 (KBF), 4; DC, Urt. v. 9.1.2013 – *Siddiq v. Saudi Arabian Airlines Corp.* – Case No. **6:11**-cv-69-Orl-19GJK, 7; DC, Urt. v. 20.4.2012 – *Vumbaca v. Terminal One Group Association* – **859** F. Supp. 2d 343, 362; DC, Urt. v. 21.12.2010 – *Duay v. Continental Airlines* – Civil Action No. **H-10**-cv-1454, 5; DC, Urt. v. 16.9.2010 – *Garrisi v. Northwest Airlines* – Case No. **10**-12298, 10; DC. Urt. v. 9.2.2009 – *Jones v. USA 3000 Airlines* – No. **4:08**-CV-1855 (CEJ), 7; DC, Urt. v. 22.9.2009 – *Smith v. American Airlines* – No. C **09**-02903 WHA, 4 f.; DC, Urt. v. 17.11.2008 – *Schoeffler-Miller v. Northwest Airlines* – No. **08**-cv-4012, 5; DC, Urt. v. 4.6.2008 – *Vigilant Insurance Company v. World Courier* – **07** CV 194 (CM), 9; DC, Urt. v. 25.10.2007 – *In re Nigeria Charter Flights Contract Litigation* – **520** F. Supp. 2d 447, 455; DC, Urt. v. 22.5.2006 – *Weiss v. El Al Israel Airlines* – **433** F.Supp.2d 361, 365.

3 CA SC, Urt. v. 28.10.2014 – *Thibodeau v. Air Canada* – 2014 SCC 67 m. Anm. v. *Politis* RdTW **2015** 486.

4 So der BGH, Urt. v. 24.6.1969 –VI ZR 45/67 – BGHZ **52** 194, 213; BGH, Urt. v. 2.4.1974 – VI ZR 23/73 – NJW **1974** 1617, 1619; OLG Stuttgart, Urt. v. 1.10.1963 – U 67/1963 – ZLW **1966** 63, 68 f.; OLG Köln, Urt. v. 20.11.1980 – 1 U 120/79 – TranspR **1982** 43 f.; OLG Köln, Urt. v. 16.2.1990 – 20 U 177/89 – ZLW **1990** 219, 221 f.; OLG Frankfurt am Main, Urt. v. 25.11.1992 – 19 U 229/91 – NJW-RR **1993** 1147; vgl. auch UK HL, Urt. v. 12.12.1996 – *Abnett v. British Airways* – **1997** All E.R. 193; US SC, Urt. v. 12.1.1999 – *El Al Israel Airlines v. Tseng* – **122** F.3 d 99 Rz. 39; CA SCBC, Urt. v. 23.7.1998 – *Gal v. Northern Mountain Helicopters* – **1998** CanLII 6810, Rz 31; CA ONSC, Urt. v. 18.9.2002 – *McDonald v. Korean Air* – **2002** CanLII 3901, Rz 6; AU SCNSW, Urt. v. 13.8.1997 – *Kotsambis v. Singapore* – **1997** NSWSC 303.

5 So *Cheng* ZLW **2000** 287, 294.

Präambel hervorgehoben. Vergleicht man dagegen Art. 24 WA 1955 mit Art. 29 MÜ, so fällt auf, dass Art. 29 MÜ auf anderen Rechtsgründen beruhende Schadensersatzansprüche nicht ausschließt. Vielmehr unterwirft Art. 29 MÜ diese nur den Voraussetzungen und Beschränkungen des Übereinkommens.[6] Dies bestätigt auch die Formulierung in Art. 3 Abs. 4 MÜ, wonach der Reisende schriftlich darauf hinzuweisen ist, dass dieses Übereinkommen, soweit es Anwendung findet, die Haftung des Luftfrachtführers für Tod oder Körperverletzung, für Zerstörung, Verlust oder Beschädigung von Gepäck sowie für Verspätung regelt und *beschränken* kann. Der Umstand, dass die englische, französische und spanische Originalfassung in Art. 3 Abs. 4 MÜ anders als die nichtamtliche deutsche Übersetzung allgemein die Haftung für Tod und Verletzung (*„in respect of death“*, *„en cas de mort ou de lésion“*, *„por muerte o lesiones“* regeln, ohne die Arten der Verletzung zu konkretisieren, stellt kein Indiz für die Verdrängungslösung dar.[7] Denn die russische Originalfassung spricht ebenso wie die deutsche nichtamtliche Übersetzung von der Haftung im Falle des Todes oder der Körperverletzung einer Person.[8] Insoweit regelt das Montrealer Übereinkommen nicht alle Verletzungsarten, sondern überlässt die Feststellung der Ersatzfähigkeit des Schadens dem anwendbaren nationalen Recht.[9] Das Montrealer Übereinkommen unterwirft allerdings die Geltendmachung derartiger Schäden auch den im Übereinkommen statuierten Haftungsbeschränkungen. Gegen die Verdrängungslösung spricht des Weiteren, dass Haftungsvorschriften, die den Luftfrachtführer treffen, sich nicht nur im dritten Kapitel, sondern auch im zweiten Kapitel finden, wie in Art. 10 Abs. 3 MÜ und Art. 12 Abs. 3 MÜ,[10] gleichviel ob Art. 29 MÜ diese Ansprüche auch erfassen will (vgl unten Rn 10).

2. Rahmenlösung: Parallelität zwischen Anspruchsgrundlagen nach dem Montrealer Übereinkommen und ergänzend anwendbarem nationalen Recht

6 Der eben aufgezeigte Unterschied zwischen Art. 24 WA 1955 und Art. 29 MÜ legt nahe, dass die Verfasser des Montrealer Übereinkommens der Rahmenlösung den Vorzug einräumen wollten.[11] Danach bestehen die Anspruchsgrundlagen des Montrealer Übereinkommens neben denjenigen des national anwendbaren Rechts. Letztere werden nur den Voraussetzungen und Beschränkungen des Übereinkommens unterworfen und sind nicht von vornherein ausgeschlossen.[12]

7 Die theoretische Zulässigkeit auf anderen Rechtsgründen beruhender Schadensersatzansprüche dürfte grundsätzlich für den Geschädigten sowohl aus materiellrechtlicher[13] als auch verfahrensrechtlicher Sicht[14] unerheblich sein. Denn zu den „Voraussetzungen“ iSv. Art. 29 MÜ gehören

---

6 Ebenso FrankfKomm/*Giemulla* Art. 29 MÜ Rn. 4; *Saenger* NJW **2000** 169, 174; krit. dazu *Wahlen* ASL **2000** 12, 20; die Denkschrift zum MÜ lässt diese Frage offen, vgl. BT-Drucks. **15/2285**, S. 47.

7 So aber *Jahnke* Haftung S. 378.

8 Ebenso *Jahnke* Haftung S. 378.

9 US CA 2nd Cir., Urt. v. 16.1.1996 – *Zicherman v. Korean Air Lines Co* – **133** L.Ed.2 d 596, Rz. 14, 36.

10 *Fröhlich* Leistungsstörungen S. 58.

11 OLG Celle, Urt. v. 20. 10 2022 – 11 U 9/22 – NJW-RR 2023 276, 277 Rz. 11 m. Besprechung *v. Müller*-Rostin TranspR **2023** 78, 80 sowie oben Rn. 5 aE; **aA** FrankfKomm/*Giemulla* Art. 29 MÜ Rn. 13; BeckOGK/*Förster* Art. 29 MÜ Rn. 17; *Jahnke* Haftung S. 371 ff.

12 Ebenso verschiedene US Distriktgerichte: US DC, Urt. v. 28.4.2015 – *Hoffmann v. Alitalia* – Civil Action No. **14**-5201 Rz. 4; DC, Urt. v. 5.12.2014 – *DeJoseph v. Cont'l Airlines* – **18** F. Supp. 3d 595, 603; DC, Urt. v. 30.3.2012 – *Polinovsky v. Deutsche Lufthansa* – Case No. **11** CV 780, 7; DC, Urt. v. 2.6.2010 – *Cosgrove-Goodman v. UAL Corporation* – No. **10**-cv-1908, 6; DC, Urt. v. 29.1.2010 – *Nankin v. Continental Airlines* – Case No. CV **09**-07851; zustimmend auch *Welly* **75** J. Air L. & Com. **2010** 407, 431.

13 So FrankfKomm/*Giemulla* Art. 29 MÜ Rn. 13; *Koning* ASL **2008** 318, 338.

14 So die Denkschrift zum MÜ BT-Drucks. **15/2285**, S. 47.

auch die verfahrensrechtlichen Voraussetzungen zur Geltendmachung eines Schadensersatzanspruchs, wie beispielsweise die Klage am richtigen Gerichtsstand (Art. 33 MÜ) innerhalb der Ausschlussfrist des Art. 35 MÜ. Problematisch könnte die Anspruchskonkurrenz zwischen dem Montrealer Übereinkommen und den Anspruchsgrundlagen nach nationalem Recht indes dann sein, wenn diese eine weitergehende Wirkung zeitigen würden. So wäre es mit dem Zweck des Übereinkommens nicht vereinbar, wenn auf der einen Seite ein Anspruch nach Art. 19 MÜ mangels Verschuldens des Luftfrachtführers verneint wird, auf der anderen Seite dem Reisenden ein verschuldensunabhängiger Minderungsanspruch wegen verspäteter Ankunft eingeräumt würde. Dieses Problem lässt sich jedoch aus dem Weg räumen, wenn man sich vergegenwärtigt, dass beide Ansprüche auf dasselbe Ziel aufgrund derselben Ursache gerichtet sind. In diesen Fällen unterwirft das Übereinkommen die Geltendmachung eines „Verspätungsschadens“ den Voraussetzungen des Art. 19 Satz 1 MÜ, der den Nachweis des Verschuldens erfordert. Ein weitergehender Anspruch kann sich daher nicht nach dem nationalen Recht ergeben. Insoweit präkludiert Art. 29 MÜ verschuldensunabhängige Ansprüche im Zusammenspiel mit Art. 19 MÜ (vgl. Art. 19 MÜ Rdn. 60).[15]

Unberührt von der Wirkung des Art. 29 MÜ bleiben dagegen Schadensersatzansprüche sol- 8
cher Schäden, deren Ersatz das Montrealer Übereinkommen nicht regelt.[16] Zu denken ist z.B. an Schadensersatzansprüche nach § 311 BGB, wenn der Luftfrachtführer vor Abschluss des Luftbeförderungsvertrages das Gut beschädigt, den Reisenden verletzt oder dem Absender falsche Auskünfte erteilt.[17] Ebenso wenig unterliegen Vindikations- und Kondiktionsansprüche oder auf einer Vindikationslage beruhende Schadensersatzansprüche der Wirkung des Art. 29 MÜ.[18] Ferner unterliegen Art. 29 MÜ Ansprüche gegen den Luftfrachtführer auf Erfüllung des Luftbeförderungsvertrages, auf Ablieferung des Gutes an den Empfänger, auf Schadensersatz wegen Nichtausführung des Luftbeförderungsvertrages[19] sowie auf Ausgleichs- und Unterstützungsleistungen für Reisende im Fall der Nichtbeförderung und bei Annullierung oder großer Verspätung von Flügen nach der EG-VO Nr. 261/04.[20]

II. Ansprüche, die der Wirkung des Art. 29 MÜ unterliegen

Art. 29 MÜ unterwirft neben den im Übereinkommen geregelten auch die auf anderen Rechtsgrün- 9
den beruhenden Schadensersatzansprüche den Voraussetzungen und Beschränkungen des Übereinkommens.[21] Im Interesse des Entscheidungsgleichklangs dürfen dem nationalen Recht keine weitergehenden Ersatzansprüche entnommen werden, als sie die Artt. 17 ff MÜ gewähren.[22] Die **Präklusionswirkung** des Art. 29 MÜ ergreift indes andere außerhalb des Übereinkommens geregelte Schadensersatzansprüche wegen Schäden nur insoweit, als das Übereinkommen den Ersatz derselben bereits regelt. Dort, wo der Schaden jedoch nicht die Form eines Personen-, Güter- oder Verspätungsschadens angenommen hat, oder dort, wo die Schadensursache gerade nicht im Obhutszeitraum gesetzt wurde, kann der Geschädigte uneingeschränkt auf das ergänzend ein-

15 **AA** MünchKommHGB/*Müller-Rostin*[5] Art. 29 MÜ Rn. 7; ebenso wie hier zum WA: *Koller*[7] Art. 24 WA 1955 Rn. 9.
16 *Koller*[7] Art. 24 WA 1955 Rn. 1.
17 *Koller* TranspR **2004** 181, 194; **aA** MünchKommHGB/*Müller-Rostin*[5] Art. 29 MÜ Rn. 10.
18 Vgl. Denkschrift zum MÜ BT-Drucks. **15/2285**, S. 47; FrankfKomm/*Giemulla* Art. 29 MÜ Rn. 17; *Koller*[11] Art. 29 MÜ Rn. 1; Ebenroth/Boujong/*Pokrant*[5] Art. 29 Rn. 3; BeckOGK/*Förster* Art. 29 MÜ Rn. 26.
19 OLG Koblenz, Urt. v. 29.3.2006 – 1 U 983/05 – NJW-RR **2006** 1356, 1357 („Stehenlassen von Reisenden“); LG Zweibrücken, Urt. v. 20.2.2007 – 3 S 150/06 – juris Rz. 37.
20 Vgl. MünchKommHGB/*Müller-Rostin*[5] Art. 29 MÜ Rn. 7; **aA** *Wegter* ASL **2006** 133, 147.
21 Ebenroth/Boujong/*Pokrant*[5] Art. 29 MÜ Rn. 2.
22 Ebenso BGH, Urt. v. 15.3.2011 – X ZR 99/10 – juris Rz. 9; Ebenroth/Boujong/*Pokrant*[5]Art 29 MÜ Rn. 3; *Hübsch* TranspR **1996** 367, 368 ff.; *Koller*[7] Art. 24 WA 1955 Rn. 1.

schlägige Recht zurückgreifen.[23] In diesen Fällen greift daher die Präklusionswirkung des Art. 29 MÜ nicht ein.

1. Ansprüche aus dem Übereinkommen und aus dem Beförderungsvertrag

10 Im Gegensatz zu Art. 24 WA 1955 zählt Art. 29 MÜ nicht die Vorschriften des Übereinkommens einzeln auf, sondern umschreibt allgemein den Gegenstand der Ansprüche. Aus dem Wortvergleich beider Vorschriften könnte man den Schluss ziehen, dass Art. 29 MÜ anders als Art. 24 WA 1955 keine Verspätungsschäden erfasse. Während Art. 24 Abs. 1 WA 1955 die Haftungstatbestände der Artt. 18 und 19 nennt, nimmt Art. 29 Satz 1 MÜ nur auf Schadensersatzansprüche bei „der Beförderung von Reisenden, Reisegepäck und Gütern" Bezug. Hieraus könnte man zu der Annahme verleitet werden, dass Art. 29 Satz 1 MÜ weder Verspätungsschäden noch Vermögensschäden erfasse, sondern allein Schäden an Reisenden, Reisegepäck und Gütern den Haftungsbeschränkungen unterwerfe.[24] Eine derartige Einschränkung war von den Verfassern des Montrealer Übereinkommens nicht beabsichtigt; vielmehr handelt es sich um eine redaktionelle Ungenauigkeit, wie z.B. auch Art. 3 Abs. 4 MÜ[25] belegt. Für die Anwendbarkeit des Art. 29 MÜ genügt es, dass es sich um einen Anspruch auf Schadensersatz handeln muss. Hierzu sind auch Minderungsansprüche nach nationalem Recht zu rechnen (vgl. auch Art. 19 MÜ Rn 60). Aus dem Sinn und Zweck der Vorschrift, die Haftungsgrenzen der Vertragshaftung unter anderem gegenüber dem Deliktsrecht zu schützen, folgt, dass Art. 29 MÜ nur die Schadensersatzansprüche nach Artt. 17–19 MÜ unterliegen, nicht dagegen Ansprüche nach Art. 10 Abs. 3, Art. 12 Abs. 3 MÜ.[26]

11 Werden die Schadensersatzansprüche aus dem Beförderungsvertrag im Zusammenhang mit den ergänzenden nationalen Schadensersatzregeln hergeleitet, gilt bei Maßgeblichkeit deutschen Rechts zu beachten, dass die Haftungsbegrenzung nur solche Schäden erfasst, die auch im Montrealer Übereinkommen geregelt sind. Für Güterschäden sind die zeitlichen Grenzen der Obhut seitens des Luftfrachtführers nach Art. 18 MÜ maßgeblich.[27] Dort, wo der Schaden nicht die Form eines Güter- bzw. Verspätungsschadens iSd. Art. 18 MÜ angenommen hat, oder dort, wo die Schadensursache nicht im Obhutszeitraum der Art. 18 Abs. 3 MÜ, Art. 19 MÜ gesetzt worden ist bzw. der Schaden nicht im Obhutszeitraum entstanden ist, kann der Geschädigte daher uneingeschränkt auf das ergänzend anwendbare nationale Recht zurückgreifen.[28] Ferner unterliegen Art. 29 MÜ weder Ersatzansprüche aus vollständiger Nichterfüllung eines Beförderungsvertrages[29] noch Schadensersatzansprüche im Zusammenhang mit Schadensursachen, die vor oder nach der Beförderung vorhanden waren und denen kein dem Luftverkehr typisches Beförderungsrisiko anhaftet.[30] Gleiches gilt für etwaige Minderungsansprüche des Flugpreises.[31] Schadensersatzansprüche aus der Tötung eines Reisenden vor Beginn der Einsteig- oder nach Beendigung der Aussteigvorgänge, aus nicht unfallverursachter Gesundheitsbeschädigung, aus der Zerstörung eines Gutes vor oder nach der Luftbeförderung unterliegen daher nicht der Präklusionswirkung des Art. 29 MÜ.

---

23 *Koller*[7] Art. 24 WA 1955 Rn. 1.

24 Auf die Ungenauigkeit weist hin, FrankfKomm/*Giemulla* Art. 29 MÜ Rn. 3.

25 Dort ist die Haftungsbeschränkung für Verspätungsschäden genannt.

26 BeckOGK/*Förster* Art. 29 MÜ Rn. 21; FrankfKomm/*Giemulla* Art. 29 MÜ Rn. 7; Ebenroth/Boujong/*Pokrant*[5] Art. 29 MÜ Rn. 4.

27 OLG Frankfurt, Urt. v. 23.2.2018 – 13 U 151/16 – NJW-RR **2018** 803, 804 (Rz. 33).

28 OLG Celle, Urt. v. 20. 10 2022 – 11 U 9/22 – NJW-RR **2023** 276, 277 (Rz. 11).

29 OLG Koblenz, Urt. v. 29.3.2006 – 1 U 983/05 – NJW-RR **2006** 1356, 1357 („Stehenlassen von Reisenden"); Ebenroth/Boujong/*Pokrant*[5] Art. 29 MÜ Rn. 9; MünchKommHGB/*Müller-Rostin*[5] Art. 29 MÜ Rn. 7.

30 OLG Düsseldorf, Urt. v. 13.6.1996 – 18 U 174/95 – TranspR **1997** 150, 151; OLG Frankfurt am Main, Urt. v. 20.2.1997 – 1 U 126/95 – TranspR **1997** 373.

31 OLG Celle, Urt. v. 20. 10 2022 – 11 U 9/22 – NJW-RR **2023** 276, 278 (Rz. 15).

2. Ansprüche aus unerlaubter Handlung

Art. 29 MÜ bezieht sich insbesondere auf Ansprüche aus unerlaubter Handlung, die in Konkurrenz zu den im Montrealer Übereinkommen geregelten Ansprüchen stehen.[32] Nicht erfasst werden Ansprüche aus unerlaubter Handlung, die Gestaltungen eines Schadensfalls betreffen, der im Montrealer Übereinkommen nicht erfasst ist. 12

3. Anwendung auf Ansprüche dritter Geschädigter

Die Frage, ob auch Ersatzansprüche von Personen, die am Luftbeförderungsvertrag nicht beteiligt sind, durch Art. 29 MÜ eingeschränkt werden, ist nicht völlig eindeutig entschieden.[33] Aus der weiten Formulierung könnte einerseits geschlossen werden, dass auch diese Ansprüche betroffen sein sollten.[34] Andererseits befasst sich das Montrealer Übereinkommen grundsätzlich nur mit der Regelung der internationalen Luftbeförderung. Würde man nach Art. 29 MÜ die Ansprüche dritter am Luftbeförderungsvertrag nicht beteiligter Personen verkürzen, so würde der Luftbeförderungsvertrag zum Vertrag zu Lasten Dritter werden. Ist der Eigentümer nicht zugleich Absender oder Empfänger im Rahmen eines Luftbeförderungsvertrages, aus dem Ansprüche nach den Artt. 18, 19 MÜ in Betracht kommen, so kann der Eigentümer gegen den schädigenden Luftfrachtführer grds nach ergänzendem nationalen Recht vorgehen.[35] Der Luftfrachtführer kann sich daher Eigentümern gegenüber, zu denen er weder in einer Absender- noch in einer Empfängerbeziehung steht, grundsätzlich nicht auf Art. 29 MÜ berufen.[36] Bei Maßgeblichkeit deutschen Sachrechts wird der Luftfrachtführer allerdings durch die Regelung des § 434 Abs. 2 HGB geschützt.[37] 13

C. Regelungsbereich des Satzes 1

I. Keine Regelung der Aktivlegitimation durch das Montrealer Übereinkommen

Obwohl Satz 1 Hs. 1 jede Klage, auf welcher Anspruchsgrundlage sie auch immer beruht, den Voraussetzungen und Beschränkungen des Übereinkommens unterwirft, lässt **Satz 1 Hs. 2** die Frage der Aktivlegitimation unberührt. Auf andere Rechtsverhältnisse als das Vertragsverhältnis zwischen Absender und Luftfrachtführer einerseits und den Rechten des Empfängers aus dem Luftbeförderungsvertrag gegen den Luftfrachtführer[38] sowie zwischen Reisendem und Luftfrachtführer andererseits ist das Montrealer Übereinkommen nicht anwendbar. Mit der in Satz 1 Hs. 2 gewählten Formulierung wird klargestellt, dass sich im Hinblick auf Personenschäden die Aktivlegitimati- 14

---

32 FrankfKomm/*Giemulla* Art. 29 MÜ Rn. 27.

33 Vgl. hierzu auch *Schönwerth/Müller-Rostin* ZLW **1993** 21 ff.

34 So zu Art. 24 WA 1955: *Müller-Rostin* TranspR **1995** 89, 93; OLG Köln, Urt. v. 20.11.1980 – 1 U 120/79 – ZLW **1982** 167, 172.

35 Beachte aber auch § 434 Abs. 2 HGB.

36 Ebenso BGH, Urt. v. 15.3.2011 – X ZR 99/10 – juris Rz 22; FrankfKomm/*Giemulla* Art. 29 MÜ Rn. 27; Ebenroth/Boujong/*Pokrant*[5] Art. 29 MÜ Rn. 10; MünchKommHGB/*Müller-Rostin*[5] Art. 29 MÜ Rn. 13; zum WA: *Guldimann* Art. 24 WA 1955 Rn. 13; *Koller*[7] Art. 24 WA 1955 Rn. 2; MünchKommHGB/*Kronke* Art. 18 WA 1955 Rn. 65; *Kuhn* ZLW **1989** 21, 24; *Liesecke* MDR **1968** 93, 96; **aA** wohl OLG Köln, Urt. v. 20.11.1980 – 1 U 120/79 – ZLW **1982** 167, 172; *Müller-Rostin* TranspR **1995** 89, 93; *Hübsch* TranspR **1996** 367, 375.

37 MünchKommHGB/*Müller-Rostin*[5] Art. 29 MÜ Rn. 13.

38 F CA de Versailles, Urt. v. 4.9.2003 – *Sté Mutuelle électrique d'assurances et autres c. Cie Royal Air Maroc* – BTL **2003** 798.

on allein aus dem anwendbaren nationalen Recht, namentlich dem Unterhaltsrecht oder dem Zessionsrecht, ergibt.[39]

II. Haftung nur unter den Voraussetzungen und Beschränkungen des Übereinkommens

15 Auf welchen Rechtsgrund die Haftung auch immer gestützt werden mag, sie tritt immer nur unter den Voraussetzungen und Beschränkungen des Übereinkommens ein, soweit das Übereinkommen den Ersatz des Schadens regelt. Im Schrifttum ist der Ausdruck „Voraussetzungen und Beschränkungen" unterschiedlich ausgelegt worden.[40] Unter den Voraussetzungen sind statuierende Normen, wie die Anspruchsvoraussetzungen und die Bestimmung des Gerichtsstandorts zu verstehen; dagegen meint der Begriff „Beschränkungen" nur die Haftungsbegrenzung oder den Haftungsausschluss bewirkende Normen, wie die Haftungssummen in Art. 22 MÜ und die Ausschlussfrist in Art. 35 MÜ.[41]

16 Eine Ausnahme von der in Art. 29 Satz 1 Hs. 1 MÜ geregelten Präklusionswirkung in Bezug auf das national anwendbare Recht sieht Art. 22 Abs. 5 MÜ vor. Wenn dort bestimmt ist, dass sich der Luftfrachtführer oder seine Leute unter den dort genannten Umständen nicht auf die Haftungsbeschränkungen nach Art. 22 Abs. 1 und 2 MÜ berufen können, so gilt das auch für Art. 29 MÜ, sofern das präkludierte nationale Recht weitergehende Ansprüche gewährt als das Montrealer Übereinkommen.[42]

III. Durchbrechung der Haftungsordnung aufgrund Privatvereinbarung

17 Fraglich ist, ob die Haftungsordnung des Übereinkommens – abgesehen von den in Art. 22 MÜ ausdrücklich als zulässig vorgesehenen Fällen – durch Parteivereinbarung zu Lasten des Luftfrachtführers abgeändert werden darf. Anders als das Warschauer Abkommen beantwortet das Montrealer Übereinkommen diese Frage ausdrücklich. Gem. Art. 25 MÜ kann sich ein Luftfrachtführer im Beförderungsvertrag höheren als den im Montrealer Übereinkommen vorgesehenen Haftungshöchstbeträgen unterwerfen oder auf Haftungshöchstbeträge verzichten. Damit wird klargestellt, dass das Montrealer Übereinkommen ein gewöhnliches privatrechtliches Vertragsverhältnis regelt, das einseitig zwingend ist, und im Übrigen innerhalb der allgemeinen Schranken privatautonomer Gestaltung zugänglich ist.[43]

D. Ausschluss von punitive damages nach Satz 2

18 **Satz 2** schließt bei Personen-, Güter- und Gepäckschäden unter Einschluss von Verspätungsschäden die Geltendmachung von Ansprüchen auf Schadensersatz mit Strafcharakter (*„punitive damages"*), oder sonstige nicht-kompensatorische Ansprüche aus. Damit sind im Anwendungsbereich des Übereinkommens namentlich Ansprüche ausgeschlossen, die auf Basis nationaler oder anderer Vorschriften unabhängig davon gewährt werden, ob der Berechtigte einen Schaden erlitten hat oder Aufwendungen zur Schadensminderung hatte.

---

39 Vgl. Denkschrift zum MÜ BT-Drucks. **15/2285**, S. 48; FrankfKomm/*Giemulla* Art. 29 MÜ Rn. 25; Ebenroth/Boujong/*Pokrant*[5] Art. 29 MÜ Rn. 13; MünchKommHGB/*Müller-Rostin*[5] Art. 29 MÜ Rn. 16.

40 Vgl. *Guldimann* Art. 24 WA 1955 Rn. 8; *Hübsch* TranspR **1996** 367, 372 f.; *Koffka/Bodenstein/Koffka* Art. 24 WA 1929 S. 332.

41 Ebenroth/Boujong/*Pokrant*[5] Art. 29 MÜ Rn. 8; *Hübsch* TranspR **1996** 367, 372 f.

42 FrankfKomm/*Giemulla* Art. 29 MÜ Rn. 32.

43 BeckOGK/*Förster* Art. 29 MÜ Rn. 33; FrankfKomm/*Giemulla* Art. 29 MÜ Rn. 19 ff; Ebenroth/Boujong/*Pokrant*[5] Art. 29 MÜ Rn. 11.

Artikel 30 Leute des Luftfrachtführers – Mehrheit von Ansprüchen

1. Wird einer der Leute des Luftfrachtführers wegen eines Schadens in Anspruch genommen, der unter dieses Übereinkommen fällt, so kann er sich auf die Haftungsvoraussetzungen und -beschränkungen berufen, die nach diesem Übereinkommen für den Luftfrachtführer gelten, sofern er nachweist, dass er in Ausführung seiner Verrichtungen gehandelt hat.
2. Der Betrag, der in diesem Fall von dem Luftfrachtführer und seinen Leuten als Ersatz insgesamt zu leisten ist, darf die genannten Haftungsgrenzen nicht übersteigen.
3. Die Absätze 1 und 2 finden, außer bei der Beförderung von Gütern, keine Anwendung, wenn nachgewiesen wird, dass der Schaden durch eine Handlung oder Unterlassung der Leute des Luftfrachtführers verursacht worden ist, die entweder in der Absicht, Schaden herbeizuführen, oder leichtfertig und in dem Bewusstsein begangen wurde, dass wahrscheinlich ein Schaden eintreten wird.

Article 30 Servants, Agents – Aggregation of Claims

1. *If an action is brought against a servant or agent of the carrier arising out of damage to which the Convention relates, such servant or agent, if they prove that they acted within the scope of their employment, shall be entitled to avail themselves of the conditions and limits of liability which the carrier itself is entitled to invoke under this Convention.*
2. *The aggregate of the amounts recoverable from the carrier, its servants and agents, in that case, shall not exceed the said limits.*
3. *Save in respect of the carriage of cargo, the provisions of paragraphs 1 and 2 of this Article shall not apply if it is proved that the damage resulted from an act or omission of the servant or agent done with intent to cause damage or recklessly and with knowledge that damage would probably result.*

Article 30 Préposés, mandataires – Montant total de la réparation

1. *Si une action est intentée contre un préposé ou un mandataire du transporteur à la suite d'un dommage visé par la présente convention, ce préposé ou mandataire, s'il prouve qu'il a agi dans l'exercice de ses fonctions, pourra se prévaloir des conditions et des limites de responsabilité que peut invoquer le transporteur en vertu de la présente convention.*
2. *Le montant total de la réparation qui, dans ce cas, peut être obtenu du transporteur, de ses préposés et de ses mandataires, ne doit pas dépasser lesdites limites.*
3. *Sauf pour le transport de marchandises, les dispositions des paragraphes 1 et 2 du présent article ne s'appliquent pas s'il est prouvé que le dommage résulte d'un acte ou d'une omission du préposé ou du mandataire, fait soit avec l'intention de provoquer un dommage, soit témérairement et avec conscience qu'un dommage en résultera probablement.*

Schrifttum

Brinkmann Frachtgüterschäden im internationalen Straßen- und Lufttransport, TranspR **2006** 146–150; *Diederiks-Verschoor* The Liability for Delay in Air Transport, ASL **2001** 300–314; *Giemulla/Schmid* Die Haftung der „Leute" des Luftfrachtführers, FG Herber, **1999** S. 258–266; *Harms/Schuler-Harms* Die Haftung des Luftfrachtführers nach dem Montrealer Übereinkommen, TranspR **2003** 369–377; *Helm* Der arbeitsrechtliche Freistellungsanspruch bei schadensgeneigter Arbeit und seine Auswirkungen auf die beschränkte Unternehmerhaftung, insbesondere im Verkehrsrecht, AcP **1961** 134–155; *Hübsch* Haftung des Güterbeförderers und seiner selbständigen und unselbständigen Hilfspersonen für Güterschäden, Diss. Erlangen **1997**; *Kronke* Seefrachtvertragsrechtliche Gehilfenhaftung – Zeitgemäßheit, Vorbildlichkeit oder Nachholbedarf einer Sonderrechtsmaterie? TranspR **1988** 89–102; *Liesecke* Die neuere Rechtsprechung

https://doi.org/10.1515/9783110564945-031

zum Luftfrachtrecht des Warschauer Abkommens von 1929 nebst Haager Protokoll von 1955, MDR **1968** 93–99; *Reifarth* Zur Anwendbarkeit des Art. 28 des Warschauer Abkommens auf die „Leute“ des Frachtführers, IPRax **1983** 107–108; *Riese* Die internationale Luftprivatrechtskonferenz im Haag zur Revision des Warschauer Abkommens, September 1955, ZLR **1956** 4–45; *Ruhwedel* Haftungsbegrenzungen und deren Durchbrechung im Luftrecht oder: Die absolute Beschränkung der Haftung bei Schäden an Luftfrachtgütern, TranspR **2004** 137–141; *ders.* Neue Entwicklungen im Lufttransportrecht vor dem Hintergrund des Inkrafttretens des Montrealer Übereinkommens, TranspR **2006** 421–428; *Schmid* Die Arbeitsteiligkeit im modernen Luftverkehr und ihr Einfluß auf die Haftung des Luftfrachtführers – Der Begriff „Leute“ im sog. Warschauer Abkommen, Diss. Frankfurt a.M. **1983**; *ders.* Der Begriff „Leute“ im sog. Warschauer Abkommen, TranspR **1984** 1–6; *ders.* La notion de „préposés“ dans la Convention de Varsovie, RFDA **1986** 165–176; *Storm* The employee in airlaw, ETR **1982** 149–165.

Parallelvorschriften

Art. 25A WA 1955; Art. 28, 29 CMR.

Übersicht

A. Allgemeines

I. Normzweck

1 Die Vorschrift regelt **Haftungsbeschränkungen** bei **außervertraglichen Ansprüchen** gegen die **Leute** des **Luftfrachtführers**. Art. 30 MÜ ist im Zusammenhang mit anderen Regelungen des Montrealer Übereinkommens zu sehen. Mit der Regelung soll verhindert werden, dass die Vorschriften über die Haftungsbeschränkungen nach Art. 22 MÜ umgangen werden können.[1] Da sich der Luftfrachtführer bei der Erfüllung seiner vertraglichen Verpflichtungen der Hilfe dritter Personen bedient, werden die Verletzung vertraglicher Verpflichtungen in der Regel durch seine Leute begangen. Da diese mit dem Geschädigten nicht in vertraglichen Beziehungen stehen, können sie nicht nach dem Montrealer Übereinkommen in Anspruch genommen werden. Es ist allgemein anerkannt, dass das Montrealer Übereinkommen ebenso wenig wie das Warschauer Abkommen eine eigene Anspruchsgrundlage für die Haftung der Leute des Luftfrachtführers vorsieht. Die **Leutehaftung**

1 BeckOGK/*Förster* Art. 30 MÜ Rn. 2; Ebenroth/Boujong/*Pokrant*[5] Art. 30 MÜ Rn. 1; MünchKommHGB/*Müller-Rostin*[5] Art. 30 MÜ Rn. 11.

unterliegt vielmehr **nationalem Recht.**[2] Ohne die Haftungsbeschränkung nach Art. 30 MÜ könnte der Geschädigte anstelle des Luftfrachtführers dessen Leute in Anspruch nehmen, sich unbeschränkt befriedigen mit der Folge, dass der Luftfrachtführer sich dann einem arbeitsrechtlichen Freistellungsanspruch ausgesetzt sähe.[3] **Absatz 1** sieht daher vor, dass sich auch die Leute des Luftfrachtführers auf die Haftungshöchstbeträge des Montrealer Übereinkommens berufen können, wenn sie in Ausführung ihrer Verrichtungen gehandelt haben. Zudem gestattet die Regelung, dass sich die Leute auf alle für den Luftfrachtführer geltenden Haftungsvoraussetzungen und -beschränkungen berufen können, also etwa auch auf Haftungsausschlussgründe nach Art. 18 Abs. 2 MÜ, die Anzeigepflichten nach Art. 31 MÜ oder die Ausschlussfrist nach Art. 35 MÜ.

Nach **Absatz 2** darf der Gesamtbetrag, den der Luftfrachtführer und seine Leute zu leisten 2
haben, insgesamt die Höchstbeträge des Übereinkommens nicht überschreiten. Dies gilt selbstverständlich nur, soweit dieses auf die Haftung beider tatsächlich anwendbar ist.

Nach **Absatz 3** verlieren die Leute des Luftfrachtführers bei der Beförderung von Gütern – 3
anders als bei der Beförderung von Reisenden und deren Gepäck – auch dann nicht das Recht, sich auf die Haftungsvoraussetzungen und Haftungsbeschränkungen zu berufen, wenn sie den Schaden absichtlich oder leichtfertig und in dem Bewusstsein eines wahrscheinlichen Schadenseintritts verursacht haben.

II. Entstehungsgeschichte

Die Vorschrift entspricht in ihren Absätzen 1 und 2 weitgehend Art. 25A Abs. 1 und 2 WA 1955. 4

B. Recht zur Haftungsbeschränkung bei Ansprüchen gegen die Leute des Luftfrachtführers (Absatz 1)

I. Voraussetzungen

Das Recht zur Haftungsbeschränkung bei außervertraglichen Ansprüchen gegen die Leute des 5
Luftfrachtführers setzt voraus, dass ein Schaden iSv. Art. 17 bis 19 MÜ vorliegt und die Leute des Luftfrachtführers dabei in Ausführung ihrer Verrichtung gehandelt haben.

1. Begriff der Leute

Der in der amtlichen Übersetzung verwandte Leute-Begriff im Montrealer Übereinkommen gibt den 6
authentischen englischen und französischen Text nur unzutreffend wieder. Im englischen Text ist von *„its servants and agents"*, im französischen Text von *„ses préposés et mandataires"* die Rede. Der **Leute-Begriff** kann daher weder mit jenem des Erfüllungsgehilfen iSd. § 278 BGB noch dem Leute-Begriff iSd. § 428 Satz 1 HGB ohne weiteres gleichgesetzt werden.,[4] Sein Inhalt ist daher wie stets im Einheitsrecht **autonom** zu entwickeln. Mit der Gleichstellung von „agents" und „servants" (abhängig Beschäftigte) wird deutlich, dass es bei der Bestimmung des Leute-Begriffs weder auf die Auswahl-

---

2 MünchKommHGB/*Kronke* Art. 25A WA 1955 Rn. 7; Ebenroth/Boujong/Joost/*Gass* Art. 25A WA 1955 Rn. 1.

3 Grundlegend *Helm* AcP **1961** 134, 141 ff.; *Hübsch* Haftung des Güterbeförderers S. 9 ff; zur Parallelproblematik im Seerecht *Kronke* TranspR **1988** 89, 99.

4 So auch ganz hM zum WA: BGH, Urt. v. 14.2.1989 – VI ZR 121/88 – NJW-RR **1989** 723, 724; OLG Frankfurt a.M., Urt. v. 10.1.1978 – 5 U 50/77 – NJW **1978** 2457 (LS); FrankfKomm/*Schmid* Art. 20 WA 1955 Rn. 24; *Koller*[7] Art. 20 WA 1955 Rn. 17; *Liesecke* MDR **1968** 93, 97; MünchKommHGB/*Kronke* Art. 20 WA 1955 Rn. 33.

freiheit des Luftfrachtführers[5] noch auf die arbeitsvertraglich bedingte Subordination oder Weisungsgebundenheit ankommt.[6] Zu den Leuten des Luftfrachtführers gehören daher nicht nur Arbeitnehmer, sondern alle Personen, derer sich der Luftfrachtführer zur Ausführung bedient, sofern sie in Ausführung einer ihnen vom Luftfrachtführer übertragenen Verrichtung handeln.[7] Es kommt darauf an, ob der Gehilfe objektiv auf Veranlassung des Schuldners eine Aufgabe übernimmt, deren Erfüllung im Verhältnis zum Gläubiger dem Schuldner selbst obliegt.[8] Hierzu zählen etwa Luftfrachtumschlaggesellschaften,[9] das Frachtannahmebüro[10] und der Unterfrachtführer.[11] Auch das Abfertigungspersonal eines anderen Luftfrachtführers (handling agent),[12] der ein Monopol besitzende Bodenverkehrsdienst[13] (Cargo Center), Lagerhalter[14] sowie das eigene Sicherheits-, Versorgungs- und Reinigungspersonal gehören zu den Leuten des Luftfrachtführers. Handlungen und Unterlassungen dieser Personen, die zu Verspätungen führen, muss sich der Luftfrachtführer zurechnen lassen, es sei denn, es gelingt ihm der Entlastungsbeweis.

7 Nicht zu den Leuten des Luftfrachtführers zählen dagegen die Flugsicherungsbehörde[15] der Flugwetterdienst, die Zollbehörde, Polizeibeamte, die Sicherheitskontrollen durchführen, sowie die zur Durchführung von Sicherheitsmaßnahmen nach § 5 Abs. 5 LuftSiG Beliehenen.[16]

2. Schadensverursachung; in Ausführung der Verrichtung

8 Die Handlung oder Unterlassung der Leute des Luftfrachtführers muss kausal für einen Schaden iSv. Art. 17 bis 19 MÜ sein.[17]

9 Ferner müssen die Leute des Luftfrachtführers **in Ausführung ihrer Verrichtung** gehandelt haben. In Ausführung ihrer Verrichtungen handeln die Leute des Luftfrachtführers, wenn ein unmittelbarer innerer Zusammenhang zwischen der ihnen aufgetragenen Verrichtung nach ihrer Art. und ihrem Zweck und der schädigenden Handlung besteht.[18] Ein derartiger Zusammenhang wird allgemein bejaht, wenn der Gehilfe des Luftfrachtführers im Rahmen seiner normalen Obliegenheiten tätig wird und sein Verhalten selbst als Mangel der Vertragserfüllung angesehen werden

5 Ebenso OLG Nürnberg, Urt. v. 9.4.1992 – 12 U 3644/91 – TranspR **1992** 276, 278.

6 BGH, Urt. v. 21.9.2000 – I ZR 135/98 – BGHZ **145** 170, 179; LG Frankfurt a.M., Urt. v. 2.5.2007 – 3-13 O 170/06 – ZLW **2008** 136, 139.

7 Vgl. BGH, Urt. v. 14.2.1989 – VI ZR 121/88 – NJW-RR **1989** 723, 724; OLG Nürnberg, Urt. v. 9.4.1992 – 12 U 3644/91 – TranspR **1992** 276, 278; siehe auch *Diederiks-Verschoor* ASL **2001** 300, 307.

8 BGH, Urt. v. 2.4.2009 – I ZR 60/06 – NJW-RR **2009** 1335, 1337; A OLG Wien, Urt. v. 28.3.2012 – 5 R 227/11f – RdTW **2013** 231, 233.

9 OLG Frankfurt a.M., Urt. v. 21.5.1975 – 17 U 191/74 – NJW **1975** 1604, 1606; OLG Nürnberg, Urt. v. 9.4.1992 – 12 U 3644/91 – TranspR **1992** 276, 278.

10 OLG Frankfurt a.M., Urt. v. 10.1.1978 – 5 U 50/77 – NJW **1978** 2457 (LS); OLG Frankfurt a.M., Urt. v. 21.4.1998 – 5 U 210/96 – TranspR **1999** 24, 25; OLG München v 7.5.1999 – 23 U 6113/98 – TranspR **1999** 301, 303; F CA Paris, Urt. v. 17.11.1975 – *Le Languedoc et 57 autres Compagnies c. Hernu-Peron* – RFDA **1976** 109.

11 OLG Düsseldorf, Urt. v. 12.1.1978 – 18 U 188/77 – VersR **1978** 964.

12 OLG Nürnberg, Urt. v. 9.4.1992 – 12 U 3644/91 – TranspR **1992** 276, 278.

13 BGH, Urt. v. 21.9.2000 – I ZR 135/98 – TranspR **2001** 29, 32; OLG Nürnberg, Urt. v. 9.4.1992 – 12 U 3644/91 – TranspR **1992** 276, 278; OLG Frankfurt a.M., Urt. v. 21.4.1998 – 5 U 210/96 – TranspR **1999** 24, 25; LG Hamburg, Urt. v. 3.12.1992 – 418 O 90/91 – TranspR **1995** 76; LG Stuttgart, Urt. v. 21.2.1992 – 11 KfH O 172/90 – ZLW **1994** 240, 241 = TranspR **1993** 141, 142; *Giemulla/Schmid* ZLW **1993** 386, 394; *Müller-Rostin* TranspR **1989** 121, 124; *Schmid* TranspR **1984** 1, 5 f.

14 OLG Frankfurt a.M., Urt. v. 21.5.1975 – 17 U 191/74 – ZLW **1975** 218; OLG Köln, Urt. v. 20.11.1980 – 1 U 120/79 – ZLW **1982** 167, 171.

15 LG Hannover, Urt. v. 30.3.1989 – 3 S 451/88 – VersR **1990** 282, 283.

16 LG Frankfurt a.M., Urt. v. 2.5.2007 – 3-13 O 170/06 – ZLW **2008** 136, 139.

17 BeckOGK/*Förster* Art. 30 MÜ Rn. 9; Ebenroth/Boujong/*Pokrant*[5] Art. 30 MÜ Rn. 4.

18 Vgl. BGH, Urt. v. 6.10.1970 – VI ZR 56/69 – NJW **1971** 31; US CA Columbia Cir., Urt. v. 5.3.1985 – *Johnson v. Allied Eastern States Maintenance Corporation* – **19** Avi 17.847, 850; siehe auch BeckOGK/*Förster* Art. 30 MÜ Rn. 10; Ebenroth/Boujong/*Pokrant*[5] Art. 30 MÜ Rn. 4.

kann.[19] Diese Grenze ist weit zu ziehen. Auch bewusstes Zuwiderhandeln der Leute gegen Weisungen des Luftfrachtführers können noch „in Ausführung der Verrichtung" erfolgt sein. Jenseits dieser Grenze liegende Handlungen, die nur noch in äußerem Zusammenhang mit diesen Obliegenheiten stehen, sind dem Luftfrachtführer nicht mehr zurechenbar. Nach der hier vertretenen Auffassung (siehe auch Art. 22 MÜ Rdn. 40) handelt ein Angestellter nicht mehr in Ausführung seiner Verrichtungen, wenn er den Diebstahl außerhalb seiner Arbeitszeit begeht[20] oder wenn er während der Arbeitszeit den Diebstahl wie ein Dritter, der keine Verantwortung für die Obhut des Reisegepäcks innehat, begeht.[21] Letzteres ist der Fall, wenn ein Mechaniker nebenbei aus dem Lagerraum Gegenstände entwendet.

Die Beweislast für das Vorliegen dieser Voraussetzungen trägt der Beklagte.[22] Gelingt den Leuten des Luftfrachtführers dieser Nachweis nicht, dass sie in Ausführung ihrer Verrichtung gehandelt haben, kann der Geschädigte stets Rückgriff in voller Höhe bei diesen nehmen. Dies gilt auch bei einem qualifizierten Verschulden im Bereich der Güterbeförderung (siehe dazu unten Rdn. 22). 10

3. Recht zur Haftungsbeschränkung des Luftfrachtführers als zusätzliche ungeschriebene Voraussetzung?

Fraglich ist, ob das Recht zur Haftungsbeschränkung unabhängig von der Haftungssituation des Luftfrachtführers besteht. Das Problem wird dann virulent, wenn dem Luftfrachtführer ein qualifizierter Verschuldensvorwurf zur Last gelegt wird und dieser sich nicht auf die Haftungsbeschränkung nach Art. 22 MÜ berufen kann. Im Schrifttum wird zu der bereits unter der Geltung des Warschauer Abkommens umstrittenen Frage die Auffassung vertreten, dass die Bestimmung allein den Schutz des Luftfrachtführers und nicht eine allgemeine Besserstellung seiner Leute im Verhältnis zur Situation, wie sie ohne das Übereinkommen gegeben wäre, bezwecke.[23] Dieser Auffassung ist zu widersprechen. Zum einen spricht der Wortlaut der Vorschrift dagegen: Die Vorschrift knüpft nämlich an den Nachweis, dass der Schädiger („einer der Leute") in Ausführung seiner Verrichtung gehandelt hat. Eine weitere Einschränkung (etwa: „und auch der Luftfrachtführer sich auf die Haftungsbeschränkung berufen kann" enthält die Vorschrift nicht.[24] Neben diesem Wortlautargument sprechen folgende Gesichtspunkte gegen eine Abhängigkeit des Rechts der Leute zur Haftungsbeschränkung von der jeweiligen Haftungssituation des Luftfrachtführers:[25] Zwar ist die Regelung eingeführt worden, um den Luftfrachtführer von etwaigen arbeitsrechtlichen Freistellungsansprüchen seiner Arbeitnehmer zu bewahren. Jedoch darf nicht übersehen werden, dass ein selbständiger Unternehmer ebenfalls zu den Leuten des Luftfrachtführers gehört (vgl. oben zum Leutebegriff Rdn. 6) und dieser keinen Freistellungsanspruch gegenüber dem Luftfrachtführer geltend machen kann. Der selbständige Unternehmer wird sich daher ob des Risikos der Inanspruchnahme versichern. Hierzu muss er jedoch seine Haftungssituation richtig bewerten 11

19 Vgl. BGH, Urt. v. 6.10.1970 – VI ZR 56/59 – NJW **1971** 31, wo darauf abgestellt wird, ob ein „unmittelbarer innerer Zusammenhang zwischen der aufgetragenen Verrichtung und der schädigenden Handlung" besteht.

20 **AA** F Cass, Urt. v. 22.7.1986 – *Cie Saint-Paul Fire and Marine c. Cie Air-France* – RFDA **1986** 428, 430.

21 Ebenso für eine restriktive Interpretation des Tatbestandsmerkmals *„in Ausführung der Verrichtung"*: *Koller*[11] Art. 30 MÜ Rn. 1; **aA** *Harms/Schuler-Harms* TranspR **2003** 369, 371; *Ruhwedel* TranspR **2004** 137, 141; *ders.* TranspR **2006** 421, 426; *Brinkmann* TranspR **2006** 146, 150.

22 F Cass, Urt. v. 10.3.1977– *Marlevat c. Frantz* – RFDA **1977** 279; ebenso zum WA: FrankfKomm/*Giemulla* Art. 25A WA 1955 Rn. 3; *Guldimann* Art. 25A WA 1955 Rn. 5; *Koller*[7] Art. 25A WA 1955 Rn. 1.

23 *Guldimann* Art. 25A WA 1955 Rn. 3; MünchKommHGB/*Kronke* Art. 25A WA 1955 Rn. 9; *Riese* ZLR **1956** 4, 34; *Koller*[7] Art. 25A WA 1955 Rn. 1.

24 Zutreffend *Giemulla/Schmid* FG *Herber*, S. 258, 264 f; ebenso BeckOGK/*Förster* Art. 30 MÜ Rn. 13.

25 FrankfKomm/*Giemulla* Art. 30 MÜ Rn. 5; Ebenroth/Boujong/*Pokrant*[5] Art. 30 MÜ Rn. 5; **aA** *Koller*[11]Art 30 MÜ Rn. 1 aE.

und kalkulieren können.[26] Dies wird ihm aber nicht möglich sein, wenn dies von der Unwägbarkeit abhängt, ob dem Luftfrachtführer im Einzelfall qualifiziertes Verschulden vorzuwerfen ist oder nicht. Insofern ist das Recht der Leute zur Haftungsbeschränkung von der Haftungssituation des Luftfrachtführers unabhängig. Dem Absatz 1 ist daher **keine ungeschriebene Voraussetzung der Haftungsakzessorietät** zu entnehmen.

II. Rechtsfolge

12 Der in Anspruch genommene Erfüllungsgehilfe des Luftfrachtführers kann sich auf die Haftungsvoraussetzungen und -beschränkungen nach dem Übereinkommen berufen, es sei denn, dass ihm ein qualifiziertes Verschulden bei der Schadensverursachung zur Last gelegt wird oder er außerhalb der Ausführung seiner Verrichtungen, also bei Gelegenheit, gehandelt hat.

1. Haftungshöchstbeträge nach Art. 22 MÜ

13 Liegen die Voraussetzungen nach Absatz 1 vor, gelten für den in Anspruch genommenen Erfüllungsgehilfen die in Art. 22 Abs. 1 bis 3 MÜ normierten Haftungshöchstbeträge: Bei Verspätungsschäden haftet der Erfüllungsgehilfe bei einer Beförderung von Personen nur bis zu einem Betrag von 5 346 SZR je Reisenden. Bei der Beförderung von Reisegepäck haftet er für Zerstörung, Verlust, Beschädigung oder Verspätung bis zu einem Betrag von 1 288 SZR. Bei der Beförderung von Gütern haftet er für Zerstörung, Verlust, Beschädigung oder Verspätung bis zu einem Betrag von 22 SZR für das Kilogramm.

2. Gesamtlimit (Absatz 2)

14 **Absatz 2** macht den nach Art. 22 MÜ anwendbaren Haftungshöchstbetrag „in diesem Falle" zu einem Gesamtlimit für die Ansprüche sowohl gegen den Luftfrachtführer als auch gegen seine Leute. Damit soll eine Umgehung der Haftungsgrenzen nach Absatz 2 vermieden werden. Anderenfalls könnte der Geschädigte bei einem Schaden in Höhe von 3400 SZR, wo der zu erstattende Haftungshöchstbetrag 1700 SZR beträgt, einen Betrag von 1700 SZR nach dem Übereinkommen vom Luftfrachtführer und einen weiteren Betrag von 1700 SZR aus autonomem Recht vom Erfüllungsgehilfen verlangen. Damit würde der Geschädigte über einer etwaigen arbeitsrechtlichen Freistellungsanspruch die Haftungshöchstgrenzen obsolet machen.[27]

C. Wegfall des Rechts zur Haftungsbeschränkung

15 Der in Anspruch genommene Erfüllungsgehilfe („einer der Leute") kann sich nach **Absatz 3** auf die Haftungsvoraussetzungen und -beschränkungen des Übereinkommens nicht berufen, wenn er absichtlich oder leichtfertig den Schaden verursacht hat.

I. Allgemeine Bedeutung der Vorschrift

16 **Absatz 3** entspricht weitgehend Artikel 25A Abs. 3 WA 1955. Die Vorschrift unterwirft im Gegensatz zu Art. 25 A WA 1955 die Haftung der Leute nicht nur den Haftungshöchstgrenzen des Art. 22 MÜ,

---

26 Hierauf weisen hin *Giemulla/Schmid* FG *Herber*, S. 258, 264 f.
27 MünchKommHGB/*Kronke* Art. 25A WA 1955 Rn. 12.

sondern allen für den Luftfrachtführer geltenden Haftungsvoraussetzungen und -beschränkungen. Die Nichtanwendung von Absatz 1 und damit der Haftungsvoraussetzungen und -beschränkungen des Montrealer Übereinkommens auf die Haftung der Leute im Falle absichtlicher oder leichtfertiger Schadensverursachung kann dabei ein Auseinanderfallen der Haftung des Luftfrachtführers und seiner Leute bewirken, wie nachstehend zu zeigen ist:

- Was andere Beschränkungen als Haftungshöchstgrenzen, etwa haftungsausschließende Anzeigepflichten (Art. 31 MÜ) oder haftungsausschließende Ausschlussfristen (Art. 35 MÜ) anbelangt, bedeutet die Nichtanwendbarkeit von Absatz 1 für die Haftung der Leute, dass diese gegebenenfalls schärfer als der Luftfrachtführer selbst haften. Entgegen den Ausführungen der Denkschrift[28] ist dieses Ergebnis sachgerecht und widerspricht nicht dem Normzweck, wonach ein Unterlaufen der Bestimmungen dieses Übereinkommens durch einen arbeitsrechtlichen Freistellungsanspruch verhindert werden soll. Denn bei vorsätzlichem oder leichtfertigem Handeln steht dem Arbeitnehmer des Luftfrachtführers kein arbeitsrechtlicher Freistellungsanspruch zu. Im Übrigen verkennt die Denkschrift grundlegend, dass das Übereinkommen gerade nicht die Ansprüche gegen die Leute regelt. Diese ergeben sich vielmehr aus dem nationalen Recht. Art. 30 Abs. 3 MÜ verwehrt den Leuten nur die Berufung auf im Vergleich zum autonomen Recht günstigere Rechtsfolgen, was aufgrund des qualifizierten Verschuldensvorwurfs angemessen ist.
- Was dagegen die Haftungshöchstgrenze bei der Tötung oder der Körperverletzung von Reisenden anbelangt, folgt aus Absatz 3 nicht, dass sie erst im Falle absichtlicher oder leichtfertiger Schadensverursachung entfallen, bei einfacher Fahrlässigkeit indes über Absatz 1 Geltung beanspruchen können. Denn wenn nach Absatz 3 der Absatz 1 bei leichter Fahrlässigkeit anwendbar bleibt, so greifen kraft der dortigen Verweisung auf die Voraussetzungen und Beschränkungen der Haftung, die nach dem Übereinkommen für den Luftfrachtführer gelten, die Haftungsbeschränkungen auch für die Leute nur unter den gleichen Voraussetzungen wie für den Luftfrachtführer ein. Dieser kann sich nach Art. 21 MÜ auf die Haftungshöchstgrenze nicht berufen, wenn ihm oder seinen Leuten auch nur Fahrlässigkeit zur Last fällt. Damit erlangt diese Vorschrift für die Haftung der Leute wegen der Tötung oder der Körperverletzung von Reisenden keine praktische Bedeutung, wenn sich die Grundlage ihrer Haftung nach deutschem Recht bestimmt. Denn das deutsche Recht kennt keine Gefährdungshaftung der Leute.
- Hinsichtlich der Haftungshöchstgrenzen bei Gepäck- und Verspätungsschäden wirft Absatz 3 schließlich keine entsprechenden Auslegungsfragen auf. Insoweit nimmt Absatz 3 den Regelungsgehalt von Art. 22 Abs. 5 MÜ auf. Nach Art. 22 Abs. 5 MÜ, der von der Verweisung des Artikel 30 Abs. 1 MÜ umfasst ist, sind Haftungshöchstbeträge bei absichtlicher oder leichtfertiger Schadensverursachung aufgehoben. Insoweit hätte es der Regelung des Art. 30 Abs. 3 MÜ also nicht bedurft.

Absatz 3 kommt daher nur bei anderen Beschränkungen als Haftungshöchstgrenzen, etwa haftungsausschließende Anzeigepflichten (Art. 31 MÜ) oder haftungsausschließende Ausschlussfristen (Art. 35 MÜ), Bedeutung zu. 17

II. Qualifiziertes Verschulden der Leute

1. Absichtliche Schadensverursachung

Bei der Auslegung des Begriffs „Absicht" darf nicht das deutsche Rechtsverständnis zugrunde gelegt werden,[29] da der Begriff der absichtlichen Schädigung eine seltene Ausnahme im deutschen 18

28 BT-Drucks. 15/2285, S. 48.
29 So wohl aber *Guldimann* Art. 25 WA 1955 Rn. 4.

Schadensersatzrecht und die Schädigungsabsicht schwer beweisbar ist.[30] Ausweislich der englischen Originalversion muss sich der Schaden aus einer Handlung oder Unterlassung *„done with intent to cause damage"* ergeben. Damit soll zum Ausdruck gebracht werden, dass Handlung und Schaden in einem **funktionellen Zusammenhang** stehen müssen,[31] es muss der schädigenden Person gerade darum gegangen sein, einen Schaden zu verursachen.[32] Das ist lediglich eine andere Umschreibung dessen, was Vorsatz ist: Danach ist unter Vorsatz das Wissen und Wollen des rechtswidrigen Erfolgs zu verstehen. Der im Montrealer Übereinkommen verwandte Begriff der Absicht erfasst nicht nur den Vorsatz ersten Grades, sondern auch die anderen Vorsatzformen, wie z.B. den Eventualvorsatz.

2. Leichtfertige Verursachung und Bewusstsein der Schadenswahrscheinlichkeit

19 Der Erfüllungsgehilfe als einer der Leute des Luftfrachtführers handelt leichtfertig, wenn er eine auf der Hand liegende Sorgfaltspflicht nicht beachtet.[33] Dies ist dann der Fall, wenn er sich bewusst war, dass sein Handeln oder Unterlassen einen Schaden auslösen kann und er dennoch – aus Nachlässigkeit oder Bequemlichkeit – nicht sorgfältig handelt.

20 Der Schaden muss überwiegend wahrscheinlich gewesen sein. Dies ist der Fall, wenn der Eintritt des Schadens mit höherer Wahrscheinlichkeit zu erwarten ist als sein Ausbleiben. Wahrscheinlich ist ein Ereignis, wenn die Chance seines Eintritts mindestens 50 % beträgt.[34] Dabei ist nicht auf eine objektive Wahrscheinlichkeit[35] einer Schadensrealisierung, sondern vielmehr auf die konkrete Einstellung und Vorstellung des Schädigers[36] abzustellen.

3. Beweislast

21 Der Geschädigte hat die **Absicht**, die **Leichtfertigkeit** sowie das **Bewusstsein des Schädigers** von der Wahrscheinlichkeit des Schadenseintritts darzulegen und zu beweisen.[37] Ob sich der Schädiger der Wahrscheinlichkeit des Schadenseintritts bewusst war, darf nicht nach den Grundsätzen des Anscheinsbeweises ermittelt werden.[38] Nach deutschem Recht ist der Darlegungs- und Beweislast Genüge getan, wenn der Geschädigte die Tatsachen beweist, anhand derer auf das Bewusstsein des Schädigers geschlossen werden kann.

---

30 FrankfKomm/*Giemulla* Art. 22 MÜ Rn. 21.

31 FrankfKomm/*Giemulla* Art. 22 MÜ Rn. 21.

32 FrankfKomm/*Giemulla* Art. 22 MÜ Rn. 21; *Koller*[7] Art. 25 WA 1955 Rn. 3; MünchKommHGB/*Kronke* Art. 25 WA 1955 Rn. 14.

33 Vgl. BGH, Urt. v. 16.2.1979 – I ZR 97/77 – BGHZ **74** 162; OLG Stuttgart, Urt. v. 24.2.1993 – 3 U 167/92 – TranspR **1995** 74, 75.

34 OLG Frankfurt a.M., Urt. v. 22.10.1980 – 17 U 83/77 – ZLW **1981** 87, 89; *Guldimann* Art. 25 WA 1955 Rn. 6; FrankfKomm/*Schmid* Art. 25 WA 1955 Rn. 45.

35 So aber zum WA: F CA Lyon, Urt. v. 17.2.1983 – *Cie d'assurance Helvetia c. Cie Air France, UTA et Air Afrique* – RFDA **1983** 228; Federal Court of Canada, Urt. v. 22.10.1981 – *Cie Swiss Bank Corp v. Swissair and Air Canada* – ETL **1983** 826, 853.

36 So zum WA: BGH, Urt. v. 16.2.1979 – I ZR 97/77 – BGHZ **74** 162; OLG Frankfurt a.M., Urt. v. 15.10.1991 – 5 U 196/90 – TranspR **1993** 61, 63; CA des Libreville, Urt. v. 9.4.1979 – *Air Service et Sonagar c. Wiffering e CNSS* – RFDA **1979** 456, 458; F CA Riom, Urt. v. 24.3.1973 – *Morand et Marsaud c. société Air-Centre* – RFDA **1976** 138, 140.

37 BGH, Urt. v. 16.2.1979 – I ZR 97/77 – NJW **1979** 2474, 2476; BGH, Urt. v. 12.1.1982 – IV ZR 286/80 – VersR **1982** 369, 370; OLG Düsseldorf, Urt. v. 21.1.1993 – NJW-RR **1993** 811, 812; OLG Frankfurt a.M., Urt. v. 10.6.1994 – ZLW **1995** 242, 246; OLG München, Urt. v. 10.8.1994 – 7 U 7322/93 – TranspR **1995** 118, 119.

38 OLG München, Urt. v. 10.8.1994 – 7 U 7322/93 – TranspR **1995** 118, 119.

III. Ausnahme: Güterbeförderung

Eine Haftungsdurchbrechung scheint nach dem Wortlaut („*außer bei der Beförderung von Gütern*") 22
des **Absatzes 3** ausgeschlossen zu sein. Auf die Möglichkeit der Haftungsdurchbrechung nach Absatz 3 kommt es jedoch dann nicht an, wenn der Schädiger bereits nach Absatz 1 den Beweis nicht erbringen kann, dass er in Ausführung seiner Verrichtung gehandelt hat. In diesen Fällen können sich die Leute nicht auf die Haftungsbeschränkung des Übereinkommens berufen und daher auch in voller Höher in Anspruch genommen werden. Damit wird auch nicht der Hauptzweck der transportrechtlichen Regelung konterkariert, da sich der Luftfrachtführer bei einem vorsätzlichen Handeln seiner Leute gerade keinem arbeitsrechtlichen Freistellungsanspruch ausgesetzt sieht.[39] Nach der hier vertretenen Auffassung betrifft Absatz 3 im Rahmen der Güterbeförderung nur die Situationen, in denen die Leute in Ausübung ihrer Verrichtung gehandelt haben, z.B. vorsätzlich oder grob fahrlässig beim Abladen der Güter einen Schaden herbeiführen. Für diese Fälle soll es auch bei einem qualifizierten Verschuldensvorwurf bei einer beschränkten Haftung der Leute und des Luftfrachtführers bleiben. In Fällen, in denen er nicht in Ausübung seiner Verrichtung handelt, soll dem Erfüllungsgehilfen das Privileg der beschränkten Haftung nicht zugute kommen.

39 Vgl. die Rechtsprechungsdarstellung bei *Hübsch* Haftung des Güterbeförderers S. 30 f.

Artikel 31 Fristgerechte Schadensanzeige

1. **Nimmt der Empfänger aufgegebenes Reisegepäck oder Güter vorbehaltlos an, so begründet dies die widerlegbare Vermutung, dass sie unbeschädigt und entsprechend dem Beförderungsschein oder den anderen Aufzeichnungen im Sinne des Artikels 3 Absatz 2 und Artikels 4 Absatz 2 abgeliefert worden sind.**
2. **[1]Im Fall einer Beschädigung muss der Empfänger unverzüglich nach Entdeckung des Schadens, bei aufgegebenem Reisegepäck jedenfalls binnen sieben und bei Gütern binnen vierzehn Tagen nach der Annahme, dem Luftfrachtführer Anzeige erstatten. [2]Im Fall einer Verspätung muss die Anzeige binnen einundzwanzig Tagen, nachdem das Reisegepäck oder die Güter dem Empfänger zur Verfügung gestellt worden sind, erfolgen.**
3. **Jede Beanstandung muss schriftlich erklärt und innerhalb der dafür vorgesehenen Frist übergeben oder abgesandt werden.**
4. **Wird die Anzeigefrist versäumt, so ist jede Klage gegen den Luftfrachtführer ausgeschlossen, es sei denn, dass dieser arglistig gehandelt hat.**

Article 31 Timely Notice of Complaints

1. *Receipt by the person entitled to delivery of checked baggage or cargo without complaint is prima facie evidence that the same has been delivered in good condition and in accordance with the document of carriage or with the record preserved by the other means referred to in paragraph 2 of Article 3 and paragraph 2 of Article 4.*
2. *In the case of damage, the person entitled to delivery must complain to the carrier forthwith after the discovery of the damage, and, at the latest, within seven days from the date of receipt in the case of checked baggage and fourteen days from the date of receipt in the case of cargo. In the case of delay, the complaint must be made at the latest within twenty-one days from the date on which the baggage or cargo have been placed at his or her disposal.*
3. *Every complaint must be made in writing and given or dispatched within the times aforesaid.*
4. *If no complaint is made within the times aforesaid, no action shall lie against the carrier, save in the case of fraud on its part.*

Article 31 Délais de protestation

1. *La réception des bagages enregistrés et des marchandises sans protestation par le destinataire constituera présomption, sauf preuve du contraire, que les bagages et marchandises ont été livrés en bon état et conformément au titre de transport ou aux indications consignées par les autres moyens visés à l'article 3, paragraphe 2, et à l'article 4, paragraphe 2.*
2. *En cas d'avarie, le destinataire doit adresser au transporteur une protestation immédiatement après la découverte de l'avarie et, au plus tard, dans un délai de sept jours pour les bagages enregistrés et de quatorze jours pour les marchandises à dater de leur réception. En cas de retard, la protestation devra être faite au plus tard dans les vingt et un jours à dater du jour où le bagage ou la marchandise auront été mis à sa disposition.*
3. *Toute protestation doit être faite par réserve écrite et remise ou expédiée dans le délai prévu pour cette protestation.*
4. *À défaut de protestation dans les délais prévus, toutes actions contre le transporteur sont irrecevables, sauf le cas de fraude de celui-ci.*

https://doi.org/10.1515/9783110564945-032

Schrifttum

Ehlers Die Verfahrensregeln des Warschauer Abkommens – Schadensanzeige, Gerichtsstand und Ausschlussfrist – Artikel 26, 28, 29, TranspR **1996** 183–187; *Giemulla/Schmid* Ausgewählte internationale Rechtsprechung zum Warschauer Abkommen in den Jahren 1989–1991, ZLW **1992** 123–136; *Giesen* Frühstück in London, Lunch in New York, Koffer in Bombay oder Begründung und Beschränkung der Haftung im internationalen Flugreiseverkehr, ZVglRWiss **1983** 31–61; *Kuhn* Die Haftung für Schäden an Frachtgütern, Gepäck und Luftpostsendungen nach dem Warschauer Haftungssystem und den §§ 44–52 LuftVG, Diss. Köln **1987**; *Mankiewics* Application of Article 26 (2) of the Warsaw Convention as amended at the Hague to partial Loss of Contents of registered baggage – The House of Lords' new standards for the interpretation of Uniform Law Conventions, ZLW **1981** 119–136; *Müller-Rostin* Die Haftung des Luftfrachtführers bei der Beförderung von Luftfracht, TranspR **1989** 121–130; *Naumann/Steppler* Der „Property Irregularity Report" – eine fristgerechte Schadensanzeige nach Artikel 31 Montrealer Übereinkommen? ZLW **2009** 232–244; *Schoner* Anleitung für Schadensfälle im internationalen Luftfrachtverkehr, TranspR **1979** 1–6; *ders.* Die internationale Rechtsprechung zum Warschauer Abkommen in den Jahren 1977 bis 1980, ZLW **1980** 327–389.

Parallelvorschriften

Art. 26 WA 1955; Art. 30 CMR.

Übersicht

A. Allgemeines

I. Normzweck

1 Ziel der Vorschrift ist es, dem Luftfrachtführer schnell darüber Gewissheit zu verschaffen, ob gegen ihn Ansprüche erhoben werden.[1] Außerhalb des Anwendungsbereichs der Vorschrift bleiben Personenschäden; dies ist vor dem Hintergrund gerechtfertigt, dass der Luftfrachtführer idR Kenntnis von den Personenschäden haben wird und eine Schadensanzeige nur reiner Förmelei gleichkäme.

2 Die Vorschrift enthält zwei verschiedene Regelungsgegenstände, nämlich eine **Beweislastregel bei vorbehaltsloser Annahme von Gütern** sowie die **rechtsvernichtende Wirkung nicht fristgerechter Schadensanzeigen**. **Absatz 1** regelt Fragen der Beweislast für mögliche Schadensersatzansprüche, wenn das aufgegebene Reisegepäck oder Güter vorbehaltlos durch den Empfänger angenommen werden. In diesem Zusammenhang wird der anspruchserhaltende Vorbehalt teilweise in **Absatz 3** mitgeregelt. Soweit das Montrealer Übereinkommen keine vollständigen Regelungen hinsichtlich des Vorbehalts enthält, ist das Recht des Vertragsstatuts ergänzend anwendbar. **Absatz 2** regelt die Schadensanzeige, deren Unterlassung rechtsvernichtende Wirkung hat.

II. Entstehungsgeschichte

3 Art. 31 MÜ entspricht Art. 26 WA 1955. Neu ist lediglich der in Absatz 1 enthaltene Hinweis auf die anderweitigen Dokumentationsverfahren iSv Art. 3 Abs. 2 MÜ und Art. 4 Abs. 2 MÜ. Gegenüber Art. 26 Abs. 3 WA 1955 sieht Absatz 3 nicht mehr vor, dass die Beanstandung auf den Beförderungsschein gesetzt oder in anderer Weise erklärt werden muss. Mit der Streichung dieses Erfordernisses wird insbesondere den anderweitigen, papierlosen Beförderungsscheinen und Luftfrachtbriefen Rechnung getragen.

B. Vorbehalt nach Absatz 1

4 **Absatz 1** setzt voraus, dass der Reisende das aufgegebene Reisegepäck oder der Empfänger das Gut annimmt, dass es also zu einer Ablieferung gekommen ist. Solange nichts abgeliefert ist, entsteht keine Obliegenheit des Reisenden oder des Empfängers zur Abgabe eines Vorbehalts.[2]

I. Vorbehalt im Überblick

1. Rechtsnatur

5 Vorbehalte sind Beanstandungen des Empfängers hinsichtlich der Beschädigungen und Verluste des Gutes. Anders als bei der Schadensanzeige nach Absatz 2 muss der Vorbehalt bei jeder Schadensart erklärt werden. Vorbehalte enthalten keine rechtsgeschäftliche, durch den Willen des Erklärenden inhaltlich gesteuerte Erklärung, sondern dienen der Übermittlung von Kenntnissen über Tatsachen. Es handelt sich daher um sog. geschäftsähnliche Handlungen. Bei Anwendbarkeit deutschen Rechts sind die Vorschriften der §§ 104 ff. BGB entsprechend anzuwenden, soweit sie

1 FrankfKomm/*Giemulla* Art. 31 MÜ Rn. 1; Ebenroth/Boujong/*Pokrant*[5] Art. 31 MÜ Rn. 1; MünchKommHGB/*Müller-Rostin*[5] Art. 31 MÜ Rn. 5.
2 Ebenroth/Boujong/*Pokrant*[5] Art. 31 MÜ Rn. 3.

passen. Der Vorbehalt muss dem Luftfrachtführer zugehen, denn die Warnfunktion des Vorbehalts kann ohne die Möglichkeit der Kenntnisnahme nicht erfüllt werden.

2. Zeitpunkt

Aus Art. 31 Abs. 1 MÜ folgt, dass ein wirksamer Vorbehalt nur bei Annahme, d.h. der Ablieferung, 6
des aufgegebenen Reisegepäcks oder des Gutes durch den Empfänger erfolgen kann. Unter Annahme ist der Vorgang zu verstehen, durch welchen der Empfänger oder dessen Vertreter die Güter oder das aufgegebene Reisegepäck im Einverständnis des Luftfrachtführers in Gewahrsam nimmt.[3] Soweit nach dem Recht des Vertragsstatuts deutsches Recht anwendbar ist, ist die Ablieferung nicht als zweiseitiges Rechtsgeschäft zu qualifizieren, so dass der natürliche Wille zum Besitzerwerb durch die empfangsberechtigte Person ausreichend ist.[4] Der Empfänger kann den Annahmezeitpunkt nicht einseitig dadurch hinausschieben, dass er die Rechtsmacht einer solchen Empfangsperson auf die bloße Übernahme beschränkt und die Abgabe der Billigungserklärung mit Wirkung für ihn ausschließt.[5]

3. Form

Absatz 3 regelt für Beanstandungen die **Schriftform**. Die Vorschrift bezieht sich auch auf Vorbe- 7
halte, was sich eindeutig aus der englischen und französischen Textfassung ergibt, die durchgängig in Art. 31 MÜ von *„complaint"* oder *„protestation"* sprechen. Unter Schriftform ist nicht die Schriftform iSv. § 126 BGB zu verstehen; der Vorbehalt ist nur schriftlich zu verfassen und muss nicht notwendig unterschrieben sein.[6] Die Erklärung per Telefax oder E-Mail genügt.

4. Inhalt

Durch den Vorbehalt soll dem Luftfrachtführer ermöglicht werden, die entsprechenden Beweise 8
rechtzeitig sicherzustellen. Dies ist idR oft nur durch Hinweise auf die Art. des Schadens möglich. Der Vorbehalt muss indes nach Art. und Inhalt noch nicht der Schadensanzeige des Absatzes 2 entsprechen.[7] Eine bloß vorläufige Feststellung eines anscheinenden Mangels macht die spätere substantiierte Schadensanzeige indes nicht entbehrlich; sie lässt nur die Vermutung nach Absatz 1 entfallen.[8] Ein ohne jeden Anhaltspunkt „ins Blaue" hinein erklärter Vorbehalt zeitigt keine Wirkungen.[9]

5. Zuständige Personen

a) Erklärender. Obgleich Art. 31 Abs. 1 MÜ den Anschein erweckt, dass der Empfänger den Vorbe- 9
halt erklären muss, ist allgemein anerkannt, dass der Vorbehalt auch von dessen Bevollmächtigtem, Beauftragtem[10] oder Rechtsnachfolger erklärt werden kann. Für den Vorbehalt ist es daher

3 MünchKommHGB/*Müller-Rostin*[5] Art. 31 MÜ Rn. 6; zum WA: MünchKommHGB/*Kronke* Art. 26 WA 1955 Rn. 2.
4 Ebenroth/Boujong/*Pokrant*[5] Art. 31 MÜ Rn. 4.
5 FrankfKomm/*Giemulla* Art. 31 MÜ Rn. 4; Ebenroth/Boujong/*Pokrant*[5] Art. 31 MÜ Rn. 4; *Guldimann* Art. 26 WA 1955 Rn. 5; MünchKommHGB/*Kronke* Art. 26 WA 1955 Rn. 2.
6 OLG Celle, Urt. v. 6.3.2003 – 11 U 141/02 – TranspR **2003** 314, 315 = ZLW **2004** 105.
7 MünchKommHGB/*Kronke* Art. 26 WA 1955 Rn. 3.
8 OLG Köln, Urt. v. 11.6.1982 – 20 U 121/81 – ZLW **1983** 167.
9 *Guldimann* Art. 26 WA 1955 Rn. 6.
10 Vgl. BGH, Urt. v. 14.3.1985 – I ZR 1983/82 – TranspR **1986** 22, 23.

nicht notwendig, dass der Empfänger diesen persönlich erklärt.[11] Wird der Vorbehalt jedoch von einer nicht zuständigen Person erhoben, hat er nicht die im Montrealer Übereinkommen vorgesehenen Wirkungen. Der Vorbehalt muss grundsätzlich an den Luftfrachtführer gerichtet sein. Er wirkt dann auch zugunsten des Absenders.[12]

10 **b) Adressat.** Der Vorbehalt ist an den Luftfrachtführer zu richten und wirkt diesem gegenüber. Die von dem Luftfrachtführer mit der Ablieferung des Gutes beauftragten Personen sind zur Entgegennahme eines Vorbehalts und einer Schadensanzeige als bevollmächtigt anzusehen Setzt der Luftfrachtführer einen ausführenden Luftfrachtführer ein, so ist der Vorbehalt letzterem gegenüber zu erklären (siehe auch Art. 42 Satz 1 MÜ); die Erklärung des Vorbehalts gegenüber dem vertraglichen Luftfrachtführer wäre demgegenüber nicht mehr rechtzeitig.[13] Gleiches gilt für den Einsatz aufeinanderfolgender Luftfrachtführer; hier kann der Vorbehalt nur dem letzten das Gut übergebenden Luftfrachtführer erklärt werden.

6. Beweislast für Vorbehalte

11 Die Beweislast dafür, dass der Vorbehalt erklärt wurde, liegt nach allgemeinem Beweisrecht, aber auch nach der Struktur des Art. 31 Abs. 1 MÜ, beim Empfänger.[14]

II. Rechtsfolge bei vorbehaltsloser Annahme

12 Die vorbehaltslose Annahme des aufgegebenen Reisegepäcks oder der Güter führt im Fall eines Schadens nicht ohne weiteres zum Erlöschen der Ersatzansprüche, sondern nur zu Beweisverschlechterungen. Art. 31 Abs. 1 MÜ enthält eine widerlegbare Beweislastregel.[15] Da die Beweise für die Schadensentstehung in der Obhutszeit ohnehin vom Geschädigten zu führen sind, bringt Art. 31 Abs. 1 MÜ jedoch keine grundsätzliche Veränderung zum allgemeinen Beweisrecht.[16]

13 Die vorbehaltslose Annahme lässt die widerlegbare Vermutung entstehen, dass das aufgegebene Reisegepäck oder die Güter in gutem Zustand[17] und entsprechend dem Beförderungsschein oder den anderen alternativen Aufzeichnungen abgeliefert worden sind. Unter Ablieferung der Güter in gutem Zustand ist sowohl die Vollständigkeit als auch die Unversehrtheit des aufgegebenen Reisegepäcks oder der Güter zu verstehen.[18]

C. Schadensanzeige nach Absatz 2

14 Hat der Empfänger oder sonst Berechtigte keinen formgerechten Vorbehalt bei der Annahme gemacht, so muss er, um nicht seiner Ersatzansprüche verlustig zu gehen, im Falle der Beschädi-

---

11 Ebenso *Goldhirsch* Handbook S. 129.
12 Ebenso *Koffka/Bodenstein/Koffka* Art. 26 WA 1929 S. 337 zum umgekehrten Fall, der Unterlassung eines Vorbehalts.
13 Hiervon ist zu unterscheiden die Schadensanzeige, die an beide Luftfrachtführer gerichtet werden kann.
14 *Goldhirsch* Handbook S. 138.
15 Ebenroth/Boujong/*Pokrant*[5] Art. 31 MÜ Rn. 6.
16 MünchKommHGB/*Kronke* Art. 26 WA 1955 Rn. 4.
17 Die amtliche Übersetzung verengt ohne Grund die Vermutung dahingehend, dass das aufgegebene Reisegepäck oder die Güter unbeschädigt abgeliefert worden sind. Demgegenüber sprechen die französische und englische Textfassung von *„en bon état"* sowie *„in good condition"*, was bedeutet, dass auch die Vollständigkeit des aufgegebenen Reisegepäcks oder der Güter von der Vermutungswirkung erfasst werden.
18 *Guldimann* Art. 26 WA 1955 Rn. 8; MünchKommHGB/*Kronke* Art. 26 WA 1955 Rn. 5.

gung oder Verspätung binnen der in Absatz 2 angegebenen Fristen dem Luftfrachtführer in der Form des Absatzes 3 Anzeige erstatten.

I. Rechtsnatur der Schadensanzeige

Ebenso wie beim Vorbehalt handelt es sich bei der Schadensanzeige um eine sog. Wissenserklärung;[19] sie dient der Mitteilung von Kenntnissen über bestimmte Tatsachen. Ihre Wirkungen sind mit der Mängelrüge des § 377 HGB vergleichbar. 15

II. Wirksamkeitsvoraussetzungen

1. Erforderlichkeit der Schadensanzeige

a) Grundsatz. Nach **Absatz 2** muss der Empfänger bei Beschädigung sowie Verspätung des aufgegebenen Reisegepäcks oder der Güter **unverzüglich** Anzeige erstatten. Im Fall der Beschädigung ist der Zustand im Zeitpunkt der Ablieferung maßgebend, auch wenn die Beschädigung später zur vollständigen Zerstörung führt.[20] Stirbt ein Pferd zwei Wochen im Anschluss an eine Luftbeförderung aufgrund der während des Fluges aufgetretenen Temperaturschwankungen, so hat der Empfänger den Schaden innerhalb der zwei Wochen nach der Ablieferung anzuzeigen.[21] Wird ein Reisegepäckstück zunächst als verloren gemeldet und taucht es dann wieder auf, ist die einwöchige Anzeigefrist ab Auslieferung des Gepäckstücks bezüglich einer etwaigen Beschädigung einzuhalten.[22] Zeigt der Empfänger die Schadensanzeige in den in Absatz 2 geregelten Fällen nicht rechtzeitig an, so geht er seiner Ersatzansprüche verlustig. 16

b) Ausnahmen

aa) Verlust des Gutes, Zerstörung. Nach dem klaren Wortlaut der Vorschrift müssen die anderen in Art. 18 MÜ geregelten Transportschadensarten, die Zerstörung und der Verlust der Güter oder des aufgegebenen Reisegepäcks, nicht angezeigt werden. Insoweit ist fraglich, ob man im Interesse des Luftfrachtführers auch für Fälle von Verlust oder Zerstörung das Bestehen einer Anzeigenobliegenheit bejahen sollte[23] bzw. ob eine solche Anzeigenobliegenheit durch eine AGB-Klausel festgeschrieben werden kann. Der Bejahung einer Anzeigepflicht im Fall des Verlusts des Gutes oder seiner Zerstörung bzw. ihrer rechtsgeschäftlichen Einführung steht der klare Wortlaut des Art. 31 Abs. 2 MÜ sowie Art. 26 MÜ entgegen.[24] Der Nichtaufnahme des Verlusts und der Zerstörung in die Vorschrift liegt die Erwägung zugrunde, dass Verlust und Zerstörung für den Luftfrachtführer selbst offenkundig sind und der Luftfrachtführer sich um die Aufklärung des Sachverhalts, insbesondere die Beschaffung von Entlastungsmaterial, selbst kümmern kann.[25] Die 17

19 *Naumann/Steppler* ZIW **2009** 232, 233.
20 FrankfKomm/*Giemulla* Art. 31 MÜ Rn. 23; *Koller*[7] Art. 26 WA 1955 Rn. 3.
21 US CA, Urt. v. 8.3.1984 – *Stud v Trans International Airlines* – **727** F.2 d 880, 882 = 18 Avi 17, 684.
22 AG Rüsselsheim, Urt. v. 27.11.2003 – 3 C 981/03 – RRa **2004** 88, 89.
23 In diese Richtung gehen auch die Ausführungen des AG Bremen, Urt. v. 8.5.2007 – 4 C 7/07 – VuR **2007** 235, 237, wonach der Reisende aufgrund der ihm obliegenden Schadensminderungspflicht gehalten sei, dem Luftfrachtführer zur Minimierung des Schadens eine unverzügliche Verlustanzeige zu machen; ferner zu Art. 26 Abs. 2 WA 1955: AG Hamburg, Urt. v. 26.2.1980 – 9 C 521/79 – MDR **1980** 851, 852.
24 Ebenso zum WA: BGH, Urt. v. 22.4.1982 – I ZR 86/80 – BGHZ **84** 101, 106 = NJW **1983** 516 = VersR **1982** 896 = ZLW **1982** 378; BGH, Urt. v. 11.11.1982 – I ZR 178/80 – VersR **1983** 336 m. Anm. v. *Wodrich* VersR **1983** 454.
25 Ebenroth/Boujong/*Pokrant*[5] Art. 31 MÜ Rn. 10; *Koller*[11] Art. 31 MÜ Rn. 3; MünchKommHGB/*Kronke* Art. 26 WA 1955 Rn. 6.

Kenntnis des Luftfrachtführers vom Verlust und von der Zerstörung des Gutes ist auch im Zeitalter des Massenverkehrs nicht zu leugnen; denn das Gut wird nach wie vor vom Luftfrachtführer oder dessen Vertretern dem Empfänger ausgehändigt. Ebenso wenig kann eine Anzeigepflicht im Wege ergänzender Rechtsauslegung angesichts der klaren ratio und der besonderen, insoweit für einen Staatsvertrag geltenden Auslegungsgrundsätze begründet werden.[26] Abweichende Vereinbarungen sind gem. Art. 49 MÜ nichtig.

18 **bb) Teilzerstörung, Teilverlust.** Schwierig ist die Frage nach der Erforderlichkeit einer Schadensanzeige in Fällen der Teilzerstörung und des Teilverlusts zu beantworten. Entscheidend kommt es dabei auf die Selbständigkeit oder Unselbständigkeit von Teilen einer Sendung an, wie sie sich insbesondere aus dem Luftfrachtbrief ergibt.[27] Je nachdem stellt sich dann ein Teilverlust oder eine Teilzerstörung grundsätzlich nicht als Beschädigung oder Folge einer Beschädigung, sondern vielmehr als nach dem Montrealer Übereinkommen nicht anzeigebedürftiger Verlust dar:

19 Eine **Schadensanzeige** erscheint jedenfalls dann **entbehrlich**, wenn von mehreren selbständigen Frachtstücken, die in einem Luftfrachtbrief zusammengefasst sind, einige fehlen, weil sich dann der Luftfrachtführer in einer ähnlichen Situation wie beim Verlust befindet.[28] Ferner ist eine Schadensanzeige nicht erforderlich, wenn von mehreren im Luftfrachtbrief jeweils einzeln und selbständig – unter Angabe des Gewichts[29] – aufgeführten Packstücken einer Sendung einzelne nicht an den frachtbriefmäßigen Empfänger ausgeliefert worden sind. Wurde das beförderte Gut dagegen im Luftfrachtbrief nur als eine einzige Beförderungseinheit ausgewiesen, so stellt sich ein Teilverlust regelmäßig als eine nach Art. 31 Abs. 2 MÜ anzeigebedürftige Beschädigung dar.[30] Verenden beispielsweise 70 % der versandten Zierfische[31] oder ca. 14 000 der 18 000 beförderten Küken[32] während der Luftbeförderung, dann ist von einer Beschädigung des Inhalts der Sammelladung bzw. der einzelnen im Luftfrachtbrief ausgewiesenen Stücke auszugehen. Fehlt im beförderten Reisegepäck nach Empfangnahme ein Teil des Inhalts, z.B. eine Fotokamera, so stellt sich der Teilverlust ebenfalls als anzeigepflichtige Beschädigung des Gepäckstücks dar.[33]

20 **cc) Verzicht auf Anzeige und Verwirkung.** Da die **Anzeigefristen** dem Interesse des Luftfrachtführers dienen, sind diese grundsätzlich **abdingbar**.[34] Dementsprechend können die in

26 LG Frankfurt a.M., Urt. v. 5.11.1990 – 2/8 S 71/90 – ZLW **1991** 194, 195.

27 Ausführlich FrankfKomm/*Giemulla* Art. 31 MÜ Rn. 24 ff; zum WA: MünchKommHGB/*Kronke* Art. 26 WA 1955 Rn. 6; *Ruhwedel*[3] Luftbeförderungsvertrag Rn. 428.

28 OLG Frankfurt a.M., Urt. v. 13.6.1978 – 5 U 221/77 – VersR **1978** 928; OLG Frankfurt a.M., Urt. v. 28.4.1981 – 5 U 29/80 – MDR **1981** 850 f.; OLG Frankfurt a.M., Urt. v. 11.11.1986 – 5 U 240/85 – TranspR **1987** 68; OLG Hamburg, Urt. v. 18.2.1988 – 6 U 195/87 – TranspR **1988** 201, 202 f. = ZLW **1988** 362 = VersR **1988** 1158; LG Stuttgart, Urt. v. 21.2.1992 – 11 KfH O 172/90 –TranspR **1993** 141, 142 = ZLW **1994** 240; LG Frankfurt a.M., Urt. v. 23.9.1992 – 3/2 O 48/92 – ZLW **1995** 357, 360.

29 So zu Recht OLG Hamburg, Urt. v. 18.2.1988 – 6 U 195/97 – TranspR **1988** 201, 203; **aA** *Koller*[7] Art. 26 WA 1955 Rn. 7, der übersieht, dass der Angabe des Gewichts im Luftfrachtbrief nach Art. 5 Buchst. c MÜ und daher auch für die Schadensfeststellung entscheidende Bedeutung zukommt.

30 OLG Frankfurt a.M., Urt. v. 3.6.1976 – 16 U 92/75 – ZLW **1977** 152, 153; OLG Frankfurt a.M., Urt. v. 4.12.1979 – 5 U 149/78 – ZLW **1980** 441, 444; OLG Köln, Urt. v. 11.6.1982 – 20 U 121/81 – ZLW **1983** 167; OLG Hamburg, Urt. v. 18.2.1988 – 6 U 195/97 – TranspR **1988** 201, 202 = ZLW **1988** 362 = VersR **1988** 1158; LG Frankfurt a.M., Urt. v. 7.3.1973 – 3/3 O 227/72 – ZLW **1973** 306, 308; **aA F** TribCom Paris, Urt. v. 9.1.1976 – *Cie Air Zaire c. Kimo* – RFDA **1977** 96; F TribCom Toulouse Urt. v. 14.2.1980 – *Helvetia c. Air France* – RFDA **1981** 236, 238.

31 OLG Frankfurt a.M., Urt. v. 4.12.1979 – 5 U 149/78 – ZLW **1980** 441, 444.

32 LG Frankfurt a.M., Urt. v. 7.3.1973 – 3/3 O 227/72 – ZLW **1973** 306, 308.

33 OLG Frankfurt, Urt. v. 9.1.2007 – 8 U 184/06 – RRa **2007** 79, 80.

34 Ebenroth/Boujong/*Pokrant*[5] Art. 31 MÜ Rn. 9.

Art. 31 Abs. 2 MÜ genannten Fristen vertraglich verlängert werden.[35] Schweben zwischen dem Luftfrachtführer und dem Geschädigten Vergleichsverhandlungen über den Schadensersatzanspruch, so ist allein in der Aufnahme von Vergleichsverhandlungen kein Verzicht auf die Schadensanzeige zu sehen.[36] Jedoch wird man bei Maßgeblichkeit deutschen Rechts § 203 BGB entsprechend auf den Fristlauf anwenden, so dass während der Vergleichsverhandlungen der Ablauf gehemmt ist.

In Einzelfällen kann auch der Luftfrachtführer sein Recht, sich auf eine Fristversäumnis bei der Schadensanzeige zu berufen, verwirkt haben.[37] Die **Verwirkung** setzt als Sonderfall der unzulässigen Rechtsausübung bei ergänzend anwendbarem deutschen Recht voraus, dass seit der Möglichkeit, das Recht geltend zu machen, längere Zeit verstrichen ist. Neben dem Zeitmoment müssen weitere Umstände hinzutreten, die die verspätete Geltendmachung des Rechts als gegen Treu und Glauben verstoßend erscheinen lassen. Dafür reicht es nicht aus, dass sich der Luftfrachtführer vorprozessual nicht auf Art. 31 MÜ berufen hat und seine Rechtsverteidigung erst im Verlauf des Rechtsstreits auch auf formelle Gründe erweitert.[38] 21

dd) Kenntnis des Luftfrachtführers von der Beschädigung, Verspätung. Die Kenntnis des Luftfrachtführers von der Beschädigung oder von der Verspätung lässt idR die Anzeigeobliegenheit entfallen. Da der Sinn und Zweck der Schadensanzeige darin besteht, den Luftfrachtführer möglichst zeitnah über den Schaden zu informieren und ihn in die Lage zu versetzen, Schadensfeststellungen einzuleiten, käme einer Schadensanzeige bei Kenntnis des Luftfrachtführers einer bloßen Formalität gleich. Insofern hat der BGH[39] ein Schadensprotokoll des Luftfrachtführers bzw. dessen Agenten[40] einer Schadensanzeige gleichgestellt. Für die Kenntnis des Luftfrachtführers reicht es aus, wenn er Tatsachen vor Augen hat, die das Vorliegen eines Schadens als wahrscheinlich erscheinen lassen.[41] Auf die Kenntnis des genauen Schadensumfangs kommt es nicht an.[42] Der Luftfrachtführer hat sich sowohl die Kenntnis seines Agenten sowie auch eines Empfangs- oder Weiterleitungsspediteurs zurechnen zu lassen. Dagegen ist weder die Kenntnis des Schadens durch irgendeinen beliebigen, nicht empfangsbevollmächtigten Angestellten des Luftfrachtführers noch die Feststellung des Schadens durch die Zollbehörde[43] ausreichend. 22

2. Form und Inhalt der Anzeige

a) Form der Schadensanzeige. Absatz 3 sieht für die Beanstandung ein Schriftformerfordernis vor und gilt sowohl für den Vorbehalt nach Absatz 1 als auch die eigentliche Schadensanzeige nach Absatz 2. Was unter dem Begriff „schriftlich" zu verstehen ist, definiert das Montrealer Übereinkommen nicht. Das Schriftformerfordernis soll die Beweisbarkeit der Schadensanzeige gewährleisten. Hierfür ist nicht unbedingt notwendig, dass die Schadensanzeige unterschrieben worden 23

---

35 FrankfKomm/*Giemulla* Art. 31 MÜ Rn. 32; *Goldhirsch* Handbook S. 131.
36 Ebenso zum WA: US CA 9th Cir., Urt. v. 8.3.1984 – *Stud v. Trans International Airlines* – 727 F.2 d 880 = **18** Avi 17.684.
37 FrankfKomm/*Giemulla* Art. 31 MÜ Rn. 33.
38 So OLG Düsseldorf, Urt. v. 13.12.1990 – 18 U 120/90 – TranspR **1990** 106, 108; FrankfKomm/*Giemulla* Art. 31 MÜ Rn. 33; Ebenroth/Boujong/*Pokrant*[5] Art. 31 MÜ Rn. 10.
39 BGH, Urt. v. 14.3.1985 – I ZR 183/82 – VersR **1985** 686.
40 OLG Hamburg, Urt. v. 9.2.1984 – 6 U 226/83 – TranspR **1985** 117; OLG Düsseldorf, Urt. v. 13.12.1990 – 18 U 120/90 – TranspR **1991** 106, 107 f. = VersR **1991** 603.
41 AA *Koller*[7] Art. 26 WA 1955 Rn. 9.
42 LG Frankfurt a.M., Urt. v. 27.5.1986 – 3/4 O 2/86 – TranspR **1986** 292.
43 OLG Frankfurt a.M., Urt. v. 3.6.1976 – 16 U 92/75 – ZLW **1977** 152, 153.

ist.[44] Ein Telefax ist daher ausreichend.[45] Bei elektronischer Datenübermittlung durch E-Mail ist ausreichend, dass sich der Luftfrachtführer den Text der Schadensanzeige ausdrucken lassen kann.[46] Eine bloß mündliche Erklärung reicht daher nicht aus.[47]

24 **b) Inhalt der Schadensanzeige.** Bei der Schadensanzeige handelt es sich im Gegensatz zum Vorbehalt nicht bloß um eine vorläufige Beanstandung, wie sie als Voraussetzung für die Ausschaltung der Rechtsfolge von Absatz 1 genügen kann, sondern um eine *substantiierte* Rüge.[48] Zwar muss die Beanstandung nicht im Einzelnen bis ins Detail die Schadensposten beschreiben. Jedoch wird man eine konkrete Angabe über die Art. der Beschädigung und über den ungefähren Umfang verlangen müssen.[49] Ferner muss die Anzeige erkennen lassen, gegen wen die Ansprüche geltend gemacht werden.[50] Unzureichend ist daher eine Anzeige, mit der lediglich schlechthin eine Beschädigung gerügt wird,[51] nur vorsorglich Schäden geltend gemacht werden[52] oder ein Vorbehalt erklärt wird.

25 Der in der Praxis verwendete „property irregularity report" („PIR") dient nur der Suchaktion des Luftfrachtführers mit Hilfe des Computers.[53] Allein aus Erteilung eines Suchauftrags ist noch nicht auf eine konkretisierte Schadensbeschreibung zu schließen. Die Frage nach der Einordnung des PIR als Vorbehalt oder als Schadensanzeige hängt letztlich davon ab, inwieweit dieser eine detaillierte Schadensbeschreibung enthält.[54]

26 Nicht dagegen muss die Schadensanzeige bereits erkennen lassen, *gegen wen* im einzelnen der Schadensersatzanspruch geltend gemacht wird.[55] Denn die Funktion der Schadensanzeige erschöpft sich in einer **Tatsachenmitteilung** und dient der sofortigen Einleitung von Beweissicherungsmaßnahmen auf Seiten des Luftfrachtführers; für die rechtliche Konkretisierung des Anspruchs und des Anspruchsgegners steht ohnehin die Zweijahresfrist nach Art. 35 MÜ zur Verfügung.[56]

27 Die Anzeige wirkt nur insoweit, als die Schäden mitgeteilt werden. Weitere selbständige Schäden oder Verspätungen können daher nach Fristablauf nicht mehr nachgeschoben werden.[57] Beschränkt sich die Schadensanzeige auf die Beschädigung der Verpackung, so erfasst sie nicht auch

44 OLG Celle, Urt. v. 6.3.2003 – 11 U 141/02 – TranspR **2003** 314, 315.

45 OLG Frankfurt a.M., Urt. v. 12.7.1993 – 5 U 159/92 – RIW **1994** 68, 69; OLG München, Urt. v. 10.8.1994 – 7 U 7322/93 – TranspR **1995** 118, 119 = NJW-RR **1995** 672 = ZLW **1996** 99, 100; MünchKommHGB/*Müller-Rostin*[5] Art. 31 MÜ Rn. 24.

46 Ebenroth/Boujong/*Pokrant*[5] Art. 31 MÜ Rn. 16.

47 OLG Stuttgart, Urt. v. 29.3.2006 – 3 U 272/05 – NJW-RR **2007** 566, 567.

48 OLG Frankfurt a.M., Urt. v. 6.3.1976 – 16 U 92/75 – ZLW **1977** 152, 153; OLG Frankfurt a.M., Urt. v. 10.5.1977 – 5 U 154/76 – BB **1977** 1071 = MDR **1977** 846 = ZLW **1977** 230.

49 BGH, Urt. v. 9.6.2004 – I ZR 266/00 – NJW-RR **2004** 1482, 1483; OLG Frankfurt a.M., Urt. v. 10.5.1977 – 5 U 154/76 – ZLW **1977** 230, 233; OLG Hamburg, Urt. v. 18.2.1988 – 6 U 195/87 – TranspR **1988** 201, 203; OLG Nürnberg, Urt. v. 9.2.1992 – 12 U 3644/91 – TranspR **1992** 276, 278; LG Darmstadt, Urt. v. 6.4.2004 – 22 O 390/03 – ZLW **2005** 464.

50 OLG Frankfurt a.M., Urt. v. 29.5.2002 – 2 U 150/01 – NJW-RR **2003** 22; OLG München, Urt. v. 16.3.2011 – 7 U 1807/09 – juris Rz. 25.

51 OLG Celle, Urt. v. 6.3.2003 – 11 U 141/02 – TranspR **2003** 314, 315; OLG München, Urt. v. 16.3.2011 – 7 U 1807/09 – juris Rz. 25; LG München, Urt. v. 17.2.1999 – 15 HKO 15198/98 – TranspR **2000** 184, 185.

52 *Koller*[7] Art. 26 WA 1955 Rn. 12; *Müller-Rostin* in: Fremuth/Thume Art. 26 WA 1955 Rn. 6.

53 FrankfKomm/*Giemulla* Art. 31 MÜ Rn. 16.

54 *Naumann/Steppler* ZLW **2009** 232, 242.

55 OLG Hamburg, Urt. v. 9.2.1984 – 6 U 226/83 – TranspR **1985** 117; OLG Hamburg, Urt. v. 18.2.1988 – 6 U 195/87 – TranspR **1988** 201, 203 = ZLW **1988** 361 = VersR **1988** 1158; **aA** OLG Frankfurt a.M., Urt. v. 10.5.1977 – 5 U 154/76 – ZLW **1977** 230 = MDR **1977** 846 = BB **1977** 1071 (1072); *Koller*[7] Art. 26 WA 1955 Rn. 12.

56 *Ruhwedel*[3] Luftbeförderungsvertrag Rn. 484.

57 FrankfKomm/*Giemulla* Art. 31 MÜ Rn. 15; *Koller*[7] Art. 26 WA 1955 Rn. 12; *Müller-Rostin* in: Fremuth/Thume Art. 26 WA 1955 Rn. 6; *Giemulla/Schmid* ZLW **1992** 123, 124.

Beschädigungen des Inhalts der Verpackung,[58] es sei denn, aus der Art. der Beschreibung des Verpackungsschadens kann auf einen Inhaltsschaden geschlossen werden.[59] Im Falle eines Verspätungsschadens darf dagegen die weitere, sich noch im Fluss befindliche Schadensentwicklung berücksichtigt werden. Dies folgt daraus, dass eine Konkretisierung des Verspätungsschadens im Zeitpunkt der Ablieferung noch nicht exakt feststellbar sein wird, da er unter anderem von Ansprüchen Dritter gegen den Empfänger wegen verspäteter Weiterlieferung abhängt.

3. Unverzüglichkeit, Fristen

a) Unverzüglichkeit. Absatz 2 Satz 1 schreibt für die Beschädigung vor, dass der Empfänger die Anzeige unverzüglich erstatten muss. Unverzüglich bedeutet wie im deutschen Recht (§ 121 BGB, § 377 HGB) sofort nach Entdeckung und innerhalb des Zeitraums, der für die Prüfung und Substantiierung der Rüge unter Anlegung eines strengen Maßstabes notwendig ist. Im Einzelfall können Verpackung und Natur der Güter mehr Zeit erlauben, aber auch zu größerer Eile zwingen: Bei einem Transport verderblicher Ware wurde die Absendung der Schadensanzeige am Tag nach der Ankunft als ein Fall bezeichnet, der sich der Grenze schuldhaften Zögerns nähert.[60] Dagegen wurde eine Schadensanzeige im Fall verendeter Küken nach 3 bis 4 Tagen als verspätet betrachtet, da die Todesursache veterinärmedizinisch nur innerhalb von 4 Stunden feststellbar gewesen ist und dadurch die Anzeige ihrem Sinn nicht mehr gerecht wurde, dass der Luftfrachtführer Maßnahmen zur Schadensaufklärung ergreifen kann.[61] Ist der Schaden bei Entgegennahme des Gutes **offenkundig**, darf die Anzeigefrist von maximal 14 Tagen nicht voll ausgeschöpft werden.[62] 28

b) Beschädigung. Die Schadensanzeige muss unmittelbar nach der Entdeckung angebracht werden. Die Frist beträgt bei aufgegebenem Reisegepäck 7 Tage, bei Gütern 14 Tage. Gemäß Art. 52 MÜ sind Sonntage und Feiertage mitzuzählen. Der Fristbeginn geschieht mit der Annahme des Gutes oder des Reisegepäcks durch den Empfänger.[63] Dem steht auch nicht Art. 13 Abs. 3 MÜ entgegen,[64] wonach der Empfänger seine Rechte aus dem Luftbeförderungsvertrag erst nach Anerkenntnis durch den Luftfrachtführer geltend machen kann. Denn die Schadensanzeige ist kein Recht aus dem Luftbeförderungsvertrag, sondern vielmehr eine einseitige Wissenserklärung. 29

Der Fristbeginn und das Fristende berechnen sich in entsprechender Anwendung des Art. 35 Abs. 2 MÜ nach dem Recht des angerufenen Gerichts.[65] Läuft die Frist an einem Samstag, Sonn- oder Feiertag ab, bedeutet dies bei Maßgeblichkeit deutschen Rechts, dass die Anzeigefrist erst gemäß § 193 BGB am nächsten Werktag endet. Die Verkürzung der Fristen, gleichviel ob durch AGB oder durch Individualvertrag, verstößt gegen Art. 26 MÜ.[66] 30

Verdeckte Schäden, die nach der Natur der Güter erst später zu Tage treten (zB Beeinträchtigung von Arzneimittel durch Sonneneinstrahlung beim Umladen), anders zu behandeln, indem man die Anzeigefristen erst ab Kenntnis oder Erkennbarkeit des Mangels zu laufen beginnen lässt, lässt der Wortlaut nicht zu. Denn der Wortlaut *„... unverzüglich nach Entdeckung des Schadens, ...* 31

---

58 OLG Frankfurt a.M., Urt. v. 8.10.1996 – 5 U 18/95 – TranspR **1997** 287 = ZLW **1998** 245, 246; *Koller*[7] Art. 26 WA 1955 Rn. 12; **aA** OLG München, Urt. v. 30.12.1994 – 7 U 7322/93 – TranspR **1995** 300, 301.

59 BGH, Urt. v. 9.6.2004 – I ZR 266/00 – NJW-RR **2004** 1482, 1483.

60 OLG Frankfurt a.M., Urt. v. 12.7.1993 – 5 U 159/92 – RIW **1994** 68.

61 LG Frankfurt a.M., Urt. v. 7.3.1973 – 3/3 O 227/72 – ZLW **1973** 306, 309.

62 OLG Stuttgart, Urt. v. 29.3.2006 – 3 U 272/05 – ZLW **2007** 503, 507; Ebenroth/Boujong/*Pokrant*[5] Art. 31 MÜ Rn. 13.

63 *Ruhwedel*[3] Luftbeförderungsvertrag Rn. 486.

64 FrankfKomm/*Giemulla* Art. 31 MÜ Rn. 18.

65 *Koller*[7] Art. 26 WA 1955 Rn. 10; MünchKommHGB/*Kronke* Art. 26 WA 1955 Rn. 15; *Ruhwedel*[3] Luftbeförderungsvertrag Rn. 486.

66 FrankfKomm/*Giemulla* Art. 31 MÜ Rn. 21; *Dettling-Ott* Lufttransportrecht S. 297; *Goldhirsch* Handbook S. 131.

jedenfalls“ zeigt, dass es bei den Anzeigefristen um sog. absolute Fristen handelt und es nicht auf die Erkennbarkeit des Schadens ankommt.[67]

32 Art. 31 Abs. 2 MÜ verlangt nicht Zugang der Schadensanzeige innerhalb dieser Frist, sondern nur das Absenden.[68] Die Beweislast für das rechtzeitige Absenden trägt hierbei der Geschädigte.

33 **c) Verspätung.** Bei einer Verspätung kann weder an eine nachweisbare „Entdeckung“ angeknüpft werden noch muss diese unverzüglich gerügt werden. Dieser Unterschied im Vergleich zur Schadensanzeige bei Beschädigungen ist darauf zurückzuführen, dass die Beweislage durch den Zeitablauf nicht so stark gefährdet ist. Die Frist beträgt 21 Tage. Der Fristbeginn und das Fristende berechnen sich in entsprechender Anwendung des Art. 35 Abs. 2 MÜ nach dem Recht des angerufenen Gerichts (vgl. oben Rdn. 30). Die Frist berechnet sich aber nicht von der Annahme, sondern vom Zeitpunkt an, in welchem die Ware dem Empfänger zur Verfügung gestellt wird, d.h. mit der Anzeige nach Art. 13 Abs. 2 MÜ. Die Frist beginnt daher auch bei etwaigen Ablieferungsversuchen im Falle eines Annahmeverzuges des Empfängers zu laufen, was der Luftfrachtführer darzulegen und zu beweisen hat.[69]

4. Zuständige Personen

34 **a) Erklärungsberechtigter.** Zur Schadensanzeige sind nach dem klaren Wortlaut des Absatzes 2 – vom Fall der Annahmeverweigerung abgesehen – der Empfänger und dessen Rechtsnachfolger berechtigt.[70] Über den Wortlaut hinaus ist jedoch anerkannt, dass eine Schadensanzeige eines Dritten genügt, wenn dieser auf Veranlassung des Empfängers tätig wird.[71] Der Empfänger kann daher seine Leute oder auch Dritte vorweg beauftragen. Davon ist auszugehen, wenn diese für den Empfänger das Gut entgegennehmen sollen oder als Meldeadresse fungieren.[72] Wird das Gut an den Absender zurückgeleitet, befindet sich dieser in der Rolle des Empfängers.[73]

b) Adressat der Anzeige

35 **aa) Grundfall.** Nach Art. 31 Abs. 2 Satz 1 MÜ ist die Schadensanzeige gegenüber dem Luftfrachtführer zu erstatten. Ebenso kann sie fristwahrend an eine vom Luftfrachtführer empfangsbevollmächtigte Person gerichtet werden. Als bevollmächtigt zur Entgegennahme gelten sowohl der Agent des Luftfrachtführers[74] als auch der Empfangs- bzw. Weiterleitungsspediteur[75] sowie Personen aufgrund einer Anscheins- oder Duldungsvollmacht.[76] Nicht genügend ist dagegen die Benachrichtigung an einen beliebigen Angestellten des Luftfrachtführers, z.B. an das vom Luftfrachtführer eingesetzte Bodenverkehrsdienstpersonal[77] oder an Bedienstete irgendeines eines Luftunternehmens.[78]

---

67 MünchKommHGB/*Kronke* Art. 26 WA 1955 Rn. 16; *Ruhwedel*[3] Luftbeförderungsvertrag Rn. 486.

68 OLG Hamburg, Urt. v. 18.2.1988 – 6 U 195/87 – TranspR **1988** 201, 204 = ZLW **1988** 361 = VersR **1988** 1158; *Guldimann* Art. 26 WA 1955 Rn. 18; *Koller*[7] Art. 26 WA 1955 Rn. 10; MünchKommHGB/*Kronke* Art. 26 WA 1955 Rn. 19.

69 *Koller*[7] Art. 26 WA 1955 Rn. 11.

70 OLG Düsseldorf, Urt. v. 13.12.1990 – 18 U 120/90 – TranspR **1991** 106, 107 = VersR **1991** 603.

71 BGH, Urt. v. 14.3.1985 – I ZR 183/82 – TranspR **1986** 22, 23; OLG München, Urt. v. 30.12.1994 –7 U 7322/93 – TranspR **1995** 300; LG Frankfurt a.M., Urt. v. 7.3.1973 – 3/3 O 227/72 – ZLW **1973** 306, 308.

72 OLG Hamburg, Urt. v. 18.2.1988 – 6 U 195/87 – TranspR **1988** 201, 203 = ZLW **1988** 361 = VersR **1988** 1158.

73 H.M.: vgl. statt vieler *Koller*[7] Art. 26 WA 1955 Rn. 13.

74 OLG Düsseldorf, Urt. v. 13.12.1990 – 18 U 120/90 – TranspR **1991** 106, 107 = VersR **1991** 603.

75 LG Stuttgart, Urt. v. 21.2.1992 – 11 KfH O 172/90 – TranspR **1993** 141, 142 = ZLW **1994** 240.

76 OLG Frankfurt a.M., Urt. v. 29.5.2002 – 2 U 150/01 – NJW-RR **2003** 22; Ebenroth/Boujong/*Pokrant*[5] Art. 31 MÜ Rn. 20.

77 *Koller*[7] Art. 26 WA 1955 Rn. 14; *Ruhwedel*[3] Luftbeförderungsvertrag Rn. 480.

78 AG Düsseldorf, Urt. v. 2.2.2000 – 44 C 14250/99 – TranspR **2000** 264.

bb) Ausführender Luftfrachtführer. Neben dem vertraglichen Luftfrachtführer ist auch der ausführende Luftfrachtführer richtiger Adressat einer Schadensanzeige. Nach Art. 42 Satz 1 MÜ sind Beanstandungen wirksam, gleichviel ob sie dem vertraglichen oder dem ausführenden Luftfrachtführer gegenüber erklärt werden.[79] 36

cc) Unterfrachtführer. Dagegen genügt es idR nicht, die Schadensanzeige an den Unterfrachtführer zu richten, da dieser zwar Erfüllungsgehilfe des Luftfrachtführers ist, in dieser Eigenschaft nicht zwangsläufig auch zum Empfangsbevollmächtigten wird.[80] 37

dd) Aufeinanderfolgende Beförderung. Bei der Sukzessivbeförderung kann die Anzeige anders als der Vorbehalt, der im Zeitpunkt der Annahme sofort und nur gegenüber dem letzten Luftfrachtführer erklärt werden kann, gegenüber allen aufeinanderfolgenden Luftfrachtführern erklärt werden. Die Anzeige gegenüber einem Luftfrachtführer wirkt wegen Art. 1 Abs. 3 MÜ, Art. 30 Abs. 3 MÜ gegenüber den anderen Luftfrachtführern.[81] 38

III. Rechtsfolge

1. Rechtzeitige, formgerechte Anzeige

Die Ersatzansprüche werden nicht präkludiert. Ist die Schadensanzeige nicht bei der Annahme des Guts in Form eines Vorbehalts erklärt worden, so muss der Geschädigte beweisen, dass das Gut im Obhutszeitraum beschädigt worden ist. 39

2. Verspätete oder formwidrige Anzeige

Absatz 4 bestimmt die grundsätzliche Folge einer Versäumung der in Absatz 2 gesetzten Rügefrist. Die Fristversäumung kann in einer Unterlassung, in der Verspätung, in einer ungenügenden Substantiierung oder in einer ungenügenden Form der Rüge bestehen. Das Versäumnis bewirkt, dass die Ansprüche unklagbar werden und materiellrechtlich erlöschen.[82] Ob dem Versäumnis ein Verschulden zugrunde liegt, ist unerheblich. Ob der Rechtsverlust von Amts wegen[83] oder nur auf Einrede[84] zu beachten ist, richtet sich wegen des Schweigens des Übereinkommens zu diesem Punkt nach dem Vertragsstatut, d.h. dem auf den Beförderungsvertrag anwendbaren Recht. 40

Die Versäumung des Vorbehalts oder der Anzeige seitens des Empfängers wirkt nicht nur gegen diesen selbst, sondern gegen jeden Rechtsinhaber. Auch der Absender kann also, wenn der Empfänger die Rügefristen versäumt hat, keine Schadensersatzansprüche gegen den Luftfrachtführer geltend machen. 41

79 FrankfKomm/*Giemulla* Art. 31 MÜ Rn. 9; MünchKommHGB/*Müller-Rostin*[5] Art. 31 MÜ Rn. 15.

80 OLG Frankfurt a.M., Urt. v. 10.5.1977 – 5 U 154/76 – BB **1977** 1071 = MDR **1977** 846 = ZLW **1977** 230; FrankfKomm/*Giemulla* Art. 31 MÜ Rn. 10; MünchKommHGB/*Kronke* Art. 26 WA 1955 Rn. 10.

81 *Müller-Rostin* TranspR **1989** 121, 128; *Ruhwedel*[3] Luftbeförderungsvertrag Rn. 480 f; *Kuhn* Haftung S. 171; **aA** FrankfKomm/*Giemulla* Art. 31 MÜ Rn. 11; *Koller*[7] Art. 26 WA 1955 Rn. 14; *Schoner* ZLW **1980** 326, 356.

82 OLG Stuttgart, Urt. v. 21.10.2009 – 3 U 116/09 – TranspR **2009** 482, 485; MünchKommHGB/*Müller-Rostin*[5] Art. 31 MÜ Rn. 30. Zum WA: BGH, Urt. v. 22.4.1982 – I ZR 86/80 – NJW **1983** 516, 517; BGH, Urt. v. 14.3.1985 – I ZR 183/82 – VersR **1985** 686 = TranspR **1986** 22, 23.

83 So FrankfKomm/*Giemulla* Art. 31 MÜ Rn. 40; *Koller*[7] Art. 26 WA 1955 Rn. 16; Ebenroth/Boujong/*Pokrant*[5] Art. 31 MÜ Rn. 24; MünchKommHGB/*Müller-Rostin*[5] Art. 31 MÜ Rn. 30.

84 *Guldimann* Art. 26 WA 1955 Rn. 23; MünchKommHGB/*Kronke* Art. 26 WA 1955 Rn. 21.

42 Ein Fristversäumnis bleibt ohne Folge, wenn der Luftfrachtführer gem. Art. 31 Abs. 4 MÜ arglistig gehandelt hat. Ein solches Verhalten liegt allerdings nur vor, wenn der Luftfrachtführer den Kläger schuldhaft daran gehindert hat, den anzuzeigenden Sachverhalt festzustellen oder die Anzeige fristgemäß zu erstatten.[85] Auch eine Täuschung über den Schadensumfang kann ein arglistiges Verhalten begründen.[86] Dagegen ist die Berufung des Luftfrachtführers auf das Erfordernis einer frist- und ordnungsgemäßen Anzeige nur treuwidrig, nicht hingegen arglistig, wenn der Empfänger allein von unzutreffenden Erklärungen eines Angestellten des Luftfrachtführers irrig davon ausging, dass er seiner Anzeigepflicht Genüge getan hätte.[87]

---

85 OLG Frankfurt a.M., Urt. v. 3.6.1976 – 16 U 92/75 – ZLW **1977** 152; US CA 2nd Cir., Urt. v. 7.6.1984 – *Me Denby v. Seabord World Airlines* – **737** F.2 d 172, Rz. 68.

86 OLG Köln, Urt. v. 11.6.1982 – 20 U 121/81 – ZLW **1983** 167.

87 *Ruhwedel*[3] Luftbeförderungsvertrag Rn. 489; **aA** US CA 2nd Cir., Urt. v. 7.6.1984 – *Me Denby v. Seabord World Airlines* – **737** F.2 d 172, Rz. 68, wonach Arglist zu bejahen sei, wenn ein Mitarbeiter des Luftfahrtunternehmens dem Empfänger versichert, dass seine mündliche Anzeige genüge.

Artikel 32 Tod des Schadensersatzpflichtigen

Stirbt die zum Schadensersatz verpflichtete Person, so kann der Anspruch auf Schadensersatz nach diesem Übereinkommen gegen ihre Rechtsnachfolger geltend gemacht werden.

Article 32 Death of Person Liable

In the case of the death of the person liable, an action for damages lies in accordance with the terms of this Convention against those legally representing his or her estate.

Article 32 Décès de la personne responsable

En cas de décès de la personne responsable, une action en responsabilité est recevable, conformément aux dispositions de la présente convention, à l'encontre de ceux qui représentent juridiquement sa succession.

Schrifttum

Vgl. vor Art. 1 MÜ.

Parallelvorschriften

Art. 27 WA 1955.

Übersicht

A. Allgemeines

I. Normzweck

1 Die Vorschrift stellt klar, dass die Ansprüche nach dem Übereinkommen im Falle des Todes des Verpflichteten gegen seine Rechtsnachfolger geltend gemacht werden können. Für das deutsche Recht ist diese Feststellung selbstverständlich, da der Erbe auch für die Schulden des Erblassers haftet.[1] Die Vorschrift ist vor allem im Hinblick auf das englische Recht in das Warschauer Abkommen aufgenommen worden, nach welchem Ersatzansprüche mit dem Tode des Ersatzpflichtigen erlöschen. Aus Art. 32 MÜ kann jedoch nicht gefolgert werden, dass die Ansprüche gegen den Rechtsnachfolger unbeschränkt und ohne Rücksicht auf das Recht des Erben, seine Haftung nach dem Erbrecht des Bürgerlichen Gesetzbuchs[2] zu beschränken, geltend gemacht werden können.[3]

---

1 § 1922 BGB.
2 Vgl. § 1975 BGB.
3 Ebenroth/Boujong/*Pokrant*[5] Art. 32 MÜ Rn. 1; *Guldimann* Art. 27 WA 1955 Rn. 3.

https://doi.org/10.1515/9783110564945-033

II. Entstehungsgeschichte

2 Die Vorschrift entspricht Art. 27 WA 1929 und wurde durch das Haager Protokoll von 1955 nicht verändert.

B. Anwendungsbereich

3 Die Vorschrift bezieht sich ihrem Wesen nach auf die Fälle, in welchem das Übereinkommen einen Ersatzanspruch nach Artt. 17–19 MÜ gegen den ersatzpflichtigen Luftfrachtführer gewährt. Außerhalb des Anwendungsbereichs bleiben landesrechtliche Ansprüche, welche das Übereinkommen nur beschränkt: z.B. Ansprüche gegen die Leute des Luftfrachtführers.[4] Aus der Praxis ist zu dieser Vorschrift keine Entscheidung bekannt.[5]

4 Ungewiss ist, ob Art. 32 MÜ auch auf den Rechtsnachfolger **juristischer Personen** anzuwenden ist. Der Wortlaut spricht nur vom Tod einer natürlichen Person. Die Vorschrift ist aus Praktikabilitätsgründen analog auf den Rechtsnachfolger einer juristischen Person anzuwenden.[6] Anderenfalls müsste man das Statut des Beförderungsvertrags sowie des Gesellschaftsstatuts einschließlich der Statute mehrerer Rechtsübergangsgründe bemühen, um den Übergang der Verbindlichkeit gegen den Rechtsnachfolger zu bestimmen, was den Vätern des vormaligen Warschauer Abkommens gewiss nicht vorgeschwebt hat.

---

4 Vgl. Art. 30 MÜ.

5 Vgl. Ebenroth/Boujong/*Pokrant*[5] Art. 32 MÜ Rn. 2; *Goldhirsch* Handbook S. 138.

6 Ebenso FrankfKomm/*Giemulla* Art. 32 MÜ Rn. 4; Ebenroth/Boujong/*Pokrant*[5] Art. 32 MÜ Rn. 3; zum WA: *Guldimann* Art. 27 WA 1955 Rn. 3; MünchKommHGB/*Kronke* Art. 27 WA 1955 Rn. 2; FrankfKomm/*Ehlers* Art. 27 WA 1955 Rn. 1; **aA** MünchKommHGB/*Müller-Rostin*[5] Art. 32 MÜ Rn. 2.

Artikel 33 Gerichtsstand

1. **Die Klage auf Schadensersatz muss im Hoheitsgebiet eines der Vertragsstaaten erhoben werden, und zwar nach Wahl des Klägers entweder bei dem Gericht des Ortes, an dem sich der Wohnsitz des Luftfrachtführers, seine Hauptniederlassung oder seine Geschäftsstelle befindet, durch die der Vertrag geschlossen worden ist, oder bei dem Gericht des Bestimmungsorts.**
2. **Die Klage auf Ersatz des Schadens, der durch Tod oder Körperverletzung eines Reisenden entstanden ist, kann bei einem der in Absatz 1 genannten Gerichte oder im Hoheitsgebiet eines Vertragsstaats erhoben werden, in dem der Reisende im Zeitpunkt des Unfalls seinen ständigen Wohnsitz hatte und in das oder aus dem der Luftfrachtführer Reisende im Luftverkehr gewerbsmäßig befördert, und zwar entweder mit seinen eigenen Luftfahrzeugen oder aufgrund einer geschäftlichen Vereinbarung mit Luftfahrzeugen eines anderen Luftfrachtführers, und in dem der Luftfrachtführer sein Gewerbe von Geschäftsräumen aus betreibt, deren Mieter oder Eigentümer er selbst oder ein anderer Luftfrachtführer ist, mit dem er eine geschäftliche Vereinbarung geschlossen hat.**
3. **[1]Im Sinne des Absatzes 2 bedeutet**
   a) **„geschäftliche Vereinbarung" einen Vertrag zwischen Luftfrachtführern über die Erbringung gemeinsamer Beförderungsdienstleistungen für Reisende im Luftverkehr mit Ausnahme eines Handelsvertretervertrags,**
   b) **„ständiger Wohnsitz" den Hauptwohnsitz und gewöhnlichen Aufenthalt des Reisenden im Zeitpunkt des Unfalls. [2]Die Staatsangehörigkeit des Reisenden ist in dieser Hinsicht nicht entscheidend.**
4. **Das Verfahren richtet sich nach dem Recht des angerufenen Gerichts.**

Article 33 Jurisdiction

1. *An action for damages must be brought, at the option of the plaintiff, in the territory of one of the States Parties, either before the court of the domicile of the carrier or of its principal place of business, or where it has a place of business through which the contract has been made or before the court at the place of destination.*
2. *In respect of damage resulting from the death or injury of a passenger, an action may be brought before one of the courts mentioned in paragraph 1 of this Article, or in the territory of a State Party in which at the time of the accident the passenger has his or her principal and permanent residence and to or from which the carrier operates services for the carriage of passengers by air, either on its own aircraft, or on another carrier's aircraft pursuant to a commercial agreement, and in which that carrier conducts its business of carriage of passengers by air from premises leased or owned by the carrier itself or by another carrier with which it has a commercial agreement.*
3. *For the purposes of paragraph 2,*
   a) *„commercial agreement" means an agreement, other than an agency agreement, made between carriers and relating to the provision of their joint services for carriage of passengers by air;*
   b) *„principal and permanent residence" means the one fixed and permanent abode of the passenger at the time of the accident. The nationality of the passenger shall not be the determining factor in this regard.*
4. *Questions of procedure shall be governed by the law of the court seised of the case.*

https://doi.org/10.1515/9783110564945-034

Article 33 Juridiction compétente

1. *L'action en responsabilité devra être portée, au choix du demandeur, dans le territoire d'un des États Parties, soit devant le tribunal du domicile du transporteur, du siège principal de son exploitation ou du lieu où il possède un établissement par le soin duquel le contrat a été conclu, soit devant le tribunal du lieu de destination.*
2. *En ce qui concerne le dommage résultant de la mort ou d'une lésion corporelle subie par un passager, l'action en responsabilité peut être intentée devant l'un des tribunaux mentionnés au paragraphe 1 du présent article ou, eu égard aux spécificités du transport aérien, sur le territoire d'un État partie où le passager a sa résidence principale et permanente au moment de l'accident et vers lequel ou à partir duquel le transporteur exploite des services de transport aérien, soit avec ses propres aéronefs, soit avec les aéronefs d'un autre transporteur en vertu d'un accord commercial, et dans lequel ce transporteur mène ses activités de transport aérien à partir de locaux que lui-même ou un autre transporteur avec lequel il a conclu un accord commercial loue ou possède.*
3. *Aux fins du paragraphe 2:*
   a) *„accord commercial" signifie un accord autre qu'un accord d'agence conclu entre des transporteurs et portant sur la prestation de services communs de transport aérien de passagers;*
   b) *„résidence principale et permanente" désigne le lieu unique de séjour fixe et permanent du passager au moment de l'accident. La nationalité du passager ne sera pas le facteur déterminant à cet égard.*
4. *La procédure sera régie selon le droit du tribunal saisi de l'affaire.*

Schrifttum

Ehlers Die Verfahrensregeln des Warschauer Abkommens – Schadensanzeige, Gerichtsstand und Ausschlussfrist – Artikel 26, 28, 29, TranspR **1996** 183–187; *Giemulla/Mölls* Die selbständige Agentur – eine „Geschäftsstelle minderer Art"? NJW **1983** 1953–1954; *Hayashida* Jurisdiction in Aviation Cases in Japan, ZLW **1993** 250–257; *Hopperdietzel* Internationale und nationale Gerichtsstände bei Klagen gegen Luftfahrtunternehmen oder Reiseveranstalter – Kommt auch der Verbraucher-Gerichtsstand in Betracht? RRa **2022** 117–123; *Koller* Die örtliche Zuständigkeit bei internationalen Gütertransporten mit Luftfahrzeugen, TranspR **2003** 285–286; *Kronke* Zur internationalen und örtlichen Zuständigkeit deutscher Gerichte für Haftungsansprüche aus dem grenzübschreitenden Luftfrachtgeschäft sowie zur Haftung des Luftfrachtführers bei nicht feststellbarem Schadensort, IPRax **1993** 109; *Kuhn* Die Haftung für Schäden an Frachtgütern, Gepäck und Luftpostsendungen nach dem Warschauer Haftungssystem und den §§ 44–52 LuftVG, Diss. Köln **1987**; *Mauritz* Current Legal Developments: The ICOA International Conference on Air Law, Montreal, May 1999, ASL **1999** 153–157; *Müller-Rostin* Die Internationale Luftrechtskonferenz von Montreal zur Reform des Warschauer Abkommens (10.–28. Mai 1999), ZLW **2000** 36–51; *Mutschler* Die Haftung für Unfälle im internationalen Luftverkehr, Diss. Konstanz **2002**; *Nagel* Internationale Zuständigkeit bei Beteiligung ausländischer Fluggesellschaften, IPRax **1984** 13–14; *Ravaud* La notion d'établissement au sens de l'article 28 de la Convention de Varsovie, RFDA **1985** 159–161; *Reifarth* Zur Anwendbarkeit des Art. 28 des Warschauer Abkommens auf die „Leute" des Luftfrachtführers, IPRax **1983** 107–108; *Rieländer* Internationale und örtliche Zuständigkeit bei Geltendmachung von Ansprüchen nach der Fluggastrechte-VO und dem MÜ in kumulativer Klagehäufung, EuZW **2020** 59–63; *Schiller* Gerichtsstand der Geschäftsstelle nach Art. 28 WA, ZLW **1984** 259; *Staudinger* Praktikertipps zum Erfüllungsortsgerichtsstand im Luftverkehr, RRa **2009** 219–231; *Vyvers* Warum die Klage zum unzuständigen Gerichte die Ausschlussfrist nach Art. 35 MÜ doch nicht hemmt, TranspR **2015** 233–236; *ders.* Der Wortlaut des Art. 33 MÜ und seine Ausgestaltung – immer wieder überraschend!? TranspR **2022** 501–503; *Wahlen* The new Warsaw Convention: The Montreal Convention, ASL **2000** 12–26; *Wegner* Der Gerichtsstand der „Geschäftsstelle" nach Art. 28 Abs. 1 des Warschauer Abkommens, VersR **1982** 423–427; *Wenzler* Art. 28 Abs. 1 Warschauer Abkommen in der Rechtsprechung US-amerikanischer Gerichte, TranspR **1990** 414–418.

Parallelvorschriften

Art. 28 WA 1955; Art. 31 CMR.

Übersicht

A. Allgemeines

I. Normzweck

Die Vorschrift regelt zwei verschiedene Problembereiche. **Absätze 1** bis **3** regeln die internationale Zuständigkeit für Klagen auf Schadensersatz. Die internationale Zuständigkeit ist zu unterscheiden von der Frage der Gerichtshoheit, welche gelegentlich von Fluggesellschaften, die Staatsunternehmen sind, bestritten wird.[1] Das Montrealer Übereinkommen stellt dem Kläger insgesamt fünf verschiedene Gerichtsstände zur Verfügung. Mit den Gerichtsständen im Sitz des jeweiligen Vertragsstaates soll sichergestellt werden, dass bei Streitentscheidungen die Vorschriften des MÜ effektiv zur Anwendung kommen.[2] Ferner trägt die Vorschrift dem berechtigten Interesse der Parteien Rechnung, vorherzusehen, wo sie klagen bzw. verklagt werden können. 1

1 *Geimer*[6] IZPR Rn. 371 ff., 624 ff.; *Schack*[5] IZVR Rn. 130.
2 Ebenso MünchKommHGB/*Kronke* Art. 28 WA 1955 Rn. 2.

2 **Absatz 4** stellt klar, dass sich das Prozessverfahren nach der lex fori richtet. Diese Vorschrift ist an sich selbstverständlich, erklärt sich jedoch aus den Sorgen der Väter des Warschauer Abkommens in Bezug auf den Zugang zu den Gerichten für Ausländer.[3]

II. Entstehungsgeschichte

3 Art. 33 Abs. 1 und 4 MÜ entsprechen Art. 28 WA 1955. Darüber hinaus wurde die Gerichtsstandsvorschrift des Art. 33 MÜ um einen fünften Gerichtsstand – dem Hauptwohnsitz des Reisenden – ergänzt. Die Aufnahme dieses Gerichtsstands war bei den Vorberatungen insbesondere von den Vereinigten Staaten von Amerika[4] damit begründet worden, dass das Gericht am Hauptwohnsitz des Reisenden am besten in der Lage sei, unter Berücksichtigung der Lebensumstände des Passagiers eine angemessene Entschädigungsleistung festzusetzen. Gegen die Einführung des fünften Gerichtsstands wurde insbesondere die Gefahr des „Forum shoppings" ins Feld geführt sowie eine ungerechtfertigte Begünstigung derjenigen Passagiere aus Staaten, in denen hohe Entschädigungsleistungen zugesprochen werden.[5]

B. Anwendungsbereich des Art. 33 MÜ

I. Verhältnis des MÜ zur Brüssel Ia-Verordnung und dem Luganer Übereinkommen

4 Im Verhältnis zur Brüssel-Verordnung (EU) Nr. 1215/2012 vom 12. Dezember 2012 über die gerichtliche Zuständigkeit und die Anerkennung und Vollstreckung von Entscheidungen in Zivil- und Handelssachen (**Brüssel Ia-VO**)[6] sind die Regeln des Art. 33 MÜ leges specialis, wie sich aus Art. 71 Abs. 1 Brüssel Ia-VO ergibt.[7] Doch kann die Brüssel Ia-VO dann anwendbar sein, soweit eine Frage in Art. 33 MÜ nicht geregelt ist.[8] Da Art. 33 MÜ nur die internationale Entscheidungszuständigkeit regelt, die Brüssel Ia-VO hingegen die Anerkennung und Vollstreckung (Art. 36 ff EuGVVO), die Berücksichtigung der Rechtshängigkeit von Amts wegen (Art. 29 Brüssel Ia-VO) und die Verfahrensaussetzung zur Vermeidung widersprechender Entscheidungen (Art. 30 Brüssel Ia-VO), kommt der Brüssel Ia-VO im Verhältnis zum Montrealer Übereinkommen *ergänzende* Funktion zu.[9]

5 Das Luganer Übereinkommen[10] über die gerichtliche Zuständigkeit und die Vollstreckung gerichtlicher Entscheidungen in Zivil- und Handelssachen vom 16. September 1988 ist als nicht voll identisches „Parallelabkommen" zum vormaligen EuGVÜ (nunmehr Brüssel Ia-VO) entstanden und dient dazu, dessen auf die EU-Länder beschränkten Geltungsbereich durch weitgehend gleichlautende Regelungen auf europäische Nicht-EU-Länder auszudehnen. Während Art. 57 Abs. 1 des Luganer Übereinkommens mit Art. 70 Brüssel Ia-VO übereinstimmt, gibt es dagegen Abweichungen bei der Anerkennung und Vollstreckung von Urteilen.

---

3 Vgl. II. Conférence Internationale de Droit Privé Aérien, 4.–12. Octobre 1929, Varsovie, 1930 S. 113 f.

4 Vgl. DCW Doc 12 4/5/99.

5 Vgl. weiter zur Entstehungsgeschichte m.w.N. *Mauritz* ASL **1999** 153, 155 ff.; *Müller-Rostin* ZLW **2000** 36, 47; *Wahlen* ASL **2000** 12, 21 f.

6 ABl. EU 2012 Nr. L 351 S. 1 vom 20.12.2012; Nachfolger der EuGVVO (EG) Nr. 44/2001, ABl. EG 2001 Nr. L 12 S. 1 vom 16.1.2001.

7 *Staudinger* RRa **2009** 219.

8 Ebenroth/Boujong/*Pokrant*[5] Art. 33 MÜ Rn. 5.

9 BeckOGK/*Förster* Art. 33 MÜ Rn. 9; ebenso MünchKommHGB/*Müller-Rostin* Art. 33 MÜ Rn. 10 f. zur Vorgängerregelung (EuGVVO).

10 BGBl. 1994 II S. 2658.

II. Regelung der internationalen und örtlichen Zuständigkeit

Umstritten ist in der Rechtspraxis, ob Art. 33 MÜ sich ausschließlich nur mit der internationalen Zuständigkeit.[11] befasst oder auch eine Aussage zur örtlichen Zuständigkeit enthält.[12] Zuständigkeitsnormen in Staatsverträgen regeln meist nur die internationale,[13] gelegentlich auch die örtliche[14] Die Materialien zum Warschauer Abkommen enthalten keine Hinweise, ob die Zuständigkeitsregelung doppelfunktional zu verstehen ist. 6

In den Staaten des Common-law-Rechtskreises, insbesondere den USA, werden die in Art. 33 MÜ angeführten Gerichtsstände nicht als konkrete Kompetenzzuweisung an ein inländisches Gericht, sondern nur als generelle Eröffnung des Rechtswegs in dem Vertragsstaat, innerhalb dessen mindestens einer dieser Gerichtsstände gelegen ist, interpretiert.[15] Demzufolge bestimmt Art. 28 WA 1955 (nunmehr: Art. 33 MÜ) nur die internationale Zuständigkeit (sog. **treaty jurisdiction**)[16] als eigentliche Rechtsprechungsbefugnis, nicht dagegen die örtliche Zuständigkeit („**venue**") als bloße administrative Zuordnung des Rechtsstreits.[17] Ist der Luftfrachtführer in den USA inkorporiert, sind nach Art. 33 MÜ die US-amerikanischen Gerichte zuständig, den Rechtsstreit zu verhandeln. Eine Fluggesellschaft aus Miami kann möglicherweise in New York verklagt werden,[18] wenn das Prozessrecht des Bundesstaates New York dies zulässt. 7

Die Auffassung, dass Art. 33 Abs. 1 MÜ (vormals: Art. 28 Abs. 1 WA 1955) nur die internationale Zuständigkeit regele, nicht hingegen die örtliche, ist abzulehnen.[19] Art. 33 Abs. 1 MÜ bestimmt nämlich nicht nur, dass die Klage auf Schadensersatz in dem Gebiet eines Vertragsstaats erhoben werden muss, sondern auch, dass die Klage nach Wahl des Klägers entweder *bei dem Gericht des Ortes*, wo der Luftfrachtführer seinen Wohnsitz hat oder wo sich seine Hauptniederlassung oder diejenige seiner Geschäftsstelle, durch die der Vertrag abgeschlossen worden ist, oder *bei dem Gericht des Bestimmungsortes* zu erheben ist. Aus dem Wortlaut der Bestimmung ergibt sich daher eindeutig, dass die Vorschrift die örtliche Zuständigkeit regelt.[20] Bestätigt wird diese Auslegung auch durch die Gesetzesbegründung betreffend den Gesetzentwurf zur Harmonisierung des Haftungsrechts im Luftverkehr: Dort heißt es zu § 56 Abs. 3 LuftVG, dass Art. 28 WA 1955 (nunmehr: Art. 33 Abs. 1 MÜ) sowohl die internationale als auch die örtliche Zuständigkeit regele.[21] Insofern hat die Vorschrift des § 56 Abs. 3 Satz 1 LuftVG, der Art. 33 MÜ den Vorrang einräumt, nur klarstellende Bedeutung.[22] Der hier vertretenen Auffassung steht auch nicht entgegen, dass Art. 33 Abs. 2 8

---

11 So Ebenroth/Boujong/*Pokrant*[5] Art. 33 MÜ Rn. 6; *Koller*[11]Art. 33 MÜ Rn. 1: Zum WA: LG Düsseldorf – 35 O 180/03 – ZLW **2004** 666; *Ehlers* TranspR **1996** 183, 186; *Guldimann* Art. 28 WA 1955 Rn. 9; *Koller* TranspR **2003** 285.

12 FrankfKomm/*Dettling-Ott* Art. 33 MÜ Rn. 23; MünchKommHGB-*Müller-Rostin*[5] Art. 33 MÜ Rn. 2; ebenso zum WA: MünchKommHGB/*Kronke* Art. 28 WA 1955 Rn. 20; *Kuhn* Haftung S. 212 f; *Wenzler* TranspR **1990** 414, 417; wohl auch *Ruhwedel*[3] Luftbeförderungsvertrag Rn. 665.

13 So z.B. Art. 31 CMR.

14 Vgl. Art. 5 EuGVVO.

15 Vgl. *Mutschler* Haftung S. 126.

16 Ebenso die britische Einschätzung, vgl. *Shawcross & Beaumont*[4] Air Law VII–138.

17 US CA 2nd Cir., Urt. v. 16.2.1965 – *Mertens v. Flying Tiger Line* – **341** F.2 d 851, 855 = **9** Avi 17.475; US CA 2nd Cir., Urt. v. 6.12.1971 – *Smith v. Canadian Pacific Airways* – **452** F.2 d 798, 800 f = **12** Avi 17.143.

18 *Goldhirsch* Handbook S. 144.

19 Ebenso EuGH, Urt. v. 7. 11.2019 – *Guaitoli v. easyJet Airline* – C-213/18, NJW-RR **2020** 118, 120 (Rz. 51); BGH, Urt. v. 23.11.2021 – X ZR 85/20 – VersR **2022** 916, 917; zustimmend *Rieländer* EuZW **2020** 59, 62 f.; *Vyvers* TranspR **2015** 233, 235.

20 EuGH, Urt. v. 7.11.2019 – *Adriano Guaitoli v. easyJet* – C-213/18, NJW-RR **2020** 118, 120 f.; BayObLG, Beschl. v. 30.4.2019 – I AR 21/19 – RdTW **2020** 218, 219; LG Köln, Urt. v. 30.11.1961 – 2 O 78/61 – ZLW **1962** 310, 311; ebenso I Trib Milano, Urt. v. 19.5.1994 No. 4888 – ASL **1996** 257.

21 Vgl. BT-Drucks. **15/2359**, S. 35; ebenso EuGH, Urt. v. 7.11.2019 – *Adriano Guaitoli v. easyJet* – C-213/18, NJW-RR **2020** 118, 120 f.; BayObLG, Urt. v. 30.4.2019 – I AR 21/19 – RdTW **2020** 218 219 (Rz. 18); OLG Hamm, Urt. v. 24.10.2002 – 18 U 104/01 – TranspR **2003** 201, 202.

22 **AA** wohl MünchKommHGB/*Kronke* und *Ruhwedel*[3] Luftbeförderungsvertrag Rn. 665, die die Funktion des § 56 Abs. 3 a.F. LuftVG als autonom-prozessrechtliche lex specialis qualifizieren, mit deren Hilfe die Vorschriften der §§ 12 ff. ZPO verdrängt werden.

MÜ nur die internationale Zuständigkeit regelt,[23] nicht dagegen die örtliche. Denn in Art. 33 Abs. 2 MÜ fehlt es an jeglicher Bezugnahme auf den Ort eines Gerichts, bei dem die Klage erhoben werden soll;[24] die Vorschrift hat nur die internationale Zuständigkeit im Auge, wie die Regierungsbegründung zu § 56 Abs. 3 Satz 2 LuftVG belegt.[25] Dort hat § 56 Abs. 3 Satz 2 LuftVG nicht nur klarstellende Bedeutung, sondern viel mehr die Funktion einer autonom-prozessrechtlichen lex specialis, welchen die §§ 12 ff. ZPO verdrängt.

III. Gerichtsstandsvereinbarung

9 Die Parteien eines Luftbeförderungsvertrages können vor Eintritt eines Schadens nicht durch eine Vereinbarung von den Gerichtsständen des Übereinkommens abweichen.[26] Nach Schadenseintritt ist indes eine Gerichtsstandsvereinbarung stets zulässig.[27] Ebenso wie die Prorogation nach Schadenseintritt wirkt auch die rügelose Einlassung des Luftfrachtführers und die Verhandlung zur Sache zuständigkeitsbegründend.[28] Ferner können die Parteien nach Schadenseintritt auch vereinbaren, dass anstelle eines staatlichen Gerichts ein Schiedsgericht an einem beliebigen Ort – unabhängig von den Vorgaben des Art. 33 MÜ – über einen Anspruch gestützt auf das Übereinkommen entscheidet.[29]

10 Vor Schadenseintritt lässt das Übereinkommen die Vereinbarung von Schiedsklauseln nur bei der Beförderung von Gütern zu.[30]

IV. Regelungsbereich

11 Art. 33 Abs. 1 MÜ gilt seinem Wortlaut nach nur für Klagen auf Schadensersatz. Aufgrund der Entstehungsgeschichte und der Stellung der Vorschrift sind damit nur die im dritten Kapitel geregelten Haftungsklagen gegen den Luftfrachtführer nach Art. 17 bis 19 MÜ gemeint.[31] Fraglich ist dagegen, ob die Vorschrift auch Klagen gegen die Leute des Luftfrachtführers erfasst. Die Frage wird von der hM mit der Begründung verneint, dass die eigene Haftung der Leute nicht im Übereinkommen, sondern in der nationalen Gesetzgebung geregelt sei.[32] Dieser Auffassung ist zu widersprechen. Richtig ist zwar, dass das Übereinkommen die Anspruchsgrundlage gegen die Leute nicht regelt, jedoch sieht es gewisse Einschränkungen vor, auf die sich die Leute bei ihrer Inanspruchnahme wegen des Schadens, der unter das Übereinkommen fällt, berufen können.[33] Ferner spricht dafür, dass Art. 33 Abs. 1 MÜ nicht ausdrücklich fordert, dass der Anspruch sich auf Artt. 17 bis 19 MÜ stützen müsse, sondern nur generell regelt, wo „die Klage auf Schadenser-

---

23 Ebenso FrankfKomm/*Dettling-Ott* Art. 33 MÜ Rn. 23.

24 BeckOGK/*Förster* Art. 33 MÜ Rn. 8.

25 Vgl. BT-Drucks. **15/2359**, S. 35.

26 Vgl. Art. 49 MÜ. AG Geldern, Urt. v. 20.4.2011 – 4 C 33/11 – NJW **2011** 1503, 1504; A OGH Wien, Urt. v. 19.1.2011 – 7 Ob 147/10h – TranspR **2011** 264; US DC Michigan, Urt. v. 29.4.2015 – *Avalon Techs. v. EmoTrans* – Case No. 14-14731 S. 10.

27 Ebenso FrankfKomm/*Dettling-Ott* Art. 33 MÜ Rn. 26; Ebenroth/Boujong /*Pokrant*[5] Art. 33 MÜ Rn. 7; *Koller*[11] Art. 33 MÜ Rn. 1.

28 Vgl. Art. 24 EuGVVO, Art. 18 LGVÜ, § 39 ZPO.

29 Unzutreffend daher *Müller-Rostin* ZLW **2000** 36, 48.

30 Vgl. Art. 34 MÜ.

31 Ebenroth/Boujong/*Pokrant*[5] Art. 33 MÜ Rn. 3.

32 So BGH, Urt. v. 6.10.1981 – VI ZR 112/80 – ZLW **1982** 63 = RIW **1982** 49 zu Art. 28 WA 1955; dem folgen *Koller*[11] Art. 33 MÜ Rn. 1; BeckOGK/*Förster* Art. 33 MÜ Rn. 4; ebenso zum WA: MünchKommHGB/*Kronke* Art. 28 WA 1955 Rn. 6; *Müller-Rostin* in: Fremuth/Thume Art. 28 WA 1955 Rn. 1; *Reifarth* IPRax **1983** 197; *Ruhwedel*[3] Luftbeförderungsvertrag Rn. 661; offenlassend dagegen *Shawcross/Beaumont*[4] Air Law VII–200.

33 Vgl. Art. 30 Abs. 1 MÜ.

satz" eingereicht werden kann.[34] Schließlich spricht auch der Gedanke der Akzessorietät dafür, dass die Leute des Luftfrachtführers an demselben Ort wie der Luftfrachtführer selbst in Anspruch genommen werden können. Insofern erfasst der Gerichtsstand auch Klagen auf Schadensersatz, die sich unmittelbar gegen die Leute des Luftfrachtführers richten.[35]

Offen lässt Art. 33 MÜ auch, ob er auf Feststellungsklagen und auf Widerklagen anwendbar **12** ist, die Haftungsansprüche nach dem Montrealer Übereinkommen zum Gegenstand haben. Diese Frage ist nach dem jeweilig anwendbaren Verfahrensrecht zu beantworten.[36] Bei Maßgeblichkeit deutschen Verfahrensrechts sind Feststellungsklagen mit Schadensersatzklagen hinsichtlich der örtlichen Zuständigkeit gleichzustellen. Der Kläger wird in der Regel das Feststellungsinteresse begründen müssen. Ebenso kann Art. 33 MÜ im Fall der Widerklage Bedeutung haben. Dies ist der Fall, wenn der Luftfrachtführer den Absender des Gutes oder den Reisenden auf Zahlung der Fracht oder des Beförderungspreises verklagt und der Absender oder der Reisende Ersatz seines Schadens nach Artt. 17 ff. MÜ geltend macht.

Nicht dagegen werden von dem Gerichtsstand Klagen des Luftfrachtführers wegen unrichti- **13** ger Angaben im Luftfrachtbrief[37] sowie in Begleitpapieren,[38] Klagen Dritter und schließlich solche gegen den Luftfrachtführer aus anderen Rechtsgründen, wie z.B. die Nichterfüllung[39] oder nicht vom Übereinkommen geregelte Schlechterfüllungsansprüche erfasst. Ebenso wenig unterfallen Schadensersatzansprüche des rechtmäßigen Besitzers des Luftfrachtbriefs gegen den Luftfrachtführer, wenn dieser ohne die Vorlage des Luftfrachtbriefs den Anweisungen des Absenders folgt, unter den Gerichtsstand.[40] Ferner ist Art. 33 MÜ nicht auf Ansprüche, die sich auf die EG-VO Nr. 261/04 über eine gemeinsame Regelung für Ausgleichs- und Unterstützungsleistungen für Fluggäste im Fall der Nichtbeförderung und bei Annullierung oder großer Verspätung von Flügen, anwendbar.[41] Für sie bestimmt sich die internationale Zuständigkeit nach den jeweils maßgeblichen Normen des europäischen,[42] staatsvertraglichen[43] oder autonomen internationalen Zivilprozessrechts.

C. Die gesetzlichen Zuständigkeiten nach Art. 33 Abs. 1 MÜ

Durch Art. 33 MÜ werden Gerichtsbarkeiten von Mitgliedstaaten des Montrealer Übereinkommens **14** international und örtlich zuständig, in deren Hoheitsgebiet einer der in Absatz 1 bezeichneten Orte fällt. Art. 33 Abs. 1 MÜ kann nicht verhindern, dass Gerichte in Nichtvertragsstaaten sich für zuständig erklären, da diese nicht an das Montrealer Übereinkommen gebunden sind.

Zur Begründung eines der gesetzlichen Gerichtsstände genügt ein Tatsachenvortrag des Klä- **15** gers, aus dem sich die jeweiligen Voraussetzungen schlüssig ergeben. Die vor dem deutschen Gericht vorzunehmende Prüfung der Begründetheit des Anspruchs kann dann bereits zu einer endgültigen, nach Art. 29 Abs. 2 Brüssel Ia-VO maßgeblichen ablehnenden Entscheidung führen, wenn derselbe Anspruch bereits bei einem anderen Gericht eines Mitgliedstaats der Europäischen Union rechtshängig gemacht wurde.

---

34 Zutreffend FrankfKomm/*Dettling-Ott* Art. 28 WA 1955 Rn. 3.
35 Ebenso *Mankiewicz* Liability Regime S. 133.
36 FrankfKomm/*Dettling-Ott* Art. 33 MÜ Rn. 11.
37 Vgl. Art. 10 Abs. 2 MÜ; BeckOGK/*Förster* Art. 33 MÜ Rn. 4; Ebenroth/Boujong/*Pokrant*[5] Art. 33 MÜ Rn. 3; MünchKommHGB/*Müller-Rostin*[5] Art. 33 MÜ Rn. 8.
38 Vgl. Art. 16 Satz 2 MÜ.
39 OLG München, Urt. v. 20.9.1982 – 21 U 1442/82 – ZLW **1983** 60, 61 = RIW **1983** 127.
40 HM: *Ruhwedel*[3] Luftbeförderungsvertrag Rn. 661; FrankfKomm/*Dettling-Ott* Art. 28 WA 1955 Rn. 3; MünchKommHGB/*Kronke* Art. 28 WA 1955 Rn. 5.
41 FrankfKomm/*Dettling-Ott* Art. 33 MÜ Rn. 19; vgl. auch Art. 19 MÜ Rn. 86.
42 Siehe EuGVVO.
43 Siehe LGVÜ.

I. Gerichtsstand des Wohnsitzes des Luftfrachtführers

16 Der Kläger kann das Gericht des Staates anrufen, in dem der Beklagte seinen Wohnsitz hat. Die Bezugnahme auf den Wohnsitz des Beklagten entspricht dem Gerichtsstand der §§ 12, 13 ZPO. Wo jemand seinen Wohnsitz hat, bestimmt sich mangels Definition im Übereinkommen nach der lex fori.[44]

17 Für die Bestimmung des Wohnsitzes eines Luftfrachtführers, der juristische Person ist, ist in Deutschland die Satzung maßgeblich.[45] Dabei kann es sich zwingend immer nur um einen Ort handeln (vgl. § 5 AktG, 4a GmbHG). Für Frankreich ist davon auszugehen, dass der Wohnsitz und die Hauptniederlassung denselben Ort bezeichnen.[46] In den USA entspricht bei juristischen Personen der Ort der *„incorporation“* (Gesellschaftssitz) dem Wohnsitz des Luftfrachtführers.[47]

II. Gerichtsstand der Hauptniederlassung des Luftfrachtführers

18 Als zweite Variante sieht Art. 33 Abs. 1 MÜ den Gerichtsstand der Hauptniederlassung vor. Hier weicht die englische von der französischen Fassung ab. Die der deutschen Übersetzung entsprechende englische Originalfassung (*„place of business“*) erfasst alle Geschäftsleute (Kaufleute, Gewerbetreibende), die französische Originalfassung (*„siège principal de son exploitation“*) wohl nur juristische Personen. Dessen ungeachtet ist aus den beiden Fassungen herauszulesen, dass unter der Hauptniederlassung derjenige Ort zu verstehen ist, an dem die tatsächliche Leitung der Geschäfte konzentriert ist.[48] Dies entspricht § 17 Abs. 1 Satz 2 ZPO, wonach der tatsächliche Ort der Verwaltung den örtlichen Gerichtsstand für Körperschaften, Handelsgesellschaften und sonstige passiv parteifähige Vermögensmassen begründet. Auch hier kann es sich stets nur um einen einzigen Ort handeln.[49]

19 Die Praxis geht überwiegend davon aus, dass ein Luftfrachtführer nur eine Hauptbetriebsleitung hat.[50]

III. Gerichtsstand der vertragsschließenden Geschäftsstelle

20 Als dritte Variante sieht Art. 33 Abs. 1 MÜ den Gerichtsstand der Geschäftsstelle des Luftfrachtführers vor, durch die der Vertrag geschlossen worden ist. Das Übereinkommen definiert die Voraussetzungen einer vertragsschließenden Geschäftsstelle des Luftfrachtführers nicht. Ebenso wie das Warschauer Abkommen weichen die authentischen Sprachfassungen[51] voneinander ab. Während die französische Textfassung *„[le] lieu où il possède un établissement par le soin duquel le contrat a été conclu“* lautet, heißt der betreffende Passus in der englischen Textfassung *„has a place of business through which the contract has been made“*. Die englische Textfassung verzichtet auf das Erfordernis, dass die Geschäftsstelle dem Luftfrachtführer gehören muss, was zwangsläufig zu Auslegungs- und Abgrenzungsschwierigkeiten führt.

---

44 FrankfKomm/*Dettling-Ott* Art. 33 MÜ Rn. 28; Ebenroth/Boujong/*Pokrant*[5] Art. 33 MÜ Rn. 8; *Guldimann* Art. 28 WA 1955 Rn. 4; MünchKommHGB/*Kronke* Art. 28 WA 1955 Rn. 13.

45 BeckOGK/*Förster* Art. 33 MÜ Rn. 15.

46 Vgl. Art. 102 des französischen Code Civil.

47 US DC Michigan, Urt. v. 31.8.2008 – *Aikpitanhi v. Iberia Airlines of Spain* – **553** F.Supp 2 d 872.

48 BeckOGK/*Förster* Art. 33 MÜ Rn. 16; FrankfKomm/*Dettling-Ott* Art. 33 MÜ Rn. 32; Ebenroth/Boujong/*Pokrant*[5] Art. 33 MÜ Rn. 9.

49 US DC California, Urt. v. 25.11.2013 – *Fadhliah v. Société Air France* – **987** F. Supp. 2d 1057, 1065.

50 US CA Columbia Cir., Urt. v. 3.4.1991 – *Wyler v. Korean Air Lines Co Ltd* – **928** F.2 d 1167, Rz. 37.

51 Vgl. die Schlussbestimmungen des MÜ, wonach der arabische, chinesische, englische, französische, russische und spanische Wortlaut gleichermaßen verbindlich ist.

1. Begriff der Geschäftsstelle

Wegen der unterschiedlichen Textfassungen des dritten Gerichtsstands ist umstritten, welche rechtliche und organisatorische Natur die Geschäftsstelle im Verhältnis zum Luftfrachtführer haben muss. Insbesondere die französischen Gerichte haben bei der Auslegung zu Art. 28 WA 1955 einen engen Geschäftsstellenbegriff vertreten.[52] Danach lag eine Geschäftsstelle iSd. Art. 28 WA 1955 nur dann vor, wenn der Vertrag durch eine rechtlich oder zumindest organisatorisch zum Betrieb des Luftfrachtführers gehörende Niederlassung oder Filiale abgeschlossen wurde.[53] Der BGH hat in seinem Grundsatzurteil[54] zu den Anforderungen einer Geschäftsstelle iSd. Art. 28 WA 1955 Stellung genommen, das im Rahmen des Art. 33 MÜ weiterhin Gültigkeit beansprucht. Danach setzt der Begriff der Geschäftsstelle nicht zwingend eine Einrichtung voraus, die dem Luftfrachtführer entweder gehört oder zumindest organisatorisch eingegliedert ist und von ihm beherrscht wird. Vielmehr gebietet es der Sinn und Zweck des Art. 28 WA 1955 (Erleichterung der Rechtsverfolgung) den Begriff der Geschäftsstelle weit auszulegen und auch eine selbständige Agentur, so z.B. eine IATA-Agentur, als gerichtsstandsbegründend anzusehen.[55] Für diese Auffassung spricht, dass es einem Unternehmen nicht ermöglicht sein darf, durch eventuell manipulative Bestimmungen der kaufmännischen Organisation und Rechtsform dem Kläger den Gerichtsstand zu entziehen.[56] Durch die Vorschrift soll gewährleistet werden, dass ein Reisender stets in dem Staat klagen kann, in dem er sein Ticket erworben hat, sofern es dabei um einen Vertragsstaat des Montrealer Übereinkommens handelt und der Luftfrachtführer eben dort eine Geschäftsstelle unterhält.[57] 21

2. Abgrenzungsschwierigkeiten

a) Andere Agenten als vertragsschließende Geschäftsstelle. Nicht nur die IATA-Agenturen, die fester Bestandteil der Verkaufsorganisation der Fluggesellschaften sind, sondern auch andere Agenten, wie z.B. ein Reise- oder Frachtbüro sowie eine andere Fluggesellschaft, können als Geschäftsstelle iSd. Art. 33 MÜ gelten.[58] Voraussetzung hierfür ist jedoch, dass das Vertretungsverhältnis zwischen Agent und dem vertraglichen Luftfrachtführer auf einer dauerhaften und festen Vertragsbeziehung beruht und für einen objektiven Dritten nach außen erkennbar ist.[59] 22

b) Agenturähnliche Vertriebsmöglichkeiten (Code-Sharing; „self-ticketing"-Automaten). Der Verkauf von Tickets durch einen Marketing Carrier oder Allianz-Partner beim Code-Sharing wirft die Frage auf, ob die Voraussetzungen des Art. 33 Abs. 1 Var. 3 MÜ gegeben sind. Beim Code-Sharing tritt jedenfalls der Marketing Carrier als Agent für den die Beförderung aus- 23

52 F CA Paris, Urt. v. 2.3.1962 – *Herfroy c. Cie Portugaise* – RFDA **1962** 177; F TribCom Paris, Urt. v. 13.12.1983 – *Sté de Peintures c. Fretairmer* – RFDA **1985** 217, 219; F TribCom Paris, Urt. v. 9.6.1988 – *Sté Transports Mory c. Entreprise Ozilou* – RFDA **1989** 266, 268.

53 Ebenso LG Hamburg, Urt. v. 5.5.1982 – 21 O 181/81 – RIW **1982** 756 m. zust. Anm. *Moeser.*

54 BGH, Urt. v. 16.6.1982 – I ZR 100/80 – NJW **1983** 518 = VersR **1982** 100 m. zust. Anm. *Nagel* IPRax **1984** 13, 14; vgl. auch *Mutschler* Haftung S. 51.

55 Ebenso FrankfKomm/*Dettling-Ott* Art. 33 MÜ Rn. 44; *Koller*[11] Art. 33 MÜ Rn. 4; MünchKommHGB/*Kronke* Art. 28 WA 1955 Rn. 16; *Müller-Rostin* in: Fremuth/Thume Art. 28 WA 1955 Rn. 5; *Giemulla/Mölls* NJW **1983** 1953; *Wegner* VersR **1982** 423.

56 Ebenso MünchKommHGB/*Kronke* Art. 28 WA 1955 Rn. 16.

57 US DC California, Urt. v. 3.4.2020 – *Motlagh v. Qatar Airways* – **445** F. Supp 3d 852, 860.

58 US CA 2nd, Urt. v. 2.12.1988 – *Campbell v. Air Jamaica* – **863** F.2 d 1, Rz. 6; ebenso BeckOGK/*Förster* Art. 33 MÜ Rn. 21.

59 Ebenso FrankfKomm/*Dettling-Ott* Art. 33 MÜ Rn. 44.

führenden Code-Share-Partner auf. Gleiches gilt, wenn eine Zweigstelle eines Allianz-Partners ein Ticket für eine andere Fluggesellschaft der gleichen Allianz verkauft.[60]

24 Wesentlich schwieriger zu entscheiden ist die Frage, ob das Aufstellen von sog. „self-ticketing"-Automaten einer Fluggesellschaft eine Geschäftsstelle iSd. Art. 33 Abs. 1 MÜ darstellt. Das Montrealer Übereinkommen äußert sich zu der Frage solcher modernen Verkaufsformen nicht. Im Schrifttum wird dafür plädiert, dass ein „self-ticketing"-Automat die Voraussetzungen einer Geschäftsstelle erfüllen kann, soweit er als eine ständige Einrichtung und deutlich als Vertriebskanal der Fluggesellschaft gekennzeichnet ist.[61] Für diese Auslegung mag zwar der Sinn und Zweck des Art. 33 Abs. 1 MÜ ins Feld geführt werden, der darin besteht, dem Berechtigten durch die Auswahlmöglichkeit unter fünf Gerichtsständen die Rechtsverfolgung zu erleichtern, was unter der Perspektive eines gewollten Ausgleichs für die vom Berechtigten auf der anderen Seite hinzunehmende nur beschränkte Haftung des Luftfrachtführers zu sehen ist. Jedoch strapaziert diese Auffassung zu sehr den Wortlaut, indem sie das *„établissement"* räumlich betrachtet auf ein Minimum reduziert. Ferner dürfte in der Aufstellung eines „self-ticketing"-Automaten keine dauerhafte, sondern nur eine zeitweilige Bereitstellung von Dienstleistungen zu erblicken sein, die den Rückschluss auf das Vorhandensein einer Geschäftsstelle nicht rechtfertigt.[62]

25 **c) Buchungen im Internet.** Bei Buchungen im Internet benützt der Reisende oder der Absender die Homepage einer Fluggesellschaft oder eines Reisebüros, mit deren Hilfe ein Luftbeförderungsvertrag elektronisch geschlossen wird. Bei der elektronischen Buchung können die Parteien nicht erkennen, wo sich ihr Vertragspartner befindet. Auch rechtfertigt weder die einen Diensteanbieter innerhalb der Europäischen Union obliegende Informationspflicht über die geographische Anschrift[63] noch der Standort des Servers[64] noch der Domain-Name einen Rückschluss auf den Ort der vertragsschließenden Stelle.[65] Ebenso wenig erscheint es sachgerecht im Fall der Internetbuchung den Ort der vertragsschließenden Geschäftsstelle iSv. Art. 33 MÜ danach zu bestimmen, an dem der Reisende die Buchungsbestätigung erhalten hat.[66] Denn der Reisende kann von unterschiedlich beliebigen Orten auf sein E-Mail-Konto zugreifen. Nachträglich lässt sich kaum nachweisen, wo sich der Reisende befand, als er seinen Flug buchte. Die Bestimmung des Ortes, an dem der Reisende seine Buchungsbestätigung erhielt, hinge damit allein vom Zufall ab.[67] Im Bereich der Internetbuchung läuft daher der Gerichtsstand der vertragsschließenden Geschäftsstelle leer.

3. Vertragsschluss durch die Geschäftsstelle

26 Nach Art. 33 Abs. 1 Var. 3 MÜ muss diejenige Geschäftsstelle den Vertrag geschlossen haben, der dem Anspruch zugrunde liegt. Maßgeblich ist hier der tatsächliche Vertragsschluss. Indes soll es ausreichen, wenn der streitgegenständliche Vertrag nicht von der Geschäftsstelle des Luftfrachtführers, sondern für ihn von einem anderen Luftfrachtführer oder einer Agentur abgeschlossen wurde.[68]

---

60 FrankfKomm/*Dettling-Ott* Art. 33 MÜ Rn. 46.

61 FrankfKomm/*Dettling-Ott* Art. 33 MÜ Rn. 48.

62 **AA** BeckOGK/*Förster* Art. 33 MÜ Rn. 22.

63 Vgl. Art. 5 Abs. 1 Buchstabe a der Richtlinie 2000/31/EG über den elektronischen Geschäftsverkehr vom 8. Juni 2000, ABl. EG Nr. L 178 S. 1.

64 Ebenso FrankfKomm/*Dettling-Ott* Art. 33 MÜ Rn. 54.

65 BeckOGK/*Förster* Art. 33 MÜ Rn. 23.

66 So US DC, Urt. v. 7.7.2005 – *Polanski v. KLM Royal Durch Airlines* – **378** F.Supp 2d 1222.

67 FrankfKomm/*Dettling-Ott* Art. 33 MÜ Rn. 55.

68 So BeckOGK/*Förster* Art. 33 MÜ Rn. 24; *Koller*[11] Art. 33 MÜ Rn. 4; MünchKommHGB/*Kronke* Art. 28 WA 1955 Rn. 17.

IV. Gerichtsstand des Bestimmungsorts

Als vierte Variante sieht das Montrealer Übereinkommen den Gerichtsstand am Bestimmungsort vor. Der Begriff des Bestimmungsorts in Art. 33 Abs. 1 MÜ entspricht inhaltlich dem des Art. 1 Abs. 2 MÜ.[69] Das Montrealer Übereinkommen definiert den Begriff des Bestimmungsortes jedoch nicht näher. Grundsätzlich richtet sich der Bestimmungsort der Luftbeförderung nach den Vereinbarungen der Parteien, wie sie regelmäßig in den Beförderungsdokumenten oder anderen Aufzeichnungen über den Luftbeförderungsvertrag niedergelegt sind. Maßgeblich ist somit der Ort des letzten, vertragsgemäßen Landeflughafens. Falls für den im Luftfrachtbrief oder im Beförderungsschein benannten Flughafen als solchen ein anderes Gericht örtlich zuständig ist als für die dem Flughafen benachbarte Stadt (zB München/Erding), so ist von einer Zuständigkeit des „Flughafengerichts“, hier z.B. Erding, auszugehen.[70] 27

1. Bestimmungsort bei Hin- und Rückflug, Rundflügen und sog. „Round-the-world“-Flügen

Bei einem von vornherein als eine einheitliche Leistung vereinbarten Hin- und Rückflug, bei Rundflügen und bei „Round-the-world“-Flügen ist der für den Gerichtsstand maßgebende Bestimmungsort der Abflugsort selbst.[71] Nicht hingegen maßgeblich ist der Zielort des Fluges.[72] Die einheitliche Buchung setzt voraus, dass Hin- und Rückflug gleichzeitig gebucht werden, ein Gesamtpreis in Rechnung gestellt wird und eine einheitliche Buchungsbestätigung ergeht.[73] Unerheblich ist, ob das Datum und die Flugnummer des Rückfluges im Beförderungsschein bereits eingetragen worden sind[74] bzw. der Rückflug bereits reserviert ist.[75] 28

2. Bestimmungsort bei Sukzessivbeförderungen

Wird die Beförderung durch mehrere aufeinanderfolgende Luftfrachtführer ausgeführt, gilt es Art. 1 Abs. 3 MÜ zu beachten. Ist die Beförderung als eine einheitliche Leistung vereinbart worden, gilt die letzte vertragsmäßig vereinbarte Landung als Bestimmungsort iSd. Art. 33 Abs. 1 MÜ.[76] Der erste Luftfrachtführer legt daher für alle nachfolgenden Luftfrachtführer den Gerichtsstand fest. 29

---

69 BGH, Urt. v. 23.3.1976 – VI ZR 92/75 – NJW **1976** 1586 = VersR **1976** 787 = ZLW **1976** 266; OLG Düsseldorf, Urt. v. 24.3.1975 – 1 U 87/74 – VersR **1975** 645; OLG Hamm, Urt. v. 24.10.2002 – 18 U 104/01 – TranspR **2003** 201, 202; *Wenzler* TranspR **1990** 414, 416.

70 MünchKommHGB/*Müller-Rostin*[5] Art. 33 MÜ Rn. 26; *Schwenk/Giemulla*[3] Handbuch S. 373; vgl. auch BGH, Beschl. v. 24.7.1996 – X AZR 683/93 – NJW **1996** 3013 = MDR **1997** 91 = LM § 38 ZPO Nr. 31: Zuständigkeit von LG München I als das für das Gemeindegebiet der Landeshauptstadt zuständige Gericht bei Gerichtsstandsvereinbarung „München“.

71 BGH, Urt. v. 23.11.2021 – X ZR 85/20 – NJW-RR **2022** 488, 489; US CA Columbia Cir., Urt. v. 1.2.2008 – *Auster v. Ghana Airways* – **514** F.3 d 44. MünchKommHGB/*Müller-Rostin*[5] Art. 33 MÜ Rn. 24; Ebenroth/Boujong/*Pokrant*[5] Art. 1 MÜ Rn. 13; Staudinger/*Hausmann* **2021** IntVertrVerfR Teil 4 Rn. 312; *Hopperdietzel* RRa **2022** 117, 119.

72 Ebenso FrankfKomm/*Dettling-Ott* Art. 33 MÜ Rn. 59.

73 *Hopperdietzel* RRa **2022** 117, 119 f.

74 BGH, Urt. v. 23.3.1976 – VI ZR 92/75 – NJW **1976** 1586 = VersR **1976** 787 = ZLW **1976** 255; OLG Hamburg, Urt. v. 2.9.1982 – 6 U 75/82 – VersR **1983** 484 = RIW **1983** 874 = TranspR **1984** 44; OLG Frankfurt a.M., Urt. v. 25.4.1983 – 5 U 75/82 – TranspR **1984** 21, 23 = ZLW **1984** 177 = MDR **1984** 318; OLG Frankfurt a.M., Urt. v. 31.1.1984 – 11 U 43/83 – TranspR **1984** 297, 298.

75 US CA 5th Cir, Urt. v. 10.6.1992 – *Swaminathan v. Swiss Air Transport Company* – **962** F.2 d 387, Rz. 3.

76 BGH, Urt. v. 23.11.2021 – X ZR 85/20 – NJW-RR **2022** 488, 489; BeckOGK/*Förster* Art. 33 MÜ Rn. 27; FrankfKomm/*Dettling-Ott* Art. 33 MÜ Rn. 66 f; Ebenroth/Boujong/*Pokrant*[5] Art. 33 MÜ Rn. 14; MünchKommHGB/*Müller-Rostin*[5] Art. 33 MÜ Rn. 27; zum WA: BGH, Urt. v. 23.3.1976 – VI ZR 92/75 – NJW **1976** 1586; *Guldimann* Art. 28 WA 1955 Rn. 8; *Ruhwedel*[8] Luftbeförderungsvertrag Rn. 670.

3. Bestimmungsort bei gemischten Beförderungen

30 Bei gemischten Beförderungen iSv. Art. 38 Abs. 1 MÜ ist zu beachten, dass das Montrealer Übereinkommen nur auf den Abschnitt der Luftbeförderung anzuwenden ist. Daraus folgt, dass der Bestimmungsort nicht der Zielort der Beförderung, sondern der vertragsgemäße Landeflughafen ist. Besteht die gemischte Beförderung darin, dass nach der Luftbeförderung eine andere Transportart, z.B. Schiff, vereinbart wurde und sich hieran wieder eine Luftbeförderung an den Abflugsort anschließt, so gilt als Bestimmungsort der Abflugsort, sofern die Parteien die verschiedenen Flüge als einheitliche Leistung iSv. Art. 1 Abs. 3 MÜ vereinbart haben.[77]

D. Die gesetzlichen Zuständigkeiten nach Art. 33 Abs. 2 MÜ

31 Das Montrealer Übereinkommen räumt im Vergleich zum Warschauer Abkommen dem Geschädigten einen weiteren, fünften Gerichtsstand ein. Nach **Absatz 2** kann wegen Tötung oder Körperverletzung des Reisenden auch in dem Vertragsstaat Klage erhoben werden, in dem der Reisende im Zeitpunkt des Unfalls seinen **ständigen Wohnsitz** hatte. Voraussetzung ist freilich, dass der Luftfrachtführer gewerbsmäßig Personenbeförderungsdienstleistungen mit eigenen Luftfahrzeugen oder aufgrund einer **geschäftlichen Vereinbarung** mit Luftfahrzeugen eines anderen in diesen Vertragsstaat oder aus diesem Vertragsstaat anbietet und seine dortigen Geschäfte von Geschäftsräumen in dem betreffenden Vertragsstaat aus betreibt. Dieser neue Gerichtsstand orientiert sich an einer Regelung des nicht in Kraft getretenen Protokolls von Guatemala.[78] Durch ihn wird die Geltendmachung von Ansprüchen für Reisende und deren Angehörige, soweit sie anspruchsberechtigt sind, erleichtert, ohne den Luftfrachtführer zu überfordern. Denn der Gerichtsstand wird durch Merkmale eingegrenzt, die verhindern, dass Luftfrachtführer in Staaten gerichtspflichtig werden, zu denen sie keine kommerziellen Beziehungen pflegen.[79] Dieser Gesichtspunkt spielt insbesondere für Länder mit hohen Schadensersatzsummen eine Rolle: Die Fluggesellschaft kann aufgrund ihres Streckennetzes definitiv einschätzen, in welchen Ländern sie verklagt werden kann.[80] Bedeutung kommt dem Gerichtsstand insbesondere bei Flugbuchungen über das Internet zu, bei denen der dritte Gerichtsstand nach Absatz 1 nicht greift.[81]

32 **Absatz 3** enthält zwei Legaldefinitionen der in Absatz 2 verwendeten Begriffe, nämlich der geschäftlichen Vereinbarung (**Buchstabe a**) sowie des ständigen Wohnsitzes des Reisenden (**Buchstabe b**). Unter **„einer geschäftlichen Vereinbarung"** ist nach Buchstabe a ein Vertrag zwischen Luftfrachtführern über die Erbringungen gemeinsamer Beförderungsdienstleistungen für Reisende im Luftverkehr mit Ausnahme eines Handelsvertretervertrags zu verstehen. Davon sollen unter anderem sog. Code-Share-Agreements erfasst werden.[82] Ebenso können gemeinsame Beförderungsdienstleistungen gegeben sein, wenn eine Fluggesellschaft die Flüge verkauft und sodann im Rahmen einer sog. wet lease (vgl. zum Begriff Art. 1 MÜ Rdn. 15) eine andere Gesellschaft beauftragt, die Reisenden zu befördern.[83] Unter dem **„ständigen Wohnsitz"** des Reisenden ist nach Buchstabe b sein Hauptwohnsitz und gewöhnlicher Aufenthalt im Zeitpunkt des Unfalls zu verstehen.[84] Art. 33 Abs. 3 MÜ definiert den Begriff des Wohnsitzes autonom. Anhaltspunkte für den tatsächlichen Wohnsitz können unter anderem sein, das Eigentum bzw. die Miete eines Hauses oder einer Wohnung, die Anmeldung bei den Meldebehörden, Dauer des Aufenthalts sowie

---

77 Ebenso FrankfKomm/*Dettling-Ott* Art. 33 MÜ Rn. 67 aE; Ebenroth/Boujong/*Pokrant*[5] Art. 33 MÜ Rn. 15.
78 *Mutschler* Haftung S. 57 ff.
79 Vgl. auch die Denkschrift zum MÜ BT-Drucks. **15/2285**, S. 49.
80 *Müller-Rostin* ZLW **2000** 36, 46.
81 Ebenso BeckOGK/*Förster* Art. 33 MÜ Rn. 30; FrankfKomm/*Dettling-Ott* Art. 33 MÜ Rn. 80.
82 FrankfKomm/*Dettling-Ott* Art. 33 MÜ Rn. 76.
83 Ebenso FrankfKomm/*Dettling-Ott* Art. 33 MÜ Rn. 76.
84 US DC, Urt. v. 14.8.2017 – *Lin Yang v. Asiana Airlines* – MDL No.: 2497, Rz. 13.

die Absicht des dauernden Verbleibens des Reisenden.[85] Unerheblich ist dabei die Staatsangehörigkeit des Reisenden bzw. der Wohnsitz des Klägers im Falle des Todes des Reisenden. Letzter Gesichtspunkt wird zwar in Buchstabe b Satz 2 nicht ausdrücklich erwähnt, versteht sich jedoch von selbst.[86]

E. Anwendbares Verfahrensrecht

Das Gerichtsverfahren einschließlich der Beweiserhebung und der Beweisregeln richtet sich nach dem Recht des angerufenen Gerichts (lex fori). Jedoch steht der Grundsatz der lex fori unter dem Vorbehalt, dass Durchbrechungen möglich sind, wo das materielle Ergebnis in Frage steht. An solchen Punkten ist die lex causae, d.h. das Einheitsrecht, ggf. das nach IPR zu ermittelnde Sachstatut, anzuwenden. Eine Einbruchsstelle der lex causae stellt im Beweisrecht der Art. 11 MÜ dar. 33

Neben dem inländischen Verfahrensrecht sind weitere wichtige Verfahrensabschnitte staatsvertraglich geregelt. Zu nennen sind hier insbesondere das Haager Zustellungsübereinkommen vom 15. November 1965[87] und das Haager Beweisaufnahmeübereinkommen vom 18. März 1970.[88] 34

Strittig ist ferner, ob US-amerikanische Gerichte gemäß ihrem Verfahrensrecht ihre Zuständigkeit mit dem Hinweis auf die Doktrin vom *„forum non conveniens“* ablehnen dürfen. Die Doktrin vom *„forum non conveniens“* stellt es in das Ermessen eines US-amerikanischen Gerichts, eine Klage, für die das angerufene Gericht zuständig ist, abzuweisen, wenn z.B. die Belegenheit der Beweismittel in anderen Staaten und die mit der Prozessführung in den verschiedenen zur Debatte stehenden Staaten jeweils verbundenen Umstände und Kosten das fehlende Interesse der amerikanischen Justiz an dem Verfahren dies rechtfertigt.[89] Ungeachtet der Bedeutung der Doktrin vom „forum non conveniens“ dürfte ihre Anwendung im Rahmen des Art. 33 MÜ kaum im Einklang mit Sinn und Zweck der Vorschrift, dem Kläger ein Wahlrecht unter verschiedenen Gerichtsständen einzuräumen, stehen.[90] 35

F. Internationale und örtliche Zuständigkeit für Klagen außerhalb des Anwendungsbereichs des Art. 33 MÜ

Für Klagen außerhalb des Anwendungsbereichs des Art. 33 MÜ ist im Hinblick auf die internationale und örtliche Zuständigkeit innerhalb der Europäischen Union die Verordnung EU Nr. 1215/2012 über die gerichtliche Zuständigkeit und die Anerkennung und Vollstreckung von Entscheidungen in Zivil- und Handelssachen vom 12. Dezember 2012 (**Brüssel Ia-VO**) maßgebend.[91] 36

Mangels vorrangiger Gerichtsstandsvereinbarung (Art. 23 EuGVVO) ist nach Art. 2 Abs. 1 EuGVVO der allgemeine Gerichtsstand am Wohnsitz des Beklagten eröffnet. Gemäß Art. 60 EuGVVO haben Gesellschaften und juristische Personen für die Anwendung der EuGVVO ihren Sitz an dem Ort, an dem sich ihr satzungsmäßiger Sitz, ihre Hauptverwaltung oder ihre Hauptniederlassung befindet. 37

Nach Art. 7 **Brüssel Ia-VO** kann eine Person, die ihren Wohnsitz im Hoheitsgebiet eines Mitgliedsstaats hat, in einem anderen Mitgliedstaat verklagt werden. Dies gilt nach Art. 7 **Nr. 5 Brüssel Ia-VO** für die Zuständigkeit von Klagen, „wenn es sich um Streitigkeiten aus dem Betrieb 38

85 US DC, Urt. v. 6.1.2009 – *Hornsby v. Lufthansa German Airlines* – **593** F.Supp 2 d 1132.
86 So auch FrankfKomm/*Dettling-Ott* Art. 33 MÜ Rn. 73.
87 BGBl. 1977 II S. 1452; 1979 II 779.
88 BGBl. 1977 II S. 1472; 1979 II 780.
89 Vgl. die dargestellten Rechtsfälle bei FrankfKomm/*Dettling-Ott* Art. 33 MÜ Rn. 82 ff.
90 So auch *Ehlers* TranspR **1996** 183, 186.
91 ABl. EU 2012 Nr. L 351, S. 1.

einer Zweigniederlassung, einer Agentur oder einer sonstigen Niederlassung handelt, vor dem Gericht des Ortes, an dem sich diese befindet. Die Angabe einer vom Hauptsitz abweichenden Betriebsstätte im Impressum einer Website darf ein Kunde, der über diese Website ein Vertragsangebot abgibt, in der Regel dahin verstehen, dass die angegebene Stelle im Namen des Stammhauses die Leistungen anbietet, Vertragsangebote entgegennimmt und gegebenenfalls deren Annahme erklärt.[92] Ferner gilt dies auch nach Art. 7 **Nr. 1 Buchst. a Brüssel Ia-VO** für die gerichtliche Zuständigkeit, wenn ein Vertrag oder Ansprüche aus dem Vertrag den Gegenstand des Verfahrens bilden, vor dem Gericht des Ortes, an dem die Verpflichtung erfüllt worden ist oder zu erfüllen wäre. Damit bestimmt sich der Erfüllungsort nach der lex causae, d.h. nach dem auf die konkrete Verbindlichkeit anwendbaren Recht. Im Fall der Nichtbeförderung ist nach Art. 7 **Nr. 1 Buchst. b Brüssel Ia-VO** der Erfüllungsort der Verpflichtung für die Erbringung von Dienstleistungen der Ort in einem Mitgliedstaat, an dem sie nach dem Vertrag erbracht worden ist oder hätte erbracht werden müssen. Für eine Luftbeförderung von München nach Vilnius kann der Kläger im Fall der Nichtbeförderung seinen Schadensersatzanspruch nach der EG-VO Nr. 261/04 sowohl am Ort des Abflugs als auch am Ort der Ankunft geltend machen.[93] Praktische Bedeutung kommt dem Gerichtsstand nach Art. 7 **Nr. 3 Brüssel Ia-VO** zu. Die Vorschrift stellt auf den Ort des schädigenden Ereignisses ab; danach kann die Klage wahlweise am Handlungs- oder Erfolgsort erhoben werden (Ubiquitätsprinzip). Flugzeughersteller können daher bei einem innergemeinschaftlichen Sachverhalt sowohl am Herstellungsort als auch am Unfallort in Anspruch genommen werden.[94]

39 Für Klagen außerhalb der EuGVVO richtet sich die internationale Zuständigkeit bei Maßgeblichkeit deutschen Prozessrechts nach §§ 12 ff. ZPO. Aus der Doppelfunktionalität der örtlichen Gerichtsstandsvorschriften folgt die internationale Zuständigkeit. Dies gilt auch im Falle eines Gütertransports aus der besonderen örtlichen Zuständigkeitsregelung des § 30 ZPO sowie im Falle einer Luftbeförderung von Personen und Gepäck aus § 56 LuftVG.[95]

---

92 BGH, Urt. v. 16.3.2021 – X ZR 9/20 – RRa **2021** 186, 187.

93 EuGH, Urt. v. 9.7.2009 – *Rehder v. Air Baltic* – C-204/08, Rz. 44 ff. = NJW **2009** 2801, 2803; BGH, Urt. v. 12.11.2009 – Xa ZR 76/07 – NJW **2010** 1070.

94 *Mutschler* Haftung S. 68 ff.

95 MünchKommHGB/*Müller-Rostin*[5] Art. 33 MÜ Rn. 12.

Artikel 34 Schiedsverfahren

1. [1]Die Parteien des Vertrags über die Beförderung von Gütern können nach Maßgabe dieses Artikels vereinbaren, dass Streitigkeiten über die Haftung des Luftfrachtführers nach diesem Übereinkommen in einem Schiedsverfahren beigelegt werden. [2]Eine derartige Vereinbarung bedarf der Schriftform.
2. Das Schiedsverfahren wird nach Wahl des Anspruchstellers an einem der in Artikel 33 genannten Gerichtsstände durchgeführt.
3. Der Schiedsrichter oder das Schiedsgericht hat dieses Übereinkommen anzuwenden.
4. Die Absätze 2 und 3 gelten als Bestandteil jeder Schiedsklausel oder -vereinbarung; abweichende Bestimmungen sind nichtig.

Article 34 Arbitration

1. *Subject to the provisions of this Article, the parties to the contract of carriage for cargo may stipulate that any dispute relating to the liability of the carrier under this Convention shall be settled by arbitration. Such agreement shall be in writing.*
2. *The arbitration proceedings shall, at the option of the claimant, take place within one of the jurisdictions referred to in Article 33.*
3. *The arbitrator or arbitration tribunal shall apply the provisions of this Convention.*
4. *The provisions of paragraphs 2 and 3 of this Article shall be deemed to be part of every arbitration clause or agreement, and any term of such clause or agreement which is inconsistent therewith shall be null and void.*

Article 34 Arbitrage

1. *Sous réserve des dispositions du présent article, les parties au contrat de transport de fret peuvent stipuler que tout différend relatif à la responsabilité du transporteur en vertu de la présente convention sera réglé par arbitrage. Cette entente sera consignée par écrit.*
2. *La procédure d'arbitrage se déroulera, au choix du demandeur, dans l'un des lieux de compétence des tribunaux prévus à l'article 33.*
3. *L'arbitre ou le tribunal arbitral appliquera les dispositions de la présente convention.*
4. *Les dispositions des paragraphes 2 et 3 du présent article seront réputées faire partie de toute clause ou de tout accord arbitral, et toute disposition contraire à telle clause ou à tel accord arbitral sera nulle et de nul effet.*

Schrifttum

v. Hoffmann „Lex mercatoria“ vor internationalen Schiedsgerichten, IPRax **1984** 106–108; *Müller-Rostin* Die Internationale Luftrechtskonferenz von Montreal zur Reform des Warschauer Abkommens (10.–28. Mai 1999), ZLW **2000** 36–51; *ders.* Das Schiedsverfahren nach dem Montrealer Übereinkommen, TranspR **2012** 413–418; *Wahlen* Arbitration of International Cargo Claims, ASL **2009** 417–420.

Parallelvorschriften

Art. 32 Satz 2 WA; Art. 33 CMR.

https://doi.org/10.1515/9783110564945-035

Übersicht

A. Allgemeines

I. Normzweck

1 Die Vorschrift räumt den Parteien eines Luftfrachtvertrages die Möglichkeit von Schiedsvereinbarungen ein. Sie stellt eine Ausnahme zu Art. 49 MÜ dar, der die Vorschriften des Montrealer Übereinkommens als zwingend qualifiziert.[1] Die verschiedenartige Behandlung von Reisenden und Gepäck einerseits und von Gütern andererseits beruht auf der Erwägung, dass es sich bei den Schiedsgerichten um eine kaufmännische Einrichtung handelt, an die Kaufleute – Absender und Empfänger sind idR. Kaufleute – gewöhnt sind, und die Gefahren und Vorteile im vornherein abschätzen können, wohingegen die Reisenden vor den Gefahren einer Schiedsvereinbarung geschützt werden sollen. Insofern sind nur die Parteien eines Luftfrachtvertrags vor Entstehung der Streitigkeit prorogationsbefugt.

2 Aus der Vorschrift kann jedoch nicht der Schluss gezogen werden, dass der Reisende entstandene Streitfragen nicht im Wege eines Schiedsgerichtsverfahrens klären kann. Bei den Beratungen wies der Vorsitzende zu Recht darauf hin, dass die Formulierung des Art. 34 MÜ dem nicht entgegenstünde. Denn Art. 34 MÜ betrifft einerseits nur Schiedsvereinbarungen, die vor Entstehung des Güterschadens geschlossen werden, und Art. 49 MÜ verbietet andererseits abweichende Gerichtsstandsvereinbarungen sowie eine Anrufung eines Schiedsgerichts nach Entstehung des Schadens[2] nicht.[3] Insofern differenziert das Montrealer Übereinkommen ähnlich wie der deutsche Gesetzgeber bei der Zulässigkeit der Prorogation in § 38 ZPO. Vor der Entstehung der Streitigkeit sind grundsätzlich nur Kaufleute prorogationsbefugt, nach Entstehung der Streitigkeit ist jedermann prorogationsbefugt (§ 38 Abs. 3 ZPO).

II. Entstehungsgeschichte

3 Die Vorschrift ist im Wesentlichen an Art. 32 Satz 2 WA 1955 angelehnt.

B. Voraussetzungen und Wirkung der Schiedsvereinbarung

I. Anwendungsbereich

4 Aus Art. 49 MÜ folgt indirekt, dass die Vorschrift Schiedsvereinbarungen meint, die vor Entstehung des Schadens geschlossen wurden.

---

1 Ebenroth/Boujong/*Pokrant*[5] Art. 34 MÜ Rn. 1.

2 Vgl. Art. 49 MÜ Rdn. 4.

3 Die Kritik von *Müller-Rostin* ZLW **2000** 36, 48, verfängt in der Sache nicht und übersieht, dass das hier gefundene Ergebnis bereits der Rechtslage zum Warschauer Abkommen entsprach.

II. Zustandekommen und Voraussetzungen der Schiedsvereinbarung

Das Montrealer Übereinkommen regelt nicht das Zustandekommen der Schiedsvereinbarung. Das Zustandekommen der Schiedsvereinbarung selbst unterliegt dem Vertragsstatut, wobei darauf abzustellen ist, in Bezug auf welches Rechtsverhältnis die Schiedsvereinbarung abgeschlossen wurde,[4] so dass die Wirksamkeit der Vereinbarung nach dieser Rechtsordnung zu beurteilen ist. Die Wirkung der Schiedsvereinbarung auf ein staatliches Gericht ist dagegen von der lex fori zu beurteilen.[5] Die allgemeinen Regeln – je nachdem, ob es sich um ein nationales oder internationales Schiedsverfahren handelt, z.B. ZPO, New Yorker UN- oder Genfer Übereinkommen – sowie die eventuell vereinbarte Schiedsordnung regeln die Einzelheiten des Schiedsvertrages, des Schiedsverfahrens und des Schiedsspruchs. 5

Nach **Absatz 1 Satz 2** bedarf die Schiedsvereinbarung der Schriftform. Diese Vorschrift ist im Vergleich zum Warschauer Abkommen neu. Schriftform meint dabei nicht die eigenhändige Unterschrift, wie sie das deutsche Recht in § 126 BGB kennt. Der Begriff ist vielmehr wie in Art. 31 Abs. 3 MÜ zu interpretieren.[6] Es genügt eine dokumentarische Niederlegung der Vereinbarung.[7] Eine Schiedsklausel wird auch bei längerer Geschäftsverbindung jedoch nicht dadurch Vertragsbestandteil, dass der Versender auf Frachtbriefen, die vom Frachtführer nicht unterzeichnet sind, regelmäßig eine solche Klausel abdruckt.[8] 6

Absatz 2 sieht als Zulässigkeitsvoraussetzung der Schiedsvereinbarung vor, dass das Schiedsverfahren im Bezirk der in Art. 33 MÜ bezeichneten Gerichte und damit im Hoheitsgebiet eines Vertragsstaates stattfindet. Durch die Festlegung des Verfahrensorts, kombiniert mit einer eingeschränkten Rechtswahlfreiheit nach Art. 49 MÜ, gewährleistet Art. 34 MÜ die Anwendung der zwingenden Übereinkommensvorschriften.[9] 7

Absatz 3 sichert die Geltung der zwingenden Vorschriften ab, indem er den Schiedsrichter hierauf verpflichtet.[10] Ein die zwingenden Bestimmungen missachtender Schiedsspruch wäre eine Entscheidung nach einem anderen als dem anwendbaren Recht und hätte bei Maßgeblichkeit deutschen Rechts die Aufhebung nach § 1059 Abs. 2 Nr. 1 Buchstabe d ZPO zur Folge.[11] 8

Um zu gewährleisten, dass Schiedsgerichte stets die Absätze 2 und 3 und damit das Montrealer Übereinkommen insgesamt anwenden, bestimmt schließlich **Absatz 4**, dass die Absätze 2 und 3 als Bestandteil jeder Schiedsklausel oder -vereinbarung gelten und hiervon abweichende Bestimmungen nichtig sind. 9

III. Ausländische Schiedssprüche

Die Anerkennung und Vollstreckbarerklärung ausländischer Schiedssprüche richten sich bei Maßgeblichkeit deutschen Rechts nach § 1061 ZPO. 10

---

4 BGH – VIII ZR 76/71 – BGHZ **59** 23, 26; Ebenroth/Boujong/*Pokrant*[5] Art. 34 MÜ Rn. 2.

5 FrankfKomm/*Dettling-Ott* Art. 34 MÜ Rn. 10.

6 *Koller*[11] Art. 34 MÜ Rn. 1; Ebenroth/Boujong/*Pokrant*[5] Art. 34 MÜ Rn. 2; ebenso zu Art. 26 WA: OLG Celle – 11 U 141/02 – TranspR **2003** 314.

7 *Müller-Rostin* TranspR **2012** 413, 414; BeckOGK/*Förster* Art. 34 MÜ Rn. 6.

8 OLG Hamm – 18 U 189/97 – TranspR **1999** 442.

9 MünchKommHGB/*Müller-Rostin*[5] Art. 34 MÜ Rn. 6.

10 Vgl. zur Parallele Art. 33 CMR.

11 BGH – III ZR 16/84 – NJW **1986** 1437; *v. Hoffmann* IPRax **1984** 106, 108.

Artikel 35 Ausschlussfrist

1. **Die Klage auf Schadensersatz kann nur binnen einer Ausschlussfrist von zwei Jahren erhoben werden; die Frist beginnt mit dem Tag, an dem das Luftfahrzeug am Bestimmungsort angekommen ist oder an dem es hätte ankommen sollen oder an dem die Beförderung abgebrochen worden ist.**
2. **Die Berechnung der Frist richtet sich nach dem Recht des angerufenen Gerichts.**

Article 35 Limitation of Actions

1. *The right to damages shall be extinguished if an action is not brought within a period of two years, reckoned from the date of arrival at the destination, or from the date on which the aircraft ought to have arrived, or from the date on which the carriage stopped.*
2. *The method of calculating that period shall be determined by the law of the court seised of the case.*

Article 35 Délai de recours

1. *L'action en responsabilité doit être intentée, sous peine de déchéance, dans le délai de deux ans à compter de l'arrivée à destination, ou du jour où l'aéronef aurait dû arriver, ou de l'arrêt du transport.*
2. *Le mode du calcul du délai est déterminé par la loi du tribunal saisi.*

Schrifttum

Boyer Le délai de l'article 29 de la Convention de Varsovie RFDA **1981** 282–303, 431; *Brinkmann* Frachtgüterschäden im internationalen Straßen- und Lufttransport, TranspR **2006** 146–150; *Ehlers* Die Verfahrensregeln des Warschauer Abkommens – Schadensanzeige, Gerichtsstand und Ausschlussfrist – Artikel 26, 28, 29, TranspR **1996** 183–187; *Koller* Reklamation und Verjährung sowie Ausschlussfristen bei internationalen Lufttransporten mit gekoppelten Zubringerleistungen, TranspR **2001** 69–72; *Schmid/Hopperdietzel* Rechtsfallen im Luftverkehrsrecht: Wichtige Fristen, NJW **2009** 3085–3087; *Vyvers* Warum die Klage zum unzuständigen Gerichte die Ausschlussfrist nach Art. 35 MÜ doch nicht hemmt, TranspR **2015** 233–236.

Parallelvorschriften

Art. 29 WA 1955.

Übersicht

https://doi.org/10.1515/9783110564945-036

A. Allgemeines

I. Normzweck

1 Die Vorschrift bestimmt für die Ansprüche des dritten Kapitels des Übereinkommens eine **Ausschlussfrist**, deren Versäumung eine von Amts wegen zu berücksichtigende materiellrechtliche Einwendung darstellt.[1] Die Frist begrenzt den Zeitraum, bis zu dem der Geschädigte seinen Anspruch gegen den Luftfrachtführer bei Gericht anhängig machen kann. Die Vorschrift trägt dem Umstand Rechnung, dass sich die Beweislage mit zunehmendem zeitlichen Abstand zum Schadensereignis verschlechtert.[2] Mit dem Wesen der Ausschlussfrist ist es unvereinbar, dass die Parteien nach Schadenseintritt disponieren können sollen; die Vorschrift ist daher nicht abdingbar.[3] Art. 35 MÜ verdrängt, soweit seine Regelungen eingreifen, das nationale Spezialverjährungsrecht für Luftbeförderungsverträge,[4] da diese Vorschriften funktional dasselbe Problem der Verfristung betreffen, das konkurrierende Verjährungsvorschriften regeln.

II. Entstehungsgeschichte

2 Art. 35 MÜ entspricht der Fassung des Art. 26 WA 1929, die durch das Haager Protokoll 1955 unverändert blieb.

B. Regelungsbereich

I. Ansprüche nach dem Montrealer Übereinkommen

3 Im Unterschied zu Art. 32 CMR erfasst Art. 35 MÜ nur Schadensersatzansprüche („*action en responsabilité*"), nicht dagegen alle Ansprüche aus einer dem Montrealer Übereinkommen unterliegenden Beförderung. Fraglich ist, ob damit nur Schadensersatzklagen gemeint sind, die auf das Übereinkommen gestützt werden, oder auch Klagen im Zusammenhang mit der Luftbeförderung, die sich auf das anwendbare Landesrecht stützen. Aus Art. 29 MÜ folgt, dass Schadensersatzansprüche nur unter den Voraussetzungen und Beschränkungen, die das Montrealer Übereinkommen vorsieht, geltend gemacht werden können. Daraus wird zu Recht der Schluss gezogen, dass Art. 35

---

1 Vgl. Denkschrift zum MÜ BT-Drucks. **15/2285**, S. 50. *Brinkmann* TranspR **2006** 146, 149.
2 FrankfKomm/*Dettling-Ott* Art. 35 MÜ Rn. 2; Ebenroth/Boujong/*Pokrant*[5] Art. 35 MÜ Rn. 1; zum WA: *Guldimann* Art. 29 WA 1955 Rn. 3; *Koller*[7] Art. 29 WA 1955 Rn. 1.
3 Zutr. OLG Frankfurt a.M., Urt. v. 15.9.1999 – 21 U 259/98 – TranspR **2000** 183, 184.
4 §§ 407 Abs. 3, 439 HGB.

MÜ ausschließlich für Schadensersatzansprüche gilt, die sich auf das Übereinkommen stützen,[5] sowie die mit diesen Ansprüchen konkurrierenden Forderungen, die aus dem nationalen Recht abgeleitet werden können. Nicht dagegen gilt die Ausschlussfrist für Schadensersatzansprüche aufgrund unwirksamer Luftbeförderungsverträge oder aus Verschulden bei Vertragsschluss, da das Montrealer Übereinkommen grundsätzlich einen wirksamen Luftbeförderungsvertrag voraussetzt.[6] Die Ausschlussfrist gilt auch nicht für Schadensersatzansprüche, die sich auf die EG-VO Nr. 261/04 über eine gemeinsame Regelung für Ausgleichs- und Unterstützungsleistungen für Fluggäste im Fall der Nichtbeförderung und bei Annullierung oder großer Verspätung von Flügen stützen.[7]

II. Ansprüche gegen den Luftfrachtführer

4 Der Regelungsbereich von Art. 35 MÜ beschränkt sich nach hM auf die Ansprüche nach Artt. 17 bis 19 MÜ.[8] Dafür spricht zum einen die Stellung der Vorschrift im dritten Kapitel „Haftung des Luftfrachtführers und Umfang des Schadensersatzes“. Aus der Überschrift, die das Montrealer Übereinkommen mit der Bezugnahme auf den Schadensersatz noch klarer gefasst hat, und Art. 29 MÜ folgt zwingend, dass sich die Ausschlussfrist nur auf die Schadensersatzansprüche gegen den Luftfrachtführer bezieht. Zum anderen belegt auch die Entstehungsgeschichte der Vorschrift zum Warschauer Abkommen diese Auslegung.[9] Unerheblich ist, ob die Klage gegen den vertraglichen Luftfrachtführer oder gegen den ausführenden Luftfrachtführer erhoben wird.

5 Die Ausschlussfrist gilt bei Maßgeblichkeit deutschen Rechts auch für Ansprüche gegen Spediteure, soweit diese nach den §§ 458 bis 460 HGB als Luftfrachtführer haften. Beschränkt sich die vertraglich versprochene Leistung jedoch lediglich auf die Vermittlung und nicht dessen Durchführung, findet die Ausschlussfrist keine Anwendung, da der Spediteur dann nicht als Luftfrachtführer zu qualifizieren ist.[10]

6 Ansprüche, die sich auf Art. 10 Abs. 1 und 2 MÜ sowie Art. 16 MÜ stützen, unterliegen nicht der Ausschlussfrist; denn diese Vorschriften stehen im zweiten Kapitel *„Urkunden und Pflichten der Parteien betreffend die Beförderung von Reisenden, Reisegepäck und Güter“* und regeln gerade keine Ansprüche gegen den Luftfrachtführer, sondern nur solche des Luftfrachtführers gegen den Absender.[11] Diese Ansprüche verjähren nach dem jeweils anwendbaren Recht.[12]

7 Schwieriger ist die Frage zu beantworten, ob der Schadensersatzanspruch des Absenders gegen den Luftfrachtführer nach Art. 10 Abs. 3 MÜ (Haftung für unrichtige Angaben in der Empfangsbestätigung) sowie der Schadensersatzanspruch nach Art. 12 Abs. 3 MÜ (Haftung des Luftfrachtführers gegenüber dem rechtmäßigen Besitzer des Luftfrachtbriefs) von der Ausschlussfrist erfasst werden. Zwar handelt es sich um Ansprüche gegen den Luftfrachtführer; jedoch gehören sie nicht zum dritten Kapitel des Übereinkommens. Diese Ansprüche der Ausschlussfrist nach Art. 35 MÜ zu unterstellen, würde daher der Systematik des Übereinkommens widersprechen.[13]

---

5 OLG Frankfurt a.M., Urt. v. 20.4.1989 – 1 U 34/88 – ZLW **1989** 381, 383 = VersR **1990** 1031; US CA 7th Cir., Urt. v. 12.6.1987 – *Wolgel v. Mexicana de Aviación* – **821** F.2 d 442, Rz. 8.

6 OLG Frankfurt a.M., Urt. v. 17.6.2014 – 16 U 177/13 – NJW-RR **2014** 1275.

7 BGH, Urt. v. 10.2.2009 – Xa ZR 61/09 – NJW **2010** 1526; FrankfKomm/*Dettling-Ott* Art. 35 MÜ Rn. 5.

8 FrankfKomm/*Dettling-Ott* Art. 35 MÜ Rn. 4; *Koller*[11] Art. 35 MÜ Rn. 2; Ebenroth/Boujong/*Pokrant*[5] Art. 35 MÜ Rn. 3; zum WA: *Guldimann* Art. 29 WA 1955 Rn. 2; MünchKommHGB/*Kronke* Art. 29 WA 1955 Rn. 2.

9 *Guldimann* Art. 29 WA 1955 Rn. 2.

10 FrankfKomm/*Dettling-Ott* Art. 33 MÜ Rn. 12; *Koller*[11] Art. 35 MÜ Rn. 3.

11 BGH, Urt. v. 19.3.1976 – I ZR 75/74 – NJW **1976,** 1583; FrankfKomm/*Dettling-Ott* Art. 33 MÜ Rn. 6; *Koller*[11] Art. 35 MÜ Rn. 2.

12 Ebenroth/Boujong/*Pokrant*[5] Art. 35 MÜ Rn. 3.

13 Ebenso BeckOGK/*Förster* Art. 35 MÜ Rn. 4; MünchKommHGB/*Müller-Rostin*[5] Art. 33 MÜ Rn. 5; **aA** FrankfKomm/*Dettling-Ott* Art. 33 MÜ Rn. 27.

III. Ansprüche gegen die Leute des Luftfrachtführers

Die Ausschlussfrist ist auch auf Schadensersatzansprüche gegen die Leute des Luftfrachtführers anzuwenden.[14] Art. 30 Abs. 1 MÜ sieht nämlich vor, dass für die Leute dieselben Voraussetzungen und Beschränkungen wie für den Luftfrachtführer selbst gelten, wenn sie in Ausführung ihrer Verrichtung gehandelt haben. 8

Soweit der Anspruch gegen die Leute auf konkurrierendes nationales Recht gestützt wird, bleibt die Ausschlussfrist anwendbar; dies folgt aus Art. 29 MÜ.[15] Für andere, nicht mit dem Übereinkommen konkurrierende Schadensersatzansprüche, die aus dem nationalen Recht abgeleitet werden, gilt die Ausschlussfrist nicht (vgl. oben Rdn. 3 aE). 9

IV. Rückgriffsklagen gegen den Luftfrachtführer

Umstritten ist, ob auch Rückgriffsklagen gegen den Luftfrachtführer der Ausschlussfrist des Art. 35 MÜ unterliegen. Der Rückgriff gegen den Luftfrachtführer setzt voraus, dass das Montrealer Übereinkommen hierfür eine Anspruchsgrundlage vorsieht. Obwohl Art. 37 MÜ auf das Rückgriffsrecht des Luftfrachtführers gegen eine schadensersatzpflichtige Person und Art. 48 MÜ auf die Rückgriffsrechte des vertraglichen Luftfrachtführers gegen den ausführenden Luftfrachtführer und vice versa hinweisen, enthält das Übereinkommen keine Regelung über die Ausgestaltung des Rückgriffs. Die Anspruchsgrundlage ergibt sich vielmehr aus dem anwendbaren nationalen Recht.[16] Dieses kann den Rechtsübergang eines dem Montrealer Übereinkommen zugrundeliegenden Anspruchs aufgrund rechtsgeschäftlicher oder gesetzlicher Legalzession sowie durch Einräumung einer gesamtschuldnerischen Haftung vorsehen. Dabei ist im Einzelnen wie folgt zu differenzieren: 10

1. Rückgriffsansprüche eines Luftfrachtführers gegen einen anderen Luftfrachtführer

Die Ausschlussfrist des Art. 35 MÜ gilt für die Rückgriffsklage eines Luftfrachtführers gegen einen anderen Luftfrachtführer sowohl im Fall der Sukzessivbeförderung als auch im Fall, dass der vertragliche Luftfrachtführer einen ausführenden Luftfrachtführer einsetzt.[17] Zwar lässt das Montrealer Übereinkommen in beiden Fällen offen, wie sich der Rückgriff gestaltet; insoweit ist also das nationale anwendbare Recht heranzuziehen. Dessen ungeachtet unterliegt die Rückgriffsklage, soweit mit ihr eine Haftung des ausführenden Luftfrachtführers oder des nachfolgenden Luftfrachtführers nach dem Montrealer Übereinkommen geltend gemacht wird, der Ausschlussfrist nach Art. 35 MÜ.[18] 11

2. Rückgriffsansprüche des Luftfrachtführers gegen Dritte

Rückgriffsansprüche des Luftfrachtführers gegen seine Leute oder sonstige Dritte, wie z.B. groundhandling agents, unterliegen nicht der Ausschlussfrist nach Art. 35 MÜ. In diesen Fällen handelt 12

---

14 Ebenso FrankfKomm/*Dettling-Ott* Art. 33 MÜ Rn. 8; *Koller*[11] Art. 35 MÜ Rn. 3; *Müller-Rostin* in: Fremuth/Thume Art. 29 WA 1955 Rn. 2.

15 Unrichtig FrankfKomm/*Dettling-Ott* Art. 33 MÜ Rn. 10.

16 Ebenso Ebenroth/Boujong/*Pokrant*[5] Art. 35 MÜ Rn. 6.

17 Ebenso Ebenroth/Boujong/*Pokrant*[5] Art. 35 MÜ Rn. 7; *Koller*[11] Art. 35 MÜ Rn. 3; **aA** FrankfKomm/*Dettling-Ott* Art. 35 MÜ Rn. 18; MünchKommHGB/*Kronke* Art. 29 WA 1955 Rn. 2.

18 Ebenso Ebenroth/Boujong/*Pokrant*[5] Art. 35 MÜ Rn. 7; **aA** US CA 9th Cir., Urt. v. 10.2.2011 – *Chubbs Insurance Co. v. Menlo Worldwide Forwarding* – **634** F.3d 1023, 1028; US DC, Urt. v. 12.1.2018 – *AGCS Marine Insurance Co. v. Geodis Calberson Hungaria Logisztikai KFF* – 16 CV 9710 (JMF).

es sich nicht um eine Klage gegen einen Luftfrachtführer (vgl. oben Rdn. 4 f.) mit der Folge, dass dem Begehren nicht ein Beförderungsvertrag, sondern ein arbeits-, dienst- oder werkvertragsrechtliches Verhältnis zugrunde liegt.[19] Aus Art. 29 MÜ folgt daher, dass Ansprüche des Luftfrachtführers gegen Personen, die nicht selbst zu den Luftfrachtführern zu rechnen sind, nach ergänzend anwendbarem nationalen Recht verjähren.[20]

3. Rückgriffsansprüche von Versicherern gegen den Luftfrachtführer

13 Reguliert ein Versicherer Schäden eines Reisenden bzw. eines Absenders oder Empfängers, die im Zusammenhang mit einer Luftbeförderung entstanden sind, unterliegt die Rückgriffsklage des Versicherers gegen den Luftfrachtführer der Ausschlussfrist nach Art. 35 MÜ, wenn es sich um einen Anspruch gegen den Luftfrachtführer handelt, der sich entweder auf das Übereinkommen stützt oder aus einer konkurrierenden nationalen Vorschrift ableiten lässt.[21]

C. Ausschlussfrist

14 Nach Art. 35 MÜ verliert der Geschädigte seinen Anspruch gegen den Luftfrachtführer, wenn er die Frist des Art. 35 MÜ nicht einhält. Nach Ablauf der Frist wird der Anspruch daher nicht nur unklagbar, vielmehr erlischt er materiellrechtlich.[22] Die amtliche Übersetzung spricht daher zu Recht von einer Ausschlussfrist,[23] was auch der französische Text *„sous peine de déchéance"* eindeutig zum Ausdruck bringt. In der französischen Rechtsprechung wurde dagegen zu Art. 29 WA 1955 verschiedentlich geurteilt, dass die Vorschrift nur eine Verjährungsfrist vorsehe, was nicht zuletzt zu der Möglichkeit ihrer Hemmung oder Unterbrechung führt.[24] Diese Rechtsprechung zu Art. 29 WA 1955 wurde wegen des eindeutigen Wortlautes und der ratio kritisiert und abgelehnt.[25] Aus dem Umstand, dass es sich nicht um eine Verjährungsfrist, sondern um eine Ausschlussfrist handelt, folgt bei Fristablauf ihre Berücksichtigung von Amts wegen. Auf die Ausschlussfrist finden die Vorwschriften zur Hemmung nach §§ 203 ff. BGB keine Anwendung.[26]

I. Fristbeginn

15 Der Fristbeginn wird anhand drei bestimmbarer Zeitpunkte bestimmt. Die Zweijahresfrist beginnt anders als unter der Geltung deutschen Rechts nicht mit dem Schluss eines Kalenderjahres, sondern nach Art. 35 Abs. 1 MÜ *„mit dem Tage, an dem das Luftfahrzeug am Bestimmungsort angekommen ist oder an dem es hätte ankommen sollen oder an dem die Beförderung abgebrochen worden*

19 FrankfKomm/*Dettling-Ott* Art. 35 MÜ Rn. 26.
20 *Koller*[11] Art. 35 MÜ Rn. 3.
21 Ebenso FrankfKomm/*Dettling-Ott* Art. 35 MÜ Rn. 20.
22 Ebenroth/Boujong/*Pokrant*[5] Art. 35 MÜ Rn. 14; MünchKommHGB/*Müller-Rostin*[5] Art. 35 MÜ Rn. 8.
23 BGH, Urt. v. 17.4.1958 – VII ZR 96/57 – BGHZ **27** 101 = VersR **1958** 401; BGH, Urt. v. 7.5.1963 – VI ZR 198/62 – NJW **1963** 1405; BGH, Urt. v. 22.4.1982 – I ZR 86/80 – BGHZ **84** 101= NJW **1983** 516 = VersR **1982** 896 = ZLW **1982** 378; OLG Frankfurt a.M., Urt. v. 12.7.1977 – NJW **1978** 502 = MDR **1977** 1024 = DB **1978** 92; OLG Köln, Urt. v. 20.11.1980 – 1 U 120/79 – 5 U 188/76 – ZLW **1982** 167, 174.
24 F Cass, Urt. v. 4.11.1968 – *Spiers c. Air France* – RFDA **1969** 81; F Cass, Urt. v. 17.11.1981 – *Sté France Handling c. Cie Sabena* – RFDA **1982** 345, 346.
25 *Boyer* RFDA **1981** 431.
26 LG Frankfurt a.M., Urt. v. 24.2.2022 – 2-24 S 155/21 – RdTW **2023** 70 f.

ist". Die Bestimmung ist auslegungsbedürftig.[27] Maßgeblich ist der dem Geschädigten günstigste Zeitpunkt.[28]

1. Die Ankunft am Bestimmungsort

Die erste Variante für den Beginn des Fristenlaufs in Art. 35 Abs. 1 MÜ stellt auf die Ankunft am Bestimmungsort ab. Unter Bestimmungsort ist nicht etwa der Zielort des betreffenden Fluges zu verstehen, sondern vielmehr der vertraglich vereinbarte Endpunkt der Beförderung.[29] Im Gegensatz zur deutschen amtlichen Übersetzung präzisiert weder die englische noch die französische Version, ob die Ankunft des betreffenden Flugzeugs oder des Reisenden bzw. seines Reisegepäcks oder der Güter gemeint ist. Die beiden Originalfassungen beziehen den Begriff „Flugzeug" nur auf die zweite Variante. Die deutsche amtliche Übersetzung überzeugt in Bezug auf die erste Variante nicht, als sie fälschlicherweise auf den Moment der vertragsgemäßen Ankunft des Flugzeuges anstelle auf die tatsächliche Ankunft des Gutes abstellt. Für diese die amtliche Übersetzung korrigierende Auslegung spricht insbesondere Art. 13 Abs. 1 MÜ, der vom Eintreffen der Güter am Bestimmungsort und nicht des Flugzeuges spricht. Insofern erscheint die amtliche Übersetzung als korrigierungsbedürftig.[30] In Fällen, in denen das Gut außerhalb des Flughafens abgeliefert wird, greift bei Maßgeblichkeit deutschen Rechts die Vorschrift des § 452b Abs. 2 Satz 2 HGB ergänzend ein.[31] 16

Offen bleibt lediglich, ob bei Verlust eines Gutes während der Beförderung auf den Fristbeginn in der ersten Variante abgestellt werden kann. Hier gilt es wie folgt zu differenzieren: Haben die Parteien die Beförderung auf einem bestimmten Kurs und an einem bestimmten Tag vereinbart, beginnt die Frist bei Verlust des Gutes frühestens mit der Mitteilung des Luftfrachtführers an den Empfänger nach Art. 13 Abs. 2 MÜ,[32] spätestens nach Ablauf von sieben Tagen seit dem Tag, an dem das Gut hätte eintreffen sollen, zu laufen.[33] Weist der Luftbeförderungsvertrag keine Vereinbarung über einen Ankunftstermin auf, so kommt es auf die durchschnittlich erreichbare, objektiv geschuldete Leistungszeit an, nach deren Ablauf die Zweijahresfrist zu laufen beginnt.[34] 17

27 Entgegen der Denkschrift zum MÜ BT-Drucks. **15/2285**, S. 50, legt die Vorschrift keineswegs unzweideutig den Fristenbeginn fest. So bleibt offen, wann beim Verlust eines Gutes die Frist konkret zu laufen beginnt, da weder die erste oder zweite Variante vom Wortlaut der Originalfassungen her einschlägig ist. Nur durch entsprechende ergänzende Auslegung lässt sich die Lücke schließen.

28 FrankfKomm/*Dettling-Ott* Art. 35 MÜ Rn. 47; Ebenroth/Boujong/*Pokrant*[5] Art. 35 MÜ Rn. 9; *Koller*[11] Art. 35 MÜ Rn. 4.

29 LG Stuttgart, Urt. v. 19.8.1997 – 3 KfH O 202/96 – TranspR **1998** 196; FrankfKomm/*Dettling-Ott* Art. 35 MÜ Rn. 49; Ebenroth/Boujong/*Pokrant*[5] Art. 35 MÜ Rn. 10.

30 FrankfKomm/*Dettling-Ott* Art. 35 MÜ Rn. 50; *Koller*[11] Art. 35 MÜ Rn. 4; MünchKommHGB/*Kronke* Art. 29 WA 1955 Rn. 4; *Müller-Rostin* in: Fremuth/Thume Art. 29 WA 1955 Rn. 3.

31 Ebenso *Koller*[11] Art. 35 MÜ Rn. 4.

32 Zutr. LG Stuttgart, Urt. v. 19.8.1997 – 3 KfH O 202/96 – TranspR **1998** 196; Ebenroth/Boujong/*Pokrant*[5] Art. 35 MÜ Rn. 10; **aA** F Cass, Urt. v. 3.6.1997 – *Air France c. SCAC* – ASL **1998** 42 Nr. 14 (LS), das für den Fristlauf auf die Übergabe des Gutes abstellen will.

33 Ebenso Ebenroth/Boujong/*Pokrant*[5] Art. 35 MÜ Rn. 10; **aA** FrankfKomm/*Dettling-Ott* Art. 35 MÜ Rn. 56, wonach die Frist ab dem Zeitpunkt der vereinbarten Landung zu laufen beginnt.

34 Im Ergebnis wie hier *Müller-Rostin* in: Fremuth/*Thume* Art. 29 WA 1955 Rn. 3 für Verlustfälle, bei denen der Zeitpunkt des Verlusteintritts unbekannt ist. Dabei kann nicht auf die dritte Variante zurückgegriffen werden, da der Zeitpunkt des Verlusts während der Beförderung nicht wie der Abbruch der Beförderung exakt feststellbar sein wird; **aA** MünchKommHGB/*Kronke* Art. 29 WA 1955 Rn. 5, der im Fall des Totalverlusts nicht die erste Variante, sondern. in erweiternder Auslegung die zweite Variante (der Tag, an dem das Luftfahrzeug *oder das Gut* hätte ankommen sollen) angewandt wissen will. Diese Auslegung ist vom Text der Originalfassungen jedenfalls nicht gedeckt; für diese extensive Auslegung besteht m.E. kein Anlass.

2. Die hypothetische Ankunftszeit des Luftfahrzeugs

18 Werden der Reisende oder die Güter nicht befördert und kommt das Luftfahrzeug nicht an, so knüpft das Montrealer Übereinkommen in der zweiten Variante für den Fristbeginn an den Zeitpunkt an, an dem das Luftfahrzeug hätte am Bestimmungsort ankommen sollen. Dieser Zeitpunkt ist maßgebend, wenn das Luftfahrzeug abstürzt.

3. Abbruch der Beförderung

19 Als dritten möglichen Fristbeginn sieht Art. 35 Abs. 1 MÜ den Abbruch der Beförderung vor. Diese dritte Alternative hat aufgrund der deutschen amtlichen Übersetzung zu Auslegungsdifferenzen geführt. Die deutsche amtliche Übersetzung legt es nahe, dass der Abbruch der Beförderung sowohl freiwillig als auch unfreiwillig erfolgen kann.[35] Demgegenüber spricht der englische Text von „the date on which the carriage was stopped“, womit wohl nur einer vom Absender planmäßig gesteuerten Beendigung der Beförderung Rechnung getragen werden sollte.[36] Die Materialien zum Warschauer Abkommen enthalten zwar zu dieser Frage nichts Erhellendes. Jedoch lassen die französische Originalfassung „arrêt du transport“ sowie die englische Originalfassung „carriage stopped“ in ihrer Wortwahl einen klaren Bezug zu den Verfügungsrechten des Absenders nach Art. 12 Abs. 1 Satz 1 Var. 2 MÜ erkennen. Dies spricht daher für eine einschränkende Auslegung des Anwendungsbereichs des Fristenbeginns im Fall der dritten Variante: Der Zeitpunkt, in dem die Beförderung abgebrochen ist, ist derjenige, in dem sie tatsächlich zum Stillstand gekommen ist. Im Falle des Art. 12 MÜ ist dies nicht der Augenblick, in dem die das Gut anhaltende Verfügung des Absenders beim Luftfrachtführer eintrifft, sondern erst derjenige, in dem dieser die Verfügung ausführt.[37]

II. Klageerhebung

20 Um die Frist nach Art. 35 MÜ zu wahren, muss der Kläger Klage gegen den Luftfrachtführer binnen der Ausschlussfrist erheben. Wann die Klage als erhoben gilt, wird vom Übereinkommen nicht näher ausgeführt. Maßgebend ist hierfür die lex fori. Bei Anwendbarkeit deutschen Prozessrechts gelten für die Klageerhebung §§ 253 Abs. 1, 167, 496 ZPO, für den Mahnbescheid § 691 Abs. 2 ZPO. Für die Einleitung des gerichtlichen Verfahrens ist die rechtzeitige Einreichung der Klageschrift ausreichend; die Zustellung auf diplomatischem Weg – nach Ablauf der Frist – ist ohne Bedeutung. Wird ein Antrag auf Erlass eines Mahnbescheides gestellt, muss in angemessener Zeit die Zahlung des restlichen Kostenvorschusses erfolgen, da sonst die Sache nicht an das zuständige Streitgericht abgegeben wird.[38] Liegen die Voraussetzungen der Rechtshängigkeit nach § 696 Abs. 3 ZPO nicht vor, weil die Streitsache nicht alsbald nach Erhebung des Widerspruchs abgegeben wird, tritt Rechtshängigkeit erst mit Eingang der Streitsache beim Streitgericht ein.[39] Die Klageerhebung vor einem nach Art. 33 MÜ unzuständigen Gericht wahrt die Frist nicht;[40] verweist das unzuständige Gericht den Rechtsstreit an das örtlich zuständige Gericht, hat das später angerufene Gericht die Frist des Art. 35 MÜ erneut zu prüfen.[41]

---

35 So FrankfKomm/*Dettling-Ott* Art. 35 MÜ Rn. 61 f; MünchKommHGB/*Kronke* Art. 29 WA 1955 Rn. 6.

36 In diesem Sinne wohl *Koffka/Bodenstein/Koffka* Art. 29 WA 1929 S. 340.

37 Ebenso Ebenroth/Boujong/*Pokrant*[5] Art. 35 MÜ Rn. 10.

38 LG Frankfurt a.M., Urt. v. 24.2.2022 – 2-24 S 155/21 – RdTW **2023** 70; LG Frankfurt a.M., Urt. v. 21.7.1993 – 3/13 O 2/93 – VersR **1995** 1078. Ebenroth/Boujong/*Pokrant*[5] Art. 35 MÜ Rn. 11.

39 LG Frankfurt a.M., Urt. v. 24.2.2022 – 2-24 S 155/21 – RdTW **2023** 70.

40 LG Berlin, Urt. v. 20.4.2016 – 105 O 59/15 – TranspR **2016** 245, 246; zutreffend *Vyvers* TranspR **2015** 233, 235.

41 **AA** *Koller*[11] Art. 35 MÜ Rn. 9.

Macht ein Kläger seine Schadensersatzansprüche im Rahmen eines Strafverfahrens (Adhäsionsverfahren) geltend, so entscheidet die lex fori über die Fristwahrung nach Art. 35 MÜ. Ebenfalls unterliegt der lex fori, ob und ab welchem Zeitpunkt die Klageerhebung durch einen Dritten oder eine Streitverkündung[42] Wirkungen entfaltet. Bei Anwendbarkeit deutschen Prozessrechts steht dagegen weder die Stellung eines Arrestantrags noch die Aufrechnung im Prozess der Klagerhebung gleich.[43] 21

III. Fristberechnung

Nach Art. 35 Abs. 2 MÜ berechnet sich das Fristende nach dem Recht des angerufenen Gerichts (Der Fristbeginn richtet sich dagegen nach den Vorgaben des Montrealer Übereinkommens, vgl. oben Rn. 15–19).[44] Bei Anwendbarkeit deutschen Prozessrechts sind die §§ 187 ff BGB einschlägig.[45] 22

D. Rechtsfolgen der Versäumung der Frist

I. Regel

Bei der Frist des Art. 35 MÜ handelt es sich um eine Ausschlussfrist.[46] Versäumt der Geschädigte die Klageerhebung vor Fristablauf, ist der Anspruch materiellrechtlich erloschen.[47] Es handelt sich dabei um eine rechtsvernichtende Einwendung aufgrund Verwirkung, prozessual betrachtet um eine Einrede.[48] Ob der Geschädigte die Fristversäumnis verschuldet hat oder nicht, ist unerheblich.[49] 23

II. Ausnahmen

Zwar hilft schuldlose Fristversäumnis dem Geschädigten nicht. Doch wird man in analoger Anwendung des Gedankens in Art. 31 Abs. 4 MÜ dem Luftfrachtführer die Berufung auf den Fristablauf und die Rechtsfolge des Anspruchsverlustes nicht gestatten, wenn das Versäumnis auf arglistige Täuschung des Geschädigten durch den Luftfrachtführer zurückzuführen[50] ist oder das Versäumnis auf einer ausdrücklichen einstweiligen Zusicherung des Luftfrachtführers beruht, sich im Prozess nicht darauf berufen zu wollen.[51] Entscheidend ist, dass der Luftfrachtführer bei dem 24

42 LG Frankfurt a.M., Urt. v. 25.8.1995 – 3/11 O 69/94 – TranspR **1996** 117, wonach die Streitverkündung die Frist des Art. 29 WA 1955 unterbricht; zustimmend *Gran* TranspR **1996** 263; **aA** BGH, Urt. v. 6.10.2005 – I ZR 14/03 – NJW-RR **2006** 619, 620; OLG Köln, Urt. v. 31.1.1980 – 1 U 79/79 – TranspR **1980** 100; Ebenroth/Boujong/*Pokrant*[5] Art. 35 MÜ Rn. 12; MünchKommHGB/*Müller-Rostin*[5] Art. 35 Rn. 22; *Koller*[11] Art. 35 MÜ Rn. 9; *Müller-Rostin* in: Fremuth/Thume Art. 29 WA 1955 Rn. 4.

43 Ebenso *Koller*[11] Art. 35 MÜ Rn. 9.

44 Ebenso *Koller*[11] Art. 35 MÜ Rn. 8; MünchKommHGB/*Kronke* Art. 29 WA 1955 Rn. 8.

45 BGH, Urt. v. 15.3.1985 – IZR 183/82 – TranspR **1986** 22, 24; LG Frankfurt a.M., Urt. v. 20.9.1985 – 3/7 O 202/84 – ZLW **1986** 154, 157.

46 *Schmid/Hopperdietzel* NJW **2009** 3085, 3086.

47 AG Bremen, Urt. v. 15.4.2009 – 23 C 496/06 – juris Rz. 42.

48 Zutreffend MünchKommHGB/*Kronke* Art. 29 WA 1955 Rn. 9.

49 Ebenroth/Boujong/*Pokrant*[5] Art. 35 MÜ Rn. 14; *Guldimann* Art. 29 WA 1955 Rn. 7; MünchKommHGB/*Kronke* Art. 29 WA 1955 Rn. 10.

50 Ebenroth/Boujong/*Pokrant*[5] Art. 35 MÜ Rn. 15; *Guldimann* Art. 29 WA 1955 Rn. 7; MünchKommHGB/*Kronke* Art. 29 WA 1955 Rn. 12.

51 BGH, Urt. v. 7.5.1963 – VI ZR 198/62 – NJW **1963** 1405 (Einwand unzulässiger Rechtsausübung).

Anspruchsberechtigten einen besonderen Vertrauenstatbestand verursacht hat. Der Beitritt nach § 66 ZPO in einem Vorprozess reicht hierfür allerdings nicht aus.[52]

III. Berücksichtigung von Amts wegen

25 Ob das Erlöschen des Anspruchs wegen Fristablaufs im Prozess von Amts wegen zu berücksichtigen ist oder von dem Beklagten einredeweise geltend zu machen ist, entscheidet die lex fori. Da der Anspruchsverlust als rechtsvernichtende Einwendung zu qualifizieren ist, sind die entsprechenden Tatsachen nach deutschem Recht von Amts wegen zu berücksichtigen.[53]

52 BGH, Urt. v. 6.10.2005 – I ZR 14/03 – NJW-RR **2006** 619, 620; Ebenroth/Boujong/*Pokrant*[5] Art. 35 MÜ Rn. 15.

53 OLG Frankfurt a.M., Urt. v. 12.7.1977 – 5 U 188/76 – RIW **1977** 650; OLG Köln, Urt. v. 20.11.1980 – 1 U 120/79 – ZLW **1982** 167, 174.

Artikel 36 Aufeinanderfolgende Beförderung

1. **Jeder Luftfrachtführer, der Reisende, Reisegepäck oder Güter annimmt, ist bei Beförderungen im Sinne des Artikels 1 Absatz 3, die nacheinander durch mehrere Luftfrachtführer ausgeführt werden, den Vorschriften dieses Übereinkommens unterworfen; er gilt für den Teil der Beförderung, der unter seiner Leitung ausgeführt wird, als Partei des Beförderungsvertrags.**
2. **Bei einer solchen Beförderung kann der Reisende oder die sonst anspruchsberechtigte Person nur den Luftfrachtführer in Anspruch nehmen, der die Beförderung ausgeführt hat, in deren Verlauf der Unfall oder die Verspätung eingetreten ist, es sei denn, dass der erste Luftfrachtführer durch ausdrückliche Vereinbarung die Haftung für die ganze Reise übernommen hat.**
3. **[1] Reisegepäck oder Gütern kann der Reisende oder der Absender den ersten, der Reisende oder der Empfänger, der die Auslieferung verlangen kann, den letzten, und jeder von ihnen denjenigen Luftfrachtführer in Anspruch nehmen, der die Beförderung ausgeführt hat, in deren Verlauf die Zerstörung, der Verlust oder die Beschädigung erfolgt oder die Verspätung eingetreten ist. [2]Diese Luftfrachtführer haften dem Reisenden oder dem Absender oder Empfänger als Gesamtschuldner.**

Article 36 Successive Carriage

1. *In the case of carriage to be performed by various successive carriers and falling within the definition set out in paragraph 3 of Article 1, each carrier which accepts passengers, baggage or cargo is subject to the rules set out in this Convention and is deemed to be one of the parties to the contract of carriage in so far as the contract deals with that part of the carriage which is performed under its supervision.*
2. *In the case of carriage of this nature, the passenger or any person entitled to compensation in respect of him or her can take action only against the carrier which performed the carriage during which the accident or the delay occurred, save in the case where, by express agreement, the first carrier has assumed liability for the whole journey.*
3. *As regards baggage or cargo, the passenger or consignor will have a right of action against the first carrier, and the passenger or consignee who is entitled to delivery will have a right of action against the last carrier, and further, each may take action against the carrier which performed the carriage during which the destruction, loss, damage or delay took place. These carriers will be jointly and severally liable to the passenger or to the consignor or consignee.*

Article 36 Transporteurs successifs

1. *Dans les cas de transport régis par la définition du paragraphe 3 de l'article 1, à exécuter par divers transporteurs successifs, chaque transporteur acceptant des voyageurs, des bagages ou des marchandises est soumis aux règles établies par la présente convention, et est censé être une des parties du contrat de transport, pour autant que ce contrat ait trait à la partie du transport effectuée sous son contrôle.*
2. *Au cas d'un tel transport, le passager ou ses ayants droit ne pourront recourir que contre le transporteur ayant effectué le transport au cours duquel l'accident ou le retard s'est produit, sauf dans le cas où, par stipulation expresse, le premier transporteur aura assuré la responsabilité pour tout le voyage.*
3. *S'il s'agit de bagages ou de marchandises, le passager ou l'expéditeur aura recours contre le premier transporteur, et le destinataire ou le passager qui a le droit à la délivrance contre le dernier, et l'un et l'autre pourront, en outre, agir contre le transporteur ayant effectué le trans-*

https://doi.org/10.1515/9783110564945-037

port au cours duquel la destruction, la perte, l'avarie ou le retard se sont produits. Ces transporteurs seront solidairement responsables envers le passager, ou l'expéditeur ou le destinataire.

Schrifttum

Booysen When is a Domestic Carrier Legally Involved in International Carriage in Terms of the Warsaw Convention? ZLW **1990** 329–344; *Boulos* Responsabilité des transporteurs successifs de marchandises, RFDA **1960** 33–59; *Brautlacht* Zur Verspätung bzw. Nichtbeförderung bei aufeinanderfolgenden Luftbeförderungen, TranspR **1988** 384–385; *Diederiks-Verschoor* Considérations on Carriage by Air Executed by Various Successive Carriers, ETR **1970** 143–165; *Guldimann* Wer ist „erster Luftfrachtführer"? ZLW **1960** 121–140; *Liesecke* Die neuere Rechtsprechung zum Luftfrachtrecht des Warschauer Abkommens von 1929 nebst Haager Protokoll von 1955, MDR **1968** 1–4, 93–99; *Marchand* Transport successif et transport de fait en droit aérien international, ETR **1997** 25–52; *Ruhwedel* Montrealer Übereinkommen vs. Warschauer System, TranspR **2008** 80–102.

Parallelvorschriften

Art. 30 WA 1955; Art. 34 CMR; § 432 HGB a.F.

Übersicht

A. Allgemeines

I. Normzweck

1 Die Vorschrift behandelt die Fälle, in denen eine einheitliche Luftbeförderung iSd. Art. 1 Abs. 3 MÜ durch mehrere, aufeinanderfolgende Luftfrachtführer erbracht wird. Bei einer mehrgliedrigen Luftbeförderung stellt sich das Problem, dass der Reisende oder der Absender des Gutes lediglich zum ersten Luftfrachtführer in einem Vertragsverhältnis steht. Sämtliche nachfolgenden Beförde-

rungsabschnitte wären Gegenstand selbständiger Luftbeförderungsverträge. Der Reisende und der Absender des Gutes hätten lediglich Ansprüche gegen den ersten Luftfrachtführer, die nachfolgenden Luftfrachtführer würden jeweils als Unterluftfrachtführer ihrem jeweiligen Vertragspartner haften.[1] Wird bereits bei Vertragsabschluss hingegen eine einheitliche Luftbeförderung durch mehrere aufeinanderfolgende Luftfrachtführer versprochen, so tritt der nachfolgende Luftfrachtführer in den Vertrag zwischen Reisendem und erstem Luftfrachtführer oder zwischen Absender und erstem Luftfrachtführer ein. Die Vorschrift regelt für den Reisenden und den Ladungsinteressenten die bedeutsame Frage, welcher der aufeinanderfolgend tätig gewordenen Luftfrachtführer für welchen Schaden zu haften hat. Sie erleichtert damit die Identifizierung des Anspruchsgegners im Interesse einer effizienten Rechtsdurchsetzung.[2] Unter der Voraussetzung, dass die Parteien des Beförderungsvertrags die Beförderung als eine einheitliche Leistung vereinbart haben, sieht **Absatz 1** in Form einer Auslegungsregel[3] einen Vertragsbeitritt der nachfolgenden Luftfrachtführer allein durch die „Annahme" des Reisenden, des Reisegepäcks oder der Güter vor. **Absatz 2** regelt die Frage der Passivlegitimation für die Personenbeförderung; **Absatz 3 Satz 1** beantwortet diese Frage in Bezug auf das Reisegepäck und die Güter. **Absatz 3 Satz 2** statuiert zudem ein Gesamtschuldverhältnis zwischen den verschiedenen Anspruchsgegnern nach Absatz 3 Satz 1.

II. Entstehungsgeschichte

Die Vorschrift entspricht Art. 30 WA 1955 und wurde unverändert in das Montrealer Übereinkom- 2
men aufgenommen.

B. Anwendungsvoraussetzungen des Art. 36 MÜ im Einzelnen

I. Internationale Luftbeförderung

Art. 36 MÜ setzt die Ausführung der internationalen Luftbeförderung voraus.[4] Die Frage der Inter- 3
nationalität bestimmt sich nach Art. 1 Abs. 2 MÜ. Sind bei einer Beförderung durch mehrere aufeinanderfolgende Luftfrachtführer mehrere Verträge geschlossen worden, so richtet sich die Frage der Internationalität dieser Beförderung auch dann nach Art. 1 Abs. 2 MÜ, wenn einer oder mehrerer dieser Beförderungsverträge ausschließlich im Hoheitsgebiet desselben Staates zu erfüllen sind (Art. 1 Abs. 3 Hs. 2 MÜ).

II. Einheitlicher Luftbeförderungsvertrag

1. Luftbeförderungsvertrag

Aus Art. 1 Abs. 3 MÜ und dem Gesamtzusammenhang der Regelungen im Montrealer Übereinkom- 4
men ergibt sich grundsätzlich, dass nur Verträge, die auf eine Beförderung durch Luftfahrzeuge gerichtet sind und mit denen ein Beförderungserfolg versprochen wird, Gegenstand der Regelung sind, nicht dagegen Verträge, die dem Speditionsrecht unterliegen. Im Fall des Speditionsvertrags

1 MünchKommHGB/*Müller-Rostin*[5] Art. 36 MÜ Rn. 3.
2 FrankfKomm/*Müller-Rostin* Art. 36 MÜ Rn. 1; MünchKommHGB/*Kronke* Art. 30 WA 1955 Rn. 1.
3 So auch BGH, Urt. v. 20.5.1974 – I ZR 25/73 – VersR **1974** 1094; BGH, Urt. v. 9.10.1981 – I ZR 98/79 – VersR **1982** 60, 61; im Schrifttum wird dagegen die Rechtsfolge als Ergebnis einer Fiktion qualifiziert, vgl. *Ruhwedel*[3] Luftbeförderungsvertrag Rn. 113; FrankfKomm/*Ehlers* Art. 30 WA 1955 Rn. 22; *Müller-Rostin* in: Fremuth/Thume Art. 30 WA 1955 Rn. 2.
4 FrankfKomm/*Müller-Rostin* Art. 36 MÜ Rn. 4; Ebenroth/Boujong/*Pokrant*[5] Art. 36 MÜ Rn. 3; MünchKommHGB/*Müller-Rostin*[5] Art. 36 MÜ Rn. 7.

ist nicht der Beförderungserfolg, sonder nur die Beauftragung Dritter mit einer Ortsveränderung Gegenstand des Leistungsversprechens.[5] Die bloße Verpflichtung zur Beauftragung Dritter auf Rechnung des Vertragspartners[6] oder eigene Rechnung[7] genügen nicht, um von einem Vertrag iSd. Art. 1 MÜ zu sprechen. Soweit dagegen gemäß den Regeln des Internationalen Privatrechts der Vertrag deutschem Recht unterfällt und als Speditionsvertrag zu qualifizieren ist, unterliegt er den Regeln des Montrealer Übereinkommens, wenn der Spediteur den Selbsteintritt[8] erklärt hat, den Vertrag zu festen Kosten abgeschlossen hat[9] oder die Beförderung durch Sammelverladung[10] bewirkt hat. Die besonderen Voraussetzungen des Art. 36 MÜ liegen ebenfalls vor, wenn das Gesamtgut zur späteren Verteilung an einen Spediteur als Empfänger adressiert ist. Werden dagegen die Teile der Sammelladung durch die Verteilung der Güter durch nachfolgende Luftfrachtführer an verschiedene Endempfänger ausgeliefert, fehlt es für Art. 36 MÜ an einem inhaltlich gleichen Vertrag der ausführenden Teilluftfrachtführer. In diesen Fall greifen die Vorschriften der Art. 39 ff MÜ ein.

2. Einheitlicher Vertrag

5 Weiterhin verlangt Art. 36 MÜ, dass die internationale Beförderung Gegenstand eines **einzigen Vertrages**[11] ist.[12] Nach Art. 1 Abs. 3 MÜ ist es zwar für die Einordnung als aufeinanderfolgende Beförderung unerheblich, ob der Beförderungsvertrag in der Form eines einzigen Vertrages oder einer Reihe von Verträgen geschlossen ist. Von diesen beiden Varianten einer aufeinanderfolgenden Beförderung kommt hier jedoch nur diejenige auf der Grundlage eines einzigen Vertrages in Betracht. Art. 36 Abs. 1 MÜ ordnet nämlich an, dass jeder Luftfrachtführer, der im Fall der aufeinanderfolgenden Beförderung Reisende, Reisegepäck oder Güter annimmt, als Partei des Beförderungsvertrags gilt. Bei einer aufeinanderfolgenden Beförderung im Rahmen einer Reihe von Verträgen sind die aufeinanderfolgenden Luftfrachtführer bereits Vertragsparteien und brauchen nicht als solche gelten.[13]

6 Die Anwendung des Art. 36 MÜ setzt wegen der Bezugnahme auf Art. 1 Abs. 3 MÜ voraus, dass die Parteien die gesamte Luftbeförderung als einheitliche gewollt haben, d.h. dass die als einheitliche Leistung geschuldete Beförderung durch mehrere aufeinanderfolgende Luftfrachtführer auszuführen ist. Die jeweiligen Luftfrachtführer müssen daher bereit sein, die Ausführung von Teilbeförderungen als Bestandteil der Gesamtbeförderung zu betrachten.[14] Der erste Luftfrachtführer muss also die Verpflichtung zur Beförderung auch für die von den nachfolgenden Luftfrachtführern ausgeführten Beförderungsteile in identischer Weise übernommen haben und vice versa. Daran fehlt es je nach Fallgestaltung bei der verteilenden Beförderung von Sammelladungen. Übernimmt der Luftfrachtführer die Beförderung für die gesamte Strecke als alleinige

---

5 Vgl. § 453 HGB.

6 BGH, Urt. v. 24.6.1969 – VI ZR 45/67 – NJW **1969** 2008, 2010; OLG Stuttgart, Urt. v. 2.7.1979 – 2 U 49/79 –VersR **1980** 183.

7 BGH, Urt. v. 7.5.1981 – VII ZR 107/80 – NJW **1981** 1664, 1665; **aA** *Koller*[11] Art. 1 MÜ Rn. 4.

8 § 458 HGB.

9 § 459 HGB.

10 § 460 HGB.

11 BGH, Urt. v. 20.5.1974 – I ZR 98/79 – VersR **1974** 1094 = MDR **1974** 995; BGH, Urt. v. 23.3.1976 – VI ZR 92/75 – NJW **1976** 1586 = VersR **1976** 787 = ZLW **1976** 255; BGH, Urt. v. 9.10.1981 – I ZR 98/79 – RIW **1982** 522, 523; OLG Frankfurt a.M. Urt. v. 10.5.1977 – 5 U 154/76 – BB **1977** 1071 = ZLW **1977** 230; OLG Hamburg Urt. v. 2.9.1982 – 6 U 75/82 – RIW **1983** 874 = VersR **1983** 484 = TranspR **1984** 44.

12 Die Rechtslage entspricht damit Art. 34 CMR, siehe *Ruhwedel*[3] Luftbeförderungsvertrag Rn. 111.

13 Zutreffend BeckOGK/*Förster* Art. 36 MÜ Rn. 7; FrankfKomm/*Ehlers* Art. 30 WA 1955 Rn. 7; *Goedhuis* Warsaw Convention 296, 297; *Kuhn* Haftung S. 86 f.; **aA** FrankfKomm/*Müller-Rostin* Art. 36 MÜ Rn. 4; MünchKommHGB/*Kronke* Art. 30 WA 1955 Rn. 3; wohl auch *Koller*[7] Art. 36 WA 1955 Rn. 5; *Koffka*/*Bodenstein*/*Koffka* Art. 30 WA 1929 S. 341.

14 *Müller-Rostin* in: Fremuth/Thume Art. 30 WA 1955 Rn. 2.

Pflicht und setzt er später für eine Teilstrecke aufgrund eigener Entscheidung einen anderen Luftfrachtführer ein (Fall der Substitution), so ist mangels identischem Parteiwillen nicht von einer einheitlichen Leistung auszugehen; vielmehr ist der andere Luftfrachtführer ausführender Luftfrachtführer iSv. Art. 39 MÜ.[15] Ferner reicht eine nur *tatsächliche* Aufeinanderfolge von Unterluftfrachtführern im Zusammenhang mit der Beförderung ein und desselben Gutes ebenso wenig für die Anwendbarkeit des Art. 36 MÜ aus.[16] Für die hier vertretene Auffassung, dass die aufeinanderfolgende Beförderung bereits bei Vertragsabschluss Gegenstand der Abmachungen gewesen sein muss, spricht auch die französische Originalfassung, wonach es bei einer aufeinanderfolgenden Beförderung darauf ankommt, dass diese von mehreren aufeinanderfolgenden Luftfrachtführern auszuführen ist („... *à exécuter par plusieurs transporteurs successifs*, ...").[17] Allerdings ist weder aus Art. 1 Abs. 3 MÜ noch aus Art. 36 Abs. 1 MÜ zu entnehmen, dass die folgenden Luftfrachtführer bereits von Anfang an auch namentlich bestimmt gewesen sein müssen. Die Queen's Bench Division hat es in der Sache *Rotterdamsche Bank v BOAC and Aden Airways* für die Annahme einer aufeinanderfolgenden Beförderung als ausreichend angesehen, dass sich aus dem Luftfrachtbrief in Zusammenhang mit dem Flugplan von BOAC ergab, dass die zweite Teilstrecke nicht von BOAC, sondern von Aden Airways geflogen wurde, obgleich letztere im Luftfrachtbrief nicht ausdrücklich genannt war.[18]

Die einheitliche Leistung braucht sich daher nicht aus dem Beförderungsdokument zu ergeben;[19] ausreichend ist im Gegensatz zur CMR der mündliche Parteiwille.[20] Ein derartiger Wille ist, um die Verfolgung von Ersatzansprüchen zu erleichtern,[21] daher grundsätzlich zu bejahen, wenn die beteiligten Luftfrachtführer wissen, dass das Gut an einem anderen Ort als dem, an dem sie das Gut übernehmen sollen, abgesandt worden ist oder dass das Gut an einem anderen Ort als dem, an dem sie das Gut abliefern, an den Empfänger abgeliefert werden soll oder wenn der aufeinanderfolgende Luftfrachtführer bereits im Luftfrachtbrief des vorhergehenden oder des in der Kette ersten Luftfrachtführers aufgeführt ist. 7

3. Annahme des Reisenden, des Reisegepäcks oder des Gutes

Die in Art. 36 Abs. 1 MÜ vorgezeichnete Wirkung tritt im Unterschied zu Art. 1 Abs. 3 MÜ mit der Annahme des betreffenden Reisenden, des Reisegepäcks oder der Güter durch den betreffenden Luftfrachtführer ein. Unter Annahme ist der rein tatsächliche Vorgang der Übernahme in die Obhut des nachfolgenden Luftfrachtführers zu verstehen;[22] sie kann aber auch durch jede andere Handlung erfolgen, durch welche der Luftfrachtführer sich zur Übernahme der Beförderung verpflichtet, z.B. durch die Ausstellung eines neuen Beförderungsdokuments oder durch Annahme des Frachtguts.[23] Die Annahme von Handgepäck, das der Reisende nicht dem Luftfrachtführer übergibt, erfolgt in dem Moment, in dem sich der Reisende selbst in die Obhut des Luftfrachtführers begibt.[24] Der Schaden muss nicht in dem Zeitpunkt entstanden sein, als der nachfolgende 8

---

15 MünchKommHGB/*Müller-Rostin*[5] Art. 36 MÜ Rn. 14; zum WA: OLG Hamburg, Urt. v. 9.8.1984 – 6 U 28/84 – TranspR **1984** 299, 300.
16 Zu Art. 34 CMR: BGH, Urt. v. 19.4.2007 – I ZR 90/04 – NJW-RR **2008** 120 f.
17 FrankfKomm/*Ehlers* Art. 30 WA 1955 Rn. 9.
18 GB QBD, Urt. v. 18.2.1953 – *Rotterdamsche Bank and Banque de l'Indo-Chine v BOAC* – USAvR **1953** 163 (168) = RGA **1953** 403.
19 Vgl. Art. 9 MÜ; ebenso zum WA: BGH Urt. v. 9.10.1981 – I ZR 98/79 – VersR **1982** 60, 61.
20 MünchKommHGB/*Müller-Rostin*[5] Art. 36 MÜ Rn. 15; *Ruhwedel* Luftbeförderungsvertrag[3] Rn. 112.
21 BGH, Urt. v. 9.10.1981 – I ZR 98/79 – VersR **1982** 60, 61.
22 Allg.M.: vgl. statt vieler FrankfKomm/*Müller-Rostin* Rn. 5; Ebenroth/Boujong/*Pokrant*[5] Art. 36 MÜ Rn. 6; *Koller*[11] Art. 36 MÜ Rn. 6.
23 BeckOGK/*Förster* Art. 36 MÜ Rn. 8; zum WA: *Guldimann* Art. 30 WA 1955 Rn. 5.
24 So FrankfKomm/*Ehlers* Art. 30 WA 1955 Rn. 18; **aA** *Guldimann* Art. 30 WA 1955 Rn. 6.

Luftfrachtführer das Gut oder das Reisegepäck in seine Obhut übernommen hat.[25] Im Hinblick auf den ersten Luftfrachtführer, der die Beförderung über die Gesamtstrecke versprochen hat, kommt es auf das Erfordernis der Annahme letztlich nicht an, weil dieser Luftfrachtführer im Normalfall auch gem. Art. 17 ff. MÜ haften würde.[26]

9 Im Unterschied zu Art. 26 CIM 1999 und zu Art. 34 CMR ist im Rahmen des Art. 36 Abs. 1 MÜ nicht erforderlich, dass der nachfolgende Luftfrachtführer neben den Gütern zusätzlich noch einen Luftfrachtbrief annimmt, sofern ein solcher überhaupt ausgestellt worden ist und die Parteien sich nicht ohnehin allein auf eine „andere Aufzeichnung" iSv. Art. 4 Abs. 2 MÜ verständigt haben.[27]

10 Fraglich ist, ob der nachfolgende Luftfrachtführer subjektiv Kenntnis davon haben muss, dass er im Rahmen einer als „einheitliche Leistung" vereinbarten Beförderung tätig wird.[28] *Koller* zufolge kann auf die Darlegung der subjektiven Kenntnis des nachfolgenden Luftfrachtführers verzichtet werden, wenn ein Wille zur einheitlichen Gesamtbeförderung bejaht wird.[29] Diese Auffassung überzeugt indes nicht. Denn die Bejahung eines Willens zur einheitlichen Gesamtbeförderung impliziert bereits die subjektive Kenntnis, so dass von dieser auf den einheitlichen Willen und nicht umgekehrt zu schließen ist. Würde man auf die subjektive Kenntnis des zweiten oder weiteren Luftfrachtführers verzichten, so könnte dieser unversehens in den von Art. 36 MÜ angeordneten Haftungsverband hineingezogen werden. So könnte der nachfolgende Luftfrachtführer, wenn er letzter Luftfrachtführer iSv. Art. 36 Abs. 3 MÜ ist, vom Empfänger in Anspruch genommen werden, auch wenn der Schaden sich nicht auf dem von ihm durchgeführten Streckenabschnitt ereignet hat.[30] Die hier vertretene Auffassung versteht sich ferner von selbst, wenn man die Annahme des Reisenden, seines Reisegepäcks oder des Gutes als „ein Vertragsangebot an den, den es angeht" qualifiziert, das der nachfolgende Luftfrachtführer stillschweigend annimmt. Nicht notwendig ist dagegen, dass dem nachfolgenden Luftfrachtführer der Vertrag des Absenders mit dem ersten Luftfrachtführer bekannt ist.[31]

C. Rechtsfolgen

I. Grundregel: Partei des Luftbeförderungsvertrages (Absatz 1)

1. Rechtsscheinhaftung

11 **Absatz 1** stellt die Grundregel auf, dass jeder Luftfrachtführer nur insoweit Partei des Beförderungsvertrages ist, als sich der Vertrag auf den Teil der Beförderung bezieht, der seiner Leitung unterworfen ist. Dabei ist unerheblich, ob die einzelne Teilbeförderung eine Binnenbeförderung darstellt.[32] Im Schrifttum wird die Rechtsfolge des Vertragsbeitritts als Ergebnis einer Fiktion unter Berufung auf die französische Fassung („... *est censé être une des parties du contrat* ...") qualifiziert.[33] Rechtsdogmatisch überzeugender lässt sich das Ergebnis mit den Grundsätzen der **Rechtsscheinhaftung kraft verkehrsmäßig typisierten Verhaltens** erklären. Im Fall einer aufei-

---

25 *Koller*[11] Art. 36 MÜ Rn. 6; *Koffka/Bodenstein/Koffka* Art. 30 WA 1929 S. 342.

26 *Guldimann* ZLW **1960** 121, 129; *Koller*[11] Art. 36 MÜ Rn. 6.

27 FrankfKomm/*Müller-Rostin* Art. 36 MÜ Rn. 5; MünchKommHGB/*Müller-Rostin*[5] Art. 36 MÜ Rn. 20.

28 Auf die Kenntnis in Bezug auf die einheitliche Leistung verzichten: BeckOGK/*Förster* Art. 36 MÜ Rn. 9; Ebenroth/Boujong/*Pokrant*[5] Art. 36 MÜ Rn. 6.

29 *Koller*[11] Art. 36 MÜ Rn. 6; ablehnend FrankfKomm/*Müller-Rostin* Art. 36 MÜ Rn. 6.

30 So zutreffend FrankfKomm/*Müller-Rostin* Art. 36 MÜ Rn. 6.

31 BGH, Urt. v. 20.5.1974 – I ZR 25/73 – VersR **1974** 1094 = MDR **1974** 995; BGH, Urt. v. 9.10.1981 – I ZR 98/79 – VersR **1982** 60, 61.

32 Ebenroth/Boujong/*Pokrant*[5] Art. 36 MÜ Rn. 7; FrankfKomm/*Ehlers* Art. 30 WA 1955 Rn. 23; *Booysen* ZLW **1990** 329, 344.

33 Vgl. FrankfKomm/*Müller-Rostin* Art. 36 MÜ Rn. 8; zum WA: *Ruhwedel*[3] Luftbeförderungsvertrag Rn. 113; *Müller-Rostin* in: Fremuth/Thume Art. 30 WA 1955 Rn. 2; MünchKommHGB/*Kronke* Art. 30 WA 1955 Rn. 7.

nanderfolgenden Beförderung ist in der Regel davon auszugehen, dass der Luftfrachtbrief ein Angebot des Absenders eines Beförderungsvertrags mit diesem enthält und dass der nachfolgende Luftfrachtführer durch die Annahme des Luftfrachtbriefs und die Übernahme des Gutes erklärt, für seine Teilstrecke in den Beförderungsvertrag gegenüber dem Absender eintreten zu wollen.[34] Die Rechtsscheinhaftung knüpft dabei an den Tatbestand der Annahme von Reisenden, Reisegepäck oder Gütern durch den Luftfrachtführern an. Bei Anwendbarkeit deutschen Vertragsrechts bedarf es nach § 151 Satz 1 BGB keines Zugangs dieser „Annahmeerklärung" des Luftfrachtführers gegenüber dem Absender. Der gesetzte Rechtsschein ist dem nachfolgenden Luftfrachtführer nur dann nicht zuzurechnen, wenn er keinen Willen in Bezug auf die Beförderung als einheitliche Leistung hatte. Ein möglicher Irrtum des Luftfrachtführers, nicht als nachfolgender, sondern lediglich als ausführender Luftfrachtführer handeln zu wollen, ist bei Anwendbarkeit deutschen Rechts entsprechend § 119 Abs. 1 BGB anfechtbar.

Unerheblich ist, ob der nachfolgende Luftfrachtführer den Streckenabschnitt selbst oder durch einen ausführenden Luftfrachtführer bedient; für diesen haftet er nach Art. 41 Abs. 1 MÜ. 12

Die in Art. 36 Abs. 1 HS 2 MÜ angeordnete Rechtsscheinhaftung wirkt nicht nur gegen den Luftfrachtführer, sondern begründet auch Rechte zu seinen Gunsten. Hierfür spricht insbesondere der allgemeine Wortlaut des Art. 36 MÜ sowie der Zusammenhang mit Art. 1 Abs. 3 MÜ. Dem nachfolgenden Luftfrachtführer stehen daher die Rechte aus Art. 10 Abs. 2 MÜ sowie Art. 16 MÜ gegen den Absender zu.[35] Weitaus schwieriger ist die Frage zu beurteilen, wie weit die Parteistellung des nachfolgenden Luftfrachtführers hinsichtlich seiner Pflichten reicht. Nach h.M. sollen nur Schadensersatzansprüche nach Art. 17 bis 19 MÜ erfasst werden, nicht hingegen Erfüllungs-, Nichterfüllungs- oder ansonsten nicht vom Übereinkommen geregelte Schlechterfüllungsansprüche.[36] Für diese Auffassung lässt sich anführen, dass die letztgenannten Ansprüche Sache des Landesrechts ist und die Ausgestaltung der Passivlegitimation diesem vorbehalten bleiben muss.[37] Ferner bestünde die Gefahr, dass die Regel, wonach jeder Luftfrachtführer nur auf die Erfüllung des ihn betreffenden Teils in Anspruch genommen werden kann, durchbrochen würde, sofern gegen ihn Erfüllungsansprüche hinsichtlich des Gesamtvertrags geltend gemacht werden könnten. 13

Der Umstand, dass auch der nachfolgende Luftfrachtführer als Partei des Beförderungsvertrags gilt, zeitigt keine Folgen für das Vertragsverhältnis zwischen dem Verkehrsnutzer und dem ersten vertragsabschließenden Luftfrachtführer. Dieses Vertragsverhältnis besteht ungeachtet der Rechtsscheinhaftung der nachfolgenden Luftfrachtführer fort.[38] Art. 36 MÜ ordnet daher keinen Schuldnerwechsel oder eine Übernahme des Schuldverhältnisses auf die nachfolgenden Luftfrachtführer an.[39] 14

2. Abgrenzung des nachfolgenden Luftfrachtführers vom ausführenden Luftfrachtführer

Durch den gesetzlich fingierten Vertragseintritt unterscheidet sich der sog. nachfolgende von dem sog. ausführenden Luftfrachtführer. Der ausführende Luftfrachtführer ist nicht Partei des Luftbeförderungsvertrags.[40] Der Reisende bzw. der Absender des Gutes wissen in diesem Fall, dass nicht ihr Vertragspartner, sondern ein Dritter die Beförderung durchführt. Ein Rechtsschein entsteht 15

34 So der BGH, Urt. v. 20.5.1974 – I ZR 25/73 – VersR **1974** 1094 = MDR **1974** 995.
35 Ebenso FrankfKomm/*Müller*-Rostin Art. 36 MÜ Rn. 9; Ebenroth/Boujong/*Pokrant*[5] Art. 36 MÜ Rn. 7; MünchKommHGB/*Kronke* Art. 30 WA 1955 Rn. 9; *Guldimann* Art. 30 WA 1955 Rn. 7.
36 MünchKommHGB/*Kronke* Art. 30 WA 1955 Rn. 9; FrankfKomm/Ehlers Art. 30 WA 1955 Rn. 22; *Guldimann* Art. 30 WA 1955 Rn. 8.
37 MünchKommHGB/*Kronke* Art. 30 WA 1955 Rn. 9.
38 *Brautlacht* TranspR **1988** 384.
39 BeckOGK/*Förster* Art. 36 MÜ Rn. 10; Ebenroth/Boujong/*Pokrant*[5] Art. 36 MÜ Rn. 7 aE.
40 BeckOGK/*Förster* Art. 36 MÜ Rn. 5.

dadurch nicht. Der ausführende Luftfrachtführer führt die vereinbarte Beförderung aufgrund des internen Einverständnisses des vertraglichen Luftfrachtführers eigenverantwortlich und unmittelbar selbst durch. Infolgedessen wird er dem vertraglichen Luftfrachtführer nur im Rahmen der Art. 17 ff. MÜ für seinen eigenen Beförderungsabschnitt gleichgestellt.[41] Demgegenüber ist der nachfolgende Luftfrachtführer Partei des Luftbeförderungsvertrags. Seine Beförderungsteilleistung ist von den Parteien des Luftbeförderungsvertrages als Bestandteil einer einheitlichen Leistung vereinbart.

II. Passivlegitimation im Fall der Personenbeförderung (Absatz 2)

16 **Absatz 2** entspricht der in Absatz 1 aufgestellten Grundregel. Der Reisende oder die sonst anspruchsberechtigte Person können wegen Ansprüchen aus Art. 17 und 19 MÜ nur denjenigen Luftfrachtführer in Anspruch nehmen, der die Beförderung ausgeführt hat, in deren Verlauf der Unfall oder die Verspätung eingetreten ist. Darüber hinaus können sie einen anderen Luftfrachtführer dann in Anspruch nehmen, wenn dieser die Haftung für die gesamte Beförderung ausdrücklich übernommen hat.

1. Haftung desjenigen Luftfrachtführers, der die schadenstiftende Beförderung ausgeführt hat

17 Grundsätzlich haftet bei der Personenbeförderung nur derjenige Luftfrachtführer, der die schadenstiftende Beförderung ausgeführt hat.[42] Schwierig sind jedoch die Fälle zu beurteilen, in denen sich die Schadensentstehung auf mehrere Beförderungsabschnitte zurückführen lässt. Verschlimmert sich eine auf einem vorausgegangenen Beförderungsabschnitt eingetretene Verletzung auf einem weiteren Beförderungsabschnitt, ohne dass ein weiterer Unfall die Ursache hiervon ist (z.B. eine durch einen heruntergefallenen Koffer verursachte Quetschung führt auf dem weiteren Streckenabschnitt eine Thrombose herbei), so haftet nur der Luftfrachtführer, während dessen Beförderungsabschnitt der Unfall eingetreten ist. Ob er auch für die weiteren Schäden (Thrombose) haftet und ob der Verletzte hierfür Ersatz verlangen kann, hängt zum einen von den anwendbaren Kausalitätsregeln ab und zum anderen von der Frage, inwieweit dem Verletzten ein mitwirkendes Verschulden aufgrund der Fortsetzung der Reise zur Last gelegt werden kann. Wird dagegen der auf einem früheren Beförderungsabschnitt verursachte Schaden durch einen weiteren Unfall, der sich auf einem nachfolgenden Beförderungsabschnitt ereignet, vergrößert (z.B. der während der vorausgegangenen Beförderung gequetschte Arm wird infolge eines Sturzes des Reisenden gebrochen, der auf ein plötzliches Absinken des Flugzeuges zurückzuführen ist), so haftet neben dem Luftfrachtführer, während dessen Beförderungsabschnitt die Quetschung eingetreten ist, der andere Luftfrachtführer für die Folgen des Armbruchs. Ob der zweite Unfall gleichzeitig auch als Folge des ersten Unfalls anzusehen ist, so dass der erste Luftfrachtführer neben dem zweiten für dessen Folgen haftet, ist eine Frage der anwendbaren Kausalitätsregeln.

18 Der Fall einer Verspätung auf dem ersten Beförderungsabschnitt, der eine verspätete Weiterbeförderung des Reisenden mit einem anderen Anschlussflug zur Folge hat, ist nicht als Nichtbeförderung auf dem zweiten, regulären Beförderungsabschnitt zu bewerten, sondern als Verspätung, die ihre Ursache in der ersten Beförderung hat. Insofern kann nur der erste Luftfrachtführer auf Schadensersatz in Anspruch genommen werden.[43]

---

41 *Ruhwedel* TranspR **2008** 89, 94.

42 BeckOGK/*Förster* Art. 36 MÜ Rn. 13.

43 OLG Frankfurt a.M., Urt. v. 14.6.1989 – 9 U 82/88 – TranspR **1990** 21, 22; vgl. auch US DC Urt. v. 20.9.2017 – *Nwokeji v. Arik Air* – C.A. No. 15-10802-MLW Rz. 22, 25 f.

2. Haftungsübernahme für die gesamte Reise

Ausdrücklich sieht Absatz 2 auch die Haftungsübernahme des ersten Luftfrachtführers für die gesamte Reise vor. Entgegen dem Wortlaut der Vorschrift ist auch eine Haftungsübernahme durch andere als nur den ersten Luftfrachtführer zulässig.[44] 19

D. Beförderung von Gütern und Reisegepäck (Absatz 3)

In Abweichung zu der Grundregel in Absatz 1 kann der Absender bei der Beförderung den ersten, der Empfänger, der Auslieferung verlangen kann, den letzten, und jeder von ihnen denjenigen Luftfrachtführer in Anspruch nehmen, welcher die Beförderung ausgeführt hat, in deren Verlauf die Zerstörung, der Verlust oder die Beschädigung erfolgt oder die Verspätung eingetreten ist. Bei Reisegepäck tritt an die Stelle des Absenders und des Empfängers der berechtigte Inhaber des Gepäckbelegs,[45] so dass der Reisende immer den ersten als auch den letzten Luftfrachtführer in Anspruch nehmen kann.[46] Dies wurde in der amtlichen Übersetzung zum Montrealer Übereinkommen gegenüber der Fassung des Warschauer Abkommens von 1955 klargestellt. 20

I. Anwendungsbereich

Aus dem Wortlaut ergibt sich ähnlich wie bei Absatz 2, dass die Anwendung beschränkt ist auf Ansprüche aus Zerstörung, Verlust oder Beschädigung nach Art. 18 MÜ und Verspätung nach Art. 19 MÜ.[47] Man sollte jedoch über den zweifelhaften Wortlaut hinaus auch Erfüllungsansprüche aus dem Vertrag miteinbeziehen, damit sich die Anspruchsberechtigten sich wegen der Erfüllung des Gesamtvertrages an einen Luftfrachtführer halten können und nicht jeden gesondert für seinen Beförderungsabschnitt in Anspruch nehmen müssen.[48] 21

II. Aktivlegitimation

Anspruchsberechtigt ist der **Absender.** Der Absender ist der Vertragspartner des Luftfrachtführers, also derjenige, welcher sich im eigenen Namen die Beförderung versprechen lässt, d.h. der materielle Gläubiger der Beförderungsleistung.[49] 22

Weiterhin ist der **Empfänger** aktivlegitimiert. Als Empfänger ist derjenige anzusehen, an den das Gut am Ende der Gesamtbeförderung abzuliefern ist. Absatz 3 spricht nur von dem Empfänger, der die Auslieferung verlangen kann. Die Auslieferung kann aber der Empfänger nach Art. 13 Abs. 1 MÜ nur verlangen, wenn das Gut am Bestimmungsort angekommen ist. Insofern könnte der Empfänger im Falle des Verlusts des Gutes bei wörtlicher Auslegung keine Ansprüche gegen den letzten Luftfrachtführer geltend machen, sondern allenfalls gegen den Luftfrachtführer, wäh- 23

44 BeckOGK/*Förster* Art. 36 MÜ Rn. 15; FrankfKomm/*Müller-Rostin* Art. 36 MÜ Rn. 13; zum WA: FrankfKomm/*Ehlers* Art. 30 WA 1955 Rn. 12; *Guldimann* Art. 30 WA 1955 Rn. 12.

45 Siehe Art. 3 Abs. 3 MÜ.

46 *Ruhwedel*[3] Luftbeförderungsvertrag Rn. 627; FrankfKomm/*Ehlers* Art. 30 WA 1955 Rn. 37; *Kuhn* Haftung S. 90; *Koffka/Bodenstein/Koffka* Art. 30 WA 1929 S. 343.

47 So die h.M. zum WA: FrankfKomm/*Ehlers* Art. 30 WA 1955 Rn. 31; MünchKommHGB/*Kronke* Art. 30 WA 1955 Rn. 11; *Guldimann* Art. 30 WA 1955 Rn. 13.

48 So *Koffka/Bodenstein/Koffka* Art. 30 WA 1929 S. 344; diesen folgend *Guldimann* ZLW **1960** 121, 128.

49 Vgl. Ebenroth/Boujong/*Pokrant*[5] Art. 36 MÜ Rn. 8; MünchKommHGB/*Kronke* Art. 30 WA 1955 Rn. 12; enger dagegen FrankfKomm/*Ehlers* Art. 30 WA 1955 Rn. 33 m.w.N. zur Rechtsprechung, wonach allein auf die im Luftfrachtbrief als Absender genannte Person abzustellen ist.

rend dessen Beförderungszeit der Verlust eingetreten ist. Eine derartige Auslegung wäre jedoch mit der ratio des Art. 36 Abs. 3 MÜ nicht vereinbar. Der Vorschrift liegt nämlich die Erwägung zugrunde, dass bei der Beförderung von Reisegepäck und Gütern, anders als bei der Personenbeförderung, für den Berechtigten häufig keine Möglichkeit besteht, festzustellen, wann und durch welchen Luftfrachtführer das schädigende Ereignis eingetreten ist. Da Art. 36 Abs. 3 MÜ gerade einer erleichterten Anspruchsdurchsetzung dienen soll, sind die Worte „der Empfänger, der die Auslieferung verlangen kann“ dahin auszulegen, dass darunter der Empfänger zu verstehen ist, der die Rechte aus Art. 13 MÜ hat.[50]

24 Der eigene vertragliche Anspruch des Empfängers lässt die Voraussetzungen für eine Drittschadensliquidation durch den Absender entfallen.[51]

25 Gehen sowohl der Absender als auch der Empfänger gegen den Luftfrachtführer vor, besteht zwischen ihnen bei Anwendbarkeit deutschen Rechts eine Gesamtgläubigerschaft iSv. § 428 BGB (vgl. auch Art. 14 MÜ Rdn. 4).[52]

26 Im Fall der Beförderung von Reisegepäck ist der **Reisende** aktivlegitimiert.

III. Passivlegitimation

27 Um die Anspruchsdurchsetzung für den Berechtigten zu erleichtern, sieht Absatz 3 vor, dass neben dem Luftfrachtführer, auf dessen Beförderungsabschnitt der Schaden eingetreten ist, wahlweise der erste oder letzte Luftfrachtführer in Anspruch genommen werden kann.

1. Erster Luftfrachtführer

28 Der **erste Luftfrachtführer** kann vom Absender, nicht dagegen vom Empfänger in Anspruch genommen werden. Umstritten ist, ob dabei der vertragsschließende oder der die Beförderung auf der ersten Teilstrecke vornehmende Luftfrachtführer **erster Luftfrachtführer** ist. Das Schweizerische Bundesgericht[53] hielt den faktisch ersten Luftfrachtführer für den ersten Luftfrachtführer. Zwar lässt sich hierfür der schlichte Wortlaut der Norm anführen. Richtigerweise ist unter dem ersten Luftfrachtführer derjenige zu verstehen, der mit dem (ersten) Absender den Vertrag über die Gesamtbeförderung abgeschlossen hat.[54] Zunächst spricht die Entstehungsgeschichte zum Warschauer Abkommen[55] für diese Auslegung. Bei der Konferenz führte der Delegierte *Ripert* zu Art. 30 WA aus: „... *Il y a deux personne qui ont des droits; l'expéditeur, parce qu'il a passé un contrat; ce contrat, il l'a transporté avec le premier transporteur; le destinataire parce qu'il a un titre qui lui permet d'avoir livraison de la marchandise ...*“. Ferner spricht auch folgende wirtschaftliche Erwägung für die einschränkende Auslegung des Begriffs des ersten Luftfrachtführers: Der vertragliche Luftfrachtführer hat von Anfang an eine Sonderstellung gegenüber dem Absender inne, weil er diesem die Gesamtbeförderung versprochen hat, wohingegen die nachfolgenden Luftfrachtführer kraft der Rechtsscheinhaftung nur für den jeweiligen Beförderungsteil haften. Insofern liegt es näher, den vertragsschließenden Luftfrachtführer mit dem vollen Haf-

---

50 BeckOGK/*Förster* Art. 36 MÜ Rn. 18; FrankfKomm/*Müller-Rostin* Art. 36 MÜ Rn. 19; Ebenroth/Boujong/*Pokrant*[5] Art. 36 MÜ Rn. 9; ebenso die h.M. zum WA: MünchKommHGB/*Kronke* Art. 30 WA 1955 Rn. 13; FrankfKomm/*Ehlers* Art. 30 WA 1955 Rn. 35; *Koller*[11] Art. 30 WA 1955 MÜ Rn. 10; *Guldimann* Art. 30 WA 1955 Rn. 16.

51 So MünchKommHGB/*Kronke* Art. 30 WA 1955 Rn. 14; LG Hamburg, Urt. v. 18.1.1984 – 21 O 29/83 – ZLW **1986** 73; **aA** OLG Hamburg, Urt. v. 9.8.1984 – 6 U 28/84 – TranspR **1984** 299, 300 = VersR **1985** 158.

52 FrankfKomm/*Müller-Rostin* Art. 36 MÜ Rn. 20; Ebenroth/Boujong/*Pokrant*[5] Art. 36 MÜ Rn. 9.

53 CH BG, Urt. v. 14.7.1959 ZLR **1960** 100.

54 *Guldimann* ZLW **1960** 121 ff; FrankfKomm/*Ehlers* Art. 30 WA 1955 Rn. 40; MünchKommHGB/*Kronke* Art. 30 WA 1955 Rn. 18.

55 Vgl. II. Conférence Internationale de Droit Privé Aérien, 4.–12. Octobre 1929, Varsovie, S. 87 ff.

tungsrisiko für die Gesamtbeförderung zu belasten, als denjenigen, der als erster Beförderer in den Haftungsverband des Art. 36 MÜ eingetreten ist.[56] Dies entspricht auch eher den Interessen des Absenders, da dieser sich den vertragsschließenden Luftfrachtführer ausgesucht hat, nicht hingegen unbedingt den tatsächlich ersten Beförderer.[57]

2. Letzter Luftfrachtführer

Der **letzte Frachtführer** kann vom Empfänger, nicht dagegen vom Absender in Anspruch genommen werden. Damit wird natürlich der im Luftfrachtbrief als letzter vorgesehene Luftfrachtführer anvisiert.[58] Fraglich ist, ob der als letzter vorgesehene Luftfrachtführer auch dann in Anspruch genommen werden kann, wenn das Gut bereits vor der Übernahme durch ihn verloren oder zugrunde geht. Zwar lässt sich für die Inanspruchnahme des letzten Luftfrachtführers, der das Gut nicht erhalten hat, der Sinn und Zweck des Art. 36 MÜ anführen, wonach die Identifizierung des haftpflichtigen Luftfrachtführers und die Durchsetzung der Ansprüche erleichtert werden soll.[59] Dagegen spricht jedoch, dass ohne Annahme des Gutes es am Rechtsscheinträger für die Einstandspflicht des letzten Luftfrachtführers fehlt.[60] Ein im Frachtbrief als letzter benannter Luftfrachtführer kann indes seine Inanspruchnahme durch den Empfänger durch Behaupten eines anderen „tatsächlich letzten" Luftfrachtführers und Verschweigen von dessen Identität nicht vereiteln; denn er wird dann stets gemäß dem dem Luftfrachtbrief zugrundeliegenden Klägervortrag verurteilt werden.[61] 29

Obwohl die Formulierung in Art. 36 Abs. 3 MÜ nahe legt, dass bei einer aufeinanderfolgenden Beförderung stets drei Luftfrachtführer beteiligt sein müssen (der erste, der letzte und derjenige, auf dessen Beförderungsabschnitt sich der Schaden ereignet hat, ist auch ein zweigliedriger Sukzessivtransport denkbar; in diesem Fall ist der zweite Luftfrachtführer der letzte Luftfrachtführer im Sinne der Vorschrift.[62] 30

3. Unzulässigkeit vertraglicher Beschränkungen in Bezug auf den Anspruchsgegner

Eine vertragliche Beschränkung der Inanspruchnahme auf jenen Luftfrachtführer, auf dessen Beförderungsabschnitt sich der Schaden ereignet hat, ist wegen eines Verstoßes gegen Art. 26 MÜ unzulässig.[63] 31

IV. Gesamtschuld

Absatz 3 Satz 2 ordnet eine gesamtschuldnerische Haftung der Luftfrachtführer an, die der Aktivlegitimierte wahlweise in Anspruch nehmen kann. Der Absender kann den ersten Luftfrachtführer und denjenigen, während dessen Beförderungsabschnitt sich der Schaden ereignete, als Gesamtschuldner in Anspruch nehmen; der Empfänger kann ebenfalls den Luftfrachtführer, während des- 32

---

56 Zutreffend FrankfKomm/*Ehlers* Art. 30 WA 1955 Rn. 40.
57 In diese Richtung *Guldimann* ZLW **1960** 121, 126 f.
58 OLG Hamburg Urt. v. 2.9.1982 – 6 U 75/82 – RIW **1983** 874 = VersR **1983** 484 = TranspR **1984** 44.
59 *Koffka/Bodenstein/Koffka* Art. 30 WA 1929 S. 343; *Goedhuis* Warsaw Convention S. 299; FrankfKomm/*Ehlers* Art. 30 WA 1955 Rn. 43.
60 Ebenroth/Boujong/*Pokrant*[5] Art. 36 MÜ Rn. 11; im Ergebnis ebenso zum WA: MünchKommHGB/*Kronke* Art. 30 WA 1955 Rn. 19; *Guldimann* Art. 30 WA 1955 Rn. 21.
61 Zutr. MünchKommHGB/*Kronke* Art. 30 WA 1955 Rn. 19.
62 FrankfKomm/*Müller-Rostin* Art. 36 MÜ Rn. 4.
63 *Guldimann* Art. 30 WA 1955 Rn. 23; *Liesecke* MDR **1968** 93, 98.

sen Beförderungsabschnitt sich der Schaden ereignete, und den letzten Luftfrachtführer als Gesamtschuldner in Anspruch nehmen.

V. Rückgriff im Innenverhältnis

33 Der Rückgriff unter den aufeinanderfolgenden Luftfrachtführern ist nach Maßgabe des ergänzend anwendbaren nationalen Rechts, bei Anwendung deutschen Rechts nach § 426 BGB, durchzuführen. Soweit deutsches Recht nach Art. 2 EGHGB i.V.m. Art. 5 EG-VO Nr. 593/08 anwendbar ist, bleibt § 442 HGB zu beachten. Der Rückgriffsanspruch unterliegt nach § 439 HGB der einjährigen Verjährungsfrist. Die Verjährungsfrist beginnt grundsätzlich erst mit dem Tag des Eintritts der Rechtskraft des Urteils gegen den Rückgriffsgläubiger oder, wenn kein rechtskräftiges Urteil vorliegt, mit dem Tag, an dem der Rückgriffsgläubiger den Anspruch befriedigt hat.

Artikel 37 Rückgriffsrecht gegenüber Dritten

Dieses Übereinkommen berührt nicht die Frage, ob die nach seinen Bestimmungen schadensersatzpflichtige Person gegen eine andere Person Rückgriff nehmen kann.

Article 37 Right of Recourse against Third Parties

Nothing in this Convention shall prejudice the question whether a person liable for damage in accordance with its provisions has a right of recourse against any other person.

Article 37 Droit de recours contre des tiers

La présente convention ne préjuge en aucune manière la question de savoir si la personne tenue pour responsable en vertu de ses dispositions a ou non un recours contre toute autre personne.

Schrifttum

Ehlers Montrealer Protokolle Nr. 3 und 4, Warschauer Haftungssystem und neuere Rechtsentwicklung, Diss. Köln **1985**; *Stoll* Rechtskollisionen bei Schuldnermehrheit, Festschrift Müller-Freienfels, **1986** S. 631–660.

Übersicht

A. Allgemeines

I. Normzweck

1 Die Vorschrift stellt klar, dass Rückgriffsrechte des nach dem Übereinkommen Ersatzpflichtigen gegen andere Personen unberührt bleiben.[1] Eine entsprechende Regelung fehlt im Warschauer Abkommen. Dieser Zusatz war insofern notwendig, als es unter dem Regime der objektiven Haftung vorkommen kann, dass der Luftfrachtführer für Schäden einstehen muss, die ein Dritter schuldhaft verursacht hat. Soweit dem Luftfrachtführer diesem Dritten gegenüber Regressansprüche zustehen, soll klar sein, dass das Montrealer Übereinkommen diesen nicht entgegensteht.[2]

II. Entstehungsgeschichte

2 Die Vorschrift entspricht dem Vorbild in Art. 30 A WA in der Fassung des Montrealer Zusatzprotokolls Nr. 4.

---

1 *Koller*[11] Art. 37 MÜ Rn. 1; FrankfKomm/*Müller-Rostin* Art. 37 MÜ Rn. 2; Ebenroth/Boujong/*Pokrant*[5] Art. 37 MÜ Rn. 1.
2 Vgl. *Ehlers* Montrealer Protokolle S. 96.

https://doi.org/10.1515/9783110564945-038

B. Anwendbares Landesrecht

3 Ein in Anspruch genommener Luftfrachtführer mag die Mitleistung des anderen fordern bzw. nach Befriedigung des Gläubigers Rückgriff z.B. bei einem vorangehenden oder nachfolgenden Luftfrachtführer nehmen. Diese Ansprüche unterstehen wie bereits unter Geltung des Warschauer Abkommens in der Fassung von 1955 dem maßgeblichen unvereinheitlichten Landesrecht.[3] Gemäß Art. 15 der Rom I – Verordnung[4] richtet sich der Forderungsübergang nach dem Statut, welches die Verpflichtung des in Anspruch genommenen Gesamtschuldners beherrscht (**Zessionsgrundstatut**). Ebenfalls dem Zessionsgrundstatut unterliegt der von Art. 16 der Rom I – Verordnung erwähnte Ausgleichsanspruch nach § 426 Abs. 1 Satz 1 BGB.[5] Regelmäßig unterliegt das Innenverhältnis mehrerer Schuldner zueinander dem Recht, welches das Verhältnis jedes einzelnen von ihnen zum Gläubiger beherrscht, sofern auf die Verpflichtungen aller dasselbe Recht anwendbar ist.[6] Dies ist beispielsweise der Fall, wenn die Lufthansa zusammen mit einem russischen und einem argentinischen Carrier einem russischen Absender den Transport von Moskau nach Montevideo im Rahmen einer Gesamtbeförderung im Sinne von Art. 1 Abs. 3 MÜ zusagt, selbst aber nur die Beförderung auf Abschnitt Frankfurt a.M./Buenos Aires besorgt. In diesem Beispiel (russischer Absender, deutscher vertragsschließender, vorangehender russischer und nachfolgender argentinischer Luftfrachtführer) unterläge der Vertrag mangels anderweitiger Rechtswahl[7] trotz Nichtvorliegens der Voraussetzungen nach Art. 5 Abs. 1 Satz 1 EG-VO Nr. 593/08 argentinischem Recht Art. 5 Abs. 1 Satz 2 EG-VO Nr. 593/08. Besteht jedoch zwischen den Schuldnern eine Sonderverbindung (Auftrag, Werkvertrag), so wird der Ausgleichs- oder Regressanspruch grundsätzlich nach dem Statut der Sonderverbindung angeknüpft.[8]

---

3 BeckOGK/*Förster* Art. 37 MÜ Rn. 5.
4 EG-VO Nr. 593/08.
5 *v. Bar* IPR II Rn. 583.
6 MünchKommHGB/*Kronke* Art. 30 WA 1955 Rn. 23.
7 Art. 3 EG-VO Nr. 593/08.
8 *Stoll* FS Müller-Freienfels, **1986** S. 631, 643; *Reithmann-Martiny*[7] Rn. 172, 227.

KAPITEL IV **Gemischte Beförderung**

Artikel 38 Gemischte Beförderung

1. Bei gemischter Beförderung, die zum Teil durch Luftfahrzeuge, zum Teil durch andere Verkehrsmittel ausgeführt wird, gilt dieses Übereinkommen vorbehaltlich des Artikels 18 Absatz 4 nur für die Luftbeförderung im Sinne des Artikels 1.

2. Bei gemischter Beförderung sind die Parteien durch dieses Übereinkommen nicht gehindert, Bedingungen für die Beförderung durch andere Verkehrsmittel in den Luftbeförderungsvertrag aufzunehmen, sofern hinsichtlich der Luftbeförderung dieses Übereinkommen beachtet wird.

CHAPTER IV ***Combined Carriage***

Article 38 Combined Carriage

1. *In the case of combined carriage performed partly by air and partly by any other mode of carriage, the provisions of this Convention shall, subject to paragraph 4 of Article 18, apply only to the carriage by air, provided that the carriage by air falls within the terms of Article 1.*
2. *Nothing in this Convention shall prevent the parties in the case of combined carriage from inserting in the document of air carriage conditions relating to other modes of carriage, provided that the provisions of this Convention are observed as regards the carriage by air.*

CHAPITRE IV ***Transport intermodal***

Article 38 Transport intermodal

1. *Dans le cas de transport intermodal effectué en partie par air et en partie par tout autre moyen de transport, les dispositions de la présente convention ne s'appliquent, sous réserve du paragraphe 4 de l'article 18, qu'au transport aérien et si celui-ci répond aux conditions de l'article 1.*
2. *Rien dans la présente convention n'empêche les parties, dans le cas de transport intermodal, d'insérer dans le titre de transport aérien des conditions relatives à d'autres modes de transport, à condition que les stipulations de la présente convention soient respectées en ce qui concerne le transport par air.*

Schrifttum

Abeyratne The Liability of an Actual Carrier in the Carriage of Goods by Air and in the Mulitmodal Transport Transactions, AL **1988** 128–137; *Freise* Unimodale transportrechtliche Übereinkommen und multimodale Beförderungen, TranspR **2012** 1–13; *Kirchhof* Der Luftfrachtvertrag als multimodaler Vertrag im Rahmen des Montrealer Übereinkommens, TranspR **2007** 133–141; *ders.* Wo endet die „Luft" im Sinne des Montrealer Übereinkommens? TranspR **2010** 321–327; *Koller* Die Haftung für Sachschäden infolge vertragswidrigen Truckings im grenzüberschreitenden Luftfrachtverkehr, ZLW **1989** 359–367; *ders.* Sind die Art. 31, 35 MÜ bei Multimodaltransporten zu beachten?, RdTW **2014** 341–346; *ders.* Die Verzollung bei Multimodalfrachtverträgen, RdTW **2019** 161–165; *Müller-Rostin* Keine haftungseinschränkende Wirkung des Art. 38 Abs. 1 MÜ, TranspR **2012** 324–325; *Ott* Die Luftfrachtbeförderung im nationalen und internationalen Bereich, Diss. München **1990**; *Schoner* Multimodaler Transport und Luftverkehr, TranspR **1982** 63–67.

https://doi.org/10.1515/9783110564945-039

Parallelvorschriften

Art. 31 WA 1955.

Übersicht

A. Allgemeines

I. Normzweck

1 In der Transportrechtspraxis wird die Beförderung von Luftfrachtgütern nicht alleine durch Luftfrachtzeuge, sondern auch durch andere Verkehrsmittel ausgeführt. Art. 38 MÜ beschäftigt sich mit den sog. gemischten Beförderungen, deren Vertragstyp in der Praxis oft mit den Begriffen „multimodaler Vertrag", „kombinierter Verkehr" oder „Durchfrachtvertrag" gekennzeichnet wird. Wie schon Art. 31 Abs. 1 WA 1955, bestimmt **Absatz 1**, dass auch im Fall einer gemischten Beförderung die Bestimmungen des Übereinkommens nur für den Teil der Luftbeförderung gelten.[1] Zweck der Vorschrift ist es, den sachlichen Anwendungsbereich des internationalen Lufttransportrechts vom Recht der anderen Verkehrsträger abzugrenzen.[2] Auf die durch andere Verkehrsmittel ausgeführten Beförderungen findet das für das jeweilige Beförderungsmittel anwendbare Recht Anwendung vorbehaltlich des Art. 18 Abs. 4 Satz 2 MÜ. Für die Beförderungen zu Lande, zur See oder auf Binnengewässern außerhalb eines Flughafens gelten insofern die jeweiligen Sonderbestimmungen von CMR, GüKG, COTIF (ER-CIM 1999), HGB.[3]

2 Nach **Absatz 2** wird es den Vertragsparteien im Fall einer gemischten Beförderung ausdrücklich freigestellt, auch jene Abreden, die für die Beförderung durch *andere Verkehrsmittel* gelten sollen, in den Luftbeförderungsschein aufzunehmen. Obwohl die englische und französische Fassung von Absatz 2 wortgleich ist mit Art. 31 Abs. 2 WA 1955, spricht die amtliche Übersetzung anstelle von Luftbeförderungsschein vom Luftbeförderungsvertrag. Damit wird der Entmaterialisierung des Beförderungsscheins und des Luftfrachtbriefs Rechnung getragen, da diese Dokumente auch in elektronischer Form ausgestellt werden können.

1 OLG Düsseldorf, Urt. v. 8.3.1984 – 18 U 154/83 – VersR **1984** 533 = TranspR **1985** 351 = ZLW **1986** 73.
2 MünchKommHGB/*Kronke* Art. 31 WA 1955 Rn. 2.
3 *Ruhwedel*[3] Der Luftbeförderungsvertrag Rn. 448.

II. Entstehungsgeschichte

Die Vorschrift entspricht Art. 31 WA 1955. Neu gegenüber Art. 31 WA 1955 ist nur, dass Absatz 1 ausdrücklich unter den Vorbehalt des Art. 18 Abs. 4 MÜ gestellt ist. Damit wird deutlich gemacht, dass in Ausnahmefällen[4] das Übereinkommen auch auf Beförderungen auf anderen Verkehrswegen Anwendung findet.[5] 3

B. Anwendungsbereich des Übereinkommens (Absatz 1)

Absatz 1 kommt in den Fällen Bedeutung zu, in denen *vertraglich* von Anfang an die Beförderung durch verschiedene Verkehrsträger erfolgen soll. Wird einer Luftbeförderung eine Beförderung mit einem anderen Transportmittel vor- oder nachgeschaltet, so erstreckt sich trotz Einheitlichkeit des Beförderungsvertrages das Übereinkommen nicht auf die Gesamtbeförderung, sondern allein auf den Luftbeförderungsabschnitt.[6] Voraussetzung ist indes, dass die Gesamtbeförderung tatsächlich multimodal ist und eine Teilstrecke mit einem Luftfahrzeug ausgeführt wurde.[7] Eine nicht eingehaltene Vereinbarung genügt daher nicht, sondern löst nur Nichterfüllungs- oder Schlechterfüllungsansprüche aus. Ferner müssen in Bezug auf die Luftbeförderung die übrigen Voraussetzungen des Art. 1 MÜ gegeben sein, d.h. die vereinbarte Luftbeförderung muss als solche international iSv. Art. 1 MÜ sein. Ist der vereinbarte Luftbeförderungsteil international iSv. Art. 1 Abs. 2 MÜ und wird er dann planwidrig durch andere Verkehrsmittel bis auf einen kleinen Rest übernommen, so bleibt es bei der Anwendbarkeit des MÜ auf den Luftbeförderungsabschnitt.[8] 4

I. Arten der gemischten Beförderung: vertragsgemäße Luftfrachtersatzbeförderung, vertragswidrige Luftfrachtersatzbeförderung sowie Zubringerdienste iSv. Art. 18 Abs. 4 Satz 2 MÜ

Als **gemischt** gilt eine Beförderung im Sinne dieser Vorschrift dann, wenn sie zum Teil durch andere Verkehrsmittel ausgeführt wird und dies von Anfang an vertraglich vereinbart wurde. Eine praktische Rolle spielt sie beim Flug-Eisenbahn-Verkehr. Die gemischte Beförderung kann von vornherein vertraglich vereinbart sein. Eine gemischte Beförderung liegt auch dann vor, wenn der Luftfrachtführer vertragswidrig die Luftbeförderung durch ein anderes Verkehrsmittel ausführt. Ebenso liegt ein Fall der gemischten Beförderung bei Einsatz von Zubringerdiensten iSv. Art. 18 Abs. 4 Satz 2 MÜ vor. 5

1. Vertragsgemäße Luftfrachtersatzbeförderung

Das Übereinkommen stellt mit der Regelung in Art. 38 Abs. 1 MÜ klar, dass bei einem vertragsgemäßen Luftfrachtersatzverkehr das Übereinkommen nur auf den Teilabschnitt der Luftbeförderung zur Anwendung kommt. Welches Recht im Schadensfall auf die Luftfrachtersatzbeförderung anzuwenden ist, hängt im Fall einer vertragsgemäßen Luftfrachtersatzbeförderung davon ab, ob der Schadensort bekannt oder unbekannt ist. Das Montrealer Übereinkommen kommt nur zur Anwendung, wenn der Schaden sich nachweislich auf dem Lufttransport ereignet hat. Ereignet sich der Schaden hingegen auf der mit einem anderen Beförderungsmittel durchgeführten Beför- 6

4 Z.B. in den Fällen des Art. 18 Abs. 4 Satz 2 MÜ.
5 Vgl. die Denkschrift zum MÜ BT-Drucks **15/2285**, S. 50.
6 Vgl. Fn 1.
7 OLG Hamburg, Urt. v. 24.10.1991 – 6 U 103/91 –TranspR **1992** 66; MünchKommHGB/*Kronke* Art. 31 WA 1955 Rn. 6.
8 Ebenso MünchKommHGB/*Kronke* Art. 31 WA 1955 Rn. 7; *Guldimann* Art. 31 WA 1955 Rn. 7.

derungsstrecke, findet bei Maßgeblichkeit deutschen Rechts bei bekanntem Schadensort das für das jeweilige Beförderungsmittel maßgebliche Recht Anwendung, § 452a HGB.

7 Ist dagegen der Schadensort unbekannt, so haftet der Luftfrachtführer nicht nach dem Montrealer Übereinkommen, sondern nach §§ 425 ff HGB i.V.m. § 452 HGB, sofern der multimodale Beförderungsvertrag deutschem Vertragsstatut unterliegt. Dies gilt selbst dann, wenn der Schaden *möglicherweise* bei der Luftbeförderung eingetreten ist.[9]

2. Vertragswidrige Luftfrachtersatzbeförderung

8 Vertragswidrige Luftfrachtersatzersatzbeförderungen unterliegen nach Art. 18 Abs. 4 Satz 3 MÜ dem Haftungsregime des Montrealer Übereinkommens. Damit ist abweichend von der bisherigen Rechtsprechung zu der Frage, ob bei vertragswidrigen Luftfrachtersatzbeförderungen das Recht des tatsächlich eingesetzten Beförderungsmittels oder das Recht des vereinbarten Beförderungsmittels anzuwenden ist,[10] nicht mehr das Recht des tatsächlich eingesetzten Beförderungsmittels anzuwenden. Der vertragswidrig handelnde Frachtführer muss nicht mehr die Haftungsordnung gegen sich gelten lassen, in die er sich durch die Wahl des Beförderungsmittels selbst hineingestellt hat. Er wird damit letztlich besser gestellt als der Frachtführer, der vereinbarungsgemäß ein anderes Verkehrsmittel als ein Luftfahrzeug benutzt. Denn nach Art. 38 MÜ wird ein vereinbarungsgemäß handelnder Frachtführer den Haftungsregeln des Montrealer Übereinkommens nur im Hinblick auf den Beförderungsabschnitt unterstellt, der tatsächlich mit einem Luftfahrzeug ausgeführt wird.

3. Zubringerdienste iSv Art. 18 Abs. 4 Satz 2 MÜ

9 Von den Zubringerdiensten iSv. Art. 18 Abs. 4 Satz 2 MÜ unterscheidet sich der Luftfrachtersatzverkehr insoweit, als **Zubringerdienste („Zurollen")** sich lediglich als einen **Annex zur Luftbeförderung** darstellen und nicht als gleichwertiger Bestandteil einer gemischten Beförderung.[11] Zubringerdienste sind solche zum Zwecke der **Verladung** des Gutes oder des Reisegepäcks vom Abholpunkt zum nächstgelegenen Flughafen, zum Zwecke der **Ablieferung** des Gutes vom Ankunftsflughafen zum Bestimmungsort sowie zum Zwecke der **Verladung** des Gutes.[12] Art. 18 Abs. 4 Satz 2 MÜ enthält dabei eine Beweislastumkehr für den Fall, dass ein Schaden bei einer dieser oberflächengebundenen Beförderungen in Ausführung des Luftbeförderungsvertrages eintritt. Beim Multimodaltransport iSv. Art. 38 MÜ geht die Bedeutung der oberflächengebundenen Beförderung über die genannten Hilfsfunktionen hinaus, sie muss vielmehr gleichgewichtiger Bestandteil der Gesamtleistung sein.[13] Für die Anwendung des Art. 38 MÜ kommt es entscheidend darauf an, dass nach der vertraglichen Leistung eine oberflächengebundene Beförderung von einem Frachtführer auf einer Teilstrecke geschuldet wird.[14] Die geschuldete Leistung auf dieser Teilstrecke darf sich dabei nicht auf das bloße Abholen oder Abliefern von Gütern im Rahmen eines Einzelbeförderungsvertrags beschränken, sondern ihr muss im Verhältnis zur Gesamtbeförderung ein eigenes Gewicht zukommen.[15] Bei den übrigen dem Art. 38 MÜ unterliegenden gemischten

---

9 OLG Karlsruhe, Urt. v. 21.2.2006 – 15 U 5/04 – TranspR **2007** 203.

10 BGH, Urt. v. 17.5.1989 – I ZR 211/87 – TranspR **1990** 19.

11 So FrankfKomm/*Müller-Rostin* Art. 38 MÜ Rn. 8; ebenso zum WA: *Guldimann* Art. 31 WA 1955 Rn. 3; *Schoner* TranspR **1982** 63; MünchKommHGB/*Kronke* Art. 31 WA 1955 Rn. 4; LG Bonn, Urt. v. 20.2.2003 – 14 O 106/02 – TranspR **2003** 170, 171.

12 FrankfKomm/*Müller-Rostin* Art. 38 MÜ Rn. 9.

13 FrankfKomm/*Müller-Rostin* Art. 38 MÜ Rn. 9.

14 MünchKommHGB/*Kronke* Art. 31 WA 1955 Rn. 5.

15 FrankfKomm/*Müller-Rostin* Art. 38 MÜ Rn. 9.

Beförderungen sieht das Übereinkommen keine vergleichbare Beweisvermutung wie in Art. 18 Abs. 4 Satz 2 MÜ vor.[16]

10 Die Einordnung der nach Art. 18 Abs. 4 Satz 2 MÜ dem Übereinkommen unterliegenden Teilstrecke kann in Einzelfällen schwierig sein. Dazu soll folgendes vereinfachte Beispiel dienen: Ein Fixkostenspediteur befördert eine transatlantische Sendung zum Flughafen in Stuttgart und übergibt diese dem Luftfrachtführer zur Beförderung. Dort wird die Sendung nicht unmittelbar abgeflogen. Vielmehr befördert der Luftfrachtführer diese per Lkw zum Flughafen nach Frankfurt a.M., wo er die Sendung grenzüberschreitend abfliegen lässt. Hier stellt sich die Frage, ob der Umschlag im Flughafen in Stuttgart bereits einer Teilstrecke im Rahmen der multimodalen Beförderung zuzuordnen ist. Diese Frage ist vor dem Hintergrund des Art. 18 Abs. 4 Satz 1 MÜ zu bejahen.[17] Aus dieser Vorschrift ergibt sich im Umkehrschluss, dass die dort genannten Beförderungen, gleichviel welche Bedeutung der Umladung auf dem Flughafen zugemessen wird, dem Montrealer Übereinkommen unterliegen, wenn sie sich auf dem Flughafen vollziehen.[18] Befördert der Luftfrachtführer nach Übernahme der Obhut der Sendung diese nicht mittels Flugzeug an den Zielort, sondern verbringt diese erst zu einem anderen Abflughafen, dann unterliegt diese Teilstrecke bei Ausführung durch einen Lkw bei Anwendbarkeit deutschen Rechts nicht dem Landfrachtrecht, sondern dem Montrealer Übereinkommen nach Art. 18 Abs. 4 Satz 2 MÜ, wenn nicht der Beweis geführt werden kann, dass der Schaden auf der Landstrecke eingetreten ist.[19]

11 Ereignet sich der Schaden nicht im Bereich der Zubringerdienstbeförderung, findet das Montrealer Übereinkommen keine Anwendung.[20] Es greifen im Fall des Multimodeltransportes die Vorschriften der §§ 452 HGB bei Maßgeblichkeit deutschen Rechts ein.

II. Beschränkung auf den Luftbeförderungsabschnitt

12 Das Übereinkommensregime erfasst nur den mit dem Luftfahrzeug bedienten Abschnitt. Art. 36 Abs. 3 MÜ ist in Fällen, in denen sich an eine Luftbeförderung durch aufeinanderfolgende Luftfrachtführer eine Beförderung mit anderen Verkehrsträgern anschließt, nur auf den Luftfrachtführer anzuwenden, auf dessen Beförderungsteil der Schaden eingetreten ist. Der ratio des Art. 38 Abs. 1 MÜ entspricht es, die Vorschrift im Rahmen von Art. 36 Abs. 3 MÜ nicht zu Lasten des ersten oder letzten Luftfrachtführers anzuwenden.[21]

C. Beförderungsbedingungen (Absatz 2)

13 Nach **Absatz 2** können in den Luftbeförderungsvertrag auch die Bedingungen für jenen Beförderungsabschnitt, der mit anderen Verkehrsmitteln als mit Luftfahrzeugen erfolgt, aufgenommen werden. Voraussetzung für die Aufnahme solcher Bedingungen ist allerdings, dass sie im Hinblick auf den Luftbeförderungsteil nicht von der zwingenden Haftungsregelung des Montrealer Übereinkommens abweichen.[22] Ein Verstoß gegen dieses Verbot kann das Übereinkommen nur für die seinem Anwendungsbereich unterliegenden Teilbeförderungen sanktionieren; etwaige Einschränkungen wären daher in Bezug auf die Luftbeförderung unwirksam, nicht dagegen im Hinblick

---

16 So zutreffend FrankfKomm/*Müller-Rostin* Art. 31 MÜ Rn. 9; ebenso zum WA: *Guldimann* Art. 31 WA 1955 Rn. 5; *Dettling-Ott* Lufttransportrecht S. 256.

17 **AA** OLG Düsseldorf, Urt. v. 21.4.2010 – I-18 U 232/09 TranspR **2010** 456, 460.

18 Ebenso FrankfKomm/*Müller-Rostin* Art. 18 MÜ Rn. 86.

19 **AA** *Kirchhof* TranspR **2010** 321, 325.

20 OLG München, Urt. v. 26.1.2011 – 7 U 3426/10 – MDR **2011** 433, 434 f.

21 Zutreffend *Guldimann* Art. 38 WA 1955 Rn. 6; **aA** *Koller*[7] Art. 31 WA 1955 Rn. 2 ohne nähere Begründung.

22 MünchKommHGB/*Kronke* Art. 31 WA 1955 Rn. 9.

auf die anderen Beförderungsabschnitte.[23] Die negative Fassung „... sind die Parteien durch dieses Übereinkommen nicht gehindert, ...“ überlässt es jedoch dem Landesrecht, die hier gebotene Möglichkeit solcher Abreden weiter einzuschränken oder auszuschließen, sofern hierzu Veranlassung bestehen sollte.[24]

14 Die Gestattung der Vereinbarung von Bedingungen zeigt, dass Art. 38 MÜ sich nur auf Fälle beziehen soll, bei denen die Parteien den Einsatz verschiedener Verkehrsträger vereinbart haben. Demgegenüber wird der Fall der vertragswidrigen Ersatzbeförderung von Art. 38 Abs. 2 MÜ nicht erfasst.[25]

---

23 *Guldimann* Art. 31 WA 1955 Rn. 10.
24 FrankfKomm/*Müller-Rostin* Art. 38 MÜ Rn. 10; ebenso *Guldimann* Art. 31 WA 1955 Rn. 11.
25 FrankfKomm/*Müller-Rostin* Art. 38 Rn. 10; *Koller* ZLW **1989** 359, 361; *Ott* Luftfrachtbeförderung S. 75.

KAPITEL V Luftbeförderung durch einen anderen als den vertraglichen Luftfrachtführer

Artikel 39 Vertraglicher Luftfrachtführer – Ausführender Luftfrachtführer

[1]Dieses Kapitel gilt, wenn eine Person (im folgenden als „vertraglicher Luftfrachtführer" bezeichnet) mit einem Reisenden oder einem Absender oder einer für den Reisenden oder den Absender handelnden Person einen diesem Übereinkommen unterliegenden Beförderungsvertrag geschlossen hat und eine andere Person (im Folgenden als „ausführender Luftfrachtführer" bezeichnet) aufgrund einer Vereinbarung mit dem vertraglichen Luftfrachtführer berechtigt ist, die Beförderung ganz oder zum Teil auszuführen, ohne dass es sich hinsichtlich dieses Teiles um eine aufeinanderfolgende Beförderung im Sinne dieses Übereinkommens handelt. [2]Die Berechtigung wird bis zum Beweis des Gegenteils vermutet.

CHAPTER V Carriage by Air Performed by a Person other than the Contracting Carrier

Article 39 Contracting Carrier – Actual Carrier

The provisions of this Chapter apply when a person (hereinafter referred to as"the contracting carrier") as a principal makes a contract of carriage governed by this Convention with a passenger or consignor or with a person acting on behalf of the passenger or consignor, and another person (hereinafter referred to as „the actual carrier") performs, by virtue of authority from the contracting carrier, the whole or part of the carriage, but is not with respect to such part a successive carrier within the meaning of this Convention. Such authority shall be presumed in the absence of proof to the contrary.

CHAPITRE V Transport aérien effectué par une personne autre que le transporteur contractuel

Article 39 Transporteur contractuel – Transporteur de fait

Les dispositions du présent chapitre s'appliquent lorsqu'une personne (ci-après dénommée „transporteur contractuel") conclut un contrat de transport régi par la présente convention avec un passager ou un expéditeur ou avec une personne agissant pour le compte du passager ou de l'expéditeur, et qu'une autre personne (ci-après dénommée „transporteur de fait") effectue, en vertu d'une autorisation donnée par le transporteur contractuel, tout ou partie du transport, mais n'est pas, en ce qui concerne cette partie, un transporteur successif au sens de la présente convention. Cette autorisation est présumée, sauf preuve contraire.

Schrifttum

Abeyratne The Liability of an Actual Carrier in the Carriage of Goods by Air and in the Multimodal Transport Transactions, AL **1988** 128–137; *Bachem* Code-Sharing im internationalen Luftverkehr, Diss. Köln **2003**; *Becher* Einige Bemerkungen zum Tokioter Entwurf eines Abkommens zur Vereinheitlichung von Regeln über die von einem anderen als dem vertragsschließenden Luftfrachtführer ausgeführte internationale Luftbeförderung, ZLR **1958** 313–321; *Conti* Code-Sharing and Air Carrier Liability, ASL **2001** 4–19; *Franklin* Code-Sharing and Passenger Liability, ASL **1999** 128–133;

https://doi.org/10.1515/9783110564945-040

Giemulla/Van Schyndel Rechtsprobleme des „Code-Sharing“, TranspR **1997** 253–258; *Müller-Rostin* Die Internationale Luftrechtskonferenz von Montreal zur Reform des Warschauer Abkommens (10.–28. Mai 1999), ZLW **2000** 36–51; *ders.* Haftung und Versicherung beim Code-Sharing, NZV **2002** 68–72; *ders.* Versicherungen des gewerblichen Luftverkehrs, TranspR **2006** 49–55; *Riese* Die internationale Luftprivatrechtskonferenz und das Charterabkommen von Guadalajara (Jal., Mexiko) vom 18. September 1961, ZLW **1962** 1–49; *ders.* Der Tokioter Entwurf des Rechtsausschusses der ICAO (1957) über Charter, Miete und Austausch von Luftfahrzeugen im internationalen Luftverkehr, ZLR **1958** 1–32; *Schmid* Die Arbeitsteiligkeit im modernen Luftverkehr und ihr Einfluss auf die Haftung des Luftfrachtführers, Diss. Frankfurt a.M. **1993**; *ders.* Das Zusatzabkommen von Guadalajara und seine Bedeutung für das deutsche Reisevertragsrecht, TranspR **1994** 420–425; *G. Schmidt-Räntsch* Die Ausführung der Luftbeförderung durch einen Dritten, Festschrift für Otto Riese, **1964** S. 479–496; *ders.* Einige Fragen zur Anwendung des Zusatzabkommens von Guadalajara, Festschrift für Alex Meyer, **1975** S. 221–225; *Schwenk* Charterverträge im Luftverkehr, BB **1970** 282–285; *ders.* Reisebüro, Reiseveranstalter und Luftfahrtunternehmen – ihr Verhältnis bei der Beförderung von Fluggästen, ZLW **1974** 103–118; *ders.* Flugpauschalreiserecht, TranspR **1996** 223–228; *Walther* Der ausführende Luftfrachtführer und seine Haftung nach dem Zusatzabkommen vom 18. September 1961 zum Warschauer Abkommen zur Vereinheitlichung von Regeln über die von einem anderen als dem vertraglichen Luftfrachtführer ausgeführte Beförderung im internationalen Luftverkehr, Diss. Frankfurt a.M. **1968**.

Parallelvorschriften

Art. I ZAG.

Übersicht

A. Allgemeines

I. Normzweck

1 Die Vorschrift definiert die Begriffe „vertraglicher Luftfrachtführer“ und „ausführender Luftfrachtführer“. Als **„vertraglicher Luftfrachtführer“** bezeichnet das Übereinkommen eine Person, die mit einem Reisenden oder einem Absender einen dem Montrealer Übereinkommen unterliegenden Beförderungsvertrag abgeschlossen hat. Als **„ausführender Luftfrachtführer“** wird eine andere Person bezeichnet, die aufgrund einer Vereinbarung mit dem vertraglichen Luftfrachtführer berechtigt ist, die Beförderung ganz oder zum Teil auszuführen. Die Vorschriften der Art. 39 ff MÜ bewirken eine haftungsrechtliche Gleichbehandlung von vertraglichem und ausführendem Luftfrachtführer, wodurch für den Verkehrsnutzer eine effektive Haftungslösung herbeigeführt wird. Dem geschädigten Verkehrsnutzer stellt sich durch die in Art. 39 ff. MÜ angeordnete haftungsrechtliche Gleichstellung von vertraglichem und ausführendem Luftfrachtführer nicht mehr

das Problem, den „richtigen“ Anspruchsgegner zu ermitteln und rechtzeitig in Anspruch zu nehmen.[1] Die Rechtsfigur des ausführenden Frachtführers findet sich neben zahlreichen internationalen Vorbildern[2] bei der innerdeutschen Luftbeförderung von Gütern (§ 437 HGB) sowie bei der innerdeutschen Beförderung von Reisenden (§ 48b LuftVG).

II. Entstehungsgeschichte

Die Definitionen der Begriffe „vertraglicher“ und „ausführender“ Luftfrachtführer orientieren sich am Vorbild des Art. I des Zusatzabkommens von Guadalajara vom 18. September 1961 (ZAG). Bis zur Verabschiedung dieses Abkommens war lebhaft umstritten, ob derjenige, der dem Verkehrsnutzer vertraglich die Beförderung verspricht, oder aber derjenige, der sie tatsächlich ausführt, als Luftfrachtführer zu betrachten sei.[3] Ausgangspunkt für diese Diskussion waren Fragen, die sich bei Miete und Charter von Luftfahrzeugen ergaben: So führt beispielsweise ein Reiseveranstalter, mit dem der Passagier einen Beförderungsvertrag abgeschlossen hat, die Beförderung nicht selbst aus, sondern mietet (chartert) bei einem Dritten (Vercharterer) ein Flugzeug mit Flugbesatzung oder er chartert bei einem Dritten ein bestimmtes Sitzplatzkontingent. Vergleichbar ist die Konstellation bei der Beförderung von Gütern. Der Absender vereinbart mit dem Spediteur die Beförderung eines Gutes. Letzter chartert bei einem Dritten entweder ein Flugzeug oder eine bestimmte Kapazität an Frachtraum, um die Güter befördern zu lassen. Der Dritte führt dann die Beförderung aus. Außerhalb des Common-law-Rechtskreises herrschte bis zur Verabschiedung des Zusatzabkommens von Guadalajara vom 18. September 1961 die Auffassung vor, dass das Warschauer Abkommen nur die Haftung des Luftfrachtführers (Charterers) gegenüber den Vertragsgegnern des Luftbeförderungsvertrages regele, nicht hingegen diejenige des Vercharterers gegenüber diesen. Diese Beziehung zwischen Reisenden/Absender und ausführendem Luftfrachtführer bestimmte sich nach den allgemeinen Vorschriften des nationalen Rechts, im deutschen Recht insbesondere den der §§ 823 ff. BGB mit der Pflicht des Geschädigten, das Verschulden des Vercharterers nachzuweisen, mit der Möglichkeit des letzteren, den Entlastungsbeweis nach § 831 BGB zu führen, ggf. aber mit der uneingeschränkten Haftung des Vercharterers. Im Common-law-Rechtskreis wurde dagegen die Auffassung vertreten, dass Luftfrachtführer im Sinne des WA derjenige sei, der den Luftbeförderungsvertrag tatsächlich ausgeführt habe („actual carrier“ – „transporteur de fait“ – ausführender Luftfrachtführer).[4] Das Zusatzabkommen von Guadalajara vom 18. September 1961[5] hat diese Frage dadurch geklärt, dass es sowohl den vertraglichen als auch den ausführenden Luftfrachtführer in den Anwendungsbereich des Warschauer Abkommens miteinbezogen hatte. 2

B. Vertraglicher Luftfrachtführer

Als vertraglicher Luftfrachtführer definiert Art. 39 MÜ eine Person, die mit einem Reisenden oder einem Absender oder einer für den Reisenden oder den Absender handelnden Person einen diesem Übereinkommen unterliegenden Beförderungsvertrag geschlossen hat. Vertraglicher Luftfrachtführer ist somit derjenige, der sich einem Reisenden oder einem Absender von Gütern gegenüber im eigenen Namen, nicht notwendigerweise aber höchstpersönlich;[6] vertraglich zur 3

1 Ebenso Ebenroth/Boujong/*Pokrant*[5] Art. 39 MÜ Rn. 1.
2 Vgl. z.B. Art. 27 CIM 1999, Art. 39 CIV 1999, Art. 4 Abs. 2 CMNI, Art. 10 HambR, Art. 3 der Anl. zu § 664 HGB.
3 Vgl. auch Ebenroth/Boujong/*Pokrant*[5] Art. 39 MÜ Rn. 2; MünchKommHGB/*Müller-Rostin*[5] Art. 39 MÜ Rn. 4.
4 Vgl. *Riese* ZLR **1958** 1, 11.
5 Vgl. auch zum Vorläufer, dem *„Tokioter Entwurf“*, der von der Vollversammlung der ICAO (San Diego, Juli 1959) verworfen wurde, *Riese* ZLR **1958** 1 ff.
6 *Koller*[11] Art. I ZAG Rn. 3.

Beförderung verpflichtet.[7] Soweit die Denkschrift zum Montrealer Übereinkommen den vertraglichen Luftfrachtführer als eine Person definiert, die eine Luftbeförderung, zu der sie sich verpflichtet hat, nicht selbst ausführt,[8] ist dieser Definitionsansatz zu eng. Denn auch der vertragliche Luftfrachtführer kann Teile der Luftbeförderung selbst durchführen.[9]

4 Anders als es die deutsche Übersetzung nahe zu legen scheint, kommt es nicht darauf an, dass der Luftfrachtführer den Beförderungsvertrag selbst abgeschlossen hat.[10] Auch den Beförderungsschein muss der vertragliche Luftfrachtführer nicht selbst ausstellen.[11] Obwohl die Stellvertretung ausdrücklich nur in Bezug auf den Reisenden oder den Absender erwähnt wird, ist diese auch auf Seiten des Luftfrachtführers zulässig.[12]

5 Die deutsche Übersetzung, nach der der Beförderungsvertrag diesem Übereinkommen unterliegen muss,[13] ist präziser als die englischen und die französischen Textfassungen, welche auch so verstanden werden könnten, als ob es auf die Beförderung als solche ankomme („... *contract of carriage governed by this Convention* ...“ oder „... *contrat de transport régi par la présente Convention*“). Der deutschen Übersetzung ist daher der Vorzug zu geben, da die Beförderung nur dann dem Übereinkommen unterliegt, wenn der Beförderungsvertrag von diesem erfasst ist.[14]

6 In der englischen Textfassung wird präzisiert, dass der Luftfrachtführer nur derjenige ist, der sich als Partei des Vertrags („*as a prinicipal*“) zur Beförderung verpflichtet. Wer als Vertreter oder als Untergebener, z.B. eigene Leute, handelt, wird nicht selbst Luftfrachtführer.[15] Demgemäß fallen **Agenten, Reisebüros, Reiseveranstalter, Spediteure, freight forwarders** oder andere Personen, die dem Benutzer die Luftbeförderung lediglich vermitteln, nicht unter den Luftfrachtführerbegriff.[16] Jedoch können diese Personen nach hM dann Luftfrachtführer sein, wenn sie sich selbst verpflichten, die Beförderungsleistung zu erbringen[17] denn die Stellung eines Luftfrachtführer kann auch demjenigen zukommen, der die Beförderung nicht mit eigenen Luftfahrzeugen bewirkt. Entscheidend ist dabei die Vertragsgestaltung aus der Sicht eines objektiven Dritten. Führt diese zur Annahme, dass nur eine Vertretung oder Vermittlung gewollt ist, so wird der Vertreter oder Vermittler nicht zum vertraglichen Luftfrachtführer. Bucht z.B. ein Reisender die Beförderung über mehrere Teilstrecken bei einer der beteiligten Fluggesellschaften, z.B. der Lufthansa, fallen die vermittelten Beförderungen nicht unter Art. 39 ff MÜ. Jede der den Reisenden auf den Teilstrecken befördernden Fluggesellschaften ist vertraglicher Luftfrachtführer, die Lufthansa ist für die nicht von ihr ausgeführte Teilstrecke nur Agentin der weiteren beteiligten Fluggesellschaft.[18] Macht dagegen ein Spediteur von seinem Selbsteintrittsrecht nach §§ 458 bis 460 HGB Gebrauch, sind ebenfalls die Voraussetzungen an einen vertraglichen Luftfrachtführer erfüllt.

7 Ob bei einem Chartervertrag der Charterer als vertraglicher Luftfrachtführer zu qualifizieren ist, hängt davon ab, ob er mit dem Reisenden einen Beförderungsvertrag im eigenen Namen

---

7 Denkschrift des Regierungsentwurfs zum Zusatzabkommen von Guadalajara-Gesetz, BT-Drucks. **IV/1254**, S. 15; BGH, Urt. v. 24.6.1969 – VI ZR 45/67 – ZLW **1970** 199, 206 f.; FrankfKomm/*Dettling-Ott* Art. 39 MÜ Rn. 5; BeckOGK/*Förster* Art. 39 MÜ Rn. 9; Ebenroth/Boujong/*Pokrant*[5] Art. 39 MÜ Rn. 4; *Schmid* TranspR **1994** 420, 422.

8 Vgl. BT-Drucks. **15/2285**, S. 51.

9 Ebenso *Koller*[11] Art 39 MÜ Rn. 1; BeckOGK/*Förster* Art. 39 MÜ Rn. 10.

10 *Riese* ZLW **1962** 1, 9; *Walther* ausführender Luftfrachtführer S. 25.

11 *Shawcross & Beaumont*[4] Air Law VII–44; FrankfKomm/*Ehlers* Art. I ZAG Rn. 4 (Stand: Juli 1989).

12 FrankfKomm/*Ehlers* Art. I ZAG Rn. 4 (Stand: Juli 1989); *Koller*[11] Art. I ZAG Rn. 3; *Schmidt-Räntsch* FS Riese, 1964 S. 484; *Walther* ausführender Luftfrachtführer S. 25.

13 Ebenso FrankfKomm/*Dettling-Ott* Art. 39 MÜ Rn. 5; *Koller*[11] Art 39 MÜ Rn. 1.

14 Ebenso BeckOGK/*Förster* Art. 39 MÜ Rn. 11.

15 A HG Wien, Urt. v. 5.1.2016 – 16C 233/15d – RRa **2016** 98, 102.

16 Ebenso FrankfKomm/*Dettling-Ott* Art. 39 MÜ Rn. 13; BeckOGK/*Förster* Art. 39 MÜ Rn. 10; Ebenroth/Boujong/*Pokrantl*[5] Art. 39 MÜ Rn. 4; *Schwenk* ZLW **1974** 103 ff.

17 *Guldimann* Art. I ZAG Rn. 5; *Riese* ZLW **1962** 8; *Schmidt-Räntsch* FS Riese, **1964** S. 484.

18 A HG Wien, Urt. v. 5.1.2016 – 16C 233/15d – RRa **2016** 98, 102; FrankfKomm/*Dettling-Ott* Art. 39 MÜ Rn. 15.

abschließt und den Vercharterer als Hilfsperson für die Vertragserfüllung fungieren lässt[19] oder ob der Charterer sich auf die bloße Vermittlung des Beförderungsvertrags zwischen dem Vercharterer und dem Reisenden beschränkt.[20] In letzterem Falle ist dann der Vercharterer vertraglicher Luftfrachtführer.[21] Die Vorschrift des Art. 39 MÜ findet keine Anwendung auf Charterverträge, die geschlossen werden, um den Charterer selbst oder seine Güter zu befördern.

Eine Fluggesellschaft, die Flüge eines Dritten unter einem Code-Share als Marketing Carrier an die Reisenden verkauft, ist stets als vertraglicher Luftfrachtführer zu qualifizieren.[22] Hier liegt keine Vermittlung des Beförderungsvertrags zwischen dem Code-Sharing Partner und dem Reisenden durch den Marketing Carrier vor, vielmehr verpflichtet sich der Marketing Carrier gegenüber dem Reisenden selbst, ihn zu befördern. Die tatsächliche Beförderung wird aufgrund des Code-Share-Agreements zwischen den beiden Fluggesellschaften vom Code-Share-Partner ausgeführt, so z.B. die Austrian Airline für einen bei der Lufthansa gebuchten Flug von Berlin nach Wien.[23] 8

Der spätere Eintritt in einen bereits bestehenden Vertrag hindert ebenfalls nicht die Qualifizierung als vertraglicher Luftfrachtführer.[24] 9

C. Ausführender Luftfrachtführer

Ausführender Luftfrachtführer ist ein anderer als der vertragliche Luftfrachtführer. Dies ist das einzige Definitionsmerkmal, welches aus dem Übereinkommenstext selbst ersichtlich ist. Meist wird ein Vertragsverhältnis zwischen dem ausführenden und dem vertraglichen Luftfrachtführer bestehen, mit der ersterer letzterem die Beförderung verspricht. Aber auf ihr Bestehen oder ihren Inhalt kommt es grundsätzlich nicht an.[25] **Ausführender** Luftfrachtführer ist, wer eine Beförderung mit Einverständnis desjenigen Luftfrachtführers tatsächlich ausführt, mit dem der Luftbeförderungs- oder Luftfrachtvertrag geschlossen wurde. Dagegen besteht kein Vertragsverhältnis zwischen dem Absender/Reisenden und dem ausführenden Luftfrachtführer.[26] 10

I. Begriffsbestimmende Merkmale

1. Ein anderer als der vertragliche Luftfrachtführer – kein nachfolgender Luftfrachtführer

Nach dem Übereinkommenstext muss es sich beim ausführenden Luftfrachtführer um eine andere Person als den vertraglichen Luftfrachtführer handeln. Kennzeichnend für die Stellung des ausführenden Luftfrachtführers ist, dass dieser nicht Partei des Beförderungsvertrags mit dem Absender ist.[27] Ein Beförderungsvertrag kann allenfalls mit dem vertraglichen Luftfrachtführer bestehen;[28] auf dessen Bestehen oder dessen Inhalt kommt es jedoch grundsätzlich nicht an.[29] Dabei rechtfertigt der Umstand, dass ein Chartervertrag vorliegt, nicht grundsätzlich die Annah- 11

19 CH BG, Urt. v. 12.3.1957 – *Jaquet v. Club Neuchâtelois* – ZLR **1958** 258, 262; BGH, Urt. v. 24.6.1969 – VI ZR 45/67 – ZLW **1970** 199, 205.
20 *Schwenk* BB **1970** 282, 284.
21 BGH, Urt. v. 9.10.1979 – VI ZR 232/77 – ZLW **1980** 45, 46.
22 FrankfKomm/*Dettling-Ott* Art. 39 MÜ Rn. 7; *Giemulla/van Schyndel* TranspR **1997** 253, 257.
23 Ebenso A HG Wien, Urt. v. 5.1.2016 – 16C 233/15d – RRa **2016** 98, 102.
24 *Guldimann* Art. I ZAG Rn. 7.
25 *Benkö/Kadletz* Unfallhaftpflicht S. 115; *Guldimann* Art. I ZAG Rn. 8; *Schmidt-Räntsch* FS Riese, **1964** S. 484.
26 FrankfKomm/*Dettling-Ott* Art. 39 MÜ Rn. 16; MünchKommHGB/*Müller-Rostin*[5] Art. 39 MÜ Rn. 11, 19; BeckOGK/*Förster* Art. 39 MÜ Rn. 12.
27 Vgl. Fn. 26.
28 *Schmidt-Räntsch* FS Riese, 1964 S. 485; *Walther* ausführender Luftfrachtführer S. 28 Fn. 11.
29 MünchKommHGB/*Kronke* Art. I ZAG Rn. 12.

me, dass eine befördernde Charterfluggesellschaft automatisch ausführender Luftfrachtführer ist; sie kann gerade auch selbst dem Fluggast die Beförderung versprochen haben und ist dann vertraglicher Luftfrachtführer.[30] Dagegen berühren vertragliche Vereinbarungen (zB ein Vielfliegerprogramm) mit Ausnahme des Beförderungsvertrags selbst zwischen dem Absender und dem ausführenden Luftfrachtführer dessen Status nicht.[31]

2. Ausführen der Beförderung

12 Erforderlich ist weiter, dass der betreffende Luftfrachtführer die Beförderung auch tatsächlich ausführt.[32] „Ausführen" der Beförderung bedeutet das tatsächliche Bewirken der Beförderung. Nicht als ausführender Luftfrachtführer gilt dagegen, wer sich zur Ausführung auf Grund eines Vertrages mit dem vertraglichen Luftfrachtführer verpflichtet hat, die Beförderung, aus welchen Gründen auch immer, indes nicht bewirkt.[33] Ebenso wenig zählen Unterfrachtführer, welche ihrerseits einen weiteren Luftfrachtführer zur Ausführung der Beförderung beauftragen, zu den ausführenden Luftfrachtführern iSd. Art. 39 Satz 1 MÜ,[34] da die Vorschrift an das reale Bewirken anknüpft.

13 Umstritten ist, was das tatsächliche Bewirken der Beförderung bedeutet und anhand welcher Kriterien dies bestimmt werden kann. Zum Teil wird darauf abgestellt, ob der Luftfrachtführer den Transport auf der gesamten Strecke selbst zu verantworten hat und für den Flug die Befehlsgewalt über die Besatzung und die Verfügungsgewalt über das Flugzeug besitzt.[35] Die Bordgewalt als Kriterium für die Charakterisierung des ausführenden Luftfrachtführers heranzuziehen, erscheint indes wenig geeignet. Denn diese ist von Gesetzes wegen dem „verantwortlichen Luftfahrzeugführer" (Kapitän) übertragen.[36] Ebenso wenig ist in diesem Zusammenhang maßgebend, wer letztlich Eigentümer eines Flugzeuges ist, denn die haftungsrechtliche Gleichstellung des ausführenden mit dem vertragsschließenden Luftfrachtführer folgt aus dem Betrieb des Flugzeuges. Das Erbringen von Teilleistungen im Rahmen der Beförderung durch einen selbständigen Unternehmer, wie beispielsweise die Güterbeladung oder die Flugzeugwartung, stellt keinen ausreichenden Beitrag für das tatsächliche Bewirken dar. Für die Charakterisierung als ausführender Luftfrachtführer muss vielmehr entscheidend sein, dass der betreffende Luftfrachtführer das Flugzeug als Operator (Halter) betreibt und damit gewerbsmäßig Personen oder Sachen befördert.[37] Die haftungsrechtliche Gleichstellung des ausführenden Luftfrachtführers folgt letztlich aus dem Umstand, dass durch den Betrieb des Flugzeugs ein Schaden verursacht werden kann; die **Betriebsgefahr** ist daher ausschlaggebendes Moment für die Haftung des ausführenden Luftfrachtführers.[38]

14 Bei den sog. **Code-share Flügen** sind die Voraussetzungen an den ausführenden Luftfrachtführer regelmäßig erfüllt, wenn eine Fluggesellschaft Reisende oder Güter mit einem Code-share Flug befördert.[39] Die Beförderung erfolgt hier aufgrund des Code-sharing agreement zwischen Code-share Partner und dem Marketing Carrier (siehe oben Rn. 8). Bei einem Code-share Flug, bei dem der Flug die Bezeichnung mehrerer Fluggesellschaften trägt, ist als ausführender Luftfrachtführer diejenige Gesellschaft anzusehen, die das betreffende Flugzeug betreibt und die Beförde-

---

30 Ebenso *Benkö/Kadletz* Unfallhaftpflicht S. 115 sowie oben Rn. 7.

31 *Benkö/Kadletz* Unfallhaftpflicht S. 115; *Walther* ausführender Luftfrachtführer S. 28 f.

32 BeckOGK/*Förster* Art. 39 MÜ Rn. 15.

33 *Schmid* TranspR **1994** 420, 422; *Walther* ausführender Luftfrachtführer S. 42; FrankfKomm/*Dettling-Ott* Art. 39 MÜ Rn. 39.

34 Ebenroth/Boujong/*Pokrant*[5] Art. 39 MÜ Rn. 8.

35 *Guldimann* Art. I ZAG Rn. 18; *Walther* ausführender Luftfrachtführer S. 41.

36 Zutreffend FrankfKomm/*Dettling-Ott* Art. 39 MÜ Rn. 26.

37 So FrankfKomm/*Dettling-Ott* Art. 39 MÜ Rn. 17.

38 Ebenso FrankKomm/*Dettling-Ott* Art. 39 MÜ Rn. 25; Ebenroth/Boujong/*Pokrant*[5] Art. 39 MÜ Rn. 7; BeckOGK/*Förster* Art. 39 MÜ Rn. 15.

39 FrankfKomm/*Dettling-Ott* Art. 39 MÜ Rn. 20; *Giemulla/van Schyndel* TranspR **1997** 253, 258.

rung, auf der sich der Schaden ereignet, unter der eigenen Flugnummer ausführt.[40] Dagegen wird bei folgenden Sachverhalten das Merkmal des ausführenden Luftfrachtführers nicht erfüllt sein: Wer dem vertraglichen Luftfrachtführer ein Flugzeug mit oder ohne Besatzung (bare-hull charter; affrètement coque nue) bloß vermietet,[41] ist nicht ausführender Luftfrachtführer.[42] Denn der Vermieter eines Flugzeugs verspricht weder den Transporterfolg, noch übernimmt er die Obhut über das Gut oder die Beförderung der Reisenden. Gleiches gilt im Falle des reinen Austauschs von Flugzeugen (interchange of aircraft; banalisation coque nue).[43] Denn derjenige, der sein Flugzeug für eine bestimmte Beförderung gegen das eines anderen eintauscht, hat idR auf die Beförderung mit dem von ihm hingegebenen Flugzeug keinen Einfluss mehr.[44] Ebenso wenig wird eine Fluggesellschaft, welche den Flug einer anderen Gesellschaft nur mit ihrem Code belegt hat, zum ausführenden Luftfrachtführer, was folgendes Beispiel deutlich macht: Nach dem Absturz des Swissair Fluges bei Halifax versuchten Angehörige von Reisenden, welche ihren Beförderungsvertrag mit der Swissair abgeschlossen hatten, zu Unrecht die Code-Share-Partnerin Delta mit Sitz in USA in Anspruch zu nehmen. Aus der Belegung der Delta Airways mit ihrem Code auf der Flugstrecke wurde die Fluggesellschaft nicht zum vertraglichen Luftfrachtführer für Dritte,[45] hier diejenigen Reisenden, welche ihren Beförderungsvertrag mit der Swissair abgeschlossen hatten.

Abgrenzungsschwierigkeiten können dann entstehen, wo ein Flugzeug samt Besatzung dem vertraglichen Luftfrachtführer zu stellen ist, dem Vercharterer gewisse Kontroll- und Weisungsbefugnisse in Bezug auf die Besatzung vorbehalten bleiben. Entscheidend kann hier nicht sein, ob für den Reisenden oder den Ladungsinteressenten der Vercharterer als ausführender Luftfrachtführer erkennbar ist,[46] sondern ob der Vercharterer weiterhin im Besitz des Flugzeuges ist und ob er für das Fehlverhalten seines Personals einzustehen hat. Ist dies der Fall, agiert er als ausführender Luftfrachtführer. 15

3. Berechtigung

Der ausführende Luftfrachtführer muss auf Grund einer vertraglichen Vereinbarung berechtigt sein, die Beförderung ganz oder zum Teil auszuführen. Die amtliche Übersetzung ist im Vergleich zu den authentischen Texten ungenau; diese sprechen nämlich von *„by virtue of authority from the contracting carrier“* sowie von *„en vertue d'une autorisation donnée par le transporteur contractuel“*. Diese Formulierung fand sich auch bereits in Art. I Buchstabe c ZAG; dort spricht die amtliche Übersetzung zutreffend von Ermächtigung anstatt von einer vertraglichen Berechtigung. Die Denkschrift zum MÜ schweigt zu dieser sprachlichen Unpässlichkeit.[47] Die Übersetzung verleitet nämlich zu der fehlerhaften Annahme, dass die Ausführung stets auf Grund einer vertraglichen Vereinbarung zwischen vertraglichem und ausführendem Luftfrachtführer übertragen werden müsste. Notwendig ist dies gerade jedoch nicht. Weder bedarf es eines Auftrags noch eines auftragsähnlichen Rechtsverhältnisses zwischen den beiden Luftfrachtführern.[48] Dafür spricht auch die Entstehungsgeschichte zu Art. I Buchstabe c ZAG, wonach die Formulierung „authority“ und „autorisation“ darauf abzielt, die unbefugte Beförderung durch einen Dritten vom Anwen- 16

40 FrankfKomm/*Dettling-Ott* Art. 39 MÜ Rn. 21.
41 *Schmidt-Räntsch* FS Riese, **1964** S. 493.
42 LG Hamburg, Urt. v. 8.1.2020 – 321 S 100/18 – NJW-RR **2020** 440, 441 (Rz. 29); zustimmend BeckOGK/*Förster* Art. 39 MÜ Rn. 15.
43 Vgl. dazu auch *Riese* ZLR **1958** 3.
44 So auch *Walther* ausführender Luftfrachtführer S. 115.
45 FrankfKomm/*Dettling-Ott* Art. 39 MÜ Rn. 22.
46 So aber FrankfKomm/*Dettling-Ott* Art. 39 MÜ Rn. 23.
47 Ebenso FrankfKomm/*Dettling-Ott* Art. 39 MÜ Rn. 31; Ebenroth/Boujong/*Pokrant*[5] Art. 39 MÜ Rn. 11.
48 So Ebenroth/Boujong/*Pokrant*[5] Art. 39 MÜ Rn. 11; *Koller*[11]Art I ZAG Rn. 6; Riese ZLW **1962** 1, 11; *Schmidt-Räntsch* FS Riese, **1964** S. 488.

dungsbereich des Zusatzabkommen auszunehmen. Insofern genügt für die Berechtigung des ausführenden Luftfrachtführers auch ein bloß passives Verhalten des vertraglichen Luftfrachtführers, ein bloßes Zulassen durch einen anderen, sofern es nur den Schluss auf das Einverständnis des vertraglichen Luftfrachtführers ermöglicht.[49]

17 Umstritten ist indessen, ob die Berechtigung des ausführenden Luftfrachtführers bereits bei Beginn der Beförderung vorliegen muss oder das Nichtvorliegen durch nachträgliche Genehmigung geheilt werden kann. Da infolge der Rückwirkung der Genehmigung die Lage nicht anders zu beurteilen ist, als wenn das Einverständnis des vertraglichen Luftfrachtführers vorher erklärt wurde, ist es richtig, darauf zu verzichten, dass bei Beginn der Beförderung der ausführende Luftfrachtführer ermächtigt sein muss.[50]

18 Schwieriger dürften die Fälle der Beförderung gestrandeter Reisender oder Güter ohne vorherige Fühlungnahme mit dem vertraglichen Luftfrachtführer oder der irrtümlichen Beförderung durch einen anderen vertraglichen Luftfrachtführer zu beurteilen sein. Bei einer Geschäftsführung ohne Auftrag zur Rettung gestrandeter Reisender wird es auf eine Genehmigung nicht ankommen können; der entgegenstehende Wille des vertraglichen Luftfrachtführers ist nach dem Rechtsgedanken des § 679 BGB unbeachtlich.[51] Anders wird man im zweiten Beispielsfall zu entscheiden haben; hier besteht kein Bedürfnis, den wirklichen Willen des vertraglichen Luftfrachtführers zu ersetzen.

19 Die Erteilung der Berechtigung wird bis zum Beweis des Gegenteils nach **Satz 2** vermutet. Diese Vermutung stellt eine Beweislastregel zugunsten des Anspruchsstellers dar, der üblicherweise das Vorliegen der Voraussetzungen von Satz 1 zu beweisen hätte. Die Wirkung der Vermutung besteht darin, dass der Geschädigte zur Begründung seiner Ansprüche nach Art. 40 und 41 MÜ nur nachweisen muss, dass er eine dem Montrealer Übereinkommen unterliegende Beförderung mit dem vertraglichen Luftfrachtführer vereinbart hat, dass diese Beförderung ganz oder teilweise nicht durch seinen vertraglichen Luftfrachtführer ausgeführt wurde und ihm im Zusammenhang mit diesem Beförderungsteil ein Schaden entstanden ist.[52] Dem in Anspruch genommenen Luftfrachtführer obliegt es, nachzuweisen, dass keine „Berechtigung" nach Satz 1 vorliegt.

II. Abgrenzung des ausführenden Luftfrachtführers von anderen Personen

20 Der ausführende Luftfrachtführer ist von zwei verschiedenen Personengruppen abzugrenzen: dem nachfolgenden Luftfrachtführer einerseits und den Leuten des vertraglichen Luftfrachtführers andererseits.

1. Der nachfolgende Luftfrachtführer

21 Wichtig ist die Unterscheidung des ausführenden Luftfrachtführers vom „nachfolgenden Luftfrachtführer" im Sinne der Art. 36 und 1 Abs. 3 MÜ. Der nachfolgende Luftfrachtführer ist kein ausführender Luftfrachtführer. Die Einschaltung des nachfolgenden Luftfrachtführers erfolgt nach der ersten Teilstrecke und aufgrund eines unmittelbaren Beförderungsvertrags zwischen Reisendem und nachfolgendem Luftfrachtführer. Seine Einschaltung ist nach dem Willen der Vertragsparteien vorgesehen; der nachfolgende Luftfrachtführer schuldet daher dem Reisenden oder dem Ladungsinteressenten die Beförderung selbst.[53] Während der nachfolgende Luftfrachtführer nach

---

49 BeckOGK/*Förster* Art. 39 MÜ Rn. 16.

50 So auch FrankfKomm/*Dettling-Ott*, Art. 39 MÜ Rn. 34; *Schmidt-Räntsch* FS Meyer, **1975** S. 217, 221; *Walther* ausführender Luftfrachtführer S. 32; **aA** MünchKommHGB/*Kronke*, Art. I ZAG Rn. 17; *Riese* ZLW **1962** 1, 11.

51 In diese Richtung *Schmidt-Räntsch* FS Riese, **1964** S. 487 Fn. 29; **aA** *Schmid* TranspR **1994** 420, 422.

52 Vgl. auch Ebenroth/Boujong/*Pokrant*[5] Art. 39 MÜ Rn. 12.

53 A HG Wien, Urt. v. 5.1.2016 – 16C 233/15d – RRa **2016** 98, 103.

Art. 36 Abs. 1 2 Hs. MÜ als Vertragspartner des Reisenden gilt, wird der ausführende Luftfrachtführer nur in haftungsrechtlicher Hinsicht zu einem Quasi-Vertragspartner des Reisenden.[54] Auf den nachfolgenden Luftfrachtführer finden die Art. 39 ff MÜ keine Anwendung.[55] Die Abgrenzung zwischen nachfolgenden und ausführendem Luftfrachtführer kann im Einzelfall schwierig sein. Entscheidend wird jedoch sein, ob der Reisende oder Ladungsinteressent es beeinflussen kann, wer die Beförderung über eine bestimmte Teilstrecke ausführt und ob diese Wahl aus den Beförderungsdokumenten ersichtlich ist.[56] Fehlt es an einer vertraglichen Vereinbarung zwischen dem Reisenden oder dem Ladungsinteressenten und dem Flugunternehmen, spricht dies dafür, dass dieses kein nachfolgender, sondern vielmehr ein ausführender Luftfrachtführer ist. Bucht dagegen ein Reisender die Beförderung über mehrere Teilstrecken – Zürich-Frankfurt (Swissair), Frankfurt-Peking (Lufthansa), Peking-Shanghai (Air China) – bei einer der beteiligten Fluggesellschaften, z.B. der Swissair, fallen die vermittelten Beförderungen nicht unter Art. 39 ff MÜ. Jede der den Reisenden auf den Teilstrecken befördernden Fluggesellschaften ist vertraglicher Luftfrachtführer, die Swissair ist für die nicht von ihr ausgeführten Teilstrecke nur Agentin der weiteren beteiligten Fluggesellschaften; Lufthansa und Air China sind damit nicht ausführende Luftfrachtführer der Swissair.[57]

2. Die Leute des vertraglichen Luftfrachtführers

Wichtig ist auch die Abgrenzung des ausführenden Luftfrachtführers zu den Leuten des vertraglichen Luftfrachtführers. Letztere können nicht ausführende Luftfrachtführer sein, selbst wenn sie in die tatsächliche Abwicklung der Beförderung eingebunden sind.[58] Dies wird zwar nicht ausdrücklich vorbehalten, ergibt sich aber letztlich aus Art. 40 letzter Hs. MÜ, in welchem hinsichtlich der Haftung der beiden Luftfrachtführer zwischen der Gesamtbeförderung und der ausgeführten Beförderung unterschieden wird.[59] Diese Haftungsaufteilung zwischen den beiden Luftfrachtführern ist bei ihren Leuten entsprechend fortzudenken, da die eigenen Leute grundsätzlich in der Verantwortungssphäre des jeweiligen Luftfrachtführers stehen. Zu den Leuten des vertraglichen Luftfrachtführers gehören alle Personen, die auf Grund eines Anstellungsvertrags im Betrieb des vertraglichen Luftfrachtführers tätig sind. Würde man dagegen unter den Begriff der „Leute" alle Personen fassen, die in irgendeiner Form an der Erfüllung des Beförderungsvertrags beteiligt sind, wäre für die Rechtsfigur des ausführenden Luftfrachtführers kein Raum mehr.[60] 22

D. Unterbeförderungsverträge

Soweit der vom vertraglichen Luftfrachtführer beauftragte Luftfrachtführer das Gut oder den Reisenden nicht selbst befördert, sondern hierfür einen Unterbeförderungsvertrag mit einem anderen schließt, verliert der primär berechtigte Luftfrachtführer seinen Status als ausführender Luftfrachtführer (siehe oben Rn. 12),[61] ungeachtet der Tatsache, ob der vertragliche Luftfrachtfüh- 23

54 *Ruhwedel*³ Luftbeförderungsrecht Rn. 621.
55 US DC – *Best v. BWIA West Indies Airways* – **2008** WL 4458867.
56 FrankfKomm/*Dettling-Ott* Art. I ZAG Rn. 33.
57 FrankfKomm/*Dettling-Ott* Art. 39 MÜ Rn. 28.
58 Ebenso BeckOGK/*Förster* Art. 39 MÜ Rn. 14; **aA** FrankfKomm/*Ehlers* Art. I ZAG Rn. 17 (Stand: Juli 1989).
59 So zutreffend *Benkö/Kadletz* Unfallhaftpflicht S. 115; *Guldimann* zu Art. I ZAG Rn. 10; *Ruhwedel*³ Luftbeförderungsvertrag Rn. 589; *Schmidt-Räntsch* FS Riese, **1964** S. 486.
60 So nun auch FrankfKomm/*Dettling-Ott* Art. 39 MÜ Rn. 30 unter Aufgabe der von *Ehlers* vormals begründeten Auffassung, dass der Begriff der Leute auch den ausführenden Luftfrachtführer umfasse; Ebenroth/Boujong/*Pokrant* Art. 39 Rn. 10.
61 Ebenso *Schmidt-Räntsch* FS Riese, **1964** S. 491; unklar dagegen *Schmid* TranspR **1994** 420, 422.

rer der Substitution zugestimmt hat.[62] Denn nicht er, sondern der Unterluftfrachtführer ist ausführender Frachtführer im Verhältnis zum primär berechtigten Luftfrachtführer. Das Verhältnis zwischen dem vertraglichen und dem vermeintlich ausführenden Luftfrachtführer stellt sich dann in Wirklichkeit als ein Rechtsverhältnis zwischen Absender und vertraglichem Luftfrachtführer dar. Im Fall eines Schadens können daher gegen den Unterfrachtführer nicht nur dessen Vertragspartner und der Absender des Gutes, sondern auch der Vertragspartner des vermeintlich ausführenden Luftfrachtführers ebenfalls als Absender Ansprüche geltend machen.

24 Hiervon ist die Frage der Reichweite der Vermutungswirkung des Satzes 2 zu unterscheiden. Führt nämlich ein anderer, als der primär berechtigte die Luftbeförderung aus, so ist fraglich, ob der Abschluss eines Unterbeförderungsvertrages die gesamtschuldnerische Haftung des vertraglichen Luftfrachtführers auszulösen vermag. Die Antwort hierauf hängt vor allem davon ab, ob der vom vertraglichen Luftfrachtführer zur Ausführung primär Berechtigte seine Berechtigung weitergeben durfte.[63] Das ist nach den Umständen des Einzelfalls nach Landesrecht zu beurteilen, wobei man wegen der Vergleichbarkeit der Interessenlage wie bei der Bestimmung des Vollmachtstatuts verfahren sollte, welches ebenfalls über die Wirksamkeit einer Untervollmachtserteilung entscheidet.[64] Im Zweifelsfall wird man davon auszugehen haben, dass der vertragliche Luftfrachtführer sich vorbehalten will, wen er zur Erfüllung der von ihm eingegangenen Verträge heranzieht und mit wem er das Risiko einer gesamtschuldnerischen Haftung eingehen möchte.[65] Insofern kann sich der Unterfrachtführer nicht auf die Vermutungswirkung des Satzes 2 berufen.[66]

E. Indossament

25 Im Passagierverkehr ist es vor allem geläufig, dass der vertragliche Luftfrachtführer durch entsprechenden Vermerk im Beförderungsschein einen anderen Luftfrachtführer als Beförderer (für eine Teil- oder die Gesamtstrecke) benennt. Die rechtliche Bedeutung eines solchen Indossaments kann je nach Fallgestaltung unterschiedlich sein und ist nach den anwendbaren Regeln des Vertragsstatuts zu beurteilen: Zum einen kann der bisherige Luftfrachtführer aus seiner Verpflichtung entlassen und im Wege einer Novation durch den neuen ersetzt werden.[67] Dann hat dies zur Folge, dass die Haftung des ursprünglichen Luftfrachtführers entfällt. Der neu eintretende Luftfrachtführer ist nämlich dann nicht mehr ausführender, sondern vertraglicher (allenfalls nachfolgender) Luftfrachtführer. Zum anderen kann die Annahme des indossierten Beförderungsscheins durch den Reisenden dahin zu werten sein, dass er seinen ursprünglichen Luftfrachtführer nicht aus dem Vertrag entlässt und auch keinen neuen Vertrag mit dem anderen Luftfrachtführer abschließt; in diesem Fall bleibt der Luftbeförderungsvertrag bestehen, der andere Luftfrachtführer führt die Beförderung dann als Erfüllungsgehilfe des vertraglichen Luftfrachtführers aus. Dies wird insbesondere dann der Fall sein, wenn der Reisende wegen Minderjährigkeit keine rechtswirksamen Erklärungen abgeben kann oder wenn der Fluggast sich in einem anderen Kontinent nur dann einem anderen Luftfrachtführer anvertrauen will, wenn ihm der vertragliche Luftfrachtführer, den er sich bei Beginn der Reise ausgewählt hat, verpflichtet bleibt.[68]

62 Unzutreffend FrankfKomm/*Dettling-Ott* Art. 39 MÜ Rn. 37, die den Statusverlust als ausführender Luftfrachtführer wohl an die Zustimmung zur Substitution knüpfen will.
63 So zutreffend FrankfKomm/*Dettling-Ott* Art. 39 MÜ Rn. 37; *Guldimann* Art. I ZAG Rn. 5.
64 Ebenso MünchKommHGB/*Kronke* Art. I ZAG Rn. 19.
65 *Walther* ausführender Luftfrachtführer S. 46.
66 Ebenso *Riese* ZLW **1962** 1, 10; *Schmid* TranspR **1994** 420, 422; **aA** *Koller*[11] Art. I ZAG Rn. 7 ohne Begründung.
67 MünchKommHGB/*Kronke*, Art. I ZAG Rn. 16.
68 *Schmidt-Räntsch* FS Riese, **1964** S. 495.

Artikel 40 Haftung des vertraglichen und des ausführenden Luftfrachtführers

Führt ein ausführender Luftfrachtführer eine Beförderung, die nach dem in Artikel 39 genannten Beförderungsvertrag diesem Übereinkommen unterliegt, ganz oder zum Teil aus, so unterstehen, soweit dieses Kapitel nichts anderes bestimmt, sowohl der vertragliche Luftfrachtführer als auch der ausführende Luftfrachtführer den Vorschriften dieses Übereinkommens, der erstgenannte für die gesamte im Vertrag vorgesehene Beförderung, der zweitgenannte nur für die Beförderung, die er ausführt.

Article 40 Respective Liability of Contracting and Actual Carriers

If an actual carrier performs the whole or part of carriage which, according to the contract referred to in Article 39, is governed by this Convention, both the contracting carrier and the actual carrier shall, except as otherwise provided in this Chapter, be subject to the rules of this Convention, the former for the whole of the carriage contemplated in the contract, the latter solely for the carriage which it performs.

Article 40 Responsabilité respective du transporteur contractuel et du transporteur de fait

Sauf disposition contraire du présent chapitre, si un transporteur de fait effectue tout ou partie du transport qui, conformément au contrat visé à l'article 39, est régi par la présente convention, le transporteur contractuel et le transporteur de fait sont soumis aux règles de la présente convention, le premier pour la totalité du transport envisagé dans le contrat, le second seulement pour le transport qu'il effectue.

Schrifttum

Vgl. zu Art. 39 MÜ.

Parallelvorschriften

Art. II ZAG.

Übersicht

https://doi.org/10.1515/9783110564945-041

A. Allgemeines

I. Normzweck

1 Der Beförderungs- wie der Ladeinteressent haben meist keinen Einblick in die tatsächliche Organisation der Transportabwicklung und in das Innenverhältnis der eingeschalteten Luftfrachtführer. Um dieses Defizit bei der Ermittlung des „richtigen" Anspruchsgegners zu beheben, werden sowohl der vertragliche als auch der ausführende Luftfrachtführer den Vorschriften des Montrealer Übereinkommens unterworfen. In den Fällen, in denen die Beförderung nicht durch den vertraglichen Luftfrachtführer selbst, sondern durch einen ausführenden Luftfrachtführer ausgeführt wird, erhält der Reisende oder Absender somit zwei Schuldner, gegen die er unter den erleichterten Voraussetzungen des Montrealer Übereinkommens Ansprüche geltend machen kann. Die Bedeutung der Vorschrift liegt in der haftungsrechtlichen Gleichbehandlung von vertraglichem und ausführendem Luftfrachtführer.[1] Der ausführende Luftfrachtführer hat daher die Stellung eines **„Quasi-Vertragspartners"**.[2] Die Erstreckung der Vorschriften des Montrealer Übereinkommens auf den ausführenden Luftfrachtführer gilt aber nur für die Teilstrecke, die er tatsächlich ausgeführt hat.

II. Entstehungsgeschichte

2 Die Vorschrift entspricht Art. II ZAG[3] und wurde unverändert übernommen.

B. Voraussetzungen für die Erweiterung der Haftpflichtigen

3 **Positive** Voraussetzung für das Eingreifen der Vorschrift ist, dass die Gesamtbeförderung nach dem Vertrag, den der vertragliche Luftfrachtführer mit dem Reisenden oder dem Absender geschlossen hat, dem Montrealer Übereinkommen unterworfen ist. Abgangs- und Bestimmungsort müssen in einem oder verschiedenen Vertragsstaaten liegen.[4] Ferner müssen auch die übrigen Voraussetzungen des Art. 1 Abs. 2, 3 MÜ gegeben sein. Gleichgültig ist dagegen, ob auch die vom ausführenden Luftfrachtführer durchgeführte Teilstreckenbeförderung eine internationale Beförderung iSd. Montrealer Übereinkommens darstellt oder nicht.[5]

4 **Negativ** kann zum Tragen kommen, dass das Kapitel ein anderes bestimmt. Damit verweist die Vorschrift implizit auf die in Art. 42 MÜ und Art. 46 MÜ enthaltenen Sondervorschriften, die das Weisungsrecht und den Gerichtsstand betreffen.[6]

---

1 *Ruhwedel*[3] Luftbeförderungsvertrag Rn. 97.

2 FrankfKomm/*Dettling-Ott* Art. 40 MÜ Rn. 5; Ebenroth/Boujong/*Pokrant*[5] Art. 40 MÜ Rn. 2; *Ruhwedel*[3] Luftbeförderungsvertrag Rn. 608, 621.

3 Vgl. zur Entstehungsgeschichte von Art. II ZAG *Riese* ZLW **1962** 1, 13 ff.

4 Vgl. Art. 1 MÜ.

5 FrankfKomm/*Dettling-Ott* Art. 40 MÜ Rn. 4; Ebenroth/Boujong/*Pokrant*[5] Art. 40 MÜ Rn. 4; *Guldimann* Art. II ZAG Rn. 4; *Koller*[11] Art. II ZAG Rn. 3; *Riese* ZLW **1962** 1, 13.

6 Ebenso Ebenroth/Boujong/*Pokrant*[5] Art. 40 MÜ Rn. 4.

C. Rechtsfolgen

I. Rechte und Pflichten des vertraglichen Luftfrachtführers

Der vertragliche Luftfrachtführer unterliegt für den gesamten vertraglich versprochenen Transport den Vorschriften des Montrealer Übereinkommens.[7] Von Art. 41 MÜ abgesehen lässt das Kapitel die Rechte und Pflichten des vertraglichen Luftfrachtführers unberührt. Diese ergeben sich aus dem Beförderungsvertrag, soweit dieser nicht durch zwingende Vorschriften (Art. 49 MÜ) und Vorschriften des lückenfüllend anwendbaren Rechts verdrängt oder ergänzt werden. 5

II. Rechte und Pflichten des ausführenden Luftfrachtführers

Aus Art. 40 MÜ folgt, dass der ausführende Luftfrachtführer gegenüber dem Reisenden oder Absender haftet, obgleich zwischen den genannten Parteien kein Vertragsverhältnis besteht. Der ausführende Luftfrachtführer wird daher zum **„Quasi-Vertragspartner“**.[8] Die Haftung des ausführenden Luftfrachtführers bleibt aber auf die von ihm tatsächlich übernommene (Teil-)Strecke beschränkt. Dessen ungeachtet bewirkt die haftungsrechtliche Gleichbehandlung des vertraglichen und des ausführenden Luftfrachtführers nicht, dass letzterer Partei des durch den vertraglichen Luftfrachtführer geschlossenen Beförderungsvertrages wird. Der Anspruch des Reisenden oder des Absenders gegen den ausführenden Luftfrachtführer beruht daher auf Delikt.[9] Daher kann der Reisende oder der Absender den ausführenden Luftfrachtführer gestützt auf Art. 40 MÜ nicht unmittelbar selbst in Anspruch nehmen, wenn die Voraussetzungen der Art. 17 ff MÜ nicht gegeben sind. Nichterfüllungsansprüche, wie beispielsweise die Nichtbeförderung,[10] und sonstige Ansprüche aus dem autonomen Recht können gegenüber dem ausführenden Luftfrachtführer mangels einer vertraglichen Verbindung zu ihm nicht geltend gemacht werden.[11] Allerdings kann ein Schadensersatzanspruch des Reisenden oder des Absenders gegen den ausführenden Luftfrachtführer aus dem Chartervertrag zwischen dem vertraglichen (z.B. Reiseveranstalter) und dem ausführenden Luftfrachtführer nach § 328 BGB hergeleitet werden.[12] Unabhängig von der Herleitung der Anspruchsgrundlage gegen den ausführenden Luftfrachtführer stellt Art. 29 MÜ klar, dass die Bedingungen und Haftungslimite des Übereinkommens auch für die Beförderung durch den ausführenden Luftfrachtführer gelten.[13] Darüber hinaus können dem Reisenden weitergehen- 6

7 BeckOK/*Förster* Art. 40 Rn. 7; *Koller*[11] Art. 40 Rn. 4; Ebenroth/Boujong/*Pokrant*[5] Art. 40 MÜ Rn. 6.

8 FrankfKomm/*Dettling-Ott* Art. 40 MÜ Rn. 5; Ebenroth/Boujong/*Pokrant*[5] Art. 40 MÜ Rn. 2; *Ruhwedel*[3] Luftbeförderungsvertrag Rn. 608, 621.

9 FrankfKomm/*Dettling-Ott* Art. 40 MÜ Rn. 5.

10 Vgl. hierzu Art. 39 MÜ Rn. 12, wonach es auf das reale Bewirken der Leistung ankommt. Im Gegensatz dazu definiert Art. 2 Buchst. b EG-VO Nr. 261/04 das ausführende Luftfahrtunternehmen weitergehend als ein Luftfahrtunternehmen, das im Rahmen eines Vertrages mit einem Fluggast oder im Namen einer anderen – juristischen oder natürlichen – Person, die mit dem betreffenden Fluggast in einer Vertragsbeziehung steht, einen Flug durchführt oder durchzuführen beabsichtigt; **aA** FrankfKomm/*Dettling-Ott* Art. 40 MÜ Rn. 6 in Widerspruch zu Art. 39 MÜ Rn. 19.

11 LG Frankfurt a.M., Urt. v. 12.3.1984 – 2/24 S 40/83 – TranspR **1985** 235; ebenso Ebenroth/Boujong/*Pokrant*[5] Art. 40 MÜ Rn. 7.

12 BGH, Urt. v. 24.6.1969 – VI ZR 45/67 – BGHZ **52** 194, 201 = NJW **1969** 2008 = ZLW **1970** 199; BGH, Urt. v. 17.1.1985 – VII ZR 63/84 – BGHZ **93** 271 = TranspR **1985** 231 = NJW **1985** 1457 = JZ **1985** 574 m. Anm. v. *Gottwald* = JR **1985** 458 m. Anm. v. *Gitter*; BGH, Urt. v. 20.3.1986 – VII ZR 187/85 – TranspR **1986** 241 = VersR **1986** 522; LG Frankfurt a.M., Urt. v. 1.9.1982 – 2/22 O 155/82 – NJW **1983** 52, 53; AG Düsseldorf, Urt. v. 17.12.1984 – 47 C 527/84 – TranspR **1984** 239; einschränkend: LG Frankfurt a.M., Urt. v. 21.4.1986 – 2/24 S 68/85 – TranspR **1986** 305 = ZIP **1986** 586, wonach die Umstände des Einzelfalls entscheiden, ob ein Vertrag zugunsten Dritter vorliegt. Keine vertraglichen, sondern nur haftungsrechtliche Beziehungen zwischen Reisendem und dem durch einen Reiseveranstalter vermittelten Luftfahrtunternehmen nimmt hingegen an: *Schwenk* TranspR **1996** 223, 227.

13 FrankfKomm/*Dettling-Ott* Art. II ZAG Rn. 10.

de Ansprüche wegen einer Nichtbeförderung aus der EG-VO Nr. 261/04 gegen den ausführenden Luftfrachtführer zustehen.[14]

1. Ausstellung von Beförderungsdokumenten

7 Nach Art. 1 Abs. 4 i.V.m. Art. 3 und 7 MÜ ist auch der ausführende Luftfrachtführer gegenüber dem Absender und dem Reisenden zur erneuten Ausstellung und Unterzeichnung eines Luftfrachtbriefs verpflichtet, auch wenn der vertragliche Luftfrachtführer bereits einen über die Gesamtbeförderung ausgestellt hat. Diese unter dem Warschauer Abkommen diskutierte Frage hat jedoch an Bedeutung verloren, da das Montrealer Übereinkommen anders als Art. 9 WA 1955 die Nichtausstellung und die fehlende Unterzeichnung eines Luftfrachtbriefs nicht mehr sanktioniert. Zwar ist die erneute Luftfrachtbriefausstellung durch den ausführenden Luftfrachtführer zulässig, jedoch nicht rechtlich erforderlich, wie die Verweisung in Art. 1 Abs. 4 MÜ auf die Bestimmungen im fünften Kapitel zeigt.[15] Denn nach Art. 41 Abs. 2 Satz 1 MÜ gelten die Handlungen und Unterlassungen des vertraglichen Luftfrachtführers als solche des ausführenden Luftfrachtführers, so dass diesem die Aushändigung von Beförderungsdokumenten über die Gesamtstrecke durch jenen zugerechnet werden kann.

2. Anzeigen und Weisungen

8 Der ausführende Luftfrachtführer hat gem. Art. 13 Abs. 2 MÜ die Ankunft des Gutes anzuzeigen. Gem. Art. 42 Satz 2 MÜ müssen Weisungen nach Art. 12 MÜ an den vertraglichen Luftfrachtführer gerichtet werden. Dieser allein haftet nach Art. 12 Abs. 3 MÜ. Art. 41 Abs. 2 MÜ ist nicht anwendbar.

3. Haftung für Güter- und Verspätungsschäden

9 Der ausführende Luftfrachtführer haftet dem Reisenden sowie dem Absender, dem Vertragspartner des vertraglichen Luftfrachtführers, für Schäden, die in seiner Obhut entstanden sind, nach Art. 18 und 19 MÜ. Der Haftungszeitraum des ausführenden Luftfrachtführers beginnt ab dem Zeitpunkt, zu welchem ihm der vertragliche Luftfrachtführer das Gepäck bzw. die Güter zur Obhut übergibt. Diesen Zeitpunkt sowie den Zeitpunkt der Schadensentstehung kennen weder der Reisende noch der Absender. Für die Inanspruchnahme des ausführenden Luftfrachtführers ist nach Art. 17 Abs. 2 MÜ sowie nach Art. 18 Abs. 1 MÜ Voraussetzung, dass der Schaden am Gepäck oder am Gut während der Inobhutnahme entstanden ist. Kann der Reisende oder der Absender den Nachweis nicht erbringen, dass das Gepäck oder das Gut während der Obhut des ausführenden Luftfrachtführers beschädigt worden ist, so darf der Anspruchssteller nicht gegen den ausführenden, sondern muss allein gegen den vertraglichen Luftfrachtführer vorgehen. Denn der ausführende Luftfrachtführer kann sich im Rechtsstreit mit dem Absender bzw. dem Reisenden erfolgreich auf den Standpunkt stellen, dass der Schaden vor der Übergabe des Gepäckstücks oder des Gutes durch den vertraglichen Luftfrachtführer eingetreten ist.[16] Das Verhalten des vertraglichen Luftfrachtführers braucht sich der ausführende Luftfrachtführer nach Art. 41 Abs. 2 Satz 2 MÜ nur eingeschränkt zurechnen lassen. Die dort angeordnete Zurechnung bezieht sich nur auf den

14 Insoweit definiert die EG-VO Nr. 261/04 ihren Anwendungsbereich weitergehend als derjenige des Montrealer Übereinkommens.

15 FrankfKomm/*Dettling-Ott* Art. 40 Rn. 13, die mangels Vertragsverhältnisses zwischen ausführendem Luftfrachtführer und Reisendem eine Ausstellungspflicht von Beförderungsdokumenten durch den ausführenden Luftfrachtführer negiert.

16 FrankfKomm/*Dettling-Ott* Art. 40 Rn. 17.

Haftungszeitraum des ausführenden Luftfrachtführers.[17] Kann der vertragliche Luftfrachtführer die Schadensentstehung am Gepäck bzw. am Gut während der Obhut des ausführenden Luftfrachtführers nachweisen, kann er den dem Reisenden oder Absender zu ersetzenden Schaden beim ausführenden Luftfrachtführer regressieren.[18] Insoweit empfiehlt es sich im Rechtsstreit zwischen Reisenden bzw. Absender und dem vertraglichen Luftfrachtführer eine Streitverkündung gegenüber dem ausführenden Luftfrachtführer auszubringen.

4. Haftung des Absenders

Zwar unterwirft Art. 41 MÜ nur den vertraglichen und den ausführenden Luftfrachtführer dem Montrealer Übereinkommen, nicht auch den Absender. Daraus sollte jedoch nicht der Schluss gezogen werden, dass der ausführende Luftfrachtführer nicht Schadensersatzansprüche unmittelbar gegen den Absender nach Art. 10 Abs. 1, 2 MÜ und Art. 16 Satz 2 MÜ herleiten könne. Die Einbeziehung des ausführenden Luftfrachtführers in das System des Montrealer Übereinkommens soll ihm neben den Pflichten auch die Rechte gegen den Absender zukommen lassen, es sei denn, dass ein anderes im fünften Kapitel bestimmt ist. Insofern muss der ausführende Luftfrachtführer nicht unbedingt seinen Auftraggeber in Anspruch nehmen, der seinerseits beim Absender Regress nehmen kann,[19] sondern er kann den Absender direkt in Anspruch nehmen. 10

5. Ansprüche nach der EG-VO Nr. 261/04 gegen den ausführenden Luftfrachtführer

Der Anwendungsbereich des Art. 40 MÜ betrifft nur Ansprüche, die sich auf das Montrealer Übereinkommen stützen. Das Montrealer Übereinkommen enthält zum einen in den Art. 19 und 22 Abs. 1 MÜ Bestimmungen über den Ausschluss und die Beschränkung der Haftung des Luftfahrtunternehmens im Fall der Verspätung bei der Beförderung der Fluggäste und bestimmt zum anderen in Art. 29 MÜ, dass ein Anspruch auf Schadensersatz, auf welchem Rechtsgrund er auch beruht, nur unter den Voraussetzungen und mit den Beschränkungen geltend gemacht werden kann, die in diesem Übereinkommen vorgesehen sind. Insoweit stellt sich Frage nach der Vereinbarkeit von weitergehenden Ansprüchen des Reisenden gegen den Luftfrachtführer nach Gemeinschaftsrecht mit dem Montrealer Übereinkommen. Die in der EG-VO Nr. 261/04 geregelten Ansprüche stellen keine Ansprüche dar, welche auf dem Montrealer Übereinkommen beruhen,[20] wie der unterschiedliche Anwendungsbereich beider Rechtsakte zeigt: Das Gemeinschaftsrecht knüpft im Gegensatz zum Montrealer Übereinkommen den Begriff des „ausführenden Luftfahrtunternehmens" an andere Kriterien: Maßgebend ist zum einen, dass die betreffende Fluggesellschaft eine Betriebsbewilligung nach der EG-VO Nr. 1008/08 hält, und zum anderen, dass die von der Verordnung in Art. 1 Abs. 1 EG-VO Nr. 261/04 genannten Haftungstatbestände, wie die Nichtbeförderung, Annullierung und Verspätung, einen gemeinschaftsrechtlichen Bezug zu einem Flughafen der Gemeinschaft[21] aufweisen. Aus dem sachlich unterschiedlichen Anwendungsbereich beider Rechtsakte erhellt, dass das Sekundärrecht der Gemeinschaft und das Montrealer Übereinkommen nicht konfligieren, sondern nebeneinander stehen. Zur Durchsetzung von Ansprüchen aus dem Sekundärrechts kann sich der Reisende folglich nicht auf den Gerichtsstand nach Art. 46 MÜ berufen, sondern muss auf die national anwendbaren Gerichtsstände zurückgreifen.[22] 11

---

17 FrankfKomm/*Dettling-Ott* Art. 40 Rn. 19.
18 FrankfKomm/*Dettling-Ott* Art. 40 MÜ Rn. 18.
19 So *Koller*[11] Art. II ZAG Rn. 13.
20 EuGH, Urt. v. 10.1.2006 – *International Air Transport Association, European Low Fares Airline Association v. Department for Transport* – C-344/04, EuZW **2006** 112, 118.
21 Vgl. Art. 3 Abs. 1 Buchst. a) und b) EG-VO Nr. 261/04.
22 Zutreffend FrankfKomm/*Dettling-Ott* Art. 40 MÜ Rn. 6.

Artikel 41 Wechselseitige Zurechnung

1. **Die Handlungen und Unterlassungen des ausführenden Luftfrachtführers und seiner Leute, soweit diese in Ausführung ihrer Verrichtungen handeln, gelten bezüglich der von dem ausführenden Luftfrachtführer ausgeführten Beförderung auch als solche des vertraglichen Luftfrachtführers.**
2. **[1]Die Handlungen und Unterlassungen des vertraglichen Luftfrachtführers und seiner Leute, soweit diese in Ausführung ihrer Verrichtungen handeln, gelten bezüglich der von dem ausführenden Luftfrachtführer ausgeführten Beförderung auch als solche des ausführenden Luftfrachtführers. [2]Der ausführende Luftfrachtführer kann jedoch durch solche Handlungen oder Unterlassungen nicht einer Haftung unterworfen werden, welche die in den Artikeln 21, 22, 23 und 24 genannten Beträge übersteigt. [3]Eine besondere Vereinbarung, wonach der vertragliche Luftfrachtführer Verpflichtungen eingeht, die nicht durch dieses Übereinkommen auferlegt werden, oder ein Verzicht auf Rechte oder Einwendungen nach diesem Übereinkommen oder eine betragsmäßige Angabe des Interesses an der Lieferung nach Artikel 22 ist gegenüber dem ausführenden Luftfrachtführer nur mit seiner Zustimmung wirksam.**

Article 41 Mutual Liability

1. *The acts and omissions of the actual carrier and of its servants and agents acting within the scope of their employment shall, in relation to the carriage performed by the actual carrier, be deemed to be also those of the contracting carrier.*
2. *The acts and omissions of the contracting carrier and of its servants and agents acting within the scope of their employment shall, in relation to the carriage performed by the actual carrier, be deemed to be also those of the actual carrier. Nevertheless, no such act or omission shall subject the actual carrier to liability exceeding the amounts referred to in Articles 21, 22, 23 and 24. Any special agreement under which the contracting carrier assumes obligations not imposed by this Convention or any waiver of rights or defences conferred by this Convention or any special declaration of interest in delivery at destination contemplated in Article 22 shall not affect the actual carrier unless agreed to by it.*

Article 41 Attribution mutuelle

1. *Les actes et omissions du transporteur de fait ou de ses préposés et mandataires agissant dans l'exercice de leurs fonctions, relatifs au transport effectué par le transporteur de fait, sont réputés être également ceux du transporteur contractuel.*
2. *Les actes et omissions du transporteur contractuel ou de ses préposés et mandataires agissant dans l'exercice de leurs fonctions, relatifs au transport effectué par le transporteur de fait, sont réputés être également ceux du transporteur de fait. Toutefois, aucun de ces actes ou omissions ne pourra soumettre le transporteur de fait à une responsabilité dépassant les montants prévus aux articles 21, 22, 23 et 24. Aucun accord spécial aux termes duquel le transporteur contractuel assume des obligations que n'impose pas la présente convention, aucune renonciation à des droits ou moyens de défense prévus par la présente convention ou aucune déclaration spéciale d'intérêt à la livraison, visée à l'article 22 de la présente convention, n'auront d'effet à l'égard du transporteur de fait, sauf consentement de ce dernier.*

https://doi.org/10.1515/9783110564945-042

Schrifttum

Vgl. zu Art. 39 MÜ.

Parallelvorschriften

Art. III ZAG; Art. 27 § 4 CIM 1999; Art. 10 HambR; § 437 HGB.

Übersicht

A. Allgemeines

I. Normzweck

1 Art. 41 MÜ ordnet eine gesamtschuldnerische Haftung beider Luftfrachtführer für Schädigungen während der Beförderung durch den ausführenden Luftfrachtführer an.[1] Die Vorschrift enthebt den Geschädigten der Ungewissheit, wer der wirkliche Schädiger ist. Beide Luftfrachtführer haben auch für das Verhalten der „Leute" des anderen Luftfrachtführers einzustehen, soweit diese „in Ausführung ihrer Verrichtungen" gehandelt haben. Darüber hinaus bietet sie dem Geschädigten in Verbindung mit Art. 45 MÜ die Möglichkeit, sich von den beiden Luftfrachtführern jenen auszusuchen, gegen welchen das Vorgehen den leichtesten und besten Erfolg verspricht.

II. Entstehungsgeschichte

2 Die Vorschrift entspricht Art. III ZAG und wurde unverändert übernommen.

B. Anwendungsbereich und Rechtsfolgen

3 Der Anwendungsbereich der Zurechnung und der solidarischen Haftung ist in zweierlei Hinsicht beschränkt: Zum einen gilt die Vorschrift nur für vom Montrealer Übereinkommen selbst geregelte Schadensersatzansprüche. Auf allfällige autonomrechtlich begründete Ansprüche ist der Anwendungsbereich nicht ausdehnbar.[2] Zum anderen beschränkt die Vorschrift die Zurechnung auf den vom ausführenden Luftfrachtführer ausgeführten Teil der Beförderung. Der Schaden muss daher in der Obhut des ausführenden Luftfrachtführers verursacht worden sein.[3] Die Vorschrift erleichtert die Inanspruchnahme des vertraglichen Luftfrachtführers, wenn der Reisende bzw. der Absender nicht feststellen können, wann und durch wen der Schaden bei der Beförderung

---

1 FrankfKomm/*Dettling-Ott* Art. 41 MÜ Rn. 1; Ebenroth/Boujong/*Pokrant*[5] Art. 41 MÜ Rn. 1; MünchKommHGB/*Müller-Rostin*[5] Art. 41 MÜ Rn. 1.

2 BeckOGK/*Förster* Art. 41 MÜ Rn. 4; *Guldimann* Art. III ZAG Rn. 4; MünchKommHGB/*Kronke* Art. III ZAG Rn. 3.

3 *Koller*[11] Art. III ZAG Rn. 1.

am Gepäckstück bzw. am Gut entstanden ist. Die Haftung des vertraglichen Luftfrachtführers erspart dem Geschädigten den Nachweis, ob der vertragliche oder erst der ausführende Luftfrachtführer auf seinem Beförderungsabschnitt den Schaden herbeigeführt hat.[4] Kann der Geschädigte den Nachweis der Schadensverursachung durch den ausführenden Luftfrachtführer nicht führen, so kann sich letzterer darauf berufen, dass er nur für Schäden verantwortlich ist, die eingetreten sind, nachdem ihm der vertragliche Luftfrachtführer (und nicht der Reisende oder Absender) das Gepäck oder das Gut übergeben hat. In einem derartigen Fall muss der Geschädigte stets gegen den vertraglichen Luftfrachtführer vorgehen. Nur für den Fall, dass die Schadensverursachung durch den ausführenden Luftfrachtführer außer Streit steht, ist dessen Inanspruchnahme durch den Geschädigten ohne weiteres Prozessrisiko verbunden.

I. Einstandspflicht des vertraglichen Luftfrachtführers (Absatz 1)

4 Nach **Absatz 1** hat der vertragliche Luftfrachtführer auch für das Verhalten des ausführenden Luftfrachtführers und dessen Leute einzustehen. Diese Haftungsregelung hat keine Auswirkung, wenn es sich beim vertraglichen Luftfrachtführer um eine Fluggesellschaft oder ein gewerbsmäßiges Luftfahrtunternehmen handelt. In einem derartigen Fall hat der vertragliche Luftfrachtführer das gleiche Haftungsrisiko zu tragen, wie wenn er den Reisenden selbst befördert hätte.[5] Insoweit braucht das Luftfahrtunternehmen auch keinen zusätzlichen **Versicherungsschutz** für den Fall, dass es anstelle des ausführenden Luftfrachtführers nach Art. 41 MÜ in Anspruch genommen wird. Nach Art. 21 MÜ haftet der vertragliche Luftfrachtführer für Personenschäden bis zu einem Betrag von 128 821 Sonderziehungsrechten verschuldensunabhängig, für den Höchstbetrag von 128 821 Sonderziehungsrechten übersteigende Schäden hingegen unlimitiert. Zur Abdeckung dieses Haftungsrisikos ist ein Luftfahrtunternehmen der Gemeinschaft nach Art. 6 Abs. 1 der EG-VO Nr. 785/04 verpflichtet, Personenschäden mittels einer Versicherung von mindestens 250 000 SZR einzudecken. Anders verhält sich das Haftungsrisiko bei einem **Reiseveranstalter**. Dieser unterliegt nicht der Versicherungspflicht der EG-VO Nr. 785/04, sondern nur den national anwendbaren Vorschriften.[6] Bei Beförderungen, die nicht durch ein Luftfahrtunternehmen der Gemeinschaft ausgeführt werden, richten sich die Deckungssummen für Personenschäden an den Haftungssummen nach § 45 LuftVG aus. Insoweit besteht in Deutschland ein Gleichlauf zwischen sog. gewerbsmäßigen Luftfahrtunternehmen und sog. Nicht-Luftfahrtunternehmen, so dass kein unterschiedliches Haftungsrisiko besteht. Anders ist dies in Staaten, in denen Reiseveranstalter nicht über eine entsprechende Versicherungsdeckung verfügen müssen. Um Haftungsrisiken zu vermeiden, ist ein Reiseveranstalter in derartigen Fällen gehalten, die angebotenen Flüge zwischen Reisendem und der Fluggesellschaft nur als Agent[7] zu vermitteln.

5 Zu den Leuten des ausführenden Luftfrachtführers gehören nicht nur die Arbeitnehmer, sondern alle Personen, derer sich der Luftfrachtführer zur Ausführung der Beförderung bedient.[8] Hierzu zählen etwa **Luftfrachtumschlaggesellschaften**,[9] das **Frachtannahmebüro**,[10] der **Flughafenbetreiber**,[11] **Lagerhalter**,[12] **Sicherheits-**, **Versorgungs-** und **Reinigungspersonal** des ausführenden

4 FrankKomm/*Dettling-Ott* Art. 41 MÜ Rn. 2.

5 BeckOGK/*Förster* Art. 41 MÜ Rn. 4.

6 *Müller-Rostin* in: Luftrecht, Teil IV D Rn. 14; *ders.* TranspR **2006** 49, 51; unzutreffend hingegen FrankfKomm/*Dettling-Ott* Art. 41 MÜ Rn. 5, welche eine Versicherungspflicht des Reiseveranstalters aus der EG-VO Nr. 785/04 herleitet.

7 Insoweit ist der Reiseveranstalter dann nicht vertraglicher Luftfrachtführer iSv. Art. 39 MÜ, vgl. Art. 39 MÜ Rdn. 6.

8 BGH, Urt. v. 14.2.1989 – VI ZR 121/88 –TranspR **1989** 275, 276; OLG Nürnberg, Urt. v. 9.4.1992 – 12 U 3644/91 – TranspR **1992** 276, 278.

9 OLG Nürnberg, Urt. v. 9.4.1992 – 12 U 3644/91 – TranspR **1992** 276, 278.

10 OLG Frankfurt a.M., Urt. v. 10.1.1978 – 5 U 55/77 – NJW **1978** 2457 (LS).

11 LG Hamburg, Urt. v. 5.4.1995 – 417 O 142/93 – IPRax **1995** 402; **aA** LG Köln, Urt. v. 8.11.1979 – 15 O 75/78 – VersR **1981** 90.

12 OLG Köln, Urt. v. 20.11.1980 – 1 U 120/79 – ZLW **1982** 167, 171.

Luftfrachtführers. **Keine Leute** des ausführenden Luftfrachtführers sind die Flugsicherungsbehörde, der Flugwetterdienst, die Zollbehörde sowie Polizeibeamte, die Sicherheitskontrollen durchführen.[13]

Der Geschädigte muss darlegen und beweisen, dass die Leute in Ausführung ihrer Verrichtungen gehandelt haben. In Ausführung ihrer Verrichtung handelt eine Hilfsperson dann, wenn die Handlung, die sie begangen oder unterlassen hat, noch in den Rahmen ihrer normalen Obliegenheiten fällt und ihr Verhalten selbst als Mangel der Vertragserfüllung angesehen werden kann. Jenseits dieser Grenze liegen Handlungen, die nur in einem äußeren Zusammenhang mit den Obliegenheiten der betreffenden Hilfsperson stehen, aber völlig aus diesem Rahmen herausfallen und weder als Handlung noch als Unterlassung eine solche Obliegenheit verletzen. So führt ein Diebstahl durch einen Angestellten dann nicht zur Verneinung des Tatbestandsmerkmals, wenn das Verhalten sich mit dem Tätigwerden im übertragenen Geschäftsbereich als zusammenhängend darstellt. Entwendet jedoch ein Mitarbeiter einer anderen Abteilung das Gut, das nicht seiner, sondern der Obhutspflicht eines anderen Mitarbeiters unterstellt ist, so geschieht der Diebstahl nicht mehr in Ausführung der Verrichtung. 6

II. Einstandspflicht des ausführenden Luftfrachtführers (Absatz 2)

Absatz 2 Satz 1 lässt den ausführenden Luftfrachtführer – spiegelbildlich zu Absatz 1 – für das Verhalten des vertraglichen Luftfrachtführers und dessen Leute einstehen. Dass gleichsam der Gehilfe für den Prinzipal haftet, erscheint auf den ersten Blick wenig einleuchtend. Die Regelung war bei der Beratung des ZAG sehr umstritten.[14] Bei näherer Betrachtung liegt der Vorschrift das dem Vertragsrecht innewohnende Gerechtigkeitskriterium von Vorteil und Risiko zugrunde, wonach derjenige, der die aus der Arbeitsteiligkeit erwachsenden Vorteile (Ausweitung der Einsatzmöglichkeit für eigene Ressourcen und der Gewinnchancen) haben will, auch die spezifischen Risiken des Tätigwerdens anderer mittragen muss. Darüber hinaus ist der ausführende Luftfrachtführer frei, die Beförderung zu übernehmen oder dies zu unterlassen und letztlich durch Absatz 2 Satz 2 und 3 hinreichend geschützt. 7

Satz 2 begrenzt die Zurechnung des Handelns des vertraglichen Luftfrachtführers und seiner Leute zu Lasten des ausführenden Luftfrachtführers insoweit, als seine Haftung auf die in Art. 21, 22, 23 und 24 MÜ genannten Beträge beschränkt bleibt. Dies gilt selbst für den Fall, dass die Haftungshöchstbeträge aufgrund vorsätzlich schädigenden oder leichtfertigen Handelns des vertraglichen Luftfrachtführers oder seiner Leute für ihn selbst nicht gelten würden (Art. 22 Abs. 5 MÜ).[15] 8

Satz 3 befreit den ausführenden Luftfrachtführer ausdrücklich von der Wirkung *besonderer Vereinbarungen*, durch welche der vertragliche Luftfrachtführer zusätzliche Pflichten, Lasten und Gefahren übernimmt, denen er nicht schon nach den Vorschriften des MÜ ausgesetzt ist. So wirkt die Übernahme besonderer Verpflichtungen durch den vertraglichen Luftfrachtführer (z.B. zur Verwendung eines bestimmten oder eines besonders ausgerüsteten Luftfahrzeugs), der Verzicht auf Rechte oder Einwendungen nach diesem Übereinkommen oder die Annahme von Interessendeklarationen nach Art. 22 MÜ nicht gegenüber dem ausführenden Luftfrachtführer,[16] es sei denn, er erteilt seine Zustimmung. Die Zustimmung ist nicht formbedürftig, sie kann auch konkludent oder nachträglich erklärt werden. Ob die Übernahme eines Gutes samt Luftfrachtbrief, in dem eine Interessendeklaration angegeben ist, bereits eine stillschweigende Zustimmung darstellt oder ob es eines ausdrücklichen Hinweises bedarf, beurteilt sich nach den für die Auslegung von 9

---

13 Ebenso Ebenroth/Boujong/*Pokrant*[5] Art. 19 MÜ Rn. 15.

14 Zur Kritik an der Vorgängervorschrift des Art. 41 MÜ, *Riese* ZLW **1962** 1, 16 ff.

15 Vgl. Denkschrift zum MÜ BT-Drucks. **15/2285**, S. 51; BeckOGK/*Förster* Art. 41 MÜ Rn. 7; MünchKommHGB/*Müller-Rostin*[5] Art. 41 MÜ Rn. 6.

16 Vgl. auch FrankfKomm/*Dettling-Ott* Art. 41 MÜ Rn. 8; MünchKommHGB/*Müller-Rostin*[5] Art. 41 MÜ Rn. 9; BeckOGK/*Förster* Art. 41 MÜ Rn. 8.

Erklärungen einschlägigen Regeln des Vertragsstatuts, dem das Verhältnis von vertraglichem und ausführendem Luftfrachtführer unterliegt.

III. Gesamtschuld

10 Der ausführende und der vertragliche Luftfrachtführer haften als Gesamtschuldner; die Ausgestaltung der gesamtschuldnerischen Haftung bleiben dem vertraglichen und ausführenden Luftfrachtführer überlassen (Art. 48 MÜ). Von Art. 44 MÜ abgesehen sind entsprechend dem ergänzend anwendbaren Landesrecht die Regeln über die Gesamtschuldnerschaft, bei Anwendbarkeit deutschen Rechts, die §§ 421 ff. BGB heranzuziehen.[17]

---

17 Ebenso Ebenroth/Boujong/*Pokrant*[5] Art. 41 MÜ Rn. 4; *Koller*[11] Art. III ZAG Rn. 4.

Artikel 42 Beanstandungen und Weisungen

[1]Beanstandungen oder Weisungen, die nach diesem Übereinkommen gegenüber dem Luftfrachtführer zu erklären sind, werden wirksam, gleichviel ob sie an den vertraglichen Luftfrachtführer oder an den ausführenden Luftfrachtführer gerichtet werden. [2]Die Weisungen nach Artikel 12 werden jedoch nur wirksam, wenn sie an den vertraglichen Luftfrachtführer gerichtet werden.

Article 42 Addressee of Complaints and Instructions

Any complaint to be made or instruction to be given under this Convention to the carrier shall have the same effect whether addressed to the contracting carrier or to the actual carrier. Nevertheless, instructions referred to in Article 12 shall only be effective if addressed to the contracting carrier.

Article 42 Notification des ordres et protestations

Les instructions ou protestations à notifier au transporteur, en application de la présente convention, ont le même effet qu'elles soient adressées au transporteur contractuel ou au transporteur de fait. Toutefois, les instructions visées à l'article 12 n'ont d'effet que si elles sont adressées au transporteur contractuel.

Schrifttum

Vgl. zu Art. 39 MÜ.

Parallelvorschriften

Art. IV ZAG.

Übersicht

A. Allgemeines

I. Normzweck

1 Beanstandungen oder Weisungen, die das Montrealer Übereinkommen gegenüber dem Luftfrachtführer vorsieht, können grundsätzlich mit gleicher Wirkung sowohl an den vertraglichen als auch den ausführenden Luftfrachtführer vorgenommen werden. Die Vorschrift dient der Behebung von Zweifeln und Unsicherheiten, die beim Beförderungs- oder Ersatzberechtigten durch die Einschaltung des ausführenden Luftfrachtführers entstehen können. Die Möglichkeit einer Anzeige unmittelbar gegenüber dem ausführenden Luftfrachtführer trägt dem Gedanken der Schadensnähe Rechnung.[1]

---

1 Zu Art. IV ZAG: OLG Hamburg, Urt. v. 18.2.1988 – 6 U 195/87 – TranspR **1988** 201, 202; BeckOGK/*Förster* Art. 42 MÜ Rn. 4.

https://doi.org/10.1515/9783110564945-043

II. Entstehungsgeschichte

2 Art. 42 MÜ hat Art. IV ZAG unverändert übernommen.

B. Anwendungsbereich

3 Unter Beanstandungen und Weisungen iSd. **Satzes 1** fallen die Schadensanzeige nach Art. 31 MÜ und die Beanstandung nach Art. 13 MÜ. Gerade im Falle von Schadensanzeigen kommt es dem berechtigten Interesse des Reisenden oder Empfängers entgegen, sich unmittelbar an denjenigen Luftfrachtführer wenden zu können, dessen er im Einzelfall am schnellsten habhaft werden kann.[2] Hat der ausführende Luftfrachtführer den letzten Beförderungsabschnitt übernommen, ist er regelmäßig der nächstliegende Adressat.

4 **Satz 2** nimmt ausdrücklich die Weisungen aus, die der Absender in Ausübung seines Verfügungsrechts unter Art. 12 MÜ erteilt. Die Ausnahme beruht auf der Überlegung, dass der vertragliche Luftfrachtführer i.d.R. besser als ein nur eine Teilbeförderung ausführender Luftfrachtführer übersehen kann, wo die einzelne Sendung sich befindet, so dass die ausschließlich an ihn adressierte Weisung am schnellsten durchgeführt werden kann. Da die Weisungen eine einseitige Abänderung des Transportablaufs bedingen, wie z.B. Rückgabe oder Rückbeförderung des Gutes, Unterbrechung der Beförderung oder Ablieferung des Gutes an einen anderen als im Luftfrachtbrief vorgesehenen Empfänger, ist die Alleinzuständigkeit des vertraglichen Luftfrachtführers im Falle der Weisung nicht nur zweckmäßig, sondern rechtlich geboten.[3]

5 Nicht zu den Regelungsgegenständen der Vorschrift gehört das Innenverhältnis zwischen den beiden Luftfrachtführern (vgl. Art. 48 MÜ). Das hierauf anwendbare Recht (Statut des Auftrags, des Unterbeförderungs-, Chartervertrags etc.) gibt Auskunft darüber, ob eine nach Art. 42 MÜ empfangene Weisung eine Benachrichtigungspflicht gegenüber dem anderen Vertragspartner nach sich zieht.[4]

---

2 BeckOGK/*Förster* Art. 42 MÜ Rn. 4.

3 Vgl. MünchKommHGB/*Müller-Rostin*[5] Art. 42 MÜ Rn. 4 f.

4 Ebenroth/Boujong/Joost/*Pokrant*[5] Art. 42 MÜ Rn. 4; zum ZAG: *Koller*[11] Art. IV ZAG Rn. 1; MünchKommHGB/*Kronke* Art. IV ZAG Rn. 2.

Artikel 43 Leute der Luftfrachtführer

Soweit der ausführende Luftfrachtführer die Beförderung vorgenommen hat, können sich sowohl seine als auch die Leute des vertraglichen Luftfrachtführers, sofern sie nachweisen, dass sie in Ausführung ihrer Verrichtungen gehandelt haben, auf die Haftungsvoraussetzungen und -beschränkungen berufen, die nach diesem Übereinkommen für den Luftfrachtführer gelten, zu dessen Leuten sie gehören; dies gilt nicht, wenn der Nachweis erbracht wird, dass sie in einer Weise gehandelt haben, welche die Berufung auf die Haftungsbeschränkungen nach diesem Übereinkommen ausschließt.

Article 43 Servants and Agents

In relation to the carriage performed by the actual carrier, any servant or agent of that carrier or of the contracting carrier shall, if they prove that they acted within the scope of their employment, be entitled to avail themselves of the conditions and limits of liability which are applicable under this Convention to the carrier whose servant or agent they are, unless it is proved that they acted in a manner that prevents the limits of liability from being invoked in accordance with this Convention.

Article 43 Préposés et mandataires

En ce qui concerne le transport effectué par le transporteur de fait, tout préposé ou mandataire de ce transporteur ou du transporteur contractuel, s'il prouve qu'il a agi dans l'exercice de ses fonctions, peut se prévaloir des conditions et des limites de responsabilité applicables, en vertu de la présente convention, au transporteur dont il est le préposé ou le mandataire, sauf s'il est prouvé qu'il a agi de telle façon que les limites de responsabilité ne puissent être invoquées conformément à la présente convention.

Schrifttum

Vgl. zu Art. 39 MÜ.

Parallelvorschriften

Art. V ZAG.

Übersicht

A. Allgemeines

I. Normzweck

1 Die Vorschrift regelt in Ergänzung von Art. 30 MÜ die Haftung der Leute des ausführenden und des vertraglichen Luftfrachtführers, soweit der ausführende Luftfrachtführer die Beförderung durchgeführt hat. Auch in dieser Konstellation können sich die Leute auf die Haftungsvoraussetzungen und -beschränkungen des Übereinkommens berufen, die für den Luftfrachtführer gelten,

https://doi.org/10.1515/9783110564945-044

zu dessen Leuten sie gehören. Die Leute können sich damit stets auf alle Voraussetzungen und Beschränkungen berufen, die für ihren jeweiligen Luftfrachtführer gelten. Die Vorschrift stellt insoweit sicher, dass die für den ausführenden und vertraglichen Luftfrachtführer geltende einheitliche Haftung sowie die wechselseitige Zurechnung von Handlungen und Unterlassungen nicht zu einer Erweiterung der jeweiligen Eigenhaftung der Leute der Luftfrachtführer führt. Ohne die Einbeziehung der Hilfspersonen unter den einheitlichen Haftungsrahmen des Übereinkommens könnte ein Geschädigter versuchen, seine Ansprüche gestützt auf das anwendbare nationale Recht gegen die Hilfspersonen durchzusetzen und dadurch im Bereich der Güterbeförderung die Undurchbrechbarkeit der Haftungshöchstbeträge zu umgehen.[1]

II. Entstehungsgeschichte

2 Art. 43 MÜ hat Art. V ZAG unverändert übernommen.

B. Voraussetzungen

3 Der Kreis der Leute bestimmt sich entsprechend den Erläuterungen zu Art. 30 und Art. 41 MÜ. Die Hilfsperson trägt die Darlegungs- und Beweislast dafür, dass sie in Ausführung ihrer Verrichtungen gehandelt hat.[2]

4 Der letzte Halbsatz stellt klar, dass entsprechend Art. 22 Abs. 5 MÜ die Haftungsvoraussetzungen und -beschränkungen des Übereinkommens für die Haftung der Leute nur zum Tragen kommen, wenn im konkreten Fall jeweils in ihrer Person die Bedingungen vorliegen, unter denen eine Berufung auf diese Voraussetzungen und Bedingungen möglich ist. Der letzte Halbsatz in Art. 43 MÜ ist bei Güterbeförderungen wegen der Undurchbrechbarkeit der Haftungshöchstbeträge (Art. 22 Abs. 3 MÜ) bedeutungslos.[3]

5 Da die eigene Haftung des ausführenden Luftfrachtführers in zeitlicher Hinsicht „nur für die Beförderung, die er ausführt,“[4] besteht, setzt Art. 43 MÜ dieses Zeitfenster mit den Worten fort: „Soweit der ausführende Luftfrachtführer die Beförderung vorgenommen hat, ...“. Bezogen auf dieses Zeitfenster können sich sowohl die eigenen Leute des ausführenden Luftfrachtführers als auch die Leute des vertraglichen Luftfrachtführers auf die jeweils gegebenen Voraussetzungen und Beschränkungen der Luftfrachtführerhaftung berufen.[5] Zu diesen „Voraussetzungen“ gehören z.B. beim Gütertransport die Haftungsmerkmale nach Art. 18 Abs. 1 MÜ, die Haftungsausschlüsse nach Art. 18 Abs. 2 MÜ, die Schadensanzeige nach Art. 31 MÜ sowie die Einhaltung der Ausschlussfrist für eine Klage gegen den Luftfrachtführer nach Art. 35 MÜ.

---

1 FrankfKomm/*Dettling-Ott* Art. 43 MÜ Rn. 1.
2 FrankfKomm/*Dettling-Ott* Art. 43 MÜ Rn. 5.
3 Ebenroth/Boujong/*Pokrant*[5] Art. 43 MÜ Rn. 3.
4 Vgl. Art. 40 MÜ aE.
5 BeckOGK/*Förster* Art. 43 MÜ Rn. 5.

Artikel 44 Betrag des gesamten Schadensersatzes

Soweit der ausführende Luftfrachtführer die Beförderung vorgenommen hat, darf der Betrag, den dieser Luftfrachtführer, der vertragliche Luftfrachtführer und ihre Leute, sofern diese in Ausführung ihrer Verrichtungen gehandelt haben, als Schadensersatz zu leisten haben, den höchsten Betrag nicht übersteigen, der nach diesem Übereinkommen von dem vertraglichen oder dem ausführenden Luftfrachtführer als Schadensersatz beansprucht werden kann; keine der genannten Personen haftet jedoch über den für sie geltenden Höchstbetrag hinaus.

Article 44 Aggregation of Damages

In relation to the carriage performed by the actual carrier, the aggregate of the amounts recoverable from that carrier and the contracting carrier, and from their servants and agents acting within the scope of their employment, shall not exceed the highest amount which could be awarded against either the contracting carrier or the actual carrier under this Convention, but none of the persons mentioned shall be liable for a sum in excess of the limit applicable to that person.

Article 44 Cumul de la réparation

En ce qui concerne le transport effectué par le transporteur de fait, le montant total de la réparation qui peut être obtenu de ce transporteur, du transporteur contractuel et de leurs préposés et mandataires quand ils ont agi dans l'exercice de leurs fonctions, ne peut pas dépasser l'indemnité la plus élevée qui peut être mise à charge soit du transporteur contractuel, soit du transporteur de fait, en vertu de la présente convention, sous réserve qu'aucune des personnes mentionnées dans le présent article ne puisse être tenue pour responsable au-delà de la limite applicable à cette personne.

Schrifttum
Vgl. zu Art. 39 MÜ.

Parallelvorschriften
Art. VI ZAG.

Übersicht

A. Allgemeines

I. Normzweck

Die Vorschrift geht von der gesamtschuldnerischen Haftung des vertraglichen und des ausführen- 1
den Luftfrachtführers aus und bestimmt, dass die Geschädigten nicht mehr erhalten können als

https://doi.org/10.1515/9783110564945-045

den Betrag, den sie von dem am höchsten haftenden Ersatzpflichtigen verlangen können;[1] dabei haftet keiner der beiden Schuldner über die für seine Haftung geltenden Höchstbeträge hinaus.

II. Entstehungsgeschichte

2 Art. 44 MÜ hat Art. VI ZAG unverändert übernommen.

B. Anwendungsbereich

3 Der Anwendungsbereich der Norm ist **sachlich** auf die von dem ausführenden Luftfrachtführer vorgenommene Beförderung **beschränkt.**[2] In **personeller Hinsicht** erstreckt sich der Anwendungsbereich der Norm sowohl auf den vertraglichen Luftfrachtführer und dessen Leute als auch auf den ausführenden Luftfrachtführer und dessen Leute, wobei bezüglich der Leute wiederum die (von ihnen zu beweisende) Voraussetzung gilt, dass sie in Ausführung ihrer Verrichtung gehandelt haben müssen.[3]

C. Höchstbetragsgrenzen

4 Die Vorschrift bestimmt als allgemeine Höchstbetragsgrenze, dass der Anspruchssteller Schadensersatz bis zu dem höchsten, von einem der haftpflichtigen Personen zu leistenden Betrag verlangen kann. Als konsequente Folge der Beschränkung der Zurechnung gem. Art. 41 Abs. 2 Satz 2 MÜ kann jeder Haftende jedoch nur bis zu dem von ihm zu leistenden Betrag in Anspruch genommen werden (individuelle Höchstbetragsgrenze).

5 Gibt der Reisende oder der Absender gegenüber dem vertraglichen Luftfrachtführer eine Interessendeklaration ab oder vereinbart der Reisende vor dem Check-in mit dem vertraglichen Luftfrachtführer eine höhere Haftungssumme für sein Reisegepäck, dann wirkt diese Vereinbarung – vorbehaltlich einer Zustimmung des ausführenden Luftfrachtführers – ausschließlich gegenüber dem vertraglichen Luftfrachtführer (Art. 41 Abs. 2 Satz 3 MÜ). Der ausführende und vertragliche Luftfrachtführer haften daher in diesem Fall nur in Höhe der Höchstbeträge des Art. 22 MÜ gesamtschuldnerisch. Dem steht auch nicht Art. 40 MÜ entgegen, da dessen Wortlaut belegt, dass die übrigen Bestimmungen von Kapitel V des Übereinkommens ausdrücklich vorbehalten sind.[4]

---

1 FrankfKomm/*Dettling-Ott* Art. 44 MÜ Rn. 1; Ebenroth/Boujong/*Pokrant*[5] Art. 44 MÜ Rn. 1; MünchKommHGB/*Müller-Rostin*[5] Art. 44 MÜ Rn. 2.

2 BeckOGK/*Förster* Art. 44 MÜ Rn. 4.

3 BeckOGK/*Förster* Art. 44 MÜ Rn. 5; FrankfKomm/*Dettling-Ott* Art. 44 MÜ Rn. 2.

4 Ebenso FrankfKomm/*Dettling-Ott* Art. 44 MÜ Rn. 3.

Artikel 45 Beklagter

[1]Soweit der ausführende Luftfrachtführer die Beförderung vorgenommen hat, kann eine Klage auf Schadensersatz nach Wahl des Klägers gegen diesen Luftfrachtführer, den vertraglichen Luftfrachtführer oder beide, gemeinsam oder gesondert, erhoben werden. [2]Ist die Klage nur gegen einen dieser Luftfrachtführer erhoben, so hat dieser das Recht, den anderen Luftfrachtführer aufzufordern, sich an dem Rechtsstreit zu beteiligen; Rechtswirkungen und Verfahren richten sich nach dem Recht des angerufenen Gerichts.

Article 45 Addressee of Claims

In relation to the carriage performed by the actual carrier, an action for damages may be brought, at the option of the plaintiff, against that carrier or the contracting carrier, or against both together or separately. If the action is brought against only one of those carriers, that carrier shall have the right to require the other carrier to be joined in the proceedings, the procedure and effects being governed by the law of the court seised of the case.

Article 45 Notification des actions en responsabilité

Toute action en responsabilité, relative au transport effectué par le transporteur de fait, peut être intentée, au choix du demandeur, contre ce transporteur ou le transporteur contractuel ou contre l'un et l'autre, conjointement ou séparément. Si l'action est intentée contre l'un seulement de ces transporteurs, ledit transporteur aura le droit d'appeler l'autre transporteur en intervention devant le tribunal saisi, les effets de cette intervention ainsi que la procédure qui lui est applicable étant réglés par la loi de ce tribunal.

Schrifttum

Vgl. zu Art. 39 MÜ.

Parallelvorschriften

Art. VII ZAG.

Übersicht

https://doi.org/10.1515/9783110564945-046

A. Allgemeines

I. Normzweck

1 Die Vorschrift gestaltet einige prozessrechtliche Fragen[1] aus, die sich aus der Gesamtschuldnerschaft der beiden Luftfrachtführer ergeben. Der Anwendungsbereich der Norm ist auch hier auf den vom ausführenden Luftfrachtführer abgewickelten Teil der Beförderung beschränkt.[2] Die Norm legt fest, wer für die Ansprüche des Geschädigten passiv legitimiert ist.[3] Der Geschädigte kann beide Luftfrachtführer einzeln oder gemeinsam am Gerichtsstand nach Art. 46 MÜ verklagen.

II. Entstehungsgeschichte

2 Art. 45 MÜ hat Art. VII ZAG wörtlich übernommen.

B. Klägerwahlrecht

3 **Satz 1** gewährt dem geschädigten Kläger die Möglichkeit, entweder den vertraglichen oder den ausführenden Luftfrachtführer zu verklagen. Er kann darüber hinaus beide gemeinsam oder gesondert verklagen. „Gemeinsam" bedeutet vor demselben nach Art. 46 MÜ international zuständigen Gericht;[4] „gesonderte" Klageerhebung bedeutet das Anhängigmachen der Klage vor verschiedenen nach Art. 46 MÜ zuständigen Gerichten. Die Zulässigkeit und Wirkung von Klageverbindung und Klagetrennung unterliegen jedoch der lex fori.[5]

4 Die gesonderte Klageerhebung vor verschiedenen Gerichten zeitigt die missliche Folge, dass einander widersprechende Gerichtsentscheidungen ergehen können,[6] wie sich im deutschen Recht bereits § 425 Abs. 2 BGB entnehmen lässt: Die Gefahr einander widersprechender Urteile besteht nicht nur infolge der verschiedenen Gerichtsstände, sondern kann sich auch aus den gegensätzlichen Ergebnissen der durchgeführten Beweisaufnahmen ergeben.[7] So kann ein Gericht den Haftungsausschluss der mangelhaften Verpackung bejahen, ein anderes Gericht dagegen diesen verneinen. Bereits bei der Vorgängervorschrift wurde ein Antrag der IATA, dass eine gegen beide Luftfrachtführer gerichtete Klage vor ein und demselben Gericht erhoben werden müsse, mit dem Hinweis jedoch abgelehnt, dass dadurch die Anspruchsverfolgung des Geschädigten eingeschränkt werde.[8] Soweit die VO (EG) Nr. 44/2001 des Rates vom 22. Dezember 2000 über die gerichtliche Zuständigkeit und die Anerkennung und Vollstreckung von Entscheidungen in Zivil- und Handelssachen (EUGVVO)[9] anwendbar ist, ist die Gefahr widersprechender Gerichtsentscheidungen weitestgehend eingeschränkt. Denn nach Art. 28 EUGVVO kann jedes später angerufene Gericht das Verfahren aussetzen, wenn bei Gerichten verschiedener Mitgliedstaaten Klagen, die im Zusam-

---

1 Vgl. Denkschrift ZAG BT-Drucks. **IV/1254**, S. 15.
2 BeckOGK/*Förster* Art. 45 Rn. 4; Ebenroth/Boujong/*Pokrant*[5] Art. 45 MÜ Rn. 3; MünchKommHGB/*Müller-Rostin*[5] Art. 45 MÜ Rn. 1.
3 FrankfKomm/*Dettling-Ott* Art. 45 MÜ Rn. 2; Ebenroth/Boujong/*Pokrant*[5] Art. 45 MÜ Rn. 1.
4 B Rb Antwerpen, Urt. v. 4.3.1991 – *Alliance Assurance Company v. Air Express International et al* – ETL **1991** 556, 561; Ebenroth/Boujong/*Pokrant*[5] Art. 45 MÜ Rn. 3.
5 *Guldimann*, Art. VII ZAG Rn. 2; MünchKommHGB/*Kronke* Art. VII ZAG Rn. 2.
6 BeckOGK/*Förster* Art. 45 Rn. 5; Ebenroth/Boujong/*Pokrant*[5] Art. 45 MÜ Rn. 4; MünchKommHGB/*Müller-Rostin*[5] Art. 45 MÜ Rn. 4.
7 MünchKommHGB/*Müller-Rostin*[5] Art. 45 MÜ Rn. 4.
8 *Riese* ZLW **1962** 1, 26.
9 ABl. EG 2001 Nr. L S. 12.

menhang stehen, anhängig sind. Für den geforderten Zusammenhang ist nach h.M. keine Parteiidentität notwendig.[10]

C. Streitverkündung

Satz 2 räumt dem allein beklagten Luftfrachtführer das Recht ein, dem anderen Luftfrachtführer den Streit zu verkünden – gleichviel, ob und in welcher Form die lex fori diese prozessuale Rechtsfigur kennt.[11] Wo dies nicht der Fall ist, ist der betreffende Vertragsstaat des Übereinkommens dennoch gehalten, in diesem besonderen Fall die Streitverkündung zuzulassen.[12] Andere Fragen, wie etwa, ob die Streitverkündung noch zulässig ist, wenn der andere Luftfrachtführer bereits an einem anderen Gericht verklagt ist, oder ob der andere dem Verfahren auch noch beitreten kann, ohne vom Streitverkündenden dazu aufgefordert worden zu sein, richten sich nach der lex fori.[13] Entgegen dem englischen Übereinkommenstext *„to be joined in the proceedings"* ist nach hM unter Beteiligung am Rechtsstreit nur die Beteiligung als streithelfende (Neben-)partei zu verstehen, nicht dagegen die Beteiligung als Zeuge oder Sachverständiger.[14] 5

In Anbetracht der Gesamtschuldnerschaft kann generell eine Verpflichtung des Beklagten angenommen werden, dem anderen Luftfrachtführer die Erhebung der Klage mitzuteilen. Diese Pflicht folgt jedoch nicht aus dem Übereinkommen, sondern richtet sich nach dem Innenverhältnis zwischen den beiden Luftfrachtführern und dem für dieses maßgebend anwendbare Recht. 6

---

10 Vgl. *Kropholler/v. Hein*[9] Europäisches Zivilprozessrecht Art. 28 EuGVÜ Rn. 5; OLG Frankfurt a.M., Beschl. v. 19.6.2000 – 22 W 5/00 – IPRax **2001** 227 m. Anm. v. *Geimer* in IPRax **2001** 191; FrankfKomm/*Dettling-Ott* Art. 45 MÜ Rn. 4.

11 FrankfKomm/*Dettling-Ott* Art. 45 MÜ Rn. 6.

12 *Guldimann* Art. VII ZAG Rn. 3; *Riese* ZLW **1962** 1, 27; *Walther* ausführender Luftfrachtführer S. 101.

13 *Guldimann* Art. VII ZAG Rn. 3; *Walther* ausführender Luftfrachtführer S. 102.

14 FrankfKomm/*Dettling-Ott* Art. 45 MÜ Rn. 5; *Riese* ZLW **1962** 1, 27; *Walther* ausführender Luftfrachtführer S. 102.

Artikel 46 Weiterer Gerichtsstand

Eine Klage auf Schadensersatz nach Artikel 45 kann nur im Hoheitsgebiet eines der Vertragsstaaten, und zwar nach Wahl des Klägers entweder bei einem der Gerichte erhoben werden, bei denen eine Klage gegen den vertraglichen Luftfrachtführer nach Artikel 33 erhoben werden kann, oder bei dem Gericht des Ortes, an dem der ausführende Luftfrachtführer seinen Wohnsitz oder seine Hauptniederlassung hat.

Article 46 Additional Jurisdiction

Any action for damages contemplated in Article 45 must be brought, at the option of the plaintiff, in the territory of one of the States Parties, either before a court in which an action may be brought against the contracting carrier, as provided in Article 33, or before the court having jurisdiction at the place where the actual carrier has its domicile or its principal place of business.

Article 46 Juridiction annexe

Toute action en responsabilité, prévue à l'article 45, doit être portée, au choix du demandeur, sur le territoire d'un des États parties, soit devant l'un des tribunaux où une action peut être intentée contre le transporteur contractuel, conformément à l'article 33, soit devant le tribunal du domicile du transporteur de fait ou du siège principal de son exploitation.

Schrifttum

Vgl. zu Art. 39 MÜ.

Parallelvorschriften

Art. VIII ZAG.

Übersicht

A. Allgemeines

I. Normzweck

1 Die Vorschrift statuiert die internationale Zuständigkeit nur für Schadensersatzklagen nach Art. 45 MÜ bezüglich der von dem ausführenden Luftfrachtführer ausgeführten Beförderung.[1] Sie erweitert die Gerichtsstände (Art. 33 Abs. 1 und 2 MÜ), an denen normalerweise der vertragliche Luftfrachtführer verklagt werden kann, um die Gerichtsstände des Wohnsitzes und der Hauptniederlassung des ausführenden Luftfrachtführers. Die Beschränkung auf Schadensersatzklagen nach Art. 45 MÜ ist vor dem Hintergrund des Art. 40 MÜ relevant: Gemäß Art. 40 MÜ wären grundsätzlich die in Art. 33 Abs. 1 MÜ genannten Gerichtsstände gegen den vertraglichen und ausführenden

1 Ebenroth/Boujong/*Pokrant*[5] Art. 46 Rn. 1.

https://doi.org/10.1515/9783110564945-047

Luftfrachtführer eröffnet; dem Kläger stünden daher 10 Gerichtsstände zur Verfügung.[2] Art. 46 MÜ bestimmt in Ausfüllung des Vorbehalts in Art. 46 MÜ „ein anderes": Beide Luftfrachtführer werden zusätzlichen Gerichtsständen unterworfen, der ausführende Luftfrachtführer nur in dem Umfang, als auf seinem Streckenteil der Schaden eingetreten ist. Neben den Gerichtsständen nach Art. 33 MÜ kann der Kläger gestützt auf Art. 46 MÜ seine Ansprüche am Domizil oder an der Hauptbetriebsstelle des ausführenden Luftfrachtführers geltend machen.

II. Entstehungsgeschichte

Art. 46 MÜ hat Art. VIII ZAG übernommen. Gegenüber Art. VIII ZAG hat Art. 46 MÜ inhaltlich insoweit eine Änderung erfahren, als sich die Gerichtsstände nach Art. 46 MÜ in einem Vertragsstaat befinden müssen.[3] Art. VIII ZAG verlangte dieses Erfordernis nicht, so dass es denkbar war, dass der in Anspruch genommene Luftfrachtführer sich auf die Klage in einem Land einlassen musste, in dem er sich nicht auf die Vorschriften des Abkommens von Guadalajara berufen konnte, weil dies nicht Teil des anwendbaren Rechts war. 2

B. Wahlgerichtsstände

Der geschädigte Kläger kann sowohl den vertraglichen als auch den ausführenden Luftfrachtführer an einem der sieben folgenden Gerichtsstände verklagen: 3

1. am Wohnsitz des vertraglichen Luftfrachtführers,[4]
2. am Sitz der Hauptniederlassung des vertraglichen Luftfrachtführers,
3. am Sitz der Geschäftsstelle des vertraglichen Luftfrachtführers,
4. am Bestimmungsort der Gesamtbeförderung,
5. am Wohnsitz des Passagiers bei Personenschäden,
6. am Wohnsitz des ausführenden Luftfrachtführers,
7. am Sitz der Hauptniederlassung des ausführenden Luftfrachtführers.

Nach der ausdrücklichen Vorschrift von Art. 33 MÜ stehen die dort aufgeführten Gerichtsstände nur zur Wahl, als sie im Hoheitsgebiet eines Vertragsstaates liegen. Dies gilt im Rahmen des Art. 46 MÜ wegen der Verweisung auf Art. 33 MÜ für die oben unter 1. bis 5. angeführten Gerichtsstände, ebenso wie für die oben unter 6. und 7. genannten Gerichtsstände. 4

2 *Walther* ausführender Luftfrachtführer S. 104.
3 FrankfKomm/*Dettling-Ott* Art. 46 MÜ Rn. 3.
4 Vgl. BayObLG, Beschl. v. 30.4.2019 – 1 AR 21/19 – RdTW **2020** 218, 219 (Rz. 18).

Artikel 47 Unwirksamkeit vertraglicher Bestimmungen

Jede vertragliche Bestimmung, durch welche die Haftung des vertraglichen oder des ausführenden Luftfrachtführers nach diesem Kapitel ausgeschlossen oder der maßgebende Haftungshöchstbetrag herabgesetzt werden soll, ist nichtig; ihre Nichtigkeit hat nicht die Nichtigkeit des gesamten Vertrags zur Folge; dieser unterliegt weiterhin den Bestimmungen dieses Kapitels.

Article 47 Invalidity of Contractual Provisions

Any contractual provision tending to relieve the contracting carrier or the actual carrier of liability under this Chapter or to fix a lower limit than that which is applicable according to this Chapter shall be null and void, but the nullity of any such provision does not involve the nullity of the whole contract, which shall remain subject to the provisions of this Chapter.

Article 47 Nullité des dispositions contractuelles

Toute clause tendant à exonérer le transporteur contractuel ou le transporteur de fait de leur responsabilité en vertu du présent chapitre ou à établir une limite inférieure à celle qui est fixée dans le présent chapitre est nulle et de nul effet, mais la nullité de cette clause n'entraîne pas la nullité du contrat qui reste soumis aux dispositions du présent chapitre.

Schrifttum

Vgl. zu Art. 39 MÜ.

Parallelvorschriften

Art. IX ZAG.

Übersicht

A. Allgemeines

I. Normzweck

1 Die Vorschrift wiederholt das Freizeichnungsverbot des Art. 26 MÜ.[1] Dadurch wird sichergestellt, dass die Parteien des Beförderungsvertrags weder die Bestimmungen über die Haftung noch die Haftungshöchstbeträge zum Nachteil des Reisenden oder des Absenders ändern können. Die Vorschrift regelt nur das Außenverhältnis zwischen dem Verkehrsnutzer einerseits und den Luftfrachtführern andererseits.[2] Im Innenverhältnis können der vertragliche und der ausführende

1 FrankfKomm/*Dettling-Ott* Art. 47 MÜ Rn. 2.

2 Ebenroth/Boujong/*Pokrant*[5] Art. 47 MÜ Rn. 1; MünchKommHGB/*Kronke* Art. IX ZAG Rn. 1.

https://doi.org/10.1515/9783110564945-048

Luftfrachtführer dagegen die Haftung unter sich beliebig und abweichend vom Montrealer Übereinkommen regeln.[3]

II. Entstehungsgeschichte

Art. 47 MÜ hat Art. IX Abs. 1 ZAG übernommen. 2

B. Freizeichnungsverbot

Die Regelung verbietet eine Freizeichnung von der Haftung des vertraglichen sowie des ausfüh- 3
renden Luftfrachtführers nach Kapitel V ebenso wie eine Reduzierung der maßgeblichen Haftungshöchstbeträge (1. Hs.). Entgegenstehende Vereinbarungen sind nichtig. Im Übrigen bleibt die Wirksamkeit des Vertrags unberührt (2. Hs.); er unterliegt weiterhin den Bestimmungen des Kapitels V. Angesichts des Fehlens eigener Regeln im Kapitel V über Haftungshöchstbeträge oder über die Vertragshaftung ist die Vorschrift an sich überflüssig.[4]

3 FrankfKomm/*Dettling-Ott* Art. 47 MÜ Rn. 1; zum ZAG: *Riese* ZLW **1962** 1, 31; MünchKommHGB/*Kronke* Art. IX ZAG Rn. 1.
4 *Riese* ZLW **1962** 1, 32; *Guldimann* Art. IX ZAG Rn. 2; MünchKommHGB/*Kronke* Art. IX ZAG Rn. 2.

Artikel 48 Innenverhältnis von vertraglichem und ausführendem Luftfrachtführer

Dieses Kapitel, mit Ausnahme des Artikels 45, berührt nicht die Rechte und Pflichten der Luftfrachtführer untereinander, einschließlich der Rechte auf Rückgriff oder Schadensersatz.

Article 48 Mutual Relations of Contracting and Actual Carriers

Except as provided in Article 45, nothing in this Chapter shall affect the rights and obligations of the carriers between themselves, including any right of recourse or indemnification.

Article 48 Rapports entre transporteur contractuel et transporteur de fait

Sous réserve de l'article 45, aucune disposition du présent chapitre ne peut être interprétée comme affectant les droits et obligations existant entre les transporteurs, y compris tous droits à un recours ou dédommagement.

Schrifttum
Vgl. zu Art. 39 MÜ.

Parallelvorschriften
Art. X ZAG.

Übersicht

A. Allgemeines

I. Normzweck

1 Das Übereinkommen will grundsätzlich – mit Ausnahme des Art. 45 MÜ – nur die Rechtsbeziehungen zwischen den beiden Luftfrachtführern im Außenverhältnis zu den Reisenden oder den Absendern von Gütern regeln, wohingegen es das Innenverhältnis zwischen den beiden Luftfrachtführern dem anwendbaren Recht bzw. freier Vereinbarung überlässt.

II. Entstehungsgeschichte

2 Art. 48 MÜ hat Art. X ZAG übernommen.

https://doi.org/10.1515/9783110564945-049

B. Anwendungsbereich

Der Vorschrift zufolge werden vertragliche Vereinbarungen zwischen den beiden Luftfrachtführern über ihre im Zusammenhang mit dem Übereinkommen stehenden Rechtsbeziehungen von dem Übereinkommen nicht berührt. Diese Formulierung darf nicht ganz wörtlich verstanden werden. Die angesprochenen Rechtsverhältnisse zwischen einer der beiden dem Übereinkommen unterworfenen Seiten und Dritten werden sehr wohl durch das Montrealer Übereinkommen „berührt".[1] Aber sie werden nicht vom Montrealer Übereinkommen geregelt, sondern unterliegen ihrem aufgrund der IPR-Regeln zu ermittelnden Vertrags-, Delikts- oder Bereicherungsstatut.[2] 3

Der Dispositionsfreiheit entzogen ist jedoch das Recht zur Einbeziehung des anderen Luftfrachtführers durch Aufforderung zur Streitbeteiligung nach Art. 45 MÜ. Diese Ausnahme rechtfertigt sich aus dem Umstand, dass anderenfalls der Grundsatz der solidarischen Haftung gefährdet würde.[3] 4

1 *Guldimann* Art. X ZAG Rn. 2; MünchKommHGB/*Kronke* Art. X ZAG Rn. 1.
2 Ebenroth/Boujong/*Pokrant*[5] Art. 48 MÜ Rn. 3; MünchKommHGB/*Kronke* Art. X ZAG Rn. 1.
3 BeckOGK/*Förster* Art. 48 MÜ Rn. 4; *Riese* ZLW **1962** 1, 33.

KAPITEL VI **Sonstige Bestimmungen**

Artikel 49 Zwingendes Recht

Alle Bestimmungen des Beförderungsvertrags und alle vor Eintritt des Schadens getroffenen besonderen Vereinbarungen, mit denen die Parteien durch Bestimmung des anzuwendenden Rechts oder durch Änderung der Vorschriften über die Zuständigkeit von diesem Übereinkommen abweichen, sind nichtig.

CHAPTER IV ***Other Provisions***

Article 49 Mandatory Application

Any clause contained in the contract of carriage and all special agreements entered into before the damage occurred by which the parties purport to infringe the rules laid down by this Convention, whether by deciding the law to be applied, or by altering the rules as to jurisdiction, shall be null and void.

CHAPITRE 49 ***Autres dispositions***

Article 49 Obligation d'application

Sont nulles et de nul effet toutes clauses du contrat de transport et toutes conventions particulières antérieures au dommage par lesquelles les parties dérogeraient aux règles de la présente convention soit par une détermination de la loi applicable, soit par une modification des règles de compétence.

Schrifttum

Frings Kollisionsrechtliche Aspekte des internationalen Luftbeförderungsvertrages, ZLW **1977** 8–22; *Sand* „Parteiautonomie" in internationalen Luftbeförderungsverträgen, ZLW **1969** 205–218; *Müller-Rostin* Anhebung der Haftungsgrenzen und Interessendeklaration im Luftrecht, TranspR **2015** 140–148.

Parallelvorschriften

Art. 32 Satz 1 WA 1955.

Übersicht

https://doi.org/10.1515/9783110564945-050

A. Allgemeines

I. Normzweck

In Ergänzung der Art. 26 und 29 MÜ wird durch die Vorschrift den Parteien die Befugnis genommen, die Bestimmungen für das Übereinkommen dadurch außer Kraft zu setzen, dass sie für ihr Rechtsverhältnis ein anderes Recht vereinbaren. Dies gilt sowohl für die Gestaltung des materiellen Rechts als auch für die Vereinbarung des Gerichtsstands.[1] 1

II. Entstehungsgeschichte

Die Vorschrift entspricht Art. 32 Satz 1 WA 1955. 2

B. Zwingendes Recht – Ausnahmen – Rechtsfolge bei Verstoß

I. Vereinbarungen über das anzuwendende Recht und die Zuständigkeit der Gerichte

Art. 49 MÜ erklärt alle Vereinbarungen, die durch Bestimmungen über das anwendbare Recht oder durch Änderung der Vorschriften über die internationale Zuständigkeit der Gerichte abweichende Regeln festsetzen, unter zwei Voraussetzungen für nichtig: 3

Zum einen muss die Vereinbarung „vor Eintritt des Schadens" getroffen worden sein. Es steht den Parteien daher frei, **nach Eintritt des Schadens** eine vertragliche Rechts- und Gerichtsstandsvereinbarung zu treffen. Dies gilt auch für Vereinbarungen über die unmittelbare Verfügung über ihre Ansprüche durch Vergleich und Anerkenntnis.[2] 4

Zum anderen muss die Vereinbarung von dem Übereinkommen eine abweichende Regel festsetzen. Aus der ratio der Vorschrift folgt daher, dass sie einer Vereinbarung über das anwendbare Recht nicht entgegensteht, soweit es sich um Punkte handelt, über die die Parteien materiell von dem Übereinkommen abweichende Bedingungen vereinbaren können (so z.B. im Rahmen des Art. 15 Abs. 2 MÜ).[3] Die Gültigkeit derartiger Sondervereinbarungen richtet sich nach dem anwendbaren Landesrecht. Zulässig sind auch nach Schadenseintritt getroffene Schiedsvereinbarungen im Bereich der Personenbeförderung. Dem steht auch nicht die Sondervorschrift des Art. 34 MÜ entgegen, da diese Vorschrift nur die Zulässigkeit einer Schiedsklausel bei Güterschäden vor Schadenseintritt behandelt und insofern eine Ausnahmevorschrift zu Art. 49 MÜ darstellt. Belegt wird dies auch durch die Beratungen des Art. 34 MÜ, bei denen der Vorsitzende die Auffassung vertrat, dass Art. 34 MÜ die Parteien nicht hindere, Streitbeilegung im Wege des Schiedsverfahrens nach erfolgtem Schadenseintritt zu suchen.[4] **Nicht zulässig** sind dagegen Vereinbarungen, die die materielle Ordnung des Übereinkommens verletzen. Unterliegt der Luftbeförderungsvertrag dem Montrealer Übereinkommen, werden dessen Regelungen über die Haftung des Luftfrachtführers durch die Klausel „*Carriage hereunder is subject to the rules relating to liability established by the Warsaw Convention unless such carriage is not 'international carriage' as defined by that Convention*" nicht durch die entsprechenden Bestimmungen des WA ersetzt.[5] Die Vereinbarung eines Gerichtstands, der in Art. 33 MÜ nicht vorgesehen ist, sich aber in einem Vertragsstaat befindet, ist 5

---

1 FrankfKomm/*Giemulla* Art. 49 MÜ Rn. 1; Ebenroth/Boujong/*Pokrant*[5] Art. 49 MÜ Rn. 1.
2 FrankfKomm/*Giemulla* Art. 49 MÜ Rn. 3.
3 FrankfKomm/*Giemulla* Art. 49 MÜ Rn. 5.
4 Vgl. Protokoll der Diplomatischen Konferenz vom 27. Mai 1999, DCW S. 188.
5 OLG Düsseldorf, Urt. v. 9.3.2016 – I-18 U 61/15 – RdTW **2016** 266, 267 (Rz. 20). Ebenso *Müller-Rostin* TranspR **2015** 140, 143; **aA** AG Hamburg, Urt. v. 12.6.2009 – 310 C 108/08 (unv.).

als Verletzung des Übereinkommens zu betrachten.[6] Ebenso unzulässig ist eine Vereinbarung, die unter den mehreren Gerichtsständen einen als ausschließlich zuständig bestimmt oder die Gerichtsstände durch Allgemeine Geschäftsbedingungen ausschließt.[7] Auch eine Vereinbarung, mit der die Rechtsordnung eines Staates gewählt wird, der das Montrealer Übereinkommen nicht ratifiziert hat, ist unwirksam.[8]

6 Die Wirksamkeit von Vereinbarungen, die nach Eintritt des Schadens getroffen werden, richtet sich nach Landesrecht. Eine Gerichtsstandsvereinbarung scheitert bei Anwendung deutschen Rechts an § 40 Abs. 2 Satz 1 Var. 2 ZPO, da Art. 33 MÜ sowohl örtlich als auch international die Zuständigkeit ausschließlich regelt.

II. Rechtsfolgen unwirksamer Parteiabreden

7 Die Nichtigkeit der im Art. 49 MÜ verbotenen Vertragsabreden lässt die Wirksamkeit des übrigen Beförderungsvertrags unberührt. Dies wird zwar in Art. 49 MÜ nicht ausdrücklich gesagt, folgt aber aus einer entsprechenden Anwendung des Art. 26 Hs. 2 MÜ.[9]

---

6 **AA** *Guldimann* Art. 32 WA 1955 Rn. 6.

7 Vgl. AG Geldern, Urt. v. 20.4.2011 – 4 C 33/11 – juris Rz. 15; soweit das Gericht Art. 33 MÜ bei Geltendmachung von Ansprüchen nach der EG-VO Nr. 261/04 für einschlägig hält, ist dies unzutreffend, vgl. oben Art. 19 MÜ Rdn. 88.

8 BeckOGK/*Förster* Art 49 MÜ Rn. 6; MünchKommHGB/Müller-Rostin[5] Art. 49 Rn. 5.

9 BeckOGK/*Förster* Art 49 MÜ Rn. 8; Ebenroth/Boujong/*Pokrant*[5] Art. 49 MÜ Rn. 3; FrankfKomm/Schmid Art. 32 WA 1955 Rn. 1.

Artikel 50 Versicherung

[1]Die Vertragsstaaten verpflichten ihre Luftfrachtführer, sich zur Deckung ihrer Haftung nach diesem Übereinkommen angemessen zu versichern. [2]Der Vertragsstaat, in den ein Luftfrachtführer eine Beförderung ausführt, kann einen Nachweis über einen angemessenen Versicherungsschutz zur Deckung der Haftung nach diesem Übereinkommen verlangen.

Article 50 Insurance

States Parties shall require their carriers to maintain adequate insurance covering their liability under this Convention. A carrier may be required by the State Party into which it operates to furnish evidence that it maintains adequate insurance covering its liability under this Convention.

Article 50 Assurance

Les États parties exigent que leurs transporteurs contractent une assurance suffisante pour couvrir la responsabilité qui leur incombe aux termes de la présente convention. Un transporteur peut être tenu, par l'État partie à destination duquel il exploite des services, de fournir la preuve qu'il maintient une assurance suffisante couvrant sa responsabilité au titre de la présente convention.

Schrifttum

Bollweg Das Montrealer Übereinkommen, Rückblick – Überblick – Ausblick, ZLW **2001** 439–451; *Diederiks-Verschoor* Current Practice and Developments in Air Cargo: Comparison of the Warsaw Convention 1929 and the Montreal Convention 1999, ETR **2004,** 739–757; *Hector* Versicherungspflicht in der Luftfracht unklar, DVZ Nr. 146 v. 9.12.2004; *Mauritz* Current Legal Developments: The ICAO Interntaional Conference on Air Law, Montreal May 1999, ASL **1999** 153–157; *Müller-Rostin* Redaktionelle Unzulänglichkeiten von Montreal 1999 über den internationalen Luftbeförderungsvertrag, VersR **2001** 683–688; *ders.* Art. 50 Montrealer Übereinkommen – eine unscheinbare, aber bedeutungsvolle Vorschrift zur Pflichtversicherung für Luftfrachtführer, VersR **2004** 832–835; *ders.* Article 50 Montreal Convention, a provision with considerable consequences, ZLW **2004** 551–557; *Saenger* Harmonisierung des internationalen Luftprivatrechts: Vom IATA-Intercarrier Agreement zur Neufassung des Warschauer Abkommens in der Montrealer Konvention vom Mai 1999, NJW **2000** 169–175; *Schmid* Neue Haftungsrisiken bei Personenschäden im Luftfahrtbereich, VersR **2002** 26–30; *Schobel* Die Haftungsbegrenzung des Luftfrachtführers nach dem Warschauer Abkommen, Diss. Erlangen **1992**; *Schönwerth/Müller-Rostin* Die Luftfahrtversicherung in der Praxis, ZLW **1987** 229–243; *Schollmeyer* Die Harmonisierung des Haftungsrechts im Luftverkehr zwischen Warschau, Montreal und Brüssel, IPRax **2004** 78–82; *Young* Responsibility and Liability for Unlawful Interference in International Civil Aviation, ASL **2003** 1–81; *Wahlen* The New Warsaw Convention: The Montreal Convention, ASL **2000** 12–26.

Übersicht

https://doi.org/10.1515/9783110564945-051

A. Allgemeines

I. Normzweck

1 **Satz 1** gibt den Vertragsstaaten auf, eine Versicherungspflicht für ihre Luftfrachtführer vorzusehen. Die Europäische Gemeinschaft hat eine solche Versicherungspflicht in Art. 7 EG-Verordnung Nr. 2407/92 des Rates über die Erteilung von Betriebsgenehmigungen an Luftfahrtunternehmen vom 23. Juli 1992[1] und Art. 3 Abs. 2 EG-Verordnung Nr. 2027/97 des Rates über die Haftung von Luftfahrtunternehmen bei Unfällen vom 9. Oktober 1997[2] in der Fassung der EG-Verordnung Nr. 889/02[3] vorgesehen – allerdings nur für solche Luftfrachtführer, die Luftfahrtunternehmen der EG iSd. EG-VO Nr. 2407/92 sind. Zur weiteren Konkretisierung dieser Versicherungsanforderungen hat die Europäische Gemeinschaft die Pflicht zur Unterhaltung einer Haftpflichtversicherung zur Deckung luftverkehrsrechtlicher Drittschäden, Passagierschäden und Güterschäden durch die EG-Verordnung Nr. 785/04 über Versicherungsanforderungen an Luftfahrtunternehmen und Luftfahrzeugbetreiber vom 21. April 2004[4] neu geregelt. Mit Hilfe einer delegierten EU-Verordnung Nr. 2020/1118 der Kommission sind die Mindestversicherungssummen für Gepäckschäden und die Haftung für Güter inflationsbedingt an das Regime des Montrealer Übereinkommens angepasst worden (vgl. Art. 24 Rn 7).

2 **Satz 2** gestattet es den Vertragsstaaten, von einfliegenden Luftfrachtführern einen Versicherungsnachweis zu verlangen.

II. Entstehungsgeschichte

3 Die Vorschrift hat kein Vorbild im Warschauer Abkommen und wurde neu in das Montrealer Übereinkommen eingefügt.

1 ABl. EG Nr. L 240 vom 24.8.1992, S. 1; im Folgenden abgekürzt: EG-VO Nr. 2407/92.
2 ABl. EG Nr. L 285 vom 17.10.1997, S. 1; im Folgenden abgekürzt: EG-VO Nr. 2027/97.
3 ABl. EG Nr. L 140 vom 13.5.2002, S. 2.
4 ABl. EG Nr. L 138 vom 21. April 2004, S. 1; im Folgenden abgekürzt: EG-VO Nr. 785/04.

B. Adressat der Versicherungspflicht und Umfang

I. Bedeutung des Begriffs „Luftfrachtführer" iSv Art. 50 Satz 1 MÜ

Im Rahmen des Art. 50 Satz 1 MÜ stellt sich zunächst die Frage, welcher Personenkreis mit dem Begriff des Luftfrachtführers umschrieben werden soll. Denkbar ist es, dass die Vorschrift nur solche Personen einer Versicherungspflicht unterwerfen will, die nach dem Recht des Vertragsstaats einer Betriebsgenehmigung bedürfen, nach deutschem Recht also die Betreiber von Luftfahrzeugen bzw. die Luftfahrtunternehmen. Denkbar ist es auch, dass die Vorschrift alle Luftfrachtführer, z.B. auch den Flugpauschalreiseveranstalter als vertraglichen Luftfrachtführer, ungeachtet der Eigenschaft als Halter des Flugzeugs erfassen möchte.[5] Aus der Entstehungsgeschichte, dem Wortlaut und Telos der Norm sowie der Gesetzgebung anderer Staaten lässt sich zeigen, dass mit dem Begriff „Luftfrachtführer" nur die Betreiber von Luftfahrzeugen bzw. die Luftfahrtunternehmen gemeint sind.[6] 4

1. Entstehungsgeschichte der Norm

Aus der Entstehungsgeschichte zu Art. 50 MÜ geht bereits hervor, dass „Luftfrachtführer" („carrier") im Sinne dieser Vorschrift der Betreiber eines Luftfahrzeuges bzw. das Luftfahrtunternehmen ist. Denn bei den Vorarbeiten wurde wiederholt auf bereits bestehende Regelungen über die Versicherungspflicht Bezug genommen, die immer nur an den Betreiber/Halter des Beförderungsmittels anknüpfen. So verweist der Berichterstatter *Vijay Poonoosamy* in seinem Bericht über die Modernisierung und Konsolidierung des Warschauer Systems darauf, dass schon nach geltendem Recht „carriers" einer Versicherungspflicht unterlägen: *„States impose under national laws and regulations insurance requirements on their carriers whereas some States impose under bilateral air services agreements insurance requirements on carriers from other States operating into their territories. It is interesting to note that Article 35B of Alvor II*[7] *provides that: „Every carrier is required to maintain insurance or other form of financial security, including guarantee, covering his liability for such damage as may arise under this Convention in such amount, of such type and in such terms as the national State of the carrier may specify. The carrier may be required by the State into which he operates to provide evidence that this condition has been fulfilled by producing appropriate certificate or certificates from the States concerned."*.[8] Diesen Ausführungen zufolge war nur beabsichtigt, eine bereits bestehende[9] Versicherungspflicht für Luftfrachtführer, die selbst Flugzeuge betreiben, im Montrealer Übereinkommen vorzusehen, nicht dagegen eine Versicherungspflicht auf alle Luftfrachtführer ungeachtet der Tatsache, ob sie Halter eines Flugzeugs sind, zu erstrecken. In dieselbe Richtung deutet der Bericht über die Zweite Sitzung der von dem Sekretariat der ICAO eingesetzten Arbeitsgruppe über die Modernisierung des Systems des Warschauer Abkommens: Dort wird ausdrücklich darauf hingewiesen, dass auch in anderen international geregelten Bereichen, so etwa bei der Reederhaftung („shipowner liability") und der Nuklearhaftung („nuclear power liability"), die Gefährdungshaftung 5

5 So die Denkschrift zum MÜ BT-Drucks. **15/2285**, S. 52.

6 **AA** FrankfKomm/*Müller-Rostin* Art. 50 MÜ Rn. 5; *ders.* VersR **2004** 832, 833; *Geigel/Mühlbauer*[26] Haftpflichtprozess Kap. 29 Rn. 165; *Schollmeyer* IPRax **2004** 78, 80 ff.

7 Der sog. *Alvor*-Entwurf wurde anlässlich eines vom 11. bis 16. Oktober 1987 in Alvor abgehaltenen Seminars, an welchem neben 116 Vertretern von Regierungen, Fluggesellschaften, Versicherern und Flugzeugfabriken auch Experten auf dem Gebiet des internationalen Lufttransportrechts aus 27 Ländern teilgenommen haben, zur Neufassung des Warschauer Abkommens vorgeschlagen; zu Art. 35 B des Alvor-Entwurfs vgl. auch *Schobel* Haftungsbegrenzung S. 179.

8 Vgl. ICAO Document C-WP/10576, 7.3.1997, Attachment A (zu 5.4.31).

9 Ebenso *Diederiks-Verschoor* ETR **2004** 739, 756, die darauf hinweist, dass Art. 50 MÜ der geltenden Rechtslage entspricht.

mit einer Versicherungspflicht verbunden sei: „... *conceptually a regime of strict liability at the international level (e.g. shipowner liability, nuclear power liability) is in most cases accompanied by an insurance requirement*".[10] Gerade der Hinweis auf die seerechtliche Haftung und die Nuklearhaftung zeigt aber, dass an die Haftung des „Halters" gedacht war und nicht an die eines Vertragspartners.

6 Nachhaltig bestätigt wird dieses Auslegungsergebnis durch die EG-VO Nr. 785/04 über Versicherungsanforderungen an Luftfahrtunternehmen und Luftfahrzeugbetreiber. Dort heißt es nämlich im sechsten Erwägungsgrund der Verordnung, dass „[n]ach Artikel 50 des Übereinkommens von Montreal [...] die Vertragsstaaten Luftfahrtunternehmen verpflichten [müssen], sich zur Deckung ihrer Haftung nach diesem Übereinkommen angemessen zu versichern." Der Text spricht bewusst vom Luftfahrtunternehmen, den Personen, die das Luftfahrzeug betreiben, nicht dagegen von Luftfrachtführern, da dieser Begriff missverständlich und zu weit erscheint. Die Mitgliedstaaten der Europäischen Union haben auf supranationaler Ebene dem Begriff des Luftfrachtführers iSv. Art. 50 MÜ einen eindeutigen Sinn gegeben, was nicht auf einem Versehen beruht.

2. Grammatikalische Auslegung

7 Nach Satz 1 haben die Vertragsstaaten nur **ihre** Luftfrachtführer zu verpflichten, sich zur Deckung ihrer Haftung nach dem Übereinkommen angemessen zu versichern. Der Begriff „ihre" impliziert, dass ein bestimmtes Anknüpfungskriterium notwendig ist, um den Luftfrachtführer zu identifizieren, welcher der Versicherungspflicht nach dem Montrealer Übereinkommen unterliegen soll. Das Anknüpfungskriterium wird zwar nicht definiert. Als maßgebliches Anknüpfungskriterium kommt jedoch nur die zu erteilende Betriebsgenehmigung in Betracht. Da nur Luftfahrtunternehmen einer Betriebsgenehmigung bedürfen, sind damit Personen, die über kein Flugzeug verfügen (also z.B. ein Speditionsunternehmen ohne Flugzeugflotte), nicht von Satz 1 erfasst.[11]

8 Bestätigt wird dies durch Satz 2, der einem Vertragsstaat nur gestattet, in Bezug auf Luftfrachtführer, die „in" einen Vertragsstaat befördern, einen Nachweis über einen angemessenen Versicherungsschutz zu verlangen. Von vertraglichen Luftfrachtführern mit Sitz im Ausland, welche die Beförderung nicht selbst durchführen, kann hingegen die Vorlage einer Versicherungsbescheinigung überhaupt nicht verlangt werden. Infolgedessen kann auch Satz 1 nur den ausführenden Luftfrachtführer erfassen. Da dieser nur eine Person sein kann, die über ein Luftfahrzeug verfügt, ist er mit dem Betreiber eines Luftfahrzeugs bzw. einem Luftfahrtunternehmen gleichzusetzen.

9 Für die Auslegung, dass Artikel 50 MÜ als Luftfrachtführer nur den Betreiber von Luftfahrzeugen bzw. das Luftfahrtunternehmen ansieht, spricht auch, dass der in der englischen Fassung verwendete Begriff „carrier" auch in Art. 2 Buchstabe b der EG-VO Nr. 2407/92 a.F. verwendet wird. Dieser Begriff wurde in der deutschen Fassung mit „Luftfahrtunternehmen" übersetzt. Hierunter fallen aber nur Lufttransportunternehmen, die ein Luftfahrzeug betreiben. Bestätigt wird diese Auslegung auch durch die Definition des Luftfahrtunternehmens in Art. 2 Ziff. 10 EG-VO Nr. 1008/08,[12] wonach unter den Begriff des „carrier" nur Unternehmen mit einer gültigen Betriebsgenehmigung oder gleichwertigen Genehmigung fallen.

10 Vgl. ICAO File Re LE 4/51 v. 3.10.1996.

11 So im Ergebnis auch *Young* ASL **2003** 1, 46, die einen Staatshaftungsanspruch für möglich hält, wenn der Luftfrachtführer ohne Versicherungsschutz fliegt und infolge Insolvenz ausfällt. Folglich wird Art. 50 Satz 1 MÜ nur im Zusammenhang mit dem ausführenden Luftfrachtführer gesehen; **aA** FrankfKomm/*Müller-Rostin* Art. 50 MÜ Rn. 4.

12 ABl. EG Nr. 293 vom 31.10.2008, S. 3.

3. Teleologische Auslegung

Würde man den Begriff des Luftfrachtführers im Sinne eines Oberbegriffs deuten, der sowohl den vertraglichen als auch den ausführenden Luftfrachtführer umfasst,[13] würde dies in den Fällen des Art. 39 MÜ, in denen die vom „vertraglichen" Luftfrachtführer versprochene Luftbeförderung vom „ausführenden" Luftfrachtführer durchgeführt wird, eine Doppelversicherung beider Luftfrachtführer erfordern. Dies würde im Endergebnis nur höhere Kosten für die Luftbeförderer und damit für die Reisenden auslösen, ohne dass mit der intendierten Versicherungspflicht eine Verbesserung des Opferschutzes einherginge.[14] Bereits dieser sinnwidrige Befund zeigt, dass Art. 50 MÜ die Versicherungspflicht nicht auf den vertraglichen und gleichzeitig auf den ausführenden Luftfrachtführer erstrecken kann, sondern diese nur dem ausführenden Luftfrachtführer auferlegt. Dieses Problem hat der Europäische Verordnungsgeber beim Erlass der EG-VO Nr. 785/04 gesehen. Im 15. Erwägungsgrund dieser Verordnung heißt es daher auch folgerichtig, dass die Verordnung nicht dahin ausgelegt werden sollte, dass sie eine Doppelversicherung erfordert. Die Umsetzung des Art. 50 MÜ auf europäischer Ebene trägt daher der hier gefundenen Auslegung Rechnung, dass die Versicherungspflicht nur an ein Luftfahrtunternehmen oder einen Luftfahrzeughalter anzuknüpfen hat. 10

Darüber hinaus widerspricht der Ansatz einer Versicherungspflicht sowohl des vertraglichen als auch des ausführenden Luftfrachtführers dem Gedanken des Art. 41 MÜ: Dort ist die wechselseitige Zurechnung von Handlungen und Unterlassungen des vertraglichen und ausführenden Luftfrachtführers geregelt. Übertragen auf die Versicherungspflicht bedeutet das, dass sich der vertragliche Luftfrachtführer auf die Versicherungsdeckung des ausführenden Luftfrachtführers berufen können soll. Eine zusätzliche Versicherung desselben Risikos durch den vertraglichen Luftfrachtführer ist daher nicht geboten. 11

4. Internationale Gesetzgebungspraxis anderer Staaten

Die Auslegung eines internationalen Vertrags hat gemäß Art. 31 Abs. 1 des Wiener Vertragsrechtsübereinkommens (WVÜ)[15] nach Treu und Glauben in Übereinstimmung mit der gewöhnlichen, seinen Bestimmungen in ihrem Zusammenhang zukommenden Bedeutung und im Lichte seines Zieles und Zweckes zu erfolgen. Nach Art. 31 Abs. 3 Buchstabe b WVÜ sind neben dem Zusammenhang jede spätere Übung bei der Anwendung des Vertrags, aus der die Übereinstimmung der Vertragsparteien über seine Auslegung hervorgeht, zu berücksichtigen. Dabei zeigt die Auslegungs- und Gesetzgebungspraxis anderer Staaten,[16] dass der Begriff des Luftfrachtführers iSd. Art. 50 Satz 1 MÜ nur den Halter des Luftfahrzeugs bzw. das Luftfahrtunternehmen meint: 12

So heißt es in den von der österreichischen Regierung gefertigten Erläuterungen zu Art. 50 Satz 1 MÜ, dass Luftfrachtführer im Sinne dieser Vorschrift nur die im Gebiet des jeweiligen Vertragsstaates „zugelassenen Luftfrachtführer" seien, also diejenigen, die durch § 164 des österreichischen Luftfahrtgesetzes und durch die EG-Verordnung 2407/92 erfasst seien, mithin die Halter eines Luftfahrzeugs.[17] Der österreichische Gesetzgeber hat demzufolge die obligatorische Haftpflichtversicherung im Güter- und Gepäckbeförderungsbereich nur für „Luftfahrtunternehmen", im Personenbeförderungsbereich dagegen für den „Halter" eingeführt. 13

In der von der Schweiz herausgegebenen Botschaft zum Montrealer Übereinkommen heißt es zu Art. 50 MÜ: *„Entsprechende Vorschriften sind bereits heute im schweizerischen Luftrecht ent-* 14

13 In diesem Sinne FrankfKomm/*Müller-Rostin* Art. 50 MÜ Rn. 5; *Schollmeyer* IPRax **2004** 78, 81.
14 Zu dieser Feststellung gelangt auch *Schollmeyer* IPRax **2004** 78, 81.
15 Vgl. BGBl. 1985 II S. 926.
16 *Müller-Rostin* stellt unzutreffender Weise die Umsetzung des Art. 50 MÜ als Ausnahmefall dar, VersR **2004** 832, 835.
17 Vgl. Staatsvertrag-Materialien Beil XXII GP S. 12.

halten (Artt. 106 und 108 der Luftfahrtverordnung vom 14. November 1973).“ Die genannten Vorschriften erfassen ebenfalls nur Personen, die Luftfahrzeuge betreiben.

15 Ebenso wird die Versicherungspflicht in den Vereinigten Staaten nur an den ausführenden Luftfrachtführer angeknüpft. Gemäß Abschnitt 14 des Code of Federal Regulation, Sec 205.2 heißt es: *„These rules apply to all US direct air carriers …“*. Sog vertragliche Luftfrachtführer, die nur die Beförderung versprochen haben, sie jedoch durch einen Dritten ausführen lassen, unterliegen demzufolge gerade keiner Versicherungspflicht.

II. Auslegungsverständnis des deutschen Gesetzgebers

16 Der deutsche Gesetzgeber legt im Gegensatz zu der hier vertretenen Auffassung Art. 50 Satz 1 MÜ extensiv aus (vgl. oben Rn 4–14)[18] und erstreckt die Versicherungspflicht nicht nur auf Luftfahrtunternehmen iSd. Art. 2 Buchstabe b der EG-VO Nr. 2407/92, sondern auf alle Luftfrachtführer,[19] um eine vollständige Kongruenz von Haftung und Versicherung zu erreichen. Nach Art. 50 Satz 1 MÜ ist daher jeder, der vertraglich die Beförderung von Personen oder Sachen auf dem Luftweg als eigene Leistung verspricht, auch versicherungspflichtig, wenn er die Beförderung zwischen zwei Vertragsstaaten des Montrealer Übereinkommens durch einen ausführenden Luftfrachtführer durchführen lässt.[20] Diesem Auslegungsverständnis zufolge sind auch Flugpauschalreiseveranstalter versicherungspflichtig. Diese Auslegung verstößt zwar nicht gegen Art. 50 MÜ, sie geht jedoch weit über ihr Ziel hinaus und wirft unnütze Folgeprobleme, wie das der Doppelversicherung[21] auf.

III. Angemessene Versicherungsdeckung nach Art. 50 Satz 1 MÜ

17 Die Vorschrift unterscheidet weder zwischen den versicherungspflichtigen Risiken noch schreibt sie Grenzwerte für eine Mindestdeckung vor.[22] Nach Auffassung des deutschen Gesetzgebers betrifft Art. 50 Satz 1 MÜ neben der Pflicht zur Deckung der Haftung für Personen- und Gepäckschäden auch die Pflicht zur Deckung der Haftung für Güter- und Verspätungsschäden. Diese extensive Auslegung erscheint im Hinblick auf die Haftung für Verspätungsschäden nicht geboten. Art. 50 Satz 1 MÜ verlangt, dass die Luftfrachtführer sich zur Deckung ihrer Haftung angemessen versichern. Das Verspätungsrisiko ist kein hinreichender Grund, dass sich Luftfrachtführer hierfür versichern müssten. Für diese restriktivere Auslegung des Umfangs der Versicherungspflicht spricht auch die EG-VO Nr. 785/04, die Art. 50 MÜ auf europäischer Ebene umsetzt und die Versicherungsanforderungen auf Personenschäden, Reisegepäckschäden sowie Güterschäden beschränkt.

18 Die EG-VO Nr. 785/04 konkretisiert den Begriff der angemessenen Versicherungsdeckung. Nach Art. 6 EG-VO Nr. 785/04 iVm Art. 1 EG-VO Nr. 285/10[23] beträgt die Mindestversicherungssumme für Personenschäden 250 000 SZR je Reisenden, für Reisegepäckschäden 1131 SZR sowie für Güterschäden 19 SZR pro kg. Soweit der deutsche Gesetzgeber auch für Verspätungsschäden eine entsprechende Versicherungseindeckung von Luftfrachtführern verlangt, erscheint dies vom Zweck des

18 Eine derartige Auslegung erscheint angesichts der Entstehungsgeschichte, dem Wortlaut und Telos der Norm nicht geboten. Soweit die Gesetzesbegründung zum Entwurf eines Gesetzes zur Harmonisierung des Haftungsrechts im Luftverkehr, BT-Drucks. **15/2359**, S. 12, ausführt, dass für Flugpauschalreiseveranstalter sich eine Versicherungspflicht aus Art. 50 MÜ ergebe, ist dies schlicht falsch.

19 Vgl. § 50 LuftVG.

20 Diesem Ansatz zustimmend: *Schmid* VersR **2002** 26, 30; *Müller-Rostin* VersR **2004** 832, 833.

21 Vgl. dazu § 51 LuftVG.

22 Kritisch dazu auch *Mauritz* ASL **1999** 153, 157.

23 ABl. EG Nr. L 87 vom 7.4.2010, S. 19.

Art. 50 MÜ nicht zwingend geboten. Vielmehr schießt der Gesetzgeber hier über das gebotene Ziel der Bestimmung hinaus.

C. Versicherungsnachweis von einfliegenden Luftfrachtführern (Satz 2)

Nach **Satz 2** kann der Vertragsstaat, in den ein Luftfrachtführer eine Beförderung ausführt, einen Nachweis über einen angemessenen Versicherungsschutz zur Deckung nach diesem Übereinkommen verlangen. Gem. § 99 Abs. 5 LuftVZO ist von nach Deutschland einfliegenden Luftfrachtführern eine Bescheinigung darüber mitzuführen, dass eine den deutschen Vorschriften entsprechende Haftpflichtversicherung zugunsten dieser Fluggäste besteht. Aus der Bescheinigung muss hervorgehen, dass die Höhe des Versicherungsschutzes den Anforderungen des § 103 LuftVZO genügt und der Versicherungsschutz für Hin- und Rückflug besteht. Die Bescheinigung muss entweder in deutscher, englischer, französischer oder spanischer Sprache ausgestellt sein. Die zuständigen Stellen können die Vorlage des Versicherungsscheins verlangen. Zuständige Stelle ist die Luftaufsichtsbehörde iSv. § 7 LuftVZO. 19

D. Versicherungspflichten des Luftfrachtführers nach internationalem, supranationalem und nationalem Recht

Neben der nunmehr durch Art. 50 MÜ auf völkerrechtlicher Grundlage gestellten Verpflichtung zum Abschluss einer Luftfrachtführer-Haftpflichtversicherung für die beförderungsvertragliche Haftung bestehen darüber hinaus für den Luftfrachtführer Versicherungspflichten für die außervertragliche Haftung. Diese Versicherungspflichten ergeben sich teilweise aus internationalem sowie aus supra- und nationalem Recht. 20

I. Erstes und Zweites Römer Haftungsabkommen

Die Regelung der Haftung für sog. Drittschäden, d.h. für Schäden, die Personen oder Sachen, die sich nicht an Bord des Luftfahrzeugs befinden, zugefügt werden, ist in den einzelnen Staaten recht unterschiedlich ausgestaltet.[24] Einige Staaten kennen für diese Fälle das Prinzip der Gefährdungshaftung, andere haben demgegenüber nur eine Verschuldenshaftung. Die unterschiedlichen Haftungsarten überkreuzen sich teilweise mit einer beschränkten bzw. unbeschränkten Haftung. Um diese Rechtsunterschiede zu vereinheitlichen, wurde bereits 1933 das sogenannte Erste Römer Haftungsabkommen vom 29.5.1933, das *Abkommen zur Vereinheitlichung von Regeln bezüglich Schäden, die Dritten auf der Erde durch Luftfahrzeuge zugefügt werden,*[25] verabschiedet. Nach dem zweiten Weltkrieg beschloss das Legal Committee der ICAO eine Gesamtrevision des Abkommens. Dementsprechend wurde in Rom am 7. Oktober 1952 das sog. Zweite Römer Haftungsabkommen geschlossen, das *Abkommen über Schäden, welche Dritten auf der Erde durch ausländische Luftfahrzeuge zugefügt werden.*[26] Beide Abkommen beruhen auf dem Prinzip der Gefährdungshaftung, verbunden mit einer im Grundsatz summenmäßig beschränkten Haftung. Sie gelten nur für Luftfahrzeuge eines anderen Vertragsstaates, die nicht hoheitlichen Zwecken dienen. Nach Art. 15 des Zweiten Römer Haftungsabkommens kann jeder Vertragsstaat verlangen, dass der Halter eines in einem anderen Vertragsstaat eingetragenen Luftfahrzeugs für die in seinem Gebiet eintretenden Schäden summenmäßig begrenzt gegen Haftpflicht versichert ist. Das Zweite Römer Haftungsab- 21

24 Vgl. für Deutschland die Vorschriften nach §§ 33 ff. und § 43 LuftVG.
25 Die deutsche Übersetzung des Textes ist bei *Abraham*[3] I S. 588 ff. abgedruckt.
26 Die amtliche Übersetzung des Textes ist bei *Abraham*[3] I S. 596 ff. abgedruckt.

kommen zur Drittschadenshaftung hat indes nur eine geringe Akzeptanz erfahren. Es gilt derzeit in 49 Vertragsstaaten,[27] deren Zahl durch die Kündigung einiger bedeutender Staaten in den letzten Jahren eher rückläufig ist. Grund hierfür ist vordringlich der unzureichende Opferschutz durch die Festschreibung geringer, heutigen Anforderungen nicht mehr genügender Haftungshöchstgrenzen.

II. Versicherungspflichten nach EG-Recht

1. Versicherungspflichtiger iSd EG-Verordnungen

22 Aufgrund der EG-VO Nr. 1008/08 unterliegen Luftfrachtführer einer Versicherungspflicht, soweit sie „Luftfahrtunternehmen der Gemeinschaft“[28] sind. Dieses sind nur solche Luftfrachtführer, die einer Betriebsgenehmigung nach der EG-VO Nr. 2407/92 bedürfen. Eine solche Betriebsgenehmigung erhalten nach Art. 4 Abs. 1 EG-VO Nr. 1008/08 nur Luftfahrtunternehmen, die

- in einem Mitgliedstaat der Europäischen Union ihren Hauptgeschäftssitz haben,[29]
- Luftverkehr gewerblich und als Haupttätigkeit betreiben,[30]
- sich zumindest mehrheitlich im Eigentum eines Mitgliedstaats oder seiner Staatsangehörigen befinden und von diesen tatsächlich kontrolliert werden.[31]

23 Keiner solchen Betriebsgenehmigung bedürfen gemäß Art. 3 Abs. 3 EG-VO Nr. 1008/08 solche Luftfrachtführer, die eine Luftbeförderung mit Luftfahrzeugen ohne Motorantrieb, mit Ultraleichtflugzeugen oder als Rundflug durchführen. Diese Einschränkung harmoniert auch mit Art. 50 Satz 1 MÜ, der nur eine Pflicht zum angemessenen Versicherungsschutz vorsieht. Bei den genannten Ausnahmen wäre eine generelle Pflichtversicherung des Luftfrachtführers wegen der beförderungsvertraglichen Haftung unangemessen.

2. Drittschadenshaftung

24 Die Verpflichtung zur Deckungsvorsorge für die luftverkehrsrechtliche Drittschadenshaftung, d.h. Haftung auf Schadensersatz wegen der Tötung, Körperverletzung oder Gesundheitsbeschädigung *nicht beförderter Personen* und der Zerstörung oder Beschädigung *nicht beförderter Sachen*, war ursprünglich durch Art. 7 EG-VO Nr. 2407/92[32] nur insoweit angeordnet, als für Luftfahrtunternehmen der Gemeinschaft, die einer Betriebsgenehmigung nach dieser Verordnung bedürfen, eine Versicherungspflicht zur Deckung der Haftung besteht, die „insbesondere Dritten durch Unfälle entstehen können“.

25 Mit der EG-VO Nr. 785/04 wird die Versicherungspflicht hinsichtlich der Mindestdeckung konkretisiert. Für die Deckung der Drittschadenshaftung sieht Art. 7 EG-VO Nr. 785/04 von der Höchstabflugmasse abhängige, in 10 Kategorien gestaffelte Mindestdeckungen vor. Weitere Regelungen

27 Vertragsstaaten des Übereinkommens sind: Ägypten, Algerien, Angola, Argentinien, Aserbaidschan, Bahrain, Belgien, Bolivien, Benin, Brasilien, Ecuador, El Salvador, Gabun, Gambia, Guatemala, Guinea, Haiti, Honduras, Irak, Italien, Kamerun, Jemen, Kenia, Kuba, Kuwait, Libanon, Luxemburg, Madagaskar, Malediven, Mali, Marokko, Mauretanien, Moldau, Niger, Oman, Pakistan, Papua-Neuguinea, Paraguay, Ruanda, Russische Föderation, Seychellen, Spanien, Sri Lanka, Suriname, Togo, Tunesien, Vereinigte Arabische Emirate, Uruguay und Vanuatu.

28 Zum Begriff „Luftfahrtunternehmen der Gemeinschaft“ vgl. *Müller-Rostin* VersR **2004** 832 f., der jedoch in Bezug auf die Bedeutung des Begriffs Luftfrachtführer iSv. Art. 50 MÜ aus der Gegenüberstellung zum Begriff des Luftfahrtunternehmens den unrichtigen Schluss zieht, dass der Kreis der Versicherungspflichtigen nicht deckungsgleich sei.

29 Art. 4 Abs. 1 Buchst. a EG-VO Nr. 1008/08.

30 Art. 4 Abs. 1 Buchst. d EG-VO Nr. 1008/08.

31 Art. 4 Abs. 1 Buchst. f EG-VO Nr. 1008/08.

32 Die Verordnung ist zwischenzeitlich durch die EG-VO Nr. 1008/08 aufgehoben worden.

zur Konkretisierung der Versicherungspflichten enthält die EG-VO Nr. 785/04 nicht, sieht man einmal von der Hinterlegung eines Versicherungsnachweises nach Art. 5 Abs. 1 EG-VO Nr. 785/04 ab.

3. Haftung für die luftverkehrsrechtliche Passagier- und Güterschadenshaftung

Die Verpflichtung zur Deckungsvorsorge für die luftverkehrsrechtliche Passagierschadenshaftung, d.h. Haftung auf Schadensersatz wegen der Tötung, Körperverletzung oder Gesundheitsbeschädigung von *Fluggästen*, wegen der Zerstörung, Beschädigung oder des Verlustes von *Reisegepäck* und Güterschadenshaftung, d.h. Haftung auf Schadensersatz wegen der Zerstörung, der Beschädigung, des Verlustes, wurde durch Artikel 7 EG-VO Nr. 2407/92 nur insoweit angeordnet, als für Luftfahrtunternehmen der Gemeinschaft, die einer Betriebsgenehmigung nach dieser Verordnung bedürfen, eine Versicherungspflicht zur Deckung der Haftung besteht, die „insbesondere Fluggästen, an Gepäck, an Fracht ... durch Unfälle entstehen können“. Diese Versicherungspflicht wird durch Art. 3 Abs. 2 EG-VO Nr. 2027/97 idF der EG-VO Nr. 889/2002 noch dahingehend ergänzt, dass „der volle Betrag“ zu versichern ist, auf den nach dieser Verordnung ein Anspruch besteht. 26

Im Bereich der Passagier- und Güterschadenshaftung schreibt Art. 6 der EG-VO Nr. 785/04 iVm Art. 1 EG-VO Nr. 285/10 an den Haftungshöchstsummen nach dem Montrealer Übereinkommen orientierte Mindestdeckungen von 250 000 SZR je Fluggast für Personenschäden,[33] von 1 288 SZR je Fluggast für Substanzschäden an Gepäck[34] und von 22 SZR je Kilogramm des beförderten Gutes für Substanzschäden an Gütern[35] vor. 27

III. Versicherungspflichten nach nationalem Recht

Bei der Versicherungspflicht nach nationalem Recht ist zwischen Personen- und Gepäckschäden einerseits und Güterschäden andererseits zu unterscheiden. Die Versicherungspflicht wird sowohl in § 4 MontÜG als auch in § 50 LuftVG geregelt: 28

1. Versicherungspflicht für Passagierschäden

a) Grundsatz. § 4 Abs. 1 MontÜG betrifft die Versicherungspflicht für Passagierschäden (Personenschäden, Gepäckschäden, Schäden wegen der verspäteten Beförderung von Reisenden und ihres Gepäcks). Die Vorschrift hat nur klarstellende Funktion. Die Versicherungspflicht ergibt sich, auch soweit es die Deckung einer Haftung nach dem Montrealer Übereinkommen anbelangt, bereits unmittelbar aus den in Bezug genommenen Vorschriften der §§ 50 ff. LuftVG, wie aus diesen Vorschriften iVm. § 44 LuftVG deutlich wird. Ihre Einzelheiten regelt – wie schon für die Versicherungspflicht für Passagierschäden nach geltendem Recht (§ 50 Abs. 2 LuftVG aF) – die Luftverkehrs-Zulassungs-Ordnung (LuftVZO) in ihren Vorschriften über die Versicherungspflicht des Luftfrachtführers (§§ 102 ff. LuftVZO), was § 4 Abs. 1 MontÜG ebenfalls klarstellt. Zudem erwähnt § 4 Abs. 1 MontÜG rein deklaratorisch den Vorrang des derzeit geltenden Gemeinschaftsrechts. Damit macht die Vorschrift zugleich deutlich, dass der nach Artikel 50 MÜ den Vertragsstaaten obliegenden Pflicht zur Einführung einer Pflichtversicherung für solche nach dem Montrealer Übereinkommen haftenden deutschen Luftfrachtführer, die Luftfahrtunternehmen der Gemeinschaft iSd. EG-VO Nr. 2407/92 sind, durch das Gemeinschaftsrecht genügt ist, so dass die Einführung einer Versicherungspflicht für diese Luftfrachtführer im deutschen Recht entbehrlich ist. Dies gilt jedenfalls für unfallbedingte Personen- und Gepäckschäden, die Art. 7 der EG-Verordnung Nr. 2407/92 29

33 Art. 6 Abs. 1 der EG-VO Nr. 785/04.
34 Art. 6 Abs. 2 der EG-VO Nr. 785/04 i.V.m. Art. 1 Abs. 2 der EU-VO 2020/1118.
35 Art. 6 Abs. 3 der EG-VO Nr. 785/04 i.V.m. Art. 1 Abs. 3 der EU-VO 2020/1118.

der Versicherungspflicht unterwirft. Für die weiteren nach Artikel 50 MÜ einer Versicherungspflicht zu unterwerfenden Passagierschäden, insbesondere Schäden wegen verspäteter Beförderung von Reisenden und ihres Gepäcks, folgt die Versicherungspflicht indes aus § 50 iVm. § 44 LuftVG. Ebenfalls richtet sich die Versicherungspflicht nach §§ 50, 51 LuftVG, soweit die EG-VO Nr. 1008/08 nicht anwendbar ist, z.B. bei Flugpauschalreiseveranstaltern[36] oder in den Ausnahmefällen des Art. 3 Abs. 3 EG-VO Nr. 1008/08.[37]

30 **b) Subsidiaritätsregelung nach § 51 LuftVG.** Die Erstreckung der Versicherungspflicht nach Art. 50 MÜ sowohl auf vertragliche als auch ausführende Luftfrachtführer hat eine Doppelversicherung in den Fällen zur Folge, in denen der vertragliche Luftfrachtführer die von ihm versprochene Luftbeförderung nicht selbst ausführt, sondern sich zur Ausführung eines Dritten iSv. Art. 39 MÜ bedient. Dies ist nicht nur bei Flügen, die als Teil von Pauschalreisen geschuldet sind oder über „virtual carriers“ (Buchungsportale) gebucht werden, der Fall, sondern namentlich bei Flügen im sog. „Code-sharing“.[38] In diesen Fällen führt das Auslegungsverständnis des deutschen Gesetzgebers zu Art. 50 Satz 1 MÜ dazu, dass der vertragliche als auch der ausführende Luftfrachtführer das identische Risiko zweifach versichern müssen. Zur Vermeidung einer solch unnötigen Kostenbelastung sieht § 51 LuftVG für diesen Fall eine Subsidiaritätsregel vor. Die Versicherungspflicht des vertraglichen Luftfrachtführers entfällt insoweit, als der ausführende Luftfrachtführer die Risiken, wegen derer auch der vertragliche Luftfrachtführer haftet, bereits ausreichend versichert hat.

31 Ausreichender Versicherungsschutz seitens des ausführenden Luftfrachtführers liegt im Umkehrschluss zu § 51 Nr. 1 LuftVG dann vor, wenn er eine den Anforderungen des Art. 50 MÜ genügende Haftpflichtversicherung bei einem zum Geschäftsbetrieb in Deutschland befugten Versicherer abgeschlossen hat. Denn mit der in Deutschland wirksamen Befugnis zum Geschäftsbetrieb ist die Bonität des Versicherers im Wege der Versicherungsaufsicht Deutschlands oder eines Mitgliedstaats der Europäischen Union oder des Europäischen Wirtschaftsraums sichergestellt. Mit der Maßgeblichkeit der Inlandsbefugnis wird in Anlehnung an § 110a VAG das in der Europäischen Union geltende Herkunftslandprinzip für Direktversicherer aufgegriffen. Ein Versicherer ist zum Geschäftsbetrieb in Deutschland befugt, wenn er von der zuständigen Versicherungsaufsichtsbehörde eines der genannten Länder eine Erlaubnis erhalten hat und das Notifikationsverfahren in Deutschland abgeschlossen ist.

32 Das Erfordernis ausreichenden Versicherungsschutzes seitens des ausführenden Luftfrachtführers, der die Versicherungspflicht des vertraglichen Luftfrachtführers insoweit zurücktreten lässt, ist im Umkehrschluss zu § 51 Nr. 2 LuftVG dann gegeben, wenn die Deckungsvorsorge für die Haftung des ausführenden Luftfrachtführers betragsmäßig hinter derjenigen für die mögliche Haftung des vertraglichen Luftfrachtführers zurückbleibt. Dagegen besteht nach § 51 Nr. 2 LuftVG eine Versicherungspflicht für den vertraglichen Luftfrachtführer insoweit, als seine Haftung über die Haftung des ausführenden Luftfrachtführers hinausgeht. In diesem Fall liegt nämlich eine doppelte Versicherung desselben Risikos nicht vor. Dies betrifft jedenfalls im Anwendungsbereich des Montrealer Übereinkommens die Fälle der Parallelvorschriften nach Art. 41 Abs. 2 Sätze 2 und 3 MÜ und im Anwendungsbereich des Warschauer Abkommens die Fälle der Parallelvorschriften nach Art. III Abs. 2 Sätze 2 und 3 ZAG.

---

36 Ebenso FrankfKomm/*Müller-Rostin* Art. 50 MÜ Rn. 8.

37 Mit dieser gesetzgeberischen Entscheidung wird die vom EU-Gesetzgeber getroffene Regelung, nur den ausführenden Luftfrachtführer (d.h. Luftfahrtunternehmen) einer Versicherungspflicht zu unterwerfen, ins Gegenteil verkehrt. Wie bereits nachgewiesen wurde, erfordert Art. 50 MÜ nicht so eine weitgehende Versicherungspflicht, wie sie vom deutschen Gesetzgeber intendiert wurde.

38 *Schollmeyer* IPRax **2004** 78, 81; FrankfKomm/*Müller-Rostin* Art. 50 MÜ Rn. 12.

2. Versicherungspflicht bei Güterschäden

§ 4 Abs. 2 MontÜG setzt die nach Art. 50 MÜ bestehende Verpflichtung der Vertragsstaaten um, ihre Luftfrachtführer zur Versicherungsdeckung ihrer Haftung für Güterschäden nach dem Übereinkommen zu verpflichten. Für sie wird eine Versicherungspflicht in dieser Vorschrift unmittelbar angeordnet – allerdings wiederum nur subsidiär, soweit sie sich nicht bereits aus der Verordnung 785/04 ergibt. Damit wird auch bezüglich der Pflichtversicherung für Güterschäden klargestellt, dass der nach Art. 50 MÜ bestehenden Verpflichtung zur Einführung einer Pflichtversicherung für solche nach dem Montrealer Übereinkommen wegen Güterschäden haftenden deutschen Luftfrachtführer, die Luftfahrtunternehmen der Gemeinschaft iSd. EG-VO Nr. 1008/08 sind, durch das Gemeinschaftsrecht genügt ist, so dass die Einführung einer Versicherungspflicht für diese Luftfrachtführer im deutschen Recht entbehrlich ist. Dies gilt jedenfalls für unfallbedingte Güterschäden. Im Hinblick auf nicht unfallbedingte Schäden, wie z.B. die verspätete Ablieferung von Gütern, wird die Versicherungspflicht durch § 4 Abs. 2 MontÜG unmittelbar eingeführt. Sie richtet sich dann allein nach § 4 Abs. 2 MontÜG und den Bestimmungen der sie konkretisierenden Rechtsverordnung.[39] 33

Im Gegensatz zur Regelung bei Personen- und Reisegepäckschäden ist für Güterschäden in § 51 LuftVG keine Subsidiaritätsregelung hinsichtlich der Versicherungspflicht des vertraglichen Luftfrachtführers gegenüber derjenigen des ausführenden Luftfrachtführers vorgesehen. Versicherungspflichtig ist daher sowohl der Luftfrachtführer, der die geschuldete Beförderung durch einen anderen ausführen lässt, als auch der Luftfrachtführer, der diese Beförderung ausführt. Soweit ein Spediteur kraft der Rechtsfolgenverweisung der §§ 458–460 HGB zum Luftfrachtführer wird, unterliegt er bei wortgetreuer Auslegung des § 4 Abs. 2 MontÜG iVm Art. 50 MÜ der Versicherungspflicht.[40] 34

39 Vgl. § 4 Abs. 3 MontÜG.

40 So im Ergebnis zutreffend FrankfKomm/*Müller-Rostin* Art. 50 MÜ Rn. 7; **aA** die Gesetzesbegründung zu § 4 Abs. 2 MontÜG, vgl. BT-Drucks. **15/2359**, S. 18, wonach ein Spediteur nicht der Versicherungspflicht unterliege, soweit er nicht zugleich als Luftfrachtführer iSd. Montrealer Übereinkommens anzusehen sei, sondern lediglich aufgrund der Rechtsfolgenverweisung der §§ 458– 460 HGB dem Luftfrachtführer gleichgestellt ist.

Artikel 51 Beförderung unter außergewöhnlichen Umständen

Die Bestimmungen der Artikel 3 bis 5, 7 und 8 über die Beförderungsurkunden sind nicht auf Beförderungen anzuwenden, die unter außergewöhnlichen Umständen und nicht im Rahmen des gewöhnlichen Luftverkehrs ausgeführt werden.

Article 51 Carriage Performed in Extraordinary Circumstances

The provisions of Articles 3 to 5, 7 and 8 relating to the documentation of carriage shall not apply in the case of carriage performed in extraordinary circumstances outside the normal scope of a carrier's business.

Article 51 Transport effectué dans des circonstances extraordinaires

Les dispositions des articles 3 à 5, 7 et 8 relatives aux titres de transport ne sont pas applicables au transport effectué dans des circonstances extraordinaires en dehors de toute opération normale de l'exploitation d'un transporteur.

Schrifttum

Riese Die internationale Luftprivatrechtskonferenz im Haag zur Revision des Warschauer Abkommens, September 1955, ZLR **1956** 4–45.

Parallelvorschriften

Art. 34 WA 1955.

Übersicht

A. Allgemeines

I. Normzweck

1 Die Vorschrift stellt den Luftfrachtführer bei Beförderungen unter außergewöhnlichen Umständen und außerhalb des gewöhnlichen Luftverkehrs von den Dokumentationspflichten nach den Artikeln 3 bis 5, 7 und 8 frei.

https://doi.org/10.1515/9783110564945-052

II. Entstehungsgeschichte

Die Vorschrift entspricht weitgehend Art. 34 WA 1955.[1] Abweichend hiervon verweist Art. 51 MÜ 2
nicht mehr auf die dem Art. 9 WA 1955 entsprechende Regelung des Art. 9 MÜ über die Folgen der Nichtbeachtung der Bestimmungen über Beförderungsurkunden. Dies erklärt sich daraus, dass Art. 9 MÜ abweichend vom geltenden Recht keine Sanktion an die Nichtbeachtung der Bestimmungen über Beförderungsurkunden knüpft, also insbesondere nicht mehr eine Durchbrechung der Haftungsbeschränkung für den Fall des nicht oder nicht vollständig ausgefüllten Luftfrachtbriefs anordnet. Aus diesem Grunde dürfte damit aber auch dem Art. 51 MÜ, soweit dieser auf die Art. 4, 5, 7 und 8 MÜ verweist, kaum Bedeutung zukommen.[2]

B. Anwendungsbereich

Der für die Vorschrift maßgebende Tatbestand besteht aus zwei Voraussetzungen, die kumulativ er- 3
füllt sein müssen: Die Beförderung muss zum einen unter außergewöhnlichen Umständen stattfinden; zum anderen darf die Beförderung nicht im Rahmen des gewöhnlichen Luftverkehrs stattfinden.

I. Tatbestand

1. Außergewöhnliche Umstände

Die Formulierung der ersten Voraussetzung ist unglücklich, da sie offen lässt, ob die Umstände 4
bereits vor Beginn der Beförderung vorliegen müssen oder ob auch während der Beförderung eingetretene Umstände genügen.[3] Die Frage stellt sich z.B. bei Flugzeugentführungen, die erst während der Beförderung stattfinden.[4] Dass solche erst nach Beginn der Luftbeförderung eingetretenen Ereignisse von der ersten Tatbestandsvoraussetzung des Art. 51 MÜ nicht erfasst werden, ergibt sich, wenn man die Rechtsfolgenseite der Vorschrift mit in die Betrachtung einbezieht. Diese Verknüpfung macht nur dann einen Sinn, wenn die Umstände bereits vor Beginn der Beförderung den Parteien erkennbar sind oder von den Parteien für wahrscheinlich gehalten wurden.[5]

Außergewöhnliche Umstände können daher bedingt sein durch das Wetter (zB Nebel, Winds- 5
hear), den Zustand des Flughafens und seiner Einrichtungen (z.B. vereiste oder rutschige Lande-, Start oder Rollbahnen), die Zeit (z.B. Nachtflug).

2. Nicht im Rahmen des gewöhnlichen Luftverkehrs

Nach dem zweiten Tatbestandsmerkmal darf die Beförderung nicht im Rahmen des gewöhnlichen 6
Luftverkehrs ausgeführt worden sein. Unerheblich ist dabei, was für den konkreten Luftfrachtfüh-

---

1 *Koller*[11]Art 51 MÜ Rn. 1; FrankfKomm/*Schmid* Art. 51 Rn. 2.

2 MünchKommHGB/*Müller-Rostin*[5] Art. 51 MÜ Rn. 5 ff.

3 So auch *Riese* ZLR **1956** 4, 39.

4 US DC, Urt. v. 4.3.1977 – *Karfunkel v. Compagnie Nationale Air France* – **427** F. Supp 971 = **14** Avi 17.674 = ZLW **1978** 289; ebenso FrankfKomm/*Schmid* Art. 51 MÜ Rn. 3; MünchKommHGB/*Kronke* Art. 34 WA 1955 Rn. 2.

5 H.M.: US DC, Urt. v. 6.5.1964 – *Bates Block v. Cie Nationale Air France* – **8** Avi 18.335 = **229** F. Supp 801 = ZLW **1978** 294, 296; bestätigt durch US CA 5th Cir., Urt. v. 8.11.1967 – *Bates Block v. Cie Nationale Air France* – **10** Avi 17.518 = ZLW **1969** 190, 191; in beiden Entscheidungen wurde ein Charterflug als nicht ungewöhnlicher Luftverkehr iSv. Art. 34 WA 1955 (= 51 MÜ) bewertet; ebenso FrankfKomm/*Schmid* Art. 51 MÜ Rn. 4; Ebenroth/Boujong/Joost/*Gass*[1] Art. 34 WA 1955 Rn. 3; *Goldhirsch* Handbook S. 176; MünchKommHGB/*Kronke* Art. 34 WA 1955 Rn. 2; *Shawcross & Beaumont*[4] Air Law VII Rn. 136; **aA** *Guldimann* Art. 34 WA 1955 Rn. 3.

rer als „gewöhnlicher Luftverkehr“ anzusehen ist.[6] Maßgebend ist vielmehr die übliche Abwicklung von Beförderungen durch die jeweilige Branche von Luftfahrtunternehmen.[7] Aus dieser generell abstrakten Sicht der jeweiligen Branche muss sich mit der Beförderung ein erheblich gesteigertes Risiko verbinden, so dass die üblichen Sicherungsmaßnahmen nicht mehr auszureichen scheinen. Aufgrund der bestehenden Risiken darf die Beförderung auf außergewöhnliche Art. und Weise abgewickelt werden.

3. Anwendungsfälle

7 Unter Berücksichtigung all dieser Gesichtspunkte ist die Vorschrift eng auszulegen.[8] Anwendungsfälle sind Rettungsflüge, Katastropheneinsätze, Repatriierungsflüge von Flüchtlingen oder sonst gefährdeten Personen, Flüge in und aus Kriegsgebieten.[9] Nicht unter Art. 51 MÜ fallen dagegen Beförderungen von Wirtschaftsdelegationen und Journalisten, die einen Politiker auf einem Staatsbesuch begleiten. Ebenso wenig werden Flugzeugentführungen von Art. 51 MÜ erfasst, da das atypische Risiko bereits vor der Beförderung den Parteien bekannt oder erkennbar sein muss.[10]

II. Rechtsfolge

8 Der Luftfrachtführer braucht keinen Luftfrachtbrief auszustellen. Der klare Wortlaut der Vorschrift lässt jedoch keinen Zweifel daran, dass die die Güterbeförderung betreffenden Bestimmungen der Art. 9 bis 16 MÜ anwendbar bleiben. Einige dieser Bestimmungen, wie z.B. Art. 10, 11, 13 Abs. 1 MÜ, finden jedoch mangels Ausstellung eines Luftfrachtbriefs keine Anwendung.[11]

---

6 FrankfKomm/*Schmid* Art. 51 MÜ Rn. 5; MünchKommHGB/*Kronke* Art. 34 WA 1955 Rn. 2; *Shawcross & Beaumont* Air Law[4] VII Rn. 136; **aA** *Guldimann* Art. 34 WA 1955 Rn. 4.

7 *Koller*[7] Art. 34 WA 1955 Rn. 2; MünchKommHGB/*Kronke* Art. 34 WA 1955 Rn. 2.

8 MünchKommHGB/*Kronke* Art. 34 WA 1955 Rn. 2.

9 Ebenroth/Boujong/*Pokrant*[5] Art. 51 MÜ Rn. 3; FrankfKomm/*Schmid* Art. 51 MÜ Rn. 7.

10 US DC, Urt. v. 4.3.1977 – *Karfunkel v. Air France* – **14** Avi 17.674 = ZLW **1978** 289.

11 Ebenso FrankfKomm/*Schmid* Art. 51 MÜ Rn. 11.

Artikel 52 Bestimmung des Begriffs „Tage“

Der Begriff „Tage“ im Sinne dieses Übereinkommens bedeutet Kalendertage, nicht Werktage.

Article 52 Definition of Days

The expression „days“ when used in this Convention means calendar days, not working days.

Article 52 Définition du terme „jour“

Lorsque dans la présente convention il est question de jours, il s'agit de jours courants et non de jours ouvrables.

Schrifttum

Riese Die internationale Luftprivatrechtskonferenz im Haag zur Revision des Warschauer Abkommens, September 1955, ZLR **1956** 4–45.

Parallelvorschriften

Art. 35 WA 1955.

Übersicht

A. Allgemeines

I. Normzweck

1 Die Vorschrift enthält eine Definition des Begriffs „Tage“, um eine einheitliche Anwendung von Fristbestimmungen sicherzustellen: Er ist im Sinne von Kalendertagen, nicht im Sinne von Werktagen zu verstehen.[1]

II. Entstehungsgeschichte

2 Die Vorschrift entspricht Art. 35 WA 1929 und wurde durch das Haager Protokoll von 1955 nicht verändert.[2]

1 MünchKommHGB/*Müller-Rostin*[5] Art. 52 MÜ Rn. 3.
2 *Koller*[11] Art. 52 MÜ Rn. 1.

https://doi.org/10.1515/9783110564945-053

B. Anwendungsbereich

3 Die Definition ist für die Bestimmung der Anzeigefristen (Art. 31 Abs. 2 MÜ), der Klagefrist (Art. 35 MÜ), der Karenzfrist nach der Ratifikation (Art. 53 Abs. 6 MÜ) sowie der Karenzfrist nach dem Beitritt (Art. 53 Abs. 7 MÜ) bedeutsam.

4 Im Rahmen der Übereinkommensvorschriften bleibt die Berechnung des Fristenlaufs unter Art. 31 Abs. 2 MÜ dem anwendbaren Recht, unter Art. 35 MÜ der lex fori vorbehalten. Bei Maßgeblichkeit deutschen Rechts finden daher die §§ 186 ff. BGB Anwendung.[3] Nach § 193 BGB läuft eine Frist erst am nachfolgenden Tag ab, wenn ihr Ende auf einen Sonntag, einen gesetzlichen Feiertag oder einen Sonnabend fällt. Bei der Berechnung der Ausschlussfrist nach Art. 35 MÜ sind bei der Beförderung von Gütern im Falle der Maßgeblichkeit deutschen Rechts die Vorschriften der § 439 i.V.m. Art. 2 Abs. 1 EGHGB zu berücksichtigen.[4]

---

3 LG Frankfurt, Urt. v. 20.9.1985 – ZLW **1986** 154, 157; AG Hamburg, Urt. v. 26.2.1980 – 9 C 521/79 – MDR **1980** 851; ebenso Ebenroth/Boujong/Joost/Strohn/*Pokrant*[5] Art. 52 MÜ Rn. 2; *Abraham*[3] I Art. 35 WA 1955 Anm. 1; *Goldhirsch* Handbook S. 177; *Koffka/Bodenstein/Koffka* Art. 35 WA 1929 S. 349; *Riese* ZLR **1956** 4, 40; **aA** *Guldimann* Art. 35 WA 1955 Rn. 2, wonach im Lauf der betreffenden Frist auch Sonn- und Feiertage mitzuzählen sind; dem folgend FrankfKomm/*Schmid* Art. 52 MÜ Rn. 5, wonach im Falle der Schadensanzeige für die Anwendung des Art. 35 Abs. 2 MÜ kein Raum bleibe und daher der letzte Tag einer Frist folglich auch an einem Sonn- und Feiertage ablaufen könne.

4 FrankfKomm/*Schmid* Art. 52 MÜ Rn. 4.

KAPITEL VII **Schlussbestimmungen**

Artikel 53 Unterzeichnung, Ratifikation und Inkrafttreten

1. [1]Dieses Übereinkommen liegt am 28. Mai 1999 in Montreal für die Staaten zur Unterzeichnung auf, die an der Internationalen Konferenz über Luftrecht vom 10. bis zum 28. Mai 1999 in Montreal teilgenommen haben. [2]Nach dem 28. Mai 1999 liegt das Übereinkommen am Sitz der Internationalen Zivilluftfahrt-Organisation in Montreal für alle Staaten zur Unterzeichnung auf, bis es nach Absatz 6 in Kraft tritt.
2. [1]Dieses Übereinkommen liegt ebenso für Organisationen der regionalen Wirtschaftsintegration zur Unterzeichnung auf. [2]Im Sinne dieses Übereinkommens bedeutet eine „Organisation der regionalen Wirtschaftsintegration“ eine von souveränen Staaten einer bestimmten Region gebildete Organisation, die für bestimmte, durch dieses Übereinkommen geregelte Gegenstände zuständig ist und gehörig befugt ist, dieses Übereinkommen zu unterzeichnen und es zu ratifizieren, anzunehmen, zu genehmigen oder ihm beizutreten. [3]Eine Bezugnahme auf einen „Vertragsstaat“ oder „Vertragsstaaten“ in diesem Übereinkommen mit Ausnahme des Artikels 1 Absatz 2, Artikels 3 Absatz 1 Buchstabe b, Artikels 5 Buchstabe b, der Artikel 23, 33 und 46 sowie des Artikels 57 Buchstabe b gilt gleichermaßen für eine Organisation der regionalen Wirtschaftsintegration. [4]Die Bezugnahmen in Artikel 24 auf „eine Mehrheit der Vertragsstaaten“ und „ein Drittel der Vertragsstaaten“ gelten nicht für eine Organisation der regionalen Wirtschaftsintegration.
3. Dieses Übereinkommen bedarf der Ratifikation durch die Staaten und Organisationen der regionalen Wirtschaftsintegration, die es unterzeichnet haben.
4. Staaten oder Organisationen der regionalen Wirtschaftsintegration, die dieses Übereinkommen nicht unterzeichnen, können es jederzeit annehmen oder genehmigen oder ihm beitreten.
5. Die Ratifikations-, Annahme-, Genehmigungs- oder Beitrittsurkunden werden bei der Internationalen Zivilluftfahrt-Organisation hinterlegt; diese wird hiermit zum Verwahrer bestimmt.
6. [1]Dieses Übereinkommen tritt am sechzigsten Tag nach Hinterlegung der dreißigsten Ratifikations-, Annahme-, Genehmigungs- oder Beitrittsurkunde beim Verwahrer zwischen den Staaten in Kraft, die eine solche Urkunde hinterlegt haben. [2]Eine von einer Organisation der regionalen Wirtschaftsintegration hinterlegte Urkunde wird insoweit nicht gezählt.
7. Für andere Staaten und für andere Organisationen der regionalen Wirtschaftsintegration tritt dieses Übereinkommen sechzig Tage nach Hinterlegung der Ratifikations-, Annahme-, Genehmigungs- oder Beitrittsurkunde in Kraft.
8. Der Verwahrer notifiziert allen Unterzeichnern und Vertragsstaaten umgehend
   a) jede Unterzeichnung dieses Übereinkommens und deren Zeitpunkt;
   b) jede Hinterlegung einer Ratifikations-, Annahme-, Genehmigungs- oder Beitrittsurkunde und den Zeitpunkt der Hinterlegung;
   c) den Zeitpunkt des Inkrafttretens dieses Übereinkommens;
   d) den Zeitpunkt, zu dem eine nach diesem Übereinkommen vorgenommene Anpassung der Haftungshöchstbeträge in Kraft tritt;
   e) jede Kündigung nach Artikel 54.

https://doi.org/10.1515/9783110564945-054

CHAPTER VII **Final Clauses**

Article 53 Signature, Ratification and Entry into Force

1. *This Convention shall be open for signature in Montreal on 28 May 1999 by States participating in the International Conference on Air Law held at Montreal from 10 to 28 May 1999. After 28 May 1999, the Convention shall be open to all States for signature at the Headquarters of the International Civil Aviation Organization in Montreal until it enters into force in accordance with paragraph 6 of this Article.*
2. *This Convention shall similarly be open for signature by Regional Economic Integration Organisations. For the purpose of this Convention, a „Regional Economic Integration Organisation" means any organisation which is constituted by sovereign States of a given region which has competence in respect of certain matters governed by this Convention and has been duly authorized to sign and to ratify, accept, approve or accede to this Convention. A reference to a „State Party" or „States Parties" in this Convention, otherwise than in paragraph 2 of Article 1, paragraph 1(b) of Article 3, paragraph (b) of Article 5, Articles 23, 33, 46 and paragraph (b) of Article 57, applies equally to a Regional Economic Integration Organisation. For the purpose of Article 24, the references to „a majority of the States Parties" and „one-third of the States Parties" shall not apply to a Regional Economic Integration Organisation.*
3. *This Convention shall be subject to ratification by States and by Regional Economic Integration Organisations which have signed it.*
4. *Any State or Regional Economic Integration Organisation which does not sign this Convention may accept, approve or accede to it at any time.*
5. *Instruments of ratification, acceptance, approval or accession shall be deposited with the International Civil Aviation Organization, which is hereby designated the Depositary.*
6. *This Convention shall enter into force on the sixtieth day following the date of deposit of the thirtieth instrument of ratification, acceptance, approval or accession with the Depositary between the States which have deposited such instrument. An instrument deposited by a Regional Economic Integration Organisation shall not be counted for the purpose of this paragraph.*
7. *For other States and for other Regional Economic Integration Organisations, this Convention shall take effect sixty days following the date of deposit of the instrument of ratification, acceptance, approval or accession.*
8. *The Depositary shall promptly notify all signatories and States Parties of:*
   a) *each signature of this Convention and date thereof;*
   b) *each deposit of an instrument of ratification, acceptance, approval or accession and date thereof;*
   c) *the date of entry into force of this Convention;*
   d) *the date of the coming into force of any revision of the limits of liability established under this Convention;*
   e) *any denunciation under Article 54.*

CHAPITRE VII **Dispositions protocolaires**

Article 53 Signature, ratification et entrée en vigueur

1. *La présente convention est ouverte à Montréal le 28 mai 1999 à la signature des États participant à la Conférence internationale de droit aérien, tenue à Montréal du 10 au 28 mai 1999. Après le 28 mai 1999, la Convention sera ouverte à la signature de tous les États au siège de l'Organisation de l'aviation civile internationale à Montréal jusqu'à ce qu'elle entre en vigueur conformément au paragraphe 6 du présent article.*

2. *De même, la présente convention sera ouverte à la signature des organisations régionales d'intégration économique. Pour l'application de la présente convention, une „organisation régionale d'intégration économique" est une organisation constituée d'États souverains d'une région donnée qui a compétence sur certaines matières régies par la Convention et qui a été dûment autorisée à signer et à ratifier, accepter, approuver ou adhérer à la présente convention. Sauf au paragraphe 2 de l'article 1, au paragraphe 1, alinéa b), de l'article 3, à l'alinéa b) de l'article 5, aux articles 23, 33, 46 et à l'alinéa b) de l'article 57, toute mention faite d'un „État partie" ou „d'États parties" s'applique également aux organisations régionales d'intégration économique. Pour l'application de l'article 24, les mentions faites d'„une majorité des États parties" et d'„un tiers des États parties" ne s'appliquent pas aux organisations régionales d'intégration économique.*
3. *La présente convention est soumise à la ratification des États et des organisations d'intégration économique qui l'ont signée.*
4. *Tout État ou organisation régionale d'intégration économique qui ne signe pas la présente convention peut l'accepter, l'approuver ou y adhérer à tout moment.*
5. *Les instruments de ratification d'acceptation, d'approbation ou d'adhésion seront déposés auprès de l'Organisation de l'aviation civile internationale, qui est désignée par les présentes comme dépositaire.*
6. *La présente convention entrera en vigueur le soixantième jour après la date du dépôt auprès du dépositaire du trentième instrument de ratification, d'acceptation, d'approbation ou d'adhésion et entre les États qui ont déposé un tel instrument. Les instruments déposés par les organisations régionales d'intégration économique ne seront pas comptées aux fins du présent paragraphe.*
7. *Pour les autres États et pour les autres organisations régionales d'intégration économique, la présente convention prendra effet soixante jours après la date du dépôt d'un instrument de ratification, d'acceptation, d'approbation ou d'adhésion.*
8. *Le dépositaire notifiera rapidement à tous les signataires et à tous les États parties:*
   a) chaque signature de la présente convention ainsi que sa date;
   b) chaque dépôt d'un instrument de ratification, d'acceptation, d'approbation ou d'adhésion ainsi que sa date;
   c) la date d'entrée en vigueur de la présente convention;
   d) la date d'entrée en vigueur de toute révision des limites de responsabilité établies en vertu de la présente convention;
   e) toute dénonciation au titre de l'article 54.

Schrifttum

Bollweg Das Montrealer Übereinkommen, Rückblick – Überblick – Ausblick, ZLW **2000** 439–451; *Müller-Rostin* Die Internationale Luftrechtskonferenz von Montreal zur Reform des Warschauer Abkommens (10.–28. Mai 1999), ZLW **2000** 36–51.

Parallelvorschriften

Artt. 36, 37, 38 WA 1955.

Übersicht

A. Allgemeines

I. Normzweck

1 Art. 53 MÜ enthält die Vorschriften über **Unterzeichnung, Ratifikation** und **Inkrafttreten des Übereinkommens**. Das Übereinkommen lag beim Verwahrer,[1] der Internationalen Zivilluftfahrt-Organisation (**ICAO**) in Montreal, bis zu seinem Inkrafttreten zur Unterzeichnung auf. Da das Übereinkommen nicht nur von Staaten, sondern auch von Organisationen regionaler Wirtschaftsintegration, wie der Europäischen Gemeinschaft, unterzeichnet werden kann, stellt **Absatz 2** klar, welche Eigenschaften eine solche Organisation aufweisen muss.

II. Entstehungsgeschichte

2 Die Vorschrift fasst die Schlussklauseln in Entsprechung zu Artt. 36 bis 38 WA 1955 zusammen.

B. Unterzeichnung, Ratifikation und Inkrafttreten

3 Am 28. Mai 1999 wurde auf einer diplomatischen Konferenz der Internationalen Zivilluftfahrt-Organisation das vorliegende Übereinkommen zur Vereinheitlichung bestimmter Vorschriften über die Beförderung im internationalen Luftverkehr verabschiedet. Neben 118 ICAO-Mitgliedstaaten nahmen an der Diplomatischen Konferenz der Vatikanstaat sowie 12 Nichtregierungsorganisationen, wie die IATA, die Internationale Handelskammer, teil.[2] Das neue Regelungswerk wurde noch am selben Tage zur Zeichnung aufgelegt und sogleich von 52 teilnehmenden Staaten gezeichnet, darunter die Vereinigten Staaten von Amerika sowie die EG-Mitgliedstaaten Belgien, Dänemark, Deutschland, Frankreich, Griechenland, Italien, Portugal und das Vereinigte Königreich.[3] Unter dem Begriff „**Unterzeichnung**" wird lediglich eine Absichtserklärung verstanden, Vertragspartner zu werden und verpflichtet den Vertragspartner dazu, durch sein weiteres Tun nicht Sinn und Zweck des Vertrages zu gefährden, solange er nicht klar zu erkennen gibt, doch nicht Vertragspartei zu werden.[4]

4 Das **Inkrafttreten** erforderte die Hinterlegung von dreißig Ratifikations-, Annahme-, Genehmigungs- oder Beitrittsurkunden beim Verwahrer (**Absatz 6**). Als 30. Ratifikationsurkunde wurde diejenige der Vereinigten Staaten am 5. September 2003 hinterlegt. Das Montrealer Übereinkommen konnte daher mit Ablauf der 60-Tage-Frist am 4. November 2003 in Kraft treten. Das Übereinkommen entfaltete ab dem **4. November 2003** Gültigkeit für diejenigen Staaten, die damals ihre Urkunden bereits beim Verwahrer hinterlegt hatten. Griechenland und Portugal hatten entgegen dem Ratsbeschluss vom 5. April 2001,[5] das Übereinkommen gemeinsam mit den anderen Mitgliedstaaten der Europäischen Union und der Europäischen Gemeinschaft zu ratifizieren, das Übereinkommen im Alleingang ratifiziert mit der Folge, dass das Übereinkommen für Griechenland und Portugal bereits ab dem Inkrafttreten des Montrealer Übereinkommens Wirkung zeitigt.[6]

5 Die **Europäische Gemeinschaft** hinterlegte als Organisation einer regionalen Wirtschaftsintegration die Ratifikationsurkunde gemeinsam mit den Mitgliedstaaten der Europäischen Union (Ausnahme: Griechenland und Portugal) am 29. April 2004 beim Verwahrer hinterlegt. Das Über-

---

1 Für Österreich und die Schweiz: Depositar.
2 *Müller-Rostin* ZLW **2000** 36 ff.
3 *Bollweg* ZLW **2000** 439, 442.
4 Art. 18 WVÜ.
5 ABl. EG 2001 Nr. L 194 S. 38.
6 Ungenau FrankfKomm/*Schmid* Art. 53 MÜ Rn. 4.

einkommen trat gem. Art. 54 Abs. 7 MÜ am **28. Juni 2004** für die Europäische Gemeinschaft und die übrigen Mitgliedstaaten in Kraft.

Derzeit gilt das Montrealer Übereinkommen in 139 Vertragsstaaten.[7] 6

C. Organisationen der regionalen Wirtschaftsintegration

Im Gegensatz zum Warschauer Abkommen sieht das Montrealer Übereinkommen vor, dass sog. 7 Organisationen der regionalen Wirtschaftsintegration das Übereinkommen ratifizieren können. Aus **Absatz 2** ergibt sich, in welchen Fällen eine solche Organisation von Vorschriften erfasst wird, die auf einen „Vertragsstaat" oder „Vertragsstaaten" Bezug nehmen. Soweit das Übereinkommen bestimmte Quoren von Vertragsstaaten verlangt, werden solche Organisationen nicht mitgezählt. Dies gilt nach **Absatz 6 Satz 2** auch für die für das Inkrafttreten notwendige Mindestzahl von Ratifikationen durch Unterzeichnerstaaten.

Gemäß **Absatz 2 Satz 3** finden auf Organisationen der regionalen Wirtschaftsintegration fol- 8 gende Vorschriften des Übereinkommens keine Anwendung: Art. 1 Abs. 2 MÜ (Anwendungsbereich), Art. 3 Abs. 1 Buchstabe b MÜ (Mindestangaben im Beförderungsschein), Art. 5 Buchstabe b MÜ (Mindestangaben im Luftfrachtbrief), Art. 23 MÜ (Umrechnung von Rechnungseinheiten), Artt. 33 und 46 MÜ (Gerichtsstände) sowie Art. 57 Buchstabe b (Vorbehaltserklärungen).

D. Maßgebliche Textfassungen

Für das Warschauer Abkommen bestimmt Art. 36 WA 1929, dass allein der französische Text maß- 9 geblich ist. In keinem der Artikel des Montrealer Übereinkommens findet sich eine ausdrückliche Bestimmung über die verbindliche Sprache. Nur in der Schlussformel findet sich ein Hinweis auf die Verbindlichkeit sechs verschiedener Sprachen. Maßgeblicher Wortlaut sind ausschließlich und gemeinsam die arabische, chinesische, englische, französische, russische und spanische Sprache. Demgegenüber stellt der deutsche Text nur eine amtliche Übersetzung der deutschsprachigen Staaten dar. Er kann daher keine vom Originaltext abweichende Auslegung begründen,[8] allenfalls ein Argument für eine der möglichen Auslegungen liefern.

---

7 Vgl. Mitgliederstand oben unter Präambel Rdn. 50.
8 MünchKommHGB/*Müller-Rostin*[5] Einl. MÜ Rn. 51.

Artikel 54 Kündigung

1. **Jeder Vertragsstaat kann dieses Übereinkommen durch eine an den Verwahrer gerichtete schriftliche Notifikation kündigen.**
2. **Die Kündigung wird einhundertachtzig Tage nach Eingang der Notifikation beim Verwahrer wirksam.**

Article 54 Denunciation

1. *Any State Party may denounce this Convention by written notification to the Depositary.*
2. *Denunciation shall take effect one hundred and eighty days following the date on which notification is received by the Depositary.*

Article 54 Dénonciation

1. *Tout État partie peut dénoncer la présente convention par notification écrite adressée au dépositaire.*
2. *La dénonciation prendra effet cent quatre-vingt jours après la date à laquelle le dépositaire aura reçu la notification.*

Schrifttum

Vgl. zu Art. 53 MÜ.

Parallelvorschriften

Artt. 39, 40 WA 1955.

Übersicht

A. Allgemeines

I. Normzweck

1 Die Vorschrift sieht vor, dass jeder Vertragsstaat und gemäß Art. 53 Abs. 2 MÜ jede Organisation regionaler Wirtschaftsintegration das Übereinkommen durch eine an den Verwahrer gerichtete schriftliche Notifikation kündigen kann. Eine Kündigungserklärung wird nur bezüglich desjenigen Vertragsteils wirksam, der sie ausgesprochen hat. Eine Kündigung des Übereinkommens durch die Europäische Gemeinschaft würde daher keine Folgen bezüglich der völkerrechtlichen Geltung des Montrealer Übereinkommens für die Mitgliedstaaten der Europäischen Union zeitigen.

II. Entstehungsgeschichte

2 Die Vorschrift entspricht Art. 39 WA 1955.

https://doi.org/10.1515/9783110564945-055

B. Einzelheiten der Kündigung

Unter Notifikation versteht man die offizielle Mitteilung einer Information an den Verwahrer. Verwahrer ist nach Art. 53 Abs. 5 MÜ die Internationale Zivilluftfahrt-Organisation (**ICAO**) mit Sitz in Montreal. Die Notifikation hat schriftlich zu erfolgen. **3**

Die Kündigung muss durch einen Vertragsstaat oder eine Organisation regionaler Wirtschaftsintegration erfolgen. **4**

Mit Eingang der Kündigung beim Verwahrer hat dieser umgehend die anderen Vertragsstaaten darüber zu unterrichten (Art. 53 Abs. 8 Buchstabe 3 MÜ). Auch wenn die Vorschrift eine Anzeige des Wirksamwerdens der Kündigung nicht regelt, sollte im Interesse der Rechtssicherheit eine Notifikation des Verwahrers erfolgen, ab welchem Tag ein Staat nicht mehr Vertragsstaat des Montrealer Übereinkommens ist.[1] **5**

Eine angezeigte Kündigung wird 180 Tage nach dem Tag, an welchem die Notifikation erfolgt ist, wirksam. Der Tag des Zugangs der Notifikation beim Verwahrer wird nicht mitgerechnet. Anders als Art. 35 Abs. 2 MÜ enthält Art. 54 MÜ keinen Verweis auf das nationale Recht, so dass die §§ 187 ff BGB keine Anwendung finden. Eine Kündigung wird auch wirksam, wenn der letzte Tag der 180-Tage-Frist auf einen Sonntag oder einen Feiertag entfällt. **6**

---

1 Ebenso FrankfKomm/*Schmid* Art. 54 MÜ Rn. 5.

Artikel 55 Verhältnis zu anderen mit dem Warschauer Abkommen zusammenhängenden Übereinkünften

Dieses Übereinkommen geht allen Vorschriften vor, die für die Beförderung im internationalen Luftverkehr gelten

1. zwischen Vertragsstaaten dieses Übereinkommens aufgrund dessen, dass diese Staaten gemeinsam Vertragsparteien folgender Übereinkünfte sind:
   a) Abkommen zur Vereinheitlichung von Regeln über die Beförderung im internationalen Luftverkehr, unterzeichnet in Warschau am 12. Oktober 1929 (im Folgenden als „Warschauer Abkommen" bezeichnet);
   b) Protokoll zur Änderung des Abkommens zur Vereinheitlichung von Regeln über die Beförderung im internationalen Luftverkehr, unterzeichnet in Warschau am 12. Oktober 1929, beschlossen in Den Haag am 28. September 1955 (im folgenden als „Haager Protokoll" bezeichnet);
   c) Zusatzabkommen zum Warschauer Abkommen zur Vereinheitlichung von Regeln über die von einem anderen als dem vertraglichen Luftfrachtführer ausgeführte Beförderung im internationalen Luftverkehr, unterzeichnet in Guadalajara am 18. September 1961 (im folgenden als „Abkommen von Guadalajara" bezeichnet);
   d) Protokoll zur Änderung des am 12. Oktober 1929 in Warschau unterzeichneten Abkommens zur Vereinheitlichung von Regeln über die Beförderung im internationalen Luftverkehr in der Fassung des Haager Protokolls vom 28. September 1955, unterzeichnet in Guatemala-Stadt am 8. März 1971 (im folgenden als „Protokoll von Guatemala-Stadt" bezeichnet);
   e) Zusatzprotokolle Nr 1 bis 3 und Protokoll von Montreal Nr 4 zur Änderung des Warschauer Abkommens in der Fassung des Haager Protokolls oder des Warschauer Abkommens in der Fassung des Haager Protokolls und des Protokolls von Guatemala-Stadt, unterzeichnet in Montreal am 25. September 1975 (im folgenden als „Protokolle von Montreal" bezeichnet) oder

2. innerhalb des Hoheitsgebiets eines einzelnen Vertragsstaats dieses Übereinkommens aufgrund dessen, dass dieser Staat Vertragspartei einer oder mehrerer der unter Nummer 1 Buchstaben a bis e genannten Übereinkünfte ist.

Article 55 Relationship with other Warsaw Convention Instruments

This Convention shall prevail over any rules which apply to international carriage by air:

1. between States Parties to this Convention by virtue of those States commonly being Party to
   a) the Convention for the Unification of Certain Rules Relating to International Carriage by Air Signed at Warsaw on 12 October 1929 (hereinafter called the Warsaw Convention);
   b) the Protocol to Amend the Convention for the Unification of Certain Rules Relating to International Carriage by Air Signed at Warsaw on 12 October 1929, Done at The Hague on 28 September 1955 (hereinafter called The Hague Protocol);
   c) the Convention, Supplementary to the Warsaw Convention, for the Unification of Certain Rules Relating to International Carriage by Air Performed by a Person Other than the Contracting Carrier, signed at Guadalajara on 18 September 1961 (hereinafter called the Guadalajara Convention);
   d) the Protocol to Amend the Convention for the Unification of Certain Rules Relating to International Carriage by Air Signed at Warsaw on 12 October 1929 as Amended by the Protocol Done at The Hague on 28 September 1955 Signed at Guatemala City on 8 March 1971 (hereinafter called the Guatemala City Protocol);

https://doi.org/10.1515/9783110564945-056

e) *Additional Protocol Nos. 1 to 3 and Montreal Protocol No. 4 to amend the Warsaw Convention as amended by The Hague Protocol or the Warsaw Convention as amended by both The Hague Protocol and the Guatemala City Protocol Signed at Montreal on 25 September 1975 (hereinafter called the Montreal Protocols); or*

2. *within the territory of any single State Party to this Convention by virtue of that State being Party to one or more of the instruments referred to in sub-paragraphs (a) to (e) above.*

Article 55 Relation avec les autres instruments de la Convention de Varsovie

La présente convention l'emporte sur toutes règles s'appliquant au transport international par voie aérienne:

1. *entre États parties à la présente convention du fait que ces États sont communément parties aux instruments suivants:*
   a) *Convention pour l'unification de certaines règles relatives au transport aérien international, signée à Varsovie le 12 octobre 1929 (appelée ci-après la Convention de Varsovie);*
   b) *Protocole portant modification de la Convention pour l'unification de certaines règles relatives au transport aérien international signée à Varsovie le 12 octobre 1929, fait à La Haye le 28 septembre 1955 (appelé ci-après le Protocole de La Haye);*
   c) *Convention complémentaire à la Convention de Varsovie, pour l'unification de certaines règles relatives au transport aérien international effectué par une personne autre que le transporteur contractuel, signée à Guadalajara le 18 septembre 1961 (appelée ci-après la Convention de Guadalajara);*
   d) *Protocole portant modification de la Convention pour l'unification de certaines règles relatives au transport aérien international signée à Varsovie le 12 octobre 1929 amendée par le Protocole fait à La Haye le 28 septembre 1955, signé à Guatemala le 8 mars 1971 (appelé ci-après le Protocole de Guatemala);*
   e) *Protocoles additionnels n 1 à 3 et Protocole de Montréal no 4 portant modification de la Convention de Varsovie amendée par le Protocole de La Haye ou par la Convention de Varsovie amendée par le Protocole de La Haye et par le Protocole de Guatemala, signés à Montréal le 25 septembre 1975 (appelés ci-après les Protocoles de Montréal); ou*
2. *dans le territoire de tout État partie à la présente convention du fait que cet État est partie à un ou plusieurs des instruments mentionnés aux alinéas a) à e) ci-dessus.*

Schrifttum

Cheng The Labyrinth of the Law of International Carriage by Air, ZLW **2001** 155–172.

Übersicht

A. Allgemeines

I. Normzweck

1 Die Vorschrift stellt den Vorrang des Montrealer Übereinkommens im Verhältnis zwischen den Vertragsstaaten gegenüber den anderen Übereinkommen im internationalen Luftverkehr sicher.[1] Aus der Vorschrift folgt mittelbar, dass das Montrealer Übereinkommen, das aus dem Warschauer Abkommen, seinen Zusatzabkommen, Protokollen und Zusatzprotokollen bestehende „Warschauer System" sukzessive ablösen wird.[2] Mit fortschreitender Verbreitung des Montrealer Übereinkommens wird das Warschauer System verdrängt. Es besteht deshalb keine Verpflichtung, das Warschauer Abkommen oder dessen Folgeübereinkommen zu kündigen.[3] Die bisherigen internationalen Instrumente finden im Verhältnis von Staaten Anwendung, die nicht Vertragsstaaten des Montrealer Übereinkommens sind.

II. Entstehungsgeschichte

2 Die Vorrangregelung zur Ablösung des Warschauer Systems wurde im Rahmen der Verabschiedung des Montrealer Übereinkommens konzipiert.

B. Anwendung der nachrangigen mit dem Warschauer System zusammenhängenden Übereinkünfte

I. Die mit dem Warschauer System zusammenhängenden Übereinkünfte

3 Das unter **Buchstabe a** genannte **Warschauer Abkommen von 1929** wurde durch Deutschland am 30. September 1933 ratifiziert[4] und entfaltete Wirkung für Deutschland seit dem 29. Dezember 1933. Der Ratifikationsstand des Warschauer Abkommens ist im Anhang[5] abgedruckt.

4 Das unter **Buchstabe b** genannte **Warschauer Abkommen** in der Fassung des **Haager Protokolls** (vgl. zur Entstehungsgeschichte oben Präambel Rn 4) wurde von Deutschland am 27. Oktober 1960 ratifiziert und trat am 1. August 1963 für Deutschland in Kraft.[6] Der Ratifikationsstand des Warschauer Abkommens in der Fassung des Haager Protokolls ist im Anhang abgedruckt.[7]

5 Das unter **Buchstabe c** genannte **Zusatzabkommen** von **Guadalajara (**vgl. zur Entstehungsgeschichte oben Präambel Rn 7) wurde von Deutschland am 2. März 1964 ratifiziert und trat für Deutschland am 31 Mai 1964 in Kraft.[8] Der aktuelle Mitgliederstand ist auf der Homepage der Internationalen Zivilluftfahrt-Organisation (ICAO) abgedruckt.[9]

6 Das unter **Buchstabe d** genannte **Protokoll von Guatemala-Stadt** (vgl. zur Entstehungsgeschichte oben Präambel Rn 8) konnte mangels ausreichender Anzahl hinterlegter Ratifikationsinstrumente noch nicht in Kraft treten.

1 *Cheng* ZLW **2001** 155, 167.
2 Vgl. Denkschrift BT-Drucks. **15**/2285, S. 53.
3 FrankfKomm/*Giemulla* Art. 55 MÜ Rn. 2.
4 Vgl. RGBl. **1933** II S. 1039.
5 Vgl. Anh. I.–2.
6 Vgl. BGBl. **1964** II S. 1295.
7 Vgl. Anh. I.–2.
8 Vgl. BGBl. **1964** II S. 1317.
9 Vgl. www.icao.int: *Treaty Collection.*

Die unter **Buchstabe e** genannten **Montrealer Zusatzprotokolle** Nummer 1 und 2 sind seit dem 15. Februar 1996 in Kraft, das Zusatzprotokoll Nummer 4 ist seit dem 14. Juni 1998 in Kraft. Das Zusatzprotokoll Nummer 3 ist bisher nicht in Kraft getreten. Deutschland hat sämtliche Montrealer Protokolle bisher nicht ratifiziert. 7

II. Rechtsfolgen

Soweit die streitgegenständliche Luftbeförderung betreffenden Staaten Vertragsstaaten des Montrealer Übereinkommens sind, findet ausschließlich das Montrealer Überkommen Anwendung. Ist hingegen einer der Staaten nicht Vertragsstaat des Montrealer Übereinkommens, ist genau zu prüfen, ob das Montrealer Übereinkommen bzw. welche der übrigen Übereinkünfte zur Anwendung gelangen. Voraussetzung für die Anwendung des Montrealer Übereinkommens oder seiner Vorgängerübereinkommen ist stets, dass eine internationale Beförderung vorliegt. 8

Die **Internationalität** der Beförderung wird in Art. 1 Abs. 2 MÜ definiert. Gemäß Absatz 2 sind Beförderungsverträge international, wenn entweder der Abgangs- und Bestimmungsort in unterschiedlichen Vertragsstaaten des Montrealer Übereinkommens liegt (Satz 1 Variante 1) oder sich Abgangs- und Bestimmungsort zwar im gleichen Vertragsstaat befinden, aber eine Zwischenlandung in einem Drittstaat, der nicht Vertragsstaat sein muss, geplant ist (vgl. Art. 1 Rn 31 ff). Bei sog Rundflügen ist daher der Anwendungsbereich des Montrealer Übereinkommens eröffnet, wenn Abgangs- und Bestimmungsort auf dem Gebiet eines Vertragsstaates liegen. Das Montrealer Übereinkommen findet dagegen keine Anwendung, wenn lediglich eine Zwischenlandung in einem Vertragsstaat vereinbart ist, Abgangs- und Bestimmungsort jedoch in einem Nichtvertragsstaat des Montrealer Übereinkommens liegen.[10] 9

Da Staaten sowohl Vertragsstaat des Montrealer Übereinkommens als auch der Vorgängerabkommen sein können, lässt sich anhand der nachstehenden Matrix die jeweils anwendbare Übereinkunft bzw. das jeweils anwendbare nationale Recht (IPR) unter Vernachlässigung des Zusatzabkommens von Guadalajara, des Zusatzprotokolls von Guatemala-Stadt und der Montrealer Zusatzprotokolle wie folgt ermitteln: 10

		Vertragsstaat 2 (Bestimmungsort)					
	Übereinkommen	*MÜ*	*MÜ + WA 1929*	*MÜ + WA 1955*	*WA 1955*	*WA 1955 + WA 1929*	*WA 1929*
Vertragsstaat 1 (Abgangsort)	*MÜ*	**MÜ**	**MÜ**	**MÜ**	IPR	IPR	IPR
	MÜ + WA 1929	**MÜ**	**MÜ**	**MÜ**	IPR	**WA 1929**	**WA 1929**
	MÜ + WA 1955	**MÜ**	**MÜ**	**MÜ**	**WA 1955**	**WA 1955**	IPR
	WA 1955	IPR	IPR	**WA 1955**	**WA 1955**	**WA 1955**	IPR
	WA 1955 + WA 1929	IPR	**WA 1929**	**WA 1955**	**WA 1955**	**WA 1955**	**WA 1929**
	WA 1929	IPR	IPR	IPR	IPR	**WA 1929**	**WA 1929**

10 US CA 2nd Cir., Urt. v. 2.8.1985 – *Alleged Food Poisoning Incident March al Zamil v. British Airways* – **770** F.2d 3, Rz. 8.

Artikel 56 Staaten mit mehreren Rechtsordnungen

1. Umfasst ein Staat zwei oder mehr Gebietseinheiten, in denen auf die durch dieses Übereinkommen geregelten Gegenstände unterschiedliche Rechtsordnungen angewendet werden, so kann er bei der Unterzeichnung, der Ratifikation, der Annahme, der Genehmigung oder dem Beitritt erklären, dass dieses Übereinkommen sich auf alle seine Gebietseinheiten oder nur auf eine oder mehrere derselben erstreckt; er kann seine Erklärung jederzeit durch eine neue Erklärung ersetzen.

2. Die Erklärungen werden dem Verwahrer notifiziert und müssen ausdrücklich angeben, auf welche Gebietseinheiten sich das Übereinkommen erstreckt.

3. Hinsichtlich eines Vertragsstaats, der eine solche Erklärung abgegeben hat,

a) sind Bezugnahmen auf die „Landeswährung" in Artikel 23 als Bezugnahmen auf die Währung der betreffenden Gebietseinheit dieses Staates zu verstehen und

b) ist die Bezugnahme auf das „nationale Recht" in Artikel 28 als Bezugnahme auf das Recht der betreffenden Gebietseinheit dieses Staates zu verstehen.

Article 56 States with more than one System of Law

1. If a State has two or more territorial units in which different systems of law are applicable in relation to matters dealt with in this Convention, it may at the time of signature, ratification, acceptance, approval or accession declare that this Convention shall extend to all its territorial units or only to one or more of them and may modify this declaration by submitting another declaration at any time.

2. Any such declaration shall be notified to the Depositary and shall state expressly the territorial units to which the Convention applies.

3. In relation to a State Party which has made such a declaration:

a) references in Article 23 to „national currency" shall be construed as referring to the currency of the relevant territorial unit of that State; and

b) the reference in Article 28 to „national law" shall be construed as referring to the law of the relevant territorial unit of that State.

Article 56 États possédant plus d'un régime juridique

1. Si un État comprend deux unités territoriales ou davantage dans lesquelles des régimes juridiques différents s'appliquent aux questions régies par la présente convention, il peut, au moment de la signature, de la ratification, de l'acceptation, de l'approbation ou de l'adhésion, déclarer que ladite convention s'applique à toutes ses unités territoriales ou seulement à l'une ou plusieurs d'entre elles et il peut à tout moment modifier cette déclaration en en soumettant une nouvelle.

2. Toute déclaration de ce genre est communiquée au dépositaire et indique expressément les unités territoriales auxquelles la Convention s'applique.

3. Dans le cas d'un État partie qui a fait une telle déclaration:

a) les références, à l'article 23, à la „monnaie nationale" sont interprétées comme signifiant la monnaie de l'unité territoriale pertinente dudit État;

b) à l'article 28, la référence à la „loi nationale" est interprétée comme se rapportant à la loi de l'unité territoriale pertinente dudit État.

https://doi.org/10.1515/9783110564945-057

Schrifttum
Vgl. zu Art. 53 MÜ.

Parallelvorschriften
Art. 40 WA 1955.

Übersicht

A. Allgemeines

I. Normzweck

Die Vorschrift enthält Bestimmungen über die Anwendung des Übereinkommens in Staaten mit mehreren Gebietseinheiten, in denen unterschiedliche Rechtsordnungen für die durch das Übereinkommen geregelten Gegenstände gelten. Dies kann beispielsweise der Fall sein, wenn die Gesetzgebungskompetenz für die Regelungsgegenstände des Übereinkommens nicht bei dem Unterzeichnerstaat, sondern seinen Gebietseinheiten liegt. In diesem Fall kann bei Hinterlegung der Ratifikations-, Annahme-, Genehmigungs- oder Beitrittsurkunde eine Erklärung über den räumlichen Anwendungsbereich abgegeben werden. Für die Ratifikation des Übereinkommens durch die Bundesrepublik Deutschland ist die Vorschrift ohne Bedeutung.[1] 1

II. Entstehungsgeschichte

Die Vorschrift findet ihre Parallele in Art. 40 WA 1955. 2

B. Dem Verwahrer gegenüber erklärte Notifikationen nach Art. 56 MÜ

Bis zum gegenwärtigen Zeitpunkt (Januar 2024) sind gegenüber dem Verwahrer nachstehende Notifikationen nach Art. 56 MÜ angezeigt worden, die nachstehend in chronologischer Folge dargestellt werden: 3

1 Vgl. Denkschrift BT-Drucks. 15/2285 S. 53.

I. Neuseeland

4 Neuseeland teilte am 18. November 2002 bei der Hinterlegung seiner Beitrittserklärung mit, dass sich der Beitritt auch auf Tokelau erstreckt.

II. Dänemark

5 Dänemark teilte am 29. April 2004 bei Hinterlegung seiner Ratifikationsurkunde mit, dass bis zu einer später zu treffenden Entscheidung das Übereinkommen auf die Färöer Inseln keine Anwendung findet.

III. Volksrepublik China

6 Die Volksrepublik China gab bei der Hinterlegung ihrer Ratifikationsurkunde am 1. Juni 2005 folgende Erklärungen ab:

> *„Das Übereinkommen findet auf die Sonderverwaltungsregion Hongkong der Volksrepublik China so lange keine Anwendung, bis die Regierung der Volksrepublik China etwas anderes notifiziert."*[2] [3]
>
> *„Das Übereinkommen findet auf die Sonderverwaltungsregion Macao der Volksrepublik China Anwendung."*[4]

7 Mit Schreiben vom 20. Oktober 2006 gab ein Vertreter Chinas nachstehende Erklärung gegenüber dem Verwahrer ab:

> *„Artikel 153 des Grundgesetzes der Sonderwaltungsregion Hongkong der Volksrepublik China legt fest, dass über die die Sonderwaltungsregion Hongkong der Volksrepublik China betreffende Anwendung von internationalen Verträgen, deren Vertragspartei die Volksrepublik China ist oder sein wird, die Zentrale Volksregierung nach Einholung einer Stellungnahme der Regierung der Region und ausgehend von den Umständen und den Notwendigkeiten der Region entschieden wird.*
>
> *Nach Beratung mit der Regierung der Sonderverwaltungsregion Hongkong hat die Regierung der Volksrepublik China entschieden, das Übereinkommen ab dem 15. Dezember 2006 in der Sonderverwaltungsregion Hongkong der Volksrepublik China anzuwenden."*

IV. Europäische Gemeinschaft

8 Die Europäische Gemeinschaft notifizierte bei der Hinterlegung ihrer Genehmigungsurkunde am 29. April 2004 folgende Erklärung:

> *„Erklärung betreffend die Zuständigkeit der Europäischen Gemeinschaft für durch das Übereinkommen vom 28. Mai 1999 zur Vereinheitlichung bestimmter Vorschriften über die Beförderung im internationalen Luftverkehr (Montrealer Übereinkommen) geregelte Gegenstände:*
>
> 1. *Das Montrealer Übereinkommen sieht vor, dass Organisationen der regionalen Wirtschaftsintegration, die von souveränen Staaten einer bestimmten Region gebildet werden und die für bestimmte, durch das Übereinkommen geregelte Gegenstände zuständig sind, Vertragspartei des Übereinkommens werden können.*
> 2. *Die derzeitigen Mitgliedstaaten der Europäischen Gemeinschaft sind das Königreich Belgien, das Königreich Dänemark, die Bundesrepublik Deutschland, die Hellenische Republik, das Königreich Spanien, die Französische Republik, Irland, die Italienische Republik, das Großherzogtum Luxemburg, das Königreich der Nieder-*

2 Vgl. BGBl. **2005** II S. 129.
3 Beachte den Brief des Vertreters beim Rat der ICAO vom 20. Oktober 2006.
4 Vgl. BGBl. **2005** II S. 129.

lande, die Republik Österreich, die Portugiesische Republik, die Republik Finnland, das Königreich Schweden und das Vereinigte Königreich Großbritannien und Nordirland.

3. *Diese Erklärung ist nicht auf die Hoheitsgebiete der Mitgliedstaaten anwendbar, in denen der Vertrag zur Gründung der Europäischen Gemeinschaft nicht angewendet wird, und lässt die Handlungen oder Standpunkte unberührt, die von den betreffenden Mitgliedstaaten im Namen und im Interesse dieser Gebiete nach dem Übereinkommen vorgenommen beziehungsweise vertreten werden.*
4. *Im Hinblick auf das Übereinkommen erfasste Gegenstände haben die Mitgliedstaaten der Europäischen Gemeinschaft die Zuständigkeit für die Haftung für Schaden, der dadurch entsteht, dass ein Reisender getötet oder verletzt wird, auf die Gemeinschaft übertragen. Die Mitgliedstaaten haben ferner die Zuständigkeit für die Haftung für Schaden, der durch Verspätung entsteht, und im Fall von Zerstörung, Verlust, Beschädigung oder Verspätung bei der Beförderung von Reisegepäck übertragen. Dies umfasst Anforderungen bezüglich der Unterrichtung von Reisenden und Mindestversicherungsanforderungen. Daher ist es in diesem Bereich Aufgabe der Gemeinschaft, die einschlägigen Vorschriften und Verordnungen (die von den Mitgliedstaaten vollzogen werden) anzunehmen und im Rahmen ihrer Zuständigkeit Außenverpflichtungen gegenüber Drittstaaten oder zuständigen Organisationen einzugehen.*[5]
5. *Die Ausübung der Zuständigkeit, die die Mitgliedstaaten nach dem EG-Vertrag auf die Gemeinschaft übertragen haben, unterliegt ihrer Natur nach einer ständigen Fortentwicklung. Im Rahmen des Vertrages können die zuständigen Einrichtungen Entscheidungen treffen, die den Umfang der Zuständigkeit der Europäischen Gemeinschaft festlegen. Die Europäische Gemeinschaft behält sich daher das Recht vor, die vorliegende Erklärung entsprechend zu ändern, ohne dass dies eine Voraussetzung für die Ausübung ihrer Zuständigkeit in vom Montrealer Übereinkommen erfassten Angelegenheiten darstellt.*“[6]

V. Niederlande

Die Niederlande teilten mit Verbalnoten vom 22. April und 8. September 2016, dass das Königreich der Niederlande den Geltungsbereich des Übereinkommens auf den karibischen Teil der Niederlande (die Inseln Bonaire, Sint Eustatius und Saba) mit Wirksamkeit vom 1. Oktober 2016 ausdehnt.[7] 9

---

5 Quellen: 1) Verordnung EG Nr. 2027/97 des Rates vom 9. Oktober 1997 über Haftung von Luftfahrtunternehmen bei Unfällen, ABl. EU Nr. L 285, 17.10.1997, S. 1. 2) Verordnung (EG) Nr. 889/2002 des Europäischen Parlaments und des Rates vom 13. Mai 2002 zur Änderung der Verordnung (EG) Nr. 2027/97 des Rates über die Haftung von Luftfahrtunternehmen bei Unfällen, ABl. EU Nr. L 140, 30.5.2002, S. 2.

6 Vgl. BGBl. **2004** II S. 1373 f.

7 Vgl. die Nachweise auf der Internetseite des Verwahrers zu Rz. 14.

Artikel 57 Vorbehalte

Zu diesem Übereinkommen dürfen keine Vorbehalte angebracht werden; allerdings kann ein Vertragsstaat jederzeit durch eine an den Verwahrer gerichtete Notifikation erklären, dass dieses Übereinkommen nicht gilt für

a) die Beförderung im internationalen Luftverkehr, die unmittelbar von diesem Vertragsstaat zu nichtgewerblichen Zwecken im Hinblick auf seine Aufgaben und Pflichten als souveräner Staat ausgeführt und betrieben wird;

b) die Beförderung von Personen, Gütern und Reisegepäck für seine militärischen Dienststellen mit in diesem Vertragsstaat eingetragenen oder von ihm gemieteten Luftfahrzeugen, die ausschließlich diesen Dienststellen vorbehalten sind.

Article 57 Reservations

No reservation may be made to this Convention except that a State Party may at any time declare by a notification addressed to the Depositary that this Convention shall not apply to:

a) international carriage by air performed and operated directly by that State Party for non-commercial purposes in respect to its functions and duties as a sovereign State; and/or

b) the carriage of persons, cargo and baggage for its military authorities on aircraft registered in or leased by that State Party, the whole capacity of which has been reserved by or on behalf of such authorities.

Article 57 Réserves

Aucune réserve ne peut être admise à la présente convention, si ce n'est qu'un État partie peut à tout moment déclarer, par notification adressée au dépositaire, que la présente convention ne s'applique pas:

a) aux transports aériens internationaux effectués et exploités directement par cet État à des fins non commerciales relativement à ses fonctions et devoirs d'État souverain;

b) au transport de personnes, de bagages et de marchandises effectué pour ses autorités militaires à bord d'aéronefs immatriculés dans ou loués par ledit État partie et dont la capacité entière a été réservée par ces autorités ou pour le compte de celles-ci.

Schrifttum

Vgl. Schrifttum zu Art. 53 MÜ.

Parallelvorschriften

Zusatzprotokoll zu Art. 2 WA 1929.

Übersicht

https://doi.org/10.1515/9783110564945-058

A. Allgemeines

I. Normzweck

Die Vorschrift schließt zwar bei Ratifikation zu erklärende Vorbehalte ausdrücklich aus. Sie gestattet es den Vertragsstaaten jedoch, durch eine an den Verwahrer gerichtete Notifikation zu erklären, dass das Übereinkommen nicht für Beförderungen in militärischen Luftfahrzeugen oder für unmittelbar von dem Vertragsstaat ausgeführte Beförderungen zur Erfüllung hoheitlicher Aufgaben gilt. Der Grund für die Bestimmung liegt in dem Unwillen der Staaten, sog Staatsluftfahrzeuge oder militärische Transporte dem einheitlichen Privatrecht zu unterstellen.[1] 1

II. Entstehungsgeschichte

Die Vorschrift fußt auf dem Zusatzprotokoll zu Art. 2 WA 1929. Anders als dort kann eine Notifikation jederzeit und nicht nur zum Zeitpunkt der Ratifikation und des Beitritts abgegeben werden. 2

B. Dem Verwahrer gegenüber erklärte Vorbehalte nach Art. 57 MÜ

Bis zum gegenwärtigen Zeitpunkt (Mai 2011) sind gegenüber dem Verwahrer nachstehende Vorbehalte nach Art. 57 MÜ angezeigt worden, welche hier chronologisch dargestellt werden: 3

1 FrankfKomm/*Giemulla* Art. 57 MÜ Rn. 1.

I. Kanada

4 Kanada gab folgende Erklärung bei der Hinterlegung seiner Ratifikationsurkunde am 19. November 2002 ab:

„Kanada erklärt im Einklang mit Artikel 57 des am 28. Mai 1999 in Montreal beschlossenen und von Kanada am 1. Oktober 2001 unterzeichneten Übereinkommens zur Vereinheitlichung bestimmter Vorschriften über die Beförderung im internationalen Luftverkehr, dass das Übereinkommen nicht für die Beförderung von Personen, Gütern und Reisegepäck für seine militärischen Dienststellen mit in Kanada eingetragenen oder von Kanada gemieteten Luftfahrzeugen gilt, die ausschließlich diesen Dienststellen vorbehalten sind [Artikel 57 Buchstabe b].“[2]

II. Vereinigte Staaten von Amerika

5 Die Vereinigten Staaten von Amerika erklärten bei Hinterlegung ihrer Ratifikationsurkunde am 5. September 2003:

„Nach Artikel 57 des Übereinkommens erklären die Vereinigten Staaten von Amerika, dass das Übereinkommen nicht für die Beförderung im internationalen Luftverkehr gilt, die unmittelbar von den Vereinigten Staaten von Amerika zu nichtgewerblichen Zwecken im Hinblick auf ihre Aufgaben und Pflichten als souveräner Staat ausgeführt und betrieben wird.“[3]

III. Japan

6 Japan erklärte mit einer vom Außenminister unterzeichneten Note vom 24. Oktober 2003 gegenüber dem Verwahrer:

„dass die Regierung von Japan im Einklang mit Artikel 57 Buchstabe a des am 28. Mai 1999 in Montreal beschlossenen Übereinkommens, dass das Übereinkommen nicht für die Beförderung im internationalen Luftverkehr gilt, die unmittelbar von der Regierung von Japan zu nichtgewerblichen Zwecken im Hinblick auf Japans Aufgaben und Pflichten als souveräner Staat ausgeführt und betrieben wird.“[4]

IV. Deutschland

7 Deutschland notifizierte die nachstehende Erklärung bei Hinterlegung seiner Ratifikationsurkunde am 29. April 2004:

„Gemäß Artikel 57 des Übereinkommens vom 28. Mai 1999 zur Vereinheitlichung bestimmter Vorschriften über die Beförderung im internationalen Luftverkehr erklärt die Bundesrepublik Deutschland, dass das Übereinkommen nicht gilt für die Beförderung im internationalen Luftverkehr, die unmittelbar von der Bundesrepublik zu nichtgewerblichen Zwecken im Hinblick auf ihre Aufgaben und Pflichten als souveräner Staat ausgeführt und betrieben wird, sowie für die Beförderung von Personen, Gütern und Reisegepäck für die militärischen Dienststellen der Bundesrepublik Deutschland mit in der Bundesrepublik Deutschland eingetragenen oder von ihr gemieteten Luftfahrzeugen, die ausschließlich diesen Dienststellen vorbehalten sind.“[5]

---

2 BGBl. **2004** II S. 1374 f.
3 BGBl. **2004** II S. 1375 f.
4 BGBl. **2004** II S. 1374.
5 BGBl. **2004** II S. 1373.

V. Österreich

Die Beitrittsurkunde Österreichs vom 29. April 2004 enthält folgenden Vorbehalt: 8

„Die Republik Österreich erklärt im Einklang mit Artikel 57 des Übereinkommens vom 28. Mai 1999 zur Vereinheitlichung bestimmter Vorschriften über die Beförderung im internationalen Luftverkehr, dass dieses Übereinkommen nicht gilt für

a) die Beförderung im internationalen Luftverkehr, die unmittelbar von der Republik Österreich zu nichtgewerblichen Zwecken im Hinblick auf ihre Aufgaben und Pflichten als souveräner Staat ausgeführt und betrieben wird,

b) die Beförderung von Personen, Gütern und Reisegepäck für die militärischen Dienststellen mit in der Republik Österreich eingetragenen oder von ihr gemieteten Luftfahrzeugen, die ausschließlich diesen Dienststellen vorbehalten sind.“[6]

VI. Spanien

Die Ratifikationsurkunde Spaniens vom 29. April 2004 enthält folgenden Vorbehalt: 9

„Im Einklang mit Artikel 57 gilt das Übereinkommen nicht für

a) die Beförderung im internationalen Luftverkehr, die unmittelbar von Spanien zu nichtgewerblichen Zwecken im Hinblick auf seine Aufgaben und Pflichten als souveräner Staat ausgeführt und betrieben wird,

b) die Beförderung von Personen, Gütern und Reisegepäck für seine militärischen Dienststellen mit in Spanien eingetragenen oder von Spanien gemieteten Luftfahrzeugen, die ausschließlich diesen Dienststellen vorbehalten sind.“[7]

VII. Belgien

Mit einer vom Außenminister auf den 15. Juli 2004 unterzeichneten Note übermittelte Belgien 10
folgenden Vorbehalt an den Verwahrer:

Das Übereinkommen findet keine Anwendung auf:

a) *die Beförderung im internationalen Luftverkehr, die unmittelbar von Belgien zu nichtgewerblichen Zwecken im Hinblick auf ihre Aufgaben und Pflichten als souveräner Staat ausgeführt und betrieben wird,*

b) *die Beförderung von Personen, Gütern und Reisegepäck für seine militärischen Dienststellen mit in Belgien eingetragenen oder von ihm gemieteten Luftfahrzeugen, die ausschließlich diesen Dienststellen vorbehalten sind.“*

VIII. Katar

Die Beitrittsurkunde von Katar vom 15. November 2004 enthält folgenden Vorbehalt: 11

Das Übereinkommen findet keine Anwendung auf:

a) die Beförderung im internationalen Luftverkehr, die unmittelbar von diesem Vertragsstaat zu nichtgewerblichen Zwecken im Hinblick auf ihre Aufgaben und Pflichten als souveräner Staat ausgeführt und betrieben wird,

b) die Beförderung von Personen, Gütern und Reisegepäck für seine militärischen Dienststellen mit in diesem Vertragsstaat eingetragenen oder von ihm gemieteten Luftfahrzeugen, die ausschließlich diesen Dienststellen vorbehalten sind.“

---

6 BGBl. **2004** II S. 1375.

7 BGBl. **2004** II S. 1375.

IX. Litauen

12 Die Ratifikationsurkunden von Litauen vom 30. November 2004 enthält folgenden Vorbehalt:

„... im Einklang mit Artikel 57 ... erklärt das Parlament (Seimas) der Republik Litauen, dass das Übereinkommen nicht für die Beförderung im internationalen Luftverkehr gilt, die unmittelbar von Republik Litauen zu nichtgewerblichen Zwecken im Hinblick auf ihre Aufgaben und Pflichten als souveräner Staat ausgeführt und betrieben wird; es gilt ferner nicht für die Beförderung von Personen, Gütern und Reisegepäck für ihre militärischen Dienststellen mit in der Republik Litauen eingetragenen oder von ihr gemieteten Luftfahrzeugen, die ausschließlich diesen Dienststellen vorbehalten sind.“[8]

X. Singapur

13 Die Beitrittsurkunde von Singapur vom 17. September 2007 enthält folgenden Vorbehalt:

„Das Übereinkommen gilt nicht für:

a) die Beförderung im internationalen Luftverkehr, die unmittelbar von der Republik Singapur zu nichtgewerblichen Zwecken im Hinblick auf ihre Aufgaben und Pflichten als souveräner Staat ausgeführt und betrieben wird,

b) die Beförderung von Personen, Gütern und Reisegepäck für ihre militärischen Dienststellen mit in der Republik Singapur eingetragenen oder von ihr gemieteten Luftfahrzeugen, die ausschließlich diesen Dienststellen vorbehalten sind.“[9]

XI. Malaysia

14 Malaysia brachte bei der Hinterlegung seiner Beitrittsurkunde folgenden Vorbehalt an:

„Malaysia erklärt im Einklang mit Artikel 57 Buchstabe b des Montrealer Übereinkommens, dass das Übereinkommen nicht für die Beförderung von Personen, Gütern und Reisegepäck für seine militärischen Dienststellen mit in Malaysia eingetragenen oder von Malaysia gemieteten Luftfahrzeugen gilt, die ausschließlich diesen Dienststellen vorbehalten sind.“[10]

XII. Montenegro

15 Die Beitrittsurkunde von Montenegro vom 15. Januar 2010 enthält folgenden Vorbehalt

„Dieses Übereinkommen gilt nicht für:

a) die Beförderung im internationalen Luftverkehr, die unmittelbar von Montenegro zu nichtgewerblichen Zwecken im Hinblick auf seine Aufgaben und Pflichten als souveräner Staat ausgeführt und betrieben wird,

b) die Beförderung von Personen, Gütern und Reisegepäck für ihre militärischen Dienststellen mit in Montenegro eingetragenen oder von ihm gemieteten Luftfahrzeugen, die ausschließlich diesen Dienststellen vorbehalten sind.“

8 BGBl. **2005** II S. 1292.
9 BGBl. **2008** II S. 682.
10 BGBl. **2008** II S. 681.

XIII. Israel

Die Beitrittsurkunde Israels vom 19. Januar 2011 enthält folgenden Vorbehalt: 16

„Das Übereinkommen gilt nicht für:
a) die Beförderung im internationalen Luftverkehr, die unmittelbar vom Staat Israel zu nichtgewerblichen Zwecken im Hinblick auf seine Aufgaben und Pflichten als souveräner Staat ausgeführt und betrieben wird,
b) die Beförderung von Personen, Gütern und Reisegepäck für seine militärischen Dienststellen mit im Staat Israel eingetragenen oder von ihm gemieteten Luftfahrzeugen, die ausschließlich diesen Dienststellen vorbehalten sind."

XIV. Türkei

Die Ratifikationsurkunde der Türkei vom 25. Januar 2011 enthält folgenden Vorbehalt: 17

„Das genannte Übereinkommen gilt nicht für die Beförderung im internationalen Luftverkehr, die unmittelbar von der Republik Türkei zu nichtgewerblichen Zwecken im Hinblick auf ihre Aufgaben und Pflichten als souveräner Staat ausgeführt und betrieben wird, und die Beförderung von Personen, Gütern und Reisegepäck für ihre militärischen Dienststellen mit in der Republik Türkei eingetragenen oder von ihr gemieteten Luftfahrzeugen, die ausschließlich diesen Dienststellen vorbehalten sind."

XV. Aserbaidschan

Die Beitrittsurkunde der Republik Aserbaidschan vom 10. Februar 2015 enthält folgenden Vorbehalt: 18

„Die Republik Aserbaidschan erklärt im Einklang mit Artikel 57 des Übereinkommens vom 28. Mai 1999 zur Vereinheitlichung bestimmter Vorschriften über die Beförderung im internationalen Luftverkehr, dass dieses Übereinkommen nicht gilt für
a) die Beförderung im internationalen Luftverkehr, die unmittelbar von der Republik Aserbaidschan zu nichtgewerblichen Zwecken im Hinblick auf ihre Aufgaben und Pflichten als souveräner Staat ausgeführt und betrieben wird,
b) die Beförderung von Personen, Gütern und Reisegepäck für die militärischen Dienststellen mit in der Republik Aserbaidschan eingetragenen oder von ihr gemieteten Luftfahrzeugen, die ausschließlich diesen Dienststellen vorbehalten sind."[11]

XVI. Philippinen

Die Beitrittsurkunde der Republik der Philippinen vom 10. Februar 2015 enthält folgenden Vorbehalt: 19

Das Übereinkommen gilt nicht für:
a) die Beförderung im internationalen Luftverkehr, die unmittelbar von der Republik der Philippinen zu nichtgewerblichen Zwecken im Hinblick auf ihre Aufgaben und Pflichten als souveräner Staat ausgeführt und betrieben wird,

11 Abrufbar auf der Internetseite der ICAO unter www.icao.int/secretariat/legal/list%20of%20parties/mtl_en.pdf.

b) *die Beförderung von Personen, Gütern und Reisegepäck für ihre militärischen Dienststellen mit in der Republik der Philippinen eingetragenen oder von der Republik der Philippinen gemieteten Luftfahrzeugen, die ausschließlich diesen Dienststellen vorbehalten sind.“*[12]

XVII. Guatemala

20 In einer Note vom 25. April 2016 erklärt die Republik Guatemala folgenden Vorbehalt:

Das Übereinkommen findet keine Anwendung auf die Beförderung im internationalen Luftverkehr, die unmittelbar von Guatemala zu nichtgewerblichen Zwecken im Hinblick auf ihre Aufgaben und Pflichten als souveräner Staat ausgeführt und betrieben wird, noch auf die Beförderung von Personen, Gütern und Reisegepäck für ihre militärischen Dienststellen mit in Guatemala eingetragenen oder von Guatemala gemieteten Luftfahrzeugen, die ausschließlich diesen Dienststellen vorbehalten sind.“[13]

XVIII. Togo

21 Die Ratifikationsurkunde der Republik Togo vom 27. September 2016 enthält folgenden Vorbehalt:

Das Übereinkommen gilt nicht für:
a) *die Beförderung im internationalen Luftverkehr, die unmittelbar von Togo zu nichtgewerblichen Zwecken im Hinblick auf ihre Aufgaben und Pflichten als souveräner Staat ausgeführt und betrieben wird,*
b) *die Beförderung von Personen, Gütern und Reisegepäck für ihre militärischen Dienststellen mit in Togo eingetragenen oder von Togo gemieteten Luftfahrzeugen, die ausschließlich diesen Dienststellen vorbehalten sind.“*[14]

XIX. Russische Föderation

22 Die Beitrittsurkunde der Russischen Föderation vom 22. Juni 2017 enthält folgenden Vorbehalt:

„Die Russische Föderation erklärt im Einklang mit Artikel 57 des Übereinkommens, dass dieses Übereinkommen nicht gilt für
a) *die Beförderung im internationalen Luftverkehr, die unmittelbar von der Russischen Föderation zu nichtgewerblichen Zwecken im Hinblick auf ihre Aufgaben und Pflichten als souveräner Staat ausgeführt und betrieben wird,*
b) *die Beförderung von Personen, Gütern und Reisegepäck für die militärischen Dienststellen mit in der Russischen Föderation eingetragenen oder von ihr gemieteten Luftfahrzeugen, die ausschließlich diesen Dienststellen vorbehalten sind.“*[15]

---

12 Abrufbar auf der Internetseite der ICAO unter www.icao.int/secretariat/legal/list%20of%20parties/mtl_en.pdf.
13 Abrufbar auf der Internetseite der ICAO unter www.icao.int/secretariat/legal/list%20of%20parties/mtl_en.pdf.
14 Abrufbar auf der Internetseite der ICAO unter www.icao.int/secretariat/legal/list%20of%20parties/mtl_en.pdf.
15 Abrufbar auf der Internetseite der ICAO unter www.icao.int/secretariat/legal/list%20of%20parties/mtl_en.pdf.

XX. Thailand

Die Beitrittsurkunde des Königreichs Thailand vom 3. August 2017 enthält folgenden Vorbehalt: 23

„Das Übereinkommen gilt nicht für:
a) die Beförderung im internationalen Luftverkehr, die unmittelbar vom Königreich Thailand zu nichtgewerblichen Zwecken im Hinblick auf ihre Aufgaben und Pflichten als souveräner Staat ausgeführt und betrieben wird,
b) die Beförderung von Personen, Gütern und Reisegepäck für ihre militärischen Dienststellen mit in den im Königreich Thailand eingetragenen oder von ihm gemieteten Luftfahrzeugen, die ausschließlich diesen Dienststellen vorbehalten sind.“[16]

XXI. Vietnam

Die Beitrittsurkunde der Republik Vietnam vom 27. September 2018 enthält folgenden Vorbehalt: 24

„Das Übereinkommen gilt nicht für:
a) die Beförderung im internationalen Luftverkehr, die unmittelbar von der Sozialistischen Republik Vietnam zu nichtgewerblichen Zwecken im Hinblick auf ihre Aufgaben und Pflichten als souveräner Staat ausgeführt und betrieben wird,
b) die Beförderung von Personen, Gütern und Reisegepäck für ihre militärischen Dienststellen mit in der Sozialistischen Republik Vietnam eingetragenen oder von ihr gemieteten Luftfahrzeugen, die ausschließlich diesen Dienststellen vorbehalten sind.“[17]

XXII. Nepal

Die Beitrittsurkunde von Nepal vom 16. Oktober 2018 enthält folgenden Vorbehalt: 25

„Das Übereinkommen gilt nicht für:
a) die Beförderung im internationalen Luftverkehr, die unmittelbar von Nepal zu nichtgewerblichen Zwecken im Hinblick auf ihre Aufgaben und Pflichten als souveräner Staat ausgeführt und betrieben wird,
b) die Beförderung von Personen, Gütern und Reisegepäck für ihre militärischen Dienststellen mit in Nepal eingetragenen oder von Nepal gemieteten Luftfahrzeugen, die ausschließlich diesen Dienststellen vorbehalten sind.“[18]

XXIII. Sri Lanka

Die Beitrittsurkunde von Sri Lanka vom 19. November 2018 enthält folgenden Vorbehalt: 26

„Die Demokratische Sozialistische Republik Sri Lanka erklärt nachstehend folgenden Vorbehalt gemäß Artikel 57 des Übereinkommens:
a) die Beförderung im internationalen Luftverkehr, die unmittelbar von diesem Vertragsstaat zu nichtgewerblichen Zwecken im Hinblick auf seine Aufgaben und Pflichten als souveräner Staat ausgeführt und betrieben wird;
b) die Beförderung von Personen, Gütern und Reisegepäck für seine militärischen Dienststellen mit in diesem Vertragsstaat eingetragenen oder von ihm gemieteten Luftfahrzeugen, die ausschließlich diesen Dienststellen vorbehalten sind.“[19]

---

16 Abrufbar auf der Internetseite der ICAO unter www.icao.int/secretariat/legal/list%20of%20parties/mtl_en.pdf.
17 Abrufbar auf der Internetseite der ICA unter www.icao.int/secretariat/legal/list%20of%20parties/mtl_en.pdf.
18 Abrufbar auf der Internetseite der ICAO unter www.icao.int/secretariat/legal/list%20of%20parties/mtl_en.pdf.
19 Abrufbar auf der Internetseite der ICAO unter www.icao.int/secretariat/legal/list%20of%20parties/mtl_en.pdf.

XXIV. Brunei Darussalam

27 Die Beitrittsurkunde von Nepal vom 16. Oktober 2018 enthält folgenden Vorbehalt:

„Das Übereinkommen gilt nicht für:

a) die Beförderung im internationalen Luftverkehr, die unmittelbar von der Regierung Brunei Darussalam zu nichtgewerblichen Zwecken im Hinblick auf ihre Aufgaben und Pflichten als souveräner Staat ausgeführt und betrieben wird,

b) die Beförderung von Personen, Gütern und Reisegepäck für ihre militärischen Dienststellen mit von der Regierung Brunei Darussalam eingetragenen oder von ihr gemieteten Luftfahrzeugen, die ausschließlich diesen Dienststellen vorbehalten sind.“[20]

20 Abrufbar auf der Internetseite der ICAO unter www.icao.int/secretariat/legal/list%20of%20parties/mtl_en.pdf.

Schlussformel

ZU URKUND DESSEN haben die unterzeichneten, hierzu gehörig befugten Bevollmächtigten dieses Übereinkommen unterschrieben.
GESCHEHEN zu Montreal am 28. Mai 1999 in arabischer, chinesischer, englischer, französischer, russischer und spanischer Sprache, wobei jeder Wortlaut gleichermaßen verbindlich ist. Dieses Übereinkommen wird im Archiv der Internationalen Zivilluftfahrt-Organisation hinterlegt; beglaubigte Abschriften werden vom Verwahrer allen Vertragsstaaten dieses Übereinkommens sowie allen Vertragsstaaten des Warschauer Abkommens, des Haager Protokolls, des Abkommens von Guadalajara, des Protokolls von Guatemala-Stadt und der Protokolle von Montreal übermittelt.

IN WITNESS WHEREOF *the undersigned Plenipotentiaries, having been duly authorized, have signed this Convention.*
DONE *at Montreal on the 28th day of May of the year one thousand nine hundred and ninety-nine in the English, Arabic, Chinese, French, Russian and Spanish languages, all texts being equally authentic. This Convention shall remain deposited in the archives of the International Civil Aviation Organization, and certified copies thereof shall be transmitted by the Depositary to all States Parties to this Convention, as well as to all States Parties to the Warsaw Convention, The Hague Protocol, the Guadalajara Convention, the Guatemala City Protocol, and the Montreal Protocols.*

EN FOI DE QUOI *les plénipotentiaires soussignés, dûment autorisés, ont signé la présente convention.*
FAIT *à Montréal le 28e jour du mois de mai de l'an mil neuf cent quatre-vingt-dix-neuf dans les langues française, anglaise, arabe, chinoise, espagnole et russe, tous les textes faisant également foi. La présente convention restera déposée aux archives de l'Organisation de l'aviation civile internationale, et le dépositaire en transmettra des copies certifiées conformes à tous les États parties à la Convention de Varsovie, au Protocole de La Haye, à la Convention de Guadalajara, au Protocole de Guatemala et aux Protocoles de Montréal.*

https://doi.org/10.1515/9783110564945-059

ANHANG I Lufttransportrechtliche Bestimmungen; Gemeinschaftsrecht

I.-1 Textsynopse MÜ, WA/HP 1955, WA 1929

MÜ **Übereinkommen zur Vereinheitlichung bestimmter Vorschriften über die Beförderung im internationalen Luftverkehr (Übereinkommen von Montreal)**	**WA/HP 1955** **Abkommen zur Vereinheitlichung von Regeln über die Beförderung im internationalen Luftverkehr in der Fassung des Haager Protokolls**	**WA 1929** **Abkommen zur Vereinheitlichung von Regeln über die Beförderung im internationalen Luftverkehr**
vom 28. Mai 1999*	vom 28. September 1955**	vom 12. Oktober 1929***
(Übersetzung)	(Übersetzung)	(Übersetzung)
DIE VERTRAGSSTAATEN DIESES ÜBEREINKOMMENS – IN ANERKENNUNG des bedeutenden Beitrags, den das am 12. Oktober 1929 in Warschau unterzeichnete Abkommen zur Vereinheitlichung von Regeln über die Beförderung im internationalen Luftverkehr (im folgenden als „Warschauer Abkommen" bezeichnet) und andere damit zusammenhängende Übereinkünfte zur Harmonisierung des internationalen Luftprivatrechts geleistet haben; IN DER ERKENNTNIS, dass es notwendig ist, das Warschauer Abkommen und die damit zusammenhängenden Übereinkünfte zu modernisieren und zusammenzuführen; IN ANERKENNUNG der Bedeutung des Schutzes der Verbraucherinteressen bei der Beförderung im internationalen Luftverkehr und eines angemessenen Schadenersatzes[1] nach dem Grundsatz des vollen Ausgleichs; IN BEKRÄFTIGUNG des Wunsches nach einer geordneten Entwicklung des internationalen Luftverkehrs und einer reibungslosen Beförderung von Reisenden, Reisegepäck und Gütern in Übereinstimmung mit den Grundsätzen und Zielen des am 7. Dezember 1944 in Chicago beschlossenen Abkommens		

* ABl. EG Nr. L 194 vom 18.7.2001 S 39.

** BGBl. 1958 II S. 291.

*** RGBl. 1933 II S. 1039, BGBl. III S. 96-2.

1 Für Deutschland: Schadensersatzes.

https://doi.org/10.1515/9783110564945-060

MÜ	WA/HP 1955	WA 1929
vom 28. Mai 1999*	vom 28. September 1955**	vom 12. Oktober 1929***
(Übersetzung)	(Übersetzung)	(Übersetzung)
über die Internationale Zivilluftfahrt; IN DER ÜBERZEUGUNG, dass gemeinsames Handeln der Staaten zur weiteren Harmonisierung und Kodifizierung bestimmter Vorschriften über die Beförderung im internationalen Luftverkehr durch ein neues Übereinkommen das beste Mittel ist, um einen gerechten Interessenausgleich zu erreichen – SIND WIE FOLGT ÜBEREINGEKOMMEN:		
Kapitel I **Allgemeine Bestimmungen**	**1. Kapitel** **Gegenstand – Begriffsbestimmungen**	
Artikel 1 **Anwendungsbereich**	**Artikel 1**	
(1) Dieses Übereinkommen gilt für jede internationale Beförderung von Personen, Reisegepäck oder Gütern, die durch Luftfahrzeuge gegen Entgelt erfolgt. Es gilt auch für unentgeltliche Beförderungen durch Luftfahrzeuge, wenn sie von einem Luftfahrtunternehmen ausgeführt werden.	(1) Dieses Abkommen gilt für jede internationale Beförderung von Personen, Reisegepäck oder Gütern, die durch Luftfahrzeuge gegen Entgelt erfolgt. Es gilt auch für unentgeltliche Beförderungen durch Luftfahrzeuge, wenn sie von einem Luftfahrtunternehmen ausgeführt werden.	
(2) Als „internationale Beförderung" im Sinne dieses Übereinkommens ist jede Beförderung anzusehen, bei der nach den Vereinbarungen der Parteien der Abgangsort und der Bestimmungsort, gleichviel ob eine Unterbrechung der Beförderung oder ein Fahrzeugwechsel stattfindet oder nicht, in den Hoheitsgebieten von zwei Vertragsstaaten liegen oder, wenn diese Orte zwar im Hoheitsgebiet nur eines Vertragsstaats liegen, aber eine Zwischenlandung in dem Hoheitsgebiet eines anderen Staates vorgesehen ist, selbst wenn dieser Staat kein Vertragsstaat ist. Die Beförderung zwischen zwei Orten innerhalb des Hoheitsgebiets nur eines Vertragsstaats ohne eine Zwischenlandung im Hoheitsgebiet eines anderen Staates gilt nicht als internationale Beförderung im Sinne dieses Übereinkommens.	(2) Als „internationale Beförderung" im Sinne dieses Abkommens ist jede Beförderung anzusehen, bei der nach den Vereinbarungen der Parteien der Abgangsort und der Bestimmungsort, gleichviel ob eine Unterbrechung der Beförderung oder ein Fahrzeugwechsel stattfindet oder nicht, in den Gebieten von zwei der Hohen Vertragschließenden Teile liegen oder, wenn diese Gebiete zwar im Gebiet nur eines Hohen Vertragschließenden Teils liegen, aber eine Zwischenlandung in dem Gebiet eines anderen Staates vorgesehen ist, selbst wenn dieser Staat kein Hoher Vertragschließender Teil ist. Die Beförderung zwischen zwei Orten innerhalb des Gebietes nur eines Hohen Vertragschließenden Teils ohne eine solche Zwischenlandung gilt nicht als internationale Beförderung im Sinne dieses Abkommens.	(2) Als „internationale Beförderung" im Sinne dieses Abkommens ist jede Beförderung anzusehen, bei der nach den Vereinbarungen der Parteien der Abgangsort und der Bestimmungsort, gleichviel ob eine Unterbrechung der Beförderung oder ein Fahrzeugwechsel stattfindet oder nicht, in den Gebieten von zwei der Hohen Vertragschließenden Teile liegen, oder wenn diese Orte zwar im Gebiet nur eines Vertragsteiles liegen, aber eine Zwischenlandung in einem Gebiete vorgesehen ist, das unter der Staatshoheit, der Oberhoheit, der Mandatsgewalt oder der Herrschaft eines anderen der Hohen Vertragschließenden Teile oder eines Nichtvertragsstaates steht. Erfolgt die Beförderung ohne eine solche Zwischenlandung zwischen Gebieten, die der Staatshoheit, der Oberhoheit, der Mandatsgewalt oder der Herrschaft ein und desselben Hohen Vertragschließenden Teiles unterstehen, so gilt sie nicht als

MÜ	WA/HP 1955	WA 1929
vom 28. Mai 1999*	vom 28. September 1955**	vom 12. Oktober 1929***
(Übersetzung)	(Übersetzung)	(Übersetzung)
		internationale Beförderung im Sinne des Abkommens.
(3) Ist eine Beförderung von mehreren aufeinanderfolgenden Luftfrachtführern auszuführen, so gilt sie, gleichviel ob der Beförderungsvertrag in der Form eines einzigen Vertrags oder einer Reihe von Verträgen geschlossen worden ist, bei der Anwendung dieses Übereinkommens als eine einzige Beförderung, sofern sie von den Parteien als einheitliche Leistung vereinbart worden ist; eine solche Beförderung verliert ihre Eigenschaft als internationale Beförderung nicht dadurch, dass ein Vertrag oder eine Reihe von Verträgen ausschließlich im Hoheitsgebiet desselben Staates zu erfüllen ist.	(3) Ist eine Beförderung von mehreren aufeinanderfolgenden Luftfrachtführer auszuführen, so gilt sie bei der Anwendung dieses Abkommens als eine einzige Beförderung, sofern sie von den Parteien als einheitliche Leistung vereinbart worden ist. Hierbei macht es keinen Unterschied, ob der Beförderungsvertrag in der Form eines einzigen Vertrags oder einer Reihe von Verträgen geschlossen worden ist. Eine solche Beförderung verliert ihre Eigenschaft als internationale Beförderung nicht dadurch, dass ein Vertrag oder eine Reihe von Verträgen ausschließlich im Gebiet ein und desselben Staates zu erfüllen ist.	(3) Ist eine Beförderung von mehreren aufeinanderfolgenden Luftfrachtführern auszuführen, so gilt sie für die Anwendbarkeit dieses Abkommens als einzige Beförderung, sofern sie von den Parteien als einheitliche Leistung vereinbart worden ist. Hierbei macht es keinen Unterschied, ob der Beförderungsvertrag in der Form eines einzigen oder einer Reihe von Verträgen geschlossen worden ist. Eine solche Beförderung verliert ihre Eigenschaft als internationale Beförderung nicht dadurch, dass einer oder eine Reihe der Verträge ausschließlich in Gebieten auszuführen sind, die der Staatshoheit, der Oberhoheit, der Mandatsgewalt oder der Herrschaft eines und desselben Hohen Vertragschließenden Teiles unterstehen.
(4) Dieses Übereinkommen gilt auch für Beförderungen nach Kapitel V vorbehaltlich[2] der darin enthaltenen Bedingungen.		
Artikel 2 **Staatlich ausgeführte Beförderung und Beförderung von Postsendungen**	**Artikel 2**	
(1) Dieses Übereinkommen gilt auch für die Beförderungen, die der Staat oder eine andere juristische Person des öffentlichen Rechts ausführt, wenn die Voraussetzungen des Artikels 1 vorliegen.	(1) Sind die Voraussetzungen des Artikels 1 gegeben, so gilt das Abkommen auch für die Beförderungen, die der Staat oder eine andere juristische Person des öffentlichen Rechts ausführen.	
(2) Bei der Beförderung von Postsendungen haftet der Luftfrachtführer nur gegenüber der zuständigen Postverwaltung nach Maßgabe der auf die Beziehungen zwischen Luftfrachtführern und Postverwaltungen anwendbaren Vorschriften.	(2) Dieses Abkommen ist auf die Beförderung von Brief- und Paketpost nicht anzuwenden	(2) Auf Beförderungen, die unter der Herrschaft internationaler Vereinbarungen über den Postverkehr ausgeführt werden, findet dieses Abkommen keine Anwendung.

2 Für die Schweiz: vorbehältlich.

MÜ	WA/HP 1955	WA 1929
vom 28. Mai 1999*	vom 28. September 1955**	vom 12. Oktober 1929***
(Übersetzung)	(Übersetzung)	(Übersetzung)
(3) Mit Ausnahme des Absatzes 2 gilt dieses Übereinkommen nicht für die Beförderung von Postsendungen.		
Kapitel II **Urkunden und Pflichten der Parteien betreffend die Beförderung von Reisenden, Reisegepäck und Gütern**	**2. Kapitel** **Beförderungsscheine**	
Artikel 3 **Reisende und Reisegepäck**	*1. Abschnitt – Flugschein* **Artikel 3** Absatz 1	
(1) Bei der Beförderung von Reisenden ist ein Einzel- oder Sammelbeförderungsschein auszuhändigen; er muss enthalten:	(1) Bei der Beförderung von Reisenden ist ein Flugschein auszustellen, der enthält:	(1) Bei der Beförderung von Reisenden hat der Luftfrachtführer einen Flugschein auszustellen, der folgende Angaben enthalten soll: a) Ort und Tag der Ausstellung;
a) die Angabe des Abgangs- und Bestimmungsorts;	a) die Angabe des Abgangs- und Bestimmungsortes;	b) Abgangs- und Bestimmungsort;
b) falls Abgangs- und Bestimmungsort im Hoheitsgebiet desselben Vertragsstaats liegen, jedoch eine oder mehrere Zwischenlandungen im Hoheitsgebiet eines anderen Staates vorgesehen sind, die Angabe von zumindest einem dieser Zwischenlandepunkte.	b) falls Abgangs- und Bestimmungsort im Gebiet ein und desselben Hohen Vertragschließenden Teils liegen, jedoch eine oder mehrere Zwischenlandungen im Gebiet eines anderen Staates vorgesehen sind, die Angabe eines dieser Zwischenlandepunkte;	c) die vorgesehenen Zwischenlandungen; der Luftfrachtführer kann sich jedoch vertraglich ausbedingen, dass er sie beim Vorliegen zwingender Gründe ändern darf, ohne dass die Beförderung hierdurch ihre Eigenschaft als internationale Beförderung verliert;
		d) Namen und Anschrift des oder der Luftfrachtführer;
(2) Jede andere Aufzeichnung, welche die in Absatz 1 genannten Angaben enthält, kann anstelle des in jenem Absatz genannten Beförderungsscheins verwendet werden. Werden derartige andere Aufzeichnungen verwendet, so muss der Luftfrachtführer anbieten, dem Reisenden eine schriftliche Erklärung über die darin enthaltenen Angaben auszuhändigen.		
	2. Abschnitt – Fluggepäckschein **Artikel 4**	
(3) Der Luftfrachtführer hat dem Reisenden für jedes aufgegebene Gepäckstück einen Beleg zur Gepäckidentifizierung auszuhändigen.	(1) Bei der Beförderung von aufgegebenem Reisegepäck ist ein Fluggepäckschein auszustellen. Wenn der Fluggepäckschein mit einem den Vorschriften des Artikels 3 Abs 1	(1) Bei der Beförderung von Reisegepäck hat der Luftfrachtführer einen Fluggepäckschein auszustellen, soweit es sich nicht um kleine Gegenstände zum persönlichen

MÜ	WA/HP 1955	WA 1929
vom 28. Mai 1999*	vom 28. September 1955**	vom 12. Oktober 1929***
(Übersetzung)	(Übersetzung)	(Übersetzung)
	entsprechenden Flugschein nicht verbunden oder in ihn nicht aufgenommen ist, muss er enthalten: a) die Angabe des Abgangs- und Bestimmungsortes; b) falls Abgangs- und Bestimmungsort im Gebiet ein und desselben Hohen Vertragschließenden Teils liegen, jedoch eine oder mehrere Zwischenlandungen im Gebiet eines anderen Staates vorgesehen sind, die Angabe eines dieser Zwischenlandepunkte; c) einen Hinweis darauf, dass die Beförderung, falls der endgültige Bestimmungsort oder ein Zwischenlandepunkt in einem anderen Land als dem Abgangsland liegt, dem Warschauer Abkommen unterliegen kann, das in der Regel die Haftung des Luftfrachtführers für Verlust oder Beschädigung von Reisegepäck beschränkt. (2) Der Fluggepäckschein beweist, bis zum Nachweis des Gegenteils, die Aufgabe des Reisegepäcks und die Bedingungen des Beförderungsvertrags. Auf den Bestand und die Wirksamkeit des Beförderungsvertrags ist es ohne Einfluss, wenn der Fluggepäckschein fehlt, nicht ordnungsmäßig ist oder in Verlust gerät; auch in diesen Fällen unterliegt der Vertrag den Vorschriften dieses Abkommens. Nimmt jedoch der Luftfrachtführer das Reisegepäck in seine Obhut, (ohne einen Fluggepäckschein auszustellen, oder fehlt im Fluggepäckschein, wenn er mit einem den Vorschriften des Artikels 3 Abs 1 entsprechenden Flugschein nicht verbunden oder in ihn nicht aufgenommen ist, der in Absatz 1 Buchstabe c geforderte Hinweis, so kann sich der Luftfrachtführer nicht auf die Vorschrift des Artikels 22 Abs 2 berufen.	Gebrauch handelt, die der Reisende in seiner Obhut behält. (2) Der Fluggepäckschein wird in zwei Stücken ausgefertigt; das eine ist für den Reisenden, das andere für den Luftfrachtführer bestimmt. (3) Der Fluggepäckschein soll folgende Angaben enthalten: a) Ort und Tag der Ausstellung; b) Abgangs- und Bestimmungsort; c) Namen und Anschrift des oder der Luftfrachtführer; d) die Nummer des Flugscheins; e) die Angabe, dass das Gepäck dem Inhaber des Gepäckscheins ausgeliefert wird; f) Anzahl und Gewicht der Gepäckstücke; g) den Betrag des gemäß Artikel 22 Absatz 2 deklarierten Wertes; h) Die Angabe, dass die Beförderung der Haftungsordnung dieses Abkommens unterliegt. (4) Auf den Bestand und die Wirksamkeit des Beförderungsvertrags ist es ohne Einfluss, wenn der Fluggepäckschein fehlt, in Verlust gerät oder nicht ordnungsmäßig ist; auch in diesen Fällen unterliegt der Vertrag den Vorschriften dieses Abkommens. Hat jedoch der Luftfrachtführer das Reisegepäck angenommen, ohne einen Fluggepäckschein auszustellen, oder enthält der Schein nicht die unter d, f, h vorgesehenen Angaben, so kann der Luftfrachtführer sich nicht auf die Bestimmungen dieses Abkommens berufen, die seine Haftung ausschließen oder beschränken.

MÜ	WA/HP 1955	WA 1929
vom 28. Mai 1999*	vom 28. September 1955**	vom 12. Oktober 1929***
(Übersetzung)	(Übersetzung)	(Übersetzung)
	Artikel 3 Absatz 1	
(4) Der Reisende ist schriftlich darauf hinzuweisen, dass dieses Übereinkommen, soweit es Anwendung findet, die Haftung des Luftfrachtführers für Tod oder Körperverletzung, für Zerstörung, Verlust oder Beschädigung von Gepäck sowie für Verspätung regelt und beschränken kann.	...c) einen Hinweis darauf, dass die Beförderung der Reisenden im Fall einer Reise, bei welcher der endgültige Bestimmungsort oder ein Zwischenlandepunkt in einem anderen Land als dem Abgangsland liegt, dem Warschauer Abkommen unterliegen kann, das in der Regel die Haftung des Luftfrachtführers für Tod oder Körperverletzung sowie für Verlust oder Beschädigung von Gepäck beschränkt.	...e) die Angabe, dass die Beförderung der Haftungsordnung dieses Abkommens unterliegt.
(5) Die Nichtbeachtung der Absätze 1 bis 4 berührt weder den Bestand noch die Wirksamkeit des Beförderungsvertrags; dieser unterliegt gleichwohl den Vorschriften dieses Übereinkommens einschließlich derjenigen über die Haftungsbeschränkung.	(2) Der Flugschein beweist, bis zum Nachweis des Gegenteils, den Abschluss und die Bedingungen des Beförderungsvertrags. Auf den Bestand und die Wirksamkeit des Beförderungsvertrags ist es ohne Einfluss, wenn der Flugschein fehlt, nicht ordnungsmäßig ist oder in Verlust gerät; auch in diesen Fällen unterliegt der Vertrag den Vorschriften dieses Abkommens. Besteigt jedoch der Reisende mit Zustimmung des Luftfrachtführers das Luftfahrzeug, ohne dass ein Flugschein ausgestellt worden ist, oder enthält der Flugschein nicht den in Absatz 1 Buchstabe c vorgeschriebenen Hinweis, so kann sich der Luftfrachtführer nicht auf die Vorschriften des Artikels 22 berufen.	(2) Auf den Bestand und die Wirksamkeit des Beförderungsvertrags ist es ohne Einfluss, wenn der Flugschein fehlt, in Verlust gerät oder nicht ordnungsmäßig ist; auch in diesen Fällen unterliegt der Vertrag den Vorschriften dieses Abkommens. Hat jedoch der Luftfrachtführer den Reisenden zugelassen, ohne dass ein Flugschein ausgestellt worden ist, so kann er sich nicht auf die Bestimmungen dieses Abkommens berufen, die seine Haftung ausschließen oder beschränken.
Artikel 4 **Güter**	*3. Abschnitt Luftfrachtbrief* **Artikel 5**	
(1) Bei der Beförderung von Gütern ist ein Luftfrachtbrief auszuhändigen.	(1) Bei der Beförderung von Gütern kann der Luftfrachtführer vom Absender die Ausstellung und Aushändigung eines Beförderungsscheins (Luftfrachtbrief) und der Absender vom Luftfrachtführer die Annahme dieser Urkunde verlangen.	
(2) Anstelle eines Luftfrachtbriefs kann jede andere Aufzeichnung verwendet werden, welche die Angaben über die auszuführende Beförderung enthält. Werden derartige andere Aufzeichnungen verwendet, so muss der Luftfrachtführer dem Absender auf dessen Verlangen eine Empfangsbestätigung über die Güter aushändigen, die es ermöglicht, die	(2) Auf den Bestand und die Wirksamkeit des Frachtvertrags ist es ohne Einfluss, wenn der Luftfrachtbrief fehlt, in Verlust gerät oder nicht ordnungsmäßig ist; auch in diesen Fällen unterliegt der Vertrag den Vorschriften dieses Abkommens, jedoch unbeschadet der Bestimmung des Artikels 9.	

MÜ	WA/HP 1955	WA 1929
vom 28. Mai 1999*	vom 28. September 1955**	vom 12. Oktober 1929***
(Übersetzung)	(Übersetzung)	(Übersetzung)
Sendung genau zu bestimmen und auf die in diesen anderen Aufzeichnungen enthaltenen Angaben zurückzugreifen.		
Artikel 5 **Inhalt des Luftfrachtbriefs und der Empfangsbestätigung über Güter**	**Artikel 8**	
Der Luftfrachtbrief und die Empfangsbestätigung über Güter müssen enthalten:	Der Luftfrachtbrief muss enthalten:	Der Luftfrachtbrief soll folgende Angaben enthalten:
		a) Ort und Tag der Ausstellung;
a) die Angabe des Abgangs- und Bestimmungsortes;	a) die Angabe des Abgangs- und Bestimmungsorts;	b) Abgangs- und Bestimmungsort;
b) falls Abgangs- und Bestimmungsort im Hoheitsgebiet desselben Vertragsstaats liegen, jedoch eine oder mehrere Zwischenlandungen im Hoheitsgebiet eines anderen Staates vorgesehen sind, die Angabe von zumindest einem dieser Zwischenlandepunkte;	b) falls Abgangs- und Bestimmungsort im Gebiet ein und desselben Hohen Vertragschließenden Teils liegen, jedoch eine oder mehrere Zwischenlandungen im Gebiet eines anderen Staates vorgesehen sind, die Angabe eines dieser Zwischenlandepunkte; c) einen Hinweis für den Absender, dass die Beförderung, wenn der endgültige Bestimmungsort oder ein Zwischenlandepunkt in einem anderen Land als dem Abgangsland liegt, dem Warschauer Abkommen unterliegen kann, das in der Regel die Haftung des Luftfrachtführers für Verlust oder Beschädigung von Gütern beschränkt.	c) die vorgesehenen Zwischenlandungen; der Luftfrachtführer kann sich jedoch vertraglich ausbedingen, dass er sie beim Vorliegen zwingender Gründe ändern darf, ohne dass die Beförderung hierdurch ihre Eigenschaft als internationale Beförderung verliert;
		d) Namen und Anschrift des Absenders; e) Namen und Anschrift des ersten Luftfrachtführers; f) Namen und Anschrift des Empfängers, wenn dieser benannt ist; g) die Art des Gutes; h) Anzahl, Art der Verpackung und die besonderen Merkzeichen oder Nummern der Frachtstücke;
c) die Angabe des Gewichts der Sendung.		i) Gewicht, Menge, Raumgehalt oder Maße des Gutes;
		j) den äußerlich erkennbaren Zustand des Gutes und der Verpackung;

MÜ	WA/HP 1955	WA 1929
vom 28. Mai 1999*	vom 28. September 1955**	vom 12. Oktober 1929***
(Übersetzung)	(Übersetzung)	(Übersetzung)
		k) den Beförderungspreis, wenn er vereinbart ist, sowie Zeit und Ort der Zahlung und die Person des Zahlungspflichtigen; l) bei Nachnahmesendungen: den Preis des Gutes und gegebenenfalls den Betrag der Nachnahmekosten; m) den Betrag des gemäß Artikel 22 Abs 2 deklarierten Wertes; n) die Angabe, in wieviel Stücken der Luftfrachtbrief ausgestellt ist; o) ein Verzeichnis der dem Luftfrachtführer übergebenen Begleitpapiere; p) die Beförderungsfrist und eine kurze Bezeichnung des Reisewegs (über ...), sofern sie vereinbart sind;
q) die Angabe, dass die Beförderung der Haftungsordnung dieses Abkommens unterliegt.		
Artikel 6 **Angaben zur Art der Güter**		
Falls notwendig, kann vom Absender verlangt werden, zur Einhaltung der Vorschriften der Zoll-, der Polizei- oder anderer Behörden eine Urkunde mit Angaben zur Art der Güter auszuhändigen. Diese Bestimmung begründet für den Luftfrachtführer keine Verpflichtung, Verbindlichkeit oder Haftung.		
Artikel 7 **Luftfrachtbrief**	**Artikel 6**	
(1) Der Luftfrachtbrief wird vom Absender in drei Ausfertigungen ausgestellt.	(1) Der Luftfrachtbrief wird vom Absender in drei Ausfertigungen ausgestellt und mit dem Gute ausgehändigt.	
(2) Die erste Ausfertigung trägt den Vermerk „für den Luftfrachtführer"; sie wird vom Absender unterzeichnet. Die zweite Ausfertigung trägt den Vermerk „für den Empfänger"; sie wird vom Absender und vom Luftfrachtführer unterzeichnet. Die dritte Ausfertigung wird vom Luftfrachtführer unterzeichnet und nach Annahme der Güter dem Absender ausgehändigt.	(2) Das erste Stück trägt den Vermerk „für den Luftfrachtführer"; es wird vom Absender unterzeichnet. Das zweite Stück trägt den Vermerk „für den Empfänger"; es wird vom Absender und vom Luftfrachtführer unterzeichnet und begleitet das Gut. Das dritte Stück wird vom Luftfrachtführer unterzeichnet und nach Annahme des Gutes dem Absender ausgehändigt.	

MÜ	**WA/HP 1955**	**WA 1929**
vom 28. Mai 1999*	vom 28. September 1955**	vom 12. Oktober 1929***
(Übersetzung)	(Übersetzung)	(Übersetzung)
	(3) Der Luftfrachtführer muss vor Verladung des Gutes in das Luftfahrzeug unterzeichnen.	(3) Die Unterzeichnung durch den Luftfrachtführer muss unverzüglich nach Annahme des Gutes erfolgen.
(3) Die Unterschrift des Luftfrachtführers und diejenige des Absenders können gedruckt oder durch einen Stempel ersetzt werden.	(4) Die Unterschrift des Luftfrachtführers kann durch einen Stempel ersetzt, die des Absenders kann gedruckt oder durch einen Stempel ersetzt werden.	
(4) Wird der Luftfrachtbrief auf Verlangen des Absenders vom Luftfrachtführer ausgestellt, so wird bis zum Beweis des Gegenteils vermutet, dass der Luftfrachtführer im Namen des Absenders gehandelt hat.	(5) Wird der Luftfrachtbrief auf Verlangen des Absenders vom Luftfrachtführer ausgestellt, so wird bis zum Beweis des Gegenteils vermutet, dass der Luftfrachtführer als Beauftragter des Absenders gehandelt hat.	
Artikel 8 **Mehrere Frachtstücke**	**Artikel 7**	
Handelt es sich um mehrere Frachtstücke, a) so kann der Luftfrachtführer vom Absender die Ausstellung einzelner Luftfrachtbriefe verlangen; b) so kann der Absender vom Luftfrachtführer die Aushändigung einzelner Empfangsbestätigungen verlangen, wenn andere Aufzeichnungen im Sinne des Artikels 4 Absatz 2 verwendet werden.	Besteht die Sendung aus mehreren Frachtstücken, so kann der Luftfrachtführer vom Absender die Ausstellung mehrerer Luftfrachtbriefe verlangen.	
Artikel 9 **Nichtbeachtung der Bestimmungen über Beförderungsurkunden**	**Artikel 9**	
Die Nichtbeachtung der Artikel 4 bis 8 berührt weder den Bestand noch die Wirksamkeit des Beförderungsvertrags; dieser unterliegt gleichwohl den Vorschriften dieses Übereinkommens einschließlich derjenigen über die Haftungsbeschränkung.	Wird ein Gut mit Zustimmung des Luftfrachtführers in das Luftfahrzeug verladen, ohne dass ein Luftfrachtbrief ausgestellt worden ist, oder enthält der Luftfrachtbrief nicht den in Artikel 8 Buchstabe c vorgeschriebenen Hinweis, so kann sich der Luftfrachtführer nicht auf die Vorschriften des Artikels 22 Abs 2 berufen.	Hat der Luftfrachtführer das Gut angenommen, ohne dass ein Luftfrachtbrief ausgestellt worden ist, oder enthält der Frachtbrief nicht alle im Artikel 8 Buchstaben a bis i und q bezeichneten Angaben, so kann er sich nicht auf die Bestimmungen dieses Abkommens berufen, die seine Haftung ausschließen oder beschränken.
Artikel 10 **Haftung für die Angaben in den Urkunden**	**Artikel 10**	
(1) Der Absender haftet für die Richtigkeit der Angaben und Erklärungen über die Güter, die von ihm oder in seinem Namen in den Luftfrachtbrief eingetragen werden, sowie der von ihm oder in seinem Namen dem Luftfrachtführer	(1) Der Absender haftet für die Richtigkeit der Angaben und Erklärungen über das Gut, die er im Luftfrachtbrief abgibt.	

MÜ	WA/HP 1955	WA 1929
vom 28. Mai 1999*	vom 28. September 1955**	vom 12. Oktober 1929***
(Übersetzung)	(Übersetzung)	(Übersetzung)
gemachten Angaben oder Erklärungen zur Aufnahme in die Empfangsbestätigung über die Güter oder in die anderen Aufzeichnungen im Sinne des Artikels 4 Absatz 2. Dies gilt auch, wenn die für den Absender handelnde Person zugleich der Beauftragte des Luftfrachtführers ist.		
(2) Der Absender hat dem Luftfrachtführer den Schaden zu ersetzen, den dieser oder ein Dritter, dem der Luftfrachtführer haftet, dadurch erleidet, dass die vom Absender oder in seinem Namen gemachten Angaben und Erklärungen unrichtig, ungenau oder unvollständig sind.	(2) Er haftet dem Luftfrachtführer für jeden Schaden, den dieser oder ein Dritter, dem der Luftfrachtführer verantwortlich ist, dadurch erleidet, dass diese Angaben und Erklärungen unrichtig, ungenau oder unvollständig sind.	(2) Er haftet für jeden Schaden, den der Luftfrachtführer oder ein Dritter dadurch erleidet, dass diese Angaben unrichtig, ungenau oder unvollständig sind.
(3) Vorbehaltlich[3] der Absätze 1 und 2 hat der Luftfrachtführer dem Absender den Schaden zu ersetzen, den dieser oder ein Dritter, dem der Absender haftet, dadurch erleidet, dass die Angaben und Erklärungen, die vom Luftfrachtführer oder in seinem Namen in die Empfangsbestätigung über die Güter oder in die anderen Aufzeichnungen im Sinne des Artikels 4 Absatz 2 aufgenommen wurden, unrichtig, ungenau oder unvollständig sind.		
Artikel 11 **Beweiskraft der Urkunden**	**Artikel 11**	
(1) Der Luftfrachtbrief und die Empfangsbestätigung über die Güter begründen die widerlegbare Vermutung für den Abschluss des Vertrags, die Annahme der Güter und die Beförderungsbedingungen, die darin niedergelegt sind.	(1) Der Luftfrachtbrief erbringt Beweis für den Abschluss des Vertrags, den Empfang des Gutes und die Beförderungsbedingungen; der Gegenbeweis ist zulässig.	
(2) Die Angaben in dem Luftfrachtbrief und der Empfangsbestätigung über die Güter zu Gewicht, Maßen und Verpackung sowie zu der Anzahl der Frachtstücke begründen die widerlegbare Vermutung ihrer Richtigkeit; die Angaben über Menge, Rauminhalt und Zustand der Güter begründen diese Vermutung gegenüber dem Luftfrachtführer nur	(2) Die Angaben des Luftfrachtbriefs über Gewicht, Maße und Verpackung des Gutes sowie über die Anzahl der Frachtstücke gelten bis zum Beweis des Gegenteils als richtig. Die Angaben über Menge, Raumgehalt und Zustand des Gutes erbringen gegenüber dem Luftfrachtführer nur insoweit Beweis, als dieser sie in Gegenwart des Absenders nachgeprüft hat und dies auf dem Frachtbrief vermerkt ist, oder wenn es sich um Angaben handelt, die sich auf den äußerlich erkennbaren Zustand des Gutes beziehen.	

3 Für die Schweiz: vorbehältlich.

MÜ	WA/HP 1955	WA 1929
vom 28. Mai 1999*	vom 28. September 1955**	vom 12. Oktober 1929***
(Übersetzung)	(Übersetzung)	(Übersetzung)
insoweit, als er diese Angaben in Gegenwart des Absenders nachgeprüft hat und dies auf dem Luftfrachtbrief oder der Empfangsbestätigung vermerkt ist, oder wenn es sich um Angaben handelt, die sich auf den äußerlich erkennbaren Zustand der Güter beziehen.		
Artikel 12 **Verfügungsrecht über die Güter**	**Artikel 12**	
(1) Der Absender ist unter der Bedingung, dass er alle Verpflichtungen aus dem Frachtvertrag erfüllt, berechtigt, über die Güter in der Weise zu verfügen, dass er sie am Abgangs- oder Bestimmungsflughafen sich zurückgeben, unterwegs während einer Landung aufhalten, am Bestimmungsort oder unterwegs an eine andere Person als den ursprünglich bezeichneten Empfänger abliefern oder zum Abgangsflughafen zurückbringen lässt. Dieses Recht kann nur insoweit ausgeübt werden, als dadurch der Luftfrachtführer oder die anderen Absender nicht geschädigt werden; der Absender ist zur Erstattung der durch die Ausübung dieses Rechts entstehenden Kosten verpflichtet.	(1) Der Absender ist unter der Bedingung, dass er alle Verpflichtungen aus dem Frachtvertrag erfüllt, berechtigt, über das Gut in der Weise zu verfügen, dass er es am Abgangs- oder Bestimmungsflughafen sich zurückgeben, unterwegs während einer Landung aufhalten, am Bestimmungsort oder unterwegs an eine andere Person als den im Luftfrachtbrief bezeichneten Empfänger abliefern oder nach dem Abgangsflughafen zurückbringen lässt. Dieses Recht kann nur insoweit ausgeübt werden, als dadurch der Luftfrachtführer oder die anderen Absender nicht geschädigt werden. Der Absender ist zur Erstattung der durch die Ausführung der Verfügung entstehenden Kosten verpflichtet.	
(2) Ist die Ausführung der Weisungen des Absenders unmöglich, so hat der Luftfrachtführer ihn unverzüglich zu verständigen.	(2) Ist die Ausführung der Weisungen des Absenders unmöglich, so hat der Luftfrachtführer ihn unverzüglich zu verständigen.	
(3) Kommt der Luftfrachtführer den Weisungen des Absenders nach, ohne die Vorlage der diesem übergebenen Ausfertigung des Luftfrachtbriefs oder der Empfangsbestätigung über die Güter zu verlangen, so haftet er unbeschadet seines Rückgriffsanspruchs gegen den Absender dem rechtmäßigen Besitzer des Luftfrachtbriefs oder der Empfangsbestätigung über die Güter für den daraus entstehenden Schaden.	(3) Entspricht der Luftfrachtführer den Weisungen des Absenders, ohne die Vorlage des diesem übergebenen Stückes des Luftfrachtbriefs zu verlangen, so haftet er unbeschadet seines Rückgriffs gegen den Absender dem rechtmäßigen Besitzer des Luftfrachtbriefs für den hieraus entstehenden Schaden.	
(4) Das Recht des Absenders erlischt mit dem Zeitpunkt, in dem das Recht	(4) Das Recht des Absenders erlischt mit dem Zeitpunkt, in dem das Recht des Empfängers gemäß Artikel 13 entsteht. Es lebt wieder auf, wenn der Empfänger	

MÜ	WA/HP 1955	WA 1929
vom 28. Mai 1999*	vom 28. September 1955**	vom 12. Oktober 1929***
(Übersetzung)	(Übersetzung)	(Übersetzung)
des Empfängers nach Artikel 13 entsteht. Es lebt jedoch wieder auf, wenn der Empfänger die Annahme der Güter verweigert oder wenn er nicht erreicht werden kann.	die Annahme des Luftfrachtbriefs oder des Gutes verweigert oder wenn er nicht erreicht werden kann.	
Artikel 13 **Ablieferung der Güter**	**Artikel 13**	
(1) Sofern der Absender nicht von seinem Recht nach Artikel 12 Gebrauch gemacht hat, ist der Empfänger berechtigt, nach Eintreffen der Güter am Bestimmungsort vom Luftfrachtführer die Ablieferung der Güter gegen Zahlung der geschuldeten Beträge und gegen Erfüllung der Beförderungsbedingungen zu verlangen.	(1) Außer in den Fällen des Artikels 12 ist der Empfänger nach Ankunft des Gutes am Bestimmungsort berechtigt, vom Luftfrachtführer die Aushändigung des Luftfrachtbriefs und die Ablieferung des Gutes gegen Zahlung der geschuldeten Beträge und gegen Erfüllung der im Frachtbrief angegebenen Beförderungsbedingungen zu verlangen.	
(2) Sofern nichts anderes vereinbart ist, hat der Luftfrachtführer dem Empfänger das Eintreffen der Güter unverzüglich anzuzeigen.	(2) Mangels abweichender Vereinbarung hat der Luftfrachtführer dem Empfänger die Ankunft des Gutes unverzüglich anzuzeigen.	
(3) Hat der Luftfrachtführer den Verlust der Güter anerkannt oder sind die Güter nach Ablauf von sieben Tagen seit dem Tag, an dem sie hätten eintreffen sollen, nicht eingetroffen, so kann der Empfänger die Rechte aus dem Frachtvertrag gegen den Luftfrachtführer geltend machen.	(3) Ist der Verlust des Gutes vom Luftfrachtführer anerkannt, oder ist das Gut nach Ablauf von sieben Tagen seit dem Tage, an dem es hätte eintreffen sollen, nicht eingetroffen, so kann der Empfänger die Rechte aus dem Frachtvertrage gegen den Luftfrachtführer geltend machen.	
Artikel 14 **Geltendmachung der Rechte des Absenders und des Empfängers**	**Artikel 14**	
Der Absender und der Empfänger können, gleichviel ob sie für eigene oder fremde Rechnung handeln, die ihnen nach den Artikeln 12 und 13 zustehenden Rechte im eigenen Namen geltend machen, sofern sie die Verpflichtungen aus dem Frachtvertrag erfüllen.	Der Absender und der Empfänger können, gleichviel ob sie für eigene oder fremde Rechnung handeln, die ihnen nach Artikel 12 und 13 zustehenden Rechte im eigenen Namen geltend machen, sofern sie die Verpflichtungen aus dem Frachtvertrage erfüllen.	
Artikel 15 **Rechtsverhältnisse zwischen Absender und Empfänger oder Dritten**	**Artikel 15**	
(1) Die Rechtsverhältnisse zwischen dem Absender und dem Empfänger	(1) Die Beziehungen zwischen dem Absender und dem Empfänger sowie die Beziehungen Dritter, deren Rechte vom Absender oder vom Empfänger	

<table>
<tr><th>MÜ</th><th>WA/HP 1955</th><th>WA 1929</th></tr>
<tr><td>vom 28. Mai 1999*</td><td>vom 28. September 1955**</td><td>vom 12. Oktober 1929***</td></tr>
<tr><td>(Übersetzung)</td><td>(Übersetzung)</td><td>(Übersetzung)</td></tr>
<tr><td>sowie die Rechtsverhältnisse Dritter, die ihre Rechte vom Absender oder vom Empfänger herleiten, werden durch die Artikel 12, 13 und 14 nicht berührt.</td><td colspan="2">herrühren, werden durch die Vorschriften der Artikel 12, 13 und 14 nicht berührt.</td></tr>
<tr><td>(2) Jede von den Artikeln 12, 13 und 14 abweichende Vereinbarung muss auf dem Luftfrachtbrief oder auf der Empfangsbestätigung über die Güter vermerkt werden.</td><td colspan="2">(2) Jede von den Vorschriften der Artikel 12, 13 und 14 abweichende Vereinbarung muss auf dem Luftfrachtbrief vermerkt werden.</td></tr>
<tr><td></td><td>(3) Dieses Abkommen steht der Ausstellung eines begebbaren Luftfrachtbriefs nicht entgegen.</td><td></td></tr>
<tr><td>Artikel 16
Vorschriften der Zoll-, der Polizei- und anderer Behörden</td><td colspan="2">Artikel 16</td></tr>
<tr><td>(1) Der Absender ist verpflichtet, alle Auskünfte zu erteilen und alle Urkunden zur Verfügung zu stellen, die vor Aushändigung der Güter an den Empfänger zur Erfüllung der Vorschriften der Zoll-, der Polizei- und anderer Behörden erforderlich sind. Der Absender haftet dem Luftfrachtführer für den Schaden, der durch das Fehlen, die Unvollständigkeit oder die Unrichtigkeit dieser Auskünfte und Urkunden entsteht, es sei denn, dass den Luftfrachtführer oder seine Leute ein Verschulden trifft.</td><td colspan="2">(1) Der Absender ist verpflichtet, alle Auskünfte zu erteilen, die vor Aushändigung des Gutes an den Empfänger zur Erfüllung der Zoll-, Steuer- oder Polizeivorschriften erforderlich sind, und alle zu diesem Zweck notwendigen Begleitpapiere dem Luftfrachtbrief beizugeben. Der Absender haftet dem Luftfrachtführer für alle Schäden, die aus dem Fehlen, der Unzulänglichkeit oder Unrichtigkeit dieser Auskünfte und Papiere entstehen, es sei denn, dass dem Luftfrachtführer oder seinen Leuten ein Verschulden zur Last fällt.</td></tr>
<tr><td>(2) Der Luftfrachtführer ist nicht verpflichtet, diese Auskünfte und Urkunden auf ihre Richtigkeit und Vollständigkeit zu prüfen.</td><td colspan="2">(2) Der Luftfrachtführer ist nicht verpflichtet, diese Auskünfte und Papiere auf ihre Richtigkeit und Vollständigkeit zu prüfen.</td></tr>
<tr><td>Kapitel III
Haftung des Luftfrachtführers und Umfang des Schadenersatzes[4]</td><td colspan="2">3. Kapitel
Haftung des Luftfrachtführers</td></tr>
<tr><td>Artikel 17
Tod und Körperverletzung von Reisenden – Beschädigung von Reisegepäck</td><td colspan="2">Artikel 17</td></tr>
<tr><td>(1) Der Luftfrachtführer hat den Schaden zu ersetzen, der dadurch entsteht, dass ein Reisender getötet oder körperlich verletzt wird, jedoch nur, wenn sich der Unfall, durch den</td><td colspan="2">Der Luftfrachtführer hat den Schaden zu ersetzen, der dadurch entsteht, dass ein Reisender getötet, körperlich verletzt oder sonst gesundheitlich geschädigt wird, wenn der Unfall, durch den der Schaden verursacht wurde, sich an Bord des Luftfahrzeugs oder beim Ein- oder Aussteigen ereignet hat.</td></tr>
</table>

4 Für Deutschland: Schadensersatzes.

MÜ	WA/HP 1955	WA 1929
vom 28. Mai 1999*	vom 28. September 1955**	vom 12. Oktober 1929***
(Übersetzung)	(Übersetzung)	(Übersetzung)
der Tod oder die Körperverletzung verursacht wurde, an Bord des Luftfahrzeugs oder beim Ein- oder Aussteigen ereignet hat.		
	Artikel 18	
(2) Der Luftfrachtführer hat den Schaden zu ersetzen, der durch Zerstörung, Verlust oder Beschädigung von aufgegebenem Reisegepäck entsteht, jedoch nur, wenn das Ereignis, durch das die Zerstörung, der Verlust oder die Beschädigung verursacht wurde, an Bord des Luftfahrzeugs oder während eines Zeitraums eingetreten ist, in dem sich das aufgegebene Reisegepäck in der Obhut des Luftfrachtführers befand. Der Luftfrachtführer haftet jedoch nicht, wenn und soweit der Schaden auf die Eigenart des Reisegepäcks oder einen ihm innewohnenden Mangel zurückzuführen ist. Bei nicht aufgegebenem Reisegepäck, einschließlich persönlicher Gegenstände, haftet der Luftfrachtführer, wenn der Schaden auf sein Verschulden oder das Verschulden seiner Leute zurückzuführen ist.	(1) Der Luftfrachtführer hat den Schaden zu ersetzen, der durch Zerstörung, Verlust oder Beschädigung von aufgegebenem Reisegepäck oder von Gütern entsteht, wenn das Ereignis, durch das der Schaden verursacht wurde, während der Luftbeförderung eingetreten ist.	
(3) Hat der Luftfrachtführer den Verlust des aufgegebenen Reisegepäcks anerkannt oder ist das aufgegebene Reisegepäck nach Ablauf von einundzwanzig Tagen seit dem Tag, an dem es hätte eintreffen sollen, nicht eingetroffen, so kann der Reisende die Rechte aus dem Beförderungsvertrag gegen den Luftfrachtführer geltend machen.		
(4) Vorbehaltlich[5] entgegenstehender Bestimmungen bezeichnet in diesem Übereinkommen der Begriff „Reisegepäck“ sowohl aufgegebenes als auch nicht aufgegebenes Reisegepäck.		

5 Für die Schweiz: vorbehältlich.

MÜ	**WA/HP 1955**	**WA 1929**
vom 28. Mai 1999*	vom 28. September 1955**	vom 12. Oktober 1929***
(Übersetzung)	(Übersetzung)	(Übersetzung)
Artikel 18 **Beschädigung von Gütern**	**Artikel 18**	
(1) Der Luftfrachtführer hat den Schaden zu ersetzen, der durch Zerstörung, Verlust oder Beschädigung von Gütern entsteht, jedoch nur, wenn das Ereignis, durch das der Schaden verursacht wurde, während der Luftbeförderung eingetreten ist.	(1) Der Luftfrachtführer hat den Schaden zu ersetzen, der durch Zerstörung, Verlust oder Beschädigung von aufgegebenem Reisegepäck oder von Gütern entsteht, wenn das Ereignis, durch das der Schaden verursacht wurde, während der Luftbeförderung eingetreten ist.	
(2) Der Luftfrachtführer haftet jedoch nicht, wenn und soweit er nachweist, dass die Zerstörung, der Verlust oder die Beschädigung der Güter durch einen oder mehrere der folgenden Umstände verursacht wurde: a) die Eigenart der Güter oder ein ihnen innewohnender Mangel; b) mangelhafte Verpackung der Güter durch eine andere Person als den Luftfrachtführer oder seine Leute; c) eine Kriegshandlung oder ein bewaffneter Konflikt; d) hoheitliches Handeln in Verbindung mit der Einfuhr, Ausfuhr oder Durchfuhr der Güter.		
(3) Die Luftbeförderung im Sinne des Absatzes 1 umfasst den Zeitraum, während dessen die Güter sich in der Obhut des Luftfrachtführers befinden.	(2) Der Ausdruck „Luftbeförderung" im Sinne des vorstehenden Absatzes umfasst den Zeitraum, während dessen das Reisegepäck oder die Güter sich auf einem Flughafen, an Bord eines Luftfahrzeugs oder, bei Landung außerhalb eines Flughafens, an einem beliebigen Ort unter der Obhut des Luftfrachtführers befinden.	
(4) Der Zeitraum der Luftbeförderung umfasst nicht die Beförderung zu Land, zur See oder auf Binnengewässern außerhalb eines Flughafens. Erfolgt jedoch eine solche Beförderung bei Ausführung des Luftbeförderungsvertrags zum Zweck der Verladung, der Ablieferung oder der Umladung, so wird bis zum Beweis des Gegenteils vermutet, dass der Schaden durch ein während der Luftbeförderung eingetretenes Ereignis verursacht worden ist. Ersetzt ein Luftfrachtführer ohne Zustimmung des Absenders die von den Parteien vereinbarte Luftbeförderung ganz oder teilweise durch eine andere Art der Beförderung, so gilt diese als innerhalb des Zeitraums der Luftbeförderung ausgeführt.	(3) Der Zeitraum der Luftbeförderung umfasst keine Beförderung zu Lande, zur See oder auf Binnengewässern außerhalb eines Flughafens. Erfolgt jedoch eine solche Beförderung bei Ausführung des Luftbeförderungsvertrags zum Zwecke der Verladung, der Ablieferung oder der Umladung, so wird bis zum Beweis des Gegenteils vermutet, dass der Schaden durch ein während der Luftbeförderung eingetretenes Ereignis verursacht worden sei.	

MÜ	WA/HP 1955	WA 1929
vom 28. Mai 1999*	vom 28. September 1955**	vom 12. Oktober 1929***
(Übersetzung)	(Übersetzung)	(Übersetzung)
Artikel 19 **Verspätung (Satz 1)**	**Artikel 19**	
Der Luftfrachtführer hat den Schaden zu ersetzen, der durch Verspätung bei der Luftbeförderung von Reisenden, Reisegepäck oder Gütern entsteht.	Der Luftfrachtführer hat den Schaden zu ersetzen, der durch Verspätung bei der Luftbeförderung von Reisenden, Gepäck oder Gütern entsteht.	
Artikel 19 (Satz 2)	**Artikel 20**	
Er haftet jedoch nicht für den Verspätungsschaden, wenn er nachweist, dass er und seine Leute alle zumutbaren Maßnahmen zur Vermeidung des Schadens getroffen haben oder dass es ihm oder ihnen nicht möglich war, solche Maßnahmen zu ergreifen.	Die Ersatzpflicht tritt nicht ein, wenn der Luftfrachtführer beweist, dass er und seine Leute alle erforderlichen Maßnahmen zur Verhütung des Schadens getroffen haben oder dass sie diese Maßnahmen nicht treffen konnten.	(1) Die Ersatzpflicht tritt nicht ein, wenn der Luftfrachtführer beweist, dass er und seine Leute alle erforderlichen Maßnahmen zur Verhütung des Schadens getroffen haben oder dass sie diese Maßnahmen nicht treffen konnten.
		(2) Bei der Beförderung von Gütern und Reisegepäck tritt die Ersatzpflicht nicht ein, wenn der Luftfrachtführer beweist, dass der Schaden durch fehlerhafte Lenkung, Führung oder Navigation des Luftfahrzeugs entstanden ist, und dass er und seine Leute sonst alle erforderlichen Maßnahmen zur Verhütung des Schadens getroffen haben.
Artikel 20 **Haftungsbefreiung**	**Artikel 21**	
Weist der Luftfrachtführer nach, dass die Person, die den Schadenersatzanspruch,[6] erhebt, oder ihr Rechtsvorgänger den Schaden durch eine unrechtmäßige Handlung oder Unterlassung, sei es auch nur fahrlässig, verursacht oder dazu beigetragen hat, so ist der Luftfrachtführer ganz oder teilweise von seiner Haftung gegenüber dieser Person insoweit befreit, als diese Handlung oder Unterlassung den Schaden verursacht oder dazu beigetragen hat. Verlangt eine andere Person als der Reisende wegen dessen Tod oder Körperverletzung Schadenersatz[7] so ist der Luftfrachtführer ganz oder teilweise von seiner Haftung insoweit befreit,	Beweist der Luftfrachtführer, dass ein eigenes Verschulden des Geschädigten den Schaden verursacht oder bei der Entstehung des Schadens mitgewirkt hat, so kann das Gericht nach Maßgabe seines heimischen Rechts entscheiden, dass der Luftfrachtführer nicht oder nur in vermindertem Umfang zum Schadensersatz verpflichtet ist.	

6 Für Deutschland: Schadensersatzanspruch.
7 Für Deutschland: Schadensersatz.

MÜ	WA/HP 1955	WA 1929
vom 28. Mai 1999*	vom 28. September 1955**	vom 12. Oktober 1929***
(Übersetzung)	(Übersetzung)	(Übersetzung)
als er nachweist, dass eine unrechtmäßige Handlung oder Unterlassung des Reisenden, sei es auch nur fahrlässig, den Schaden verursacht oder dazu beigetragen hat. Dieser Artikel gilt für alle Haftungsbestimmungen in diesem Übereinkommen einschließlich Artikel 21 Absatz 1.		
Artikel 21 **Schadenersatz[8] bei Tod oder Körperverletzung von Reisenden**	**Artikel 22**	
(1) Für Schäden nach Artikel 17 Absatz 1, die 100 000 Sonderziehungsrechte je Reisenden nicht übersteigen, kann die Haftung des Luftfrachtführers nicht ausgeschlossen oder beschränkt werden. (2) Der Luftfrachtführer haftet nicht für Schäden nach Artikel 17 Absatz 1, soweit sie 100 000 Sonderziehungsrechte je Reisenden übersteigen, wenn er nachweist, dass a) dieser Schaden nicht auf eine unrechtmäßige Handlung oder Unterlassung des Luftfrachtführers oder seiner Leute, sei sie auch nur fahrlässig begangen, zurückzuführen ist oder b) dieser Schaden ausschließlich auf eine unrechtmäßige Handlung oder Unterlassung eines Dritten, sei sie auch nur fahrlässig begangen, zurückzuführen ist.	(1) Bei der Beförderung von Personen haftet der Luftfrachtführer jedem Reisenden gegenüber nur bis zu einem Betrage von 250 000 Franken. Kann nach dem Recht des angerufenen Gerichts die Entschädigung in Form einer Geldrente festgesetzt werden, so darf der Kapitalwert der Rente diesen Höchstbetrag nicht übersteigen. Der Reisende kann jedoch mit dem Luftfrachtführer eine höhere Haftsumme besonders vereinbaren.	(1) Bei der Beförderung von Personen haftet der Luftfrachtführer jedem Reisenden gegenüber nur bis zu einem Betrage von 125 000 Franken. Kann nach dem heimischen Recht des angerufenen Gerichts die Entschädigung in Form einer Geldrente festgesetzt werden, so darf der Kapitalwert der Rente diesen Höchstbetrag nicht übersteigen. Der Reisende kann jedoch mit dem Luftfrachtführer eine höhere Haftsumme besonders vereinbaren.
Artikel 22 **Haftungshöchstbeträge bei Verspätung sowie für Reisegepäck und Güter**	**Artikel 22**	
(1) Für Verspätungsschäden im Sinne des Artikels 19 haftet der Luftfrachtführer bei der Beförderung von Personen nur bis zu einem Betrag von 4 150 Sonderziehungsrechten je Reisenden.		
(2) Bei der Beförderung von Reisegepäck haftet der Luftfrachtführer für Zerstörung,	(2) a) Bei der Beförderung von aufgegebenem Reisegepäck und von Gütern haftet der	(2) Bei der Beförderung von aufgegebenem Reisegepäck oder Gütern haftet der Luftfrachtführer nur

8 Für Deutschland: Schadensersatz.

MÜ	WA/HP 1955	WA 1929
vom 28. Mai 1999*	vom 28. September 1955**	vom 12. Oktober 1929***
(Übersetzung)	(Übersetzung)	(Übersetzung)
Verlust, Beschädigung oder Verspätung nur bis zu einem Betrag von 1 000 Sonderziehungsrechten je Reisenden; diese Beschränkung gilt nicht, wenn der Reisende bei der Übergabe des aufgegebenen Reisegepäcks an den Luftfrachtführer das Interesse an der Ablieferung am Bestimmungsort betragsmäßig angegeben und den verlangten Zuschlag entrichtet hat. In diesem Fall hat der Luftfrachtführer bis zur Höhe des angegebenen Betrags Ersatz zu leisten, sofern er nicht nachweist, dass dieser höher ist als das tatsächliche Interesse des Reisenden an der Ablieferung am Bestimmungsort. (3) Bei der Beförderung von Gütern haftet der Luftfrachtführer für Zerstörung, Verlust, Beschädigung oder Verspätung nur bis zu einem Betrag von 17 Sonderziehungsrechten für das Kilogramm; diese Beschränkung gilt nicht, wenn der Absender bei der Übergabe des Frachtstücks an den Luftfrachtführer das Interesse an der Ablieferung am Bestimmungsort betragsmäßig angegeben und den verlangten Zuschlag entrichtet hat. In diesem Fall hat der Luftfrachtführer bis zur Höhe des angegebenen Betrags Ersatz zu leisten, sofern er nicht nachweist, dass dieser höher ist als das tatsächliche Interesse des Absenders an der Ablieferung am Bestimmungsort.	Luftfrachtführer nur bis zu einem Betrage von 250 Franken für das Kilogramm. Diese Beschränkung gilt nicht, wenn der Absender bei der Aufgabe des Stückes das Interesse an der Lieferung besonders deklariert und den etwa vereinbarten Zuschlag entrichtet hat. In diesem Falle hat der Luftfrachtführer bis zur Höhe des deklarierten Betrages Ersatz zu leisten, sofern er nicht beweist, dass dieser höher ist als das tatsächliche Interesse des Absenders an der Lieferung.	bis zu einem Betrage von 250 Franken für das Kilogramm. Diese Beschränkung gilt nicht, wenn der Absender bei der Aufgabe des Stückes das Interesse an der Lieferung besonders deklariert und den etwa vereinbarten Zuschlag entrichtet hat. In diesem Falle hat der Luftfrachtführer bis zur Höhe des deklarierten Betrages Ersatz zu leisten, sofern er nicht beweist, dass dieser höher ist als das tatsächliche Interesse des Absenders an der Lieferung.
(4) Im Fall der Zerstörung, des Verlusts, der Beschädigung oder der Verspätung eines Teiles der Güter oder irgendeines darin enthaltenen Gegenstands ist für die Feststellung, bis zu welchem Betrag der Luftfrachtführer haftet, nur das Gesamtgewicht der betroffenen Frachtstücke maßgebend. Beeinträchtigt jedoch die Zerstörung, der Verlust, die Beschädigung oder die Verspätung eines Teiles der Güter oder eines darin enthaltenen Gegenstands den Wert anderer Frachtstücke, die in demselben Luftfrachtbrief oder	b) Im Falle des Verlustes, der Beschädigung oder der Verspätung eines Teils des aufgegebenen Reisegepäcks oder der Güter oder irgendeines darin enthaltenen Gegenstandes kommt für die Feststellung, bis zu welchem Betrag der Luftfrachtführer haftet, nur das Gesamtgewicht der betroffenen Stücke in Betracht. Beeinträchtigt jedoch der Verlust, die Beschädigung oder die Verspätung eines Teils des aufgegebenen Reisegepäcks oder der Güter oder eines darin	

MÜ	WA/HP 1955	WA 1929
vom 28. Mai 1999*	vom 28. September 1955**	vom 12. Oktober 1929***
(Übersetzung)	(Übersetzung)	(Übersetzung)
derselben Empfangsbestätigung oder, wenn diese nicht ausgestellt wurden, in den anderen Aufzeichnungen im Sinne des Artikels 4 Absatz 2 aufgeführt sind, so ist das Gesamtgewicht dieser Frachtstücke für die Feststellung, bis zu welchem Betrag der Luftfrachtführer haftet, maßgebend.	enthaltenen Gegenstandes den Wert anderer auf demselben Fluggepäckschein oder demselben Luftfrachtbrief aufgeführter Stücke, so wird das Gesamtgewicht dieser Stücke für die Feststellung, bis zu welchem Betrag der Luftfrachtführer haftet, berücksichtigt.	
	Artikel 25	
(5) Die Absätze 1 und 2 finden keine Anwendung, wenn nachgewiesen wird, dass der Schaden durch eine Handlung oder Unterlassung des Luftfrachtführers oder seiner Leute verursacht worden ist, die entweder in der Absicht, Schaden herbeizuführen, oder leichtfertig und in dem Bewusstsein begangen wurde, dass wahrscheinlich ein Schaden eintreten wird; im Fall einer Handlung oder Unterlassung der Leute ist außerdem nachzuweisen, dass diese in Ausführung ihrer Verrichtungen gehandelt haben.	Die in Artikel 22 vorgesehenen Haftungsbeschränkungen gelten nicht, wenn nachgewiesen wird, dass der Schaden durch eine Handlung oder Unterlassung des Luftfrachtführers oder seiner Leute verursacht worden ist, die entweder in der Absicht, Schaden herbeizuführen, oder leichtfertig und in dem Bewusstsein begangen wurde, dass ein Schaden mit Wahrscheinlichkeit eintreten werde. Im Fall einer Handlung oder Unterlassung der Leute ist außerdem zu beweisen, dass diese in Ausführung ihrer Verrichtung gehandelt haben.	(1) Hat der Luftfrachtführer den Schaden vorsätzlich oder durch eine Fahrlässigkeit herbeigeführt, die nach dem Recht des angerufenen Gerichts dem Vorsatz gleichsteht, so kann er sich nicht auf die Bestimmungen dieses Abkommens berufen, die seine Haftung ausschließen oder beschränken. (2) Das gleiche gilt, wenn der Schaden unter denselben Voraussetzungen von einem seiner Leute in Ausführung ihrer Verrichtungen verursacht worden ist.
	Artikel 22	
(6) Die in Artikel 21 und in diesem Artikel festgesetzten Haftungsbeschränkungen hindern das Gericht nicht, zusätzlich nach seinem Recht einen Betrag zuzusprechen, der ganz oder teilweise den vom Kläger aufgewendeten Gerichtskosten und sonstigen Ausgaben für den Rechtsstreit, einschließlich Zinsen, entspricht. Dies gilt nicht, wenn der zugesprochene Schadenersatz,[9] ohne Berücksichtigung der Gerichtskosten und der sonstigen Ausgaben für den Rechtsstreit, den Betrag nicht übersteigt, den der Luftfrachtführer dem Kläger schriftlich innerhalb einer Frist von sechs Monaten seit dem Ereignis, das den Schaden verursacht hat, oder, falls die Klage nach Ablauf dieser Frist erhoben worden ist, vor ihrer Erhebung angeboten hat.	(4) Die in diesem Artikel festgesetzten Haftungsbeschränkungen hindern das Gericht nicht, zusätzlich nach seinem Recht einen Betrag zuzusprechen, der ganz oder teilweise den vom Kläger aufgewendeten Gerichtskosten und sonstigen Ausgaben für den Rechtsstreit entspricht. Diese Bestimmung findet keine Anwendung, wenn der zugesprochene Schadensersatz, ohne Berücksichtigung der Gerichtskosten und der sonstigen Ausgaben für den Rechtsstreit, denjenigen Betrag nicht übersteigt, den der Luftfrachtführer dem Kläger schriftlich innerhalb einer Frist von sechs Monaten seit dem Ereignis, das den Schaden verursacht hat, oder, falls die Klage nach Ablauf dieser Frist erhoben worden ist, vor ihrer Erhebung angeboten hat.	

9 Für Deutschland: Schadensersatz.

MÜ	**WA/HP 1955**	**WA 1929**
vom 28. Mai 1999*	vom 28. September 1955**	vom 12. Oktober 1929***
(Übersetzung)	(Übersetzung)	(Übersetzung)
Artikel 23 **Umrechnung von Rechnungseinheiten**	**Artikel 22**	
(1) Die in diesem Übereinkommen angegebenen Beträge von Sonderziehungsrechten beziehen sich auf das vom Internationalen Währungsfonds festgelegte Sonderziehungsrecht. Die Umrechnung dieser Beträge in Landeswährungen erfolgt im Fall eines gerichtlichen Verfahrens nach dem Wert dieser Währungen in Sonderziehungsrechten im Zeitpunkt der Entscheidung. Der in Sonderziehungsrechten ausgedrückte Wert der Landeswährung eines Vertragsstaats, der Mitglied des Internationalen Währungsfonds ist, wird nach der vom Internationalen Währungsfonds angewendeten Bewertungsmethode errechnet, die im Zeitpunkt der Entscheidung für seine Operationen und Transaktionen gilt. Der in Sonderziehungsrechten ausgedrückte Wert der Landeswährung eines Vertragsstaats, der nicht Mitglied des Internationalen Währungsfonds ist, wird auf eine von diesem Staat bestimmte Weise errechnet. (2) Dessen ungeachtet können Staaten, die nicht Mitglieder des Internationalen Währungsfonds sind und deren Recht die Anwendung des Absatzes 1 nicht zulässt, bei der Ratifikation oder dem Beitritt oder jederzeit danach erklären, dass die Haftung des Luftfrachtführers in gerichtlichen Verfahren in ihrem Hoheitsgebiet im Fall des Artikels 21 auf 1 500 000 Rechnungseinheiten je Reisenden begrenzt ist, im Fall des Artikels 22 Absatz 1 auf 62 500 Rechnungseinheiten je Reisenden, im Fall des Artikels 22 Absatz 2 auf 15 000 Rechnungseinheiten je Reisenden und im Fall des Artikels 22 Absatz 3 auf 250 Rechnungseinheiten für das Kilogramm. Eine Rechnungseinheit entspricht 65½ Milligramm Gold von 900/1000 Feingehalt. Diese Beträge können in einen abgerundeten Betrag	(5) Die in diesem Artikel angegebenen Frankenbeträge beziehen sich auf eine Währungseinheit im Werte von 65½ Milligramm Gold von 900/1000 Feingehalt. Sie können in abgerundete Beträge einer jeden Landeswährung umgewandelt werden. Die Umwandlung dieser Beträge in andere Landeswährungen als Goldwährungen erfolgt im Falle eines gerichtlichen Verfahrens nach dem Goldwert dieser Währungen im Zeitpunkt der Entscheidung.	(4) Die oben angegebenen Beträge sind in französischen Franken im Werte von 65½ Milligramm Gold von 900/1000 Feingehalt ausgedrückt. Sie können in abgerundete Beträge einer jeden Landeswährung umgewandelt werden.

MÜ	**WA/HP 1955**	**WA 1929**
vom 28. Mai 1999*	vom 28. September 1955**	vom 12. Oktober 1929***
(Übersetzung)	(Übersetzung)	(Übersetzung)
der Landeswährung umgerechnet werden. Die Umrechnung der Beträge in die Landeswährung erfolgt nach dem Recht des betreffenden Staates. (3) Die Berechnung nach Absatz 1 Satz 4 und die Umrechnung nach Absatz 2 ist so vorzunehmen, dass soweit wie möglich die Beträge in den Artikeln 21 und 22 demselben Realwert in der Landeswährung des Vertragsstaats entsprechen, wie er sich aus der Anwendung des Absatzes 1 Sätze 1 bis 3 ergeben würde. Die Vertragsstaaten unterrichten den Depositar[10] bei der Hinterlegung der Ratifikations-, Annahme-, Genehmigungs- oder Beitrittsurkunde von der Berechnungsweise nach Absatz 1 oder dem Ergebnis der Umrechnung nach Absatz 2 sowie von jeder Änderung derselben.		
Artikel 24 **Überprüfung der Haftungshöchstbeträge**		
(1) Unbeschadet des Artikels 25 und vorbehaltlich[11] des Absatzes 2 werden die Haftungshöchstbeträge nach den Artikeln 21, 22 und 23 vom Depositar[12] nach jeweils fünf Jahren überprüft; die erste Überprüfung ist am Ende des fünften Jahres vorzunehmen, das auf das Inkrafttreten dieses Übereinkommens folgt, oder, wenn das Übereinkommen nicht innerhalb von fünf Jahren ab dem Tag, an dem es erstmals zur Unterzeichnung aufliegt, in Kraft tritt, innerhalb des ersten Jahres nach Inkrafttreten; der Überprüfung ist ein Inflationsfaktor zugrunde zu legen, welcher der kumulierten Inflationsrate seit der vorherigen Überprüfung oder, beim ersten Mal, seit Inkrafttreten des Übereinkommens entspricht. Die für die Bestimmung des Inflationsfaktors zu verwendende Inflationsrate ist der gewogene Mittelwert der jährlichen		

10 Für Deutschland: Verwahrer.
11 Für die Schweiz: vorbehältlich.
12 Für Deutschland: Verwahrer.

MÜ	WA/HP 1955	WA 1929
vom 28. Mai 1999*	vom 28. September 1955**	vom 12. Oktober 1929***
(Übersetzung)	(Übersetzung)	(Übersetzung)
Zuwachs- oder Rückgangsraten der Verbraucherpreisindizes der Staaten, deren Währungen das in Artikel 23 Absatz 1 genannte Sonderziehungsrecht bilden. (2) Ergibt die in Absatz 1 genannte Überprüfung, dass der Inflationsfaktor 10 Prozent[13] übersteigt, so notifiziert der Depositar[14] den Vertragsstaaten die angepassten Haftungshöchstbeträge. Jede Anpassung tritt sechs Monate nach ihrer Notifikation an die Vertragsstaaten in Kraft. Teilt innerhalb von drei Monaten nach der Notifikation an die Vertragsstaaten eine Mehrheit der Vertragsstaaten ihre Ablehnung mit, so tritt die Anpassung nicht in Kraft; in diesem Fall unterbreitet der Depositar[15] die Angelegenheit einer Zusammenkunft der Vertragsstaaten. Der Depositar[16] notifiziert allen Vertragsstaaten unverzüglich das Inkrafttreten jeder Anpassung. (3) Unbeschadet des Absatzes 1 ist das in Absatz 2 genannte Verfahren auf Verlangen eines (Drittels der Vertragsstaaten jederzeit anzuwenden, wenn der in Absatz 1 genannte Inflationsfaktor seit der vorherigen Überprüfung oder, wenn eine solche nicht erfolgt ist, seit Inkrafttreten des Übereinkommens, 30 Prozent[17] überstiegen hat. Weitere Überprüfungen nach dem in Absatz 1 beschriebenen Verfahren werden nach jeweils fünf Jahren vorgenommen, erstmals am Ende des fünften Jahres, das auf eine Überprüfung nach diesem Absatz folgt.		
Artikel 25 **Vereinbarungen über Haftungshöchstbeträge**	**Artikel 22**	
Ein Luftfrachtführer kann sich im Beförderungsvertrag höheren als die in diesem Übereinkommen	(1) ... Der Reisende kann jedoch mit dem Luftfrachtführer eine höhere Haftsumme vereinbaren.	

13 Für Deutschland: vom Hundert.
14 Für Deutschland: Verwahrer.
15 Für Deutschland: Verwahrer.
16 Für Deutschland: Verwahrer.
17 Für Deutschland: vom Hundert.

MÜ	WA/HP 1955	WA 1929
vom 28. Mai 1999*	vom 28. September 1955**	vom 12. Oktober 1929***
(Übersetzung)	(Übersetzung)	(Übersetzung)
vorgesehenen Haftungshöchstbeträgen unterwerfen oder auf Haftungshöchstbeträge verzichten.		
Artikel 26 **Unwirksamkeit von Vertragsbestimmungen**	**Artikel 23**	
Jede Bestimmung des Beförderungsvertrags, durch welche die Haftung des Luftfrachtführers ausgeschlossen oder der in diesem Übereinkommen festgesetzte Haftungshöchstbetrag herabgesetzt werden soll, ist nichtig; ihre Nichtigkeit hat nicht die Nichtigkeit des gesamten Vertrags zur Folge; dieser unterliegt gleichwohl diesem Übereinkommen.	(1) Jede Bestimmung des Beförderungsvertrags, durch welche die Haftung des Luftfrachtführers ganz oder teilweise ausgeschlossen oder die in diesem Abkommen bestimmte Haftsumme herabgesetzt werden soll, ist nichtig; ihre Nichtigkeit hat nicht die Nichtigkeit des Vertrags zur Folge; dieser bleibt den Vorschriften dieses Abkommens unterworfen.	Jede Bestimmung des Beförderungsvertrags, durch welche die Haftung des Luftfrachtführers ganz oder teilweise ausgeschlossen oder die in diesem Abkommen bestimmte Haftsumme herabgesetzt werden soll, ist nichtig; ihre Nichtigkeit hat nicht die Nichtigkeit des Vertrags zur Folge; dieser bleibt den Vorschriften dieses Abkommens unterworfen.
	(2) Absatz 1 ist nicht anzuwenden auf Bestimmungen des Beförderungsvertrags über Verluste oder Beschädigungen, die aus der Eigenart der beförderten Güter oder einem ihnen anhaftenden Mangel herrühren.	
Artikel 27 **Vertragsfreiheit**	**Artikel 33**	
Dieses Übereinkommen hindert den Luftfrachtführer nicht daran, den Abschluss eines Beförderungsvertrags zu verweigern, auf Einwendungen, die ihm nach dem Übereinkommen zur Verfügung stehen, zu verzichten oder Vertragsbedingungen festzulegen, die nicht im Widerspruch zu diesem Übereinkommen stehen.	Keine Bestimmung dieses Abkommens hindert den Luftfrachtführer, den Abschluss eines Beförderungsvertrags zu verweigern oder Beförderungsbedingungen festzusetzen, die nicht im Widerspruch mit den Vorschriften dieses Abkommens stehen.	
Artikel 28 **Vorauszahlungen**		
Haben Luftfahrzeugunfälle den Tod oder die Körperverletzung von Reisenden zur Folge, so hat der Luftfrachtführer, wenn er dazu nach nationalem Recht verpflichtet ist, unverzüglich Vorauszahlungen an schadenersatzberechtigte[18] natürliche Personen zur Befriedigung ihrer unmittelbaren wirtschaftlichen Bedürfnisse zu leisten. Diese Vorauszahlungen stellen keine Haftungsanerkennung dar und können		

18 Für Deutschland: Schadensersatzberechtigte.

MÜ	WA/HP 1955	WA 1929
vom 28. Mai 1999*	vom 28. September 1955**	vom 12. Oktober 1929***
(Übersetzung)	(Übersetzung)	(Übersetzung)
mit späteren Schadenersatzleistungen[19] des Luftfrachtführers verrechnet werden.		
Artikel 29 **Grundsätze für Ansprüche**	**Artikel 24**	
Bei der Beförderung von Reisenden, Reisegepäck und Gütern kann ein Anspruch auf Schadenersatz,[20] auf welchem Rechtsgrund er auch beruht, sei es dieses Übereinkommen, ein Vertrag, eine unerlaubte Handlung oder ein sonstiger Rechtsgrund, nur unter den Voraussetzungen und mit den Beschränkungen geltend gemacht werden, die in diesem Übereinkommen vorgesehen sind; die Frage, welche Personen zur Klage berechtigt sind und welche Rechte ihnen zustehen, wird hierdurch nicht berührt. Bei einer derartigen Klage ist jeder eine Strafe einschließende, verschärfte oder sonstige nicht kompensatorische Schadenersatz[21] ausgeschlossen.	(1) In den Fällen der Art 18 und 19 kann ein Anspruch auf Schadensersatz, auf welchem Rechtsgrund er auch beruht, nur unter den Voraussetzungen und Beschränkungen geltend gemacht werden, die in diesem Abkommen vorgesehen sind. (2) Die Vorschrift des vorstehenden Absatzes findet auch in den Fällen des Artikels 17 Anwendung. Die Frage, welche Personen zur Klage berechtigt sind und was für Rechte ihnen zustehen, wird hierdurch nicht berührt.	
Artikel 30 **Leute des Luftfrachtführers – Mehrheit von Ansprüchen**	**Artikel 25 A**	
(1) Wird einer der Leute des Luftfrachtführers wegen eines Schadens in Anspruch genommen, der unter dieses Übereinkommen fällt, so kann er sich auf die Haftungsvoraussetzungen und -beschränkungen berufen, die nach diesem Übereinkommen für den Luftfrachtführer gelten, sofern er nachweist, dass er in Ausführung seiner Verrichtungen gehandelt hat.	(1) Wird einer der Leute des Luftfrachtführers wegen eines Schadens in Anspruch genommen, der unter dieses Abkommen fällt, so kann er sich auf die Haftungsbeschränkungen berufen, die nach Artikel 22 für den Luftfrachtführer gelten, sofern er beweist, dass er in Ausführung seiner Verrichtungen gehandelt hat.	
(2) Der Betrag, der in diesem Fall von dem Luftfrachtführer und seinen Leuten als Ersatz insgesamt zu leisten ist, darf die genannten Haftungsgrenzen nicht übersteigen.	(2) Der Gesamtbetrag, der in diesem Falle von dem Luftfrachtführer und seinen Leuten als Ersatz zu leisten ist, darf die genannten Haftsummen nicht übersteigen.	
(3) Die Absätze 1 und 2 finden, außer bei der Beförderung von Gütern, keine Anwendung, wenn nachgewiesen wird, dass der Schaden durch eine	(3) Die Vorschriften der Absätze 1 und 2 sind nicht anzuwenden, wenn nachgewiesen wird, dass der Schaden durch eine Handlung oder Unterlassung	

19 Für Deutschland: Schadensersatzleistungen.
20 Für Deutschland: Schadensersatz.
21 Für Deutschland: Schadensersatz.

MÜ	WA/HP 1955	WA 1929
vom 28. Mai 1999*	vom 28. September 1955**	vom 12. Oktober 1929***
(Übersetzung)	(Übersetzung)	(Übersetzung)
Handlung oder Unterlassung der Leute des Luftfrachtführers verursacht worden ist, die entweder in der Absicht, Schaden herbeizuführen, oder leichtfertig und in dem Bewusstsein begangen wurde, dass wahrscheinlich ein Schaden eintreten wird.	der Leute des Luftfrachtführers verursacht worden ist, die entweder in der Absicht, Schaden herbeizuführen, oder leichtfertig und in dem Bewusstsein begangen wurde, dass ein Schaden mit Wahrscheinlichkeit eintreten werde.	
Artikel 31 **Fristgerechte Schadensanzeige**	**Artikel 26**	
(1) Nimmt der Empfänger aufgegebenes Reisegepäck oder Güter vorbehaltlos an, so begründet dies die widerlegbare Vermutung, dass sie unbeschädigt und entsprechend dem Beförderungsschein oder den anderen Aufzeichnungen im Sinne des Artikels 3 Absatz 2 und Artikels 4 Absatz 2 abgeliefert worden sind.	(1) Nimmt der Empfänger Reisegepäck oder Güter vorbehaltlos an, so wird bis zum Beweise des Gegenteils vermutet, dass sie in gutem Zustand und dem Beförderungsschein entsprechend abgeliefert worden sind.	
(2) Im Fall einer Beschädigung muss der Empfänger unverzüglich nach Entdeckung des Schadens, bei aufgegebenem Reisegepäck jedenfalls binnen sieben und bei Gütern binnen vierzehn Tagen nach der Annahme, dem Luftfrachtführer Anzeige erstatten. Im Fall einer Verspätung muss die Anzeige binnen einundzwanzig Tagen, nachdem das Reisegepäck oder die Güter dem Empfänger zur Verfügung gestellt worden sind, erfolgen.	(2) Im Fall einer Beschädigung muss der Empfänger unverzüglich nach Entdeckung des Schadens, aber jedenfalls bei Reisegepäck binnen sieben und bei Gütern binnen vierzehn Tagen nach der Annahme, dem Luftfrachtführer Anzeige erstatten. Im Fall einer Verspätung muss die Anzeige binnen einundzwanzig Tagen, nachdem das Reisegepäck oder das Gut dem Empfänger zur Verfügung gestellt worden ist, erfolgen.	(2) Im Falle einer Beschädigung muss der Empfänger unverzüglich nach Entdeckung des Schadens, aber jedenfalls bei Reisegepäck binnen 3 Tagen, bei Gütern spätestens binnen 7 Tagen nach der Annahme dem Luftfrachtführer Anzeige erstatten. Im Fall einer Verspätung muss die Anzeige spätestens 14 Tage, nachdem das Reisegepäck oder das Gut dem Empfänger zur Verfügung gestellt worden ist, erfolgen.
(3) Jede Beanstandung muss schriftlich erklärt und innerhalb der dafür vorgesehenen Frist übergeben oder abgesandt werden.	(3) Jede Beanstandung muss auf den Beförderungsschein gesetzt oder in anderer Weise schriftlich erklärt und innerhalb der dafür vorgesehenen Frist abgesandt werde.	
(4) Wird die Anzeigefrist versäumt, so ist jede Klage gegen den Luftfrachtführer ausgeschlossen, es sei denn, dass dieser arglistig gehandelt hat.	(4) Wird die Anzeigefrist versäumt, so ist jede Klage gegen den Luftfrachtführer ausgeschlossen, es sei denn, dass dieser arglistig gehandelt hat.	
Artikel 32 **Tod des Schadenersatzpflichtigen**[22]	**Artikel 27**	
Stirbt die zum Schadenersatz[23] verpflichtete Person, so kann der Anspruch auf Schadenersatz[24] nach	Stirbt der Schuldner, so kann der Anspruch auf Schadensersatz in den Grenzen dieses Abkommens gegen seine Rechtsnachfolger geltend gemacht werden.	

22 Für Deutschland: Schadensersatzpflichtigen.
23 Für Deutschland: Schadensersatz.
24 Für Deutschland: Schadensersatz.

MÜ	WA/HP 1955	WA 1929
vom 28. Mai 1999*	vom 28. September 1955**	vom 12. Oktober 1929***
(Übersetzung)	(Übersetzung)	(Übersetzung)
diesem Übereinkommen gegen ihre Rechtsnachfolger geltend gemacht werden.		
Artikel 33 **Gerichtsstand**	**Artikel 28**	
(1) Die Klage auf Schadenersatz[25] muss im Hoheitsgebiet eines der Vertragsstaaten erhoben werden, und zwar nach Wahl des Klägers entweder bei dem Gericht des Ortes, an dem sich der Wohnsitz des Luftfrachtführers, seine Hauptniederlassung oder seine Geschäftsstelle befindet, durch die der Vertrag geschlossen worden ist, oder bei dem Gericht des Bestimmungsorts.	(1) Die Klage auf Schadensersatz muss in dem Gebiet eines der Hohen Vertragschließenden Teile erhoben werden, und zwar nach Wahl des Klägers entweder bei dem Gericht des Ortes, wo der Luftfrachtführer seinen Wohnsitz hat oder wo sich seine Hauptbetriebsleitung oder diejenige seiner Geschäftsstellen befindet, durch die der Vertrag abgeschlossen worden ist, oder bei dem Gericht des Bestimmungsortes.	
(2) Die Klage auf Ersatz des Schadens, der durch Tod oder Körperverletzung eines Reisenden entstanden ist, kann bei einem der in Absatz 1 genannten Gerichte oder im Hoheitsgebiet eines Vertragsstaats erhoben werden, in dem der Reisende im Zeitpunkt des Unfalls seinen ständigen Wohnsitz hatte und in das oder aus dem der Luftfrachtführer Reisende im Luftverkehr gewerbsmäßig befördert, und zwar entweder mit seinen eigenen Luftfahrzeugen oder aufgrund einer geschäftlichen Vereinbarung mit Luftfahrzeugen eines anderen Luftfrachtführers, und in dem der Luftfrachtführer sein Gewerbe von Geschäftsräumen aus betreibt, deren Mieter oder Eigentümer er selbst oder ein anderer Luftfrachtführer ist, mit dem er eine geschäftliche Vereinbarung geschlossen hat. (3) Im Sinne des Absatzes 2 bedeutet a) „geschäftliche Vereinbarung“ einen Vertrag zwischen Luftfrachtführern über die Erbringung gemeinsamer Beförderungsdienstleistungen für Reisende im Luftverkehr mit Ausnahme eines Handelsvertretervertrags,[26] b) „ständiger Wohnsitz“ den Hauptwohnsitz und gewöhnlichen Aufenthalt des Reisenden im		

25 Für Deutschland: Schadensersatz.
26 Für die Schweiz: Agenturvertrags.

<table>
<tr><th>MÜ</th><th>WA/HP 1955</th><th>WA 1929</th></tr>
<tr><td>vom 28. Mai 1999*</td><td>vom 28. September 1955**</td><td>vom 12. Oktober 1929***</td></tr>
<tr><td>(Übersetzung)</td><td>(Übersetzung)</td><td>(Übersetzung)</td></tr>
<tr><td>Zeitpunkt des Unfalls. Die Staatsangehörigkeit des Reisenden ist in dieser Hinsicht nicht entscheidend.</td><td colspan="2"></td></tr>
<tr><td>(4) Das Verfahren richtet sich nach dem Recht des angerufenen Gerichts.</td><td colspan="2">(2) Das Verfahren richtet sich nach den Gesetzen des angerufenen Gerichts.</td></tr>
<tr><td>Artikel 34
Schiedsverfahren</td><td colspan="2"></td></tr>
<tr><td>(1) Die Parteien des Vertrags über die Beförderung von Gütern können nach Maßgabe dieses Artikels vereinbaren, dass Streitigkeiten über die Haftung des Luftfrachtführers nach diesem Übereinkommen in einem Schiedsverfahren beigelegt werden. Eine derartige Vereinbarung bedarf der Schriftform.
(2) Das Schiedsverfahren wird nach Wahl des Anspruchstellers an einem der in Artikel 33 genannten Gerichtsstände durchgeführt.
(3) Der Schiedsrichter oder das Schiedsgericht hat dieses Übereinkommen anzuwenden.
(4) Die Absätze 2 und 3 gelten als Bestandteil jeder Schiedsklausel oder -vereinbarung; abweichende Bestimmungen sind nichtig.</td><td colspan="2"></td></tr>
<tr><td>Artikel 35
Ausschlussfrist</td><td colspan="2">Artikel 29</td></tr>
<tr><td>(1) Die Klage auf Schadenersatz[27] kann nur binnen einer Ausschlussfrist von zwei Jahren erhoben werden; die Frist beginnt mit dem Tag, an dem das Luftfahrzeug am Bestimmungsort angekommen ist oder an dem es hätte ankommen sollen oder an dem die Beförderung abgebrochen worden ist.</td><td colspan="2">(1) Die Klage auf Schadensersatz kann nur binnen einer Ausschlussfrist von zwei Jahren erhoben werden. Die Frist beginnt mit dem Tage, an dem das Luftfahrzeug am Bestimmungsort angekommen ist, oder an dem es hätte ankommen sollen, oder an dem die Beförderung abgebrochen worden ist.</td></tr>
<tr><td>(2) Die Berechnung der Frist richtet sich nach dem Recht des angerufenen Gerichts.</td><td colspan="2">(2) Die Berechnung der Frist bestimmt sich nach den Gesetzen des angerufenen Gerichts.</td></tr>
<tr><td>Artikel 36
Aufeinanderfolgende Beförderung</td><td colspan="2">Artikel 30</td></tr>
<tr><td>(1) Jeder Luftfrachtführer, der Reisende, Reisegepäck oder Güter annimmt, ist bei Beförderungen im Sinne des</td><td colspan="2">(1) Wird die Beförderung durch mehrere aufeinanderfolgende Luftfrachtführer ausgeführt (Artikel 1 Abs 3), so ist jeder von ihnen, der Reisende, Reisegepäck oder Güter annimmt, den Vorschriften dieses Abkommens unterworfen; er gilt</td></tr>
</table>

27 Für Deutschland: Schadensersatz.

MÜ	WA/HP 1955	WA 1929
vom 28. Mai 1999*	vom 28. September 1955**	vom 12. Oktober 1929***
(Übersetzung)	(Übersetzung)	(Übersetzung)
Artikels 1 Absatz 3, die nacheinander durch mehrere Luftfrachtführer ausgeführt werden, den Vorschriften dieses Übereinkommens unterworfen; er gilt für den Teil der Beförderung, der unter seiner Leitung ausgeführt wird, als Partei des Beförderungsvertrags.	als eine der Parteien des Beförderungsvertrags, soweit dieser sich auf den Teil der Beförderung bezieht, der unter seiner Leitung ausgeführt wird.	
(2) Bei einer solchen Beförderung kann der Reisende oder die sonst anspruchsberechtigte Person nur den Luftfrachtführer in Anspruch nehmen, der die Beförderung ausgeführt hat, in deren Verlauf der Unfall oder die Verspätung eingetreten ist, es sei denn, dass der erste Luftfrachtführer durch ausdrückliche Vereinbarung die Haftung für die ganze Reise übernommen hat.	(2) Bei einer solchen Beförderung von Reisenden können der Reisende oder die sonst anspruchsberechtigten Personen nur den Luftfrachtführer in Anspruch nehmen, der die in Anspruch nehmen, der die Beförderung ausgeführt hat, in Beförderung ausgeführt hat, in deren Verlauf der Unfall oder die Verspätung eingetreten ist, es sei denn, dass der erste Luftfrachtführer durch ausdrückliche Vereinbarung die Haftung für die ganze Reise übernommen hat.	
(3) Bei Reisegepäck oder Gütern kann der Reisende oder der Absender den ersten, der Reisende oder der Empfänger, der die Auslieferung verlangen kann, den letzten, und jeder von ihnen denjenigen Luftfrachtführer in Anspruch nehmen, der die Beförderung ausgeführt hat, in deren Verlauf die Zerstörung, der Verlust oder die Beschädigung erfolgt oder die Verspätung eingetreten ist. Diese Luftfrachtführer haften dem Reisenden oder dem Absender oder Empfänger als Gesamtschuldner.	(3) Handelt es sich um Reisegepäck oder Güter, so kann der Absender den ersten, der Empfänger, der die Auslieferung verlangen kann, der letzten, und jeder von ihnen denjenigen Luftfrachtführer in Anspruch nehmen, welcher die Beförderung ausgeführt hat, in deren Verlauf die Zerstörung, der Verlust oder die Beschädigung erfolgt oder die Verspätung eingetreten ist. Diese Luftfrachtführer haften dem Absender und dem Empfänger als Gesamtschuldner.	
Artikel 37 **Rückgriffsrecht gegenüber Dritten**		
Dieses Übereinkommen berührt nicht die Frage, ob die nach seinen Bestimmungen schadenersatzpflichtige[28] Person gegen eine andere Person Rückgriff nehmen kann.		
Kapitel IV **Gemischte Beförderung**	**4. Kapitel** **Bestimmungen über gemischte Beförderungen**	
Artikel 38 **Gemischte Beförderung**	**Artikel 31**	
(1) Bei gemischter Beförderung, die zum Teil durch Luftfahrzeuge, zum Teil	(1) Bei gemischten Beförderungen, die zum Teil durch Luftfahrzeuge, zum Teil durch andere Verkehrsmittel ausgeführt werden, gelten die Bestimmungen	

28 Für Deutschland: Schadensersatzpflichtige.

MÜ	WA/HP 1955	WA 1929
vom 28. Mai 1999*	vom 28. September 1955**	vom 12. Oktober 1929***
(Übersetzung)	(Übersetzung)	(Übersetzung)
durch andere Verkehrsmittel ausgeführt wird, gilt dieses Übereinkommen vorbehaltlich[29] des Artikels 18 Absatz 4 nur für die Luftbeförderung im Sinne des Artikels 1.	dieses Abkommens nur für die Luftbeförderung und nur, wenn diese den Voraussetzungen des Artikels 1 entspricht.	
(2) Bei gemischter Beförderung sind die Parteien durch dieses Übereinkommen nicht gehindert, Bedingungen für die Beförderung durch andere Verkehrsmittel in den Luftbeförderungsvertrag aufzunehmen, sofern hinsichtlich der Luftbeförderung dieses Übereinkommen beachtet wird.	(2) Keine Bestimmung dieses Abkommens hindert die Parteien, für den Fall einer gemischten Beförderung Bedingungen für die Beförderung durch andere Verkehrsmittel in den Luftbeförderungsschein aufzunehmen, sofern hinsichtlich der Luftbeförderung die Vorschriften dieses Abkommens beachtet werden.	
Kapitel V Luftbeförderung durch einen anderen als den vertraglichen Luftfrachtführer		
Artikel 39 Vertraglicher Luftfrachtführer – Ausführender Luftfrachtführer		
Dieses Kapitel gilt, wenn eine Person (im folgenden als „vertraglicher Luftfrachtführer" bezeichnet) mit einem Reisenden oder einem Absender oder einer für den Reisenden oder den Absender handelnden Person einen diesem Übereinkommen unterliegenden Beförderungsvertrag geschlossen hat und eine andere Person (im folgenden als „ausführender Luftfrachtführer" bezeichnet) aufgrund einer Vereinbarung mit dem vertraglichen Luftfrachtführer berechtigt ist, die Beförderung ganz oder zum Teil auszuführen, ohne dass es sich hinsichtlich dieses Teiles um eine aufeinanderfolgende Beförderung im Sinne dieses Übereinkommens handelt. Die Berechtigung wird bis zum Beweis des Gegenteils vermutet.		
Artikel 40 Haftung des vertraglichen und des ausführenden Luftfrachtführers		
Führt ein ausführender Luftfrachtführer eine Beförderung, die		

29 Für die Schweiz: vorbehältlich.

MÜ	WA/HP 1955	WA 1929
vom 28. Mai 1999*	vom 28. September 1955**	vom 12. Oktober 1929***
(Übersetzung)	(Übersetzung)	(Übersetzung)
nach dem in Artikel 39 genannten Beförderungsvertrag diesem Übereinkommen unterliegt, ganz oder zum Teil aus, so unterstehen, soweit dieses Kapitel nichts anderes bestimmt, sowohl der vertragliche Luftfrachtführer als auch der ausführende Luftfrachtführer den Vorschriften dieses Übereinkommens, der erstgenannte für die gesamte im Vertrag vorgesehene Beförderung, der zweitgenannte nur für die Beförderung, die er ausführt.		
Artikel 41 **Wechselseitige Zurechnung**		
(1) Die Handlungen und Unterlassungen des ausführenden Luftfrachtführers und seiner Leute, soweit diese in Ausführung ihrer Verrichtungen handeln, gelten bezüglich der von dem ausführenden Luftfrachtführer ausgeführten Beförderung auch als solche des vertraglichen Luftfrachtführers. (2) Die Handlungen und Unterlassungen des vertraglichen Luftfrachtführers und seiner Leute, soweit diese in Ausführung ihrer Verrichtungen handeln, gelten bezüglich der von dem ausführenden Luftfrachtführer ausgeführten Beförderung auch als solche des ausführenden Luftfrachtführers. Der ausführende Luftfrachtführer kann jedoch durch solche Handlungen oder Unterlassungen nicht einer Haftung unterworfen werden, welche die in den Artikeln 21, 22, 23 und 24 genannten Beträge übersteigt. Eine besondere Vereinbarung, wonach der vertragliche Luftfrachtführer Verpflichtungen eingeht, die nicht durch dieses Übereinkommen auferlegt werden, oder ein Verzicht auf Rechte oder Einwendungen nach diesem Übereinkommen oder eine betragsmäßige Angabe des Interesses an der Lieferung nach Artikel 22 ist gegenüber dem ausführenden Luftfrachtführer nur mit seiner Zustimmung wirksam.		

MÜ	WA/HP 1955	WA 1929
vom 28. Mai 1999*	vom 28. September 1955**	vom 12. Oktober 1929***
(Übersetzung)	(Übersetzung)	(Übersetzung)
Artikel 42 **Beanstandungen und Weisungen**		
Beanstandungen oder Weisungen, die nach diesem Übereinkommen gegenüber dem Luftfrachtführer zu erklären sind, werden wirksam, gleichviel ob sie an den vertraglichen Luftfrachtführer oder an den ausführenden Luftfrachtführer gerichtet werden. Die Weisungen nach Artikel 12 werden jedoch nur wirksam, wenn sie an den vertraglichen Luftfrachtführer gerichtet werden.		
Artikel 43 **Leute der Luftfrachtführer**		
Soweit der ausführende Luftfrachtführer die Beförderung vorgenommen hat, können sich sowohl seine als auch die Leute des vertraglichen Luftfrachtführers, sofern sie nachweisen, dass sie in Ausführung ihrer Verrichtungen gehandelt haben, auf die Haftungsvoraussetzungen und -beschränkungen berufen, die nach diesem Übereinkommen für den Luftfrachtführer gelten, zu dessen Leuten sie gehören; dies gilt nicht, wenn der Nachweis erbracht wird, dass sie in einer Weise gehandelt haben, welche die Berufung auf die Haftungsbeschränkungen nach diesem Übereinkommen ausschließt.		
Artikel 44 **Betrag des gesamten Schadenersatzes**[30]		
Soweit der ausführende Luftfrachtführer die Beförderung vorgenommen hat, darf der Betrag, den dieser Luftfrachtführer, der vertragliche Luftfrachtführer und ihre Leute, sofern diese in Ausführung ihrer Verrichtungen gehandelt haben, als Schadenersatz[31] zu leisten haben, den höchsten Betrag nicht übersteigen, der nach diesem Übereinkommen von dem vertraglichen oder dem ausführenden		

30 Für Deutschland: Schadensersatzes.
31 Für Deutschland: Schadensersatz.

MÜ	WA/HP 1955	WA 1929
vom 28. Mai 1999*	vom 28. September 1955**	vom 12. Oktober 1929***
(Übersetzung)	(Übersetzung)	(Übersetzung)
Luftfrachtführer als Schadenersatz[32] beansprucht werden kann; keine der genannten Personen haftet jedoch über den für sie geltenden Höchstbetrag hinaus.		
Artikel 45 **Beklagter**		
Soweit der ausführende Luftfrachtführer die Beförderung vorgenommen hat, kann eine Klage auf Schadenersatz[33] nach Wahl des Klägers gegen diesen Luftfrachtführer, den vertraglichen Luftfrachtführer oder beide, gemeinsam oder gesondert, erhoben werden. Ist die Klage nur gegen einen dieser Luftfrachtführer erhoben, so hat dieser das Recht, den anderen Luftfrachtführer aufzufordern, sich an dem Rechtsstreit zu beteiligen; Rechtswirkungen und Verfahren richten sich nach dem Recht des angerufenen Gerichts.		
Artikel 46 **Weiterer Gerichtsstand**		
Eine Klage auf Schadenersatz[34] nach Artikel 45 kann nur im Hoheitsgebiet eines der Vertragsstaaten, und zwar nach Wahl des Klägers entweder bei einem der Gerichte erhoben werden, bei denen eine Klage gegen den vertraglichen Luftfrachtführer nach Artikel 33 erhoben werden kann, oder bei dem Gericht des Ortes, an dem der ausführende Luftfrachtführer seinen Wohnsitz oder seine Hauptniederlassung hat.		
Artikel 47 **Unwirksamkeit vertraglicher Bestimmungen**		
Jede vertragliche Bestimmung, durch welche die Haftung des vertraglichen oder des ausführenden Luftfrachtführers nach diesem Kapitel ausgeschlossen oder der maßgebende		

32 Für Deutschland: Schadensersatz.
33 Für Deutschland: Schadensersatz.
34 Für Deutschland: Schadensersatz.

MÜ	WA/HP 1955	WA 1929
vom 28. Mai 1999*	vom 28. September 1955**	vom 12. Oktober 1929***
(Übersetzung)	(Übersetzung)	(Übersetzung)
Haftungshöchstbetrag herabgesetzt werden soll, ist nichtig; ihre Nichtigkeit hat nicht die Nichtigkeit des gesamten Vertrags zur Folge; dieser unterliegt weiterhin den Bestimmungen dieses Kapitels.		
Artikel 48 **Innenverhältnis von vertraglichem und ausführendem Luftfrachtführer**		
Dieses Kapitel, mit Ausnahme des Artikels 45, berührt nicht die Rechte und Pflichten der Luftfrachtführer untereinander, einschließlich der Rechte auf Rückgriff oder Schadenersatz.[35]		
Kapitel VI **Sonstige Bestimmungen**	**5. Kapitel** **Allgemeine Vorschriften und Schlussbestimmungen**	
Artikel 49 **Zwingendes Recht**	**Artikel 32**	
Alle Bestimmungen des Beförderungsvertrags und alle vor Eintritt des Schadens getroffenen besonderen Vereinbarungen, mit denen die Parteien durch Bestimmung des anzuwendenden Rechts oder durch Änderung der Vorschriften über die Zuständigkeit von diesem Übereinkommen abweichen, sind nichtig.	Alle Bestimmungen des Beförderungsvertrages und alle vor Eintritt des Schadens getroffenen besonderen Vereinbarungen, worin die Parteien durch Bestimmung des anzuwendenden Rechts oder durch Änderung der Vorschriften über die Zuständigkeit von diesem Abkommen abweichende Regeln festsetzen, sind nichtig. Im Falle der Beförderung von Gütern sind jedoch Schiedsklauseln im Rahmen dieses Abkommens zulässig, wenn das Verfahren im Bezirk eines der in Artikel 28 Abs 1 bezeichneten Gerichte stattfinden soll.	
Artikel 50 **Versicherung**		
Die Vertragsstaaten verpflichten ihre Luftfrachtführer, sich zur Deckung ihrer Haftung nach diesem Übereinkommen angemessen zu versichern. Der Vertragsstaat, in den ein Luftfrachtführer eine Beförderung ausführt, kann einen Nachweis über einen angemessenen Versicherungsschutz zur Deckung der		

35 Für Deutschland: Schadensersatz.

MÜ	WA/HP 1955	WA 1929
vom 28. Mai 1999*	vom 28. September 1955**	vom 12. Oktober 1929***
(Übersetzung)	(Übersetzung)	(Übersetzung)
Haftung nach diesem Übereinkommen verlangen.		
Artikel 51 **Beförderung unter außergewöhnlichen Umständen**	**Artikel 34**	
Die Bestimmungen der Artikel 3 bis 5, 7 und 8 über die Beförderungsurkunden sind nicht auf Beförderungen anzuwenden, die unter außergewöhnlichen Umständen und nicht im Rahmen des gewöhnlichen Luftverkehrs ausgeführt werden.	Die Vorschriften der Artikel 3 bis 9 über die Beförderungsscheine sind nicht anzuwenden auf Beförderungen, die unter außergewöhnlichen Umständen und nicht im Rahmen des gewöhnlichen Luftverkehrs ausgeführt werden.	Dieses Abkommen ist nicht anwendbar: 1. auf internationale Luftbeförderungen, die von einem Luftfahrtunternehmen als erste Versuche zur Errichtung planmäßig zu betreibender Luftverkehrslinien ausgeführt werden. 2. auf Beförderungen, die unter außergewöhnlichen Umständen und nicht im Rahmen des gewöhnlichen Luftverkehrs ausgeführt werden.
Artikel 52 **Bestimmung des Begriffs „Tage“**	**Artikel 35**	
Der Begriff „Tage“ im Sinne dieses Übereinkommens bedeutet Kalendertage, nicht Werktage.	Der Ausdruck „Tage“ im Sinne dieses Abkommens umfasst auch die Sonn- und Feiertage.	
Kapitel VII **Schlussbestimmungen**		
Artikel 53 **Unterzeichnung, Ratifikation und Inkrafttreten**	**Artikel 36**	
(1) Dieses Übereinkommen liegt am 28. Mai 1999 in Montreal für die Staaten zur Unterzeichnung auf, die an der Internationalen Konferenz über Luftrecht vom 10. bis zum 28. Mai 1999 in Montreal teilgenommen haben. Nach dem 28. Mai 1999 liegt das Übereinkommen am Sitz der Internationalen Zivilluftfahrt-Organisation in Montreal für alle Staaten zur Unterzeichnung auf, bis es nach Absatz 6 in Kraft tritt. (2) Dieses Übereinkommen liegt ebenso für Organisationen der regionalen Wirtschaftsintegration zur Unterzeichnung auf. Im Sinne dieses Übereinkommens bedeutet eine „Organisation der regionalen Wirtschaftsintegration“ eine von souveränen Staaten einer bestimmten Region gebildete Organisation, die für	Dieses Abkommen ist in französischer Sprache in einer einzigen Urschrift abgefasst, die in den Archiven des polnischen Ministeriums des Auswärtigen aufbewahrt bleiben soll. Die Polnische Regierung wird der Regierung jedes der Hohen Vertragschließenden Teile eine beglaubigte Abschrift übermitteln.	

MÜ	WA/HP 1955	WA 1929
vom 28. Mai 1999*	vom 28. September 1955**	vom 12. Oktober 1929***
(Übersetzung)	(Übersetzung)	(Übersetzung)
bestimmte, durch dieses Übereinkommen geregelte Gegenstände zuständig ist und gehörig befugt ist, dieses Übereinkommen zu unterzeichnen und es zu ratifizieren, anzunehmen, zu genehmigen oder ihm beizutreten. Eine Bezugnahme auf einen „Vertragsstaat" oder „Vertragsstaaten" in diesem Übereinkommen mit Ausnahme des Artikels 1 Absatz 2, Artikels 3 Absatz 1 Buchstabe b, Artikels 5 Buchstabe b, der Artikel 23, 33 und 46 sowie des Artikels 57 Buchstabe b gilt gleichermaßen für eine Organisation der regionalen Wirtschaftsintegration. Die Bezugnahmen in Artikel 24 auf „eine Mehrheit der Vertragsstaaten" und „ein Drittel der Vertragsstaaten" gelten nicht für eine Organisation der regionalen Wirtschaftsintegration.		
	Artikel 37	
(3) Dieses Übereinkommen bedarf der Ratifikation durch die Staaten und Organisationen der regionalen Wirtschaftsintegration, die es unterzeichnet haben. (4) Staaten oder Organisationen der regionalen Wirtschaftsorganisation, die dieses Übereinkommen nicht unterzeichnen, können es jederzeit annehmen oder genehmigen oder ihm beitreten. (5) Die Ratifikations-, Annahme-, Genehmigungs- oder Beitrittsurkunden werden bei der Internationalen Zivilluftfahrt-Organisation hinterlegt; diese wird hiermit zum Depositar[36] bestimmt.	(1) Dieses Abkommen soll ratifiziert werden. Die Ratifikationsurkunden sollen in den Archiven des Polnischen Ministeriums des Auswärtigen niedergelegt werden, das der Regierung jedes der Hohen Vertragschließenden Teile die erfolgte Niederlegung anzeigen wird.	
(6) Dieses Übereinkommen tritt am sechzigsten Tag nach Hinterlegung der dreißigsten Ratifikations-, Annahme-, Genehmigungs- oder Beitrittsurkunde beim Depositar[37] zwischen den Staaten in Kraft, die eine solche Urkunde hinterlegt haben. Eine von einer Organisation der regionalen	(2) Dieses Abkommen tritt, nachdem es von fünf der Hohen Vertragschließenden Teile ratifiziert ist, zwischen ihnen am neunzigsten Tage nach der Niederlegung der fünften Ratifikationsurkunde in Kraft. Nach diesem Zeitpunkt tritt es zwischen den Hohen Vertragschließenden Teilen, die es ratifiziert haben, und dem Hohen Vertragschließenden Teil, der seine Ratifikationsurkunde niederlegt, am neunzigsten Tage nach dieser Niederlegung in Kraft.	

36 Für Deutschland: Verwahrer.
37 Für Deutschland: Verwahrer.

MÜ	WA/HP 1955	WA 1929
vom 28. Mai 1999*	vom 28. September 1955**	vom 12. Oktober 1929***
(Übersetzung)	(Übersetzung)	(Übersetzung)
Wirtschaftsintegration hinterlegte Urkunde wird insoweit nicht gezählt.		
	Artikel 38	
(7) Für andere Staaten und für andere Organisationen der regionalen Wirtschaftsorganisation tritt dieses Übereinkommen sechzig Tage nach Hinterlegung der Ratifikations-, Annahme-, Genehmigungs- oder Beitrittsurkunde in Kraft.	(1) Der Beitritt zu diesem Abkommen bleibt nach seinem Inkrafttreten allen Staaten offen. (2) Der Beitritt erfolgt durch eine Anzeige an die Regierung der Republik Polen, welche die Regierung eines jeden der Hohen Vertragschließenden Teile hiervon verständigen wird. (3) Der Beitritt wird mit dem neunzigsten Tage seit der Anzeige an die Regierung der Republik Polen wirksam.	
	Artikel 37	
(8) Der Depositar[38] notifiziert allen Unterzeichnern und Vertragsstaaten umgehend a) jede Unterzeichnung dieses Übereinkommens und deren Zeitpunkt; b) jede Hinterlegung einer Ratifikations-, Annahme-, Genehmigungs- oder Beitrittsurkunde und den Zeitpunkt der Hinterlegung; c) den Zeitpunkt des Inkrafttretens dieses Übereinkommens; d) den Zeitpunkt, zu dem eine nach diesem Übereinkommen vorgenommene Anpassung der Haftungshöchstbeträge in Kraft tritt; e) jede Kündigung nach Artikel 54.	(3) Die Regierung der Republik Polen wird der Regierung jedes der Hohen Vertragschließenden Teile den Tag des Inkrafttretens dieses Abkommens sowie den Tag der Niederlegung jeder Ratifikationsurkunde anzeigen.	
Artikel 54 **Kündigung**	**Artikel 39**	
(1) Jeder Vertragsstaat kann dieses Übereinkommen durch eine an den Depositar[39] gerichtete schriftliche Notifikation kündigen. (2) Die Kündigung wird einhundertachtzig Tage nach Eingang der Notifikation beim Depositar[40] wirksam.	(1) Jeder der Hohen Vertragschließenden Teile kann dieses Abkommen durch schriftliche Anzeige an die Regierung der Republik Polen, welche die Regierung jedes der Hohen Vertragschließenden Teile hiervon unverzüglich benachrichtigen wird, kündigen. (2) Diese Kündigung wird sechs Monate nach ihrer Erklärung wirksam, und zwar nur bezüglich des Vertragsteils, der sie ausgesprochen hat.	
	Artikel 40	
	(1) Die Hohen Vertragschließendem Teile können bei der Unterzeichnung, der Niederlegung der Ratifikationsurkunden oder anlässlich ihres Beitritts erklären, dass die Annahme dieses Abkommens sich nicht auf die Gesamtheit oder irgendeinen Teil ihrer Kolonien, Protektorate oder der unter ihrem Mandat	

38 Für Deutschland: Verwahrer.
39 Für Deutschland: Verwahrer.
40 Für Deutschland: Verwahrer.

MÜ	WA/HP 1955	WA 1929
vom 28. Mai 1999*	vom 28. September 1955**	vom 12. Oktober 1929***
(Übersetzung)	(Übersetzung)	(Übersetzung)
	stehenden Gebiete oder jedes andere unter ihrer Staatshoheit, Herrschaft oder Oberhoheit stehende Gebiet bezieht. (2) Sie können demgemäß späterhin im Namen der Gesamtheit oder irgendeines Teils ihrer Kolonien, Protektorate oder der unter ihrem Mandat stehenden Gebiete oder jedes anderen unter ihrer Staatshoheit, Herrschaft oder Oberhoheit stehenden Gebiets ihren Beitritt gesondert erklären. (3) Sie können ferner dieses Abkommen unter Beachtung seiner Bestimmungen für die Gesamtheit oder irgendeinen Teil ihrer Kolonien, Protektorate oder die unter ihrem Mandat stehenden Gebiete oder jedes andere unter ihrer Staatshoheit, Herrschaft oder Oberhoheit stehende Gebiet gesondert kündigen.	
	Artikel 40A	
	(1) In Artikel 37 Abs 2 und Artikel 40 Abs 1 hat der Ausdruck „Hoher Vertragschließender Teil“ die Bedeutung „Staat“. In allen anderen Fällen ist unter dem Ausdruck „Hoher Vertragschließender Teil“ ein Staat zu verstehen, dessen Ratifikation oder Beitritt zu dem Abkommen rechtswirksam und dessen Kündigung noch nicht rechtswirksam geworden ist. (2) Im Sinne dieses Abkommens umfasst das Wort „Gebiet“ nicht nur das Heimatgebiet eines Staates, sondern auch alle Gebiete, für deren auswärtige Beziehungen er verantwortlich ist.	
		Artikel 41
		Jeder der Vertragsschließenden Hohen Teile ist befugt, frühestens zwei Jahre nach dem Inkrafttreten dieses Abkommens den Zusammentritt einer neuen internationalen Konferenz zu veranlassen, um etwaige Verbesserungen des Abkommens herbeizuführen. Er hat sich zu diesem Zweck an die Regierung der Französischen Republik zu wenden, welche die zur Vorbereitung dieser Konferenz erforderlichen Maßnahmen treffen wird. Dieses Abkommen, abgeschlossen in Warschau, am 12. Oktober 1929, liegt bis zum 31. Januar 1930 zur Zeichnung auf.
Artikel 55 **Verhältnis zu anderen mit dem Warschauer Abkommen zusammenhängenden Übereinkünfte**		
Dieses Übereinkommen geht allen Vorschriften vor, die für die Beförderung im internationalen Luftverkehr gelten 1. zwischen Vertragsstaaten dieses Übereinkommens aufgrund dessen, dass diese Staaten		

MÜ	WA/HP 1955	WA 1929
vom 28. Mai 1999*	vom 28. September 1955**	vom 12. Oktober 1929***
(Übersetzung)	(Übersetzung)	(Übersetzung)
gemeinsam Vertragsparteien folgender Übereinkünfte sind: a) Abkommen zur Vereinheitlichung von Regeln über die Beförderung im internationalen Luftverkehr, unterzeichnet in Warschau am 12. Oktober 1929 (im folgenden als „Warschauer Abkommen" bezeichnet); b) Protokoll zur Änderung des Abkommens zur Vereinheitlichung von Regeln über die Beförderung im internationalen Luftverkehr, unterzeichnet in Warschau am 12. Oktober 1929, beschlossen in Den Haag am 28. September 1955 (im folgenden als „Haager Protokoll" bezeichnet); c) Zusatzabkommen zum Warschauer Abkommen zur Vereinheitlichung von Regeln über die von einem anderen als dem vertraglichen Luftfrachtführer ausgeführte Beförderung im internationalen Luftverkehr, unterzeichnet in Guadalajara am 18. September 1961 (im folgenden als „Abkommen von Guadalajara" bezeichnet);		
d) Protokoll zur Änderung des am 12. Oktober 1929 in Warschau unterzeichneten Abkommens zur Vereinheitlichung von Regeln über die Beförderung im internationalen Luftverkehr in der Fassung des Haager Protokolls vom 28. September 1955, unterzeichnet in Guatemala-Stadt am 8. März 1971 (im folgenden als „Protokoll von Guatemala-Stadt" bezeichnet); e) Zusatzprotokolle Nr 1 bis 3 und Protokoll von Montreal Nr. 4 zur Änderung des Warschauer Abkommens in der Fassung des Haager Protokolls oder des Warschauer Abkommens in der Fassung des Haager Protokolls		

MÜ	WA/HP 1955	WA 1929
vom 28. Mai 1999*	vom 28. September 1955**	vom 12. Oktober 1929***
(Übersetzung)	(Übersetzung)	(Übersetzung)
und des Protokolls von Guatemala-Stadt, unterzeichnet in Montreal am 25. September 1975 (im folgenden als „Protokolle von Montreal" bezeichnet) oder 2. innerhalb des Hoheitsgebiets eines einzelnen Vertragsstaats dieses Übereinkommens aufgrund dessen, dass dieser Staat Vertragspartei einer oder mehrerer der in Ziffer 1[41] Buchstaben a bis e genannten Übereinkünfte ist.		
Artikel 56 **Staaten mit mehreren Rechtsordnungen**		
(1) Umfasst ein Staat zwei oder mehr Gebietseinheiten, in denen auf die durch dieses Übereinkommen geregelten Gegenstände unterschiedliche Rechtsordnungen angewendet werden, so kann er bei der Unterzeichnung, der Ratifikation, der Annahme, der Genehmigung oder dem Beitritt erklären, dass dieses Übereinkommen sich auf alle seine Gebietseinheiten oder nur auf eine oder mehrere derselben erstreckt; er kann seine Erklärung jederzeit durch eine neue Erklärung ersetzen. (2) Die Erklärungen werden dem Depositar[42] notifiziert und müssen ausdrücklich angeben, auf welche Gebietseinheiten sich das Übereinkommen erstreckt. (3) Hinsichtlich eines Vertragsstaats, der eine solche Erklärung abgegeben hat, a) sind Bezugnahmen auf die „Landeswährung" in Artikel 23 als Bezugnahmen auf die Währung der betreffenden Gebietseinheit dieses Staates zu verstehen und b) ist die Bezugnahme auf das „nationale Recht" in Artikel 28 als Bezugnahme auf das Recht der betreffenden Gebietseinheit dieses Staates zu verstehen.		

41 Für Deutschland: unter Nummer 1.
42 Für Deutschland: Verwahrer.

MÜ	WA/HP 1955	WA 1929
vom 28. Mai 1999*	vom 28. September 1955**	vom 12. Oktober 1929***
(Übersetzung)	(Übersetzung)	(Übersetzung)
Artikel 57 **Vorbehalte**	**Zusatzprotokoll zu Artikel 2 WA**	
Zu diesem Übereinkommen dürfen keine Vorbehalte angebracht werden; allerdings kann ein Vertragsstaat jederzeit durch eine an den Depositar[43] gerichtete Notifikation erklären, dass dieses Übereinkommen nicht gilt für a) die Beförderung im internationalen Luftverkehr, die unmittelbar von diesem Vertragsstaat zu nichtgewerblichen Zwecken im Hinblick auf seine Aufgaben und Pflichten als souveräner Staat ausgeführt und betrieben wird; b) die Beförderung von Personen, Gütern und Reisegepäck für seine militärischen Dienststellen mit in diesem Vertragsstaat eingetragenen oder von ihm gemieteten Luftfahrzeugen, die ausschließlich diesen Dienststellen vorbehalten sind.	Die Hohen Vertragsschließenden Teile behalten sich das Recht vor, bei der Ratifikation oder dem Beitritt zu erklären, dass die Vorschrift des Artikels 2 Absatz 1 dieses Abkommens keine Anwendung auf internationale Luftbeförderungen finden soll, die unmittelbar durch den Staat, seine Kolonien, Protektorate, Mandatsgebiete oder andere unter seiner Staatshoheit, Oberhoheit oder unter seiner Herrschaft stehende Gebiete ausgeführt werden.[44]	
ZU URKUND DESSEN haben die unterzeichneten, hierzu gehörig befugten Bevollmächtigten dieses Übereinkommen unterschrieben. GESCHEHEN zu Montreal am 28. Mai 1999 in arabischer, chinesischer, englischer, französischer, russischer und spanischer Sprache, wobei jeder Wortlaut gleichermaßen verbindlich ist. Dieses Übereinkommen wird im Archiv der Internationalen Zivilluftfahrt-Organisation hinterlegt; beglaubigte Abschriften werden vom Depositar[45] allen Vertragsstaaten dieses Übereinkommens sowie allen Vertragsstaaten des Warschauer Abkommens, des Haager Protokolls, des Abkommens von Guadalajara, des Protokolls von Guatemala-Stadt und der Protokolle von Montreal übermittelt.		

43 Für Deutschland: Verwahrer.

44 Von den Vertragsstaaten haben einzig Äthiopien und die Vereinigten Staaten von Amerika die Anwendung des Abkommens auf internationale Luftbeförderungen, die unmittelbar durch den Staat ausgeführt werden, ausgeschlossen.

45 Für Deutschland: Verwahrer.

I.-2 Vertragsstaatenliste zum Warschauer Abkommen und Warschauer Abkommen in der Fassung des Haager Protokolls

CONTRACTING PARTIES TO THE CONVENTION FOR THE UNIFICATION OF CERTAIN RULES RELATING TO INTERNATIONAL CARRIAGE BY AIR

SIGNED AT WARSAW ON 12 OCTOBER1929

AND THE PROTOCOL MODIFYING THE SAID CONVENTION
SIGNED AT THE HAGUE ON 28 SEPTEMBER 1955

Convention	Entry into force	The Convention entered into force on 13 February 1933.
	Status:	152 Parties.
Protocol	Entry into force	The Protocol entered into force on 1 August 1963.
	Status:	137 Parties.

This list, including the footnotes and reservations, reproduces the information received from the depositary, the Government of the Republic of Poland.

States	WARSAW CONVENTION			THE HAGUE PROTOCOL		
	Signature	Ratification, Adherence or Succession (s)	Date of entry into force	Signature	Ratification, Adherence or Succession (s)	Date of entry into force
Afghanistan		20/2/69	21/5/69		20/2/69	21/5/69
Algeria		2/6/64	31/8/64		2/6/64	31/8/64
Angola		10/3/98	8/6/98		10/3/98	8/6/98
Argentina		21/3/52	19/6/52		12/6/69	10/9/69
Armenia		25/11/98	23/2/99			
Australia[1]	12/10/29	1/8/35	30/10/35	12/7/56	23/6/59	1/8/63
Austria	12/10/29	28/9/61	27/12/61		26/3/71	24/6/71
Azerbaijan		24/1/00	23/4/00		24/1/00	23/4/00
Bahamas[2]		23/5/75 (s)	10/7/73		23/5/75 (s)	10/7/73
Bahrain		12/3/98	10/6/98		12/3/98	10/6/98
Bangladesh[3]		1/3/79 (s)	26/3/71		1/3/79 (s)	26/3/71

1 With the following territories: Papua, Norfolk Island, New Guinea.

2 By a note from the Minister of Foreign Affairs dated 15 May 1975, the Government of the Bahamas informed the depositary that it considered itself bound by the provisions of the Warsaw Convention of 1929 and by the provisions of The Hague Protocol of 1955 which, before that State became independent, had been extended to its territory by the United Kingdom on 3 December 1934.

3 By a „declaration of continuity“ of the Minister of Foreign Affairs on 13 February 1979, the Government of the People's Republic of Bangladesh informed the depositary that it considered itself bound by the provisions of the Warsaw Convention of 1929 and by the provisions of The Hague Protocol of 1955 which, before the People's Republic of Bangladesh became independent, had been extended to its territory by the Islamic Republic of Pakistan on 26 December 1969.

https://doi.org/10.1515/9783110564945-061

States	WARSAW CONVENTION			THE HAGUE PROTOCOL		
	Signature	Ratification, Adherence or Succession (s)	Date of entry into force	Signature	Ratification, Adherence or Succession (s)	Date of entry into force
Barbados[4]		29/1/70 (s)	30/11/66			
Belarus		26/9/59	25/12/59	9/4/60	17/l/61	1/8/63
Belgium	12/10/29	13/7/36	11/10/36	28/9/55	27/8/63	25/11/63
Benin[5]		27/1/62 (s)	1/8/60		27/1/62 (s)	1/8/63
Bolivia		29/12/98	29/3/99			
Bosnia and Herzegovina[6]		3/3/95 (s)	6/3/92		3/3/95 (s)	6/3/92
Botswana[7]		21/3/77(s)	30/9/66			
Brazil	12/10/29	2/5/31	13/2/33	28/9/55	16/6/64	14/9/64
Brunei Darussalam[8]		28/2/84 (s)	1/1/84			
Bulgaria		25/6/49	23/9/49		14/12/63	13/3/64
Burkina Faso		9/12/61	9/3/62			
Cambodia		12/12/96	12/3/97		12/12/96	12/3/97
Cameroon[9]		2/9/61 (s)	1/1/60		2/9/61 (s)	1/8/63
Canada		10/6/47r	8/9/47	17/7/64	18/4	17/7/64
Cape Verde		7/2/02	8/5/02		7/2/02	8/5/02
Chile		2/3/79r	31/5/79		2/3/79	31/5/79
China[10]		20/7/58	18/10/58		20/8/75	18/11/75

4 In a document dated 8 December 1969 transmitted to the depositary by a note dated 8 January 1970, the Government of Barbados stipulated that it considered itself bound by the provisions of the Warsaw Convention of 1929 (before Barbados became independent, acceptance of the Convention was effected by the United Kingdom on 3 December 1934).

5 By a note dated 9 January 1962, Dahomey (now Benin) declared that it considered itself bound by the Convention and the Protocol (before Benin became independent, acceptance was effected by France: of the Convention, on 15 November 1932; of the Protocol, on 19 May 1959).

6 By a note dated 9 February 1995, deposited on 3 March 1995, the Government of the Republic of Bosnia and Herzegovina declared that it considered itself bound, by virtue of succession, by the provisions of, *inter alia*, the Warsaw Convention of 1929.

7 By a letter dated 31 January 1977 from the Office of the President, the Government of Botswana informed the depositary that it considered itself bound by the provisions of the Warsaw Convention of 1929 which, before that State became independent, had been extended to its territory by the United Kingdom on 2 September 1952.

8 In its instrument of succession of 6 February 1984, received by the depositary on 28 February 1984, the Government of Brunei Darussalam declared that it considered itself bound by the provisions of the Warsaw Convention of 1929 which had been extended to its territory by the United Kingdom on 4 July 1936.

9 Bya note dated 21 August 1961, the Government ofthe Republic ofCameroon declared that it considered itself bound by the Convention and the Protocol (before Cameroon became independent, acceptance was effected by France: ofthe Convention, on 15 November 1932; of the Protocol, on 19 May 1959).

10 The instrument of accession by the People's Republic of China contains the following declaration: „The Government ofthe People's Republic of China is the sole legal government representing the Chinese people. The [Warsaw] Convention to which the Government ofthe People's Republic of China adheres shall of course apply to the entire Chinese territory including Taiwan". Notification by the Embassy ofthe People's Republic of China dated 16 June 1997: „... In accordance with the Joint Declaration of the Government of the People's Republic of China and the Government ofthe United Kingdom of Great Britain and Northern Ireland signed on 19 December 1984, the People's Republic of China will resume the exercise of sovereignty over Hong Kong with effect from 1 July 1997. Hong Kong will, with effect from that date, become a Special Administrative Region of the People's Republic of China and will enjoy a high degree of autonomy, except in foreign and defence affairs which are the responsibilities of the Central People's Government of the People's Republic of China. In this connection I am instructed by the Minister of Foreign Affairs ofthe People's Republic of China to make the following notification. The Convention for the Unification of Certain Rules Relating to International Carriage by Air done in Warsaw on 12 October 1929 to which the Government of the People's Republic

States	WARSAW CONVENTION			THE HAGUE PROTOCOL		
	Signature	Ratification, Adherence or Succession (s)	Date of entry into force	Signature	Ratification, Adherence or Succession (s)	Date of entry into force
Colombia		15/8/66	13/11/66		15/8/66	13/11/66
Comoros		11/6/91	9/9/91			
Congo[11]		19/1/62r(s)	15/8/60		19/1/62r(s)	1/8/63
Costa Rica		10/5/84	8/8/84		10/5/84	8/8/84
Côte d'Ivoire[12]		22/2/62 (s)	7/8/60		22/2/62 (s)	1/8/63
Croatia[13]		14/7/93 (s)	8/10/91		14/7/93 (s)	8/10/91
Cuba		21/7/64r	19/10/64		30/8/65	28/11/65
Cyprus[14]		8/5/63 (s)	16/8/60		23/7/70	21/10/70
CzechRepublic[15]		29/11/94 (s)	1/1/93		29/11/94 (s)	1/1/93
Democratic People's Republic of Korea		1/3/61	30/5/61		4/11/80	2/2/81

of China deposited its instrument of accession on 20 July 1958 and the Protocol Amending the Convention for the Unification of Certain Rules Relating to International Carriage by Air done in Warsaw on 12 October 1929 to which the Government of the People's Republic of China deposited its instrument of accession on 20 August 1975 (hereinafter referred to as the Convention and Protocol) will apply to the Hong Kong Special Administrative Region with effect from 1 July 1997. The Government ofthe People's Republic of China will assume responsibility for the international rights and obligations arising from the application of the above Convention and Protocol to the Hong Kong Special Administrative Region. "Notification by the Embassy ofthe People's Republic of China dated 8 October 1999: „In accordance with the Joint Declaration ofthe Government ofthe People's Republic of China and the Government ofthe Republic of Portugal on the Question of Macao signed on 13 April 1987, the Government of the People's Republic of China will resume the exercise of sovereignty over Macao with effect from 20 December 1999. Macao will, with effect from that date, become a Special Administrative Region of the People's Republic of China and will enjoy a high degree of autonomy, except in foreign and defence affairs which are the responsibilities ofthe Central People's Government ofthe People's Republic of China. In this connection, I am instructed by the Minister of Foreign Affairs of the People's Republic of China to inform your Excellency of the following:
The Convention for the Unification of Certain Rules relating to International Carriage by Air, done on 12 October 1929, as amended by the Hague Protocol done on 28 September 1955 (hereinafter referred to as the Convention), to which the Government of the People's Republic of China deposited its instrument of accession on 20 August 1975, will apply to the Macao Special Administrative Region with effect from 20 December 1999.
The Government of the People's Republic of China will assume responsibility for the international rights and obligations arising from the application of the above Convention and Protocol to the Macao Special Administrative Region.".

11 By a note dated 5 January 1962, the People's Republic of the Congo declared that it considered itself bound by the Convention and the Protocol (before Congo became independent, acceptance was effected by France: of the Convention, on 15 November 1932; of the Protocol, on 19 May 1959).

12 By a note dated 7 February 1962, Côte d'Ivoire declared that it considered itself bound by the Convention and the Protocol (before Côte,d'Ivoire became independent, acceptance was effected by France: of the Convention, on 15 November 1932; of the Protocol, on 19 May 1959).

13 By a note dated 8 July 1993, deposited on 14 July 1993, the Government of Croatia declared that it considered itself bound, by virtue of succession, by the provisions of, *inter alia*, the Warsaw Convention of 1929 and The Hague Protocol of 1955 (with effect from 8 October 1991).

14 By a note dated 23 April 1963, Cyprus declared that it considered itself bound by the Convention (before Cyprus became independent, acceptance of the Convention was effected by the United Kingdom on 3 December 1934).

15 By a declaration dated 14 November 1994, transmitted with a note dated 23 November 1994 from the Embassy of the Czech Republic in Warsaw, deposited on 29 November 1994, the Government of the Czech Republic declared that it considered itself bound, by virtue of succession, by the provisions of, *inter alia*, the Warsaw Convention and The Hague Protocol (with effect from 1 January 1993).

States	WARSAW CONVENTION			THE HAGUE PROTOCOL		
	Signature	Ratification, Adherence or Succession (s)	Date of entry into force	Signature	Ratification, Adherence or Succession (s)	Date of entry into force
Democratic Republic of theCongo[16]		1/12/62 (s)	30/6/60			
Denmark	12/10/29	3/7/37	12/10/293/7	16/3/57	3/5/63	1/8/63
Dominican Republic		25/2/72	25/5/72		25/2/72	25/5/72
Ecuador		1/12/69	1/3/70		1/12/69	1/3/70
Egypt[17]		6/9/55	5/12/55	28/9/55	26/4/56	1/8/63
El Salvador				28/9/55	17/9/56	1/8/63
Equatorial Guinea		20/12/88	19/3/89			
Estonia		16/3/98	14/6/98		16/3/98	14/6/98
Ethiopia		14/8/50r	12/11/50			
Fiji[18]		15/3/72 (s)	10/10/70		15/3/72 (s)	10/10/70
Finland		3/7/37	1/10/37		25/5/77	23/8/77
France	12/10/29	15/11/32	13/2/33	28/9/55	19/5/59	1/8/63
Gabon		15/2/69	16/5/69		15/2/69	16/5/69
Germany[19]	12/10/29	30/9/33	29/12/33	28/9/55	27/10/60	1/8/63
Ghana		11/8/97	9/11/97		11/8/97	9/11/97
Greece	12/10/29	11/1/38	11/4/38	28/9/55	23/6/65	23/6/65
Grenada					15/8/85	13/11/85
Guatemala[20]		3/2/97	4/5/97		28/7/71	26/10/71
Guinea		11/9/61	10/12/61		9/10	7/1/91
Honduras		27/6/94	25/9/94			
Hungary		29/5/36	27/8/36	28/9/55	4/10/57	1/8/63
Iceland		21/8/48	19/11/48	3/5/63	3/5/63	1/8/63
India[21]		9/2/70 (s)	15/8/47		14/2/73	15/5/73
Indonesia[22]		21/2/52 (s)	17/8/45			
Iran (Islamic Republic of)		8/7/75	6/10/75		8/7/75	6/10/75
Iraq[23]		28/6/72	26/9/72		28/6/72	26/9/72
Ireland		20/9/35	19/12/35	28/9/55	12/10/59	1/8/63

16 By a note dated 27 July 1962, the Democratic Republic of the Congo declared that it considered itself bound by the Warsaw Convention of 1929 (before the Democratic Republic of the Congo became independent, acceptance of the Convention was effected by Belgium on 13 July 1936).
17 By a note dated 2 March 1959, the Arab Republic of Egypt declared that it considered itself bound by the ratifications previously made by the United Arab Republic: of the Convention, on 6 September 1955; of the Protocol, on 26 April 1956.
18 In a declaration dated 25 February 1972, deposited on 15 March 1972, Fiji announced that it considered itself bound by the provisions of the Warsaw Convention of 1929 and by the provisions of The Hague Protocol of 1955 which, before that State became independent, had been extended to its territory by the United Kingdom on 3 December 1934.
19 The German Democratic Republic, which ratified the Protocol on 19 May 1959, acceded to the Federal Republic of Germany on 3 October 1990.
20 On 3 February 1997, Guatemala deposited its instrument of adherence to the Warsaw Convention of 1929, having been party to The Hague Protocol of 1955 since 26 October 1971.
21 By a note dated 29 January 1970, India declared that it considered itself bound by the Convention (before India became independent, acceptance of the Convention was effected by the United Kingdom on 20 November 1934).
22 By a note dated 2 February 1952, Indonesia declared that it considered itself bound by the Convention (before Indonesia became independent, acceptance of the Convention was effected by the Netherlands on 1 July 1933).
23 The instrument of adherence of the Republic of Iraq contains the following declaration: „The adherence of the Republic of Iraq to the Convention (to the Protocol) in no way signifies the recognition of Israel or the establishment with Israel of any relations whatsoever".

States	WARSAW CONVENTION			THE HAGUE PROTOCOL		
	Signature	Ratification, Adherence or Succession (s)	Date of entry into force	Signature	Ratification, Adherence or Succession (s)	Date of entry into force
Israel		8/10/49	6/1/50	28/9/55	5/8/64	3/11/64
Italy	12/10/29	14/2/33	15/5/33	28/9/55	4/5/63	2/8/63
Japan	12/10/29	20/5/53	18/8/53	2/5/56	10/8/67	8/11/67
Jordan[24]		8/12/69 (s)	25/5/46		15/11/73	13/2/74
Kazakhstan					30/8/02	28/11/02
Kenya[25]		7/10/64 (s)	12/12/63		6/7/99	4/10/99
Kuwait		11/8/75	9/11/75		11/8/75	9/11/75
Kyrgyzstan		9/2/00	9/5/00		9/2/00	9/5/00
Lao People's Democratic Republic[26]		9/5/56 (s)	19/7/49	28/9/55	9/5/56	1/8/63
Latvia	12/10/29	15/11/32	13/2/33		2/10/98	31/12/98
Lebanon[27]		20/4/62 (s)	22/11/43		10/5/78	8/8/78
Lesotho[28]		12/5/75 (s)	4/10/66		17/10/75	15/1/76
Liberia		2/5/42	31/7/42			
Libyan Arab Jamahiriya		16/5/69	14/8/69		16/5/69	14/8/69
Liechtenstein		9/5/34	7/8/34	28/9/55	3/1/66	3/4/66
Lithuania					21/11/96	19/2/97
Luxembourg	12/10/29	7/10/49	5/1/50	28/9/55	13/2/57	1/8/63
Madagascar[29]		27/8/62 (s)	26/6/60		27/8/62 (s)	1/8/63
Malawi		27/10/77	25/1/78		9/6/71	7/9/71
Malaysia[30]		16/12/70 (s)	16/9/63		20/9/74r	19/12/74
Maldives		13/10/95	11/1/96		13/10/95	11/1/96
Mali		26/1/61	26/4/61	16/8/62	30/12/63	29/3/64

24 By a note dated 17 November 1969, Jordan declared that it considered itself bound without interruption by the Convention (before Jordan became independent, acceptance of the Convention was effected by the United Kingdom on 17 December 1937).

25 Kenya deposited its instrument of adherence on 7 October 1964, with validity as from 12 December 1963, on which date it became an independent State (before Kenya became independent, acceptance of the Convention was effected by the United Kingdom on 3 December 1934).

26 By a note dated 14 March 1956, deposited on 9 May 1956, the Lao People's Democratic Republic declared that it considered itself bound by the Warsaw Convention of 1929; and by a note dated 12 March 1956, deposited on 9 May 1956, declared that it considered itself bound by the Hague Protocol (before the Lao People's Democratic Republic became independent, acceptance of the Convention was effected by France on 15 November 1932).

27 By a note dated 10 February 1962, Lebanon declared that it considered itself bound by the Convention, to which the trustee authorities adhered on its behalf on 26 October 1933.

28 Lesotho, in the declaration of 3 March 1975 by its Prime Minister and Minister for External Affairs, submitted by means of a note dated 29 April 1975 of the Lesotho High Commissioner's Office in London, stated that it considers itself bound by the provisions of the Warsaw Convention of 1929 (prior to Lesotho's accession to independence, adherence to the Convention was effected by the United Kingdom on 2 September 1952).

29 By a note dated 17 August 1962, deposited on 27 August 1962, Madagascar declared that it considered itself bound by the Convention and the Protocol (before Madagascar became independent, acceptance was effected by France: of the Convention, on 15 November 1932; of the Protocol, on 19 May 1959).

30 By a note dated 3 September 1970, deposited on 16 December 1970, Malaysia declared that it considered itself bound by the Convention (before this State became independent, acceptance of the Convention was effected by the United Kingdom on 4 July 1936).

States	WARSAW CONVENTION			THE HAGUE PROTOCOL		
	Signature	Ratification, Adherence or Succession (s)	Date of entry into force	Signature	Ratification, Adherence or Succession (s)	Date of entry into force
Malta[31]		19/2/86 (s)	21/9/64			
Mauritania		6/8/62	4/11/62			
Mauritius		17/10/89	15/1/90		17/10/89	15/1/90
Mexico		14/2/33	15/5/33	28/9/55	24/5/57	1/8/63
Monaco					9/4/79	8/7/79
Mongolia		30/4/62	29/7/62			
Montenegro[32]		1/4/08 (s)	3/6/06		1/4/08 (s)	3/6/06
Morocco		5/1/58	5/4/58	31/5/63	17/11/75	15/2/76
Myanmar[33]		2/1/52 (s)	4/1/48			
Nauru[34]		16/11/70 (s)	31/1/68		16/11/70 (s)	31/1/68
Nepal		12/2/66	13/5/66		12/2/66	13/5/66
Netherlands[35]	12/10/29	1/7/33	29/9/33	28/9/55	21/9/60	
l/8/63						
New Zealand[36]		6/4/37	5/7/37	19/3/58	16/3/67	14/6/67
Niger[37]		8/3/62 (s)	3/8/60		8/3/62 (s)	1/8/63
Nigeria[38]		15/10/63 (s)	1/10		1/7/69	29/9/69
Norway	12/10/29	3/7/37	12/10/293/7		3/5/63	1/8/63
Oman		6/8/76	4/11/76		4/8/87	2/11/87

31 By a note from the Minister of Foreign Affairs dated 27 January 1986, received by the depositary on 19 February 1986, the Government of Malta declared that it considered itself bound, with effect from 21 September 1964, by the provisions of the Warsaw Convention of 1929 which had been extended to its territory by the United Kingdom on 3 December 1934.

32 By a note dated 25 March 2008, deposited on 1 April 2008, the Government of Montenegro advised the depositary that it considered itself bound, by virtue of succession, by the Warsaw Convention, The Hague Protocol, Additional Protocols Nos. 1 and 2 and Montreal Protocol No. 4, with effect from 3 June 2006. See also Note 44 with respect to Serbia.

33 In the instrument of adherence of 20 November 1951 received by the depositary on 2 January 1952, the Government of Burma (now Myanmar) stipulated that it considered itself bound without interruption by the Convention (before Myanmar became independent, acceptance of the Convention was effected by the United Kingdom on 20 November 1934).

34 The Republic of Nauru, in the statement of the Minister of Foreign Affairs of the Republic of Nauru included in the note dated 4 November 1970 from the Office of the High Commissioner of Australia in London, has declared that it considers itself bound by the provisions of the Warsaw Convention of 1929 and The Hague Protocol of 1955. (Before the Republic of Nauru became independent, the acceptance of the Convention was effected by the United Kingdom on 1 August 1935; the acceptance of the Protocol was effected by Australia on 23 June 1959).

35 In the document of ratification of The Hague Protocol, it is stipulated that ratification concerns the Kingdom in Europe, the Netherlands Antilles and Dutch New Guinea. By a note dated 27 December 1985 the Government of the Kingdom of the Netherlands informed the depositary that as of 1 January 1986 the Warsaw Convention of 1929 and The Hague Protocol of 1955 are applicable to the Netherlands Antilles [without Aruba] and to Aruba.

36 Before New Zealand became independent, acceptance of the Convention was effected by the United Kingdom on 6 April 1937.

37 By a note dated 20 February 1962, Niger declared that it considered itself bound by the Convention and the Protocol (before Niger became independent, acceptance was effected by France: of the Convention, on 15 November 1932; of the Protocol, on 19 May 1959).

38 By a note dated 9 October 1963, Nigeria declared that it considered itself bound by the Convention (before Nigeria became independent, acceptance of the Convention was effected by the United Kingdom on 3 December 1934).

States	WARSAW CONVENTION			THE HAGUE PROTOCOL		
	Signature	Ratification, Adherence or Succession (s)	Date of entry into force	Signature	Ratification, Adherence or Succession (s)	Date of entry into force
Pakistan[39]		30/12/69 (s)	14/8/47	8/8/60	16/1/61	1/8/63
Panama		12/11/96	10/2/97		12/11/96	10/2/97
Papua New Guinea[40]		12/12/75 (s)	16/9/75		12/12/75	16/9/75
Paraguay		28/8/69	26/11/69		28/8/69	26/11/69
Peru		5/7/88	3/10/88		5/7/88	3/10/88
Philippines		9/11/50r	7/2/51	28/9/55	30/11/66	28/2/67
Poland	12/10/29	15/11/32	13/2/33	28/9/55	23/4/56	1/8/63
Portugal[41]		20/3/47	18/6/47	28/9/55	16/9/63	15/12/63
Qatar		22/12/86	22/3/87		22/12/86	22/3/87
Republic of Korea					13/7/67	11/10/67
Republic of Moldova		20/3/97	19/6/97		20/3/97	19/6/97
Romania	12/10/29	8/7/31	13/2/33	28/9/55	3/12/58	1/8/63
Russian Federation[42]	12/10/29	20/8/34	18/11/34	28/9/55	25/3/57	1/8/63

39 By a note dated 26 December 1969, Pakistan declared that it became a party to the Convention with effect from 14 August 1947 by virtue of the statute relating to the independence of India (International Arrangements), 1947 (before Pakistan became independent, acceptance of the Convention was effected by the United Kingdom on 20 November 1934).

40 By a note dated 6 November 1975, the Government of Papua New Guinea informed that it considered itself to be bound by the Warsaw Convention of 1929 and The Hague Protocol of 1955. Before it became independent (on 16 September 1975), acceptance of the Convention and Protocol was effected on behalf of its territory by Australia.

41 By a note dated 15 May 1997, the Government of Portugal informed that the Hague Protocol of 1955 applied to the Territory of Macao.

By a note dated 23 September 1999, deposited on 8 October 1999, the Government of Portugal made the following notifications:

a) „I am instructed by my Government to refer to the Convention for the Unification of Certain Rules relating to International Carriage by Air, signed at Warsaw on 12 October 1929 (hereinafter referred to as the‚Convention') which applies to Macao at present, and to state as follows.

In accordance with the Joint Declaration of the Government of the Portuguese Republic and the Government of the People's Republic of China on the Question of Macao signed on 13 April 1987, the Portuguese Republic will continue to have international responsibility for Macao until 19 December 1999 and from that date onwards the People's Republic of China will resume the exercise of sovereignty over Macao with effect from 20 December 1999.

From 20 December 1999 onwards the Portuguese Republic will cease to be responsible for the international rights and obligations arising from the application of the Convention to Macao.„, and

b) „I am instructed by my Government to refer to the Protocol to Amend the Convention for the Unification of Certain Rules relating to International Carriage by Air signed at The Hague on 28 September 1955 (hereinafter referred to as the ‚Protocol') which applies to Macao at present, and to state as follows.

In accordance with the Joint Declaration of the Government of the Portuguese Republic and the Government of the People's Republic of China on the Question of Macao signed on 13 April 1987, the Portuguese Republic will continue to have international responsibility for Macao until 19 December 1999 and from that date onwards the People's Republic of China will resume the exercise of sovereignty over Macao with effect from 20 December 1999.

From 20 December 1999 onwards the Portuguese Republic will cease to be responsible for the international rights and obligations arising from the application of the Protocol to Macao.".

42 By a note dated 11 February 1992, the Government of the Russian Federation declared that it considered itself bound by the provisions of all international obligations concluded by the former Union of the Soviet Socialist Republics, *inter alia*, the Warsaw Convention, to which the former Union of the Soviet Socialist Republics was party.

States	WARSAW CONVENTION			THE HAGUE PROTOCOL		
	Signature	Ratification, Adherence or Succession (s)	Date of entry into force	Signature	Ratification, Adherence or Succession (s)	Date of entry into force
Rwanda[43]		16/12/64 (s)	1/7/62		27/12/90	27/3/91
Saint Vincent and the Grenadines		3/12/01 (s)	27/10/79		3/12/01	3/3/02
Samoa[44]		20/1/64 (s)	1/1/62		16/10/72	14/1/73
Saudi Arabia		27/1/69	27/4/69		27/1/69	27/4/69
Senegal		19/6/64	17/9/64		19/6/64	17/9/64
Serbia[45]		18/7/01 (s)	27/4/92		18/7/01 (s)	27/4/92
Seychelles		24/6/80	22/9/80		24/6/80	22/9/80
Sierra Leone[46]		2/4/68 (s)	27/4/61			
Singapore		4/9/71	3/12/71		6/11/67	4/2/68
Slovakia[47]		24/3/95 (s)	1/1/93		24/3/95 (s)	1/1/93
Slovenia[48]		7/8/98 (s)	25/6/91		7/8/98 (s)	25/6/91
Solomon Islands[49]		9/9/81 (s)	7/7/78		9/9/81 (s)	7/7/78
South Africa	12/10/29	22/12/54	22/3/55		18/9/67	*8/9/671*
Spain	12/10/29	31/3/30	13/2/33		6/12/65	6/3/66
Sri Lanka[50]		2/5/51 (s)	4/2/48		21/2/97	22/5/97
Sudan		11/2/75	12/5/75		11/2/75	12/5/75
Suriname		30/6/03	28/9/03		19/10/04	17/1/05

43 By a note dated 1 December 1964, deposited on 16 December 1964, the Government of the Republic of Rwanda declared that it considered itself bound, by virtue of succession, by the provisions of the Warsaw Convention (before Rwanda became independent, acceptance of the Convention was effected by Belgium on 13 July 1936).

44 By a note dated 16 October 1963, deposited on 20 January 1964, the Government of Samoa declared that it considered itself bound, by virtue of succession, by the provisions of the Convention (before Samoa became independent, acceptance of the Convention was effected by the United Kingdom on 6 April 1937).

45 The former Socialist Federal Republic of Yugoslavia signed the Warsaw Convention on 12 October 1929 and ratified it on 27 May 1931; it signed The Hague Protocol on 3 December 1958 and ratified it on 16 April 1959; and it signed Additional Protocols Nos. 1, 2 and Montreal Protocol No. 4 on 25 September 1975 and ratified them on 11 March 1977. By a note dated 17 July 2001, deposited on 18 July 2001, the Government of the Federal Republic of Yugoslavia declared itself bound, as a successor State to the Socialist Federal Republic of Yugoslavia, by the above-mentioned treaties, with effect from 27 April 1992, the date of State succession. On 4 February 2003, the name of the State of the Federal Republic of Yugoslavia was changed to Serbia and Montenegro. Following the Declaration of Independence adopted by the National Assembly of Montenegro on 3 June 2006, Serbia advised the depositary by a note dated 7 June 2006, deposited on 8 June 2006, that the Republic of Serbia continues to exercise the state and legal identity of the state union of Serbia and Montenegro.

46 In its declaration of 6 March 1968 transmitted by a note from the Office of the High Commissioner dated 21 March 1968, deposited on 2 April 1968, the Government of Sierra Leone stated that it considers itself bound, by virtue of succession, by the provisions of the Convention (before Sierra Leone became independent, acceptance of the Convention was effected by the United Kingdom on 3 December 1934).

47 In its declaration dated 16 February 1995, deposited on 24 March 1995, the Government of the Slovak Republic stated that it considered itself bound by virtue of succession, by the provisions of, *inter alia,* the Warsaw Convention of 1929 and The Hague Protocol of 1955 (with effect from 1 January 1993).

48 In its notification dated 27 July 1998, deposited on 7 August 1998, the Government of the Republic of Slovenia stated that it considered itself bound by virtue of succession, by the provisions of, *inter alia,* the Warsaw Convention of 1929 and The Hague Protocol of 1955 (with effect from 25 June 1991).

49 By a note dated 21 August 1981, the Solomon Islands declared that it considered itself bound by the Warsaw Convention and the Hague Protocol (before the Solomon Islands attained independence, acceptance was effected by the United Kingdom on 3 December 1934 for the Convention and on 3 March 1967 for the Protocol).

50 By a note dated 24 April 1951, Ceylon (now Sri Lanka) declared that it considered itself bound by the Convention (before Sri Lanka became independent, acceptance of the Convention was effected by the United Kingdom on 3 December 1934).

States	WARSAW CONVENTION			THE HAGUE PROTOCOL		
	Signature	Ratification, Adherence or Succession (s)	Date of entry into force	Signature	Ratification, Adherence or Succession (s)	Date of entry into force
Swaziland					20/7/71	18/10/71
Sweden		3/7/37	1/10/37	28/9/55	3/5/63	1/8/63
Switzerland	12/10/29	9/5/34	7/8/34	28/9/55	19/10/62	1/8/63
Syrian Arab Republic[51]		3/6/64 (s)	2/3/59		3/6/64 (s)	1/8/63
The former Yugoslav Republic of Macedonia[52]		1/9/94 (s)	17/9/91		1/9/94 (s)	17/9/91
Togo		2/7/80	30/9/80		2/7/80	30/9/80
Tonga[53]		21/2/77 (s)	4/6/70		21/2/77	22/5/77
Trinidad and Tobago[54]		10/5/83 (s)	31/8/62		10/5/83	8/8/83
Tunisia		15/11/63	13/2/64		15/11/63	13/2/64
Turkey		25/3/78	23/6/78		25/3/78	23/6/78
Turkmenistan		21/12/94	20/3/95			
Uganda		24/7/63	22/10/63			
Ukraine		14/8/59	12/11/59	15/1/60	23/6/60	1/8/63
United Arab Emirates		4/4/86	3/7/86		18/10/93	16/1/94
United Kingdom[55]	12/10/29	14/2/33	15/5/33	23/3/56	3/3/67	1/6/67

51 By a note dated 13 April 1964, the Syrian Arab Republic declared that „Constitutional Decree No. 25 of 13 June 1962 decided to consider adherence to the multilateral international Conventions and Agreements effected during the period of its union with Egypt to be valid for the Syrian Arab Republic – and since the United Arab Republic had, in 1959, taken the appropriate measures for its adherence to the Warsaw Convention, signed on 12 October 1929 and the Protocol modifying the said Convention, signed at The Hague on 28 September 1955, the Syrian Arab Republic, considering the aforementioned Constitutional Decree, considers itself a party to the Warsaw Convention and its Protocol mentioned above".

52 By a note dated 15 August 1994, deposited on 1 September 1994, the Government of the former Yugoslav Republic of Macedonia declared that it considered itself bound, by virtue of succession, by the provisions of, *inter alia*, the Warsaw Convention and The Hague Protocol (with effect from 8 September 1991).

53 The Government of Tonga, in a letter from its Prime Minister and the Minister for External Affairs dated 31 January 1977, informed that it considers itself bound by the provisions of the Warsaw Convention of 1929. Before this State became independent, acceptance was effected by the United Kingdom on 4 July 1936.

54 The Republic of Trinidad and Tobago, in its note dated 11 March 1983, deposited on 10 May 1983, declared that it considered itself to be bound by the provisions of the Warsaw Convention of 1929, the acceptance of which was effected on its territory by the United Kingdom on 3 December 1934.

55 According to a note dated 3 March 1967 made by the United Kingdom of Great Britain and Northern Ireland in accordance with Article XXV, paragraph 2, of the said Protocol, the Protocol does not apply to the following territories: Aden, Antigua, Brunei, Dominica, Grenada, Kamaran, Kuria Muria Islands, Perim, Protectorate of Southern Arabia, Southern Rhodesia, St. Christopher, Nevis and Anguilla, St. Lucia, St. Vincent, Swaziland and Tonga.

According to a note dated 17 June 1980, the United Kingdom informed the depositary that the following territories, to which the Convention and the Protocol had been previously applied, should be omitted as they attained independence: Dominica (date of independence: 3 November 1978), Gilbert Islands (12 July 1979), Ellice Islands, now Tuvalu (12 July 1979), Grenada (7 February 1974), Saint Lucia (22 February 1979), Saint Vincent (27 October 1979), Seychelles (29 June 1978), Solomon Islands (7 July 1978), Zimbabwe, formerly Southern Rhodesia (18 April 1980).

Notification by the Embassy of the United Kingdom of Great Britain and Northern Ireland, dated 26 June 1997: „... I am instructed by Her Britannic Majesty's Principal Secretary of State for Foreign and Commonwealth Affairs to refer to the Convention for the Unification of Certain Rules relating to International Carriage by Air, done at Warsaw on 12 October 1929 as amended by the Hague Protocol 1955 (hereinafter referred to the,Convention') which applies to Hong

States	WARSAW CONVENTION			THE HAGUE PROTOCOL		
	Signature	Ratification, Adherence or Succession (s)	Date of entry into force	Signature	Ratification, Adherence or Succession (s)	Date of entry into force
United Kingdom for the following territories: - Bermuda - British Antarctic Territory - Cayman, Turks, and Caicos Islands - Akrotiri and Dhekelia - Falkland Islands and Dependencies - Hong Kong - Montserrat - St. Helena and Ascension		3/12/34	3/3/35		3/3/67	1/6/67
United Republic of Tanzania		7/4/65	6/7/65			
United States		31/7/34r	29/10/34	28/6/56	15/9/03	15/9/03
Uruguay		4/7/79	2/10/79			
Uzbekistan		27/2/97	28/5/97		27/2/97	28/5/97
Vanuatu		26/10/81	24/1/82		26/10/81	24/1/82
Venezuela		15/6/55	13/9/55	28/9/55	26/8/60r	1/8/63
Viet Nam		11/10/82	9/1/83		11/10/82	9/1/83
Yemen		6/5/82	4/8/82		6/5/82	4/8/82
Zambia[56]		25/3/70 (s)	24/10/64		25/3/70	25/3/70
Zimbabwe[57]		27/10/80 (s)	18/4/80		27/10/80	25/1/81

r = Reservation

RESERVATIONS

CANADA

Canada has deposited the following reservation: „Article 2, paragraph l, of the present Convention shall not apply to international air transport effected directly by Canada".

Kong at present. I am also instructed to state that in accordance with the Joint Declaration of the Government of the United Kingdom of Great Britain and Northern Ireland and the Government of the People's Republic of China on the Question of Hong Kong, signed on 19 December 1984, the Government of the United Kingdom will restore Hong Kong to the People's Republic of China with effect from 1 July 1997. The Government of the United Kingdom will continue to have international responsibility for Hong Kong until that date. Therefore, from that date the Government of the United Kingdom will cease to be responsible for the international rights and obligations arising from the application of the Convention to Hong Kong.".

56 In its declaration dated 17 February 1970 transmitted to the depositary on 25 March 1970, the Government of Zambia stated that it considered itself bound by the provisions of the Warsaw Convention of 1929 (before Zambia became independent, acceptance of the Convention was effected by the United Kingdom on 3 December 1934).

57 The Government of Zimbabwe, in a note dated 10 September 1980 from the Ministry for External Affairs, informed the depositary that it considers itself bound by the provisions of the Warsaw Convention of 1929, the acceptance of which was effected on its territory by the United Kingdom on 3 April 1935.

CHILE

The document of adherence of Chile contains the reservation provided for in the Additional Protocol to Article 2 of the Warsaw Convention of 1929.

CONGO

Congo has deposited the following reservation: „The Government of the Congo (Brazzaville) wishes to state that, in application of the Additional Protocol (Article 2) and of Article XXVI of The Hague Protocol, it will not apply these texts

– to international air transport effected directly by the State,

– to the carriage of persons, cargo and baggage for its military authorities on aircraft registered in the Congo, the whole capacity of which has been reserved by or on behalf of such authorities".

CUBA

Cuba has deposited the following reservation: „Article 2, paragraph 1, of the Convention shall not apply to international air transport effected directly by Cuba".

ETHIOPIA

Ethiopia has deposited the following reservation: „Article 2, paragraph 1, of the Convention shall not apply to international air transport effected directly by Ethiopia".

MALAYSIA

Malaysia deposited at the time of its adherence to the Hague Protocol the following reservation: „... in accordance with Article XXVI of the Protocol, the Convention for the Unification of Certain Rules Relating to International Carriage by Air, signed at Warsaw on 12 October 1929, as amended by this Protocol shall not apply to the carriage of persons, cargo and baggage for the military authorities of Malaysia on aircraft, registered in Malaysia, the whole capacity of which has been reserved by or on behalf of such authorities".

PHILIPPINES

The Philippines has deposited the following reservation: „Article 2, paragraph 1, of the Convention shall not apply to international air transport effected by the Republic of the Philippines".

UNITED STATES

The United States of America has deposited the following reservation: „Article 2, paragraph 1, of the present Convention shall not apply to international air transport which may be effected by the United States of America or any territory or possession under its jurisdiction".

VENEZUELA

The Government of Venezuela has filed the following reservation: „Pursuant to the provisions of Article XXVI of the said Protocol, the Government of the Republic of Venezuela has declared that the Convention as amended by the Protocol shall not apply to the carriage of persons, goods and baggage performed for the military authorities of the Republic of Venezuela on board aircraft which are registered in Venezuela and whose entire capacity has been reserved by or on the behalf of these authorities".

I.-3 Gesetz zur Durchführung des Übereinkommens vom 28. Mai 1999 zur Vereinheitlichung bestimmter Vorschriften über die Beförderung im internationalen Luftverkehr und zur Durchführung der Versicherungspflicht zur Deckung der Haftung für Güterschäden nach der Verordnung (EG) Nr. 785/2004

Montrealer-Übereinkommen-Durchführungsgesetz MontÜG

vom 6. April 2004
BGBl I 2004, 550 (FNA 96-13),[1]
zuletzt geändert durch Art 5 G. v. 24. August 2009, BGBl I S. 2942

§ 1 Haftung bei Personenschäden

(1) Wird ein Reisender getötet oder körperlich verletzt, bestimmen sich die Person des Ersatzberechtigten, der Gegenstand der Ersatzpflicht sowie die Art der Ersatzleistung in den Fällen des Artikels 17 Abs 1 des Übereinkommens vom 28. Mai 1999 zur Vereinheitlichung bestimmter Vorschriften über die Beförderung im internationalen Luftverkehr (BGBl 2004 II S. 458) (Montrealer Übereinkommen) nach den §§ 35, 36 und 38 des Luftverkehrsgesetzes.

(2) Übersteigen im Falle der Ersatzleistung nach Artikel 17 Abs 1 des Montrealer Übereinkommens die Entschädigungen, die mehreren Ersatzberechtigten wegen der Tötung oder Körperverletzung eines Reisenden zu leisten sind, insgesamt den in Artikel 21 Abs 2 des Übereinkommens festgesetzten Betrag und ist eine weitergehende Haftung nach dieser Vorschrift ausgeschlossen, so ist § 45 Abs 3 des Luftverkehrsgesetzes entsprechend anzuwenden.

(3) Sind in den Fällen des Absatzes 1 deutsche Gerichte nach Artikel 33 Abs 2 des Montrealer Übereinkommens für Klagen zuständig, bestimmt sich die örtliche Zuständigkeit nach § 56 Abs 3 Satz 2 des Luftverkehrsgesetzes.

§ 2 Haftung bei Güterschäden

Werden Güter zerstört, beschädigt oder gehen sie verloren, bestimmt sich die Art des nach Artikel 18 des Montrealer Übereinkommens zu leistenden Schadensersatzes nach § 429 des Handelsgesetzbuchs.

§ 3 Umrechnung des Sonderziehungsrechts des Internationalen Währungsfonds

Soweit sich aus Artikel 23 Abs 1 des Montrealer Übereinkommens nicht etwas anderes ergibt, bestimmt sich die Umrechnung der im Montrealer Übereinkommen in Sonderziehungsrechten ausgedrückten Haftungshöchstbeträge für Schäden wegen Zerstörung, Verlust, Beschädigung oder verspäteter Ablieferung von Gütern nach § 431 Abs 4 des Handelsgesetzbuchs, für andere Schäden nach § 49b des Luftverkehrsgesetzes.

---

1 Das Gesetz wurde als Art. 1 des Gesetzes v 6.4.2004, BGBl. I S. 550 vom Bundestag beschlossen. Es tritt gem. Art. 4 Abs. 2 an dem Tag in Kraft, an dem das Montrealer Übereinkommen für die Bundesrepublik Deutschland in Kraft tritt. In Kraft gemäß Bekanntgabe v. 24.5.2004 BGBl. I 1027 mWv 28.6.2004.

https://doi.org/10.1515/9783110564945-062

§ 4 Versicherungspflicht

(1) Unbeschadet der Vorschriften der Verordnung (EG) Nr 2027/97 des Rates vom 9. Oktober 1997 über die Haftung von Luftfahrtunternehmen bei Unfällen (ABl. EG Nr. L 285 S 1), geändert durch die Verordnung (EG) Nr 889/2002 des Europäischen Parlaments und des Rates vom 13. Mai 2002 (ABl. EG Nr. L 140 S 2), und der Verordnung (EG) Nr 785/2004 des Europäischen Parlaments und des Rates vom 21. April 2004 über Versicherungsanforderungen an Luftfahrtunternehmen und Luftfahrzeugbetreiber (ABl. EU Nr. L 138 S 1), in der jeweils geltenden Fassung, bestimmt sich die Pflicht des Luftfrachtführers, zur Deckung seiner Haftung nach dem Montrealer Übereinkommen für die Tötung, die Körperverletzung und die verspätete Beförderung von Reisenden sowie für die Zerstörung, die Beschädigung, den Verlust und die verspätete Beförderung von Reisegepäck eine Haftpflichtversicherung zu unterhalten, nach den §§ 50 und 51 des Luftverkehrsgesetzes sowie den Vorschriften der Luftverkehrs-Zulassungs-Ordnung über die Versicherungspflicht des Luftfrachtführers.

(2) Unbeschadet der Vorschriften der Verordnung (EG) Nr 785/2004 ist der Luftfrachtführer verpflichtet, zur Deckung seiner Haftung nach dem Montrealer Übereinkommen für die Zerstörung, die Beschädigung, den Verlust und die verspätete Ablieferung von Gütern während der von ihm geschuldeten oder der von ihm für den vertraglichen Luftfrachtführer ausgeführten Luftbeförderung eine Haftpflichtversicherung zu unterhalten.

(3) Das Bundesministerium für Verkehr, Bau und Stadtentwicklung wird ermächtigt, durch Rechtsverordnung mit Zustimmung des Bundesrates die Einzelheiten über den Abschluss, die Aufrechterhaltung, den Inhalt, den Umfang, die zulässigen Ausschlüsse und den Nachweis der nach Absatz 2 und, soweit sie die Deckung der Haftung für die Zerstörung, die Beschädigung und den Verlust von Gütern betreffen, der nach Verordnungen der Europäischen Gemeinschaft zu unterhaltenden Haftpflichtversicherung, einschließlich der Mindestversicherungssumme, zu regeln. Soweit Versicherungsnachweise bei Landesbehörden zu hinterlegen sind, bleibt die Bestimmung der zuständigen Behörde dem Landesrecht vorbehalten.

§ 5 Bußgeldvorschriften

(1) Ordnungswidrig handelt, wer vorsätzlich oder fahrlässig
   1. entgegen § 4 Abs 2 oder
   2. entgegen Artikel 4 Abs 1 in Verbindung mit Artikel 6 Abs 3 der Verordnung (EG) Nr 785/2004 des Europäischen Parlaments und des Rates vom 21. April 2004 über Versicherungsanforderungen an Luftfahrtunternehmen und Luftfahrzeugbetreiber (ABl. EU Nr. L 138 S 1), soweit die Versicherung zur Deckung der Haftung für die Zerstörung, die Beschädigung und den Verlust von Gütern betroffen ist,

   jeweils in Verbindung mit einer Rechtsverordnung nach § 4 Abs 3 Satz 1, eine Haftpflichtversicherung nicht unterhält.

(2) Die Ordnungswidrigkeit kann mit einer Geldbuße bis zu fünfzigtausend Euro geahndet werden.

(3) Verwaltungsbehörde im Sinne des § 36 Abs 1 Nr 1 des Gesetzes über Ordnungswidrigkeiten ist, soweit dieses Gesetz nicht von Landesbehörden ausgeführt wird, das Luftfahrt-Bundesamt.

§ 6 Zeitlicher Anwendungsbereich

Die Vorschriften des Montrealer Übereinkommens sind nur anzuwenden, wenn der Luftbeförderungsvertrag nach dem Zeitpunkt geschlossen wurde, zu dem das Montrealer Übereinkommen für die Bundesrepublik Deutschland in Kraft getreten ist.

I.-4 Luftverkehrsgesetz
LuftVG

vom 1. August 1922
RGBl. I S. 681
in der Fassung der Neubekanntmachung vom 10. Mai 2007, BGBl. I S. 698,
zuletzt geändert durch G v. 22. Dezember 2023, BGBl. I Nr. 409
(FNA 96-1)
– Auszug –

Zweiter Abschnitt Haftpflicht

1. Unterabschnitt Haftung für Personen und Sachen, die nicht im Luftfahrzeug befördert werden

§ 33

(1) [1]Wird beim Betrieb eines Luftfahrzeugs durch Unfall jemand getötet, sein Körper oder seine Gesundheit verletzt oder eine Sache beschädigt, so ist der Halter des Luftfahrzeugs verpflichtet, den Schaden zu ersetzen. [2]Für die Haftung aus dem Beförderungsvertrag gegenüber einem Fluggast sowie für die Haftung des Halters militärischer Luftfahrzeuge gelten die besonderen Vorschriften der §§ 44 bis 54. [3]Wer Personen zu Luftfahrern ausbildet, haftet diesen Personen gegenüber nur nach den allgemeinen gesetzlichen Vorschriften.

(2) [1]Benutzt jemand das Luftfahrzeug ohne Wissen und Willen des Halters, so ist er an Stelle des Halters zum Ersatz des Schadens verpflichtet. [2]Daneben bleibt der Halter zum Ersatz des Schadens verpflichtet, wenn die Benutzung des Luftfahrzeugs durch sein Verschulden ermöglicht worden ist. [3]Ist jedoch der Benutzer vom Halter für den Betrieb des Luftfahrzeugs angestellt oder ist ihm das Luftfahrzeug vom Halter überlassen worden, so ist der Halter zum Ersatz des Schadens verpflichtet; die Haftung des Benutzers nach den allgemeinen gesetzlichen Vorschriften bleibt unberührt.

§ 34

Hat bei der Entstehung des Schadens ein Verschulden des Verletzten mitgewirkt, so gilt § 254 des Bürgerlichen Gesetzbuchs; bei Beschädigung einer Sache steht das Verschulden desjenigen, der die tatsächliche Gewalt darüber ausübt, dem Verschulden des Verletzten gleich.

§ 35

(1) [1]Bei Tötung umfasst der Schadensersatz die Kosten versuchter Heilung sowie den Vermögensnachteil, den der Getötete dadurch erlitten hat, dass während der Krankheit seine Erwerbsfähigkeit aufgehoben oder gemindert oder sein Fortkommen erschwert oder seine Bedürfnisse vermehrt waren. [2]Außerdem sind die Kosten der Bestattung dem zu ersetzen, der sie zu tragen verpflichtet ist.

(2) [1]Stand der Getötete zur Zeit des Unfalls zu einem Dritten in einem Verhältnis, vermöge dessen er diesem gegenüber kraft Gesetzes unterhaltspflichtig war oder werden konnte, und ist dem Dritten infolge der Tötung das Recht auf Unterhalt entzogen, so hat der Ersatzpflichtige ihm so weit Schadensersatz zu leisten, wie der Getötete während der mutmaßlichen Dauer seines Lebens zur Gewährung des Unterhalts verpflichtet gewesen sein würde. [2]Die Ersatzpflicht

https://doi.org/10.1515/9783110564945-063

tritt auch dann ein, wenn der Dritte zur Zeit des Unfalls gezeugt, aber noch nicht geboren war.

(3) [1]Der Ersatzpflichtige hat dem Hinterbliebenen, der zur Zeit der Verletzung zu dem Getöteten in einem besonderen persönlichen Näheverhältnis stand, für das dem Hinterbliebenen zugefügte seelische Leid eine angemessene Entschädigung in Geld zu leisten. [2]Ein besonderes persönliches Näheverhältnis wird vermutet, wenn der Hinterbliebene der Ehegatte, der Lebenspartner, ein Elternteil oder ein Kind des Getöteten war.

§ 36

[1]Bei Verletzung des Körpers oder der Gesundheit umfasst der Schadensersatz die Heilungskosten sowie den Vermögensnachteil, den der Verletzte dadurch erleidet, dass infolge der Verletzung zeitweise oder dauernd seine Erwerbsfähigkeit aufgehoben oder gemindert oder sein Fortkommen erschwert ist oder seine Bedürfnisse vermehrt sind. [2]Wegen des Schadens, der nicht Vermögensschaden ist, kann auch eine billige Entschädigung in Geld gefordert werden.

§ 37

(1) Der Ersatzpflichtige haftet für die Schäden aus einem Unfall
   a) bei Luftfahrzeugen unter 500 Kilogramm Höchstabflugmasse nur bis zu einem Kapitalbetrag von 750 000 Rechnungseinheiten,
   b) bei Luftfahrzeugen unter 1 000 Kilogramm Höchstabflugmasse nur bis zu einem Kapitalbetrag von 1,5 Millionen Rechnungseinheiten,
   c) bei Luftfahrzeugen unter 2 700 Kilogramm Höchstabflugmasse nur bis zu einem Kapitalbetrag von 3 Millionen Rechnungseinheiten,
   d) bei Luftfahrzeugen unter 6 000 Kilogramm Höchstabflugmasse nur bis zu einem Kapitalbetrag von 7 Millionen Rechnungseinheiten,
   e) bei Luftfahrzeugen unter 12 000 Kilogramm Höchstabflugmasse nur bis zu einem Kapitalbetrag von 18 Millionen Rechnungseinheiten,
   f) bei Luftfahrzeugen unter 25 000 Kilogramm Höchstabflugmasse nur bis zu einem Kapitalbetrag von 80 Millionen Rechnungseinheiten,
   g) bei Luftfahrzeugen unter 50 000 Kilogramm Höchstabflugmasse nur bis zu einem Kapitalbetrag von 150 Millionen Rechnungseinheiten,
   h) bei Luftfahrzeugen unter 200 000 Kilogramm Höchstabflugmasse nur bis zu einem Kapitalbetrag von 300 Millionen Rechnungseinheiten,
   i) bei Luftfahrzeugen unter 500 000 Kilogramm Höchstabflugmasse nur bis zu einem Kapitalbetrag von 500 Millionen Rechnungseinheiten,
   j) bei Luftfahrzeugen ab 500 000 Kilogramm Höchstabflugmasse nur bis zu einem Kapitalbetrag von 700 Millionen Rechnungseinheiten.

   Höchstabflugmasse ist das für den Abflug zugelassene Höchstgewicht des Luftfahrzeugs. Für die Umrechnung der Rechnungseinheit nach Satz 1 gilt § 49b entsprechend.

(2) Im Falle der Tötung oder Verletzung einer Person haftet der Ersatzpflichtige für jede Person bis zu einem Kapitalbetrag von 600 000 Euro oder bis zu einem Rentenbetrag von jährlich 36 000 Euro.

(3) Übersteigen die Entschädigungen, die mehreren auf Grund desselben Ereignisses zustehen, die Höchstbeträge nach Absatz 1, so verringern sich die einzelnen Entschädigungen vorbehaltlich des Absatzes 4 in dem Verhältnis, in dem ihr Gesamtbetrag zum Höchstbetrag steht.

(4) Beruhen die Schadensersatzansprüche sowohl auf Sachschäden als auch auf Personenschäden, so dienen zwei Drittel des nach Absatz 1 Satz 1 errechneten Betrages vorzugsweise für den Ersatz von Personenschäden. Reicht dieser Betrag nicht aus, so ist er anteilmäßig auf die

Ansprüche zu verteilen. Der übrige Teil des nach Absatz 1 Satz 1 errechneten Betrages ist anteilmäßig für den Ersatz von Sachschäden und für die noch ungedeckten Ansprüche aus Personenschäden zu verwenden.

§ 38

(1) Der Schadensersatz für Aufhebung oder Minderung der Erwerbsfähigkeit, für Erschwerung des Fortkommens oder für Vermehrung der Bedürfnisse des Verletzten und der nach § 35 Abs 2 einem Dritten zu gewährende Schadensersatz ist für die Zukunft durch Geldrente zu leisten.

(2) Die Vorschriften des § 843 Abs 2 bis 4 des Bürgerlichen Gesetzbuchs finden entsprechende Anwendung.

(3) [1]Bei Verurteilung zu einer Geldrente kann der Berechtigte noch nachträglich Sicherheitsleistung oder Erhöhung einer solchen verlangen, wenn sich die Vermögensverhältnisse des Verpflichteten erheblich verschlechtert haben. [2]Diese Bestimmung gilt bei Schuldtiteln des § 794 Abs 1 Nr. 1 und 5 der Zivilprozessordnung entsprechend.

§ 39

Auf die Verjährung finden die für unerlaubte Handlungen geltenden Verjährungsvorschriften des Bürgerlichen Gesetzbuchs entsprechende Anwendung.

§ 40

[1]Der Ersatzberechtigte verliert die Rechte, die ihm nach diesem Gesetz zustehen, wenn er nicht spätestens drei Monate, nachdem er von dem Schaden und der Person des Ersatzpflichtigen Kenntnis erhalten hat, diesem den Unfall anzeigt. [2]Der Rechtsverlust tritt nicht ein, wenn die Anzeige infolge eines Umstandes unterblieben ist, den der Ersatzberechtigte nicht zu vertreten hat, oder wenn der Ersatzpflichtige innerhalb der Frist auf andere Weise von dem Unfall Kenntnis erhalten hat.

§ 41

(1) [1]Wird ein Schaden durch mehrere Luftfahrzeuge verursacht und sind die Luftfahrzeughalter einem Dritten kraft Gesetzes zum Schadensersatz verpflichtet, so hängt im Verhältnis der Halter untereinander Pflicht und Umfang des Ersatzes von den Umständen, insbesondere davon ab, wie weit der Schaden überwiegend von dem einen oder dem anderen verursacht worden ist. [2]Dasselbe gilt, wenn der Schaden einem der Halter entstanden ist, bei der Haftpflicht, die einen anderen von ihnen trifft.

(2) Absatz 1 gilt entsprechend, wenn neben dem Halter ein anderer für den Schaden verantwortlich ist.

§ 42

Unberührt bleiben die bundesrechtlichen Vorschriften, wonach für den beim Betrieb eines Luftfahrzeugs entstehenden Schaden der Halter oder Benutzer (§ 33 Abs 2) in weiterem Umfang oder der Führer oder ein anderer haftet.

§ 43

(1) Für die Versicherung zur Deckung der Haftung des Halters eines Luftfahrzeugs nach diesem Unterabschnitt gelten die Vorschriften der nachfolgenden Absätze, soweit die Verordnung (EG) Nr. 785/2004 des Europäischen Parlaments und des Rates vom 21. April 2004 über Versicherungsanforderungen an Luftfahrtunternehmen und Luftfahrzeugbetreiber (ABl. EU Nr. L 138 S. 1), in der jeweils geltenden Fassung, nicht anwendbar ist oder keine Regelung enthält.

(2) [1]Der Halter eines Luftfahrzeugs ist verpflichtet, zur Deckung seiner Haftung auf Schadensersatz nach diesem Unterabschnitt eine Haftpflichtversicherung in einer durch Rechtsverordnung zu bestimmenden Höhe zu unterhalten. [2]Satz 1 gilt nicht, wenn der Bund oder ein Land Halter des Luftfahrzeugs ist.

(3) [1]Für die Haftpflichtversicherung gelten die Vorschriften für die Pflichtversicherung des Versicherungsvertragsgesetzes. [2]§ 114 des Versicherungsvertragsgesetzes gilt nicht.

2. Unterabschnitt Haftung für Personen und Gepäck, die im Luftfahrzeug befördert werden; Haftung für verspätete Beförderung

§ 44 Anwendungsbereich

Für die Haftung auf Schadensersatz wegen der Tötung, der Körperverletzung oder der Gesundheitsbeschädigung eines Fluggastes durch einen Unfall, wegen der verspäteten Beförderung eines Fluggastes oder wegen der Zerstörung, der Beschädigung, des Verlustes oder der verspäteten Beförderung seines Reisegepäcks bei einer aus Vertrag geschuldeten Luftbeförderung sowie für die Versicherung zur Deckung dieser Haftung gelten die Vorschriften dieses Unterabschnitts, soweit

1. das Abkommen vom 12. Oktober 1929 zur Vereinheitlichung von Regeln über die Beförderung im internationalen Luftverkehr (Erstes Abkommen zur Vereinheitlichung des Luftprivatrechts) (RGBl. 1933 II S. 1039) (Warschauer Abkommen) und das Gesetz zur Durchführung des Ersten Abkommens zur Vereinheitlichung des Luftprivatrechts in der im Bundesgesetzblatt Teil III, Gliederungsnummer 96-2, veröffentlichten bereinigten Fassung,
2. das Protokoll vom 28. September 1955 zur Änderung des Abkommens zur Vereinheitlichung von Regeln über die Beförderung im internationalen Luftverkehr (BGBl. 1958 II S. 292),
3. das Zusatzabkommen vom 18. September 1961 zum Warschauer Abkommen zur Vereinheitlichung von Regeln über die von einem anderen als dem vertraglichen Luftfrachtführer ausgeführte Beförderung im internationalen Luftverkehr (BGBl. 1963 II S. 1160),
4. das Übereinkommen vom 28. Mai 1999 zur Vereinheitlichung bestimmter Vorschriften über die Beförderung im internationalen Luftverkehr (BGBl. 2004 II S. 458, 1027) (Montrealer Übereinkommen) und das Montrealer-Übereinkommen-Durchführungsgesetz vom 6. April 2004 (BGBl I S. 550),
5. die Verordnung (EG) Nr. 2027/97 des Rates vom 9. Oktober 1997 über die Haftung von Luftfahrtunternehmen bei Unfällen (ABl. EG Nr. L 285 S 1), geändert durch die Verordnung (EG) Nr. 889/2002 des Europäischen Parlaments und des Rates vom 13. Mai 2002 (ABl. EG Nr. L 140 S 2), in der jeweils geltenden Fassung, und
6. die Verordnung (EG) Nr. 785/2004 des Europäischen Parlaments und des Rates vom 21. April 2004 über Versicherungsanforderungen an Luftfahrtunternehmen und Luftfahrzeugbetreiber (ABl. EU Nr. L 138 S. 1), in der jeweils geltenden Fassung,

nicht anwendbar sind oder keine Regelung enthalten.

§ 45 Haftung für Personenschäden

(1) Wird ein Fluggast durch einen Unfall an Bord eines Luftfahrzeugs oder beim Ein- oder Aussteigen getötet, körperlich verletzt oder gesundheitlich geschädigt, ist der Luftfrachtführer verpflichtet, den daraus entstehenden Schaden zu ersetzen.

(2) In den Fällen des Absatzes 1 haftet der Luftfrachtführer für jeden Fluggast nur bis zu einem Betrag von 128 821 Rechnungseinheiten, wenn
1. der Schaden nicht durch sein rechtswidriges und schuldhaftes Handeln oder Unterlassen oder das rechtswidrige und schuldhafte Handeln oder Unterlassen seiner Leute verursacht wurde oder
2. der Schaden ausschließlich durch das rechtswidrige und schuldhafte Handeln oder Unterlassen eines Dritten verursacht wurde.

Der Höchstbetrag nach Satz 1 gilt auch für den Kapitalwert einer als Schadensersatz zu leistenden Rente.

(3) Übersteigen in den Fällen des Absatzes 1 die Entschädigungen, die mehreren Ersatzberechtigten wegen der Tötung, Körperverletzung oder Gesundheitsbeschädigung eines Fluggastes zu leisten sind, insgesamt den Betrag von 128 821 Rechnungseinheiten und ist eine weitergehende Haftung des Luftfrachtführers nach Absatz 2 ausgeschlossen, so verringern sich die einzelnen Entschädigungen in dem Verhältnis, in welchem ihr Gesamtbetrag zu diesem Betrag steht.

§ 46 Haftung bei verspäteter Personenbeförderung

(1) [1]Wird ein Fluggast verspätet befördert, ist der Luftfrachtführer verpflichtet, den daraus entstehenden Schaden zu ersetzen. [2]Die Haftung ist ausgeschlossen, wenn der Luftfrachtführer und seine Leute alle zumutbaren Maßnahmen zur Vermeidung des Schadens getroffen haben oder solche Maßnahmen nicht treffen konnten.

(2) [1]Im Falle des Absatzes 1 Satz 1 haftet der Luftfrachtführer für jeden Fluggast nur bis zu einem Betrag von 5 346 Rechnungseinheiten. [2]Dies gilt nicht, wenn der Schaden vom Luftfrachtführer oder seinen Leuten in Ausführung ihrer Verrichtungen vorsätzlich oder grob fahrlässig verursacht wurde.

§ 47 Haftung für Gepäckschäden

(1) [1]Wird aufgegebenes Reisegepäck, das sich an Bord eines Luftfahrzeugs oder sonst in der Obhut des Luftfrachtführers befindet, zerstört oder beschädigt oder geht es verloren, ist der Luftfrachtführer verpflichtet, den daraus entstehenden Schaden zu ersetzen. [2]Die Haftung ist ausgeschlossen, wenn der Schaden durch die Eigenart des Reisegepäcks oder einen ihm innewohnenden Mangel verursacht wurde.

(2) [1]Wird aufgegebenes Reisegepäck, das sich an Bord eines Luftfahrzeugs oder sonst in der Obhut des Luftfrachtführers befindet, verspätet befördert, ist der Luftfrachtführer verpflichtet, den daraus entstehenden Schaden zu ersetzen. [2]Die Haftung ist ausgeschlossen, wenn der Luftfrachtführer und seine Leute alle zumutbaren Maßnahmen zur Vermeidung des Schadens getroffen haben oder solche Maßnahmen nicht treffen konnten.

(3) [1]Werden nicht aufgegebenes Reisegepäck oder andere Sachen, die der Fluggast an sich trägt oder mit sich führt, zerstört oder beschädigt oder gehen sie verloren, ist der Luftfrachtführer verpflichtet, den daraus entstehenden Schaden zu ersetzen, wenn der Schaden von dem Luftfrachtführer oder seinen Leuten schuldhaft verursacht wurde. [2]Werden sie verspätet befördert, gilt Absatz 2 entsprechend.

(4) [1]In den Fällen der Absätze 1 bis 3 haftet der Luftfrachtführer für jeden Fluggast nur bis zu einem Betrag von 1 288 Rechnungseinheiten. [2]Satz 1 gilt für aufgegebenes Reisegepäck nicht,

wenn der Fluggast bei der Übergabe an den Luftfrachtführer den Betrag des Interesses an der Ablieferung am Bestimmungsort angegeben und das für die Haftung für dieses Interesse verlangte Entgelt gezahlt hat. [3]In diesem Fall haftet der Luftfrachtführer bis zur Höhe des angegebenen Betrages, es sei denn, dass dieser höher als das tatsächliche Interesse ist.

(5) Absatz 4 gilt nicht, wenn der Schaden vom Luftfrachtführer oder seinen Leuten in Ausführung ihrer Verrichtungen vorsätzlich oder grob fahrlässig verursacht wurde.

(6) [1]Ist aufgegebenes Reisegepäck beschädigt oder verspätet befördert worden, können Ansprüche nach Absatz 1 oder 2 nur geltend gemacht werden, wenn der Fluggast dem Luftfrachtführer den Schaden unverzüglich nach seiner Entdeckung, bei der Beschädigung von Reisegepäck spätestens binnen sieben Tagen nach der Annahme, bei der verspäteten Beförderung von Reisegepäck spätestens binnen 21 Tagen, nachdem das Reisegepäck dem Fluggast zur Verfügung gestellt worden ist, schriftlich anzeigt. [2]Dies gilt nicht, wenn der Luftfrachtführer arglistig gehandelt hat. [3]Für die Einhaltung der Frist ist die Übergabe der Anzeige oder ihre Absendung maßgeblich. [4]Nimmt der Fluggast aufgegebenes Reisegepäck vorbehaltlos an, so begründet dies die Vermutung, dass es unbeschädigt abgeliefert worden ist.

(7) Ist aufgegebenes Reisegepäck verloren gegangen, können Ansprüche nach Absatz 1 nur geltend gemacht werden, wenn der Luftfrachtführer den Verlust anerkannt hat oder 21 Tage seit dem Tag vergangen sind, an dem das Reisegepäck hätte eintreffen sollen.

§ 48 Haftung auf Grund sonstigen Rechts

(1) Ein Anspruch auf Schadensersatz, auf welchem Rechtsgrund er auch beruht, kann gegen den Luftfrachtführer nur unter den Voraussetzungen und Beschränkungen geltend gemacht werden, die in diesem Unterabschnitt vorgesehen sind.

(2) [1]Die gesetzlichen Vorschriften, nach denen andere Personen für den Schaden haften, bleiben unberührt. [2]Haben die Leute des Luftfrachtführers in Ausführung ihrer Verrichtungen gehandelt, können sie sich jedoch auf die Voraussetzungen und Beschränkungen dieses Unterabschnitts berufen.

(3) Soweit die in diesem Unterabschnitt bestimmten Beträge die Haftung des Luftfrachtführers und seiner Leute begrenzen, darf der Gesamtbetrag, der von ihnen als Schadensersatz zu leisten ist, diese Beträge nicht überschreiten.

§ 48a Luftbeförderung durch mehrere Luftfrachtführer

(1) [1]Wird die Luftbeförderung nacheinander durch mehrere Luftfrachtführer ausgeführt und wird dabei ein Fluggast getötet, körperlich verletzt, gesundheitlich geschädigt oder verspätet befördert, ist nur der Luftfrachtführer zum Schadensersatz verpflichtet, der die Luftbeförderung ausgeführt hat, in deren Verlauf der Unfall oder die Verspätung eingetreten ist. [2]Dies gilt nicht, wenn der erste Luftfrachtführer die Haftung für die gesamte Luftbeförderung übernommen hat.

(2) [1]Wird bei einer Luftbeförderung nach Absatz 1 Reisegepäck zerstört oder beschädigt, geht es verloren oder wird es verspätet befördert, sind der erste, der letzte und derjenige Luftfrachtführer zum Schadensersatz verpflichtet, der die Luftbeförderung ausgeführt hat, in deren Verlauf die Zerstörung, die Beschädigung, der Verlust erfolgt oder die Verspätung eingetreten ist. [2]Diese Luftfrachtführer haften als Gesamtschuldner.

§ 48b Haftung des vertraglichen und des ausführenden Luftfrachtführers

(1) [1]Wer eine Luftbeförderung, zu der sich ein anderer verpflichtet hat, mit dessen Einverständnis ausführt (ausführender Luftfrachtführer), haftet neben dem anderen (vertraglicher Luftfrachtführer) nach den Vorschriften dieses Unterabschnitts. [2]Das Vorliegen des Einverständnisses wird vermutet. [3]Der vertragliche und der ausführende Luftfrachtführer haften als Gesamtschuldner.
(2) Führt der ausführende Luftfrachtführer die Luftbeförderung nur auf einer Teilstrecke aus, haftet er nur für Schäden, die auf dieser Teilstrecke entstehen.
(3) [1]Die Handlungen und Unterlassungen des ausführenden Luftfrachtführers und seiner in Ausführung ihrer Verrichtungen handelnden Leute gelten als solche des vertraglichen Luftfrachtführers. [2]Die Handlungen und Unterlassungen des vertraglichen Luftfrachtführers und seiner in Ausführung ihrer Verrichtungen handelnden Leute gelten als solche des ausführenden Luftfrachtführers, soweit sie sich auf die von ihm ausgeführte Luftbeförderung beziehen. [3]Er haftet für diese Handlungen und Unterlassungen in jedem Fall nur bis zu den Beträgen der §§ 45 bis 47. [4]Eine Vereinbarung über die Übernahme von Verpflichtungen, die in den Vorschriften dieses Unterabschnitts nicht vorgesehen sind, ein Verzicht auf die in diesen Vorschriften begründeten Rechte sowie Erklärungen eines Interesses nach § 47 Abs 4 Satz 2 wirken nicht gegen den ausführenden Luftfrachtführer, es sei denn, dass er zugestimmt hat.
(4) Die Schadensanzeige nach § 47 Abs 6 kann sowohl gegenüber dem vertraglichen als auch gegenüber dem ausführenden Luftfrachtführer mit Wirkung gegen den jeweils anderen erklärt werden.
(5) Soweit der ausführende Luftfrachtführer die Luftbeförderung vorgenommen hat, gilt wegen der Haftung der Leute des vertraglichen und des ausführenden Luftfrachtführers § 48 Abs 2 entsprechend; maßgeblich sind dabei die Voraussetzungen und Beschränkungen, die für den Luftfrachtführer gelten, zu dessen Leuten sie gehören.
(6) [1]Für die Beträge, die der vertragliche Luftfrachtführer und seine Leute sowie der ausführende Luftfrachtführer und seine Leute als Schadensersatz zu leisten haben, gilt § 48 Abs 3 entsprechend. [2]Der Gesamtbetrag, der von ihnen als Schadensersatz zu leisten ist, darf den höchsten Betrag nicht überschreiten, den einer von ihnen zu leisten verpflichtet ist. [3]Jeder von ihnen haftet jedoch nur bis zu dem für ihn geltenden Höchstbetrag.

§ 49 Anzuwendende Vorschriften

Für die Haftung nach diesem Unterabschnitt sind im Übrigen die Vorschriften der §§ 34 bis 36 und 38 anzuwenden.

§ 49a Ausschlussfrist

[1]Die Klage auf Schadensersatz kann nur binnen einer Ausschlussfrist von zwei Jahren erhoben werden. [2]Die Frist beginnt mit dem Tag, an dem das Luftfahrzeug am Bestimmungsort angekommen ist, an dem es hätte ankommen sollen oder an dem die Luftbeförderung abgebrochen worden ist.

§ 49b Umrechnung von Rechnungseinheiten

[1]Die in den §§ 45 bis 47 genannte Rechnungseinheit ist das Sonderziehungsrecht des Internationalen Währungsfonds. [2]Der Betrag wird in Euro nach dem Wert des Euro gegenüber dem Sonderziehungsrecht zum Zeitpunkt der Zahlung oder, wenn der Anspruch Gegenstand eines gerichtlichen

Verfahrens ist, zum Zeitpunkt der die Tatsacheninstanz abschließenden Entscheidung umgerechnet. [3]Der Wert des Euro gegenüber dem Sonderziehungsrecht wird nach der Berechnungsmethode ermittelt, die der Internationale Währungsfonds an dem betreffenden Tag für seine Operationen und Transaktionen anwendet.

§ 49c Unabdingbarkeit

(1) Im Falle einer entgeltlichen oder geschäftsmäßigen Luftbeförderung darf die Haftung des Luftfrachtführers nach den Vorschriften dieses Unterabschnitts im Voraus durch Vereinbarung weder ausgeschlossen noch beschränkt werden.

(2) [1]Eine Vereinbarung, die der Vorschrift des Absatzes 1 zuwider getroffen wird, ist nichtig. [2]Ihre Nichtigkeit hat nicht die Nichtigkeit des gesamten Vertrages zur Folge.

§ 50 Obligatorische Haftpflichtversicherung

(1) [1]Der Luftfrachtführer ist verpflichtet, zur Deckung seiner Haftung auf Schadensersatz wegen der in § 44 genannten Schäden während der von ihm geschuldeten oder der von ihm für den vertraglichen Luftfrachtführer ausgeführten Luftbeförderung eine Haftpflichtversicherung in einer durch Rechtsverordnung zu bestimmenden Höhe zu unterhalten. [2]Satz 1 gilt nicht, wenn die Bundesrepublik Deutschland Luftfrachtführer ist. [3]Ist ein Land Luftfrachtführer, gilt Satz 1 nur für Luftbeförderungen, auf die das Montrealer Übereinkommen anwendbar ist.

(2) [1]Für die Haftpflichtversicherung gelten die Vorschriften für die Pflichtversicherung des Versicherungsvertragsgesetzes. [2]§ 114 des Versicherungsvertragsgesetzes gilt nicht.

§ 51 Subsidiarität der Versicherung des vertraglichen Luftfrachtführers

Führt ein ausführender Luftfrachtführer eine Luftbeförderung für einen vertraglichen Luftfrachtführer aus, besteht eine Pflicht zur Unterhaltung einer Haftpflichtversicherung für den vertraglichen Luftfrachtführer nur, soweit

1. der ausführende Luftfrachtführer keine Haftpflichtversicherung bei einem in Deutschland zum Geschäftsbetrieb befugten Versicherer unterhält, die den Anforderungen der jeweils anwendbaren Vorschriften des § 50 oder des Artikels 4 Abs 1 in Verbindung mit Artikel 6 Abs 1 und 2 der Verordnung (EG) Nr 785/2004 entspricht, oder
2. seine Haftung über die Haftung des ausführenden Luftfrachtführers hinausgeht.

§ 52 (weggefallen)

3. Unterabschnitt Haftung für militärische Luftfahrzeuge

§ 53 Haftung für Schäden außerhalb eines militärischen Luftfahrzeugs

(1) Für Schäden der in § 33 genannten Art, die durch militärische Luftfahrzeuge verursacht werden, haftet der Halter nach den Vorschriften des ersten Unterabschnitts dieses Abschnitts; jedoch ist § 37 nicht anzuwenden.

(2) War der Getötete oder Verletzte kraft Gesetzes einem Dritten zur Leistung von Diensten in dessen Hauswesen oder Gewerbe verpflichtet, so hat der Halter des militärischen Luftfahrzeugs dem Dritten auch für die entgehenden Dienste durch Entrichtung einer Geldrente Ersatz zu leisten.

(3) (weggefallen)

§ 54 Haftung für Schäden bei Beförderung in einem militärischen Luftfahrzeug

(1) [1]Wird bei der Beförderung in einem militärischen Luftfahrzeug durch einen Unfall jemand getötet, sein Körper verletzt oder seine Gesundheit geschädigt, ist der Halter des Luftfahrzeugs verpflichtet, den daraus entstehenden Schaden zu ersetzen. [2]Er haftet für jede beförderte Person nur bis zu einem Betrag von 600 000 Euro, wenn

1. der Schaden nicht durch sein rechtswidriges und schuldhaftes Handeln oder Unterlassen oder das rechtswidrige und schuldhafte Handeln oder Unterlassen seiner Leute verursacht wurde oder
2. der Schaden ausschließlich durch das rechtswidrige und schuldhafte Handeln oder Unterlassen eines Dritten verursacht wurde.

(2) [1]Werden bei der Beförderung in einem militärischen Luftfahrzeug Reisegepäck oder andere Sachen, die der Beförderte an sich trägt oder mit sich führt, durch einen Unfall zerstört oder beschädigt, ist der Halter des Luftfahrzeugs verpflichtet, den daraus entstehenden Schaden zu ersetzen. [2]Die Haftung ist für jeden Beförderten auf einen Höchstbetrag von 1700 Euro beschränkt, es sei denn, der Schaden ist von dem Halter oder seinen Leuten in Ausführung ihrer Verrichtungen vorsätzlich oder grob fahrlässig verursacht worden.

(3) Die §§ 40 und 45 Abs 3 sowie die §§ 48 und 49 sind entsprechend anzuwenden.

(4) Die Haftung darf im Voraus durch Vereinbarung weder ausgeschlossen noch beschränkt werden.

4. Unterabschnitt Gemeinsame Vorschriften für die Haftpflicht

§ 55 Verhältnis zu sozial- und versorgungsrechtlichen Vorschriften

[1]Unberührt bleiben die Vorschriften der des Siebten Buches Sozialgesetzbuch über die Unfallversicherung von Personen, die im Betrieb des Luftfahrzeughalters beschäftigt sind. [2]Das gleiche gilt für die sonstigen Vorschriften über Unfallschäden nach den beamtenrechtlichen Vorschriften des Bundes und der Länder und den versorgungsrechtlichen Vorschriften für die Bundeswehr.

§ 56 Gerichtsstand

(1) Für Klagen, die auf Grund dieses Abschnitts erhoben werden, ist auch das Gericht zuständig, in dessen Bezirk der Unfall eingetreten ist.

(2) [1]Für Klagen, die auf Grund der §§ 45 bis 47 erhoben werden, ist außerdem das Gericht des Bestimmungsorts zuständig. [2]Im Falle des § 48b kann die Klage gegen den ausführenden Luftfrachtführer auch in dem Gerichtsstand des vertraglichen Luftfrachtführers und die Klage gegen den vertraglichen Luftfrachtführer auch in dem Gerichtsstand des ausführenden Luftfrachtführers erhoben werden.

(3) [1]Ist auf die Luftbeförderung eine der in § 44 Nr 1 bis 4 genannten Übereinkünfte anzuwenden, bestimmt sich der Gerichtsstand nach dieser Übereinkunft. [2]Sind deutsche Gerichte nach Artikel 33 Abs 2 des Montrealer Übereinkommens zuständig, ist für Klagen auf Ersatz des Schadens, der durch Tod oder Körperverletzung eines Reisenden entstanden ist, das Gericht örtlich zuständig, in dessen Bezirk der Reisende zum Zeitpunkt des Unfalls seinen Wohnsitz hatte.

§ 57 (weggefallen)

I.-5 VERORDNUNG (EG) Nr. 2027/97 DES RATES

vom 9. Oktober 1997

über die Haftung von Luftfahrtunternehmen bei Unfällen[1]

DER RAT DER EUROPÄISCHEN UNION – gestützt auf den Vertrag zur Gründung der Europäischen Gemeinschaft, insbesondere auf Artikel 84 Absatz 2, auf Vorschlag der Kommission,[2] nach Stellungnahme des Wirtschafts- und Sozialausschusses,[3] gemäß dem Verfahren des Artikels 189 c des Vertrags,[4] in Erwägung nachstehender Gründe:

(1) Im Rahmen der gemeinsamen Verkehrspolitik ist das Niveau des Schutzes von Fluggästen, die von Unfällen im Luftverkehr betroffen sind, zu verbessern.

(2) Die Haftung bei Unfällen ist geregelt durch das am 12. Oktober 1929 in Warschau unterzeichnete Abkommen zur Vereinheitlichung von Regeln über die Beförderung im internationalen Luftverkehr bzw. dieses Abkommen in der durch das Haager Protokoll vom 28. September 1955 geänderten Fassung und das Abkommen von Guadalajara vom 18. September 1961 – je nachdem, welches Anwendung findet, wobei jedes dieser Abkommen nachstehend, falls anwendbar, „Warschauer Abkommen" genannt wird. Das Warschauer Abkommen gilt weltweit zum Nutzen sowohl der Fluggäste als auch der Luftfahrtunternehmen.

(3) Die durch das Warschauer Abkommen festgesetzten Haftungsgrenzen sind in Anbetracht der heutigen wirtschaftlichen und sozialen Maßstäbe zu niedrig und führen oft zu langwierigen Rechtsstreitigkeiten, die das Image des Luftverkehrs schädigen. Daher haben verschiedene Mitgliedstaaten die Haftungsgrenzen erhöht, was wiederum zu unterschiedlichen Beförderungsbedingungen im Luftverkehrsbinnenmarkt geführt hat.

(4) Das Warschauer Abkommen gilt überdies nur für den internationalen Luftverkehr. Im Luftverkehrsbinnenmarkt wird nicht mehr zwischen nationalen und internationalen Flügen unterschieden. Aus diesem Grund sollten im nationalen und internationalen Luftverkehr dieselben Bestimmungen über Höhe und Art der Haftung gelten.

(5) Eine umfassende Überprüfung und Revision des Warschauer Abkommens ist seit langem überfällig und wäre langfristig auf internationaler Ebene eine einheitlichere und praktischere Lösung hinsichtlich der Haftung der Luftfahrtunternehmen bei Unfällen. Die Bemühungen um eine Anhebung der im Warschauer Abkommen vorgeschriebenen Haftungsgrenzen sollten weiter in Verhandlungen auf multilateraler Ebene fortgesetzt werden.

(6) Maßnahmen auf Gemeinschaftsebene sind im Einklang mit dem Subsidiaritätsprinzip wünschenswert, um eine Harmonisierung im Bereich der Haftung von Luftfahrtunternehmen zu erreichen, und könnten als Leitlinie für einen besseren Schutz der Fluggäste weltweit dienen.

(7) Im Einklang mit derzeitigen Tendenzen auf internationaler Ebene ist es angemessen, jegliche finanzielle Haftungsgrenzen im Sinne von Artikel 22 Absatz 1 des Warschauer Abkommens oder sonstige rechtliche oder vertragliche Haftungsgrenzen aufzuheben.

(8) Um zu verhindern, dass Opfer von Unfällen keine Entschädigung erhalten, sollten die Luftfahrtunternehmen der Gemeinschaft bei Schadensersatzforderungen im Rahmen von Artikel 17 des Warschauer Abkommens aufgrund von Tod, körperlicher Verletzung oder sonstigen gesundheitlichen Schäden eines Fluggastes bis zu einem bestimmten Betrag nicht Artikel 20 Absatz 1 des Warschauer Abkommens geltend machen.

---

1 ABlEG Nr L 285 vom 17.10.1997, S. 1.

2 ABl.C 104 vom 10.4.1996, S. 18 und ABl. C 29 vom 30.1.1997, S. 10.

3 ABl. C 212 vom 22.7.1996, S. 38.

4 Stellungnahme des Europäischen Parlaments vom 17. September 1996 (ABl. C 320 vom 28.10.1996, S. 30), gemeinsamer Standpunkt des Rates vom 24. Februar 1997 (ABl. C 123 vom 21. April 1997, S. 89) und Beschluss des Europäischen Parlaments vom 29. Mai 1997 (ABl. C 182 vom 16.6.1997).

https://doi.org/10.1515/9783110564945-064

(9) Für den Fall, dass der Schaden durch Fahrlässigkeit des betreffenden Fluggastes mitverursacht wurde, können die Luftfahrtunternehmen der Gemeinschaft von ihrer Haftung befreit werden.

(10) Die Verpflichtungen aufgrund dieser Verordnung sind im Lichte von Artikel 7 der Verordnung (EWG) Nr 2407/92 des Rates vom 23. Juli 1992 über die Erteilung von Betriebsgenehmigungen an Luftfahrtunternehmen[5] zu sehen. In dieser Hinsicht sollten die Luftfahrtunternehmen der Gemeinschaft bis zu einem in dieser Verordnung festgelegten Betrag versichert sein.

(11) Die Luftfahrtunternehmen der Gemeinschaft sollten stets berechtigt sein, Dritte zu belangen.

(12) Die rasche Zahlung eines Vorschusses kann den geschädigten Fluggästen oder den schadensersatzberechtigten natürlichen Personen in beträchtlicher Weise helfen, die unmittelbaren Kosten aufgrund eines Luftverkehrsunfalls zu tragen.

(13) Die Bestimmungen über Art und Begrenzung der Haftung im Falle des Todes, der körperlichen Verletzung oder sonstigen gesundheitlichen Schädigungen des Fluggastes sind Teil der Beförderungsbedingungen in dem Beförderungsvertrag zwischen Luftfahrtunternehmen und Fluggast. Um die Gefahr von Wettbewerbsverzerrungen zu vermeiden, sollten Luftfahrtunternehmen aus Drittländern ihre Fluggäste in angemessener Form über ihre Beförderungsbedingungen informieren.

(14) Es ist angemessen und erforderlich, die in dieser Verordnung festgelegten finanziellen Haftungsgrenzen zu überprüfen, um der wirtschaftlichen Entwicklung und den in internationalen Gremien sich vollziehenden Entwicklungen Rechnung zu tragen.

(15) Das Warschauer Abkommen wird gegenwärtig im Rahmen der Internationalen Zivilluftfahrt-Organisation (ICAO) überprüft. In Erwartung der Ergebnisse dieser Überprüfung ergreift die Gemeinschaft Übergangsmaßnahmen, um den Schutz der Fluggäste zu verbessern. Der Rat sollte, nachdem die ICAO ihre Überprüfung abgeschlossen hat, diese Verordnung so bald wie möglich überprüfen – HAT FOLGENDE VERORDNUNG ERLASSEN:

Artikel 1

Diese Verordnung regelt die Haftung von Luftfahrtunternehmen der Gemeinschaft für Schäden bei Unfällen, bei denen ein Fluggast getötet, körperlich verletzt oder sonst gesundheitlich geschädigt wird, sofern sich der Unfall, durch den der Schaden verursacht worden ist, an Bord eines Flugzeugs oder beim Ein- oder Ausstieg ereignet hat.
In dieser Verordnung werden außerdem einige Anforderungen an den Versicherungsschutz von Luftfahrtunternehmen der Gemeinschaft geklärt.
Mit dieser Verordnung werden ferner einige Anforderungen festgelegt, denen Luftfahrtunternehmen, die nicht in der Gemeinschaft niedergelassen sind und Flüge nach, aus oder innerhalb der Gemeinschaft durchführen, hinsichtlich der Information der Fluggäste nachzukommen haben.

Artikel 2

(1) Im Sinne dieser Verordnung bedeutet:

a) „Luftfahrtunternehmen" ein Lufttransportunternehmen mit einer gültigen Betriebsgenehmigung;

b) „Luftfahrtunternehmen der Gemeinschaft" ein Luftfahrtunternehmen mit einer von einem Mitgliedstaat im Einklang mit der Verordnung (EWG) Nr 2407/92 erteilten gültigen Betriebsgenehmigung;

5 ABl. Nr L 240 vom 24.8.1992, S. 1.

c) „Schadensersatzberechtigter" ein Fluggast oder jede Person, die in Bezug auf diesen Fluggast gemäß den geltenden Rechtsvorschriften schadensersatzberechtigt ist;
d) „Ecu" die bei der Aufstellung des Gesamthaushaltsplans der Europäischen Gemeinschaften gemäß den Artikeln 207 und 209 des Vertrags verwendete Rechnungseinheit;
e) „SZR" ein Sonderziehungsrecht gemäss der Definition des Internationalen Währungsfonds;
f) „Warschauer Abkommen" das am 12. Oktober 1929 in Warschau unterzeichnete Abkommen zur Vereinheitlichung von Regeln über die Beförderung im internationalen Luftverkehr bzw. das Warschauer Abkommen in der durch das Haager Protokoll vom 28. September 1955 geänderten Fassung und das in Guadalajara am 18. September 1961 geschlossene Zusatzabkommen zum Warschauer Abkommen – je nachdem welches auf den Fluggastbeförderungsvertrag Anwendung findet – sowie alle anderen internationalen Vereinbarungen, die auf diesem Abkommen aufbauen oder mit ihm im Zusammenhang stehen und in Kraft sind.

(2) Die in dieser Verordnung verwendeten Begriffe, die nicht in Absatz 1 definiert sind, entsprechen den im Warschauer Abkommen benutzten Begriffen.

Artikel 3

(1) a) Die Haftung eines Luftfahrtunternehmens der Gemeinschaft für Schäden bei Unfällen, bei denen ein Fluggast getötet, körperlich verletzt oder sonst gesundheitlich geschädigt wird, ist keiner durch Rechtsvorschriften, Übereinkünfte oder Verträge festgelegten finanziellen Begrenzung unterworfen. b) Die Versicherungspflicht nach Artikel 7 der Verordnung (EWG) Nr 2407/92 ist in dem Sinne zu verstehen, dass ein Luftfahrtunternehmen der Gemeinschaft bis zu der in Artikel 3 Absatz 2 festgelegten Haftungsbegrenzung und darüber hinaus bis zu einer angemessenen Höhe versichert sein muss.

(2) Bei Schäden bis zu einem 100 000 SZR entsprechenden Betrag in Ecu kann das Luftfahrtunternehmen der Gemeinschaft auch dann keine Haftungsfreistellung oder Haftungsbegrenzung geltend machen, wenn es beweist, dass es selbst oder sein Personal alle erforderlichen Maßnahmen zur Verhütung des Schadens getroffen hat oder dass diese Maßnahmen nicht getroffen werden konnten.

(3) Unbeschadet des Absatzes 2 kann das Luftfahrtunternehmen der Gemeinschaft – sofern es nachweist, dass der Schaden durch die Fahrlässigkeit der geschädigten oder getöteten Person verursacht oder mitverursacht wurde – gemäß dem anwendbaren Recht ganz oder teilweise von seiner Haftung befreit werden.

Artikel 4

Wird ein Fluggast bei einem Unfall getötet, körperlich verletzt oder sonst gesundheitlich geschädigt, so besagt keine Bestimmung dieser Verordnung, dass

a) das Luftfahrtunternehmen der Gemeinschaft die einzige schadensersatzpflichtige Partei ist oder
b) die Rechte des Luftfahrtunternehmens der Gemeinschaft, eine Mithaftung oder Entschädigung seitens einer anderen Partei gemäß den geltenden Rechtsvorschriften zu erwirken, eingeschränkt werden.

Artikel 5

(1) Das Luftfahrtunternehmen der Gemeinschaft zahlt unverzüglich, keinesfalls jedoch später als fünfzehn Tage nach der Feststellung der Identität der schadensersatzberechtigten natürlichen Person einen Vorschuss zur Befriedigung der unmittelbaren wirtschaftlichen Bedürfnisse, und zwar im Verhältnis zur Schwere des Falles.
(2) Unbeschadet des Absatzes 1 beläuft sich dieser Vorschuss mindestens auf einen 15 000 SZR entsprechenden Betrag in Ecu je Fluggast im Todesfall.
(3) Der Vorschuss stellt keine Haftungsanerkennung dar und kann mit den eventuell später aufgrund der Haftung des Luftfahrtunternehmens der Gemeinschaft gezahlten Beträgen verrechnet werden, ist aber nicht zurückzuzahlen, es sei denn, es handelt sich um Fälle gemäss Artikel 3 Absatz 3 oder um Fälle, in denen in der Folge nachgewiesen wird, dass die Person, die den Vorschuss erhalten hat, den Schaden durch Fahrlässigkeit verursacht oder mitverursacht hat oder keinen Schadensersatzanspruch hatte.

Artikel 6

(1) Die Bestimmungen der Artikel 3 und 5 werden in die Beförderungsbedingungen des Luftfahrtunternehmens der Gemeinschaft aufgenommen.
(2) Angemessene Auskünfte über die Bestimmungen der Artikel 3 und 5 sind den Fluggästen in den Vertretungen des Luftfahrtunternehmens der Gemeinschaft sowie in Reisebüros, an den Abfertigungsschaltern und den Verkaufsstellen auf Anfrage zu erteilen. Auf dem Beförderungsschein oder einem Äquivalent werden diese Bestimmungen in zusammengefasster Form in einfacher und verständlicher Sprache wiedergegeben.
(3) Luftfahrtunternehmen mit Sitz außerhalb der Gemeinschaft, die Flüge nach, aus oder innerhalb der Gemeinschaft durchführen und nicht die Bestimmungen der Artikel 3 und 5 anwenden, informieren die Fluggäste beim Kauf des Beförderungsscheins in den Vertretungen des Luftfahrtunternehmens, in Reisebüros oder an den Abfertigungsschaltern im Gebiet des Mitgliedstaats ausdrücklich und eindeutig darüber. Die Fluggäste erhalten von den Luftfahrtunternehmen ein Formblatt mit deren Beförderungsbedingungen. Allein die Angabe einer Haftungsgrenze auf dem Beförderungsschein oder einem Äquivalent ist als Information nicht ausreichend.

Artikel 7

Die Kommission erstellt bis spätestens zwei Jahre nach Inkrafttreten dieser Verordnung einen Bericht über die Anwendung dieser Verordnung, in dem unter anderem den wirtschaftlichen Entwicklungen und den in internationalen Gremien sich vollziehenden Entwicklungen Rechnung getragen wird. Dieser Bericht kann durch Vorschläge für eine Überprüfung dieser Verordnung ergänzt werden.

Artikel 8

Diese Verordnung tritt ein Jahr nach ihrer Veröffentlichung im Amtsblatt der Europäischen Gemeinschaften in Kraft.
Diese Verordnung ist in allen ihren Teilen verbindlich und gilt unmittelbar in jedem Mitgliedstaat.
Geschehen zu Luxemburg am 9. Oktober 1997.

Im Namen des Rates
Der Präsident
M. DELVAUX-STEHRES

I.-6 VERORDNUNG (EG) Nr. 889/2002 DES EUROPÄISCHEN PARLAMENTS UND DES RATES

vom 13. Mai 2002

zur Änderung der Verordnung (EG) Nr. 2027/97 des Rates über die Haftung von Luftfahrtunternehmen bei Unfällen (Text von Bedeutung für den EWR)

DAS EUROPÄISCHE PARLAMENT UND DER RAT DER EUROPÄISCHEN UNION –

gestützt auf den Vertrag zur Gründung der Europäischen Gemeinschaft, insbesondere auf Artikel 80 Absatz 2,

auf Vorschlag der Kommission,[1]

nach Stellungnahme des Wirtschafts- und Sozialausschusses,[2]

nach Anhörung des Ausschusses der Regionen,

gemäß dem Verfahren des Artikels 251 des Vertrags,[3]

in Erwägung nachstehender Gründe:

(1) Im Rahmen der gemeinsamen Verkehrspolitik ist es wichtig zu gewährleisten, dass Fluggäste, die von einem Unfall im Luftverkehr betroffen sind, Schadensersatz in angemessener Höhe erhalten.

(2) Am 28. Mai 1999 wurde in Montreal ein neues Übereinkommen zur Vereinheitlichung bestimmter Vorschriften über die Beförderung im internationalen Luftverkehr verabschiedet, in dem neue, weltweit geltende Regeln für die Haftung bei Unfällen im internationalen Luftverkehr festgelegt werden, die an die Stelle des Warschauer Abkommens von 1929 und seiner Änderungen treten.[4]

(3) Das Warschauer Abkommen wird neben dem Übereinkommen von Montreal für unbestimmte Zeit weiter bestehen.

(4) Im Übereinkommen von Montreal ist die unbeschränkte Haftung für Tod oder Körperverletzung von Fluggästen vorgesehen.

(5) Die Gemeinschaft hat das Übereinkommen von Montreal unterzeichnet und damit ihre Absicht erklärt, dem Übereinkommen durch Ratifizierung beizutreten.

(6) Die Verordnung (EG) Nr 2027/97 des Rates vom 9. Oktober 1997 über die Haftung von Luftfahrtunternehmen bei Unfällen[5] ist zu ändern, um sie an die Bestimmungen des Übereinkommens von Montreal anzugleichen und so eine einheitliche Haftungsregelung für den internationalen Luftverkehr zu schaffen.

(7) Diese Verordnung und das Übereinkommen von Montreal dienen der Verstärkung des Schutzes der Fluggäste sowie ihrer Angehörigen und dürfen nicht so ausgelegt werden, dass dieser Schutz gegenüber dem am Tag der Annahme dieser Richtlinie geltenden Recht verringert würde.

(8) Da im Luftverkehrsbinnenmarkt nicht mehr zwischen inländischer und internationaler Beförderung unterschieden wird, ist es angemessen, Art und Umfang der Haftung bei internationaler und inländischer Beförderung innerhalb der Gemeinschaft anzugleichen.

(9) Im Einklang mit dem Subsidiaritätsprinzip ist ein Vorgehen auf Gemeinschaftsebene wünschenswert, um eine einheitliche Regelung für alle Luftfahrtunternehmen der Gemeinschaft zu schaffen.

---

1 ABl. C 337 E vom 28.11.2000, S. 68 und ABl. C 213 E vom 31.7.2001, S. 298.

2 ABl. C 123 vom 25.4.2001, S. 47.

3 Stellungnahme des Europäischen Parlaments vom 5. April 2001 (ABl. C 21 vom 24.1.2002, S. 256), gemeinsamer Standpunkt des Rates vom 19. Dezember 2001 (ABl. 58 E vom 5.3.2002, S. 8) und Beschluss des Europäischen Parlaments vom 12. März 2002.

4 ABl. L 194 vom 18.7.2001, S. 38.

5 ABl. L 285 vom 17.10.1997, S. 1.

https://doi.org/10.1515/9783110564945-065

(10) In einem sicheren und modernen Luftverkehrssystem ist es angemessen, die Haftung für Tod oder Körperverletzung von Fluggästen nicht zu beschränken.

(11) Ein Luftfahrtunternehmen der Gemeinschaft sollte sich nur dann auf Artikel 21 Absatz 2 des Übereinkommens von Montreal berufen können, wenn es nachweist, dass der Schaden nicht durch eine fahrlässige oder sonstige unrechtmäßige Handlung oder Unterlassung des Unternehmens oder seiner Leute verursacht wurde.

(12) Durch einheitliche, für alle Beförderungen durch Luftfahrtunternehmen der Gemeinschaft geltende Haftungshöchstbeträge für Verlust, Beschädigung oder Zerstörung von Reisegepäck sowie für Schäden, die durch Verspätung entstehen, wird sichergestellt, dass sowohl für die Fluggäste als auch für die Luftfahrtunternehmen einfache und klare Regeln gelten und dass der Fluggast erkennen kann, wann er eine zusätzliche Versicherung benötigt.

(13) Die Anwendung unterschiedlicher Haftungsregelungen auf verschiedenen Strecken ihrer Netze wäre für die Luftfahrtunternehmen der Gemeinschaft sehr aufwändig und für ihre Fluggäste verwirrend.

(14) Es ist wünschenswert, für Unfallopfer und ihre Angehörigen kurzfristige finanzielle Härten unmittelbar nach einem Unfall zu mildern.

(15) Gemäß Artikel 50 des Übereinkommens von Montreal müssen die Vertragsstaaten sicherstellen, dass ihre Luftfahrtunternehmen angemessen versichert sind; dabei ist Artikel 7 der Verordnung (EWG) Nr 2407/92 des Rates vom 23. Juli 1992 über die Erteilung von Betriebsgenehmigungen an Luftfahrtunternehmen[6] Rechnung zu tragen.

(16) Jeder Fluggast sollte über die wesentlichen Punkte der geltenden Haftungsregelung informiert werden, so dass er erforderlichenfalls vor der Reise zusätzliche Versicherungen abschließen kann.

(17) Die in dieser Verordnung festgesetzten Beträge werden zu überprüfen sein, um der Inflation sowie sämtlichen Änderungen der Haftungshöchstbeträge im Übereinkommen von Montreal Rechnung zu tragen.

(18) Soweit weitere Vorschriften zur Umsetzung des Übereinkommens von Montreal zu Punkten, die von der Verordnung (EG) Nr 2027/97 nicht geregelt werden, erforderlich sind, ist es Aufgabe der Mitgliedstaaten, derartige Vorschriften zu erlassen –

HABEN FOLGENDE VERORDNUNG ERLASSEN:

Artikel 1

Die Verordnung (EG) Nr 2027/97 wird wie folgt geändert:

1. Der Titel erhält folgende Fassung:

„Verordnung (EG) Nr 2027/97 des Rates vom 9. Oktober 1997 über die Haftung von Luftfahrtunternehmen bei der Beförderung von Fluggästen und deren Gepäck im Luftverkehr."

2. Artikel 1 erhält folgende Fassung:

„Artikel 1

Diese Verordnung setzt die einschlägigen Bestimmungen des Übereinkommens von Montreal über die Beförderung von Fluggästen und deren Gepäck im Luftverkehr um und trifft zusätzliche Bestimmungen. Ferner wird der Geltungsbereich dieser Bestimmungen auf Beförderungen im Luftverkehr innerhalb eines einzelnen Mitgliedstaats ausgeweitet."

3. Artikel 2 erhält folgende Fassung:

„Artikel 2

(1) Im Sinne dieser Verordnung bedeutet:

a) ‚Luftfahrtunternehmen' ein Lufttransportunternehmen mit einer gültigen Betriebsgenehmigung;

6 ABl. L 240 vom 24.8.1992, S. 1.

b) ‚Luftfahrtunternehmen der Gemeinschaft' ein Luftfahrtunternehmen mit einer von einem Mitgliedstaat im Einklang mit der Verordnung (EWG) Nr 2407/92 erteilten gültigen Betriebsgenehmigung;
c) ‚Schadensersatzberechtigter' ein Fluggast oder jede Person, die in Bezug auf diesen Fluggast gemäß den geltenden Rechtsvorschriften schadensersatzberechtigt ist;
d) ‚Reisegepäck', vorbehaltlich anderer Bestimmungen, sowohl aufgegebenes als auch nicht aufgegebenes Reisegepäck im Sinne von Artikel 17 Absatz 4 des Übereinkommens von Montreal;
e) ‚SZR' ein Sonderziehungsrecht gemäß der Definition des Internationalen Währungsfonds;
f) ‚Warschauer Abkommen' das am 12. Oktober 1929 in Warschau unterzeichnete Abkommen zur Vereinheitlichung von Regeln über die Beförderung im internationalen Luftverkehr oder das Warschauer Abkommen in der durch das Haager Protokoll vom 28. September 1955 geänderten Fassung und das in Guadalajara am 18. September 1961 geschlossene Zusatzabkommen zum Warschauer Abkommen;
g) ‚Übereinkommen von Montreal' das am 28. Mai 1999 in Montreal unterzeichnete‚Übereinkommen zur Vereinheitlichung bestimmter Vorschriften über die Beförderung im internationalen Luftverkehr'.

(2) Die in dieser Verordnung verwendeten Begriffe, die nicht in Absatz 1 definiert sind, entsprechen den im Übereinkommen von Montreal verwendeten Begriffen."

4. Artikel 3 erhält folgende Fassung:

„Artikel 3
(1) Für die Haftung eines Luftfahrtunternehmens der Gemeinschaft für Fluggäste und deren Gepäck gelten alle einschlägigen Bestimmungen des Übereinkommens von Montreal.
(2) Die Versicherungspflicht nach Artikel 7 der Verordnung (EWG) Nr 2407/92 ist, soweit sie sich auf die Haftung für Schäden von Fluggästen bezieht, in dem Sinne zu verstehen, dass ein Luftfahrtunternehmen der Gemeinschaft bis zu einer Höhe versichert sein muss, die Gewähr dafür bietet, dass alle schadensersatzberechtigten Personen den vollen Betrag erhalten, auf den sie gemäß dieser Verordnung Anspruch haben."

5. Der folgende Artikel wird eingefügt:

„Artikel 3 a
Der Zuschlag, den ein Luftfahrtunternehmen der Gemeinschaft gemäß Artikel 22 Absatz 2 des Übereinkommens von Montreal verlangen kann, wenn ein Fluggast sein Interesse an der Ablieferung am Bestimmungsort betragsmäßig angegeben hat, richtet sich nach einem Tarif, der sich auf die Kosten für die Beförderung und die Versicherung des betreffenden Reisegepäcks bezieht, die über die Kosten für Reisegepäck bis zum Haftungshöchstbetrag hinausgehen. Der Tarif wird den Fluggästen auf Anfrage mitgeteilt."

6. Artikel 4 wird gestrichen.

7. Artikel 5 erhält folgende Fassung:

„Artikel 5
(1) Das Luftfahrtunternehmen der Gemeinschaft zahlt unverzüglich, spätestens jedoch 15 Tage nach der Feststellung der Identität der schadensersatzberechtigten natürlichen Person einen Vorschuss zur Deckung der unmittelbaren wirtschaftlichen Bedürfnisse, und zwar im Verhältnis zur Schwere des Falls.
(2) Unbeschadet des Absatzes 1 beläuft sich dieser Vorschuss mindestens auf einen 16 000 SZR entsprechenden Betrag in Euro je Fluggast im Todesfall.
(3) Der Vorschuss stellt keine Haftungsanerkennung dar und kann mit den eventuell später aufgrund der Haftung des Luftfahrtunternehmens der Gemeinschaft gezahlten Beträgen verrechnet werden; er kann jedoch nur in den Fällen des Artikels 20 des Übereinkommens von Montreal oder den Fällen, in denen die Person, die den Vorschuss erhalten hat, keinen Schadensersatzanspruch hatte, zurückgefordert werden."

8. Artikel 6 erhält folgende Fassung:

„Artikel 6
(1) Alle Luftfahrtunternehmen, die in der Gemeinschaft Luftbeförderungen gegen Entgelt anbieten, stellen sicher, dass den Fluggästen an allen Verkaufsstellen, auch beim Verkauf per Telefon oder Internet, eine Zusammenfassung der wesentlichen Bestimmungen über die Haftung für Schäden der Fluggäste und an deren Reisegepäck,

einschließlich der Fristen für die Erhebung von Schadensersatzklagen und der Möglichkeit der Abgabe einer besonderen Erklärung zum Reisegepäck, bekannt gegeben wird. Um dieser Informationspflicht nachzukommen, verwenden die Luftfahrtunternehmen der Gemeinschaft die Hinweise im Anhang. Diese Zusammenfassung oder Hinweise können weder als Grundlage eines Schadensersatzanspruchs noch zur Auslegung dieser Verordnung oder des Übereinkommens von Montreal herangezogen werden.

(2) Neben den Informationen nach Absatz 1 übergeben alle Luftfahrtunternehmen jedem Fluggast bei einer in der Gemeinschaft durchgeführten oder gegen Entgelt vereinbarten Beförderung im Luftverkehr schriftliche Angaben über

- den bei diesem Flug geltenden Hoechstbetrag für die Haftung des Luftfahrtunternehmens für Tod oder Körperverletzung, sofern ein solcher Hoechstbetrag besteht;
- den bei diesem Flug geltenden Hoechstbetrag für die Haftung des Luftfahrtunternehmens für Zerstörung, Verlust oder Beschädigung von Reisegepäck mit dem Hinweis, dass der Fluggast Reisegepäck, dessen Wert diesen Betrag übersteigt, vor Antritt der Reise dem Luftfahrtunternehmen bei der Abfertigung melden oder es vollständig versichern sollte;
- den bei diesem Flug geltenden Hoechstbetrag für die Haftung des Luftfahrtunternehmens für Schäden durch Verspätung.

(3) Werden alle Beförderungen von einem Luftfahrtunternehmen der Gemeinschaft vorgenommen, so sind gemäß der Informationspflicht nach den Absätzen 1 und 2 die in dieser Verordnung festgelegten Hoechstbeträge anzugeben, sofern das Luftfahrtunternehmen der Gemeinschaft die Hoechstbeträge nicht freiwillig anhebt. Werden alle Beförderungen durch ein außergemeinschaftliches Luftfahrtunternehmen vorgenommen, so finden die Absätze 1 und 2 nur auf Beförderungen in die Gemeinschaft, aus der Gemeinschaft und innerhalb der Gemeinschaft Anwendung."

9. Artikel 7 erhält folgende Fassung:

„Artikel 7

Die Kommission erstellt spätestens drei Jahre nach dem Beginn der Geltungsdauer der Verordnung (EG) Nr 889/2002[1] einen Bericht über die Anwendung der vorliegenden Verordnung. Insbesondere prüft die Kommission, ob die in den einschlägigen Artikeln des Übereinkommens von Montreal festgesetzten Beträge angesichts der wirtschaftlichen Entwicklung und der Notifizierungen der ICAO als Verwahrer geändert werden müssen."

10. Der folgende Anhang wird angefügt:

„ANHANG

Haftung von Luftfahrtunternehmen für Fluggäste und deren Reisegepäck

Diese Hinweise fassen die Haftungsregeln zusammen, die von Luftfahrtunternehmen der Gemeinschaft nach den Rechtsvorschriften der Gemeinschaft und dem Übereinkommen von Montreal anzuwenden sind.

Schadensersatz bei Tod oder Körperverletzung

Es gibt keine Hoechstbeträge für die Haftung bei Tod oder Körperverletzung von Fluggästen. Für Schäden bis zu einer Höhe von 100 000 SZR (gerundeter Betrag in Landeswährung) kann das Luftfahrtunternehmen keine Einwendungen gegen Schadensersatzforderungen erheben. Über diesen Betrag hinausgehende Forderungen kann das Luftfahrtunternehmen durch den Nachweis abwenden, dass es weder fahrlässig noch sonst schuldhaft gehandelt hat.

Vorschusszahlungen

Wird ein Fluggast getötet oder verletzt, hat das Luftfahrtunternehmen innerhalb von 15 Tagen nach Feststellung der schadensersatzberechtigten Person eine Vorschusszahlung zu leisten, um die unmittelbaren wirtschaftlichen Bedürfnisse zu decken. Im Todesfall beträgt diese Vorschusszahlung nicht weniger als 16 000 SZR (gerundeter Betrag in Landeswährung).

Verspätungen bei der Beförderung von Fluggästen

Das Luftfahrtunternehmen haftet für Schäden durch Verspätung bei der Beförderung von Fluggästen, es sei denn, dass es alle zumutbaren Maßnahmen zur Schadensvermeidung ergriffen hat oder die Ergreifung dieser Maßnahmen unmöglich war. Die Haftung für Verspätungsschäden bei der Beförderung von Fluggästen ist auf 4150 SZR (gerundeter Betrag in Landeswährung) begrenzt.

Verspätungen bei der Beförderung von Reisegepäck

1 ABl. L 140 vom 30.5.2002, S. 2.

Das Luftfahrtunternehmen haftet für Schäden durch Verspätung bei der Beförderung von Reisegepäck, es sei denn, dass es alle zumutbaren Maßnahmen zur Schadensvermeidung ergriffen hat oder die Ergreifung dieser Maßnahmen unmöglich war. Die Haftung für Verspätungsschäden bei der Beförderung von Reisegepäck ist auf 1000 SZR (gerundeter Betrag in Landeswährung) begrenzt.
Zerstörung, Verlust oder Beschädigung von Reisegepäck
Das Luftfahrtunternehmen haftet für die Zerstörung, den Verlust oder die Beschädigung von Reisegepäck bis zu einer Höhe von 1000 SZR (gerundeter Betrag in Landeswährung). Bei aufgegebenem Reisegepäck besteht eine verschuldensunabhängige Haftung, sofern nicht das Reisegepäck bereits vorher schadhaft war. Bei nicht aufgegebenem Reisegepäck haftet das Luftfahrtunternehmen nur für schuldhaftes Verhalten.
Höhere Haftungsgrenze für Reisegepäck
Eine höhere Haftungsgrenze gilt, wenn der Fluggast spätestens bei der Abfertigung eine besondere Erklärung abgibt und einen Zuschlag entrichtet.
Beanstandungen beim Reisegepäck
Bei Beschädigung, Verspätung, Verlust oder Zerstörung von Reisegepäck hat der Fluggast dem Luftfahrtunternehmen so bald wie möglich schriftlich Anzeige zu erstatten. Bei Beschädigung von aufgegebenem Reisegepäck muss der Fluggast binnen sieben Tagen, bei verspätetem Reisegepäck binnen 21 Tagen, nachdem es ihm zur Verfügung gestellt wurde, schriftlich Anzeige erstatten.
Haftung des vertraglichen und des ausführenden Luftfahrtunternehmens
Wenn das ausführende Luftfahrtunternehmen nicht mit dem vertraglichen Luftfahrtunternehmen identisch ist, kann der Fluggast seine Anzeige oder Schadensersatzansprüche an jedes der beiden Unternehmen richten. Ist auf dem Flugschein der Name oder Code eines Luftfahrtunternehmens angegeben, so ist dieses das Vertrag schließende Luftfahrtunternehmen.
Klagefristen
Gerichtliche Klagen auf Schadensersatz müssen innerhalb von zwei Jahren, beginnend mit dem Tag der Ankunft des Flugzeugs oder dem Tag, an dem das Flugzeug hätte ankommen sollen, erhoben werden.
Grundlage dieser Informationen
Diese Bestimmungen beruhen auf dem Übereinkommen von Montreal vom 28. Mai 1999, das in der Europäischen Gemeinschaft durch die Verordnung (EG) Nr 2027/97 in der durch die Verordnung (EG) Nr 889/2002 geänderten Fassung und durch nationale Rechtsvorschriften der Mitgliedstaaten umgesetzt wurde.“

Artikel 2

Die Verordnung tritt am Tag ihrer Veröffentlichung im **Amtsblatt der Europäischen Gemeinschaften** in Kraft.
Sie gilt ab dem Zeitpunkt ihres Inkrafttretens, frühestens jedoch ab dem Zeitpunkt des Inkrafttretens des Übereinkommens von Montreal für die Gemeinschaft.
Diese Verordnung ist in allen ihren Teilen verbindlich und gilt unmittelbar in jedem Mitgliedstaat.

Geschehen zu Brüssel am 13. Mai 2002.
Im Namen des Europäischen Parlaments
Der Präsident
P. Cox
Im Namen des Rates
Der Präsident
J. Piqué I Camps

I.-7 VERORDNUNG (EG) Nr. 261/2004 DES EUROPÄISCHEN PARLAMENTS UND DES RATES

vom 11. Februar 2004

über eine gemeinsame Regelung für Ausgleichs- und Unterstützungsleistungen für Fluggäste im Fall der Nichtbeförderung und bei Annullierung oder großer Verspätung von Flügen und zur Aufhebung der Verordnung (EWG) Nr. 295/91 (Text von Bedeutung für den EWR)

DAS EUROPÄISCHE PARLAMENT UND DER RAT DER EUROPÄISCHEN UNION –

gestützt auf den Vertrag zur Gründung der Europäischen Gemeinschaft, insbesondere auf Artikel 80 Absatz 2,

auf Vorschlag der Kommission,[1]

nach Stellungnahme des Europäischen Wirtschafts- und Sozialausschusses,[2]

nach Anhörung des Ausschusses der Regionen,

gemäß dem Verfahren des Artikels 251 des Vertrags,[3] aufgrund des vom Vermittlungsausschuss am 1. Dezember 2003 gebilligten gemeinsamen Entwurfs,

in Erwägung nachstehender Gründe:

(1) Die Maßnahmen der Gemeinschaft im Bereich des Luftverkehrs sollten unter anderem darauf abzielen, ein hohes Schutzniveau für Fluggäste sicherzustellen. Ferner sollte den Erfordernissen des Verbraucherschutzes im Allgemeinen in vollem Umfang Rechnung getragen werden.

(2) Nichtbeförderung und Annullierung oder eine große Verspätung von Flügen sind für die Fluggäste ein Ärgernis und verursachen ihnen große Unannehmlichkeiten.

(3) Durch die Verordnung (EWG) Nr 295/91 des Rates vom 4. Februar 1991 über eine gemeinsame Regelung für ein System von Ausgleichsleistungen bei Nichtbeförderung im Linienflugverkehr[4] wurde zwar ein grundlegender Schutz für die Fluggäste geschaffen, die Zahl der gegen ihren Willen nicht beförderten Fluggäste ist aber immer noch zu hoch; dasselbe gilt für nicht angekündigte Annullierungen und große Verspätungen.

(4) Die Gemeinschaft sollte deshalb die mit der genannten Verordnung festgelegten Schutzstandards erhöhen, um die Fluggastrechte zu stärken und um sicherzustellen, dass die Geschäftstätigkeit von Luftfahrtunternehmen in einem liberalisierten Markt harmonisierten Bedingungen unterliegt.

(5) Da die Unterscheidung zwischen Linienflugverkehr und Bedarfsflugverkehr an Deutlichkeit verliert, sollte der Schutz sich nicht auf Fluggäste im Linienflugverkehr beschränken, sondern sich auch auf Fluggäste im Bedarfsflugverkehr, einschließlich Flügen im Rahmen von Pauschalreisen, erstrecken.

(6) Der Schutz für Fluggäste, die einen Flug von einem Flughafen in einem Mitgliedstaat antreten, sollte bei Flügen, die von einem Luftfahrtunternehmen der Gemeinschaft durchgeführt werden, auf Fluggäste ausgedehnt werden, die von einem Flughafen in einem Drittstaat einen Flug zu einem Flughafen in einem Mitgliedstaat antreten.

---

1 ABl. C 103 E vom 30.4.2002, S. 225, und ABl. C 71 E vom 24.3.2003, S. 188.

2 ABl. C 241 vom 7.10.2002, S. 29.

3 Stellungnahme des Europäischen Parlaments vom 24. Oktober 2002 (ABl. C 300 E vom 11.12.2003, S. 443), gemeinsamer Standpunkt des Rates vom 18. März 2003 (ABl. C 125 E vom 27.5.2003, S. 63) und Standpunkt des Europäischen Parlaments vom 3. Juli 2003 (noch nicht im Amtsblatt veröffentlicht). Legislative Entschließung des Europäischen Parlaments vom 18. Dezember 2003 und Beschluss des Rates vom 26. Januar 2004.

4 ABl. L 36 vom 8.2.1991, S. 5.

https://doi.org/10.1515/9783110564945-066

(7) Damit diese Verordnung wirksam angewandt wird, sollten die durch sie geschaffenen Verpflichtungen dem ausführenden Luftfahrtunternehmen obliegen, das einen Flug durchführt oder durchzuführen beabsichtigt, und zwar unabhängig davon, ob der Flug mit einem eigenen Luftfahrzeug oder mit einem mit oder ohne Besatzung gemieteten Luftfahrzeug oder in sonstiger Form durchgeführt wird.

(8) Diese Verordnung sollte die Ansprüche des ausführenden Luftfahrtunternehmens nicht einschränken, nach geltendem Recht Ausgleichsleistungen von anderen Personen, auch Dritten, zu verlangen.

(9) Die Zahl der gegen ihren Willen nicht beförderten Fluggäste sollte dadurch verringert werden, dass von den Luftfahrtunternehmen verlangt wird, Fluggäste gegen eine entsprechende Gegenleistung zum freiwilligen Verzicht auf ihre Buchungen zu bewegen, anstatt Fluggästen die Beförderung zu verweigern, und denjenigen, die letztlich nicht befördert werden, eine vollwertige Ausgleichsleistung zu erbringen.

(10) Fluggäste, die gegen ihren Willen nicht befördert werden, sollten in der Lage sein, entweder ihre Flüge unter Rückerstattung des Flugpreises zu stornieren oder diese unter zufrieden stellenden Bedingungen fortzusetzen, und sie sollten angemessen betreut werden, während sie auf einen späteren Flug warten.

(11) Freiwilligen sollte es ebenfalls möglich sein, ihre Flüge unter Rückerstattung des Flugpreises zu stornieren oder diese unter zufrieden stellenden Bedingungen fortzusetzen, da sie mit ähnlichen Schwierigkeiten konfrontiert sind wie gegen ihren Willen nicht beförderte Fluggäste.

(12) Das Ärgernis und die Unannehmlichkeiten, die den Fluggästen durch die Annullierung von Flügen entstehen, sollten ebenfalls verringert werden. Dies sollte dadurch erreicht werden, dass die Luftfahrtunternehmen veranlasst werden, die Fluggäste vor der planmäßigen Abflugzeit über Annullierungen zu unterrichten und ihnen darüber hinaus eine zumutbare anderweitige Beförderung anzubieten, so dass die Fluggäste umdisponieren können. Andernfalls sollten die Luftfahrtunternehmen den Fluggästen einen Ausgleich leisten und auch eine angemessene Betreuung anbieten, es sei denn, die Annullierung geht auf außergewöhnliche Umstände zurück, die sich auch dann nicht hätten vermeiden lassen, wenn alle zumutbaren Maßnahmen ergriffen worden wären.

(13) Fluggästen, deren Flüge annulliert werden, sollten entweder eine Erstattung des Flugpreises oder eine anderweitige Beförderung unter zufrieden stellenden Bedingungen erhalten können, und sie sollten angemessen betreut werden, während sie auf einen späteren Flug warten.

(14) Wie nach dem Übereinkommen von Montreal sollten die Verpflichtungen für ausführende Luftfahrtunternehmen in den Fällen beschränkt oder ausgeschlossen sein, in denen ein Vorkommnis auf außergewöhnliche Umstände zurückgeht, die sich auch dann nicht hätten vermeiden lassen, wenn alle zumutbaren Maßnahmen ergriffen worden wären. Solche Umstände können insbesondere bei politischer Instabilität, mit der Durchführung des betreffenden Fluges nicht zu vereinbarenden Wetterbedingungen, Sicherheitsrisiken, unerwarteten Flugsicherheitsmängeln und den Betrieb eines ausführenden Luftfahrtunternehmens beeinträchtigenden Streiks eintreten.

(15) Vom Vorliegen außergewöhnlicher Umstände sollte ausgegangen werden, wenn eine Entscheidung des Flugverkehrsmanagements zu einem einzelnen Flugzeug an einem bestimmten Tag zur Folge hat, dass es bei einem oder mehreren Flügen des betreffenden Flugzeugs zu einer großen Verspätung, einer Verspätung bis zum nächsten Tag oder zu einer Annullierung kommt, obgleich vom betreffenden Luftfahrtunternehmen alle zumutbaren Maßnahmen ergriffen wurden, um die Verspätungen oder Annullierungen zu verhindern.

(16) Für Fälle, in denen eine Pauschalreise aus anderen Gründen als der Annullierung des Fluges annulliert wird, sollte diese Verordnung nicht gelten.

(17) Fluggäste, deren Flüge sich um eine bestimmte Zeit verspäten, sollten angemessen betreut werden, und es sollte ihnen möglich sein, ihre Flüge unter Rückerstattung des Flugpreises zu stornieren oder diese unter zufrieden stellenden Bedingungen fortzusetzen.

(18) Die Betreuung von Fluggästen, die auf einen Alternativflug oder einen verspäteten Flug warten, kann eingeschränkt oder abgelehnt werden, wenn die Betreuung ihrerseits zu einer weiteren Verzögerung führen würde.

(19) Die ausführenden Luftfahrtunternehmen sollten den besonderen Bedürfnissen von Personen mit eingeschränkter Mobilität und deren Begleitpersonen gerecht werden.

(20) Die Fluggäste sollten umfassend über ihre Rechte im Fall der Nichtbeförderung und bei Annullierung oder großer Verspätung von Flügen informiert werden, damit sie diese Rechte wirksam wahrnehmen können.

(21) Die Mitgliedstaaten sollten Regeln für Sanktionen bei Verstößen gegen diese Verordnung festlegen und deren Durchsetzung gewährleisten. Die Sanktionen müssen wirksam, verhältnismäßig und abschreckend sein.

(22) Die Mitgliedstaaten sollten die generelle Einhaltung dieser Verordnung durch ihre Luftfahrtunternehmen sicherstellen und überwachen und eine geeignete Stelle zur Erfüllung dieser Durchsetzungsaufgaben benennen. Die Überwachung sollte das Recht von Fluggästen und Luftfahrtunternehmen unberührt lassen, ihre Rechte nach den im nationalen Recht vorgesehenen Verfahren gerichtlich geltend zu machen.

(23) Die Kommission sollte die Anwendung dieser Verordnung analysieren und insbesondere beurteilen, ob ihr Anwendungsbereich auf alle Fluggäste ausgeweitet werden sollte, die mit einem Reiseunternehmen oder einem Luftfahrtunternehmen der Gemeinschaft in einer Vertragsbeziehung stehen und von einem Flughafen in einem Drittstaat einen Flug zu einem Flughafen in einem Mitgliedstaat antreten.

(24) Am 2. Dezember 1987 haben das Königreich Spanien und das Vereinigte Königreich in London in einer gemeinsamen Erklärung ihrer Minister für auswärtige Angelegenheiten eine engere Zusammenarbeit bei der Benutzung des Flughafens Gibraltar vereinbart; diese Vereinbarung ist noch nicht wirksam.

(25) Die Verordnung (EWG) Nr 295/91 sollte dementsprechend aufgehoben werden –

HABEN FOLGENDE VERORDNUNG ERLASSEN:

Artikel 1 Gegenstand

(1) Durch diese Verordnung werden unter den in ihr genannten Bedingungen Mindestrechte für Fluggäste in folgenden Fällen festgelegt:
  a) Nichtbeförderung gegen ihren Willen,
  b) Annullierung des Flugs,
  c) Verspätung des Flugs.

(2) Die Anwendung dieser Verordnung auf den Flughafen Gibraltar erfolgt unbeschadet der Rechtsstandpunkte des Königreichs Spanien und des Vereinigten Königreichs in der strittigen Frage der Souveränität über das Gebiet, auf dem sich der Flugplatz befindet.

(3) Die Anwendung dieser Verordnung auf den Flughafen Gibraltar wird bis zum Wirksamwerden der Regelung ausgesetzt, die in der Gemeinsamen Erklärung der Minister für auswärtige Angelegenheiten des Königreichs Spanien und des Vereinigten Königreichs vom 2. Dezember 1987 enthalten ist. Die Regierungen des Königreichs Spanien und des Vereinigten Königreichs unterrichten den Rat über den Zeitpunkt des Wirksamwerdens.

Artikel 2 Begriffsbestimmungen

Im Sinne dieser Verordnung bezeichnet der Ausdruck

a) „Luftfahrtunternehmen" ein Lufttransportunternehmen mit einer gültigen Betriebsgenehmigung;

b) „ausführendes Luftfahrtunternehmen" ein Luftfahrtunternehmen, das im Rahmen eines Vertrags mit einem Fluggast oder im Namen einer anderen – juristischen oder natürlichen – Person, die mit dem betreffenden Fluggast in einer Vertragsbeziehung steht, einen Flug durchführt oder durchzuführen beabsichtigt;
c) „Luftfahrtunternehmen der Gemeinschaft" ein Luftfahrtunternehmen mit einer gültigen Betriebsgenehmigung, die von einem Mitgliedstaat gemäß der Verordnung (EWG) Nr 2407/92 des Rates vom 23. Juli 1992 über die Erteilung von Betriebsgenehmigungen an Luftfahrtunternehmen[1] erteilt wurde;
d) „Reiseunternehmen" einen Veranstalter im Sinne von Artikel 2 Nummer 2 der Richtlinie 90/314/EWG des Rates vom 13. Juni 1990 über Pauschalreisen,[2] mit Ausnahme von Luftfahrtunternehmen;
e) „Pauschalreise" die in Artikel 2 Nummer 1 der Richtlinie 90/314/EWG definierten Leistungen;
f) „Flugschein" ein gültiges, einen Anspruch auf Beförderungsleistung begründendes Dokument oder eine gleichwertige papierlose, auch elektronisch ausgestellte Berechtigung, das bzw. die von dem Luftfahrtunternehmen oder dessen zugelassenem Vermittler ausgegeben oder genehmigt wurde;
g) „Buchung" den Umstand, dass der Fluggast über einen Flugschein oder einen anderen Beleg verfügt, aus dem hervorgeht, dass die Buchung von dem Luftfahrtunternehmen oder dem Reiseunternehmen akzeptiert und registriert wurde;
h) „Endziel" den Zielort auf dem am Abfertigungsschalter vorgelegten Flugschein bzw. bei direkten Anschlussflügen den Zielort des letzten Fluges; verfügbare alternative Anschlussflüge bleiben unberücksichtigt, wenn die planmäßige Ankunftszeit eingehalten wird;
i) „Person mit eingeschränkter Mobilität" eine Person, deren Mobilität bei der Benutzung von Beförderungsmitteln aufgrund einer körperlichen Behinderung (sensorischer oder motorischer Art, dauerhaft oder vorübergehend), einer geistigen Beeinträchtigung, ihres Alters oder aufgrund anderer Behinderungen eingeschränkt ist und deren Zustand besondere Unterstützung und eine Anpassung der allen Fluggästen bereitgestellten Dienstleistungen an die Bedürfnisse dieser Person erfordert;
j) „Nichtbeförderung" die Weigerung, Fluggäste zu befördern, obwohl sie sich unter den in Artikel 3 Absatz 2 genannten Bedingungen am Flugsteig eingefunden haben, sofern keine vertretbaren Gründe für die Nichtbeförderung gegeben sind, zB im Zusammenhang mit der Gesundheit oder der allgemeinen oder betrieblichen Sicherheit oder unzureichenden Reiseunterlagen;
k) „Freiwilliger" eine Person, die sich unter den in Artikel 3 Absatz 2 genannten Bedingungen am Flugsteig eingefunden hat und dem Aufruf des Luftfahrtunternehmens nachkommt, gegen eine entsprechende Gegenleistung von ihrer Buchung zurückzutreten;
l) „Annullierung" die Nichtdurchführung eines geplanten Fluges, für den zumindest ein Platz reserviert war.

Artikel 3 Anwendungsbereich

(1) Diese Verordnung gilt
   a) für Fluggäste, die auf Flughäfen im Gebiet eines Mitgliedstaats, das den Bestimmungen des Vertrags unterliegt, einen Flug antreten;
   b) sofern das ausführende Luftfahrtunternehmen ein Luftfahrtunternehmen der Gemeinschaft ist, für Fluggäste, die von einem Flughafen in einem Drittstaat einen Flug zu einem Flughafen im Gebiet eines Mitgliedstaats, das den Bestimmungen des Vertrags unterliegt,

1 ABl. L 240 vom 24.8.1992, S. 1.
2 ABl. L 158 vom 23.6.1990, S. 59.

antreten, es sei denn, sie haben in diesem Drittstaat Gegen- oder Ausgleichs- und Unterstützungsleistungen erhalten.

(2) Absatz 1 gilt unter der Bedingung, dass die Fluggäste
   a) über eine bestätigte Buchung für den betreffenden Flug verfügen und – außer im Fall einer Annullierung gemäß Artikel 5 – sich
      – wie vorgegeben und zu der zuvor schriftlich (einschließlich auf elektronischem Wege) von dem Luftfahrtunternehmen, dem Reiseunternehmen oder einem zugelassenen Reisevermittler angegebenen Zeit zur Abfertigung einfinden
      – oder, falls keine Zeit angegeben wurde,
      – spätestens 45 Minuten vor der veröffentlichten Abflugzeit zur Abfertigung einfinden oder
   b) von einem Luftfahrtunternehmen oder Reiseunternehmen von einem Flug, für den sie eine Buchung besaßen, auf einen anderen Flug verlegt wurden, ungeachtet des Grundes hierfür.

(3) Diese Verordnung gilt nicht für Fluggäste, die kostenlos oder zu einem reduzierten Tarif reisen, der für die Öffentlichkeit nicht unmittelbar oder mittelbar verfügbar ist. Sie gilt jedoch für Fluggäste mit Flugscheinen, die im Rahmen eines Kundenbindungsprogramms oder anderer Werbeprogramme von einem Luftfahrtunternehmen oder Reiseunternehmen ausgegeben wurden.

(4) Diese Verordnung gilt nur für Fluggäste, die von Motorluftfahrzeugen mit festen Tragflächen befördert werden.

(5) Diese Verordnung gilt für alle ausführenden Luftfahrtunternehmen, die Beförderungen für Fluggäste im Sinne der Absätze 1 und 2 erbringen. Erfüllt ein ausführendes Luftfahrtunternehmen, das in keiner Vertragsbeziehung mit dem Fluggast steht, Verpflichtungen im Rahmen dieser Verordnung, so wird davon ausgegangen, dass es im Namen der Person handelt, die in einer Vertragsbeziehung mit dem betreffenden Fluggast steht.

(6) Diese Verordnung lässt die aufgrund der Richtlinie 90/314/EWG bestehenden Fluggastrechte unberührt. Diese Verordnung gilt nicht für Fälle, in denen eine Pauschalreise aus anderen Gründen als der Annullierung des Fluges annulliert wird.

Artikel 4 Nichtbeförderung

(1) Ist für ein ausführendes Luftfahrtunternehmen nach vernünftigem Ermessen absehbar, dass Fluggästen die Beförderung zu verweigern ist, so versucht es zunächst, Fluggäste gegen eine entsprechende Gegenleistung unter Bedingungen, die zwischen dem betreffenden Fluggast und dem ausführenden Luftfahrtunternehmen zu vereinbaren sind, zum freiwilligen Verzicht auf ihre Buchungen zu bewegen. Die Freiwilligen sind gemäß Artikel 8 zu unterstützen, wobei die Unterstützungsleistungen zusätzlich zu dem in diesem Absatz genannten Ausgleich zu gewähren sind.

(2) Finden sich nicht genügend Freiwillige, um die Beförderung der verbleibenden Fluggäste mit Buchungen mit dem betreffenden Flug zu ermöglichen, so kann das ausführende Luftfahrtunternehmen Fluggästen gegen ihren Willen die Beförderung verweigern.

(3) Wird Fluggästen gegen ihren Willen die Beförderung verweigert, so erbringt das ausführende Luftfahrtunternehmen diesen unverzüglich die Ausgleichsleistungen gemäß Artikel 7 und die Unterstützungsleistungen gemäß den Artikeln 8 und 9.

Artikel 5 Annullierung

(1) Bei Annullierung eines Fluges werden den betroffenen Fluggästen
a) vom ausführenden Luftfahrtunternehmen Unterstützungsleistungen gemäß Artikel 8 angeboten,
b) vom ausführenden Luftfahrtunternehmen Unterstützungsleistungen gemäß Artikel 9 Absatz 1 Buchstabe a) und Absatz 2 angeboten und im Fall einer anderweitigen Beförderung, wenn die nach vernünftigem Ermessen zu erwartende Abflugzeit des neuen Fluges erst am Tag nach der planmäßigen Abflugzeit des annullierten Fluges liegt, Unterstützungsleistungen gemäß Artikel 9 Absatz 1 Buchstaben b) und c) angeboten und
c) vom ausführenden Luftfahrtunternehmen ein Anspruch auf Ausgleichsleistungen gemäß Artikel 7 eingeräumt, es sei denn,
i) sie werden über die Annullierung mindestens zwei Wochen vor der planmäßigen Abflugzeit unterrichtet, oder
ii) sie werden über die Annullierung in einem Zeitraum zwischen zwei Wochen und sieben Tagen vor der planmäßigen Abflugzeit unterrichtet und erhalten ein Angebot zur anderweitigen Beförderung, das es ihnen ermöglicht, nicht mehr als zwei Stunden vor der planmäßigen Abflugzeit abzufliegen und ihr Endziel höchstens vier Stunden nach der planmäßigen Ankunftszeit zu erreichen, oder
iii) sie werden über die Annullierung weniger als sieben Tage vor der planmäßigen Abflugzeit unterrichtet und erhalten ein Angebot zur anderweitigen Beförderung, das es ihnen ermöglicht, nicht mehr als eine Stunde vor der planmäßigen Abflugzeit abzufliegen und ihr Endziel höchstens zwei Stunden nach der planmäßigen Ankunftszeit zu erreichen.

(2) Wenn die Fluggäste über die Annullierung unterrichtet werden, erhalten sie Angaben zu einer möglichen anderweitigen Beförderung.

(3) Ein ausführendes Luftfahrtunternehmen ist nicht verpflichtet, Ausgleichszahlungen gemäß Artikel 7 zu leisten, wenn es nachweisen kann, dass die Annullierung auf außergewöhnliche Umstände zurückgeht, die sich auch dann nicht hätten vermeiden lassen, wenn alle zumutbaren Maßnahmen ergriffen worden wären.

(4) Die Beweislast dafür, ob und wann der Fluggast über die Annullierung des Fluges unterrichtet wurde, trägt das ausführende Luftfahrtunternehmen.

Artikel 6 Verspätung

(1) Ist für ein ausführendes Luftfahrtunternehmen nach vernünftigem Ermessen absehbar, dass sich der Abflug
a) bei allen Flügen über eine Entfernung von 1500 km oder weniger um zwei Stunden oder mehr oder
b) bei allen innergemeinschaftlichen Flügen über eine Entfernung von mehr als 1500 km und bei allen anderen Flügen über eine Entfernung zwischen 1500 km und 3500 km um drei Stunden oder mehr oder
c) bei allen nicht unter Buchstabe a) oder b) fallenden Flügen um vier Stunden oder mehr gegenüber der planmäßigen Abflugzeit verzögert, so werden den Fluggästen vom ausführenden Luftfahrtunternehmen
i) die Unterstützungsleistungen gemäß Artikel 9 Absatz 1 Buchstabe a) und Absatz 2 angeboten,
ii) wenn die nach vernünftigem Ermessen zu erwartende Abflugzeit erst am Tag nach der zuvor angekündigten Abflugzeit liegt, die Unterstützungsleistungen gemäß Artikel 9 Absatz 1 Buchstaben b) und c) angeboten und,

iii) wenn die Verspätung mindestens fünf Stunden beträgt, die Unterstützungsleistungen gemäß Artikel 8 Absatz 1 Buchstabe a) angeboten.

(2) Auf jeden Fall müssen die Unterstützungsleistungen innerhalb der vorstehend für die jeweilige Entfernungskategorie vorgesehenen Fristen angeboten werden.

Artikel 7 Ausgleichsanspruch

(1) Wird auf diesen Artikel Bezug genommen, so erhalten die Fluggäste Ausgleichszahlungen in folgender Höhe:
   a) 250 EUR bei allen Flügen über eine Entfernung von 1500 km oder weniger,
   b) 400 EUR bei allen innergemeinschaftlichen Flügen über eine Entfernung von mehr als 1500 km und bei allen anderen Flügen über eine Entfernung zwischen 1500 km und 3500 km,
   c) 600 EUR bei allen nicht unter Buchstabe a) oder b) fallenden Flügen.

Bei der Ermittlung der Entfernung wird der letzte Zielort zugrunde gelegt, an dem der Fluggast infolge der Nichtbeförderung oder der Annullierung später als zur planmäßigen Ankunftszeit ankommt.

(2) Wird Fluggästen gemäß Artikel 8 eine anderweitige Beförderung zu ihrem Endziel mit einem Alternativflug angeboten, dessen Ankunftszeit
   a) bei allen Flügen über eine Entfernung von 1500 km oder weniger nicht später als zwei Stunden oder
   b) bei allen innergemeinschaftlichen Flügen über eine Entfernung von mehr als 1500 km und bei allen anderen Flügen über eine Entfernung zwischen 1500 und 3500 km nicht später als drei Stunden oder
   c) bei allen nicht unter Buchstabe a) oder b) fallenden Flügen nicht später als vier Stunden

nach der planmäßigen Ankunftszeit des ursprünglich gebuchten Fluges liegt, so kann das ausführende Luftfahrtunternehmen die Ausgleichszahlungen nach Absatz 1 um 50 % kürzen.

(3) Die Ausgleichszahlungen nach Absatz 1 erfolgen durch Barzahlung, durch elektronische oder gewöhnliche Überweisung, durch Scheck oder, mit schriftlichem Einverständnis des Fluggasts, in Form von Reisegutscheinen und/oder anderen Dienstleistungen.

(4) Die in den Absätzen 1 und 2 genannten Entfernungen werden nach der Methode der Großkreisentfernung ermittelt.

Artikel 8 Anspruch auf Erstattung oder anderweitige Beförderung

(1) Wird auf diesen Artikel Bezug genommen, so können Fluggäste wählen zwischen
   a) – der binnen sieben Tagen zu leistenden vollständigen Erstattung der Flugscheinkosten nach den in Artikel 7 Absatz 3 genannten Modalitäten zu dem Preis, zu dem der Flugschein erworben wurde, für nicht zurückgelegte Reiseabschnitte sowie für bereits zurückgelegte Reiseabschnitte, wenn der Flug im Hinblick auf den ursprünglichen Reiseplan des Fluggastes zwecklos geworden ist, gegebenenfalls in Verbindung mit
      – einem Rückflug zum ersten Abflugort zum frühestmöglichen Zeitpunkt,
   b) anderweitiger Beförderung zum Endziel unter vergleichbaren Reisebedingungen zum frühestmöglichen Zeitpunkt oder
   c) anderweitiger Beförderung zum Endziel unter vergleichbaren Reisebedingungen zu einem späteren Zeitpunkt nach Wunsch des Fluggastes, vorbehaltlich verfügbarer Plätze.

(2) Absatz 1 Buchstabe a) gilt auch für Fluggäste, deren Flüge Bestandteil einer Pauschalreise sind, mit Ausnahme des Anspruchs auf Erstattung, sofern dieser sich aus der Richtlinie 90/314/EWG ergibt.

(3) Befinden sich an einem Ort, in einer Stadt oder Region mehrere Flughäfen und bietet ein ausführendes Luftfahrtunternehmen einem Fluggast einen Flug zu einem anderen als dem in der ursprünglichen Buchung vorgesehenen Zielflughafen an, so trägt das ausführende Luftfahrtunternehmen die Kosten für die Beförderung des Fluggastes von dem anderen Flughafen entweder zu dem in der ursprünglichen Buchung vorgesehenen Zielflughafen oder zu einem sonstigen nahe gelegenen, mit dem Fluggast vereinbarten Zielort.

Artikel 9 Anspruch auf Betreuungsleistungen

(1) Wird auf diesen Artikel Bezug genommen, so sind Fluggästen folgende Leistungen unentgeltlich anzubieten:
  a) Mahlzeiten und Erfrischungen in angemessenem Verhältnis zur Wartezeit,
  b) Hotelunterbringung, falls
    – ein Aufenthalt von einer Nacht oder mehreren Nächten notwendig ist oder
    – ein Aufenthalt zusätzlich zu dem vom Fluggast beabsichtigten Aufenthalt notwendig ist,
  c) Beförderung zwischen dem Flughafen und dem Ort der Unterbringung (Hotel oder Sonstiges).

(2) Außerdem wird den Fluggästen angeboten, unentgeltlich zwei Telefongespräche zu führen oder zwei Telexe oder Telefaxe oder E-Mails zu versenden.

(3) Bei der Anwendung dieses Artikels hat das ausführende Luftfahrtunternehmen besonders auf die Bedürfnisse von Personen mit eingeschränkter Mobilität und deren Begleitpersonen sowie auf die Bedürfnisse von Kindern ohne Begleitung zu achten.

Artikel 10 Höherstufung und Herabstufung

(1) Verlegt ein ausführendes Luftfahrtunternehmen einen Fluggast in eine höhere Klasse als die, für die der Flugschein erworben wurde, so darf es dafür keinerlei Aufschlag oder Zuzahlung erheben.

(2) Verlegt ein ausführendes Luftfahrtunternehmen einen Fluggast in eine niedrigere Klasse als die, für die der Flugschein erworben wurde, so erstattet es binnen sieben Tagen nach den in Artikel 7 Absatz 3 genannten Modalitäten
  a) bei allen Flügen über eine Entfernung von 1500 km oder weniger 30 % des Preises des Flugscheins oder
  b) bei allen innergemeinschaftlichen Flügen über eine Entfernung von mehr als 1500 km, mit Ausnahme von Flügen zwischen dem europäischen Hoheitsgebiet der Mitgliedstaaten und den französischen überseeischen Departements, und bei allen anderen Flügen über eine Entfernung zwischen 1500 km und 3500 km 50 % des Preises des Flugscheins oder
  c) bei allen nicht unter Buchstabe a) oder b) fallenden Flügen, einschließlich Flügen zwischen dem europäischen Hoheitsgebiet der Mitgliedstaaten und den französischen überseeischen Departements, 75 % des Preises des Flugscheins.

Artikel 11 Personen mit eingeschränkter Mobilität oder mit besonderen Bedürfnissen

(1) Die ausführenden Luftfahrtunternehmen geben Personen mit eingeschränkter Mobilität und deren Begleitpersonen oder Begleithunden mit entsprechender Bescheinigung sowie Kindern ohne Begleitung bei der Beförderung Vorrang.

(2) Im Fall einer Nichtbeförderung, Annullierung oder Verspätung von beliebiger Dauer haben Personen mit eingeschränkter Mobilität und deren Begleitpersonen sowie Kinder ohne Begleitung Anspruch auf baldmögliche Betreuung gemäß Artikel 9.

Artikel 12 Weiter gehender Schadensersatz

(1) Diese Verordnung gilt unbeschadet eines weiter gehenden Schadensersatzanspruchs des Fluggastes. Die nach dieser Verordnung gewährte Ausgleichsleistung kann auf einen solchen Schadensersatzanspruch angerechnet werden.
(2) Unbeschadet der einschlägigen Grundsätze und Vorschriften des einzelstaatlichen Rechts, einschließlich der Rechtsprechung, gilt Absatz 1 nicht für Fluggäste, die nach Artikel 4 Absatz 1 freiwillig auf eine Buchung verzichtet haben.

Artikel 13 Regressansprüche

In Fällen, in denen ein ausführendes Luftfahrtunternehmen eine Ausgleichszahlung leistet oder die sonstigen sich aus dieser Verordnung ergebenden Verpflichtungen erfüllt, kann keine Bestimmung dieser Verordnung in dem Sinne ausgelegt werden, dass sie das Recht des Luftfahrtunternehmens beschränkt, nach geltendem Recht bei anderen Personen, auch Dritten, Regress zu nehmen. Insbesondere beschränkt diese Verordnung in keiner Weise das Recht des ausführenden Luftfahrtunternehmens, Erstattung von einem Reiseunternehmen oder einer anderen Person zu verlangen, mit der es in einer Vertragsbeziehung steht. Gleichfalls kann keine Bestimmung dieser Verordnung in dem Sinne ausgelegt werden, dass sie das Recht eines Reiseunternehmens oder eines nicht zu den Fluggästen zählenden Dritten, mit dem das ausführende Luftfahrtunternehmen in einer Vertragsbeziehung steht, beschränkt, vom ausführenden Luftfahrtunternehmen gemäß den anwendbaren einschlägigen Rechtsvorschriften eine Erstattung oder Entschädigung zu verlangen.

Artikel 14 Verpflichtung zur Information der Fluggäste über ihre Rechte

(1) Das ausführende Luftfahrtunternehmen stellt sicher, dass bei der Abfertigung ein klar lesbarer Hinweis mit folgendem Wortlaut für die Fluggäste deutlich sichtbar angebracht wird: „Wenn Ihnen die Beförderung verweigert wird oder wenn Ihr Flug annulliert wird oder um mindestens zwei Stunden verspätet ist, verlangen Sie am Abfertigungsschalter oder am Flugsteig schriftliche Auskunft über ihre Rechte, insbesondere über Ausgleichs- und Unterstützungsleistungen."
(2) Ein ausführendes Luftfahrtunternehmen, das Fluggästen die Beförderung verweigert oder einen Flug annulliert, händigt jedem betroffenen Fluggast einen schriftlichen Hinweis aus, in dem die Regeln für Ausgleichs- und Unterstützungsleistungen gemäß dieser Verordnung dargelegt werden. Ferner wird allen von einer Verspätung um mindestens zwei Stunden betroffenen Fluggästen ein entsprechender Hinweis ausgehändigt. Die für die Kontaktaufnahme notwendigen Angaben zu der benannten einzelstaatlichen Stelle nach Artikel 16 werden dem Fluggast ebenfalls in schriftlicher Form ausgehändigt.
(3) Bei blinden oder sehbehinderten Personen sind die Bestimmungen dieses Artikels durch den Einsatz geeigneter alternativer Mittel anzuwenden.

Artikel 15 Ausschluss der Rechtsbeschränkung

(1) Die Verpflichtungen gegenüber Fluggästen gemäß dieser Verordnung dürfen – insbesondere durch abweichende oder restriktive Bestimmungen im Beförderungsvertrag – nicht eingeschränkt oder ausgeschlossen werden.

(2) Wird dennoch eine abweichende oder restriktive Bestimmung bei einem Fluggast angewandt oder wird der Fluggast nicht ordnungsgemäß über seine Rechte unterrichtet und hat er aus diesem Grund einer Ausgleichsleistung zugestimmt, die unter der in dieser Verordnung vorgesehenen Leistung liegt, so ist der Fluggast weiterhin berechtigt, die erforderlichen Schritte bei den zuständigen Gerichten oder Stellen zu unternehmen, um eine zusätzliche Ausgleichsleistung zu erhalten.

Artikel 16 Verstöße

(1) Jeder Mitgliedstaat benennt eine Stelle, die für die Durchsetzung dieser Verordnung in Bezug auf Flüge von in seinem Hoheitsgebiet gelegenen Flughäfen und Flüge von einem Drittland zu diesen Flughäfen zuständig ist. Gegebenenfalls ergreift diese Stelle die notwendigen Maßnahmen, um sicherzustellen, dass die Fluggastrechte gewahrt werden. Die Mitgliedstaaten teilen der Kommission mit, welche Stelle gemäß diesem Absatz benannt worden ist.

(2) Unbeschadet des Artikels 12 kann jeder Fluggast bei einer gemäß Absatz 1 benannten Stelle oder einer sonstigen von einem Mitgliedstaat benannten zuständigen Stelle Beschwerde wegen eines behaupteten Verstoßes gegen diese Verordnung erheben, der auf einem Flughafen im Gebiet eines Mitgliedstaats begangen wurde oder einen Flug von einem Drittstaat zu einem Flughafen in diesem Gebiet betrifft.

(3) Die von den Mitgliedstaaten für Verstöße gegen diese Verordnung festgelegten Sanktionen müssen wirksam, verhältnismäßig und abschreckend sein.

Artikel 17 Bericht

Die Kommission erstattet dem Europäischen Parlament und dem Rat bis zum 1. Januar 2007 über die Anwendung und die Ergebnisse dieser Verordnung Bericht, insbesondere über Folgendes:

- die Häufigkeit von Fällen der Nichtbeförderung und der Annullierung von Flügen;
- die mögliche Ausweitung des Anwendungsbereichs dieser Verordnung auf Fluggäste, die in Vertragsbeziehung mit einem Luftfahrtunternehmen der Gemeinschaft stehen oder eine Buchung für einen Flug als Teil einer Pauschalreise besitzen, für die die Richtlinie 90/314/EWG gilt, und die von einem Flughafen in einem Drittland einen Flug zu einem Flughafen in einem Mitgliedstaat antreten, der nicht von einem Luftfahrtunternehmen der Gemeinschaft durchgeführt wird;
- die mögliche Überprüfung der Ausgleichsbeträge nach Artikel 7 Absatz 1.

Dem Bericht sind, soweit erforderlich, Legislativvorschläge beizufügen.

Artikel 18 Aufhebung

Die Verordnung (EWG) Nr 295/91 wird aufgehoben.

Artikel 19 Inkrafttreten

Diese Verordnung tritt am 17. Februar 2005 in Kraft.
Diese Verordnung ist in allen ihren Teilen verbindlich und gilt unmittelbar in jedem Mitgliedstaat.

Geschehen zu Straßburg am 11. Februar 2004.

Im Namen des Europäischen Parlaments
Der Präsident
P. Cox
Im Namen des Rates
Der Präsident
M. McDowell

I.-8 Weltpostvertrag

(BGBl II 1998 S. 2135)
– Auszug –

Artikel 34 Haftung der Postverwaltungen. Entschädigungen

1. Allgemeines
   1.1 Außer in den in Artikel 35 vorgesehenen Fällen haften die Postverwaltungen
      1.1.1 bei Verlust, Beraubung oder Beschädigung von Einschreibsendungen und Wertsendungen;
      1.1.2 bei Verlust von Sendungen mit Auslieferungsnachweis.
   1.2 Die Postverwaltungen können sich verpflichten, die Risiken im Falle höherer Gewalt zu übernehmen.
2. Einschreibsendungen
   2.1 Bei Verlust einer Einschreibsendung hat der Absender Anspruch auf eine Entschädigung.
      2.1.1 Bei Verlust einer Einschreibsendung beträgt die Entschädigung 30 SZR einschließlich der bei Einlieferung der Sendung gezahlten Gebühren.
      2.1.2 Bei Verlust eines eingeschriebenen M-Beutels beträgt die Entschädigung 150 SZR einschließlich der bei Einlieferung des M-Beutels gezahlten Gebühren.
   2.2 Der Absender einer Einschreibsendung hat Anspruch auf eine Entschädigung, wenn der Inhalt seiner Sendung beraubt oder beschädigt wurde. Die Verpackung muss jedoch als ausreichend geeignet anerkannt worden sein, den Inhalt wirksam vor möglichen Beraubungen oder Beschädigungen zu schützen.
      2.2.1 Die Entschädigung für eine beraubte oder beschädigte Einschreibsendung entspricht grundsätzlich der tatsächlichen Höhe des Schadens. Sie darf jedoch in keinem Fall die in den Absätzen 2.1.1 und 2.1.2 festgelegten Beträge überschreiten. Mittelbarer Schaden oder entgangener Gewinn werden nicht berücksichtigt.
3. Sendungen mit Auslieferungsnachweis
   3.1 Bei Verlust einer Sendung mit Auslieferungsnachweis hat der Absender Anspruch auf Erstattung der entrichteten Gebühren.
   3.2 Der Absender hat ebenfalls Anspruch auf Erstattung der entrichteten Gebühren, wenn der Inhalt vollständig geraubt oder beschädigt wurde. Die Verpackung muss jedoch als ausreichend geeignet anerkannt worden sein, den Inhalt wirksam vor möglichen Beraubungen oder Beschädigungen zu schützen.
4. Wertsendungen
   4.1 Bei Verlust, Beraubung oder Beschädigung einer Wertsendung hat der Absender Anspruch auf eine Entschädigung, die grundsätzlich der tatsächlichen Höhe des Schadens entspricht. Mittelbarer Schaden oder entgangener Gewinn werden nicht berücksichtigt. Jedoch darf diese Entschädigung auf keinen Fall den angegebenen Wert in SZR überschreiten.
   4.2 Die Entschädigung wird nach dem in SZR umgerechneten handelsüblichen Preis berechnet, den gleichartige Wertgegenstände am Einlieferungsort zu der Zeit haben, zu der die Sendung zur Beförderung angenommen wurde. Mangels eines handelsüblichen Preises wird die Entschädigung nach dem auf derselben Grundlage geschätzten gewöhnlichen Wert der Gegenstände berechnet.
   4.3 Ist für den Verlust, die vollständige Beraubung oder die vollständige Beschädigung einer Wertsendung eine Entschädigung zu zahlen, so hat der Absender oder, je nach Lage des Falles, der Empfänger darüber hinaus Anspruch auf Erstattung der entrichteten Gebühren und Abgaben. Die Wertgebühr wird jedoch in keinem Fall erstattet; sie verbleibt der Einlieferungsverwaltung.

https://doi.org/10.1515/9783110564945-067

5. Abweichend von den in den Absätzen 2.2 und 4.1 vorgesehenen Bestimmungen hat der Empfänger Anspruch auf die Entschädigung, nachdem er eine beraubte oder beschädigte Einschreib- oder Wertsendung bereits in Empfang genommen hat.
6. Die Einlieferungsverwaltung kann den Absendern in ihrem Land die nach ihren innerstaatlichen Rechtsvorschriften für Einschreibsendungen vorgesehenen Entschädigungen zahlen, sofern sie nicht niedriger sind als die in Absatz 2.1 festgelegten Entschädigungen. Dasselbe gilt für die Bestimmungsverwaltung, wenn die Entschädigung an den Empfänger gezahlt wird. Die in Absatz 2.1 festgelegten Beträge gelten jedoch weiterhin
   6.1 im Fall des Rückgriffs gegen die haftende Verwaltung;
   6.2 wenn der Absender seine Ansprüche an den Empfänger abtritt oder umgekehrt.

Artikel 35 Haftungsausschluss seitens der Postverwaltungen

1. Die Postverwaltungen haften nicht für Einschreibsendungen, Sendungen mit Auslieferungsnachweis und Wertsendungen, die sie unter den in ihren Vorschriften für gleichartige Sendungen vorgesehenen Bedingungen ausgeliefert haben. Die Haftung bleibt jedoch bestehen,
   1.1 wenn eine Beraubung oder Beschädigung vor oder bei der Auslieferung der Sendung festgestellt wird;
   1.2 wenn, sofern dies nach den Inlandsvorschriften zulässig ist, der Empfänger oder im Fall der Rücksendung an den Einlieferungsort der Absender bei der Entgegennahme einer beraubten oder beschädigten Sendung Vorbehalte macht;
   1.3 wenn, sofern dies nach den Inlandsvorschriften zulässig ist, die Einschreibsendung über einen Briefkasten zugestellt wurde und der Empfänger beim Nachforschungsverfahren erklärt, dass er sie nicht erhalten hat;
   1.4 wenn der Empfänger oder im Fall der Rücksendung an den Einlieferungsort der Absender eine Wertsendung zwar unbeanstandet angenommen hat, danach aber gegenüber der Verwaltung, die ihm die Sendung ausgeliefert hat, unverzüglich erklärt, dass er einen Schaden festgestellt hat. Er muss beweisen, dass die Sendung nicht erst nach der Auslieferung beraubt oder beschädigt wurde.
2. Die Postverwaltungen haften nicht
   2.1 bei höherer Gewalt vorbehaltlich des Artikels 34 Absatz 1.2;
   2.2 wenn sie über den Verbleib der Sendungen deshalb keine Rechenschaft ablegen können, weil die Dienstpapiere durch höhere Gewalt vernichtet wurden und ihre Haftpflicht nicht anderweitig nachgewiesen wurde;
   2.3 wenn der Schaden auf ein schuldhaftes oder nachlässiges Verhalten des Absenders oder die Beschaffenheit des Inhalts zurückzuführen ist;
   2.4 wenn der Inhalt der Sendungen unter die in Artikel 26 vorgesehenen Verbote fällt und diese Sendungen wegen ihres Inhalts von der zuständigen Behörde eingezogen oder vernichtet worden sind;
   2.5 wenn die Sendung laut Mitteilung der Verwaltung des Bestimmungslandes nach den Rechtsvorschriften dieses Landes beschlagnahmt worden ist;
   2.6 wenn bei Wertsendungen in betrügerischer Weise ein höherer als der tatsächliche Wert des Inhalts angegeben worden ist;
   2.7 wenn der Absender innerhalb eines Jahres, vom Tag nach Einlieferung der Sendung an gerechnet, keinen Nachforschungsantrag gestellt hat.
3. Die Postverwaltungen übernehmen für Zollinhaltserklärungen, in welcher Form diese auch immer abgegeben werden, sowie für Entscheidungen, die Zolldienststellen bei der Prüfung der Zollkontrolle unterworfener Sendungen treffen, keinerlei Verantwortung.

Artikel 36 Haftung des Absenders

1. Der Absender einer Briefsendung haftet für alle Schäden, die infolge der Versendung nicht zur Beförderung zugelassener Gegenstände oder der Nichtbeachtung der Zulassungsbedingungen an anderen Postsendungen verursacht werden.
2. Der Absender haftet im gleichen Umfang wie die Postverwaltungen.
3. Der Absender haftet auch dann, wenn das Einlieferungsamt eine solche Sendung zur Beförderung annimmt.
4. Der Absender haftet nicht, wenn ein schuldhaftes oder nachlässiges Verhalten der Verwaltungen oder der Beförderungsunternehmen vorliegt.

Artikel 37 Zahlung der Entschädigung

1. Vorbehaltlich des Rückgriffsrechts gegen die haftende Verwaltung ist die Einlieferungsverwaltung beziehungsweise die Bestimmungsverwaltung zur Zahlung der Entschädigung verpflichtet. Bei Sendungen mit Auslieferungsnachweis muss die Einlieferungsverwaltung die Gebühren erstatten.
2. Der Absender kann seine Entschädigungsansprüche an den Empfänger abtreten. Umgekehrt kann auch der Empfänger seine Ansprüche an den Absender abtreten. Der Absender beziehungsweise der Empfänger kann einen Dritten bevollmächtigen, die Entschädigung in Empfang zu nehmen, sofern dies nach den innerstaatlichen Rechtsvorschriften möglich ist.
3. Die Einlieferungsverwaltung beziehungsweise die Bestimmungsverwaltung darf den Anspruchsberechtigten für Rechnung der an der Beförderung beteiligten und ordnungsgemäß mit der Angelegenheit befassten Verwaltung entschädigen, wenn diese zwei Monate hat verstreichen lassen, ohne die Angelegenheit abschließend zu erledigen oder ohne mitgeteilt zu haben,
   - 3.1 dass der Schaden offenbar auf höhere Gewalt zurückzuführen ist;
   - 3.2 dass die Sendung von der zuständigen Behörde aufgrund ihres Inhalts zurückgehalten, eingezogen oder vernichtet oder nach den Rechtsvorschriften des Bestimmungslandes beschlagnahmt worden ist.
4. Die Einlieferungsverwaltung beziehungsweise die Bestimmungsverwaltung darf den Anspruchsberechtigten auch entschädigen, wenn der Nachforschungsantrag unvollständig ausgefüllt ist und zwecks Vervollständigung der Angaben zurückgeschickt werden muss und dadurch die in Absatz 3 vorgesehene Frist überschritten wird.

Artikel 38 Eventuelle Zurückforderung der Entschädigung vom Absender beziehungsweise vom Empfänger

1. Wird eine ursprünglich als in Verlust geraten angesehene Einschreib- oder Wertsendung oder ein Teil ihres Inhalts nach Zahlung der Entschädigung wieder aufgefunden, so wird dem Absender beziehungsweise dem Empfänger mitgeteilt, dass die Sendung gegen Zurückzahlung der gezahlten Entschädigung drei Monate lang für ihn bereitgehalten wird. Gleichzeitig wird er gefragt, wem die Sendung ausgehändigt werden soll. Erteilt er eine abschlägige Antwort oder antwortet er nicht fristgerecht, so wird der gleiche Schritt beim Empfänger beziehungsweise beim Absender unternommen.
2. Verzichten Absender und Empfänger auf die Übernahme der Sendung, so geht diese in das Eigentum der Verwaltung beziehungsweise der Verwaltungen über, die den Schaden getragen haben.
3. Wird eine Wertsendung nachträglich wieder aufgefunden und wird festgestellt, dass ihr Inhalt einen geringeren Wert hat als die gezahlte Entschädigung, so muss der Absender diese Entschädigung unbeschadet der sich aus der betrügerischen Wertangabe ergebenden Konsequenzen bei Aushändigung der Sendung zurückzahlen.

I.-9 Postpaketübereinkommen

in der Fassung vom 14. September 1994,
in Kraft gem. Bek. v. 13.1.1999 mit Wirkung vom 9. Dezember 1998
(BGBl II 1998 S. 2172)
– Auszug –

Kapitel 5 Haftung

Artikel 26 Haftung der Postverwaltungen. Entschädigungen

1. Die Postverwaltungen haften bei Verlust, Beraubung oder Beschädigung von Paketen, außer in den in Artikel 27 vorgesehenen Fällen.
2. Die Postverwaltungen können sich verpflichten, die Risiken im Falle höherer Gewalt zu übernehmen.
3. Der Absender hat Anspruch auf eine Entschädigung, die grundsätzlich der tatsächlichen Höhe des Verlusts, der Beraubung oder er Beschädigung entspricht. Mittelbarer Schaden oder entgangener Gewinn werden nicht berücksichtigt. Jedoch darf diese Entschädigung in keinem Fall überschreiten
   3.1 bei Wertpaketen die Wertangabe in SZR;
   3.2 bei den übrigen Paketen Beträge, die durch Kombination der Sätze von 40 SZR je Paket und 4,50 SZR je Kilogramm berechnet werden.
4. Die Verwaltungen können miteinander vereinbaren, im gegenseitigen Verkehr den Betrag von 130 SZR je Paket unabhängig von dessen Gewicht anzuwenden.
5. Die Entschädigung wird nach dem in SZR umgerechneten handelsüblichen Preis berechnet, den gleichartige Waren am Einlieferungsort zu der Zeit haben, zu der das Paket zur Beförderung angenommen wurde, Mangels eines handelsüblichen Preises wird die Entschädigung nach dem auf derselben Grundlage geschätzten gewöhnlichen Wert der Waren berechnet.
6. Ist für den Verlust, die vollständige Beraubung oder die vollständige Beschädigung eines Pakets eine Entschädigung zu zahlen, so hat der Absender oder, je nach Lage des Falles, der Empfänger darüber hinaus Anspruch auf Erstattung der entrichteten Gebühren mit Ausnahme der Wertgebühr. Dasselbe gilt bei Sendungen, deren Annahme der Empfänger wegen ihres schlechten Zustands verweigert hat, wenn dieser vom Postdienst zu verantworten ist und dessen Haftung begründet.
7. Ist der Verlust, die vollständige Beraubung oder die vollständige Beschädigung auf höhere Gewalt zurückzuführen und ist daher keine Entschädigung zu zahlen, so hat der Absender Anspruch auf Erstattung der entrichteten Gebühren mit Ausnahme der Wertgebühr.
8. Abweichend von den in Absatz 3 vorgesehenen Bestimmungen hat der Empfänger Anspruch auf die Entschädigung, nachdem er ein beraubtes oder beschädigtes Paket bereits in Empfang genommen hat.
9. Die Einlieferungsverwaltung kann den Absendern in ihrem Land die nach ihren innerstaatlichen Rechtsvorschriften für Pakete ohne Wertangabe vorgesehenen Entschädigungen zahlen, sofern sie nicht niedriger sind als die in Absatz 3.2. festgelegten Entschädigungen. Dasselbe gilt für die Bestimmungsverwaltung, wenn die Entschädigung an den Empfänger gezahlt wird. Die in Absatz 3.2. festgelegten Beträge gelten jedoch weiterhin
   9.1 im Falle des Rückgriffs gegen die haftende Verwaltung;
   9.2 wenn der Absender seine Ansprüche an den Empfänger abtritt oder umgekehrt.

Artikel 27 Haftungsausschluß seitens der Postverwaltung

1. Die Postverwaltungen haften nicht für Pakete, die sie unter den in ihren Vorschriften für gleichartige Sendungen vorgesehenen Bedingungen ausgeliefert haben. Die Haftung bleibt jedoch bestehen,
   1.1 wenn eine Beraubung oder Beschädigung vor oder bei der Auslieferung des Pakets festgestellt wird;
   1.2. wenn, sofern dies nach den Inlandsvorschriften zulässig ist, der Empfänger oder im Fall der Rücksendung der Absender bei der Entgegennahme eines beraubten oder beschädigten Pakets Vorbehalte macht;
   1.3. wenn der Empfänger oder im Fall der Rücksendung der Absender ein Paket zwar unbeanstandet angenommen hat, danach aber gegenüber der Verwaltung, die ihm das Paket ausgeliefert hat, unverzüglich erklärt, dass er einen Schaden festgestellt hat; er muß beweisen, dass das Paket nicht erst nach der Auslieferung beraubt oder beschädigt wurde.
2. Die Postverwaltungen haften nicht in den nachfolgend aufgeführten Fällen:
   2.1. bei höherer Gewalt vorbehaltlich des Artikels 26 Abs 2;
   2.2. wenn sie über den Verbleib der Pakete deshalb keine Rechenschaft ablegen können, weil die Dienstpapiere durch höhere Gewalt vernichtet wurden und ihre Haftpflicht nicht anderweitig nachgewiesen wurde;
   2.3. wenn der Schaden auf eine schuldhaftes oder nachlässiges Verhalten des Absenders oder die Beschaffenheit des Inhalts zurückzuführen ist;
   2.4 wenn der Inhalt der Pakete unter die in Artikel 18 vorgesehenen Verbote fällt und diese Pakete wegen ihres Inhalts von der zuständigen Behörde eingezogen oder vernichtet worden sind;
   2.5. wenn das Paket laut Mitteilung der Verwaltung des Bestimmungslandes nach den Rechtsvorschriften dieses Landes beschlagnahmt worden ist;
   2.6. wenn bei Wertpaketen in betrügerischer Weise ein höherer als der tatsächliche Wert des Inhalts angegeben worden ist;
   2.7. wenn der Absender innerhalb eines Jahres, vom Tag nach der Einlieferung des Pakets an gerechnet, keinen Nachforschungsantrag gestellt hat;
   2.8. bei Kriegsgefangenen- und Zivilinterniertenpaketen.
3. Die Postverwaltungen übernehmen für Zollinhaltserklärungen, in welcher Form diese auch immer abgegeben werden, sowie für Entscheidungen, die Zolldienststellen bei der Prüfung der Zollkontrolle unterworfener Sendungen treffen, keinerlei Verantwortung.

Artikel 28 Haftung des Absenders

1. Der Absender eines Postpakets haftet für alle Schäden, die infolge der Versendung nicht zur Beförderung zugelassener Gegenstände oder der Nichtbeachtung der Zulassungsbedingungen an anderen Postsendungen verursacht werden.
2. Der Absender haftet im gleichen Umfang wie die Postverwaltungen.
3. Er haftet auch dann, wenn das Einlieferungsamt ein solches Paket zur Beförderung annimmt.
4. Hingegen haftet der Absender nicht, wenn in schuldhaftes oder nachlässiges Verhalten der Verwaltungen oder der Beförderungsunternehmen vorliegt.

Artikel 29 Zahlung der Entschädigung

1. Vorbehaltlich des Rückgriffsrechts gegen die haftende Verwaltung ist die Einlieferungsverwaltung beziehungsweise die Bestimmungsverwaltung zur Zahlung der Entschädigung und Erstattung der Gebühren und Abgaben verpflichtet.
2. Der Absender kann seine Entschädigungsansprüche an den Empfänger abtreten. Umgekehrt kann auch der Empfänger seine Ansprüche an den Absender abtreten. Der Absender beziehungsweise der Empfänger kann einen Dritten bevollmächtigen, die Entschädigung in Empfang zu nehmen, sofern dies nach den innerstaatlichen Rechtsvorschriften möglich ist.
3. Die Einlieferungsverwaltung beziehungsweise die Bestimmungsverwaltung darf den Anspruchsberechtigten für Rechung der an der Beförderung beteiligten und ordnungsgemäß mit der Angelegenheit befaßten Verwaltung entschädigen, wenn diese zwei Monate hat verstreichen lassen, ohne die Angelegenheit abschließend zu erledigen oder ohne mitgeteilt zu haben,
   3.1. daß der Schaden offenbar auf höhere Gewalt zurückzuführen ist;
   3.2. daß die Sendung von der zuständigen Behörde aufgrund ihres Inhalts zurückgehalten, eingezogen oder vernichtet oder nach den Rechtsvorschriften des Bestimmungslandes beschlagnahmt worden ist.
4. Die Einlieferungsverwaltung beziehungsweise die Bestimmungsverwaltung darf den Anspruchsberechtigten auch entschädigen, wenn der Nachforschungsantrag unvollständig ausgefüllt ist und zwecks Vervollständigung der Angaben zurückgeschickt werden muß und dadurch die in Absatz 3 vorgesehene Frist überschritten wird.

Artikel 30 Eventuelle Zurückforderung der Entschädigung vom Absender beziehungsweise vom Empfänger

1. Wird ein ursprünglich als in Verlust geraten angesehenes Paket oder ein Teil desselben nach Zahlung der Entschädigung wieder aufgefunden, so wird dem Absender beziehungsweise dem Empfänger mitgeteilt, daß er das Paket gegen Zurückzahlung der erhaltenen Entschädigung innerhalb von drei Monaten in Empfang nehmen kann. Fordert der Absender beziehungsweise der Empfänger das Paket innerhalb dieser Frist nicht an, so wird der gleiche Schritt beim anderen Beteiligten unternommen.
2. Verzichten Absender und Empfänger auf die Übernahme des Pakets, so geht dieses in das Eigentum der Verwaltung beziehungsweise der Verwaltungen über, die den Schaden getragen haben.
3. Wird ein Wertpaket nachträglich wieder aufgefunden und wird festgestellt, daß sein Inhalt einen geringeren Wert hat als die gezahlte Entschädigung, so muß der Absender beziehungsweise der Empfänger diese Entschädigung zurückzahlen. Das Wertpaket wird ihm unbeschadet der sich aus der betrügerischen Wertangabe ergebenden Konsequenzen ausgehändigt.

Dritter Teil Beziehungen zwischen den Postverwaltungen

Kapitel 1 Behandlung von Paketen

Artikel 31 Ziele im Bereich der Dienstqualität

1. Die Bestimmungsverwaltungen müssen eine Frist für die Bearbeitung von Luftpostpaketen nach ihrem Land festlegen. Diese Frist, der die normalerweise für die Verzollung erforderliche Zeit hinzugerechnet wird, darf nicht ungünstiger ausfallen als die für vergleichbare Sendungen ihres Inlandsdienstes geltende Frist.

2. Die Bestimmungsverwaltungen müssen nach Möglichkeit ebenfalls eine Frist für die Bearbeitung von Paketen des Land-/Seewegs nach ihrem Land festlegen.
3. Die Einlieferungsverwaltungen legen Ziele im Bereich der Dienstqualität für Luftpostpakete und Land-/Seewegpakete nach dem Ausland fest und gehe dabei von den Fristen aus, die die Bestimmungsverwaltungen festgelegt haben.
4. Die Verwaltungen prüfen die tatsächlichen Ergebnisse nach und verglichen sie mit den von ihnen im Bereich der Dienstqualität festgelegten Zielen.

Artikel 32 Austausch der Pakete

Der Paketaustausch erfolgt auf der Grundlage der Bestimmungen der Vollzugsordnung.

https://doi.org/10.1515/9783110564945-068

ANHANG II **Versicherungsanforderungen**

II.-1 VERORDNUNG (EG) Nr. 785/2004 DES EUROPÄISCHEN PARLAMENTS UND DES RATES

vom 21. April 2004

über Versicherungsanforderungen an Luftfahrtunternehmen und Luftfahrzeugbetreiber

geändert durch: Verordnung (EG) Nr. 1137/2008 vom 22. Oktober 2008
(ABl Nr. L 311 v 21. November 2008, S 1)
sowie Verordnung (EU) Nr. 285/2010 vom 6. April 2010
(Abl Nr. L 87 v 7. April 2010, S 19)

DAS EUROPÄISCHE PARLAMENT UND DER RAT DER EUROPÄISCHEN UNION –

gestützt auf den Vertrag zur Gründung der Europäischen Gemeinschaft, insbesondere auf Artikel 80 Absatz 2,

auf Vorschlag der Kommission,[1]

nach Stellungnahme des Europäischen Wirtschafts- und Sozialausschusses,[2]

nach Anhörung des Ausschusses der Regionen,

gemäß dem Verfahren des Artikels 251 des Vertrags,[3]

in Erwägung nachstehender Gründe:

(1) Im Rahmen der gemeinsamen Verkehrspolitik und zur Förderung des Verbraucherschutzes muss ein angemessener Mindestversicherungsschutz für die Haftung der Luftfahrtunternehmen in Bezug auf Fluggäste, Reisegepäck, Güter und Dritte gewährleistet werden.

(2) Auf dem Luftverkehrsmarkt der Gemeinschaft besteht keine Unterscheidung zwischen Inlands- und Auslandsfluegen mehr; dies gibt Veranlassung, für die Luftfahrtunternehmen der Gemeinschaft Mindestversicherungsanforderungen festzulegen.

(3) Es sind gemeinsame Maßnahmen erforderlich, um sicherzustellen, dass diese Anforderungen auch für Luftfahrtunternehmen aus Drittländern gelten, damit die Wettbewerbsbedingungen dieselben wie für Luftfahrtunternehmen der Gemeinschaft sind.

(4) In der Mitteilung vom 10. Oktober 2001 über die Folgen der Attentate in den Vereinigten Staaten für die Luftverkehrsbranche kündigte die Kommission an, sie werde Deckungshöhe und Bedingungen der für die Erteilung einer Betriebsgenehmigung durch die Mitgliedstaaten erforderlichen Versicherungen überprüfen, um ein einheitliches Vorgehen zu gewährleisten. In der Mitteilung vom 2. Juli 2002 über die Versicherung im Luftverkehr nach den Terroranschlägen vom 11. September 2001 in den USA gab die Kommission zudem ihre Absicht bekannt, die Entwicklungen auf dem Luftfahrtversicherungsmarkt hinsichtlich der Deckungshöhen und Bedingungen von für die Erteilung von Betriebsgenehmigungen durch die Mitgliedstaaten erforderlichen Versicherungen weiter zu beobachten.

(5) Mit dem Beschluss 2001/539/EG des Rates[4] hat die Gemeinschaft das am 28. Mai 1999 in Montreal vereinbarte Übereinkommen zur Vereinheitlichung bestimmter Vorschriften über die Beförderung im internationalen Luftverkehr (Übereinkommen von Montreal) abgeschlossen, das

---

1 ABl. C 20 E vom 28.1.2003, S. 193.

2 ABl. C 95 vom 23.4.2003, S. 16.

3 Stellungnahme des Europäischen Parlaments vom 13. Mai 2003 (noch nicht im Amtsblatt veröffentlicht), gemeinsamer Standpunkt des Rates vom 5. Dezember 2003 (ABl. C 54 E vom 2.3.2004, S. 40), Standpunkt des Europäischen Parlaments vom 11. März 2004 (noch nicht im Amtsblatt veröffentlicht) und Beschluss des Rates vom 30. März 2004.

4 ABl. L 194 vom 18.7.2001, S. 38.

https://doi.org/10.1515/9783110564945-069

in Bezug auf die Beförderung von Personen, Reisegepäck und Gütern im internationalen Luftverkehr neue Haftungsvorschriften festlegt. Diese Vorschriften sollen die Bestimmungen des Warschauer Abkommens aus dem Jahre 1929 und seiner nachfolgenden Änderungen ersetzen.

(6) Nach Artikel 50 des Übereinkommens von Montreal müssen die Vertragsstaaten Luftfahrtunternehmen verpflichten, sich zur Deckung ihrer Haftung nach diesem Übereinkommen angemessen zu versichern. Das Warschauer Abkommen von 1929 und die nachfolgenden Änderungen bestehen auf unbegrenzte Zeit neben dem Übereinkommen von Montreal weiter. Beide Übereinkünfte sehen die Möglichkeit unbegrenzter Haftung vor.

(7) Nach Artikel 7 der Verordnung (EWG) Nr 2407/92 des Rates vom 23. Juli 1992 über die Erteilung von Betriebsgenehmigungen an Luftfahrtunternehmen[5] muss ein Luftfahrtunternehmen gegen die im Rahmen seiner Haftpflicht zu ersetzenden Schäden, die insbesondere Fluggästen, an Gepäck, an Fracht, an Post und Dritten durch Unfälle entstehen können, versichert sein, wobei jedoch keine Mindesthöhen und Bedingungen für die Versicherung vorgeschrieben sind.

(8) Der von der Europäischen Zivilluftfahrtkonferenz am 13. Dezember 2000 verabschiedeten Entschließung ECAC/25-1 über den Mindestversicherungsschutz zur Deckung der Haftung gegenüber Reisenden und Dritten, die am 27. November 2002 geändert wurde, sollte Rechnung getragen werden.

(9) Mindestversicherungsanforderungen zur Deckung der Haftung in Bezug auf Fluggäste, Reisegepäck, Güter und Dritte müssen für Luftfahrtunternehmen und Luftfahrzeugbetreiber festgelegt werden, die innerhalb des Hoheitsgebiets, in das Hoheitsgebiet, aus dem Hoheitgebiet oder über das Hoheitsgebiet eines Mitgliedstaats, einschließlich seiner Hoheitsgewässer fliegen.

(10) Der Versicherungspflicht sollten Luftfahrtunternehmen mit einer gültigen Betriebsgenehmigung, und im Fall von Luftfahrtunternehmen der Gemeinschaft, mit einer gemäß der Verordnung (EWG) Nr 2407/92 erteilten Betriebsgenehmigung, unterliegen. Unternehmen, die keine Betriebsgenehmigung besitzen oder deren Betriebsgenehmigung erloschen ist, sind nicht von dieser Pflicht entbunden.

(11) Während das Übereinkommen von Montreal spezielle Vorschriften für die Haftung in Bezug auf Fluggäste, Reisegepäck und Güter enthält, sollte die Haftung für Postsendungen gemäß Artikel 2 jenes Übereinkommens den „auf die Beziehungen zwischen Luftfrachtführern und Postverwaltungen anwendbaren Vorschriften“ unterliegen. In der Gemeinschaft ist der Versicherungsschutz für diese Haftung durch Artikel 7 der Verordnung (EWG) Nr 2407/92 ausreichend geregelt.

(12) Für Staatsluftfahrzeuge und bestimmte andere Luftfahrzeugarten sollte keine Versicherungspflicht bestehen.

(13) Für Situationen, in denen ein Luftfahrtunternehmen oder ein Luftfahrzeugbetreiber gemäß den Bestimmungen internationaler Übereinkommen, des Gemeinschaftsrechts oder des einzelstaatlichen Rechts in Bezug auf Fluggäste, Reisegepäck, Güter und Dritte haftet, sollte ein Mindestversicherungsschutz vorgesehen werden, ohne dass in diese Bestimmungen eingegriffen wird.

(14) Die Versicherung sollte die luftverkehrsspezifische Haftung in Bezug auf Fluggäste, Reisegepäck, Güter und Dritte decken. Für den Fluggast sollte die Versicherung den Tod und Personenschäden durch Unfall sowie für Reisegepäck und Güter Verlust, Zerstörung oder Beschädigung decken. Für Dritte sollte die Versicherung den Tod, Personenschäden und Sachschäden durch Unfall decken.

(15) Diese Verordnung sollte nicht dahin ausgelegt werden, dass sie eine Doppelversicherung erfordert. Soweit der vertragliche und der ausführende Luftfrachtführer im Sinne von Artikel 39 des Übereinkommens von Montreal für denselben Schaden haftbar gemacht werden können, können die Mitgliedstaaten besondere Maßnahmen zur Vermeidung der Doppelversicherung vorsehen.

(16) Wenngleich Kumulierungen eine Marktpraxis darstellen, die die Versicherbarkeit – insbesondere in Bezug auf die Risiken von Krieg und Terrorismus – begünstigen kann, da die Versicherer so ihre Verpflichtungen besser überschauen können, werden die Luftfahrtunternehmen und

5 ABl. L 240 vom 24.8.1992, S. 1.

Luftfahrzeugbetreiber durch diese Praxis nicht von der Pflicht entbunden, die Mindestversicherungsanforderungen auch dann zu erfuellen, wenn die durch ihren Versicherungsvertrag festgelegte kumulierte Deckungssumme erschöpft ist.

(17) Die Luftfahrtunternehmen müssen nachweisen können, dass sie jederzeit die zur Haftungsdeckung nach dieser Verordnung erforderlichen Mindestversicherungsanforderungen erfuellen. Für Luftfahrtunternehmen der Gemeinschaft und Luftfahrzeugbetreiber, die in der Gemeinschaft eingetragene Luftfahrzeuge einsetzen, sollte die Hinterlegung eines Versicherungsnachweises in einem Mitgliedstaat für alle Mitgliedstaaten ausreichen, wobei die Versicherung von einem Unternehmen vorzunehmen ist, das nach anwendbarem Recht dazu berechtigt ist.

(18) Überfliegen gemeinschaftsfremde Luftfahrtunternehmen oder in Drittländern eingetragene Luftfahrzeuge das Hoheitsgebiet eines Mitgliedstaats, ohne dass hierbei ein Start oder eine Landung in einem der Mitgliedstaaten erfolgt, so können die Mitgliedstaaten, deren Hoheitsgebiet überflogen wird, im Einklang mit dem Völkerrecht fordern, dass ein Nachweis dafür erbracht wird, dass die in dieser Verordnung aufgestellten Versicherungsanforderungen eingehalten werden, zum Beispiel, indem sie Stichprobenkontrollen durchführen.

(19) Die Mindestversicherungsanforderungen sollten nach einem gewissen Zeitraum einer Überprüfung unterzogen werden.

(20) Die Verfahren zur Kontrolle der Einhaltung dieser Mindestversicherungsanforderungen sollten transparent und nichtdiskriminierend sein und den freien Personen-, Waren-, Dienstleistungs- und Kapitalverkehr nicht behindern.

(21) Die zur Durchführung dieser Verordnung erforderlichen Maßnahmen sollten gemäß dem Beschluss 1999/468/EG des Rates vom 28. Juni 1999 zur Festlegung der Modalitäten für die Ausübung der der Kommission übertragenen Durchführungsbefugnisse[6] erlassen werden.

(22) Sollten weitere Vorschriften erforderlich sein, um eine angemessene Versicherungsdeckung für die luftverkehrsspezifische Haftung in Punkten sicherzustellen, die von dieser Verordnung nicht geregelt werden, so sollten die Mitgliedstaaten die Möglichkeit haben, entsprechende Vorschriften zu erlassen.

(23) Am 2. Dezember 1987 haben das Königreich Spanien und das Vereinigte Königreich in London in einer gemeinsamen Erklärung ihrer Minister für auswärtige Angelegenheiten eine engere Zusammenarbeit bei der Benutzung des Flughafens Gibraltar vereinbart; diese Vereinbarung ist noch nicht wirksam.

(24) Da das Ziel dieser Verordnung, nämlich die Einführung von Mindestversicherungsanforderungen, die durch die Verringerung von Wettbewerbsverfälschungen zum Erreichen der Ziele des Luftverkehrsbinnenmarktes beitragen, auf Ebene der Mitgliedstaaten nicht ausreichend erreicht werden kann und daher besser auf Gemeinschaftsebene zu erreichen ist, kann die Gemeinschaft im Einklang mit dem in Artikel 5 des Vertrags niedergelegten Subsidiaritätsprinzip tätig werden. Entsprechend dem in demselben Artikel genannten Verhältnismäßigkeitsprinzip geht diese Verordnung nicht über das für die Erreichung dieses Ziels erforderliche Maß hinaus –

HABEN FOLGENDE VERORDNUNG ERLASSEN:

Artikel 1 Zweck

(1) Diese Verordnung bezweckt die Festlegung von Mindestversicherungsanforderungen für Luftfahrtunternehmen und Luftfahrzeugbetreiber in Bezug auf Fluggäste, Reisegepäck, Güter und Dritte.

(2) Für die Beförderung von Postsendungen gelten die Versicherungsanforderungen, die in der Verordnung (EWG) Nr 2407/92 und in den nationalen Rechtsvorschriften der Mitgliedstaaten festgelegt sind.

6 ABl. L 184 vom 17.7.1999, S. 23.

Artikel 2 Anwendungsbereich

(1) Diese Verordnung gilt für alle Luftfahrtunternehmen und Luftfahrzeugbetreiber, die innerhalb des Hoheitsgebiets, in das Hoheitsgebiet, aus dem Hoheitsgebiet oder über das Hoheitsgebiet eines Mitgliedstaats fliegen, für das der Vertrag gilt.

(2) Diese Verordnung gilt nicht für
  a) Staatsluftfahrzeuge im Sinne von Artikel 3 Buchstabe b) des am 7. Dezember 1944 in Chicago unterzeichneten Abkommens über die internationale Zivilluftfahrt;
  b) Modellflugzeuge mit einem für den Abflug zugelassenen Hoechstgewicht (MTOM) von weniger als 20 kg;
  c) Fußgestartete Flugmaschinen (einschließlich motorisierter Hänge- und Paragleiter);
  d) Fesselballons;
  e) Drachen;
  f) Fallschirme (einschließlich Parascending-Schirme);
  g) Luftfahrzeuge, einschließlich Segelflugzeuge, mit einem MTOM von weniger als 500 kg und Ultraleicht-Flugzeuge, die
    – für nichtgewerbliche Zwecke oder
    – für lokale Flugeinweisungen ohne Überflug internationaler Grenzen

  genutzt werden, soweit Versicherungspflichten nach dieser Verordnung für die Risiken von Krieg und Terrorismus betroffen sind.

(3) Die Anwendung dieser Verordnung auf den Flughafen Gibraltar erfolgt unbeschadet der Rechtsstandpunkte des Königreichs Spanien und des Vereinigten Königreichs in der strittigen Frage der Souveränität über das Gebiet, auf dem sich der Flughafen befindet.

(4) Die Anwendung dieser Verordnung auf den Flughafen Gibraltar wird bis zum Wirksamwerden der Regelung ausgesetzt, die in der Gemeinsamen Erklärung der Minister für auswärtige Angelegenheiten des Königreichs Spanien und des Vereinigten Königreichs vom 2. Dezember 1987 enthalten ist. Die Regierungen des Königreichs Spanien und des Vereinigten Königreichs unterrichten den Rat über den Zeitpunkt des Wirksamwerdens.

Artikel 3 Begriffsbestimmungen

Im Sinne dieser Verordnung bezeichnet der Ausdruck

a) „Luftfahrtunternehmen" ein Lufttransportunternehmen mit einer gültigen Betriebsgenehmigung;

b) „Luftfahrtunternehmen der Gemeinschaft" ein Luftfahrtunternehmen mit einer von einem Mitgliedstaat im Einklang mit der Verordnung (EWG) Nr 2407/92 erteilten gültigen Betriebsgenehmigung;

c) „Luftfahrzeugbetreiber" die Person oder Rechtspersönlichkeit, die ständige Verfügungsgewalt über die Nutzung oder den Betrieb eines Luftfahrzeugs hat, jedoch kein Luftfahrtunternehmen ist; die als Eigentümer des Luftfahrzeugs eingetragene natürliche oder juristische Person gilt als Betreiber, es sei denn, sie kann nachweisen, dass eine andere Person das Luftfahrzeug betreibt;

d) „Flug"
  – in Bezug auf Fluggäste und nicht aufgegebenes Reisegepäck die Dauer der Beförderung der Fluggäste mit dem Luftfahrzeug einschließlich des Ein- und Aussteigens;
  – in Bezug auf Güter und aufgegebenes Reisegepäck die Dauer der Beförderung von Reisegepäck und Gütern ab dem Zeitpunkt der Übergabe an das Luftfahrtunternehmen bis zum Zeitpunkt der Aushändigung an den Empfangsberechtigten;
  – in Bezug auf Dritte die Nutzung eines Luftfahrzeugs ab dem Zeitpunkt, zu dem seine Triebwerke für das Rollen oder den tatsächlichen Abflug angelassen werden, bis zu dem Zeitpunkt, zu dem es gelandet ist und seine Triebwerke zum völligen Stillstand gekom-

men sind; „Flug“ bezeichnet außerdem das Bewegen eines Luftfahrzeugs durch Schlepp- und Schubfahrzeuge oder durch Kräfte, die für den An- und Auftrieb von Luftfahrzeugen typisch sind, insbesondere Luftströmungen;

e) „SZR“ ein Sonderziehungsrecht gemäß der Definition des Internationalen Währungsfonds;

f) „MTOM“ das für den Abflug zugelassene Hoechstgewicht (Maximum Take-Off Mass), bei dem es sich um einen für den jeweiligen Luftfahrzeugtyp spezifischen und im Lufttüchtigkeitszeugnis des Luftfahrzeugs angegebenen Wert handelt;

g) „Fluggast“ jede Person, die sich mit Zustimmung des Luftfahrtunternehmens oder des Luftfahrzeugbetreibers auf einem Flug befindet, mit Ausnahme der Dienst habenden Flug- und Kabinenbesatzungsmitglieder;

h) „Dritter“ jede juristische oder natürliche Person mit Ausnahme der Fluggäste und der Dienst habenden Flug- und Kabinenbesatzungsmitglieder;

i) „gewerblicher Flug“ einen Flug, der zu gewerblichen Zwecken durchgeführt wird.

Artikel 4 Versicherungsgrundsätze

(1) Die in Artikel 2 genannten Luftfahrtunternehmen und Luftfahrzeugbetreiber müssen gemäß dieser Verordnung hinsichtlich ihrer luftverkehrsspezifischen Haftung in Bezug auf Fluggäste, Reisegepäck, Güter und Dritte versichert sein. Die versicherten Risiken müssen Kriegshandlungen, Terrorakte, Entführungen, Sabotage, die unrechtmäßige Inbesitznahme von Luftfahrzeugen und Aufruhr einschließen.

(2) Die Luftfahrtunternehmen und Luftfahrzeugbetreiber gewährleisten, dass für jeden einzelnen Flug Versicherungsschutz besteht, ungeachtet dessen, ob ihnen das betriebene Luftfahrzeug als Eigentum oder durch eine Leasing-Vereinbarung gleich welcher Art oder im Rahmen eines Gemeinschafts- oder Franchise-Betriebs, eines Code-Sharing oder einer anderen gleichartigen Vereinbarung zur Verfügung steht.

(3) Diese Verordnung lässt die Vorschriften über die Haftung aufgrund
- internationaler Übereinkommen, deren Vertragspartei die Mitgliedstaaten und/oder die Gemeinschaft sind,
- des Gemeinschaftsrechts und
- der nationalen Rechtsvorschriften der Mitgliedstaaten

unberührt.

Artikel 5 Einhaltung der Bestimmungen

(1) Die in Artikel 2 genannten Luftfahrtunternehmen und auf Verlangen auch Luftfahrzeugbetreiber weisen die Einhaltung der in dieser Verordnung aufgestellten Versicherungsanforderungen nach, indem sie bei den zuständigen Behörden des betreffenden Mitgliedstaats ein Versicherungszertifikat oder einen anderweitigen Nachweis der gültigen Versicherungsdeckung hinterlegen.

(2) Im Sinne dieses Artikels bezeichnet der Ausdruck „der betreffende Mitgliedstaat“ den Mitgliedstaat, der dem Luftfahrtunternehmen der Gemeinschaft die Betriebsgenehmigung erteilt hat, oder den Mitgliedstaat, in dem das Luftfahrzeug des Luftfahrzeugbetreibers eingetragen ist. Für gemeinschaftsfremde Luftfahrtunternehmen und Luftfahrzeugbetreiber, die in Drittländern eingetragene Luftfahrzeuge einsetzen, bezeichnet der Ausdruck „der betreffende Mitgliedstaat“ den Mitgliedstaat, in dessen Hoheitsgebiet hinein oder aus dessen Hoheitsgebiet die Flüge durchgeführt werden.

(3) Abweichend von Absatz 1 können die Mitgliedstaaten, die überflogen werden, von den in Artikel 2 genannten Luftfahrtunternehmen und Luftfahrzeugbetreibern Nachweise für eine dieser Verordnung entsprechende gültige Versicherung verlangen.

(4) Unbeschadet der Anwendung von Artikel 8 Absatz 6 ist für Luftfahrtunternehmen der Gemeinschaft und Luftfahrzeugbetreiber, die in der Gemeinschaft eingetragene Luftfahrzeuge einsetzen, die Hinterlegung eines Versicherungsnachweises in dem in Absatz 2 genannten Mitgliedstaat für alle Mitgliedstaaten ausreichend.
(5) Kommt es ausnahmsweise zu einem Zusammenbruch des Versicherungsmarktes, so kann die Kommission nach dem in Artikel 9 Absatz 2 genannten Verfahren geeignete Maßnahmen zur Anwendung von Absatz 1 treffen.

Artikel 6 Versicherung für die Haftung in Bezug auf Fluggäste, Reisegepäck und Güter

(1) Hinsichtlich der Haftung für Fluggäste beträgt die Mindestversicherungssumme 250 000 SZR je Fluggast. Bei nicht-gewerblichen Flügen, die mit Luftfahrzeugen mit einem MTOM von bis zu 2700 kg durchgeführt werden, können die Mitgliedstaaten jedoch eine niedrigere Mindestversicherungssumme festsetzen, die aber mindestens 100 000 SZR je Fluggast betragen muss.
(2) Hinsichtlich der Haftung für Reisegepäck beträgt die Mindestversicherungssumme 1131 SZR je Fluggast bei gewerblichen Flügen.
(3) Hinsichtlich der Haftung für Güter beträgt die Mindestversicherungssumme 19 SZR je Kilogramm bei gewerblichen Flügen.
(4) Die Absätze 1, 2 und 3 finden keine Anwendung auf Flüge über das Hoheitsgebiet der Mitgliedstaaten, die von gemeinschaftsfremden Luftfahrtunternehmen und von Luftfahrzeugbetreibern, die in Drittländern eingetragene Luftfahrzeuge einsetzen, durchgeführt werden und bei denen keine Starts oder Landungen in diesem Gebiet erfolgen.
(5) Die in diesem Artikel genannten Beträge können gegebenenfalls angepasst werden, wenn Änderungen der einschlägigen internationalen Verträge dies notwendig machen. Diese Maßnahmen zur Änderung nicht wesentlicher Bestimmungen dieser Verordnung werden nach dem in Artikel 9 Absatz 3 genannten Regelungsverfahren mit Kontrolle erlassen.

Artikel 7 Versicherung für die Haftung in Bezug auf Dritte

Für die Haftung in Bezug auf Dritte beträgt die Mindestversicherungssumme pro Schadensfall für jedes einzelne Luftfahrzeug:
Kann ein Luftfahrtunternehmen oder ein Luftfahrzeugbetreiber zu irgendeinem Zeitpunkt keine Versicherungsdeckung für jeden einzelnen Unfall für die Haftung gegenüber Dritten aus Schäden durch Kriegs- oder Terrorrisiken erlangen, so kann dieses Luftfahrtunternehmen oder dieser Luftfahrzeugbetreiber seiner Pflicht, diese Risiken zu versichern, durch eine Versicherung über eine Gesamthaftungssumme nachkommen. Die Kommission verfolgt die Anwendung dieser Bestimmung aufmerksam, damit sichergestellt ist, dass diese Gesamthaftungssumme mindestens den in der Tabelle festgelegten Beträgen entspricht.
(2) Die in diesem Artikel genannten Beträge können gegebenenfalls angepasst werden, wenn Änderungen der einschlägigen internationalen Verträge dies notwendig machen. Diese Maßnahmen zur Änderung nicht wesentlicher Bestimmungen dieser Verordnung werden nach dem in Artikel 9 Absatz 3 genannten Regelungsverfahren mit Kontrolle erlassen.

Kategorie	MTOM (kg)	Mindestversicherungssumme (in Mio. SZR)
1	< 500	0,75
2	< 1 000	1,5

Kategorie	MTOM (kg)	Mindestversicherungssumme (in Mio. SZR)
3	< 2 700	3
4	< 6 000	7
5	< 12 000	18
6	< 25 000	80
7	< 50 000	150
8	< 200 000	300
9	< 500 000	500
10	> 500 000	700

Artikel 8 Durchsetzung und Sanktionen

(1) Die Mitgliedstaaten stellen sicher, dass die in Artikel 2 genannten Luftfahrtunternehmen und Luftfahrzeugbetreiber diese Verordnung einhalten.

(2) Im Sinne von Absatz 1 und unbeschadet des Absatzes 7 kann ein Mitgliedstaat in Bezug auf das Überfliegen durch gemeinschaftsfremde Luftfahrtunternehmen oder durch in Drittländern eingetragene Luftfahrzeuge ohne Landung oder Start in einem Mitgliedstaat wie auch in Bezug auf Landungen solcher Luftfahrzeuge in einem Mitgliedstaat zu anderen Zwecken als der Beförderung den Nachweis verlangen, dass die Versicherungsanforderungen nach dieser Verordnung erfüllt sind.

(3) Erforderlichenfalls können die Mitgliedstaaten weitere Nachweise von dem betreffenden Luftfahrtunternehmen, Luftfahrzeugbetreiber oder Versicherungsunternehmen verlangen.

(4) Sanktionen für Verstöße gegen diese Verordnung müssen wirksam, verhältnismäßig und abschreckend sein.

(5) Für Luftfahrtunternehmen der Gemeinschaft können diese Sanktionen – vorbehaltlich und unter Wahrung der einschlägigen Bestimmungen des Gemeinschaftsrechts – den Entzug der Betriebsgenehmigung einschließen.

(6) Für gemeinschaftsfremde Luftfahrtunternehmen und für Luftfahrzeugbetreiber, die in Drittländern eingetragene Luftfahrzeuge einsetzen, können die Sanktionen die Verweigerung der Landeerlaubnis im Hoheitsgebiet eines Mitgliedstaats einschließen.

(7) Können die Mitgliedstaaten nicht feststellen, dass die in dieser Verordnung festgelegten Bedingungen erfuellt sind, so untersagen sie den Start eines Luftfahrzeugs so lange, bis das betreffende Luftfahrtunternehmen oder der betreffende Luftfahrzeugbetreiber den Nachweis eines angemessenen Versicherungsschutzes entsprechend dieser Verordnung erbracht hat.

Artikel 9 Ausschussverfahren

(1) Die Kommission wird von dem durch Artikel 11 der Verordnung (EWG) Nr 2408/92 des Rates vom 23. Juli 1992 über den Zugang von Luftfahrtunternehmen der Gemeinschaft zu Strecken des innergemeinschaftlichen Flugverkehrs[1] eingesetzten Ausschuss unterstützt.

(2) Wird auf diesen Absatz Bezug genommen, so gelten die Artikel 5 und 7 des Beschlusses 1999/468/EG unter Beachtung von dessen Artikel 8.

---

1 ABl. L 240 vom 24.8.1992, S. 8; zuletzt geändert durch die Verordnung (EG) Nr 1882/2003 des Europäischen Parlaments und des Rates (ABl. L 284 vom 31.10.2003, S. 1).

Der Zeitraum nach Artikel 5 Absatz 6 des Beschlusses 1999/468/EG wird auf drei Monate festgesetzt.

(3) Wird auf diesen Absatz Bezug genommen, so gelten Artikel 5 a Absätze 1 bis 4 und Artikel 7 des Beschlusses 1999/468/EG unter Beachtung von dessen Artikel 8.

(4) Im Übrigen kann der Ausschuss von der Kommission zu jeder anderen Frage gehört werden, die die Anwendung dieser Verordnung betrifft.

Artikel 10 Bericht und Zusammenarbeit

(1) Die Kommission legt dem Europäischen Parlament und dem Rat bis zum 30. April 2008 einen Bericht über die Durchführung dieser Verordnung vor.

(2) Die Mitgliedstaaten legen der Kommission auf Antrag Informationen über die Anwendung dieser Verordnung vor.

Artikel 11 Inkrafttreten

Diese Verordnung tritt zwölf Monate nach dem Tag ihrer Veröffentlichung im Amtsblatt der Europäischen Union in Kraft.
Diese Verordnung ist in allen ihren Teilen verbindlich und gilt unmittelbar in jedem Mitgliedstaat.

Geschehen zu Straßburg am 21. April 2004.

Im Namen des Europäischen Parlaments
Der Präsident
P. Cox
Im Namen des Rates
Der Präsident
D. Roche

II.-2 VERORDNUNG (EG) Nr. 1008/2008 DES EUROPÄISCHEN PARLAMENTS UND DES RATES

vom 24. September 2008

über gemeinsame Vorschriften für die Durchführung von Luftverkehrsdiensten in der Gemeinschaft

(Neufassung)

(Text von Bedeutung für den EWR)

DAS EUROPÄISCHE PARLAMENT UND DER RAT DER EUROPÄISCHEN UNION –

gestützt auf den Vertrag zur Gründung der Europäischen Gemeinschaft, insbesondere auf Artikel 80 Absatz 2,

auf Vorschlag der Kommission,

nach Stellungnahme des Europäischen Wirtschafts- und Sozialausschusses,[1]

nach Stellungnahme des Ausschusses der Regionen,[2] gemäß dem Verfahren des Artikels 251 des Vertrags,[3] in Erwägung nachstehender Gründe:

(1) An der Verordnung (EWG) Nr 2407/92 des Rates vom 23. Juli 1992 über die Erteilung von Betriebsgenehmigungen an Luftfahrtunternehmen,[4] der Verordnung (EWG) Nr 2408/92 des Rates vom 23. Juli 1992 über den Zugang von Luftfahrtunternehmen der Gemeinschaft zu Strecken des innergemeinschaftlichen Flugverkehrs[5] und der Verordnung (EWG) Nr 2409/92 des Rates vom 23. Juli 1992 über Flugpreise und Luftfrachtraten[6] ist eine Reihe substanzieller Änderungen vorzunehmen. Im Interesse der Klarheit sollten diese Verordnungen neu gefasst und in einer einzigen Verordnung zusammengefasst werden.

(2) Um eine effizientere und durchgängige Anwendung der gemeinschaftlichen Rechtsvorschriften für den Luftverkehrsbinnenmarkt zu erreichen, ist eine Reihe von Anpassungen des geltenden Rechtsrahmens erforderlich.

(3) In der Erkenntnis, dass die finanzielle Gesundheit eines Luftfahrtunternehmens und die Sicherheit möglicherweise verknüpft sind, sollte eine strengere Überwachung der Finanzlage von Luftfahrtunternehmen eingerichtet werden.

(4) Angesichts der wachsenden Bedeutung von Luftfahrtunternehmen mit Betriebsstützpunkten in verschiedenen Mitgliedstaaten und der Notwendigkeit, eine effiziente Aufsicht über diese Luftfahrtunternehmen zu gewährleisten, sollte derselbe Mitgliedstaat für die Beaufsichtigung des Luftverkehrsbetreiberzeugnisses (AOC) und der Betriebsgenehmigung zuständig sein.

(5) Um eine durchgängige Überwachung der Einhaltung der Anforderungen von Betriebsgenehmigungen aller Luftfahrtunternehmen der Gemeinschaft zu gewährleisten, sollten die Genehmigungsbehörden die Finanzlage der Luftfahrtunternehmen regelmäßig bewerten. Letztere sollten dazu ausreichende Informationen über ihre Finanzlage bereitstellen, insbesondere in den ersten beiden Jahren ihres Bestehens, da diese für das Überleben eines Luftfahrtunternehmens

---

1 ABl. C 175 vom 27.7.2007, S. 85.

2 ABl. C 305 vom 15.12.2007, S. 11.

3 Stellungnahme des Europäischen Parlaments vom 11. Juli 2007 (ABl. C 175 E vom 10.7.2008, S. 371), gemeinsamer Standpunkt des Rates vom 18. April 2008 (ABl. C 129 E vom 27.5.2008, S. 1) und Standpunkt des Europäischen Parlaments vom 9. Juli 2008 (noch nicht im Amtsblatt veröffentlicht).

4 ABl. L 240 vom 24.8.1992, S. 1.

5 ABl. L 240 vom 24.8.1992, S. 8.

6 ABl. L 240 vom 24.8.1992, S. 15.

https://doi.org/10.1515/9783110564945-070

auf dem Markt besonders kritisch sind. Um Wettbewerbsverzerrungen aufgrund der unterschiedlichen Anwendung der Vorschriften auf nationaler Ebene zu verhindern, ist es notwendig, die Finanzaufsicht über alle Luftfahrtunternehmen der Gemeinschaft durch die Mitgliedstaaten zu verstärken.

(6) Um das Risiko für Fluggäste zu verringern, sollte Luftfahrtunternehmen der Gemeinschaft, die die Bedingungen für die Aufrechterhaltung einer Betriebsgenehmigung nicht erfüllen, der weitere Betrieb nicht mehr erlaubt werden. In solchen Fällen sollte die zuständige Genehmigungsbehörde die Betriebsgenehmigung widerrufen oder aussetzen.

(7) Gemäß der Verordnung (EG) Nr 785/2004 des Europäischen Parlaments und des Rates vom 21. April 2004 über Versicherungsanforderungen an Luftfahrtunternehmen und Luftfahrzeugbetreiber[7] sollte ein Luftfahrtunternehmen gegen die im Rahmen seiner Haftpflicht zu ersetzenden Schäden, die Fluggästen, an Fracht und Dritten durch Unfälle entstehen können, versichert sein. Die Luftfahrtunternehmen sollten ferner verpflichtet sein, sich gegen die im Rahmen ihrer Haftpflicht zu ersetzenden Schäden, die an Post durch Unfälle entstehen können, zu versichern.

(8) Um einen übermäßigen Gebrauch von Leasing-Vereinbarungen für in Drittländern eingetragene Luftfahrzeuge, insbesondere Wet-Lease-Vereinbarungen, zu vermeiden, sollte diese Möglichkeit nur unter außergewöhnlichen Umständen, etwa in Ermangelung entsprechender Luftfahrzeuge auf dem Gemeinschaftsmarkt, zugelassen werden, streng befristet sein und Sicherheitsnormen entsprechen, die den Sicherheitsvorschriften des Gemeinschaftsrechts und des einzelstaatlichen Rechts gleichwertig sind.

(9) In Bezug auf die Beschäftigten eines Luftfahrtunternehmens der Gemeinschaft, dessen operationelle Basis sich außerhalb des Hoheitsgebiets des Mitgliedstaats befindet, in dem es seinen Hauptgeschäftssitz hat, sollten die Mitgliedstaaten sicherstellen, dass die Sozialvorschriften der Gemeinschaft und die nationalen Sozialvorschriften ordnungsgemäß angewendet werden.

(10) Um den Luftverkehrsbinnenmarkt zu vollenden, sollten noch bestehende Beschränkungen, die zwischen Mitgliedstaaten angewendet werden, etwa Beschränkungen beim Code-Sharing auf Strecken nach Drittländern oder bei der Preisfestsetzung auf Strecken nach Drittländern mit einer Zwischenlandung in einem anderen Mitgliedstaat (Flüge der sechsten Freiheit), aufgehoben werden.

(11) Um die besonderen Merkmale und Zwänge der Gebiete in äußerster Randlage zu berücksichtigen, insbesondere die Faktoren Abgelegenheit, Insellage und geringe Größe, und um der Notwendigkeit Rechnung zu tragen, diese Gebiete angemessen mit den zentralen Gebieten der Gemeinschaft zu verbinden, können hinsichtlich gemeinwirtschaftlicher Verpflichtungen für Strecken zu diesen Gebieten Sonderregelungen über die Laufzeit der Verträge gerechtfertigt sein.

(12) Die Bedingungen, unter denen gemeinwirtschaftliche Verpflichtungen auferlegt werden können, sollten deutlich und eindeutig festgelegt werden, wobei die zugehörigen Ausschreibungsverfahren die Teilnahme einer ausreichenden Zahl von Wettbewerbern ermöglichen sollten. Die Kommission sollte in der Lage sein, so viele Informationen wie möglich einzuholen, um die wirtschaftliche Berechtigung gemeinwirtschaftlicher Verpflichtungen in Einzelfällen beurteilen zu können.

(13) Die geltenden Regeln für die Verkehrsaufteilung zwischen Flughäfen, die dieselbe Stadt oder denselben Ballungsraum bedienen, sollten deutlicher gefasst und vereinfacht werden.

(14) Die Mitgliedstaaten sollten die Möglichkeit haben, auf plötzlich auftretende Probleme zu reagieren, die sich aus unvorhersehbaren und unvermeidlichen Umständen ergeben und die Durchführung von Flugdiensten technisch oder praktisch sehr erschweren.

(15) Die Kunden sollten ungeachtet ihres Wohnorts innerhalb der Gemeinschaft oder ihrer Staatsangehörigkeit und ungeachtet des Orts der Niederlassung der Reisebüros innerhalb der Gemeinschaft Zugang zu allen Flugpreisen und Luftfrachtraten haben.

(16) Die Kunden sollten in der Lage sein, die Preise verschiedener Luftfahrtunternehmen für Flugdienste effektiv zu vergleichen. Daher sollte der vom Kunden zu zahlende Endpreis für aus

7 ABl. L 138 vom 30.4.2004, S. 1.

der Gemeinschaft stammende Flugdienste jederzeit ausgewiesen werden, einschließlich aller Steuern, Gebühren und Entgelte. Den Luftfahrtunternehmen der Gemeinschaft sollte ferner nahe gelegt werden, den Endpreis für ihre Flugdienste aus Drittländern in die Gemeinschaft auszuweisen.

(17) Die zur Durchführung dieser Verordnung erforderlichen Maßnahmen sollten gemäß dem Beschluss 1999/468/EG des Rates vom 28. Juni 1999 zur Festlegung der Modalitäten für die Ausübung der der Kommission übertragenen Durchführungsbefugnisse[8] erlassen werden.

(18) Da das Ziel dieser Verordnung, nämlich die einheitlichere Anwendung der gemeinschaftlichen Rechtsvorschriften hinsichtlich des Luftverkehrsbinnenmarkts aufgrund der Internationalität des Luftverkehrs auf Ebene der Mitgliedstaaten nicht ausreichend verwirklicht werden kann und daher besser auf Gemeinschaftsebene zu verwirklichen ist, kann die Gemeinschaft im Einklang mit dem in Artikel 5 des Vertrags niedergelegten Subsidiaritätsprinzip tätig werden. Entsprechend dem in demselben Artikel genannten Grundsatz der Verhältnismäßigkeit geht diese Verordnung nicht über das für die Erreichung dieses Ziels erforderliche Maß hinaus.

(19) Die Ministererklärung zum Flughafen von Gibraltar, die am 18. September 2006 in Córdoba auf dem ersten Minister treffen des Dialogforums zu Gibraltar vereinbart wurde, wird an die Stelle der gemeinsamen Erklärung zum Flughafen von Gibraltar, die am 2. Dezember 1987 in London abgegeben wurde, treten, und die vollständige Einhaltung der Erklärung von 2006 wird als Einhaltung der Erklärung von 1987 gelten.

(20) Es ist daher erforderlich, die Verordnungen (EWG) Nr 2407/92, (EWG) Nr 2408/92 und (EWG) Nr 2409/92 aufzuheben –

HABEN FOLGENDE VERORDNUNG ERLASSEN:

KAPITEL I **ALLGEMEINE BESTIMMUNGEN**

Artikel 1 Gegenstand

(1) Diese Verordnung regelt die Genehmigung von Luftfahrtunternehmen der Gemeinschaft, das Recht von Luftfahrtunternehmen der Gemeinschaft, innergemeinschaftliche Flugdienste durchzuführen, und die Preisfestsetzung für innergemeinschaftliche Flugdienste.

(2) Die Anwendung von Kapitel III auf den Flugplatz Gibraltar erfolgt unbeschadet der Rechtsstandpunkte des Königreichs Spanien und des Vereinigten Königreichs in der strittigen Frage der Souveränität über das Gebiet, auf dem sich der Flugplatz befindet.

Artikel 2 Begriffsbestimmungen

Im Sinne dieser Verordnung gelten die folgenden Begriffsbestimmungen:

1. „Betriebsgenehmigung" ist eine Genehmigung, die einem Unternehmen von der zuständigen Genehmigungsbehörde erteilt wird und das Unternehmen je nach den Angaben in der Genehmigung berechtigt, Flugdienste zu erbringen;
2. „zuständige Genehmigungsbehörde" ist eine Behörde eines Mitgliedstaats, die berechtigt ist, eine Betriebsgenehmigung gemäß Kapitel II zu erteilen, zu verweigern, zu widerrufen oder auszusetzen;
3. „Unternehmen" ist jede natürliche oder juristische Person mit oder ohne Gewinnerzielungsabsicht sowie jede amtliche Einrichtung, unabhängig davon, ob diese eine eigene Rechtspersönlichkeit besitzt oder nicht;
4. „Flugdienst" ist ein Flug oder eine Folge von Flügen zur gewerblichen Beförderung von Fluggästen, Fracht und/oder Post;
5. „Flug" ist ein Abflug von einem bestimmten Flughafen nach einem bestimmten Zielflughafen;

8 ABl L 184 vom 17.7.1999, S. 23.

6. „Rundflug“ ist ein Flug, mit dem keine Beförderung von Fluggästen, Post und/oder Fracht zwischen verschiedenen Flughäfen oder anderen genehmigten Landepunkten verbunden ist;
7. „Flughafen“ ist jeder Platz in einem Mitgliedstaat, der speziell für Flugdienste ausgebaut wurde;
8. „Luftverkehrsbetreiberzeugnis (AOC)“ ist ein einem Unternehmen ausgestelltes Zeugnis, in dem dem Luftverkehrsbetreiber bescheinigt wird, dass er über die fachliche Eignung und Organisation verfügt, um die Sicherheit des im Zeugnis genannten Betriebs gemäß den einschlägigen Bestimmungen des Gemeinschaftsrechts oder gegebenenfalls des einzelstaatlichen Rechts zu gewährleisten;
9. „tatsächliche Kontrolle“ ist eine Beziehung, die durch Rechte, Verträge oder andere Mittel, die einzeln oder zusammen und unter Berücksichtigung der tatsächlichen und rechtlichen Umstände die Möglichkeit bieten, unmittelbar oder mittelbar einen bestimmenden Einfluss auf ein Unternehmen auszuüben, begründet ist, insbesondere durch
   a) das Recht, die Gesamtheit oder Teile des Vermögens des Unternehmens zu nutzen;
   b) Rechte oder Verträge, die einen bestimmenden Einfluss auf die Zusammensetzung, das Abstimmungsverhalten oder die Beschlüsse der Organe des Unternehmens oder in anderer Weise einen bestimmenden Einfluss auf die Führung der Unternehmensgeschäfte gewähren;
10. „Luftfahrtunternehmen“ ist ein Unternehmen mit einer gültigen Betriebsgenehmigung oder einer gleichwertigen Genehmigung;
11. „Luftfahrtunternehmen der Gemeinschaft“ ist ein Luftfahrtunternehmen mit einer gültigen Betriebsgenehmigung, die von einer zuständigen Genehmigungsbehörde gemäß Kapitel II erteilt wurde;
12. „Wirtschaftsplan“ ist eine genaue Beschreibung der vom Luftfahrtunternehmen beabsichtigten gewerblichen Tätigkeiten in dem betreffenden Zeitraum, insbesondere in Bezug auf die erwartete Marktentwicklung und die Investitionsvorhaben einschließlich ihrer finanziellen und wirtschaftlichen Auswirkungen;
13. „innergemeinschaftlicher Flugdienst“ ist ein Flugdienst, der innerhalb der Gemeinschaft durchgeführt wird;
14. „Verkehrsrecht“ ist das Recht, einen Flugdienst zwischen zwei Flughäfen der Gemeinschaft durchzuführen;
15. „Nur-Sitzplatz-Verkauf“ ist der Verkauf ausschließlich von Sitzplätzen – ohne Zusatzleistungen wie Unterbringung – durch das Luftfahrtunternehmen, seine bevollmächtigten Agenturen oder einen Charterer unmittelbar an die Öffentlichkeit;
16. „Linienflugverkehr“ ist eine Folge von Flügen mit folgenden Merkmalen:
   a) für jeden Flug werden der Öffentlichkeit Sitzplätze und/oder Kapazität zur Beförderung von Fracht und/oder Post zum Einzelkauf – entweder bei dem Luftfahrtunternehmen oder bei dessen bevollmächtigten Agenturen – angeboten;
   b) sie dienen der Beförderung zwischen zwei oder mehr Flughäfen entweder
      – nach einem veröffentlichten Flugplan oder
      – in Form von so regelmäßigen oder häufigen Flügen, dass es sich erkennbar um eine systematische Folge von Flügen handelt;
17. „Kapazität“ ist die Anzahl von Sitzplätzen oder die Nutzlast, die im Linienflugverkehr auf einer Strecke während eines bestimmten Zeitraums jedermann angeboten werden;
18. „Flugpreise“ sind die in Euro oder in Landeswährung ausgedrückten Preise, die für die Beförderung von Fluggästen im Flugverkehr an Luftfahrtunternehmen oder deren Bevollmächtigte oder an andere Flugscheinverkäufer zu zahlen sind, sowie etwaige Bedingungen, unter denen diese Preise gelten, einschließlich des Entgelts und der Bedingungen, die Agenturen und anderen Hilfsdiensten geboten werden;
19. „Luftfrachtraten“ sind die in Euro oder in Landeswährung ausgedrückten Preise, die für die Beförderung von Fracht zu zahlen sind, sowie die Bedingungen, unter denen diese Preise

gelten, einschließlich des Entgelts und der Bedingungen, die Agenturen und anderen Hilfsdiensten geboten werden;
20. „betroffener Mitgliedstaat/betroffene Mitgliedstaaten" ist der Mitgliedstaat oder sind die Mitgliedstaaten, in dem oder zwischen denen der betreffende Flugverkehr durchgeführt wird;
21. „beteiligter Mitgliedstaat/beteiligte Mitgliedstaaten" ist der betroffene Mitgliedstaat oder sind die betroffenen Mitgliedstaaten und der oder die Mitgliedstaaten, in dem oder in denen den jeweiligen Luftfahrtunternehmen, die den Flugdienst durchführen, eine Betriebserlaubnis erteilt wurde;
22. „Ballungsgebiet" ist ein städtisch besiedeltes Gebiet mit mehreren Städten, die aufgrund ihres Bevölkerungs- und Flächenwachstums zu einem zusammenhängend bebauten Gebiet zusammengewachsen sind;
23. „Ertragsrechnung" ist eine genaue Aufstellung der Erträge und Aufwendungen eines Luftfahrtunternehmens für den betreffenden Zeitraum mit einer Aufschlüsselung in luftverkehrsspezifische und andere Tätigkeiten sowie in finanzielle und nichtfinanzielle Bestandteile;
24. „Dry-Lease-Vereinbarung" (Vereinbarung über das Ver- oder Anmieten ohne Besatzung) ist eine Vereinbarung zwischen Unternehmen, wonach das Luftfahrzeug unter dem Luftverkehrsbetreiberzeugnis des Mieters betrieben wird;
25. „Wet-Lease-Vereinbarung" (Vereinbarung über das Ver- oder Anmieten mit Besatzung) ist eine Vereinbarung zwischen Luftfahrtunternehmen, wonach das Luftfahrzeug unter dem Luftverkehrsbetreiberzeugnis des Vermieters betrieben wird;
26. „Hauptgeschäftssitz" ist die Hauptverwaltung oder der eingetragene Sitz eines Luftfahrtunternehmens der Gemeinschaft in dem Mitgliedstaat, in dem die wichtigsten Finanzfunktionen und die betriebliche Kontrolle über das Luftfahrtunternehmen der Gemeinschaft, einschließlich der Leitungsaufgaben zur Aufrechterhaltung der Lufttüchtigkeit, ausgeübt werden.

KAPITEL II **BETRIEBSGENEHMIGUNG**

Artikel 3 Betriebsgenehmigung

(1) Kein in der Gemeinschaft niedergelassenes Unternehmen darf Fluggäste, Post und/oder Fracht im gewerblichen Luftverkehr befördern, wenn ihm nicht eine entsprechende Betriebsgenehmigung erteilt worden ist.
Ein Unternehmen, das die Voraussetzungen dieses Kapitels erfüllt, hat Anspruch auf Erteilung einer Betriebsgenehmigung.
(2) Die zuständige Genehmigungsbehörde erteilt Betriebsgenehmigungen nicht und erhält ihre Gültigkeit nicht aufrecht, wenn die Voraussetzungen dieses Kapitels nicht erfüllt sind.
(3) Unbeschadet anderer anwendbarer Bestimmungen gemeinschaftlicher, einzelstaatlicher oder internationaler Rechtsvorschriften gilt für die folgenden Kategorien von Flugdiensten nicht das Erfordernis einer gültigen Betriebsgenehmigung:
a) Flugdienste, die mit Luftfahrzeugen ohne Motorantrieb und/oder mit ultraleichten Luftfahrzeugen mit Motorantrieb durchgeführt werden, und
b) Rundflüge.

Artikel 4 Bedingungen für die Erteilung einer Betriebsgenehmigung

Einem Luftfahrtunternehmen wird von der zuständigen Genehmigungsbehörde eines Mitgliedstaats eine Betriebsgenehmigung erteilt, sofern
a) sein Hauptgeschäftssitz sich in diesem Mitgliedstaat befindet;
b) es Inhaber eines gültigen Luftverkehrsbetreiberzeugnisses (AOC) ist, das von einer nationalen Behörde desselben Mitgliedstaats ausgestellt wurde, dessen zuständige Genehmigungsbehör-

de für die Erteilung, Verweigerung, Widerrufung oder Aussetzung der Betriebsgenehmigung des Luftfahrtunternehmens der Gemeinschaft zuständig ist;

c) es über ein oder mehrere Luftfahrzeuge verfügt, die in seinem Eigentum stehen oder für die es eine Dry-Lease-Vereinbarung geschlossen hat;

d) seine Haupttätigkeit die Durchführung von Flugdiensten ist, sei es allein oder in Verbindung mit jeder sonstigen Form des gewerblichen Betriebs von Luftfahrzeugen oder der Instandsetzung und Wartung von Luftfahrzeugen;

e) seine Unternehmensstruktur es der zuständigen Genehmigungsbehörde ermöglicht, die Bestimmungen dieses Kapitels umzusetzen;

f) Mitgliedstaaten und/oder Staatsangehörige von Mitgliedstaaten zu mehr als 50 % am Eigentum des Unternehmens beteiligt sind und es tatsächlich kontrollieren, entweder unmittelbar oder mittelbar über ein oder mehrere zwischengeschaltete Unternehmen, sofern nicht ein Abkommen mit einem Drittstaat, dem die Gemeinschaft als Vertragspartei angehört, etwas anderes bestimmt;

g) es die finanziellen Bedingungen von Artikel 5 erfüllt;

h) es die in Artikel 11 und in der Verordnung (EG) Nr 785/2004 festgelegten Versicherungsanforderungen erfüllt und

i) es die in Artikel 7 festgelegten Anforderungen hinsichtlich der Zuverlässigkeit erfüllt.

Artikel 5 Finanzielle Bedingungen für die Erteilung einer Betriebsgenehmigung

(1) Die zuständige Genehmigungsbehörde prüft eingehend, ob ein Unternehmen, das erstmalig eine Betriebsgenehmigung beantragt, nachweisen kann, dass

a) es seinen unter realistischen Annahmen festgelegten derzeitigen und möglichen Verpflichtungen während eines Zeitraums von 24 Monaten nach Aufnahme der Tätigkeit jederzeit nachkommen kann und

b) es für seine unter realistischen Annahmen ermittelten fixen und variablen Kosten der Tätigkeit gemäß seinen Wirtschaftsplänen während eines Zeitraums von drei Monaten nach Aufnahme der Tätigkeit ohne Berücksichtigung von Betriebseinnahmen aufkommen kann.

(2) Für die Zwecke der Prüfung nach Absatz 1 unterbreitet der Antragsteller einen Wirtschaftsplan für mindestens die ersten drei Jahre der Tätigkeit. Aus dem Wirtschaftsplan müssen ferner die finanziellen Verflechtungen zwischen dem Antragsteller und sonstigen gewerblichen Tätigkeiten hervorgehen, an denen der Antragsteller entweder direkt oder über verbundene Unternehmen beteiligt ist. Der Antragsteller hat ferner alle sachdienlichen Auskünfte, insbesondere die Angaben gemäß Anhang I Ziffer 1, beizubringen.

(3) Die Absätze 1 und 2 gelten nicht für ein Unternehmen, das eine Betriebsgenehmigung beantragt, die für den Betrieb von Luftfahrzeugen mit einer höchstzulässigen Startmasse (MTOM) von weniger als 10 Tonnen und/oder mit weniger als 20 Sitzplätzen bestimmt ist. Derartige Unternehmen müssen den Nachweis erbringen, dass ihr Nettokapital sich auf mindestens 100 000 EUR beläuft, oder aber auf Aufforderung der zuständigen Genehmigungsbehörde alle für die Zwecke der Prüfung nach Absatz 1 erforderlichen Auskünfte vorlegen; dies gilt insbesondere für die in Anhang I Ziffer 1 genannten Angaben.
Die zuständige Genehmigungsbehörde kann jedoch die Absätze 1 und 2 auf ein Unternehmen anwenden, das eine Betriebsgenehmigung gemäß Unterabsatz 1 beantragt und einen Linienflugverkehr betreiben will oder dessen Umsatz 3 Mio. EUR jährlich überschreitet.

Artikel 6 Luftverkehrsbetreiberzeugnis (AOC)

(1) Voraussetzung für die Erteilung und die Gültigkeit einer Betriebsgenehmigung ist stets der Besitz eines gültigen Luftverkehrsbetreiberzeugnisses, in dem die unter die Betriebsgenehmigung fallenden Tätigkeiten festgelegt sind.
(2) Jede Änderung des Luftverkehrsbetreiberzeugnisses eines Luftfahrtunternehmens der Gemeinschaft ist gegebenenfalls in der Betriebsgenehmigung zu berücksichtigen.

Artikel 7 Führungszeugnis

(1) Wird für die Erteilung einer Betriebsgenehmigung von Personen, die auf Dauer die tatsächliche Leitung der Geschäfte des Unternehmens übernehmen, ein Führungszeugnis oder eine Bescheinigung darüber verlangt, dass die Betreffenden nicht in Konkurs geraten sind, werden bei Staatsangehörigen von Mitgliedstaaten die von den zuständigen Behörden des Heimatmitgliedstaats oder des Mitgliedstaats, in dem die Person ihren ständigen Aufenthaltsort hat, ausgestellten Bescheinigungen, aus denen hervorgeht, dass diesen Anforderungen Genüge geleistet wird, von der zuständigen Genehmigungsbehörde als ausreichender Nachweis anerkannt.
(2) Werden die in Absatz 1 genannten Dokumente von dem Heimatmitgliedstaat oder dem Mitgliedstaat, in dem die Person ihren ständigen Aufenthaltsort hat, nicht ausgestellt, so werden sie durch eine eidesstattliche Erklärung – oder in den Mitgliedstaaten, in denen es keine eidesstattliche Erklärung gibt, durch eine förmliche Erklärung – ersetzt, die der Betreffende vor einer zuständigen Justiz- oder Verwaltungsbehörde oder gegebenenfalls vor einem Notar oder einer entsprechend bevollmächtigten Berufsorganisation des Heimatmitgliedstaats oder des Mitgliedstaats, in dem die Person ihren ständigen Aufenthaltsort hat, abgegeben hat. Die Behörde, der Notar oder die bevollmächtigte Berufsorganisation stellen eine diese eidesstattliche oder förmliche Erklärung bestätigende Bescheinigung aus.
(3) Die zuständige Genehmigungsbehörde kann verlangen, dass die Nachweise und Bescheinigungen nach den Absätzen 1 und 2 bei ihrer Vorlage nicht älter als drei Monate sind.

Artikel 8 Gültigkeit der Betriebsgenehmigung

(1) Betriebsgenehmigungen gelten so lange, wie das Luftfahrtunternehmen der Gemeinschaft den Anforderungen dieses Kapitels nachkommt.
Ein Luftfahrtunternehmen der Gemeinschaft muss der zuständigen Genehmigungsbehörde auf Verlangen jederzeit nachweisen können, dass es alle Anforderungen dieses Kapitels erfüllt.
(2) Die zuständige Genehmigungsbehörde überwacht die Erfüllung der Anforderungen dieses Kapitels eingehend. In den folgenden Fällen prüft sie stets die Erfüllung dieser Anforderungen:
   a) zwei Jahre nach Erteilung einer neuen Betriebsgenehmigung;
   b) beim vermuteten Vorliegen möglicher Schwierigkeiten oder
   c) auf Anforderung der Kommission.

Vermutet die zuständige Genehmigungsbehörde, dass finanzielle Schwierigkeiten eines Luftfahrtunternehmens der Gemeinschaft dessen Betriebssicherheit beeinträchtigen könnten, informiert sie unverzüglich die für das Luftverkehrsbetreiberzeugnis zuständige Behörde.
(3) Die Betriebsgenehmigung ist erneut zur Genehmigung vorzulegen,
   a) wenn ein Luftfahrtunternehmen der Gemeinschaft den Betrieb nicht innerhalb von sechs Monaten nach Erteilung einer Betriebsgenehmigung aufgenommen hat;

b) wenn ein Luftfahrtunternehmen der Gemeinschaft mehr als sechs Monate lang den Betrieb eingestellt hat oder
c) wenn ein Luftfahrtunternehmen der Gemeinschaft, dem eine Genehmigung aufgrund von Artikel 5 Absatz 3 Unterabsatz 1 erteilt wurde, Luftfahrzeuge betreiben will, die die in Artikel 5 Absatz 3 festgelegte Größenschwelle überschreiten, oder die darin festgelegten finanziellen Bedingungen nicht mehr erfüllt.

(4) Ein Luftfahrtunternehmen der Gemeinschaft muss der zuständigen Genehmigungsbehörde seinen geprüften Abschluss spätestens sechs Monate nach dem letzten Tag des betreffenden Geschäftsjahrs vorlegen, sofern nicht im einzelstaatlichen Recht etwas anderes bestimmt ist. Während der ersten beiden Jahre des Betriebs eines Luftfahrtunternehmens der Gemeinschaft sind die Angaben nach Anhang I Ziffer 3 der zuständigen Genehmigungsbehörde auf Anfrage zur Verfügung zu stellen.
Die zuständige Genehmigungsbehörde kann jederzeit die Finanzsituation eines Luftfahrtunternehmens der Gemeinschaft, dem sie eine Betriebsgenehmigung erteilt hat, prüfen und dazu einschlägige Informationen anfordern. Im Rahmen dieser Prüfung aktualisiert das betreffende Luftfahrtunternehmen der Gemeinschaft die Angaben nach Anhang I Ziffer 3 und stellt sie der zuständigen Genehmigungsbehörde auf Anfrage zur Verfügung.

(5) Ein Luftfahrtunternehmen der Gemeinschaft meldet der zuständigen Genehmigungsbehörde
a) im Voraus Pläne für den Betrieb eines neuen Flugdienstes nach einem Kontinent oder in ein Gebiet der Welt, die bisher nicht angeflogen wurden, oder jede sonstige wesentliche Änderung der Größenordnung seiner Tätigkeiten einschließlich – jedoch nicht ausschließlich – Änderungen der Art oder der Anzahl der eingesetzten Luftfahrzeuge;
b) im Voraus alle beabsichtigten Zusammenschlüsse oder Übernahmen und
c) binnen 14 Tagen jede Änderung des Eigentums an Einzelbeteiligungen, die 10 % oder mehr des gesamten Beteiligungskapitals des Luftfahrtunternehmens der Gemeinschaft oder seiner Mutter- oder der letztlichen Dachgesellschaft ausmachen.

(6) Ist die zuständige Genehmigungsbehörde der Auffassung, dass die gemäß Absatz 5 gemeldeten Änderungen für die Finanzlage des Luftfahrtunternehmens der Gemeinschaft von erheblicher Bedeutung sind, so verlangt sie, dass ein überarbeiteter Wirtschaftsplan, in den die betreffenden Änderungen eingeflossen sind und der einen Zeitraum von mindestens 12 Monaten ab seiner Durchführung abdeckt, sowie die Angaben gemäß Anhang I Ziffer 2 zusätzlich zu den nach Absatz 4 vorzulegenden Informationen vorgelegt werden.
Die zuständige Genehmigungsbehörde entscheidet anhand des überarbeiteten Wirtschaftsplans über die Frage, ob das Luftfahrtunternehmen der Gemeinschaft seinen bestehenden und möglichen Verpflichtungen während dieses zwölfmonatigen Zeitraums nachkommen kann. Diese Entscheidung ergeht innerhalb von drei Monaten nach Vorlage aller erforderlichen Angaben.

(7) Bei einer Änderung eines oder mehrerer Umstände, die sich auf die rechtlichen Gegebenheiten eines Luftfahrtunternehmens der Gemeinschaft auswirken, und insbesondere im Falle eines Unternehmenszusammenschlusses oder einer Unternehmensübernahme entscheidet die zuständige Genehmigungsbehörde in Bezug auf die Luftfahrtunternehmen der Gemeinschaft, denen sie eine Betriebsgenehmigung erteilt hat, ob die Betriebsgenehmigung erneut zur Genehmigung vorzulegen ist.

(8) Die Absätze 4, 5 und 6 gelten nicht für Luftfahrtunternehmen der Gemeinschaft, die ausschließlich Luftfahrzeuge mit einer höchstzulässigen Startmasse von weniger als 10 Tonnen MTOM und/oder mit weniger als 20 Sitzplätzen betreiben. Derartige Luftfahrtunternehmen der Gemeinschaft müssen jederzeit in der Lage sein, den Nachweis zu erbringen, dass ihr Nettokapital sich auf mindestens 100 000 EUR beläuft, oder aber auf Aufforderung der zuständigen Genehmigungsbehörde die für Zwecke der in Artikel 9 Absatz 2 genannten Bewertung erforderlichen Auskünfte vorzulegen.
Die zuständige Genehmigungsbehörde kann jedoch die Absätze 4, 5 und 6 auf die Luftfahrtunternehmen der Gemeinschaft anwenden, denen sie eine Betriebsgenehmigung erteilt hat und

die einen Linienflugverkehrsdienst betreiben oder deren Umsatz 3 Mio. EUR jährlich überschreitet.

Artikel 9 Aussetzung und Widerruf einer Betriebsgenehmigung

(1) Die zuständige Genehmigungsbehörde kann jederzeit die finanzielle Leistungsfähigkeit eines von ihr genehmigten Luftfahrtunternehmens der Gemeinschaft bewerten. Auf der Grundlage ihrer Bewertung setzt die Behörde die Betriebsgenehmigung aus oder widerruft sie, wenn sie nicht mehr davon überzeugt ist, dass dieses Luftfahrtunternehmen der Gemeinschaft während eines Zeitraums von 12 Monaten seinen tatsächlichen und möglichen Verpflichtungen nachkommen kann. Die zuständige Genehmigungsbehörde kann jedoch eine vorläufige Genehmigung, deren Geltungsdauer 12 Monate nicht überschreitet, für die Dauer der finanziellen Umstrukturierung eines Luftfahrtunternehmens der Gemeinschaft erteilen, sofern die Sicherheit nicht beeinträchtigt ist und die vorläufige Genehmigung gegebenenfalls allen Änderungen des Luftverkehrsbetreiberzeugnisses Rechnung trägt und die realistische Aussicht eines zufrieden stellenden finanziellen Umbaus innerhalb dieser Zeitspanne besteht.

(2) Liegen eindeutige Hinweise auf finanzielle Schwierigkeiten vor oder werden Insolvenzverfahren oder ähnliche Verfahren gegen ein Luftfahrtunternehmen der Gemeinschaft eröffnet, dem die zuständige Genehmigungsbehörde eine Betriebsgenehmigung erteilt hat, nimmt diese unverzüglich eine gründliche Bewertung der Finanzsituation vor und überprüft den Status der Betriebsgenehmigung auf der Grundlage ihrer Erkenntnisse in Übereinstimmung mit diesem Artikel innerhalb von drei Monaten.
Die zuständige Genehmigungsbehörde informiert die Kommission über ihre Entscheidungen bezüglich des Status der Betriebsgenehmigung,

(3) Wurde der in Artikel 8 Absatz 4 genannte geprüfte Abschluss nicht innerhalb der in jenem Artikel angegebenen Frist übermittelt, fordert die zuständige Genehmigungsbehörde das Luftfahrtunternehmen der Gemeinschaft ohne unangemessene Verzögerung auf, den geprüften Abschluss vorzulegen.
Wird der geprüfte Abschluss nicht innerhalb eines Monats übermittelt, kann die Betriebsgenehmigung widerrufen oder ausgesetzt werden.

(4) Die zuständige Genehmigungsbehörde setzt die Betriebsgenehmigung aus oder widerruft sie, wenn das Luftfahrtunternehmen der Gemeinschaft der zuständigen Genehmigungsbehörde wissentlich oder leichtfertig Angaben übermittelt, die in einem wesentlichen Punkt falsch sind.

(5) Wird das Luftverkehrsbetreiberzeugnis eines Luftfahrtunternehmens der Gemeinschaft ausgesetzt oder entzogen, setzt die zuständige Genehmigungsbehörde die Betriebsgenehmigung des betreffenden Luftfahrtunternehmens unverzüglich aus oder widerruft sie.

(6) Die zuständige Genehmigungsbehörde kann die Betriebsgenehmigung eines Luftfahrtunternehmens der Gemeinschaft aussetzen oder widerrufen, wenn dieses Unternehmen die in Artikel 7 dargelegten Anforderungen an die Zuverlässigkeit nicht mehr erfüllt.

Artikel 10 Entscheidungen über Betriebsgenehmigungen

(1) Die zuständige Genehmigungsbehörde entscheidet unter Berücksichtigung aller verfügbaren Beweise so bald wie möglich – spätestens jedoch drei Monate nach Erhalt aller erforderlichen Informationen – über den Antrag. Die Entscheidung wird dem Antragsteller mitgeteilt. Eine Ablehnung des Antrags ist zu begründen.

(2) Die Verfahren für die Erteilung, die Aussetzung und den Widerruf von Betriebsgenehmigungen werden von der zuständigen Genehmigungsbehörde bekannt gemacht, die die Kommission hiervon unterrichtet.

(3) Eine Liste der Entscheidungen der zuständigen Genehmigungsbehörden über die Erteilung, die Aussetzung oder den Widerruf von Betriebsgenehmigungen wird jährlich im *Amtsblatt der Europäischen Union* veröffentlicht.

Artikel 11 Versicherungsanforderungen

Ungeachtet der Verordnung (EG) Nr 785/2004 muss ein Luftfahrtunternehmen gegen die im Rahmen seiner Haftpflicht zu ersetzenden Schäden, die an Post durch Unfälle entstehen können, versichert sein.

Artikel 12 Eintragung

(1) Unbeschadet des Artikels 13 Absatz 3 ist ein Luftfahrzeug, das von einem Luftfahrtunternehmen der Gemeinschaft eingesetzt wird, je nach Wahl des Mitgliedstaats, dessen zuständige Behörde die Betriebsgenehmigung erteilt, in dessen nationales Register oder innerhalb der Gemeinschaft einzutragen.
(2) In Übereinstimmung mit Absatz 1 genehmigt die zuständige Behörde vorbehaltlich der geltenden Rechtsvorschriften unverzüglich und ohne Erhebung diskriminierender Eintragungsgebühren die Eintragung von Luftfahrzeugen, die Eigentum von Staatsangehörigen anderer Mitgliedstaaten sind, in seinem nationalen Register sowie die Umtragung aus den Registern anderer Mitgliedstaaten. Außer den üblichen Eintragungsgebühren wird auf die Umschreibung von Luftfahrzeugen keine zusätzliche Gebühr erhoben.

Artikel 13 Leasing

(1) Unbeschadet des Artikels 4 Buchstabe c kann ein Luftfahrtunternehmen der Gemeinschaft über ein oder mehrere Luftfahrzeuge verfügen, für die es eine Dry-Lease- oder eine Wet-Lease-Vereinbarung geschlossen hat. Die Luftfahrtunternehmen der Gemeinschaft dürfen in der Gemeinschaft registrierte Luftfahrzeuge, die auf der Grundlage „Wet-Lease" angemietet werden, frei betreiben, außer wenn dies zu einer Gefährdung der Sicherheit führen würde. Die Kommission stellt sicher, dass die Durchführung dieser Bestimmung angemessen und verhältnismäßig ist und auf Sicherheitserwägungen beruht.
(2) Eine Dry-Lease-Vereinbarung, der ein Luftfahrtunternehmen der Gemeinschaft als Vertragspartei angehört, oder eine Wet-Lease-Vereinbarung, bei der das Luftfahrtunternehmen der Gemeinschaft Mieter des betreffenden Luftfahrzeugs ist, muss im Voraus gemäß dem geltenden gemeinschaftlichen oder nationalen Flugsicherheitsrecht genehmigt werden.
(3) Ein Luftfahrtunternehmen der Gemeinschaft, das in einem Drittland eingetragene Luftfahrzeuge von einem anderen Unternehmen auf der Grundlage „Wet-Lease" anmietet, holt von der zuständigen Genehmigungsbehörde im Voraus die Genehmigung für den Betrieb ein. Die zuständige Behörde kann eine Genehmigung erteilen, wenn
   a) das Luftfahrtunternehmen der Gemeinschaft nach Auffassung der zuständigen Behörde hinreichend nachweist, dass alle Sicherheitsanforderungen erfüllt sind, die denen der gemeinschaftlichen oder einzelstaatlichen Rechtsvorschriften der Gemeinschaft entsprechen, und
   b) eine der folgenden Bedingungen erfüllt ist:
      i) Das Luftfahrtunternehmen der Gemeinschaft weist nach, dass das Anmieten gerechtfertigt ist, um einen außergewöhnlichen Bedarf zu decken, wofür eine Genehmigung für einen Zeitraum von bis zu sieben Monaten erteilt werden kann, die einmal um bis zu sieben weitere Monate verlängert werden kann, oder

ii) das Luftfahrtunternehmen der Gemeinschaft weist nach, dass das Anmieten notwendig ist, um einen saisonalen Kapazitätsbedarf zu decken, der durch das Anmieten von in der Gemeinschaft registrierten Luftfahrzeugen nicht angemessen gedeckt werden kann, wofür die Genehmigung verlängert werden kann, oder

iii) das Luftfahrtunternehmen der Gemeinschaft weist nach, dass das Anmieten notwendig ist, um betriebliche Schwierigkeiten zu bewältigen, und dass es weder möglich noch sinnvoll ist, in der Gemeinschaft registrierte Luftfahrzeuge anzumieten, wofür die Genehmigung auf den zur Bewältigung der Schwierigkeiten unbedingt erforderlichen Zeitraum zu befristen ist.

(4) Die zuständige Behörde kann die Genehmigung an Bedingungen knüpfen. Diese Bedingungen sind Bestandteil der Wet-Lease-Vereinbarung.
Die zuständige Behörde kann die Erteilung einer Genehmigung verweigern, wenn zwischen dem betreffenden Mitgliedstaat oder der Gemeinschaft und dem Drittstaat, in dem das auf der Grundlage „Wet-Lease" angemietete Luftfahrzeug registriert ist, keine Reziprozität in Bezug auf Wet-Lease-Vereinbarungen gegeben ist.
Die zuständige Behörde unterrichtet den betreffenden Mitgliedstaat über eine Genehmigung, die sie für das Anmieten von in einem Drittland eingetragenen Luftfahrzeugen auf der Grundlage „Wet-Lease" erteilt hat.

Artikel 14 Recht auf Anhörung

Die zuständige Genehmigungsbehörde gewährleistet, dass bei der Annahme einer Entscheidung zur Aussetzung bzw. zum Widerruf einer Betriebsgenehmigung eines Luftfahrtunternehmens der Gemeinschaft dem betroffenen Luftfahrtunternehmen der Gemeinschaft rechtliches Gehör gewährt wird, wobei in einigen Fällen die Notwendigkeit eines Dringlichkeitsverfahrens zu berücksichtigen ist.

KAPITEL III **ZUGANG ZU STRECKEN**

Artikel 15 Erbringung innergemeinschaftlicher Flugdienste

(1) Luftfahrtunternehmen der Gemeinschaft sind berechtigt, innergemeinschaftliche Flugdienste durchzuführen.

(2) Die Mitgliedstaaten machen die Durchführung von innergemeinschaftlichen Flugdiensten durch ein Luftfahrtunternehmen der Gemeinschaft nicht von einer Zulassung oder Genehmigung abhängig. Die Mitgliedstaaten verlangen von Luftfahrtunternehmen der Gemeinschaft keine Unterlagen oder Informationen, die diese bereits der zuständigen Genehmigungsbehörde vorgelegt haben, sofern die betreffenden Informationen rechtzeitig bei der zuständigen Genehmigungsbehörde eingeholt werden können.

(3) Stellt die Kommission anhand der gemäß Artikel 26 Absatz 2 eingeholten Auskünfte fest, dass die einem Luftfahrtunternehmen der Gemeinschaft erteilte Betriebsgenehmigung den Anforderungen dieser Verordnung nicht entspricht, so übermittelt sie ihre Erkenntnisse der zuständigen Genehmigungsbehörde, die der Kommission innerhalb von 15 Arbeitstagen ihre Bemerkungen zusendet.
Erhält die Kommission nach Prüfung der Bemerkungen der zuständigen Genehmigungsbehörde ihre Feststellung aufrecht, dass die Betriebsgenehmigung dieser Verordnung nicht entspricht, oder hat sie keine Bemerkungen von der zuständigen Genehmigungsbehörde erhalten, so beschließt sie gemäß dem in Artikel 25 Absatz 2 genannten Verfahren, die zuständige Genehmigungsbehörde zur Ergreifung der geeigneten Abhilfemaßnahmen oder zur Aussetzung beziehungsweise zum Widerruf der Betriebsgenehmigung aufzufordern.

In dem Beschluss wird eine Frist gesetzt, bis zu der die Abhilfemaßnahmen oder sonstigen Maßnahmen der zuständigen Genehmigungsbehörde durchzuführen sind. Sind die Abhilfemaßnahmen oder sonstigen Maßnahmen nicht bis zu diesem Zeitpunkt erfolgt, ist das Luftfahrtunternehmen der Gemeinschaft nicht berechtigt, seine Rechte nach Absatz 1 auszuüben. Das Luftfahrtunternehmen der Gemeinschaft darf seine Rechte nach Absatz 1 wieder ausüben, wenn die zuständige Genehmigungsbehörde der Kommission mitgeteilt hat, dass die Abhilfemaßnahmen durchgeführt worden sind und dass die zuständige Genehmigungsbehörde die Durchführung überprüft hat.

(4) Unbeschadet der für Unternehmen geltenden Wettbewerbsregeln der Gemeinschaft sind die Luftfahrtunternehmen der Gemeinschaft berechtigt, innergemeinschaftliche Flugdienste betrieblich zu verbinden und Code-Sharing-Vereinbarungen zu treffen.
Einschränkungen der Freiheit von Luftfahrtunternehmen der Gemeinschaft, innergemeinschaftliche Flugdienste durchzuführen, die sich aus zweiseitigen Abkommen zwischen Mitgliedstaaten ergeben, werden hiermit aufgehoben.

(5) Ungeachtet der Bestimmungen zweiseitiger Abkommen zwischen Mitgliedstaaten und vorbehaltlich der für Unternehmen geltenden Wettbewerbsregeln der Gemeinschaft wird es Luftfahrtunternehmen der Gemeinschaft von den betroffenen Mitgliedstaaten erlaubt, Flugdienste betrieblich zu verbinden und mit allen Luftfahrtunternehmen Code-Sharing-Vereinbarungen auf Flugdiensten nach, von oder über einen Flughafen in ihrem Hoheitsgebiet von oder nach jedem Ort in Drittländern einzugehen.
Ein Mitgliedstaat kann im Rahmen des zweiseitigen Luftverkehrsabkommens mit dem betreffenden Drittland Code-Sharing-Vereinbarungen zwischen Luftfahrtunternehmen der Gemeinschaft und Luftfahrtunternehmen eines Drittlandes insbesondere dann einschränken, wenn das betreffende Drittland den von dem betreffenden Mitgliedstaat aus operierenden Luftfahrtunternehmen der Gemeinschaft keine ähnlichen kommerziellen Möglichkeiten einräumt. Die so verfahrenden Mitgliedstaaten tragen dafür Sorge, dass im Rahmen dieser Abkommen auferlegte Einschränkungen den Wettbewerb zwischen Luftfahrtunternehmen der Gemeinschaft nicht einschränken, keine Diskriminierung zwischen diesen beinhalten und nicht einschränkender als erforderlich sind.

Artikel 16 Allgemeine Grundsätze für gemeinwirtschaftliche Verpflichtungen

(1) Nach Konsultationen mit den anderen betroffenen Mitgliedstaaten und nach Unterrichtung der Kommission, der betreffenden Flughäfen und der auf dieser Strecke tätigen Luftfahrtunternehmen kann ein Mitgliedstaat im Linienflugverkehr zwischen einem Flughafen in der Gemeinschaft und einem Flughafen, der ein Rand- oder ein Entwicklungsgebiet seines Hoheitsgebiets bedient, oder auf einer wenig frequentierten Strecke zu einem Flughafen seines Hoheitsgebiets gemeinwirtschaftliche Verpflichtungen auferlegen, insoweit die jeweilige Strecke für die wirtschaftliche und soziale Entwicklung des Gebiets, das der Flughafen bedient, als unabdingbar gilt. Diese Verpflichtungen werden nur auferlegt, soweit dies für die Mindestbedienung dieser Strecke im Linienflugverkehr erforderlich ist, die in Bezug auf Kontinuität, Regelmäßigkeit, Preisgestaltung oder Mindestkapazität festen Standards genügt, die Luftfahrtunternehmen unter rein wirtschaftlichen Gesichtspunkten nicht einhalten würden.
Die festen Standards für die Strecke, die gemeinwirtschaftlichen Verpflichtungen unterliegt, sind auf transparente und nichtdiskriminierende Weise festzulegen.

(2) Falls durch andere Verkehrsträger eine ununterbrochene Bedienung einer Strecke mit mindestens zwei Tagesfrequenzen nicht sichergestellt ist, können die betroffenen Mitgliedstaaten im Rahmen der gemeinwirtschaftlichen Verpflichtungen vorsehen, dass Luftfahrtunternehmen der Gemeinschaft, die die Strecke bedienen wollen, eine Garantie dafür bieten müssen, dass sie die Strecke während eines festzulegenden Zeitraums entsprechend den sonstigen Bedingungen der gemeinwirtschaftlichen Verpflichtung bedienen werden.

(3) Zur Beurteilung der Notwendigkeit und Angemessenheit beabsichtigter gemeinwirtschaftlicher Verpflichtungen werden von dem Mitgliedstaat beziehungsweise von den Mitgliedstaaten folgende Kriterien herangezogen:
  a) die Verhältnismäßigkeit der beabsichtigten Verpflichtungen bezüglich der Bedürfnisse der wirtschaftlichen Entwicklung des betroffenen Gebiets;
  b) die Frage, ob auf andere Verkehrsträger zurückgegriffen werden kann und inwieweit diese Verkehrsträger den betreffenden Beförderungsbedarf decken können, insbesondere wenn bestehende Schienenverkehrsdienste die betreffende Strecke mit einer Reisezeit unter drei Stunden und mit ausreichenden Frequenzen und Verbindungen sowie mit angemessenen zeitlichen Abstimmungen bedienen;
  c) die den Benutzern angebotenen Flugpreise und Bedingungen;
  d) das Angebot aller Luftfahrtunternehmen zusammen, die diese Strecke bedienen oder zu bedienen beabsichtigen.

(4) Beabsichtigt ein Mitgliedstaat die Auferlegung gemeinwirtschaftlicher Verpflichtungen, so übermittelt er den Text der aufzuerlegenden gemeinwirtschaftlichen Verpflichtungen der Kommission, den anderen betroffenen Mitgliedstaaten, den betroffenen Flughäfen und den Luftfahrtunternehmen, die die betreffende Strecke bedienen.
Die Kommission veröffentlicht eine Bekanntmachung folgenden Inhalts im *Amtsblatt der Europäischen Union:*
  a) Angabe der beiden Flughäfen auf der betreffenden Strecke sowie möglicher Zwischenlandepunkte,
  b) Datum des Inkrafttretens der gemeinwirtschaftlichen Verpflichtungen und
  c) Angabe der vollständigen Adresse, bei der der Text und andere einschlägige Informationen und/oder Unterlagen im Zusammenhang mit den gemeinwirtschaftlichen Verpflichtungen unverzüglich und kostenlos von dem betroffenen Mitgliedstaat bereitgestellt werden.

(5) Ungeachtet der Bestimmungen von Absatz 4 wird für Strecken, auf denen die erwartete Zahl der Fluggäste des Flugdienstes unter 10 000 pro Jahr liegt, die Bekanntmachung gemeinwirtschaftlicher Verpflichtungen entweder im *Amtsblatt der Europäischen Union* oder im Amtsblatt des betreffenden Mitgliedstaats veröffentlicht.

(6) Das Datum des Inkrafttretens gemeinwirtschaftlicher Verpflichtungen liegt nicht vor dem Datum der Veröffentlichung der in Absatz 4 Unterabsatz 2 genannten Bekanntmachung.

(7) Besteht eine gemeinwirtschaftliche Verpflichtung gemäß den Absätzen 1 und 2, so darf das Luftfahrtunternehmen der Gemeinschaft Nur-Sitzplatz-Verkäufe unter der Voraussetzung anbieten, dass der betreffende Flugdienst der gemeinwirtschaftlichen Verpflichtung in allen Punkten gerecht wird. Ein solcher Flugverkehr gilt als Linienflugverkehr.

(8) Besteht eine gemeinwirtschaftliche Verpflichtung gemäß den Absätzen 1 und 2, so dürfen andere Luftfahrtunternehmen der Gemeinschaft jederzeit einen Linienflugverkehr aufnehmen, der der gemeinwirtschaftlichen Verpflichtung in allen Punkten – einschließlich des Betriebszeitraums, der nach Absatz 2 verlangt werden kann – gerecht wird.

(9) Ungeachtet des Absatzes 8 gilt, dass – sofern auf einer Strecke noch kein Luftfahrtunternehmen der Gemeinschaft den dauerhaften Linienflugverkehr entsprechend den für diese Strecke bestehenden gemeinwirtschaftlichen Verpflichtungen aufgenommen hat oder nachweisen kann, dass es im Begriff ist, einen solchen Verkehr aufzunehmen – der betreffende Mitgliedstaat den Zugang zum Linienflugverkehr auf dieser Strecke für die Dauer von bis zu vier Jahren einem einzigen Luftfahrtunternehmen der Gemeinschaft vorbehalten kann; danach muss die Lage erneut geprüft werden.
Dieser Zeitraum kann auf bis zu fünf Jahre ausgedehnt werden, wenn die gemeinwirtschaftlichen Verpflichtungen auf einer Strecke zu einem Flughafen auferlegt werden, der ein Gebiet in äußerster Randlage im Sinne von Artikel 299 Absatz 2 des Vertrags bedient.

(10) Das Recht zur Durchführung der in Absatz 9 genannten Dienste wird im Wege der öffentlichen Ausschreibung gemäß Artikel 17 allen Luftfahrtunternehmen der Gemeinschaft, die zur

Durchführung solcher Verkehre berechtigt sind, für eine Strecke oder, in Fällen, in denen dies aus Gründen der betrieblichen Effizienz gerechtfertigt ist, für mehrere solche Strecken angeboten. Aus Gründen der administrativen Effizienz kann ein Mitgliedstaat eine einzige Ausschreibung für verschiedene Strecken durchführen.

(11) Gemeinwirtschaftliche Verpflichtungen gelten als abgelaufen, wenn während eines Zeitraums von 12 Monaten kein Linienflugdienst auf der Strecke durchgeführt wurde, für die die gemeinwirtschaftlichen Verpflichtungen auferlegt wurden.

(12) Im Fall einer plötzlichen Unterbrechung der Flugdienste durch das Luftfahrtunternehmen der Gemeinschaft, das gemäß Artikel 17 ausgewählt wurde, kann der betroffene Mitgliedstaat im Notfall durch beidseitige Vereinbarung ein anderes Luftfahrtunternehmen der Gemeinschaft auswählen, das den Betrieb gemäß den gemeinwirtschaftlichen Verpflichtungen für einen Zeitraum von bis zu sieben Monaten, der nicht verlängert werden kann, unter folgenden Bedingungen durchführt:

a) von dem Mitgliedstaat gezahlte Ausgleichsleistungen erfolgen gemäß Artikel 17 Absatz 8;
b) die Auswahl erfolgt unter Luftfahrtunternehmen der Gemeinschaft gemäß den Grundsätzen der Transparenz und Nichtdiskriminierung;
c) es wird eine neue Ausschreibung eingeleitet.

Die Kommission und der bzw. die betroffene(n) Mitgliedstaat(en) sind unverzüglich über das Notfallverfahren und die Gründe dafür zu unterrichten. Die Kommission kann das Verfahren auf Antrag eines Mitgliedstaats oder von sich aus nach dem in Artikel 25 Absatz 2 genannten Verfahren aussetzen, falls sie nach entsprechender Beurteilung der Auffassung ist, dass es die Anforderungen dieses Absatzes nicht erfüllt oder sonst mit Gemeinschaftsrecht unvereinbar ist.

Artikel 17 Verfahren der öffentlichen Ausschreibung gemeinwirtschaftlicher Verpflichtungen

(1) Die gemäß Artikel 16 Absatz 10 vorgeschriebene öffentliche Ausschreibung wird gemäß dem Verfahren der Absätze 2 bis 10 dieses Artikels durchgeführt.

(2) Der betroffene Mitgliedstaat übermittelt der Kommission den vollständigen Text der Ausschreibung, es sei denn, er hat gemäß Artikel 16 Absatz 5 durch Veröffentlichung einer Bekanntmachung in seinem nationalen Amtsblatt auf die gemeinwirtschaftliche Verpflichtung hingewiesen. In diesem Fall wird die Ausschreibung ebenfalls in dem nationalen Amtsblatt veröffentlicht.

(3) Die Ausschreibung und der anschließende Vertrag müssen unter anderem die folgenden Punkte enthalten:

a) die im Rahmen der gemeinwirtschaftlichen Verpflichtung einzuhaltenden Standards;
b) Regeln für die Änderung und Kündigung des Vertrags, insbesondere zur Berücksichtigung unvorhersehbarer Umstände;
c) die Laufzeit des Vertrags;
d) Sanktionen bei Vertragsverletzungen;
e) objektive und transparente Parameter, anhand deren eine etwaige Ausgleichsleistung für die Erfüllung der gemeinwirtschaftlichen Verpflichtungen berechnet wird.

(4) Die Kommission macht die Ausschreibung durch eine Bekanntmachung im *Amtsblatt der Europäischen Union* bekannt. Die Frist für die Einreichung von Angeboten darf nicht früher als zwei Monate nach dem Tag der Veröffentlichung der Bekanntmachung enden. Falls die Ausschreibung eines Strecke betrifft, bei der der Zugang gemäß Artikel 16 Absatz 9 bereits auf ein Luftfahrtunternehmen beschränkt wurde, wird die Ausschreibung mindestens sechs Monate vor Beginn der Laufzeit der neuen Konzession veröffentlicht, um die weitere Notwendigkeit des beschränkten Zugangs zu prüfen.

(5) Die Bekanntmachung umfasst die folgenden Informationen:
   a) betroffener Mitgliedstaat/betroffene Mitgliedstaaten;
   b) betroffene Strecke;
   c) Laufzeit des Vertrags;
   d) vollständige Adresse, bei der der Text der Ausschreibung und andere einschlägige Informationen und/oder Unterlagen im Zusammenhang mit der öffentlichen Ausschreibung und den gemeinwirtschaftlichen Verpflichtungen von dem betroffenen Mitgliedstaat bereitgestellt werden;
   e) Frist für die Angebotsabgabe.

(6) Die betreffenden Mitgliedstaaten übermitteln unverzüglich und kostenlos alle einschlägigen Informationen und Unterlagen, die von einer an der öffentlichen Ausschreibung interessierten Partei angefordert werden.

(7) Der Zuschlag erfolgt möglichst rasch; dabei sind die Angemessenheit des Leistungsangebots einschließlich der den Benutzern angebotenen Preise und Bedingungen sowie die gegebenenfalls von dem oder den betroffenen Mitgliedstaaten zu zahlende Ausgleichsleistung zu berücksichtigen.

(8) Der betroffene Mitgliedstaat darf einem Luftfahrtunternehmen, das den Zuschlag gemäß Absatz 7 erhalten hat, einen Ausgleich für die Einhaltung der Standards der nach Artikel 16 auferlegten gemeinwirtschaftlichen Verpflichtung leisten. Die Höhe dieser Ausgleichsleistung darf den Betrag nicht überschreiten, der zur Deckung der Nettokosten nötig ist, die durch die Erfüllung der gemeinwirtschaftlichen Verpflichtung entstehen, wobei den damit zusammenhängenden vom Luftfahrtunternehmen vereinnahmten Erträgen und einem angemessenen Gewinn Rechnung zu tragen ist.

(9) Die Kommission ist durch eine schriftliche Mitteilung des Mitgliedstaats, die folgende Angaben enthält, unverzüglich über die Ausschreibungsergebnisse und den erfolgten Zuschlag zu informieren:
   a) Anzahl, Namen und Unternehmensangaben der Bieter;
   b) betriebliche Elemente der Angebote;
   c) in den Angeboten verlangte Ausgleichsleistung;
   d) Name des ausgewählten Bieters.

(10) Auf Antrag eines Mitgliedstaats oder von sich aus kann die Kommission Mitgliedstaaten auffordern, innerhalb eines Monats alle einschlägigen Unterlagen im Zusammenhang mit der Auswahl eines Luftfahrtunternehmens für die Wahrnehmung einer gemeinwirtschaftlichen Verpflichtung zu übermitteln. Werden die angeforderten Unterlagen nicht fristgemäß vorgelegt, kann die Kommission entscheiden, die Ausschreibung gemäß dem Verfahren von Artikel 25 Absatz 2 auszusetzen.

Artikel 18 Prüfung gemeinwirtschaftlicher Verpflichtungen

(1) Die Mitgliedstaaten treffen alle erforderlichen Maßnahmen, um sicherzustellen, dass gemäß den Artikeln 16 und 17 getroffene Entscheidungen wirksam und insbesondere so rasch wie möglich überprüft werden können, wenn es um einen Verstoß dieser Entscheidungen gegen Gemeinschaftsrecht oder einzelstaatliche Durchführungsvorschriften geht.
Insbesondere kann die Kommission auf Antrag eines Mitgliedstaats oder von sich aus Mitgliedstaaten auffordern, innerhalb von zwei Monaten folgendes zu übermitteln:
   a) ein Dokument zur Begründung der Notwendigkeit der gemeinwirtschaftlichen Verpflichtungen und deren Einhaltung der in Artikel 16 genannten Kriterien;
   b) eine wirtschaftliche Analyse des betreffenden Gebiets;
   c) eine Analyse der Verhältnismäßigkeit der beabsichtigten Verpflichtungen bezüglich der wirtschaftlichen Entwicklungsziele;

d) eine Analyse etwaiger bestehender Flugdienste und anderer vorhandener Verkehrsträger, deren Nutzung als Ersatz für die beabsichtigte Auferlegung angesehen werden könnte.

(2) Die Kommission führt auf Antrag eines Mitgliedstaats, der der Auffassung ist, dass der Zugang zu einer Strecke durch Artikel 16 und 17 in unvertretbarer Weise eingeschränkt ist, oder von sich aus eine Untersuchung durch und entscheidet binnen sechs Monaten nach Antragseingang gemäß dem Verfahren von Artikel 25 Absatz 2 unter Berücksichtigung aller maßgeblichen Faktoren darüber, ob Artikel 16 und 17 für die betreffende Strecke weiterhin gelten sollen.

Artikel 19 Verkehrsaufteilung zwischen Flughäfen und Ausübung von Verkehrsrechten

(1) Die Ausübung von Verkehrsrechten unterliegt den veröffentlichten gemeinschaftlichen, einzelstaatlichen, regionalen oder örtlichen Vorschriften in den Bereichen Flugsicherheit, Luftsicherheit, Umweltschutz und Zuweisung von Start- und Landezeiten.

(2) Nach Anhörung der interessierten Parteien, einschließlich der betroffenen Luftfahrtunternehmen und Flughäfen kann ein Mitgliedstaat ohne Diskriminierung zwischen Zielen innerhalb der Gemeinschaft oder aus Gründen der Staatszugehörigkeit oder der Identität des Luftfahrtunternehmens die Aufteilung des Flugverkehrs auf Flughäfen unter Einhaltung der folgenden Bedingungen regeln:

a) die Flughäfen bedienen dieselbe Stadt oder denselben Ballungsraum;

b) die Flughäfen sind durch eine angemessene Verkehrsinfrastruktur angebunden, so dass sie – nach Möglichkeit auf direktem, ggf. auch grenzüberschreitendem Wege – innerhalb von 90 Minuten erreichbar sind;

c) die Flughäfen sind miteinander und mit dem Stadt- oder Ballungsgebiet, das sie bedienen, über häufige, zuverlässige und effiziente öffentliche Verkehrsverbindungen verbunden, und

d) die Flughäfen bieten den Luftfahrtunternehmen die erforderlichen Dienstleistungen und beeinträchtigen nicht in unangemessener Weise deren Geschäftsmöglichkeiten.

Entscheidungen zur Regelung der Flugverkehrsaufteilung zwischen den betroffenen Flughäfen müssen den Grundsätzen der Verhältnismäßigkeit und Transparenz entsprechen und auf objektiven Kriterien beruhen.

(3) Der betroffene Mitgliedstaat unterrichtet die Kommission über seine Absicht, die Aufteilung des Flugverkehrs zu regeln oder bestehende Verkehrsaufteilungsregeln zu ändern.
Die Kommission prüft die Anwendung der Absätze 1 und 2 dieses Artikels und entscheidet innerhalb von sechs Monaten ab Eingang der Informationen aus dem Mitgliedstaat gemäß dem Verfahren von Artikel 25 Absatz 2, ob der Mitgliedstaat die Maßnahmen anwenden darf.
Die Kommission veröffentlicht ihre Entscheidung im *Amtsblatt der Europäischen Union;* die Maßnahmen dürfen nicht vor Veröffentlichung der Zustimmung durch die Kommission angewendet werden.

(4) Hinsichtlich der zum Zeitpunkt des Inkrafttretens dieser Verordnung bestehenden Regeln für die Verkehrsaufteilung prüft die Kommission auf Antrag eines Mitgliedstaats oder von sich aus die Anwendung der Absätze 1 und 2 und entscheidet gemäß dem Verfahren von Artikel 25 Absatz 2, ob der Mitgliedstaat die Maßnahme weiterhin anwenden darf.

(5) Die Kommission veröffentlicht ihre gemäß diesem Artikel getroffenen Entscheidungen im *Amtsblatt der Europäischen Union.*

Artikel 20 Umweltschutzmaßnahmen

(1) Im Fall von schwerwiegenden Umweltproblemen kann der zuständige Mitgliedstaat die Ausübung von Verkehrsrechten einschränken oder verweigern, insbesondere wenn andere Verkehrsträger Verkehrsdienste in angemessenem Umfang zur Verfügung stellen. Die Maßnahme darf keine Diskriminierung beinhalten, den Wettbewerb zwischen Luftfahrtunternehmen nicht verzerren, nicht einschränkender sein, als es zur Lösung der Probleme erforderlich ist, und muss eine begrenzte Geltungsdauer haben, die drei Jahre nicht überschreitet und nach deren Ablauf eine Überprüfung der Maßnahme erfolgt.

(2) Hält ein Mitgliedstaat eine Maßnahme nach Absatz 1 für erforderlich, so unterrichtet er mindestens drei Monate vor dem Inkrafttreten der Maßnahme die übrigen Mitgliedstaaten und die Kommission mit einer entsprechenden Begründung. Die Maßnahme kann durchgeführt werden, sofern innerhalb eines Monats nach Erhalt der Angaben ein betroffener Mitgliedstaat gegen die Maßnahme Einspruch einlegt oder die Kommission eine weitere Überprüfung der Maßnahme gemäß Absatz 3 vornimmt.

(3) Die Kommission kann auf Antrag eines anderen Mitgliedstaats oder von sich aus nach dem in Artikel 25 Absatz 2 genannten Verfahren die Maßnahmen aussetzen, wenn diese die Anforderungen nach Absatz 1 nicht erfüllen oder mit anderen Gemeinschaftsvorschriften nicht vereinbar sind.

Artikel 21 Sofortmaßnahmen

(1) Ein Mitgliedstaat darf im Fall plötzlich auftretender kurzfristiger Probleme, die sich aus unvorhersehbaren und unvermeidbaren Umständen ergeben, die Ausübung von Verkehrsrechten verweigern, einschränken oder mit Bedingungen versehen. Solche Maßnahmen müssen den Grundsätzen der Verhältnismäßigkeit und Transparenz entsprechen und auf objektiven und nichtdiskriminierenden Kriterien beruhen.
Die Kommission und die übrigen Mitgliedstaaten sind unverzüglich mit der entsprechenden Begründung von diesen Maßnahmen zu unterrichten. Dauern die Probleme, die diese Maßnahmen erforderlich machen, länger als 14 Tage an, muss der Mitgliedstaat dies der Kommission und den übrigen Mitgliedstaaten mitteilen und darf er die Maßnahme nach Zustimmung der Kommission für weitere Zeiträume von jeweils bis zu 14 Tagen fortführen.

(2) Die Kommission kann auf Antrag des oder der beteiligten Mitgliedstaaten oder von sich aus diese Maßnahme aussetzen, wenn diese die Anforderungen nach Absatz 1 nicht erfüllt oder mit anderen Gemeinschaftsvorschriften nicht vereinbar ist.

KAPITEL IV **BESTIMMUNGEN ZUR PREISFESTSETZUNG**

Artikel 22 Preisfreiheit

(1) Die Luftfahrtunternehmen der Gemeinschaft und – auf der Grundlage der Reziprozität – die Luftfahrtunternehmen von Drittländern legen ihre Flugpreise und Frachtraten für innergemeinschaftliche Flugdienste unbeschadet des Artikels 16 Absatz 1 frei fest.

(2) Unbeschadet der Bestimmungen zweiseitiger Abkommen zwischen Mitgliedstaaten dürfen die Mitgliedstaaten nicht aus Gründen der Staatszugehörigkeit oder Identität von Luftfahrtunternehmen diskriminieren, wenn sie Luftfahrtunternehmen der Gemeinschaft die Festsetzung von Flugpreisen und Frachtraten für Flugdienste zwischen ihrem Hoheitsgebiet und einem Drittland gestatten. Diese Bestimmung geht noch geltenden Beschränkungen bezüglich der Preisfestsetzung, einschließlich für Strecken nach Drittländern, die sich aus zweiseitigen Abkommen zwischen Mitgliedstaaten ergeben, vor.

Artikel 23 Information und Nichtdiskriminierung

(1) Die der Öffentlichkeit zugänglichen Flugpreise und Luftfrachtraten, die in jedweder Form – auch im Internet – für Flugdienste von einem Flughafen im Hoheitsgebiet eines Mitgliedstaats, auf das der Vertrag Anwendung findet, angeboten oder veröffentlicht werden, schließen die anwendbaren Tarifbedingungen ein. Der zu zahlende Endpreis ist stets auszuweisen und muss den anwendbaren Flugpreis beziehungsweise die anwendbare Luftfrachtrate sowie alle anwendbaren Steuern und Gebühren, Zuschläge und Entgelte, die unvermeidbar und zum Zeitpunkt der Veröffentlichung vorhersehbar sind, einschließen. Neben dem Endpreis ist mindestens Folgendes auszuweisen:
a) der Flugpreis bzw. die Luftfrachtrate,
b) die Steuern,
c) die Flughafengebühren und
d) die sonstigen Gebühren, Zuschläge und Entgelte, wie etwa diejenigen, die mit der Sicherheit oder dem Kraftstoff in Zusammenhang stehen,

soweit die unter den Buchstaben b, c und d genannten Posten dem Flugpreis bzw. der Luftfrachtrate hinzugerechnet wurden. Fakultative Zusatzkosten werden auf klare, transparente und eindeutige Art und Weise am Beginn jedes Buchungsvorgangs mitgeteilt; die Annahme der fakultativen Zusatzkosten durch den Kunden erfolgt auf „Opt-in"-Basis.

(2) Unbeschadet des Artikels 16 Absatz 1 wird der Zugang zu den der Öffentlichkeit zugänglichen Flugpreisen und Luftfrachtraten für Flugdienste von einem Flughafen im Hoheitsgebiet eines Mitgliedstaats, auf das der Vertrag Anwendung findet, ohne Diskriminierung aufgrund der Staatsangehörigkeit oder des Wohnorts des Kunden oder des Niederlassungsorts des Bevollmächtigten des Luftfahrtunternehmens oder sonstiger Flugscheinverkäufer innerhalb der Gemeinschaft gewährt.

Artikel 24 Sanktionen

Die Mitgliedstaaten gewährleisten, dass die in diesem Kapitel festgelegten Bestimmungen eingehalten werden, und legen für Verstöße gegen diese Bestimmungen Sanktionen fest. Diese Sanktionen müssen wirksam, verhältnismäßig und abschreckend sein.

KAPITEL V **SCHLUSSBESTIMMUNGEN**

Artikel 25 Ausschuss

(1) Die Kommission wird von einem Ausschuss unterstützt.

(2) Wird auf diesen Absatz Bezug genommen, so gelten die Artikel 3 und 7 des Beschlusses 1999/468/EG unter Beachtung von dessen Artikel 8.

Artikel 26 Zusammenarbeit und Auskunftsrecht

(1) Die Mitgliedstaaten und die Kommission arbeiten bei der Durchführung und Überwachung der Anwendung dieser Verordnung zusammen.

(2) Die Kommission kann zur Erfüllung der ihr durch diese Verordnung übertragenen Aufgaben von den Mitgliedstaaten alle erforderlichen Auskünfte einholen; diese haben ferner die Erteilung solcher Auskünfte durch Luftfahrtunternehmen, denen ihre zuständigen Genehmigungsbehörden eine Betriebsgenehmigung erteilt haben, zu erleichtern.

(3) Die Mitgliedstaaten ergreifen im Einklang mit ihren einzelstaatlichen Rechtsvorschriften die nötigen Maßnahmen, um einen angemessenen Schutz der von ihnen aufgrund dieser Verordnung erhaltenen vertraulichen Informationen zu gewährleisten.

Artikel 27 Aufhebung

Die Verordnungen (EWG) Nr 2407/92, (EWG) Nr 2408/92 und (EWG) Nr 2409/92 werden aufgehoben. Verweise auf die aufgehobene Verordnung gelten als Verweise auf diese Verordnung nach der Entsprechungstabelle im Anhang II.

Artikel 28 Inkrafttreten

Diese Verordnung tritt am Tag nach ihrer Veröffentlichung im *Amtsblatt der Europäischen Union* in Kraft.
Diese Verordnung ist in allen ihren Teilen verbindlich und gilt unmittelbar in jedem Mitgliedstaat.

Geschehen zu Straßburg am 24. September 2008.
Im Namen des Europäischen Parlaments
Der Präsident
H.-G. Pöttering
Im Namen des Rates
Der Präsident
J.-P. Jouyet

ANHANG I **GEMÄSS DEN ARTIKELN 5 UND 8 ZU ÜBERMITTELNDE ANGABEN**

1. Angaben, die bei einer erstmaligen Antragstellung hinsichtlich der finanziellen Eignung vorzulegen sind:

1.1. Der letzte Stand der Ertragsrechnung und, sofern verfügbar, der geprüfte Abschluss des vorausgegangenen Geschäftsjahres.

1.2. Eine Plan-Bilanz einschließlich Gewinn- und Verlustrechnung für die kommenden drei Jahre.

1.3. Ausgangsdaten für geplante Aufwendungen und Erträge bei Posten wie Treibstoff, Flugpreisen und Luftfrachtraten, Löhnen und Gehältern, Wartung, Abschreibung, Wechselkursschwankungen, Flughafengebühren, Flugsicherungsgebühren, Bodenabfertigungskosten, Versicherung usw.; Verkehrs-/Ertragsprognosen.

1.4. Angaben zu den Anlaufkosten im Zeitraum zwischen der Antragstellung und dem Beginn der Tätigkeit, mit Erläuterung des entsprechenden Finanzierungskonzepts.

1.5. Angaben zu bestehenden und geplanten Finanzierungsquellen.

1.6. Angaben zu den Gesellschaftern, einschließlich Angabe der Staatsangehörigkeit und der Art der zu haltenden Anteile, sowie die Satzung. Gehört der Antragsteller einer Unternehmensgruppe an, so sollten Angaben zur Beziehung zwischen den Unternehmen gemacht werden.

1.7. Cashflow-Prognosen und Liquiditätspläne für die ersten drei Jahre nach Beginn der Tätigkeit.

1.8. Angaben zur Finanzierung des Kaufs/zum Leasen von Luftfahrzeugen, bei Leasing einschließlich Vertragsbedingungen.

2. Angaben, die zur Beurteilung der weiteren finanziellen Eignung von Genehmigungsinhabern erforderlich sind, wenn diese eine für ihre Finanzlage erhebliche Veränderung ihrer Strukturen oder Tätigkeiten planen:

2.1. Erforderlichenfalls der letzte Stand der intern aufgestellten Bilanz und der geprüfte Abschluss des vorausgegangenen Geschäftsjahres.

2.2. Genaue Angaben zu allen geplanten Änderungen, zB Änderung der Art des Dienstes, beabsichtigte Übernahmen oder Zusammenschlüsse, Änderungen hinsichtlich des Gesellschaftskapitals, Änderungen hinsichtlich der Gesellschafter usw.
2.3. Eine Plan-Bilanz mit Gewinn- und Verlustrechnung für das laufende Geschäftsjahr einschließlich aller geplanten Änderungen der Struktur oder der Tätigkeiten, die für die Finanzlage erheblich sind.
2.4. Zahlenangaben über zurückliegende und geplante Aufwendungen und Erträge bei Posten wie Kraftstoff, Flugpreisen und Luftfrachtraten, Löhnen und Gehältern, Wartung, Abschreibung, Wechselkursschwankungen, Flughafengebühren, Flugsicherungsgebühren, Bodenabfertigungskosten, Versicherung usw.; Verkehrs-/Ertragsprognosen.
2.5. Cashflow-Prognosen und Liquiditätspläne für das kommende Jahr, einschließlich aller geplanten Änderungen der Struktur oder der Tätigkeiten, die für die Finanzlage erheblich sind.
2.6. Angaben zur Finanzierung des Kaufs/zum Leasen von Luftfahrzeugen, bei Leasing einschließlich Vertragsbedingungen.

3. Angaben, die zur Beurteilung der weiteren finanziellen Eignung bisheriger Genehmigungsinhaber erforderlich sind:
3.1. Geprüfter Abschluss, der – sofern das einzelstaatliche Recht nichts anderes bestimmt – spätestens sechs Monate nach Ablauf des letzten Tages des betreffenden Geschäftsjahrs zur Verfügung stehen muss, und erforderlichenfalls der letzte Stand der intern aufgestellten Bilanz.
3.2. Eine Plan-Bilanz einschließlich Gewinn- und Verlustrechnung für das kommende Jahr.
3.3. Zahlenangaben über zurückliegende und geplante Aufwendungen und Erträge bei Posten wie Kraftstoff, Flugpreisen und Luftfrachtraten, Löhnen und Gehältern, Wartung, Abschreibung, Wechselkursschwankungen, Flughafengebühren, Flugsicherungsgebühren, Bodenabfertigungskosten, Versicherung usw.; Verkehrs-/Ertragsprognosen.
3.4. Cashflow-Prognosen und Liquiditätspläne für das kommende Jahr.

ANHANG II **ENTSPRECHUNGSTABELLE (gemäß Artikel 27)**

Verordnung (EG) Nr. 2407/92	Vorliegende Verordnung
Artikel 1 Absatz 1	Artikel 1
Artikel 1 Absatz 2	Artikel 3 Absatz 3
Artikel 2	Artikel 2
Artikel 3 Absatz 1	Artikel 3 Absatz 2
Artikel 3 Absatz 2	Artikel 3 Absatz 1 Unterabsatz 2
Artikel 3 Absatz 3	Artikel 3 Absatz 1 Unterabsatz 1
Artikel 4 Absatz 1	Artikel 4
Artikel 4 Absatz 2	Artikel 4 Buchstabe f
Artikel 4 Absatz 3	–
Artikel 4 Absatz 4	Artikel 4 Buchstabe f
Artikel 4 Absatz 5	Artikel 8 Absatz 1 Unterabsatz 2
Artikel 5 Absatz 1	Artikel 5 Absatz 1
Artikel 5 Absatz 2	Artikel 5 Absatz 2
Artikel 5 Absatz 3	Artikel 8 Absatz 5

Verordnung (EG) Nr. 2407/92	Vorliegende Verordnung
Artikel 5 Absatz 4	Artikel 8 Absatz 6
Artikel 5 Absatz 5	Artikel 9 Absatz 1
Artikel 5 Absatz 6	Artikel 8 Absatz 4
Artikel 5 Absatz 7	Artikel 5 Absatz 3 und Artikel 8 Absatz 8
Artikel 6	Artikel 7
Artikel 7	Artikel 11
Artikel 8 Absatz 1	Artikel 4 Buchstabe c
Artikel 8 Absatz 2	Artikel 12 Absatz 1
Artikel 8 Absatz 3	Artikel 13 Absätze 2 und 3
Artikel 8 Absatz 4	Artikel 12 Absatz 2
Artikel 9	Artikel 6
Artikel 10 Absatz 1	Artikel 13 Absätze 2 und 3
Artikel 10 Absatz 2	Artikel 13 Absatz 2 Absatz 3
Artikel 11 Absatz 1	Artikel 8 Absatz 1
Artikel 11 Absatz 2	Artikel 8 Absatz 3
Artikel 11 Absatz 3	Artikel 8 Absatz 7
Artikel 12	Artikel 9 Absätze 2 bis 6
Artikel 13 Absatz 1	Artikel 10 Absatz 2
Artikel 13 Absatz 2	Artikel 10 Absatz 1
Artikel 13 Absatz 3	–
Artikel 13 Absatz 4	Artikel 10 Absatz 3
Artikel 14	–
Artikel 15	–
Artikel 16	–
Artikel 17	–
Artikel 18 Absatz 1	Artikel 26 Absatz 1
Artikel 18 Absatz 2	Artikel 26 Absatz 3
Artikel 19	–
ANHANG	ANHANG I

Verordnung (EG) Nr. 2408/92	Vorliegende Verordnung
Artikel 1 Absatz 1	Artikel 1
Artikel 1 Absatz 2	Artikel 1 Absatz 2
Artikel 1 Absatz 3	–
Artikel 1 Absatz 4	–
Artikel 2	Artikel 2
Artikel 3 Absatz 1	Artikel 15 Absätze 1 und 2
Artikel 3 Absatz 2	–
Artikel 3 Absatz 3	–
Artikel 3 Absatz 4	–
Artikel 4 Absatz 1 Buchstabe a	Artikel 16 Absatz 1
Artikel 4 Absatz 1 Buchstabe b	Artikel 16 Absatz 3
Artikel 4 Absatz 1 Buchstabe c	Artikel 16 Absatz 2
Artikel 4 Absatz 1 Buchstabe d	Artikel 16 Absatz 9
–	Artikel 17 Absatz 1
–	Artikel 17 Absatz 2
–	Artikel 17 Absatz 4
–	Artikel 17 Absatz 5
–	Artikel 17 Absatz 6
Artikel 4 Absatz 1 Buchstabe e	Artikel 17 Absatz 3
Artikel 4 Absatz 1 Buchstabe f	Artikel 17 Absatz 7
Artikel 4 Absatz 1 Buchstabe g	–
Artikel 4 Absatz 1 Buchstabe h	Artikel 17 Absatz 8
–	Artikel 17 Absatz 9
–	Artikel 17 Absatz 10
Artikel 4 Absatz 1 Buchstabe i	Artikel 18 Absatz 1
Artikel 4 Absatz 1 Buchstabe j	Artikel 16 Absatz 7
Artikel 4 Absatz 1 Buchstabe k	–
Artikel 4 Absatz 2	–
Artikel 4 Absatz 3	Artikel 18 Absatz 2
Artikel 4 Absatz 4	–
Artikel 5	–
Artikel 6 Absätze 1 und 2	–
Artikel 7	Artikel 15 Absätze 4 und 5
Artikel 8 Absatz 1	Artikel 19 Absatz 2
Artikel 8 Absatz 2	Artikel 19 Absatz 1
Artikel 8 Absatz 3	Artikel 19 Absatz 3

Verordnung (EG) Nr. 2408/92	Vorliegende Verordnung
Artikel 8 Absatz 4	–
Artikel 8 Absatz 5	–
Artikel 9 Absatz 1	Artikel 20 Absatz 1
Artikel 9 Absatz 2	Artikel 20 Absatz 1
Artikel 9 Absatz 3	Artikel 20 Absatz 2
Artikel 9 Absatz 4	Artikel 20 Absatz 3
Artikel 9 Absatz 5	Artikel 22 Absatz 1
Artikel 9 Absatz 6	Artikel 22 Absatz 2
Artikel 9 Absatz 7	–
Artikel 9 Absatz 8	–
Artikel 10	–
Artikel 11	Artikel 25
Artikel 12 Absatz 1	Artikel 26 Absatz 2
Artikel 12 Absatz 2	–
Artikel 13	–
Artikel 14 Absatz 1	Artikel 26 Absatz 1
Artikel 14 Absatz 2	Artikel 26 Absatz 3
Artikel 15	–
Artikel 16	–
ANHANG I	–
ANHANG II	–
ANHANG III	–
–	ANHANG II

Verordnung (EG) Nr. 2409/92	Vorliegende Verordnung
Artikel 1 Absatz 1	Artikel 1
Artikel 1 Absatz 2	Artikel 21 Absatz 1
Artikel 1 Absatz 3	–
Artikel 2	Artikel 2
Artikel 3	–
Artikel 4	Artikel 23
Artikel 5 Absatz 1	Artikel 22
Artikel 5 Absatz 2	–
Artikel 5 Absatz 3	–

Verordnung (EG) Nr. 2409/92	Vorliegende Verordnung
Artikel 5 Absatz 4	–
Artikel 6 Artikel 7	–
Artikel 8 Artikel 9	–
Artikel 10 Absatz 1	Artikel 26 Absatz 1
Artikel 10 Absatz 2	Artikel 26 Absatz 3
Artikel 11 Artikel 12	–
–	Artikel 27
–	Artikel 28

II.-3 Luftverkehrs-Zulassungs-Ordnung (LuftVZO)

vom 1.4.1979,
neugefasst durch Bek. v. 10.7.2008
(BGBl I 2008 S. 1229),
zuletzt geändert durch Art 1 V v. 22.2.2011
(BGBl I 2011 S. 317)
– Auszug –

Fünfter Abschnitt Haftpflichtversicherung

1. Anwendungsbereich

§ 101 Anwendungsbereich[1]

Für die Haftpflichtversicherung zur Deckung der Haftung auf Schadensersatz wegen der Tötung, der Körperverletzung oder der Gesundheitsbeschädigung einer nicht im Luftfahrzeug beförderten Person und der Zerstörung oder Beschädigung nicht im Luftfahrzeug beförderter Sachen (Drittschäden) sowie für die Haftpflichtversicherung zur Deckung der Haftung auf Schadensersatz wegen der Tötung, der Körperverletzung oder der Gesundheitsbeschädigung eines Fluggastes durch einen Unfall, wegen der verspäteten Beförderung eines Fluggastes oder wegen der Zerstörung, der Beschädigung, des Verlustes oder der verspäteten Beförderung seines Reisegepäcks (Fluggastschäden) und wegen der Zerstörung, der Beschädigung des Verlustes oder der verspäteten Ablieferung von Gütern (Güterschäden) bei einer aus Vertrag geschuldeten Luftbeförderung gelten die Vorschriften dieses Abschnitts, soweit

1. die Verordnung (EG) Nr 1008/2008 des Europäischen Parlaments und des Rates vom 24. September 2008 über gemeinsame Vorschriften für die Durchführung von Luftverkehrsdiensten in der Gemeinschaft (ABl. L 293 vom 31.10.2008, S 3) in der jeweils geltenden Fassung,
2. die Verordnung (EG) Nr 2027/97 des Rates vom 9. Oktober 1997 über die Haftung von Luftfahrtunternehmen bei Unfällen (ABl. EG Nr. L 285 S 1), geändert durch die Verordnung (EG) Nr 889/2002 des Europäischen Parlaments und des Rates vom 13. Mai 2002 (ABl. EG Nr. L 140 S 2), in der jeweils geltenden Fassung und
3. die Verordnung (EG) Nr 785/2004 des Europäischen Parlaments und des Rates vom 21. April 2004 über Versicherungsanforderungen an Luftfahrtunternehmen und Luftfahrzeugbetreiber (ABl. EU Nr. L 138 S 1) in der jeweils geltenden Fassung

nicht anwendbar sind oder keine Regelungen enthalten.

2. Haftpflichtversicherung für Drittschäden

§ 102 Vertragsinhalt

(1) Der Haftpflichtversicherungsvertrag für Drittschäden muss die sich aus dem Betrieb eines Luftfahrzeugs für den Halter ergebende Haftung decken.
(2) Die Mindesthöhe der Versicherungssumme bestimmt sich bei Luftfahrzeugen nach § 37 Abs 1 des Luftverkehrsgesetzes.
(3) Für Drachen, Flugmodelle und nichtmotorgetriebene Luftsportgeräte ist Gruppenversicherung zulässig.

1 § 101 Nr 1: idF des Art. 1 Nr. 5, Vorschrift v 2.10.2009 I 3535 m.W.v. 14.10.2009.

https://doi.org/10.1515/9783110564945-071

§ 102a Anzeigepflicht

Der Versicherer und der Versicherungspflichtige haben jede Unterbrechung des Versicherungsschutzes, jede Beendigung des Versicherungsverhältnisses und jede Erschöpfung der Deckungssumme der für die Verkehrszulassung zuständigen Stelle (§ 7) unverzüglich anzuzeigen, soweit dies ein Luftfahrzeug betrifft, das einer Verkehrszulassung nach § 6 bedarf.

§ 102b

(weggefallen)

3. Haftpflichtversicherung für Fluggastschäden

§ 103 Vertragsinhalt

(1) Unbeschadet des § 51 des Luftverkehrsgesetzes muss der Haftpflichtversicherungsvertrag für Fluggastschäden die Haftung des Luftfrachtführers auf Schadensersatz wegen der in § 44 des Luftverkehrsgesetzes genannten Schäden bei der von ihm geschuldeten oder der von ihm für einen vertraglichen Luftfrachtführer ausgeführten Luftbeförderung decken.

(2) Die Mindesthöhe der Versicherungssumme für den Fall der Tötung, der Körperverletzung oder der Gesundheitsbeschädigung eines Fluggastes beträgt für jede Person 250 000 Rechnungseinheiten. Dies gilt auch für den Kapitalwert einer als Schadensersatz zu leistenden Rente. Für den Fall der verspäteten Beförderung eines Fluggastes bestimmt sich die Mindesthöhe der Versicherungssumme nach § 46 Abs 2 des Luftverkehrsgesetzes, für den Fall der Zerstörung, der Beschädigung, des Verlustes oder der verspäteten Beförderung von Reisegepäck nach § 47 Abs 4 des Luftverkehrsgesetzes.

(3) Soweit sich die Haftung auf Schadensersatz nur aus dem Abkommen vom 12. Oktober 1929 zur Vereinheitlichung von Regeln über die Beförderung im internationalen Luftverkehr (Erstes Abkommen zur Vereinheitlichung des Luftprivatrechts) (RGBl. 1933 II S 1039) (Warschauer Abkommen) und dem Gesetz zur Durchführung des Ersten Abkommens zur Vereinheitlichung des Luftprivatrechts in der im Bundesgesetzblatt Teil III, Gliederungsnummer 96-2, veröffentlichten bereinigten Fassung, dem Protokoll vom 28. September 1955 zur Änderung des Abkommens zur Vereinheitlichung von Regeln über die Beförderung im internationalen Luftverkehr (BGBl 1958 II S 292) (Haager Protokoll) oder dem Zusatzabkommen vom 18. September 1961 zum Warschauer Abkommen zur Vereinheitlichung von Regeln über die von einem anderen als dem vertraglichen Luftfrachtführer ausgeführte Beförderung im internationalen Luftverkehr (BGBl 1963 II S 1160) ergibt, beträgt die Mindesthöhe der Versicherungssumme für den Fall der Tötung, der Körperverletzung oder der Gesundheitsbeschädigung eines Fluggastes für jede Person 250 000 Rechnungseinheiten, wenn die Haftungsbeschränkungen des Artikels 22 Abs 1 nach Artikel 25 des Warschauer Abkommens in der jeweils geltenden Fassung nicht gelten; im Übrigen beträgt sie für diese Fälle und den Fall der verspäteten Beförderung eines Fluggastes für jede Person 27 355 Euro. Für den Fall der Zerstörung, der Beschädigung, des Verlustes oder der verspäteten Beförderung aufgegebenen Reisegepäcks beträgt die Mindesthöhe der Versicherungssumme 27,36 Euro für das Kilogramm, soweit sich die Haftung auf Schadensersatz nur aus den in Satz 1 genannten Übereinkünften ergibt. Beschränkt Artikel 22 Abs 3 des Warschauer Abkommens in der jeweils geltenden Fassung die Haftung des Luftfrachtführers für Gegenstände, die der Fluggast in seiner Obhut behält, beträgt die Mindesthöhe der Versicherungssumme 548 Euro.

(4) Für die Umrechnung der Rechnungseinheit nach Absatz 2 und 3 Satz 1 erster Halbsatz gilt § 49b des Luftverkehrsgesetzes entsprechend.

4. Haftpflichtversicherung für Güterschäden

§ 104 Versicherung für Güterschäden

(1) Der Haftpflichtversicherungsvertrag für Güterschäden muss die Haftung des Luftfrachtführers auf Schadensersatz nach dem Montrealer Übereinkommen wegen der in § 4 Abs 2 des Montrealer Übereinkommen-Durchführungsgesetzes genannten Schäden bei der von ihm geschuldeten oder der von ihm für einen vertraglichen Luftfrachtführer ausgeführten Luftbeförderung decken.

(2) Der Haftpflichtversicherungsvertrag nach Absatz 1 muss spätestens bei der Übernahme des Gutes vorliegen.

(3) Die Mindesthöhe der Versicherungssumme beläuft sich für den Luftfrachtführer, der ein Luftfahrzeug betreibt oder führt, auf 17 Rechnungseinheiten je Kilogramm des beförderten Gutes. Für einen Luftfrachtführer, der ein Luftfahrzeug weder betreibt noch führt, beläuft sich die Mindesthöhe der Versicherungssumme auf 600 000 Euro je Schadensereignis. Dieser Luftfrachtführer kann eine Begrenzung der Leistungen des Versicherers für alle innerhalb eines Versicherungsjahres verursachten Schäden vereinbaren; die Jahreshöchstleistung muss jedoch mindestens das Zweifache der Mindestversicherungssumme betragen.

(4) Soweit sich aus Artikel 23 Abs 1 des Montrealer Übereinkommens nicht etwas anderes ergibt, gilt für die Umrechnung der Rechnungseinheit nach Absatz 3 § 431 Abs 4 des Handelsgesetzbuchs entsprechend.

5. Gemeinsame Vorschriften

§ 105 Versicherer

(1) Der Versicherungsvertrag ist mit einem Versicherer zu schließen, der zum Geschäftsbetrieb in Deutschland befugt ist.

(2) Absatz 1 gilt nicht für die Versicherungsverträge hinsichtlich Drittschäden und Fluggastschäden für ausländische Luftfahrzeuge nach § 99 Abs 4 und 5 oder für deutsche Luftfahrzeuge, für die die völkerrechtliche Verantwortung und Zuständigkeit nach § 3a Abs 2 des Luftverkehrsgesetzes auf den ausländischen Staat übertragen wurde. Jedoch kann der Versicherung eines Versicherungsnehmers eines Luftfahrzeugs nach Satz 1, welche mit einem Versicherer abgeschlossen wurde, der nicht zum Geschäftsbetrieb in Deutschland befugt ist, die Anerkennung verweigert werden, wenn in dem Staat, in dem das Luftfahrzeug eingetragen ist oder dem die völkerrechtliche Verantwortung und Zuständigkeit nach § 3a Abs 2 des Luftverkehrsgesetzes übertragen worden ist, eine mit einem Versicherer mit Sitz in einem Mitgliedstaat der Europäischen Union abgeschlossene Versicherung eines deutschen Luftfahrzeugs nicht anerkannt wird. Die Sätze 1 und 2 gelten für die Anerkennung einer Versicherung nach § 104 entsprechend.

§ 106 Versicherungsbestätigung

(1) Der Versicherer ist verpflichtet, dem Versicherungspflichtigen bei Beginn des Versicherungsschutzes eine Versicherungsbestätigung kostenlos zu erteilen, die das Bestehen eines Haftpflichtversicherungsvertrages und die Einhaltung der jeweils maßgeblichen Mindestdeckung bestätigt. Die Bestätigung muss Umfang und Dauer der Versicherung angeben. Liegt Gruppenversicherung vor, kann die Bestätigung mit Ermächtigung des Versicherers vom Versicherungsnehmer selbst ausgestellt werden, wobei der Name und die Anschrift des Versicherers anzugeben sind.

(2) Bei dem Betrieb von Luftfahrzeugen ist als Versicherungsnachweis eine Bestätigung über die Haftpflichtversicherung für Drittschäden mitzuführen, die den Anforderungen des Absatzes 1 genügt.

(3) Bei der aus Vertrag geschuldeten Luftbeförderung von Fluggästen und ihres Gepäcks sowie von Gütern ist als Versicherungsnachweis eine Bestätigung über die Haftpflichtversicherung für Fluggastschäden oder Güterschäden mitzuführen, die den Anforderungen des Absatzes 1 genügt. Erfolgt die Luftbeförderung durch einen ausführenden Luftfrachtführer, ist nur die Bestätigung über die Versicherung seiner Haftung mitzuführen.

(4) Die zuständigen Stellen können jederzeit die Vorlage der nach den Absätzen 2 und 3 mitzuführenden Versicherungsbestätigung, die Vorlage des Versicherungsscheins sowie den Nachweis über die Zahlung des letzten Beitrags verlangen.

§ 106a Selbstbehalt

Die Vereinbarung eines Selbstbehaltes des Versicherungsnehmers ist zulässig. Der Selbstbehalt kann dem Anspruch des Dritten jedoch nicht entgegengehalten werden.

ANHANG III **Allgemeine Geschäftsbedingungen**

III.-1 IATA General Conditions of Carriage (Passenger and Baggage)

(Recommended Practice 1724)

Article 1 Definitions

Agreed stopping places	means those places, except the place of departure and the place of destination, set forth in the ticket or shown in Carrier's timetables as scheduled stopping places an the passenger's route.
Baggage	means such articles, effects and other personal property of a passenger as are necessary or appropriate for wear, use, comfort or convenience in connection with the trip. Unless otherwise specified, it includes both checked an unchecked baggage of the passenger.
Baggage check	means those portions of the Ticket which relate to the carriage of the passenger's checked baggage.
Baggage identification tag	means a document issued by Carrier solely for identification of checked baggage.
Carrier	includes the air carrier issuing the ticket on all air carriers that carry or undertake to carry the passenger and/or his baggage thereunder.
Carrier's regulations	means rules, other than these Conditions, published by Carrier on in effect on date of ticket issue, governing carriage of passengers and/or baggage and shall include any applicable tariffs in force.
Checked baggage	means baggage of which Carrier takes sole custodyand for which Carrier has issued a baggage check.
Conjunction Ticket	means a ticket issued to a passenger in conjunction with another ticket which together constitute as single contract of carriage.
Convention	means whichever of the following instruments is applicable to the contract of carriage: the Convention for the Unification of Certain Rules Relating to International Carriage by Air, signed at Warsaw. 12 October 1929 (hereinafter referred to as the Warsaw Convention); the Warsaw Convention as amended at The Hague an 28 September 1955; the Warsaw Convention as amended by Additional Protocol No. 1 of Montreal 1975; the Warsaw Convention as amended at The Hague 1955 and by Additional Protocol No. 2 of Montreal 1975; the Warsaw Convention as amended at The Hague 1955 and by Additional Protocol No. 3 of Montreal 1975.
Damage	includes death, injury, delay, loss, partial loss or other damage of whatsoever nature arising out of or in connection with carriage or other services performed by Carrier incidental thereto.
Days	means calendar days, including all seven days of the week; provided that, for the purpose of notification, the day upon which notice is dispatched shall not be counted; and that for purposes of determining duration of validity the day upon which the ticket is issued, or flight commenced, shall not be counted.
Flight coupon	means that portion of the ticket that bears the notation „good for passage" and indicates the particular places between which passenger is entitled to be carried.
Passenger	means any person, except members of the crew, carried or to be carried in an aircraft with the consentof Carrier.
Passenger coupon or	means that portion of the ticket issued by or on be half

https://doi.org/10.1515/9783110564945-072

passenger receipt	of Carrier, which is so marked and which ultimately is to be retained by the passenger.
Stopover	means a deliberate interruption of a journey by the passenger, at a point between the place of departure and the place of destination, which has been agreed to in advance by Carrier.
Ticket	means the document entitled „Passenger Ticket and Baggage Check" issued by or on behalf of carrier and includes the Conditions of Contract and notices and the flight and passenger coupons contained therein.
Unchecked baggage	means any baggage of the passenger other than checked baggage.

Article 2 Applicability

2.1 General

2.1.1 Except as provided in 2.2–2.5, these Conditions of Carriage apply to all carriage by air of passengers and baggage, performed by Carrier for reward.
2.1.2 These Conditions also apply to gratuitous and reduced fare carriage except to the extent that Carrier has provided otherwise in its Regulations or in the relevant contracts, passes or tickets.

2.2 Carriage to/from USA and Canada

2.2.1 Carriage to/from Canada

These Conditions apply to carriage between places in Canada or between a place in Canada and any place outside thereof, only to the extent they are incorporated in tariffs in force in Canada.

2.2.2 Carriage to/from USA

These Conditions do not apply to air transportation as defined in the U.S. Federal Aviation Act of 1958.

2.3 Charters

If Carriage is performed pursuant to a charter agreement, only to the extent they are incorporated by reference by the terms of the charter agreement and the charter ticket.

2.4 Overriding Law

To the extent that any provision contained or referred to herein is contrary to anything contained in the Convention, where applicable and any applicable laws, government regulations, orders or requirements that cannot be waived by agreement of the parties, such provision shall not apply. The invalidity of any provision shall not affect the validity of any other provision.

2.5 Conditions Prevail Over Regulations

Except as provided herein, in the event of inconsistency between these Conditions and Carrier's regulations, these Conditions shall prevail, except where tariffs in force in the United States or Canada apply, in which case the tariffs shall prevail.

Article 3 Tickets

3.1 Ticket Prima Facie Evidence of Contract

3.1.1 The ticket constitutes prima facie evidence of the contract of carriage between Carrier and the passenger named on the ticket. The Conditions of Contract contained in the ticket are a summary of some of the provisions of these Conditions of Carriage.

3.1.2 Requirement for Ticket

A person shall not be entitled to be carried on a flight unless that person presents a ticket valid and duly issued in accordance with Carrier's Regulations and containing the flight coupon for that flight and all other unused flight coupons and the passenger coupon. A passenger shall furthermore not be entitled to be carried if the ticket presented is mutilated or if it has been altered otherwise than by Carrier or its authorized Agent.

3.1.3 Loss, etc. of Ticket

In case of loss or mutilation of a ticket, or Part thereof, or non-presentation of a ticket containing the passenger coupon and all unused flight coupons, the issuing Carrier may at the passenger's request and subject to Carrier's Regulations, replace such ticket or part thereof by issuing a new ticket on receipt of proof satisfactory to Carrier that a ticket valid for the flights in question was duly issued.

3.1.4 Ticket not Transferable

A ticket is not transferable. If a ticket is presented by someone other than the person entitled to be carried thereunder or to a refund in connection therewith, Carrier shall not be liable to the Person so entitled if in good faith it provides carriage or makes a refund to the person presenting the ticket.

3.2 Period of Validity

A ticket is valid for carriage for one year from the date of commencement of travel or if no portion of the ticket is used, from the date of issue thereof, except as otherwise provided in the ticket, these Conditions or Carrier's Regulations.

3.2.1 Extension of Validity

3.2.1.1 If a passenger is prevented from travelling within the period of validity of the ticket because Carrier;
3.2.1.1 (a) cancels the flight on which the passenger holds a reservation; or
3.2.1.1 (b) omits a scheduled step being the passenger's place of departure, place of destination or a stopover; or
3.2.1.1 (c) fails to operate a flight reasonably according to schedule; or
3.2.1.1 (d) causes the passenger to miss a connection; or
3.2.1.1 (e) substitutes a different class of service; or
3.2.1.1 (f) is unable to provide previously confirmed space;
the validity of such passenger's ticket will be extended until Carrier's first flight on which space is available in the class of service for which the fare has been paid.
3.2.1.2 When a passenger holding a ticket, is prevented from travelling within the period of validity of the ticket because at the time such passenger requests reservations Carrier is unable to provide space on the flight, the validity of such passenger's ticket will be extended in accordance with Carrier's Regulations.
3.2.1.3 When a passenger after having commenced his or her journeys prevented from travelling within the period of validity of the ticket by reason of illness, Carrier will extend, (provided such extension is not precluded by Carrier's Regulations applicable to the fare paid by the passenger) the period of validity of such passenger's ticket until the date when the passenger becomes fit to travel according to a medical certificate, or until Carrier's first flight after such date from the point where the journey is resumed an which space is available in the class of service for which the fare has been paid. When the flight coupons remaining in the ticket involve one or more stopovers, the validity of such ticket, subject to Carrier's Regulations, will be extended for not more than three months from the date shown on such certificate. In such circumstances, Carrier will extend similarly the period of validity of tickets of other members of the passenger's immediate family accompanying an incapacitated passenger.
3.2.1.4 In the event of death of a passenger en route, the tickets of the persons accompanying the passenger may be modified by waiving the minimum stay or extending the validity. In the event of a death in the immediate family of a passenger who has commenced travel, the validity of the passenger's tickets and those of his or her immediate family accompanying the passenger may be likewise modified. Any such modification shall be made upon receipt of a proper death certificate and any such extension of validity shall not be for a period longer than forty-five (45) days from the date of the death.

3.3 Flight Coupon Sequence

3.3.1 Carrier will honour flight coupons only in sequence from the place of departure as shown on the ticket.
3.3.2 The ticket may not be valid and Carrier may not honour the passenger's ticket if the first flight coupon for international travel has not been used and the passenger commences his or her journey at any stopover or agreed stopping place.
3.3.3 Each flight coupon will be accepted for carriage in the class of Service specified therein on the date and flight for which accommodation has been reserved. When flight coupons are issued without a reservation being specified thereon, space will be reserved on application subject to the conditions of the relevant fare and the availability of space on the flight applied for.

3.4 Name and Address of Carrier

Carrier's name may be abbreviated in the ticket. Carrier's address shall be deemed to be the airport of departure shown opposite the first abbreviation of Carrier's name in the „Carrier" box in the ticket.

Article 4 Stopovers

Stopovers may be permitted at agreed stopping places subject to government requirements and Carrier's Regulations.

Article 5 Fares and Charges

5.1 General

Fares apply only for carriage from the airport at the point of origin to the airport at the point of destination. Fares do not include ground transport Service between airports and between airports and town terminals, unless provided by Carrier without additional charge.

5.2 Applicable Fares

Applicable fares are those published by or on behalf of Carrier or, if not so published, constructed in accordance with Carrier's Regulations. Subject to government requirements and Carrier's Regulations, the applicable fare is the fare for the flight or flights in effect on the date of commencement of the carriage covered by the first flight coupon of the ticket. When the amount that has been collected is not the applicable fare the difference shall be paid by the passenger or, as the case may be, refunded by Carrier, in accordance with Carrier's Regulations.

5.3 Routing

Unless otherwise provided in Carrier's Regulations, fares apply only to routings published in connection therewith. If there is more than one routing at the same fare, the passenger may specify the routing prior to issue of the ticket. If no routing is specified, Carrier may determine the routing.

5.4 Taxes and Charges

Any tax or charge imposed by government or other authority, or by the operator of an airport, in respect of a passenger or the use by a passenger of any service or facilities will be in addition to the published fares and charges and shall be payable by the passenger, except as otherwise provided in Carrier's Regulations.

5.5 Currency

Fares and charges are payable in any currency acceptable to Carrier. When payment is made in a currency other than the currency in which the fare is published, such payment will be made at the rate of exchange established in accordance with Carrier's Regulations.

Article 6 Reservations

6.1 Reservation Requirements

6.1.1 Reservations are not confirmed until recorded as accepted by Carrier or its authorized Agent.
6.1.2 As provided in Carrier's Regulations, certain fares may have conditions which limit or exclude the passenger's right to change or cancel reservations.

6.2 Ticketing Time Limits

If a passenger has not paid for the ticket (or made credit arrangements with Carrier) prior to the specified ticketing time limit, Carrier may cancel the reservation.

6.3 Personal Data

The passenger recognizes that personal data has been given to Carrier for the purposes of making a reservation for carriage and for obtaining ancillary Services. For these purposes the passenger authorizes Carrier to retain such data and to transmit it to its own offices, other carriers or the providers of such services, in whatever country they may be located.

6.4 Seating

Carrier does not guarantee to provide any particular seat in the aircraft and the passenger agrees to accept any seat that may be allotted on the flight in the class of service for which the ticket has been issued.

6.5 Service Charge when Space not Occupied

A service charge, in accordance with Carrier's Regulations, may be payable by a passenger who fails to use space for which a reservation has been made.

6.6 Reconfirmation of Reservations

Onward or return reservations may be subject to the requirement to reconfirm the reservation in accordance with and within the time limits specified in Carrier's Regulations. Failure to comply with any such requirement may result in cancellation of any onward or return reservations.

6.7 Cancellation of Onward Reservations Made by Carrier

If a passenger does not use a reservation and fails to advise Carrier, Carrier may cancel or request cancellation of any onward or return reservations.

Article 7 Check-In

The passenger shall arrive at Carrier's check-in location and boarding gate sufficiently in advance of flight departure to permit completion of any Government formalities and departure procedures and in any event not later than the time that may be indicated by Carrier. If the passenger fails to arrive in time at Carrier's check-in location or boarding gate or appears improperly documented and not ready to travel, Carrier may cancel the space reserved for the passenger and will not delay the flight. Carrier is not liable to the passenger for loss or expense due to the passengers failure to comply with the provisions of this Article.

Article 8 Refusal and Limitation of Carriage

8.1 Right to Refuse Carriage

Carrier may refuse carriage of any passenger or passenger's baggage for reasons of safety or if, in the exercise of its reasonable discretion, Carrier determines that:

8.1.1 such action is necessary in order to comply with any applicable laws, regulations, or orders of any state or country to be flown from, into or over; or

8.1.2 the conduct, age, or mental or physical state of the passenger is such as to:

- **8.1.2.1** require special assistance of Carrier, or
- **8.1.2.2** cause discomfort or make himself or herself objectionable to other passengers, or
- **8.1.2.3** involve any hazard or risk to himself or herself or to other persons or to property; or

8.1.3 such action is necessary because the passenger has failed to observe the instructions of Carrier; or

8.1.4 the passenger has refused to submit to a security check; or

8.1.5 the applicable fare or any charges or taxes payable have not been paid, or credit arrangements agreed between Carrier and the passenger (or the person paying for the ticket) have not been complied with; or

8.1.6 the passenger does not appear to be properly documented; or

8.1.7 the ticket presented by the passenger:

- **8.1.7.1** has been acquired unlawfully or has been purchased from an entity other than the issuing Carrier or its authorized Agent, or
- **8.1.7.2** has been reported as being lost or stolen, or
- **8.1.7.3** is a counterfeit ticket, or
- **8.1.7.4** any flight coupon has been altered by anyone other than Carrier or its authorized Agent, or has been mutilated,

and Carrier reserves the right to retain such ticket;

8.1.8 the person presenting the ticket cannot prove that he or she is the person named in the „Name of Passenger“ box, and Carrier reserves the right to retain such tickets.

8.2 Limitation on Carriage

Acceptance for carriage of unaccompanied children, incapacitated persons, pregnant women or persons with illness may be subject to prior arrangement with Carrier, in accordance with Carrier's Regulations.

Article 9 Baggage

9.1 Items Unacceptable as Baggage

9.1.1 The passenger shall not include in his or her baggage:
9.1.1.1 items which do not constitute baggage as defined in Article 1 hereof;
9.1.1.2 items which are likely to endanger the aircraft or persons or property on board the aircraft, such as those specified in the Dangerous Goods Regulations of the International Civil Aviation Organisation (ICAO) and the International Air Transport Association (IATA), and in Carrier's Regulations (further information is available from Carrier on request);
9.1.1.3 items the carriage of which is prohibited by the applicable laws, regulations or orders of any state to be flown from, to or over;
9.1.1.4 items which in the opinion of Carrier are unsuitable for carriage by reason of their weight, size or character, such as fragile or perishable items;
9.1.1.5 live animals, except as provided for in 9.10.
9.1.2 Firearms and ammunition other than for hunting and sporting purposes are prohibited from carriage as baggage. Firearms and ammunition for hunting and sporting purposes may be accepted as checked baggage in accordance with Carrier's Regulations. Firearms must be unloaded with the safety catch on, and suitably packed. Carriage of ammunition is subject to ICAO and IATA Dangerous Goods Regulations.
9.1.3 The passenger shall not include in checked baggage, fragile or perishable items, money, jewellery, precious metals, silverware, negotiable papers, securities or other valuables, business documents, passports and other identification documents or samples.
9.1.4 Weapons such as antique firearms, swords, knives and similar items may be accepted as checked baggage, in accordance with Carrier's Regulations, but will not be permitted in the cabin.
9.1.5 If any items referred to in 9.1.1 or 9.1.2 are carried, whether or not they are prohibited from carriage as baggage, the carriage thereof shall be subject to the charges, limitations of liability and other provisions of these Conditions applicable to the carriage of baggage.

9.2 Right to Refuse Carriage

9.2.1 Carrier may refuse carriage as baggage of such items described in 9.1 as are prohibited from carriage as baggage and may refuse further carriage of any such items on discovery thereof.
9.2.2 Carrier may refuse to carry as baggage any item because of its size, shape, weight or character.
9.2.3 Unless advance arrangements for its carriage have been made with Carrier, Carrier may carry on later flights baggage which is in excess of the applicable free allowance.
9.2.4 Carrier may refuse to accept baggage as checked baggage unless it is properly packed in suitcases or other suitable containers to ensure safe carriage with ordinary care in handling.

9.3 Right of Search

For reasons of safety and security, Carrier may request the passenger to permit a search to be made of his or her person and his or her baggage, and may search or have searched the passenger's baggage in his or her absence if the passenger is not available, for the purpose of determining whether he or she is in possession of or whether his or her baggage contains any item described in 9.1.1 or any arms or munitions which have not been presented to Carrier in accordance with 9.1.2. If the passenger is unwilling to comply with such request Carrier may refuse to carry the passenger or baggage.

9.4 Checked Baggage

9.4.1 Upon delivery to Carrier of baggage to be checked, Carrier shall take custody thereof and issue a baggage identification tag for each piece of checked baggage.
9.4.2 If baggage has no name, initials or other personal identification, the passenger shall affix such identification to the baggage prior to acceptance.
9.4.3 Checked baggage will be carried on the same aircraft as the passenger unless Carrier decides that this is impracticable, in which case Carrier will carry the checked baggage on Carrier's next flight on which space is available.

9.5 Free Baggage Allowance

Passengers may carry free of charge baggage as specified and subject to the conditions and limitations in Carrier's Regulations.

9.6 Excess Baggage

A passenger shall pay a charge for the carriage of baggage in excess of the freebaggage allowance at the rate and in the manner provided in Carrier's Regulations.

9.7 Excess Value Declaration and Charge

9.7.1 If, in accordance with Carrier's Regulations, Carrier offers an excess valuation facility, a passenger may declare a value for checked baggage in excess of the applicable liability limits. If the passenger makes such a declaration the passenger shall pay any applicable charges.
9.7.2 Carrier will refuse to accept an excess value declaration on checked baggage when a portion of the carriage is to be provided by another Carrier which does not offer the facility.

9.8

9.8.1 Baggage which the passenger carries on to the aircraft must fit under the seat in front of the passenger or in an enclosed storage compartment in the cabin. Items determined by Carrier to be of excessive weight or size will not be permitted in the cabin.
9.8.2 Objects not suitable for transport in the cargo compartment (such as delicate musical instruments and the like) will only be accepted for transportation in the cabin compartment if due notice has been given in advance and permission granted by Carrier. The transport of such objects may be charged for separately.

9.9 Collection and Delivery of Baggage

9.9.1 The passenger shall collect his or her baggage as soon as it is available for collection at places of destination or stopover.
9.9.2 Only the bearer of the baggage check and identification tag, delivered to the passenger at the time the baggage was checked, is entitled to delivery of baggage. Failure to exhibit the baggage identification tag shall not prevent delivery provided the baggage check is produced and the baggage is identified by other means.
9.9.3 If a person claiming the baggage is unable to produce the baggage check and identify the baggage by means of a baggage (identification) tag, Carrier will deliver the baggage to such person only on condition that he or she establishes to Carrier's satisfaction his or her right thereto, and if required by Carrier, such person shall furnish adequate security to indemnify Carrier for any loss, damage or expense which may be incurred by Carrier as a result of such delivery.
9.9.4 Acceptance of baggage by the bearer of the baggage check without complaint at the time of delivery is prima facie evidence that the baggage has been delivered in good condition and in accordance with the contract of carriage.

9.10 Animals

9.10.1 Animals such as dogs, cats, household birds and other pets, when properly crated and accompanied by valid health and vaccination certificates, entry permits, and other documents required by countries of entry or transit will, with the advance agreement of Carrier, be accepted for carriage, subject to Carrier's Regulations.
9.10.2 If accepted as baggage, the animal, together with its container and food carried, shall not be included in the free baggage allowance of the passenger but constitute excess baggage, for which the passenger shall pay the applicable rate.
9.10.3 Guide dogs accompanying sight/hearing impaired[1] passengers together with containers and food, will be carried free of charge in addition to the normal free baggage allowance, subject to Carrier's Regulations.
9.10.4 Acceptance for carriage of animals is subject to the condition that the passenger assumes full responsibility for such animal. Carrier shall not be liable for injury to or loss, delay, sickness or death of such animal in the event that it is refused entry into or passage through any country, state or territory.

Article 10 Schedules, Cancellation of Flights

10.1 Schedules

Carrier undertakes to use its best efforts to carry the passenger and his baggage with reasonable dispatch and to adhere to published schedules in effect on the date of travel.

10.2 Cancellation, Changes of Schedule, etc.

If due to circumstances beyond its control Carrier cancels or delays a flight, is unable to provide previously confirmed space, fails to stop at a passenger's stopover or destination point, or causes the passenger to miss a connecting flight an which the passenger holds a reservation, Carrier shall either:

1 Words „and physically handicapped" may be added.

10.2.1 carry the passenger an another of its scheduled passenger services an which space is available; or

10.2.2 reroute the passenger to the destination indicated on the ticket or applicable portion thereof by its own scheduled services or the scheduled services of another carrier, or by means of surface transportation. If the sum of the fare, excess baggage charge and any applicable service charge for the revised routing is higher than the refund value of the ticket or applicable portion thereof, Carrier shall require no additional fare or charge from the passenger, and shall refund the difference if the fare and charges for the revised routing are lower; or

10.2.3 make a refund in accordance with the provisions of Article 11; and shall be under no further liability to the passenger.

10.3 If Carrier provides denied boarding compensation, an appropriate reference should be inserted here.

10.4 Except in the case of its acts or omissions done with intent to cause damage or recklessly and with knowledge that damage would probably result, Carrier shall not be liable for errors or omissions in timetables or other published schedules, or for representations made by employees, agents or representatives of Carrier as to the dates or times of departure or arrival or as to the Operation of any flight.

Article 11 Refunds

11.1 General

On failure by Carrier to provide carriage in accordance with the contract of carriage, or where a passenger requests a voluntary change of his or her arrangements, refund for an unused ticket or portion thereof shall be made by Carrier in accordance with this Article and with Carrier's Regulations.

11.2 Person to Whom Refund will be Made

11.2.1 Except as hereinafter provided in this Article, Carrier shall be entitled to make refund either to the person named in the ticket, or to the person who has paid for the ticket upon presentation of satisfactory proof.

11.2.2 If a ticket has been paid for by a person other than the passenger named in the ticket, and Carrier has indicated on the ticket that there is a restriction on refund, Carrier shall make a refund only to the person paying for the ticket or to that person's order.

11.2.3 Except in the case of lost tickets, refunds will only be made on surrender to Carrier of the passenger coupon or passenger receipt and surrender of all unused flight coupons.

11.2.4 A refund made to anyone presenting the passenger coupon or passenger receipt and all unused flight coupons and holding himself out as a person to whom refund may be made in terms of 11.2.1 or 11.2.2 shall he deemed a proper refund and shall discharge Carrier from liability and any further claim for refund.

11.3 Involuntary Refunds

If Carrier cancels a flight, fails to operate a flight reasonably according to schedule, fails to stop at a point to which the passenger is destined or ticketed to stopover, is unable to provide previously confirmed space or causes the passenger to miss a connecting flight an which the passenger holds a reservation, the amount of the refund shall be:

11.3.1 if no portion of the ticket has been used, an amount equal to the fare paid;

11.3.2 if a portion of the ticket has been used, the refund will be the higher of:

11.3.2.1 the one way fare (less applicable discounts and charges) from point of interruption to destination or point of next stopover, or

11.3.2.2 the difference between the fare paid and the fare for the transportation used.

11.4 Voluntary Refunds

If the passenger wishes a refund of his or her ticket for reasons other than those set out in Paragraphs of this Article, the amount of the refund shall be:

11.4.1 if no portion of the ticket has been used, an amount equal to the fare paid, less any applicable service charges or cancellation fees;

11.4.2 if a portion of the ticket has been used, the refund will be an amount equal to the difference between the fare paid and the applicable fare for travel between the points for which the ticket has been used, less any applicable service charges or cancellation fees.

11.5 Refund on Lost Ticket

11.5.1 If a ticket or portion thereof is lost, refund will be made on proof of loss satisfactory to Carrier and upon payment of any applicable service charge, on condition:

11.5.1.1 that the lost ticket, or portion thereof, has not been used, previously refunded or replaced;

11.5.1.2 that the person to whom the refund is made undertakes, in such form as may be prescribed by Carrier, to repay to carrier the amount refunded in the event and to the extent that the lost ticket or portion thereof is used by any Person or that refund thereof is made to any person in possession of the ticket.

11.6 Right to Refuse Refund

11.6.1 After the expiry of the validity of the ticket, Carrier may refuse refund when application therefore is made later than the time prescribed in Carrier's Regulations.

11.6.2 Carrier may refuse refund on a ticket which has been presented to Carrier or to Government officials of a country as evidence of intention to depart therefrom, unless the passenger establishes to the Carrier's satisfaction that he or she has permission to remain in the country or that he or she will depart therefrom by another carrier or another means of transport.

11.7 Currency

11.7.1 All refunds will be subject to Government laws, rules and regulations or orders of the country in which the ticket was originally purchased and of the country in which the refund is being made. Subject to the foregoing provision, refunds will normally be made in the currency in which the ticket was paid for, but may be made in another currency in accordance with Carrier's Regulations.

11.7.2 Voluntary refunds will be made only by the Carrier which originally issued the ticket or by its Agent if so authorized.

Article 12 Conduct Aboard Aircraft

1. If the passenger conducts himself or herself aboard the aircraft so as to endanger the aircraft or any person or property an board, or obstructs the crew in the Performance of their duties, or fails to comply with any instruction of the crew, or behaves in a manner to which other passengers may reasonably object, Carrier may take such measures as it deems necessary to prevent continuation of such conduct, including restraint of the passenger.
2. The passenger may not operate aboard the aircraft portable radios, electronic games or transmitting devices including radio controlled toys and walkietalkies. The passenger shall not operate any other electronic devices on board without Carrier's permission, except that portable recorders, hearing aids and heart pacemakers may be used.

Article 13 Arrangements by Carrier

If in the course of concluding the contract of carriage by air, Carrier also agrees to make arrangements for the provision of additional services, Carrier shall have no liability to the passenger except for negligence on its part in making such arrangements.

Article 14 Administrative Formalities

14.1 General

The passenger shall be solely responsible for complying with all laws, regulations, orders, demands and travel requirements of countries to be flown from, into or over, and with Carrier's Regulations and instructions. Carrier shall not be liable for any aid or information given by any agent or employee of Carrier to any passenger in connection with obtaining necessary documents or visas or complying with such laws, regulations, orders, demands, and requirements, whether given in writing or otherwise; or for the consequences to any passenger resulting from his failure to obtain such documents or visas or to comply with such laws, regulations, orders, demands, requirements, rules or instructions.

14.2 Travel Documents

The passenger shall present all exit, entry, health and other documents required by laws, regulations, orders, demands or requirements of the countries concerned. Carrier reserves the right to refuse carriage of any passenger who has not complied with applicable laws, regulations, orders, demands or requirements or whose documents do not appear to be in order.

14.3 Refusal of Entry

The passenger agrees to pay the applicable fare whenever Carrier, on Government order, is required to return a passenger to his point of origin or elsewhere, owing to the passenger's inadmissibility into a country, whether of transit or of destination. Carrier may apply to the payment of such fare any funds paid to Carrier for unused carriage, or any funds of the passenger in the possession of Carrier. The fare collected for carriage to the point of refusal of entry or deportation will not be refunded by Carrier.

14.4 Passenger Responsible for Fines, Detention Costs, etc.

If Carrier is required to pay or deposit any fine or penalty or to incur any expenditure by reason of the passenger's failure to comply with laws, regulations, orders, demands and travel requirements of the countries concerned or to produce the required documents, the passenger shall on demand reimburse to Carrier any amount so paid or deposited and any expenditure so incurred. Carrier may use towards such expenditure any funds paid to Carrier for unused carriage, or any funds of the passenger in the possession of Carrier.

14.5 Customs Inspection

If required, the passenger shall attend inspection of his or her baggage, checked or unchecked, by customs or other Government officials. Carrier is not liable to the passenger for any loss or damage suffered by the passenger through failure to comply with this requirement.

14.6 Security Inspection

The passenger shall submit to any security checks by Government or airport officials or by Carrier.

Article 15 Successive Carriers

Carriage to be performed by several successive Carriers under one ticket, or under a ticket and any conjunction ticket issued in connection therewith, is regarded as a single operation.

Article 16 Liability for Damage

16.1 Carriage hereunder is subject to the rules and limitations relating to liability established by the Convention unless such carriage is not international carriage to which the Convention applies.
16.2 In carriage which is not international carriage to which the Convention applies:
16.2.1 Carrier shall be liable for damage to a passenger or his checked baggage only if such damage has been caused by the negligence of Carrier. If there has been contributory negligence on me part of the passenger, Carrier's liability shall be subject to the applicable law relating to contributory negligence;
16.2.2 except in the case of acts or omissions done with intent to cause damage or recklessly and with knowledge that damage would probably result:
16.2.2.1 the liability of Carrier with respect to each passenger for death, wounding or other bodily injury shall be limited to the sum of ... provided that if in accordance with applicable law a different limit of liability is applicable such different limit shall apply,
16.2.2.2 with respect to delay, Carrier shall be under no liability except as provided in these Conditions of Carriage.
16.3 To the extent not in conflict with the foregoing and whether or not the Convention applies:
16.3.1 Carrier is liable only for damage occurring on its own line. A Carrier issuing a ticket or checking baggage over the lines of another Carrier does so only as agent for such other Carrier. Nevertheless, with respect to checked baggage the passenger shall also have a right of action against the first or last Carrier;
16.3.2 Carrier is not liable for damage to unchecked baggage unless such damage is caused by the negligence of Carrier. If there has been contributory negligence on the part of the

passenger, Carrier's liability shall be subject to the applicable law relating to contributory negligence;

16.3.3 Carrier is not liable for any damage arising from its compliance with any laws or Government regulations, orders or requirements, or from failure of the passenger to comply with the same;

16.3.4 except in the case of acts or omissions done with intent to cause damage or recklessly and with knowledge that damage would probably result, the liability of Carrier in the case of damage to checked baggage shall be limited to ... per kilogram and in the case of damage to unchecked baggage shall be limited to ... per passenger, provided that if in accordance with applicable law different limits of liability are applicable such different limits shall apply. If the weight of the baggage is not recorded on the baggage check, it is presumed that the total weight of the checked baggage does not exceed the applicable free baggage allowance for the class of service concerned, as provided in Carrier's Regulations. If in the case of checked baggage a higher value is declared pursuant to 9.7, the liability of Carrier shall be limited to such higher declared value;

16.3.5 Carrier's liability shall not exceed the amount of proven damages. Carrier shall furthermore not be liable for indirect or consequential damages;

16.3.6 Carrier is not liable for injury to a passenger or for damage to a passenger's baggage caused by property contained in such passenger's baggage. Any passenger whose property causes injury to another person or damage to another person's property or to the property of Carrier shall indemnify Carrier for all losses and expenses incurred by Carrier as a result thereof;

16.3.7 Carrier is not liable for damage to fragile or perishable items, money, jewellery, precious metals, silverware, negotiable papers, securities, or other valuables, business documents, passports and other identification documents, or samples, which are included in the passenger's checked baggage;

16.3.8 if a passenger is carried whose age or mental or physical condition is such as to involve any hazard or risk to himself or herself, Carrier shall not be liable for any illness, injury or disability, including death, attributable to such condition or for the aggravation of such condition;

16.3.9 any exclusion or limitation of liability of Carrier shall apply to and be for the benefit of agents, employees and representatives of Carrier and any Person whose aircraft is used by Carrier and such person's agents, employees and representatives. The aggregate amount recoverable from Carrier and from such agents, employees, representatives and persons shall not exceed the amount of Carrier's limit of liability.

16.4 Unless so expressly provided nothing herein contained shall waive any exclusion or limitation of liability of Carrier under the Convention or applicable laws.

For Carriers who are Parties to Montreal Agreement:

Special Agreement applicable to carriage to, from or with an agreed stopping place in the United States of America (see applicable US tariffs).

Special Agreement

Carrier shall avail itself of the limitation of liability provided in the Convention.

However, in accordance with Article 22(1) of the Convention (name of issuing Carrier) and certain other Carriers agree that as to all international carriage by such Carriers to which the Convention applies and which according to the Contract of Carriage includes a point in the United States of America as a point of origin, a point of destination or agreed stopping place:

(a) the Limit of liability for each passenger for death, wounding or other bodily injury shall be the sum of US-Dollar 75,000 inclusive of legal fees and costs except that, in the case of a claim brought in a State where provision is made for separate award of legal fees and costs, the limit shall be the sum of US Dollar 58,000 exclusive of legal fees and costs;

(b) such Carriers shall not, with respect to any claim arising out of the death, wounding or other bodily injury of a passenger, avail themselves of any defence under Article 20(1) of the Convention.

Nothing herein shall be deemed to affect the rights and liabilities of such Carriers with regard to any claim brought by, on behalf of, or in respect of, any person who has wilfully caused damage which resulted in death, wounding, or other bodily Injury of a passenger.
The names of Carriers party to the agreement referred to in this Paragraph are available at all ticket offices of such Carriers and may be examined on request. Each of such Carriers has entered into the said agreement solely on its own behalf and with respect to carriage performed by it and has not thereby imposed any liability an any other Carrier with respect to the portion of the carriage performed by such other Carrier or assumed any liability with respect to the portion of the carriage performed by such other Carrier.
(If the Carrier is a part to other special contracts pursuant to Article 22(1) of the Convention, apart from the Montreal Agreement, the limitations of liability and related conditions provided for under such special contracts should be stated here.)

Article 17 Time Limitation on Claims and Actions

17.1 Notice of Claims

No action shall lie in the case of damage to checked baggage unless the person entitled to delivery complains to Carrier forthwith after the discovery of the damage, and, at the latest, within seven days from the date of receipt; and in the case of delay, unless the complaint is made at the latest within twentyone (21) days horn the date on which the baggage has been placed at his disposal. Every complaint must be made in writing and dispatched within the times aforesaid.

17.2 Limitation of Actions

Any right to damages shall be extinguished if an action is not brought within two years reckoned from the date of arrival at the destination, or from the date on which the aircraft ought to have arrived, or horn the date on which the carriage stopped. The method of calculating the period of limitation shall be determined by the law of the court seized of the case.

Article 18 Modification and Waiver

No Agent, employee or representative of Carrier has authority to alter, modify or waive any provision of these Conditions of Carriage.

(Name of Carrier)

(Abbreviation of Name)

III.-2 IATA Conditions of Carriage for Cargo

(Recommended Practice 1601)
RECOMMENDED that, Members use the following Conditions of Carriage for Cargo for international air transportation:

Article 1 Definitions

1.1 Agent	means except when the context otherwise requires, any person who has authority, express or implied, to act for or on behalf of Carrier in relation to the carriage cargo.
1.2 Air Waybill	(which is equivalent to the term „air consignment note"), means the document entitled „Air Waybill" made out by or on behalf of the shipper which evidences the contract between the shipper and Carrier for carriage of cargo over routes of Carrier.
1.3 Applicable Convention	means, unless the context requires otherwise, whichever of the following instruments is applicable to the contract of carriage:
1.3.1	the Convention for the Unification of Certain Rules Relating to International Carriage by Air, signed at Warsaw, 12 October 1929; (hereinafter referred to as the **Warsaw Convention**);
1.3.2	the Warsaw Convention as amended at The Hague on 28 September 1955;
1.3.3	the Warsaw Convention as amended by Additional Protocol No. I of Montreal 1975;
1.3.4	the Warsaw Convention as amended at The Hague 1955 and by Additional Protocol No. 2 of Montreal 1975;
1.3.5	the Warsaw Convention as amended at The Hague 1955 and by Protocol No. 4 of Montreal 1975.
1.4 Cargo	which is equivalent to the term „goods", means anything carried or to be carried in an aircraft except mail, or baggage carried under a passenger ticket and baggage check, but includes baggage moving under an air waybill or shipment record.
1.5 Carriage	which is equivalent to the term „transportation" means carriage of cargo by air, whether gratuitously or for reward.
1.6 Carrier	includes the air carrier issuing the air waybill or preserving the shipment record and all carriers that carry or undertake to carry the cargo or to perform anyother services related to such air carriage.
1.7 Charges Collect	means the charges entered an the air waybill or shipment record for collection from the consignee against delivery of the shipment.
1.8 Consignee	means the person whose name appears on the air waybill or shipment record, as the party to whom the shipment is to be delivered by Carrier.
1.9 Days	means full calendar days, including Sundays and legal holidays; provided that for purposes of notification the balance of the day upon which notice is despatched shall not be counted.
1.10 Delivery Service	means the surface carriage of inbound shipments from the airport of destination to the address of the consignee or that of his designated agent or to the custody of the appropriate government agency when required, including any incidental surface carriage between airports.
1.11 Pick-up Service	means the surface carriage of outbound shipments from the point of pickup at the address of the shipper or that of his designated agent to the airport of departure, including any incidental surface carriage between airports.
1.12 Shipment	which is equivalent to the term „consignment" means, except as otherwise provided herein, one or more packages, pieces or bundles of cargo accepted by Carrier from one shipper at one time and at one address. receipted for in one lot and under a single air waybill or a single shipment record, for carriage to one consignee at one destination address.
1.13 Shipment Record	means any record of the contract of carriage preserved by Carrier, evidenced by means other than on air waybill.

https://doi.org/10.1515/9783110564945-073

1.14 Shipper which is equivalent to the term „Consignor“, means the person whose name appears on the air waybill or shipment record, as the party contracting with Carrier for the carriage of cargo.

1.15 Special Drawing means a Special Drawing Right as defined by the Right International Monetary Fund.

Article 2 Applicability

2.1 General

These Conditions shall apply to all carriage of cargo, including all services incidental thereto, performed by or on behalf of Carrier; provided however that if such carriage is „international carriage“ as defined in the applicable Convention (see Article 1: Definitions, under „Applicable Convention“) such carriage shall be subject to the provisions of the applicable Convention and to these Conditions to the extent that these Conditions are not inconsistent with the provisions of such Convention.

2.2 Applicable Laws and Carrier's Tariffs

To the extent not in conflict with Paragraph 2.1 of this Article all carriage and other services performed by Carrier are subject to:

2.2.1 applicable laws (including national laws implementing a Convention or extending the rules of the applicable Convention to carriage which is not „international carriage“ as defined in the applicable Convention) government regulations, orders and requirements;

2.2.2 these Conditions and other applicable tariffs, rules, regulations and timetables (but not the times of departure and arrival therein specified) of Carrier which may be inspected at any of its offices and at airports from which it operates regular services.

2.3 Application to U.S.A. and Canada

These Conditions do not apply to carriage between places in the United States or in Canada or between a place in the United States or in Canada and any place outside thereof to which tariffs in force in those countries apply. The tariffs applicable to such carriage are available for inspection at the offices of Carrier.

2.4 Gratuitous Carriage

With respect to gratuitous carriage, Carrier reserves the right to exclude the application of all or any part of these Conditions.

2.5 Charters

With respect to carriage of cargo performed pursuant to a charter agreement with Carrier, such carriage shall be subject to Carrier's charter tariffs applicable thereto (if any) and these Conditions shall not apply except to the extent provided in said charter tariff. Where Carrier has no charter tariff applicable to such charter agreement, these Conditions shall apply to such agreement except that Carrier reserves the right to exclude the application of all or any part of these Conditions and, in case of divergence between the applicable provisions of these Conditions and the conditions contained or referred to in the charter agreement, the latter shall prevail and the shipper, by accepting carriage pursuant to a charter agreement, whether or not concluded with the shipper, agrees to be bound by the applicable terms thereof.

2.6 Change Without Notice

These Conditions and the published rates and charges are subject to change without notice except to the extent otherwise provided by applicable law or government regulations or order; provided however that no such change shall apply to a contract of carriage after the date of issuance of the air waybill by Carrier or after the date the rate or charge for the carriage has been entered in the shipment record.

2.7 Effective Rules

All carriage of cargo governed by these Conditions shall be subject to Carrier's rules, regulations and tariffs in effect on the date of issuance of the air waybill by Carrier or on the date of the shipment record, whichever is applicable, provided that in the event of inconsistency between these Conditions and Carrier's rules, regulations and tariffs, these Conditions shall prevail.

Article 3 Acceptability of Goods for Carriage

3.1 Cargo Acceptable

3.1.1 Carrier undertakes to transport, subject to the availability of suitable equipment and space, all shipments, unless otherwise excluded by Carrier's regulations and provided:
3.1.1.1 the transportation, or the exportation or importation thereof is not prohibited by the laws or regulations of any country to be flown from, to or over;
3.1.1.2 they are packed in a manner suitable for carriage by aircraft;
3.1.1.3 they are accompanied by the requisite shipping documents;
3.1.1.4 they are not likely to endanger aircraft, persons or property, or cause annoyance to passengers.
3.1.2 Carrier reserves the right without assuming any liability to refuse carriage of cargo when circumstances so require.

3.2 Valuation Limit of Shipment

Carrier may refuse carriage of shipments having a declared value for carriage in excess of the amount specified in Carrier's regulations.

3.3 Packing and Marking of Cargo

3.3.1 Shipper is responsible for ensuring that the cargo is packed in an appropriate way for air carriage so as to ensure that it can be carried safely with ordinary carein handling and so as not to injure or damage any persons, goods or property. Each package shall be legibly and durably marked with the name and full address of the shipper and consignee.

3.3.2 Packages containing valuables as defined in Carrier's regulations must be sealed if so requested by Carrier.

3.4 Cargo Acceptable Only Under Prescribed Conditions

Dangerous goods, live animals, perishables, fragile goods, human remains, and other special cargo are acceptable only under the conditions set forth in Carrier's regulations applicable to the carriage of such cargo.

3.5 Responsibility for Non-Observance of Conditions Relating to Special Cargo

Responsibility for non-observance of the conditions relating to the carriage of special cargo rests upon the shipper who shall indemnify Carrier for any loss, damage, delay, liability or penalties Carrier may incur because of carriage of any such cargo.

3.6 Carrier's Right of Inspection

Carrier reserves the right to examine the packaging and contents of all shipments and to enquire into the correctness or sufficiency of information or documents tendered in respect of any shipment but Carrier shall be under no obligation to do so.

3.7 Unit Load Devices

When shipper undertakes to load a Unit Load Device (ULD) he must comply with Carrier's loading instructions and shall be liable for and indemnify Carrier against all consequences of any noncompliance with such instructions.

Article 4 Documentation

4.1 Air Waybill

The shipper shall make out or have made out on his behalf, on air waybill in the form, manner and number of copies prescribed by Carrier, and shall deliver such air waybill to Carrier simultaneously with the acceptance of the cargo by Carrier for carriage. However, charges for carriage and other charges, insofar as they have been ascertained, shall be inserted in the air waybill by Carrier. Carrier may require the shipper to make out, or have made out on his behalf, separate air waybills when there is more than one package.

4.2 Shipment Record

Carrier, with the express or implied consent of the shipper, may substitute for the delivery of an air waybill a shipment record to preserve a record of the carriage to be performed. If such shipment record is used carrier shall, if so requested by the shipper, deliver to the shipper in accordance with Carrier's regulations a goods receipt permitting identification of the shipment and access, in accordance with Carrier's regulations, to the information contained in the shipment record.

4.3 Apparent Condition/Packing of the Cargo

If the apparent order and condition of the cargo and/or packing is in any way defective the shipper shall, if an air waybill is delivered, include on the air waybill a statement of such apparent order and condition. If no air waybill is delivered the shipper shall advise Carrier of the apparent order and condition of the cargo, to enable Carrier to insert an appropriate reference thereto in the shipment record. However, if the shipper fails to include such statement in the air waybill or to advise Carrier of the apparent order and condition of the cargo, or if such statement or advice is incorrect, Carrier may include in the air waybill or insert in the shipment record a statement of the apparent order and condition of the cargo, or note a correction thereto.

4.4 Preparation, Completion or Correction by Carrier

Carrier may at the request of the shipper expressed or implied, make out the air waybill in which event, subject to proof to the contrary, Carrier shall be deemed to have done so an behalf of the shipper. If the air waybill handed over with the cargo or if the particulars and statements relating to the cargo furnished by or on behalf of the shipper to Carrier for insertion in the shipment record do not contain all the required particulars, or if the air waybill or such particulars or statements contain any error, Carrier is authorised to complete or correct the air waybill or particulars or statements to the best of Carrier's ability without being under any obligation to do so.

4.5 Responsibility for Particulars

The shipper is responsible for the correctness of the particulars and statements relating to the Cargo inserted by him or on his behalf in the air waybill or furnished by him or on his behalf to Carrier for insertion in the shipment record. The shipper shall indemnify Carrier against all damage suffered by him, or by any other person to whom Carrier is liable, by reason of the irregularity, incorrectness or incompleteness of the particulars and statements furnished by the shipper or on his behalf.

4.6 Alterations

Air waybills, the writing on which has been altered or erased, need not be accepted by Carrier.

Article 5 Rates and Charges

5.1 Applicable Rates and Charges

Rates and charges for carriage governed by these Conditions are those duly published by Carrier and in effect on the date of the issuance of the air waybill by Carrier, or an the date the rate or charge for the carriage has been entered in the shipment record.

5.2 Basis of Rates and Charges

Rates and charges will be based on the units of measurement and subject to the rules and conditions published in carrier's regulations and rate tariffs.

5.3 Services not Included in Published Rates and Charges

Except as otherwise provided in Carriers' regulations, rates and charges apply only from airport to airport and do not include any ancillary service given by carrier in connection with the air carriage.

5.4 Payment of Charges

5.4.1 Rates and charges are published in the currency shown in the applicable rate tariffs, and may be paid in any currency acceptable to Carrier. When payment is made in a currency other than in the currency in which the rate or charge is published, such payment will be made at the rate of exchange established for such purpose by Carrier, the current statement of which is available for inspection at Carrier's office where payment is made.
5.4.2 Full applicable charges, whether prepaid or collect, fees, duties, taxes, charges, advances and payments, made or incurred or to be incurred by Carrier and any other sums payable to Carrier, will be deemed fully earned, whether or not the cargo is lost or damaged, or fails to arrive at the destination specified in the contract of carriage. All such charges, sums and advances will be due and payable upon receipt of the cargo by Carrier, except that they may be collected by Carrier at any stage of the service performed under the contract of carriage.
5.4.3 The shipper guarantees payment of all unpaid charges, unpaid charges collect, advances and disbursements of Carrier. The shipper also guarantees payment of all costs, expenditures, fines, penalties, loss of time, damage and other sums which Carrier may incur or suffer by reason of the inclusion in the shipment of articles the carriage of which is prohibited by law, or the illegal, incorrect or insufficient marking, numbering, addressing or packing of packages or descriptions of the cargo, or the absence, delay or incorrectness of any export or import licence or any required certificate or document, or any improper customs valuation, or incorrect statement of weight or volume. Carrier shall have a lien on the cargo for each of the foregoing and, in the event of nonpayment thereof, shall have the right to dispose of the cargo at public or private sale (provided that prior to such sale Carrier shall have mailed notice thereof to the shipper or to the consignee at the address stated in the air waybill) and to pay itself out of the proceeds of such sale any and all such amounts. No such sale shall, however, discharge any liability to pay any deficiencies, for which the shipper and the consignee shall remain jointly and severally liable. By taking delivery or exercising any other right arising from the contract of carriage, the consignee agrees to pay such charges, sums and advances, except prepaid charges.
5.4.4 If the gross weight, measurement, quantity or declared value of the cargo exceeds the gross weight, measurement, quantity or declared value on which charges for carriage have been previously computed, Carrier shall be entitled to require payment of the charge on such excess.
5.4.5 Charges collect shipments will be accepted only to countries listed in Carrier's regulations and subject to the conditions contained therein. In any event Carrier reserves the right to refuse shipments on a charges collect basis to any country where regulations prevent the conversion of funds into other currencies or the transfer of funds to other countries. Information on countries to which charges collect service is available may be obtained from offices and representatives of Carrier.
5.4.6 All charges applicable to a shipment are payable in cash at the time of acceptance thereof by the Carrier in the case of a prepaid shipment (i.e. a shipment on which the charges are to be

paid by the shipper) or at the time of delivery thereof by the Carrier in the case of a collect shipment (i.e. a shipment on which the charges are to be paid by the consignee).
5.4.7 Carrier may cancel the carriage of the shipment upon refusal by the shipper, after demand by Carrier, to pay the charges or portion thereof so demanded, without Carrier being subject to any liability therefor.

Article 6 Shipments in Course of Carriage

6.1 Compliance with Government Requirements

6.1.1 The shipper shall comply with all applicable laws, customs and other government regulations of any country to, from, through or over which the cargo may be carried, including those relating to the packing, carriage or delivery of the cargo, and shall, together with the shipment, furnish such information and deliver such documents as may be necessary to comply with such laws and regulations.
Carrier shall not be obliged to inquire into the correctness or sufficiency of such information or documents. Carrier shall not be liable to the shipper or any other person for loss or expense due to shipper's failure to comply with this provision. The shipper shall be liable to Carrier for any damage occasioned by the failure of the shipper to comply with this provision.
6.1.2 Carrier shall not be liable for refusing to carry any shipment if Carrier reasonably determines in good faith that such refusal is required by any applicable law, government regulation, demand, order or requirement.

6.2 Disbursements and Customs Formalities

Carrier is authorised (but shall be under no obligation) to advance any duties, taxes or charges and to make any disbursement with respect to the cargo and the shipper and consignee shall be jointly and severally liable for the reimbursement thereof. No carrier shall be under obligation to incur any expense or make any advance in connection with the forwarding or reforwarding of the cargo except against prepayment by the shipper. If it is necessary to make customs entry of the cargo at any stopping place, and no Customs Clearance Agent has been named on the face of the air waybill or in the shipment record, the cargo shall be deemed to be consigned to the carrier carrying the cargo to such place. For any such purpose a copy of the air waybill, or of the shipment record, certified by the carrier, shall be deemed original.

6.3 Schedules, Routings and Cancellations

6.3.1 Times shown in Carrier's timetables or elsewhere are approximate and not guaranteed and form no part of the contract of carriage. No time is fixed for commencement or completion of carriage or delivery of cargo. Unless specifically agreed otherwise and so indicated in the air waybill or shipment record, Carrier undertakes to carry the cargo with reasonable despatch but assumes no obligation to carry the cargo by any specified aircraft or over any particular route or routes, or to make connections at any point according to any particular schedule. Carrier is hereby authorised to select or deviate from the route or routes of the shipment, notwithstanding that the same may be stated on the face of the air waybill or in the shipment record. Carrier is not responsible for errors or omissions either in timetables or other representations of schedules. No employee, agent or representative of Carrier is authorised to bind Carrier by any statements or representations of the dates or times of departure or arrival, or of operation of any flight.
6.3.2 Carrier may without notice substitute alternate carriers or other means of carriage.

6.3.3 Carrier reserves the right without notice, to cancel, terminate, divert, postpone, delay or advance any flight, or the further carriage of any cargo, or to proceed with any flight without all or any part of the cargo, if it considers that it would be advisable to do so because of any fact beyond its control or not reasonably to be foreseen, anticipated, or predicted at the time the cargo was accepted; or if it considers that any other circumstances so require.
6.3.4 In the event any flight is so cancelled, diverted, postponed, delayed or advanced or is terminated at a place other than the place of destination or in the event the carriage of any shipment is so canceled, diverted, postponed, delayed, advanced or terminated, Carrier shall not be under any liability with respect thereto. In the event the carriage of the shipment or any part thereof is so terminated, delivery thereof by Carrier to any transfer agent for transfer or delivery or the placing of such shipment in storage shall be deemed complete delivery under the contract of carriage, and Carrier shall be without any further liability with respect thereto, except to give notice or the disposition of the shipment to the shipper or to the consignee, at the address stated in the air waybill or shipment record. Carrier may, but shall not be obligated to, forward the shipment for carriage by any other route or forward the shipment as agent for the shipper or the consignee for onward carriage by any transportation service on behalf of the shipper or the consignee. The cost of doing so attaches to the cargo.
6.3.5 Subject to applicable government laws, regulations and orders, Carrier is authorised to determine the priority of carriage as between shipments, and as between cargo and mail or passengers. Carrier may likewise decide to remove any articles from a shipment, at any time or place whatsoever, and to proceed with the flight without them. If as a result of determining such priority, cargo is not carried or carriage thereof is postponed or delayed or if any articles are removed from a shipment, Carrier will not be liable to shipper or consignee or to any other party for any consequences therefor.

6.4 Certain Rights of Carrier Over Shipment in Course of carriage

If in the opinion of Carrier it is necessary to hold the shipment at any place for any purpose, either before, during or after carriage. Carrier may, upon giving notice thereof to the shipper, store the shipment for the account and at the risk and expense of the shipper, in any warehouse or other available place; or with the customs authorities; or Carrier may deliver the shipment to another transportation service for onward carriage to the consignee. The shipper shall indemnify Carrier against any expense or risk so incurred.

Article 7 Shipper's Right of Disposition

7.1 Exercise of Right of Disposition

Every exercise of the right of disposition must be made by the shipper or his designated agent, if any, and must be applicable to the whole shipment under a single air waybill, or under a single shipment record. The right of disposition over the cargo may only be exercised if the shipper or such agent produces the part of the air waybill which was delivered to him, or communicates such other form of authority as may be prescribed by Carrier's regulations. Instructions as to disposition must be given (in writing) in the form prescribed by Carrier. In the event that the exercise of the right of disposition results in a change of consignee, such new consignee shall be deemed to be the consignee appearing on the air waybill or in the shipment record.

7.2 Shipper's Option

7.2.1 Subject to his liability to carry out all his obligations under the contract of carriage and provided that this right of disposition is not exercised in such way as to prejudice Carrier or other shippers, the shipper may at his own expense dispose of the cargo either:
7.2.1.1 by withdrawing it at the airport of departure or of destination; or
7.2.1.2 by stopping it in the course of the journey on any landing; or
7.2.1.3 by calling for it to be delivered at the place of destination or in the courseof the journey to a person other than the consignee named in the air waybill or shipment record; or
7.2.1.4 by requiring it to be returned to the airport of departure;
7.2.2 Provided that if, in the opinion of Carrier, it is not reasonably practicable to carry out the order of the shipper, Carrier shall so inform him promptly.

7.3 Payment of Expenses

The shipper shall be liable for and shall indemnify Carrier for all loss or damage suffered or incurred by Carrier as a result of the exercise of his right of disposition. The shipper shall reimburse Carrier for any expenses occasioned by the exercise of his right of disposition.

7.4 Extent of Shipper's Right

The shipper's right of disposition shall cease at the moment when, after arrival of the cargo at the destination, the consignee takes possession or requests delivery of the cargo or air waybill, or otherwise shows his acceptance of the cargo. Nevertheless, if the consignee declines to accept the air waybill or the cargo, or if he cannot be communicated with, such right of disposition shall continue to vest in the shipper.

Article 8 Delivery

8.1 Notice of Arrival

Notice of arrival of the shipment will, in the absence of other instructions, be sent to the consignee and any other person whom Carrier has agreed to notify as evidenced in the air waybill or shipment record; such notice will be sent by ordinary methods. Carrier is not liable for non-receipt or delay in receipt of such notice.

8.2 Delivery of Shipment

Except as otherwise specifically provided in the air waybill or shipment record, delivery of the shipment will be made only to the consignee named therein, or his agent. Delivery to the consignee shall be deemed to have been effected:
8.2.1 when Carrier has delivered to the consignee or his agent any authorisation from Carrier required to enable the consignee to obtain release of the shipment; and
8.2.2 when the shipment has been delivered to customs or other government authorities as required by applicable law or customs regulation.

8.3 Place of Delivery

Except as provided in Article 9.3, the consignee must accept delivery of and collect the shipment at the airport of destination.

8.4 Failure of Consignee to Take Delivery

8.4.1 Subject to the provisions of Paragraph 8.5 hereof, if the consignee refuses or fails to take delivery of the shipment after its arrival at the airport of destination, Carrier will endeavour to comply with any instructions of the shipper set forth an the face of the air waybill, or in the shipment record. If such instructions are not so set forth or cannot reasonably be complied with, Carrier shall notify the shipper of the consignee's failure to take delivery and request his instructions. If no such instructions are received within 30 days, Carrier may sell the shipment in one or more lots at public or private sale, or destroy or abandon such shipment.
8.4.2 The shipper is liable for all charges and expenses resulting from or in connection with the failure to take delivery of the shipment, including, but not limited to, carriage charges incurred in returning the shipment if so required by the shipper's instructions. If the shipment is returned to the airport of departure and the shipper refuses or neglects to make such payments within fifteen days after such return, Carrier may dispose of the shipment or any part thereof at public or private sale after giving the shipper ten days notice of its intention to do so.

8.5 Disposal of Perishables

8.5.1 When a shipment containing perishable articles as defined in Carrier's regulations is delayed in the possession of Carrier, is unclaimed or refused at place of delivery, or for other reasons is threatened with deterioration, Carrier may immediately take such steps as it sees fit for the protection of itself and other parties in interest, including but not limited to the destruction or abandonment of all or any part of the shipment, the sending of communications for instructions at the cost of the shipper, the storage of the shipment or any part thereof at the risk and cost of the shipper, or the disposition of the shipment or any part thereof at public or private sale without notice.
8.5.2 In the event of the sale of the shipment as provided for above, either at the place of destination or at the place to which the shipment has been returned, Carrier is authorised to pay to itself and other transportation services out of the proceeds of such sale all charges, advances, and expenses of Carrier and other transportation services plus costs of sale, holding any surplus subject to the order of the shipper. A sale of any shipment shall, however, not discharge the shipper and/or owner of any Liability hereunder to pay any deficiencies.
8.6 By accepting delivery of the air waybill and/or the shipment the consignee shall become liable for payment of all costs and charges in connection with the carriage. Unless otherwise agreed the shipper shall not be released from his own liability for these costs and charges and will remain jointly and severally liable with the consignee. Carrier may make delivery of the shipment or the air waybill conditional upon payment of these costs and charges.

Article 9 Pick-up and Delivery Services

9.1 Shipments

Are accepted for carriage from their receipt at Carrier's cargo terminal or airport office at the place of departure to the airport at the place of destination.

9.2 Availability of Service

Pick-up service and delivery service will be available at the points, to the extent and subject to the rates and charges established for such services in accordance with the applicable regulations of Carrier.

9.3 Request for Service

Pick-up service, if available, will be provided when requested by the shipper. Except when otherwise provided by Carrier's tariffs, delivery service may be provided unless contrary instructions are given by the shipper or by the consignee. Such contrary instructions must be received by Carrier prior to removal of the shipment from Carrier's airport terminal at destination.

9.4 Shipment for which Service is Unavailable

Pick-up service and delivery service will not be provided by Carrier without special arrangement for any shipment which, in the opinion of Carrier, because of its volume, nature, value or weight is impractical for Carrier to handle in normal course.

9.5 Liability

If pick-up service or delivery service is performed by or on behalf of Carrier, such surface transportation shall be upon the same terms as to liability as set forth in Article 11 hereof.

Article 10 Successive Carriers

10.1 Carriage to be performed under one contract of carriage by several successive carriers is regarded as a single operation.

Article 11 Carrier's Liability

11.1 Carrier is liable to the shipper, consignee or any other person for damage sustained in the event of destruction or loss of, or damage to, or delay in the carriage of, cargo only if the occurrence with caused the damage so sustained took place during the carriage by air. For the purposes of this Article carriage by air shall comprise the period during which the cargo is in the charge of the carrier, or in the charge of its agent.
11.2 Except as may be otherwise provided in any applicable Convention, Carrier is not liable to the shipper, consignee or any other person for any damage, delay or loss of whatsoever nature arising out of or in connection with the carriage of cargo or other services performed by Carrier, unless such damage, delay or loss is proved to have been caused by the negligence or wilful default of Carrier and there has been no contributory negligence on the part of the shipper, consignee or other claimant.
11.3 Carrier is not liable if the destruction, loss of or damage to cargo is proved to have resulted solely from the inherent defect, quality, nature or vice of that cargo.
11.4 Carrier will not be liable for any loss, damage or expense arising from death due to natural causes or death or injury of any animal caused by the conduct or acts of the animal itself or of other animals such as biting, kicking, goring or smothering, nor for that caused or contributed to

by the condition, nature or propensities of the animal, or by defective packing of the animal, or by the inability of the animal to withstand unavoidable changes in its physical environment inherent in the carriage by air.
11.5 Carrier shall not be liable in any event for any consequential loss or damage arising from carriage subject to these conditions, whether or not Carrier had knowledge that such loss or damage might be incurred.
11.6 If the damage was caused or contributed to by the negligence or other wrongful act or omission of the person claiming compensation, or the person from whom he derives his rights, Carrier shall be wholly or partly exonerated from liability to the claimant to the extent that such negligence or wrongful act or omission caused or contributed to the damage.
11.7 Unless the shipper has made a special declaration of value for carriage and has paid the supplementary sum applicable, liability of Carrier shall not exceed the applicable Convention limit or, if no Convention applies, 17 Special Drawing Rights, per kilogramme of cargo destroyed, lost damaged or delayed. If the shipper has made a special declaration of value for carriage, it is agreed that any liability shall in no event exceed such declared value for carriage stated on the face of the air waybill or included in the shipment record. All claims shall be subject to proof of value.
11.8 In the case of loss, damage or delay of part of the shipment, or of any object contained therein, the weight to be taken into consideration in determining the amount to which Carrier's liability is limited shall be only the weight of the package or packages concerned. Nevertheless, when the loss, damage or delay of part of the shipment, or of an object contained therein, affects the value of other packages covered by the same air waybill, the total weight of such package or packages shall also be taken into consideration in determining the limit of liability. In the absence of proof to the contrary, the value of any such part of the shipment lost, damaged or delayed as the case may be, shall be determined by reducing the total value of the shipment in the proportion that the weight of that part of the shipment lost, damaged or delayed has to the total weight of the shipment.
11.9 The shipper, owner and consignee whose property causes damage to or destruction of another shipment or of the property of Carrier, shall indemnify Carrier for all losses and expenses incurred by Carrier as a result thereof. Cargo which, because of inherent defect, quality or vice or because of defective packing, is likely to endanger aircraft, persons or property may be abandoned or destroyed by Carrier at any time without notice and without liability therefor attaching to Carrier.
11.10 A carrier issuing an air waybill for carriage over the lines of another carrier does so only as agent for such other carrier. Any reference in a shipment record to carriage to be performed by another carrier shall be deemed to refer to carriage to be provided as principal by such other carrier. No carrier shall be liable for the loss, damage or delay of cargo not occurring on its own line except that the shipper shall have a right of action for such loss, damage or delay on the terms herein provided against the first carrier and the consignee or other person entitled to delivery shall have such a right of action against the last carrier under the contract of carriage.
11.11 Whenever the liability of Carrier is excluded or limited under these Conditions, such exclusion or limitation shall apply to agents, servants or representatives of Carrier and also to any Carrier whose aircraft is used for carriage.

Article 12 Limitations on Claims and Actions

12.1 Receipt by the person entitled to delivery of the cargo without complaint is prima facie evidence that the same has been delivered in good condition and in accordance with the contract of carriage.
12.2 No action shall be maintained in the case of loss or damage to goods unless a complaint is made to Carrier in writing by the person entitled to delivery. Such complaint shall be made:

12.2.1 in the case of visible damage to or partial loss of the goods, immediately after its discovery and at the latest within 14 days from the date of receipt of the goods;
12.2.2 in the case of other damage to the goods, within 14 days from the date of receipt of the goods;
12.2.3 in the case of delay, within 21 days from the date on which the goods were placed at the disposal of the person entitled to delivery;
12.2.4 in the case of non-delivery of the goods, within 120 days of the date of issue of the air waybill or the date of the shipment record, whichever is applicable.
12.3 Any right to damages against Carrier shall be extinguished unless an action is brought within two years after the occurrence of the events giving rise to the claim.

Article 13 Overriding Law

13.1 Insofar as any provision contained or referred to in the air waybill or shipment record or these Conditions may be contrary to mandatory law, government regulations, orders or requirements, such provision shall remain applicable to the extent that it is not overridden thereby. The invalidity of any such provision shall not affect any other part.

Article 14 Modification and Waiver

14.1 No agent, servant or representative of Carrier has authority to alter, modify or waive any provision of the contract of carriage or of these Conditions.

III.-3 IATA-Resolution Nr. 507b

USE OF SURFACE TRANSPORTATION

RESOLVED that,

1) WHEN AVAILABLE

a) Except for transportation when origin and destination are both in ECAA notwithstanding anything to the contrary in any other Resolution, TC Members may route at the through air rate applicable for carriage between the airport of departure and airport of destination shown on the face of the Air Waybill a consignment via surface means over the first and/or last sector(s) of the route as shown on the face of the Air Waybill where routing of such consignment over the services of the air carrier originally entitled to carry the consignment over such sector(s) cannot be accomplished due to any one of the following reasons

b) For transportation when origin and destination are both in ECAA notwithstanding anything to the contrary in any other Resolution, TC Members may route a consignment via surface means over the first and/or last sector(s) of the route as shown on the face of the Air Waybill where routing of such consignment over the services of the air carrier originally entitled to carry the consignment over such sector(s) cannot be accomplished due to any one of the following reasons

i) lack of available cargo space on such carrier's air services

ii) size, weight or nature of the consignment is such that it cannot be accommodated on the type of aircraft operated by such carrier

iii) such air carrier refuses to accept the consignment

iv) carriage of the consignment on such carrier's air services will delay its arrival at

aa) the connecting point, where surface transportation is to be used on the first sector, or

bb) the final destination, where surface transportation is to be used on the last sector;

v) carriage of the consignment on such carrier's air services cannot be accomplished within 24 hours of acceptance of the consignment or within 24 hours of its arrival at a connecting point

vi) carriage of the consignment in such earner's air services will result in a missed connection

2) WHERE AVAILABLE

the routing by surface means permitted in Paragraph 1) may be effected only within the country of origin and/or destination shown on the face of the Air Waybill, or between either of such countries and a country immediately adjacent thereto, provided that routing by surface means shall be at the air carrier's option and not subject to the conditions in Subparagraphs 1) b) i) through vi)

a) within the Europe Sub-area

b) from Congo (Kinshasa), Rwanda and Burundi to Uganda

c) within Zambia

3) BY WHOM EFFECTED

a) the routing by surface means permitted in Paragraph 1) may be effected only by the air carrier originally entitled to carry the consignment from the point where such surface means are to be used, except that the issuing air earner may effect such routing as long as the consignment is under its custody. Where surface means is to be used on the last sector of the route, the air carrier delivering the consignment to the point where such last sector commences shall also be entitled to effect such routing pursuant to Paragraph 1). As used herein 'air carrier' shall include such air carrier's General Agent, General Sales Agent and/or Handling Agent, but not an IATA Approved Sales Agent/IATA Cargo

https://doi.org/10.1515/9783110564945-074

Agent unless such IATA Approved Sales Agent/IATA Cargo Agent is also the air carrier's General Agent, General Sales Agent and/or Handling Agent

b) where routing on the Air Waybill is totally or partially incomplete, an air carrier preceding such open portion is authorised to complete the routing, in which case it shall be deemed to be acting on behalf of the issuing air carrier, the routing so completed shall be determinative in the application of Paragraphs 1) and 3) a) hereof

c) where the air carrier entitled to route the consignment by surface means determines the existence of any one of the conditions set forth in Subparagraphs 1) b) i) through vi), such air earner shall be entitled to effect the routing of such a consignment and any other consignment(s) under his custody at that time by surface means under the terms of this Resolution whether or not subsequent to the time at which such determination was made, the conditions justifying the routing by surface means cease to exist

4) MINIMUM TOTAL CHARGES

Except for transportation when origin and destination are both in ECAA
where substitution of air transportation by surface transportation is effected pursuant to this Resolution total charges to the shipper and/or consignee shall not be less than the total charges (including but without limitation the airport-to-airport cargo rates and any charges applicable pursuant to Resolution 512 b) that would have been applicable had the consignment been carried completely by air such total charges shall be applicable whether or not the consignment is physically carried to or from the airport of departure or the airport of destination

5) DOCUMENTATION

where pursuant to this Resolution an air carrier routes the consignment via surface means it shall indicate on all remaining copies of the Air Waybill the fact that surface transportation is to be used specifying the sectors involved and the reason(s) for the use of such surface transportation

6) TIE-IN

this Resolution shall not come into or remain in effect unless Resolution 505 comes into and remains in effect

7) TC1, TC12, TC31, TC123

this Resolution shall not apply to sectors within USA in respect of transportation to or from USA

III.-4 Beförderungsbedingungen der deutschen Lufthansa für Fluggäste und Gepäck (ABB Flugpassage, Stand: Februar 2024)

Artikel 1 Begriffsbestimmungen

Sofern sich aus dem Wortlaut oder dem Zusammenhang nichts anderes ergibt, haben die folgenden Ausdrücke die wie folgt definierte Bedeutung:
Wir bezeichnet Deutsche Lufthansa Aktiengesellschaft.
Sie bezeichnet alle Personen, die aufgrund eines Flugscheins befördert werden (siehe auch Definition „Fluggast").
Anschlussflugschein ist ein für den Fluggast in Verbindung mit einem anderen Flugschein ausgestellter Flugschein; beide Flugscheine bilden zusammen einen einzigen Beförderungsvertrag.
Buchung beinhaltet alle Informationen zur geplanten Beförderung.
Coupon ist der Teil des Flugscheins, der für die Beförderung auf einer einzelnen Teilstrecke berechtigt.
Fluggast ist jede Person, die aufgrund eines Flugscheins mit unserer Zustimmung in einem Flugzeug befördert wird oder werden soll.
Flugschein elektronisch erfasste, nummerierte Bestätigung einer bezahlten Flugleistung, belegbar durch einen Ticketbeleg (Passenger Receipt). „Flugschein" und „Ticket" werden im Folgenden synonym verwendet.
Flugunterbrechung ist eine Reiseunterbrechung auf Wunsch des Fluggastes an einem Ort zwischen Abflug- und Bestimmungsort, welcher wir im Voraus zugestimmt haben.
Gepäckschein ist derjenige Teil des Flugscheins, der sich auf die Beförderung Ihres aufgegebenen Gepäcks bezieht.
Luftfrachtführer ist jeder Luftfrachtführer, der den Fluggast und/oder sein Gepäck aufgrund des Flugscheins befördert und dessen Airline Code im Flugschein erscheint.
Meldeschlusszeit ist der von uns oder dem jeweiligen Luftfrachtführer festgesetzte Zeitpunkt, bis zu dem Sie Ihre Check-in-Formalitäten abgeschlossen haben und im Besitz Ihrer Bordkarte sein müssen.
Schaden schließt Tod, Körperverletzung, Verspätungsschäden, Verlust oder andere Beschädigungen jeglicher Art ein, welche aus oder in Verbindung mit der Beförderung oder anderen durch den Luftfrachtführer geleisteten Diensten entstehen.
SZR sind die Sonderziehungsrechte entsprechend der Definition des Internationalen Weltwährungsfonds.
Tage sind volle Kalendertage, einschließlich der Sonntage und gesetzlichen Feiertage; bei Anzeigen wird der Absendetag der Anzeige nicht mitgerechnet; bei Feststellung der Gültigkeitsdauer wird der Tag der Ausstellung des Flugscheines oder der Tag des Flugbeginns nicht mitgerechnet.

Artikel 2 Anwendungsbereich

Allgemeines

2.1. Diese Beförderungsbedingungen gelten für solche Beförderungen, die laut Flugschein den Airline Code „LH" tragen.

https://doi.org/10.1515/9783110564945-075

Code Share

2.2. Wir haben mit anderen Fluggesellschaften Abkommen getroffen, die unter der Bezeichnung „Code Share" bekannt sind. Dies bedeutet, dass auch dann, wenn Lufthansa (LH) als Luftfrachtführer in der Carrierspalte des Flugscheins eingetragen ist, die Beförderung durch eine andere Fluggesellschaft durchgeführt werden kann. Im Falle eines Code-Share-Fluges teilt Lufthansa Ihnen zum Zeitpunkt der Buchung mit, welcher Carrier den Flug durchführen wird.
Auch für Code-Share-Dienste auf Flügen, die von anderen Carriern durchgeführt werden, gelten die vorliegenden Beförderungsbedingungen.
Im Falle der Durchführung des Fluges durch einen anderen Carrier sollten Sie sich mit den Besonderheiten, wie z.B. Check-in-Zeiten, Bestimmungen zur Rückbestätigung von Buchungen, Anforderungen und Richtlinien bezüglich der Beförderung unbegleiteter Minderjähriger, Beförderung von Tieren, Beförderungsverweigerung, Sauerstoffgeräte, Betriebsunregelmäßigkeiten, Entschädigung bei Beförderungsverweigerung und Gepäckfreimengen/-annahme etc., des durchführenden Carriers vertraut machen.
Informationen zu den Code-Share-Partnern von Lufthansa sind auf unserer Website lh.com zu finden.

Artikel 3 Flugscheine

Allgemeines

3.1.
3.1.1. Wir erbringen die Beförderungsleistung nur an den im Flugschein genannten Fluggast bei Vorliegen einer bestätigten Buchung. Wir behalten uns die Verweigerung der Beförderung vor, sofern der Fluggast seine Identität nicht nachweisen kann.
3.1.2. Flugscheine sind nicht übertragbar.
3.1.3. Die Bedingungen für eine Erstattung von Flugscheinen richten sich nach den jeweiligen bei der Ausstellung des Flugscheins geltenden Tarifbestimmungen. Sie sollten den Flugpreis wählen, der Ihrem Bedarf am besten entspricht. Es kann zweckmäßig sein, eine Reiserücktrittsversicherung abzuschließen.

Dauer der Gültigkeit

3.2.
3.2.1. Vorbehaltlich abweichender Bestimmungen im Flugschein, in diesen Bedingungen oder in anwendbaren Tarifen (die entsprechend den Angaben im Flugschein die Gültigkeitsdauer eines Flugscheins beschränken können), ist die Gültigkeit eines Flugscheins wie folgt:
3.2.1.1. ein Jahr, gerechnet vom Ausstellungsdatum oder
3.2.1.2. ein Jahr, gerechnet vom Zeitpunkt des Reiseantritts, sofern dieser innerhalb eines Jahres ab Flugscheinausstellung erfolgt ist.

Änderungen auf Wunsch des Fluggastes

3.3.
(**3.3.1.** und **3.3.2.** sind entfallen)
3.3.3. Sofern Sie sich für einen Tarif entschieden haben, der die Einhaltung einer festen Couponreihenfolge vorsieht, beachten Sie bitte, dass wenn Sie die Beförderung nicht auf allen oder nicht in der im Flugschein angegebenen Reihenfolge der einzelnen Teilstrecken bei ansonsten unveränder-

ten Reisedaten antreten, wir den Flugpreis entsprechend Ihrer geänderten Streckenführung nachkalkulieren werden. Dabei wird der Flugpreis ermittelt, den Sie in Ihrer Preisgruppe am Tag Ihrer Buchung für Ihre tatsächliche Streckenführung zu entrichten gehabt hätten. Dieser kann höher oder niedriger sein als der ursprünglich bezahlte Flugpreis.
War die von Ihnen ursprünglich gebuchte Preisgruppe für die geänderte Streckenführung am Tag der Buchung nicht verfügbar, wird für die Nachkalkulation die günstigste verfügbar gewesene Preisgruppe für Ihre geänderte Streckenführung zugrunde gelegt.
Sofern am Tag der Buchung für Ihre geänderte Streckenführung ein höherer Flugpreis zu entrichten gewesen wäre, werden wir unter Anrechnung des bereits gezahlten Flugpreises die Differenz nacherheben. Bitte beachten Sie, dass wir die Beförderung davon abhängig machen können, dass Sie den Differenzbetrag gezahlt haben.
Sollten Sie über ein nach den Tarifbedingungen erstattbares Ticket verfügen und noch keine Teilstrecke abgeflogen haben, steht es Ihnen frei, sich den Ticketpreis gemäß den Tarifbestimmungen erstatten zu lassen. Sie verlieren damit Ihren Beförderungsanspruch.
Dieser Artikel 3.3.3. gilt nicht für Beförderungen von Verbrauchern mit Wohnsitz in Österreich.
3.3.4. Für Beförderungen von Verbrauchern mit Wohnsitz in Österreich gilt folgendes:
Sofern Sie sich für einen Tarif entschieden haben, der die Einhaltung einer festen Flugscheinreihenfolge vorsieht, beachten Sie bitte, dass wenn Sie die Beförderung nicht auf allen oder nicht in der im Flugschein angegebenen Reihenfolge der einzelnen Teilstrecken bei ansonsten unveränderten Reisedaten antreten, wir den Flugpreis entsprechend Ihrer geänderten Streckenführung nachkalkulieren werden. Dies gilt nicht, wenn sich schlicht Ihre Reisepläne ändern oder wenn Sie aufgrund höherer Gewalt, Krankheit oder aus einem anderen von Ihnen nicht zu vertretenden Grund daran gehindert sind, die Beförderung auf allen oder in der im Flugschein angegebenen Reihenfolge der einzelnen Teilstrecken anzutreten. Bitte teilen Sie uns nach Möglichkeit die diesbezüglichen Gründe unverzüglich nach Kenntniserlangung mit. Im Falle der Nachkalkulation wird der Flugpreis ermittelt, den Sie in Ihrer Preisgruppe am Tag Ihrer Buchung für Ihre tatsächliche Streckenführung zu entrichten gehabt hätten. Dieser kann höher oder niedriger sein als der ursprünglich bezahlte Flugpreis.
War die von Ihnen ursprünglich gebuchte Preisgruppe für die geänderte Streckenführung am Tag der Buchung nicht verfügbar, wird für die Nachkalkulation die günstigste verfügbar gewesene Preisgruppe für Ihre geänderte Streckenführung zugrunde gelegt.
Sofern am Tag der Buchung für Ihre geänderte Streckenführung ein höherer Flugpreis zu entrichten gewesen wäre, werden wir unter Anrechnung des bereits gezahlten Flugpreises die Differenz nacherheben. Bitte beachten Sie, dass wir die Beförderung davon abhängig machen können, dass Sie den Differenzbetrag gezahlt haben.

Artikel 4 Flugpreise, Steuern, Gebühren und Zuschläge

Endpreis

4.1. Der Endpreis ist der Flugpreis einschließlich Steuern, Gebühren und Abgaben.

Flugpreise

4.1. Es wird der Flugpreis geschuldet, der für die Beförderung vom tatsächlichen Abflugort zum tatsächlichen Bestimmungsort maßgeblich ist. Der Flugpreis kann von der Fluggesellschaft erhobene Abgaben enthalten.

Steuern, Gebühren und Zuschläge

4.2. Alle Steuern, Gebühren oder sonstigen Abgaben, die durch Regierungs-, Kommunal- oder andere Behörden oder vom Flughafenunternehmen in Bezug auf Fluggäste oder für deren Inanspruchnahme von Dienstleistungen erhoben werden, sind zusätzlich zu den Flugpreisen von Ihnen zu bezahlen. Bei Kauf des Flugscheins werden Sie über solche, nicht im Flugpreis enthaltene Steuern, Gebühren und sonstigen Abgaben informiert. Diese werden in der Regel zusätzlich im Flugschein ausgewiesen.

Artikel 5 Reservierungen

Voraussetzungen für Platzbuchungen

5.1.
5.1.1. Jeder Coupon wird nur zur Beförderung in der darin angegebenen Beförderungsklasse für den Tag und den Flug, für den eine Platzbuchung besteht, angenommen. Bei Flugscheinen ohne eingetragene Platzbuchung kann später ein Platz gebucht werden, sofern auf dem gewünschten Flug noch verfügbar.
5.1.2. Wir oder unsere Agenten werden Ihre Buchung(en) aufzeichnen. Auf Anforderung schicken wir Ihnen eine schriftliche Buchungsbestätigung.
5.1.3. Bestimmte Tarife unterliegen einschränkenden Bestimmungen im Hinblick auf Umbuchung oder Stornierungen.
(5.2. ist entfallen.)

Personenbezogene Daten

5.3. Wir verarbeiten Ihre personenbezogenen Daten gemäß sämtlichen einschlägigen datenschutzrechtlichen Regelungen und nur zu folgenden Zwecken: Vornahme von Flugbuchungen, Kauf von Flugscheinen, Erwerb von Zusatzleistungen, Entwicklung und Angebot von Dienstleistungen, Durchführung von Einreiseformalitäten sowie Übermittlung solcher Daten an die zuständigen Behörden und andere Fluggesellschaften oder sonstige Erbringer vorgenannter Dienstleistungen im Zusammenhang mit der Durchführung Ihrer Reise.

Sitzplatzreservierung

5.4.
5.4.1. Auf einigen Lufthansa Flügen steht Ihnen die Möglichkeit der vorherigen Sitzplatzreservierung zur Verfügung. Im Rahmen dieses Service können Sie – soweit verfügbar – eine bestimmte Sitzplatzkategorie (Gang-, Fenster- oder Mittelplatz, Sitzplatz mit mehr Beinfreiheit) wählen. Dieser Service ist je nach Art des Sitzplatzes für einige Tarife kostenpflichtig, Der Preis kann je nach Sitzplatzkategorie, Zeitpunkt und Art der Buchung, des Fluges sowie der Flugstrecke variieren. Eine Verpflichtung zur (kostenpflichtigen) Sitzplatzreservierung besteht nicht. Nähere Details finden Sie auf der Seite zu den Sitzplatzreservierungen.
5.4.2. Sollten Sie sich gegen eine kostenpflichtige Sitzplatzreservierung entscheiden, wird Ihnen beim Check-In ein Sitzplatz kostenlos zugewiesen. Änderungen eines bereits ausgewählten oder zugewiesenen Sitzplatzes können je nach gewähltem Tarif kostenpflichtig sein. Wenn Sie den Service „Automatischer Check-In“ nutzen, haben Sie die Möglichkeit, anschließend einen anderen als den Ihnen zugewiesenen Sitzplatz, der je nach Tarif kostenpflichtig ist, auszuwählen, sofern

noch andere Sitzplätze für Sie verfügbar sind. Wir können jedoch keine bestimmten Sitzplätze oder die Verfügbarkeit einer bestimmten Sitzplatzkategorie garantieren

5.4.3. Sollten Sie Ihren Flug umbuchen, verfällt Ihre bestehende Sitzplatzreservierung und Sie können eine neue Sitzplatzreservierung tätigen, die je nach Tarif, Sitzplatzkategorie, Zeitpunkt der Umbuchung und Flugstrecke höhere Kosten verursachen kann.

5.4.4. Wir sind berechtigt, Sitzplätze jederzeit neu zuzuweisen, auch nach Betreten des Flugzeugs. Dies kann aus Gründen der Sicherheit oder aus operationellen Gründen notwendig sein. Haben Sie für eine vorherige Sitzplatzreservierung bezahlt und wird der Flug annulliert oder wird der Sitzplatz aus Gründen der Sicherheit oder aus operationellen Gründen anderweitig zugewiesen, werden wir Ihnen das Entgelt für die Sitzplatzreservierung erstatten. Eine Erstattung erfolgt nicht, wenn Sie den Flug freiwillig nicht antreten, umbuchen oder in eine andere Beförderungsklasse upgraden oder uns bei Buchung unkorrekte Angaben zur Befähigung des Sitzens am Notausgang gemacht haben.

Artikel 6 Fluggastannahme und Einsteigen

6.1. Die Meldeschlusszeiten sind an den verschiedenen Flughäfen unterschiedlich. Wir empfehlen Ihnen, sich über diese Meldeschlusszeiten zu informieren und sie einzuhalten. Ihre Reise verläuft reibungsloser, wenn Sie ausreichend Zeit zur Einhaltung der Meldeschlusszeiten einplanen. Sofern Sie diese Zeiten nicht einhalten, sind wir zur Streichung Ihrer Buchung berechtigt. Wir oder das den Flugschein ausstellende Reisebüro informieren Sie über die Meldeschlusszeit für den ersten mit uns durchgeführten Streckenabschnitt. Die Meldeschlusszeiten für unsere Flüge können Sie auf unserer Internetseite nachlesen und sind von dem Flugschein ausstellendem Reisebüro zu erfahren. Sie betragen, wenn nichts anderes angegeben ist, mindestens 30 Minuten vor dem planmäßigen Abflug.

6.2. Sie sind verpflichtet, sich spätestens zu dem bei der Abfertigung angegebenen Zeitpunkt zum Einsteigen am Gate einzufinden.

6.3. Sofern Sie nicht rechtzeitig zum Einsteigen erscheinen, sind wir berechtigt, Ihre Buchung zu streichen.

Artikel 7 Beschränkung und Ablehnung der Beförderung

Beförderungsverweigerungsrecht

7.1. Wir können Ihre Beförderung verweigern, wenn wir Sie im Rahmen unseres pflichtgemäßen Ermessens vor der Buchung schriftlich davon in Kenntnis gesetzt haben, dass wir Sie vom Zeitpunkt der schriftlichen Benachrichtigung an nicht mehr auf unseren Flügen befördern werden. Dies kann der Fall sein, wenn Sie auf einem früheren Flug gegen die in den Artikeln 7 und 11 genannten Verhaltensregeln verstoßen haben und Ihre Beförderung deshalb unzumutbar ist. Wir dürfen ferner Ihre Beförderung verweigern, wenn

7.1.1. diese Maßnahme aus Gründen der Sicherheit oder Ordnung oder zur Vermeidung eines Verstoßes gegen behördliche oder gesetzliche Auflagen des Staates notwendig ist, von dem aus abgeflogen wird oder der angeflogen oder überflogen wird; oder

7.1.2. Ihre Beförderung die Sicherheit, die Gesundheit oder in nicht unerheblichem Maße das Wohlbefinden anderer Fluggäste beeinträchtigen kann; oder

7.1.3. Ihr Verhalten, Ihr Zustand oder Ihre geistige oder körperliche Verfassung zum Beispiel aufgrund der Auswirkungen von Alkohol- oder Drogenkonsum dazu führt, dass Sie sich selbst, andere Fluggäste oder Besatzungsmitglieder einer Gefahr aussetzen; oder

7.1.4. Sie sich auf einem früheren Flug in nicht unerheblichem Maße regelwidrig verhalten haben und Grund zu der Annahme besteht, dass sich solches Verhalten wiederholen kann; oder
7.1.5. Sie die Vornahme einer Sicherheitsprüfung verweigert haben; oder
7.1.6. Sie den anwendbaren Endpreis nicht bezahlt haben; oder
7.1.7. Sie nicht im Besitz der zur Einreise am Bestimmungsort erforderlichen Reisedokumente sind oder deren Vorzeigen an die Besatzung trotz Aufforderung ablehnen; oder
7.1.8. Sie einen Flugschein vorlegen, den Sie auf illegalem Wege oder unter Verstoß gegen die Miles and More Teilnahmebedingungen erworben oder erhalten haben oder der als verloren oder gestohlen gemeldet worden ist, gefälscht ist oder wenn Sie Ihre Identität mit der als Fluggast im Flugschein eingetragenen Person nicht nachweisen können; oder
7.1.9. Sie unsere Sicherheitsvorschriften nicht einhalten; oder
7.1.10. Sie das beim Einsteigen sowie an Bord aller unserer Flugzeuge geltende Rauchverbot und das Verbot der Benutzung elektronischer Geräte an Bord missachten.

Beförderung von Kindern

7.2.
7.2.1. Vor Vollendung des 5. Lebensjahres dürfen Kinder nur in Begleitung eines Erwachsenen, der mindestens 18 Jahre alt ist, reisen. Die Beförderung von allein reisenden Kindern vom vollendeten 5. bis zum vollendeten 12. Lebensjahr muss vorher telefonisch über das Lufthansa Service Center angemeldet werden und unterliegt der jeweils veröffentlichten Entgelt sowie den hierzu veröffentlichten Bestimmungen.
7.2.3. Kinder können auch im eigenen Kindersitz auf einem Sitzplatz befördert werden; für Kleinkinder unter 2 Jahren ist hierbei zu bedenken, dass ein zusätzlicher Sitzplatz gebucht werden muss. Der Kindersitz ist während des gesamten Fluges mit dem am Flugzeugsitz vorhandenen Sitzgurt von Ihnen zu befestigen. Der Kindersitz muss zur Verwendung an Bord von Flugzeugen geeignet und zugelassen sein. Andernfalls sind wir berechtigt, die Beförderung des Kindersitzes in der Kabine zu verweigern. Wir haften nicht für die Folgen, die Ihnen aus einer fehlerhaften Befestigung des Kindersitzes, einer Funktionsuntauglichkeit oder aus der Nichtbefolgung von Anweisungen entstehen.

Artikel 8 Gepäck

Freigepäck und Übergepäck

8.1. Die Freigepäckgrenzen ergeben sich aus den zum Zeitpunkt der Flugbuchung geltenden veröffentlichten Tarifen. Die Beförderung von Gepäck über die Freigepäckgrenze hinaus sowie die Beförderung von Sondergepäck ist zuschlagpflichtig. Das Gewicht eines einzelnen Gepäckstücks darf jedoch 32 Kilogramm nicht überschreiten.

Gepäck von Fremden

8.2. Die Mitnahme von Gepäck, das Sie von Fremden erhalten haben, sowohl im Handgepäck als auch im aufgegebenen Gepäck ist auf unseren Flügen nicht gestattet.

Als Gepäck nicht anzunehmende Gegenstände

8.3.

8.3.1. In Ihrem Gepäck dürfen nicht enthalten sein:

8.3.1.1. Gegenstände, die geeignet sind, das Flugzeug oder Personen oder Gegenstände an Bord des Flugzeugs zu gefährden, so wie sie in den Gefahrgutregeln der ICAO und der IATA aufgeführt sind. Zu ihnen zählen insbesondere Explosivstoffe, komprimierte Gase, oxydierende, radioaktive oder magnetisierende Stoffe, leicht entzündliche Stoffe, giftige oder aggressive Stoffe.

8.3.1.2. Gegenstände, deren Beförderung nach den Vorschriften des Staates, von dem aus abgeflogen, der angeflogen oder überflogen wird, verboten ist;

8.3.1.3. Gegenstände, die gefährlich oder unsicher oder wegen ihres Gewichts, ihrer Größe oder Art sowie aufgrund ihrer Verderblichkeit, Zerbrechlichkeit oder ihrer besonderen Empfindlichkeit zur Beförderung ungeeignet sind;

8.3.1.4. Einzeln mitgebrachte Lithium-Batterien oder Lithium-Akkumulatoren (wie sie in elektronischen Gebrauchsgütern wie z.B. in Laptop-Computern, Mobiltelefonen, Uhren, Kameras, gebräuchlich sind) dürfen ausschließlich im Handgepäck befördert werden. Es dürfen höchstens zwei einzelne Lithium-Batterien oder Akkumulatoren mit einer Wattstundenleistung bis 160Wh als Ersatzzellen für elektronische Gebrauchsgüter befördert werden. Die Beförderung von einzelnen Batterien oder Akkumulatoren mit einer Wattstundenleistung von 100Wh bis 160 Wh bedarf der vorherigen Zustimmung der Fluggesellschaft. Weitere Einzelheiten zur Beförderung von Batterien und Akkumulatoren sind den internationalen Gefahrgutvorschriften der International Civil Aviation Organization – ICAO – als internationale Zivilluftfahrtorganisation zu entnehmen, welche direkt auf den Internetseiten der ICAO unter der Rubrik Dangerous Goods oder über die Internetseiten des Luftfahrt-Bundesamtes eingesehen werden können.

8.3.2. Führen Sie an Ihrer Person oder in Ihrem Gepäck: Waffen jeder Art, insbesondere (a) Schuss-, Hieb- oder Stoßwaffen sowie Sprühgeräte, die zu Angriffs- oder Verteidigungszwecken verwendet werden, (b) Munition und explosionsgefährliche Stoffe, (c) Gegenstände, die ihrer äußeren Form oder ihrer Kennzeichnung nach den Anschein von Waffen, Munition oder explosionsgefährlichen Stoffen erwecken, mit sich, so haben Sie uns dies vor Reiseantritt anzuzeigen. Die Beförderung derartiger Gegenstände ist nur zulässig, wenn sie entsprechend den Bestimmungen über die Beförderung gefährlicher Güter als Fracht oder aufgegebenes Gepäck befördert werden. Satz 2 gilt nicht für Polizeibeamte, die in Erfüllung ihrer Dienstpflicht zum Waffentragen verpflichtet sind. Sie haben ihre Waffe während des Fluges dem verantwortlichen Flugzeugkommandanten auszuhändigen.

8.3.3. Waffen jeder Art, insbesondere Schuss-, Hieb- oder Stoßwaffen sowie Sprühgeräte. Sportwaffen können als Gepäck nach unserem Ermessen zugelassen werden. Sie müssen entladen und mit einer abgeschlossenen Sicherheitssperre versehen sein. Die Beförderung von Munition unterliegt den unter 8.3.1.1. genannten Bestimmungen der ICAO und der IATA.

8.3.4. Sollten Sie zu vertreten haben, dass Gegenstände, die entgegen den Bestimmungen gemäß 8.3.1. und 8.3.2. im aufgegebenen Gepäck enthalten sind, haften wir nicht.

Recht auf Verweigerung der Beförderung von Gepäck

8.4.

8.4.1. Wir können die Beförderung von Gepäck ablehnen, wenn sie nicht nach Maßgabe des Absatzes 8.3. erfolgt.

8.4.2. Wir können die Beförderung von Gepäck ablehnen, wenn dieses aufgrund von Größe, Form, Gewicht, Art und Inhalt oder aus Sicherheitsgründen oder im Hinblick auf das Wohlbefinden

anderer Fluggäste zur Beförderung ungeeignet ist. Informationen über nicht zur Beförderung geeigneter Gegenstände erhalten Sie auf Anfrage.
8.4.3. Wir können die Beförderung von Gepäck ablehnen, wenn es nicht ordnungsgemäß in Koffern oder ähnlichen Behältern verpackt ist, um eine sichere Beförderung mit der üblichen Vorsicht bei der Behandlung zu gewährleisten.

Untersuchung von Fluggast und Gepäck

8.5. Aus Sicherheitsgründen können wir verlangen, dass Sie einer Durchsuchung oder Durchleuchtung Ihrer Person und Ihres Gepäcks sowie dem Röntgen Ihres Gepäcks zustimmen. Willigen Sie in eine Untersuchung Ihrer Person oder Ihres Gepäcks auf das Vorhandensein nach Absatz 8.3. unzulässiger bzw. nicht angezeigter Gegenstände nicht ein, so können wir Ihre Beförderung und die Beförderung Ihres Gepäcks ablehnen.

Aufgegebenes Gepäck

8.6.
8.6.1. Nach Anlieferung des aufzugebenden Gepäcks nehmen wir es in unsere Obhut und stellen zur Identifizierung des Gepäcks einen Gepäckschein sowie eine Gepäckmarke aus.
8.6.2. Aufgegebenes Gepäck muss mit Ihrem Namen oder einer sonstigen Identifizierung versehen sein.
8.6.3. Aufgegebenes Gepäck wird mit demselben Flugzeug befördert, in dem Sie befördert werden, es sei denn, dies ist aus Sicherheitsgründen nicht möglich. Wird Ihr aufgegebenes Gepäck auf einem nachfolgenden Flug befördert, so werden wir es an Ihrem Aufenthaltsort ausliefern, soweit nicht Ihre Anwesenheit bei der Zollbeschau erforderlich ist. Artikel 14 (Schadenshaftung) bleibt unberührt.

Handgepäck

8.7.
8.7.1. Wir können Anzahl, Höchstgewichte und maximale Dimensionen für Handgepäck festlegen. In jedem Falle muss Handgepäck unter Ihren Vordersitz oder in die Gepäckfächer passen. Wenn Ihr Handgepäck diese Voraussetzungen nicht erfüllt oder den Sicherheitsanforderungen nicht entspricht, so muss es als aufgegebenes Gepäck befördert werden.
8.7.2. Gegenstände, die für die Beförderung im Frachtraum nicht geeignet sind, z.B. empfindliche Musikinstrumente, und die den Anforderungen gemäß Absatz 8.7.1. nicht entsprechen, werden zur Beförderung in der Kabine nur angenommen, wenn sie uns im Voraus angekündigt und von uns zur Beförderung angenommen worden sind. Für diese Sonderleistung können wir einen Zuschlag in Rechnung stellen.

Rückgabe des aufgegebenen Gepäcks

8.8.
8.8.1. Sie sind verpflichtet, Ihr Gepäck entgegenzunehmen, sobald es am Bestimmungsflughafen oder am Ort der Flugunterbrechung zur Abholung bereitgestellt ist.
8.8.2. Wir liefern das aufgegebene Gepäck nur dem Inhaber des Gepäckscheins aus.
8.8.3. Kann die das Gepäck entgegennehmende Person den Gepäckschein nicht vorweisen oder das Gepäck durch den Identifizierungsteil der Gepäckmarke nicht identifizieren, so liefern wir

das Gepäck nur unter der Bedingung aus, dass das Recht auf Herausgabe zu unserer Zufriedenheit glaubhaft gemacht wird.

Beförderung von Tieren

8.9.
8.9.1. Die Beförderung von Haustieren unterliegt unserer Zustimmung und den Bedingungen, dass die Tiere mit gültigen Gesundheits- und Impfzeugnissen, Einreiseerlaubnissen und anderen von den jeweiligen Ländern geforderten Einreise- oder Transitpapieren versehen sind und, soweit sie nicht anerkannte Begleithunde oder Assistenztiere sind, ordnungsgemäß in Versandkäfigen oder zugelassenen Transportbehältnissen eingeschlossen sind. Wir behalten uns vor, Art und Weise der Beförderung festzulegen und die Zahl der für einen Flug zulässigen Tiere zu begrenzen.
In der Kabine mitreisende Tiere (gegebenenfalls einschließlich Transportbehältnis) müssen in den Fußraum Ihres Sitzplatzes passen und während des gesamten Aufenthalts an Bord angemessen gesichert sein.
Beachten Sie bitte die Hinweise auf unserer Webseite zur Beförderung von Tieren als zusätzliches Handgepäck in der Kabine: https://www.lufthansa.com/de/de/tiere-als-handgepaeck.
Das Gewicht der Tiere, Versandkäfige und des mitgeführten Tierfutters ist nicht im Freigepäck des Fluggastes enthalten. Für den Transport sind Übergepäckentgelte zu entrichten.
8.9.2. Ein für den Fluggast erforderlicher anerkannter Begleithund wird kostenlos und, soweit möglich, in der Kabine befördert; bitte beachten Sie die unter https://www.lufthansa.com/de/de/assistenzhunde abrufbaren Voraussetzungen für Flüge außerhalb der Vereinigten Staaten von Amerika.
8.9.3. Auf Flügen in die oder aus den Vereinigten Staaten von Amerika gewährleistet Lufthansa in dem von 14 CFR Part 382 und anderen rechtlichen Vorgaben vorgeschriebenen Umfang die kostenlose Mitnahme eines Assistenztieres durch eine Person mit Behinderung (wie jeweils definiert in 14 CFR § 382.3), soweit die Begleitung durch ein Assistenztier erforderlich ist, um den Passagier bei der Verrichtung von Arbeiten oder Aufgaben zu seinen Gunsten zu unterstützen. Für die Beförderung gelten die unter https://www.lufthansa.com/de/de/assistenzhunde für Flüge in die/aus den Vereinigten Staaten von Amerika abrufbaren Voraussetzungen.
Lufthansa akzeptiert ausschließlich Hunde als Assistenztiere. Ein Passagier mit einer Behinderung, der mit einem Assistenztier reist, übernimmt die volle Verantwortung für die Sicherheit, die Gesundheit, das Wohlbefinden und das Verhalten des Assistenztieres. Dies gilt auch für die Interaktion des Assistenztieres mit anderen Fluggästen und Besatzungsmitgliedern während es sich an Bord des Flugzeugs oder in einem von Lufthansa kontrollierten Bereich des Flughafens befindet.
8.9.4. Sie tragen die alleinige Verantwortung für die Sicherheit, Gesundheit und das Benehmen Ihres Tieres und haften für die Einhaltung aller Einreise-, Ausreise-, Gesundheits- und sonstiger Vorschriften und Gesetze sowie Anforderungen, die in dem Land, Staat oder Gebiet gelten, aus denen oder in die das Tier befördert wird und/oder in dem sich ein Zwischenziel befindet. Dies gilt insbesondere für erforderliche Gesundheitszeugnisse, Genehmigungen und Impfungen. Lufthansa haftet insbesondere nicht für Kosten im Zusammenhang mit der Unterbringung des Tieres in einer Quarantäne sowie für Bußgelder und Kosten im Zusammenhang mit der Rückführung des Tieres an seinen Ausgangsort.
Sie haften für alle Kosten, die sich aus der Nichteinhaltung dieser Verpflichtungen sowie aus Gesetzen, Vorschriften und Anforderungen ergeben, sowie für alle Schäden, die von Ihnen mitgeführte Tiere verursachen, und stellen uns von jeder diesbezüglichen Haftung frei, soweit nicht wir den Schaden grob fahrlässig oder vorsätzlich selbst verursacht haben.

Artikel 9 Flugpläne, Verspätungen und Flugstreichungen

Entfallen

Artikel 10 Erstattungen

Allgemeines

10.1.
10.1.1. Im Falle einer Annullierung, Umbuchung oder Verspätung kann neben anderen Ansprüchen unter gewissen Voraussetzungen eine Erstattung des Flugpreises in Betracht kommen.
10.1.2. Darüber hinaus sind Erstattungen gemäß Tarifkonditionen möglich. Einige Tarife enthalten Einschränkungen bezüglich der Erstattbarkeit.
10.1.3. Je nach Tarifkonditionen und ggf. genutzten Teilstrecken des Tickets wird der Erstattungswert von Tarif, Steuern und Gebühren berechnet. Zahlungsentgelte, die bei Verwendung eines bestimmten Zahlungsmittels anfallen, werden nicht von uns erstattet.

Empfänger der Erstattung

10.2. Die Erstattung erfolgt grundsätzlich auf das bei der Buchung verwendete Zahlungsmittel. Die Zahlung gilt als Erstattung an den Erstattungsberechtigten.

Währung

10.3. Die Erstattung erfolgt in derselben Währung, in welcher der Flugpreis bezahlt wurde. Der Erstattungsbetrag kann durch Umrechnungen und Gebühren Ihres Zahlungsdienstleisters von dem ursprünglich für den erstatteten Flugschein gezahlten Betrag abweichen.

Erstattung im Reisebüro

10.4. Bei Tickets, die über ein Reisebüro gebucht wurden, kann der Erstattungswert durch Gebühren, die das Reisebüro erhoben hat, von dem von Ihnen an das Reisebüro gezahlten Betrag abweichen. Wir empfehlen, sich daher mit dem Reisebüro in Verbindung zu setzen und die Erstattung dort vornehmen zu lassen.

Artikel 11 Verhalten an Bord

Allgemeines

11.1. Den Anweisungen der Crew ist Folge zu leisten. Ist Ihr Verhalten an Bord derart, dass von Ihnen eine Gefahr für das Flugzeug oder für Personen oder Gegenstände an Bord ausgeht, dass Sie die Besatzung in der Ausübung ihrer Pflichten beeinträchtigen oder Anweisungen der Besatzung nicht Folge leisten, einschließlich der Anweisungen betreffend Rauchverbote, Alkohol- oder Drogenkonsum, oder dass Sie anderen Fluggästen oder der Besatzung Unannehmlichkeiten oder Schaden zufügen, so behalten wir uns das Recht vor, die zur Verhinderung dieses Verhaltens notwendigen Maßnahmen bis hin zur Fesselung zu ergreifen. Wir können Ihre Weiterbeförderung verweigern und wegen Ihres Verhaltens an Bord Strafanzeige erstatten.

Elektronische Geräte

11.2. Die Benutzung von Mobiltelefonen, Funkgeräten und ferngesteuertem Spielzeug ist an Bord nicht gestattet. Für Mobiltelefone gilt eine Ausnahme auf Flugzeugen, die mit funktionsfähiger Mobilfunktechnik ausgerüstet sind. Auf diesen Flugzeugen ist die Benutzung von Mobiltelefonen nach Anweisung der Crew möglich. Sprachtelefonie soll in jedem Fall unterbunden werden.

Nichtraucherflüge

11.3. Alle Lufthansa Flüge sind Nichtraucherflüge. Das Rauchen ist in allen Bereichen des Flugzeugs verboten. Das gilt auch für elektronische Zigaretten.

Alkoholische Getränke

11.4. Der Genuss mitgebrachter alkoholischer Getränke ist an Bord nicht gestattet.

Anschnallpflicht

11.5. Sie sind gehalten während des Fluges grundsätzlich auf Ihrem Sitz Platz zu nehmen. Dort besteht Anschnallpflicht.

Fotografieren und Filmen an Bord

11.6. Das Filmen und Fotografieren an Bord ist nur dann gestattet, wenn sichergestellt ist, dass die Rechte – insbesondere die Persönlichkeitsrechte – der aufgenommenen Personen gewahrt werden. Auf Anweisung der Crew kann das Filmen und Fotografieren an Bord jederzeit untersagt werden.
(11.7. ist entfallen)

Artikel 12 Zusätzliche Leistungen

12.1. Wenn wir für Sie andere Leistungen als Flugleistungen mit Dritten vereinbaren oder Beförderungsdokumente für andere Beförderungsleistungen als Flugleistungen ausstellen, so handeln wir insoweit nur als Vermittler. In diesen Fällen gelten die Geschäftsbedingungen des jeweiligen Leistungserbringers.
12.2. Für Zubringerdienste, die wir selbst für unsere Fluggäste erbringen und die keine Flugleistungen beinhalten, können andere als diese Bedingungen gelten. Sie werden Ihnen auf Anfrage zugesandt.

Artikel 13 Verwaltungsformalitäten

13.1.
13.1.1. Sie sind verpflichtet, und es unterliegt Ihrer eigenen Verantwortung, die für Ihre Reise notwendigen Reisedokumente und Visa zu beschaffen und alle Vorschriften der Staaten zu befolgen, die überflogen oder angeflogen werden oder von denen aus geflogen wird; das gleiche gilt für unsere diesbezüglichen Regelungen und Anweisungen. Ihre Reisedokumente und Visa müssen

für die gesamte Dauer Ihrer Reise einschließlich etwaiger Unterbrechungen Gültigkeit besitzen. Uns trifft insoweit keine Verantwortung, insbesondere sind wir nicht verpflichtet, die Gültigkeit zu überprüfen.
13.1.2. Wir haften nicht für die Folgen, die Ihnen aus der Unterlassung, sich die notwendigen Papiere zu beschaffen, oder aus der Nichtbefolgung der geltenden Vorschriften oder Anweisungen entstehen.

Reisedokumente

13.2. Sie sind verpflichtet, vor Reiseantritt die Einreise- und Ausreisepapiere, Gesundheitszeugnisse und sonstigen Urkunden auf unser Verlangen vorzuweisen, die seitens der Ziel- oder Transitorte vorgeschrieben sind und uns ggf. die Anfertigung von Kopien dieser Dokumente zu gestatten. Wir behalten uns das Recht vor, Sie von der Beförderung auszuschließen, wenn Sie die maßgebenden Vorschriften nicht befolgen oder Ihre Dokumente unvollständig sind und wir haften nicht für Verluste oder Aufwendungen, die Ihnen daraus entstehen, dass Sie diese Bestimmungen nicht befolgen.

Einreiseverbot

13.3. Wird Ihnen die Einreise in ein Land verweigert, so sind Sie verpflichtet, den anwendbaren Flugpreis zu zahlen, falls wir Sie an Ihren Abflugort oder an einen anderen Ort befördern müssen, weil Sie in ein Land (Durchreise- oder Bestimmungsland) nicht einreisen dürfen. Wir können zur Bezahlung dieses Flugpreises die von Ihnen gezahlten Gelder für nicht genutzte Beförderung verwenden. Der bis zu dem Ort der Abweisung oder Ausweisung für die Beförderung bezahlte Flugpreis wird nicht erstattet.

Haftung des Fluggastes für Strafen usw.

13.4. Falls wir gehalten sind, Strafen oder Bußen zu zahlen oder zu hinterlegen oder sonstige Auslagen aufzuwenden, weil Sie die bezüglich der Ein- oder Durchreise geltenden Vorschriften des betreffenden Staates nicht befolgt haben oder weil die erforderlichen Dokumente nicht ordnungsgemäß vorgelegt wurden, so sind Sie verpflichtet, uns auf Verlangen die gezahlten oder hinterlegten Beträge zu erstatten.

Zolluntersuchung

13.5. Auf Verlangen haben Sie der Durchsicht Ihres aufgegebenen und nicht aufgegebenen Gepäcks durch Zoll- und andere Beamte beizuwohnen. Wir haften nicht für den dem Fluggast während der Untersuchung oder infolge Nichtbeachtens dieser Bestimmung entstehenden Schaden.

Sicherheitsüberprüfung

13.6. Sie sind verpflichtet, sich und Ihr Gepäck den durch die Behörden, die Flughafengesellschaften oder durch uns vorgenommenen Sicherheitsuntersuchungen zu unterziehen.

Übermittlung von Daten

13.7. Wir sind berechtigt, Ihre Passdaten und Ihre im Zusammenhang mit Ihrer Reise von uns verarbeiteten und genutzten personenbezogenen Daten an Behörden im In- und Ausland (einschließlich Behörden in den USA und Kanada) zu übermitteln, wenn das jeweilige Übermittlungsverlangen der Behörde aufgrund gesetzlicher Bestimmungen erfolgt und somit für die Erfüllung des Beförderungsvertrages erforderlich ist.

Artikel 14 Schadenshaftung

Allgemeines

14.1.
14.1.1. Die Beförderung unterliegt der Haftungsordnung des Übereinkommens von Montreal vom 28. März 1999, das in der Europäischen Gemeinschaft durch die Verordnung (EG) Nr. 2027/97 in der durch die Verordnung (EG) Nr. 889/2002 geänderten Fassung und durch nationale Rechtsvorschriften der Mitgliedstaaten umgesetzt wurde.
14.1.2. Hat bei der Entstehung des Schadens ein Verschulden des Geschädigten mitgewirkt, so finden die Normen des anwendbaren Rechts hinsichtlich des Ausschlusses oder der Minderung der Ersatzpflicht bei mitwirkendem Verschulden des Geschädigten Anwendung.
14.1.3. Gerichtliche Klagen auf Schadenersatz nach dem Montrealer Übereinkommen müssen innerhalb von zwei Jahren, beginnend mit dem Tage der Ankunft des Flugzeugs oder dem Tag, an dem das Flugzeug hätte ankommen sollen, oder an dem die Beförderung abgebrochen worden ist, erhoben werden.
14.1.4. Wir haften nicht für Schäden, die aus der Erfüllung von staatlichen Vorschriften durch uns oder daraus entstehen, dass Sie die sich hieraus ergebenden Verpflichtungen nicht erfüllen.
14.1.5. Unsere Haftung übersteigt in keinem Falle den Betrag des nachgewiesenen Schadens. Wir sind für mittelbare oder Folgeschäden nur haftbar, wenn wir oder unsere Leute diese grob fahrlässig oder vorsätzlich verursacht haben. Dies gilt nicht für Personenschäden.
14.1.6. Die Haftungsausschlüsse und Haftungsbeschränkungen des Montrealer Übereinkommens sowie des jeweils anwendbaren nationalen Rechts kommen zur Anwendung, soweit durch diese Beförderungsbedingungen nicht ausdrücklich etwas anderes bestimmt wird.

Schadenersatz bei Tod oder Körperverletzung

14.2
14.2.1. Es gibt keine Höchsthaftungsbeträge für die Haftung bei Tod oder Körperverletzung von Fluggästen. Für Schäden bis zu einer Höhe von 128.821 SZR (ca. 150.000 EUR) kann der Luftfrachtführer keine verschuldensbezogenen Einwendungen gegen Schadenersatzforderungen erheben. Über diesen Betrag hinausgehende Forderungen kann der Luftfahrtfrachtführer durch den Nachweis abwenden, dass **sowohl er selbst als auch seine Leute weder fahrlässig noch sonst schuldhaft gehandelt haben und auch kein fahrlässiges oder sonst schuldhaftes Unterlassen ursächlich ist**.

Vorschusszahlungen

14.2.2. Wird ein Fluggast getötet oder verletzt, hat der Luftfahrtfrachtführer innerhalb von 15 Tagen nach Feststellung der schadenersatzberechtigten Person eine Vorschusszahlung zu leisten, um die unmittelbaren wirtschaftlichen Bedürfnisse zu decken. Im Todesfall beträgt diese Vorschusszahlung nicht weniger als 16 000 SZR (ca. 19.000 EUR).

Zerstörung, Verlust oder Beschädigung von Reisegepäck

14.3.
14.3.1. Bei aufgegebenem Gepäck im Sinne des Art. 8.6. dieser Beförderungsbedingungen besteht eine verschuldensunabhängige Haftung, soweit nicht das Gepäck bereits vorher schadhaft war. Bei nicht aufgegebenem Gepäck haften wir nur für unser schuldhaftes Verhalten sowie das unserer Leute.

Haftungsgrenzen für Gepäck

14.3.2. Wir haften für die Zerstörung, den Verlust oder die Beschädigung von Gepäck bis zu einer Höhe von 1.288 SZR (ca. 1.500 EUR). Eine höhere Haftungsgrenze gilt, wenn der Fluggast spätestens bei der Abfertigung eine besondere Erklärung über das betragsmäßige Interesse an der Ablieferung des aufgegebenen Gepäcks am Bestimmungsort abgibt und den verlangten Zuschlag entrichtet. In diesem Fall gilt der vereinbarte Betrag als Haftungsgrenze, sofern der Luftfrachtführer nicht nachweisen kann, dass der vereinbarte Betrag höher ist, als das tatsächliche Interesse des Fluggastes an der Ablieferung des aufgegebenen Gepäcks am Bestimmungsort.

Beanstandungen beim Gepäck

14.3.3. Sofern Sie das aufgegebene Gepäck vorbehaltlos entgegennehmen, wird bis zum Beweis des Gegenteils vermutet, dass es in gutem Zustand und entsprechend dem Beförderungsvertrag abgeliefert worden ist. Bei Beschädigung, Verlust oder Zerstörung von Gepäck haben Sie dem Luftfrachtführer so bald wie möglich schriftlich oder in Textform Anzeige zu erstatten. Bei Gepäckschäden ist jede Klage ausgeschlossen, wenn der Berechtigte nicht unverzüglich nach Entdeckung des Schadens, bei aufgegebenem Gepäck jedenfalls aber spätestens sieben Tage nach der Annahme des Gepäcks, dem Luftfrachtführer Anzeige erstattet. Dies gilt nicht, wenn der Luftfrachtführer arglistig gehandelt hat.
14.3.4. Wir haften nicht für Schäden, die durch Gegenstände in ihrem Gepäck verursacht werden, es sei denn, wir haben diese grob fahrlässig oder vorsätzlich verursacht. Verursachen diese Gegenstände Schäden am Gepäck eines anderen Fluggastes oder unserem Eigentum, so haben Sie uns für alle Schäden und Aufwendungen, die hieraus entstehen, zu entschädigen.

Verspätung bei der Beförderung von Fluggästen und Gepäck

14.4.
14.4.1. Wir haften für Schäden durch Verspätungen bei der Beförderung von Fluggästen sowie bei der Beförderung von aufgegebenem Gepäck, es sei denn, dass wir und unsere Leute alle zumutbaren Maßnahmen zur Schadensvermeidung getroffen haben oder die Ergreifung dieser Maßnahmen uns und unseren Leuten unmöglich war.

Haftungsgrenzen bei Verspätungsschäden

14.4.2. Die Haftung bei Verspätungsschäden bei der Beförderung von Fluggästen ist auf 5.346 SZR (ca. 6.000 EUR) begrenzt.
14.4.3. Die Haftung für Verspätungsschäden bei der Beförderung von Gepäck ist auf 1.288 SZR (ca. 1.500 EUR) begrenzt. Eine höhere Haftungsgrenze gilt, wenn der Fluggast spätestens bei der Abfertigung eine besondere Erklärung über das betragsmäßige Interesse an der Ablieferung des aufgegebenen Gepäcks am Bestimmungsort abgibt und den verlangten Zuschlag entrichtet. In

diesem Fall gilt der vereinbarte Betrag als Haftungsgrenze, sofern der Luftfrachtführer nicht nachweisen kann, dass der vereinbarte Betrag höher ist, als das tatsächliche Interesse des Fluggastes an der Ablieferung des aufgegebenen Gepäcks am Bestimmungsort.

Beanstandungen beim Gepäck

14.4.4. Bei Schäden, die durch die verspätete Auslieferung von Gepäck entstanden sind, hat der Fluggast dem Luftfrachtführer so bald wie möglich schriftlich oder in Textform Anzeige zu erstatten. Bei Verspätungsschäden ist jede Klage ausgeschlossen, wenn der Berechtigte nicht spätestens binnen 21 Tagen nach Andienung des Gepäcks den Schaden anzeigt. Dies gilt nicht, wenn der Luftfrachtführer arglistig gehandelt hat.

Mitverschulden des Fluggastes

14.4.5. Hat bei der Entstehung des Schadens ein Verschulden des Geschädigten mitgewirkt, so ist die Höhe des Schadensersatzanspruchs in dem Verhältnis zu mindern, das dem Mitverschulden des Geschädigten entspricht. Der Geschädigte ist insbesondere dazu verpflichtet, den durch seinen Gepäckverlust oder die verspätete Beförderung seines Gepäcks entstehenden Schaden nicht durch unangemessene Ersatzkäufe zu erhöhen.

Artikel 15 Überschriften

Die Überschriften in diesen Beförderungsbedingungen dienen nur der Übersichtlichkeit und sind für ihre Interpretation und Auslegung nicht maßgeblich.

Artikel 16 Sonstige Bestimmungen

Die Beförderung unterliegt weiteren Regelungen und Bedingungen, die auf uns anwendbar sind oder von uns herausgegeben wurden. Diese Regelungen und Bedingungen sind wichtig und können Änderungen unterliegen. Sie betreffen unter anderem die Beförderung von minderjährigen Kindern, schwangeren Frauen, kranken Fluggästen, Beschränkungen hinsichtlich elektronischer Geräte oder dem Alkoholgenuss an Bord. Beachten Sie bitte unsere Hinweise auf lh.com.

Artikel 17 Verbraucherschlichtungsstelle

Wir nehmen an einem Streitbeilegungsverfahren vor einer Verbraucherschlichtungsstelle teil. Die zuständige Verbraucherschlichtungsstelle ist die söp_Schlichtungsstelle für den öffentlichen Personenverkehr e.V., Fasanenstraße 81, 10623 Berlin,
https://soep-online.de
https://soep-online.de/ihre-beschwerde/online-formular-flug/
Die Europäische Kommission stellt ebenfalls eine Plattform zur Online-Streitbeilegung (OS) bereit, die für Beschwerden genutzt werden kann. Diese Plattform finden Sie unter
http://ec.europa.eu/consumers/odr/

III.-5 Muster Beförderungsschein

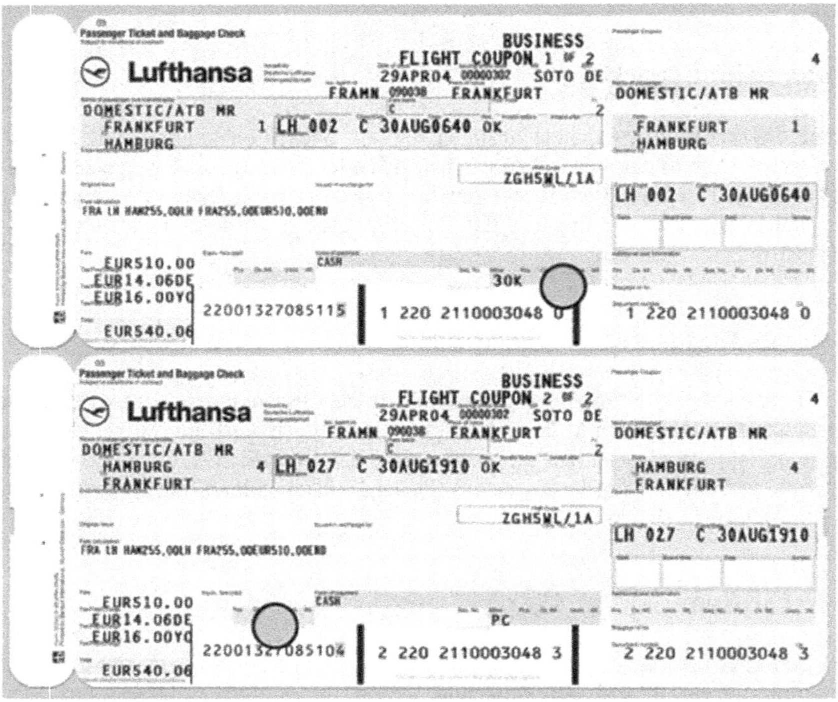

Passenger Ticket and Baggage Check

Lufthansa

BUSINESS
FLIGHT COUPON 1 OF 2
29APR04 00000302 SOTO DE
FRAMN 090038 FRANKFURT
DOMESTIC/ATB MR
FRANKFURT 1 LH 002 C 30AUG0640 OK
HAMBURG
ZGH5WL/1A
FRA LH HAM255.00LH FRA255.00EUR510.00END
EUR510.00
EUR14.06DE
EUR16.00YQ
EUR540.06
CASH
30K
2200132708511 5
1 220 2110003048 0
DOMESTIC/ATB MR
FRANKFURT 1
HAMBURG
LH 002 C 30AUG0640
1 220 2110003048 0

Passenger Ticket and Baggage Check

Lufthansa

BUSINESS
FLIGHT COUPON 2 OF 2
29APR04 00000302 SOTO DE
FRAMN 090038 FRANKFURT
DOMESTIC/ATB MR
HAMBURG 4 LH 027 C 30AUG1910 OK
FRANKFURT
ZGH5WL/1A
FRA LH HAM255.00LH FRA255.00EUR510.00END
EUR510.00
EUR14.06DE
EUR16.00YQ
EUR540.06
CASH
PC
2200132708510 4
2 220 2110003048 3
DOMESTIC/ATB MR
HAMBURG 4
FRANKFURT
LH 027 C 30AUG1910
2 220 2110003048 3

Passenger Ticket and Baggage Check

Lufthansa

Passenger Receipt 1/2
29APR04 00000302 SOTO DE
FRAMN 090038 FRANKFURT
DOMESTIC/ATB MR
NOT VALID FOR **RETAIN THIS RECEIPT THROUGHOUT YOUR JOURNEY**
TRANSPORTATION *BEWAHREN SIE DIESEN BELEG BIS ZUM ENDE DER REISE AUF
ZGH5WL/1A
FRA LH HAM255.00LH FRA255.00EUR510.00END
EUR510.00
EUR14.06DE
EUR16.00YQ
EUR540.06
CASH
2200132708509 3
0 220 2110003048 4
DOMESTIC/ATB MR
FRANKFURT C
LH 002 C 30AUG 0640 0740 OK
HAMBURG C
LH 027 C 30AUG 1910 2015 OK
FRANKFURT
NOT VALID FOR TRAVEL
0 220 2110003048 4

Passenger Ticket and Baggage Check

Lufthansa

Passenger Receipt 2/2
29APR04 00000302 SOTO DE
FRAMN 090038 FRANKFURT
DOMESTIC/ATB MR
Total as per Passenger Receipt EUR 540.06
Ticket Service Charge EUR 38.00
GRAND TOTAL EUR 578.06
UST ANTEIL EUR BRUTTO 578.06; 16% UST 74.49; NETTO 503.57
CASH
2200132708508 2
0 220 2110003048 4
DOMESTIC/ATB MR
NOT VALID FOR TRAVEL
0 220 2110003048 4

https://doi.org/10.1515/9783110564945-076

III.-6 Allgemeine Beförderungsbedingungen für Fracht der Lufthansa Cargo AG (ABB-Cargo Stand: März 2023)

Begriffsbestimmungen

Abholdienst ist die Landbeförderung abgehender Gütersendungen von der Abholstelle zum Abgangsflughafen.

Abkommen ist eines oder mehrere der nachfolgenden Abkommen, soweit es auf den Beförderungsvertrag anwendbar ist:
- Übereinkommen zur Vereinheitlichung bestimmter Vorschriften über die Beförderung im internationalen Luftverkehr; abgeschlossen in Montreal am 28.5.1999 (Montrealer Übereinkommen);
- Abkommen zur Vereinheitlichung von Regeln über die Beförderung im internationalen Luftverkehr; abgeschlossen in Warschau am 12.10.1929 (Warschauer Abkommen);
- Warschauer Abkommen in der Fassung von Den Haag am 28.9.1955;
- Montrealer Protokoll Nr 4 vom 25.9.1975 (MP 4);
- Zusatzabkommen zum Warschauer Abkommen zur Vereinheitlichung von Regeln über die von einem anderen als dem vertraglichen Luftfrachtführer ausgeführte Beförderung im internationalen Luftverkehr, unterzeichnet in Guadalajara am 18.9.1961 (Abkommen von Guadalajara).

Absender ist diejenige Person oder Unternehmung, deren Name oder Bezeichnung im Luftfrachtbrief als Vertragspartner beim Abschluss des Beförderungsvertrages von Gütern in dem dafür vorgesehenen Feld eingetragen ist.

Agent ist diejenige Person oder Unternehmung, die, sofern sich aus dem Beförderungsvertrag nichts anderes ergibt, ausdrücklich oder stillschweigend befugt ist, namens oder im Auftrag des Luftfrachtführers und/oder des Absenders in Bezug auf die Beförderung zu handeln.

Andere Aufzeichnung bedeutet eine Aufzeichnung, die Informationen über den Beförderungsvertrag enthält und vom Luftfrachtführer aufbewahrt und durch elektronische oder andere Mittel nachgewiesen wird. In diesen Beförderungsbedingungen stellt der Begriff Luftfrachtbrief auch einen Verweis auf die andere Aufzeichnung und die zugehörige Empfangsbestätigung dar.

Aufeinanderfolgender Luftfrachtführer ist derjenige Luftfrachtführer, der aufgrund eines einheitlichen Beförderungsvertrages mit einem oder mehreren anderen Luftfrachtführern die Beförderung als einheitliche Leistung erbringt.

Ausführender Luftfrachtführer ist derjenige Luftfrachtführer, der auf Grund einer Ermächtigung des vertraglichen Luftfrachtführers die Beförderung ganz oder zum Teil durchführt, ohne aufeinanderfolgender Luftfrachtführer zu sein.

Beförderung ist die unentgeltliche oder entgeltliche Beförderung von Gütern aufgrund eines Luftbeförderungsvertrages auf dem Luft- oder Landeweg.

Beförderungsvertrag ist die zwischen dem Absender und dem Luftfrachtführer mündlich oder schriftlich abgeschlossene Vereinbarung über die vom Luftfrachtführer zu übernehmende Beförderung einschließlich der Frachtraten. Der Abschluss und Inhalt des Beförderungsvertrages kann durch den Luftfrachtbrief oder die Empfangsbestätigung nachgewiesen werden.

Code-Sharing ist die gleichzeitige Verwendung einer nicht operativen Flugnummer neben der operativen Flugnummer eines anderen Luftfrachtführers, der die Beförderung durchführt.

Empfänger ist diejenige Person oder Unternehmung, deren Name oder Bezeichnung im Luftfrachtbrief in dem dafür vorgesehenen Feld eingetragen ist und an die der Luftfrachtführer die Güter vorbehaltlich anderer Weisungen zu übergeben hat.

https://doi.org/10.1515/9783110564945-077

Frachtraten/Tarife sind diejenigen gewichts- oder wertbezogenen Entgelte und Gebühren des Luftfrachtführers, die für die vom Absender gewählte Beförderung und Beförderungsform am Tage der Ausstellung des Luftfrachtbriefes gültig oder zwischen den Parteien des Luftfrachtvertrages vereinbart worden sind.

Frachtnachnahme ist die Erhebung des im Luftfrachtbrief eingetragenen Frachtbetrages vom Empfänger.

Gut/Güter sind alle Gegenstände, die in einem Luftfahrzeug befördert werden oder befördert werden sollen, einschließlich Postsendungen soweit die Beförderungsbedingungen aufgrund der geltenden internationalen Abkommen auf solche anwendbar sind. Auch unbegleitetes Gepäck und Tiere, die aufgrund eines Luftfrachtbriefes befördert werden, sind Güter in diesem Sinne.

Luftfrachtbrief ist die von dem Absender oder in seinem Namen ausgefüllte, als „Luftfrachtbrief" bezeichnete Urkunde, bzw. deren eletronische Form nach Artikel 3; und dient dem Beweis für den Vertrag über die Beförderung von Gütern.

Luftfrachtführer ist der den Luftfrachtbrief ausgebende Luftfrachtführer bzw. bei Verwendung einer anderen Aufzeichnung im Sinne von Artikel 3 Ziffer 3 diejenige Person, die in der anderen Aufzeichnung als Luftfrachtführer bezeichnet wird, sowie jeder, der die Fracht unter dem Luftfrachtbrief befördert.

Nachnahme ist die aufgrund einer Vereinbarung zwischen Absender und Luftfrachtführer bei Auslieferung der Gütersendung vorzunehmende Erhebung eines im Luftfrachtbrief als an den Absender zahlbar bezeichneten Betrages durch den Luftfrachtführer vom Empfänger (Warenwertnachnahme).

Tage sind volle Kalendertage, einschließlich der Sonntage und gesetzlichen Feiertage; bei Feststellung einer Gültigkeitsdauer wird der Tag der Ausgabe des Beförderungsdokuments oder der Tag des Flugbeginns nicht mitgerechnet.

Zustelldienst ist die Landbeförderung ankommender Gütersendungen vom Bestimmungsflughafen zum Empfänger oder zu dem von ihm bezeichneten Vertreter oder zur Aufbewahrung durch die zuständigen Behörden, falls dies verlangt wird.

Artikel 1 Maßgebendes Recht

1. Jede durch den Luftfrachtführer selbst oder von ihm durch Dritte durchgeführte Beförderung einschließlich aller damit zusammenhängenden, von ihm geleisteten Dienste unterliegen:

a) dem für die Beförderung gültigen Abkommen, es sei denn, es handelt sich nicht um eine internationale Beförderung im Sinne der Definition des Abkommens,

b) dem sonstigen nationalen und internationalen Recht, soweit es auf die Beförderung Anwendung findet,

c) sonstigen nationalen und internationalen Regierungsverordnungen, Anordnungen und Auflagen, soweit diese auf die Beförderung Anwendung finden,

d) diesen Beförderungsbedingungen und anderen vom Luftfrachtführer festgesetzten Bedingungen, Regeln, Vorschriften und Flugplänen (jedoch nicht den darin festgesetzten Ankunfts- und Abflugzeiten); diese können in jeder Geschäftsstelle und an den Flughäfen, von denen der Luftfrachtführer regelmäßigen Linienverkehr betreibt, eingesehen werden.

2. Für die Zwecke des Abkommens sind die vereinbarten Zwischenlandeplätze, die falls erforderlich vom Luftfrachtführer geändert werden können, diejenigen Orte – mit Ausnahme des Abgangs- und Bestimmungsortes – die im Luftfrachtbrief bezeichnet oder in den Flugplänen des Luftfrachtführers als planmäßige Zwischenlandeplätze für die Strecke angegeben sind.

Artikel 2 Anwendungsbereich der Beförderungsbedingungen

1. Grundlage

Keine der Bestimmungen dieser Beförderungsbedingungen weicht zum Nachteil des Absenders oder Empfängers von zwingendem oder übergeordnetem Recht ab, soweit solche Abweichungen nicht zugelassen sind.

2. Allgemeines

Jede Beförderung von Gütern, einschließlich aller damit zusammenhängenden Dienste, die zu den in Verbindung mit diesen Beförderungsbedingungen veröffentlichten Frachtraten ausgeführt werden, unterliegt unter Berücksichtigung von Artikel 1 diesen Beförderungsbedingungen und veröffentlichten Tarifen in ihrer zum Zeitpunkt der Ausstellung des Luftfrachtbriefes oder der anderen Aufzeichnung im Sinne von Art. 3.3 durch den Luftfrachtführer gültigen Fassung oder den zwischen den Vertragspartnern vereinbarten Tarifen. Für ausgewählte Produkte und Add-on Services gelten darüber hinaus weitere produktspezifische Geschäftsbedingungen im Sinne des Artikel 1.1 d), welche auf der Internetseite des Luftfrachtführers unter www.luft- hansa-cargo.com oder den TACT Rules zu finden sind.
Der Luftfrachtführer kann Dritte zur Erbringung der geschuldeten Beförderungsleistungen bestimmen.

3. Unentgeltliche Beförderung

Der Luftfrachtführer behält sich das Recht vor, für unentgeltliche Beförderungen die Anwendbarkeit dieser Bedingungen ganz oder teilweise auszuschließen.

4. Chartervereinbarungen

Werden Güter aufgrund einer mit dem Luftfrachtführer geschlossenen Chartervereinbarung befördert, so unterliegt die Beförderung den hierfür anwendbaren Charterbedingungen des Luftfrachtführers, soweit solche bestehen. Die vorliegenden Beförderungsbedingungen finden nur insoweit Anwendung, als dies in der Chartervereinbarung vorgesehen ist. Stehen dem Luftfrachtführer keine auf die Chartervereinbarung anzuwendenden Charterbedingungen zur Verfügung, so finden diese Bedingungen auf die Vereinbarung Anwendung, es sei denn, dass sich der Luftfrachtführer das Recht vorbehält, die Anwendung aller oder eines Teiles dieser Bedingungen auszuschließen. Bei Nichtübereinstimmung der Vorschriften dieser Bedingungen mit den Bestimmungen der Chartervereinbarung gehen letztere vor. Der Absender, der eine Beförderung aufgrund einer Chartervereinbarung annimmt, unterwirft sich dadurch den Bestimmungen dieser Vereinbarungen, gleichgültig, ob sie mit dem Absender ausdrücklich vereinbart sind oder nicht.

5. Änderungen ohne Anzeige

Sofern nicht nach den maßgebenden Gesetzen, Regierungsverordnungen, Anordnungen und Auflagen etwas anderes bestimmt ist, können diese Beförderungsbedingungen und die veröffentlichten Frachtraten und Gebühren ohne vorherige Anzeige abgeändert werden. Für die Beförderung gelten die Beförderungsbedingungen, Frachtraten und Gebühren in der Fassung zum Zeitpunkt des Vertragsschlusses.

Artikel 3 Ausfüllung der Luftfrachtbriefe

1. Luftfrachtbrief

Der Absender muss den Luftfrachtbrief in der vom Luftfrachtführer vorgeschriebenen Art und Weise und mit der vorgeschriebenen Anzahl von Durchschriften ausfüllen oder in seinem Namen ausfüllen lassen. Er muss diesen Luftfrachtbrief dem Luftfrachtführer gleichzeitig mit der Übergabe und in der vorgeschriebenen Form zur Verfügung stellen. Die Fracht und gegebenenfalls festgesetzte Gebühren muss der Luftfrachtführer in den Luftfrachtbrief einsetzen bzw. einsetzen lassen. Der Luftfrachtführer kann verlangen, dass der Absender getrennte Luftfrachtbriefe ausfüllt oder in seinem Namen ausfüllen lässt, wenn es sich um mehr als ein Packstück handelt, oder wenn die Gütersendung nicht geschlossen in einem Flugzeug befördert werden kann, oder wenn sie nicht ohne Verstoß gegen Regierungsvorschriften oder Bestimmungen des Luftfrachtführers mit einem einzigen Luftfrachtbrief befördert werden kann. Der Absender hat stets die aktuelle Fassung des Luftfrachtbriefs zu verwenden.

2. Elektronischer Luftfrachtbrief

Der Frachtbrief kann, sofern der Luftfrachtführer diese Möglichkeit bereit hält, vom Absender in elektronischer Form ausgestellt und/oder gespeichert und mittels der hierfür vom Luftfrachtführer vorgesehenen Signatur unterzeichnet werden.
Offene Frachtbegleitpapiere dürfen vom Luftfrachtführer elektronisch gespeichert (gescannt) werden. Der Luftfrachtführer ist berechtigt, physisch zu befördernde Frachtbegleitpapiere nach elektronischer Speicherung unabhängig von der Frachtbeförderung unmittelbar an den Bestimmungsort zu senden.

3. Andere Aufzeichnung

Soweit die Beförderung nicht den Bestimmungen des Warschauer Abkommens von 1929 oder in der Fassung von Den Haag unterliegt, kann anstelle eines herkömmlichen Luftfrachtbriefes jede andere Aufzeichnung verwendet werden, die die Angaben über die auszuführende Beförderung enthält. In diesem Fall muss der Luftfrachtführer dem Absender auf dessen Verlangen eine Empfangsbestätigung über die Güter aushändigen, die es ihm ermöglicht, die Sendung genau zu bestimmen und auf die in dieser anderen Aufzeichnung enthaltenen Angaben zurückzugreifen. Nach Ausstellung der Empfangsbestätigung hat der Absender diese zu überprüfen und den Luftfrachtführer unverzüglich über fehlende Anfgaben oder unrichtige Eintragungen zu informieren. Der Luftfrachtführer darf elektronische Hilfsmittel zum Nachweis einer Auslieferung einsetzen. Diese andere Aufzeichnung, samt Empfangsbestätigung, ist dem Luftfrachtbrief gleichzusetzen und ist in diesen Beförderungsbedingungen immer von dem Begriff „Luftfrachtbrief" mit umfasst.

3.1 eAWB-only-Prozess

In Fällen, in denen die Vorschriften des Luftfrachtführers oder andere anwendbare Vorschriften vorsehen, dass ein Beförderungsvertrag nur auf der Grundlage einer elektronischen sonstigen Aufzeichnung im eAWB-Format („eAWB-only-Prozess") ausgeführt oder die Fracht nur auf der Grundlage einer elektronischen sonstigen Aufzeichnung befördert werden darf, kann eine solche elektronische sonstige Auf-zeichnung erstellt werden

a) gemäß den IATA eAWB-Resolutions; oder

b) gemäß dem Papier zur eAWB-Umwandlung bei der Frachtannahme, wie in Artikel 3 Unterartikel 3.2 unten beschrieben.

Wenn zwingende rechtliche und/oder behördliche Gründe die Verwendung eines Standard-Luftfrachtbriefs in Papierform erfordern und diese nicht durch die oben genannten Maßnahmen behoben werden können, ist ausschließlich der Absender für die erforderlichen Vorkehrungen verantwortlich, um die Beförderung der Sendung nach dem eAWB-only-Prozess zu ermöglichen, und muss den Luftfrachtführer unverzüglich schriftlich über solche Vorkehrungen informieren, bevor er die Fracht zur Beförderung übergibt.

3.2 Umwandlung von Papier zu eAWB-Dokumenten

Wenn das eAWB-only-Prozess für die Beförderung gilt und eine elektronische andere Aufzeichnung der Beförderung nicht bereits auf andere zulässige Weise gemäß Artikel 3 Unterabschnitt 3.1 a) erstellt wurde, kann ein bei der Frachtannahme vorgelegter Luftfrachtbrief in Papierform auf elektronischem Wege umgewandelt werden, um eine elektronische andere Aufzeichnung der Beförderung zu erhalten, der die Sendung bis zum Bestimmungsort begleitet.

Der Absender bleibt für die Richtigkeit der Angaben und Erklärungen verantwortlich, die durch die Vorlage des Luftfrachtbriefs in Papierform gemacht und in seinem Namen in der anderen Aufzeichnung elektronisch erfasst werden. Eine Kopie des Luftfrachtbriefs in Papierform kann vom Luftfrachtführer zu Dokumentationszwecken aufbewahrt werden. Jede Bestätigung des Luftfrachtführers auf einem solchen Luftfrachtbrief in Papierform, der vom Absender vorgelegt und dem Luftfrachtführer oder einem seiner Vertreter bei der Frachtannahme zurückgegeben wird, dient ausschließlich dem Zweck einer Empfangsbestätigung.

4. Äußerlich erkennbare Verfassung und Zustand der Güter

Sind Verfassung und Zustand der Güter und/oder der Verpackung äußerlich erkennbar mangelhaft, so hat der Absender im Luftfrachtbrief einen entsprechenden Vermerk zu machen. Unterlässt er dies oder ist die Angabe ungenau, so kann der Luftfrachtführer auf dem Luftfrachtbrief einen entsprechenden Vermerk oder eine Berichtigung einsetzen.

5. Vorbereitung, Vervollständigung oder Berichtigung durch den Luftfrachtführer

Der Luftfrachtführer kann den Luftfrachtbrief auf ausdrücklichen oder stillschweigenden Wunsch des Absenders ausfüllen; in diesem Fall wird bis zum Beweis des Gegenteils vermutet, dass der Luftfrachtführer im Auftrag des Absenders gehandelt hat. Enthält der mit den Gütern übergebene Luftfrachtbrief nicht alle erforderlichen Einzelheiten, oder enthält er Fehler, so ist der Luftfrachtführer berechtigt, jedoch nicht verpflichtet, ihn nach bestem Können zu vervollständigen oder zu berichtigen.

Wird bei Annahme der Sendung eine Abweichung des Gewichts und/oder Volumen der angelieferten Sendung zu den im AWB enthaltenen Angaben festgestellt, behält sich der Luftfrachtführer vor, den AWB auf das tatsächliche Gewicht („actual weight“ und „chargeable weight“) zu korrigieren.

Sollten House AWB (HAWB) Daten an den Luftfrachtführer übermittelt worden sein und enthalten diese Daten fehlerhaften Einträge, so stimmt der Absender/Agent zu, dass der Luftfrachtführer die Daten im Namen des Absenders/Agenten zum Zwecke der Durchführung des Vertrags korrigiert und vervollständigt und ein Datenreport betreffend der geänderten Eintragungen an den

Vertragspartner übermittelt wird. Der Agent/Absender stimmt zu, dass die Korrektur entsprechend der bei Vertragsabschluss geltenden TACT Rules vergütet wird.

6. Verantwortung für Einzelangaben

Der Absender haftet dem Luftfrachtführer und Dritten für die Richtigkeit und Vollständigkeit aller Angaben, die von ihm oder seinen Beauftragten oder vom Luftfrachtführer gemäß Ziffer 4 in den Luftfrachtbrief eingetragen werden, sowie für die von ihm oder seinen Beauftragten dem Luftfrachtführer gemachten Angaben oder Erklärungen über die Güter oder deren Wert. Er haftet für alle Schäden, die dem Luftfrachtführer oder Dritten aus der Unrichtigkeit, Ungenauigkeit oder Unvollständigkeit der genannten einzelnen Angaben erwachsen. Im Falle von Gütersendungen gegen Nachnahme ist ausschließlich der Absender für die Eintragung des Nachnahmebetrages in den Luftfrachtbrief verantwortlich. Der Luftfrachtführer haftet nicht für die Unterlassung der Einziehung des Nachnahmebetrages, wenn dieser nicht oder nicht richtig vom Absender eingetragen ist.

7. Form, Änderungen

Die Unterschrift des Luftfrachtführers und diejenige des Absenders können gedruckt oder durch einen Stempel ersetzt werden. Luftfrachtbriefe, deren Eintragungen abgeändert oder radiert sind, braucht der Luftfrachtführer nicht anzunehmen. Soweit für Erklärungen die Schriftform verlangt wird, steht ihr die im Sinne von Absatz 2 vorgesehene Signatur gleich, sofern sie den Aussteller erkennbar macht.

Artikel 4 Frachten

1. Maßgebende Frachtraten und Gebühren

Die gemäß diesen Bedingungen maßgebenden Frachtraten und Gebühren sind diejenigen Tarife des Luftfrachtführers, die am Tage der Ausstellung des Luftfrachtbriefes gültig oder die zwischen den Vertragspartnern vereinbart worden sind. Die Frachtraten und Gebühren gelten für die gewählte Beförderungsform und -strecke.

2. Grundlage für Frachten

Frachten und Gebühren für die Beförderung richten sich nach dem Gesamtgewicht oder dem Gesamtumfang, je nachdem was größer ist, und gegebenenfalls nach dem Zuschlag für die vom Absender gewählte Transportform gemäß den Tarifen.

3. Nicht in den Frachtraten und Gebühren eingeschlossene Leistungen

Die Frachtraten und Gebühren gelten für die Beförderung von Gütersendungen auf dem Luftwege bzw. durch Bodenersatzverkehr zwischen Flughäfen oder anderen Landeplätzen in den oder in der Nähe der angegebenen Orte/n. Sofern in den veröffentlichten Tarifen nicht ausdrücklich etwas anderes bestimmt ist, schließen die Frachtraten und Gebühren folgende Leistungen nicht ein:

a) Abhol-, Zustell- und Stadtzubringerdienste zu und von den Flugplätzen, von denen aus der Luftfrachtführer seine Dienste durchführt,

b) Lagergeld,
c) Versicherungsgebühren,
d) Nachnahmegebühren,
e) verauslagte Gebühren,
f) Kosten, welche dem Luftfrachtführer bei der Zollabfertigung der Güter erwachsen, oder welche Dritten erwachsen, gleichgültig, ob sie als Vertreter des Absenders, des Empfängers, des Eigentümers der Güter oder des Luftfrachtführers handeln,
g) Gebühren oder Strafen, die durch zuständige Behörden auferlegt oder eingezogen werden, einschließlich Abgaben und Steuern,
h) Kosten, die dem Luftfrachtführer bei der Ausbesserung fehlerhafter Verpackung erwachsen,
i) Frachten für die Beförderung, das Umladen oder die Rückbeförderung von Gütern mit anderen Verkehrsmitteln, sowie die Fracht für die Rückbeförderung zum Ausgangspunkt,
j) Zuschläge (Surcharges), und/oder
k) andere ähnliche Leistungen oder Kosten
l) Zuschlag für Wertdeklaration.

4. Zahlung der Frachtbeträge

a) Frachten und Gebühren werden in der Währung angegeben, die sich aus den maßgebenden Frachttarifen ergibt. Sie können in jeder für den Luftfrachtführer annehmbaren Währung gezahlt werden. Wird die Zahlung in einer anderen als der vom Luftfrachtführer veröffentlichten Währung geleistet, so ist sie zu dem hierfür von der Europäischen Zentralbank festgelegten Wechselkurs zum Zeitpunkt der Ausstellung des Luftfrachtbriefes zu leisten. Die Bestimmungen dieses Absatzes unterliegen den maßgebenden Devisengesetzen und Vorschriften der zuständigen Behörde.
b) Der volle in Betracht kommende Frachtbetrag, gleichgültig ob er vorausgezahlt wird oder nachzunehmen ist, sowie Kosten, Abgaben, Steuern, Gebühren, Auslagen und sonstige Zahlungen, die der Luftfrachtführer geleistet hat, oder die ihm erwachsen sind oder noch erwachsen, und alle anderen dem Luftfrachtführer zu zahlenden Beträge werden mit Abschluss des Beförderungsvertrages als voll verdient angesehen.
c) Alle Frachten, Gebühren und sonstige Beträge sind bei Übernahme der Güter durch den Luftfrachtführer fällig und zahlbar. Sie können jedoch vom Luftfrachtführer auch anlässlich jeder Dienstleistung aufgrund des Luftfrachtbriefes nachgenommen werden.
d) Bei allen Gebühren, Auslagen und Kosten, die zur Zeit der Übergabe der Güter zur Beförderung nicht endgültig bestimmbar sind, kann der Luftfrachtführer vom Absender die Hinterlegung eines Betrages verlangen, den er zur Deckung dieser Gebühren, Auslagen und Kosten als ausreichend ansieht. Jeder vom Luftfrachtführer dem Absender oder vom Absender dem Luftfrachtführer im Zusammenhang mit dieser Hinterlegung geschuldete Restbetrag ist nach Erfüllung des Beförderungsvertrages und nach Feststellung der genauen Höhe dieser Kosten und Auslagen zu zahlen.
e) Der Absender verpflichtet sich zur Zahlung aller unbezahlten Gebühren, Kosten und Auslagen des Luftfrachtführers. Der Absender verpflichtet sich auch zur Zahlung aller Kosten, Ausgaben, Geldbußen, Strafen, Verspätungs- und sonstigen Schäden, die dem Luftfrachtführer dadurch erwachsen können oder die er dadurch erleiden kann, dass die Gütersendung Gegenstände umfasst, deren Beförderung durch Gesetz verboten ist, oder dadurch, dass eine ungesetzliche, unrichtige oder ungenügende Beschreibung, Kennzeichnung, Nummerierung, Adressierung oder Verpackung der Güter vorliegt, ohne dass der Schaden durch das Fehlen, die Verspätung oder Unrichtigkeit einer Ausfuhr- oder Einfuhrerlaubnis, durch sonstige unrichtige Bescheinigungen oder Dokumente, oder durch falsche Zollbewertung oder unrichtige Gewichts- oder Rauminhaltsangaben entstanden ist. Durch die Annahme der Sendung oder durch die Ausübung irgendwelcher anderen Rechte aus dem Beförderungsvertrag verpflichtet

sich der Empfänger zur Zahlung der Frachten, Gebühren und Auslagen, soweit sie nicht im Voraus entrichtet wurden; dies entbindet jedoch den Absender nicht von seiner gleichlautenden Zahlungsverpflichtung. Wegen jedem der vorgenannten Fälle hat der Luftfrachtführer ein Zurückbehaltungsrecht an ihm zur Beförderung vom Absender oder in dessen Auftrag von Dritten übergebenen Gütern. Wird keine Zahlung geleistet, so hat er das Recht, über die Güter durch öffentlichen oder freihändigen Verkauf zu verfügen, vorausgesetzt, dass er den Absender oder Empfänger vor dem Verkauf an die im Luftfrachtbrief angegebene Adresse hiervon durch schriftliche postalische Mitteilung unterrichtet hat; er hat das Recht, sich aus dem Erlös eines solchen Verkaufs für alle geschuldeten Beträge zu befriedigen. Ein solcher Verkauf entbindet jedoch nicht von der Verpflichtung zur Zahlung etwaiger Fehlbeträge, für die der Absender und der Empfänger weiterhin haften. Das Recht des Luftfrachtführers zur Zurückbehaltung, zum Verkauf und zur Einziehung der geschuldeten Beträge wird durch die Anerkennung der Zahlungspflicht nicht verwirkt oder beeinflusst, sofern nicht tatsächlich gezahlt wurde oder, soweit es sich um das Recht des Luftfrachtführers zur Einziehung der geschuldeten Beträge handelt, sofern nicht die Güter ausgeliefert oder der Besitz daran übertragen wurde.

f) Überschreiten Bruttogewicht, Abmessungen, Stückzahl oder deklarierter Wert der Güter tatsächlich die der Berechnung der Frachten und Gebühren zugrunde gelegten Werte, so ist der Luftfrachtführer berechtigt, die Zahlung der der Überschreitung entsprechenden Frachten und Gebühren nachzufordern.
g) Sendungen unter Frachtnachnahme werden nach den Ländern in den Tarifen aufgeführten und gemäß den darin enthaltenen Bestimmungen angenommen. Der Luftfrachtführer hat in jedem Fall das Recht, Frachtnachnahmesendungen in ein Land zu verweigern, dessen Bestimmungen den Umtausch von Geld in andere Währungen oder die Überweisung von Geld in andere Länder nicht zulassen oder aus sonstigen Gründen die Versendung unter Frachtnachnahme verweigern.

Artikel 5 Annahme der Güter zur Beförderung

1. Wertgrenzen für ein Luftfahrzeug

Die Grenze des Wertes einer Gütersendung oder einer Summe von Gütersendungen, die in einem einzelnen Luftfahrzeug befördert werden dürfen, wird vom Luftfrachtführer festgesetzt. Überschreitet eine einzelne Gütersendung die Grenze, so darf sie nicht in einem Luftfahrzeug befördert werden, sondern wird nach dem pflichtgemäßen Ermessen des Luftfrachtführers auf zwei oder mehrere Luftfahrzeuge aufgeteilt. Der Luftfrachtführer hat das Recht, die Beförderung von Sendungen mit einem Luftfahrzeug zu verweigern, wenn ein Gesamtwert deklariert ist, der zur Verletzung dieses Grundsatzes führen würde.

2. Verpackung und Kennzeichnung der Güter; Wertdeklaration

a) Der Absender hat das Gut in für die sichere Luftbeförderung geeigneter Weise so zu verpacken, dass es vor Verlust, Beschädigung oder Verderb geschützt ist und keinen Personen- oder Sachschaden verursachen kann. Der Absender hat bei der Versendung raub- oder diebstahlsgefährdeten Gutes eine neutrale, den Inhalt nicht anzeigende Verpackung zu wählen. Jedes Packstück muss leserlich und dauerhaft mit dem Namen und der vollen Postanschrift des Absenders und Empfängers versehen sein und alle für die Beförderung notwendigen Markierungen aufweisen.
b) Gefahrgut ist nach den einschlägigen Gesetzen und Verordnungen als solches zu kennzeichnen. Gefahrgut, sofern es zur Beförderung angenommen wird, sowie Wertfracht oder lebende

Tiere sind vom Absender mit der vom Luftfrachtführer für die Beförderung solcher Güter bereit gehaltenen Transportform einschließlich des hierfür veröffentlichten Zuschlages zu versenden.

c) Temperaturempfindliche Güter – einschließlich, aber nicht beschränkt auf Medikamente/Arzneimittel – müssen in einer Art und Weise verpackt werden, durch die die Besonderheiten der Güter berücksichtigt werden und durch die ausreichender Schutz gegen Temperaturen, die zu einer Beschädigung der Frachtführen könnten, sichergestellt wird. Hierzu hat der Absender die Güter in geeigneten Transportbehältnissen (z.B. Kühlcontainer) – auch gegen einen Zuschlag – im Rahmen einer geeigneten Transportform zu versenden. Die Anwendbarkeit des auf die Beförderung anwendbaren Abkommens wird durch die Versendung in vom Luftfrachtführer zur Verfügung gestellten speziellen Transportbehältnissen nicht berührt.

d) Der Absender hat bei jeder Beförderung die Möglichkeit, bei Übergabe des Gutes an den Luftfrachtführer das Interesse an der Ablieferung am Bestimmungsort betragsmäßig besonders zu deklarieren und den verlangten Zuschlag zu entrichten. Die Deklaration ist für den Luftfrachtführer nur verbindlich, wenn hierfür der mit dem Absender vereinbarte Zuschlag spätestens bei Übergabe an den Luftfrachtführer entrichtet worden ist.

e) Im Falle von Nachnahmesendungen müssen die Buchstaben „C.O.D." vom Absender leserlich auf jedem einzelnen Packstück neben Namen und Anschriften des Absenders und des Empfängers angebracht sein.

f) Damit eine ausschließlich vom Absender (oder in seinem Namen) aufgebaute Ladeeinheit dem Luftfrachtführer als solche angeboten werden kann, muss der Absender oder sein Agent eine gültige Erklärung für shipper's built units unterzeichnet haben und deren Anforderungen erfüllen; der Absender haftet und stellt den Luftfrachtführer von jeglicher Haftung und allen Folgen, einschließlich der Kosten der Rechtsverteidigung, frei, die sich aus der Nichteinhaltung der Erklärung und ihrer Anforderungen ergeben.

3. Zulässige Güter

Unter den Voraussetzungen, dass geeignete Vorrichtungen und geeigneter Laderaum zur Verfügung stehen, wird der Luftfrachtführer die Beförderung von allgemeinem Handelsgut und sonstigen Gütern, Waren und Erzeugnissen aller Art übernehmen, sofern ihre Beförderung nicht ausdrücklich ausgeschlossen ist. Bedingung ist jedoch:

- die jeweilige Beförderung verstößt nicht gegen Gesetze (insbesondere Embargo- oder Import-, Durchfuhr- und Exportkontrollvorschriften); insbesondere darf die Beförderung, Ausfuhr oder Einfuhr nicht durch Gesetze oder Bestimmungen eines Landes, von welchem, in welches oder über welches der Flug erfolgt, verboten sein,
- die für die Beförderung, Ausfuhr, Einfuhr oder Durchfuhr erforderlichen behördlichen Genehmigungen müssen vor Beförderungsbeginn erteilt oder dem Luftfrachtführer vorgelegt werden, in jedem Fall spätestens zu dem durch die geltenden Vorschriften, Behörden oder den Luftfrachtführer bestimmten Zeitpunkt; Gleiches gilt für behördliche Anzeigen;
- die Güter müssen in einer für die Luftbeförderung geeigneten Weise verpackt sein,
- die Güter müssen mit den erforderlichen Begleitpapieren versehen sein,
- die Güter dürfen nicht das Luftfahrzeug, die Sicherheit des Fluges, von Personen oder Sachen gefährden oder das Befinden an Bord befindlicher Passagiere beeinträchtigen.

4. Güter, die nur unter bestimmten Bedingungen zugelassen werden

Sendungen, die in anwendbaren Bestimmungen des Luftfrachtführers spezifiziert sind, wie zum Beispiel insbesondere wobei die Aufzählung nicht abschließend ist – e-AWB-only Prozess, lebende

Tiere, verderbliche Ware, temperaturempfindliche Ware, wie Medikamente –, werden nur unter den dort festgelegten Bedingungen angenommen.

5. Verantwortlichkeit bei Nichtbeachtung der Bedingungen für beschränkt zur Beförderung zugelassene Gegenstände

Der Absender ist vertraglich verpflichtet, die Bedingungen gemäß Artikel 5 zu beachten und keine Fracht zur Beförderung zu überlassen, die diesen Bedingungen nicht entspricht. Der Absender haftet dem Luftfrachtführer für jede Verletzung dieser Pflicht, insbesondere für Schäden, Verzögerungen und Strafen, die aufgrund einer Pflichtverletzung entstehen. Der Absender stellt den Luftfrachtführer von allen Ansprüchen Dritter frei, einschließlich erforderlicher Rechtsverfolgungskosten.

6. Streichen der Beförderung

Der Luftfrachtführer kann, ohne dafür zu haften, die Beförderung einer Sendung streichen, wenn der Absender sich trotz Aufforderung weigert, den Frachtbetrag oder einen geforderten Teil hiervon zu zahlen.

7. Recht des Luftfrachtführers zur Besichtigung

Der Luftfrachtführer ist berechtigt, jedoch nicht verpflichtet, den Inhalt aller Gütersendungen zu prüfen.

8. Tracking Devices

Einrichtungen des Absenders zur Sendungsverfolgung oder zur Aufzeichnung von transport- oder sendungsbezogenen Daten am oder im Sendungsgut (sog. "Tracking Devices") müssen dem Luftfrachtführer schriftlich, spätestens aber bei Übergabe der Sendung unter Nennung des verwendeten Produkts angezeigt werden. Sie sind nur zulässig, wenn sie eigens für den Einsatz an Bord von Flugzeugen entwickelt, nach behördlichen Vorgaben zertifiziert sind und den vom Luftfrachtfüh-rer aufgestellten Bedingungen entsprechen. Die Tracking Devices müssen vom Ab-sender in einem guten, sicheren und nicht von dem ursprünglichen Fabrikstandard abweichenden Zustand gehalten werden. Durch ihren Einsatz werden keine zusätz-lichen Pflichten des Luftfrachtführers begründet. Der Einsatz solcher Tracking De-vices ist ausschließlich zu Qualitätssicherungszwecken zulässig. Des Weiteren gel-ten die auf der Lufthansa Cargo Webseite veröffentlichen Richtlinien und Bedingun-gen über Customer-Owned Tracking Devices.

Artikel 6 Gütersendungen während der Beförderung

1. Befolgung von Anordnungen der zuständigen Behörden

Der Absender muss alle maßgebenden Gesetze, Zoll- und sonstigen Regierungsbestimmungen jedes Landes befolgen, von welchem aus, durch welches, über oder in welches das Gut befördert wird, einschließlich derjenigen über die Verpackung, Kennzeichnung und Markierung, Beförderung oder Auslieferung des Gutes; er hat alle Angaben zu machen und dem Luftfrachtbrief alle Papiere beizufügen, die zur Erfüllung gesetzlicher Forderungen erforderlich sind. Der Luftfrachtführer ist nicht verpflichtet, die Richtigkeit oder Vollständigkeit dieser Angaben oder Papiere nachzuprüfen. Der Luftfrachtführer haftet weder dem Absender noch Dritten für Verlust oder Kosten, die dadurch entstehen, dass der Absender es unterlässt, diese Bestimmungen zu erfüllen. Im Falle von Selbstabgabe **(self-filing)** von Vorab-Frachtinformationen (PLACI/ACI oder ähnliche) gegenüber Behörden sind der Absender und dessen Agent verantwortlich und haftbar für die Genauigkeit, Vollständigkeit und Richtigkeit des Inhalts der Einreichungen und werden den Luftfrachtführer von jeglichen Geldbußen, Gebühren, Abgaben, Schadensersatzforderungen oder anderen von Behörden gegen den Luftfrachtführer erhobenen Forderungen aufgrund von fehlerhafter, ungenauer, unvollständiger, verspäteter oder unterlassener Einreichung von Abgaben unter Verstoß gegen den geltenden lokalen Rechtsvorschriften freistellen, verteidigen und schadlos halten.

2. Barauslagen und Zollformalitäten

Der Luftfrachtführer ist berechtigt, jedoch nicht verpflichtet, Zölle, Steuern oder Gebühren vorzulegen und Auslagen für die Güter zu machen. Der Absender und der Empfänger haften jeder für sich und als Gesamtschuldner für ihre Erstattung. Kein Luftfrachtführer ist verpflichtet, im Zusammenhang mit der Beförderung oder Rückbeförderung der Güter Kosten zu übernehmen oder Vorschüsse zu leisten, es sei denn, nach vorheriger Zahlung durch den Absender. Ist es erforderlich, die Güter an einem Ort durch den Zoll einzuführen, so sind die Güter dort als an die im Luftfrachtbrief als Zollempfänger angegebene Person gerichtet anzusehen oder, falls eine solche Person nicht angegeben ist, an den Luftfrachtführer, der die Güter zu diesem Ort befördert, oder an den Zollempfänger, den der Luftfrachtführer angibt. Für diese Zwecke gilt eine vom Luftfrachtführer beglaubigte Abschrift des Luftfrachtbriefes als Original.

3. Flugpläne, Streckenführung und Ausfall von Flügen

a) Sofern die Vertragsparteien keine ausdrückliche Vereinbarung über Abflug- oder Auslieferungszeiten der zu befördernden Güter getroffen haben, ist für den Beginn und die Durchführung der Beförderung oder für die Auslieferung der Güter keine Zeit festgesetzt. Der Luftfrachtführer übernimmt, soweit keine ausdrückliche Vereinbarung nach Satz 1 dieses Artikels 6, Unterartikel 3a getroffen wurde, keine Verpflichtung, die Güter mit einem bestimmten Luftfahrzeug, unter einer bestimmten Flugnummer oder auf bestimmten Strecken zu befördern oder nach einem bestimmten Flugplan an einem Punkt einen Anschluss zu erreichen. Der Luftfrachtführer ist berechtigt, die Strecke oder Strecken für die Gütersendung nach Kapazitäten oder Verfügbarkeiten auszusuchen oder, auch wenn diese im Luftfrachtbrief angegeben sind, davon abzuweichen. Weder die in Flugplänen noch anderweitig angegebenen Zeiten, noch die im Luftfrachtbrief eingetragenen Flugnummern und Flugdaten stellen deshalb eine ausdrückliche Vereinbarung im Sinne von Satz 1 dieses Artikels 6, Unterartikel 3a dar; dadurch werden die Rechte des Berechtigten wegen Verspätung nicht berührt. Kein Angestellter, Agent, Vertreter oder Erfüllungsgehilfe ist berechtigt, den Luftfrachtführer durch Erklärungen oder Feststellungen über die Abgangs- oder Ankunftsdaten oder -zeiten oder über die Durchführung eines Fluges zu verpflichten.
b) Der Beförderungsvertrag umfasst keine Gewähr für ein bei der Beförderung zu verwendendes Luftfahrzeug oder für dessen Eignung zur Beförderung des Gutes, auf das sich der Beförderungsvertrag bezieht. Der Luftfrachtführer kann ohne Ankündigung einen anderen Luftfrachtführer oder ein Ersatzluftfahrzeug einsetzen. Er kann diesbezüglich auch Code-Sharing durchführen. Im Zuge dessen ist der Luftfrachtführer berechtigt, alle für die Beförderung notwendigen Informationen und Begleitdokjmente der Gütersendung an den anderen Luftfrachtführer zu übermitteln.

c) Der Luftfrachtführer kann ohne Ankündigung einen Flug oder das Recht auf Weiterbeförderung streichen, beenden, verändern, verlegen oder verschieben, oder einen Flug ohne oder nur mit einem Teil der Güter fortsetzen, falls es ihm aus folgenden Gründen ratsam erscheint:
   (I) Wegen eines außerhalb seines Einflusses stehenden Ereignisses (hierzu gehören unter anderem: Wetterbedingungen, Naturereignisse, höhere Gewalt, Streiks, Aufstände, bürgerliche Unruhen, Embargos, Kriege, Feindseligkeiten, Aufruhr, unsichere internationale Lage, Terrorismus oder staatliche Warnungen vor Terrorismus oder Krieg, Sabotage und Cyberattacken); hierbei ist es gleichgültig, ob das Ereignis tatsächlich eingetreten ist, oder erst droht, oder gemeldet worden ist, oder ob sich daraus eine Verspätung, eine Forderung, eine Auflage, ein Zwischenfall oder eine Zwangslage mittelbar oder unmittelbar ergibt („Höhere Gewalt"), oder
   (II) wegen eines Ereignisses, das nach vernünftigem Ermessen nicht vorauszusehen, zu erwarten oder vorherzusagen war, oder
   (III) wegen Vorschriften, Forderungen oder Auflagen einer Regierung oder nicht vom Luftfrachtführer zu vertretenden behördlichen Eingriffen, oder
   (IV) wegen eines Mangels an Arbeitskräften, Betriebsstoff oder Einrichtungen, oder wegen Arbeitsschwierigkeiten des Luftfrachtführers oder anderer Personen oder von ihm eingesetzte Drittanbieter.

d) Wird ein Flug aus in c) näher dargelegten Gründen gestrichen, verlegt, oder wird er an einem anderen Ort als dem Bestimmungsort beendet, oder wird die Beförderung einer Sendung gestrichen, verlegt, vorverlegt oder beendet, so erwächst dem Luftfrachtführer daraus keine Haftung. Wird die Beförderung der Sendung oder eines Teiles davon beendet, so wird ihre Ablieferung durch den Luftfrachtführer an einen Spediteur zur Weiterbeförderung oder Auslieferung oder Lagerung als ordnungsgemäße Auslieferung gemäß dem Luftfrachtbrief angesehen; der Luftfrachtführer haftet nicht mehr dafür; er ist lediglich verpflichtet, dem Absender oder dem Empfänger an die im Luftfrachtbrief angegebene Anschrift die Verfügung über die Sendung mitzuteilen. Der Luftfrachtführer ist berechtigt, aber nicht verpflichtet, die Sendung über jede andere Strecke zu befördern oder sie als Vertreter des Absenders oder des Empfängers mit jeder anderen Beförderungsgelegenheit weiterzuleiten. Die hierfür entstehenden Kosten werden dem Frachtbetrag zugeschlagen. Erfolgt die Streichung, Verlegung oder die Beendigung der Beförderung an einem anderen als dem frachtbriefmäßigen Bestimmungsort aus vom Luftfrachtführer zu vertretenen Gründen, so erfolgt die Beförderung bis zur Ablieferung nach Wahl des Luftfrachtführers auf dessen Kosten.

e) Im Rahmen der geltenden Gesetze und Vorschriften ist der Luftfrachtführer befugt, den Vorrang einer Beförderung sowohl zwischen Gütersendungen untereinander als auch zwischen Gütersendungen und anderem Beförderungsgut, Post und Fluggästen zu bestimmen und zu entscheiden, welche Gegenstände befördert und welche nicht befördert werden sollen oder zu irgendeiner Zeit oder an irgendeinem Ort ausgeladen werden sollen; er kann jeden Flug ohne alle oder einzelne Teile einer Gütersendung fortsetzen.

4. Rechte des Luftfrachtführers zur Verfügung über Gütersendungen während der Beförderung

Ist es zur Abwehr eines Schadens oder zur Vermeidung einer Gefahr nach Auffassung des Luftfrachtführers notwendig, eine Gütersendung an einem Ort vor, während oder nach der Beförderung anzuhalten, so kann er unter Benachrichtigung des Absenders und/oder des Empfängers an die im Luftfrachtbrief angegebene Anschrift die Gütersendung auf Rechnung, Gefahr und Kosten des Absenders, und/oder Empfängers der Sendung in einem Lagerhaus oder an einem anderen verfügbaren Platz oder bei der Zollbehörde einlagern; der Luftfrachtführer kann die Gütersendung auch einem anderen Luftfrachtführer zur Weiterbeförderung an den Empfänger übergeben.

Absender und Empfänger der Gütersendung haften dem Luftfrachtführer als Gesamtschuldner für alle sich hieraus erwachsenden Ausgaben oder Gefahren und müssen ihn hierfür entschädigen.

Artikel 7 Verfügungsrecht des Absenders über die Güter

1. Verfügungsrechts des Absenders über die Güter

Der Absender ist unter der Bedingung, dass er alle Verpflichtungen aus dem Beförderungsvertrag und aus Ziffer 2 erfüllt und das Verfügungsrecht nicht in einer Weise ausübt, dass dadurch der Luftfrachtführer oder die anderen Absender geschädigt werden, berechtigt, über die Sendung in folgender Weise zu verfügen. Er kann
a) sich die Gütersendung am Abgangs- oder Bestimmungsflughafen zurückgeben lassen,
b) sie unterwegs während einer Landung anhalten,
c) sie am Bestimmungsort oder unterwegs an eine andere Person als den im Luftfrachtbrief bezeichneten Empfänger ausliefern lassen oder
d) sie zum Abgangsflughafen zurückbringen lassen.

2. Ausübung des Verfügungsrechts

Das Verfügungsrecht über die Güter darf nur durch den Absender oder einen von ihm bezeichneten Vertreter ausgeübt werden und muss sich auf die gesamte unter einem Luftfrachtbrief zu befördernde Gütersendung erstrecken. Das Verfügungsrecht über die Güter kann nur ausgeübt werden, wenn der Absender oder sein Vertreter den ihm ausgehändigten Teil des Luftfrachtbriefes vorlegt. Weisungen über die Verfügung müssen schriftlich und in der vom Luftfrachtführer vorgeschriebenen Form gegeben werden. Führt die Ausübung des Verfügungsrechts zu einem Wechsel in der Person des Empfängers, so gilt der neue Empfänger als der in dem Luftfrachtbrief bezeichnete.

3. Zahlung der Kosten

Der Absender ist haftbar und verpflichtet, dem Luftfrachtführer für jeden Verlust oder Schaden, den dieser infolge der Ausübung des Verfügungsrechts erlitten hat, Ersatz zu leisten. Der Absender muss dem Luftfrachtführer alle durch die Ausübung seines Verfügungsrechts entstandenen Kosten erstatten.

4. Unvermögen des Luftfrachtführers zur Ausführung der Weisungen

Ist dem Luftfrachtführer die Ausführung der Weisung des Absenders unmöglich oder unzumutbar, so hat er den Absender unverzüglich zu verständigen. Die dadurch entstehenden Kosten, z.B. Lagerkosten, werden jedoch auf die Frachtkosten aufgeschlagen.

5. Umfang des Rechts des Absenders

Das Verfügungsrecht des Absenders erlischt mit dem Zeitpunkt des Eintreffens der Güter am Bestimmungsort. Verweigert der Empfänger die Annahme der Güter oder – im Anwendungsbereich des Warschauer Abkommens von 1929 bzw. 1955 – des Luftfrachtbriefes, oder ist er nicht erreichbar, so lebt das Verfügungsrecht des Absenders wieder auf.

Artikel 8 Auslieferung

1. Auslieferung an den Empfänger

a) Sofern im Luftfrachtbrief nicht ausdrücklich etwas Anderes vorgesehen ist, erfolgt die Auslieferung der Sendung an den im Empfängerfeld des Luftfrachtbriefs bezeichneten Empfänger. Die Auslieferung an den Empfänger gilt als erfolgt, wenn die Sendung gemäß den geltenden Gesetzen oder Zollvorschriften an eine Zoll- oder andere zuständige Behörde ausgeliefert worden ist, wenn der Luftfrachtführer dem Empfänger eine Ermächtigung übergeben hat. die diesem die Möglichkeit gibt, die Freigabe der Sendung zu erwirken, und wenn er die in („Anzeige der Ankunft") Ziffer 2 dieses Artikels geforderte Mitteilung über die Ankunft abgesandt hat.

b) Die Auslieferung der Sendung durch den Luftfrachtführer erfolgt nur gegen schriftliche Quittung des Empfängers und nach Erfüllung aller sonstigen Bestimmungen des Luftfrachtbriefes und dieser Beförderungsbedingungen.

2. Anzeige der Ankunft

Sofern die Sendung nicht gemäß Artikel 10 weiterzusenden ist, wird bei Fehlen anderer Weisungen dem Empfänger oder der zu benachrichtigenden Person die Ankunft der Gütersendung angezeigt; die Anzeige erfolgt in der vom Luftfrachtführer gewählten Form entweder durch schriftliche oder mündliche, auch fernmündliche Mitteilung. Die schriftliche Mitteilung kann auch per Fax oder mittels elektronischer Post (E-Mail) erfolgen. Der Luftfrachtführer haftet nicht, wenn diese Mitteilung nicht empfangen wird oder sich verspätet.

3. Ort der Auslieferung

Sofern zwischen dem Absender oder dem Empfänger und dem Luftfrachtführer keine Zustellung an die Adresse des Empfängers vereinbart worden ist, muss der Empfänger die Auslieferung der Gütersendung am Bestimmungsflughafen annehmen und sie dort abholen.

4. Unterlassung der Übernahme durch den Empfänger

a) Weigert sich der Empfänger oder unterlässt er es, die Sendung nach ihrer Ankunft an dem im Luftfrachtbrief angegebenen Bestimmungsort abzunehmen oder ist er nicht erreichbar, so wird – vorbehaltlich der Bestimmung der Ziffer 5 („Verfügung über verderbliches Gut") – der Luftfrachtführer versuchen, etwaige im Luftfrachtbrief vermerkte Weisungen des Absenders zu befolgen. Sind keine solchen Weisungen vermerkt, oder können sie vernünftigerweise nicht ausgeführt werden, so kann der Luftfrachtführer nach Benachrichtigung des Absenders über die Nichtannahme durch den Empfänger wie folgt verfahren. Er kann die Gütersendung mit seinem eigenen Dienst oder auf jedem anderen Wege zum Abgangsflughafen zurückführen, um dort Weisungen des Absenders abzuwarten, oder die Gütersendung nach mindestens 30-tägiger Lagerung durch öffentlichen oder privaten Verkauf im Ganzen oder in mehreren Teilen veräußern.

b) Absender und Eigentümer haften gesamtschuldnerisch für alle Kosten und Auslagen, die sich aus der Nichtannahme der Sendung oder in Verbindung damit ergeben, einschließlich der durch die Rückführung der Gütersendung erwachsenden Fracht. Wird die Gütersendung zum Abgangsflughafen zurückgeführt und weigern sich Absender oder Eigentümer, diese Zahlung binnen 14 Tagen nach der Rückführung zu leisten, oder versäumen sie dies, so kann der

Luftfrachtführer durch öffentlichen oder privaten Verkauf über die Gütersendung oder über Teile davon verfügen, nachdem er dem Absender an die im Luftfrachtbrief angegebene Anschrift mit zehntägiger Frist von seiner Absicht Kenntnis gegeben hat.

c) Im Falle des Verkaufs der Güter gemäß den obigen Bestimmungen entweder am Bestimmungsort oder an dem Ort, an den die Gütersendung zurückgeführt worden ist, hat der Luftfrachtführer das Recht, aus dem Erlös des Verkaufs sämtliche ihm und anderen Anspruchsberechtigten entstandene Kosten für Fracht, Gebühren, Vorschüsse und Auslagen zuzüglich der Verkaufskosten an sich selbst und an Dritte auszuzahlen, ein etwaiger Überschuss ist zur Verfügung des Absenders zu halten. Der Verkauf einer Sendung entlastet jedoch den Absender und den Eigentümer nicht von der Verpflichtung, etwaige Fehlbeträge zu zahlen.

5. Verfügung über verderbliches Gut

Erleidet eine im Besitz des Luftfrachtführers befindliche Sendung, die leicht verderbliches Gut enthält, eine Verspätung, oder wird sie nicht abgeholt oder ihre Annahme am Bestimmungsort verweigert, oder droht ihr aus anderen Gründen Verderb, so kann der Luftfrachtführer sofort alle Schritte unternehmen, die er zu seinem Schutz oder zum Schutz der Interessen Dritter für angebracht hält. Diese Schritte umfassen, ohne hierauf beschränkt zu sein,
(i) die Anforderung von Weisungen auf Kosten des Absenders,
(ii) die Vernichtung oder Preisgabe der ganzen Sendung oder eines Teils,
(iii) die Lagerung der Sendung oder eines Teils davon auf Gefahr und Rechnung des Absenders,
(iv) die Verfügung über die Sendung oder einen Teil davon durch öffentlichen oder privaten Verkauf ohne Benachrichtigung. Der Verkaufserlös ist zur Begleichung aller dem Luftfrachtführer entstandenen Kosten und Auslagen zu verwenden; die Rechtsmittel des Luftfrachtführers gegen den Absender oder den Empfänger zur Erstattung aller damit zusammenhängenden Kosten werden dadurch nicht eingeschränkt.

Artikel 9 Abhol-, Zustell- und Stadtzubringerdienste

1. Verfügbarkeit des Dienstes

Abhol-, Zustell- und Stadtzubringerdienste werden an den in Betracht kommenden Orten gemäß den Tarifbestimmungen des Luftfrachtführers zu den für diese Dienste festgelegten Preisen und Gebühren gestellt.

2. Anforderung des Dienstes

Abhol-, Zustell- und Stadtzubringerdienste werden – falls solche bestehen – gestellt, wenn sie vom Absender und Empfänger verlangt werden.

3. Gütersendungen, für die kein Dienst verfügbar ist

Abhol-, Zustell- und Stadtzubringerdienst für eine Gütersendung, deren Abfertigung für den Luftfrachtführer schwierig ist, werden nicht ohne besondere Vereinbarung gestellt.

4. Beschränkung der Dienste

Abhol-, Zustell- und Stadtzubringerdienst werden nicht gestellt, wenn der Einsatz von Fahrzeugen nicht durchführbar ist, oder wenn die Anschrift des Absenders oder Empfängers nicht unmittelbar für Fahrzeuge zugänglich ist. Die Abfertigung von Gütersendungen erfolgt nur über Laderampen oder Einfahrten, die unmittelbar für Fahrzeuge zugänglich sind.

5. Abfertigung

Abhol-, Zustell- und Stadtzubringerdienst werden nicht für Güter gestellt, die nicht von einer Person bewegt werden können, wenn nicht im Voraus Vereinbarungen getroffen worden sind, einschließlich der etwa erforderlichen Gestellung weiterer Personen und Geräte durch den Absender oder Empfänger und auf deren Gefahr und Rechnung.

6. Dienststunden

Soweit nicht im Voraus mit dem Luftfrachtführer Vereinbarungen hierüber getroffen wurden, werden Abhol-, Zustell- und Stadtzubringerdienste nur während der üblichen Geschäftszeit und nur mit planmäßig verkehrenden Fahrzeugen gestellt.

7. Zustellungsversuch

Gütersendungen, die ohne Verschulden des Luftfrachtführers dem Empfänger beim ersten Zustellungsversuch nicht ausgeliefert werden konnten, werden zur Abfertigungsstelle des Luftfrachtführers zurückgebracht. Der Empfänger wird hiervon benachrichtigt. Weitere Versuche werden nur auf Ersuchen des Empfängers gemacht und für jeden weiteren Versuch der Zustellung wird eine zusätzliche, auf den veröffentlichten Tarifen beruhende Gebühr berechnet.

Artikel 10 Vortransport und Nachtransport

Die im Luftfrachtbrief bezeichneten Gütersendungen werden am Abgangsort im Abfertigungsgebäude des Luftfrachtführers oder in dessen Geschäftsstelle auf dem Flughafen zur Beförderung zum Flughafen des Bestimmungsorts angenommen. Sofern es ausdrücklich vereinbart wird, werden diese Gütersendungen auch zum Vortransport zum Abgangsflughafen und/oder zum Nachtransport vom Bestimmungsflughafen angenommen. Werden Vortransporte oder Nachtransporte vom Luftfrachtführer durchgeführt, so unterliegen diese Beförderungen den gleichen Haftungsbestimmungen, wie sie in den Artikeln 1, 12 und 13 dieser Bedingungen aufgestellt sind. In jedem anderen Falle handeln der den Luftfrachtbrief ausstellende und der letzte Luftfrachtführer bei dem Vor- und Nachtransport des Gutes je nach Lage des Falles lediglich als Vertreter des Absenders, Eigentümers oder Empfängers. Der Absender, Eigentümer oder Empfänger ermächtigt hiermit diese Luftfrachtführer, alles zu unternehmen, was zur Durchführung des Vor- und Nachtransportes für ratsam erachtet wird. Diese Tätigkeit umfasst, ohne darauf beschränkt zu sein, die Auswahl der Mittel zum Vor- und Nachtransport und der Strecken (sofern diese nicht durch den Absender im Luftfrachtbrief festgelegt sind), Ausstellung und Annahme der Beförderungspapiere (auch soweit diese Bestimmungen über den Ausschluss oder die Beschränkung der Haftung enthalten), sowie den Versand der Güter ohne Wertdeklaration, ungeachtet etwaiger Wertdeklarationen im Luftfrachtbrief.

Artikel 11 Aufeinanderfolgende Luftfrachtführer

Eine Beförderung, welche aufgrund eines Luftfrachtbriefes von mehreren aufeinanderfolgenden Luftfrachtführern auszuführen ist, gilt als eine einheitliche Beförderung.

Artikel 12 Haftung

1. Allgemein

Die Beförderung unterliegt hinsichtlich der Haftung des Luftfrachtführers den Regeln und Beschränkungen, die durch das auf die jeweilige Beförderung anwendbare Abkommen oder die auf die jeweilige Beförderung anwendbaren nationalen oder internationalen Gesetze festgelegt sind. Dies gilt unabhängig davon, ob die Beförderung unterbrochen oder die Güter umgeladen werden. Soweit das anwendbare Abkommen oder Gesetz zu Gunsten des Absenders oder Empfängers nichts anderes bestimmt, gilt folgendes:

2. Haftungsausschlüsse

a) Der Luftfrachtführer übernimmt keine Gewährleistung für Verlade- oder Lieferfristen, ebenso wenig für eine bestimmte Reihenfolge in der Abfertigung von Gütern gleicher Beförderungen.
b) Der Luftfrachtführer haftet nicht für etwaige Schäden aus zusätzlichen Beförderungen, die aus einem Vor- bzw. Nachtransport bzw. Stadtzubringerdienst resultieren, sofern nicht nachgewiesen wird, dass sie durch grobe Fahrlässigkeit oder Vorsatz der Luftfrachtführer verursacht wurden oder auf einer Verletzung der Pflichten des Luftfrachtführers beruhen, die die ordnungsgemäße Durchführung der zusätzlichen Beförderung überhaupt erst ermöglichen und auf deren Einhaltung der Absender regelmäßig vertraut oder vertrauen darf.
c) Der Luftfrachtführer haftet nicht für Schäden, die unmittelbar oder mittelbar durch die Befolgung von Gesetzen, Regierungsverordnungen, Anordnungen oder Auflagen oder durch ein andere Ereignisse verursacht worden sind, die außerhalb des Einflusses des Luftfrachtführers liegen, einschließlich, aber nicht beschränkt auf seine Entscheidung, die Beförderung einer Sendung abzulehnen.
d) Der Luftfrachtführer haftet nicht für die Beschädigung, die Zerstörung oder die Verspätung einer Gütersendung, die durch die in ihr enthaltenen Gegenstände oder Tiere verursacht worden ist. Absender und Empfänger, deren Sachen Beschädigungen oder Zerstörung an anderen Gütersendungen oder am Eigentum des Luftfrachtführers verursachen, haben den Luftfrachtführer für alle entstandenen Verluste und Kosten zu entschädigen und schadlos zu halten. Sendungen, welche Flugzeuge, Menschen oder Eigentum gefährden können, können jederzeit durch den Luftfrachtführer ohne Ankündigung und ohne dass dem Luftfrachtführer hieraus eine Haftung erwächst, entfernt oder zerstört werden.
e) Der Luftfrachtführer haftet weder für Verluste, Schäden oder Kosten, die durch den Tod oder die Verletzung eines Tieres oder eines Betreuers entstehen, wenn diese durch das Verhalten, die Art oder die Veranlagung des Tieres oder eines anderen Tieres oder aus Gründen, die der Luftfrachtführer nicht zu vertreten hat, verursacht oder mitverursacht wurden.
f) Der Luftfrachtführer haftet nicht für Verluste, Schäden, Forderungen oder Bußgelder, die sich aus Fehlern, Unrichtigkeiten oder Unvollständigkeiten von Angaben, die der Umwandlung von Papier zu eAWB-Dokumenten erfasst wurden, ergeben.
g) Sendungen, welche infolge von Klimawechsel, Temperaturwechsel, Höhenwechsel oder infolge anderer gewöhnlicher Umstände oder infolge der Länge der vereinbarten Beförderungszeit der Verschlechterung oder dem Verderb ausgesetzt sind, werden vom Luftfrachtführer unter

Ausschluss einer Haftung für Verluste oder Schäden infolge Verschlechterung oder Verderb angenommen.

h) Sofern in diesen Bedingungen nichts Anderes vorgesehen ist, haftet der Luftfrachtführer nicht für indirekte Schäden oder Folgeschäden. Dazu gehören unter anderem Umsatz-, Gewinn- oder Ertragsverluste, Zinsen, entgangene Geschäfte, Währungsrisiken, Produktionsrisiken bei natürlich oder kommerziell verderblichen und schnell veraltenden Gütern, Produktionsausfälle oder Strafen, die sich aus den diesen Bedingungen unterliegenden Beförderungen (oder deren Fehlen) ergeben, unabhängig davon, ob der Luftfrachtführer wusste, dass solche Schäden eintreten könnten. Dies gilt nicht für Schäden, die durch grobe Fahrlässigkeit oder Vorsatz des Luftfrachtführers oder seiner Angestellten verursacht wurden, sowie für die Haftung des Luftfrachtführers oder seiner Angestellten für schuldhaft verursachte Verletzungen von Leben, Körper oder Gesundheit. Die Bestimmungen der anwendbaren internationalen Konventionen bleiben in Kraft.

i) Ist die Haftung des Luftfrachtführers gemäß diesen Bedingungen ausgeschlossen oder beschränkt, so gilt dieser Ausschluss oder diese Beschränkung in gleicher Weise für Agenten, Angestellte, Vertreter oder Erfüllungsgehilfen des Luftfrachtführers, sowie für jeden Luftfrachtführer, dessen Luftfahrzeug für die Beförderung benutzt wurden, und für dessen Agenten, Angestellte, Vertreter oder Erfüllungsgehilfen.

3. Haftung für Güterschäden

Vorbehaltlich Artikel 13 hat der Luftfrachtführer den Schaden zu ersetzen, der durch Zerstörung, Verspätung, Verlust oder Beschädigung von Gütern entsteht, jedoch nur, wenn das Ereignis, durch das der Schaden verursacht worden ist, während der Luftbeförderung eingetreten ist. Er haftet nicht, wenn er nachweist, dass die Zerstörung, der Verlust oder die Beschädigung der Güter durch einen oder mehrere der folgenden Umstände verursacht wurde:

- die Eigenart der Güter oder einen ihnen innewohnenden Mangel,
- spezifische Haftungsbeschränkungen, die in diesem Allgemeinen Geschäftsbedingungen festgelegt sind, mangelhafte Verpackung der Güter durch eine andere Person als den Luftfrachtführer oder seine Leute,
- eine Kriegshandlung (einschließlich terroristischer Handlungen) oder einen bewaffneten Konflikt,
- hoheitliches Handeln in Verbindung mit der Einfuhr, Ausfuhr oder Durchfuhr der Güter, und/ oder
- Höhere Gewalt.

4. Haftung für unvollständige oder teilweise beschädigte Sendungen

Wird dem Empfänger (oder einer anderen zur Annahme berechtigten Person) nicht die vollständige Gütersendung, sondern nur ein Teil ausgeliefert oder ist nur ein Teil beschädigt, zerstört oder in Verlust geraten, so ermäßigt sich die Haftung des Luftfrachtführers für den nicht ausgelieferten, beschädigten, zerstörten oder in Verlust geratenen Teil verhältnismäßig auf der Grundlage des Gewichts, und zwar ohne Berücksichtigung des Wertes eines Teils der Sendung oder ihres Inhalts.

5. Haftung für Verspätungsschäden

Der Luftfrachtführer haftet für Verspätungsschäden, sofern er nicht nachweist, dass er und seine Leute alle zumutbaren Maßnahmen zur Vermeidung des Schadens getroffen haben oder es ihm oder ihnen nicht möglich war, solche Maßnahmen zu ergreifen. Eine Verspätung liegt vor, wenn die Güter nicht rechtzeitig am Bestimmungsort ankommen. Ob eine Beförderung verspätet ausgeführt wurde, richtet sich nach den Umständen des Einzelfalls. Artikel 13 Ziffer 1 bis 3 bleibt unberührt. Es besteht kein Rechtsanspruch auf Ersatz der Differenz zu einem geringeren Tarif bzw. einer geringeren Frachtrate nach Abschluss der Beförderung. Artikel 12 Ziffer 2h bleibt unberührt.

6. Mitverschulden

Ist ein Schaden ganz oder teilweise durch eine Handlung oder Unterlassung des Absenders, Empfängers oder der Person, die einen Anspruch auf Schadensersatz geltend macht, verursacht worden oder hat eine solche Handlung oder Unterlassung zur Schadensentstehung beigetragen (Mitverschulden), so ist der Luftfrachtführer ganz oder teilweise von der Haftung befreit.

7. Wertberechnung von Gütern

Werden Güter zerstört, beschädigt oder gehen sie verloren, bestimmt sich der zu leistende Schadenersatz nach dem Wert am Ort und zurzeit der Übernahme der Güter zur Beförderung.

Artikel 13 Beschränkung der Haftung

1. Allgemein

Die Haftungshöhe des Luftfrachtführers richtet sich nach den Regeln und Beschränkungen, die durch das auf die jeweilige Beförderung anwendbare Abkommen oder die auf die jeweilige Beförderung anwendbaren nationalen oder internationalen Gesetze festgelegt sind.

2. Summenmäßige Haftungsbeschränkung

Soweit das anwendbare Abkommen oder Gesetz zu Gunsten des Anspruchsberechtigten nichts Anderes bestimmt, gilt Folgendes: Der Luftfrachtführer haftet für zerstörte, verlorene, beschädigte oder verspätet an-gekommene Güter nur bis zu einem Betrag von 22 Sonderziehungsrechten (SZR) pro Kilogramm.

3. Wertdeklaration

Die summenmäßigen Haftungsbeschränkungen gelten nicht, wenn der Absender bei der Übergabe der Güter an den Luftfrachtführer das Interesse an der Ablieferung besonders deklariert und den verlangten Zuschlag entrichtet hat. Die Deklaration ist für den Luftfrachtführer nur verbindlich, wenn hierfür ein mit dem Absender vereinbarter Zuschlag spätestens bei Übergabe an den Luftrachtführer entrichtet worden ist. Im Falle einer Wertdeklartion leistet der Luftfrachtführer bei Zerstörung, Verlust, Beschädigung oder Verspätung eine Entschädigung bis zur Höhe des deklarierten Wertes, sofern er nicht nachweist, dass dieser höher ist als das tatsächliche Interesse des Absenders an der Ablieferung am Bestimmungsort. Alle Ersatzforderungen unterliegen dem Wertnachweis.

4. Teilauslieferung

Wird dem Empfänger oder einer anderen zur Annahme berechtigten Person nicht die vollständige Gütersendung, sondern nur ein Teil ausgeliefert, oder ist nur ein Teil der Sendung beschädigt, zerstört, in Verlust geraten, verlustig oder verspätet, ist für die Feststellung, bis zu welchem Betrag der Luftfrachtführer haftet, nur das Gesamtgewicht der betroffenen Frachtstücke maßgebend (im Anwendungsbereich des Warschauer Abkommens von 1929 nur das Gesamtgewicht des betroffenen Inhalts), und zwar ohne Berücksichtigung des Wertes eines Teils der Sendung oder ihres Inhalts.

5. Einheitlicher Anspruch

Alle Forderungen hinsichtlich einer Gütersendung können nur als einheitlicher Anspruch geltend gemacht werden; mit Regulierung dieses einen Anspruchs sind alle Schäden im Zusammenhang mit der Sendung abgegolten.

Artikel 14 Ausführender Luftfrachtführer

1. Haftung des ausführenden Luftfrachtführers

Führt ein ausführender Luftfrachtführer eine Beförderung nach diesen Beförderungsbedingungen ganz oder teilweise aus, so unterstehen, soweit in diesen Beförderungsbedingungen nichts anderes bestimmt ist, sowohl der vertragliche Luftfrachtführer als auch der ausführende Luftfrachtführer den Vorschriften dieser Bedingungen, der erstgenannte für die gesamte im Vertrag vorgesehene Beförderung, der letztgenannte nur für die Beförderung, die er ausführt.

2. Wechselseitige Zurechnung

Die Handlungen und Unterlassungen des ausführenden Luftfrachtführers, seines Vertreters und seines Erfüllungsgehilfen, soweit diese in Ausführung ihrer Verrichtung handeln, gelten bezüglich der von dem ausführenden Luftfrachtführer ausgeführten Beförderung auch als solche des vertraglichen Luftfrachtführers.

Artikel 15 Fristen für Ersatzforderungen und Klagen

1. Die vorbehaltlose Annahme des Gutes durch die zur Annahme berechtigte Person erbringt bis zum Beweis des Gegenteils den Beweis dafür, dass das Gut in einwandfreiem Zustand und in Übereinstimmung mit dem Beförderungsvertrag ausgeliefert worden ist, sofern nicht ein Schaden durch ausreichende Beweis des Gegenteils nachgewiesen wird.
2. Beabsichtigt ein Anspruchsberechtigter Ersatzansprüche wegen Beschädigung, des der Beschädigung gleichstehenden teilweisen Verlustes oder der Verspätung zu erheben, muss der Empfänger dem Luftfrachtführer eine Anzeige, die eine hinreichende Beschreibung des betroffenen Gutes, den ungefähren Zeitpunkt der Beschädigung und die Einzelheiten des Anspruchs enthält, unverzüglich erstatten, jedenfalls innerhalb von 14 Tagen (7 Tage im Anwendungsbereich des Warschauer Abkommens von 1929) nach der Annahme des Gutes und im Falle der Verspätung, innerhalb von 21 Tagen (14 Tage im Anwendungsbereich des Warschauer Abkommens von 1929), nachdem die Güter dem Empfänger zur Verfügung gestellt worden sind. Eine Anzeige an einer Abfertigungsgesellschaft ist hierfür nicht ausreichend, soweit keine schriftliche Bevollmächtigung vorliegt.

3. Wird die Anzeigefrist versäumt, so ist jede Klage gegen den Luftfrachtführer ausgeschlossen, es sei denn, dass dieser den Anspruchsinhaber arglistig daran gehindert hat, den anzuzeigenden Sachverhalt festzustellen oder die Anzeige fristgemäß zu erstatten.
4. Alle Schadensersatzansprüche gegen den Luftfrachtführer erlöschen, sofern bei Anwendbarkeit des Abkommens nicht binnen einer Ausschlussfrist von zwei Jahren Klage auf Schadensersatz erhoben wird. Ist auf die Beförderung das Abkommen nicht anwendbar, gelten die nach dem jeweiligen nationalen Recht anwendbaren Ausschluss- oder Verjährungsfristen. Die Frist beginnt mit dem Tag, an dem das Luftfahrzeug am Bestimmungsort angekommen ist oder an dem es hätte ankommen sollen oder an dem die Beförderung abgebrochen worden ist.
5. Entschädigt der Luftfrachtführer trotz Versäumnis der Anzeige- oder Klagefristen, so stellt dies für darüber hinausgehend geltend gemachte Ansprüche keinen Verzicht des Luftfrachtführers auf die Berufung der Fristversäumnis dar.

Artikel 16 Aufrechnung/Abtretung

1. Die Aufrechnung gegenüber Ansprüchen des Luftfrachtführers ist nur dann zulässig, wenn die betreffende Forderung unbestritten, anerkannt oder rechtskräftig festgestellt worden ist.
2. Dem Absender ist die Abtretung von Ansprüchen aus Verträgen mit dem Luftfrachtführer nur mit dessen vorheriger schriftlicher Zustimmung gestattet.

Artikel 17 Anwendbares Recht/Gerichtsstand

Die Beförderungsverträge und Streitigkeiten aus oder im Zusammenhang mit diesen Beförderungsbedingungen unterliegen deutschem Recht ohne Rücksicht auf dessen kollisionsrechtliche Bestimmungen. Im Falle der Anwendbarkeit des Übereinkommens kann eine Schadensersatzklage nur im Hoheitsgebiet eines der Vertragsstaaten erhoben werden, und zwar nach Wahl des Klägers entweder bei dem Gericht des Ortes, an dem sich der Sitz des Luftfrachtführers oder seiner vertragsschließenden Niederlassung befindet, oder bei dem Gericht des Bestimmungsortes.

Artikel 18 Entgegenstehendes Recht

Ist eine im Luftfrachtbrief oder in diesen Beförderungsbedingungen enthaltene Bestimmung unwirksam, weil sie geltendem Recht widerspricht, so wird die Gültigkeit des Luftfrachtbriefes oder der Beförderungsbedingungen im Übrigen nicht berührt. Anstelle der unwirksamen Bestimmung soll das gelten, was nach dem jeweils anwendbaren Recht in zulässiger Weise der unwirksamen Bestimmung nach dem wirtschaftlichen Gehalt des abgeschlossenen Beförderungsvertrages am Nächsten kommt.

Artikel 19 Abänderungen und Verzichte

Bestimmungen des Beförderungsvertrages oder dieser Beförderungsbedingungen können durch Agenten. Angestellte oder Vertreter des Luftfrachtführers wirksam nicht geändert, eingeschränkt oder ausgeschlossen werden.

III.-7 Muster Luftfrachtbrief

020 -4126 2303

020-4126 2303

Shipper's Name and Address

Shipper's Account Number

Not Negotiable

Air Waybill*

Lufthansa Cargo

Issued by
Lufthansa Cargo AG,
Langer Kornweg 34 I
D-65451 Kelsterbach

Member of International
Air Transport Association

Copies 1, 2 and 3 of this Air Waybill are originals and have the same validity

Consignee's Name and Address

Consignee's Account Number

It is agreed that the goods described herein are accepted in apparent good order and condition (except as noted) for carriage SUBJECT TO THE CONDITIONS OF CONTRACT ON THE REVERSE HEREOF. ALL GOODS MAY BE CARRIED BY ANY OTHER MEANS INCLUDING ROAD OR ANY OTHER CARRIER UNLESS SPECIFIC CONTRARY INSTRUCTIONS ARE GIVEN HEREON BY THE SHIPPER, AND SHIPPER AGREES THAT THE SHIPMENT MAY BE CARRIED VIA INTERMEDIATE STOPPING PLACES WHICH THE CARRIER DEEMS APPROPRIATE. THE SHIPPER'S ATTENTION IS DRAWN TO THE NOTICE CONCERNING CARRIER'S LIMITATION OF LIABILITY. Shipper may increase such limitation of liability by declaring a higher value for carriage and paying a supplemental charge if required.

Issuing Carrier's Agent Name and City

Accounting Information

Agent's IATA Code

Account No.

Airport of Departure (Addr. of First Carrier) and Requested Routing

Reference Number

Optional Shipping Information

To	By First Carrier (Routing and Destination)	To	By	To	By	Currency	CHGS Code	WT/VAL PPD	WT/VAL COLL	Other PPD	Other COLL	Declared Value for Carriage	Declared Value for Customs

Airport of Destination

Requested Flight/Date

Amount of Insurance

INSURANCE – If Carrier offers insurance, and such insurance is requested in accordance with the conditions thereof, indicate amount to be insured in figures in box marked 'Amount of Insurance'

Handling Information

SCI

(For U.S.A. use only) These commodities, technology or software were exported from the United States in accordance with the Export Administration Regulations. Diversion contrary to USA law prohibited.

No. of Pieces RCP	Gross Weight	kg lb	Rate Class / Commodity Item No.	Chargeable Weight	Rate / Charge	Total	Nature and Quantity of Goods (incl. Dimensions or Volume)

Prepaid	Weight Charge	Collect	Other Charges
	Valuation Charge		
	Tax		
	Total Other Charges Due Agent		Shipper certifies that the particulars on the face hereof are correct and that **insofar as any part of the consignment contains dangerous goods, such part is properly described by name and is in proper condition for carriage by air according to the applicable Dangerous Goods Regulations.**
	Total Other Charges Due Carrier		
			Signature of Shipper or his Agent
Total Prepaid		Total Collect	
Currency Conversion Rates		CC Charges in Dest. Currency	Executed on (date) at (place) Signature of Issuing Carrier or its Agent
For Carrier's Use only at Destination		Charges at Destination	Total Collect Charges

020-4126 2303

* Luftfrachtbrief (nicht begebbar) – eine verbindliche Übersetzung dieses Frachtbriefformulars (einschließlich der Vertragsbedingungen) in die deutsche Sprache liegt bei allen Lufthansa Frachtbüros aus.

ORIGINAL 3 (FOR SHIPPER)

Form 827700 D-04 (FRA F/HB-C) – Printed by Bartsch International · Germany · 600a

https://doi.org/10.1515/9783110564945-078

ANHANG IV **Weitere internationale Übereinkünfte**

IV.-1 Abkommen über die Internationale Zivilluftfahrt

vom 7. Dezember 1944
(BGBl 1956 II S. 411)

Präambel

IN DER ERWÄGUNG, daß die zukünftige Entwicklung der internationalen Zivilluftfahrt in hohem Maße dazu beitragen kann, Freundschaft und Verständnis zwischen den Staaten und Völkern der Welt zu wecken und zu erhalten, ihr Mißbrauch jedoch zu einer Bedrohung der allgemeinen Sicherheit führen kann; und
IN DER ERWÄGUNG, daß es wünschenswert ist, zwischen den Staaten und Völkern Unstimmigkeiten zu vermeiden und jene Zusammenarbeit zu fördern, von der der Friede der Welt abhängt;
HABEN die unterzeichneten Regierungen sich auf gewisse Grundsätze und Übereinkommen geeinigt, damit die internationale Zivilluftfahrt sich sicher und geordnet entwickeln kann, und damit internationale Luftverkehrsdienste auf der Grundlage gleicher Möglichkeiten eingerichtet und gesund und wirtschaftlich betrieben werden können;
Sie haben demgemäß zu diesem Zweck dieses Abkommen abgeschlossen.

TEIL I Die Luftfahrt

Kapitel I **Allgemeine Grundsätze und Anwendung des Abkommens**

Artikel 1 Lufthoheit

Die Vertragsstaaten erkennen an, daß jeder Staat über seinem Hoheitsgebiet volle und ausschließliche Lufthoheit besitzt.

Artikel 2 Hoheitsgebiet

Im Sinne dieses Abkommens gelten als Gebiet eines Staates die der Staatshoheit, der Oberhoheit, dem Schütze oder der Mandatsgewalt dieses Staates unterstehenden Landgebiete und angrenzenden Hoheitsgewässer.

Artikel 3 Privat- und Staatsluftfahrzeuge

(a) Dieses Abkommen findet nur auf Privatluftfahrzeuge Anwendung; auf Staatsluftfahrzeuge ist es nicht anwendbar.
(b) Luftfahrzeuge, die im Militär-, Zoll- und Polizeidienst verwendet werden, gelten als Staatsluftfahrzeuge.
(c) Staatsluftfahrzeuge eines Vertragsstaats dürfen das Hoheitsgebiet eines anderen Staates nur auf Grund einer durch besondere Vereinbarung oder auf andere Weise erteilten Ermächtigung und nur nach Maßgabe der in dieser festgesetzten Bedingungen überfliegen oder dort landen.

https://doi.org/10.1515/9783110564945-079

(d) Die Vertragsstaaten verpflichten sich, bei dem Erlaß von Vorschriften für ihre Staatsluftfahrzeuge auf die Sicherheit des Verkehrs der Privatluftfahrzeuge gebührend Rücksicht zu nehmen.

Artikel 4 Mißbrauch der Zivilluftfahrt

Jeder Vertragsstaat erklärt sich damit einverstanden, die Zivilluftfahrt nicht für Zwecke zu benutzen, die mit den Zielen dieses Abkommens unvereinbar sind.

Kapitel II Flüge über dem Hoheitsgebiet von Vertragsstaaten

Artikel 5 Recht auf nicht planmäßige Flüge

Jeder Vertragsstaat erklärt sich damit einverstanden, daß alle nicht im planmäßigen internationalen Fluglinienverkehr eingesetzten Luftfahrzeuge der anderen Vertragsstaaten vorbehaltlich der Beachtung der Bestimmungen dieses Abkommens berechtigt sind, ohne Einholung einer vorherigen Erlaubnis in sein Hoheitsgebiet einzufliegen oder es ohne Aufenthalt zu durchfliegen, und dort nicht gewerbliche Landungen vorzunehmen, vorbehaltlich des Rechts des überflogenen Staates, eine Landung zu verlangen. Jeder Vertragsstaat behält sich jedoch das Recht vor, aus Gründen der Flugsicherheit zu verlangen, daß Luftfahrzeuge, die sich in unzugängliche Gebiete oder solche ohne genügende Luftfahrteinrichtungen begeben wollen, vorgeschriebene Strecken einhalten oder eine Sondererlaubnis für solche Flüge einholen.
Werden die genannten Luftfahrzeuge außerhalb des planmäßigen internationalen Fluglinienverkehrs zur entgeltlichen oder mietweisen Beförderung von Fluggästen, Fracht oder Post verwendet, so haben sie nach Maßgabe der Bestimmungen des Artikels 7 auch das Recht, Fluggäste, Fracht oder Post aufzunehmen und abzusetzen, vorbehaltlich des Rechts eines jeden Staates, die ihm wünschenswert erscheinenden Vorschriften, Bedingungen oder Beschränkungen aufzuerlegen.

Artikel 6 Planmäßiger Fluglinienverkehr

Planmäßiger internationaler Fluglinienverkehr über oder in das Hoheitsgebiet eines Vertragsstaats darf nur mit der besonderen Erlaubnis oder einer sonstigen Ermächtigung dieses Staates und nur in Übereinstimmung mit den Bedingungen dieser Erlaubnis oder Ermächtigung betrieben werden.

Artikel 7 Kabotage

Jeder Vertragsstaat ist berechtigt, den Luftfahrzeugen anderer Vertragsstaaten die Erlaubnis zu verweigern, innerhalb seines Hoheitsgebiets Fluggäste, Post und Fracht zur entgeltlichen Beförderung nach einem anderen Ort innerhalb seines Hoheitsgebiets aufzunehmen. Jeder Vertragsstaat verpflichtet sich, keine Übereinkommen zu treffen, die auf der Grundlage der Ausschließlichkeit einem anderen Staat oder einem Luftverkehrsunternehmen eines anderen Staates ein solches Recht ausdrücklich zusichern, und auch kein solches ausschließliches Recht von einem anderen Staat zu erwerben.

Artikel 8 Unbemannte Luftfahrzeuge

Luftfahrzeuge, die unbemannt geflogen werden können, dürfen das Hoheitsgebiet eines Vertragsstaats ohne Führer nur mit besonderer Ermächtigung dieses Staates und nur in Übereinstimmung mit den Bedingungen dieser Ermächtigung überfliegen. Jeder Vertragsstaat verpflichtet sich, dafür zu sorgen, daß Flüge solcher unbemannter Luftfahrzeuge in für Zivilluftfahrzeuge offen stehenden Gebieten so überwacht werden, daß eine Gefahr für Zivilluftfahrzeuge vermieden wird.

Artikel 9 Sperrgebiete

(a) Jeder Vertragsstaat kann aus Gründen der militärischen Notwendigkeit oder öffentlichen Sicherheit das Überfliegen bestimmter Teile seines Hoheitsgebiets für Luftfahrzeuge anderer Staaten einheitlich beschränken oder verbieten vorausgesetzt, daß in dieser Beziehung zwischen den eigenen im internationalen planmäßigen Fluglinienverkehr eingesetzten Luftfahrzeugen und den in gleicher Weise eingesetzten Luftfahrzeugen der anderen Vertragsstaaten kein Unterschied gemacht wird. Die Sperrgebiete müssen sich nach Ausdehnung und Lage in vernünftigen Grenzen halten, damit sie die Luftfahrt nicht unnötig behindern. Beschreibungen solcher Sperrgebiete im Hoheitsgebiet eines Vertragsstaats und alle späteren Änderungen sind den arideren Vertragsstaaten und der Internationalen Zivilluftfahrt-Organisation sobald wie möglich mitzuteilen.

(b) Jeder Vertragsstaat behält sich ferner das Recht vor, unter außergewöhnlichen Umständen oder während der Zeit eines Notstandes oder im Interesse der öffentlichen Sicherheit mit sofortiger Wirkung das Überfliegen seines gesamten Hoheitsgebiets oder eines Teiles davon zeitweilig zu beschränken oder zu verbieten, unter der Bedingung, daß diese Beschränkung oder dieses Verbot ohne Unterschied der Staatszugehörigkeit auf die Luftfahrzeuge aller anderen Staaten angewendet wird.

(c) Jeder Vertragsstaat kann nach von ihm erlassenen Vorschriften von jedem Luftfahrzeug, das in die in den Absätzen (a) und (b) genannten Gebiete einfliegt, verlangen, daß es sobald wie möglich auf einem bestimmten Flughafen innerhalb seines Hoheitsgebiets landet.

Artikel 10 Landung auf Zollflughäfen

Abgesehen von Fällen, in denen Luftfahrzeuge nach den Bestimmungen dieses Abkommens oder auf Grund einer besonderen Ermächtigung das Hoheitsgebiet eines Vertragsstaats ohne Landung überfliegen dürfen, hat jedes Luftfahrzeug, das in das Hoheitsgebiet eines Vertragsstaats einfliegt, auf einem von diesem Staat für Zwecke der Zollabfertigung oder sonstiger Untersuchung bestimmten Flughafen zu landen, sofern die Vorschriften dieses Staats es verlangen. Beim Verlassen des Hoheitsgebietes eines Vertragsstaats hat das Luftfahrzeug von einem auf gleiche Weise bestimmten Zollflughafen abzufliegen. Einzelheiten über alle als solche bestimmten Zollflughäfen sind von jedem Staat zu veröffentlichen und der gemäß Teil II dieses Abkommens errichteten Internationalen Zivilluftfahrt-Organisation zur Mitteilung an alle anderen Vertragsstaaten zu übersenden.

Artikel 11 Anwendbarkeit von Luftverkehrsvorschriften

Vorbehaltlich der Bestimmungen dieses Abkommens sind die Gesetze und Vorschriften eines Vertragsstaats über den Ein- oder Ausflug der in der internationalen Luftfahrt verwendeten Luftfahrzeuge nach oder aus seinem Hoheitsgebiet oder über den Betrieb und den Verkehr dieser Luftfahrzeuge innerhalb seines Hoheitsgebiets auf die Luftfahrzeuge aller Vertragsstaaten ohne Unterschied der

Staatszugehörigkeit anzuwenden; sie sind von diesen Luftfahrzeugen beim Hinflug, Ausflug und innerhalb des Hoheitsgebiets dieses Staates zu befolgen.

Artikel 12 Luftverkehrsregeln

Jeder Vertragsstaat verpflichtet sich, durch Maßnahmen sicherzustellen, daß jedes sein Hoheitsgebiet überfliegende oder darin verkehrende sowie jedes mit seinem Staatszugehörigkeitszeichen versehene Luftfahrzeug, wo immer es sich befinden mag, die in dem entsprechenden Hoheitsgebiet geltenden Flug- und Luftverkehrsregeln und -vorschriften befolgt. Jeder Vertragsstaat verpflichtet sich, seine eigenen diesbezüglichen Vorschriften so weit wie möglich denjenigen anzugleichen, die jeweils auf Grund dieses Abkommens erlassen werden. Über dem offenen Meer gelten die auf Grund dieses Abkommens aufgestellten Regeln. Jeder Vertragsstaat verpflichtet sich, die Verfolgung aller Personen sicherzustellen, welche die anzuwendenden Vorschriften verletzen.

Artikel 13 Einreise- und Abfertigungsvorschriften

Die Gesetze und Vorschriften eines Vertragsstaats über den Ein- und Ausflug von Fluggästen, Besatzungen oder Fracht eines Luftfahrzeugs nach oder aus seinem Hoheitsgebiet, wie zB Einreise-, Abfertigungs-, Einwanderungs-, Paß-, Zoll- und Quarantänevorschriften, sind durch oder in Bezug auf die Fluggäste, Besatzungen oder Fracht bei dem Ein- und Ausflug sowie während des Aufenthalts im Hoheitsgebiet dieses Staates zu befolgen.

Artikel 14 Verhütung der Verbreitung von Krankheiten

Jeder Vertragsstaat erklärt sich damit einverstanden, wirksame Maßnahmen zu treffen, um zu verhindern, daß Cholera, Typhus (epidemisch), Pocken, Gelbfieber, Pest und sonstige durch die Vertragsstaaten jeweils zu bezeichnende ansteckende Krankheiten durch die Luftfahrt verbreitet werden. Zu diesem Zweck halten die Vertragsstaaten enge Verbindung mit den Stellen, die mit internationalen Vorschriften für die auf Luftfahrzeuge anwendbaren sanitären Maßnahmen befaßt sind. Hierdurch wird die Anwendung eines auf diesem Gebiet bestehenden internationalen Abkommens, dessen Vertragsparteien die Vertragsstaaten sein können, nicht beeinträchtigt.

Artikel 15 Flughafen- und ähnliche Gebühren

Jeder Flughafen in einem Vertragsstaat, der den inländischen Luftfahrzeugen zur öffentlichen Benutzung zur Verfügung steht, steht vorbehaltlich der Bestimmungen des Artikels 68 unter einheitlichen Bedingungen gleicherweise den Luftfahrzeugen aller anderen Vertragsstaaten offen. Dieselben einheitlichen Bedingungen finden Anwendung für die Luftfahrzeuge eines jeden Vertragsstaats bei der Benutzung aller Luftfahrteinrichtungen einschließlich der Funk- und Wetterdienste, die der Öffentlichkeit für die Sicherheit und schnelle Abwicklung des Luftverkehrs zur Verfügung gestellt werden. Alle Gebühren, die von einem Vertragsstaat für die Benutzung der Flughäfen und Luftfahrteinrichtungen durch Luftfahrzeuge eines anderen Vertragsstaats erhoben werden oder deren Erhebung von einem Vertragsstaat zugelassen wird, dürfen

(a) für Luftfahrzeuge, die nicht im planmäßigen internationalen Fluglinienverkehr verwendet werden, nicht höher sein, als die Gebühren, die inländische Luftfahrzeuge derselben Klasse, die in gleichartiger Weise verwendet werden, bezahlen würden, und

(b) für Luftfahrzeuge, die im planmäßigen internationalen Fluglinienverkehr verwendet werden, nicht höher sein als die Gebühren, die inländische Luftfahrzeuge, die in einem gleichartigen internationalen Fluglinienverkehr verwendet werden, bezahlen würden.

Alle diese Gebühren sind zu veröffentlichen und der Internationalen Zivilluftfahrt-Organisation mitzuteilen; die für die Benutzung von Flughäfen und anderen Einrichtungen erhobenen Gebühren unterliegen auf Vorstellung eines interessierten Vertragsstaats einer Nachprüfung durch den Rat, der einen diesbezüglichen Bericht abfaßt und dem beteiligten Staat oder den beteiligten Staaten Empfehlungen zur Erwägung vorlegt. Die Vertragsstaaten erheben keine Gebühren, Taxen oder sonstigen. Abgaben für ihr Hoheitsgebiet lediglich für das Recht der Durchreise; Einreise oder Ausreise eines Luftfahrzeugs eines Vertragsstaats oder der an Bord befindlichen Personen oder Güter.

Artikel 16 Untersuchung der Luftfahrzeuge

Die zuständigen Behörden jedes Vertragsstaats sind berechtigt, die Luftfahrzeuge eines anderen Vertragsstaats bei der Landung oder beim Abflug ohne unbillige Verzögerung zu untersuchen und die Zeugnisse und anderen durch dieses Abkommen vorgeschriebenen Papiere zu prüfen.

Kapitel III Staatszugehörigkeit der Luftfahrzeuge

Artikel 17 Staatszugehörigkeit der Luftfahrzeuge

Luftfahrzeuge haben die Staatszugehörigkeit des Staates, in dem sie eingetragen sind.

Artikel 18 Mehrfache Eintragung

Ein Luftfahrzeug kann nicht in mehreren Staaten gültig eingetragen sein, die Eintragung kann aber von einem Staat auf einen anderen übertragen werden.

Artikel 19 Staatliche Gesetze über die Eintragung

Die Eintragung oder die Übertragung der Eintragung von Luftfahrzeugen erfolgt in jedem Vertragsstaat nach dessen Gesetzen und Vorschriften.

Artikel 20 Führen von Kennzeichen

Jedes in der internationalen Luftfahrt verwendete Luftfahrzeug hat die ihm vorgeschriebenen Staatszugehörigkeits- und Eintragungszeichen zu führen.

Artikel 21 Mitteilung der Eintragungen

Jeder Vertragsstaat verpflichtet sich, jedem anderen Vertragsstaat oder der Internationalen Zivilluftfahrt-Organisation auf Verlangen Auskunft über die Eintragung und die Eigentumsverhältnisse jedes bei ihm eingetragenen Luftfahrzeugs zu geben. Außerdem übermittelt jeder Vertragsstaat der Internationalen Zivilluftfahrt-Organisation nach den von ihr erlassenen Vorschriften Berichte, die alle verfügbaren zweckdienlichen Angaben über Eigentumsverhältnisse und Verfügungsgewalt hinsichtlich der bei ihm eingetragenen und gewöhnlich in der Internationalen Luftfahrt verwendeten Luftfahrzeuge enthalten. Die Internationale Zivilluftfahrt-Organisation stellt die erhaltenen Angaben den anderen Vertragsstaaten auf Verlangen zur Verfügung.

Kapitel IV Maßnahmen zur Erleichterung der Luftfahrt

Artikel 22 Erleichterung der Förmlichkeiten

Jeder Vertragsstaat erklärt sich damit einverstanden, durch Erlaß besonderer Vorschriften oder auf andere Weise alle geeigneten Maßnahmen zu treffen, um den Verkehr von Luftfahrzeugen zwischen den Hoheitsgebieten der Vertragsstaaten zu erleichtern und zu beschleunigen und unnötige Verspätungen für Luftfahrzeuge, Besatzungen, Fluggäste und Fracht zu verhindern, insbesondere bei Anwendung der Einreise-, Quarantäne-, Zoll- und Abfertigungsvorschriften.

Artikel 23 Verfahren bei Zollabfertigung und Einreise

Jeder Vertragsstaat verpflichtet sich, soweit er es für durchführbar hält, seine die internationale Luftfahrt betreffenden Verfahren für Zollabfertigung und Einreise in Übereinstimmung mit den Verfahren zu bringen, die auf Grund dieses Abkommens jeweils festgesetzt oder empfohlen werden. Nichts in diesem Abkommen ist dahin auszulegen, daß es der Einrichtung von Zollfreiflughäfen entgegenstünde.

Artikel 24 Zollabgaben

(a) Luftfahrzeuge auf einem Flug nach, von oder über dem Hoheitsgebiet eines anderen Vertragsstaats sind vorbehaltlich der Zollvorschriften dieses Staates vorübergehend zollfrei zu lassen. Treibstoffe, Schmieröle, Ersatzteile, übliche Ausrüstungsgegenstände und Bordvorräte, die sich bei Ankunft in dem Hoheitsgebiet eines anderen Vertragsstaats an Bord eines Luftfahrzeugs eines Vertragsstaats befinden und beim Verlassen des Hoheitsgebiets des anderen Staates an Bord geblieben sind, sind von Zollabgaben, Untersuchungsgebühren oder ähnlichen staatlichen oder örtlichen Abgaben und Gebühren befreit. Diese Befreiung erstreckt sich nicht auf ausgeladene Mengen oder Gegenstände, es sei denn in Übereinstimmung mit den Zollvorschriften des anderen Staates, die vorsehen können, daß sie unter Zollüberwachung zu stellen sind.

(b) Ersatzteile und Ausrüstungsgegenstände, die zum Einbau in ein in der internationalen Luftfahrt verwendetes Luftfahrzeug eines anderen Vertragsstaats oder zur Benutzung in einem solchen Luftfahrzeug in das Hoheitsgebiet eines Vertragsstaats eingeführt werden, sind zollfrei zugelassen, vorbehaltlich der Beachtung der Vorschriften des betreffenden Staates, die vorsehen können, daß die Gegenstände unter Zollüberwachung und -kontrolle zu stellen sind.

Artikel 25 Luftfahrzeuge in Not

Jeder Vertragsstaat verpflichtet sich, für in seinem Hoheitsgebiet in Not geratene Luftfahrzeuge die Hilfsmaßnahmen zu treffen, die ihm tunlich erscheinen, und den Eigentümern des Luftfahrzeugs und den Behörden des Staates, in dem das Luftfahrzeug eingetragen ist, zu gestatten, unter Kontrolle seiner eigenen Behörden die den Umständen nach erforderlichen Hilfsmaßnahmen zu treffen. Jeder Vertragsstaat wirkt bei der Suche nach vermißten Luftfahrzeugen an aufeinander abgestimmten Maßnahmen mit, die auf Grund dieses Abkommens jeweils empfohlen werden.

Artikel 26 Untersuchung von Unfällen

Bei einem Unfall, der dem Luftfahrzeug eines Vertragsstaats im Hoheitsgebiet eines anderen Vertragsstaats zustößt und Tod oder schwere Verletzungen zur Folge hat oder auf schwerwiegende technische Mängel an dem Luftfahrzeug oder den Luftfahrteinrichtungen hinweist, nimmt der Staat, in dessen Gebiet sich der Unfall ereignet hat, eine Untersuchung über die Umstände des Unfalls vor, und zwar, soweit es seine Gesetze erlauben, in Übereinstimmung mit dem Verfahren, das durch die Internationale Zivilluftfahrt-Organisation empfohlen wird. Dem Staat, in dem das Luftfahrzeug eingetragen ist, wird Gelegenheit gegeben, Beobachter, die bei der Untersuchung anwesend sein sollen, zu bestimmen, und der Staat, der die Untersuchung vornimmt, übermittelt dem anderen Staat den Bericht und das Untersuchungsergebnis in der Angelegenheit.

Artikel 27 Befreiung von Beschlagnahme wegen Patentverletzung

(a) Der genehmigte Einflug von in der internationalen Luftfahrt verwendeten Luftfahrzeugen eines Vertragsstaats in das Hoheitsgebiet eines anderen Vertragsstaats oder der genehmigte Durchflug durch das Hoheitsgebiet dieses Staates mit oder ohne Landung darf weder eine Beschlagnahme oder Zurückhaltung des Luftfahrzeugs noch einen Anspruch gegen dessen Eigentümer oder Halter, noch irgendein anderes Einschreiten seitens oder im Namen des Einflugstaats oder einer dort befindlichen Person aus dem Grunde nach sich ziehen, daß Bauart, Mechanismus, Teile, Zubehör oder der Betrieb des Luftfahrzeugs ein Patent, Muster oder Modell verletzen, das in dem Einflugstaat ordnungsmäßig verliehen oder eingetragen ist, wobei Einverständnis darüber besteht, daß in dem Staat, in den das Luftfahrzeug eingeflogen ist, in keinem Falle die Hinterlegung einer Sicherheit im Zusammenhang mit der erwähnten Befreiung von Beschlagnahme oder Zurückhaltung des Luftfahrzeugs gefordert werden darf.

(b) Die Bestimmungen des Absatzes (a) dieses Artikels finden auch auf die Lagerung von Ersatzteilen und Ersatzausrüstung für das Luftfahrzeug Anwendung und auf das Recht, diese Gegenstände zur Reparatur von Luftfahrzeugen eines Vertragsstaats im Hoheitsgebiet eines anderen Vertragsstaats zu benutzen und einzubauen, vorausgesetzt, daß ein gelagerter patentierter Ersatzteil oder Ausrüstungsgegenstand weder in dem Vertragsstaat, in dem das Luftfahrzeug eingeflogen ist, verkauft oder sonstwie abgegeben, noch aus ihm ausgeflogen wird.

(c) Die Vergünstigungen dieses Artikels finden nur auf solche Vertragsstaaten dieses Abkommens Anwendung, die entweder
   1. Parteien der Internationalen Übereinkunft zum Schütze des gewerblichen Eigentums und seiner Nachträge sind, oder
   2. Patentgesetze erlassen haben, welche die Erfindungen von Staatsangehörigen der anderen Vertragsstaaten dieses Abkommens anerkennen und ihnen angemessenen Schutz gewähren.

Artikel 28 Luftfahrteinrichtungen und einheitliche Verfahren

Jeder Vertragsstaat verpflichtet sich, soweit er es für durchführbar hält,

(a) in seinem Hoheitsgebiet Flughäfen, Funk- und Wetterdienste und andere Luftfahrteinrichtungen, die der Erleichterung der internationalen Luftfahrt dienen, bereitzustellen und zwar in Übereinstimmung mit den Richtlinien und Verfahren, die auf Grund dieses Abkommens jeweils empfohlen oder aufgestellt werden;

(b) die geeigneten einheitlichen Verfahren für Fernmeldeverkehr, Codes, Kennzeichen, Signale, Befeuerung und sonstige Betriebsmaßnahmen und Betriebsvorschriften anzunehmen und einzuführen, die auf Grund dieses Abkommens jeweils empfohlen oder aufgestellt werden;

(c) an internationalen Maßnahmen mitzuarbeiten, um die Veröffentlichung der Luftfahrtkarten aller Art in Übereinstimmung mit den Richtlinien sicherzustellen, die auf Grund dieses Abkommens jeweils empfohlen oder festgelegt werden.

Kapitel V Bedingungen, die in Bezug auf Luftfahrzeuge zu erfüllen sind

Artikel 29 In Luftfahrzeugen mitzuführende Papiere

Jedes in der internationalen Luftfahrt verwendete Luftfahrzeug eines Vertragsstaats hat in Übereinstimmung mit den Bestimmungen dieses Abkommens folgende Papiere mitzuführen:
(a) seinen Eintragungsschein;
(b) sein Lufttüchtigkeitszeugnis;
(c) die für jedes Mitglied der Besatzung erforderlichen Erlaubnisscheine;
(d) sein Bordbuch;
(e) wenn es mit Funkgerät ausgerüstet ist, die Genehmigungsurkunde zur Errichtung und zum Betrieb einer Bordfunkstelle;
(f) wenn es Fluggäste befördert, eine Liste ihrer Namen und Abflug- und Bestimmungsorte;
(g) wenn es Fracht befördert, ein Manifest und Einzelangaben über die Fracht.

Artikel 30 Bordfunkausrüstung

(a) Luftfahrzeuge eines jeden Vertragsstaats dürfen in oder über dem Hoheitsgebiet eines anderen Vertragsstaats Funksendegerät nur mit sich führen, wenn von den zuständigen Behörden des Staates, in dem das Luftfahrzeug eingetragen ist, eine Genehmigung zur Errichtung und zum Betrieb derartigen Geräts ausgestellt worden ist. Die Benutzung von Funksendegerät im Hoheitsgebiet des Vertragsstaats, dessen Gebiet überflogen wird, muß in Übereinstimmung mit den Vorschriften erfolgen, die von diesem Staat erlassen sind.
(b) Funksendegerät darf nur von denjenigen Mitgliedern der fliegenden Besatzung bedient werden, die eine besondere, diesem Zweck entsprechende Genehmigung besitzen, die von den zuständigen Behörden des Staates ausgestellt ist, in dem das Luftfahrzeug eingetragen ist.

Artikel 31 Lufttüchtigkeitszeugnisse

Jedes in der internationalen Luftfahrt verwendete Luftfahrzeug muß mit einem Lufttüchtigkeitszeugnis versehen sein, das von dem Staat, in dem das Luftfahrzeug eingetragen ist, ausgestellt oder als gültig anerkannt ist.

Artikel 32 Erlaubnisscheine des Personals

(a) Der Luftfahrzeugführer und die anderen Mitglieder des Betriebspersonals jedes in der internationalen Luftfahrt verwendeten Luftfahrzeugs müssen mit Befähigungszeugnissen und Erlaubnisscheinen versehen sein, die von dem Staat, in dem das Luftfahrzeug eingetragen ist, ausgestellt oder als gültig anerkannt sind.
(b) Jeder Vertragsstaat behält sich das Recht vor, den Befähigungszeugnissen und Erlaubnisscheinen, die einem seiner Staatsangehörigen von einem anderen Vertragsstaat ausgestellt sind, für Flüge über seinem Gebiet die Anerkennung zu verweigern.

Artikel 33 Anerkennung von Zeugnissen und Erlaubnisscheinen

Lufttüchtigkeitszeugnisse, Befähigungszeugnisse und Erlaubnisscheine, die von dem Vertragsstaat, in dem das Luftfahrzeug eingetragen ist, ausgestellt oder als gültig anerkannt worden sind, werden von den anderen Vertragsstaaten als gültig anerkannt, vorausgesetzt, daß die Anforderungen, nach denen die Zeugnisse und Erlaubnisscheine ausgestellt oder für gültig erklärt worden sind, den Mindestanforderungen, die auf Grund dieses Abkommens jeweils aufgestellt werden, entsprechen oder darüber hinausgehen.

Artikel 34 Bordbücher

Für jedes in der internationalen Luftfahrt verwendete Luftfahrzeug ist ein Bordbuch zu führen, in das alle Einzelheiten über das Luftfahrzeug, seine Besatzung und jeden Flug in der auf Grund dieses Abkommens jeweils vorgeschriebenen Weise einzutragen sind.

Artikel 35 Frachtbeschränkungen

(a) Kriegsmunition und Kriegsgerät dürfen von den im internationalen Luftverkehr verwendeten Luftfahrzeugen in oder über dem Hoheitsgebiet eines Staates nur mit Erlaubnis dieses Staates mitgeführt werden. Jeder Staat bestimmt durch Vorschriften, was als Kriegsmunition oder Kriegsgerät im Sinne dieses Artikels gilt und berücksichtigt dabei im Interesse der Einheitlichkeit gebührend die Empfehlungen, die von der Internationalen Zivilluftfahrt-Organisation jeweils erteilt werden.

(b) Jeder Vertragsstaat behält sich das Recht vor, aus Gründen der öffentlichen Sicherheit und Ordnung das Mitführen anderer als der in Absatz (a) aufgeführten Gegenstände in oder über seinem Gebiet zu regeln oder zu verbieten, vorausgesetzt, daß in dieser Hinsicht zwischen den inländischen in der internationalen Luftfahrt verwendeten Luftfahrzeugen und den in gleicher Weise verwendeten Luftfahrzeugen der anderen Staaten kein Unterschied gemacht wird, und ferner vorausgesetzt, daß keine Beschränkung auferlegt wird, die das Mitführen und die Benutzung von Gerät in Luftfahrzeugen beeinträchtigen könnte, das für den Betrieb oder die Führung des Luftfahrzeugs oder die Sicherheit des Personals und der Fluggäste notwendig ist.

Artikel 36 Lichtbildgerät

Jeder Vertragsstaat kann die Benutzung von Lichtbildgerät in Luftfahrzeugen über seinem Hoheitsgebiet verbieten oder regeln.

Kapitel VI Internationale Richtlinien und Empfehlungen

Artikel 37 Annahme internationaler Richtlinien und Verfahren

Jeder Vertragsstaat verpflichtet sich, daran mitzuarbeiten, daß für Vorschriften, Richtlinien, Verfahren und Organisation in Bezug auf Luftfahrzeuge, Personal, Luftstraßen und Hilfsdienste der höchstmögliche Grad an Einheitlichkeit in allen Angelegenheiten erreicht wird, in denen dies die Luftfahrt erleichtert und verbessert.

Zu diesem Zweck wird die Internationale Zivilluftfahrt-Organisation jeweils, soweit erforderlich, internationale Richtlinien, Empfehlungen und Verfahren annehmen und ergänzen in Bezug auf

(a) Fernmeldesysteme und Flugnavigationseinrichtungen einschließlich der Bodenkennzeichnung;
(b) Merkmale der Flughäfen und Landeplätze;
(c) Luftverkehrsregeln und Flugsicherungskontrollverfahren;
(d) Zulassung von Betriebs- und technischem Personal;
(e) Lufttüchtigkeit der Luftfahrzeuge;
(f) Eintragung und Kennzeichnung der Luftfahrzeuge;
(g) Sammlung und Austausch von meteorologischen Nachrichten;
(h) Bordbücher;
(i) Luftfahrtkarten aller Art;
(j) Zoll- und Einreiseverfahren;
(k) in Not befindliche Luftfahrzeuge und Unfalluntersuchung;

ferner sonstige Angelegenheiten, die sich auf die Sicherheit, Regelmäßigkeit und Leistungsfähigkeit der Luftfahrt beziehen, soweit dies jeweils angebracht erscheint.

Artikel 38 Abweichungen von internationalen Richtlinien und Verfahren

Jeder Staat, der es für undurchführbar hält, einer internationalen Richtlinie oder einem solchen internationalen Verfahren in jeder Hinsicht nachzukommen, oder seine eigenen Vorschriften und Maßnahmen mit einer internationalen Richtlinie oder einem internationalen Verfahren nach ihrer Abänderung in volle Übereinstimmung zu bringen, oder der es für nötig hält, Vorschriften oder Verfahren anzunehmen, die irgendwie von denjenigen abweichen, die durch eine internationale Richtlinie festgesetzt sind, wird den Unterschied zwischen seiner eigenen Regelung und derjenigen, die durch die internationale Richtlinie festgelegt ist, sofort der Internationalen Zivilluftfahrt-Organisation anzeigen. Bei Änderungen von internationalen Richtlinien wird jeder Staat, der seine eigenen Vorschriften oder Verfahren nicht entsprechend ändert, dies innerhalb von 60 Tagen nach Annahme der Änderung der internationalen Richtlinie dem Rat anzeigen oder angeben, was er zu veranlassen beabsichtigt. In jedem derartigen Fall wird der Rat sofort allen anderen Staaten den Unterschied anzeigen, der zwischen einem oder mehreren Punkten einer internationalen Richtlinie und der entsprechenden inländischen Regelung in diesem Staat besteht.

Artikel 39 Vermerke in Zeugnissen und Erlaubnisscheinen

(a) Luftfahrzeuge oder Luftfahrzeugteile, für die eine internationale Richtlinie über Lufttüchtigkeit oder Leistungsfähigkeit besteht, die jedoch zur Zeit der Ausstellung des Lufttüchtigkeitszeugnisses in irgendeiner Hinsicht dieser Richtlinie nicht entsprochen haben, erhalten als Vermerk im Lufttüchtigkeitszeugnis oder in einem beigefügten Anhang eine vollständige Aufzählung der im einzelnen bestehenden Abweichungen.
(b) Der Inhaber eines Erlaubnisscheines, der den Bedingungen der internationalen Richtlinie für die Klasse seines Erlaubnisscheines oder Zeugnisses nicht voll genügt, erhält als Vermerk in seinem Erlaubnisschein oder in einem beigefügten Anhang eine vollständige Aufzählung der Einzelheiten, hinsichtlich derer er den Bedingungen nicht genügt.

Artikel 40 Gültigkeit der mit Vermerken versehenen Zeugnisse und Erlaubnisscheine

Luftfahrzeuge oder Mitglieder des Personals, die mit Vermerken versehene Zeugnisse oder Erlaubnisscheine besitzen, dürfen im internationalen Luftverkehr ohne Erlaubnis des Staates oder der Staaten, in dessen Gebiet eingeflogen wird, nicht teilnehmen. Die Eintragung oder die Verwendung eines derartigen Luftfahrzeugs oder Luftfahrzeugteils in einem anderen Staat als demjenigen, in dem das Zeugnis ursprünglich erteilt wurde, bleibt dem Ermessen des Staates überlassen, in den das Luftfahrzeug oder der Luftfahrzeugteil eingeführt wird.

Artikel 41 Anerkennung bestehender Richtlinien für die Lufttüchtigkeit

Die Bestimmungen dieses Kapitels finden keine Anwendung auf Luftfahrzeuge und Luftfahrzeugausrüstungen von Typen, deren Muster den zuständigen nationalen Behörden vor Ablauf dreier Jahre nach dem Tag der Annahme einer internationalen Richtlinie über die Lufttüchtigkeit solcher Ausrüstungen zwecks Ausstellung eines Zeugnisses vorgelegt worden ist.

Artikel 42 Anerkennung bestehender Richtlinien für die Befähigung des Personals

Die Bestimmungen dieses Kapitels finden keine Anwendung auf das Personal, dessen Erlaubnisscheine erstmalig vor Ablauf eines Jahres nach dem Tag der ursprünglichen Annahme einer internationalen Richtlinie für die Befähigung dieses Personals ausgestellt worden sind; diese Bestimmungen finden aber auf jeden Fall auf das Personal Anwendung, dessen Erlaubnisscheine noch fünf Jahre nach dem Tage der Annahme der Richtlinie gültig sind.

TEIL II Die Internationale Zivilluftfahrt-Organisation

Kapitel VII Die Organisation

Artikel 43 Name und Zusammensetzung

Durch dieses Abkommen wird eine Organisation geschaffen, die den Namen Internationale Zivilluftfahrt-Organisation führt. Sie besteht aus einer Versammlung, einem Rat und den sonst erforderlichen Organen.

Artikel 44 Aufgaben

Ziel und Aufgaben der Organisation sind, die Grundsätze und die Technik der internationalen Luftfahrt zu entwickeln sowie die Planung und Entwicklung des internationalen Luftverkehrs zu fördern, um

(a) ein sicheres und geordnetes Wachsen der internationalen Zivilluftfahrt in der ganzen Welt zu gewährleisten;
(b) den Bau und den Betrieb von Luftfahrzeugen zu friedlichen Zwecken zu fördern;
(c) die Entwicklung von Luftstraßen, Flughäfen und Luftfahrteinrichtungen für die internationale Zivilluftfahrt zu fördern;
(d) den Bedürfnissen der Völker der Welt nach einem sicheren, regelmäßigen, leistungsfähigen und wirtschaftlichen Luftverkehr zu entsprechen;

(e) wirtschaftlicher Verschwendung, die durch übermäßigen Wettbewerb verursacht wird, vorzubeugen;
(f) zu gewährleisten, daß die Rechte der Vertragsstaaten voll beachtet werden und daß für jeden Vertragsstaat eine angemessene Möglichkeit besteht, internationale Luftverkehrsunternehmen zu betreiben;
(g) eine unterschiedliche Behandlung von Vertragsstaaten zu vermeiden;
(h) die Flugsicherheit in der internationalen Zivilluftfahrt zu fördern;
(i) allgemein die Entwicklung der internationalen Zivilluftfahrt in jeder Hinsicht zu fördern.

Artikel 45 Ständiger Sitz

Der ständige Sitz der Organisation wird auf der Schlußsitzung der Interimsversammlung der Vorläufigen Internationalen Zivilluftfahrt-Organisation bestimmt, welche durch die in Chikago am 7. Dezember 1944 unterzeichnete Vorläufige Vereinbarung über die Internationale Zivilluftfahrt errichtet wurde. Der Sitz kann durch Ratsbeschluß zeitweilig an einen anderen Ort verlegt werden.

Artikel 46 Erste Tagung der Versammlung

Die erste Tagung der Versammlung wird von dem Interimsrat der oben erwähnten Vorläufigen Organisation einberufen, sobald das Abkommen in Kraft getreten ist; Zeit und Ort werden vom Interimsrat bestimmt.

Artikel 47 Rechtsstellung

Die Organisation genießt im Hoheitsgebiet eines jeden Vertragsstaats die zur Erfüllung ihrer Aufgaben erforderliche Rechtsstellung. Überall dort, wo es mit der Verfassung und den Gesetzen des betreffenden Staates vereinbar ist, wird ihr volle Rechtspersönlichkeit zuerkannt.

Kapitel VIII Die Versammlung

Artikel 48 Tagungen der Versammlung und Abstimmung

(a) Die Versammlung tritt jährlich zusammen, sie wird von dem Rat zu gegebener Zeit an einen geeigneten Ort einberufen. Außerordentliche Tagungen der Versammlung können jederzeit auf Einberufung durch den Rat oder auf Grund eines an den Generalsekretär gerichteten Antrags von zehn Vertragsstaaten stattfinden.
(b) Alle Vertragsstaaten haben das gleiche Recht, auf den Tagungen der Versammlung vertreten zu sein, und jedem Vertragsstaat steht eine Stimme zu. Die Vertreter der Vertragsstaaten können von technischen Beratern unterstützt werden, die an den Tagungen teilnehmen dürfen, aber kein Stimmrecht haben.
(c) Für die Beschlußfähigkeit der Sitzungen der Versammlung ist die Anwesenheit der Mehrheit der Vertragsstaaten erforderlich. Soweit dieses Abkommen nichts anderes bestimmt, bedürfen die Beschlüsse der Versammlung der Mehrheit der abgegebenen Stimmen.

Artikel 49 Rechte und Pflichten der Versammlung

Die Rechte und Pflichten der Versammlung sind:
(a) Wahl ihres Präsidenten und anderer für ein Amt vorgesehener Personen bei jeder Tagung;
(b) Wahl der Vertragsstaaten, die in Übereinstimmung mit den Bestimmungen des Kapitels IX im Rat vertreten sein sollen;
(c) Prüfung der Berichte des Rats und Einleitung geeigneter diesbezüglicher Maßnahmen, sowie Entscheidung aller Fragen, die ihr vom Rat zugewiesen werden;
(d) Bestimmung ihrer Geschäftsordnung und Einsetzung der Ausschüsse, die sie für notwendig oder wünschenswert hält;
(e) Genehmigung des jährlichen Haushalts und Beschlußfassung über die Finanzgebarung der Organisation in Übereinstimmung mit den Bestimmungen des Kapitels XII;
(f) Prüfung der Ausgaben und Genehmigung der Haushaltsführung der Organisation;
(g) Zuweisung von Angelegenheiten, die in ihren Aufgabenbereich fallen, an den Rat, die Ausschüsse oder andere Organe nach ihrem Ermessen;
(h) Übertragung von Rechten und Befugnissen an den Rat, die zur Erfüllung der Aufgaben der Organisation erforderlich oder wünschenswert sind, Widerruf oder Abänderung dieser Übertragung von Vollmachten zu jeder Zeit;
(i) Durchführung der in Betracht kommenden Bestimmungen des Kapitels XIII;
(j) Beratung von Vorschlägen zur Änderung oder Ergänzung der Bestimmungen dieses Abkommens und, wenn sie ihnen zustimmt, deren Empfehlung an die Vertragsstaaten in Übereinstimmung mit den Bestimmungen des Kapitels XXI;
(k) Behandlung aller Fragen, die in den Aufgabenbereich der Organisation fallen und nicht ausdrücklich dem Rat zugewiesen sind.

Kapitel IX Der Rat

Artikel 50 Zusammensetzung und Wahl des Rats

(a) Der Rat ist ein ständiges Organ, das der Versammlung verantwortlich ist. Er setzt sieh aus 21 Vertragsstaaten zusammen, die von der Versammlung gewählt werden. Die Wahl findet bei der ersten Tagung der Versammlung statt und danach alle drei Jahre; die so gewählten Mitglieder des Rats bleiben bis zur nächsten Wahl im Amt
(b) Bei der Wahl der Mitglieder des Rats wird die Versammlung folgenden Staaten eine angemessene Vertretung einräumen:
   1) den im Luftverkehr besonders wichtigen Staaten,
   2) den nicht bereits anderweitig vertretenen Staaten, die den größten Beitrag für die Vorhaltung von Einrichtungen für die internationale Zivilluftfahrt leisten,
   3) den nicht bereits anderweitig vertretenen Staaten, deren Mitgliedschaft dafür Gewähr bietet, daß alle wichtigen geographischen Gebiete der Welt im Rat vertreten sind. Jede unbesetzte Stelle im Rat ist durch die Versammlung so bald wie möglich zu besetzen; jeder auf diese Weise in den Rat gewählte Vertragsstaat übt sein Amt während des noch nicht abgelaufenen Teils der Amtszeit seines Vorgängers aus.
(c) Ein Vertreter eines Vertragsstaats im Rat darf nicht aktiv mit dem Betrieb eines internationalen Flugliniendienstes verbunden oder finanziell an ihm beteiligt sein.

Artikel 51 Der Präsident des Rats

Der Rat wählt seinen Präsidenten für eine Amtsdauer von drei Jahren. Der Präsident kann wiedergewählt werden. Er hat kein Stimmrecht. Der Rat wählt aus seinen Mitgliedern einen oder mehrere Vizepräsidenten, die ihr Stimmrecht behalten, wenn sie das Amt des Präsidenten ausüben. Der Präsident braucht nicht aus den Vertretern der Mitglieder des Rats gewählt zu werden, wird jedoch ein Vertreter zum Präsidenten gewählt, so gilt sein Sitz als unbesetzt und ist von dem Staat, dessen Vertreter er war, neu zu besetzen. Die Pflichten des Präsidenten sind

(a) die Sitzungen des Rats, des Luftverkehrsausschusses (Air Transport Committee) und der Luftfahrtkommission (Air Navigation Commission) einzuberufen;
(b) den Rat zu vertreten, und
(c) im Namen des Rats die Aufgaben durchzuführen, die ihm der Rat zuweist.

Artikel 52 Abstimmungen im Rat

Beschlüsse des Rats bedürfen der Zustimmung der Mehrheit seiner Mitglieder. Der Rat kann Befugnisse hinsichtlich einer bestimmten Angelegenheit einem aus Mitgliedern des Rats bestehenden Ausschuß übertragen. Gegen die Beschlüsse eines Ausschusses des Rats kann jeder interessierte Vertragsstaat beim Rat Berufung einlegen.

Artikel 53 Teilnahme ohne Stimmrecht

Jeder Vertragsstaat kann ohne Stimmrecht an den Beratungen des Rats, seiner Ausschüsse und Kommissionen über alle Fragen teilnehmen, die seine Interessen besonders berühren. Kein Mitglied des Rats darf bei Beratungen des Rats über einen Streitfall, in dem es Partei ist, abstimmen.

Artikel 54 Für den Rat verbindliche Aufgaben

Der Rat hat

(a) der Versammlung jährliche Berichte vorzulegen;
(b) die Anweisungen der Versammlung auszuführen und die Pflichten und Obliegenheiten zu erfüllen, die ihm durch dieses Abkommen auferlegt sind;
(c) seine Organisation und Geschäftsordnung zu bestimmen;
(d) einen Luftverkehrsausschuß (Air Transport Committee) einzusetzen, der aus den Vertretern der Mitglieder des Rats gewählt und diesem verantwortlich ist, und dessen Pflichten zu bezeichnen;
(e) eine Luftfahrtkommission (Air Navigation Commission) in Übereinstimmung mit den Bestimmungen des Kapitels X zu errichten;
(f) die Finanzen der Organisation in Übereinstimmung mit den Bestimmungen der Kapitel XII und XV zu verwalten;
(g) die Bezüge des Präsidenten des Rats zu bestimmen;
(h) einen obersten Exekutivbeamten zu ernennen, der die Bezeichnung Generalsekretär führt, und Vorsorge für die Ernennung des sonst erforderlichen Personals in Übereinstimmung mit den Vorschriften des Kapitels XI zu treffen;
(i) Auskünfte über die Fortschritte der Luftfahrt und den Betrieb des internationalen Fluglinienverkehrs einschließlich von Auskünften über die Betriebskosten und Einzelheiten über die den Luftverkehrsunternehmen aus öffentlichen Mitteln gewährten Zuschüsse einzuholen, zu sammeln, zu prüfen und zu veröffentlichen;
(j) den Vertragsstaaten über jede Verletzung dieses Abkommens sowie über jede Nichterfüllung von Empfehlungen oder Entschließungen des Rats zu berichten;
(k) der Versammlung über jede Verletzung dieses Abkommens zu berichten, wenn ein Vertragsstaat es unterlassen hat, innerhalb einer angemessenen Frist nach Hinweis auf die Verletzung geeignete Maßnahmen zu treffen;

(l) in Übereinstimmung mit den Bestimmungen des Kapitels VI dieses Abkommens internationale Richtlinien und Empfehlungen anzunehmen; sie aus Zweckmäßigkeitsgründen zu Anhängen dieses Abkommens zu bestimmen und alle Vertragsstaaten über das Veranlaßte zu unterrichten;
(m) Empfehlungen der Luftfahrtkommission zur Ergänzung der Anhänge zu beraten und in Übereinstimmung mit den Bestimmungen des Kapitels XX die erforderlichen Maßnahmen zu treffen;
(n) alle das Abkommen betreffenden Angelegenheiten zu beraten, die ihm von einem Vertragsstaat vorgelegt werden.

Artikel 55 Dem Belieben des Rats überlassene Aufgaben

Der Rat kann
(a) soweit es zweckmäßig und auf Grund von Erfahrungen wünschenswert ist, nachgeordnete Luftverkehrsausschüsse auf regionaler oder anderer Grundlage einrichten und Gruppen von Staaten oder Luftverkehrsunternehmen bestimmen, mit denen oder durch die er verhandelt, um die Verwirklichung der Ziele dieses Abkommens zu erleichtern;
(b) der Luftfahrtkommission zusätzlich zu den in diesem Abkommen erwähnten Aufgaben weitere übertragen und diese Übertragung von Befugnissen jederzeit widerrufen oder abändern;
(c) auf allen Sachgebieten des Luftverkehrs und der Luftfahrt, die von internationaler Bedeutung sind, Forschung betreiben, Ergebnisse seiner Forschungen den Vertragsstaaten mitteilen und den Austausch von Auskünften über Angelegenheiten des Luftverkehrs und der Luftfahrt zwischen Vertragsstaaten erleichtern;
(d) alle Fragen prüfen, welche die Organisation und den Betrieb des internationalen Luftverkehrs betreffen, einschließlich der internationalen Eigentumsverhältnisse und des Betriebs von internationalem Fluglinienverkehr auf Hauptstrecken, und der Versammlung diesbezügliche Pläne vorlegen;
(e) auf Antrag eines Vertragsstaats jede Sachlage untersuchen, die vermeidbare Hindernisse für die Entwicklung der internationalen Luftfahrt zu enthalten scheint, und nach einer solchen Untersuchung die ihm wünschenswert erscheinenden Berichte herauszugeben.

Kapitel X Die Luftfahrtkommission

Artikel 56 Namhaftmachung und Ernennung der Kommissionsmitglieder

Die Luftfahrtkommission setzt sich aus zwölf Mitgliedern zusammen, die vom Rat aus den von den Vertragsstaaten vorgeschlagenen Personen ernannt werden. Diese Personen müssen die erforderliche Befähigung über und Erfahrung in Theorie und Praxis der Luftfahrt verfügen. Der Rat ersucht alle Vertragsstaaten, ihm Benennungen vorzulegen. Der Präsident der Luftfahrtkommission wird vom Rat ernannt.

Artikel 57 Aufgaben der Kommission

Die Luftfahrtkommission hat
(a) Änderungen der Anhänge dieses Abkommens zu beraten und dem Rat zur Annahme zu empfehlen;
(b) Technische Unterausschüsse einzurichten, in denen jeder Vertragsstaat auf Wunsch vertreten sein kann;

(c) den Rat bei der Sammlung aller Auskünfte, die sie zur Förderung, der Luftfahrt für notwendig und nützlich hält, sowie bei deren Übermittlung an die Vertragsstaaten zu beraten.

Kapitel XI Personal

Artikel 58 Anstellung des Personals

Vorbehaltlich der von der Versammlung festgesetzten Regeln und der Bestimmungen dieses Abkommens bestimmt der Rat das Verfahren bei Anstellung und Entlassung, die Ausbildung, die Besoldung, die Vergütungen und die Arbeitsbedingungen des Generalsekretärs und des sonstigen Personals der Organisation; er kann Staatsangehörige eines jeden Vertragsstaats anstellen oder ihre Dienste in Anspruch nehmen.

Artikel 59 Internationaler Charakter des Personals

Der Präsident des Rats, der Generalsekretär und das sonstige Personal dürfen hinsichtlich der Wahrnehmung ihrer Aufgaben bei einer Stelle außerhalb der Organisation weder Anweisungen erbitten noch entgegennehmen. Jeder Vertragsstaat verpflichtet sich, den internationalen Charakter der Aufgaben des Personals in jeder Beziehung zu achten und nicht zu versuchen, seine Staatsangehörigen bei der Wahrnehmung ihrer Aufgaben zu beeinflussen.

Artikel 60 Befreiungen und Vorrechte des Personals

Jeder Vertragsstaat verpflichtet sich, soweit es nach seinen verfassungsrechtlichen Bestimmungen möglich ist, dem Präsidenten des Rats, dem Generalsekretär und dem sonstigen Personal der Organisation die Befreiungen und Vorrechte zu gewähren, die dem entsprechenden Personal anderer öffentlicher internationaler Organisationen gewährt werden. Falls eine allgemeine internationale Vereinbarung über die Befreiungen und Vorrechte des internationalen Verwaltungspersonals zustande kommt, sind die dem Präsidenten des Rats, dem Generalsekretär und dem sonstigen Personal der Organisation gewährten Befreiungen und Vorrechte die gleichen wie die durch diese allgemeine internationale Vereinbarung gewährten.

Kapitel XII Finanzen

Artikel 61 Haushalt und Verteilung der Ausgaben

Der Rat legt der Versammlung einen jährlichen Haushalt, jährliche Rechnungsabschlüsse und Voranschläge über alle Einnahmen und Ausgaben vor. Die Versammlung genehmigt den Haushalt mit den ihr erforderlich erscheinenden Änderungen und teilt die Ausgaben der Organisation auf die Vertragsstaaten in einem Verhältnis auf, das sie jeweils bestimmt; ausgenommen sind die in Kapitel XV vorgesehenen Umlagen auf damit einverstandene Staaten.

Artikel 62 Zeitweilige Aufhebung des Stimmrechts

Unterläßt es ein Vertragsstaat, innerhalb einer angemessenen Frist seine finanziellen Verpflichtungen gegenüber der Organisation zu erfüllen, kann die Versammlung sein Stimmrecht in der Versammlung und im Ratzeitweilig aufheben.

Artikel 63 Ausgaben von Delegationen und anderen Vertretern

Jeder Vertragsstaat trägt die Ausgaben seiner eigenen Delegation bei der Versammlung und die Vergütungen, Reisekosten und anderen Ausgaben aller von ihm in den Rat entsandten Personen, und seiner Beauftragten oder Vertreter in den Ausschüssen oder Kommissionen der Organisation.

Kapitel XIII Andere internationale Übereinkommen

Artikel 64 Sicherheitsübereinkommen

Die Organisation kann auf Beschluß der Versammlung hinsichtlich der in ihrer Zuständigkeit liegenden Luftfahrtangelegenheiten, welche die Weltsicherheit unmittelbar berühren, mit allen allgemeinen Organisationen, die von den Staaten der Welt zur Erhaltung des Friedens geschaffen sind, geeignete Übereinkommen treffen.

Artikel 65 Übereinkommen mit anderen internationalen Organen

Der Rat kann im Namen der Organisation mit anderen internationalen Organen Vereinbarungen über die Unterhaltung gemeinsamer Dienste und über gemeinsame Übereinkommen hinsichtlich des Personals abschließen und mit Zustimmung der Versammlung sonstige Übereinkommen treffen, welche die Arbeit der Organisation erleichtern.

Artikel 66 Aufgaben in bezug auf andere Vereinbarungen

(a) Die Organisation übt auch die Aufgaben aus, die ihr durch die am 7. Dezember 1944 in Chikago abgefaßte Vereinbarung über den Durchflug im internationalen Fluglinienverkehr und die Vereinbarung über den internationalen Luftverkehr übertragen worden sind, in Übereinstimmung mit den darin enthaltenen Bestimmungen und Bedingungen.

(b) Mitglieder der Versammlung und des Rats, welche die am 7. Dezember 1944 in Chikago abgefaßte Vereinbarung über den Durchflug im internationalen Fluglinienverkehr und über den internationalen Luftverkehr nicht angenommen haben, dürfen nicht über Fragen abstimmen, die nach den Bestimmungen der betreffenden Vereinbarung der Versammlung oder dem Rat vorgelegt werden.

TEIL III Internationaler Luftverkehr

Kapitel XIV Auskünfte und Berichte

Artikel 67 Berichterstattung an den Rat

Jeder Vertragsstaat verpflichtet sich, seine Unternehmen für internationalen Luftverkehr anzuhalten, dem Rat nach den von ihm festgelegten Anforderungen Verkehrsberichte, Kostenstatistiken und finanzielle Aufstellungen einzureichen, die u.a. alle Einnahmen und deren Quellen angeben.

Kapitel XV Flughäfen und sonstige Luftfahrteinrichtungen

Artikel 68 Bezeichnung von Strecken und Flughäfen

Jeder Vertragsstaat kann vorbehaltlich der Bestimmungen dieses Abkommens die Strecken bezeichnen, die der internationale Fluglinienverkehr innerhalb seines Hoheitsgebiets einzuhalten hat, sowie die Flughäfen, die ein solcher Verkehr benutzen darf.

Artikel 69 Verbesserung von Luftfahrteinrichtungen

Ist der Rat der Ansicht, daß die Flughäfen oder sonstige Luftfahrteinrichtungen eines Vertragsstaats einschließlich des Funk- und Wetterdienstes nach vernünftigem Ermessen für einen sicheren, regelmäßigen, leistungsfähigen und wirtschaftlichen Betrieb des bestehenden oder geplanten internationalen Fluglinienverkehrs nicht genügen, so wird der Rat mit dem unmittelbar beteiligten Staat und den anderen betroffenen Staaten Beratungen aufnehmen, um Mittel ausfindig zu machen, durch die diesem Zustand abgeholfen werden kann; zu diesem Zwecke kann er Empfehlungen erteilen. Ein Vertragsstaat macht sich keiner Verletzung dieses Abkommens schuldig, wenn er es unterläßt, diese Empfehlungen durchzuführen.

Artikel 70 Finanzierung von Luftfahrteinrichtungen

Ein Vertragsstaat kann bei Vorliegen der Voraussetzungen des Artikels 69 mit dem Rat ein Überein kommen zur Durchführung der entsprechenden Empfehlungen treffen. Der Staat kann sich dazu entschließen, alle mit einem solchen Übereinkommen verbundenen Kosten zu tragen. Entschließt der Staat sich nicht dazu, so kann der Rat auf Ersuchen des Staates sich bereit erklären, die Kosten ganz oder teilweise zu übernehmen.

Artikel 71 Bereitstellung und Instandhaltung von Einrichtungen durch den Rat

Der Rat kann sich auf Ersuchen eines Vertragsstaats damit einverstanden erklären, einen, mehrere oder alle Flughäfen und sonstige Luftfahrteinrichtungen einschließlich des Funk- und Wetterdienstes, die in dessen Hoheitsgebiet für den sicheren, regelmäßigen, leistungsfähigen und wirtschaftlichen Betrieb des internationalen Fluglinienverkehrs der anderen Vertragsstaaten erforderlich sind, bereitzustellen, mit Personal zu besetzen, instandzuhalten und zu verwalten. Er kann gerechte und angemessene Gebühren für die Benutzung der bereitgestellten Einrichtungen festsetzen.

Artikel 72 Erwerb oder Benutzung von Land

Wird für Einrichtungen, die der Rat auf Ersuchen eines Vertragsstaats ganz oder teilweise finanziert, Land benötigt, so stellt dieser Staat entweder das Land selbst zur Verfügung – falls er es wünscht, unter Vorbehalt der darauf bezüglichen Rechtstitel – oder erleichtert die Benutzung des Landes durch den Rat unter gerechten und angemessenen Bedingungen und in Übereinstimmung mit seinen eigenen Gesetzen.

Artikel 73 Ausgaben und Umlegung der benötigten Mittel

Laufende Ausgaben für die Zwecke dieses Kapitels kann der Rat in Höhe der Mittel, welche die Versammlung dem Rat gemäß Kapitel XII zur Verfügung stellt, aus den allgemeinen Mitteln der Organisation bestreiten. Der Rat legt die Kapitalmittel, die für die Zwecke dieses Kapitels erforderlich sind, in vorher vereinbarten Anteilen für einen angemessenen Zeitraum auf die damit einverstandenen Vertragsstaaten um, deren Luftverkehrsunternehmen die Einrichtungen benutzen. Der Rat kam auch erforderliche Betriebsmittel auf die damit einverstandenen Staaten umlegen.

Artikel 74 Technischer Beistand und Verwendung der Einnahmen

Streckt der Rat auf Ersuchen eines Vertragsstaats Mittel vor oder stellt er Flughäfen oder andere Einrichtungen ganz oder teilweise bereit, so kann mit dem Einverständnis dieses Staates das diesbezügliche Übereinkommen technischen Beistand für die Überwachung und den Betrieb der Flughäfen und anderen Einrichtungen vorsehen; es kann ferner vorsehen, daß die Betriebskosten der Flughäfen und anderen Einrichtungen, die Zinsen und Amortisationen aus den Einnahmen bezahlt werden, die aus dem Betrieb der Flughäfen und sonstigen Einrichtungen herrühren.

Artikel 75 Übernahme von Einrichtungen des Rats

Ein Vertragsstaat kann jederzeit eine Verpflichtung, die er gemäß Artikel 70 eingegangen ist, ablösen und Flughäfen und andere Einrichtungen, die der Rat in seinem Hoheitsgebiet gemäß den Bestimmungen der Artikel 71 und 72 bereitgestellt hat, selbst übernehmen, indem er an den Rat einen Betrag zahlt, der nach Ansicht des Rats den Umständen angemessen ist. Hält der Staat den von dem Rat festgesetzten Betrag nicht für angemessen, so kann er gegen die Entscheidung des Rats bei der Versammlung Berufung einlegen; die Versammlung kann die Entscheidung des Rats bestätigen oder ändern.

Artikel 76 Rückzahlung von Mitteln

Mittel, die der Rat durch Rückzahlung gemäß Artikel 75 und aus Zins- und Amortisationszahlungen gemäß Artikel 74 erhält, werden, falls es sich um ursprünglich gemäß Artikel 73 von Staaten geleistete Vorschüsse handelt, diesen Staaten im Verhältnis der ihnen durch den Rat ursprünglich auferlegten Umlagen zurückerstattet.

Kapitel XVI Gemeinsame Betriebsformen und Poolbetriebe

Artikel 77 Zulässige gemeinsame Betriebsformen

Keine Bestimmung dieses Abkommens hindert zwei oder mehr Vertragsstaaten, Betriebsgemeinschaften für den Luftverkehr oder internationale Betriebsstellen zu bilden oder ihre Luftverkehrsunternehmen auf beliebigen Strecken oder in beliebigen Gebieten zu poolen; solche Betriebsgemeinschaften oder -stellen und solche Poolbetriebe unterliegen jedoch allen Bestimmungen dieses Abkommens einschließlich derjenigen über die Registrierung von Vereinbarungen bei dem Rat. Der Rat bestimmt, in welcher Weise die Bestimmungen dieses Abkommens über die Staatszugehörigkeit von Luftfahrzeugen auf Luftfahrzeuge anzuwenden sind, die von internationalen Betriebsstellen eingesetzt werden.

Artikel 78 Aufgabe des Rats

Der Rat kann den in Betracht kommenden Vertragsstaaten nahelegen, gemeinsame Organisationen für den Betrieb von Fluglinienverkehr auf beliebigen Strecken oder in beliebigen Gebieten zu bilden.

Artikel 79 Beteiligung an Betriebsorganisationen

Ein Staat kann sich an gemeinsamen Betriebsformen oder an Pool-Übereinkommen entweder durch seine Regierung oder durch ein oder mehrere von seiner Regierung bezeichnete Luftverkehrsunternehmen beteiligen. Die Unternehmen können nach alleinigem Ermessen des in Betracht kommenden Staates ganz oder teilweise staatseigen oder privateigen sein.

TEIL IV Schlußbestimmungen

Kapitel XVII Sonstige Luftfahrtvereinbarungen und -übereinkommen

Artikel 80 Die Abkommen von Paris und Havanna

Jeder Vertragsstaat verpflichtet sich, unmittelbar nach Inkrafttreten dieses Abkommens das zu Paris am 13. Oktober 1919 unterzeichnete Luftverkehrsabkommen oder das zu Havanna am 20. Februar 1928 unterzeichnete Abkommen über die Handelsluftfahrt zu kündigen, falls er Partei eines dieser Abkommen ist. Dieses Abkommen tritt zwischen den Vertragsstaaten an die Stelle der vorerwähnten Abkommen von Paris und Havanna.

Artikel 81 Registrierung bestehender Vereinbarungen

Alle bei Inkrafttreten dieses Abkommens bestehenden Luftfahrtvereinbarungen, die zwischen einem Vertragsstaat und einem anderen Staat oder zwischen einem Luftverkehrsunternehmen eines Vertragsstaats und entweder einem anderen Staat oder dem Luftverkehrsunternehmen eines anderen Staates abgeschlossen worden sind, sind sofort beim Rat zu registrieren.

Artikel 82 Aufhebung entgegenstehender Übereinkommen

Die Vertragsstaaten nehmen dieses Abkommen mit der Maßgabe an, daß es alle zwischen ihnen bestehenden Verpflichtungen und Absprachen, die mit den Bestimmungen dieses Abkommens unvereinbar sind, aufhebt und verpflichten sich, derartige Verpflichtungen oder Absprachen nicht einzugehen. Hat ein Vertragsstaat, ehe er Mitglied der Organisation wurde, gegenüber einem Nichtvertragsstaat oder einem Staatsangehörigen eines Vertragsstaats oder Nichtvertragsstaats irgendwelche mit den Bestimmungen dieses Abkommens unvereinbare Verpflichtungen übernommen, so wird er sofort Schritte unternehmen, um seine Befreiung von den Verpflichtungen herbeizuführen. Hat ein Luftverkehrsunternehmen eines Vertragsstaats derartige unvereinbare Verpflichtungen übernommen, so wird der Staat, dessen Staatszugehörigkeit es besitzt, alle erforderlichen Anstrengungen machen, um ihre sofortige Aufhebung herbeizuführen, und wird in jedem Fall veranlassen, daß sie aufgehoben werden, sobald dies nach dem Inkrafttreten dieses Abkommens rechtlich möglich ist.

Artikel 83 Registrierung neuer Übereinkommen

Vorbehaltlich der Bestimmungen des vorhergehenden Artikels kann jeder Vertragsstaat Übereinkommen treffen, die mit den Bestimmungen dieses Abkommens vereinbar sind. Jedes derartige Übereinkommen ist sofort bei dem Rat zu registrieren, der es sobald wie möglich veröffentlicht.

Kapitel XVIII Streitigkeiten und Nichterfüllung von Verpflichtungen

Artikel 84 Schlichtung von Streitigkeiten

Kann eine Meinungsverschiedenheit zwischen zwei oder mehr Vertragsstaaten über die Auslegung oder Anwendung dieses Abkommens und seiner Anhänge nicht auf dem Verhandlungswege beigelegt werden, so wird auf Ersuchen eines in die Meinungsverschiedenheit verwickelten Staates der Rat eine Entscheidung treffen. Bei der Beratung eines Streitfalles durch den Rat darf ein daran beteiligtes Ratsmitglied nicht abstimmen. Jeder Vertragsstaat kann vorbehaltlich des Artikels 85 gegen die Entscheidung des Rats bei einem eigens hierfür gebildeten Schiedsgericht, auf das sich die an dem Streitfall beteiligten Parteien geeinigt haben, oder bei dem Ständigen Internationalen Gerichtshof Berufung einlegen. Jede derartige Berufung ist dem Rat innerhalb von sechzig Tagen nach Eingang der Mitteilung über die Entscheidung des Rats anzuzeigen.

Artikel 85 Schiedsgerichtsverfahren

Hat ein Vertragsstaat, der an einem Streitfall beteiligt ist, in dem gegen die Entscheidung des Rats Berufung eingelegt worden ist, die Satzung des Ständigen Internationalen Gerichtshofes nicht angenommen und können die an dem Streitfall beteiligten Vertragsstaaten sich über die Wahl des Schiedsgerichts nicht einigen, so benennt jeder der streitenden Vertragsstaaten einen Schiedsrichter, die ihrerseits einen Schiedsrichterobmann benennen. Unterläßt es einer der an dem Streitfall beteiligten Vertragsstaaten, innerhalb von drei Monaten nach dem Tag der Einlegung der Berufung einen Schiedsrichter zu benennen, so wird der Schiedsrichter im Namen dieses Staates durch den Präsidenten des Rats aus einer von dem Rat geführten Liste geeigneter und verfügbarer Persönlichkeiten benannt. Können sich die Schiedsrichter innerhalb von dreißig Tagen nicht auf einen Schiedsrichterobmann einigen, so wird dieser aus der oben erwähnten Liste durch den Präsidenten des Rats bestimmt. Die Schiedsrichter und der Schiedsrichterobmann bilden dann zusammen ein Schiedsgericht. Jedes nach diesem oder dem vorstehenden Artikel gebildete Schiedsgericht bestimmt seine eigenen Verfahrensvorschriften und trifft seine Entscheidungen mit Stimmenmehrheit, wobei jedoch der Rat Verfahrensfragen entscheiden kann, wenn nach seiner Ansicht eine übermäßige Verzögerung vorliegt.

Artikel 86 Berufungen

Soweit der Rat nicht anders entscheidet, bleibt jede Entscheidung des Rats darüber, ob ein Unternehmen für den internationalen Luftverkehr in Übereinstimmung mit den Bestimmungen dieses Abkommens betrieben wird, wirksam, bis sie auf Berufung aufgehoben wird. In allen anderen Angelegenheiten bleiben Entscheidungen des Rats, wenn Berufung eingelegt wird, ausgesetzt, bis über die Berufung entschieden ist. Die Entscheidungen des Ständigen Internationalen Gerichtshofs und eines Schiedsgerichts sind endgültig und bindend.

Artikel 87 Strafmaßnahmen bei Verstößen durch Luftfahrtunternehmen

Jeder Vertragsstaat verpflichtet sich, den Betrieb eines Luftverkehrsunternehmens eines Vertragsstaats durch den Luftraum über seinem Hoheitsgebiet nicht zuzulassen, wenn der Rat entschieden hat, daß das betreffende Unternehmen eine endgültige Entscheidung, die in Übereinstimmung mit dem vorstehenden Artikel ergangen ist, nicht befolgt

Artikel 88 Strafmaßnahmen bei Verstößen durch Staaten

Wird festgestellt, daß ein Vertragsstaat die Bestimmungen dieses Kapitels nicht einhält, so hebt die Versammlung sein Stimmrecht in der Versammlung und im Rat zeitweilig auf.

Kapitel XIX Krieg

Artikel 89 Krieg und Notstand

Im Falle eines Krieges berühren die Bestimmungen dieses Abkommens nicht die Handlungsfreiheit betroffener Vertragsstaaten, sei es als Kriegsführende oder als Neutrale. Der gleiche Grundsatz gilt für den Fall, daß ein Vertragsstaat den nationalen Notstand erklärt und diese Tatsache dem Rat anzeigt.

Kapitel XX Anhänge

Artikel 90 Annahme und Änderung der Anhänge

(a) Die Annahme der in Artikel 54 Buchstabe (1) erwähnten Anhänge durch den Rat erfordert eine Zweidrittel-Mehrheit der Stimmen des Rats auf einer zu diesem Zweck einberufenen Sitzung und ist sodann durch den Rat jedem Vertragsstaat vorzulegen. Jeder Anhang und jede Änderung eines Anhangs werden innerhalb von drei Monaten nach Vorlage bei den Vertragsstaaten oder nach Ablauf eines von dem Rat festgelegten längeren Zeitraums wirksam, es sei denn, daß inzwischen die Mehrheit der Vertragsstaaten dem Rat ihre Ablehnung mitgeteilt hat.
(b) Der Rat zeigt das Inkrafttreten eines Anhangs oder einer Änderung eines solchen unverzüglich allen Vertragsstaaten an.

Kapitel XXI Ratifizierung, Beitritte, Änderungen und Kündigungen

Artikel 91 Ratifizierung des Abkommens

(a) Dieses Abkommen bedarf der Ratifizierung durch die Unterzeichner-Staaten. Die Ratifikationsurkunden werden im Archiv der Regierung der Vereinigten Staaten von Amerika hinterlegt, die jedem Unterzeichner-Staat und jedem beigetretenen Staat das Datum der Hinterlegung anzeigt,
(b) Sobald sechsundzwanzig Staaten dieses Abkommen ratifiziert haben oder ihm beigetreten sind, tritt es zwischen ihnen am dreißigsten Tag nach Hinterlegung der sechsundzwanzigsten Urkunde in Kraft. Für jeden später ratifizierenden Staat tritt es am dreißigsten Tag nach Hinterlegung seiner Ratifikationsurkunde in Kraft.

(c) Die Regierung der Vereinigten Staaten von Amerika ist verpflichtet, der Regierung eines jeden Unterzeichner-Staates und beigetretenen Staates das Datum, an dem dieses Abkommen in Kraft tritt, anzuzeigen.

Artikel 92 Beitritt zum Abkommen

(a) Dieses Abkommen steht den Mitgliedern der Vereinten Nationen und den mit ihnen verbundenen Staaten und den Staaten, die während des gegenwärtigen Weltkrieges neutral geblieben sind, zum Beitritt offen.
(b) Der Beitritt erfolgt durch eine Anzeige an die Regierung der Vereinigten Staaten von Amerika und wird mit dem dreißigsten Tage nach Empfang der Mitteilung bei der Regierung der Vereinigten Staaten von Amerika wirksam. Diese gibt allen Vertragsstaaten davon Kenntnis.

Artikel 93 Zulassung anderer Staaten

Andere als die in Artikel 91 und 92 vorgesehenen Staaten können, vorbehaltlich der Zustimmung einer von den Staaten der Welt zur Aufrechterhaltung des Friedens geschaffenen allgemeinen internationalen Organisation, mit Vierfünftel-Mehrheit der Stimmen der Versammlung und unter den von der Versammlung vorgeschriebenen Bedingungen zur Teilnahme an diesem Abkommen zugelassen werden; in jedem Falle ist jedoch die Zustimmung eines jeden Staates erforderlich, der im gegenwärtigen Krieg von dem um Zulassung nachsuchenden Staat überfallen oder angegriffen wurde.

Artikel 94 Änderung des Abkommens

(a) Jede vorgeschlagene Änderung dieses Abkommens muß von einer Zweidrittel-Mehrheit der Versammlung gebilligt werden. Sie tritt für die Staaten, die die Änderung ratifiziert haben, in Kraft, sobald sie von der durch die Versammlung festgesetzten Anzahl von Vertragsstaaten ratifiziert worden ist. Die so festgesetzte Anzahl muß mindestens zwei Drittel der Gesamtzahl der Vertragsstaaten betragen.
(b) Wenn nach Ansicht der Versammlung die Art der Änderung eine solche Maßnahme rechtfertigt, kann die Versammlung in ihrer die Annahme empfehlenden Entschließung bestimmen, daß jeder Staat, der die Änderung innerhalb einer bestimmten Frist nach ihrem Inkrafttreten nicht ratifiziert hat, aufhört, Mitglied der Organisation und Vertragspartei des Abkommens zu sein.

Artikel 95 Kündigung des Abkommens

(a) Jeder Vertragsstaat kann dieses Abkommen drei Jahre nach Inkrafttreten durch Anzeige an die Regierung der Vereinigten Staaten von Amerika kündigen. Diese unterrichtet unverzüglich alle Vertragsstrafen.
(b) Die Kündigung wird ein Jahr nach Eingang der Anzeige wirksam und gilt nur bezüglich des kündigenden Staates.

Kapitel XXII Begriffsbestimmungen

Artikel 96

Im Sinne dieses Abkommens bedeutet der Ausdruck

(a) „Fluglinienverkehr" jeden planmäßigen Luftverkehr, der von Luftfahrzeugen für die öffentliche Beförderung von Fluggästen, Post oder Fracht durchgeführt wird.

(b) „Internationaler Fluglinienverkehr" einen Luftverkehr, der durch den Luftraum über dem Hoheitsgebiet von mehr als einem Staate erfolgt.

(c) „Luftverkehrsunternehmen" jedes Luftbeförderungsunternehmen, das einen internationalen Fluglinienverkehr anbietet oder betreibt.

(d) „Landung zu nicht gewerblichen Zwecken" eine Landung zu jedem anderen Zweck als zum Aufnehmen oder Absetzen von Fluggästen, Fracht oder Post.

Unterzeichnung des Abkommens

ZU URKUND DESSEN unterschreiben die unterzeichneten hierzu gehörig beglaubigten Bevollmächtigten dieses Abkommen im Namen ihrer Regierungen an den neben ihren Unterschriften vermerkten Daten.

GESCHEHEN zu Chikago am 7. Dezember 1944 in englischer Sprache. Eine Fassung in Englisch, Französisch und Spanisch, die in jeder Sprache in gleicher Weise maßgebend ist, wird in Washington, D. C., zur Unterzeichnung aufgelegt. Beide Fassungen werden im Archiv der Regierung der Vereinigten Staaten von Amerika hinterlegt, und diese Regierung übermittelt den Regierungen aller Staaten, die dieses Abkommen unterzeichnen oder ihm beitreten, beglaubigte Ausfertigungen.

...

IV.-2 Abkommen zur Vereinheitlichung von Regeln über die Sicherungsbeschlagnahme von Luftfahrzeugen

Abgeschlossen in Rom am 29. Mai 1933

Seine Majestät der König von Albanien, der Deutsche Reichspräsident, der Präsident der Vereinigten Staaten von Amerika, der Bundespräsident der Republik Österreich, Seine Majestät der König der Belgier, der Präsident der Vereinigten Staaten von Brasilien, der Präsident der Republik Chile, der Präsident der nationalen Regierung der Republik China, der Präsident der Republik Columbien, der Präsident der Republik Kuba, Seine Majestät der König von Dänemark und Island, der Präsident der Republik Ekuador, der Präsident der Republik El Salvador, der Präsident der Spanischen Republik, der Präsident der Republik Finnland, der Präsident der Französischen Republik, Seine Majestät der König von Großbritannien und Irland und der überseeischen britischen Länder und Kaiser von Indien, der Präsident der Republik Guatemala, der Präsident der Hellenischen Republik, der Präsident der Republik Honduras, Seine Durchlaucht der Reichsverweser des Königreichs Ungarn, Seine Majestät der König von Italien, Seine Majestät der Kaiser von Japan, der Präsident der Republik Litauen, der Präsident der Vereinigten Staaten von Mexiko, der Präsident der Republik Nikaragua, Seine Majestät der König von Norwegen, Ihre Majestät die Königin der Niederlande, der Präsident der Republik Polen, der Präsident der Republik Portugal, Seine Majestät der König von Rumänien, der Präsident der Republik Santo Domingo, die regierenden Hauptleute der Republik San Marino, Seine Heiligkeit der Papst, Seine Majestät der König von Schweden, der Schweizerische Bundesrat, der Präsident der Tschechoslowakischen Republik, der Präsident der Republik Türkei, der Vollziehende Hauptausschuss der Union der Sozialistischen Sowjetrepubliken, der Präsident der Vereinigten Staaten von Venezuela, Seine Majestät der König von Jugoslawien,

überzeugt von der Nützlichkeit, gewisse einheitliche Regeln über die Sicherungsbeschlagnahme

von Luftfahrzeugen anzunehmen,

haben zu diesem Zwecke ihre Bevollmächtigten ernannt, die, mit den erforderlichen Vollmachten versehen, das folgende Abkommen abgeschlossen und gezeichnet haben:

Artikel 1

Die Vertragschließenden Teile verpflichten sich, die erforderlichen Maßnahmen zu treffen, um den in diesem Abkommen aufgestellten Regeln Wirksamkeit zu verleihen.

Artikel 2

(1) Unter „Sicherungsbeschlagnahme" versteht das Abkommen jede wie auch immer benannte Maßnahme, durch die ein Luftfahrzeug wegen privater Interessen auf Anordnung einer Gerichts- oder öffentlichen Verwaltungsbehörde zugunsten eines Gläubigers, des Eigentümers oder des Inhabers eines auf dem Luftfahrzeug lastenden dinglichen Rechts festgehalten wird, ohne dass derjenige, der die Beschlagnahme betreibt, sich auf eine zuvor im ordentlichen Verfahren erlangte vollstreckbare gerichtliche Entscheidung oder auf einen gleichwertigen vollstreckbaren Titel berufen könnte.

(2) Gewährt die maßgebliche Rechtsordnung einem Gläubiger, der ein Luftfahrzeug ohne Zustimmung des Halters in Gewahrsam genommen hat, ein Retentionsrecht, so wird die Ausübung dieses Rechtes für dieses Abkommen der Sicherungsbeschlagnahme gleichgestellt und der durch dieses Abkommen vorgesehenen Regelung unterworfen.

https://doi.org/10.1515/9783110564945-080

Artikel 3

(1) Der Sicherungsbeschlagnahme sind nicht unterworfen:
   a. Luftfahrzeuge, die ausschließlich für einen staatlichen Dienst bestimmt sind oder verwendet werden; als staatlicher Dienst gilt auch der Postdienst, nicht aber der Dienst für Handelszwecke;
   b. Luftfahrzeuge, die tatsächlich in den Dienst auf einer regelmäßig beflogenen, dem öffentlichen Verkehr dienenden Linie eingesetzt sind, und die unentbehrlichen Ersatzluftfahrzeuge;
   c. alle anderen Luftfahrzeuge, die zur Beförderung von Personen oder Gütern gegen Entgelt bestimmt sind oder verwendet werden, wenn sie zum Abflug für eine solche Beförderung fertig sind und es sich nicht etwa um eine für diese Reise eingegangene Schuld oder um eine während der Reise entstandene Forderung handelt.

(2) Dieser Artikel bezieht sich nicht auf die Sicherungsbeschlagnahme, die ein Eigentümer betreibt, wenn ihm der Besitz seines Luftfahrzeuges durch eine unerlaubte Handlung entzogen worden ist.

Artikel 4

(1) Falls die Sicherungsbeschlagnahme nicht untersagt ist oder der Halter ihre Unzulässigkeit nicht geltend macht, wird durch eine ausreichende Sicherheitsleistung die Beschlagnahme abgewendet oder das Recht auf ihre sofortige Aufhebung begründet.

(2) Die Sicherheit ist ausreichend, wenn sie den Betrag der Schuld und der Kosten deckt und ausschließlich zur Befriedigung des Gläubigers bestimmt ist. Sie ist auch ausreichend, wenn sie dem Wert des Luftfahrzeuges entspricht, sofern dieser niedriger ist als der Betrag der Schuld und der Kosten.

Artikel 5

In allen Fällen ist über den Antrag auf Aufhebung der Sicherungsbeschlagnahme in einem summarischen und beschleunigten Verfahren zu entscheiden.

Artikel 6

(1) Ist ein Luftfahrzeug beschlagnahmt worden, das nach diesem Abkommen nicht der Sicherungsbeschlagnahme unterliegt, oder hat der Schuldner Sicherheit leisten müssen, um die Beschlagnahme eines solchen Luftfahrzeuges abzuwenden oder ihre Aufhebung zu erreichen, so hat der betreibende Gläubiger nach Vorschrift der am Ort des Verfahrens geltenden Rechtsordnung den Schaden zu ersetzen, der dem Halter oder dem Eigentümer daraus erwächst.

(2) Dieselbe Regel gilt, wenn die Sicherungsbeschlagnahme ungerechtfertigt war.

Artikel 7

Dieses Abkommen gilt nicht für Sicherungsmaßnahmen, die auf Vorschriften des Konkursrechts beruhen oder bei Zuwiderhandlungen gegen Zoll-, Strafrechts- oder Polizeivorschriften getroffen werden.

Artikel 8

Dieses Abkommen hindert nicht die Anwendung der zwischen den Vertragschließenden Teilen abgeschlossenen internationalen Abkommen, die eine weitergehende Beschlagnahmefreiheit vorsehen.

Artikel 9

(1) Dieses Abkommen ist im Gebiet jedes der Vertragschließenden Teile auf alle im Gebiet eines der anderen Vertragschließenden Teile eingetragenen Luftfahrzeuge anzuwenden.
(2) Der Ausdruck „Gebiet eines Vertragschließenden Teils“ umfasst jedes Gebiet, das unter der Staatshoheit, der Oberhoheit, dem Protektorat, der Mandatsgewalt oder der Herrschaft des betreffenden Vertragschließenden Teil steht und für das dieser das Abkommen angenommen hat.

Artikel 10

Dieses Abkommen ist in französischer Sprache in einer einzigen Urschrift abgefasst, die im Archiv des Königlich Italienischen Ministeriums des Auswärtigen aufbewahrt bleiben soll. Die Königlich Italienische Regierung wird jeder beteiligten Regierung eine beglaubigte Abschrift übermitteln.

Artikel 11

(1) Dieses Abkommen soll ratifiziert werden. Die Ratifikationsurkunden sollen im Archiv des Königlich Italienischen Ministeriums des Auswärtigen niedergelegt werden, das jeder beteiligten Regierung die erfolgte Niederlegung anzeigen wird.
(2) Sobald fünf Ratifikationsurkunden niedergelegt sind, tritt das Abkommen zwischen den Vertragschließenden Teilen, die es ratifiziert haben, neunzig Tage nach der Niederlegung der fünften Ratifikationsurkunde in Kraft. Jede Ratifikation, über die eine Niederlegung später erfolgt, wird neunzig Tage nach dieser Niederlegung wirksam.
(3) Die Königlich Italienische Regierung wird jeder der beteiligten Regierungen den Tag des Inkrafttretens dieses Abkommens anzeigen.

Artikel 12

(1) (1) Dieses Abkommen bleibt nach seinem Inkrafttreten zum Beitritt offen.
(2) Der Beitritt erfolgt durch eine Anzeige an die Königlich Italienische Regierung, die jede beteiligte Regierung hiervon verständigen wird.
(3) Der Beitritt wird neunzig Tage nach der Anzeige an die Königlich Italienische Regierung wirksam.

Artikel 13

(1) Jeder der Vertragschließenden Teile kann dieses Abkommen durch schriftliche Anzeige an die Königlich Italienische Regierung, die jede beteiligte Regierung hiervon unverzüglich benachrichtigen wird, kündigen.

(2) Diese Kündigung wird sechs Monate nach ihrer Erklärung wirksam, und zwar nur bezüglich des Vertragsteils, der sie ausgesprochen hat.

Artikel 14

(1) Die Vertragschließenden Teile können bei der Unterzeichnung, der Niederlegung der Ratifikationsurkunden oder anlässlich ihres Beitritts erklären, dass die Annahme dieses Abkommens sich nicht auf die Gesamtheit oder einen Teil ihrer Kolonien, auf Protektorate, überseeischen Gebiete, unter ihrem Mandat stehenden Gebiete oder jedes andere unter ihrer Staatshoheit, Herrschaft oder Oberhoheit stehende Gebiet bezieht.

(2) Die Vertragschließenden Teile können späterhin der Königlich Italienischen Regierung anzeigen, dass dieses Abkommen auch für die Gesamtheit oder einen Teil ihrer Kolonien, Protektorate, überseeischen Gebiete, unter ihrem Mandat stehenden Gebiete oder für ein anderes unter ihrer Staatshoheit, Herrschaft oder Oberhoheit stehendes Gebiet, das entsprechend dem Absatz 1 von ihrer ursprünglichen Erklärung ausgenommen war, gelten soll.

(3) Sie können ferner jederzeit der Königlich Italienischen Regierung anzeigen, dass dieses Abkommen für die Gesamtheit oder irgendeinen Teil ihrer Kolonien, Protektorate, überseeischen Gebiete, unter ihrem Mandat stehenden Gebiete oder für ein anderes unter ihrer Staatshoheit, Herrschaft oder Oberhoheit stehendes Gebiet nicht mehr gelten soll.

(4) Die Königlich Italienische Regierung wird jeder beteiligten Regierung von den gemäß den beiden vorstehenden Absätzen eingegangenen Anzeigen Mitteilung machen.

Artikel 15

Jeder der Vertragschließenden Teile ist befugt, frühestens zwei Jahre nach dem Inkrafttreten dieses Abkommens den Zusammentritt einer neuen internationalen Konferenz zu veranlassen, um etwaige Verbesserungen dieses Abkommens herbeizuführen. Er hat sich zu diesem Zweck an die Regierung der Französischen Republik zu wenden, die die zur Vorbereitung dieser Konferenz erforderlichen Maßnahmen treffen wird.

Dieses in Rom am 29. Mai 1933 geschlossene Abkommen liegt bis zum 1. Januar 1943 zur Zeichnung auf.

IV.-3 Abkommen über die internationale Anerkennung von Rechten an Luftfahrzeugen

vom 19. Juni 1948

(BGBl 1959 II S. 129)

IN DER ERWÄGUNG, daß die Konferenz über die internationale Zivilluftfahrt im November und Dezember 1944 in Chikago die baldige Annahme eines Abkommens über die Übertragung von Rechten an Luftfahrzeugen empfohlen hat,

IN DER ERWÄGUNG, daß es im Interesse einer künftigen Ausdehnung der internationalen Zivilluftfahrt in hohem Maße erwünscht ist, daß Rechte an Luftfahrzeugen international anerkannt werden,

sind die gehörig bevollmächtigten UNTERZEICHNETEN im Namen ihrer Regierungen WIE FOLGT ÜBEREINGEKOMMEN:

Art. I

(1) Die Vertragsstaaten verpflichten sich anzuerkennen:
   a. das Eigentumsrecht an Luftfahrzeugen;
   b. das Recht des Besitzers eines Luftfahrzeugs, Eigentum durch Kauf zu erwerben;
   c. das Recht zum Besitz eines Luftfahrzeugs auf Grund eines für einen Zeitraum von sechs oder mehr Monaten abgeschlossenen Mietvertrages;
   d. besitzlose Pfandrechte („mortgages"), Hypotheken und ähnliche Rechte an einem Luftfahrzeug, die vertraglich als Sicherheit für die Erfüllung einer Schuld begründet sind, unter der Voraussetzung, daß diese Rechte
      i. gültig entstanden sind nach dem Recht des Vertragsstaates, in dem das Luftfahrzeug zur Zeit ihrer Begründung (als staatszugehörig) eingetragen war, und
      ii. ordnungsgemäß eingetragen sind in einem öffentlichen Buch des Vertragsstaates, in welchem das Luftfahrzeug eingetragen ist.

   Die Ordnungsmäßigkeit aufeinander folgender Eintragungen in verschiedenen Vertragsstaaten bestimmt sich nach dem Recht des Vertragsstaates, in dessen Gebiet das Luftfahrzeug zur Zeit der jeweiligen Eintragung des Rechts eingetragen war.

(2) Keine Bestimmung dieses Abkommens hindert die Vertragsstaaten, in ihrer Gesetzgebung andere Rechte an Luftfahrzeugen anzuerkennen. Die Vertragsstaaten werden jedoch nicht zulassen oder anerkennen, daß ein Recht den in Absatz 1 genannten Rechten im Range vorgeht.

Art. II

(1) Alle ein Luftfahrzeug betreffenden Eintragungen müssen in dem gleichen öffentlichen Buch erfolgen.

(2) Soweit dieses Abkommen nichts Abweichendes vorsieht, richten sich die Wirkungen der Eintragung eines der in Artikel 1 Absatz 1 genannten Rechte gegenüber Dritten nach den Gesetzen des Vertragsstaates, in welchem dieses Recht eingetragen ist.

(3) Jeder Vertragsstaat kann die Eintragung eines Rechts an einem Luftfahrzeug untersagen, das nach seinen nationalen Gesetzen nicht wirksam begründet werden kann.

https://doi.org/10.1515/9783110564945-081

Art. III

(1) Die Adresse der mit der Führung des Buches betrauten Behörde ist auf dem die Staatszugehörigkeit des Luftfahrzeugs beurkundenden Eintragungsschein zu vermerken.
(2) Jedermann ist berechtigt, von dieser Behörde beglaubigte Abschriften oder Auszüge aus den Eintragungen zu verlangen. Bis zum Beweise des Gegenteils wird vermutet, daß die Abschriften oder Auszüge den Inhalt des Buches richtig wiedergeben.
(3) Sofern nach dem Recht eines Vertragsstaates der Eingang einer Urkunde bei der Buchbehörde die gleiche Rechtswirkung hat wie die Eintragung selbst, gilt diese Rechtswirkung auch für die Zwecke des Abkommens. In diesem Fall ist durch geeignete Vorkehrungen sicherzustellen, daß die Urkunde der Öffentlichkeit zugänglich ist.
(4) Für die Tätigkeit der Buchbehörde dürfen angemessene Gebühren erhoben werden.

Art. IV

(1) Sind nach dem Recht eines Vertragsstaates, in dem Bergungs- oder Erhaltungsmaßnahmen an einem Luftfahrzeug zum Abschluß gekommen sind, Ansprüche entstanden
   a. wegen Entschädigung für die Bergung des Luftfahrzeugs oder
   b. wegen außerordentlicher, zur Erhaltung des Luftfahrzeugs unumgänglich erforderlicher Aufwendungen,

   und begründen diese Ansprüche ein mit Vorrang ausgestattetes dingliches Recht an einem Luftfahrzeug, so wird dieses Recht von den Vertragsstaaten anerkannt und erhält Vorrang vor allen anderen Rechten an dem Luftfahrzeug.
(2) Die in Absatz 1 dieses Artikels genannten Rechte werden in umgekehrter Reihenfolge der Ereignisse, durch die sie entstanden sind, befriedigt.
(3) Jedes dieser Rechte kann innerhalb von drei Monaten nach Beendigung der Bergungs- oder Erhaltungsmaßnahmen in dem öffentlichen Buch vorgemerkt werden.
(4) Diese Rechte werden nach Ablauf der in Absatz 3 erwähnten drei Monate in anderen Vertragsstaaten nicht mehr anerkannt, sofern nicht innerhalb dieses Zeitraumes
   a. das Recht in dem öffentlichen Buch nach Absatz I vorgemerkt worden ist,

und
   b. über den Betrag eine Vereinbarung zustande gekommen oder ein gerichtliches Verfahren über das Recht eingeleitet worden ist. Im Fall eines gerichtlichen Verfahrens bestimmen sich die Voraussetzungen, unter denen die dreimonatige Frist unterbrochen oder gehemmt wird, nach dem Recht des angerufenen Gerichts.

(5) Dieser Artikel findet ungeachtet der Vorschriften des Artikels I Absatz 2 Anwendung.

Art. V

Der Vorrang der in Artikel I, Absatz 1 Buchstabe d genannten Rechte erstreckt sich auf alle durch sie gesicherten Beträge. Für Zinsen gilt jedoch dieser Vorrang nur hinsichtlich der Beträge, die in den letzten drei Jahren vor der Eröffnung oder während der Durchführung des Vollstreckungsverfahrens aufgelaufen sind.

Art. VI

Wird ein Luftfahrzeug oder ein Recht an einem Luftfahrzeug beschlagnahmt oder wird eine Zwangsvollstreckung durchgeführt, so sind die Vertragsstaaten nicht verpflichtet, zum Nachteil des betreibenden Gläubigers oder eines Erwerbers die Begründung oder Übertragung eines der in Artikel I, Absatz 1, genannten Rechte durch den Schuldner anzuerkennen, wenn dieser in Kenntnis des Verfahrens gehandelt hat.

Art. VII

(1) Das Verfahren für die Zwangsvollstreckung in ein Luftfahrzeug richtet sich nach den Gesetzen des Vertragsstaates, in dem die Vollstreckung durchgeführt wird.

(2) Nachstehende Bestimmungen sind jedoch einzuhalten:
   a. Zeit und Ort der Verwertung sind mindestens sechs Wochen im Voraus festzusetzen;
   b. Der betreibende Gläubiger hat dem Gericht oder der sonst zuständigen Behörde einen beglaubigten Auszug über die das Luftfahrzeug betreffenden Eintragungen vorzulegen. Er hat mindestens einen Monat vor dem Termin die bevorstehende Verwertung an dem Ort, an dem das Luftfahrzeug eingetragen ist, nach den dort geltenden Bestimmungen öffentlich bekannt zu machen und gleichzeitig den eingetragenen Eigentümer, die Inhaber der an dem Luftfahrzeug eingetragenen Rechte sowie die Inhaber der nach Artikel IV, Absatz 3 im öffentlichen Buch vorgemerkten Rechte durch eingeschriebenen Brief zu benachrichtigen, der tunlichst durch Luftpost an die im öffentlichen Buch verzeichneten Adressen zu richten ist.

(3) Werden die Bestimmungen des Absatzes 2 nicht eingehalten, so ergeben sich die Rechtsfolgen nach den Gesetzen des Vertragsstaates, in dem die Verwertung durchgeführt wird. Verstößt eine Verwertung gegen Bestimmungen des Absatzes 2, so kann die Verwertung auf Antrag eines jeden, der dadurch geschädigt worden ist, für nichtig erklärt werden. Der Antrag kann nur binnen sechs Monaten vom Tage der Verwertung an gestellt werden.

(4) Eine Verwertung darf erst beendet werden, wenn alle der zuständigen Behörde nachgewiesenen Rechte, welche dem Recht des betreibenden Gläubigers nach diesem Abkommen vorgehen, entweder aus dem Verwertungserlös gedeckt oder von dem Erwerber übernommen worden sind.

(5) Hat ein Luftfahrzeug, das mit einem der in Artikel I genannten Rechte zur Sicherung einer Forderung belastet ist, in dem Gebiet des Vertragsstaates, in dem die Verwertung durchgeführt wird, einen Schaden auf der Erde verursacht, so kann das nationale Recht dieses Vertragsstaates im Falle der Beschlagnahme des genannten Luftfahrzeugs oder eines anderen Luftfahrzeugs des gleichen Eigentümers, das mit ähnlichen Rechten zugunsten des gleichen Gläubigers belastet ist, anordnen.
   a. daß Absatz 4 gegenüber dem Geschädigten oder seinem Rechtsnachfolger, sofern sie als betreibende Gläubiger auftraten, nicht anwendbar sein soll;
   b. daß die in Artikel I vorgesehenen, zur Sicherung einer Forderung dienenden Rechte an Luftfahrzeugen gegen die Geschädigten oder deren Rechtsnachfolger nur bis zu 80 Prozent des Verwertungserlöses geltend gemacht werden können.

   Die vorstehenden Bestimmungen gelten jedoch nicht, wenn durch den Halter oder zu seinen Gunsten eine angemessene und wirksame Versicherung gegen diesen Schaden bei einem Staat oder bei einem Versicherungsunternehmen in einem beliebigen Staat abgeschlossen worden ist.

   Soweit das Recht des Vertragsstaates, in dem die Verwertung durchgeführt wird, nicht andere Wertgrenzen vorsieht, gilt eine Versicherung im Sinne dieses Absatzes als angemessen, wenn der Versicherungsbetrag dem Neuwert des zu verwertenden Luftfahrzeugs entspricht.

(6) Kosten, die nach dem Recht des Vertragsstaates, in dem die Verwertung durchgeführt wird, gesetzlich erhoben werden können und die im gemeinsamen Interesse der Gläubiger im Laufe des Vollstreckungsverfahrens entstanden sind, werden mit Vorrang vor allen anderen Forderungen, selbst vor denjenigen, die nach Artikel IV Vorrang genießen, aus dem Verwertungserlös beglichen.

Art. VIII

Durch die Verwertung eines Luftfahrzeugs nach den Bestimmungen des Artikels VII wird das Eigentum am Luftfahrzeug frei von allen nicht vom Erwerber übernommenen Rechten übertragen.

Art. IX

Abgesehen von einer Verwertung nach den Bestimmungen des Artikels VII kann ein Luftfahrzeug aus dem Register oder dem öffentlichen Buch eines Vertragsstaates in das entsprechende Register oder öffentliche Buch eines anderen Vertragsstaates nur überschrieben werden, wenn die Inhaber der eingetragenen Rechte vorher befriedigt worden sind oder zugestimmt haben.

Art. X

(1) Erstreckt sich ein zur Sicherung einer Forderung eingetragenes Recht der in Artikel I vorgesehenen Art nach den Gesetzen des Vertragsstaates, in dem das Luftfahrzeug, eingetragen ist, auf Ersatzteile, die an einer oder an mehreren bestimmten Stellen lagern, so wird dieses Recht von allen Vertragsstaaten anerkannt, solange die Ersatzteile dort verbleiben. Dies gilt nur, wenn an dem Lagerungsplatz eine Bekanntmachung angebracht ist, welche das Recht, den Namen und die Adresse des Berechtigten und das öffentliche Buch angibt, in dem das Recht eingetragen ist. Die Bekanntmachung muß geeignet sein, Dritten in angemessener Weise Kenntnis davon zu geben, daß die Ersatzteile belastet sind.

(2) Ein Verzeichnis über die Art und die ungefähre Anzahl der genannten Ersatzteile ist in die dem Bucheintrag beigefügte Urkunde aufzunehmen oder ihr anzufügen. Ein Austausch gleichartiger Ersatzteile beeinträchtigt das Recht des Gläubigers nicht.

(3) Die Bestimmungen des Artikels VII Absätze 1 und 4 und des Artikels VIII gelten auch für eine Zwangsvollsteckung in die Ersatzteile. Ist der betreibende Gläubiger jedoch nicht dinglich gesichert, so findet Artikel VII Absatz 4, auf die Verwertung mit der Maßgabe Anwendung, daß der Zuschlag nur für ein Angebot erteilt werden darf, welches zwei Dritteln des Wertes der Ersatzteile entspricht. Der Wert wird von Sachverständigen ermittelt, die von der Vollstreckungsbehörde bestellt werden. Außerdem kann die Vollstreckungsbehörde bei der Verteilung des Erlöses nach Abzug der in Artikel VII Absatz 6 vorgesehenen Kosten den Betrag, der den im Range vorgehenden Gläubigern zu zahlen ist, zugunsten des betreibenden Gläubigers auf zwei Drittel des Erlöses begrenzen.

(4) Im Sinne dieses Artikels gelten als Ersatzteile alle zu einem Luftfahrzeug gehörenden Teile, Triebwerke, Luftschrauben, Funkgeräte, Bordinstrumente, Ausrüstungen und Ausrüstungsgegenstände sowie Teile dieser Gegenstände, ferner allgemein alle sonstigen Gegenstände irgendwelcher Art, die zum Einbau in ein Luftfahrzeug als Ersatz entfernter Teile bereit gehalten werden.

Art. XI

(1) Die Bestimmungen dieses Abkommens gelten in jedem Vertragsstaat für alle in einem anderen Vertragsstaat eingetragenen Luftfahrzeuge.

(2) Jeder Vertragsstaat hat jedoch auch auf die in seinem Gebiet eingetragenen Luftfahrzeuge folgende Bestimmungen anzuwenden:
    a. Artikel II, III, IX und

b. Artikel IV, es sei denn, daß die Bergungs- oder Erhaltungsmaßnahmen auf seinem Gebiet zu Ende geführt worden sind.

Art. XII

Die Bestimmungen dieses Abkommens lassen das Recht jedes Vertragsstaates unberührt, seine nationalen Gesetze über Einwanderung, Zölle oder Luftfahrt gegenüber einem Luftfahrzeug durchzusetzen.

Art. XIII

Dieses Abkommen gilt nicht für Luftfahrzeuge, die im Militär-, Zoll- oder Polizeidienst verwendet werden.

Art. XIV

Bei Anwendung dieses Abkommens können die zuständigen Gerichts- und Verwaltungsbehörden der Vertragsstaaten unmittelbar miteinander verkehren, soweit ihr nationales Recht nichts Gegenteiliges bestimmt.

Art. XV

Die Vertragsstaaten sind verpflichtet, die zur Durchführung dieses Abkommen erforderlichen Maßnahmen zu ergreifen und sie dem Generalsekretär der Internationalen Zivilluftfahrtorganisation unverzüglich zur Kenntnis zu bringen.

Art. XVI

Im Sinne dieses Abkommens umfaßt der Ausdruck „Luftfahrzeug“ Zelle, Triebwerke, Luftschrauben, Funkgeräte und alle für den Betrieb des Luftfahrzeugs bestimmten Gegenstände unabhängig davon, ob sie mit ihm verbunden oder vorübergehend von ihm getrennt sind.

Art. XVII

Führt ein Gebiet, für dessen auswärtige Beziehungen ein Vertragsstaat verantwortlich ist, ein eigenes Register zur Eintragung der Staatszugehörigkeit seiner Luftfahrzeuge, so gilt jede Verweisung dieses Abkommens auf das Recht eines Vertragsstaates als Verweisung auf das Recht dieses Gebietes.

Art. XVIII

Dieses Abkommen steht bis zu dem Zeitpunkt, an dem es nach Artikel XX in Kraft tritt, zur Zeichnung offen.

Art. XIX

(1) Dieses Abkommen bedarf der Ratifikation durch die Staaten, die es unterzeichnet haben.
(2) Die Ratifikationsurkunden werden im Archiv der Internationalen Zivilluftfahrtorganisation hinterlegt. Diese teilt den Tag der Hinterlegung jedem Staat mit, der das Abkommen unterzeichnet hat oder ihm beigetreten ist.

Art. XX

(1) Sobald zwei Staaten, welche das Abkommen unterzeichnet haben, ihre Ratifikationsurkunden für dieses Abkommen hinterlegt haben, tritt es zwischen diesen Staaten am neunzigsten Tage nach Hinterlegung der zweiten Ratifikationsurkunde in Kraft. Für jeden Staat, der seine Ratifikationsurkunde nach diesem Zeitpunkt hinterlegt, tritt das Abkommen am neunzigsten Tage nach Hinterlegung der Ratifikationsurkunde in Kraft.
(2) Die Internationale Zivilluftfahrtorganisation teilt jedem Staat, der das Abkommen unterzeichnet hat, den Tag seines Inkrafttretens mit.
(3) Das Abkommen wird nach seinem Inkrafttreten durch den Generalsekretär der Internationalen Zivilluftfahrtorganisation bei den Vereinten Nationen registriert.

Art. XXI

(1) Dieses Abkommen steht nach seinem Inkrafttreten den Staaten zum Beitritt offen, die es nicht unterzeichnet haben.
(2) Der Beitritt erfolgt durch Hinterlegung einer Beitrittsurkunde im Archiv der Internationalen Zivilluftfahrtorganisation, welche den Tag der Hinterlegung jedem Staat mitteilt, der das Abkommen unterzeichnet hat oder ihm beigetreten ist.
(3) Der Beitritt wird am neunzigsten Tage nach Hinterlegung der Beitrittsurkunde im Archiv der Internationalen Zivilluftfahrtorganisation wirksam.

Art. XXII

(1) Jeder Vertragsstaat kann dieses Abkommen durch Mitteilung an die Internationale Zivilluftfahrtorganisation kündigen. Diese benachrichtigt jeden Staat, der das Abkommen unterzeichnet hat oder ihm beigetreten ist, von dem Tage des Eingangs der Kündigung.
(2) Eine Kündigung wird sechs Monate nach Empfang der Mitteilung durch die Internationale Zivilluftfahrtorganisation wirksam.

Art. XXIII

(1) Jeder Staat kann bei Hinterlegung seiner Ratifikations- oder Beitrittsurkunde erklären, daß sich die Annahme des Abkommens nicht auf eines oder mehrere der Gebiete bezieht, für deren auswärtige Beziehungen er verantwortlich ist.
(2) Die Internationale Zivilluftfahrtorganisation setzt jeden Staat, der das Abkommen unterzeichnet hat oder ihm beigetreten ist, von einer derartigen Erklärung in Kenntnis.
(3) Mit Ausnahme der Gebiete, für die eine Erklärung nach Absatz 1 dieses Artikels abgegeben worden ist, gilt das Abkommen für alle Gebiete, für deren auswärtige Beziehungen ein Vertragsstaat verantwortlich ist.

(4) Jeder Staat kann diesem Abkommen getrennt im Namen aller oder einzelner der Gebiete beitreten, für die er eine Erklärung nach Absatz 1 dieses Artikels abgegeben hat; in diesem Falle finden die Bestimmungen des Artikels XXI, Absätze 2 und 8 auf den Beitritt entsprechende Anwendung.

(5) Jeder Vertragsstaat kann das Abkommen nach den Bestimmungen des Artikels XXII getrennt für alle oder einzelne der Gebiete kündigen, für deren auswärtige Beziehungen er verantwortlich ist.

ZU URKUNDE DESSEN haben die mit gehöriger Vollmacht versehenen unterzeichneten – Bevollmächtigten dieses Abkommen unterzeichnet.

GESCHEHEN zu Genf am neunzehnten Juni neunzehnhundertachtundvierzig in englischer, französischer und spanischer Sprache; jede Fassung ist in gleichem Maße verbindlich.

Dieses Abkommen wird im Archiv der Internationalen Zivilluftfahrtorganisation hinterlegt werden; es liegt dort nach Artikel XVIII zur Zeichnung auf.

(Es folgen die Unterschriften)

ANHANG V **Rechtsprechungsregister**

V.-1 Verzeichnis der zitierten Entscheidungen des Gerichtshofs der Europäischen Union

EuGH, Urt. v. 10.1.2006 – *International Air Transport Association & European Low Fares Airline Association v. Department of Transport* – C-344/04, NJW **2006** 351.
EuGH, Urt. v. 10.7.2008 – *Emirates Airlines v. D. Schenkel* – C-173/07, RRa **2008** 237.
EuGH, Urt. v. 22.12.2008 – *Wallentin-Hermann v. Alitalia* – C-549/07, RRa **2009** 35.
EuGH, Urt. v. 9.7.2009 – *Rehder v. Air Baltic* – C-204/08, NJW **2009** 2801.
EuGH, Urt. v. 19.11.2009 – *Sturgeon v. Condor* – C-402/07, RRa **2009** 282.
EuGH, Urt. v. 19.11.2009 – *Böck und Lepuschitz v. Air France* – C-432/07, RRa **2009** 282.
EuGH, Urt. v. 6.5.2010 – *Walz v. Clickair* – C-63/09, NZV **2010** 441.
EuGH, Urt. v. 23.10.2012 – *Nelson u.a. v. Deutsche Lufthansa u.a.* – C-581/10, C-629/10, Rz. 43, 45, 51 ff. – NJW **2013** 671.
EuGH, Urt. v. 22.11.2012 – *Sanchez v. Iberia Líneas Aéreas de España SA* – C-410/11, NJW **2013** 845.
EuGH, Urt. v. 4.9.2014 – *Germanwings v. Henning* – C-452/13 – NJW **2015** 221.
EuGH, Urt. v. 26.2.2015 – *Wucher Helicopter GmbH, Euro-Aviation Versicherungs AG v. Fridolin Santer* – C-6/14, BeckRS **2015** 80299.
EuGH, Urt. v. 17.2.2016 – *Air Baltic Corporation/Lietuvos Respublikos specialiųjų tyrimų tarnyba* – C-429/14, NJW **2016** 1433.
EuGH, Urt. v. 4.7.2018 – *Wirth ua v. Thomas Airways* – C-532/17, NJW **2018** 2381.
EuGH, Urt. v. 7.11.2019 – *Adriano Guaitoli u.a. v. easyJet* – C-213/18, NJW-RR **2020** 118.
EuGH, Urt. v. 19.12.2019 – *Niki Luftfahrt* – C-532/18, NJW **2020** 381.
EuGH, Urt. v. 12.5.2021 – *Altenrhein Luftfahrt* – C-70/21, TranspR **2021** 469.
EuGH, Urt. v. 2.6.2022 – *Austrian Airlines I* – C-589/20, TranspR **2022** 513.
EuGH, Urt. v. 6.7.2023 – *Austrian Airlines II* – C-510/21 – NJW-RR **2023** 1027.
EuGH, Urt. v. 25.1.2024 – *FlightRight v. Laudamotion* – C-474/22, RdTW **2024** 146.

https://doi.org/10.1515/9783110564945-082

V.-2 Verzeichnis der zitierten Entscheidungen der Gerichte der Bundesrepublik Deutschland und des früheren Reichsgerichts

Übersicht

a) Reichsgericht

RG, Urt. v. 26.11.1887 – I 257/87 – RGZ **20** 47.
RG, Urt. v. 3.7.1917 – VII ZR 114/17 – RGZ **90** 378.
RG, Urt. v. 19.2.1921 – I 282/20 – RGZ **101** 348.
RG, Urt. v. 4.7.1938 – V ZR 17/38 – RGZ **158** 34.

b) Bundesgerichtshof

BGH, Urt. v. 3.2.1953 – I ZR 61/52 – NJW **1953** 541.
BGH, Urt. v. 26.9.1957 – II ZR 267/56 – BGHZ **25** 250.
BGH, Urt. v. 17.4.1958 – VII ZR 96/57 – BGHZ **27** 101 = MDR **1958** 507 = NJW **1958** 1436 = VersR **1958** 401.
BGH, Urt. v. 14.6.1960 – VI ZR 81/59 – FamRZ **1961** 261 = VersR **1960** 990.
BGH, Urt. v. 2.2.1961 – II ZR 163/59 – BGHZ **34** 222 = JZ **1961** 422.
BGH, Urt. v. 14.2.1963 – II ZR 19/61 – MDR **1963** 744 = NJW **1963** 1830.
BGH, Urt. v. 7.5.1963 – VI ZR 198/62 – MDR **1963** 668 = NJW **1963** 1405.
BGH, Urt. v. 9.10.1964 – Ib ZR 226/62 – MDR **1965** 24 = NJW **1964** 2348, 2350 = ZLW **1965** 167.
BGH, Urt. v. 30.10.1967 – VII ZR 82/65 – BGHZ **49** 19 = NJW **1968** 391.
BGH, Urt. v. 14.11.1967 – VI ZR 216/65 – MDR **1968** 226 = VersR **1968** 94.
BGH, Urt. v. 24.6.1969 – VI ZR 45/67 – BGHZ **52** 194 = NJW **1969** 2008 = VersR **1969** 942 = ZLW **1970** 199.
BGH, Urt. v. 24.6.1969 – VI ZR 48/67 – MDR **1969** 920 = NJW **1969** 2014.
BGH, Urt. v. 24.6.1969 – VI ZR 53/67 – MDR **1969** 920 = NJW **1969** 2005 = VersR **1969** 952.
BGH, Urt. v. 24.6.1969 – VI ZR 66/67 – FamRZ **1969** 599 = MDR **1969** 921 = NJW **1969** 2007 = VersR **1969** 998.
BGH, Urt. v. 24.6.1969 – VI ZR 87/67 – MDR **1969** 921 = VersR **1969** 954.
BGH, Urt. v. 6.10.1970 – VI ZR 56/69 – MDR **1971** 121 = NJW **1971** 31 = VersR **1970** 1157.
BGH, Urt. v. 25.5.1971 – VI ZR 248/69 – VersR **1971** 863.
BGH, Urt. v. 23.11.1971 – VI ZR 97/70 – BGHZ **57** 265 = NJW **1972** 387 = VersR **1972** 255.
BGH, Urt. v. 17.5.1972 – VIII ZR 76/71 – BGHZ **59** 23 = NJW **1972** 1622.
BGH, Urt. v. 30.11.1972 – VII ZR 239/71 – NJW **1973** 318.
BGH, Urt. v. 21.12.1973 – IV ZR 158/72 – BGHZ **62** 71 = NJW **1974** 852 = ZLW **1974** 202.
BGH, Urt. v. 25.3.1974 – II ZR 54/73 – VersR **1974** 776.
BGH, Urt. v. 2.4.1974 – VI ZR 23/73 – BGHZ **62** 256 = NJW **1974** 1617.
BGH, Urt. v. 10.5.1974 – I ZR 61/73 – MDR **1974** 823 = VersR **1974** 766.
BGH, Urt. v. 20.5.1974 – I ZR 25/73 – VersR **1974** 1094.
BGH, Urt. v. 19.3.1976 – I ZR 75/74 – ZLW **1977** 79 = NJW **1976** 1583 = VersR **1976** 778.
BGH, Urt. v. 23.3.1976 – VI ZR 92/75 – NJW **1976** 1586 = VersR **1976** 787 = ZLW **1976** 266.

https://doi.org/10.1515/9783110564945-083

BGH, Urt. v. 14.4.1978 – V ZR 10/77 – MDR **1978** 914 = VersR **1979** 225.

BGH, Urt. v. 28.9.1978 – VII ZR 116/77 – MDR **1979** 221 = NJW **1979** 495 = ZLW **1979** 134.

BGH, Urt. v. 27.10.1978 – I ZR 114/76 – MDR **1979** 288 = NJW **1979** 493 = VersR **1979** 83 = ZLW **1980** 61 = ETR **1979** 651.

BGH, Urt. v. 28.11.1978 – VI ZR 257/77 – BGHZ **72** 389 = NJW **1979** 496 = VersR **1979** 188 = ZLW **1979** 137.

BGH, Urt. v. 16.2.1979 – I ZR 97/77 – BGHZ **74** 162 = MDR **1979** 728 = NJW **1979** 2474 = VersR **1979** 641 = ZLW **1980** 55.

BGH, Urt. v. 9.10.1979 – VI ZR 232/77 – BGHZ **75** 183 = MDR **1980** 219 = NJW **1980** 524 = VersR **1979** 1141 = ZLW **1980** 45.

BGH, Urt. v. 7.5.1981 – VII ZR 107/80 – BGHZ **80** 280 = MDR **1981** 838 = NJW **1981** 1664.

BGH, Urt. v. 6.10.1981 – VI ZR 112/80 – MDR **1982** 218 = NJW **1982** 524 = RIW **1982** 49 = VersR **1982** 44 = ZLW **1982** 63.

BGH, Urt. v. 9.10.1981 – I ZR 98/79 – MDR **1982** 379 = RIW **1982** 522 = VersR **1982** 60.

BGH, Urt. v. 23.10.1981 – I ZR 157/79 – MDR **1982** 379 = NJW **1982** 1284 = VersR **1982** 88.

BGH, Urt. v. 1.12.1981 – VI ZR 111/80 – MDR **1982** 480 = NJW **1982** 1046 = VersR **1982** 243 = ZLW **1982** 66.

BGH, Urt. v. 22.4.1982 – I ZR 86/80 – BGHZ **84** 101= NJW **1983** 516 = VersR **1982** 896 = ZLW **1982** 378.

BGH, Urt. v. 16.6.1982 – I ZR 100/80 – BGHZ **84** 339 = MDR **1983** 25 = NJW **1983** 518 = VersR **1982** 1100 = ZLW **1984** 367.

BGH, Urt. v. 11.11.1982 – I ZR 178/80 – VersR **1983** 336.

BGH, Urt. v. 12.1.1982 – IV ZR 286/80 – MDR **1982** 570 = NJW **1982** 1218 = VersR **1982** 369 = ZLW **1982** 162.

BGH, Urt. v. 20.1.1983 – VII ZR 105/81 – BGHZ **86** 284 = NJW **1983** 1322 = TranspR **1993** 116 =ZLW **1983** 144.

BGH, Urt. v. 23.3.1983 – IVa ZR 120/81 – MDR **1983** 830 = NJW **1983** 1740 = VersR **1983** 560.

BGH, Urt. v. 5.7.1983 – VI ZR 289/81 – BGHZ **88** 70 = MDR **1983** 924 = NJW **1983** 2445 = VersR **1983** 986 = ZLW **1984** 363.

BGH, Urt. v. 13.3.1984 – VI ZR 23/82 – BGHZ **90** 294 = MDR **1984** 661 = NJW **1984** 2032 = VersR **1984** 542.

BGH, Urt. v. 10.5.1984 – I ZR 52/82 – NJW **1985** 2411.

BGH, Urt. v. 19.9.1984 – VIII ZR 108/83 – NJW **1985** 550.

BGH, Urt. v. 20.9.1984 – VII ZR 325/83– BGHZ **92** 177 = MDR **1985** 221 = NJW **1985** 132.

BGH, Urt. v. 17.10.1984 – I ZR 130/82 – NJW **1985** 560.

BGH, Urt. v. 25.10.1984 – VII ZR 11/84 – MDR **1985** 399 = NJW **1985** 633 = TranspR **1985** 235 = VersR **1985** 166 = ZLW **1985** 360.

BGH, Urt. v. 17.1.1985 – VII ZR 63/84 – BGHZ **93** 271 = NJW **1985** 1457 = MDR **1985** 568 = TranspR **1985** 231 = JZ **1985** 574.

BGH, Urt. v. 14.3.1985 – I ZR 183/82 – TranspR **1986** 22 = VersR **1985** 686.

BGH, Urt. v. 27.6.1985 – I ZR 40/83 – MDR **1986** 115 = NJW-RR **1986** 248 = TranspR **1985** 338 = VersR **1985** 1060.

BGH, Urt. v. 26.9.1985 – III ZR 16/84 – BGHZ **96** 40 = MDR **1986** 130 = NJW **1986** 1437.

BGH, Urt. v. 10.10.1985 – I ZR 124/83 – BGHZ **96** 136 = MDR **1982** 480 = NJW **1982** 1046 = TranspR **1986** 70 = VersR **1982** 243.

BGH, Urt. v. 20.3.1986 – VII ZR 187/85 – BGHZ **97** 255 = MDR **1986** 839 = NJW **1986** 497 = TranspR **1986** 241 = VersR **1986** 522.

BGH, Urt. v. 1.10.1986 – IVa ZR 61/85 – NJW **1987** 590.

BGH, Urt. v. 12.3.1987 – VII ZR 37/86 – BGHZ **100** 157 = JZ **1987** 767 = MDR **1987** 661 = NJW **1987** 1931 = NJW-RR **1987** 1000 = TranspR **1987** 290 = VersR **1987** 712.

BGH, Urt. v. 24.9.1987 – I ZR 197/85 – MDR **1988** 466 = NJW-RR **1988** 479 = TranspR **1988** 108 = VersR **1988** 244.

BGH, Urt. v. 27.10.1988 – I ZR 156/86 – MDR **1989** 233 = NJW-RR **1989** 160 = TranspR **1989** 60 = VersR **1989** 213 = ZLW **1989** 368.
BGH, Urt. v. 15.11.1988 – IX ZR 11/88 – MDR **1989** 350 = NJW-RR **1989** 252 = TranspR **1989** 151.
BGH, Urt. v. 14.2.1989 – VI ZR 121/88 – MDR **1989** 625 = NJW **1989** 2118 = NJW-RR **1989** 723 = TranspR **1989** 275 = VersR **1989** 522 = ZLW **1989** 252.
BGH, Urt. v. 13.4.1989 – I ZR 28/87 – MDR **1989** 967 = NJW-RR **1989** 1270 = TranspR **1989** 327 = VersR 1989 **1066** = ZLW **1990** 210.
BGH, Urt. v. 17.5.1989 – I ZR 211/87 – MDR **1990** 411 = NJW **1990** 639 = TranspR **1990** 19 = VersR **1990** 331 = ZLW **1990** 108.
BGH, Urt. v. 24.10.1991 – I ZR 208/89 – BGHZ **116** 15 = MDR **1992** 459 = NJW **1992** 1766 = TranspR **1992** 177 = VersR **1992** 640.
BGH, Beschl. v. 24.7.1996 – X ARZ 683/96 – NJW **1996** 3013 = MDR **1997** 91.
BGH, Urt. v. 24.5.2000 – I ZR 84/98 – NJW-RR **2001** 322 = TranspR **2000** 456.
BGH, Urt. v. 21.9.2000 – I ZR 135/98 – BGHZ **145** 170 = MDR **2001** 577 = NJW-RR **2001** 396 = TranspR **2001** 29 = VersR **2001** 526.
BGH, Urt. v. 22.2.2001 – I ZR 282/98 – NJW-RR **2001** 1543.
BGH, Urt. v. 15.11.2001 – I ZR 158/99 – BGHZ **149** 337.
BGH, Urt. v. 5.7.2002 – V ZR 143/01 – NJW **2002** 3164.
BGH, Urt. v. 24.10.2002 – I ZR 104/00 – NJW-RR **2003** 754 = TranspR **2003** 156.
BGH, Urt. v. 28.1.2003 – X ZR 113/02 – BGHZ **153** 327 = MDR **2003** 617 = NJW **2003** 1602 = TranspR **2003** 238 = VersR **2003** 1285.
BGH, Urt. v. 14.5.2003 – VIII ZR 308/02 – NJW **2003** 2234.
BGH, Urt. v. 9.6.2004 – I ZR 266/00 – NJW-RR **2004** 1482.
BGH, Urt. v. 3.3.2005 – I ZR 273/02 – NJW-RR **2005** 1058.
BGH, Urt. v. 15.3.2005 – VI ZR 356/03 – NJW-RR **2005** 895.
BGH, Urt. v. 22.9.2005 – I ZR 67/03 – TranspR **2006** 468.
BGH, Urt. v. 6.10.2005 – I ZR 14/03 – NJW-RR **2006** 619.
BGH, Urt. v. 1.12.2005 – I ZR 31/04 – NJW **2006** 1426.
BGH, Urt. v. 19.1.2006 – I ZR 80/03 – NJW-RR **2006** 822.
BGH, Urt. v. 6.7.2006 – I ZR 226/03 – NJW-RR **2006** 1544.
BGH, Urt. v. 20.7.2006 – I ZR 9/05 – NJW-RR **2007** 28.
BGH, Urt. v. 5.12.2006 – X ZR 165/03 – NJW **2007** 997, 999 = TranspR **2007** 27 = LMK **2007** 213130.
BGH, Urt. v. 19.4.2007 – I ZR 90/04 – NJW-RR **2008** 120.
BGH, Urt. v. 14.6.2007 – I ZR 50/05 – TranspR **2007** 425.
BGH, Urt. v. 14.10.2008 – X ZR 15/08 – NJW **2009** 358.
BGH, Urt. v. 30.10.2008 – I ZR 12/06 – TranspR **2009** 130.
BGH, Urt. v. 10.2.2009 – Xa ZR 61/09 – NJW **2010** 1526.
BGH, Urt. v. 2.4.2009 – I ZR 60/06 – NJW-RR **2009** 1335.
BGH, Urt. v. 28.5.2009 – Xa 113/08 – RRa **2009** 242 = NJW **2009** 2743.
BGH, Urt. v. 30.4.2009 – Xa 132/08 – RRa **2009** 239.
BGH, Urt. v. 12.11.2009 – Xa ZR 76/07 – NJW **2010** 1070.
BGH, Urt. v. 26.11.2009 – Xa 132/08 – RRa **2010** 85.
BGH, Urt. v. 10.12.2009 – Xa ZR 61/09 – RRa **2009** 90.
BGH, Urt. v. 18.1.2011 – X ZR 71/10 – RRa **2011** 79.
BGH, Urt. v. 24.2.2011 – I ZR 91/10 – VersR **2012** 205.
BGH, Urt. v. 15.3.2011 – X ZR 99/10 – NJW-RR **2011** 787.
BGH, Urt. v. 10.5.2012 – I ZR 109/11 – NJW **2013** 778.
BGH, Urt. v. 13.6.2012 – I ZR 161/10 – RdTW **2013** 66.
BGH, Urt. v. 13.10.2015 – X ZR 126/14 – NJW **2016** 491.
BGH, Urt. v. 10.12.2015 – I ZR 87/14 – RdTW **2016** 136.
BGH, Urt. v. 12.9.2017 – X ZR 102/16 – NJW **2018** 1281.
BGH, Urt. v. 21.11.2017 – X ZR 30/15 – NJW **2018** 861.

BGH, Urt. v. 16.3.2021 – X ZR 9/20 – RRa **2021** 186.
BGH, Urt. v. 23.11.2021 – X ZR 85/20 – NJW-RR **2022** 488.

c) Bayerisches Oberstes Landesgericht

BayObLG – 1 AR 21/19 – RdTW **2020** 218.

d) Oberlandesgerichte

KG, Urt. v. 11.3.1961 – 10 U 61/60 – ZLW **1962** 68.
KG, Urt. v. 23.4.2001 – 12 U 971/00 – NZV **2002** 398.
KG, Urt. v. 4.7.2008 – 3 U 17/07 – RRa **2009** 93.
OLG Brandenburg, Urt. v. 29.3.2000 – 7 U 206/98 – MDR **2000** 1021 = TranspR **2000** 358.
OLG Bremen, Urt. v. 31.3.2021 – 1 U 62/20 – NJW-RR **2021** 779.
OLG Celle, Urt. v. 21.7.1966 – 5 U 94/64 – VersR **1967** 164.
OLG Celle, Urt. v. 28.9.1994 – 11 U 223/93 – RRa **1995** 52.
OLG Celle, Urt. v. 6.3.2003 – 11 U 141/02 – TranspR **2003** 314 = ZLW **2004** 105.
OLG Celle, Urt. v. 21.5.2004 – 11 U 7/04 – TranspR **2005** 214.
OLG Celle, Beschl. v. 9.3.2020 – 11 W 1/20 – MDR **2020** 604.
OLG Celle, Urt. v. 20.10.2022 – 11 U 9/22 – NJW-RR **2023** 276.
OLG Düsseldorf, Urt. v. 15.12.1966 – 1 U 283/64 – VersR **1968** 583.
OLG Düsseldorf, Urt. v. 24.3.1975 – 1 U 87/74 – VersR **1975** 645.
OLG Düsseldorf, Urt. v. 12.1.1978 – 18 U 118/77 – VersR **1978** 964.
OLG Düsseldorf, Urt. v. 31.5.1979 – 18 U 202/78 – VersR **1979** 774.
OLG Düsseldorf, Urt. v. 12.1.1984 – 18 U 151/83 – TranspR **1984** 102.
OLG Düsseldorf, Urt. v. 8.3.1984 – 18 U 154/83 – TranspR **1985** 351 = VersR **1984** 533 = ZLW **1986** 73.
OLG Düsseldorf, Urt. v. 31.7.1986 – 18 U 163/85 – TranspR **1986** 341 = VersR **1987** 315.
OLG Düsseldorf, Urt. v. 13.12.1990 – 18 U 120/90 – TranspR **1991** 106 = VersR **1991** 603.
OLG Düsseldorf, Urt. v. 14.3.1991 – 18 U 271/90 – TranspR **1991** 235.
OLG Düsseldorf, Urt. v. 27.2.1992 – 18 U 173/91 – NJW-RR **1992** 1330.
OLG Düsseldorf, Urt. v. 21.1.1993 – 18 U 144/92 – NJW-RR **1993** 811 = TranspR **1993** 246 = VersR **1994** 704 = ZLW **1994** 236.
OLG Düsseldorf, Urt. v. 2.2.1993 – 18 U 102/93 – TranspR **1995** 30.
OLG Düsseldorf, Urt. v. 18.3.1993 – 18 U 200/92 – NJW-RR **1993** 1061 = TranspR **1993** 28 = VersR **1994** 1210 = ZLW **1994** 238.
OLG Düsseldorf, Urt. v. 19.5.1993 – 18 U 316/92 – TranspR **1995** 29 = VersR **1995** 241 = ZLW **1995** 345.
OLG Düsseldorf, Urt. v. 11.11.1993 – 18 U 102/93 – TranspR **1995** 30 = VersR **1994** 1498 = ZLW **1995** 347.
OLG Düsseldorf, Urt. v. 12.10.1995 – 18 U 43/95 – NJW-RR **1996** 361 = TranspR **1996** 151.
OLG Düsseldorf, Urt. v. 13.6.1996 – 18 U 174/95 – NJW-RR **1997** 930 = TranspR **1997** 150 = VersR **1997** 1022 = ZLW **1998** 116.
OLG Düsseldorf, Urt. v. 21.11.2007 – I-18 U 105/07 – TranspR **2008** 38.
OLG Düsseldorf, Urt. v. 12.3.2008 – I-18 U 160/07 – juris.
OLG Düsseldorf, Urt. v. 21.4.2010 – I-18 U 238/09 – juris.
OLG Düsseldorf, Urt. v. 25. 2.2015 – I-18 U 124/14 – VersR **2016** 1129
OLG Düsseldorf, Urt. v. 9.3.2016 – I-18 U 61/15 – RdTW **2016** 266.
OLG Düsseldorf, Urt. v. 23. 5.2018 – I-18 U 37/17, RdTW **2020** 335.
OLG Düsseldorf, Urt. v. 11.7.2018 – I-18 U 69/17 – RdTW **2020** 188.
OLG Frankfurt a.M., Urt. v. 1.2.1972 – 5 U 141/71 – ZLW **1972** 276.
OLG Frankfurt a.M., Urt. v. 20.2.1973 – 5 U 119/72 – TranspR **1980** 56 = VersR **1976** 628.

OLG Frankfurt a.M., Urt. v. 21.5.1975 – 17 U 191/74 – NJW **1975** 1604 = ZLW **1975** 218.
OLG Frankfurt a.M., Urt. v. 3.6.1976 – 16 U 92/75 – ZLW **1977** 152.
OLG Frankfurt a.M., Urt. v. 10.5.1977 – 5 U 154/76 – BB **1977** 1071 = MDR **1977** 846 = ZLW **1977** 230.
OLG Frankfurt a.M., Urt. v. 12.7.1977 – 5 U 188/76 – DB **1978** 92 = MDR **1977** 1024 = NJW **1978** 502 = ZLW **1978** 217.
OLG Frankfurt a.M., Urt. v. 14.7.1977 – 5 U 129/76 – RIW **1978** 197 = ZLW **1977** 53.
OLG Frankfurt a.M., Urt. v. 10.1.1978 – 5 U 50/77 – MDR **1978** 582 = NJW **1978** 2457 (LS) = RIW **1978** 197 = TranspR **1979** 73 = ZLW **1978** 215.
OLG Frankfurt a.M., Urt. v. 13.6.1978 – 5 U 221/77 – VersR **1978** 928 = ZLW **1979** 67.
OLG Frankfurt a.M., Urt. v. 4.12.1979 – 5 U 149/78 – NJW **1980** 2649 = MDR **1980** 1023 = VersR **1981** 85 ZLW **1980** 441.
OLG Frankfurt a.M., Urt. v. 15.1.1980 – 5 U 74/79 – ZLW **1980** 146.
OLG Frankfurt a.M., Urt. v. 22.10.1980 – 17 U 83/77 – VersR **1981** 164 = ZLW **1981** 87.
OLG Frankfurt a.M., Urt. v. 28.4.1981 – 5 U 29/80 – MDR **1981** 850 = VersR **1981** 1185 = ZLW **1981** 312.
OLG Frankfurt a.M., Urt. v. 11.11.1981 – 21 U 108/81 – VersR **1982** 697.
OLG Frankfurt a.M., Beschl. v. 3.8.1982 – 5 W 15/82 – MDR **1982** 940 = ZLW **1983** 59.
OLG Frankfurt a.M., Urt. v. 25.1.1983 – 5 U 155/82 – ZLW **1983** 371 = TranspR **1983** 120.
OLG Frankfurt a.M., Urt. v. 26.4.1983 – 5 U 75/82 – MDR **1984** 318 = TranspR **1984** 21 = VersR **1984** 895 = ZLW **1984** 177.
OLG Frankfurt a.M., Urt. v. 15.11.1983 – 5 U 20/83 – MDR **1984** 236 = TranspR **1984** 20 = VersR **1984** 1048 = ZLW **1984** 90.
OLG Frankfurt a.M., Urt. v. 31.1.1984 – 11 U 43/83 – TranspR **1984** 297.
OLG Frankfurt a.M., Urt. v. 7.11.1985 – 1 U 240/84 – MDR **1986** 763 = NJW-RR **1986** 1033 TranspR **1986** 231 = VersR **1986** 886.
OLG Frankfurt a.M., Urt. v. 11.11.1986 – 5 U 240/85 – TranspR **1987** 68.
OLG Frankfurt a.M., Urt. v. 24.11.1987 – 5 U 301/86 – MDR **1989** 165.
OLG Frankfurt a.M., Urt. v. 24.11.1988 – 5 U 301/86 – ZLW **1989** 178.
OLG Frankfurt a.M., Urt. v. 27.1.1989 – 5 U 193/87 – NJW-RR **1990** 101 = TranspR **1990** 68 = VersR **1990** 916 = ZLW **1990** 224.
OLG Frankfurt a.M., Urt. v. 20.4.1989 – 1 U 34/88 – VersR **1990** 1031 = ZLW **1989** 381.
OLG Frankfurt a.M., Urt. v. 14.6.1989 – 9 U 82/88 – NJW-RR **1989** 1529 = TranspR **1990** 21 = ZLW **1990** 222.
OLG Frankfurt a.M., Urt. v. 15.10.1991 – 5 U 196/90 – TranspR **1993** 61 = ZLW **1993** 208.
OLG Frankfurt a.M., Urt. v. 11.6.1992 – 5 U 237/87 – MDR **1993** 81 = NJW-RR **1993** 169.
OLG Frankfurt a.M., Urt. v. 25.11.1992 – 19 U 229/91 – NJW-RR **1993** 1147 = TranspR **1993** 350 = ZLW **1993** 214.
OLG Frankfurt a.M., Urt. v. 23.12.1992 – 21 U 62/92 – EuZW **1993** 452 = IPRax **1994** 141 = NJW-RR **1993** 809 = TranspR **1993** 103.
OLG Frankfurt a.M., Urt. v. 12.7.1993 – 5 U 159/92 – RIW **1994** 68.
OLG Frankfurt a.M., Urt. v. 10.6.1994 – 10 U 145/93 – ZLW **1995** 242.
OLG Frankfurt a.M., Urt. v. 16.4.1996 – 5 U 219/94 – NJW-RR **1997** 1060 = TranspR **1998** 123 = ZLW **1997** 281.
OLG Frankfurt a.M., Urt. v. 13.6.1996 – 18 U 174/95 – NJW-RR **1997** 930 = TranspR **1997** 150 = VersR **1997** 1022 = ZLW **1998** 116.
OLG Frankfurt, Urt. v. 8.10.1996 – 5 U 18/95 – TranspR **1997** 287 = ZLW **1998** 245.
OLG Frankfurt a.M., Urt. v. 23.10.1996 – 9 U 16/96 – NJW-RR **1997** 930.
OLG Frankfurt a.M., Urt. v. 13.2.1997 – 16 U 99/96 – RRa **1997** 139 = TranspR **1998** 362 = ZLW **1997** 542.
OLG Frankfurt a.M., Urt. v. 20.2.1997 – 1 U 126/95 – MDR **1997** 534 = NJW-RR **1997** 1136 = RRa **1997** 161 = TranspR **1997** 373 = ZLW **1997** 540.
OLG Frankfurt a.M., Urt. v. 21.4.1998 – 5 U 210/96 – TranspR **1999** 24.

OLG Frankfurt a.M., Urt. v. 14.9.1999 – 5 U 30/97 – TranspR **2000** 260 = VersR **2001** 86.
OLG Frankfurt a.M., Urt. v. 15.9.1999 – 21 U 259/98 – TranspR **2000** 183.
OLG Frankfurt a.M., Beschl. v. 19.6.2000 – 22 W 5/00 – NJW-RR **2001** 215 = IPRax **2001** 227.
OLG Frankfurt, Urt. v. 23.2.2018 – 13 U 151/16 – NJW-RR **2018** 803.
OLG Frankfurt, Urt. v. 29.5.2002 – 2 U 150/01 – NJW-RR **2003** 22.
OLG Frankfurt a.M., Urt. v. 6.11.2002 – 23 U 243/01 – RRa **2002** 273 = NJW **2003** 905 = TranspR **2003** 199 = ZLW **2003** 268.
OLG Frankfurt a.M., Urt. v. 18.2.2004 – 21 U 11/03 – NJW-RR **2005** 65.
OLG Frankfurt a.M., Urt. v. 30.8.2004 – 13 U 215/02 – TranspR **2004** 471.
OLG Frankfurt a.M., Urt. v. 9.1.2007 – 8 U 184/06 – RRa **2007** 79.
OLG Frankfurt a.M., Urt. v. 18.4.2007 – 13 U 62/06 – TranspR **2007** 367.
OLG Frankfurt a.M., Urt. v. 11.12.2009 – 5 U 23/09 – BeckRS **2010** 1585.
OLG Frankfurt a.M., Urt. v. 17.6.2014 – 16 U 177/13 – NJW-RR **2014** 1275.
OLG Frankfurt, Urt. v. 29.7.2015 – 3 U 29/15 – RdTW **2015** 336.
OLG Hamburg, Urt. v. 10.9.1974 – 12 U 32/74 – VersR **1975** 660.
OLG Hamburg, Urt. v. 27.3.1980 – 6 U 172/79 – VersR **1980** 827.
OLG Hamburg, Urt. v. 27.3.1980 – 6 U 6/80 – VersR **1980** 1075.
OLG Hamburg, Urt. v. 25.6.1981 – 6 U 194/80 – VersR **1982** 375.
OLG Hamburg, Urt. v. 2.9.1982 – 6 U 75/82 – RIW **1983** 874 = TranspR **1984** 44 = VersR **1983** 484.
OLG Hamburg, Urt. v. 9.2.1984 – 6 U 226/83 – TranspR **1985** 117.
OLG Hamburg, Urt. v. 9.8.1984 – 6 U 28/84 – TranspR **1984** 299 = VersR **1985** 158.
OLG Hamburg, Urt. v. 31.12.1986 – 6 U 151/85 – TranspR **1987** 142 = VersR **1988** 1078.
OLG Hamburg, Urt. v. 18.2.1988 – 6 U 195/87 – TranspR **1988** 201 = VersR **1988** 1158 = ZLW **1988** 362.
OLG Hamburg, Urt. v. 24.10.1991 – 6 U 103/91 – TranspR **1992** 66 = VersR **1992** 1543 = ZLW **1993** 307.
OLG Hamburg, Urt. v..11.1.1996 – 6 U 195/95 – TranspR **1997** 267.
OLG Hamburg, Urt. v. 6.11.2007 – 6 U 94/07 – RRa **2008** 139.
OLG Hamburg, Urt. v. 10.4.2008 – 6 U 90/05 – TranspR **2008** 213.
OLG Hamm, Urt. v. 18.10.1984 – 18 U 175/82 – TranspR **1985** 107.
OLG Hamm, Urt. v. 26.6.1997 – 18 U 106/94 – TranspR **1998** 301.
OLG Hamm, Urt. v. 18.5.1999 – 18 U 189/97 – TranspR **1999** 442.
OLG Hamm, Urt. v. 24.10.2002 – 18 U 104/01 – TranspR **2003** 201.
OLG Karlsruhe, Urt. v. 14.1.1975 – 8 U 85/73 – BB **1975** 1545 (LS) = VersR **1975** 669.
OLG Karlsruhe, Urt. v. 7.3.1984 – 13 U 136/82 – TranspR **1984** 235.
OLG Karlsruhe, Urt. v. 18.6.1986 – 1 U 266/85 – VersR **1988** 276 = ZLW **1987** 392.
OLG Karlsruhe, Urt. v. 25.2.2005 – 15 U 23/03 – TranspR **2005** 367.
OLG Karlsruhe, Urt. v. 21.2.2006 – 15 U 5/04 – TranspR **2007** 203.
OLG Karlsruhe, Urt. v. 29.11.2006 – 15 U 65/06 – unv.
OLG Karlsruhe, Urt. v. 10.11.2008 – 15 U 75/07 – unv.
OLG Karlsruhe, Urt. v. 18.5.2011 – 15 U 23/10 – TranspR **2011** 382.
OLG Koblenz, Urt. v. 29.3.2006 – 1 U 983/05 – NJW-RR **2006** 1356.
OLG Koblenz, Urt. v. 11.1.2008 – 10 U 385/07 – RRa **2008** 181.
OLG Köln, Urt. v. 20.11.1980 – 1 U 120/79 – TranspR **1982** 43 = ZLW **1982** 167.
OLG Köln, Urt. v. 11.6.1982 – 20 U 121/81 – ZLW **1983** 167.
OLG Köln, Urt. v. 15.8.1985 – 7 U 221/84 – TranspR **1986** 194.
OLG Köln, Urt. v. 27.2.1986 – 5 U 260/83 – TranspR **1987** 108 = VersR **1987** 661.
OLG Köln, Urt. v. 29.5.1987 – 1 U 5/87 – ZLW **1988** 184.
OLG Köln, Urt. v. 16.2.1990 – 20 U 177/89 – NJW-RR **1990** 527 = TranspR **1990** 199 = ZLW **1990** 219.
OLG Köln, Urt. v. 10.4.1992 – 25 U 10/91 – RIW **1993** 938.
OLG Köln, Urt. v. 27.10.1992 – 20 U 79/92 – ZLW **1995** 248.
OLG Köln, Urt. v. 4.3.1994 – 20 U 140/93 – NJW-RR **1995** 353 = TranspR **1995** 72 = VersR **1995** 730 = ZLW **1996** 97.
OLG Köln Urt. v. 13.12.1994 – 22 U 148/94 – NJW-RR **1995** 736 = TranspR **1995** 440 = VersR **1996** 523.

OLG Köln, Urt. v. 27.6.1995 – 22 U 265/94 – NJW-RR **1997** 98 = TranspR **1996** 26 = VersR **1996** 1567 = ZLW **1996** 193.
OLG Köln, Urt. v. 9.1.1997 – 7 U 106/96 – TranspR **1997** 234 = VersR **1997** 1022 = ZLW **1997** 538.
OLG Köln, Urt. v. 25.3.1997 – 15 U 56/94 – VersR **1998** 1120.
OLG Köln, Urt. v. 20.6.1997 – 19 U 225/96 – NJW-RR **1999** 112 = TranspR **1998** 303 = VersR **1998** 1006.
OLG Köln, Urt. v. 11.8.1998 – 15 U 12/98 – TranspR **1999** 107 = ZLW **1999** 163.
OLG Köln, Urt. v. 26.3.2002 – 3 U 214/01 – NJW-RR **2002** 1682 = TranspR **2003** 111 = VersR **2003** 269 = ZLW **2003** 655.
OLG Köln, Urt. v. 11.1.2005 – 22 U 137/04 – RRa **2005** 178.
OLG Köln, Urt. v. 15.2.2005 – 22 U 145/04 – RRa **2005** 181.
OLG Köln, Urt. v. 6.3.2007 – 3 U 122/06 – juris.
OLG München, Urt. v. 30.10.1974 – 7 U 4596/73 – VersR **1975** 129.
OLG München, Urt. v. 17.2.1976 – 25 U 4030/75 – MDR **1977** 228 = NJW **1977** 502 = VersR **1977** 456.
OLG München, Urt. v. 20.9.1982 – 21 U 1442/82 – RIW **1983** 127 = ZLW **1983** 60.
OLG München, Urt. v. 19.11.1985 – 13 U 4210/85 – MDR **1986** 239 = VersR **1986** 678.
OLG München, Urt. v. 10.8.1994 – 7 U 7322/93 – NJW-RR **1995** 672 = TranspR **1995** 118 = VersR **1996** 84 = ZLW **1996** 99.
OLG München, Urt. v. 30.12.1994 – 7 U 7322/93 – TranspR **1995** 300.
OLG München, Urt. v. 3.2.1995 – 23 U 5322/94 – TranspR **1996** 242 = ZLW **1997** 531.
OLG München, Urt. v. 7.5.1999 – 23 U 6113/98 – TranspR **1999** 301 = VersR **2000** 1567 = ZLW **2000** 118.
OLG München, Urt. v. 4.4.2000 – 18 U 4736/99 – RRa **2003** 269.
OLG München, Urt. v. 11.2.2009 – 20 U 3687/08 – TranspR **2013** 126.
OLG München, Urt. v. 18.8.2010 – 7 U 2114/10 – juris.
OLG München, Urt. v. 26.1.2011 – 7 U 3426/10 – MDR **2011** 433.
OLG München, Urt. v. 16.3.2011 – 7 U 1807/09 – juris.
OLG Nürnberg, Urt. v. 9.4.1992 – 12 U 3644/91 – TranspR **1992** 276.
OLG Nürnberg, Urt. v. 18.4.2001 – 12 U 4114/00 – TranspR **2001** 262 = VersR **2001** 1009.
OLG Oldenburg, Urt. v. 27.10.1989 – 6 U 135/89 – NJW-RR **1990** 992 = VersR **1990** 910.
OLG Schleswig, Urt. v. 30.8.1978 – 9 U 29/78 – VersR **1979** 141.
OLG Stuttgart, Urt. v. 1.10.1963 – U 67/63 – ZLW **1966** 63.
OLG Stuttgart, Urt. v. 2.7.1979 – 2 U 49/79 – VersR **1980** 183 = ZLW **1981** 437.
OLG Stuttgart, Urt. v. 7.10.1987 – 3 U 181/86 – VersR **1988** 909.
OLG Stuttgart, Urt. v. 24.2.1993 – 3 U 167/92 – TranspR **1995** 74 = ZLW **1996** 103.
OLG Stuttgart, Urt. v. 29.3.2006 – 3 U 272/05 – ZLW **2007** 503 = NJW-RR **2007** 566.
OLG Stuttgart, Urt. v. 10.6.2009 – 3 U 12/09 – TranspR **2010** 37 = BeckRS **2009** 21065.
OLG Stuttgart, Urt. v. 21.10.2009 – 3 U 116/09 – TranspR **2009** 482.

e) Landgerichte

LG Berlin, Urt. v. 28.6.1973 – 5 O 435/72 – ZLW **1973** 304.
LG Berlin, Urt. v. 22.3.2002 – 55 S 276/01 – ZLW **2002** 466.
LG Berlin, Urt. v. 11.10.2007 – 57 S 39/07 – RRa **2008** 42.
LG Berlin, Urt. v. 20.8.2009 – 57 S 44/07 – RRa **2009** 291.
LG Bonn, Urt. v. 14.1.1998 – 5 S 158/97 – RRa **1998** 121 = TranspR **1999** 109 =VersR **1999** 1113 = ZLW **2000** 124.
LG Berlin, Urt. v. 20.4.2016 – 105 O 59/15 – TranspR **2016** 245.
LG Bonn, Urt. v. 20.2.2003 – 14 O 106/02 – TranspR **2003** 170.
LG Bremen, Urt. v. 15.7.2009 – 11 O 82/09 – TranspR **2010** 347
LG Darmstadt, Urt. v. 24.9.2002 – 18 O 68/01 – TranspR **2003** 114.
LG Darmstadt, Urt. v. 6.4.2004 – 22 O 390/03 – ZLW **2005** 464.

LG Darmstadt, Urt. v. 4.8.2009 – 12 O 3/09 – NZV **2010** 82.
LG Darmstadt, Urt. v. 20.1.2010 – 7 S 136/09 – TranspR **2010** 194.
LG Darmstadt, Urt. v. 31.5.2016 – 10 O 153/14 – BeckRS **2016** 130734.
LG Dortmund, Urt. v. 17.6.2010 – 4 S 117/09 – juris.
LG Düsseldorf, Urt. v. 3.2.1971 – 14 S 27/70 – ZLW **1971** 290.
LG Düsseldorf, Urt. v. 4.4.1990 – 23 S 429/89 – TranspR **1992** 29.
LG Düsseldorf, Urt. v. 31.1.2003 – 22 S 266/03 – RRa **2003** 172.
LG Düsseldorf, Beschl. v. 29.6.2004 – 35 O 180/03 – ZLW **2004** 666.
LG Düsseldorf, Urt. v. 12.10.2007 – 22 S 240/07 – RRa **2008** 34.
LG Düsseldorf, Urt. v. 31.7.2008 – 31 O 54/07 – BeckRS **2008** 17132.
LG Frankfurt a.M., Urt. v. 7.3.1973 – 3/3 O 227/72 – ZLW **1973** 306.
LG Frankfurt a.M., Urt. v. 5.3.1982 – 3/7 O 177/81 – ZLW **1983** 63.
LG Frankfurt a.M., Urt. v. 19.4.1982 – 2/24 S 301/81 – MDR **1982** 753 = NJW **1982** 1538 = VersR **1982** 1155.
LG Frankfurt a.M., Urt. v. 1.9.1982 – 2/22 O 155/82 – NJW **1983** 52 = VersR **1983** 472.
LG Frankfurt a.M., Urt 12.3.1984 – 2/24 S 40/83 – MDR **1984** 580 = TranspR **1985** 235 = VersR **1984** 1177 = ZLW **1985** 376.
LG Frankfurt a.M., Urt 20.9.1985 – 3/7 O 202/84 – TranspR **1986** 345, 346 = VersR **1986** 1021 = ZLW **1986** 154.
LG Frankfurt a.M., Urt. v. 21.4.1986 – 2/24 S 68/85 – NJW-RR **1986** 852 = TranspR **1986** 305 = VersR **1987** 189 = ZIP **1986** 586.
LG Frankfurt a.M., Urt. v. 27.5.1986 – 3/4 O 2/86 – TranspR **1986** 292 = VersR **1987** 209.
LG Frankfurt a.M., Urt. v. 6.1.1987 – 3/11 O 63/86 – RIW **1987** 392 = TranspR **1987** 389 = VersR **1988** 352= ZLW **1988** 85.
LG Frankfurt a.M., Urt. v. 15.1.1988 – 2/1 S 363/86 – ZLW **1990** 407.
LG Frankfurt a.M., Urt. v. 17.10.1988 – 2/24 S 364/87 – NJW-RR **1989** 48 = TranspR **1989** 18 = ZLW **1989** 384.
LG Frankfurt a.M., Beschl. v. 28.5.1990 – 2/9 T 434/90 – DGVZ **1990** 169.
LG Frankfurt a.M., Urt. v. 5.11.1990 – 2/8 S 71/90 – TranspR **1991** 143 = ZLW **1991** 194.
LG Frankfurt a.M., Urt. v. 14.11.1990 – 2/1 S 119/90 – TranspR **1991** 145.
LG Frankfurt a.M., Urt. v. 12.3.1991 – 2/8 S 179/90 – TranspR **1991** 241 = ZLW **1991** 468.
LG Frankfurt a.M., Urt. v. 27.3.1992 – 3/11 S 3/91 – TranspR **1992** 414.
LG Frankfurt a.M., Urt. v. 23.9.1992 – 3/2 O 48/92 – ZLW **1995** 357.
LG Frankfurt a.M., Urt. v. 9.11.1992 – 2/24 S 68/91 – NJW-RR **1993** 124 = TranspR **1993** 389.
LG Frankfurt a.M., Urt. v. 9.8.1993 – 2/24 S 162/93 – TranspR **1994** 243 = NJW-RR **1993** 1270.
LG Frankfurt a.M., Urt. v. 11.7.1994 – 2/24 S 455/93 – RRa **1994** 210.
LG Frankfurt a.M., Urt. v. 16.1.1996 – 3/5 O 105/95 – ZLW **1997** 548 = TranspR **1996** 424.
LG Frankfurt a.M., Urt. v. 23.9.1996 – 3/1 O 61/96 – TranspR **1999** 24.
LG Frankfurt a.M., Urt. v. 27.11.1996 – 2/1 S 33/96 – TranspR **1997** 235 = ZLW **1997** 545.
LG Frankfurt a.M., Urt. v. 29.10.2001 – 2-21 O 54/01 – RRa **2002** 43 = VersR **2001** 1575.
LG Frankfurt a.M., Urt. v. 8.5.2002 – 3/13 O 164/01 – TranspR **2002** 447.
LG Frankfurt a.M., Urt. v. 16.1.2003 – 3/6 O 76/02 – TranspR **2003** 203.
LG Frankfurt a.M., Urt. v. 7.3.2003 – 2/1 S 133/02 – RRa **2004** 133.
LG Frankfurt a.M., Urt. v. 16.12.2005 – 2-01 S 181/01 – NJW-RR **2006** 704, 705.
LG Frankfurt, Urt. v. 2.5.2007 – 3-13 O 170/06 – ZLW **2008** 136, 139 = BeckRS **2007** 16381.
LG Frankfurt a.M., Urt. v. 5.6.2007 – 2-24 S 44/06 – RRa **2007** 269.
LG Frankfurt a.M., Urt. v. 24.2.2022 – 2-24 S 155/21 – RdTW **2023** 70.
LG Hamburg, Urt. v. 6.4.1955 – ZLR **1955** 226.
LG Hamburg, Urt. v. 7.9.1977 – 5 O 24/77 – RIW **1977** 652.
LG Hamburg, Urt. v. 5.5.1982 – 21 O 181/81 – RIW **1982** 756.
LG Hamburg, Urt. v. 18.1.1984 – 21 O 29/83 – ZLW **1986** 73.
LG Hannover, Urt. v. 30.3.1989 – 3 S 451/88 – NJW-RR **1989** 820 = VersR **1990** 282.

LG Hannover, Urt. v. 15.8.1989 – 17 O 140/89 – TranspR **1990** 67 = ZLW **1990** 409.
LG Hamburg, Urt. v. 3.12.1992 – 418 O 90/91 – TranspR **1995** 76 = ZLW **1996** 107.
LG Hamburg, Urt. v. 5.4.1995 – 417 O 142/93 – IPRax **1995** 402.
LG Hamburg, Urt. v. 29.8.2012 – 318 S 56/11 – BeckRS **2013** 10136.
LG Hamburg, Urt. v. 8.1.2020 – 321 S 100/18 – NJW-RR **2020** 440.
LG Hamburg, Urt. v. 23.1.2020 – 407 HKO 23/19 – RdTW **2021** 208.
LG Hannover, Urt. v. 6.4.2000 – 3 O 3871/99 – RRa **2000** 230 = TranspR **2000** 313.
LG Karlsruhe, Urt. v. 30.12.2009 – 15 O 70/09 – NZV **2010** 522.
LG Köln, Urt. v. 30.11.1961 – 2 O 78/61 – ZLW **1962** 310.
LG Köln, Urt. v. 3.8.1972 – 11 S 174/72 – NJW **1973** 191 = ZLW **1974** 145.
LG Köln, Urt. v. 9.11.1977 – 9 S 201/77 – ZLW **1979** 67.
LG Köln, Urt. v. 8.11.1979 – 15 O 75/78 – VersR **1981** 90.
LG Köln, Urt. v. 10.6.1987 – 88 O 181/86 – TranspR **1987** 389 = VersR **1988** 374 = ZLW **1988** 262.
LG Köln, Urt. v. 30.3.1988 – 10 O 445/87 – ZLW **1988** 265.
LG Köln, Urt. v. 11.12.2002 – 91 O 234/01 – TranspR **2003** 204 = ZLW **2003** 661.
LG Mönchengladbach, Urt. v. 24.2.1988 – 9 O 58/87 – TranspR **1988** 283 = VersR **1988** 640.
LG Leipzig, Urt. v. 10.11.2008 – 6 S 319/08 – RRa **2009** 94.
LG München, Urt. v. 15.7.1975 – 18 O 461/73 – ZLW **1977** 155.
LG München, Urt. v. 25.11.1977 – 34 S 19 534/76 – NJW **1978** 2454.
LG München, Urt. v. 17.2.1999 – 15 HKO 15198/98 – TranspR **2000** 184 = ZLW **2000** 547.
LG München, Urt. v. 7.3.2001 – 29 O 20354/00 – RRa **2001** 165.
LG Stuttgart, Urt. v. 21.2.1992 – 11 KfH O 172/90 – TranspR **1993** 141 = ZLW **1994** 240.
LG Stuttgart, Urt. v. 23.4.2003 – 37 O 222/02 – RRa **2003** 177.
LG Zweibrücken, Urt. v. 20.2.2007 – 3 S 150/06 – juris.

f) Amtsgerichte

AG Bad Homburg, Urt. v. 30.10.1991 – 2 C 841/91 – TranspR **1992** 222 = ZLW **1992** 106.
AG Bad Homburg, Urt. v. 15.5.1992 – 2 C 407/92 – TranspR **1992** 330 = ZLW **1993** 314.
AG Bad Homburg, Urt. v. 30.3.2001 – 2 C185/01 (17) – RRa **2001** 143 = ZLW **2001** 619.
AG Bad Homburg, Urt. v. 1.11.2001 – 2 C 2413/01 – RRa **2002** 88.
AG Bad Homburg, Urt. v. 29.10.2002 – 2 C 331/02 – RRa **2003** 117.
AG Bad Homburg, Urt. v. 3.12.2003 – 2 C 364/03 (34) – RRa **2003** 271.
AG Baden-Baden, Urt. v. 5.2.1999 – 6 C 27/97 – RRa **1999** 151 = TranspR **1999** 402 = ZLW **2000** 423.
AG Baden-Baden, Urt. v. 28.7.1999 – 6 C 58/98 – RRa **1999** 216.
AG Berlin, Urt. v. 14.12.2005 – 11 C 206/05 – RRa **2006** 89.
AG Berlin, Beschl. v. 7.9.2006 – 5 C 184/06 – IPRax **2008** 426.
AG Berlin Charlottenburg, Urt. v. 8.9.2009 – 216 C 141/09 – RRa **2009** 293.
AG Berlin Charlottenburg, Urt. v. 9.9.2009 – 207 C 242/09 – RRa **2009** 298.
AG Bremen, Urt. v. 8.5.2007 – 4 C 7/07 – VuR **2007** 235.
AG Bremen, Urt. v. 15.4.2009 – 23 C 496/06 – juris.
AG Düsseldorf, Urt. v. 17.12.1984 – 47 C 527/84 – MDR **1985** 411 = TranspR **1985** 239 = VersR **1986** 453 = ZLW **1986** 78.
AG Düsseldorf, Urt. v. 14.1.1985 – 47 C 680/84 – VersR **1985** 1198.
AG Düsseldorf, Urt. v. 13.6.1985 – 47 C 137/85 – TranspR **1985** 387.
AG Düsseldorf, Urt. v. 31.7.1986 – 47 C 755/84 – TranspR **1988** 285 = VersR **1988** 640.
AG Düsseldorf, Urt. v. 12.8.1999 – 27 C 20229/98 – TranspR **2000** 263.
AG Düsseldorf, Urt. v. 9.5.1990 – 23 C 14699/89 – ZLW **1991** 205.
AG Düsseldorf, Urt. v. 5.1.2000 – 25 C 11414/99 – NJW-RR **2000** 1442.
AG Düsseldorf, Urt. v. 2.2.2000 – 44C 14250/99 – TranspR **2000** 264.
AG Düsseldorf, Urt. v. 28.9.2006 – 39 C 9179/06 – RRa **2007** 38.

AG Erding, Urt. v. 5.7.2006 – 4 C 309/06 – RRa **2007** 41.
AG Erding, Urt. v. 21.2.2020 – 14 C 4549/19 – BeckRS **2020** 4738.
AG Frankfurt a.M., Urt. v. 21.11.1988 – 32 C 3322/88-19 – TranspR **1989** 368 = VersR **1990** 440.
AG Frankfurt a.M., Urt. v. 4.12.1990 – 31 C 189/90-78 – TranspR **1992** 30.
AG Frankfurt a.M., Urt. v. 4.10.1994 – 32 C 2722/94-18 – ZLW **1997** 297.
AG Frankfurt a.M., Urt. v. 28.6.1995 – 31 C 1207/95-16 – RRa **1995** 230 = NJW-RR **1996** 238 = TranspR **1996** 347 = ZLW **1996** 110.
AG Frankfurt a.M., Urt. v. 11.10.1996 – 32 C 1922/96-48 – ZLW **1997** 299.
AG Frankfurt a.M., Urt. v. 5.9.1997 – 30 C 854/97-47 – RRa **1998** 7 = TranspR **1998** 197 = ZLW **1998** 247 = NZV **1998** 332 = VersR **1999** 127.
AG Frankfurt a.M., Urt. v. 17.8.2006 – 32 C 1503/06 – RRa **2006** 270.
AG Frankfurt a.M., Urt. v. 31.8.2006 – C 1370/06 – RRa **2007** 42.
AG Frankfurt a.M., Urt. v. 21.9.2006 – 30 C 1565/06 – RRa **2006** 273.
AG Geldern, Urt. v. 20.4.2011 – 4 C 33/11 – NJW-RR **2011** 1503.
AG Hamburg, Urt. v. 26.2.1980 – 9 C 521/79 – MDR **1980** 851 = VersR **1981** 92.
AG Hamburg, Urt. v. 8.11.1989 – 17 C 888/89 – TranspR **1990** 201 = ZLW **1990** 232.
AG Hamburg-Harburg, Urt. v. 5.12.2006 – 14 C 248/06 – RRa **2007** 88.
AG Hamburg, Urt. v. 4.4.2007 – 31A C 310/06 – TranspR **2007** 328.
AG Hamburg, Urt. v. 12.6.2009 – 310 C 108/08 (unv.)
AG Hannover, Urt. v. 25.6.1996 – 560 C 2531/96 – RRa **1996** 207.
AG Hannover, Urt. v. 13.5.2002 – 547 C 3247/02 – RRa **2003** 181.
AG Hannover, Urt. v. 9.7.2021 510 C 270/21 – BeckRS **2021** 25056.
AG Köln, Urt. v. 27.11.1980 – 124 (115) C 3029/79 – ZLW **1981** 315.
AG Köln, Urt. v. 20.9.2001 – 117 C 164/01 – NJW **2002** 833 = RRa **2003** 96.
AG Köln, Urt. v. 21.2.2002 – 117 C 340/01 – NVZ **2003** 45 = RRa **2003** 96.
AG Offenbach, Urt. v. 3.2.2005 – 340 C 126/04 – RRa **2005** 185.
AG Rüsselsheim, Urt. v. 27.11.2003 – 3 C 981/03 – RRa **2004** 88.
AG Rüsselsheim, Urt. v. 6.1.2006 – 3 C 1127/05 – RRa **2006** 92.
AG Rüsselsheim, Urt. v. 11.1.2011 – 3 C 1698/10 – NJW-RR **2011** 560.
AG Wiesloch, Urt. v. 2.5.2003 – 3 C 89/03 – NJOZ **2004** 305, 306.

V.-3 Verzeichnis der zitierten Entscheidungen ausländischer Gerichte

Übersicht

a) Australien

SCNSW, Urt. v. 13.8.1997 – *Kotsambis v. Singapore* – **1997** NSWSC 303.
AU CANSW, Urt. v. 30.8.2017 – *Singapore Airlines Cargo v. Principle International* – [**2017**] NSWCA 216
HC, Urt. v. 9.3.2004 – *Siemens Ltd v. Schenker International Pty Ltd* – **2004** HCA 11
HC, Urt. v. 23.6.2005 – *Povey v. Qantas Airways Ltd* – **2005** HCA 33.
VSC, Urt. v. 23.12.2003 – *Qantas Ltd & British Airways PLC v. Povey* – **2003** VSCA 227.
VSC, Urt. v. 20.9.2005 – *Malaysian Airline Systems Berhad v. Krum* – **2005** VSCA 232.

b) Belgien

Cass., Urt. v. 30.9.1988 – *Pacific Employers Insurance Company v. KLM, Sabena* – ETR **1989** 97.
CA, Urt. v. 5.2.1986, ETR **1987** 168.
TribCom Bruxelles, Urt. v. 20.12.1965 – *Wegge c Sabena* – RFDA **1966** 353.
TribCom Bruxelles, Urt. v. 9.1.1976 – *Cie Air Zaire c Kimo et consorts* – RFDA **1977** 96.
TribCom Bruxelles, Urt. v. 15.5.1981 – *Globus International c Sabena* – RFDA **1983** 378.
Trib Bruxelles, Urt. v. 18.3.1983 – *Baum c AUA et Flughafen Wien* – ETR **1987** 161.
Rb Antwerpen, Urt. v. 12.10.1990 – *Sphere Drake Insurance Group v. Swissair* – ETR **1991** 687.
Rb Antwerpen, Urt. v. 4.3.1991 – *Alliance Assurance Company v. Air Express International et al* – ETL **1991** 556.

c) Frankreich

Cass., Urt. v. 16.11.1961 – *Caisse Régionale de Sécurité Sociale c. Veuve Della Roma, Air France* – RFDA **1962** 90.
Cass., Urt. v. 4.11.1968 – *Spiers c. Air France* – RFDA **1969** 81.
Cass., Urt. v. 10.11.1971 – *Air France c. Lamour* – RFDA **1972** 47.
Cass., Urt. v. 10.3.1977– *Marlevat c. Frantz* – RFDA **1977** 279.
Cass., Urt. v. 31.1.1978 – *UTA et Air Algérie c. Sté Electro-Entreprise* – RFDA **1979** 310.
Cass., Urt. v. 17.11.1981 – *Sté France Handling c. Cie Sabena* – RFDA **1982** 345.
Cass., Urt. v. 16.2.1982 – *Epoux Haddad c. Cie Air France* – RFDA **1982** 342.
Cass., Urt. v. 22.7.1986 – *Cie Saint-Paul Fire and Marine c. Cie Air-France* – RFDA **1986** 428.
Cass., Urt. v. 21.7.1987 – ETR **1987** 764.
Cass., Urt. v. 29.11.1989 – *Sanchez c. Air France* – RFDA **1989** 539.
Cass., Urt. v. 14.5.1991 – *France Handling v. Japan Time, Lufthansa et al* – ZLW **1993** 392.
Cass., Urt. v. 28.5.1996 – *Air France v. Air Cat* – ETL **1997** 129.

https://doi.org/10.1515/9783110564945-084

Cass., Urt. v. 3.6.1997 – *Air France c. SCAC* – ASL **1998** 42 Nr 14 (LS).
CA Aix-en-Provence, Urt. v. 23.11.1983 – *Martel c. Air Inter* – RFDA **1984** 298.
CA Lyon, Urt. v. 17.2.1983 – *Cie d'Assurance Helvetia c. Cie Air France, UTA, Air Africaine* – RFDA **1983** 228.
CA Paris, Urt. v. 14.3.1960 – *Transports Mondiaux v. Lufthansa and Air France* – RFDA **1960** 317.
CA Paris, Urt. v. 12.12.1961 – *Jugoslovenski Aéro-transport c. Epoux Gati* – RFDA **1962** 93.
CA Paris, Urt. v. 2.3.1962 – *Herfroy c. Cie Portugaise* – RFDA **1962** 177.
CA Paris, Urt. v. 22.3.1965 – *Maydec c. Compagnie EL Al* – RFDA **1965** 232.
CA Paris, Urt. v. 3.2.1971 – *Sté SAS c. Cie La Fortune* – RFDA **1972** 49.
CA Paris, Urt. v. 30.5.1975 – *Ets Peronny c. Sté Ethopian Airlines* – RFDA **1975** 395.
CA Paris, Urt. v. 17.11.1975 – *Le Languedoc et 57 autres Compagnies c. Hernu-Peron* – RFDA **1976** 109.
CA Paris, Urt. v. 6.3.1976 – *Cie UTA c. Sté Electro-Entreprise* – RFDA **1977** 79.
CA Paris, Urt. v. 6.1.1977 – *Cie UTA c. Demoiselle Balin, Sté Air-Mer International, Cie Lufthansa* – RFDA **1977** 181.
CA Paris, Urt. v. 3.2.1977 – *Banque Libanaise c. Société SAS* – RFDA **1977** 282.
CA Paris, Urt. v. 7.7.1978 – *Alitalia c. Sté Serre et Pilane* – RFDA **1979** 181.
CA Paris, Urt. v. 18.10.1978 – *Mutuelle Générale Française Accidents c. Sabena* – RFDA **1978** 456.
CA Paris, Urt. v. 19.6.1979 – *Cie Air France c. Epoux Haddad* – RFDA **1979** 327.
CA Paris, Urt 17.11.1985 – *Cie Languedoc c. Société Hernu-Peron* – RFDA **1976** 109.
CA Paris, Urt. v. 9.2.1990 – *Air France c. Belamich* – RFDA **1990** 215.
CA Riom, Urt. v. 24.1.1973 – *Morand et Marsaud c. société Air-Centre* – RFDA **1976** 138.
CA de Versailles, Urt. v. 4.9.2003 – *Sté Mutuelle électrique d'assurances et autres c. Cie Royal Air Maroc* – BTL **2003** 798.
TGI Évry, Urt. v. 5.3.1990 – *Air France c. Belamich* – RFDA **1990** 219.
TGI Paris, Urt. v. 28.4.1978 – *Epoux Haddad c. Cie Air France* – RFDA **1979** 329.
TGI Paris, Urt. v. 27.4.1979 – *Bornier c. Cie Air-Inter* – RFDA **1979** 340.
TribCom Lyon, Urt. v. 6.3.1978 – *Helvetia c. Alitalia* – RFDA **1979** 89.
TribCom Paris, Urt. v. 9.1.1976 – *Cie Air Zaire c. Kimo* – RFDA **1977** 96.
TribCom Paris, Urt. v. 9.1.1979 – *Fret et Transit Aérien c. Cie Trans-Mediterranean-Airways* – RFDA **1979** 229.
TribCom Paris, Urt. v. 13.12.1983 – *Sté de Peintures c. Fretairmer* – RFDA **1985** 217.
TribCom Paris, Urt. v. 9.6.1988 – *Sté Transports Mory c. Entreprise Ozilou* – RFDA **1989** 266.
TribCom Paris, Urt. v. 9.11.1988 – *Webert Ricoeur c. Air France* – RFDA **1988** 391.
TribCom Paris, Urt. v. 4.4.1990 – *S.A. Air Cat c. Air France* – RFDA **1990** 360.
Trib de la Seine, Urt. v. 14.1.1955 – *Caisse Parisienne c. Air Frane et Air Liban* – RFDA **1955** 439.
TribCom de la Seine, Urt. v. 23.12.1956 – *General Air Fret c. TWA* – RFDA **1956** 324.
TribCom de la Seine, Urt. v. 10.6.1964 – *Vairon et Cie c. Air Express International France* – RFDA **1964** 410.
TribCom Toulouse, Urt. v. 14.2.1980 – *Cie Helvetia c. Cie Air France* – RFDA **1981** 236.
TribPaix Paris, Urt. v. 31.3.1952 – *Djedraoui et Aouici c. Air Algérie* – RFDA **1953** 494.

d) Großbritannien

HL, Beschl. v. 5.12.1996 – *Abnett v. British Airways PLC* – **1997** 1 All ER 193.
HL, Beschl. v. 8.12.2005 – *Deep Vein Thrombosis and Air Travel Group Ligitation* – **2006** 1 LLR 231.
QBD, Urt. v. 20.12.2002 – *Deep Vein Thrombosis and Air Travel Group Ligitation* – **2003** 1 All ER 935.
QBD, Urt. v. 18.2.1953 – *Rotterdamsche Bank and Banque de l'Indo-Chine v. BOAC* – USAvR **1953** 163 = RGA **1953** 403.
QBD, Urt. v. 17.3.1967 – *Moukataff v. BOAC* – **1967** LLR 396.
QBD, Urt. v. 1.5.1980 – *Panalpina International Transport v. Densil Underwear* – **1981** LLR 187.

SCSD, Beschl. v. 12.7.2000 – *King v. Bristow Helicopters Ltd* – **2001** 1 LLR 95.
QBD, Urt. v. 5.5.2000 – *Applied Implants Technology Ltd v. Lufthansa Cargo AG* – **2000** EWHC J0418-9.

e) Italien

Trib Milano, Urt. v. 20.3.1976 – *Vibra v. Alitalia and Lufthansa* – ASL **1991** 299 No. 84 (LS).
Trib Milano, Urt. v. 19.5.1994, No. 4888, ASL **1996** 257.

f) Kanada

Federal Court of Canada, Urt. v. 22.10.1981 – *Cie Swiss Bank Corp v. Swissair and Air Canada* – ETL **1983** 826.
Court of Queen's Bench for Saskatchewan, Urt. v. 16.5.2006 – *Walton v. MyTravel Canada Holding* – **2006** SKQB 231.
Superior Court of Justice British Columbia, Urt. v. 23.7.1998 – *Gal v. Northern Mountain Helicopters* – **1998** CanLII 6810.
Superior Court of Justice Ontario, Urt. v. 18.9.2002 – *McDonald v. Korean Air and China Travel Inc.* – **2002** CanLII 3901.
Supreme Court of Canada, Urt. v. 28.10.2014 – *Thibodeau v. Air Canada* – 2014 SCC 67.
Cour provinciale du District de Montreal, Urt. v. 20.9.1979 – *Stephen Hendler v. Iberia* – RFDA **1980** 215.
Provincial Court of Alberta, Urt. v. 29.11.2012 – *Durunna v. Air Canada* – **2013** ABPC 31.

g) Niederlande

HR, Urt. v. 12.2.1982 – *Affretair v. VOB or Fothergill's Dutch Treatment* – AL **1982** 173.
HR, Urt. v. 4.2.2005 – *Bocchi Fruit Trade Benelux v. Iberia Lineas Aereas* – **ETL 2005** 742.

h) Österreich

OGH Wien, Urt. v. 28.8.1986 – 8 Ob 561/86 – ZLW **1989** 280.
OGH Wien, Urt. v. 13.7.1994 – 7 Ob 586/93 – TranspR **1995** 21.
OGH Wien, Urt. v. 19.1.2011 – 7 Ob 147/10h – TranspR **2011** 264.
OLG Wien, Urt. v. 28.3.2012 – 5 R 227/11f – RdTW **2013** 231.
OGH Wien, Urt. v. 26.9.2012 – 7 Ob 111/12t – RdTW **2014** 17.
OGH Wien, Beschl. v. 18.2.2013 – 7 Ob 188/12s – RdTW **2014** 61.
HG Wien, Urt. v. 10.5.2001 – 1 R 48/01 g – TranspR **2002** 118.
HG Wien, Urt. v. 4.8.2006 – 8 C 2016/05 – RRa **2006** 276
HG Wien, Urt. v. 5.1.2016 – 16C 233/15 – RRa **2016** 98.
HG Wien, Urt. v. 17.8.2020 – 60 AR 48/20v – (unv.).
OGH Wien, Beschl. v. 5.8.2021 – 2 Ob 19/21i – (unv.).

i) Schweiz

BG, Urt. v. 12.3.1957 – *Jaquet v. Club Neuchâtelois* – ZLR **1958** 258.
BG, Urt. v. 14.7.1959 – ZLR **1960** 100.
BG, Urt. v. 22.9.1959 – *Cie Swissair c. Cie La Concorde* – RFDA **1961** 202.

BG, Urt. v. 28.6.1960 – ZLW **1961** 133.
BG, Urt. v. 6.6.2002 – 4C 148/2001 – BGE **128** III 390.
Cour Genève, Urt. v. 16.3.1962 – *Cie d'Assurances Aöoina c. Cie Trans World Airlines* – RFDA **1964** 234.
Trib Genève, Urt. v. 25.6.1980 – *Union des Assurances de Pairs c. Seabord World Air Lines* – RFDA **1985** 356.

j) Südafrika

SC, Urt. v. 1990 – *Bafana v. ComAir* – AL **1991** 151.
HC, Urt. v. 25.1.2005 – *Potgieter v. British Airways* – **2005**(3) SA 133.

k) USA

SC, Urt. v. 22.3.1972 – *Herman v. TWA* – ZLW **1973** 43.
SC, Urt. v. 4.3.1985 – *Air France v. Saks*– **18** Avi 18.538.
SC, Urt. v. 17.4.1991 – *Eastern Airlines v. Floyd* – **499** US 530 = **111** S. Ct. 1489.
SC, Urt. v. 12.1.1999 – *EL AL Israel Airlines v. Tsui Yuan Teng* – **525** US 155.
SC, Urt. v. 24.2.2004 – *Olympic Airways v. Husain* – **124** S. Ct. 1211 = **540** US 644.
SC Illinois, Urt. v. 4.12.1978 – *Air France v. Giliberto* – **1978** USAvR 498.
SC New York, Urt. v. 1.10.1951 – *Salomon v. Koninklijke Luchtvaart Maatschappij* – **1951** USAvR 378.
SC New York, Urt. v. 2.5.1978 – *Cohen v. Varig Airlines* – ZLW **1980** 249 = **15** Avi 17.112.
SC New York, Urt. v. 24.5.1979 – *Rymanowski v. Pan Am* – USAvR **1979** 503.
SC New York, Urt. v. 31.10.1980 – *Adamsons v. American Airlines* – **16** Avi 17.195.
SC New York, Urt. v. 22.11.1980 – *Rullmann v. Pan Am* – **15** Avi 18.522.
CA 2nd Cir., Urt. v. 30.12.1953 – *Komlos v. Air France* – **1953** USAvR 471.
CA 2nd Cir., Urt. v. 9.8.1957 – *Noel v. Linea Aeropostal Venezolona* – **1957** USAvR 274.
CA Columbia Cir., Urt. v. 23.6.1961 – *KLM Royal Dutch Airlines v. Tuller* – **292** F.2 d 775.
CA 2nd Cir., Urt. v. 16.2.1965 – *Mertens v. Flying Tiger Line* – **341** F.2 d 851 = **9** Avi 17.475.
CA 2nd Cir., Urt. v. 9.6.1965 – *Berner v. British Commonwealth Pacific Airlines* – **346** F.2 d 532.
CA 2nd Cir., Urt. v. 25.10.1965 – *Warren v. Flying Tiger Line* – **9** Avi 17.848.
CA 2nd Cir., Urt. v. 13.5.1966 – *Eck v. United Arab Airlines* – **360** F.2 d 804.
CA 2nd Cir., Urt. v. 13.1.2009 – *Booker v. BWIA West Indies Airways* – **307** F. App'x 491.
CA 5th Cir., Urt. v. 8.11.1967 – *Bates Block v. Cie Nationale Air France* – **10** Avi 17.518 = ZLW **1969** 190.
CA New York, Urt. v. 29.12.1967 – *Egan v. Kollsman* – **1967** USAvR 271.
CA 2nd Cir., Urt. v. 6.12.1971 – *Smith v. Canadian Pacific Airways* – **452** F.2 d 798, 800 f = **12** Avi 17.143.
CA 1st Cir., Urt. v. 25.3.1972 – *MacDonald v. Air Canada* – **439** F.2 d 1402.
CA 2nd Cir., Urt. v. 22.12.1975 – *Day v. TWA* – **528** F.2 d 31 = **14** Avi 17.101.
CA 1st Cir., Urt. v. 19.11.1976 – *Martinez Hernandes v. Air France* – **545** F.2 d 279.
CA 3rd Cir., Urt. v. 4.2.1977 – *Evangelinos v. TWA* – **1977** USAvR 526 = **550** F.2 d 152.
CA, Urt. v. 28.7.1977 – *De Marines v. KLM* – ZLW **1978** 286 = **14** Avi 18.212.
CA 2nd Cir., Urt. v. 6.3.1978 – *Benjamins v. BEA* – **572** F2 d 913 = **14** Avi 18.370.
CA 5th Cir., Urt. v. 7.4.1978 – *Dalton v. Delta Airlines* – **14** Avi 18.425 = ZLW **1979** 29 = TranspR **1980** 21.
CA 2nd Cir., Urt. v. 1.5.1980 – *Evangelinos See Ricotta v. Iberia Lineas Aereas* – **482** FSupp. 497.
CA 9th Cir., Urt. v. 15.8.1980 – *Schmidkunz v. Scandinavian Airlines System* – **628** F.2 d 1205.
CA (New York), Urt. v. 6.4.1982 – *Manion v. Pan Am* – ZLW **1985** 149 = **16** Avi 18.450.
CA 9th Cir., Urt. v. 24.5.1983 – *In re Mexico City Aircrash of October 31, 1979* – **708** 2.Fd 400.
CA 9th Cir., Urt. v. 8.3.1984 – *Stud v. Trans International Airlines* – **727** F.2 d 880 = **18** Avi 17.684.
CA 2nd Cir., Urt. v. 7.6.1984 – *Me Denby v. Seabord World Airlines* – **737** F.2 d 172.

CA 3rd Cir., Urt. v. 19.7.1984 – *Abramson v. Japan Airlines Co* – **18** Avi 18.064.
CA Columbia Cir., Urt. v. 5.3.1985 – *Johnson v. Allied Eastern States Maintenance Corporation* – **19** Avi 17.847.
CA 2nd Cir., Urt. v. 2.8.1985 – *Alleged Food Poisoning Incident March al Zamil v. British Airways* – **770** F.2 d 3.
CA 11th Cir., Urt. v. 18.10.1985 – *Butler v. Aeromexico* – **774** F.2 d 429.
CA 2nd Cir., Urt. v. 30.3.1987 – *Republic National Bank v. Eastern Airlines* – **815** F.2 d 232.
CA 7th Cir., Urt. v. 12.6.1987 – *Wolgel v. Mexicana de Aviación* – **821** F.2 d 442.
CA 9th Cir., Urt. v. 17.12.1987 – *Johnson v. American Airlines* – **20** Avi 18.248 = AL **1988** 146 Nr 10.
CA 2nd Cir., Urt. v. 2.12.1988 – *Campbell v. Air Jamaica* – **863** F.2 d 1.
CA 7th Cir., Urt. v. 23.5.1989 – *Schroeder v. Lufthansa* – **875** F.2 d 613.
CA 2nd Cir., Urt. v. 27.3.1990 – *Buonocore v. TWA* – **900** F.2 d 8.
CA Columbia Cir., Urt. v. 3.4.1991 – *Wyler v. Korean Air Lines Co Ltd* – **928** F.2 d 1167.
CA 2nd Cir., Urt. v. 20.5.1991 – *Sulewski v. Federal Express* – **933** F.2 d 180.
CA 3rd Cir., Urt. v. 2.1.1992 – *Onyeanussi v. Pan Am* – **23** Avi 18.122 = AL **1994** 96.
CA 5th Cir, Urt. v. 10.6.1992 – *Swaminathan v. Swiss Air Transport Company* – **962** F.2 d 387.
CA2nd Cir., Urt. v. 3.9.1992 – *Ospina v. Trans World Airlines* – **975** F.2d 35.
CA 2nd Cir., Urt. v. 5.12.1994 – *Zicherman v. Korean Air Lines* – **43** F.3 d 18.
CA 2nd Cir., Urt. v. 17.4.1995 – *Stagl v. Delta Airlines* – **24** Avi 18.475.
CA 1st Cir., Urt. v. 31.5.1995 – *McCarthy v. Northwest Airlines* – **56** F.3 d 313.
CA 2nd Cir., Urt. v. 16.1.1996 – *Zicherman v. Korean Air Lines Co* – **133** L.Ed.2 d 596.
CA 2nd Cir., Urt. v. 8.8.1996 – *Tai Ping Insurance v. Northwest Airlines* – **94** F.3 d 29.
CA 2nd Cir., Urt. v. 8.8.1996 – *Brink's Ltd v. South African Airlines* – **93** F.3 d 1022.
CA 5th Cir., Urt. v. 6.11.1996 – *Potter v. Delta Air Lines* – **98** F.3 d 881.
CA 11th Cir., Urt. v. 25.8.1997 – *Krys v. Lufthansa* – **119** F. 3 d 1515.
CA 2nd Cir., Urt. v. 16.9.1997 – *Tseng v. EL Al Israel Airlines* – **122** F.3 d 99.
CA 9th Cir., Urt. v. 25.9.1997 – *Koirala v. Thai Airways International Ltd* – **126** F.3d 1205.
CA 2nd Cir., Urt. v. 5.1.1998 – *Fishman v. Delta Airlines* – **132** F. 3d 138
CA 3rd Cir., Urt. v. 23.7.1998 – *Terrafranca v. Virgin Atlantic Airways* – **151** F.3 d 108.
CA Columbia Cir., Urt. v. 12.3.1999 – *Haldimann v. Delta Airlines* – **168** F.3 d 1324.
CA 9th Cir., Urt. v. 25.5.1999 – *Mingtai Fire & Marine Insurance v. United Parcel Service* – **177** F.3 d 1142.
CA 11th Cir., Urt. v. 15.6.1999 – *Cortes v. American Airlines* – **177** F.3 d 1272.
CA 1st, Urt. v. 6.1.2000 – *Gregory Langadinos v. American Airlines Inc* – **199** F.3 d 68.
CA 2nd Cir., Urt. v. 30.3.2000 – *Intercargo Insurance Company v. China Airlines* – **208** F.3 d. 64.
CA 9th Cir., Urt. v. 25.4.2000 – *Nissan Fire & Marine Insurance v. Fritz Companies* – **210** F.3 d 1099.
CA 2nd Cir., Urt. v. 6.6.2000 – *Wallace v. Korean Airlines* – **214** F.3 d 293.
CA 11th Cir., Urt. v. 12.7.2000 – *Marotte v. American Airlines* – **296** F.3 d 1255.
CA 9th Cir., Urt. v. 3.7.2001 – *Gordon T Carey v. United Airlines* – **255** F.3 d 1044.
CA 2nd Cir., Urt. v. 29.8.2001 – *Republic National Bank of New York v. Delta Airlines* – **263** F.3 d 42.
CA 9th Cir., Urt. v. 16.10.2002 – *Motorola Inc v. Federal Express Corporation* – **308** F.3 d 995.
CA 2nd Cir., Urt. v. 12.8.2003 – *Magan v. Lufthansa German Airlines* – **339** F.3 d 158.
CA 2nd Cir., Urt. v. 23.10.2003 – *Commercial Union Insurance v. Alitalia Airlines* – **347** F.3 d 448.
CA 2nd Cir., Urt. v. 8.4.2004 – *Ehrlich v. American Airlines* – **360** F.3 d 366.
CA 9th Cir., Urt. v. 12.4.2004 – *Coyle v. Pt Garuda Indonesia* – **363** F.3 d 979.
CA Columbia Cir., Urt. v. 18.3.2005 – *Robertson v. American Airlines* – **401** F.3 d 499.
CA Columbia Cir., Urt. v. 1.2.2008 – *Auster v. Ghana Airways* – **514** F.3 d 44.
CA 5th Cir., Urt. v. 14.7.2008 – *Bassam v. American Airlines* – **287** Fed. Appx. 309.
CA 3rd, Urt. v. 30.8.2010 – *Delta Air Lines v. Chimet, S.P.A.* – **619** F.3d 288.
CA 9th Cir., Urt. v. 10.2.2011 – *Chubbs Insurance Co. v. Menlo Worldwide Forwarding* – **634** F.3d 1023.
DC, Urt. v. 27.6.1955 – *Chutter v. KLM* – **132** FSupp 611.
DC, Urt. v. 6.5.1964 – *Bates Block v. Cie Nationale Air France* – **8** Avi 18.335 = **229** F.Supp 801 = ZLW **1978** 294.

DC, Urt. v. 19.12.1969 – *Zousmer v. Canadian Pacific Airlines* – **1970** USAvR 496.
DC, Urt. v. 3.11.1972 – *Husserl v. Swissair* – **351** F.Supp 702.
DC, Urt. v. 17.4.1973 – *Wing Hang Bank v. Japan Air Lines* – **357** F. Supp.94.
DC, Urt. v. 31.1.1974 – *Fleming v. Delta Air Lines, Inc* – **12** Avi 18.259.
DC, Urt. v. 10.9.1975 – *Krystal v. British Overseas Airways Corp* – **14** Avi 17.128 = **403** F.Supp 1332.
DC, Urt. v. 4.3.1977 – *Karfunkel v. Compagnie Nationale Air France* – **427** F.Supp 971 = **14** Avi 17.674 = ZLW **1978** 289.
DC, Urt. v. 14.12.1977 – *Warshaw v. TWA* – **442** F.Supp 400 = **14** Avi 17.297.
DC, Urt 29.6.1978 – *Morris v. Boing* Co – **15** Avi 17.241.
DC, Urt. v. 4.1.1980 – *McMurray v. Capitol International Airways* – **15** Avi 18.087.
DC, Urt. v. 17.3.1981 – *Saiyed v. TMA and Northwest Orient* – USAvR **1981** 1 (LS).
DC, Urt. v. 26.4.1985 – *Deere Co.V. Deutsche Lufthansa AG* – **621** F.Supp 721.
DC, Urt. v. 24.11.1981 – *Boehringer Mannheim Diagnostics v. Pan Am* – **531** F.Supp 344.
DC, Urt. v. 18.10.1985 – *Harvest Tones, Inc v. Pakistan International Airlines* – **19** Avi 18.415.
DC, Urt. v. 22.11.1985 – *Baker v. Landell Protective Agency* – **19** Avi 18.193 = **509** FSupp 165.
DC, Urt. 26.12.1985 – *Arkin v. Trans International Airlines* – **19** Avi 18.311.
DC, Urt. v. 6.3.1987 – *Royal Insurance v. Amerford* – **654** F.Supp 679.
DC, Urt. v. 1.9.1987 – *The Hartford v. TWA* – **20** Avi 18.254.
DC, Urt. v. 16.5.1988 – *Schneider v. Swiss Air Transp Co* – **686** F. Supp. 15.
DC, Urt. v. 8.5.1989 – *Ax v. Delta Air Lines* – **21** Avi 18.474.
DC, Urt. v. 26.5.1989 – *Jaycees Patou v. Pier Air International* – **21** Avi 18.496.
DC, Urt. v. 9.11.1989 – *BRI Coverage v. Air Canada* – **725** F.Supp 133.
DC, Urt 23.10.1989 – *Confeccoes Textesis de Vouzela v. Space Tech Inc* – **22** Avi 17.494.
DC, Urt. v. 4.6.1990 – *Kleiner v. Qantas* – **22** Avi 18.179.
DC, Urt. v. 3.7.1990 – *Rabinowitz v. SAS* – **741** F.Supp 441.
DC, Urt. v. 19.10.1990 – *Sulewski v. Federal Express* – **22** Avi 18.497 = **749** F.Supp 506.
DC, Urt. v. 6.11.1991 – *Arkwright-Boston v. Intertrans Airfreight* – 777 F.Supp 103.
DC, Urt. v. 18.6.1992 – *Gonzales v. Taca International Airlines* – **23** Avi 18.431.
DC, Urt. v. 7.7.1992 – *Price v. British Airways* – **23** Avi 18.465.
DC, Urt. v. 29.6.1993 – *Schwartz v. Lufthansa German Airlines* – **24** Avi 17.841.
DC, Urt. v. 23.2.1998 – *Daniel v. Virgin Atlantic Airways* – **59** F. Supp. 2d 986.
DC, Urt. v. 29.6.1999 – *Schaeffer v. Cavallero* – **54** F.Supp. 2 d 350.
DC, Urt. v. 30.6.1999 – *Grimes v. Northwest Airlines* – **1999** WL 562244 S 3.
DC, Urt. v. 7.9.1999 – *Alvarez v. American Airlines* – **1999** WL 691922 S 1.
DC, Urt. v. 30.8.2000 – *Sethy v. Malev* – ZLW **2001** 39.
DC, Urt. v. 5.10.2000 – *Lahey v. Singapore Airlines* – **115** F.2 d 464.
DC, Urt. v. 29.10.2001 – *Fulop v. Malev Hungarian Airlines* – **175** F.Supp 2 d 651.
DC, Urt. v. 11.12.2001 – *Cush v. BWIA* – **175** F.Supp 2 d 483.
DC, Urt. v. 6.12.2004 – *Ikekpeazu v. Air France* – Case No.: 3:04 CV00811 (RNC).
DC, Urt. v. 7.7.2005 – *Polanski v. KLM Royal Durch Airlines* – **378** F.Supp 2 d 1222.
DC, Urt. v. 31.5.2008 – *Rafailov v. El Al Israel Airlines* – 06 CV 13318 (GBD).
DC, Urt. v. 22.5.2006 – *Weiss v. El Al Israel Airlines* – **433** F.Supp.2d 361
DC, Urt. v. 25.10.2007 – *In re Nigeria Charter Flights Contract Litigation* – **520** F. Supp. 2d 447.
DC, Urt. v. 4.6.2008 – *Vigilant Insurance Company v. World Courier* – **07** CV 194 (CM).
DC, Urt. v. 31.8.2008 – *Aikpitanhi v. Iberia Airlines of Spain* – **553** F.Supp 2 d 872.
DC, Urt. v. 29.9.2008 – *Best v. BWIA West Indies Airways* – **2008** WL 4458867.
DC, Urt. v. 17.11.2008 – *Schoeffler-Miller v. Northwest Airlines* – No. **08**-cv-4012.
DC, Urt. v. 19.12.2008 – *Delta Airlines v. Chimet,* Civil Action No. **07**-2898.
DC, Urt. v. 6.1.2009 – *Hornsby v. Lufthansa German Airlines* – **593** F.Supp 2 d 1132.
DC. Urt. v. 9.2.2009 – *Jones v. USA 3000 Airlines* – No. **4:08**-CV-1855 (CEJ).
DC, Urt. v. 6.4.2009 – *Hutchinson v. British Airways PLC* – 08-cv-2781 (NGG).
DC, Urt. v. 9.9.2009 – *Shah v. Kuwait Airways Corp.* – **653** F. Supp. 2d 499 (505).

DC, Urt. v. 22.9.2009 – *Smith v. American Airlines* – No. C **09**-02903 WHA.
DC, Urt. v. 29.1.2010 – *Nankin v. Continental Airlines* – Case No. CV 09-07851.
DC, Urt. v. 8.2.2010 – *Wright v. American Airlines* – No. 4:08-CV-660-A.
DC, Urt. v. 2.6.2010 – *Cosgrove-Goodman v. UAL Corporation* – No. **10**-cv-1908.
DC, Urt. v. 16.9.2010 – *Garissi v. Northwest Airlines* – Case No. **10**-12298.
DC, Urt. v. 21.12.2010 – *Duay v. Continental Airlines* – Civil Action No. **H-10**-cv-1454.
DC, Urt. v 21.6.2011 – *Rubin v. Air China Limited* – Case No.: **5:10**-CV-05110-LHK.
DC, Urt. v. 30.3.2012 – *Polinovsky v. Deutsche Lufthansa* – Case No. 11 CV 780.
DC, Urt. v. 20.4.2012 – *Vumbaca v. Terminal One Group Association* – **859** F. Supp. 2d 343.
DC, Urt. v. 9.1.2013 – *Siddiq v. Saudi Arabian Airlines Corp.* – Case No. **6:11**-cv-69-Orl-19GJK.
DC, Urt. v. 30.4.2013 – *Kripalani v. AMR Corp.* – **12** Civ. 5609 (KBF).
DC, Urt. v. 25.11.2013 – *Fadhliah v. Société Air France* – **987** F. Supp. 2d 1057.
DC, Urt. v. 9.7.2014 – *Benjamin v. American Airlines* – **32** F. Supp. 3d 1309.
DC, Urt. v. 5.12.2014 – *DeJoseph v. Cont'l Airlines* – **18** F. Supp. 3d 595.
DC, Urt. v. 26.1.2015 – *Vanderwall v. United Airlines* – **80** F.Supp. 3d 1324.
DC, Urt. v. 28.4.2015 – *Hoffmann v. Alitalia* – Civil Action No. 14-5201.
DC, Urt. v. 29.4.2015 – *Avalon Techs. v. EmoTrans* – Case No. 14-14731.
DC, Urt. v. 25.2.2016 – *Ahmed v. Air France-KLM* – **165** F. Supp. 3d 1302.
DC, Urt. v. 27.6.2016 – *Hebert v. American Airlines* – Civil Action No. 2:16-cv-00345.
DC, Urt. v. 10.1.2017 – *Lee v. Air Canada* – **228** F. Supp. 3d 302.
DC, Urt. v. 2.5.2017 – *Sanches-Naek v. TAP Port.* – **260** F. Supp. 3d 185.
DC, Urt. v. 20.7.2017 – *Selke v. Germanwings* – **261** F.Supp. 3d 645.
DC, Urt. v. 14.8.2017 – Lin Yang v. Asiana Airlines – MDL No.: 2497.
DC, Urt. v. 20.9.2017 – *Nwokeji v. Arik Air* – C.A. No. 15-10802-MLW.
DC, Urt. v. 12.1.2018 – *AGCS Marine Insurance Co. v. Geodis Calberson Hungaria Logisztikai KFF* – 16 CV 9710 (JMF).
DC, Urt. v. 19.1.2018 – *Kao v. British Airways* – **17** Civ. 0232 (LGS).
DC, Urt. v. 21.6.2018 – *Indem. Ins. Co. of N. Am. v. Agility Logistics Corp.* – 16-CV-9731.
DC, Urt. v. 30.3.2019 – *Thede v. United Airlines* – Case No. **17**-cv-03528-PJH.
DC, Urt. v. 31.3.2019 – *Louis Vuitton North America Inc. v. Schenker S.A., Air France, and Cargo Airport Services USA* – 17-cv-7445 (DLI) (PK).
DC, Urt. v. 22.1.2020 – *Bandurin v. Aeroflot Russian Airlines* – No. 19 CV 255.
DC, Urt. v. 3.4.2020 – *Motlagh v. Qatar Airways* – **445** F. Supp 3d 852.
CC, Urt. v. 30.1.1958 – *Park Davis & Company v. British Overseas Airways Corporation & Western Airlines* – ZLR **1959** 58 = **1958** USAvR 122.
CC, Urt. v. 5.1.1968 – *Eve Boutique v. Seabord World* – USAvR **1968** 33.
CC, Urt. v. 15.10.1975 – *Cohen v. Varig Airlines* – **380** NYS 2d 450.
CC, Urt. v. 2.6.1976 – *Schwimmer v. Air France* – **87** Misc.2 d 147 = **384** NYS 2 d 658 S 1, 3 = **14** Avi 17.488.
CC, Urt. v. 22.2.1979 – *Schedelmayer v. Trans International Airlines* – USAvR **1979** 1029.
CC, Urt. v. 27.3.1981– *Kupfermann v. Pakistan International Airlines* – **16** Avi 17.443.
CC, Urt. v. 28.3.2006 – *Mohammed v. Air France* – **816** N.Y.S. 2d 697.

l) andere Länder

CA Beyrouth, Urt. v. 4.3.1973 –*Trans Mediterranean Airlines c. Black Sea and Baltic Insurance* – RFDA **1973** 441.
AR CA, Urt. v. 19.4.1988 – *Tiscornia B v. Swissair* – La Ley 1988 – D 190.
CS de Gabon, Urt. v. 9.4.1979 – *Air Service et Sonagar c. Wieffering e CNSS* – RFDA **1979** 456.
CS Israel, Urt. v. 22.10.1984 – *Cie Air France v. Consorts Teichner* – ETR **1988** 87.
Cass du Liban, Urt. v. 10.6.1964 – *Vairon et Cie c. Air Express* International France – RFDA **1964** 410.

Sachregister

Die fetten Buchstaben bzw. Zahlen verweisen auf die Präambel bzw. die jeweiligen Artikel des Montrealer Übereinkommens, die mageren Zahlen auf die Randnummern.

https://doi.org/10.1515/9783110564945-085